PRÉCIS DE
PHARMACOLOGIE

PRÉCIS DE
PHARMACOLOGIE

LOEBL • SPRATTO

Traduit par

Hélène Dulude
Jean Dumont
Gilles Gallant
Jean-Marie Houle
Louis Léonard
Chantal Proulx
Erick Scherer

Conseiller en soins infirmiers

Michel Fortin
professeur au Cégep de Bois-de-Boulogne

ERPI ÉDITIONS
DU **RENOUVEAU**
PÉDAGOGIQUE INC.

5757, RUE CYPIHOT, SAINT-LAURENT (QUÉBEC) H4S 1X4
TÉLÉPHONE : (514) 334-2690 TÉLÉCOPIEUR : (514) 334-4720

Les auteurs et l'éditeur ont fait en sorte, dans la mesure du possible, que les renseignements sur les médicaments ainsi que les posologies conseillées soient justes et conformes aux normes généralement admises lors de la publication de cet ouvrage. Cependant, étant donné l'évolution rapide des connaissances en pharmacologie, il est nécessaire de consulter la notice contenue à l'intérieur du conditionnement avant d'administrer un médicament afin de vérifier la posologie conseillée, les contre-indications, la mise en garde et les précautions. Cela est particulièrement important en ce qui concerne les nouveaux médicaments, les médicaments peu utilisés et les médicaments très toxiques.

Cet ouvrage est une version française de *The Nurse's Drug Handbook* (4e édition) par Suzanne Loebl et George R. Spratto, publiée et vendue à travers le monde avec l'autorisation de John Wiley & Sons, Inc.

Équipe éditoriale: Sylvie Chapleau, Marie-Claude Désorcy, Vera Pollak

Photocomposition: Typo Litho composition, Inc.

Couverture: Murielle Otis, Rolland Renaud

Dépôt légal: 3e trimestre 1987
Bibliothèque nationale du Québec
Bibliothèque nationale du Canada
Imprimé au Canada

ISBN 2-7613-0489-6

7890 II 9876543
2458 ABCD

Table des matières

PREMIÈRE PARTIE
Introduction

DEUXIÈME PARTIE
Anti-infectieux

TROISIÈME PARTIE
Antinéoplasiques

QUATRIÈME PARTIE
Médicaments agissant sur la formation et la coagulation du sang

CINQUIÈME PARTIE
Médicaments cardio-vasculaires

SIXIÈME PARTIE
Médicaments agissant sur le système nerveux central

SEPTIÈME PARTIE
Médicaments agissant sur le système nerveux autonome

HUITIÈME PARTIE
Médicaments agissant sur l'appareil respiratoire

NEUVIÈME PARTIE
Médicaments agissant sur l'appareil digestif

DIXIÈME PARTIE
Hormones et antagonistes des hormones

ONZIÈME PARTIE
Médicaments agissant sur l'eau et les électrolytcs

DOUZIÈME PARTIE
Agents divers

Appendices

Liste des tableaux

PREMIÈRE PARTIE

Introduction

 CHAPITRE **1**

Comment utiliser
ce manuel

Le *Précis de pharmacologie* se veut à la fois un manuel de pharmacologie pour l'étudiante infirmière et un ouvrage de référence pour l'infirmière. Sa présentation a donc été élaborée dans le but de fournir des renseignements sur les médicaments et les catégories de médicaments d'une manière intéressante pour ces deux groupes d'utilisatrices.

La première partie présente les informations générales qui permettent la compréhension des parties suivantes. Nous y expliquons les mécanismes d'action et la pharmacocinétique (chapitre 2), les réactions indésirables (chapitre 3) et les interactions médicamenteuses (chapitre 4). De plus, nous y décrivons les soins infirmiers relatifs aux traitements médicamenteux (chapitre 5) et l'administration des médicaments par les diverses voies d'administration (chapitre 6). Ces chapitres sont de première importance tant pour l'infirmière qui administre les médicaments que pour celle qui donne des explications aux clients sur l'administration des médicaments.

Les enfants, les personnes âgées et les femmes enceintes peuvent réagir différemment aux médicaments ou présenter certains problèmes thérapeutiques particuliers. Le chapitre 7 traite de ces sujets ainsi que des soins infirmiers propres à ces clientèles.

Un des problèmes les plus importants auquel font face les professionnels de la santé concerne la fidélité au traitement. Le chapitre 8 fournit des approches utiles dans ce domaine.

Dans les parties suivantes, les médicaments sont regroupés selon leur appartenance à des catégories similaires (par exemple, pénicillines, sulfamides) ou en fonction de la maladie traitée (par exemple, paludisme).

Les médicaments dont l'action principale s'exerce sur un appareil ou un système particulier (par exemple, l'appareil cardio-vasculaire) sont regroupés dans une partie. Cette partie comporte des chapitres qui traitent d'états pathologiques spécifiques (par exemple, hypertension, arythmies, angine de poitrine).

Les médicaments affectant des hormones ou s'y substituant (par exemple, insuline, hormones thyroïdiennes, œstrogènes) sont présentés dans des chapitres individuels.

Finalement, les médicaments sont classés par ordre alphabétique à l'intérieur de chaque groupe. Leur nom générique figure en caractères gras, suivi de leurs noms commerciaux.

Cet ordre permet à l'utilisatrice de trouver rapidement des informations concises sur un médicament donné. De plus, l'introduction du chapitre contient des renseignements généraux sur les médicaments ou sur l'état pathologique qu'ils servent à traiter. Il faut donc lire attentivement l'introduction des chapitres.

L'information sur chaque médicament est présentée de la façon suivante:

Noms du médicament   Le nom générique figure en premier, suivi d'un ou de plusieurs noms commerciaux. Les médicaments mentionnés sont tous disponibles au Canada. De plus, les noms commerciaux des médicaments assujettis à la Loi et aux Règlements sur les aliments et les drogues ou à la Loi sur les stupéfiants sont suivis de l'abréviation qui l'indique (Pr, C, N).

Catégorie   On y définit le type de médicament, à moins que cela ne soit évident. Ce renseignement sert surtout à regrouper les médicaments par classes.

Généralités   Ce paragraphe contient des renseignements sur la catégorie de médicaments ou sur ce qu'il y a de particulier à un groupe de médicaments. Selon le cas, on trouvera des renseignements sur les maladies pour lesquelles la catégorie de médicaments est indiquée.

Mécanisme d'action/cinétique   Ce paragraphe décrit le mécanisme d'action par lequel le médicament produit son effet thérapeutique (par exemple, certains antibiotiques perturbent la croissance bactérienne). Certains mécanismes d'action ne sont pas connus alors que d'autres sont évidents, comme celui des substituts hormonaux. Les renseignements sur la cinétique comprennent, dans les cas où elles sont connues, des données telles que la vitesse d'absorption, la plus petite concentration sérique ou plasmatique efficace, la demi-vie apparente, la durée d'action, le métabolisme et l'excrétion du médicament. Le temps requis pour que la moitié de la dose du médicament soit éliminée du sang, la demi-vie, est très utile pour déterminer l'intervalle posologique et le temps d'évaluation des réactions indésirables. La concentration sérique ou plasmatique thérapeutique permet d'ajuster la posologie afin d'obtenir l'effet optimal du médicament. De plus en plus, les médicaments sont dosés de cette manière (par exemple, certains antibiotiques, la théophylline, les glucosides cardiotoniques). Les voies métaboliques ou les voies d'élimination peuvent se révéler importantes pour les clients atteints de maladies hépatiques et/ou rénales. Cependant, ces informations ne sont pas connues pour tous les médicaments.

Indications   Utilisations thérapeutiques du médicament.

Contre-indications   Ce paragraphe mentionne les situations ou les états pathologiques dans lesquels le médicament ne doit pas être utilisé (ou doit être utilisé avec précaution). On n'a pas établi l'innocuité de plusieurs nouveaux médicaments pendant la grossesse et chez les enfants. En général, l'utilisation de médicaments pendant la grossesse est contre-indiquée, sauf lorsque ceux-ci sont prescrits par le médecin.

Réactions indésirables   On y mentionne les effets indésirables ou ennuyeux que le client peut ressentir durant le traitement. Ces effets sont regroupés selon l'organe, l'appareil ou le système touché. Cette disposition permet d'accéder plus rapidement à l'information.

Interactions médicamenteuses   Les médicaments qui peuvent interagir sont mentionnés dans ce paragraphe. L'étude des interactions médicamenteuses, une branche de la pharmacologie, se développe rapidement. Comme la compilation de ces interactions n'est pas complète, les renseignements contenus dans ces paragraphes doivent être considérés comme une mise en garde générale. Tel que mentionné dans le chapitre 4, les interactions médicamenteuses peuvent provenir d'un certain nombre de mécanismes (effets additifs, interactions dans le métabolisme des médicaments, augmentation de la vitesse d'élimination). De telles interactions peuvent se manifester de plusieurs façons mais, autant que possible, nous les exprimons en terme d'augmentation (↑) ou de diminution (↓) de l'effet thérapeutique; une brève description du changement est ensuite fournie.

Il est important de considérer que toute réaction indésirable reliée à l'utilisation d'un médicament peut aussi s'intensifier à cause d'une interaction médicamenteuse.

Vous remarquerez que les interactions médicamenteuses sont souvent décrites pour une catégorie de médicaments. Dans ce cas, on peut considérer que tous les médicaments de cette catégorie vont interagir de façon similaire.

Interactions avec les épreuves de laboratoire   Ce paragraphe décrit de quelle façon les résultats des épreuves de laboratoire peuvent être influencés par la prise d'un médicament. Certaines de ces interactions résultent des effets thérapeutiques ou toxiques des médicaments; d'autres sont causées par une réaction directe avec l'épreuve de laboratoire. Les interactions peuvent entraîner des faux positifs (faux +), des faux négatifs (faux −) et une augmentation (↑) ou une diminution (↓) des valeurs. Plusieurs interactions sont présentées dans le paragraphe *Soins infirmiers* se rapportant à chaque médicament. Pour fins de référence, une liste alphabétique des interactions avec les épreuves de laboratoire est fournie à l'appendice 7.

Posologie   Les doses pour adultes et les doses pédiatriques sont mentionnées lorsque cela est possible. On doit cependant les considérer comme des doses moyennes, la posologie exacte devant être déterminée par le médecin. Toutefois, l'infirmière est tenue de remettre en question l'ordonnance du médecin lorsque la dose indiquée s'écarte fortement des normes acceptables. Conséquemment, nous avons tenté de fournir des renseignements complets pour les médicaments fréquemment prescrits.

Administration/entreposage   Ce paragraphe fournit des renseignements pertinent sur la façon d'administrer et d'entreposer les médicaments. En cas de doute, consulter les données exhaustives des chapitres 5 et 6.

Soins infirmiers   Ce paragraphe a été conçu pour aider l'infirmière dans diverses situations que l'on peut rencontrer lors de l'administration du médicament. L'infirmière doit aussi évaluer les réactions indésirables énumérées dans le paragraphe *Réactions indésirables*. Si elles sont graves, il faut les signaler au médecin. Dans plusieurs de ces cas, il faut cesser l'administration du médicament. Le paragraphe *Soins infirmiers* se divise généralement en deux parties. La première partie décrit:
- L'évaluation des fonctions physiologiques influencées par le médicament;
- Les effets physiologiques, pharmacologiques et psychologiques du médicament ainsi que leurs répercussions sur les soins infirmiers;
- Les situations d'urgence pouvant résulter de l'usage du médicament et les interventions appropriées;
- Les interventions qui soulagent les malaises causés par le médicament;
- Les mesures de protection du client qui reçoit certains médicaments.

La deuxième partie des *Soins infirmiers*, généralement intitulée *Expliquer au client et/ou à sa famille*, met en relief le rôle de l'infirmière dans l'enseignement au client et dans la fidélité au traitement. L'accent est mis sur l'aide au client et/ou à sa famille en ce qui concerne la reconnaissance des réactions indésirables ainsi que la prévention des situations dangereuses et/ou de l'anxiété reliées à la prise du médicament.

De plus, des informations pertinentes sur l'enseignement au client sont données dans les *Soins infirmiers* pour chaque médicament. L'enseignement au client représente un des défis les plus importants de la profession infirmière, car les informations doivent être adaptées aux besoins, aux connaissances et au niveau de compréhension de chaque client.

Les éléments précédents sont décrits pour chaque médicament ou catégorie de médicaments. Lorsqu'on étudie les médicaments en groupe plutôt qu'individuellement, ces renseignements ne sont donnés qu'une fois pour tout le groupe. Dans un tel cas, l'infirmière doit se reporter aux paragraphes appropriés au début de la section portant sur le groupe. Par exemple, les contre-indications, les réactions indésirables, les interactions médicamenteuses, l'administration et les soins infirmiers sont tellement similaires pour toutes les pénicillines qu'ils ne figurent qu'une fois pour tout le groupe.

Dans certains chapitres, les médicaments sont présentés dans des tableaux, surtout si les différences entre les médicaments se limitent à la durée d'action ou à la posologie. Ces tableaux sont aussi conçus de manière à fournir l'information particulière à chaque médicament.

L'information relative à un médicament particulier – mais pas à tous les médicaments d'un groupe – se retrouve dans les paragraphes appropriés, tels que *Contre-indications supplémentaires* ou *Soins infirmiers complémentaires*. Ces paragraphes complètent l'information relative à tout le groupe, mais ne s'y substituent pas.

Afin de permettre une consultation facile, nous présentons en page 2 de couverture les principales abréviations utilisées pour rédiger les ordonnances.

Les appendices de cet ouvrage contiennent aussi une foule d'informations pouvant aider l'infirmière à administrer les médicaments et à évaluer le déroulement du traitement. Par exemple, l'appendice 1 présente les principales constantes biologiques. Celles-ci sont exprimées en unités SI, maintenant utilisées dans tous les rapports d'épreuves de laboratoire. L'appendice 2 fournit les principales recommandations pour le traitement des effets toxiques de certains médicaments et produits chimiques. L'appendice 3 regroupe les spécialités pharmaceutiques contenant plus d'un ingrédient actif (associations) souvent prescrites.

Malgré le fait que les interactions entre médicaments ou entre médicaments et aliments soient traitées au chapitre 4, les appendices 4 à 6 mentionnent des interactions particulières ainsi que les soins infirmiers s'y rattachant. De la même façon, l'appendice 8 fait état des effets des médicaments chez les personnes âgées et l'appendice 9 fournit des renseignements sur les effets des médicaments pendant la grossesse.

L'appendice 10 explique les principales méthodes de calcul des posologies, que toutes les infirmières devraient connaître.

L'aspect légal de l'administration des médicaments est présenté à l'appendice 11. De plus, une brève description des médicaments assujettis à une loi ou à un règlement particulier figure dans l'appendice 12.

Un glossaire des termes avec lesquels les infirmières ne sont pas toujours familières est fourni après les appendices. Finalement, l'index a été conçu de manière à permettre de distinguer facilement les noms génériques des médicaments de leurs noms commerciaux.

Vous êtes maintenant prête à utiliser le *Précis de pharmacologie*. Nous espérons qu'il vous sera d'une grande utilité et qu'il vous aidera dans l'exercice de votre profession, car les médicaments que nous avons à notre disposition sont un élément très important des soins médicaux d'aujourd'hui. Il est évident que l'administration des médicaments et l'évaluation de leurs effets est de première importance pour le personnel infirmier.

 CHAPITRE **2**

Mécanismes d'action/ pharmacocinétique: principes généraux

MÉCANISMES D'ACTION

Les mécanismes par lesquels les médicaments produisent leurs effets pharmacologiques ne sont pas toujours bien connus. Dans certains cas, le mécanisme d'action est évident; par exemple, lorsqu'un médicament remplace une substance d'origine biochimique, comme l'insuline dans le diabète. Dans d'autres cas, le mécanisme d'action est plus complexe, mais on le connaît; par exemple, l'allopurinol inhibe l'activité d'un enzyme essentiel à la formation d'acide urique. L'allopurinol soulage donc la goutte en diminuant la concentration sanguine d'acide urique. Il arrive également que le mécanisme d'action soit inconnu, même si le médicament est utilisé depuis longtemps. Par exemple, le mécanisme par lequel la phénytoïne diminue les crises épileptiques ou le mécanisme par lequel la digitale augmente la force des battements cardiaques ne sont pas connus. Dans cet ouvrage, nous expliquons les mécanismes d'action connus.

PHARMACOCINÉTIQUE

La pharmacocinétique est l'étude du métabolisme des médicaments dans l'organisme. Cette science traite notamment de:
– L'absorption et la distribution du médicament;
– La concentration plasmatique;
– La concentration plasmatique thérapeutique;
– La concentration plasmatique toxique;
– La concentration de médicament actif dans l'organe-cible;
– La vitesse du métabolisme du médicament;
– La vitesse d'excrétion du médicament.

Ces paramètres sont influencés par:
– La nature physico-chimique du médicament (par exemple, la liposolubilité);
– La forme pharmaceutique (préparation) du médicament;
– La voie d'administration;
– La liaison du médicament aux protéines plasmatiques et/ou aux tissus (biodisponibilité);
– Les caractéristiques du client;
– Les états pathologiques concomitants;
– La prise simultanée d'aliments ou d'autres médicaments.

La pharmacocinétique acquiert une importance grandissante en médecine, car de nombreux clients prennent maintenant plusieurs médicaments puissants, souvent conjointement et pendant de longues périodes. Les concepts pharmacocinétiques qui jouent un rôle important dans l'administration des médicaments (la voie d'administration, l'absorption, le début d'action, l'effet maximal, la demi-vie, l'effet de premier passage, la distribution, l'élimination, la concentration sérique thérapeutique, la biodisponibilité et les systèmes de libération des médicaments) sont décrits brièvement plus loin.

Certaines données pharmacocinétiques, au même titre que les mécanismes d'action, ont été ajoutées aux textes portant sur des médicaments particuliers ou sur des classes de médicaments dans le *Précis de pharmacologie*. Les renseignements ne sont ni complets ni entièrement cohérents. Les données pharmacocinétiques manquent pour certains médicaments couramment utilisés depuis longtemps. De plus, l'information recueillie dans la littérature et/ou auprès des fabricants des médicaments est souvent incohérente et inégale. En effet, le début d'action est mentionné pour certains médicaments alors que le temps requis pour obtenir la concentration sérique maximale ou la concentration sérique thérapeutique est mentionné pour d'autres médicaments.

L'uniformité de la présentation a été sacrifiée au profit de renseignements plus complets. Lorsqu'ils sont disponibles et/ou connus, nous avons présenté en partie ou au complet les paramètres suivants : mécanisme d'action, début d'action, concentration sérique thérapeutique, durée d'action, métabolisme, excrétion, temps requis pour atteindre la concentration sérique maximale et demi-vie.

Voies d'administration

La voie d'administration d'un médicament (figure 1) influe grandement sur son absorption, sa distribution, son métabolisme et son élimination.

Administration orale (entérale)   Il s'agit de la voie d'administration la plus économique et la plus répandue, mais aussi la plus difficile à standardiser. L'absorption des médicaments après l'administration orale est modifiée par la présence simultanée d'aliments dans le tube digestif, par le temps de vidange gastrique, par le péristaltisme intestinal, par le pH de l'estomac et des intestins, par la nature du médicament (par exemple, les molécules de faible masse moléculaire et liposolubles sont plus rapidement absorbées que les autres), par la vitesse de désintégration et de dissolution du comprimé (variant selon la forme pharmaceutique et l'enrobage) et par l'irrigation sanguine du tube digestif. Certains médicaments ne peuvent être administrés par voie orale (sans une protection adéquate) car ils sont détruits par l'acidité gastrique. Les médicaments administrés par voie orale sont souvent dégradés partiellement par certains enzymes du tube digestif, de la muqueuse intestinale et, surtout, du foie (voir *Effet de premier passage*). La combinaison de ces facteurs est probablement la cause du fait que seule une fraction de la dose des médicaments administrés par voie orale se rend dans la circulation sanguine et/ou jusqu'à son lieu d'action (voir aussi *Début d'action* et *Effet maximal*).

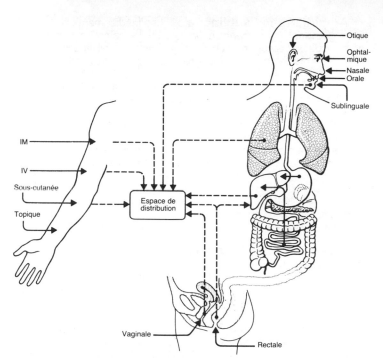

FIGURE 1 On peut utiliser plusieurs voies d'administration pour les médicaments. Les médicaments administrés par voie orale sont absorbés dans l'estomac et l'intestin grêle et passent ensuite dans le foie, le principal organe qui métabolise les médicaments. (*Source*: E.J. Ariens (éd.), *Drug Design, Volume IV*, New York, Academic Press, 1973, p. 5. Reproduit avec la permission de D\(^r\) Leslie Benet.)

Administration intramusculaire et sous-cutanée Les médicaments administrés par voie intramusculaire (IM) et sous-cutanée (SC) sont absorbés dans le plasma par diffusion passive à partir du point d'injection. S'il s'agit de grosses molécules (par exemple, des protéines), ils seront plutôt absorbés dans la circulation lymphatique. L'absorption est rapide dans les deux cas. La durée d'action peut être allongée en utilisant des préparations injectables à action retard, qui vont réduire la vitesse d'absorption du médicament.

Administration intraveineuse La voie intraveineuse (IV) permet d'obtenir un début d'action très rapide et d'éliminer les doutes quant à la fraction absorbée. La voie intraveineuse est la seule voie qui permette l'administration de certaines substances irritantes car les parois vasculaires sont relativement résistantes. Cette voie requiert aussi une surveillance constante par le personnel infirmier car les risques d'effets toxiques ou indésirables sont plus importants.

Administration sublinguale   Les médicaments placés sous la langue sont rapidement absorbés dans la veine cave. L'effet de premier passage est donc évité. Cette voie ne peut être utilisée que pour des médicaments actifs à faibles doses, comme la nitroglycérine.

Administration rectale   L'administration rectale est utilisée lorsque l'administration orale est exclue (par exemple, vomissements graves, inconscience). Cependant, l'absorption rectale est lente et variable. Le médicament est absorbé à partir de l'ampoule rectale, qui n'est pas tributaire de la circulation porte; le médicament ne subit donc pas l'effet de premier passage dans le foie. Enfin, l'utilisation de cette voie est limitée, car de nombreux médicaments sont irritants pour le rectum.

Administration endocavitaire   Cette voie est utile pour administrer certains antinéoplasiques. Elle permet d'augmenter sélectivement la concentration de médicament dans le lieu d'action.

Administration intrathécale   L'injection de médicaments directement dans l'espace sous-arachnoïdien est nécessaire pour le traitement de la méningite ou d'autres troubles similaires. L'absorption est rapide par cette voie, qu'on utilise lorsque la barrière hémato-encéphalique diminue ou empêche l'absorption des médicaments.

Administration sur les muqueuses   Cette voie est généralement utilisée pour les traitements locaux mais elle est aussi utilisée pour obtenir un effet systémique (par exemple, pour l'administration de l'hormone antidiurétique). L'absorption par cette voie est rapide. Cette voie comprend l'administration intranasale et intravaginale.

Administration cutanée (topique)   La peau intacte est relativement imperméable à la plupart des médicaments; il s'agit donc d'une voie adéquate si on ne désire qu'un effet localisé pour traiter un problème cutané. Toutefois, l'absorption est augmentée si la peau a subi un traumatisme, si le médicament est mélangé à un solvant particulièrement bien absorbé ou si un pansement occlusif couvre la région d'application. De plus, si la région traitée est grande et que le traitement est prolongé, il est possible d'observer des effets systémiques.

Systèmes de libération de médicaments   Avec ces systèmes, le médicament est libéré d'un réservoir de façon continue pendant une longue période (voir *Systèmes de libération de médicaments*).

Absorption

La vitesse d'absorption d'un médicament est de première importance car elle influe sur sa concentration dans le sérum et dans l'organe-cible. Elle détermine le début d'action et le temps requis pour obtenir l'effet maximal. Si l'absorption est plus lente que l'élimination, il se peut que la concentration sérique thérapeutique minimale ne soit pas

atteinte. En plus d'être modifiée par la voie d'administration, l'absorption dépend de:
- La forme pharmaceutique (comprimés ou capsules, excipient, enrobage);
- La nature du médicament (par exemple, acide ou basique);
- La solubilité du médicament;
- La présence simultanée de nourriture (dans les cas d'administration orale);
- Les caractéristiques du client (âge, masse, facteurs individuels, état pathologique concomitant).

La façon habituelle de décrire l'absorption d'un médicament en portant sur un graphique la concentration sérique en fonction du temps est illustrée à la figure 2.

Début d'action

Le début d'action réfère à la période de temps qui s'écoule entre l'administration du médicament et l'apparition de l'effet thérapeutique. Cet intervalle dépend de la voie d'administration, de la nature du médicament, de sa vitesse d'absorption transmembranaire et de la vitesse à laquelle le médicament est libéré de la forme pharmaceutique. Le début d'action est particulièrement variable avec les médicaments administrés par voie orale, puisque la présence simultanée d'aliments dans l'estomac, le péristaltisme intestinal et d'autres facteurs exercent une influence importante.

Effet maximal

L'effet maximal d'un médicament coïncide généralement avec la concentration sérique maximale (figure 2). L'effet maximal de plusieurs médicaments dépasse l'effet optimal, mais la concentration peut descendre rapidement sous ce niveau à cause de la biotransformation et de l'excrétion. Cette chute se produit surtout après l'administration initiale de médicaments à courte durée d'action ou lorsqu'un médicament est donné par intermittence. Dans le traitement du diabète on mélange donc des insulines de différentes durées d'action afin de maintenir l'insulinémie à un niveau thérapeutique tout au long de la journée.

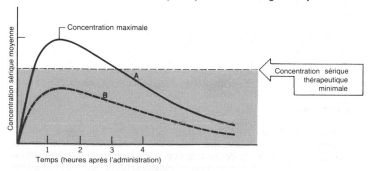

FIGURE 2 Courbe de l'absorption d'un médicament.

Demi-vie apparente

Le temps requis pour l'élimination de la moitié de la dose est la *demi-vie apparente*. (Ce concept a été introduit au cours de travaux effectués sur des isotopes radioactifs.) Si aucune autre dose du médicament n'est administrée, *deux demi-vies* seront requises pour éliminer 75% de la dose tandis que *quatre demi-vies* seront requises pour éliminer 93,3% de la dose.

En général, la plupart des médicaments sont administrés plus d'une fois; la dose suivante est administrée avant que la dose précédente ne soit complètement éliminée, ce qui peut produire une accumulation.

La demi-vie est un concept utile pour déterminer la fréquence d'administration. Généralement, on recommande un intervalle posologique égal à la demi-vie ou moindre que la demi-vie. Ainsi, si la demi-vie d'un médicament est de 4 h, il peut être administré jusqu'à 6 fois par jour. En pratique, les horaires d'administration tiennent compte également du bien-être du client.

La majorité des médicaments ont une courte demi-vie (certains anesthésiques à courte durée d'action ne restent dans le sang que quelques minutes). Certains autres, comme les inhibiteurs de la monoamine-oxydase (IMAO), ont de très longues demi-vies.

Le concept de demi-vie a son importance pour tous les aspects de la pharmacothérapie, y compris le traitement du surdosage des médicaments. Par exemple, la naloxone, un antagoniste des narcotiques opiacés, a une demi-vie plus courte que la morphine. On doit donc répéter les doses de naloxone jusqu'à ce que les effets du narcotique disparaissent. Le concept de demi-vie ne s'applique qu'aux médicaments qui sont absorbés dans la circulation sanguine et non à ceux qui n'ont qu'un effet local.

La demi-vie, tout comme les autres paramètres pharmacocinétiques, varie selon l'âge du client, les maladies concomitantes (particulièrement l'insuffisance rénale ou hépatique) et la prise simultanée de nourriture et/ou de médicaments.

Dans certains cas, un médicament et/ou ses métabolites actifs ont un profil d'élimination du sérum qui peut présenter plus d'une phase; on dira alors que les concentrations sériques de ces produits sont décrites par un modèle pharmacocinétique bicompartimental, tricompartimental ou polycompartimental (élimination biphasique, triphasique ou polyphasique), selon le nombre de phases observées.

Effet de premier passage

La plupart des produits toxiques et des médicaments sont métabolisés par les enzymes microsomiaux du foie. Puisque les médicaments administrés par voie orale sont absorbés à partir du tractus gastro-intestinal dans la circulation porte, ils doivent passer par le foie avant de rejoindre la circulation et, éventuellement, l'organe-cible. Ce phénomène, qu'on nomme à juste titre *effet de premier passage*, cause souvent une perte d'activité importante du médicament. On mesure l'ampleur de ce phénomène en mesurant la clearance hépatique du médicament. La plupart du temps, on tient compte de cette perte en fixant la quantité de médicament dans les formes pharmaceutiques; les doses orales sont supérieures aux doses parentérales. Il faut aussi noter que les médicaments administrés par voie sublinguale ou rectale ne passent pas par le foie avant de rejoindre la circulation générale (figure 1).

Distribution

La distribution des médicaments dans l'organisme dépend de leurs caractéristiques physico-chimiques. La vitesse à laquelle un médicament est absorbé dans les membranes biologiques est influencée par plusieurs facteurs tels que la masse moléculaire du médicament, sa solubilité et le pH des tissus.

En général, une fois que le médicament a été injecté ou absorbé dans la circulation, il se rend dans les organes bien perfusés tels que le cœur, le foie et les reins en l'espace de quelques minutes et y atteint des concentrations importantes. Le médicament prend un peu plus de temps (jusqu'à quelques heures) pour se rendre dans les viscères, dans la peau et dans les tissus adipeux. Le médicament peut prendre encore plus de temps pour atteindre certains tissus. La phase de distribution peut s'allonger de beaucoup lorsque le médicament se lie très fortement aux protéines plasmatiques et qu'il ne peut s'en dissocier pour sortir du compartiment sanguin.

Le passage de certains médicaments dans le système nerveux central (SNC) est souvent restreint par suite de la sélectivité de la barrière hémato-encéphalique. Dans le même ordre d'idées, la distribution d'un médicament vers le fœtus dépend de sa capacité de passer la barrière placentaire.

Élimination

Au point de vue thérapeutique, le temps requis pour éliminer un médicament de l'organisme constitue un paramètre très important.

La vitesse d'élimination d'un médicament est déterminée expérimentalement chez un certain nombre de sujets; conséquemment, les valeurs citées dans la littérature représentent une moyenne.

L'élimination d'un médicament est la combinaison de son **métabolisme** (qui peut produire des métabolites actifs ou inactifs) et de son **excrétion**.

Métabolisme   Le métabolisme d'un médicament est la résultante de toutes les réactions de biotransformation. La plupart de ces réactions sont enzymatiques et s'effectuent dans le foie. C'est la raison pour laquelle le métabolisme d'un médicament peut être ralenti en présence d'une maladie hépatique, ce qui requiert une diminution de la posologie.

Par contraste, l'administration prolongée de certains médicaments (barbituriques, phénytoïne, alcool) peut produire une augmentation de la quantité ou de l'efficacité des enzymes microsomiaux (induction enzymatique). Conséquemment, ces médicaments (ainsi que d'autres médicaments qui subissent l'action des mêmes enzymes) seront métabolisés plus rapidement qu'au début du traitement. Il faut donc en augmenter la posologie pour atteindre et/ou maintenir une concentration thérapeutique efficace.

Dans bien des cas, le métabolisme d'un médicament en augmente la solubilité dans l'eau et facilite son excrétion urinaire.

Dans certains autres cas, le métabolisme est requis pour rendre le médicament actif. Le métabolisme peut aussi, au contraire, convertir un médicament en une substance plus toxique.

Excrétion   La grande majorité des médicaments et/ou leurs métabolites sont excrétés par les reins. Certains médicaments sont éliminés dans le tube digestif (bile, selles) alors que quelques-uns sont excrétés par voie pulmonaire (anesthésiques gazeux). Il est aussi possible de retrouver une partie de certains médicaments dans la salive, la sueur ou dans le lait maternel.

La vitesse de l'excrétion rénale d'un médicament est déterminée par la vitesse de la filtration glomérulaire et par la réabsorption et la sécrétion tubulaires. Généralement, plus un médicament est liposoluble, plus son excrétion rénale est lente. Lorsque l'excrétion d'un médicament est lente ou ralentie à cause d'une maladie rénale, les risques d'accumulation et de toxicité du médicament sont augmentés. La posologie de la plupart des médicaments est donc réduite lorsque la fonction rénale est altérée. En fait, certains médicaments ne peuvent pas être administrés dans ce cas. Plusieurs médicaments sont excrétés inchangés par les reins. Lorsqu'elles sont disponibles, nous mentionnons les données concernant l'excrétion sous forme de pourcentage d'excrétion urinaire.

Concentration sérique thérapeutique

La concentration sérique thérapeutique d'un médicament est la concentration sérique à laquelle il produit son effet thérapeutique. Idéalement, cette concentration optimale ne devrait pas être dépassée mais plutôt maintenue pendant une longue durée. En pratique, l'administration des formes pharmaceutiques conventionnelles produit souvent une alternance de concentrations supérieures et inférieures à la concentration optimale.

Il est particulièrement important de maintenir la concentration sérique thérapeutique:

1. Pour certains antibiotiques, car la croissance bactérienne ne peut être inhibée qu'avec une concentration sérique bien définie (concentration minimale inhibitrice, ou CMI).

2. Lorsque l'indice thérapeutique est faible, c'est-à-dire lorsque la marge de sécurité entre les effets thérapeutiques et les effets toxiques est étroite (comme dans le cas de la digitale et de la phénytoïne).

Biodisponibilité

La biodisponibilité d'un médicament est la concentration de substance active dans l'organe-cible et/ou dans le sérum.

La biodisponibilité est influencée par:
– Le médicament lui-même;
– Le métabolisme du client;
– La vitesse à laquelle le médicament est libéré de la forme pharmaceutique ou de l'organe où il est accumulé. Par exemple, plusieurs médicaments se lient aux protéines plasmatiques (surtout à l'albumine sérique) et en sont libérés graduellement. D'autres médicaments s'accumulent dans des organes spécifiques; par exemple, les médicaments liposolubles comme le thiopental se localisent dans le tissu adipeux, tandis que les tétracyclines se fixent aux os.

Certains de ces facteurs sont d'une telle importance que le simple fait de passer d'une marque d'un produit à une autre peut affecter la biodisponibilité. Par exemple, la vitesse de désintégration de comprimés du même médicament peut différer de manière importante d'un fabricant à l'autre.

Un médicament n'est pas biodisponible lorsque:
– Ce médicament se lie aux protéines ou à d'autres substances et que cela le rend définitivement ou temporairement inactif;
– Ce médicament n'est pas libéré de sa forme pharmaceutique ou de son point d'administration;
– Ce médicament est partiellement ou totalement métabolisé avant son absorption dans le sérum et/ou dans l'organe-cible.

La liaison aux protéines plasmatiques joue un rôle important dans les interactions médicamenteuses. Lorsque deux médicaments sont administrés conjointement, le médicament A peut avoir une plus grande affinité que le médicament B pour les protéines. Cela augmente la concentration (biodisponibilité) du médicament B, ce qui peut se traduire par une augmentation de la durée d'action et/ou une augmentation de l'effet thérapeutique. Il est donc nécessaire d'augmenter la posologie du médicament A.

La biodisponibilité est prise en considération par les fabricants lors du calcul des posologies. Par exemple, afin d'obtenir des concentrations sériques thérapeutiques de médicaments se liant fortement aux protéines plasmatiques, ces médicaments seront administrés à plus fortes doses mais moins fréquemment que les médicaments se liant peu, très disponibles et rapidement métabolisés ou excrétés.

Systèmes de libération de médicaments

Nous avons vu que les concentrations sériques de médicaments obtenues après l'administration de formes pharmaceutiques conventionnelles (comprimés, formes injectables) varient considérablement, surtout si le médicament est rapidement métabolisé ou excrété (courte demi-vie). De très fortes doses doivent alors être administrées et/ou un court intervalle posologique doit être employé afin de maintenir une concentration sérique égale ou supérieure à la concentration sérique thérapeutique. Toutefois, l'administration de fortes doses est indésirable car la plupart des médicaments présentent alors des effets secondaires toxiques ou ennuyeux. D'autre part, les clients ne sont pas toujours fidèles aux prescriptions requérant des doses répétées (plusieurs fois par jour pour une durée déterminée).

Ce problème a été partiellement résolu par le développement de formes pharmaceutiques à action prolongée qui libèrent le médicament par étapes. Certaines de ces formes sont constituées de centaines de microcapsules (petits granules) enrobées de polymères qui se dissolvent à différentes vitesses. La recherche pharmaceutique concentre ses efforts sur le développement de médicaments qui, par nature, n'ont pas besoin d'être administrés aussi fréquemment.

Une autre façon de s'assurer que la concentration sérique thérapeutique est maintenue consiste à administrer les médicaments par perfusion intraveineuse (goutte à goutte IV). Par exemple, on utilise cette méthode lorsqu'on administre des antibiotiques pour combattre des infections qui menacent la vie du client.

Dans le même ordre d'idées, certains systèmes de libération de médicaments libèrent ces derniers continuellement sur des périodes de quelques heures ou quelques semaines, voire plusieurs mois. De petits réservoirs de médicament, protégés par des membranes semiperméables, sont insérés près de l'organe-cible ou appliqués sur le corps. Le médicament se diffuse à partir du réservoir dans l'organisme à une vitesse qui peut être ajustée de façon à compenser l'élimination (vitesse d'excrétion). De tels systèmes sont particulièrement adaptés aux médicaments à courte demi-vie et actifs à faibles doses. Quelques-uns de ces systèmes, déjà approuvés et disponibles sur le marché, sont les suivants:
– Le Progestasert, un contraceptif intra-utérin, libère de la progestérone pendant environ 12 mois;
– L'Ocusert libère de la pilocarpine sur la conjonctive pendant 1 semaine;
– Le Lacrisert libère une substance hydratante pour pallier la sécheresse oculaire;
– Le Transderm-V libère de la scopolamine pendant 72 h.

Pour de plus amples détails sur ces préparations, voir les sections appropriées.

 CHAPITRE **3**

Réactions indésirables et toxicité médicamenteuse

ALLERGIES AUX MÉDICAMENTS

Les réactions allergiques aux médicaments ne se produisent que chez un petit nombre de clients. L'allergie à un médicament est une réaction adverse causée par la sensibilisation survenue lors d'une exposition précédente à la même substance ou à une substance s'y apparentant. L'allergie aux médicaments ne se produit qu'après deux expositions au moins au médicament.

Les réactions allergiques aux médicaments diffèrent de la toxicité médicamenteuse de plus d'une façon: (1) La réaction allergique ne se manifeste que chez une fraction de la population tandis que la toxicité médicamenteuse se produit chez tous les clients si la dose est suffisamment élevée. (2) La réaction allergique se caractérise par le fait qu'une petite fraction d'une dose qui est normalement bien tolérée suffit pour provoquer une réaction grave. (3) La réaction allergique est *différente* de l'effet pharmacologique habituel du médicament. (4) Pour qu'une réaction allergique se produise, le client doit avoir déjà été exposé au médicament ou à d'autres substances s'y apparentant.

Lorsqu'elle consiste en une réaction entre un antigène (dans ce cas, le médicament ou un de ses composants) et un anticorps, la réaction allergique est *immédiate*; dans ce cas, elle entraîne la sécrétion d'histamine. Dans les cas bénins, la réaction se limite à de l'urticaire, des papules et des démangeaisons. Dans les cas graves, une *réaction anaphylactique* se produit. Elle se caractérise par un collapsus circulatoire ou une asphyxie causée par l'œdème larynge et l'obstruction des bronches. Le traitement d'une réaction anaphylactique peut comprendre l'administration d'épinéphrine, d'oxygène, d'antihistaminiques et de glucocorticoïdes. Par exemple, plusieurs clients sont allergiques à la pénicilline.

La réaction allergique peut aussi être *tardive*. Elle survient alors plusieurs jours ou même quelques semaines après l'administration du médicament. Cette réaction se manifeste par de la fièvre, de l'enflure des articulations, des réactions dans les tissus hématopoïétiques et dans les reins.

IDIOSYNCRASIES MÉDICAMENTEUSES

Les idiosyncrasies médicamenteuses se produisent chez les clients ayant une particularité génétique qui détermine des réactions anormales à un médicament. Ces réactions peuvent être soit des effets thérapeutiques excessifs, soit des réactions inhabituelles. Par exemple, la succinylcholine, un myorésolutif, est rapidement hydrolysée par des enzymes plasmatiques ou hépatiques chez la plupart des gens, ce qui se traduit par une durée d'action de quelques minutes. Cependant, chez une petite fraction des clients on observe qu'une dose normale cause une relaxation profonde des muscles squelettiques et une suppression de la respiration qui peut durer plusieurs heures. De tels clients ont une anomalie génétique qui code la synthèse d'enzymes anormaux ne pouvant hydrolyser la succinylcholine.

HYPERSENSIBILITÉ AUX MÉDICAMENTS

Le client est hypersensible à un médicament lorsque celui-ci produit un effet thérapeutique intense ou excessif. Une simple diminution de la posologie peut suffire pour éliminer ce type de réaction indésirable.

TOXICITÉ MÉDICAMENTEUSE (INTOXICATION)

Une dose excessive d'un médicament, administrée accidentellement ou volontairement, produit un effet excessif. La toxicité médicamenteuse peut être grave et conduire à la dépression respiratoire, au collapsus cardio-vasculaire et/ou à la mort si on n'arrête pas l'administration du médicament et si on n'élimine pas celui-ci de l'organisme à l'aide du traitement approprié.

Il est possible d'observer un surdosage d'un médicament chez certains clients qui, pour une raison quelconque, ont un métabolisme ou une excrétion du médicament insuffisamment rapides ou qui sont particulièrement sensibles aux effets du médicament (que ce soit par hypersensibilité ou par idiosyncrasie). Ce type de surdosage peut être maîtrisé par une réduction de la posologie ou par une augmentation de l'intervalle posologique.

Remarque: Les clients âgés ou affaiblis requièrent souvent de plus petites doses de médicaments.

L'infirmière est chargée d'enseigner les principes de l'administration et de l'entreposage des médicaments afin de prévenir les accidents, d'observer et de signaler les symptômes de toxicité, d'organiser les premiers soins et de se procurer les médicaments et l'équipement d'urgence lorsqu'elle assiste le médecin (voir la liste des antidotes pour le traitement des intoxications qui figure à l'*appendice 2*). Enfin, peu importe si l'intoxication est délibérée ou accidentelle, l'infirmière doit réconforter la famille.

GÉNÉRALITÉS SUR LES RÉACTIONS INDÉSIRABLES

Une réaction désagréable, gênante et/ou ennuyeuse à un médicament est appelée réaction indésirable ou effet secondaire. Dans certains cas, ces réactions sont prévisibles et se manifestent chez un grand nombre de clients. Par exemple, un antihistaminique administré pour soulager des symptômes d'allergie peut aussi causer de la somnolence. D'autre part, certaines réactions sont imprévisibles ou ne surviennent que chez un petit nombre de clients (dans certains cas, ces réactions peuvent être très graves). Par exemple, seuls quelques clients présentent une éruption cutanée à la suite de l'administration de diurétiques thiazidiques.

Réactions cutanées   La peau est fréquemment le siège des réactions médicamenteuses. Quoique tous les médicaments puissent causer des troubles dermatologiques chez certains clients, certains médicaments induisent plus souvent ces réactions que d'autres (par exemple, les pénicillines, les sulfamides, les bromures, les iodures, l'arsenic, l'or, la quinine, les diurétiques thiazidiques et les antipaludiques).

Les réactions cutanées peuvent prendre une variété de formes, depuis les réactions bénignes comme les démangeaisons et l'urticaire peu important jusqu'aux réactions graves comme les éruptions exanthémateuses, l'éruption maculopapuleuse, l'angio-œdème, les pustules, les granulomes, l'érythème noueux, les réactions de photosensibilité et l'alopécie.

Généralement, l'administration d'un médicament est interrompue si le client manifeste une réaction cutanée, si bénigne soit-elle. Les types de manifestations les plus sérieuses sont l'urticaire et l'angio-œdème graves et les réactions qui s'accompagnent de manifestations systémiques.

Quelques-unes des réactions cutanées les plus graves induites par des médicaments sont les suivantes:

1. **Dermatite exfoliative**. Il s'agit d'une desquamation opiniâtre de la peau qui cause des démangeaisons. Elle s'accompagne souvent d'une perte des phanères (cheveux, ongles). Les premiers symptômes sont des plaques ou des éruptions erythémateuses accompagnées de malaise et de fièvre. Des symptômes gastro-intestinaux sont quelquefois observés: ils sont probablement causés par une réaction épithéliale du même genre. La couleur de la peau passe du rose au rouge foncé. La desquamation caractéristique débute au bout d'environ 1 semaine, mais la peau demeure rouge et lisse. De nouvelles squames se forment à mesure que les autres se détachent. Les récidives sont fréquentes et la mort survient occasionnellement à cause d'une surinfection.

2. **Érythème polymorphe**. Il s'agit d'une éruption aiguë ou subaiguë de la peau qui se manifeste par des macules, des papules, des

boules d'œdème, des vésicules et quelquefois des bulles. Elle touche surtout les extrémités, le visage et les muqueuses. L'éruption s'accompagne souvent d'un malaise généralisé, d'arthralgie et de fièvre. Des récidives peuvent se produire et durer de 2 à 3 semaines. La forme la plus grave d'érythème polymorphe est le *syndrome de Stevens-Johnson*. Il se manifeste par une éruption bulleuse et vésicante qui s'étend jusqu'aux muqueuses orales, pharyngées et anogénitales. Le syndrome s'accompagne d'une forte fièvre, de céphalée grave, de stomatite, de conjonctivite, de rhinite, d'urétrite et de balanite. Il est souvent mortel.

3. **Photosensibilité.** Une grande variété de réactions anormales, caractérisées par une dermatite, de l'urticaire, des lésions similaires à celles de l'érythème polymorphe et des plaques épaisses qui se desquament peuvent survenir après quelques minutes seulement d'exposition au soleil.

Dyscrasies sanguines   La moelle osseuse de certains clients est particulièrement sensible à l'effet des médicaments; la fabrication des plaquettes, des globules blancs ou des globules rouges peut devenir insuffisante.

En principe, tous les médicaments peuvent causer des dyscrasies sanguines chez une personne très sensible, mais les médicaments comme les antinéoplasiques, certains antibiotiques (comme le chloramphénicol) et la phénylbutazone en causent plus fréquemment. L'état des clients recevant des médicaments qui dépriment les fonctions de la moelle osseuse est évalué fréquemment par des numérations globulaires. Quelques-unes des dyscrasies sanguines les plus fréquentes sont les suivantes:

1. **Agranulocytose.** Il s'agit d'une absence complète de granulocytes, accompagnée d'une diminution du nombre de leucocytes circulants. C'est la dyscrasie sanguine la plus fréquente survenant à la suite de l'administration de médicaments. Les signes précoces de cette dyscrasie sont des symptômes qui s'apparentent à ceux d'une infection: mal de gorge, éruption cutanée, fièvre ou ictère.

2. **Anémie aplastique.** Elle survient lorsque la moelle osseuse est lésée; les tissus hématopoïétiques sont remplacés par du tissu adipeux. La réduction de tous les éléments figurés du sang qui en résulte se nomme pancytopénie. L'anémie aplastique est souvent mortelle. Les symptômes comprennent l'anémie, la leucopénie et la thrombopénie.

3. **Anémie hémolytique.** Elle survient lorsque les globules rouges sont détruits par une réaction antigène-anticorps ou lorsqu'un individu, sensible à certaines substances, présente une réaction idiosyncrasique. Par exemple, certaines personnes de race noire ou d'origine méditerranéenne souffrent d'une déficience héréditaire liée au chromosome X de l'enzyme glucose-6-phosphate déshydrogénase. Cette déficience enzymatique rend les globules rouges particulièrement sensibles à l'hémolyse induite par certains médicaments oxydants (par exemple, l'aspirine). La prise de tels médicaments

peut causer une hémolyse intravasculaire aiguë caractérisée par de l'hématurie. Le traitement nécessite l'arrêt de l'administration du médicament.

4. **Thrombopénie**. Un déficit en plaquettes peut être causé par la destruction des plaquettes circulantes par certains médicaments ou par la dépression des précurseurs des plaquettes dans la moelle osseuse. Cette dernière possibilité est la plus grave. Une thrombopénie grave se manifeste par un purpura suivi d'hémorragies.

Hépatotoxicité (lésions hépatiques)

1. **Obstruction biliaire**. Certains médicaments réduisent la lumière des voies biliaires. Cela entraîne une augmentation des sels biliaires dans le sang, qui cause un ictère.

2. **Nécrose hépatique**. Il s'agit d'une atteinte des cellules hépatiques induite par certains médicaments, qui se manifeste par des nausées, des vomissements et des douleurs abdominales suivis par un ictère.

Néphrotoxicité (lésions rénales)

Il s'agit d'une dégénérescence des tubules rénaux causée par un médicament. Cela peut gêner l'excrétion du médicament et augmenter sa toxicité. La néphrotoxicité se caractérise par de l'hématurie, de l'anurie, de l'œdème, de la protéinurie et de l'urémie.

Ototoxicité (lésions auriculaires)

Elle entraîne des lésions aux parties vestibulaires ou auditives du nerf crânien VIII.

1. **Atteinte vestibulaire**. Se manifeste par des vertiges (sensation de rotation et de chute du corps) et du nystagmus (mouvements rapides, rythmiques et de gauche à droite des globes oculaires).

2. **Atteinte auditive**. Se manifeste par de l'acouphène (son de cloche ou de tintement dans l'oreille) et par une perte progressive de l'audition. Cette réaction indésirable peut être causée par certains antibiotiques (kanamycine, néomycine) et par certains diurétiques (acide éthacrynique, furosémide).

Toxicité pour le système nerveux central

Une telle toxicité se manifeste par des troubles de la coordination motrice, une perte de jugement, une diminution de la conscience ou une stimulation excessive comprenant les convulsions. Les symptômes de dépression se produisent plus souvent avec les barbituriques, les autres sédatifs hypnotiques, les anxiolytiques et l'alcool.

Certains médicaments perturbent la transmission de l'influx nerveux à la jonction myoneurale. Cela cause de la myasthénie et une diminution des réflexes de la cheville et du genou. Cette réaction indésirable peut mener graduellement à l'apnée ou à un arrêt cardiaque.

De la dyskinésie tardive, caractérisée par une diminution de la puissance des mouvements volontaires (devenant alors fragmentaires ou incomplets), a été observée à la suite de l'administration prolongée de neuroleptiques.

Troubles gastro-intestinaux   La nausée, la diarrhée et les vomissements causés par les médicaments peuvent provenir d'une irritation locale ou d'effets systémiques.

Pharmacodépendance   Même si elle ne constitue pas exactement une réaction indésirable, la pharmacodépendance fait partie des problèmes associés à l'administration des médicaments.

Le terme « pharmacodépendance » a été adopté pour regrouper la *dépendance psychologique*, caractérisée par un besoin impérieux de prendre un médicament pour soulager des tensions nerveuses ou pour le simple plaisir, et la *dépendance physique*, caractérisée par l'apparition de symptômes physiques lorsque l'administration du médicament est interrompue.

DÉPENDANCE PSYCHOLOGIQUE   La dépendance psychologique, aussi appelée psychodépendance, peut être bénigne ou grave. Dans la *dépendance psychologique bénigne*, la personne s'habitue à prendre un médicament ou une autre substance qui lui procure une sensation de bien-être, comme c'est le cas de la caféine dans le café ou de la nicotine dans les cigarettes. On dit de cette personne qu'elle est une habituée, c'est-à-dire qu'elle ne peut cesser de prendre cette substance facilement car elle ne se sent pas bien lorsqu'elle en est privée. Malgré tout, elle peut, si elle le désire, de son propre gré et sans avoir recours à un soutien professionnel, arriver à perdre cette habitude. Dans la *dépendance psychologique grave*, la personne recherche la sensation que lui procure le médicament et prendra des moyens compulsifs pour obtenir le médicament (par exemple, l'utilisation d'héroïne ou d'amphétamines). La dépendance psychologique grave envers les médicaments semble survenir chez des gens qui, après avoir eu une fois des sensations particulièrement satisfaisantes avec une substance, continuent à la rechercher avidement. L'infirmière devrait noter quels clients demandent plus fréquemment des médicaments que les autres clients atteints du même état pathologique. Le nom de ces clients devrait être porté à l'attention du médecin.

DÉPENDANCE PHYSIQUE   L'administration ininterrompue de certains médicaments (par exemple, les narcotiques et les dépresseurs du système nerveux central) provoque des changements dans l'organisme qui font en sorte que le médicament devient essentiel au fonctionnement « normal » de l'individu. Cela constitue la dépendance physique. Le retrait d'un médicament chez un client qui en dépend physiquement peut provoquer des *symptômes de sevrage*. Ceux-ci varient en fonction du médicament. Le sevrage d'un narcotique produit une augmentation de l'activité du système nerveux autonome et une augmentation de l'excitabilité du système nerveux central (voir les généralités sur les narcotiques à la page 593). Le sevrage d'un dépresseur du système nerveux central (par exemple, les barbituriques, les sédatifs hypnotiques et les anxiolytiques) peut aussi mener à une augmentation de l'excitabilité de certaines régions du système nerveux central, principalement de celles qui régissent les activités motrices et mentales. Le client peut alors souffrir de tremblements, de convulsions tonico-cloniques, de confusion, de désorientation et de réactions psychotiques.

Dysfonction sexuelle   La fonction sexuelle peut être affectée par certains médicaments (par exemple, les antidépresseurs tricycliques). Une altération de la libido ou l'apparition d'impuissance ne sont pas nécessairement permanentes. Un ajustement de la posologie ou la substitution d'un médicament par un autre peuvent faire disparaître la dysfonction sexuelle.

 CHAPITRE **4**

Interactions médicamenteuses: généralités et soins infirmiers

INTERACTIONS MÉDICAMENT-MÉDICAMENT

Puisque beaucoup de clients reçoivent plus d'un médicament, les interactions médicamenteuses peuvent constituer un problème clinique majeur. En effet, en plus d'avoir un effet thérapeutique spécifique, les médicaments peuvent influer sur d'autres systèmes physiologiques. Les risques que deux médicaments administrés en concomitance influent sur un même système sont élevés.

Dans la plupart des cas, il est quand même possible d'administrer conjointement deux médicaments qui interagissent, à condition de prendre quelques précautions comme des ajustements des posologies. De plus, les interactions ne sont pas toujours indésirables. Dans certains cas, il est possible d'en tirer profit pour le traitement. Par exemple, le probénécide peut être administré avec la pénicilline pour en diminuer la vitesse d'excrétion et augmenter ainsi sa concentration sanguine.

L'étude des interactions médicamenteuses est en voie de devenir une spécialité complexe de la pharmacologie. Cependant, les explications complexes des interactions sont simplifiées au maximum dans ce manuel.

Cette section présente une brève description des principaux mécanismes qui donnent lieu à des interactions médicamenteuses. Cela peut aider l'infirmière à prévoir des situations semblables avec d'autres combinaisons de médicaments.

Il est important de se souvenir que les interactions médicamenteuses ne s'appliquent pas seulement aux effets thérapeutiques mais qu'elles s'appliquent aussi aux effets indésirables des médicaments.

Il faut aussi remarquer que ces interactions n'impliquent pas nécessairement des médicaments vendus sur ordonnance. Les salicylates (aspirine) interagissent avec plusieurs autres médicaments, au même titre que les cathartiques et les antidiarrhéiques. Les boissons comme l'alcool et les aliments riches en tyramine peuvent aussi jouer un rôle important.

Les interactions requièrent souvent des ajustements posologiques d'un médicament ou des deux médicaments ou le retrait de l'un d'eux. Les interactions fréquentes sont décrites pour chaque médicament ou catégorie de médicaments.

Médicaments ayant des effets pharmacologiques opposés

Lorsque deux médicaments ont des effets pharmacologiques opposés, l'effet thérapeutique d'un ou des deux médicaments peut être diminué ou supprimé. Cela se produit lorsqu'on associe la pilocarpine, un produit cholinergique indiqué pour le glaucome, avec un anticholinergique ou un médicament similaire à l'atropine.

Nous décrivons généralement cette interaction comme une « diminution de l'effet ». On peut corriger l'interaction en n'administrant qu'un des deux médicaments, en adaptant l'horaire d'administration ou en augmentant la dose d'un ou des deux médicaments.

Médicaments ayant des effets pharmacologiques semblables

Lorsque deux médicaments ont des effets pharmacologiques semblables, leur association peut provoquer un effet égal (synergie additive) ou supérieur (synergie renforcatrice) à la somme des effets des médicaments utilisés séparément. Ce type d'interaction est décrit comme étant une « augmentation de l'effet ». Les termes « additifs » ou « potentialisation » pourront aussi être utilisés pour décrire ces interactions. Un exemple de ce type d'interaction est l'administration concomitante de médicaments qui dépriment le système nerveux central, comme l'alcool, les anxiolytiques, les hypnotiques et les antihistaminiques.

Modifications de la biodisponibilité des médicaments

MODIFICATIONS DE L'ABSORPTION DANS LE TUBE DIGESTIF

L'absorption de la plupart des médicaments dans le tube digestif dépend du pH. L'utilisation concomitante d'un produit qui modifie le pH peut influer sur la vitesse d'absorption du médicament ou sur la quantité de médicament absorbée. Il peut donc y avoir augmentation ($\uparrow$) ou diminution ($\downarrow$) de l'effet du médicament.

Par exemple, la prise d'antiacides (qui élèvent le pH de l'estomac) provoque une diminution de l'absorption gastrique de l'aspirine, un médicament qui est absorbé plus rapidement lorsque le pH est plus bas.

L'absorption des médicaments peut aussi être influencée par leur temps de passage dans le tube digestif. Les médicaments qui influent sur la motilité du tube digestif peuvent aussi modifier l'absorption des médicaments. Généralement, les cathartiques vont la diminuer (diminution de l'effet) car les médicaments restent moins longtemps dans le tube digestif. D'autre part, les produits qui provoquent la constipation peuvent quelquefois augmenter l'absorption des médicaments (augmentation de l'effet).

La présence d'aliments peut aussi influer sur l'absorption des médicaments dans le tube digestif. Par exemple, l'absorption de certaines tétracyclines est inhibée en présence de produits laitiers (comme le lait et les fromages), car le calcium présent dans ces aliments forme un complexe insoluble avec le médicament.

CHANGEMENTS DE L'EXCRÉTION URINAIRE. La vitesse d'élimination urinaire des médicaments ainsi que la vitesse à laquelle ils sont réabsorbés à partir du filtrat glomérulaire sont reliées intimement à leur vitesse d'absorption dans le tube digestif. Les médicaments qui sont éliminés plus lentement à cause de l'administration concomitante d'un autre médicament restent dans l'organisme plus longtemps et leurs effets sont augmentés.

Les effets des médicaments diminuent lorsqu'ils sont éliminés plus rapidement ou moins réabsorbés à cause de l'administration concomitante d'un autre médicament.

Tout comme l'absorption dans le tube digestif, l'élimination rénale dépend du pH. Il arrive qu'on change délibérément le pH de l'urine en administrant un alcalinisant (bicarbonate de sodium) ou un acidifiant (chlorure d'ammonium). La nature du médicament détermine la vitesse de son excrétion en présence d'un changement du pH. Par exemple, l'alcalinisation de l'urine peut être utile avec des médicaments comme les sulfamides. Ces derniers sont plus solubles à un pH plus élevé, et cela diminue le risque de cristallisation dans les reins.

Déplacement des médicaments des sites de liaison

De nombreux médicaments se lient aux protéines plasmatiques. Le médicament lié aux protéines ne peut pas produire d'effets pharmacologiques.

La liaison aux protéines plasmatiques est prise en considération lorsque la posologie est fixée afin que la quantité de médicament non lié aux protéines plasmatiques produise l'effet pharmacologique désiré. Cependant, cette relation peut être changée lorsqu'un autre médicament se liant aussi aux protéines est ajouté au traitement. Si l'affinité du médicament B pour la protéine est plus grande que celle du médicament A, ce dernier sera déplacé (libéré) du site de liaison protéique. Cela augmentera la fraction libre (disponible) du médicament A et, par conséquent, son effet. Par exemple, les anticoagulants coumariniques se lient aux protéines plasmatiques mais peuvent être déplacés par plusieurs autres médicaments. Une concentration plus grande que prévue d'anticoagulant libre peut avoir des effets désastreux, y compris des hémorragies fatales.

Modifications du métabolisme des médicaments

1. La plupart des médicaments sont métabolisés par des enzymes spécifiques dans le foie. Une modification de l'activité de ceux-ci peut mener à une modification de la disponibilité de certains médicaments. Il arrive souvent que les interactions provoquent des inhibitions enzymatiques qui se manifestent par une augmentation de l'effet d'un médicament.

   Par contre, certains médicaments stimulent l'activité des enzymes nécessaires au métabolisme d'autres médicaments. Par exemple, les barbituriques stimulent certains enzymes hépatiques. Cela produit une accélération du métabolisme des médicaments qui utilisent ces voies métaboliques. C'est le cas des hormones stéroïdiennes comme les œstrogènes et la progestérone ainsi que des anticoagulants coumariniques.

2. Le mode d'action de certains médicaments, comme les inhibiteurs de la monoamine-oxydase (IMAO) et le disulfirame, consiste à inhiber un enzyme en particulier. Une interaction peut donc se produire lorsque cet enzyme doit servir à métaboliser un autre médicament ou certains aliments.

Ce mécanisme joue un rôle dans l'interaction bien connue entre les IMAO et les aliments riches en tyramine, comme le fromage. La tyramine ne peut être métabolisée par la monoamine-oxydase puisque celle-ci est inhibée par les IMAO. La tyramine s'accumule, et elle peut causer une hypertension grave.

Ce genre d'interaction est utilisé dans le traitement des alcooliques avec le disulfirame (Antabuse). Ce médicament bloque une étape du métabolisme de l'alcool, ce qui provoque une accumulation d'acétaldéhyde. Cette substance a des effets physiologiques tellement désagréables que le client évite de prendre de l'alcool.

Modifications des concentrations d'électrolytes Les médicaments qui provoquent la perte (par exemple, de potassium) ou la rétention (par exemple, de calcium) d'électrolytes peuvent rendre le cœur particulièrement sensible aux effets toxiques de la digitale. Une telle interaction se produit lors de l'administration concomitante de diurétiques thiazidiques (lesquels causent une perte de potassium) et de digitale.

Altérations de la flore intestinale Les antibiotiques et les autres anti-infectieux détruisent assez souvent la flore intestinale qui synthétise la vitamine K. Une diminution de la concentration sanguine de cette vitamine augmente l'effet des anticoagulants, ce qui peut causer des hémorragies.

INTERACTIONS MÉDICAMENT-ALIMENT

Généralités Les interactions médicament-aliment ne sont pas aussi bien connues que les interactions médicamenteuses. Pourtant, ces interactions peuvent avoir des effets dangereux. Cela se produit dans le cas des crises hypertensives causées par l'ingestion d'aliments riches en tyramine par des clients traités avec des IMAO.

Les interactions médicament-aliment peuvent avoir moins d'importance clinique; par exemple, l'absorption de la riboflavine est retardée par l'ingestion d'aliments. Ces interactions modifient l'importance et la vitesse de l'absorption, de la distribution, du métabolisme et de l'excrétion des médicaments. Nous avons déjà décrit les mécanismes généraux d'interaction. Les interactions médicament-aliment connues sont regroupées à l'appendice 4.

Soins infirmiers – Optimisation de l'effet thérapeutique des médicaments

Expliquer au client et/ou à sa famille:

a) qu'il faut prendre à jeun les médicaments dont l'absorption est influencée par les aliments, c'est-à-dire 1 h avant ou 2 h après les repas, avec un grand verre d'eau.

b) quels sont les aliments à prendre ou à éviter pour optimiser l'effet thérapeutique des médicaments (voir l'appendice 4).

c) quels sont les aliments à prendre ou à éviter si une urine alcaline ou acide augmente ou diminue l'action des médicaments (voir l'appendice 4).

d) les réactions que les aliments subissent dans l'organisme. Expliquer que le goût des aliments ne permet pas de déduire s'ils seront métabolisés en résidus acides ou alcalins. Le type de résidu est plutôt déterminé par le contenu en minéraux de l'aliment. Certains aliments comme le café ou les jus d'agrumes sont corrosifs parce qu'ils contiennent des acides organiques. Toutefois, ils ne sont pas métabolisés en résidus acides et ne causent donc pas d'acidification urinaire.

e) comment suivre la diète recommandée. Fournir des instructions écrites (y compris une liste des aliments recommandés et/ou à proscrire). Les conseils d'une diététicienne peuvent être requis.

INFLUENCE DES MÉDICAMENTS SUR L'UTILISATION DES NUTRIMENTS

Les médicaments peuvent aussi influer sur l'utilisation des aliments par l'organisme en accélérant l'excrétion de certains nutriments, en gênant l'absorption des nutriments ou en perturbant la conversion des nutriments en composés utilisables. Ces interactions médicament-aliment peuvent mener à des carences en vitamines et en minéraux, particulièrement chez les enfants, les personnes âgées et les malades chroniques et chez les personnes qui doivent suivre des régimes spéciaux. Les régimes devraient être ajustés de façon à comprendre plus d'aliments riches en vitamines et en minéraux.

L'état psychologique et physique du client influe aussi sur l'action des médicaments. Par exemple, un état de malnutrition réduit l'efficacité de certains médicaments en modifiant leur absorption et leur élimination ainsi que la captation tissulaire et la sensibilité de l'organisme à leurs effets. Un état dépressif peut réduire la sécrétion salivaire, ce qui peut causer des changements de l'apport nutritionnel pouvant perturber à leur tour l'action des médicaments.

L'appendice 5 présente une liste des médicaments qui perturbent l'utilisation des nutriments et l'appendice 6 présente une liste des aliments qui produisent des résidus acides, alcalins ou neutres.

Soins infirmiers – Réduction des risques de carences nutritionnelles associées aux traitements médicamenteux

1. *Évaluer*:
   a) l'état nutritionnel du client avant le début du traitement et à des intervalles réguliers pendant le traitement.
   b) le dossier du client pour détecter, s'il y a lieu, les réactions adverses au médicament.
   c) les carences nutritionnelles ou le syndrome de malabsorption chez les clients qui prennent des médicaments figurant dans les appendices 4 et 6 et qui présentent un mauvais état nutritionnel.

2. Consulter le médecin en ce qui a trait au besoin d'un supplément alimentaire.

3. *Expliquer au client et/ou à sa famille*:
   a) quelles sont les interactions médicament-aliment pouvant se produire avec les médicaments que prend le client.
   b) qu'il ne doit pas utiliser de médicaments en vente libre sans consulter son médecin ou son pharmacien.
   c) qu'il doit avoir une alimentation adéquate.
   d) où se renseigner pour obtenir de l'aide si ses revenus ne lui permettent pas d'avoir une alimentation adéquate.

 CHAPITRE **5**

Soins infirmiers relatifs aux traitements médicamenteux

Les *Soins infirmiers* décrivent les interventions relatives aux traitements médicamenteux: administration, précautions et enseignement au client. L'infirmière ne fait pas qu'administrer les médicaments prescrits par le médecin; elle doit plutôt agir en professionnelle et utiliser ses connaissances en physiologie, en pathologie, en sociologie, en psychologie et en soins infirmiers afin de participer à l'approche multidisciplinaire de la prévention et du traitement des maladies.

Les commentaires du client, de sa famille, du médecin et des autres membres de l'équipe de soins de santé doivent être pris en considération dans l'application de la démarche de soins infirmiers. L'infirmière doit aussi évaluer et signaler au médecin les effets thérapeutiques et les réactions indésirables; cela constitue une part essentielle de ses fonctions. Les interventions infirmières appropriées sont pour beaucoup dans le succès des traitements médicamenteux.

Les soins infirmiers qui suivent sont valables pour tous les traitements médicamenteux. Ils seront repris ultérieurement lorsqu'on voudra mettre l'accent sur des soins particuliers en rapport avec l'administration d'un médicament ou d'une catégorie de médicaments.

1. Vérifier la carte de médicament ou le registre d'administration des médicaments afin de voir si l'ordonnance du médecin a été bien consignée; vérifier le nom du client, la date, la posologie, la voie et l'heure d'administration ainsi que le régime alimentaire. Vérifier si l'administration du médicament n'est pas sujette à une interruption automatique (selon les règlements de l'établissement de santé).

2. Vérifier si le client doit subir des épreuves diagnostiques qui ont pour préalable l'interruption de certains traitements médicamenteux (par exemple, examens du tube digestif, glycémie à jeun). Dans de tels cas, ne pas administrer le médicament et consulter le médecin, si nécessaire.

3. Vérifier dans le *Précis de pharmacologie* les effets physiologiques, les indications thérapeutiques, les réactions indésirables, les interactions médicamenteuses, les soins infirmiers et la posologie recommandée. Utiliser au besoin d'autres références, comme le

CPS. Consulter le pharmacien et lui demander la monographie d'un produit si elle ne se trouve pas dans les ouvrages de référence ou s'il s'agit d'un médicament administré à des fins de recherche.

4. Choisir le médicament prescrit par le médecin. La substitution d'un médicament par un autre est inacceptable et illégale. Vérifier si l'ordonnance comporte la mention « Ne pas substituer ». Dans ce cas, il ne faut pas passer d'une marque d'un médicament à une autre, à cause des différences de biodisponibilité entre les produits (comme c'est le cas pour la phénytoïne sodique).

5. S'assurer que la posologie se situe dans les limites normales. Si ce n'est pas le cas, ne pas administrer le médicament et vérifier l'innocuité de la posologie avec le médecin.

6. Préparer la dose prescrite. Si la solution ou les comprimés ne permettent pas de donner cette dose, vérifier auprès du pharmacien si une préparation ayant une autre teneur est disponible. S'il n'est pas possible d'obtenir une autre préparation, demander au médecin s'il peut ajuster la posologie afin qu'on puisse la mesurer plus exactement.

7. Si aucun comprimé de la teneur appropriée n'est disponible et si le pharmacien le permet, l'infirmière peut, s'il est soluble, broyer le comprimé et le dissoudre dans un volume mesuré d'eau. L'infirmière administre ensuite la fraction adéquate de la solution. Il ne s'agit pas d'une méthode de premier choix.

8. Sauf en cas de contre-indications, les comprimés solubles peuvent être dissous dans du liquide pour les clients incapables d'avaler des comprimés. Il est aussi possible, dans certains cas, d'obtenir le médicament sous forme liquide à la pharmacie. Cependant, les élixirs ou les sirops à forte teneur en sucre ne devraient pas être administrés aux clients diabétiques. Les comprimés peuvent aussi être broyés et administrés dans un petit volume (une cuillerée à café) de confiture de fruits, à moins d'une contre-indication d'ordre diététique.

9. Tenir compte du nom du client, de son âge, de son sexe, de son milieu social, de ses préférences religieuses, de son régime alimentaire, de ses allergies, de ses antécédents médicaux et de son diagnostic lors de la préparation et de l'administration des médicaments.

10. S'assurer que les épreuves diagnostiques appropriées ainsi que la détermination des valeurs de base ont été effectuées avant de commencer un traitement. S'il y a lieu, évaluer les résultats de ces épreuves.

11. Avant d'administrer un médicament, vérifier l'identité du client. Évaluer l'état physique et mental du client afin de s'assurer qu'il peut recevoir le médicament par la voie prescrite. Si le client (un enfant, par exemple) ne peut pas ou ne veut pas prendre le médicament par la voie indiquée, ne pas administrer celui-ci et consulter le médecin, qui peut alors réduire la posologie, changer la voie d'administration, changer de médicament ou supprimer l'administration de ce médicament.

12. Prendre en considération les interactions avec les épreuves de laboratoire lors du choix de l'épreuve et lors de l'utilisation des résultats à des fins d'ajustements posologiques.

13. Tenir compte des caractéristiques pharmacocinétiques des médicaments afin d'optimiser le traitement.

14. Administrer les médicaments aussi près que possible des heures prescrites. Les limites acceptables sont de 30 min avant ou après l'heure prescrite. Les médicaments prescrits ac devraient être administrés 20 min avant le repas. Établir l'horaire d'administration de façon à optimiser l'efficacité thérapeutique et à réduire les réactions indésirables (par exemple, on administre les diurétiques le matin afin que la diurèse soit terminée avant le coucher).

15. Tenir compte de la quantité de liquide ingérée avec le médicament si les ingesta et les excreta du client sont mesurés. Ne servir que des liquides permis dans le régime alimentaire.

16. Demeurer auprès du client jusqu'à ce qu'il ait pris les médicaments destinés à la voie orale.

17. Évaluer les effets positifs ou négatifs d'un traitement d'après les connaissances acquises sur les effets thérapeutiques, les réactions indésirables et les interactions médicamenteuses. Signaler les observations. Certaines réactions indésirables peuvent nécessiter le retrait d'un médicament et même un traitement d'urgence.

18. Consigner au dossier l'administration des médicaments et les autres évaluations (y compris les arrêts de traitements), immédiatement après ces actes pour prévenir les erreurs causées par un manque de communication et éviter la répétition des interventions.

19. Après en avoir discuté avec les autres membres de l'équipe de soins de santé, l'infirmière ou le pharmacien devrait expliquer au client et/ou à sa famille les techniques d'administration des médicaments et fournir toute l'information nécessaire au succès du traitement en milieu hospitalier ou à la maison. Cet enseignement est essentiel pour s'assurer de la fidélité au traitement.

⊞ CHAPITRE **6**

Soins infirmiers relatifs à l'administration des médicaments par les différentes voies

L'infirmière doit observer certaines règles générales lors de la préparation et de l'entreposage des médicaments.

1. Vérifier deux fois tous les calculs effectués pour préparer et administrer les médicaments. S'il s'agit de médicaments très toxiques, il est préférable de vérifier les calculs et la posologie avec une autre infirmière.

2. Travailler sous un éclairage adéquat.

3. Être toujours très attentive.

4. Vérifier les étiquettes *trois* fois: (1) lorsqu'on prend le médicament de son lieu d'entreposage, (2) lors de la préparation du médicament et (3) lorsqu'on remet le médicament à sa place.

5. Vérifier les dates d'expiration; se débarrasser des médicaments dont la date d'expiration est passée de la manière recommandée dans les règlements de l'établissement.

6. Ne pas utiliser de médicaments ayant changé de couleur ou ayant un précipité anormal, à moins d'indications précises (par exemple, les instructions pour l'administration peuvent mentionner qu'un changement de couleur de la préparation ne nuit pas à l'innocuité du médicament).

7. Verser les médicaments liquides du côté opposé à celui qui porte l'étiquette.

8. Essuyer le contenant après avoir versé le liquide.

9. Lorsqu'on utilise un gobelet gradué, toujours le tenir au niveau de l'œil afin de bien voir le ménisque, dont la partie inférieure doit se trouver vis-à-vis de la graduation désirée.

10. Ne pas verser les comprimés et les capsules dans sa main; il faut les verser dans le couvercle du flacon avant de les mettre dans le gobelet pour l'administration.

11. Administrer seulement les médicaments que vous avez préparés vous-même.

12. Ne pas remettre les médicaments dans le contenant d'entreposage après les avoir versés.

13. Utiliser des instruments et des techniques aseptiques lors de la préparation des médicaments pour administration parentérale.

14. Utiliser le bon solvant pour les préparations parentérales; suivre les instructions relatives à la concentration et à la vitesse d'administration du médicament.

15. Jeter les aiguilles et les seringues dans les contenants appropriés.

16. Jeter les ampoules ainsi que la fraction non utilisée du médicament.

17. Entreposer les médicaments de la manière recommandée (par exemple, les comprimés devraient être placés dans un endroit sec et à l'abri de la lumière). Les solutions doivent aussi être entreposées aux températures recommandées.

18. Retourner à la pharmacie les flacons dont les étiquettes sont endommagées.

19. Ne jamais laisser les armoires à médicaments déverrouillées ni laisser des médicaments sans surveillance.

20. Faire l'inventaire des médicaments contrôlés à la fin de chaque quart de service avec l'infirmière responsable de l'unité pendant le prochain quart de service.

ADMINISTRATION PAR VOIE ORALE

1. Administrer les médicaments irritants avec les repas ou les collations afin de réduire leurs effets sur la muqueuse gastrique.

2. Administrer les médicaments dont l'absorption est influencée par la présence d'aliments ou qui subissent une destruction enzymatique significative entre les repas ou lorsque le client est à jeun (voir l'appendice 4 pour les interactions médicament-aliment).

3. Ne pas administrer de médicaments par voie orale aux clients comateux.

4. Si le client souffre de vomissements, ne pas administrer le médicament et consulter le médecin.

Comprimés/capsules

1. Sauf dans le cas des comprimés sécables, les comprimés ne devraient pas être brisés pour ajuster la dose. Cela peut modifier la dose et causer de l'irritation gastro-intestinale ou une destruction du médicament par contact avec un *p*H incompatible. Les *comprimés sécables* peuvent être coupés avec une lime.

2. Les *capsules à délitement progressif* et les *comprimés à enrobage entérique* ne doivent pas être altérés. Expliquer au client qu'il doit les avaler sans les croquer.

3. Les *comprimés sublinguaux* doivent être placés sous la langue. Expliquer au client qu'il ne doit pas les avaler, les croquer ou boire de l'eau car cela peut perturber l'efficacité du médicament.

4. Les *comprimés buccaux* devraient être placés entre la gencive et la joue (près des molaires supérieures). Avertir le client de ne pas déplacer le comprimé durant l'absorption.

Liquides

1. **Émulsions**. Certaines d'entre elles peuvent être diluées avec de l'eau (demander au pharmacien).

2. **Suspensions**. Bien agiter jusqu'à redispersion complète du précipité.

3. **Élixirs**. Ne pas diluer car cela peut causer la précipitation du médicament.

4. **Solutions salées**. Mélanger avec de l'eau ou avec du jus de fruit à moins d'indication contraire dans la diète du client.

ADMINISTRATION PAR UNE SONDE NASOGASTRIQUE

1. Faire asseoir les clients adultes.

2. Placer les clients inconscients ou les nourrissons sur le côté gauche.

3. *Toujours bien vérifier la position de la sonde avant de commencer à administrer le médicament.*
   a) Placer l'extrémité distale de la sonde dans un verre d'eau. Quelques bulles peuvent se former par suite de l'évacuation des gaz de l'estomac. *Ne pas administrer* le médicament si ces bulles sont émises à chaque expiration, car cela démontre que la sonde est placée dans un poumon.
   b) Écouter l'extrémité distale de la sonde; si elle est bien placée, aucun son ne devrait être émis. *Ne pas administrer le médicament* s'il y a des crépitations, car cela indique que la sonde est placée dans un poumon.
   c) Aspirer quelques millilitres de liquide avec une seringue placée à l'extrémité de la sonde. Si aucun liquide ne sort, *ne pas administrer le médicament*, car la sonde est placée dans un poumon.
   d) Injecter 5 à 10 mL d'eau stérile pour un adulte (0,5 mL pour un nourrisson) et écouter au-dessus de l'estomac avec un stéthoscope. Un son de clapotis démontre que la sonde est bien placée dans l'estomac.

4. Administration: Éviter d'injecter trop d'air dans l'estomac en maintenant l'écoulement du liquide du début à la fin de l'administration.
   a) Verser 5 à 10 mL d'eau dans la seringue et laisser ce volume s'écouler par gravité.
   b) Juste avant que l'eau ne soit complètement écoulée, pincer la sonde et ajouter le médicament dans la seringue.
   c) Juste avant que le médicament ne soit complètement écoulé, pincer la sonde et ajouter 5 à 10 mL d'eau pour s'assurer que tout le médicament s'écoule dans l'estomac.

5. Une fois l'administration terminée:
   a) Pincer la sonde et enlever la seringue.
   b) Évaluer la présence de malaises gastriques, qui se manifestent par de la distension et des régurgitations.
   c) Consigner au dossier ce qui a été administré par la sonde (médicament, volume de liquide).

ADMINISTRATION PAR INHALATION

Soins infirmiers – Toutes les méthodes d'administration par inhalation

1. N'administrer qu'un seul médicament à la fois dans le nébuliseur, à moins d'indication contraire. Un mélange de médicaments peut causer des réactions indésirables ou une inactivation des médicaments.

2. Mesurer précisément le médicament avec une seringue. Diluer le médicament comme prescrit et le placer dans le nébuliseur. Pour l'administration à domicile, s'assurer que le client possède les instruments requis pour préparer le médicament et qu'il est capable de le mesurer avec précision.

3. Jeter le médicament qui reste dans le nébuliseur après chaque administration.

4. Expliquer au client comment démonter, nettoyer et assembler l'équipement.

5. Insister auprès du client sur la nécessité de nettoyer l'embout buccal et le nébuliseur après chaque usage. Les autres tubes peuvent être nettoyés une fois par jour.

6. Asseoir confortablement le client ou le placer en position de semi-Fowler afin de faciliter les mouvements diaphragmatiques.

Soins infirmiers complémentaires – Inhalothérapie par nébulisation

1. Types de nébuliseurs:
   a) Aérosols-doseurs commerciaux (par exemple, mini-bombes Ventolin).
   b) Nébuliseurs à main remplis d'une solution diluée de médicament.
   c) Nébuliseurs reliés par un tube de caoutchouc à une source d'air comprimé ou d'oxygène. Un raccord en Y divise le tube en deux entre le nébuliseur et la source d'air comprimé. Une branche du Y est ouverte.

2. *Vérifier l'équipement* avant l'administration:
   a) Placer le médicament dans le nébuliseur.
   b) Ouvrir la source d'air comprimé ou d'oxygène (tel que prescrit).
   c) Bloquer l'extrémité ouverte du Y; une fine nébulisation sera alors émise par le nébuliseur si l'appareil fonctionne correctement.

3. Expliquer au client comment s'administrer le médicament par nébulisation en suivant ces instructions:
   a) Placer le médicament dans le nébuliseur.
   b) Expirer lentement par la bouche avec les lèvres pincées.
   c) Mettre le nébuliseur dans la bouche sans fermer complètement les lèvres.
   d) Prendre une grande inspiration par la bouche tout en pressant la poire du nébuliseur ou en bouchant l'orifice ouvert du Y.
   e) Retenir sa respiration pendant 3 ou 4 s.
   f) Expirer doucement par les lèvres pincées afin de créer une pression positive dans l'arbre bronchique; cela facilite la pénétration du médicament.
   g) Répéter le nombre de fois prescrit.

Soins infirmiers complémentaires – Inhalothérapie avec un respirateur à pression positive intermittente (RPPI)

1. Régler l'appareil au débit inspiratoire prescrit par le médecin. On commence souvent le traitement avec 5 cm de pression d'eau pour permettre au client de s'habituer à bien faire fonctionner l'appareil. Par la suite, on augmente graduellement la pression jusqu'à l'obtention de l'efficacité maximale (généralement, 15 à 20 cm de pression d'eau pendant 15 min, 3 ou 4 fois par jour).

2. Recommander au client de respirer lentement, avec des mouvements diaphragmatiques, et d'expirer lentement en pinçant les lèvres.

3. Dire au client qu'il doit prendre plusieurs respirations profondes et expirer le plus complètement possible.

4. Recommander au client de tousser efficacement plusieurs fois durant le traitement si le but est de se débarrasser des sécrétions.

5. Administrer au moins 1 h après les repas pour prévenir les nausées et les vomissements.

6. L'aérosolthérapie peut être effectuée avant ou après le traitement avec un RPPI, tel que prescrit.

Évaluer l'amélioration de l'état du client en lui demandant de respirer après le traitement. Évaluer la fréquence et les efforts respiratoires et décrire les sécrétions qui sont expectorées.

> **Soins infirmiers complémentaires après l'administration par inhalation**
>
> 1. Aider le client si le drainage postural, la percussion ou la vibration sont prescrits.
> 2. Évaluer l'amélioration de l'état du client après le traitement. Lui demander d'expirer le plus complètement possible et de respirer ensuite. Évaluer la fréquence et les efforts respiratoires et décrire les sécrétions qui sont expectorées.
> 3. Nettoyer soigneusement l'équipement: suivre les règlements de l'établissement ou le nettoyer au moins une fois par jour en utilisant une solution 1:3 de vinaigre dans l'eau; bien rincer et faire sécher à l'air.

ADMINISTRATION PAR IRRIGATION ET GARGARISME

1. La température des irrigations bucco-pharygées ne devrait pas dépasser 49°C afin de ne pas léser les tissus.
2. Avertir le client que l'utilisation d'antiseptiques non dilués peut détruire les défenses naturelles de la bouche et du pharynx.

ADMINISTRATION PAR APPLICATION NASALE

> **Soins infirmiers – Toutes les méthodes d'application nasale**
>
> 1. Garder à portée de la main des mouchoirs de papier.
> 2. Utiliser des instruments différents pour chacun des clients afin d'éviter la propagation de l'infection.
> 3. Demander au client de se moucher avant le traitement. Si les conduits nasaux sont obstrués et que le client ne peut se moucher, se servir d'une poire pour aspiration nasale.
> 4. Une fois que le traitement est terminé, rincer le compte-gouttes ou l'embout du flacon vaporisateur (faire attention de ne pas y introduire d'eau) et l'assécher avec un mouchoir. Essuyer l'embout des tubes de gelée nasale avec un mouchoir de papier humide.
> 5. Replacer le bouchon sur le contenant aussitôt que possible.
> 6. Chaque client devrait avoir son propre compte-gouttes et son propre contenant de médicament afin d'éviter la contamination croisée. Si un seul contenant de médicament est disponible, utiliser un compte-gouttes différent pour chacun des clients.

Administration de gouttes nasales

Soins infirmiers complémentaires – Administration de gouttes nasales

1. Expliquer au client qu'il doit incliner la tête vers l'arrière si la position assise ou debout est recommandée pendant l'administration.

2. Expliquer au client alité qu'il doit laisser pendre sa tête vers l'arrière au dessus du bord de son lit. Il est aussi possible de lui placer un coussin sous la nuque afin que son cou soit en hyperextension.

3. Insérer le compte-gouttes de 0,8 cm environ dans les narines et instiller les gouttes. Éviter de toucher les parois des narines avec le compte-gouttes car cela peut causer des éternuements.

4. Recommander au client de garder cette position pendant 1 à 2 min, jusqu'à ce que le médicament soit absorbé.

Administration de vaporisations nasales

Soins infirmiers complémentaires – Administration de vaporisations nasales

1. Expliquer au client qu'il doit tenir sa tête droite et prendre une légère inspiration lorsque le vaporisateur est comprimé, rapidement et fermement.

2. Si possible, ne vaporiser qu'une fois ou deux dans chaque narine.

3. Attendre de 3 à 5 min pour laisser au médicament le temps d'agir.

4. Demander au client de se moucher doucement.

5. Recommencer la vaporisation si nécessaire.

Administration de gelée nasale

Soins infirmiers complémentaires – Administration de gelée nasale

Expliquer au client qu'il doit instiller à l'aide d'un doigt une boule de gelée de la taille d'un pois dans chaque narine et qu'il doit bien l'inspirer dans les conduits nasaux.

ADMINISTRATION DE MÉDICAMENTS OPHTALMIQUES

Administration de gouttes ophtalmiques

1. Expliquer au client qu'il doit se coucher ou s'asseoir avec la tête inclinée vers l'arrière.

2. Avoir un mouchoir de papier pour chacun des yeux.

3. Nettoyer la paupière et les cils avant l'administration.

4. Utiliser un flacon compressible ou un compte-gouttes différent pour chaque client. S'il s'agit d'un compte-gouttes, ne prélever que la quantité requise pour l'administration.

5. Tenir l'applicateur près de l'œil sans toucher la paupière ou les cils.

6. Exposer le sac conjonctival inférieur en exerçant une traction sur la peau au-dessous de l'œil avec une compresse de gaze.

7. Avec la même main, utiliser une boule de coton absorbant stérile pour appliquer une pression douce sur le canal excréteur de la glande lacrymale pendant 2 min après l'administration, afin de réduire l'absorption systémique du médicament par ce canal.

8. Placer la paume de la main qui administrera les gouttes sur la main qui tient la compresse de gaze et instiller le nombre de gouttes prescrit au centre du sac conjonctival exposé. Éviter d'instiller les gouttes sur la cornée car cela peut entraîner un malaise et des lésions tissulaires.

9. Demander au client de garder les yeux fermés pendant 1 à 2 min pour faciliter l'absorption du médicament.

Administration d'onguent ophtalmique

1. Expliquer au client qu'il doit se coucher ou s'asseoir avec la tête inclinée vers l'arrière.

2. Avoir un mouchoir de papier pour chacun des yeux.

3. Exposer le sac conjonctival de la façon décrite pour les gouttes ophtalmiques.

4. Appliquer une bande d'onguent de 1 cm de longueur (ou selon l'ordonnance), dans le sac conjonctival.

5. Demander au client de garder les yeux fermés pendant 1 à 2 min pour permettre à la chaleur corporelle de faire fondre l'onguent et de le répandre sur la région à traiter.

6. Informer le client que sa vision peut être brouillée pendant quelques minutes après l'instillation.

ADMINISTRATION DE GOUTTES OTIQUES

1. Réchauffer les gouttes à la température du corps en tenant la bouteille dans la main pendant quelques minutes avant l'instillation.

2. Faire coucher le client sur le côté de façon à exposer l'oreille à traiter.

3. Chez l'adulte, tirer le pavillon de l'oreille vers le haut et vers l'arrière. Mettre l'embout du compte-gouttes vis-à-vis le conduit auditif externe et instiller le nombre requis de gouttes.

4. Pour les enfants de moins de 3 ans, procéder de la même manière sauf qu'il faut tirer le pavillon de l'oreille vers le bas et vers l'arrière.

5. S'assurer que le client reste sur le côté pendant quelques minutes après l'instillation pour laisser le médicament se rendre jusqu'au tympan et y être absorbé.

6. Ne jamais bourrer le conduit de l'oreille avec une mèche. Occasionnellement, le médecin peut insérer une mèche lâche dans l'oreille, de façon que le médicament soit en contact continu avec le tympan. Ces mèches doivent être changées lorsqu'elles semblent avoir perdu leurs qualités absorbantes ou qu'elles sont souillées.

ADMINISTRATION DE PRÉPARATIONS DERMATOLOGIQUES

Les médicaments peuvent être appliqués sur la peau par friction, tapotements, vaporisation et badigeonnage ou en utilisant l'iontophorèse (l'absorption du médicament est obtenue en appliquant un courant électrique).

1. Utiliser la technique aseptique si la peau est lésée.

2. Nettoyer la peau avant l'application du médicament. Le produit de nettoyage devrait être choisi par le médecin.

3. Prendre l'onguent à partir du pot avec un abaisse-langue plutôt qu'avec les doigts.

4. Si une friction est requise, elle doit être ferme.

5. N'appliquer qu'une mince couche de médicament (à moins d'avis contraire).

6. Les solutions devraient être badigeonnées avec un applicateur.

7. Avertir le client de prendre des précautions si le médicament tache les tissus (utiliser de vieux draps ou un tissu plastifié).

8. Les compresses humides sont préparées en immergeant des compresses stériles dans la solution prescrite et en les essorant avant de les appliquer sur la région à traiter. Des gants stériles doivent être utilisés s'il s'agit d'appliquer une solution stérile.

ADMINISTRATION RECTALE

Lavements à garder

1. Afin d'éviter le péristaltisme, administrer lentement le lavement à garder en utilisant un petit volume de solution (pas plus de 120 mL) et une petite sonde rectale.

2. Recommander au client de rester couché sur le côté gauche et de respirer par la bouche afin de relâcher le sphincter anal.

3. Les lavements médicamenteux à garder devraient être administrés après la défécation afin d'augmenter l'absorption dans le rectum vide.

4. S'assurer que le client reste couché pendant 30 min après l'administration.

Suppositoires

1. Généralement, les suppositoires devraient être réfrigérés car ils ont tendance à prendre une consistance molle à la température ambiante.

2. Utiliser un doigtier pour protéger le doigt servant à insérer le suppositoire (pour les adultes, on se sert de l'index et pour les nourrissons, de l'auriculaire). Recommander au client de se coucher sur le côté gauche et de respirer par la bouche pour relâcher le sphincter anal. Écarter les fesses et insérer le suppositoire lubrifié au-delà du sphincter anal interne (généralement, environ 5 cm).

3. Faire en sorte que le client reste dans cette position pendant 20 min après l'administration, afin d'éviter l'expulsion du suppositoire. Pour la clientèle pédiatrique, il est préférable de serrer les fesses en les tenant ensemble ou en les faisant tenir ensemble à l'aide de ruban adhésif jusqu'à ce que le réflexe de défécation disparaisse.

4. Si nécessaire, enseigner au client comment s'administrer le lavement ou le suppositoire. S'assurer que le client exécute correctement ces techniques.

ADMINISTRATION VAGINALE

1. Placer le contenant de douche médicamenteuse à un niveau légèrement supérieur à celui des hanches. En procédant de cette façon, l'écoulement de la solution ne sera pas forcé dans le col de l'utérus.

2. Les suppositoires vaginaux peuvent être administrés à l'aide d'un applicateur lorsque la cliente est en position gynécologique.

3. Si nécessaire, expliquer à la cliente comment s'administrer les médicaments vaginaux. S'assurer que la cliente exécute correctement ces techniques.

4. Recommander à la cliente de tenir ses hanches élevées pendant 5 min puis de rester couchée pendant au moins 20 min, afin d'augmenter l'absorption du médicament et d'éviter l'écoulement du médicament une fois que le suppositoire a fondu.

ADMINISTRATION URÉTRALE

1. Nettoyer la région du méat urinaire comme pour un cathétérisme.
2. Insérer le suppositoire urétral lubrifié en utilisant une technique aseptique.

ADMINISTRATION PAR VOIE PARENTÉRALE

Injections intradermiques et intracutanées   Ces injections sont faites dans le derme et produisent des effets locaux. Elles sont généralement utilisées pour l'anesthésie locale ou pour les épreuves de sensibilité.

1. La face interne de l'avant-bras est généralement utilisée pour les injections intradermiques, car on y voit bien l'effet du produit injecté. La partie antéro-supérieure du thorax ou le dos peuvent aussi être utilisés.
2. Utiliser une seringue à tuberculine munie d'une aiguille de calibre 26 de ⅜ po de longueur.
3. Nettoyer la région choisie pour l'injection avec un mouvement circulaire en s'éloignant progressivement du point d'injection.
4. Étirer la peau et insérer l'aiguille (avec le biseau en haut) dans la peau à un angle de 15° jusqu'à ce que l'aiguille soit juste en dessous de la couche externe de la peau. Injecter le liquide et retirer rapidement l'aiguille. Une petite ampoule ou une bulle devrait s'être formée sous la peau avec la solution.
5. Après l'injection, observer les réactions locales, comme la rougeur ou l'enflure.

Injections intrasynoviales (intra-articulaires)   On utilise ces techniques pour le soulagement de la douleur ou pour l'administration locale de médicaments. Il est important de savoir que la douleur locale peut apparaître ou s'intensifier pendant plusieurs heures avant que l'effet désiré se produise.

Hypodermoclyse   Cette technique est principalement utilisée chez les clients qui requièrent des liquides parentéraux mais dont les veines ne peuvent servir pour les perfusions IV.

Pendant l'administration, une grande quantité de liquide est injectée lentement par voie sous-cutanée dans la région latérale de l'abdomen ou, plus fréquemment, dans la face antérieure de la cuisse.

Lorsqu'une induration des tissus apparaît, il faut interrompre temporairement l'injection pendant que le liquide est absorbé.

L'hyaluronidase (un enzyme qui hydrolyse les principaux constituants du tissu conjonctif) est quelquefois ajouté au médicament pour accélérer l'absorption et réduire les désagréments de l'administration.

Pour les enfants, il est recommandé d'utiliser une aiguille pour injection intramusculaire (IM) de calibre 20 ou 22 mesurant 1 ½ po de longueur. Pour les adultes, une aiguille de calibre 19 mesurant 2 ½ à 3 po de longueur est adéquate.

Après l'administration, retirer l'aiguille et appliquer une pression. Appliquer du collodion et un petit pansement stérile sec pour éviter une perte du liquide.

Injections sous-cutanées et intramusculaires   *Pour plus de détails concernant les injections sous-cutanées (SC) et intramusculaires (IM), consulter la figure 3 et votre manuel de base en soins infirmiers.*

1. Utiliser la technique aseptique.

2. Prendre en considération l'âge, la masse, l'état du client et les propriétés physiques du médicament à injecter lorsqu'on choisit le calibre et la longueur de l'aiguille.

3. Palper le point d'injection éventuel afin d'augmenter l'absorption du médicament et de réduire la douleur. Choisir un endroit qui n'est ni sensible ni ferme au toucher. Faire alterner les points d'injection et noter les points utilisés – par exemple, DD pour le deltoïde droit, MFD pour le moyen fessier droit (voir la figure 3).

4. Nettoyer le point d'injection avec des mouvements circulaires s'éloignant progressivement de celui-ci.

5. Pour les injections SC, soulever et tenir fermement la peau jusqu'à ce que l'aiguille l'ait pénétrée à un angle de 45°.

6. Pour les injections IM, étirer la peau si le client est dans un état nutritionnel normal ou pincer les tissus si le client est émacié, de façon à former un faisceau de muscle (pour s'assurer que l'injection est bien effectuée dans le muscle). Insérer l'aiguille à un angle de 90°.

7. Afin de prévenir la disparition complète de l'aiguille en cas de bris, il est recommander de laisser 1,2 cm (½ po) entre la peau et la garde de l'aiguille.

8. Lors de la préparation de la seringue pour les injections SC et IM, aspirer un peu d'air (0,2 à 0,3 mL) en plus du médicament. Cette bulle d'air aidera à chasser complètement la solution de l'aiguille de sorte que les médicaments irritants ne se diffuseront pas dans les tissus lors du retrait de l'aiguille.

9. Insérer rapidement l'aiguille pour réduire la douleur. Aspirer ensuite pour s'assurer que l'aiguille ne se trouve pas dans un vaisseau sanguin. Si du sang apparaît dans la seringue, retirer l'aiguille et jeter le médicament. Préparer une autre dose avec une nouvelle seringue, choisir un nouveau point d'injection et recommencer l'injection.

10. Administrer lentement le médicament pour permettre l'absorption et retirer rapidement l'aiguille tout en appliquant une pression au point d'injection avec une compresse stérile pour prévenir le saignement. Appliquer un pansement adhésif si nécessaire.

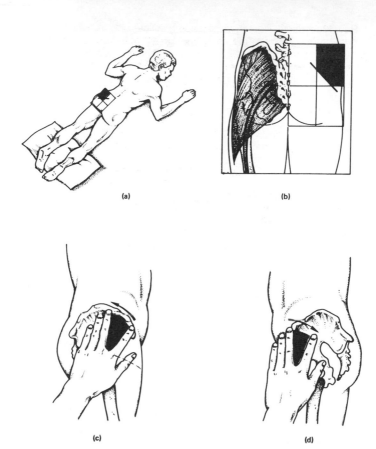

(a)

(b)

(c)

(d)

FIGURE 3 Points d'injection intramusculaire. a) Position pour l'administration dans le muscle grand fessier. b) Détail de l'administration dans le muscle grand fessier. c) Administration dans le muscle moyen fessier droit. d) Administration dans le muscle moyen fessier gauche.

11. Frictionner la région de l'injection pour augmenter la circulation sanguine et l'absorption du médicament. Ce procédé peut être contre-indiqué pour certains médicaments; par exemple, pour le Bicillin, dont l'absorption doit être lente.

Injections intraveineuses (directes ou par une perfusion)
Le médecin peut, dans certains cas, effectuer lui-même les injections IV directes ou installer lui-même la perfusion IV. Les soins infirmiers ci-dessous ne s'appliquent qu'aux perfusions IV.

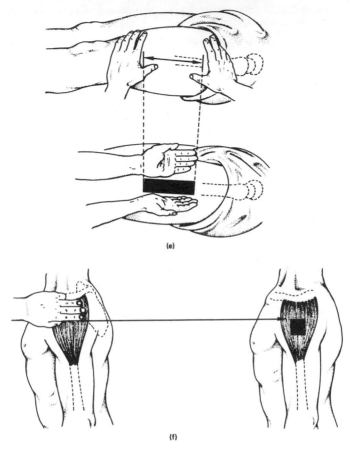

FIGURE 3 *(suite)* e) Administration dans le muscle vaste externe du membre inférieur: en haut, longueur de la région; en bas, largeur de la région. f) Administration dans le muscle deltoïde.

1. Installer le client aussi confortablement que possible et lui expliquer la technique utilisée.

2. Si le point d'injection est couvert de poils, il est préférable de le raser pour prévenir la douleur que pourrait causer l'enlèvement du ruban adhésif.

3. Relier les flacons supplémentaires à la tubulure selon l'ordonnance et indiquer le nombre de flacons utilisés. Ces flacons devraient être placés de 45 à 60 cm au-dessus du point de perfusion.

4. Ajuster et maintenir le débit prescrit. Vérifier le débit (en comptant le nombre de gouttes par minute) au moins toutes les 30 min ou plus souvent si le client est agité et bouge le membre où la tubulure

de perfusion est insérée. Vérifier le débit même si une pompe à perfusion est utilisée.

5. Vérifier la quantité de solution administrée au moins une fois par heure.

6. Vérifier les règlements de l'établissement au sujet des médicaments que le personnel infirmier peut ajouter à une perfusion sur l'ordonnance d'un médecin. Pour l'administration par Volutrol (ou par Pediatrol), diluer comme requis et ajuster le débit de façon que le médicament n'endommage pas les tissus tout en ne perdant pas de son efficacité thérapeutique.

7. Lorsque le médicament est ajouté, noter le nom du médicament, la posologie, la date et l'heure d'administration (accompagnée de la signature de l'infirmière) sur une étiquette placée sur le flacon, le sac ou le Volutrol.

8. Si l'écoulement s'est interrompu, vérifier si la tubulure n'est pas tortillée ou coincée par une partie du corps du client. Si possible, déplacer le membre du client pour rétablir l'écoulement.

9. Évaluer la position de l'aiguille et l'absence d'extravasation si l'écoulement diminue malgré l'ajustement du presse-tube ou de la pompe à perfusion, si le point d'injection devient pâle et/ou œdémateux et/ou si le client se plaint de douleur locale. Il y a trois méthodes courantes pour évaluer la position de l'aiguille dans la veine:

   a) Abaisser le contenant sous le niveau du point de perfusion. Si le sang apparaît dans la tubulure, l'aiguille est dans la veine. Si le sang apparaît très lentement dans la tubulure, il est possible que l'aiguille ait glissé partiellement hors de la veine. Si le sang n'apparaît pas dans la tubulure, l'aiguille n'est pas dans la veine. Ce procédé n'est pas recommandé si le médicament peut causer de la nécrose tissulaire.

   b) Utiliser une seringue stérile contenant de la solution saline pour retirer un peu de solution à partir du raccord de caoutchouc situé à l'extrémité de la tubulure. Si le sang n'apparaît pas dans celle-ci, interrompre la perfusion.

   c) Tenter de bloquer l'écoulement de la solution en plaçant un tourniquet 10 à 15 cm au-dessus du point d'injection et en ouvrant le presse-tube complètement. Si l'écoulement n'arrête pas, l'aiguille est placée dans les tissus sous-cutanés et une infiltration se produit. Interrompre la perfusion.

10. Prévenir l'embolie gazeuse:

    a) Remplacer le flacon par un nouveau flacon avant que toute la solution ne se soit écoulée.

    b) S'assurer que tous les raccords de la tubulure sont bien étanches.

    c) Pincer la tubulure du flacon qui est terminé en premier dans un montage en Y (raccordement en parallèle) pour éviter que l'air contenu dans ce flacon ne soit siphonné dans la veine.

    d) Suivre scrupuleusement les instructions lorsque du sang ou d'autres solutions sont administrés sous pression.

e) Placer le membre qui reçoit la perfusion plus bas que le cœur pour éviter la pression négative, le collapsus veineux et la succion d'air dans la tubulure.

f) Placer le presse-tube ou la pompe à perfusion plus haut que le cœur – mais pas plus de 10 cm au-dessus du cœur – pour éviter la formation de pression négative dans la tubulure menant au point d'injection.

g) Laisser la tubulure pendre au-dessous du point de perfusion pour éviter l'entrée d'air au cas où le flacon se viderait avant l'interruption de la perfusion.

11. Reconnaître les signes d'une embolie gazeuse: collapsus vasculaire soudain, cyanose, hypotension, élévation de la pression veineuse et perte de conscience.

12. Se préparer à participer au traitement de l'embolie gazeuse si elle survient. Placer le client sur le côté gauche et administrer de l'oxygène et d'autres mesures de soutien.

13. Prévenir l'administration trop rapide de liquide en vérifiant souvent le débit de la perfusion et en surveillant l'apparition de réactions indésirables associées à un surdosage du médicament administré.

14. Évaluer l'apparition de symptômes de phlébite, comme la fièvre, la sensibilité et la rougeur le long de la veine. Les clients recevant une perfusion IV pendant plus de 24 h sont particulièrement sujets aux phlébites. Les solutions hydro-alcooliques, les solutions hypertoniques de glucides (plus de 10%) et les solutions dont le *p*H est très alcalin ou très acide causent plus de phlébites. Dans de tels cas, diminuer le débit de la perfusion au minimum (tenir la veine ouverte) et signaler immédiatement les symptômes de phlébite.

15. Ne pas purger une tubulure de perfusion obstruée. L'écoulement peut avoir été bloqué par un embole qui ne devrait pas se rendre jusqu'à la circulation générale. Signaler la situation au médecin.

16. Administrer des médicaments incompatibles à des heures différentes.

17. Arrêter la perfusion lorsque le médecin en fait la demande. Pincer la tubulure avant de retirer la perfusion pour éviter l'extravasation de solution dans les tissus sous-cutanés. Exercer une pression sur le point d'injection avec une compresse stérile lorsque l'aiguille ou le cathéter est enlevé pour éviter le saignement. Appliquer un pansement sur le point d'injection pour prévenir le saignement et l'infection.

18. Noter les ingesta et les excreta au moins une fois par heure.

ADMINISTRATION PARENTÉRALE CENTRALE

1. Expliquer au client en quoi consiste l'alimentation parentérale totale (aussi appelée suralimentation parentérale) et la technique d'administration parentérale centrale.

2. Participer à l'insertion du cathéter.
   a) Utiliser la technique d'asepsie chirurgicale stricte (blouse, masque et gants).
   b) Installer le client dans la position de Trendelenburg afin d'augmenter la pression veineuse.
   c) Avoir un anesthésique local à portée de la main, selon l'ordonnance.
   d) Placer une serviette roulée dans le sens de la longueur sous le dos du client pour rendre la veine sous-clavière plus apparente.
   e) Raser la région de l'insertion et la désinfecter avec de l'acétone et de la Betadine.
   f) Expliquer au client la manœuvre de Valsalva, qu'il devra effectuer lors de l'insertion du cathéter pour éviter l'entrée d'air dans la veine, ce qui pourrait causer une embolie gazeuse.
   g) Assister le médecin pendant qu'il suture le cathéter à la peau pour éviter qu'il ne se déplace.
   h) Appliquer un onguent antibiotique et un pansement stérile au point d'insertion.
   i) S'assurer que le client a subi une radiographie pour vérifier la position du cathéter avant de commencer l'alimentation parentérale totale.
3. Prévenir les infections.
   a) Utiliser la technique aseptique pour changer le pansement tous les 2 ou 3 jours.
   b) Prodiguer des soins à la peau autour du point d'insertion du cathéter lorsque le pansement est changé. Utiliser l'onguent antibiotique prescrit.
   c) Utiliser la technique aseptique lors du changement de la tubulure et du filtre, qui doit être effectué toutes les 24 à 48 h.
   d) Utiliser la technique aseptique lors de la manipulation des flacons de solution.
   e) Examiner les solutions afin de détecter la croissance bactérienne, l'apparition de particules ou l'obscurcissement. Si on soupçonne une contamination, remplacer le flacon et renvoyer le flacon contaminé à la pharmacie pour une culture.
   f) Si un changement de flacon est requis et qu'un nouveau flacon n'est pas disponible, on peut mettre un flacon contenant une solution aqueuse de dextrose à 5%.
   g) Mesurer la température corporelle q 4 h pour détecter une élévation qui pourrait être causée par une infection.
   h) Mesurer la température après un changement de flacon, car une hausse soudaine pourrait indiquer la contamination de la solution.
   i) Si le client a des frissons, de la fièvre ou d'autres signes de septicémie, remplacer le flacon et la tubulure et envoyer le tout pour une culture. D'autres épreuves doivent être effectuées pour localiser l'origine de l'infection (par exemple, une formule sanguine, un examen de l'urine et des expectorations, des radiographies et un examen physique). Si la cause de l'infection n'est pas déterminée et que la fièvre persiste pendant 12 à 24 h, assister le médecin pendant le retrait du cathéter et l'insertion d'un nouveau cathéter de l'autre côté.

4. Maintenir le débit de la perfusion.
   a) Il est préférable d'utiliser une pompe à perfusion ou un système d'alarme.
   b) Utiliser une pompe à perfusion si un filtre de 0,22 μm est utilisé. Il n'est pas essentiel de se servir d'une pompe avec un filtre de 0,45 μm car l'écoulement par gravité sera suffisant.
   c) Compter le débit des gouttes toutes les demi-heures même si une pompe est utilisée.
   d) Calculer et maintenir un débit constant sur 24 h.
   e) S'assurer que la tubulure n'est pas tortillée et la placer adéquatement.

5. Évaluer:
   a) les signes de surcharge tels que la proéminence des veines du cou, des bras et des mains (signes précoces), la lassitude, la céphalée, les nausées, les soubresauts musculaires, l'hypertension, la confusion mentale, la somnolence et les convulsions.
   b) l'infiltration en surveillant l'apparition de douleur et d'enflure dans l'épaule, le cou ou le visage.
   c) la présence d'un écoulement dans le pansement; cela pourrait être causé par un déplacement ou un bris du cathéter. Une fuite au raccord de la tubulure et du cathéter peut aussi causer un tel écoulement.
   d) la glycosurie en effectuant une épreuve adéquate sur des échantillons d'urine prélevés aux 6 h. Utiliser le Tes-Tape ou le Diastix si le client reçoit des céphalosporines car d'autres épreuves pourraient donner de faux positifs.
   e) les ingesta et les excreta quotidiens et noter au dossier.
   f) la masse du client.
   g) les résultats des épreuves de laboratoire portant sur l'équilibre électrolytique et sur les fonctions rénale et hépatique.
   h) l'apport énergétique quotidien par voie orale et parentérale et noter au dossier.

ADMINISTRATION PAR PERFUSION INTRA-ARTÉRIELLE

L'administration de médicaments par perfusion intra-artérielle nécessite l'insertion, par un chirurgien utilisant une technique de fluoroscopie, d'un cathéter dans l'artère menant directement à la région du corps à traiter. Les artères brachiales, axillaires, carotides et fémorales sont les plus souvent utilisées. Le médicament est pompé de façon constante dans le cathéter. La tumeur reçoit donc une plus forte concentration du médicament chimiothérapeutique avant que celui-ci ne se distribue dans le reste de l'organisme. Le médicament peut être administré à différents intervalles. La perfusion intra-artérielle peut être effectuée sur des clients en consultation externe, porteurs de pompes portatives. Il est important que ces clients soient bien renseignés sur la façon de surveiller l'appareil.

1. Évaluer:
   a) l'état des tissus entourant le point d'insertion pour noter l'appariton de réactions locales telles que l'érythème, l'œdème léger, les vésicules et les pétéchies.
   b) les signes vitaux périodiquement (aux 15 min) au début du traitement jusqu'à la stabilisation de la pression artérielle.
   c) l'apparition de signes d'infection au point d'insertion.
   d) les ingesta et les excreta afin de détecter une insuffisance rénale.

2. Noter avec soin les observations au dossier et faire état de la situation au médecin.

3. Signaler l'apparition de douleur car cela peut signifier une atteinte importante des tissus normaux, un vasospasme ou de l'intravasation.

4. Maintenir le débit de la pompe selon l'ordonnance.

5. Ne pas laisser s'écouler toute la solution à perfuser, car de l'air peut s'introduire dans la tubulure. Ajouter du liquide si nécessaire.

6. Pincer la tubulure si une bulle d'air s'introduit et prévenir le médecin.

7. *Ne pas déconnecter la tubulure entre la pompe et le client pour enlever une bulle d'air parce que cela entraînera une hémorragie.*

8. Appliquer une pression si une hémorragie survient à partir de l'artère.

9. S'assurer que la tubulure n'est pas tortillée ou comprimée.

ADMINISTRATION PAR PERFUSION RÉGIONALE

Cette technique de perfusion a pour objectif d'administrer de fortes doses de médicaments très toxiques dans une région, un membre ou un organe isolé. Les membres inférieurs sont perfusés à l'aide des artères et veines iliaques, fémorales ou poplitées. Les membres supérieurs sont perfusés à l'aide des artères et des veines axillaires. L'aorte abdominale et la veine cave servent aux perfusions pelviennes. La perfusion est effectuée en salle d'opération où, par le biais d'un oxygénateur à pompe, le sang de la partie du corps à traiter est placé en circuit fermé. On s'efforce d'éviter un épanchement du médicament concentré dans la circulation générale en installant un tourniquet ou en ligaturant certains vaisseaux. Un tel épanchement peut quelquefois résulter en une destruction de tissus normaux.

Avant l'administration

1. Expliquer la technique au client, répondre à ses questions et lui fournir un soutien affectif.

2. Peser le client car les doses de médicament chimiothérapeutique sont calculées en fonction de la masse corporelle.

3. S'assurer que toutes les analyses sanguines, l'analyse d'urine et les radiographies ont été effectuées.

Après l'administration

1. S'assurer que les analyses sanguines ont été effectuées et leurs résultats étudiés afin de détecter une dépression de la moelle osseuse causée par un épanchement de médicament dans la circulation générale.

2. Évaluer:
   a) l'état de la peau au-dessus de la région traitée; la peau peut foncer ou présenter un érythème ou des vésicules. Ces symptômes ressemblent à ceux des réactions toxiques aux radiations.
   b) la thrombose ou la phlébite dans la région traitée.
   c) l'apparition de signes d'infection tels que la fièvre ou le malaise, car une septicémie peut survenir.
   d) la couleur et la température du membre perfusé. Signaler les réactions indésirables.
   e) la douleur, car elle peut être la manifestation d'une grave atteinte tissulaire.
   f) l'hémorragie, l'hypotension, la fibrillation, la douleur thoracique soudaine et l'œdème pulmonaire, qui peuvent être précipités par la perfusion régionale.

3. Prodiguer des soins infirmiers complets, tant au point de vue physique qu'affectif.

 CHAPITRE **7**

Effets des médicaments chez les enfants, les personnes âgées et les clientes enceintes

EFFETS DES MÉDICAMENTS CHEZ LE CLIENT EN PÉDIATRIE

Généralités   L'innocuité de plusieurs nouveaux médicaments n'a pas encore été établie chez les enfants. En cas de doute, il est préférable de demander au médecin si un médicament spécifique peut être administré aux clients en pédiatrie.

La posologie pédiatrique de chacun des médicaments est présentée si elle est pertinente et/ou disponible. Il est aussi possible de calculer des posologies pédiatriques sûres à partir des posologies pour adultes en utilisant les règles de Young, de Clark ou de Fried ou en utilisant les formules fondées sur la surface corporelle ou sur la masse corporelle. Ces méthodes de calcul sont expliquées à l'appendice 10.

Les généralités suivantes s'appliquent à l'administration de médicaments aux enfants. Ces clients ont une sensibilité pharmacodynamique qui diffère de celle des adultes. De plus, il y a souvent un très long délai entre la commercialisation d'un médicament pour l'usage chez l'adulte et l'établissement de régimes thérapeutiques rationnels pour les clients en pédiatrie.

La plupart des problèmes rencontrés lors de l'administration pédiatrique de médicaments sont attribuables aux différences dans la distribution et dans la vitesse d'absorption et d'élimination reliées à l'âge et au développement.

ABSORPTION   Le *p*H du tube digestif est plus élevé chez le nourrisson que chez l'adulte. Conséquemment, les médicaments absorbés en milieu acide sont absorbés plus lentement (début d'action plus lent) chez l'enfant que chez l'adulte. D'autre part, les médicaments détruits par l'acidité ont une plus longue durée d'action chez l'enfant que chez l'adulte.

L'absorption topique est généralement plus rapide chez les enfants car leur épiderme est plus mince.

DISTRIBUTION DANS L'ORGANISME Une plus grande proportion de la masse corporelle est constituée d'eau chez les enfants. Le contraire est vrai pour la proportion de tissus adipeux. Par conséquent, les médicaments hydrosolubles sont distribués dans une plus petite partie du volume total de l'organisme chez les adultes (plus forte concentration du médicament) que chez les enfants. Par contre, les médicaments liposolubles se trouvent en plus forte concentration chez les enfants que chez les adultes.

LIAISON AUX PROTÉINES PLASMATIQUES La liaison aux protéines plasmatiques est généralement moins importante chez l'enfant, particulièrement chez le nouveau-né, que chez l'adulte. Cela s'explique par le moins grand pourcentage de ces protéines dans le sang des enfants. Conséquemment, la fraction libre des médicaments est plus grande (plus grande biodisponibilité) que chez l'adulte.

MÉTABOLISME HÉPATIQUE ET ÉLIMINATION RÉNALE Le foie et les reins des nouveau-nés et des nourrissons ne sont pas aussi développés que ceux des adultes. Par exemple, les enzymes hépatiques qui métabolisent les médicaments comme la phénytoïne, métabolisée uniquement par le foie, sont en moins grande concentration. Ces médicaments sont donc métabolisés plus lentement chez les nourrissons que chez les adultes.

D'autre part, l'excrétion rénale, qui représente un équilibre complexe entre l'élimination et la réabsorption, est souvent plus rapide chez les nourrissons que chez les adultes (durée d'action plus courte).

Tous ces facteurs doivent être pris en considération lors du calcul des posologies pédiatriques. L'administration de médicaments aux enfants implique aussi plusieurs considérations d'ordre pratique.

Soins infirmiers spéciaux pour l'administration des médicaments en pédiatrie

1. Toujours réveiller le client avant d'administrer le médicament.

2. Gagner la coopération de l'enfant en utilisant des techniques et une approche qui sont adaptées à son stade de développement.

3. Indiquer à l'enfant (amicalement mais fermement) qu'il est temps de prendre son médicament.

4. Accepter les sentiments négatifs de l'enfant et démontrer de l'empathie. Ne pas faire honte à l'enfant. Féliciter l'enfant pour les aspects positifs de son comportement et montrer de la compréhension et de l'affection même s'il n'a pas été coopératif.

5. Expliquer à l'enfant les bienfaits de son médicament.

6. Tenir compte du fait que la médication et l'hospitalisation sont souvent considérées comme des punitions par l'enfant.

7. Utiliser des distractions adaptées au stade de développement de l'enfant lors de l'administration de médicaments.

Par exemple, suggérer à l'enfant de compter ou de réciter l'alphabet lorsqu'il reçoit une injection parentérale ou lui suggérer de se coucher sur le ventre et de tourner ses orteils vers l'intérieur pour l'aider à relaxer ses muscles fessiers. Pour les jeunes enfants, faire jouer une boîte à musique, faire bouger un jouet mobile ou parler avec le client.

8. Broyer les comprimés pour les nourrissons et les enfants de moins de 5 ans et les dissoudre dans du sirop de fruit, de l'eau ou un aliment non essentiel (par exemple, de la compote de pommes).

9. Ne pas forcer l'ingestion de médicaments oraux puisqu'il y a des risques de pneumonie par aspiration. Faire état de la situation au médecin si l'enfant refuse ou recrache toujours ses médicaments, afin qu'un autre médicament ou une autre forme posologique soit prescrit.

10. Lors de l'utilisation de compte-gouttes ou de seringues de plastique pour l'administration de médicaments, mettre le bout de ces instruments contre la paroi interne de la joue pour éviter l'aspiration des médicaments et la stimulation du réflexe de la toux.

11. Lors de l'utilisation d'une cuillère pour l'administration de médicaments aux nourrissons, placer la cuillère à l'arrière de la langue pour ne pas stimuler le réflexe de protrusion.

12. On peut mettre de petites quantités de médicament dans une tétine vide que le nourrisson n'aura qu'à sucer.

13. Lors de l'administration d'un médicament par voie orale à un nourrisson, tenir fermement celui-ci contre soi et, avec le même bras, lui soutenir la tête et le cou. Le bras libre administre le médicament tout en tenant le bras libre de l'enfant. Tenir la tête de l'enfant assez élevée pour éviter l'aspiration du médicament.

14. Lors de l'administration de gouttes otiques aux enfants de moins de 3 ans, tirer le pavillon de l'oreille vers l'arrière. Pour les enfants de plus de 3 ans, tirer le pavillon vers l'arrière et vers le haut.

15. Lorsque l'enfant ne peut pas ou ne veut pas coopérer pendant l'administration d'un médicament par voie parentérale, demander à d'autres membres du personnel de l'immobiliser et administrer le médicament.

16. Les enfants de moins de 2 ans devraient recevoir les injections IM dans le muscle vaste externe du membre inférieur ou dans le muscle grand droit du fémur (figure 4), puisque les muscles fessiers sont encore sous-développés et que les risques de lésion du nerf sciatique sont importants.

17. Après l'administration, offrir du jus ou de l'eau et des félicitations à l'enfant. Ne pas offrir des récompenses telles que des bonbons, des sucettes ou des privilèges. Ceux-ci font croire que les médicaments sont mauvais et qu'une récom-

pense est requise pour une action que l'enfant devrait apprendre à percevoir comme bénéfique.

18. Après l'insertion d'un suppositoire, tenir les fesses ensemble ou les faire tenir ensemble avec du ruban adhésif jusqu'à ce que le réflexe de défécation disparaisse (environ 15 min).

19. Lorsque cela est possible, utiliser une pompe à perfusion pour uniformiser le débit de la perfusion chez les enfants. S'il est impossible d'avoir une pompe, ajuster le débit lorsque l'enfant est calme (les pleurs provoquent une vasoconstriction, et le débit sera trop rapide lorsque l'enfant sera calme).

20. Restreindre adéquatement les mouvements des nourrissons pendant la perfusion IV en utilisant des contentions. Faire faire des exercices régulièrement pour maintenir la circulation dans les membres. S'assurer que les contentions ne gênent pas la circulation. Enlever quotidiennement le ruban adhésif autour du point d'injection pour détecter les lésions tissulaires.

21. Évaluer l'état du client, le débit de la perfusion, la quantité absorbée et le débit urinaire au moins toutes les heures.

22. Ne jamais laisser le chariot ou le plateau de médicaments sans surveillance. Il est toujours possible qu'un enfant prenne des médicaments qui ne lui sont pas destinés ou altère des médicaments de quelque façon. Les seringues et les aiguilles ne doivent jamais être laissées à un enfant pour qu'il s'en serve comme jouet.

23. Si un enfant ne porte pas de bracelet d'identification, son identité doit être établie selon les règlements de l'établissement avant qu'un médicament lui soit administré.

24. Avant de commencer à préparer les médicaments, l'infirmière doit être bien au courant de l'attribution des lits, de l'âge, de la masse et du diagnostic des enfants qui doivent recevoir ces médicaments.

25. Calculer les posologies et vérifier leur innocuité en utilisant les formules appropriées. Il faut vérifier la posologie avec une autre infirmière avant d'administrer les médicaments suivants: digoxine, insuline, héparine et sang.

EFFETS DES MÉDICAMENTS CHEZ LE CLIENT EN GÉRIATRIE

Généralités Bien que la quantité de données sur ce sujet soit limitée, il est généralement admis que les personnes âgées sont plus sensibles aux effets thérapeutiques et toxiques de plusieurs médicaments. Une étude complète de tous les facteurs qui peuvent influer sur l'effet des médicaments chez cette clientèle dépasse le cadre de ce manuel; cependant, plusieurs aspects doivent être pris en considération.

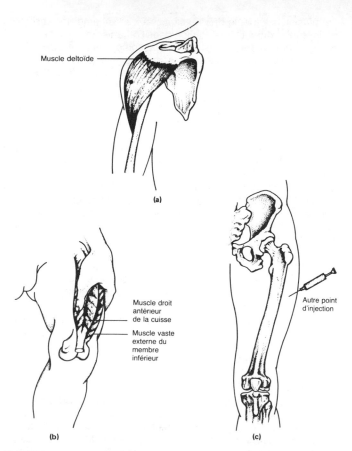

Muscle deltoïde

(a)

Muscle droit
antérieur
de la cuisse

Muscle vaste
externe du
membre
inférieur

Autre point
d'injection

(b) **(c)**

FIGURE 4 Points d'injection intramusculaire en pédiatrie. a) Muscle deltoïde. b) Surface antérieure de la partie médio-latérale de la cuisse.
c) Surface antéro-latérale de la partie supérieure de la cuisse.

1. **Maladies chroniques**. Le diabète, les maladies cardio-vasculaires,
   l'hypertension, les problèmes respiratoires chroniques et la « sénilité » sont des états qui requièrent l'administration chronique de
   médicaments. Certaines de ces maladies peuvent causer une augmentation de la sensibilité aux médicaments alors que d'autres peuvent la diminuer. Par exemple, les problèmes respiratoires
   chroniques tendent à aggraver la dépression respiratoire que l'on
   observe avec les dépresseurs du système nerveux central.

2. **Changements physiologiques et psychologiques survenant au
   cours du vieillissement**. Ces changements entraînent une diminution de la capacité fonctionnelle de l'organisme. Ils peuvent modi

fier plusieurs aspects des réactions aux médicaments: absorption dans le tube digestif; distribution dans l'organisme (modifiée par un changement du débit sanguin ou de la composition corporelle); biotransformation des médicaments dans le foie (certains enzymes sont moins abondants); excrétion des médicaments ou de leurs métabolites (modifiée par une diminution de la capacité des reins de les filtrer et de les sécréter activement); sensibilité des récepteurs ou de l'organe-cible à l'effet des médicaments. Il est bien connu que la concentration d'albumine sérique diminue en fonction de l'âge. Puisque la fraction libre du médicament détermine sa distribution et son élimination, une diminution de la quantité de médicament lié aux protéines plasmatiques (ou à d'autres tissus) peut faire varier l'effet des médicaments chez les personnes âgées. Par exemple, une diminution de la liaison de la warfarine sodique entraîne une augmentation de l'effet thérapeutique. D'autre part, une diminution de la liaison de la phénytoïne en augmente la quantité disponible pour l'excrétion et, par conséquent, réduit l'intensité et la durée de son effet thérapeutique.

3. **Aspects nutritionnels**. Pour plusieurs raisons, un grand nombre de personnes âgées souffrent de carences alimentaires. Celles-ci sont causées par une alimentation déséquilibrée ou par la sousalimentation. Ces carences vitaminiques et nutritionnelles peuvent altérer l'effet des médicaments.

4. **Utilisation de plusieurs médicaments**. On estime que la clientèle en gériatrie, en raison des maladies chroniques, consomme deux fois et demie plus de médicaments que le reste de la population. Plus le nombre de médicaments pris conjointement est élevé, plus les risques d'interactions médicamenteuses et de réactions indésirables sont élevés.

5. **Manque de fidélité au traitement et erreurs d'administration**. On estime que 60% de la clientèle en gériatrie ne prend pas ses médicaments ou ne les prend pas correctement. Les causes de ce phénomène comprennent: (a) la diminution des fonctions mentales (les clients oublient de prendre leurs médicaments), (b) les problèmes visuels, auditifs ou moteurs, qui peuvent empêcher la prise de médicaments ou causer des erreurs, (c) les horaires complexes de prise de médicaments, qui sèment la confusion chez ces clients (qui ne savent plus quel médicament prendre et quand le prendre), (d) les modifications que le client effectue à son traitement d'après son propre jugement (qui peuvent se traduire par un surdosage ou des doses insuffisantes) et (e) le manque d'un médicament, que ce soit à cause de son prix élevé ou parce que le client n'en a plus avant son prochain rendez-vous avec le médecin.

Il est donc important que l'infirmière s'assure que les clients en gériatrie sont bien informés sur la façon de prendre leurs médicaments et sur l'horaire d'administration. L'infirmière doit être en mesure d'évaluer correctement l'effet des médicaments, et elle doit surveiller les symptômes causés par une altération de leurs effets.

L'appendice 8 présente la plupart des médicaments ou catégories de médicaments qui requièrent une surveillance particulière chez les personnes âgées. On y explique aussi les raisons d'une telle surveillance et les symptômes indiquant une altération de l'effet des médicaments.

Soins infirmiers spéciaux pour l'administration de médicaments en gériatrie

1. Expliquer au client que vous lui administrez un médicament, même s'il pense qu'il ne reçoit que de la nourriture. Un client doit savoir quand il prend un médicament.

2. Évaluer:
   a) les réactions indésirables, en tenant compte du fait que la toxicité médicamenteuse se manifeste initialement par de la confusion chez ces clients. Par exemple, les premiers symptômes de la toxicité digitalique chez les personnes âgées ne sont pas toujours les nausées et les vomissements, comme chez les clients plus jeunes. Les personnes âgées présentent plutôt un changement de l'état mental dû à une diminution de l'irrigation cérébrale et une diminution du débit cardiaque causée par des arythmies secondaires.

   b) la perte générale d'intérêt chez les personnes âgées, qui se manifeste par une détérioration insidieuse et progressive de l'état physique et du comportement social ainsi que par le manque d'appétit et de concentration. Ce phénomène peut être causé par des réactions indésirables.

   c) l'apparition du syndrome cérébral aigu, qui se caractérise par de la désorientation spatiale ou temporelle, des troubles d'identification des personnes, des pertes de mémoire pour les faits anciens ou pour les faits récents, une diminution des fonctions intellectuelles et de la labilité émotionnelle. Ce syndrome peut être causé par des réactions adverses aux médicaments et il peut être éliminé en cessant l'administration des médicaments en cause.

   d) et signaler au médecin l'évolution de l'état du client. Si le client continue à ressentir les symptômes de sa maladie, cela signifie que le traitement doit être poursuivi, alors que si son état s'améliore cela peut signifier qu'il a besoin de moins de médicaments. La réduction du nombre de médicaments ou de leurs posologies (réduisant d'autant les risques de réactions indésirables ou d'interactions médicamenteuses) est un des objectifs principaux des traitements destinés aux personnes âgées.

   e) les signes d'une surcharge liquidienne, tels que la dyspnée, la toux, l'augmentation de la fréquence respiratoire et l'œdème, causée par une altération des fonctions cardiaque et rénale. Ce problème survient plus fréquemment chez les personnes âgées et peut influer sur l'effet des médicaments.

   f) l'apparence de la langue, car des sillons peuvent signifier un état de déshydratation. La turgor de la langue indique un état d'hydratation normal. L'examen de la langue constitue le meilleur moyen d'évaluer l'état d'hydratation chez les personnes âgées, car la muqueuse buccale peut être continuellement sèche à cause de la respiration par la bouche et l'élasticité cutanée peut être impossible à évaluer à cause de l'absence de tissus adipeux sous-cutanés ou de lésions atrophiques de l'épiderme.

g) les clients qui reçoivent de l'insuline et des hypoglycémiants oraux, car ils peuvent présenter des réactions hypoglycémiques légères. Celles-ci sont caractérisées par des troubles de l'élocution, de la confusion et de la désorientation plutôt que par de l'insomnie, de la tachycardie et une transpiration abondante comme chez les clients plus jeunes. Puisque des épisodes réguliers d'hypoglycémie légère entraînant des lésions cérébrales irréversibles peuvent être causés par les médicaments ou par l'incapacité de suivre le régime alimentaire recommandé, il faut discuter avec le médecin du bien-fondé de la poursuite du traitement.

3. Prévoir qu'on prolongera l'intervalle entre les doses d'un médicament si la demi-vie de ce dernier est augmentée à cause de l'insuffisance rénale.

4. Mélanger les médicaments amers tels que les vitamines, les minéraux et les électrolytes avec des aliments comme de la compote de pommes ou du jus. Cela rend les médicaments plus agréables au goût et moins irritants pour l'estomac. Les clients âgés perdent souvent la perception gustative du sucré et les médicaments leur semblent alors amers.

5. Recommander et/ou prodiguer, si nécessaire, des soins buccaux adéquats avant ou après l'administration du médicament pour faciliter l'ingestion et pour éliminer les arrière-goûts désagréables.

6. Fournir suffisamment de liquide pour permettre une déglutition facile du médicament et pour faciliter son transit dans le tube digestif. Aider le client à prendre une position qui facilite l'ingestion du médicament et qui évite les risques d'aspiration.

7. Examiner la bouche des clients affaiblis pour s'assurer que le médicament est bien ingéré et qu'il n'a pas adhéré à la muqueuse buccale.

8. Administrer une seule dose quotidienne d'un médicament (cela facilite la fidélité au traitement), sauf s'il est essentiel de fractionner la dose.

9. Demander au médecin de prescrire un diurétique à action plus lente si l'usage d'un diurétique à action rapide comme le furosémide (Lasix) cause de l'incontinence chez le client âgé.

10. Administrer les antidépresseurs tricycliques au coucher pour éviter la sécheresse de la bouche pendant la journée.

11. Ne pas favoriser la prise régulière d'hypnotiques, car ils perdent alors leur utilité. À la place, donner du lait chaud ou frictionner le dos.

12. Combattre l'immobilité due aux médicaments, puisque cela peut mener à des changements perceptuels, à de la déshydratation et à la formation d'escarres de décubitus.

13. Demeurer auprès des clients recevant des suppositoires jusqu'à ce que le médicament soit absorbé. Il est possible que les suppositoires rectaux et vaginaux prennent plus de temps à fondre que chez les clients plus jeunes à cause d'une baisse de la température corporelle. Encourager le client à garder le suppositoire même si, dans certains cas, le réflexe d'expulsion est fort parce que le médicament prend plus de temps à se dissoudre. Si le client ne peut retenir le suppositoire, discuter avec le médecin de l'éventualité de changer la voie d'administration.

14. Alterner les points d'injection et exercer une pression avec un petit pansement stérile sec après l'injection. Les clients âgés ont tendance à saigner après les injections parce que les tissus ont perdu leur élasticité.

15. Éviter d'injecter des médicaments dans les membres immobilisés car l'absorption y est souvent plus lente.

16. Examiner le point d'injection des médicaments puisqu'une diminution de la perception cutanée peut empêcher le client de ressentir la douleur, l'infection, l'intravasation ou d'autres traumatismes.

17. Aider les clients à maintenir un apport alimentaire suffisant pour éviter des carences qui pourraient causer des altérations des fonctions organiques ou de l'effet des médicaments.

18. Recommander aux clients de jeter les médicaments qui ne font plus partie de leur traitement afin de réduire les risques d'erreur et d'éviter qu'ils se les administrent de leur propre chef.

19. Recommander aux clients de consulter leur médecin avant d'arrêter de prendre les médicaments qu'ils ne croient plus utiles à leur traitement.

20. Évaluer soigneusement la fidélité au traitement chez les clients recevant plus de cinq médicaments, parce que cela augmente les risques de réactions indésirables et d'interactions médicamenteuses. Voir *Démarche de soins infirmiers pour promouvoir la fidélité au traitement*, à la page 64.

EFFETS DES MÉDICAMENTS CHEZ LA CLIENTE ENCEINTE

La philosophie des traitements médicamenteux destinés aux femmes enceintes a changé radicalement en 1961, lors de la tragédie causée par la thalidomide. Ce médicament, un produit hypnotique présumément inoffensif, s'est révélé comme un puissant agent tératogène causant de la phocomélie lorsqu'il était pris pendant le premier trimestre de la grossesse. L'effet tératogène des médicaments a de nouveau été porté à l'attention du public quand il a été démontré que le diéthylstilbœstrol (DES), administré durant la grossesse, augmentait l'incidence de l'adénocarcinome du vagin chez la progéniture de sexe féminin.

Le ministère de la Santé et du Bien-être social exige maintenant que des études de tératogénicité soient effectuées chez l'animal pour tout nouveau médicament. Même si les résultats de telles expériences démontrent l'absence d'effets tératogènes, cela ne constitue pas une autorisation de s'en servir chez la femme enceinte.

Plusieurs vieux médicaments n'ont pas subi de telles études ou n'ont été que partiellement étudiés. De plus, les résultats d'études animales ne peuvent pas toujours être extrapolés à l'humain.

Conséquemment, il est préférable que la cliente enceinte s'abstienne de prendre des médicament, sauf si son médecin considère que les avantages éventuels l'emportent sur les risques de malformations fœtales. Cela s'applique à tous les médicaments, y compris aux médicaments en vente libre ainsi qu'aux substances comme le tabac, l'alcool, les drogues illicites, les insecticides et les autres xénobiotiques. On sait qu'une consommation excessive d'alcool cause le syndrome d'alcoolisme fœtal.

Les risques associés à l'usage de ces substances doivent être expliqués à toutes les femmes enceintes ou en âge d'enfanter. Il est évident que l'on doit faire preuve de bon sens quand il s'agit de produits comme l'alcool et les cigarettes; ceux-ci ne sont peut-être consommés qu'en petites quantités. Toutefois, on a signalé que l'ingestion de 85 mL d'alcool par jour peut causer des anomalies congénitales et que 3 cigarettes par jour peuvent entraîner une diminution de la masse de naissance.

Une liste des effets connus des médicaments consommés par la mère sur l'embryon, le fœtus et le nouveau-né figure à l'appendice 9. L'information à ce sujet doit être examinée avec précaution parce que: (1) les données expérimentales concernant l'humain sont souvent absentes ou les conclusions sont fondées sur des évaluations rétrospectives à long terme, (2) des malformations se produisent spontanément chez des clientes qui n'ont pas pris le médicament et (3) des malformations ont été observées chez des clientes ayant pris plus d'un médicament (par exemple, les épileptiques), et il est difficile de déterminer le médicament en cause. Même si certaines informations contenues dans l'appendice 9 peuvent manquer de substance, elles doivent être prises en considération, surtout en ce qui concerne les médicaments couramment prescrits pendant la grossesse, comme les anti-infectieux, les antihypertenseurs et les diurétiques, parmi lesquels on peut sélectionner le médicament de choix.

La plupart des médicaments ingérés par les clientes enceintes passent la barrière placentaire et peuvent influer sur la santé de l'embryon, du fœtus et du nouveau-né. Il semble que les embryons sont particulièrement sensibles aux effets des médicaments pendant le premier trimestre de la grossesse (pendant l'organogenèse).

Les médicaments qui ne peuvent pas passer la barrière placentaire sont généralement constitués de grosses molécules (par exemple, l'héparine).

La décision d'administrer un médicament spécifique durant la grossesse repose donc sur les propriétés pharmacodynamiques du produit. Par exemple, l'insuline a des effets tératogènes lorsqu'elle est injectée directement au fœtus mais, comme elle ne passe pas la barrière placentaire, elle ne peut produire de tels effets si elle est administrée à la mère. Cependant, une insulinémie excessive peut causer une hypoglycémie fœtale potentiellement dangereuse. L'insuline passe dans le lait maternel mais elle est détruite dans le tube digestif du nourrisson, ce qui la rend inactive.

LACTATION

Jusqu'à preuve du contraire, il est préférable de penser que tout médicament ingéré par la mère se retrouvera dans le lait maternel et sera donc transmis au nourrisson. Conséquemment, les femmes qui allaitent ne devraient prendre aucun médicament, à moins que le médecin en ait décidé autrement.

Cette précaution s'applique aussi aux médicaments en vente libre et l'infirmière devrait en expliquer la raison aux femmes qui allaitent.

 CHAPITRE **8**

Démarche de soins infirmiers pour promouvoir la fidélité au traitement

ÉVALUATION INITIALE

Évaluer la personnalité du client, sa motivation, ses expériences antérieures, ses capacités d'apprentissage et sa flexibilité aux changements en examinant les quatre groupes de facteurs qui influent sur l'enseignement et l'apprentissage.

1. **Facteurs physiques**. Évaluer l'état du client, sa mobilité et sa capacité de déglutir.

2. **Facteurs psychologiques**. Discuter avec le client de sa compréhension et de l'acceptation de son état et du traitement.

3. **Facteurs socioculturels**. Déterminer quelles sont les priorités du client, ses valeurs, son niveau socio-économique et son mode de vie.

4. **Facteurs environnementaux**. Évaluer l'environnement physique et le milieu familial.

FORMULATION DU PLAN DE SOINS

Utiliser les données recueillies lors de l'évaluation initiale pour formuler un plan de soins destiné à promouvoir la fidélité au traitement.

1. D'un commun accord avec le client, déterminer des objectifs. Par exemple, si le médecin a prescrit 30 unités d'insuline lente par jour avant le déjeuner, un objectif commun pourrait être que le client apprenne à s'administrer l'insuline.

2. Établir un plan d'enseignement pour promouvoir la fidélité au traitement.

   a) Déterminer les objectifs de comportement relatifs au processus d'enseignement et d'apprentissage. Établir ce que le client sera en mesure de faire une fois ce processus terminé. Par exemple, le client sera en mesure de s'administrer l'insuline.

   b) Sélectionner la méthode d'enseignement appropriée pour promouvoir la fidélité au traitement (par exemple, en groupe, individuellement, à l'aide de films ou de diapositives).

EXÉCUTION DU PLAN DE SOINS

1. *Ne pas brusquer le client*. Permettre au client d'apprendre à son rythme.

2. Choisir un endroit calme, où l'enseignement sera plus efficace.

3. Mettre l'accent sur le maintien d'un bon état de santé ou sur l'amélioration de l'état de santé, que le client peut obtenir en prenant les médicaments de la manière prescrite. Une bonne motivation est d'une grande importance dans la fidélité au traitement.

4. Expliquer les raisons qui motivent le régime thérapeutique et les voies d'administration utilisées.

5. Fournir au client des instructions verbales et écrites simples et claires. Les instructions écrites doivent être rédigées en caractères suffisamment gros pour être lisibles par le client.

6. Fournir des cartes claires et lisibles regroupant des informations sur le nom du médicament, son indication, les réactions indésirables les plus fréquentes, la posologie, la fréquence d'administration et ce qu'il faut faire en cas de réactions indésirables.

7. Fournir au client un agenda qui lui indiquera les jours et les heures où il doit prendre ses médicaments.

8. Recommander au client d'associer la prise de ses médicaments avec des événements quotidiens. Par exemple, prendre les médicaments après les repas.

9. Fournir au client de petits contenants qui mentionnent l'heure à laquelle le médicament doit être pris. Expliquer au client qu'il doit remplir chacun des contenants une fois par jour de telle sorte que la prise de ses médicaments sera planifiée pour la journée. Cette technique est particulièrement efficace avec les clients dont la mémoire est affaiblie.

10. Fournir des contenants pour chaque jour de la semaine et y mettre les médicaments qui doivent être pris à des jours particuliers pour les clients qui ont de la difficulté à prendre leurs médicaments.

11. Adresser aux services sociaux les clients qui n'ont pas les ressources financières nécessaires pour se procurer les médicaments ou les appareils requis.

12. Utiliser de l'équipement qui peut être acheté et remplacé facilement.

13. Utiliser de l'équipement facile à manipuler et à utiliser à domicile.

14. Prendre en note la quantité de comprimés/capsules ou la quantité de solution que le client reçoit du pharmacien.

15. Enseigner la technique utilisée pour l'administration du médicament.

16. Observer le client lorsqu'il démontre comment il s'administre le médicament. Il est préférable qu'un membre de sa famille ou de son entourage assiste à cette démonstration.

17. Faire participer un membre de la famille du client ou une personne de son entourage afin d'aider le client à avoir une meilleure fidélité au traitement.

ÉVALUATION

1. Veiller à ce qu'un suivi soit effectué à intervalles réguliers.

2. Évaluer:
   a) l'attitude du client envers lui-même, sa maladie, son traitement médicamenteux et sa fidélité au traitement en l'écoutant et en l'observant.
   b) les effets thérapeutiques.
   c) les réactions indésirables.
   d) les connaissances du client sur son traitement médicamenteux et sa capacité de s'administrer les médicaments.
   e) la consommation de médicaments du client en comparant le nombre de comprimés/capsules ou la quantité de solution qui restent avec ce qui avait été dispensé par le pharmacien.
   f) la technique d'administration du client en lui faisant faire une démonstration (de préférence en présence d'un membre de sa famille ou de son entourage). Corriger sa technique si nécessaire.

3. Féliciter le client pour la fidélité au régime thérapeutique.

4. Pour les clients qui n'arrivent pas à être fidèles au régime thérapeutique, à cause d'un manque de motivation ou de capacités, il est recommandé de faire appel à une agence de soins à domicile pour qu'une infirmière visiteuse se rende chez le client.

DEUXIÈME PARTIE

Anti-infectieux

INTRODUCTION

Généralités Le début de la médecine moderne est généralement associé à deux événements: la preuve faite par Pasteur que
plusieurs maladies sont causées par des micro-organismes et la décou-
verte d'agents anti-infectieux efficaces. Les premiers de ces médicaments furent les sulfamides (1938), suivis de la pénicilline au début
des années 40. Depuis, de nombreux anti-infectieux ont été ajoutés à
cette liste.

Malheureusement, l'avènement des anti-infectieux ne fut pas une
panacée. Quelques bactéries et autres micro-organismes se sont
adaptés aux anti-infectieux et on a constaté l'apparition graduelle de
bactéries résistantes à certains anti-infectieux, particulièrement aux
antibiotiques. Heureusement, jusqu'à présent, on a pu procéder à l'éradication de la plupart des souches résistantes par des antibiotiques
nouveaux et/ou différents, par des associations d'antibiotiques ou par
des posologies plus élevées. La prise de conscience de ce problème
a incité les médecins à s'interroger plus longuement sur la nécessité
et la manière de prescrire des antibiotiques.

On fait également des progrès dans le développement des médicaments antiviraux.

Dans ce manuel, les médicaments anti-infectieux ont été groupés
par catégories (antibiotiques, sulfamides, sulfone), par maladies et/ou
par type d'agent infectieux: anthelminthiques, antituberculeux, antipaludiques, amœbicides, germicides urinaires et antiviraux. Il existe de
nombreux chevauchements entre ces catégories.

Quelques règles générales s'appliquent pour l'utilisation de la plupart des médicaments anti-infectieux:

1. Les médicaments anti-infectieux peuvent être divisés en deux groupes: les médicaments bactériostatiques, qui interrompent la multiplication et le développement ultérieur de l'agent infectieux, et les médicaments bactéricides, qui détruisent tous les micro-organismes vivants. Cette différence peut influer tant sur la longueur du traitement que sur le temps d'administration.

2. Certains anti-infectieux interrompent la croissance ou détruisent de nombreux micro-organismes; ce sont les antibiotiques à large spectre d'activité. D'autres, les antibiotiques à spectre étroit, affectent seulement certains micro-organismes très spécifiques.

3. Quelques anti-infectieux induisent une réaction d'hypersensibilité chez certains clients. Les pénicillines causent des réactions d'hypersensibilité plus graves et plus fréquentes que tout autre médicament.

4. Les agents infectieux ne sont pas également sensibles à tous les anti-infectieux; il faut donc déterminer la sensibilité du micro-organisme au médicament prescrit avant de commencer le traitement. À cet effet, on utilise plusieurs épreuves de sensibilité, appelées antibiogrammes. L'épreuve utilisée le plus fréquemment – le Kirby Bauer ou diffusion en gélose par la méthode des disques – donne des résultats qualitatifs. Il existe aussi plusieurs épreuves quantitatives destinées à déterminer la concentration minimale inhibitrice (CMI) du médicament.

5. Quelques agents anti-infectieux produisent des effets indésirables importants, dont les plus sérieux sont la neurotoxicité, l'ototoxicité et la néphrotoxicité. Il faut éviter d'administrer conjointement deux anti-infectieux ayant des effets indésirables similaires et d'administrer ces médicaments aux clients qui risquent particulièrement de souffrir de ces effets indésirables (par exemple, on n'administre pas un médicament néphrotoxique à un client souffrant de troubles rénaux). Le choix de l'anti-infectieux dépend également de sa distribution dans l'organisme (par exemple, s'il traverse ou non la barrière hémato-encéphalique).

6. La thérapie anti-infectieuse comporte une autre difficulté reliée à la destruction par ces médicaments de la flore intestinale normale nécessaire à la digestion, à la synthèse de la vitamine K et à la suppression des champignons pouvant atteindre le tractus GI (surinfection).

Mécanisme d'action/cinétique   Les anti-infectieux n'ont pas tous le même mécanisme d'action. Les mécanismes d'action suivants ont été identifiés.* (Notez qu'il existe un chevauchement considérable entre les mécanismes):

---

* Source: M.A. Sande et G.L. Mandell, « Antimicrobial agents », dans A.G. Gilman, L.S. Goodman et A. Gilman (éd.), *The Pharmacological Basis of Therapeutics*, 6e éd., New York, Macmillan, 1980, p. 1080.

1. Action sur la paroi cellulaire:
   a) Inhibition d'un enzyme nécessaire à la formation de la paroi cellulaire, qui entraîne la lyse de la cellule.
   b) Activation d'un enzyme entravant la formation de la paroi cellulaire, qui entraîne la lyse de la paroi cellulaire.
   c) Action directe sur la paroi cellulaire, qui affecte la perméabilité de la paroi cellulaire.
2. Action sur les ribosomes intracellulaires et, par le fait même, sur la synthèse des protéines.
3. Liaison du médicament à une sous-unité spécifique des ribosomes, qui entraîne la formation de polypeptides et de protéines anormaux.
4. Action sur le métabolisme de l'acide nucléique et, par conséquent, sur la synthèse des protéines.
5. Intervention dans une étape métabolique spécifique essentielle à la survie du micro-organisme.

Soins infirmiers – Anti-infectieux

1. Demander au client s'il a déjà eu une réaction inhabituelle ou des problèmes après l'administration d'un anti-infectieux, tels qu'une éruption cutanée, de l'urticaire ou de la difficulté à respirer. De telles réactions indiquent une allergie ou une hypersensibilité.

2. Signaler au médecin les antécédents d'allergie à un anti-infectieux. Inscrire l'allergie bien en évidence au dossier du client et sur la carte de son lit. Aviser le client de ne pas reprendre le médicament à moins que le médecin ne l'y autorise après avoir examiné ses antécédents.

3. S'assurer, lorsque indiqué, que les cultures diagnostiques et les antibiogrammes ont été effectués avant d'administrer la première dose d'anti-infectieux. Procéder selon la technique appropriée pour obtenir un échantillon et pour son entreposage et/ou pour son transport au laboratoire.

4. Surveiller l'apparition de réactions allergiques ou d'hypersensibilité chez le client qui reçoit un traitement anti-infectieux (voir à la p. 18). Si une réaction survient, il faut cesser l'administration du médicament immédiatement. Épinéphrine, oxygène, antihistaminiques et corticostéroïdes doivent toujours être disponibles immédiatement.

5. Chez les clients atteints de troubles rénaux, prévoir une posologie réduite des anti-infectieux principalement excrétés par les reins. Les médicaments néphrotoxiques sont contre-indiqués chez les clients atteints de troubles rénaux, car les niveaux toxiques sont rapidement atteints.

6. Ne pas administrer la médication et se renseigner auprès du médecin lorsque deux anti-infectieux ou plus sont prescrits pour le même client, particulièrement si les médicaments ont

les mêmes effets indésirables, comme la néphrotoxicité et/ou la neurotoxicité.

7. Administrer les médicaments bactéricides au moins 1 h avant d'administrer les anti-infectieux bactériostatiques quand les deux sont prescrits, de façon à obtenir l'effet maximum.

8. Évaluer la réponse thérapeutique du client, comme la diminution de la fièvre, l'augmentation de l'appétit et l'augmentation du bien-être.

9. Surveiller l'apparition de surinfections, particulièrement la surinfection fongique, caractérisée par une langue fourrée noire, des nausées et de la diarrhée.

10. *Prévenir les surinfections*:
    a) en limitant l'exposition du client aux personnes atteintes d'infections.
    b) en effectuant une rotation des points d'administration IV et en changeant le point de perfusion IV toutes les 24 à 48 h.
    c) en prodiguant et en favorisant les soins d'hygiène.

11. En milieu hospitalier, faire vérifier l'ordonnance d'anti-infectieux tous les 5 jours afin de savoir s'il faut renouveler la prescription ou non.

12. Établir un horaire d'administration sur une période de 24 h, pour maintenir la concentration appropriée de médicament. On établit l'horaire d'administration du médicament en fonction de sa demi-vie, de la gravité de l'infection et du besoin de sommeil du client.

13. Terminer l'administration du médicament avant qu'il ne perde son efficacité. Assurer l'efficacité du médicament en le diluant de la manière recommandée et en l'administrant dans le laps de temps prescrit. Tenir à l'abri de la lumière si cela est indiqué. Sauf en cas de contre-indications, diluer les médicaments IV dans 50 à 100 mL au moins pour prévenir l'irritation de la veine.

14. *Expliquer au client et/ou à sa famille qu'il doit*:
    a) utiliser les anti-infectieux seulement sous surveillance médicale.
    b) respecter l'horaire et le mode d'administration du médicament.
    c) signaler les signes et les symptômes de réactions allergiques et de surinfection.
    d) poursuivre le traitement même s'il se sent mieux.
    e) jeter tout ce qui reste du médicament une fois le traitement terminé.

Antibiotiques

Généralités   À l'origine, tous les antibiotiques étaient des substances produites par des micro-organismes (bactéries, champignons) qui interrompent la croissance d'autres micro-organismes et qui, dans bien des cas, les tuent. Aujourd'hui, plusieurs antibiotiques sont partiellement ou entièrement synthétisés.

Les antibiotiques n'ont pas tous la même puissance. Quelques-uns sont bactériostatiques, c'est-à-dire qu'ils inhibent seulement la croissance de l'agent infectieux, alors que d'autres sont bactéricides et tuent les agents infectieux sans délai. L'action bactériostatique ou bactéricide d'un agent particulier est également fonction de sa concentration au siège de l'infection.

Mécanisme d'action/cinétique   Les divers mécanismes d'action par lesquels les antibiotiques font obstacle au métabolisme et à la propagation des micro-organismes sont énumérés à la page 68 (anti-infectieux) et décrits pour chaque médicament lorsqu'on les connaît. Les données pharmacocinétiques manquent pour plusieurs agents, parce que l'efficacité dépend du siège de l'infection, de la concentration du médicament à ce siège, de la sensibilité de l'organisme au médicament et de la défense immunitaire de l'hôte. On peut souvent estimer la posologie à partir de la CMI (voir p. 68) nécessaire pour prévenir la croissance visible (après 18 à 24 h d'incubation) de l'agent infectieux, telle que déterminée par un antibiogramme. La concentration du médicament au siège de l'infection devrait se situer entre une et huit fois la CMI. La plupart des antibiotiques sont bien absorbés dans le tractus GI quoique quelques-uns sont sensibles à l'acide et doivent être administrés par voie parentérale. La grande majorité des antibiotiques sont éliminés par les reins.

Indications   Les antibiotiques sont efficaces contre la plupart des bactéries pathogènes, de même que contre quelques-unes des rickettsies et certains des plus gros virus. Ils sont inefficaces contre les virus qui causent la grippe, l'hépatite et le rhume banal.

Le choix de l'antibiotique dépend de la nature de la maladie à traiter, de la sensibilité de l'agent infectieux et de l'expérience antérieure du client avec le médicament. L'utilisation de l'agent de choix peut être empêchée par des réactions d'hypersensibilité et d'allergie (voir p. 17).

Outre leur emploi pour les infections aiguës, les antibiotiques sont utilisés de manière prophylactique dans les cas suivants:

1. Pour protéger les personnes exposées à un organisme spécifique connu.

2. Pour prévenir les surinfections bactériennes chez les clients souffrant d'infections aiguës ne répondant pas aux antibiotiques.

3. Pour réduire les risques d'infections chez les clients souffrant de maladies chroniques.

4. Afin d'inhiber la propagation de l'infection d'un foyer clairement défini, par exemple après un accident ou une intervention chirurgicale.

5. Afin d'« aseptiser » l'intestin ou d'autres parties du corps avant une intervention chirurgicale importante.

Plutôt que d'utiliser un seul agent, le médecin préfère quelquefois prescrire une association d'antibiotiques.

Contre-indications   L'hypersensibilité ou les réactions allergiques à certains antibiotiques sont fréquentes et peuvent empêcher l'emploi d'un agent particulier.

Réactions indésirables   Les antibiotiques ont peu d'effets toxiques directs. On observe parfois une atteinte rénale et hépatique, de la surdité et des dyscrasies sanguines.

Cependant, les effets indésirables suivants surviennent fréquemment:

1. L'antibiothérapie détruit souvent la flore normale de l'organisme, qui empêche certains micro-organismes pathogènes, comme *Candida albicans, Proteus* et *Pseudomonas*, de causer des infections. Si la flore est altérée, il peut se produire des surinfections (candidose vaginale, entérite, infection des voies urinaires) nécessitant l'arrêt de la thérapie ou l'usage d'autres antibiotiques.

2. L'éradication incomplète d'un organisme infectieux. L'utilisation négligente de ces agents favorise l'émergence de souches *résistantes* insensibles à un médicament particulier. Les souches résistantes sont des mutants d'agents infectieux originaux qui ont développé soit un métabolisme légèrement différent leur permettant d'exister malgré la présence de l'antibiotique, soit l'habileté de libérer une substance chimique – par exemple, l'enzyme pénicillinase – qui peut détruire l'antibiotique.

Pour réduire les risques de développement de souches résistantes, les antibiotiques sont habituellement prescrits pour un laps de temps supérieur à ce qui est requis pour la disparition des symptômes aigus.

L'usage négligent des antibiotiques est à éviter pour les mêmes raisons.

Épreuves de laboratoire La sensibilité bactériologique des organismes infectieux à l'antibiotique devrait être vérifiée en laboratoire avant le début de la thérapie et au cours du traitement.

Administration/entreposage

1. Vérifier la date d'expiration sur le contenant.
2. Déterminer la méthode d'entreposage recommandée pour le médicament, et le ranger adéquatement.
3. Inscrire clairement la date de dilution et la concentration des solutions de tout médicament. Inscrire la durée pendant laquelle le médicament peut être entreposé après la dilution.
4. Compléter l'administration des antibiotiques par Volutrol avant que le médicament ne perde de son efficacité.

Soins infirmiers

Voir *Soins infirmiers – Anti-infectieux*, p. 69.

PÉNICILLINES

Généralités Les pénicillines sont distribuées dans presque tout l'organisme et traversent la barrière placentaire. Elles passent également dans les liquides synovial, pleural, péricardique, péritonéal et céphalo-rachidien, de même que dans l'humeur aqueuse de l'œil. Bien que les méninges normales soient relativement imperméables aux pénicillines, les méninges enflammées les absorbent beaucoup mieux.

Les fonctions rénale, cardiaque et hématopoïétique ainsi que le bilan électrolytique des clients recevant de la pénicilline devraient être surveillés à des intervalles réguliers.

Mécanisme d'action/cinétique Les pénicillines gênent la biosynthèse de la paroi cellulaire des bactéries; elles affectent en particulier la synthèse du dipeptidoglycan – une substance nécessaire à la solidité et à la stabilité de la paroi cellulaire. Les pénicillines sont surtout efficaces contre les jeunes organismes qui se divisent rapidement, et elles ont peu d'effets sur les cellules matures au repos. Selon la concentration du médicament au siège de l'infection et selon la sensibilité du micro-organisme infectieux, la pénicilline est soit bactériostatique, soit bactéricide. **Demi-vie**: 30 à 110 min; liaison aux protéines: 20% à 98% (voir chaque agent).

Indications Cocci à Gram positif, y compris les streptocoques, les méningocoques, les pneumocoques et les staphylocoques ne produisant pas de pénicillinase, ainsi que les infections fusospirochétiennes. Gonocoques, y compris dans le cas de gonorrhée non compliquée, des infections gonococciques disséminées et de la conjonctivite gonococcique chez les nouveau-nés et chez les adultes. Fièvre par morsure de rat, anthrax, tétanos, pian, gangrène gazeuse et diphtérie (traitement et prophylaxie). Endocardite bactérienne subaiguë due aux streptocoques du groupe A et endocardite entérococcique. Actinomycoses, infections à *Pasturella* et à *Clostridium* (sauf le botulisme).

Les pénicillines sont aussi employées pour les méningites à *Listeria* (en association avec la gentamicine ou la kanamycine). Infections causées par *E. Coli, Proteus mirabilis, Hæmophilus influenzæ, Salmonella, Shigella, Proteus æruginosa.* Syphilis primaire, secondaire, latente et congénitale. Prophylaxie du rhumatisme articulaire aigu et de l'endocardite bactérienne chez les clients atteints de cardiopathies congénitales ou rhumatismales devant subir une intervention de chirurgie dentaire ou une autre intervention chirurgicale.

Note: Ce ne sont pas toutes les pénicillines qui sont employées pour les maladies décrites ci-dessus. Leur emploi spécifique est décrit pour chacune d'entre elles.

Contre-indications
Hypersensibilité à la pénicilline et à la céphalosporine. Utiliser avec prudence chez les clients ayant des antécédents d'asthme, de fièvre des foins ou d'urticaire.

Réactions indésirables
Les pénicillines sont de puissants agents sensibilisants; on estime que 15% de la population nord-américaine est allergique à cet antibiotique. On rapporte une augmentation des réactions d'hypersensibilité en pratique pédiatrique. Les réactions de sensibilité peuvent être immédiates (en moins de 20 min) ou retardées (plusieurs jours ou semaines après le début du traitement).

Allergiques: Éruption cutanée (y compris les éruptions maculopapuleuses et exanthémateuses), dermatite exfoliative, érythème, dermatite de contact, urticaire, prurit, respiration sifflante, fièvre, éosinophilie. Anaphylaxie, syndrome de Stevens-Johnson, œdème de Quincke, maladie du sérum. *GI*: Diarrhée (parfois grave), crampes ou douleurs abdominales, nausées, vomissements, ballonnement, flatulence, augmentation de la soif, goût amer/désagréable, langue foncée ou décolorée, douleur buccale ou glossalgie, embarras gastrique, colite pseudomembraneuse. *Hématologiques*: Thrombopénie, leucopénie, agranulocytose. *Rénales*: Hématurie, pyurie, albuminurie, oligurie. Déséquilibre électrolytique avec l'administration IV. *Autres*: Hépatotoxicité (ictère cholostatique), surinfection, enflure du visage et des chevilles, respiration difficile, faiblesse, ecchymoses, hématomes.

L'injection IM peut causer de la douleur et de l'induration au point d'injection alors que l'administration IV peut causer une irritation de la veine et une thrombophlébite.

Pour le *traitement d'urgence* du choc anaphylactique et des réactions allergiques graves, administrer de l'épinéphrine (0,3 à 0,5 mL d'une solution à 1:1 000 par voie SC ou IM, ou 0,2 à 0,3 mL dilué dans 10 mL de solution saline, donné lentement par voie IV); des corticostéroïdes devraient aussi être disponibles.

Lorsque la pénicilline est le médicament de choix, le médecin peut décider de l'employer même si le client y est allergique, et ajouter au régime thérapeutique une médication appropriée pour maîtriser la réaction allergique.

Interactions médicamenteuses

Médicaments	Interaction
Aminosides	Les pénicillines ↓ l'activité des aminosides.
Antiacides	↓ de l'activité des pénicillines due à une ↓ de l'absorption dans le tractus GI.

Antibiotiques
  Chloramphénicol
  Érythromycine
  Tétracyclines
	↓ de l'activité des pénicillines.

Anticoagulants	Les pénicillines peuvent potentialiser l'activité pharmacologique.
Aspirine	↑ de l'activité des pénicillines par ↓ de la liaison aux protéines plasmatiques.
Phénylbutazone	↑ de l'activité des pénicillines par ↓ de la liaison aux protéines plasmatiques.
Probénécide	↑ de l'activité des pénicillines par ↓ de l'excrétion.

Interactions avec les épreuves de laboratoire   Dose massive: Faux + ou ↑ du glucose, des protéines et de la turbidité urinaires.

Posologie   La pénicilline est disponible pour administration orale, parentérale, intrathécale et par inhalation. Les posologies sont données pour chaque médicament.

Des préparations à action prolongée sont fréquemment employées.

Les doses orales doivent être plus élevées que les doses IM ou SC, parce qu'une grande fraction de la pénicilline administrée oralement peut être détruite dans l'estomac.

Administration   L'administration intramusculaire et intraveineuse de pénicilline cause beaucoup d'irritation locale, c'est pourquoi ces antibiotiques sont injectés lentement.

Les injections IM sont pratiquées profondément dans le muscle fessier. Les injections IV sont habituellement faites par la tubulure d'une perfusion IV.

Chez les adultes, les pénicillines (diluées dans un plus grand volume) sont aussi données en perfusion goutte à goutte à un débit de 100 à 150 gouttes/min.

Soins infirmiers

Voir *Soins infirmiers – Anti-infectieux*, p. 69.

1. Surveiller attentivement l'apparition de réactions allergiques, étant donné leur incidence plus élevée avec la pénicilline.

2. Considérer que le risque de réactions allergiques est plus élevé chez les clients qui ont des antécédents d'asthme, de fièvre des foins, d'urticaire ou d'allergies aux céphalosporines.

3. En clinique externe, garder le client sous observation pendant au moins 20 min après l'injection de pénicilline, afin de pouvoir agir rapidement en cas de réaction anaphylactique.

4. Ne pas administrer de pénicillines à action prolongée par voie IV, car elles sont réservées à l'usage IM. Administrées par voie IV, elles peuvent causer une embolie ou des troubles au SNC ou au cœur.

5. Ne pas masser après l'injection de pénicilline à action prolongée, car on ne devrait pas augmenter la vitesse d'absorption.

6. Éviter l'administration IV rapide de pénicilline, car cela cause de l'irritation locale et peut provoquer des convulsions.

7. Administrer la pénicilline à jeun avec un verre d'eau car, excepté pour la pénicilline V et l'amoxicilline, la nourriture en retarde l'absorption.

8. *Expliquer au client et/ou à sa famille*:
   a) les signes et les symptômes de réaction allergique, qui indiquent qu'il doit cesser de prendre la médication et en référer au médecin dès que possible.
   b) qu'il doit prendre la pénicilline orale avec un verre d'eau 1 h avant, ou 2 à 3 h après les repas.
   c) qu'il doit retourner se faire administrer de la pénicilline à action prolongée afin de compléter le traitement si le médecin l'indique.
   d) qu'il doit poursuivre la thérapie prescrite même s'il se sent mieux; un client atteint d'une infection à streptocoques α-hémolytiques doit prendre de la pénicilline pendant un minimum de 10 jours, et de préférence pendant 14 jours, pour empêcher le développement du rhumatisme articulaire aigu ou de la glomérulonéphrite.

9. La plupart des pénicillines sont excrétées dans le lait maternel. Elles doivent donc être prescrites avec précaution chez les femmes qui allaitent.

AMOXICILLINE   Amoxil[Pr], Apo-Amoxi[Pr], Novamoxin[Pr], Polymox[Pr]

Catégorie   Antibiotique, pénicilline.

Mécanisme d'action/cinétique   Pénicilline semi-synthé-tique à large spectre d'activité, étroitement apparentée à l'ampicilline. Détruite par la pénicillinase, stable en présence d'acide et mieux absorbée que l'ampicilline. De 50% à 80% de la dose orale est absorbée dans le tractus GI. **Concentration sérique maximale: PO,** 4 à 11 µg/mL après 1 à 2 h; **Demi-vie:** 60 min. Presque entièrement excrétée inchangée dans l'urine.

Indications   Infections du tractus génito-urinaire. Infections respiratoires causées par *H. inflenzæ* et *S. pneumoniæ*. Infections de la peau et des tissus mous par des staphylocoques ne produisant pas de pénicillinase. Streptocoques à Gram positif. *Proteus mirabilis* et *Neisseria gonorrhoeæ*.

Posologie   **PO seulement:** 250 à 500 mg q 8 h; **pédiatrique, moins de 20 kg:** 20 à 40 (ou plus) mg/kg par jour en 3 doses égales. *Gonorrhée:* 3 g en une seule dose.

Administration/entreposage   La poudre sèche est stable à la température ambiante pendant 18 à 30 mois. La suspension reconstituée est stable pendant 1 semaine à la température ambiante et 2 semaines à des températures de 2 à 8°C. Le médicament peut être pris avec les repas.

AMOXICILLINE ET CLAVULANATE DE POTASSIUM   Clavulin^{Pr}

Catégorie   Antibiotique, pénicilline.

Mécanisme d'action/cinétique   Voir plus haut les renseignements sur l'amoxicilline. Le clavulanate de potassium inactive les enzymes lactamases responsables de la résistance aux pénicillines. Cette préparation est donc efficace contre les micro-organismes qui résistent à l'amoxicilline. Pour le clavulanate de potassium: **Concentration sérique maximale:** 1 à 2 h; **demi-vie:** 1 h.
Note: Les comprimés de 250 et de 500 mg contiennent 125 mg de clavulanate de potassium.

Indications   Contre les souches productrices de β-lactamase des organismes suivants: *Hæmophilus influenzæ* causant des infections des voies respiratoires inférieures, des otites moyennes et des sinusites; *Staphylococcus aureus, E. coli* et *Klebsiella* causant des infections de la peau et de ses structures; *E. coli, Klebsiella,* et *Enterobacter* causant des infections des voies urinaires.

Posologie   *Habituellement:* **Adultes,** 1 comprimé de 250 mg q 8 h; **enfants de moins de 40 kg,** 20 mg/kg par jour en doses fractionnées q 8 h. *Voies respiratoires et infections graves:* **Adultes,** 1 comprimé de 500 mg q 8 h; **enfants de moins de 40 kg,** 40 mg/kg par jour en doses fractionnées q 8 h (cette dose est aussi employée chez les enfants pour l'otite moyenne, les infections des voies respiratoires inférieures ou les sinusites).

AMPICILLINE ORALE Ampicine[Pr], Novo-Ampicilline[Pr], Penbritine[Pr]

AMPICILLINE SODIQUE PARENTÉRALE Ampilean[Pr]

AMPICILLINE AVEC PROBÉNÉCIDE, TRIHYDRATE D' Ampicin-PRB[Pr]

Catégorie Antibiotique, pénicilline.

Mécanisme d'action/cinétique Antibiotique synthétique à large spectre d'activité convenant contre les bactéries à Gram négatif. Résistante à l'acide mais détruite par la pénicillinase. Absorbée plus lentement que les autres pénicillines. De 30% à 60% de la dose orale est absorbée dans le tractus GI. **Concentration sérique maximale. PO**: 1,8 à 2,9 μg/mL après 2 h; **IM**: 4,5 à 7,0 μg/mL; **Demi-vie**: 80 min (entre 50 et 110 min). Partiellement inactivée dans le foie; 25% à 80% excrétée inchangée dans l'urine.

Indications Infections des tractus respiratoire, GI et GU, causées par *Shigella*, *Salmonella*, *E. coli*, *H. influenzæ*, les souches de *Proteus*, *N. gonorrhoeæ*, *N. meningitidis*, et *Enterococcus*. Aussi: otite moyenne chez les enfants, bronchite, fièvre par morsure de rat, coqueluche. Staphylocoques, streptocoques et pneumocoques sensibles à la pénicilline G.

Interactions médicamenteuses supplémentaires

Médicaments	Interaction
Allopurinol	↑ de l'incidence d'éruptions cutanées.
Ampicilline	↓ de l'activité des contraceptifs oraux.

Posologie **Ampicilline: PO. Ampicilline sodique: IV, IM.**

Voies respiratoires et infections des tissus mous. **PO, 20 kg et plus**: 250 mg q 6 h; **moins de 20 kg**: 50 mg/kg par jour en doses fractionnées égales q 6 ou 8 h. **IV, IM, 40 kg et plus**: 250 ou 500 mg q 6 h; **moins de 40 kg**: 25 à 50 mg/kg par jour en doses fractionnées égales q 6 ou 8 h.

Infections des tractus grastro-intestinal et génito-urinaire. **PO, 20 kg et plus**: 500 mg q 6 h; **moins de 20 kg**: 100 mg/kg par jour en doses fractionnées égales q 6 ou 8 h. **IV, IM, 40 kg et plus**: 500 mg q 6 h; **molns de 40 kg**: 50 mg/kg par jour en doses fractionnées égales q 6 ou 8 h.

Urétrite (causée par la gonorrhée). **PO**: Administrer simultanément 3,5 g et 1 g de probénécide (SC) en une seule dose. **IM, IV**: 2 doses de 500 mg chacune en 8 à 12 h.

Méningite bactérienne. **Adultes/enfants, IV, IM**: 150 à 200 mg/kg par jour en doses fractionnées égales q 3 ou 4 h. *Prophylaxie de l'endocardite bactérienne* (intervention au tractus GI ou GU). **Adultes, IM, IV**: 1 g plus gentamicine, 1,5 mg/kg IM ou IV, ou streptomycine, 1 g IM, administré 30 à 60 min avant l'intervention et deux doses additionnelles q 8 h avec la gentamicine ou q 12 h avec la streptomycine. **Pédiatrique**: ampicilline, 50 mg/kg avec gentamicine, 2 mg/kg, et streptomycine, 20 mg/kg. La posologie ne devrait pas excéder la posologie d'une dose pour adultes ou la posologie quotidienne pour adultes. *Septicémie.* **Adultes/enfants**: 150 à 200 mg/kg, IV pendant les 3 premiers jours, puis IM q 3 ou 4 h.

Administration/entreposage

1. Pour l'administration IM ou IV, la solution d'ampicilline doit être utilisée moins d'une heure après sa reconstitution.

2. Pour l'administration IM, le médicament doit être dilué seulement avec de l'eau stérile pour injection ou de l'eau bactériostatique pour injection.

3. Pour l'administration IV (dans un montage en Y), le médicament peut être dilué avec une solution saline pour injection.

4. Les solutions reconstituées d'ampicilline pour injection IV doivent être administrées lentement; on devrait administrer 2 mL de solution en au moins 3 à 5 min.

5. Pour l'administration IV goutte à goutte de l'ampicilline, vérifier la compatibilité de la solution avec le médicament et la période de temps durant laquelle il conserve son activité dans cette solution.

6. Administrer le médicament PO 1 h avant ou 2 h après un repas.

Soins infirmiers complémentaires

Voir *Soins infirmiers – Anti-infectieux*, p. 69, et *Pénicillines*, p. 77.

Surveiller l'apparition d'éruptions cutanées attentivement, car elles surviennent plus souvent avec ce médicament qu'avec les autres pénicillines.

BACAMPICILLINE, CHLORHYDRATE DE
Penglobe [Pr]

Catégorie   Antibiotique, pénicilline.

Mécanisme d'action/cinétique   La bacampicilline est une pénicilline semi-synthétique résistante à l'acidité gastrique et hydrolysée en ampicilline active dans le tractus GI. La nourriture n'affecte pas l'absorption de ce médicament. Absorbé à 98% dans le tractus GI et lié aux protéines à environ 20%. **Concentration plasmatique maximale**: atteinte après 0,9 h, elle est approximativement 3 fois plus élevée que celle de l'ampicilline à doses équivalentes. Excrété à 75% sous forme d'ampicilline active après 8 h.

Indications   Infections des voies respiratoires causées par des streptocoques bêta-hémolytiques, par *Staphylococcus pyogenes*, par des pneumocoques, par des staphylocoques ne produisant pas de pénicillinase ou par *Hæmophilus influenzæ*. Infections des voies urinaires causées par *E. coli*, par *Proteus mirabilis* ou par des entérocoques. Infections cutanées causées par des staphylocoques sensibles ou par des streptocoques. Infections urogénitales aiguës non compliquées causées par *Neisseria gonorrhoeæ*.

Contre-indications   Antécédents d'allergie à la pénicilline. Administration conjointe de disulfirame (Antabuse).

Interaction médicamenteuse   La bacampicilline ne devrait pas être administrée avec le disulfirame.

Interactions avec les épreuves de laboratoire   Faux + avec le Clinitest, avec la solution de Benedict et avec la liqueur de Fehling. ↑ SGOT.

Posologie   **PO. Adultes (25 kg ou plus)**: 400 mg q 12 h; **pédiatrique**: 25 mg/kg par jour en doses fractionnées équivalentes q 12 h. La dose peut être doublée dans les cas d'infections des voies respiratoires inférieures, d'infections graves et lorsque les organismes sont moins sensibles. *Gonorrhée (hommes et femmes)*: 1,6 g avec 1 g de probénécide en une seule dose.

Administration   Peut être administré sans tenir compte des repas.

Soins infirmiers complémentaires

Voir *Soins infirmiers – Anti-infectieux*, p. 69, et *Pénicillines*, p. 77.

1. Ne pas administrer et consulter le médecin si le client prend du disulfirame (Antabuse). Avertir le client de ne pas entreprendre une thérapie au disulfirame s'il prend de la bacampicilline.

2. Évaluer l'état du client qui prend aussi de l'allopurinol, à cause de l'incidence accrue d'éruption cutanée.

3. Avertir les clients diabétiques d'employer le Labstix, le Clinistix, le Tes-tape ou le Diastix pour analyser leur urine, car avec la bacampicilline la solution de Benedict et la liqueur de Fehling donnent des faux +.

CARBÉNICILLINE D'INDANYL SODIQUE
Geopen^Pr

Catégorie   Antibiotique, pénicilline.

Mécanisme d'action/cinétique   Stable à l'acidité gastrique.

Concentration plasmatique maximale: PO, 6,5 µg/mL après 1 h.
Demi-vie: 60 min. Excrétée inchangée rapidement dans l'urine.

Indications Infections des voies urinaires ou bactériurie causées par *E. coli, Proteus vulgaris* et *P. mirabilis, Morganella, Providencia, Enterobacter* ou *Pseudomonas* et par des entérocoques. Également pour la prostatite.

Contre-indications supplémentaires Grossesse. L'innocuité chez les enfants n'est pas établie. Employer avec prudence chez les clients souffrant de troubles rénaux.

Réactions indésirables supplémentaires Neurotoxicité chez les clients atteints de troubles rénaux.

Interactions médicamenteuses supplémentaires Lorsque utilisée en association avec la gentamicine ou la tobramycine dans les cas d'infections à *Pseudomonas*, l'activité de la carbénicilline peut être augmentée.

Posologie **PO**: 382 à 764 mg q.i.d.

Administration/entreposage
1. Garder à l'abri de l'humidité.
2. Entreposer à une température de 30°C ou moins.

Soins infirmiers complémentaires

Voir *Soins infirmiers – Anti-infectieux*, p. 69, et *Pénicillines*, p. 70
1. Surveiller, chez le client atteint de troubles rénaux: (a) la neurotoxicité, qui se manifeste par des hallucinations, des troubles de la conscience, de l'irritabilité musculaire et des convulsions; (b) les manifestations hémorragiques telles que les ecchymoses, les pétéchies et les saignements évidents des gencives et/ou du rectum.
2. Évaluer, chez le client atteint de troubles cardiaques, l'apparition d'œdème, le gain de masse et la détresse respiratoire, qui peuvent être précipités par la carbénicilline sodique.
3. Assurer une bonne hygiène buccale afin de réduire les nausées et l'arrière-goût désagréable.
4. Surveiller l'apparition de céphalées, de troubles GI et de réactions d'hypersensibilité chez le client auquel on administre du probénécide en même temps que de la carbénicilline.

CARBÉNICILLINE DISODIQUE Pyopène^{Pr}

Catégorie Antibiotique, pénicilline.

Mécanisme d'action/cinétique Étant donné que la carbénicilline atteint des concentrations urinaires élevées, elle est particulièrement utile pour les infections des voies urinaires. Elle doit être injectée, car elle est instable en présence d'acidité gastrique. **Concentration plasmatique maximale: IM**, 10 à 40 μg/mL après 1 h; **Demi-vie**: 60 min. Elle est rapidement excrétée inchangée dans l'urine. La vitesse d'excrétion urinaire peut être ralentie par l'administration concurrente de probénécide.

Indications
Infections des voies urinaires et infections systémiques causées par *Pseudomonas aeruginosa, Proteus, E. coli, Neisseria gonorrhoeæ, Streptococcus pneumoniæ, Enterobacter*, et *S. fæcalis*. Contre les bactéries anaérobies causant la septicémie, l'abcès pulmonaire, l'empyème, la pneumonite, la péritonite, l'endométrite, la pelvipéritonite, l'abcès pelvien, la salpingite et les infections de la peau.

Contre-indications supplémentaires
Grossesse. Une attention particulière doit être portée aux clients atteints de troubles rénaux.

Réactions indésirables supplémentaires
Neurotoxicité chez les clients atteints de troubles rénaux. Vaginite, augmentation de la SGOT.

Interactions médicamenteuses supplémentaires

Médicaments	Interaction
Gentamicine	↑ de l'activité de la carbénicilline lorsque utilisée contre *Pseudomonas*.
Tobramycine	↑ de l'activité de la carbénicilline lorsque utilisée contre *Pseudomonas*; ↑ de l'activité des deux médicaments lorsque utilisés contre les souches de *Providencia*.

Posologie
Infections des voies urinaires. **Adultes:** *Non compliquées,* **IM, IV**: 1 ou 2 g q 6 h; *graves,* **perfusion IV**: 200 mg/kg par jour. **Pédiatrique: IM, IV,** 50 à 200 mg/kg par jour en doses fractionnées q 4 à 6 h. *Infections systémiques graves, septicémie, Infections respiratoires, infections des tissus mous.* **Adultes: IV (perfusion ou doses fractionnées)**: 15 à 40 g par jour. **Pédiatrique: IV ou IM (doses fractionnées) ou perfusion IV**: 250 à 500 mg/kg par jour. *Méningite.* **Adultes: IV (perfusion ou doses fractionnées)**: 30 à 40 g par jour. **Pédiatrique: IV (perfusion ou doses fractionnées)**: 400 à 500 mg/kg par jour. *Infections dues à Proteus ou à E. coli durant la dialyse ou l'hémodialyse.* **Adultes: IV**, 2 g q 4 à 6 h. *Gonorrhée (hommes et femmes).* **IM**, 4 g en une seule dose administrée à 2 endroits différents avec 1 g de probénécide **PO**, 30 min avant l'injection. *Note: Infections systémiques graves chez le nouveau-né.* **IM ou perfusion IV (15 min): plus de 2 kg, dose d'attaque**, 100 mg/kg; **puis**, pendant les 3 jours suivants, 75 mg/kg q 6 h. Nouveau-né de plus de 3 jours, 100 mg/kg q 6 h. **Moins de 2 kg, dose d'attaque**, 100 mg/kg; **puis**, pendant les 7 jours suivants, 75 mg/kg q 8 h. Nouveau-né de plus de 7 jours, 100 mg/kg q 8 h.

Réduire toutes les posologies dans les cas d'insuffisance rénale.

Administration/entreposage

1. Afin de réduire la douleur lors de l'injection intramusculaire profonde, reconstituer le médicament avec de la lidocaïne à 0,5% (sans épinéphrine) ou de l'eau bactériostatique pour injection contenant 0,9% d'alcool benzylique. Obtenir une ordonnance écrite avant d'utiliser la lidocaïne ou l'alcool benzylique pour faire la dilution.

2. Ne pas administrer plus de 2 g à un point d'injection IM.

3. Lire attentivement les instructions à l'intérieur de l'emballage pour l'administration IM et IV car ce médicament est très irritant pour les tissus.

4. Jeter le médicament reconstitué et non utilisé après 24 h s'il a été conservé à la température ambiante et après 72 h s'il a été réfrigéré. Indiquer l'heure et la date de reconstitution du médicament.

Soins infirmiers

Voir *Soins infirmiers complémentaires – Carbénicilline d'indanyl sodique*, p. 82.

CLOXACILLINE SODIQUE MONOHYDRATÉE
Apo-Cloxi^{Pr}, Bactopen^{Pr}, Novocloxin^{Pr}, Orbénine^{Pr}, Tegopen^{Pr}

Catégorie   Antibiotique, pénicilline.

Mécanisme d'action/cinétique   Plus résistante à la pénicillinase que la pénicilline G. **Concentration plasmatique maximale**: 7 à 15 μg/mL après 30 à 60 min. **Demi-vie**: 30 min. Liaison aux protéines: 88% à 96%. Bien absorbée dans le tractus GI. Excrétée en grande partie dans l'urine et quelque peu dans la bile.

Indications   Infections causées par les staphylocoques, les streptocoques et les pneumocoques produisant de la pénicillinase, mis à part les entérocoques. Ostéomyélite.

Posologie   **PO**: 250 à 500 mg q 6 h; **pédiatrique, jusqu'à 20 kg**: 50 à 100 mg/kg par jour en 4 doses fractionnées. Les enfants plus âgés peuvent recevoir une dose d'adulte.

Administration/entreposage

1. Ajouter en 2 fois la quantité d'eau indiquée sur l'étiquette; bien agiter après chaque addition.

2. Bien agiter avant de verser chaque dose.

3. Garder la solution reconstituée au réfrigérateur et la jeter après 14 jours.

4. Administrer 1 h avant ou 2 h après les repas, car la nourriture peut gêner l'absorption du médicament.

> **Soins infirmiers complémentaires**
>
> Voir *Soins infirmiers – Anti-infectieux*, p. 69, et *Pénicillines*, p. 77.
>
> Surveiller attentivement la respiration sifflante et les éternuements, car ils se produisent plus fréquemment avec ce médicament.

DICLOXACILLINE SODIQUE MONOHYDRATÉE   Dynapen^{Pr}

Catégorie   Antibiotique, pénicilline.

Mécanisme d'action/cinétique   Résistante à la pénicillinase. **Concentration sérique maximale: PO**, 4 à 20 μg/mL après 1 h. **Demi-vie**: 40 min. Excrétée principalement dans l'urine.

Indications   Infections aux staphylocoques résistants. Début de la thérapie lorsqu'on soupçonne une infection à staphylocoques. Contre-indiquée pour le traitement de la méningite.

Posologie   **PO. Adultes et pédiatrique (plus de 40 kg)**: 125 à 250 mg q 6 h; **pédiatrique**: 12,5 à 25,0 mg/kg par jour en 4 doses fractionnées égales. La posologie n'est pas établie chez le nouveau-né.

Administration/entreposage

1. Pour préparer la suspension orale, bien agiter le contenant de poudre sèche et mesurer l'eau de la manière indiquée sur l'étiquette. Ajouter la moitié de l'eau et agiter vigoureusement sans attendre, pour éviter la formation de grumeaux. Ajouter ensuite le reste de l'eau et agiter vigoureusement encore une fois.
2. Bien agiter avant d'administrer chaque dose.
3. Garder la solution reconstituée au réfrigérateur et jeter ce qui reste après 14 jours.
4. Faire prendre au moins 1 h avant les repas ou 2 ou 3 h après.

MÉTHICILLINE SODIQUE   Staphcilline^{Pr}

Catégorie   Antibiotique, pénicilline.

Mécanisme d'action/cinétique   Sel semi-synthétique, résistant à la pénicillinase, approprié pour les infections résistantes à la pénicilline G, les infections à staphylocoques résistants et les infections des tissus mous. **Concentration plasmatique maximale: IM**, 10 à 20 μg/mL après 30 à 60 min; **IV**, 15 min. **Demi-vie**: 30 min. Excrétée principalement dans l'urine.

Indications supplémentaires   Infections à staphylocoques produisant de la pénicillinase; ostéomyélite, septicémie, entérocolite, endocardite bactérienne.

Contre-indications supplémentaires   Employer avec prudence chez les clients atteints d'insuffisance rénale. L'innocuité chez les nouveau-nés n'a pas encore été établie. Des épreuves périodiques de la fonction rénale sont indiquées pendant une thérapie à long terme.

Posologie   **IV. Adultes**: 1 g q 6 h; **pédiatrique**: 200 à 300 mg/kg par jour; **nouveau-nés**: 50 à 150 mg/kg par jour. **IM. Adultes**: 1 g q 4 ou 6 h; **nourrissons et pédiatrique (moins de 20 kg)**: 25 mg/kg q 6 h.

Administration/entreposage

1. Ne pas employer une solution de dextrose pour diluer la méthicilline car sa légère acidité peut détruire l'antibiotique.

2. Injecter le médicament lentement. Les injections de méthicilline sont particulièrement douloureuses.

3. Injecter profondément dans un muscle fessier.

4. Afin d'éviter la formation d'abcès stériles au point d'injection, aspirer 0,2 à 0,3 mL d'air dans la seringue avant d'injecter.

5. Une fois dissoute, la méthicilline devient très sensible à la chaleur. Par conséquent, les solutions pour administration IM doivent être utilisées en moins de 24 h lorsque gardées à la température ambiante ou en moins de 4 jours, lorsque réfrigérées. Les solutions IV doivent être utilisées en moins de 8 h.

6. Pour l'administration IV directe, il faut diluer 1 g dans un minimum de 17 mL d'eau stérile pour injection ou de chlorure de sodium pour injection. Pour une perfusion IV continue, diluer 1 à 2 g dans 50 à 100 mL, 4 g dans 65 mL et 6 g dans 97 mL.

Soins infirmiers complémentaires

Voir *Soins infirmiers – Anti-infectieux*, p. 69, et *Pénicillines*, p. 77.

1. Ne mélanger aucun autre médicament à la méthicilline en solution.

2. *Évaluer*:
   a) la douleur le long de la veine dans laquelle le médicament est administré et vérifier l'apparition de rougeur ou d'œdème au point d'injection, car ce médicament est vésicant.
   b) l'hématurie, les cylindres urinaires, l'urée sanguine et la concentration de créatinine.
   c) la pâleur, les ecchymoses et les saignements.
   d) la fièvre, les nausées et les autres signes d'hépatotoxicité, particulièrement durant une thérapie prolongée.

3. S'assurer qu'une hémoculture et la numération des globules blancs (avec formule leucocytaire) sont effectuées avant le début de la thérapie et chaque semaine durant celle-ci.

NAFCILLINE SODIQUE Unipen^{Pr}

Catégorie   Antibiotique, pénicilline.

Mécanisme d'action/cinétique   Employée pour les infections staphylococciques résistantes. Lors d'infections graves, la thérapie parentérale est recommandée. **Concentration plasmatique maximale: PO**, 7 μg/mL après 30 à 60 min; **IM**, 14 à 20 μg/mL après 30 à 60 min. **Demi-vie**: 60 min.

Indications   Infections à staphylocoques produisant de la pénicillinase; également pour certains pneumocoques et streptocoques.

Réactions indésirables supplémentaires   Des abcès stériles et des thrombophlébites surviennent fréquemment, particulièrement chez les personnes âgées.

Posologie   IV, IM. **Adultes**: 500 mg q 4 ou 6 h (doubler la dose lors d'infections graves); **pédiatrique**: 25 mg/kg b.i.d.; **nouveau-nés**: 10 mg/kg b.i.d. **PO. Adultes**: 250 à 500 mg q 6 h (jusqu'à 1 g q 4 ou 6 h pour les infections graves). **Pédiatrique**: *Pneumonie/scarlatine*: 25 mg/kg par jour en 4 doses fractionnées (**nouveau-nés**: 10 mg/kg t.i.d. ou q.i.d.). *Pharyngite streptococcique*: 250 mg t.i.d.

L'administration IV n'est pas recommandée chez les nouveau-nés et chez les enfants.

Administration/entreposage

1. Reconstituer pour usage oral en ajoutant la poudre à la bouteille contenant le solvant. Bien refermer. *Agiter vigoureusement jusqu'à ce que la poudre soit en solution.* Vérifier soigneusement qu'il n'y ait pas de poudre non dissoute au fond de la bouteille. La solution doit être réfrigérée. Jeter la quantité non utilisée après une semaine.

2. Reconstituer pour usage parentéral en ajoutant la quantité requise d'eau stérile. Agiter vigoureusement. Inscrire la date sur la bouteille. Garder réfrigéré après reconstitution et jeter la quantité non utilisée après 48 h.

3. Pour administration IV directe, dissoudre la poudre dans 15 à 30 mL d'eau stérile pour injection ou dans une solution isotonique de chlorure de sodium et injecter sur une période de 5 à 10 min par la tubulure d'une perfusion IV en marche. Pour administration en perfusion IV, dissoudre la quantité requise de poudre dans 100 à 150 mL de chlorure de sodium isotonique pour injection et administrer goutte à goutte en 15 à 90 min.

> **Soins infirmiers complémentaires**
>
> Voir *Soins infirmiers – Anti-infectieux*, p. 69, et *Pénicillines*, p. 77.
>
> 1. Après l'administration orale, surveiller l'apparition de troubles GI.

2. Faire l'administration IM par injection profonde dans un muscle fessier.

3. Ne pas administrer par voie IV chez les nouveau-nés.

4. Réduire le débit de la perfusion et signaler la douleur, la rougeur ou l'œdème au point d'administration IV.

OXACILLINE SODIQUE   Prostaphlin[Pr]

Catégorie   Antibiotique, pénicilline.

Mécanisme d'action/cinétique   Médicament résistant à la pénicillinase et stable en présence d'acidité gastrique. Employé pour les infections à staphylocoques résistants. **Concentration plasmatique maximale: PO**, 1,6 à 10,0 μg/mL après 30 à 60 min; **IM**, 5 à 11 μg/mL après 30 min. **Demi-vie**: 30 min.

Indications   Infections par des staphylocoques produisant de la pénicillinase. Également pour certains pneumocoques et streptocoques.

Posologie   **IM, IV. Adultes et pédiatrique (plus de 40 kg)**: 250 à 500 mg q 4 à 6 h (jusqu'à 1 g q 4 à 6 h dans les infections graves); **pédiatrique (moins de 40 kg)**: 50 mg/kg par jour en doses fractionnées q 6 h (jusqu'à 100 mg/kg par jour pour les infections graves); **nouveau-nés et prématurés**: 25 mg/kg par jour. **PO. Adultes et pédiatrique (plus de 40 kg)**: 500 mg q 4 ou 6 h pendant un minimum de 5 jours. La voie PO ne devrait pas être employée au début du traitement pour les infections graves ou gravissimes. Traitement de suivi: **Adultes**, 1 g q 4 ou 6 h; **pédiatrique**: 100 mg/kg par jour en doses fractionnées q 4 ou 6 h.

Administration/entreposage

1. L'administration IM se fait par injection profonde dans le muscle fessier.

2. Reconstitution: Ajouter la quantité d'eau stérile pour injection indiquée sur la fiole. Agiter jusqu'à ce que la solution soit claire. Pour usage parentéral, la solution reconstituée peut se conserver 3 jours à la température ambiante ou 1 semaine au réfrigérateur. Jeter ensuite la solution non utilisée.

3. Administration IV (deux méthodes):
    a) Pour l'administration directe rapide, reconstituer avec une quantité égale d'eau stérile ou de solution saline isotonique et administrer en 10 min.
    b) Pour la perfusion goutte à goutte, ajouter la solution reconstituée à une solution saline, à une solution de dextrose ou à une solution de sucre inverti et administrer en 6 h; le médicament demeure alors efficace.

PÉNICILLINE G BENZATHINIQUE ORALE
Mégacilline^{Pr}

PÉNICILLINE G BENZATHINIQUE PARENTÉRALE   Bicillin L-A 1200^{Pr}

Catégorie   Antibiotique, pénicilline.

Mécanisme d'action/cinétique   Le produit pour usage parentéral est une forme de pénicilline à action prolongée dans un véhicule aqueux; il est administré sous forme de suspension stérile. **Concentration plasmatique maximale: PO**, 0,16 UI/mL; **IM**, 0,03 à 0,05 UI/mL.

Indications   Contre la plupart des organismes à Gram positif (streptocoques, staphylocoques, pneumocoques) et certains organismes à Gram négatif (gonocoques, méningocoques). Syphilis. Prophylaxie de la glomérulonéphrite et du rhumatisme articulaire aigu. Infections postopératoires, surinfection après une extraction dentaire ou une amygdalectomie.

Posologie   **PO. Adultes et enfants de plus de 12 ans**: 400 000 à 600 000 UI q 4 ou 6 h. *Prophylaxie du rhumatisme articulaire aigu/chorée*: 200 000 UI b.i.d. **Enfants de moins de 12 ans**: 25 000 à 90 000 UI par jour en 3 à 6 doses fractionnées. **Parentérale (seulement IM). Adultes**: 1 200 000 UI en une seule dose; **enfants plus âgés**: 900 000 UI en une seule dose; **pédiatrique, moins de 27 kg**: 300 000 à 600 000 UI en une seule dose. *Syphilis non avancée*: 2 400 000 UI en une seule dose. *Syphilis avancée*: 2 400 000 à 3 000 000 UI q 7 jours pour un total de 6 000 000 à 9 000 000 UI. *Prophylaxie du rhumatisme articulaire aigu, de la chorée, ou de la glomérulonéphrite*: 1 200 000 UI une fois par mois ou 600 000 UI q 2 semaines.

Administration/entreposage

1. Agiter vigoureusement la fiole à doses multiples avant d'en retirer la dose désirée car le médicament a tendance à s'agglutiner avec le temps. S'assurer que tout le médicament est dissous et qu'il n'y a plus aucun résidu au fond de la fiole.

2. Employer une aiguille de calibre 20 et ne pas trop tarder avant d'administrer le médicament pour éviter qu'il n'obstrue la seringue et l'aiguille.

3. Injecter lentement et régulièrement dans le muscle et ne pas masser le point d'injection.

4. Avant d'injecter le médicament, s'assurer que l'aiguille n'est pas dans une veine en effectuant une légère aspiration.

5. Utiliser différents points d'injection et les noter au dossier.

6. Ne pas administrer par voie IV.

7. Fractionner la dose en deux points d'injection si elle est très importante et si la masse musculaire est petite.

Soins infirmiers complémentaires

Voir *Soins infirmiers – Anti-infectieux*, p. 69, et *Pénicillines*, p. 77.

Expliquer au client la raison pour laquelle il doit revenir pour des injections de pénicilline à action prolongée.

PÉNICILLINE G BENZATHINIQUE, PROCAÏNIQUE ET POTASSIQUE EN ASSOCIATION Bicillin tout-usage[Pr]

Catégorie Antibiotique, pénicilline.

Indications Infections à streptocoques (groupes A, C, G, H, L et M) sans bactériémie, des voies respiratoires supérieures, de la peau et des tissus mous. Scarlatine, érysipèle, infections à pneumocoques et otite moyenne.

Posologie **IM seulement.** *Infections à streptocoques*: **Adultes**: 900 000 à 1 200 000 UI, administrées au complet dans différents points d'injection ou en doses fractionnées les jours 1 et 3; **enfants**: 600 000 à 900 000 UI. *Infections à pneumocoques, excepté la méningite*: 600 000 UI. Donner q 2 ou 3 jours jusqu'à ce que la température du client soit normale pendant 48 h.

Administration/entreposage Voir *Pénicilline G Benzathinique orale* et *parentérale*, p. 89.

Soins infirmiers

Voir *Soins infirmiers complémentaires*, ci-dessus.

PÉNICILLINE G PARENTÉRALE Crystapen[Pr], Pénicilline G potassique[Pr], Pénicilline G sodique[Pr]

PÉNICILLINE G POTASSIQUE ORALE

Mégacilline 500 Comprimés[Pr], Novopen-G-500[Pr], P-50[Pr], Penioral 500[Pr]

Catégorie   Antibiotique, pénicilline.

Mécanisme d'action/cinétique   Le faible coût de la pénicilline G en fait encore l'antibiotique de premier choix pour le traitement de plusieurs infections. Son action rapide la rend particulièrement appropriée pour les infections fulminantes. Elle est détruite par l'acidité gastrique et la pénicillinase. **Concentration plasmatique maximale: IM ou SC**, 6 à 20 UI/mL après 15 à 30 min. **Demi-vie**: 30 min.

Réactions indésirables supplémentaires   L'administration IV rapide peut causer de l'hyperkaliémie et des arythmies cardiaques. Les lésions rénales sont rares.

Posologie   **Parentérale (IM, IV)**: Selon l'infection, 1 à 30 millions UI par jour **PO. Adultes**: Selon l'emploi, 200 000 à 500 000 UI q 6 ou 8 h; **pédiatrique, 12 ans et moins**: 25 000 à 90 000 UI/kg par jour en 3 à 6 doses fractionnées. *Prophylaxie du rhumatisme articulaire aigu ou de la chorée*. **Adultes**: 200 000 à 250 000 UI b.i.d.

Administration/entreposage

1. Employer de l'eau stérile, de la solution saline isotonique ou une solution de dextrose à 5% et diluer le médicament de la manière recommandée sur l'étiquette pour obtenir la concentration voulue.

2. Agiter le contenant de poudre sèche avant d'ajouter le solvant.

3. Tenir la fiole horizontalement et la tourner lentement pendant qu'on dirige le jet de solvant sur ses parois.

4. Agiter vigoureusement après l'addition du solvant.

5. Les solutions peuvent être gardées 24 h à la température ambiante ou 1 semaine au réfrigérateur. Jeter le reste de la solution.

6. Pour diminuer la douleur au point d'injection, diluer le médicament avec de la lidocaïne à 1% ou 2% si le médecin le prescrit. Ne pas diluer les pénicillines aqueuses avec de la procaïne.

7. Connaître la liste des médicaments qui *ne* devraient *pas* être mélangés à la pénicilline durant l'administration IV:

Acide ascorbique	Gentamicine	Prochlorpérazine
Aminophylline	Héparine	Promazine
Amphotéricine B	Hydroxyzine	Prométhazine
Barbituriques, sels sodiques de	Lincomycine	Sulfadiazine
Chlorphéniramine	Phényléphrine	Tétracycline
Chlorpromazine	Phénytoïne	Vancomycine
	Polymyxine B	Vitamines B, complexe de

PÉNICILLINE G PROCAÏNIQUE AQUEUSE
Ayercilline^Pr, Wycillin^Pr

Catégorie   Antibiotique, pénicilline.

Mécanisme d'action/cinétique   Forme à action prolongée dans un véhicule aqueux ou huileux. Détruite par la pénicillinase. À cause de son lent début d'action, il arrive souvent qu'on administre simultanément une pénicilline soluble pour les infections fulminantes.

Indications   Staphylocoques, pneumocoques et streptocoques sensibles à la pénicilline, et endocardite bactérienne. Gonorrhée et tous les stades de la syphilis. *Prophylaxie:* Rhumatisme articulaire aigu, prophylaxie préopératoire et postopératoire. Diphtérie, anthrax, fusospirochétose (angine de Vincent), érysipéloïde, fièvre par morsure de rat.

Posologie   **IM seulement, habituellement**: 600 000 à 1 000 000 UI par jour. *Prophylaxie de l'endocardite bactérienne.* **Adultes**: 1 000 000 UI de pénicilline G avec 600 000 UI de pénicilline G procaïnique 30 à 60 min avant l'intervention; **puis**, pénicilline V, 500 mg, **PO**, q 6 h, 8 doses. **Pédiatrique**: 30 000 UI/kg de pénicilline G avec 600 000 UI de pénicilline G procaïnique 30 à 60 min avant l'intervention; **puis**, pénicilline V, 500 mg **PO**, (250 mg **PO**, si moins de 27 kg) q 6 h, 8 doses. *Porteurs de la diphtérie*: 300 000 UI par jour pendant 10 jours. *Syphilis (adultes, enfants: absence de micro-organismes dans le liquide céphalo-rachidien)*: 600 000 UI par jour pendant 8 jours (au total 4,8 millions UI). *Syphilis tardive (présence de micro-organismes dans le liquide céphalo-rachidien)*: 600 000 UI par jour pendant 10 à 15 jours (total de 6 à 9 millions UI).

Administration/entreposage

1. Les produits de certaines marques de commerce doivent être réfrigérés pour garder leur stabilité; vérifier sur l'emballage.

2. Agiter la fiole à doses multiples vigoureusement pour obtenir une suspension uniforme avant l'injection. Si le médicament s'est précipité au fond de la fiole, agiter jusqu'à dissolution complète.

3. Employer une aiguille de calibre 20 et administrer le médicament immédiatement après l'avoir retiré de la fiole, afin d'éviter l'obstruction de la seringue.

4. Administrer à 2 points différents si la dose est importante ou si la masse musculaire est petite.

5. Aspirer pour s'assurer que l'aiguille n'est pas dans une veine.

6. Injecter profondément et lentement dans le muscle.

7. Ne pas masser après l'injection.

8. Varier les points d'injection et en faire un diagramme.

Soins infirmiers complémentaires

Voir *Soins infirmiers – Anti-infectieux*, p. 69, et *Pénicillines*, p. 77.

Surveiller l'apparition d'une papule œdémateuse ou d'une autre réaction cutanée au point d'injection, qui peut indiquer une réaction à la procaïne aussi bien qu'à la pénicilline.

PÉNICILLINE V (PHÉNOXYMÉTHYLE PÉNICILLINE)   Pénicilline V[Pr]

PÉNICILLINE V POTASSIQUE (PHÉNOXYMÉTHYLE PÉNICILLINE POTASSIQUE)   Apo-Pen-VK[Pr], Ledercillin VK[Pr], Nadopen V[Pr], Novopen-VK[Pr], Pen Vee[Pr], PVF K[Pr], VC-K 500[Pr], V-Cillin K[Pr], Pénicilline V potassique[Pr]

PÉNICILLINE V BENZATHINIQUE   PVF[Pr]

Catégorie   Antibiotique, pénicilline.

Mécanisme d'action/cinétique   Ces préparations sont apparentées à la pénicilline G. Elles sont stables en présence d'acide et elles résistent à l'inactivation par les sécrétions gastriques. Elles sont bien absorbées dans le tractus GI et ne sont pas modifiées par la nourriture. **Concentration plasmatique maximale**: pénicilline V, **PO**: 2,7 μg/mL après 30 à 60 min: pénicilline V potassique, **PO**: 1 à 9 μg/mL après 30 à 60 min. **Demi-vie**: 30 min.

Des hémogrammes et des épreuves de la fonction rénale périodiques sont indiqués durant un traitement prolongé.

Indications   Staphylocoques, streptocoques, pneumocoques et gonocoques sensibles à la pénicilline. Angine de Vincent de l'oropharynx. *Prophylaxie*: Rhumatisme articulaire aigu, chorée, endocardite bactérienne, périodes préopératoire et postopératoire. Ne devrait pas être utilisée en prophylaxie chirurgicale génito-urinaire, lors de l'accouchement ou pour une sigmoïdoscopie.

Interactions médicamenteuses supplémentaires

Médicaments	Interaction
Contraceptifs oraux	↓ de l'efficacité des contraceptifs oraux.
Néomycine orale	↓ de l'absorption de la pénicilline V.

Posologie **PO. Adultes et enfants de plus de 12 ans:** *Infections à streptocoques*: 125 à 250 mg q 6 ou 8 h pendant 10 jours. *Infections à pneumocoques ou à staphylocoques, fusospirochétoses de l'oropharynx*: 250 à 500 mg q 6 ou 8 h. *Prophylaxie du rhumatisme articulaire aigu/chorée*: 125 à 250 mg b.i.d. **Enfants de moins de 12 ans: Habituellement**, 25 000 à 90 000 UI/kg par jour en 3 à 6 doses fractionnées.

Prophylaxie de l'endocardite bactérienne. **PO. Adultes et enfants de plus de 27 kg**: 2 g, 30 à 60 min avant l'intervention; **puis**, 250 mg q 6 h, 8 doses. Voir également *Pénicilline G procaïnique aqueuse*.

Administration

1. Administrer sans tenir compte des repas.
2. Ne pas administrer en même temps que la néomycine, car une mauvaise absorption de la pénicilline V peut en résulter.

PIPÉRACILLINE SODIQUE   Pipracil[Pr]

Catégorie   Antibiotique, pénicilline.

Mécanisme d'action/cinétique   La pipéracilline est une pénicilline semi-synthétique à large spectre d'activité pour utilisation parentérale. Le médicament atteint le liquide céphalo-rachidien lorsque les méninges sont enflammées. **Concentration plasmatique maximale**: 244 µg/mL. **Demi-vie**: 36 à 72 min. Excrétée inchangée dans l'urine et dans la bile.

Indications supplémentaires   Infections intra-abdominales, infections des organes génitaux, septicémie, infections de la peau et des structures annexes, infections des os et des articulations, infections mixtes. Prophylaxie en cas d'intervention chirurgicale touchant le tractus GI ou les voies biliaires, hystérectomie et césarienne.

Réactions indésirables supplémentaires   Rarement, relaxation musculaire prolongée.

Interactions avec les épreuves de laboratoire   Urée sanguine, créatinine.

Posologie   **IM, IV.** *Infections graves.* **IV**: 3 à 4 g q 4 ou 6 h (12 à 18 g par jour). *Infections compliquées des voies urinaires.* **IV**: 8 à 16 g par jour en doses fractionnées q 6 ou 8 h. *Infections non compliquées des voies urinaires et pour la plupart des pneumonies conta-*

gieuses. **IM, IV**: 6 à 8 g par jour en doses fractionnées q 6 à 12 h. *Infections gonococciques non compliquées*: 2 g **IM** avec 1 g de probénécide **PO** 30 min avant l'injection (les deux médicaments sont administrés en une seule dose). *Prophylaxie chirurgicale.* **Première dose: IV**, 2 g avant l'intervention; **seconde dose**: 2 g durant l'intervention (abdominale) ou 4 à 6 h après (hystérectomie, césarienne); **troisième dose**: 2 g à un intervalle dépendant de l'emploi. La posologie devrait être réduite en cas de troubles rénaux. Les posologies n'ont pas été établies chez les nourrissons et chez les enfants de moins de 12 ans.

Administration

1. On ne devrait pas administrer plus de 2 g en une seule injection IM.

2. Pour la voie IM, injecter dans le quadrant supérieur externe du muscle fessier ou dans un muscle deltoïde bien développé. Ne pas injecter dans les deux tiers inférieurs du bras.

3. Reconstituer chaque gramme avec au moins 5 mL de solvant, comme de l'eau stérile ou bactériostatique pour injection, du chlorure de sodium pour injection ou du chlorure de sodium bactériostatique pour injection. Agiter jusqu'à dissolution complète.

4. Par voie IV, injecter lentement sur une période de 3 à 5 min pour éviter d'irriter la veine.

5. Administrer par perfusion IV intermittente dans au moins 50 mL sur une période de 20 à 30 min par Buretrol ou Soluset.

6. Après reconstitution, la solution peut être gardée à la température ambiante pendant 24 h, réfrigérée pendant 1 semaine ou congelée pendant 1 mois.

TICARCILLINE DISODIQUE   Ticar^Pr

Catégorie   Antibiotique, pénicilline.

Mécanisme d'action/cinétique   Antibiotique parentéral semi-synthétique au spectre antibactérien semblable à celui de la carbénicilline. Approprié surtout pour le traitement d'organismes à Gram négatif, mais aussi pour les infections mixtes. L'utilisation conjointement à la gentamicine ou à la tobramycine est quelquefois indiquée pour le traitement d'infections à *Pseudomonas. Ces médicaments ne devraient pas être mélangés durant leur administration à cause de leur inactivation mutuelle graduelle.* **Concentration plasmatique maximale: IM**, 25 à 35 µg/mL après 1 h; **IV**, 15 min. **Demi-vie**: 70 min. Élimination complète après 6 h.

Indications   Septicémie bactérienne, infections de la peau et des tissus mous et infections aiguës et chroniques des voies respiratoires causées par des souches sensibles de *Pseudomonas aeruginosa*, les espèces de *Proteus, E. coli* et d'autres organismes à Gram négatif.

Infections du tractus génito-urinaire causées par les organismes mentionnés ci-dessus et par *Enterobacter* et *Streptococcus faecalis*.

Bactéries anaérobies causant l'empyème, la pneumopathie anaérobie, les abcès pulmonaires, la septicémie bactérienne, la péritonite, les abcès intra-abdominaux, les infections de la peau et des tissus mous, la salpingite, l'endométrite, la pelvipéritonite, les abcès pelviens.

Contre-indications supplémentaires Grossesse. Employer avec prudence en cas de troubles rénaux et chez les clients qui suivent un régime sans sel.

Réactions indésirables supplémentaires Neurotoxicité et excitabilité neuromusculaire, particulièrement chez les clients atteints de troubles rénaux. Accroissement des valeurs de la phosphatase alcaline, de la SGOT et de la SGPT.

Interactions médicamenteuses supplémentaires
L'effet de la carbénicilline peut être augmenté lorsqu'elle est employée en association avec la gentamicine ou la tobramycine pour les infections à *Pseudomonas*.

Posologie *Infections systémiques.* **Perfusion IV, adultes et enfants de moins de 40 kg**: 200 à 300 mg/kg par jour en doses fractionnées q 3 ou 6 h pour les adultes et q 4 ou 6 h pour les enfants. **Perfusion IV, IM, nouveau-nés (plus de 2 kg, âgés de 0 à 7 jours)**: 75 mg/kg q 12 h; **plus de 7 jours**: 75 mg/kg q 8 h. *Infections des voies urinaires.* **Perfusion IV (infections compliquées), adultes et enfants (de moins de 40 kg)**: 150 à 200 mg/kg par jour en doses fractionnées q 4 ou 6 h. **IM ou IV directe (infections non compliquées): Adultes**, 1 g q 6 h; **pédiatrique** (moins de 40 kg): 50 à 100 mg/kg par jour en doses fractionnées q 6 ou 8 h.

Les clients atteints d'insuffisance rénale devraient recevoir une dose d'attaque de 3 g (IV) et des doses d'entretien en fonction de la clearance de la créatinine.

Administration/entreposage

1. Jeter les solutions reconstituées non utilisées après 24 h si elles ont été entreposées à la température ambiante, et après 72 h si elles ont été réfrigérées.

2. Reconstituer avec du chlorhydrate de lidocaïne à 1% (sans épinéphrine) ou avec de l'eau bactériostatique pour injection contenant 0,9% d'alcool benzylique, afin de prévenir la douleur et l'induration.

3. Employer pour la voie IV une solution diluée de 50 mg/mL ou moins et administrer lentement, afin de prévenir l'irritation veineuse et la phlébite.

4. Ne pas administrer plus de 2 g du médicament à chaque point d'injection IM.

Soins infirmiers complémentaires

Voir *Soins infirmiers – Anti-infectieux*, p. 69, et *Pénicillines*, p. 77. *Évaluer:*

a) les manifestations hémorragiques, comme les pétéchies, les ecchymoses et les hémorragies. Vérifier le temps de saignement.

b) l'œdème, le gain de masse et la détresse respiratoire précipités par le sodium contenu dans le médicament chez les clients ayant des antécédents de troubles cardiaques.

c) les signes de déséquilibre électrolytique, particulièrement du sodium et du potassium, chez les clients recevant des doses élevées.

ÉRYTHROMYCINES

Généralités Les érythromycines sont produites par des souches de *Streptomyces erythreus.* Elles ont une activité bactériostatique et, parfois, bactéricide (à des concentrations élevées ou lorsque les micro-organismes se révèlent particulièrement sensibles).

Les érythromycines sont absorbées dans la partie supérieure de l'intestin grêle. L'érythromycine préparée pour la voie orale est enrobée d'un matériau résistant à l'acide, afin d'empêcher sa destruction par les liquides gastriques.

L'érythromycine se diffuse dans les tissus, dans les liquides péritonéal, pleural, ascitique et amniotique, dans la salive, dans la circulation placentaire et à travers les muqueuses de l'arbre trachéobronchique. Elle se diffuse peu dans le liquide céphalo-rachidien.

Mécanisme d'action/cinétique Les érythromycines inhibent la synthèse des protéines des micro-organismes en se liant à une sous-unité ribosomale (50S), ce qui gêne la transmission de l'information génétique. Elles sont efficaces uniquement contre les organismes à reproduction rapide. **Concentration sérique maximale: PO**, atteinte après 1 à 4 h. **Demi-vie:** 1,5 à 2 h, *plus longue chez les clients dont la fonction rénale est altérée.* Le médicament est partiellement métabolisé par le foie et est principalement excrété dans la bile. Il est également excrété dans le lait maternel.

Indications Infections légères à modérées des voies respiratoires supérieures et inférieures, de la peau et des tissus mous causées par *Streptococcus pyogenes, S. pneumoniæ* et *Listeria monocytogenes.* Érythrasma causé par *Corynebacterium.* Pharyngite, coqueluche, comme adjuvant dans le traitement de la diphtérie, acné, conjonctivite, infections des voies génito-urinaires et prophylaxie du rhumatisme articulaire aigu. Les érythromycines ont également été utilisées pour traiter les pneumonies causées par *Mycoplasma pneumoniæ.* Elles sont utilisées seules ou en association pour traiter la maladie des légionnaires et les infections de la peau causées par *Staphylococcus aureus*. Également utilisées de manière prophylactique avant l'extraction de dents ou une intervention chirurgicale chez les clients ayant des antécédents de rhumatisme articulaire aigu ou de cardiopathie congénitale.

Ces médicaments peuvent remplacer les pénicillines ou les tétracyclines dans le traitement de tous les stades de la syphilis, des infections à gonocoques généralisées et de la pelvipéritonite. Utilisées en association avec la pénicilline ou la spectinomycine pour le traitement des infections à *Chlamydia* chez la femme enceinte.

Plusieurs érythromycines sont disponibles en onguents ou en solutions ophtalmiques, otiques et dermatologiques.

Contre-indications   Hypersensibilité à l'érythromycine, syphilis contractée pendant la vie intra-utérine.

Réactions indésirables   Les érythromycines entraînent peu de réactions indésirables (sauf en ce qui concerne le sel d'estolate). *GI* (les plus fréquentes): Nausées, vomissements, diarrhée, crampes, douleur abdominale, stomatite, anorexie, méléna, brûlures d'estomac, prurit anal. *Allergiques*: Éruption cutanée, urticaire, anaphylaxie (rare). *Autres*: Surinfection. *Après l'administration topique*: Démangeaisons, irritation, sensation de brûlure ou de piqûre. Peau sèche et squameuse.

L'utilisation IV peut causer de l'irritation veineuse et une thrombophlébite; l'utilisation IM cause de la douleur au point d'injection et entraîne le développement de nécrose ou d'abcès stériles.

Interactions médicamenteuses

Médicaments	Interaction
Carbamazépine	↓ de l'activité de la carbamazépine causée par une ↓ du métabolisme hépatique.
Digoxine	L'érythromycine ↑ la biodisponibilité de la digoxine.
Méthylprednisolone	↑ de la prednisolone causée par une ↓ du métabolisme hépatique.
Pénicilline	L'érythromycine ↓ son activité.
Sodium, bicarbonate de	↑ de l'activité de l'érythromycine dans l'urine causée par l'alcalinisation de celle-ci.
Théophylline	↑ de l'activité de la théophylline causée par une ↓ du métabolisme hépatique.
Warfarine	L'érythromycine ↑ l'activité de la warfarine.

Interactions avec les épreuves de laboratoire   Faux + ou ↑ des taux de catécholamines urinaires, de stéroïdes urinaires, de la SGOT et de la SGPT.

Posologie   **PO** et **IM** (douloureux): certaines préparations peuvent être administrées par voie **IV** (voir le tableau 1, p. 100).

Administration/entreposage

1. Injecter profondément dans la masse musculaire. Les injections sont irritantes et douloureuses.

2. Ne pas administrer avec un jus de fruit ou une autre boisson acide, car l'acidité peut diminuer l'activité du médicament.

3. Ne pas administrer la médication PO de façon routinière avec les repas car la nourriture diminue l'absorption de la plupart des érythromycines. Le médecin peut toutefois demander qu'on administre le médicament avec de la nourriture afin de diminuer l'irritation gastro-intestinale.

Soins infirmiers

Voir *Soins infirmiers – Anti-infectieux*, p. 69.

Les érythromycines sont souvent administrées en association avec les sulfamides. Dans ce cas, observer toutes les précautions indiquées pour ces deux groupes de médicaments.

Soins infirmiers – Onguents antibiotiques d'érythromycine

1. S'il y a des réactions cutanées, interrompre la médication et avertir le médecin.

2. Nettoyer la région atteinte avant d'appliquer l'onguent.

Soins infirmiers – Solutions ophtalmiques

Surveiller les réactions légères qui, même si elles sont généralement transitoires, doivent être signalées au médecin.

Soins infirmiers – Solutions otiques

1. Instiller la solution à la température ambiante.

2. Tirer le pavillon de l'oreille vers le bas et vers l'arrière chez les enfants de moins de 3 ans et vers le haut et vers l'arrière chez les clients de plus de 3 ans.

TÉTRACYCLINES

Généralités   Les tétracyclines sont bien absorbées dans l'estomac et dans la partie proximale de l'intestin grêle. Elles sont bien distribuées dans tous les tissus et liquides, elles se diffusent dans les méninges non enflammées, et elles traversent la barrière placentaire. Elles laissent des dépôts dans le squelette fœtal et dans les dents en voie de calcification.

Mécanisme d'action/cinétique   Les tétracyclines inhibent la synthèse des protéines par les micro-organismes en se liant à une

TABLEAU 1 ÉRYTHROMYCINES

Médicament	Indications principales
Érythromycine Eryc[Pr], Erythromid[Pr], Ilotycin[Pr], Ilotycin ophtalmique[Pr], E-mycin[Pr], Novorythro[Pr]	Infections des voies respiratoires, streptocoques β-hémolytiques, amibiase.
Érythromycine, estolate d' Ilosone[Pr], Novorythro (estolate)[Pr]	Streptocoques, pneumocoques et staphylocoques sensibles chez les clients allergiques à la pénicilline; maladie des légionnaires.
Érythromycine, éthylsuccinate d' EES-200[Pr], EES-400[Pr], EES-600[Pr]	Streptocoques, pneumocoques et staphylocoques sensibles chez les clients allergiques à la pénicilline. Topique: infections cutanées causées par des organismes sensibles.
Érythromycine, gluceptate d' Ilotycin (gluceptate IV)[Pr]	Principalement utilisée chez les clients inconscients, souffrant de vomissements ou gravement malades atteints d'une infection grave causée par des bactéries à Gram positif, particulièrement par les streptocoques

Posologie	Commentaires
PO: initialement, 500 mg; **puis**, 250 mg q 6 h; peut être augmentée jusqu'à 4 g par jour; **pédiatrique**: 30 à 50 mg/kg par jour en 3 ou 4 doses fractionnées. *Syphilis primaire*: 20 à 40 g en doses fractionnées administrés sur une période de 10 à 15 jours.	La nourriture n'affecte pas l'absorption.
Adultes et enfants de plus de 25 kg, PO: 250 mg q 6 h; **enfants de 4,5 à 11,5 kg**: 11 mg/kg q 6 h; **enfants de 11,5 à 25,0 kg**: 125 mg q 6 h.	Forme la plus active d'érythromycine possédant une durée d'activité relativement longue. Contre-indications spéciales: ictère obstructif ou dysfonction hépatique préexistante; non recommandé dans le traitement des maladies chroniques comme l'acné et la furonculose ou pour la prophylaxie du rhumatisme articulaire aigu. *Réactions indésirables supplémentaires* Ictère cholostatique habituellement après 10 à 14 jours de thérapie; modifications de certaines épreuves de laboratoire. *Administration/entreposage* 1. Bien agiter la suspension avant de verser. 2. Ne pas conserver la suspension pendant plus de 2 semaines à la température ambiante.
Adultes et enfants plus âgés, PO: 400 mg q 6 h; **pédiatrique**: 30 à 50 mg/kg par jour en 3 ou 4 doses fractionnées. *Syphilis primaire*; 48 à 64 g en doses fractionnées sur une période de 10 à 15 jours. *Amibiase dysentérique*: 400 mg q.i.d. pendant 10 à 14 jours. *Avant une intervention chirurgicale afin de prévenir l'endocardite à streptocoques α-hémolytiques*: 800 mg avant l'intervention et 4 doses de 400 mg administrées q 6 ou 8 h après l'intervention.	Les comprimés à croquer doivent être mastiqués ou écrasés.
Adultes et enfants, par voie IV seulement. 250 à 1 000 mg q 6 h. *Pelvipéritonite aiguë causée par les gonocoques*: 500 mg q 6 h pendant 3 jours, suivi de 250 mg PO de stéarate d'érythromycine q 6 h pendant 7 jours.	*Interactions médicamenteuses* Le médicament administré par voie IV n'est pas compatible avec l'amikacine, l'aminophylline, la céfazoline, la céphalotine, la céphaloridine, le pentobarbital, le sécobarbital, la strepto-

TABLEAU 1 *(suite)*

Médicament	Indications principales
	hémolytiques, les pneumocoques, les staphylocoques, les gonocoques, maladie des légionnaires.
Érythromycine, lactobionate d' Erythrocin (lactobionate IV)[Pr]	Utilisée chez les clients gravement malades ou souffrant de vomissements, atteints d'une infection causée par des organismes sensibles; pelvipéritonite aiguë causée par les gonocoques, maladie des légionnaires.
Érythromycine, stéarate d' Apo-Erythro-S[Pr], Erythrocin (stéarate)[Pr], Novorythro (stéarate)[Pr]	Streptocoques, pneumocoques et staphylocoques sensibles chez les clients allergiques à la pénicilline.

sous-unité ribosomale essentielle (50S), ce qui gêne la transmission de l'information génétique; le mécanisme est le même que celui des érythromycines. Ces médicaments sont principalement bactériostatiques et sont efficaces uniquement contre les bactéries qui se reproduisent. La demi-vie s'échelonne de 7 à 18,6 h (voir *Mécanisme d'action/cinétique* pour chaque agent) et est augmentée en cas d'altération de la fonction rénale. Ces médicaments se lient aux protéines sériques (de 20% à 93%; voir *Mécanisme d'action/cinétique* pour chaque agent). Ces médicaments sont concentrés dans le foie et excrétés principalement dans la bile.

Indications Utilisées principalement contre les infections causées par *Rickettsia*, *Chlamydia* et *Mycoplasma*. À cause du développement de résistance, les tétracyclines ne sont habituellement pas utilisées contre les infections causées par les organismes à Gram négatif ou à Gram positif communs.

Les tétracyclines sont les médicaments de choix contre les infections à *Rickettsia* telles que la fièvre pourprée des montagnes Rocheuses et le typhus endémique. Elles sont également les médicaments de choix contre la psittacose, le lymphogranulome vénérien et l'urétrite

Posologie	Commentaires

Maladie des légionnaires: 1 à 4 g par jour en doses fractionnées.

mycine, la tétracycline.
Administration/entreposage
1. Pour diluer la solution, suivre la méthode indiquée sur la fiole.
2. La solution concentrée, qui doit être diluée davantage avant d'être administrée, demeure stable pendant 7 jours au réfrigérateur.
3. Administrer lentement sur une période de 20 à 60 min ou perfuser en 24 h.

Adultes et enfants: IV, 15 à 20 mg/kg par jour jusqu'à 4 g par jour dans les cas d'infections graves. *Pelvipéritonite aiguë causée par les gonocoques*: 500 mg q 6 h pendant 3 jours suivi par 250 mg de stéarate d'érythromycine, **PO**, q 6 h pendant 7 jours. *Maladie des légionnaires*: 1 à 4 g par jour en doses fractionnées.

Changer pour la thérapie orale le plus tôt possible.
Réactions indésirables supplémentaires
Surdité transitoire.
Interactions médicamenteuses
Certains recommandent de ne pas ajouter de médicaments aux solutions IV de lactobionate d'érythromycine.

PO, comprimés tamponnés: 250 mg q 6 h ou 500 mg q 12 h. **Pédiatrique**: 30 à 50 mg/kg par jour en 4 à 6 doses fractionnées égales.

Ce médicament entraîne plus de réactions allergiques, telles que les éruptions cutanées et l'urticaire, que les autres érythromycines.
Administration
Ne pas administrer avec les repas car la nourriture diminue l'absorption.

---

causée par *Mycoplasma hominis* ou *Ureoplasma urealyticum*. Orchiépididymites causées par *Chlamydia trachomatis* et/ou *Neisseria gonorrheæ*. Pneumonie atypique causée par *Mycoplasma pneumoniæ*. Comme adjuvant dans le traitement du trachome.

Les tétracyclines sont les médicaments de choix contre les bactéries à Gram négatif qui causent la bartonellose, la brucellose, les granulomes ulcéreux des organes génitaux et le choléra. Elles peuvent être utilisées dans le traitement de la peste, de la tularémie, du chancre mou et des infections causées par *Campylobacter fetus*. De manière prophylactique après une exposition à la peste. Infections causées par *Acinetobacter, Bacteroides, Enterobacter aerogenes, E. coli* et *Shigella*. Infections des voies respiratoires et/ou urinaires causées par *Hæmophilus influenzæ* ou *Klebsiella pneumoniæ*.

Peuvent remplacer la pénicilline dans les cas de gonorrhée non compliquée ou d'infections à gonocoques généralisées, particulièrement en cas d'allergie à la pénicilline. Pelvipéritonite aiguë. Les tétracyclines peuvent également remplacer la pénicilline dans le traitement de la syphilis précoce.

Même si les tétracyclines ne sont généralement pas utilisées contre les bactéries à Gram positif, elles peuvent être utiles dans le traitement de l'anthrax, des infections à *Listeria* et de l'actinomycose. On les a aussi utilisées conjointement avec le sulfate de quinine pour le traitement du paludisme causé par *Plasmodium falciparum* résistant à la chloroquine. Enfin, on a utilisé les tétracyclines en injections endocavitaires pour maîtriser l'épanchement pleural ou péricardique relié aux métastases cancéreuses.

Les indications pour l'utilisation topique comprennent les granulomes de la peau causés par *Mycobacterium marinum*: les infections ophtalmiques bactériennes comme la blépharite, la conjonctivite et la kératite. Adjuvant dans le traitement des infections ophtalmiques à *Chlamydia* telles que le trachome et la conjonctivite à inclusions. Les tétracyclines peuvent remplacer le nitrate d'argent comme prophylactique de la conjonctivite gonococcique du nouveau-né, vaginite. Acné grave.

Contre-indications   Hypersensibilité; éviter de prendre ce médicament pendant le développement des dents (dernier trimestre de la grossesse, période néonatale et enfance jusqu'à l'âge de 8 ans), car les tétracyclines nuisent à la formation de l'émail et de la pigmentation dentaire.

Utiliser avec prudence et réduire la posologie chez les clients dont la fonction rénale est altérée.

Ne jamais administrer par voie intrathécale.

Interactions médicamenteuses

Médicaments	Interaction
Acide éthacrynique	↑ des risques de toxicité rénale.
Aluminium, sels d'	↓ de l'activité des tétracyclines causée par une ↓ de l'absorption GI.
Antiacides oraux	↓ de l'activité des tétracyclines causée par une ↓ de l'absorption GI.
Anticoagulants oraux	Les tétracyclines IV ↑ l'hypoprothrombinémie.
Bismuth, sels de	↓ de l'activité des tétracyclines causée par une ↓ de l'absorption GI.
Calcium, sels de	↓ de l'activité des tétracyclines causée par une ↓ de l'absorption GI.
Cimétidine	↓ de l'activité des tétracyclines causée par une ↓ de l'absorption GI.
Contraceptifs oraux	↓ de l'activité des contraceptifs oraux.
Digoxine	Les tétracyclines ↑ la biodisponibilité de la digoxine.
Diurétiques thiazidiques	↑ des risques de toxicité rénale.
Furosémide	↑ des risques de toxicité rénale.
Fer, préparations de	↓ de l'activité des tétracyclines causée par une ↓ de l'absorption GI.

Médicaments	Interaction
Magnésium, sels de	↓ de l'activité des tétracyclines causée par une ↓ de l'absorption GI.
Méthoxyflurane	↑ des risques de toxicité rénale.
Pénicillines	Les tétracyclines peuvent masquer l'activité bactéricide des pénicillines.
Sodium, bicarbonate de	↓ de l'activité des tétracyclines causée par une ↓ de l'absorption GI.
Zinc, sels de	↓ de l'activité des tétracyclines causée par une ↓ de l'absorption GI.

Réactions indésirables *GI* (les plus communes): Nausées, vomissements, soif, diarrhée, anorexie, flatulence, douleur épigastrique, selles molles et volumineuses. Moins fréquemment, stomatite, dysphagie, langue noire pileuse, glossite ou lésions inflammatoires de la région ano-génitale. Rarement, colite pseudomembraneuse. *Allergiques* (rares): Dermatoses, éruption cutanée, prurit, urticaire, éosinophilie, œdème de Quincke, symptômes pseudo-asthmatiques, anaphylaxie, maladie du sérum, péricardite. *Cutanées*: Paresthésie, photosensibilité, décoloration des ongles. *SNC*: Étourdissement, sensation de tête légère, démarche chancelante. *Hématologiques*: Lymphocytes atypiques, leucocytose, leucopénie, anémie hémolytique, neutropénie, thrombopénie, purpura thrombopénique. *Autres*: Surinfection à *Candida*, incluant les candidoses orales et vaginales, décoloration des dents chez les nourrissons et chez les enfants, lésions osseuses, croissance osseuse retardée, augmentation du débit urinaire, hépatotoxicité.

L'administration IV peut causer des thrombophlébites; les injections IM sont douloureuses et peuvent causer une induration au point d'injection.

L'administration de tétracyclines détériorées peut causer un syndrome de type Fanconi, caractérisé par des nausées, des vomissements, une acidose, de la protéinurie, de la glycosurie, de l'aminoacidurie, de la polydipsie, de la polyurie et de l'hypokaliémie.

Interactions avec les épreuves de laboratoire Faux + ou ↑ des catécholamines urinaires, des protéines urinaires (dégradées) et du temps de coagulation. Faux − ou ↓ de l'urobilinogène urinaire et des tests du glucose (voir *Soins infirmiers*). L'utilisation prolongée et les fortes doses peuvent changer les résultats des épreuves de la fonction hépatique et de la numération des globules blancs.

Posologie PO, IM, IV et topique. (Consulter le tableau 2, p. 107.)

Administration/entreposage

1. Ne pas utiliser les médicaments détériorés ou dont la date d'expiration est passée, car un syndrome de type Fanconi peut survenir (voir *Réactions indésirables*).

2. Disposer des capsules non utilisées selon les règlements du centre hospitalier.

3. Administrer par voie IM dans une masse musculaire importante, afin d'éviter l'extravasation dans les tissus sous-cutanés ou dans les tissus adipeux.

4. Faire prendre à jeun. Ne pas donner d'antiacides, de sels de fer, de produits laitiers ou d'autres aliments à haute teneur en calcium pendant au moins 2 h après l'administration PO. Ne pas faire prendre les tétracyclines avec du lait.

Soins infirmiers

Voir *Soins infirmiers – Anti-infectieux*, p. 69.

1. *Évaluer*:
   a) les malaises gastriques à la suite de l'administration du médicament. Signaler ces derniers au médecin, qui pourra alors prescrire un repas léger avec la médication ou une réduction des doses associée à une augmentation de la fréquence d'administration du médicament.
   b) le maintien d'ingesta et d'excreta adéquats, car les problèmes rénaux peuvent entraîner l'accumulation du médicament et causer ainsi une toxicité.
   c) l'augmentation de l'urée sanguine, l'acidose, l'anorexie, les nausées, les vomissements, la perte de masse et la déshydratation chez les clients atteints d'une altération de la fonction rénale. Continuer à surveiller ces signes après la fin de la thérapie, car ils peuvent apparaître ultérieurement.
   d) les nausées, les vomissements, les frissons, la fièvre et l'hypertension chez les clients qui reçoivent le médicament par voie IV. Ces signes résultent d'une administration trop rapide ou de doses excessives. Réduire le débit de la perfusion et avertir le médecin.
   e) le gonflement des fontanelles chez les nourrissons; il peut être causé par une perfusion IV trop rapide. Réduire le débit de la perfusion et avertir le médecin.
   f) l'altération de la conscience ou d'autres troubles du SNC chez les clients atteints d'une altération de la fonction rénale ou hépatique, car le médicament peut entraver l'oxygénation des tissus de l'encéphale.
   g) les symptômes d'entérocolite, tels que la diarrhée, la pyrexie, la distension abdominale et les mictions peu abondantes. Ces symptômes peuvent nécessiter l'arrêt de la médication et sa substitution par un autre antibiotique.
   h) le mal de gorge, la dysphagie, la fièvre, les étourdissements, l'enrouement et l'inflammation des muqueuses, qui indiquent une réaction indésirable.
   i) l'onycholyse (décollement et chute des ongles).

2. Prévenir ou traiter le prurit anal en nettoyant la région anale avec de l'eau plusieurs fois par jour et/ou après chaque défécation.

3. Avertir le client d'éviter toute exposition directe aux rayons solaires ou aux rayons ultraviolets, qui peuvent causer une grave réaction, et signaler la présence d'érythème.

4. Avertir le client que les comprimés de zinc ou les préparations vitaminiques contenant du zinc peuvent gêner l'absorption des tétracyclines.

5. Ne pas traiter les malaises gastriques avec des antiacides contenant du calcium, du magnésium ou de l'aluminium.

6. Les tétracyclines ne doivent pas être prises avec du lait, du fromage, de la crème glacée ou d'autres aliments contenant du calcium. Si les doses sont administrées avec les repas, éviter la consommation de ces aliments pendant 2 h après les repas.

TABLEAU 2 TÉTRACYCLINES

Médicament	Posologie	Commentaires
Chlortétracycline, chlorhydrate de Aureomycin (onguents topique et ophtalmique)[Pr]	**Ophtalmique à 1%:** Petite quantité dans le sac conjonctival inférieur q 3 ou 4 h. **Topique à 3%:** Appliquer sur la région atteinte 1 à 5 fois par jour.	
Déméclocycline, chlorhydrate de Déclomycin[Pr]	**PO. Adultes:** 600 mg par jour en 2 à 4 doses fractionnées. **Enfants de plus de 8 ans:** 6 à 12 mg/kg par jour en 2 à 4 doses fractionnées. *Gonorrhée:* **Initialement,** 600 mg; **puis,** 300 mg q 12 h pendant 4 jours pour un total de 3 g. *Infections à Chlamydia trachomatis rectales ou GU:* 300 mg q.i.d. pendant 7 jours.	**Demi-vie:** 10 à 17 h; 40% à 50% est excrété inchangé dans l'urine. Cause de la photosensibilité plus fréquemment que les autres tétracyclines. Peut augmenter la pigmentation de la peau. Les antihistaminiques et les corticostéroïdes peuvent être utiles pour traiter l'hypersensibilité. Également utilisé pour traiter la sécrétion inadéquate chronique d'ADH. *Réactions indésirables supplémentaires* Syndrome de diabète insipide réversible.
Doxycycline, hyclate de Vibramycin[Pr]	**PO, IV. Adultes:** 1er jour, 100 mg q 12 h; **puis,** selon la gravité de l'infection, 100 à 200 mg par jour en 1 ou 2 doses.	**Demi-vie:** 14,5 à 22,0 h; 30% à 40% est excrété inchangé dans l'urine. Absorbée plus lentement, donc plus persistante que

TABLEAU 2 (*suite*)

Médicament	Posologie	Commentaires

Enfants de plus de 8 ans; 45 kg ou moins: **1er jour**, 4,4 mg/kg en 1 ou 2 doses. **PO**. *Gonorrhée aiguë*: 200 mg en une seule dose; **puis**, 100 mg hs le premier jour suivi de 100 mg b.i.d. pendant 3 jours. *Syphilis (primaire et secondaire)*: 300 mg par jour en doses fractionnées pendant 10 jours. *Infections à Chlamydia trachomatis rectales ou GU*: 100 mg b.i.d. pour un minimum de 7 jours. *Prophylaxie de la diarrhée du voyageur*: 100 mg par jour.

les autres tétracyclines. Préférée pour le traitement des infections ailleurs que dans les voies urinaires chez les clients dont la fonction rénale est altérée.
Interactions médicamenteuses
La carbamazépine, la phénytoïne et les barbituriques ↓ l'activité de la doxycycline en ↑ son métabolisme hépatique.
Réactions indésirables supplémentaires
Œsophagite, ulcération œsophagienne.
Administration/entreposage
1. La date d'expiration de la poudre pour suspension est fixée à 12 mois après sa mise en marché.
2. La solution demeure stable pendant 2 semaines lorsque conservée au réfrigérateur.
3. Pour diluer, suivre les instructions sur la fiole. Les concentrations ne doivent pas être inférieures à 0,1 mg/mL ni supérieures à 1,0 mg/mL.
4. Protéger la solution de la lumière pendant la perfusion.
5. Compléter en moins de 12 h l'administration des solutions diluées à l'aide de NaCl pour injection, de dextrose à 5%, de solution de Ringer ou de sucre inverti à 10%.
6. Compléter en moins de 6 h l'administration des

TABLEAU 2 *(suite)*

Médicament	Posologie	Commentaires
		solutions diluées à l'aide de solution de Ringer avec lactate ou de dextrose à 5% dans la solution de Ringer avec lactate.
Minocycline, chlorhydrate de Minocin[Pr]	**PO, IV, Adultes: Initialement**, 200 mg; **puis**, 100 mg q 12 h (ne pas excéder 400 mg par jour). **Enfants de plus de 8 ans: Initialement**, 4 mg/kg; **puis**, 2 mg/kg q 12 h. *Porteurs de méningocoques*: 100 mg b.i.d. pendant 5 jours. *Infections à Mycobacterium marinum*: 100 mg b.i.d. pendant 6 à 8 semaines. *Infections à Ureaplasma urealyticum ou à Chlamydia trachomatis rectales ou GU*: 100 mg b.i.d. pendant 5 jours. *Gonocoques sensibles à la pénicilline*: **Initialement**, 200 mg; **puis**, 100 mg pour un minimum de 4 jours.	**Demi-vie**: 11,0 à 18,6 h. De 5% à 10% est excrété inchangé dans l'urine. Le lait et la nourriture affectent moins son absorption que celle des autres tétracyclines. Également utilisée pour traiter les porteurs asymptomatiques du *N. meningitidis*. *Réactions indésirables supplémentaires* Régions de peau enflammée pigmentée gris-bleu, vertige, ataxie, somnolence, symptômes vestibulaires. *Administration/entreposage* 1. Ne pas dissoudre dans des solutions contenant du calcium car un précipité pourrait se former. 2. Après avoir dissous le médicament dans la fiole, diluer davantage jusqu'à 500 à 1 000 mL.
Oxytétracycline, chlorhydrate d' Chlorhydrate d'oxytétracycline[Pr]	**PO**: Voir *Chlorhydrate de tétracycline*.	**Demi-vie**: 5,6 h. De 40% à 70% est excrété inchangé dans l'urine. Ne pas administrer avec des aliments ou un antiacide. Ne pas administrer la posologie pédiatrique avec du lait ou des aliments contenant du calcium.
Tétracycline, chlorhydrate de Achromycin[Pr], Achromycin V[Pr], Apo-Tetra[Pr], Médicycline[Pr],	**PO. Adultes: Habituellement**, 250 ou 500 mg q 6 h. **Enfants de plus de 8 ans**: 25 à 50 mg/kg par jour en 2 à 4 doses égales. *Brucellose*:	**Demi-vie**: 7 à 11 h; 60% excrété inchangé dans l'urine. La posologie est toujours pour le sel chlorhydrate. **Administrer IV très lentement.** Une

TABLEAU 2 *(suite)*

Médicament	Posologie	Commentaires
Neo-Tétrine^{Pr}, Novotetra^{Pr}, PMS Tetracycline^{Pr}, Tetracyn^{Pr} **Tétracycline, phosphate complexe de** Tetrex^{Pr}	500 mg q.i.d. pendant 3 semaines avec 1 g de streptomycine IM b.i.d. la première semaine et 1 fois par jour la deuxième semaine. *Syphilis*: Dose totale de 30 à 40 g sur une période de 10 à 15 jours. *Gonorrhée non compliquée*: 500 mg q 6 h pendant 4 jours (10 g au total). *Gonocoques sensibles à la pénicilline:* **Initialement**, 1,5 g; **puis**, 500 mg q 6 h pendant 4 jours (9 g au total). *Infections à Chlamydia trachomatis rectales ou GU*: 500 mg q.i.d. pendant une période minimale de 7 jours. *Acné grave:* **Initialement**, 1 g par jour; **puis**, 125 ou 250 mg par jour (thérapie prolongée). **IM. Adultes: Habituellement**, 250 mg par jour en 1 seule dose ou 300 mg par jour en doses fractionnées q 8 ou 12 h. On peut utiliser jusqu'à 800 mg par jour. **Enfants de plus de 8 ans**: 15 à 25 mg/kg jusqu'à un maximum de 250 mg, administré en une seule injection par jour. **IV. Adultes**: 250 à 500 mg q 12 h. Ne pas excéder 500 mg q 6 h. **Enfants de plus de 8 ans**: 12 mg/kg par jour en 2 doses fractionnées. **Ophtalmique**: une petite quantité d'onguent dans le sac conjonctival inférieur q 3 ou 4 h. **Topique**: Appliquer une ou plusieurs fois par jour.	administration trop rapide peut causer une thrombophlébite. **Ne pas administrer le phosphate complexe par voie IV.** *Réactions indésirables supplémentaires* Œsophagite, ulcération œsophagienne.

CÉPHALOSPORINES

Généralités Les céphalosporines sont des antibiotiques semi-synthétiques dérivés de cultures de *Cephalosporium acremonium*. Elles ressemblent aux pénicillines à la fois chimiquement et pharmacologiquement.

Certaines céphalosporines sont rapidement absorbées dans le tractus GI et atteignent rapidement des concentrations efficaces dans les voies urinaires, GI et respiratoires sauf chez les clients souffrant d'anémie pernicieuse ou d'ictère cholostatique. Ces médicaments sont éliminés rapidement chez les clients dont la fonction rénale est normale.

Les céphalosporines sont des antibiotiques à large spectre d'activité. La différence existant entre les trois générations de céphalosporines est fondée sur le spectre antibactérien; les céphalosporines de troisième génération sont plus actives contre les organismes à Gram négatif et les organismes résistants alors qu'elles sont moins actives contre les organismes à Gram positif que les céphalosporines de première génération. Les céphalosporines de troisième génération sont stables contre les bêta-lactamases. Les céphalosporines peuvent être détruites par la céphalosporinase.

Mécanisme d'action/cinétique Les céphalosporines entravent une des étapes finales de la formation de la paroi cellulaire de la bactérie (inhibition de la biosynthèse des mucopeptides) et la déstabilisent, ce qui entraîne la lyse de la bactérie (même mécanisme d'activité que les pénicillines). Les céphalosporines sont plus efficaces contre les organismes jeunes, qui se reproduisent rapidement. La demi-vie s'échelonne de 69 à 132 min et le taux de liaison aux protéines plasmatiques de 5% à 86%. Les céphalosporines sont excrétées rapidement par les reins.

Indications Les céphalosporines sont efficaces contre les infections des voies biliaires, gastro-intestinales, du système génito-urinaire, des os, des articulations, des voies respiratoires supérieures et inférieures, de la peau et des tissus mous. Également utilisées contre les infections gynécologiques, la méningite, l'ostéomyélite, l'endocardite, les infections intra-abdominales, la péritonite, l'otite moyenne, la gonorrhée, la septicémie et en prophylaxie préopératoire. Voici une liste des organismes contre lesquels les céphalosporines sont efficaces:

Céphalosporines de première génération. Cocci à Gram positif incluant *Staphylococcus aureus, S. epidermis, S. pyogenes, Streptococcus pneumoniæ,* les streptocoques du groupe A et du groupe B, les streptocoques viridans et les streptocoques anaérobies. Aussi efficaces contre *Clostridium perfringens, Listeria monocytogenes, Corynebacterium diphteriæ.* Activité limitée contre les bactéries à Gram négatif.

Céphalosporines de deuxième génération. Le spectre d'activité est similaire à celui des céphalosporines de première génération. Également actives contre *Hæmophilus influenzæ.* Possèdent une certaine activité contre les bactéries à Gram négatif, y compris *E. coli, Klebsiella pneumoniæ, Proteus mirabilis* et *Shigella*.

Céphalosporines de troisième génération. Moins actives contre les cocci à Gram positif. Efficaces contre *Hæmophilus meningitidis* et *H. influenzæ*. Aussi contre *Citrobacter, Enterobacter, E. coli, Klebsiella, Neisseria gonorrheæ, Proteus, Morganella, Providentia* et *Serratia*. Possèdent une certaine activité contre *Bacteroides fragilis* et *Pseudomonas*.

Contre-indications Hypersensibilité aux céphalosporines. Les clients hypersensibles à la pénicilline peuvent à l'occasion présenter une allergie croisée avec les céphalosporines. L'innocuité pendant la grossesse et la lactation n'a pas encore été établie.

Utiliser avec prudence lorsque la fonction rénale ou hépatique est altérée ou pendant l'emploi d'autres médicaments néphrotoxiques. La clearance de la créatinine doit être vérifiée chez tous les clients recevant des céphalosporines qui sont atteints d'une altération de la fonction rénale. Utiliser avec prudence chez les clients âgés de plus de 50 ans.

Réactions indésirables *GI*: Nausées, vomissements, diarrhée, crampes ou douleurs abdominales, dyspepsie, glossite, brûlures d'estomac, douleurs buccales ou glossalgie. Colite pseudomembraneuse. *Allergiques*: Urticaire, éruptions (maculopapuleuses, morbilliformes ou érythémateuses), prurit (incluant les régions anale et génitale), fièvre, frissons, éosinophilie, érythème, œdème de Quincke, maladie du sérum, douleur articulaire, dermatite exfoliative et anaphylaxie. *Note*: Des allergies croisées peuvent se présenter entre les céphalosporines et les pénicillines. *Hématologiques*: Test de Coombs direct ou indirect positif. Rarement, neutropénie, thrombopénie, agranulocytose, leucopénie. *SNC*: Céphalées, malaise, fatigue, vertige, étourdissements. L'utilisation intrathécale peut provoquer des hallucinations, du nystagmus ou des convulsions. *Autres*: toxicité hépatique (augmentation des valeurs de la SGOT et de la SGPT). Surinfection incluant la candidose orale et les infections à entérocoques.

L'utilisation IV peut causer des thrombophlébites. L'utilisation IM peut causer de la douleur et de l'induration ainsi qu'un abcès stérile au point d'administration. La néphrotoxicité peut se manifester chez les clients de plus de 50 ans et chez les jeunes enfants.

Interactions médicamenteuses

Médicaments	Interaction
Acide éthacrynique	↑ des risques de toxicité rénale.
Agents bactériostatiques	↓ de l'activité des céphalosporines.
Aminosides	↑ des risques de toxicité rénale.
Anticoagulants	Les céphalosporines ↑ le temps de prothrombine.
Colistine	↑ des risques de toxicité rénale.

Médicaments	Interaction
Furosémide	↑ des risques de toxicité rénale.
Polymyxine B	↑ des risques de toxicité rénale.
Probénécide	↑ de l'activité des céphalosporines causée par une ↓ de l'excrétion rénale.
Vancomycine	↑ des risques de toxicité rénale.

Interactions avec les épreuves de laboratoire   Faux + pour le glucose urinaire avec la solution de Benedict, la liqueur de Fehling ou le Clinitest. Les épreuves enzymatiques (Clinistix, Tes-Tape) ne sont pas affectées. Faux + au test de Coombs.

Administration   N'est pas affectée par la nourriture.

Soins infirmiers

Voir *Soins infirmiers – Anti-infectieux*, p. 69.

1. Surveiller les réactions allergiques croisées aux céphalosporines chez les clients ayant des antécédents d'hypersensibilité à la pénicilline.
2. Surveiller l'altération de la fonction rénale caractérisée par des cylindres urinaires, de la protéinurie, une réduction du débit urinaire, une augmentation de l'urée sanguine et de la créatinine sérique, ou une diminution de la clearance de la créatinine.
3. Prévoir l'administration de doses plus faibles chez les clients dont la fonction rénale est altérée.
4. Prévenir le client que ce médicament peut entraîner une fausse réaction positive au test de Coombs. Cela est pertinent lorsqu'on effectue une épreuve de compatibilité croisée avant une transfusion sanguine et pour le nouveau-né dont la mère a reçu des céphalosporines pendant la grossesse.
5. Les céphalosporines peuvent provoquer des colites pseudomembraneuses. En cas de diarrhée, signaler le fait au médecin immédiatement et continuer à surveiller les signes et les symptômes de déséquilibre électrolytique.

CÉFACLOR   Ceclor^Pr

Catégorie   Antibiotique, céphalosporine (deuxième génération).

Mécanisme d'action/cinétique   **Concentration sérique maximale:** 5 à 15 µg/mL après 1 h. **Demi-vie: PO**, 36 à 54 min. Bien absorbé dans le tractus GI. De 60% à 85% du médicament est excrété dans l'urine dans les 8 h suivant l'administration.

Indications   Otite moyenne. Infection des voies respiratoires supérieures et inférieures, des voies urinaires, de la peau et des tissus mous.

Réaction indésirable supplémentaire   Lymphocytose transitoire.

Posologie   **Adultes**: 250 mg q 8 h. On peut doubler la posologie dans le cas d'infections plus graves ou causées par des micro-organismes moins sensibles. La posologie quotidienne ne devrait pas excéder 4 g. **Enfants**: 20 mg/kg par jour en doses fractionnées q 8 h. On peut doubler la posologie dans le cas d'otite moyenne, d'infections plus graves ou d'infections causées par des micro-organismes moins sensibles. La posologie quotidienne ne devrait pas excéder 1 g. L'innocuité du médicament chez les nourrissons de moins de 1 mois n'a pas été établie.

CÉFADROXIL, MONOHYDRATE DE
Duricef^{Pr}

Catégorie   Antibiotique, céphalosporine (première génération).

Mécanisme d'action/cinétique   **Concentration sérique maximale: PO**, 15 à 33 μg/mL après 90 min. **Demi-vie: PO**, 70 à 80 min. Le médicament est excrété inchangé à 90% dans l'urine dans les 24 h suivant l'administration.

Indications   Pharyngite, amygdalite, infection de la peau et des tissus mous.

Contre-indications   L'innocuité du médicament n'a pas été établie chez les enfants et durant la grossesse. La clearance de la créatinine doit être déterminée chez les clients dont la fonction rénale est altérée.

Posologie   **PO. Adultes**: 1 à 2 g par jour administré en une ou en plusieurs doses. **Enfants**: 30 mg/kg par jour administré en doses fractionnées q 12 h. Pour les clients ayant une clearance de la créatinine inférieure à 0,82 mL/s: **Initialement**, 1 g; **entretien**: 500 mg administré aux intervalles suivants: q 36 h lorsque la clearance de la créatinine se situe entre 0 et 0,16 mL/s; q 24 h lorsque la clearance de la créatinine se situe entre 0,16 et 0,42 mL/s; q 12 h lorsque la clearance de la créatinine se situe entre 0,42 et 0,82 mL/s.

CÉFAMANDOLE, NAFATE DE   Mandol^{Pr}

Catégorie   Antibiotique, céphalosporine (deuxième génération).

Mécanisme d'action/cinétique   Le nafate de céfamandole possède un large spectre d'activité. **Concentration sérique maximale: IM**, 12 à 36 μg/mL après 30 à 120 min. **Demi-vie: IM**, 60 min; **IV**, 30 min. De 65% à 85% du médicament est excrété inchangé dans l'urine.

Indications   Infections des voies urinaires, des voies respiratoires inférieures, des os, des articulations, de la peau et des tissus mous. Pelvipéritonite, infections mixtes des voies respiratoires et de la peau. Péritonite, septicémie et traitement prophylactique périopératoire. Également employé en association avec les aminosides pour le traitement des septicémies bacillaires à Gram positif et négatif.

Réactions indésirables supplémentaires   Hypoprothrombinémie entraînant des saignements et/ou des contusions.

Interactions médicamenteuses supplémentaires
L'administration simultanée avec de l'éthanol produit un effet de type Antabuse et de l'hypotension.

Posologie   Injection IV ou IM profonde seulement (dans le muscle grand fessier ou dans le muscle vaste externe de la cuisse, afin de réduire la douleur). **Adultes,** habituellement 0,5 à 1,0 g q 8 h. *Infections graves*: jusqu'à 2 g q 4 h. **Nourrissons et enfants**: 50 à 100 mg/kg par jour administré en doses fractionnées égales à toutes les 4 à 8 h. **Infections graves**: augmenter jusqu'à 150 mg/kg par jour (sans dépasser la posologie pour adultes) en doses fractionnées comme précédemment. *Préopératoire:* **Adultes, initialement**, 1 ou 2 g, 30 à 60 min avant l'intervention; **puis**, 1 ou 2 g q 6 h pendant 2 ou 3 jours. **Pédiatrique (enfants âgés de 3 mois et plus)**: 50 à 100 mg/kg par jour administré en doses fractionnées égales toutes les 4 à 8 h. *Fonction rénale altérée:* **Initialement**, 1 ou 2 g, suivi d'une dose d'entretien calculée en fonction de la clearance de la créatinine selon l'horaire fourni par le fabricant.

Administration/entreposage

1. Consulter les instructions concernant la reconstitution du produit à l'intérieur de l'emballage.

2. Les solutions reconstituées de nafate de céfamandole sont stables pendant 24 h à la température ambiante et pendant 96 h lorsque réfrigérées. Les solutions de céfamandole reconstituées avec du dextrose ou du chlorure de sodium sont stables pendant 6 mois lorsqu'elles sont congelées immédiatement.

3. Il y a formation de dioxyde de carbone lorsque les solutions reconstituées sont gardées à la température ambiante. Ce gaz n'affecte pas l'activité de l'antibiotique. Il peut être dispersé avant le retrait du contenu ou peut être utilisé pour aider à retirer le contenu de la fiole.

4. Lorsqu'on administre le céfamandole avec un autre antibiotique tel qu'un aminoside, on doit utiliser des contenants de solution IV et des points d'injection différents pour chaque médicament.

CÉFAZOLINE SODIQUE   Ancef[Pr], Kefzol[Pr]

Catégorie   Antibiotique, céphalosporine (première génération).

Mécanisme d'action/cinétique Concentration sérique maximale: **IM**, 17 à 76 µg/mL après 1 h. **Demi-vie: IM, IV**, 69 à 132 min. De 80% à 100% du médicament est excrété inchangé dans l'urine.

Indications Infection des voies urinaires, des voies biliaires, des voies respiratoires, des os, des articulations, des tissus mous et de la peau. Également utilisée pour le traitement de l'endocardite, de la septicémie et en prophylaxie périopératoire.

Réactions indésirables supplémentaires Néphrotoxicité, colite pseudomembraneuse.

Posologie **IM, IV seulement. Adultes**: 250 mg q 8 h à 1 g q 6 h. Rarement: dans les cas d'infections graves comme l'endocardite ou la septicémie, les doses peuvent être augmentées jusqu'à 12 g par jour. **Enfants de plus de 1 mois**: 25 à 50 mg/kg par jour en 3 ou 4 doses fractionnées. Dans le cas d'infections graves, la dose peut être augmentée jusqu'à 100 mg/kg par jour. *Préopératoire*: 1 g administré 30 à 60 min avant l'intervention. *Peropératoire*: 0,5 à 1,0 g. *Postopératoire*: 0,5 à 1,0 g q 6 ou 8 h jusqu'à 5 jours après l'intervention. *Fonction rénale altérée: **initialement**, 0,5 g; **puis**, une dose d'entretien calculée en fonction de la clearance de la créatinine selon l'horaire fourni par le fabricant. L'innocuité du médicament chez les nourrissons de moins d'un mois n'a pas été établie.

Administration/entreposage

1. Dissoudre le soluté en agitant la fiole.
2. Jeter les solutions reconstituées gardées plus de 24 h à la température ambiante ou plus de 96 h au réfrigérateur.

CÉFOPÉRAZONE SODIQUE   Cefobid^Pr

Catégorie Antibiotique, céphalosporine (troisième génération).

Indications Infections de la peau, des tissus mous et des voies respiratoires. Infections intra-abdominales incluant la péritonite. Septicémie bactérienne, pelvipéritonite, endométrite ou autres infections du tractus génital de la femme.

Réaction indésirable supplémentaire Hypoprothrombinémie entraînant des saignements et/ou des contusions.

Interaction médicamenteuse supplémentaire L'utilisation concomitante d'éthanol peut entraîner un effet de type disulfirame.

Posologie **IM, IV. Adultes, habituellement**: 2 à 4 g par jour en doses fractionnées q 12 h (les infections plus graves ou causées par des micro-organismes moins sensibles peuvent requérir jusqu'à 12 à 16 g par jour).

Note: Une fraction importante de ce médicament est excrétée dans la bile, c'est pourquoi la dose quotidienne ne devrait pas dépasser 4 g chez les clients atteints de maladie hépatique ou d'obstruction biliaire.

Administration

1. Après reconstitution, la solution doit reposer pour que la mousse se dissipe et que l'on puisse vérifier si la dissolution est complète; il peut être nécessaire d'agiter vigoureusement lorsque la concentration est élevée.

2. Le médicament reconstitué peut être congelé. Toutefois, la fraction de solution non utilisée immédiatement après la décongélation devrait être détruite.

3. Conserver la poudre de céfopérazone au réfrigérateur à l'abri de la lumière.

4. Pour l'injection aux nouveau-nés, la céfopérazone ne devrait pas être reconstituée à l'aide de solutions contenant de l'alcool benzylique.

Soins infirmiers complémentaires

Voir *Soins infirmiers – Anti-infectieux*, p. 69, et *Céphalosporines*, p. 113.

1. Les clients devraient s'abstenir de consommer de l'alcool pendant une période de 72 h après la dernière dose. Une réaction de type Antabuse peut se produire lors de l'ingestion d'alcool.

2. Surveiller l'apparition de contusions, d'hématurie, de selles noires ou de tout autre signe de saignements.

CÉFOTAXIME SODIQUE   Claforan[Pr]

Catégorie   Antibiotique, céphalosporine (troisième génération).

Généralités   Le céfotaxime est une céphalosporine utilisée uniquement par voie parentérale. On recommande que le traitement des infections à streptocoques bêta-hémolytiques du groupe A dure au moins 10 jours afin de prévenir le risque de rhumatisme articulaire aigu ou de glomérulonéphrite. Il est préférable d'utiliser la voie IV chez les clients atteints d'infections graves ou gravissimes. Il en va de même pour les clients qui souffrent de malnutrition, de traumatismes, d'insuffisance cardiaque, de diabète ou d'une affection maligne et pour ceux qui doivent subir une intervention chirurgicale, surtout en cas de choc ou de risque de choc.

Indications   Infections des voies génito-urinaires, des voies respiratoires inférieures (y compris la pneumonie), de la peau et des tissus mous, des os, des articulations et du SNC (y compris la méningite et la ventriculite). Infections intra-abdominales (y compris la péritonite), infections gynécologiques (y compris l'endométrite et la pelvipéritonite), septicémie, bactériémie et comme traitement prophylactique périopératoire. Le céfotaxime est également utilisé avec les aminosides dans le traitement des septicémies bacillaires à Gram positif et négatif causées par des micro-organismes non identifiés.

Posologie   **IV, IM. Adultes.** *Infections simples*: 1 g q 12 h. *Infections modérées ou graves*: 1 ou 2 g q 6 ou 8 h. *Septicémie:* **IV**, 2 g q 6 ou 8 h. *Infections gravissimes*: **IV**, 2 g q 4 h jusqu'à 12 g par jour. *Prophylaxie préopératoire*: 1 g administré 30 à 90 min avant l'intervention; **puis**, 1 g après 30 à 120 min et 1 g dans les 2 h suivant l'intervention. **Pédiatrique, 1 mois à 12 ans**: 50 à 180 mg/kg par jour en 4 à 6 doses-fractionnées; **1 à 4 semaines**: 50 mg/kg q 8 h; **0 à 1 semaine**: 50 mg/kg q 12 h.
Note: Utiliser la posologie recommandée pour un adulte lorsque l'enfant pèse 50 kg ou plus. La posologie devrait être diminuée chez les clients dont la fonction rénale est altérée.

Administration/entreposage

1. Les solutions de céfotaxime ne doivent pas être mélangées à des solutions contenant des aminosides en perfusion IV continue. S'il faut administrer ces deux agents au client, on doit le faire séparément.

2. Le céfotaxime a sa stabilité maximale à un *p*H de 5 à 7; il ne devrait pas être dilué à l'aide de solutions de *p*H supérieur à 7,5 (par exemple, bicarbonate de sodium pour injection).

3. Conserver le céfotaxime à l'état solide à une température inférieure à 30°C à l'abri de la lumière et de la chaleur excessive, afin d'éviter qu'il ne fonce.

4. Ajouter la quantité de solvant recommandée, agiter jusqu'à dissolution complète et s'assurer qu'il n'y a ni particules, ni changement de la coloration. Ne pas administrer de solutions décolorées ou contenant des particules. La couleur des solutions de céfotaxime peut varier du jaune pâle à l'ambre.

5. Pour administration par voie IM, reconstituer la solution avec de l'eau stérile pour injection ou avec de l'eau bactériostatique pour injection. Injecter le céfotaxime profondément dans une masse musculaire importante. On doit fractionner la solution en doses de 2 g et les injecter à différents endroits.

6. Pour l'administration intermittente par voie IV, on doit mélanger 1 ou 2 g de céfotaxime à 100 mL d'eau stérile pour injection et administrer sur une période de 3 à 5 min.

7. Pendant l'administration de céfotaxime, on doit interrompre l'administration IV de toute autre solution.

8. Le produit reconstitué demeure stable pendant 24 h à la température ambiante, pendant 5 jours au réfrigérateur et pendant 13 jours s'il est congelé. Les fractions qui ont été congelées ne doivent être utilisées que lorsqu'elles ont atteint la température ambiante. La quantité non utilisée ne doit pas être recongelée.

CÉFOXITINE SODIQUE Mefoxin^{Pr}

Catégorie Antibiotique, céphalosporine (deuxième génération).

Mécanisme d'action/cinétique Cette céphalosporine à large spectre d'activité est résistante à la pénicillinase et à la céphalosporinase en plus de demeurer stable en présence de la bêta-lactamase. **Concentration sérique maximale: IM**, 20 à 30 min. **Demi-vie: IM, IV**, 41 à 65 min. Le produit est excrété inchangé dans l'urine à 85% après 6 h.

Indications Infection des voies urinaires (y compris la gonorrhée), des os, des articulations, des voies respiratoires inférieures (y compris les abcès pulmonaires et la pneumonie), de la peau et des tissus mous. Infections intra-abdominales (y compris les abcès intra-abdominaux et la péritonite), infections gynécologiques (y compris la pelvipéritonite, la cellulite pelvienne et l'endométrite), septicémie et prophylaxie périopératoire.

Posologie **IM, IV. Adultes**: 1 à 2 g q 6 ou 8 h jusqu'à 12 g par jour dans les cas d'infections graves. *Gonorrhée*: 2 g IM avec 1 g de probénécide PO. *Prophylaxie périopératoire*: 2 g, 30 à 60 min avant l'intervention suivi par l'administration de 2 g q 6 h après la dose initiale, sur une période de 24 h seulement. *Fonction rénale altérée*: **Initialement**, 1 ou 2 g; **puis**, les doses d'entretien suggérées par le fabricant. **Enfants de plus de 3 mois**: 80 à 160 mg/kg par jour en 4 ou 6 doses également fractionnées. Ne pas dépasser 12 g par jour. *En prophylaxie*: 30 à 40 mg/kg q 6 h.

Administration/entreposage

1. Ne pas mélanger les solutions de céfoxitine à d'autres solutions antibiotiques.

2. La solution reconstituée est stable 24 h à la température ambiante, 1 semaine au réfrigérateur et 26 semaines si elle est congelée.

3. Entreposer les fioles à une température inférieure à 30°C.

4. Les solutions sont limpides ou légèrement ambrées. La coloration n'affecte pas l'efficacité du médicament.

5. Afin de réduire la douleur au point d'injection IM, on peut utiliser, sur prescription du médecin, du chlorhydrate de lidocaïne à 0,05% (sans épinéphrine) comme solvant pour la préparation de la solution.

Soins infirmiers complémentaires

Voir *Soins infirmiers – Anti-infectieux*, p. 69, et *Céphalosporines*, p. 113.

1. Surveiller les ingesta et les excreta et interrompre l'administration en cas de réduction, transitoire ou permanente, du débit urinaire; signaler au médecin.

2. Évaluer la douleur ou la rougeur au point de perfusion, car ce produit peut causer des thrombophlébites.

CÉFUROXIME SODIQUE   Zinacef^Pr

Catégorie   Antibiotique, céphalosporine (deuxième génération).

Indications   Infections des voies urinaires, des voies respiratoires inférieures (y compris la pneumonie), de la peau et des tissus mous. Septicémie, méningite, gonorrhée et en prophylaxie périopératoire.

Réaction indésirable supplémentaire   Diminution de l'hémoglobine et de l'hématocrite.

Posologie   **IM, IV. Adultes.** *Infections non compliquées*: 0,75 g q 8 h. *Infections graves, compliquées ou gravissimes*: 1,5 g q 6 ou 8 h. *Méningite bactérienne*: 3 g q 8 h. *Gonorrhée (non compliquée)*: 1,5 g IM en une seule dose. *Prophylaxie périopératoire:* **IV**, 1,5 g administré 30 à 60 min avant l'intervention; si elle est longue, administrer **IV, IM**, 0,75 g q 8 h. **Pédiatrique, plus de 3 mois.** *Infections non compliquées*: 50 à 100 mg/kg par jour en doses fractionnées q 6 ou 8 h (ne pas dépasser la posologie pour adultes). *Méningite bactérienne:* **Dose initiale IV**, 200 à 240 mg/kg par jour en doses fractionnées q 6 ou 8 h; lorsqu'il y a amélioration clinique, poursuivre avec 100 mg/kg par jour IV. Réduire la posologie si la fonction rénale est altérée.

Administration

1. Recourir à la voie IV dans les cas d'infections graves ou gravissimes comme la septicémie.
2. L'administration IV directe se fait en 3 à 5 min.
3. Par voie IM, injecter profondément dans une masse musculaire importante.
4. Protéger le produit de la lumière avant de le reconstituer. La poudre et le produit reconstitué peuvent noircir sans que l'efficacité en soit affectée.
5. Ne pas mélanger le céfuroxime à des solutions d'aminosides; lorsque les deux médicaments sont nécessaires, on doit les administrer séparément.

Soins infirmiers complémentaires

Voir *Soins infirmiers – Anti-infectieux*, p. 69, et *Céphalosporines*, p. 113.

Surveiller les taux d'hémoglobine et l'hématocrite s'il y a des signes d'anémie.

CÉPHALEXINE, MONOHYDRATE DE
Céporex^Pr, Keflex^Pr, Novolexin^Pr

Catégorie   Antibiotique, céphalosporine (première génération).

Mécanisme d'action/cinétique Concentration sérique maximale: PO, 9 à 39 μg/mL après 1 h. L'absorption est retardée chez les enfants. **Demi-vie (PO):** 30 à 72 min. Le médicament est excrété inchangé dans l'urine à 90% en 8 h.

Indications Infections des voies respiratoires, de la peau, des tissus mous, des os et des voies génito-urinaires (y compris la prostatite aiguë). Otite moyenne.

Réactions indésirables supplémentaires Néphrotoxicité, colite pseudomembraneuse.

Posologie PO. **Adultes:** 250 mg q 6 h jusqu'à 4 g par jour. **Pédiatrique:** 25 à 50 mg/kg par jour en 4 doses égales (jusqu'à 100 mg/kg dans le cas d'otite moyenne). La posologie peut être réduite lorsque la fonction rénale est altérée et elle peut être augmentée dans le cas d'infections graves. L'action de ce produit peut être prolongée par l'administration orale concurrente de probénécide (Benemid).

Administration/entreposage Réfrigérer le produit après reconstitution et jeter la quantité non utilisée après 14 jours.

CÉPHALOTHINE SODIQUE Ceporacin[Pr], Keflin[Pr]

Catégorie Antibiotique, céphalosporine (première génération).

Mécanisme d'action/cinétique Très peu absorbé dans le tractus GI; doit être administré par voie parentérale. **Concentration sérique maximale: IM,** 6 à 21 μg/mL après 30 min. **Demi-vie (IM, IV):** 30 à 60 min; 55% à 90% excrété inchangé dans l'urine.

Ce médicament est approprié pour les clients dont la fonction rénale est altérée puisqu'il possède une néphrotoxicité, une ototoxicité et une neurotoxicité faibles.

Indications Infections des voies génito-urinaires, du tractus gastro-intestinal, des voies respiratoires, de l'abdomen (y compris la péritonite), de la peau et des tissus mous, des os et des articulations. Méningite, septicémie (y compris l'endocardite) et en prophylaxie chirurgicale.

Réactions indésirables supplémentaires Néphrotoxicité, phlébite grave, anémie hémolytique, augmentation du temps de prothrombine.

Interactions avec les épreuves de laboratoire De fortes doses peuvent entraîner de faux résultats + dans les épreuves utilisant l'acide sulfosalicylique pour mesurer les protéines urinaires. La céphalothine peut aussi faussement augmenter les valeurs urinaires des 17-cétostéroïdes.

Posologie   IM, IV. **Adultes: Habituellement**, 0,5 à 1,0 g q 4 ou 6 h. *Infections graves*: 2 g q 4 h (jusqu'à 12 g par jour). *Période préopératoire et peropératoire*: 1 à 2 g administré 30 à 60 min avant et durant l'intervention. *Période postopératoire*: 1 à 2 g q 6 h pendant 24 h. *Fonction rénale altérée:* **Initialement**, 1 à 2 g; **puis**, administrer les doses d'entretien recommandées par le fabricant. **Pédiatrique**: 80 à 160 mg/kg par jour en doses fractionnées. *Prophylaxie périopératoire*: 20 à 30 mg/kg selon l'horaire d'administration pour adultes.

Administration/entreposage

1. Effectuer les dilutions en suivant les instructions à l'intérieur de l'emballage.

2. Après leur reconstitution, jeter les solutions qui sont demeurées 12 h à la température ambiante ou 96 h au réfrigérateur.

3. Dissoudre la poudre précipitée en réchauffant la fiole avec les mains et en l'agitant. Ne pas la surchauffer.

4. Remplacer le produit et la solution IV après 24 h.

5. Lors de l'administration d'une injection IV, utiliser une petite aiguille dans une grosse veine.

CÉPHAPIRINE SODIQUE   Cefadyl[Pr]

Catégorie   Antibiotique, céphalosporine (première génération).

Mécanisme d'action/cinétique   **Concentration sérique maximale: IM**, 9,4 μg/mL après 30 min. **Demi-vie (IM, IV)**: 21 à 47 min. Excrétée presque entièrement dans l'urine en moins de 6 h. De 41% à 60% du médicament est excrété inchangé.

Indications   Infections des voies respiratoires, des voies urinaires, de la peau et des tissus mous. Septicémie, endocardite, ostéomyélite et en prophylaxie chirurgicale.

Réaction indésirable supplémentaire   Augmentation de la bilirubinémie.

Posologie   **IM, IV seulement. Adultes**: 0,5 à 1,0 g q 4 ou 6 h jusqu'à 12 g par jour dans le cas d'infections graves ou gravissimes. *Préopératoire*: 1 à 2 g administré 30 à 60 min avant l'intervention. *Peropératoire*: 1 à 2 g. *Postopératoire*: 1 à 2 g q 6 h pendant 24 h. **Pédiatrique (plus de 3 mois)**: 40 à 80 mg/kg par jour en 4 doses fractionnées égales.

Administration   Jeter le produit après 10 h s'il a été conservé à la température ambiante ou après 10 jours s'il a été réfrigéré à 4°C.

CÉPHRADINE   Velosef[Pr]

Catégorie   Antibiotique, céphalosporine (première génération).

Mécanisme d'action/cinétique Semblables à ceux de la céphalexine. Absorption rapide dans le tractus GI ou dans la région de l'injection IM (30 min à 2 h); 60% à 90% du médicament est excrété après 6 h. **Concentration sérique maximale: PO**, 8 à 24 μg/mL après 30 à 60 min; **IM**, 5,6 à 13,6 μg/mL après 1 à 2 h. **Demi-vie**: 42 à 120 min; de 80% à 95% excrété inchangé dans l'urine.

Indications Infections des voies respiratoires (y compris la pneumonie lobaire, l'amygdalite et la pharyngite), des voies urinaires (y compris la prostatite et les infections à entérocoques), de la peau, des tissus mous et des os. Otite moyenne, septicémie, en prophylaxie chirurgicale et pour prévenir l'infection après une césarienne. Dans le cas d'infections graves, on administre habituellement le médicament par voie parentérale au début du traitement.

Contre-indications L'innocuité du médicament durant la grossesse et chez les enfants de moins de 1 an n'a pas été établie.

Réactions indésirables supplémentaires Augmentation de la bilirubinémie, hépatomégalie, colite pseudomembraneuse et sensation de constriction du thorax.

Posologie **PO. Adultes: Habituellement**, 250 mg q 6 h ou 500 mg q 12 h. Doubler la dose dans les cas de pneumonie lobaire, de prostatite ou d'infections urinaires graves (pour certaines infections, jusqu'à 1 g q 6 h). **Pédiatrique, plus de 9 mois**: 25 à 50 mg/kg par jour administré en doses égales q 6 à 12 h (75 à 100 mg/kg par jour dans le cas d'otite moyenne). **Injection IM profonde, IV. Adultes**: 2 à 4 g par jour administré q.i.d. en doses égales. *Prophylaxie périopératoire*: 1 g administré 30 à 60 min avant l'intervention; **puis**, 1 ou 2 doses de 1 g q 4 ou 6 h (ou jusqu'à 24 h après l'intervention). **Pédiatrique, plus de 1 an**: 50 à 100 mg/kg par jour administré q.i.d. en doses égales.

On doit réduire les doses lorsque la fonction rénale est altérée.

Administration/entreposage

1. Diluer en suivant les instructions à l'intérieur de l'emballage.
2. Incompatible avec la solution de Ringer avec lactate.
3. Après leur reconstitution, jeter les solutions qui sont demeurées plus de 10 h à la température ambiante ou plus de 48 h au réfrigérateur à 5°C.
4. Conserver pour utilisation les solutions légèrement jaunies.
5. S'assurer que l'injection IM est pratiquée dans un muscle, car des injections sous-cutanées accidentelles ont déjà causé des abcès stériles.
6. Protéger de la chaleur et de la lumière excessives avant et après la reconstitution.
7. Remplacer après 10 h le médicament administré par perfusion IV prolongée.
8. Administrer le médicament PO sans tenir compte des repas.

MOXALACTAME DISODIQUE   Moxam^Pr

Catégorie   Antibiotique, céphalosporine (troisième génération).

Mécanisme d'action/cinétique   Le moxalactame est une céphalosporine semi-synthétique à large spectre d'activité, stable en présence de bêta-lactamase, de pénicillinase et de céphalosporinase. Aucune sensibilité croisée avec la pénicilline n'a été observée; dans certains cas sélectionnés, il peut remplacer le chloramphénicol ou les aminosides.

Il est bien absorbé dans les liquides pleural, interstitiel et céphalorachidien (méninges enflammées ou normales), et dans l'humeur aqueuse. **Concentration sérique maximale (en fonction de la dose):** **IM**, 15 μg/mL 1 à 2 h après l'administration de 500 mg; **perfusion IV**, 57 μg/mL après l'administration de 500 mg. **Demi-vie (IM):** 2,1 h (plus longue lorsque la fonction rénale est altérée). De 60% à 90% du médicament est excrété par les reins en moins de 24 h.

Indications   Infections des voies urinaires, du système nerveux central (y compris la ventriculite et la méningite), des os, des articulations et des voies respiratoires inférieures (y compris la pneumonie). Les infections intra-abdominales (y compris l'endométrite, la cellulite pelvienne et la péritonite), la septicémie bactérienne et les infections à *Pseudomonas*. Peut aussi être utilisé avec les aminosides pour le traitement des septicémies à Gram positif ou négatif et pour le traitement d'autres infections graves lorsque l'agent causal est inconnu.

Contre-indications   Hypersensibilité au médicament. L'innocuité du produit pendant la grossesse n'a pas été établie. Utiliser avec prudence chez les clients ayant des antécédents d'hypersensibilité aux pénicillines ou aux céphalosporines.

Réactions indésirables supplémentaires   Saignements et/ou contusions résultant d'une hypoprothrombinémie.

Interactions avec les épreuves de laboratoire   ↑ de la SGOT, de la SGPT, de l'urée sanguine, de la phosphatase alcaline et de la créatinine sérique.

Interactions médicamenteuses   Lorsque utilisé avec de l'alcool, le moxalactame peut induire une réaction de type disulfirame.

Posologie   **Injection IM profonde, IV. Adultes:** *Infections bénignes à modérées*, 0,5 à 2,0 g q 2 h. *Infections bénignes de la peau et des tissus mous et pneumonies non compliquées*: 0,5 g q 8 h. *Infections urinaires bénignes non compliquées*: 0,25 g q 12 h. *Infections persistantes ou graves des voies urinaires*: 0,5 g q 8 ou 12 h. *Infections gravissimes ou causées par des organismes moins sensibles*: jusqu'à 4 g q 8 h si nécessaire. **Nouveau-nés, moins d'une semaine**: 50 mg/kg q 12 h; **1 à 4 semaines**: 50 mg/kg q 8 h. **Nourrissons**: 50 mg/kg q 6 h. **Enfants**: 50 mg/kg q 6 ou 8 h. La posologie pédiatrique peut être augmentée jusqu'à 200 mg/kg mais ne doit pas dépasser la posologie maximale pour adulte. *Pour le traitement des méningites à Gram* *négatif en pédiatrie*: dose d'attaque, 100 mg/kg; **puis**, suivre la posologie indiquée précédemment. *Pour les clients dont la fonction rénale est altérée:* **Initialement**, 1 ou 2 g; **entretien**: suivre les recommandations du fabricant.

Administration/entreposage

1. **IM**: Diluer 1 g de moxalactame dans 3 mL d'une des solutions suivantes: eau stérile pour injection, eau stérile bactériostatique pour injection, solution de chlorure de sodium à 0,9% pour injection, solution de chlorure de sodium bactériostatique pour injection ou lidocaïne à 0,5% pour injection.

2. **Injection IV intermittente**: Diluer 1 g de moxalactame dans 10 mL d'une des solutions suivantes: eau stérile pour injection, solution de dextrose à 5% ou solution de chlorure de sodium à 0,9% pour injection. Administrer lentement en 3 à 5 min ou dans le perfuseur d'une autre solution IV (ne contenant pas d'alcool). Si l'on utilise un montage en Y, arrêter la perfusion de l'autre solution pendant l'administration du moxalactame.

3. Perfusion IV continue: Diluer 1 g de moxalactame dans 10 mL d'eau stérile pour injection. Ajouter ensuite à la solution IV appropriée.

4. Le moxalactame est stable pendant 96 h lorsque réfrigéré (5°C) et pendant 24 h à la température ambiante.

Soins infirmiers complémentaires

Voir *Soins infirmiers – Anti-infectieux*, p. 69, et *Céphalosporines*, p. 113.

1. *Évaluer*:
   a) les saignements causés par l'éradication des bactéries intestinales qui produisent la vitamine K.
   b) la phlébite au point d'administration IV.

2. S'assurer du bien-fondé de l'utilisation concomitante d'aminosides. Dans ce cas, surveiller de près la fonction rénale afin de déceler la potentialisation des effets néphrotoxiques.

3. Expliquer au client et/ou à sa famille que l'ingestion d'alcool pendant le traitement au moxalactame risque de provoquer une réaction de type disulfirame.

CHLORAMPHÉNICOL

CHLORAMPHÉNICOL   Chloromycetin^{Pr} (crème, capsules, gouttes otiques), Novochlorocap^{Pr} (capsules), Nova-Phenicol^{Pr}, Pentamycetin^{Pr} (ovules vaginaux, solution otique)

CHLORAMPHÉNICOL, PALMITATE DE
Palmitate de Chloromycetin^{Pr}

CHLORAMPHÉNICOL, PRÉPARATIONS OPHTALMIQUES Chloromycetin[Pr], Chloroptic[Pr], Sopamycetin[Pr], Fenicol[Pr], Isopto Fenicol[Pr], Minims Chloramphénicol[Pr], Pentamycetin[Pr]

CHLORAMPHÉNICOL, SUCCINATE SODIQUE DE Succinate sodique de Chloromycetin[Pr], Succinate sodique de Pentamycetin[Pr]

Généralités À l'origine, cet antibiotique était isolé à partir de *Streptomyces venezuellæ*. Il est maintenant produit synthétiquement. Il est très toxique (il inhibe la synthèse des protéines des cellules à prolifération rapide telles que celles de la moelle osseuse) et ne devrait pas être employé pour le traitement d'infections mineures.

Mécanisme d'action/cinétique Le chloramphénicol inhibe la synthèse des protéines bactériennes en se liant aux ribosomes (sous-unité 50S, lien essentiel dans le mécanisme de synthèse des protéines de la cellule), ce qui empêche la synthèse des liens peptidiques. Concentration sérique thérapeutique: 5 à 20 μg/mL (concentration plus faible chez les nouveau-nés). **Concentration sérique maximale: IM.** 2 h. **Demi-vie**: 2,7 h. Ce produit est métabolisé par le foie; de 75% à 90% du médicament est excrété dans l'urine en dedans de 24 h, sous forme libre (8% à 12%) et sous forme de métabolites inactifs. Le produit est principalement bactériostatique. Le chloramphénicol est bien absorbé dans le tractus GI. Il est distribué dans tout l'organisme y compris dans les liquides céphalo-rachidien, pleural et ascitique, dans la salive, dans le lait ainsi que dans l'humeur aqueuse et vitrée.

Indications *Ne pas utiliser pour le traitement d'infections mineures, comme prophylactique contre les infections bactériennes ou pour le traitement du rhume, de la grippe ou des infections de la gorge.* Traitement de choix pour la fièvre typhoïde mais pas pour le traitement des porteurs. Infections graves causées par *Salmonella, Rickettsia, Chlamydia* et par le groupe des psittacoselymphogranulomes. Méningite causée par *H. influenzæ*. Abcès cérébraux causés par *Bacteroides fragilis*. Anti-infectieux dans la mucoviscidose (fibrose kystique du pancréas). Méningite à méningocoques ou à pneumocoques. Utilisé pour le traitement des infections superficielles des yeux, de l'otite externe et des infections de la peau.

Contre-indications Hypersensibilité au chloramphénicol; chez la femme enceinte, en particulier à la fin de la grossesse et pendant le travail; pendant la lactation. Éviter d'administrer conjointement avec d'autres médicaments qui pourraient affecter la moelle osseuse.

Réactions indésirables *Hématologiques* (les plus graves): Anémie aplastique, thrombopénie, granulopénie, anémie hémolytique, pancytopénie. Des analyses sanguines doivent être faites avant le début de la thérapie et tous les deux jours pendant celle-ci. *GI*: Nausées, vomissements, diarrhée, glossite, stomatite, goût désagréable, entérocolite et prurit anal. *Allergiques*: Fièvre, éruption cutanée, œdème angioneurotique, éruptions maculaires et vésiculaires, hémorragies de la peau, de l'intestin, de la vessie et de la bouche. Anaphylaxie. *SNC*: Céphalée, délire, confusion, dépression mentale. *Neurologiques*: Névrites optique et périphérique. *Après l'application topique*: Sensation de brûlure, démangeaisons, irritation locale et rougeur de la peau. *Autres*: Surinfection, ictère (rarement). Réactions de type Herxheimer pendant le traitement de la fièvre typhoïde (probablement causées par la libération d'endotoxines bactériennes).

« *Maladie grise* » *chez les nourrissons*: Respiration rapide, couleur gris cendré, refus de se nourrir, distension abdominale accompagnée ou non de vomissements, cyanose blafarde progressive, collapsus circulatoire et mort. Peut être renversée par l'arrêt de la médication.
Note: Les nouveau-nés devraient être gardés sous surveillance étroite, car ce médicament s'accumule dans le sang et les risques de toxicité sont par conséquent plus élevés.

Interactions médicamenteuses

Médicaments	Interaction
Acétaminophène	↑ de l'activité du chloramphénicol.
Anticoagulants oraux	↑ de l'activité des anticoagulants due à une ↓ du catabolisme hépatique.
Barbituriques	↑ de l'activité des barbituriques due à la ↓ du catabolisme hépatique.
Cyclophosphamide	↑ de l'activité du cyclophosphamide due à la ↓ du catabolisme hépatique.
Fer, préparations de	Le chloramphénicol ↓ la réponse à la thérapie martiale.
Hypoglycémiants oraux	↑ de l'activité des hypoglycémiants due à une ↓ du catabolisme hépatique.
Pénicillines	↓ possible de l'activité des pénicillines.
Phénytoïne	↑ de l'activité de la phénytoïne due à la ↓ du catabolisme hépatique.
Vitamine B_{12}	Le chloramphénicol ↓ la réponse thérapeutique à la vitamine B_{12}.

Posologie PO, IV. Chloramphénicol et palmitate de chloramphénicol, **adultes et enfants**, 50 mg/kg par jour administré en 4 doses égales q 6 h. Peut être augmenté jusqu'à 100 mg/kg par jour dans les cas d'infections très graves. Les doses doivent être réduites le plus tôt possible. Nouveau-nés et enfants ayant un métabolisme immature: 25 mg/kg par jour en doses fractionnées q 12 h.

Succinate sodique de chloramphénicol – **IV seulement**, même posologie que précédemment; passer à **PO** le plus tôt possible.

Chloramphénicol à 1% en onguent ophtalmique: Disposer un ruban de 1 cm dans le sac conjonctival inférieur 2 à 6 fois par jour, selon la gravité de l'infection.

Chloramphénicol à 0,5% en solution ophtalmique: Instiller 1 ou 2 gouttes dans le sac conjonctival inférieur 2 à 6 fois par jour (plus souvent en cas d'infection aiguë).

Chloramphénicol à 0,5% en solution otique: 2 ou 3 gouttes dans l'oreille t.i.d.

Chloramphénicol à 1% en crème topique: Appliquer 1 à 5 fois par jour.

Administration/entreposage

Administrer IV une solution à 10%, en 60 s au minimum.

Soins infirmiers

Voir *Soins infirmiers – Anti-infectieux*, p. 69.

1. Surveiller attentivement l'apparition de réactions indésirables. Après la détermination des valeurs sanguines de base, d'autres analyses doivent être effectuées tous les 2 jours afin de détecter les premiers signes d'hypoplasie de la moelle osseuse.

2. Administrer ce médicament seulement pendant le temps requis. Éviter de répéter les traitements avec le chloramphénicol, car ce médicament est très toxique.

3. S'attendre à une posologie réduite pour les clients atteints d'insuffisance rénale et pour les nouveau-nés.

4. Éviter tout emploi simultané avec un autre médicament qui affecte la moelle osseuse.

5. *Évaluer*:
   a) l'hypoplasie de la moelle osseuse, caractérisée par de la faiblesse, de la fatigue, des maux de gorge et des saignements; l'arrêt du traitement serait alors indiqué.
   b) la névrite optique, caractérisée par une diminution bilatérale de l'acuité visuelle; cesser aussitôt l'administration du médicament.
   c) la névrite périphérique, caractérisée par de la douleur et par une perturbation des sensations; cesser aussitôt l'administration du médicament.
   d) l'état des prématurés et des nouveau-nés afin de détecter le développement de la « maladie grise », caractérisée par la respiration rapide, le refus de se nourrir, une distension abdominale accompagnée ou non de vomissements, des selles molles et verdâtres, la cyanose progressive et le collapsus circulatoire. Cesser le traitement dès que l'un de ces symptômes est observé.
   e) les signes d'effets toxiques ou d'irritation tels que les nausées, les vomissements, un goût désagréable, la diarrhée

et l'irritation du périnée, après l'administration PO. Il est essentiel de distinguer la diarrhée induite par le médicament de celle qui est causée par une surinfection. On peut faire la distinction par l'évaluation et l'analyse de tous les symptômes présents.

6. Utiliser un bâtonnet Labstix pour analyser l'urine des clients diabétiques parce que le chloramphénicol peut donner une fausse réaction + avec la solution de Benedict ou la liqueur de Fehling, qui contiennent toutes deux du sulfate de cuivre.

7. Prendre garde aux interactions médicamenteuses du chloramphénicol avec le dicoumarol, la phénytoïne, le chlorpropamide et le tolbutamide. Leur administration concomitante avec le chloramphénicol augmente leur demi-vie, ce qui entraîne une augmentation de leur effet pharmacologique pouvant produire une toxicité grave.

CLINDAMYCINE ET LINCOMYCINE

Généralités   La clindamycine est un antibiotique semi-synthétique. La lincomycine est isolée à partir de *Streptomyces lincolnensis.* Le spectre d'activité de ces antibiotiques est similaire à celui des érythromycines et inclut une variété de bactéries à Gram positif, en particulier les staphylocoques, les streptocoques, les pneumocoques ainsi que certains organismes à Gram négatif. Ces deux médicaments sont absorbés dans le tractus GI et sont largement distribués dans l'organisme. Ils ne devraient pas être employés pour le traitement d'infections bénignes.

Mécanisme d'action/cinétique   Elles suppriment la synthèse des protéines bactériennes en se liant aux ribosomes (sous-unité 50S), qui sont essentiels à la transmission des informations génétiques. Ces médicaments sont à la fois bactéricides et bactériostatiques.

Indications

CLINDAMYCINE Infections graves des voies respiratoires (par exemple, empyème, abcès pulmonaire, pneumonie) causées par les staphylocoques, les streptocoques et les pneumocoques. Infections graves de la peau et des tissus mous, septicémie, infections intra-abdominales, pelvipéritonite, infection des voies génitales chez la femme. Peut être le médicament de choix contre *Bacteroides fragilis.* Employée en association avec les aminosides contre les infections bactériennes mixtes aérobies et anaérobies. Ostéomyélite hématogène aiguë induite par les staphylocoques. Comme adjuvant à la chirurgie dans le traitement d'infections des os et des articulations. Endocardite causée par des cocci à Gram positif ou par des micro-organismes anaérobies; traitement de l'acné vulgaire dans les cas de résistance aux tétracyclines ou aux érythromycines. Emploi topique pour le traitement de l'acné vulgaire inflammatoire.

LINCOMYCINE   N'est pas un traitement de premier choix contre les infections mentionnées ci-dessus, mais utile chez les clients allergiques à la pénicilline. Employée pour le traitement des infections graves des voies respiratoires, de la peau et des tissus mous causées par les straphylocoques, les streptocoques ou les pneumocoques. Septicémie. En association avec les antitoxines de la diphtérie pour le traitement de la diphtérie.

Contre-indications Hypersensibilité au médicament. Employer avec prudence chez les clients souffrant de maladies gastro-intestinales, hépatiques ou rénales, d'allergies ou d'asthme. Ne pas employer pour le traitement des infections virales et des infections bactériennes mineures.

Réactions indésirables *GI*: Nausées, vomissements, diarrhée, douleurs abdominales, ténesme, flatulence, ballonnement, anorexie; perte de masse, œsophagite. Colite non spécifique, colite pseudomembraneuse (peut être grave). *Allergiques*: Éruption morbilliforme (la plus commune). Également, éruption maculopapulaire, urticaire, prurit, fièvre et hypotension. Rarement, polyartérite, anaphylaxie, érythème polymorphe. *Hématologiques.* Leucopénie, neutropénie, éosinophilie, thrombopénie, agranulocytose. *Autres*: Surinfection. *Après l'administration IV*: Thrombophlébite, érythème, douleur, enflure. Peut causer de l'hypotension, la syncope et l'arrêt cardiaque (rare). *Après l'administration IM*: Douleur, induration et abcès stérile. *Après l'utilisation topique*: Érythème, irritation, sécheresse, desquamation, démangeaison, sensation de brûlure, peau grasse. Également, mal de gorge, fatigue, mictions fréquentes et céphalée.

Interactions médicamenteuses

Médicaments	Interaction
Antidiarrhéiques antipéristaltiques (opiacés, Lomotil)	↑ de la diarrhée causée par une ↓ des toxines du côlon.
Érythromycine	Interférence de l'activité → ↓ des deux médicaments.
Kaolin (comme Kaopectate)	↓ de l'activité causée par une ↓ de l'absorption dans le tractus gastro-intestinal.
Myorésolutifs	↑ de l'activité des myorésolutifs.

Interactions avec les épreuves de laboratoire ↓

SGOT, SGPT, azote non protéique, phosphatase alcaline, bilirubine, rétention de la BSP, et ↓ de la numération des plaquettes.

Soins infirmiers

Voir *Soins infirmiers – Anti-infectieux*, p. 69.

1. *Évaluer*:
    a) les problèmes GI tels que les douleurs abdominales, la diarrhée, l'anorexie, les nausées, les vomissements, les

---

selles goudronneuses ou la présence de sang dans les selles et la flatulence excessive. L'arrêt de la médication pourrait être indiqué.

b) les interactions médicamenteuses causées par l'administration concomitante de myorésolutifs. Surveiller de près l'hypotension, le bronchospasme, les troubles cardiaques, l'hyperthermie et la dépression respiratoire.

2. Se préparer à soigner la colite pouvant apparaître de 2 à 9 jours à plusieurs semaines après le début du traitement. Il faut alors administrer des liquides, des électrolytes, des suppléments protéiniques, des corticostéroïdes systémiques et de la vancomycine.

3. Ne pas administrer d'agents antipéristaltiques, et avertir le client de ne pas en faire usage en cas de diarrhée, car ces agents peuvent prolonger et aggraver ces troubles.

4. Ne pas appliquer de préparations topiques mercurielles ou antiacnéiques contenant un agent de desquamation sur les surfaces touchées par ces antibiotiques, car cela pourrait entraîner une irritation grave.

5. Ne pas administrer de kaolin simultanément, car l'absorption de l'antibiotique serait diminuée. Si le kaolin est nécessaire, l'administrer 3 h avant l'antibiotique.

6. Afin d'assurer une absorption optimale, l'estomac doit être vide lors de l'administration. Le médicament ne doit être administré que pendant la période nécessaire.

CLINDAMYCINE, CHLORHYDRATE HYDRATÉ DE   Dalacin C^Pr

CLINDAMYCINE, CHLORHYDRATE DE PALMITATE DE   Dalacin C palmitate, granulé aromatisé^Pr

CLINDAMYCINE, PHOSPHATE DE   Dalacin C phosphate, solution stérile^Pr

Catégorie   Antibiotique, clindamycine et lincomycine.

Mécanisme d'action/cinétique   **Concentration sérique maximale: PO**, 2,5 μg/mL après 45 min. **Demi-vie**, 2,4 h. Dans les cas d'infections graves, le débit de l'administration par voie IV est ajusté afin de maintenir la concentration sérique appropriée du médicament: 4 à 6 μg/mL.

Posologie   **PO seulement. Adultes**: Chlorhydrate hydraté de clindamycine, chlorhydrate de palmitate de clindamycine: 150 à 450 mg q 6 h selon la gravité de l'infection. **Pédiatrie**, chlorhydrate hydraté de clindamycine: 8 à 20 mg/kg par jour fractionné en 3 ou 4 doses égales; chlorhydrate de palmitate de clindamycine: 8 à 25 mg/kg par jour fractionné en 3 ou 4 doses égales. **Enfants de moins de 10 kg**: la dose minimale recommandée est 37,5 mg t.i.d.

IV. Phosphate de clindamycine. **Adultes**: 0,6 à 2,7 g par jour administré en 2 à 4 doses égales selon la gravité de l'infection. *Infections gravissimes*: 4,8 g. **Pédiatrie, enfants de plus de 1 mois**: 15 à 40 mg/kg par jour en 3 ou 4 doses égales selon la gravité de l'infection. *Infections graves*: pas moins de 300 mg par jour peu importe la masse corporelle.

La posologie doit être diminuée lorsque la fonction rénale est gravement altérée.

Administration/entreposage

1. Administrer la clindamycine par voie parentérale chez les clients hospitalisés seulement.

2. Diluer les solutions IV à une concentration maximale de 6 mg/mL. Ne pas administrer plus de 1 200 mg par heure.

3. Il est déconseillé d'administrer plus de 600 mg en une seule injection IM.

4. Ne pas réfrigérer la solution, qui deviendrait alors trop épaisse.

5. Faire l'injection IV sur une période de 20 à 60 min selon la dose et la concentration sérique thérapeutique désirée.

6. Administrer par voie orale avec un grand verre d'eau afin de prévenir une ulcération possible de l'œsophage.

7. Injecter profondément dans le muscle afin de prévenir l'induration, la douleur ainsi que la formation d'abcès stérile.

8. La nourriture n'affecte pas l'absorption du médicament de manière significative.

Soins infirmiers complémentaires

Voir *Soins infirmiers – Anti-infectieux*, p. 69, et *Clindamycine et lincomycine*, p. 130.

1. *Évaluer*:
   a) les éruptions cutanées, puisque c'est l'effet secondaire le plus fréquemment signalé.
   b) le fonctionnement des organes chez les nouveau-nés et les clients dont la fonction rénale et/ou hépatique est altérée.

2. Interrompre la médication et signaler les concentrations sériques toxiques lorsque le médicament est administré à fortes doses.

LINCOMYCINE, CHLORHYDRATE DE
Lincocin^Pr

Catégorie   Antibiotique, clindamycine et lincomycine.

Mécanisme d'action/cinétique Concentration sérique maximale: PO, 2 à 4 h. IM, 30 min. Demi-vie: 5,4 h.

Posologie PO. **Adultes**: 500 mg t.i.d. ou q.i.d.; **enfants de plus de 1 mois**: 30 à 60 mg/kg par jour en 3 ou 4 doses fractionnées, selon la gravité de l'infection. **IM. Adultes**: 600 mg q 12 à 24 h; **enfants de moins de 1 mois**: 10 mg/kg par jour q 12 à 24 h, selon la gravité de l'infection. **IV. Adultes**: 0,6 à 1,0 g q 8 à 12 h jusqu'à 8 g par jour selon la gravité de l'infection; **enfants de plus de 1 mois**: 10 à 20 mg/kg par jour selon la gravité de l'infection. **Injection sous-conjonctivale**: 0,75 mg/0,25 mL.

Lorsque la fonction rénale est altérée, réduire la posologie de 70% à 75%. Au cours d'un traitement de longue durée, les épreuves de la fonction hépatique ainsi que des hémogrammes doivent être effectués à intervalles réguliers.

Administration/entreposage

1. Préparer le médicament en suivant les indications à l'intérieur de l'emballage.

2. Administrer le médicament à jeun entre les repas. Ne pas administrer avec un succédané du sucre.

3. Administrer lentement par voie IM afin de réduire la douleur.

4. Pour utilisation par voie IV, suivre attentivement les recommandations concernant la concentration et la vitesse d'administration afin de prévenir l'apparition de réactions cardio-pulmonaires graves.

Soins infirmiers complémentaires

Voir *Soins infirmiers – Anti-infectieux*, p. 69, et *Clindamycine et lincomycine*, p. 130.

1. *Évaluer et signaler*:
   a) la présence de malaise généralisé et de douleur.
   b) les cas de rougeurs transitoires, de sensation de chaleur et de problèmes cardiaques qui peuvent survenir lors d'une perfusion IV. Prendre le pouls avant, pendant et après la perfusion jusqu'à ce qu'il soit stable et normal pour le client.

2. Ne pas administrer de kaolin avec la lincomycine car l'absorption de l'antibiotique en sera réduite. Si l'administration de kaolin est nécessaire, le donner 3 h avant les antibiotiques.

POLYMYXINES

Mécanisme d'action/cinétique Les polymyxines agissent comme des détergents; elles augmentent la perméabilité de la membrane plasmatique bactérienne, causant ainsi une fuite des métabolites essentiels et, finalement, l'inactivation des bactéries.

Réactions indésirables *Néphrotoxicité*: Albuminurie, cylindrurie, azotémie, hématurie, protéinurie, leucocyturie et perte d'électrolytes. *Neurologiques*: Étourdissements, rougeurs, confusion mentale, irritabilité, nystagmus, faiblesse musculaire, somnolence, paresthésie, vision trouble, troubles de l'élocution, ataxie, coma, épilepsie. Le blocage neuromusculaire peut entraîner une paralysie respiratoire. *GI*: Nausées, vomissements, diarrhée, crampes abdominales. *Autres*: Fièvre, urticaire, peau exanthémateuse, éosinophilie, anaphylaxie.

Après l'administration intrathécale: Irritation méningée accompagnée de fièvre, raideur de la nuque, céphalée, augmentation des leucocytes et des protéines dans le LCR. L'irritation des racines nerveuses peut entraîner une douleur névritique et de la rétention urinaire. *Après l'administration IM*: Irritation, douleur aiguë. *Après l'administration IV*: Thrombophlébite.

COLISTIMÉTHATE SODIQUE   Coly-mycin M Parentérale[Pr]

Catégorie   Antibiotique, polymyxine.

Généralités   Cet antibiotique est produit par *Bacillus polymyxa* var. *colistinus*. Il est à la fois bactériostatique et bactéricide. Il n'est pas absorbé dans le tractus GI.

Mécanisme d'action/cinétique   **Concentration sérique maximale (IM)**: 5 μg/mL après 1 à 2 h. **Demi-vie**: 2 à 3 h.

Indications   Infections aiguës ou chroniques (voies urinaires, septicémie, brûlures, plaies, voies respiratoires) causées par des organismes à Gram négatif comme *E. aerogenes, E. coli, K. pneumoniæ, Pseudomonas aeruginosa*. Il existe toutefois d'autres médicaments plus efficaces et moins toxiques. N'est pas utile contre les infections causées par *Neisseria* ou *Proteus*.

Contre-indications   Hypersensibilité au médicament. Infections mineures.

Posologie   **IV ou IM. Adultes et enfants**: 2,5 à 5,0 mg/kg par jour en 2 à 4 doses fractionnées. **Pour administration IV**, injection directe intermittente: Donner la moitié de la dose quotidienne q 12 h; injecter sur une période de 3 à 5 min. Réduire la posologie chez les clients atteints d'insuffisance rénale.

Administration/entreposage

1. Préparer la solution pour injection en suivant les indications à l'intérieur de l'emballage.
2. Réfrigérer le médicament reconstitué et le jeter après 7 jours.
3. Par voie IM, administrer profondément dans le muscle.
4. Garder la solution à l'abri de la lumière.

Soins infirmiers

Voir *Soins infirmiers – Anti-infectieux*, p. 69.

1. Évaluer les signes de néphrotoxicité tels que l'albuminurie, l'hématurie, l'anurie, les cylindres urinaires, l'œdème et l'urémie.

2. Mesurer les ingesta et les excreta.

3. Demander au client de signaler les picotements de la bouche et de la langue, les problèmes d'élocution et de vision, le prurit et les effets ototoxiques.

4. Avertir le client d'éviter les tâches dangereuses, car le médicament peut causer des problèmes d'élocution, des étourdissements, du vertige et de l'ataxie.

5. Garder à sa disposition l'équipement nécessaire pour la ventilation assistée avec oxygène et pour une injection parentérale de chlorure de calcium, afin de pouvoir intervenir en cas d'apnée.

POLYMYXINE B, SULFATE DE   Aerosporin[Pr]

Catégorie   Antibiotique, polymyxine.

Généralités   Le sulfate de polymyxine B est produit par une bactérie sporulante provenant du sol, *Bacillus polymyxa*. Il est bactéricide contre la majorité des organismes à Gram négatif; rapidement inactivé par les bases, les acides forts et certains ions métalliques. Il n'est virtuellement pas absorbé dans le tractus GI, sauf chez les nouveau-nés. La polymyxine B semble demeurer dans le plasma après l'administration par voie parentérale.

Mécanisme d'action/cinétique   **Concentration sérique maximale: IM**, après 2 h. **Demi-vie:** 4,3 à 6,0 h. Plus longue lorsque la fonction rénale est altérée. Le médicament est excrété à 00% dans l'urine.

Indications   Infections aiguës des voies urinaires et des méninges, septicémie causée par *Pseudomonas aeruginosa.* Infections méningées causées par *H. influenzæ*, infections des voies urinaires causées par *E. coli*, bactériémies causées par *E. aerogenes* ou *Klebsiella pneumoniæ*. En association avec la néomycine dans l'irrigation de la vessie afin de prévenir le développement de la bactériurie et de la bactériémie causées par l'introduction de cathéters.

Topiques: Infections de la conjonctive et de la cornée. Blépharite et kératite causées par des infections bactériennes. Utilisée avec des agents systémiques contre les infections intra-oculaires antérieures et contre les ulcères de la cornée causés par *Pseudomonas aeruginosa.* Utilisée seule ou en association dans le traitement des infections de l'oreille.

Contre-indications Hypersensibilité. Le sulfate de polymyxine B est un médicament potentiellement toxique réservé au traitement des infections graves et résistantes chez les clients hospitalisés. L'emploi du médicament n'est pas indiqué chez les clients atteints d'insuffisance rénale grave ou souffrant de rétention azotée.

Interactions médicamenteuses

Médicaments	Interaction
Aminosides	Effets néphrotoxiques accrus.
Céphalosporines	↑ des risques de toxicité rénale.
Myorésolutifs (chirurgicaux)	Relaxation musculaire accrue.
Phénothiazines	↑ des risques de dépression respiratoire.

Interactions avec les épreuves de laboratoire Faux + ou ↑ des niveaux d'urée sanguine et de la créatinine. Présence de cylindres et de globules rouges dans l'urine.

Posologie **IV. Adultes et enfants**: 15 000 à 25 000 unités/kg par jour (maximum) en doses fractionnées q 12 h. **Nourrissons**: jusqu'à 40 000 unités/kg par jour. **IM** (habituellement non recommandé à cause de la douleur causée au point d'injection). **Adultes et enfants**: 25 000 à 30 000 unités/kg par jour en doses fractionnées q 4 ou 6 h. **Nourrissons**: jusqu'à 40 000 unités/kg par jour. Les doses administrées IV et IM devraient être réduites lorsque la fonction rénale est altérée. **Intrathécale** *(méningite)*. **Adultes et enfants de plus de 2 ans**: 50 000 unités administré une fois par jour pendant 3 ou 4 jours suivi de 50 000 unités tous les 2 jours pendant 2 semaines après que les résultats des cultures soient négatifs; **enfants de moins de 2 ans**: 20 000 unités par jour pendant 3 ou 4 jours, ou 25 000 unités aux 2 jours; on devrait poursuivre le traitement pendant 2 semaines après que les résultats des cultures soient négatifs avec 25 000 unités tous les 2 jours. **Solution ophtalmique**: 1 ou 2 gouttes 2 à 6 fois par jour selon la gravité de l'infection.

Administration/entreposage

1. Conserver et diluer selon les indications fournies à l'intérieur de l'emballage.

2. On peut diminuer la douleur au point d'injection IM en diminuant le plus possible la concentration du médicament. Il est préférable d'administrer le médicament plus souvent en doses plus diluées. Si cela est prescrit, du chlorhydrate de procaïne (2 mL d'une solution à 0,5 ou 1,0% par 5 unités de poudre sèche) peut être employé pour préparer le médicament pour injection IM.

3. Ne jamais utiliser de préparations contenant du chlorhydrate de procaïne pour voie IV ou intrathécale.

Soins infirmiers

Voir *Soins infirmiers – Anti-infectieux*, p. 69.

1. Ne pas administrer avec d'autres agents néphrotoxiques ou neurotoxiques.

2. *Évaluer*:
   a) la néphrotoxicité, démontrée par de l'albuminurie, des cylindres urinaires, une rétention azotée et de l'hématurie. Mesurer les ingesta et les excreta.
   b) la fièvre causée par le médicament et les troubles neurologiques démontrés par des étourdissements, une vision trouble, de l'irritabilité, de l'engourdissement et des picotements péribuccaux et périphériques; de la faiblesse et de l'ataxie. Ces symptômes disparaissent habituellement 24 à 48 h après l'arrêt de la médication.
   c) la faiblesse musculaire, signe précoce de paralysie musculaire et d'apnée. Suspendre la médication lorsque des signes de faiblesse musculaire apparaissent. Se préparer à assurer la ventilation assistée et garder du gluconate de calcium sous la main pour usage en cas de problèmes respiratoires.

3. Instaurer des mesures de protection pour les clients, alités ou non, qui présentent des problèmes neurologiques.

4. S'attendre que le médecin, afin de prévenir l'émergence de souches résistantes, prolonge le régime d'application topique de solution de polymyxine B sous forme de pansement humide, puisque le médicament n'est pas toxique sous cette forme.

AMINOSIDES

Généralités   Les aminosides sont des antibiotiques à large spectre d'activité, principalement employés pour le traitement d'infections graves à Gram négatif causées par *Pseudomonas, E. coli, Proteus, Klebsiella* et *Enterobacter*. Le mécanisme d'action de ces antibiotiques est l'inhibition de la synthèse protéique des microorganismes infectieux.

Les aminosides sont distribués dans le liquide extracellulaire; ils traversent la barrière placentaire mais ne peuvent traverser la barrière hémato-encéphalique. La pénétration dans le liquide céphalo-rachidien est augmentée lorsque les méninges sont enflammées.

Les aminosides sont excrétés dans l'urine, en grande partie inchangés. Ils peuvent donc être utilisés pour le traitement des infections des voies urinaires. L'administration simultanée de bicarbonates (alcalinisation de l'urine) améliore le traitement de ce type d'infections. Il existe une très grande allergénicité croisée entre les aminosides. Les aminosides sont des antibiotiques puissants qui peuvent causer de sérieux effets indésirables. Ils ne devraient pas être utilisés pour le traitement d'infections mineures. La résistance des organismes aux aminosides – à l'exception de la streptomycine – se développe lentement. Dans la mesure du possible, on devrait déterminer la sensibilité de l'agent infectieux avant de commencer la thérapie.

Mécanisme d'action/cinétique   On croit que ces antibiotiques inhibent la synthèse des protéines en se liant aux ribosomes (sous-unité 30S), ce qui empêche la transmission des informations génétiques, essentielle à la vie des micro-organismes. Les aminosides sont habituellement bactéricides.

Les aminosides étant très peu absorbés dans le tractus GI, ils sont généralement administrés par voie parentérale, sauf dans certains cas d'infection entérique du tractus GI et avant une intervention chirurgicale. Ils sont également absorbés dans le péritoine, dans l'arbre bronchique, dans les plaies, dans la peau à vif et les articulations.

Ils sont absorbés rapidement lorsque administrés par voie IM. **Concentration plasmatique maximale**: habituellement atteinte 0,5 à 2,0 h après l'administration IM. Des concentrations mesurables persistent pendant 8 à 12 h après l'administration d'une seule dose. **Demi-vie**: 2 à 3 h. Cette valeur augmente considérablement chez les clients dont la fonction rénale est altérée. On a déjà observé des demi-vies de 24 à 110 h. Excrétés en grande partie inchangés dans l'urine.

Indications   Bactéries à Gram négatif causant des infections des os et des articulations, la septicémie (incluant la septicémie néonatale), des infections de la peau et des tissus mous (y compris celles causées par des brûlures), des infections des voies respiratoires, des infections postopératoires, des infections intra-abdominales (y compris la péritonite) et des infections des voies urinaires. Utilisés en association avec la clindamycine pour le traitement des infections mixtes aérobies – anaérobies. Voir également les indications pour chacun des médicaments.

Ils ne devraient être utilisés contre les bactéries à Gram positif que lorsque les autres médicaments moins toxiques se révèlent inefficaces ou contre-indiqués. Leur utilité pour le traitement des infections du SNC à *Pseudomonas*, telles que la méningite ou la ventriculite, est douteuse.

Contre-indications   Hypersensibilité aux aminosides, thérapie de longue durée (à l'exception de la streptomycine pour le traitement de la tuberculose). Utiliser avec une extrême prudence chez les clients dont la fonction rénale ou l'audition est altérée. L'innocuité du médicament pendant la grossesse et la lactation n'a pas été établie.

Réactions indésirables

OTOTOXICITÉ   Des atteintes auditives et vestibulaires ont été rapportées. Les risques d'ototoxicité et de problèmes vestibulaires sont plus grands chez les clients ayant une fonction rénale altérée et chez les personnes âgées. Les symptômes auditifs comprennent le tinnitus et une diminution de l'audition, tandis que les symptômes vestibulaires comprennent les étourdissements, le nystagmus, les vertiges et l'ataxie.

ATTEINTE RÉNALE   Peut se manifester par la cylindrurie, l'oligurie, la protéinurie, l'azotémie et l'hématurie, par une augmentation ou une diminution du débit urinaire, par une augmentation de l'urée sanguine, de l'azote non protéique ou de la créatinine et par une augmentation de la soif.

AUTRES SYMPTÔMES   *Neurotoxicité*: Blocage neuromusculaire, céphalée, tremblements, léthargie, paresthésie, névrite périphérique (engourdissement, picotements ou sensation de brûlure au visage/à la bouche), arachnoïdite, encéphalopathie, syndrome organique cérébral aigu. Dépression du SNC caractérisée par de la stupeur, de la flaccidité et, rarement, le coma et la dépression respiratoire chez les nourrissons. Névrite optique avec vision trouble ou perte de la vue. *GI*: Nausées, vomissements, diarrhée, sialorrhée, anorexie et perte de masse. *Allergiques*: Éruption cutanée, urticaire, prurit, sensation de brûlure, fièvre, stomatite, éosinophilie. Rarement, agranulocytose et anaphylaxie. Des cas d'allergie croisée entre les aminosides ont été observés. *Autres*: Douleur aux articulations, œdème du larynx, fibrose pulmonaire et surinfection.

Interactions médicamenteuses

Médicaments	Interaction
Acide éthacrynique	↑ des risques d'ototoxicité.
Céphalosporines	↑ des risques de toxicité rénale.
Cisplatine	Toxicité rénale accrue.
Colistiméthate	↑ de la relaxation musculaire.
Digoxine	Possibilité d'une ↑ ou d'une ↓ de l'activité de la digoxine.
Furosémide	↑ des risques d'ototoxicité.
Méthoxyflurane	↑ des risques de toxicité rénale.
Pénicillines	↓ de l'activité des aminosides.
Polymyxines	↑ de la relaxation musculaire.
Myorésolutifs (chirurgicaux)	↑ de la relaxation musculaire.
Vancomycine	Ototoxicité et toxicité rénale accrues.
Vitamine A	↓ de l'activité de la vitamine A due à la ↓ de l'absorption dans le tractus GI.

Interactions avec les épreuves de laboratoire   ↑ urée sanguine, rétention de la BSP, créatinine, SGOT, SGPT, bilirubine. ↓ des valeurs de cholestérol.

Posologie   Voir la posologie pour chacun des médicaments.

Administration

1. Injecter le produit profondément dans un muscle afin de diminuer la douleur.

2. Administrer pendant 7 à 10 jours seulement. Éviter de répéter le traitement, sauf en présence d'une infection grave qui ne répond pas aux autres antibiotiques.

3. Cesser le traitement et signaler le fait en cas de concentration sérique toxique.

4. Administrer les solutions IV diluées et au débit prescrit pour éviter d'atteindre une concentration sérique trop élevée.

5. Évaluer régulièrement les fonctions rénale, auditive et vestibulaire lors de l'administration du médicament.

Soins infirmiers

Voir *Soins infirmiers – Anti-infectieux*, p. 69.

1. Peser le client afin de calculer correctement la posologie.

2. Effectuer une audiométrie afin d'obtenir des paramètres de base.

3. Avant d'administrer la première dose, s'assurer que les épreuves de la fonction rénale ont été effectuées et que les résultats ont été signalés au médecin.

4. *Évaluer les signes de néphrotoxicité*:
   a) chez les clients dont la fonction rénale est altérée, puisque les risques de toxicité sont plus élevés. Lorsque l'administration des aminosides est d'une durée de plus de 5 jours, voir à ce que l'on fasse un audiogramme avant et pendant la thérapie.
   b) la présence de cellules ou de cylindres dans l'urine, l'oligurie, la protéinurie, la diminution de la densité relative ou l'augmention de l'urée sanguine, de l'azote non protéique ou de la créatinine.

5. Maintenir les ingesta et les excreta.

6. Bien hydrater le client, sauf indications contraires.

7. *Évaluer*:
   a) les signes d'ototoxicité.
   b) la présence de tinnitus et de vertige, les signes de lésions vestibulaires, plus fréquentes avec la gentamicine et la streptomycine.
   c) la perte d'audition subjective ou la perte des tons aigus sur l'audiomètre indiquant des troubles auditifs, plus fréquents avec la kanamycine et la néomycine.
   d) les signes de blocage neuromusculaire avec faiblesse musculaire entraînant de l'apnée, lorsque les aminosides sont administrés avec un myorésolutif ou après une anesthésie. Garder du gluconate de calcium ou de la néostigmine à portée de la main afin de pouvoir renverser ce blocage.

8. Protéger les clients atteints de problèmes vestibulaires en les assistant pendant la marche et en relevant les ridelles du lit, si nécessaire.

9. Continuer à surveiller les signes d'ototoxicité, car un début

de surdité peut survenir plusieurs semaines après l'arrêt du traitement avec les aminosides.

10. Si des signes de toxicité sont observés, ne pas administrer le médicament et consulter le médecin, qui diminuera alors la posologie ou discontinuera la médication.

11. Ne pas administrer conjointement ou successivement à un autre médicament, topique ou systémique, néphrotoxique ou ototoxique; par exemple, les diurétiques puissants tels que l'acide éthacrynique ou le furosémide.

12. Surveiller de près les prématurés, les nouveau-nés et les personnes âgées recevant des aminosides puisqu'ils sont particulièrement sensibles aux effets toxiques de ces médicaments.

AMIKACINE, SULFATE D' Amikin[Pr]

Catégorie Antibiotique, aminoside.

Mécanisme d'action/cinétique L'amikacine est dérivée de la kanamycine. Son spectre d'activité est plus large que celui des autres aminosides; il comprend les espèces *Gerratia* et *Actinobacter* ainsi que certains staphylocoques et streptocoques. L'amikacine est efficace contre les organismes qui produisent de la pénicillinase et contre ceux qui n'en produisent pas. **Concentration sérique thérapeutique: IM**, 8 à 16 μg/mL après 45 à 120 min. **Demi-vie**: 0,8 à 2,8 h.

Posologie **IM** (préférable) et **IV. Adultes, enfants et nourrissons plus âgés**: 15 mg/kg par jour en 2 ou 3 doses égales q 8 à 12 h pendant 7 à 10 jours; **dose quotidienne maximale**: 15 mg/kg. *Infections non compliquées des voies urinaires*: 250 mg b.i.d.; **nouveaunés**: dose d'attaque de 10 mg/kg suivie de 7,5 mg/kg q 12 h. *Fonction rénale altérée*: Dose d'attaque régulière de 7,5 mg/kg; **puis**, l'administration est ajustée en fonction de la concentration sérique d'amikacine (35 mg/mL au maximum) ou du taux de clearance de la créatinine. Durée du traitement: **Habituellement**, 7 à 10 jours.

Administration/entreposage (pour administration IV)

1. Ajouter le contenu de la fiole de 500 mg à 250 mL de solvant stérile, tel une solution saline normale ou du dextrose à 5%.

2. Administrer sur une période de 30 à 60 min chez les enfants et chez les adultes.

3. Administrer chez les nourrissons en utilisant la quantité de liquide prescrite par le médecin. L'administration IV chez les nourrissons devrait se faire sur une période de 1 à 2 h.

4. Ne pas conserver la solution incolore à la température ambiante plus de 2 ans.

5. L'efficacité du médicament n'est pas affectée lorsque la solution se teinte légèrement en jaune.

GENTAMICINE, SULFATE DE Alcomicin[Pr], Cidomycine injectable[Pr], Cidomycine injectable pour usage pédiatrique[Pr], Garamycin, Injectables[Pr], Garamycin, Préparations ophtalmiques et otiques[Pr], Garamycin, Préparations topiques[Pr]

Catégorie Antibiotique, aminoside.

Mécanisme d'action/cinétique **Concentration sérique thérapeutique: IM**, 4 à 10 μg/mL. Éviter les concentrations sériques supérieures à 12 μg/mL prolongées. **Demi-vie**: 1,2 à 5,0 h.

Ce médicament est utilisé en concomitance avec la carbénicilline dans le traitement des infections graves à *Pseudomonas*. Toutefois, il ne faut pas mélanger les deux antibiotiques dans la même fiole, car la carbénicilline inactiverait la gentamicine.

Indications supplémentaires La gentamicine est le médicament de choix dans le traitement de la septicémie à Gram négatif contractée en milieu hospitalier (y compris la septicémie néonatale). Utilisée en association avec la carbénicilline dans les cas d'infections gravissimes causées par *Pseudomonas aeruginosa*. Infections graves à staphylocoques.

Réactions indésirables supplémentaires Contractions musculaires, engourdissement, convulsions, augmentation de la pression artérielle, alopécie, purpura, syndrome d'hypertension intracrânienne bénigne.

Interactions médicamenteuses supplémentaires L'emploi en association avec la carbénicilline ou la ticarcilline peut augmenter l'efficacité de la gentamicine dans le traitement des infections à *Pseudomonas*.

Posologie **IM (habituellement), IV. Adultes dont la fonction rénale est normale**: 1 mg/kg q 8 h, jusqu'à 5 mg/kg par jour pour les infections gravissimes; **enfants**: 2,0 à 2,5 mg/kg q 8 h; **nourrissons et nouveau-nés**: 2,5 mg/kg q 8 h; **nouveau-nés de moins d'une semaine ou prématurés**: 2,5 mg/kg q 12 h. *Traitement préventif de l'endocardite bactérienne.* **Adultes**: 1,5 mg/kg de gentamicine (ne pas excéder 80 mg) plus de 2 000 000 UI de pénicilline G ou 1 g d'ampicilline, tous injectés par voie IM ou IV 30 à 60 min avant l'intervention; deux doses additionnelles peuvent être administrées à des intervalles de 8 h. **Enfants**: 2 mg/kg de gentamicine plus 30 000 UI/kg de pénicilline G ou 50 mg/kg d'ampicilline, selon le même horaire d'administration que chez l'adulte. La posologie pédiatrique ne doit pas dépasser les doses uniques ou quotidiennes administrées chez l'adulte. **Adultes dont la fonction rénale est altérée**: Afin de calculer l'intervalle (heure) entre les doses, diviser le niveau de créatinine sérique (μmol/L) par 11,05. **Intrathécale** *(dans les cas de méningite):* **Utiliser uniquement les préparations intrathécales. Adultes, habituellement**: 4 à 8 mg une fois par jour; **enfants et nourrissons de 3 mois et plus**: 1 à 2 mg une fois par jour.

Solution ophtalmique (0,3%): Instiller 1 ou 2 gouttes dans le sac conjonctival inférieur 2 à 6 fois par jour. **Onguent ophtalmique**: Appliquer sur la région atteinte 3 ou 4 fois par jour. **Solution otique**: Instiller 3 ou 4 gouttes dans l'oreille atteinte 3 fois par jour. **Crème/onguent topique (0,1%)**: Appliquer 1 à 5 fois par jour sur la région atteinte.

Durée du traitement: **Habituellement**, 7 à 10 jours.

Administration (de la crème ou de l'onguent)

1. Enlever les croûtes d'impetigo avant d'appliquer l'onguent, afin de permettre un contact maximal entre l'antibiotique et la peau atteinte.

2. Appliquer l'onguent délicatement et recouvrir de gaze, si nécessaire.

3. Éviter de contaminer davantage la peau déjà infectée.

KANAMYCINE, SULFATE DE Anamid[Pr], Kantrex[Pr]

Catégorie Antibiotique, aminoside.

Mécanisme d'action/cinétique Le spectre d'activité de la kanamycine ressemble à celui de la néomycine et de la streptomycine. **Concentration sérique thérapeutique: IM**, 8 à 16 μg/mL. **Demi-vie**: 2,0 à 2,5 h.

Indications supplémentaires Comme adjuvant dans le traitement de la tuberculose. Utilisé par voie orale pour le traitement de l'encéphalopathie hépatique pour inhiber les bactéries qui forment l'ammoniaque dans le tractus GI. Employé oralement pour préparer l'intestin à une intervention chirurgicale. Administration intrapéritonéale, afin d'irriguer les cavités, les plaies infectées et les plaies chirurgicales. Utilisé sous forme d'aérosol pour le traitement des infections des voies respiratoires.

Réactions indésirables supplémentaires Syndrome spruiforme avec stéatorrhée, absorption erratique et déséquilibre électrolytique.

Interaction médicamenteuse supplémentaire La procaïnamide ↑ la relaxation musculaire.

Posologie **PO.** *Suppression des bactéries intestinales*: 1 g q h pendant 4 h; poursuivre avec 1 g q 6 h pendant 36 à 72 h. *Coma hépatique*: 8 à 12 g par jour en doses fractionnées. **IM, IV. Adultes et enfants**: 8 à 12 g par jour en doses fractionnées. **IM, IV. Adultes et enfants**: 15 mg/kg par jour en 2 ou 3 doses égales. La dose quotidienne maximale ne devrait pas excéder 1,5 g, peu importe la voie d'administration utilisée. Afin de calculer l'intervalle entre les doses (en heures) chez les clients dont la fonction rénale est altérée, on divise la créatinine sérique (μmol/L) par 9,8. **Intrapéritonéale**: 500 mg dilué dans 20 mL d'eau distillée stérile. **Inhalation**: 250 mg administré dans de la solution saline – nébulisée b.i.d. à q.i.d. **Irrigation des cavités d'abcès, de l'espace pleural et des cavités ventriculaires**: Solution à 0,25%.

Administration

1. Ne pas mélanger à d'autres médicaments dans le contenant de solution IV. Administrer par voie IV lentement et à une concentration n'excédant pas 2,5 mg/mL.
2. La solution contenue dans les fioles non ouvertes peut occasionnellement changer de couleur; cela n'affecte pas l'efficacité du médicament.
3. Ne pas mélanger à d'autres médicaments dans la seringue pour injection IM.
4. Injecter profondément dans des masses musculaires importantes afin de réduire la douleur et l'irritation locales. Alterner les points d'injection. L'irritation locale peut survenir lors de l'administration d'une dose importante.
5. La voie IV est rarement utilisée et elle ne doit pas l'être chez les clients dont la fonction rénale est altérée.
6. Ce médicament ne devrait pas être administré pendant plus de 12 à 14 jours.

NÉOMYCINE, SULFATE DE Mycifradin, Préparations[Pr], Myciguent[Pr]

Catégorie Antibiotique, aminoside.

Mécanisme d'action/cinétique **Concentration sérique maximale: PO**, 1 à 4 h; **Concentration sérique thérapeutique**: 5 à 10 μg/mL. **Demi-vie**: 3 h.

Indications supplémentaires **PO**: Coma hépatique, aseptisation de l'intestin avant une intervention chirurgicale, inhibition des bactéries qui forment l'ammoniaque dans le tractus GI dans les cas d'encéphalopathie hépatique. Traitement des infections intestinales causées par des souches pathogènes de *E. coli*, principalement chez les enfants. *À l'étude*: Hypercholestérolémie. **Topique**: Largement utilisé dans le traitement des infections de la peau, y compris pour les plaies et les ulcères cutanés.

Contre-indication supplémentaire Occlusion intestinale (PO).

Réactions indésirables supplémentaires Syndrome spruiforme avec stéatorrhée, absorption erratique et déséquilibre électrolytique. Éruption cutanée, après administration topique ou parentérale.

Interactions médicamenteuses supplémentaires

Médicaments	Interaction
Digoxine	↓ de l'activité de la digoxine causée par une ↓ de l'absorption GI.
Pénicilline V	↓ de l'activité de la pénicilline causée par une ↓ de l'absorption GI.
Procaïnamide	↑ de la relaxation musculaire produite par la néomycine.

Posologie PO. *Avant une intervention de chirurgie abdominale.* **Adultes et enfants**: 88 mg/kg par jour en 6 doses fractionnées égales pendant 1 à 3 jours. *Coma hépatique.* **Adultes**: 4 à 12 g par jour en doses fractionnées, pendant 5 ou 6 jours; **enfants**: 50 à 100 mg/kg par jour en doses fractionnées, pendant 5 ou 6 jours. *Diarrhée infectieuse.* **Adultes**: 3 g par jour; **nourrissons et enfants**: 50 mg/kg par jour pendant 2 ou 3 jours. **IM. Adultes**: 15 mg/kg par jour en 4 doses égales, sans excéder 1 g par jour. Ne pas utiliser les préparations IM chez les nourrissons ni chez les enfants.

La durée maximale du traitement est de 10 jours. Le médicament est également administré par instillation dans les interventions d'urgence à l'abdomen ou la péritonite.

APPLICATION TOPIQUE   La néomycine est utilisée seule ou en association avec un autre antibiotique (bacitracine ou gramicidine) et/ou un agent anti-inflammatoire (corticostéroïde), pour le traitement de diverses infections topiques.

DERMATOLOGIQUE   Utilisé dans les troubles inflammatoires de la peau avec démangeaisons et sensation de brûlure compliqués, ou qui risquent de l'être, par une surinfection bactérienne. Appliquer la crème sur la région atteinte 2 ou 3 fois par jour.

Soins infirmiers complémentaires

Voir *Soins infirmiers – Anti-infectieux*, p. 69, et *Aminosides*, p. 140.

1. Garder à portée de la main de la néostigmine en cas d'insuffisance rénale et de dépression ou d'arrêt respiratoire, qui peuvent survenir lors de l'administration intrapéritonéale de néomycine.

2. Prévoir que l'administration orale de néomycine entraîne un léger effet laxatif. Cesser le traitement et consulter le médecin si l'on soupçonne une occlusion intestinale.

3. Faire suivre une diète pauvre en résidus pour la désinfection préopératoire et, sauf indications contraires, administrer un cathartique juste avant l'administration PO de sulfate de néomycine, 1,0 g q 1 à 4 h pendant 24 à 72 h.

4. Appliquer l'onguent ou la solution de néomycine après avoir nettoyé la région atteinte. La solution est apparemment plus efficace que l'onguent; on l'utilise avec des pansements humides.

NÉTILMICINE, SULFATE DE Netromycin^{Pr}

Catégorie   Antibiotique, aminoside.

Mécanisme d'action/cinétique   La nétilmicine est un aminoside semi-synthétique pouvant se révéler efficace dans le traitement des infections résistantes aux autres aminosides. **Demi-vie**: 2,0 à 2,5 h. **Concentration sérique maximale après administration IM**: 30 à 60 min. **Concentration sérique thérapeutique**: 0,5 à 10,0 μg/mL.

Indications supplémentaires   Efficace contre *Salmonella, Shigella* et *Serratia*.

Posologie   **IM, IV. Adultes**: 1,5 à 2,0 mg/kg q 12 h (infections compliquées des voies respiratoires supérieures); *infections systémiques graves*: 1,3 à 2,2 mg/kg q 8 h ou 2,0 à 3,25 mg/kg q 12 h. **Pédiatrique, 6 semaines à 12 ans**: 1,8 à 2,7 mg/kg q 8 h ou 2,7 à 4,0 mg/kg q 12 h; **nouveau-nés, moins de 6 semaines**: 2,0 à 3,25 mg/kg q 12 h.

Clients dont la fonction rénale est altérée: La posologie est adaptée en fonction de la clearance de la créatinine chez le client: vérifier attentivement les informations fournies par le fabricant.

Administration

1. Mesurer la concentration sanguine attentivement chez les brûlés, car la pharmacocinétique de la nétilmicine est souvent altérée dans leur cas.

2. La durée habituelle de la thérapie est de 7 à 14 jours.

3. Lors de l'administration IV, la dose peut être diluée dans 50 à 200 mL d'une solution parentérale et administrée sur une période de 30 à 120 min. On utilise un volume de liquide inférieur chez les nourrissons et chez les enfants.

4. La nétilmicine diluée demeure stable pendant 72 h lorsqu'elle est conservée dans un contenant de verre à la température ambiante ou au réfrigérateur.

Soins infirmiers complémentaires

Vérifier la fréquence et la qualité de la respiration toutes les 4 h au moins, car ce médicament peut entraîner un blocage neuromusculaire.

PAROMOMYCINE, SULFATE DE Humatine^{Pr}

Catégorie   Antibiotique, aminoside.

Mécanisme d'action/cinétique   La paromomycine est obtenue à partir de *Streptomyces rimosus forma paromomycina*. Son spectre d'activité est similaire à celui de la kanamycine. Le médicament est peu absorbé dans le tractus GI et il est inefficace contre les infections systémiques lorsque administré par voie orale.

Indications supplémentaires Inhibition des bactéries qui forment l'ammoniaque dans le tractus GI dans les cas d'encéphalopathie hépatique. Amibiase intestinale, suppression préopératoire de la flore intestinale. *À l'étude*: Anthelminthique.

Contre-indications Occlusion intestinale. Utiliser avec prudence en présence d'ulcération GI, à cause des risques d'absorption systémique.

Réactions indésirables supplémentaires Diarrhée ou selles molles. Brûlures d'estomac, émèse et prurit anal. Surinfections, surtout par *Candida*.

Interaction médicamenteuse L'activité de la pénicilline est inhibée par la paromomycine.

Posologie PO. *Coma hépatique:* **Adultes**, 4 g par jour en doses fractionnées pendant 5 ou 6 jours. *Amibiase intestinale:* **Adultes et enfants**, 25 à 35 mg/kg par jour administré en 3 doses, avec les repas, pendant 5 à 10 jours. *Anthelminthique:* **Adultes**, 1 g q 15 min, administré 4 fois. **Pédiatrique**: 11 mg/kg q 15 min, administré 4 fois.

Administration

1. Ne pas administrer par voie parentérale.
2. Administrer avant ou après les repas.

Soins infirmiers complémentaires

Voir *Soins infirmiers – Anti-infectieux*, p. 69, et *Aminosides*, p. 140.

   Évaluer et signaler la diarrhée, la déshydratation et la faiblesse généralisée.

STREPTOMYCINE, SULFATE DE Sulfate de streptomycine[Pr]

Catégorie Antibiotique, aminoside.

Mécanisme d'action/cinétique Comme les autres aminosides, la streptomycine est distribuée rapidement dans la majorité des tissus et des liquides de l'organisme, y compris les lésions tuberculeuses nécrotiques. **Concentration sérique thérapeutique**: 25 μg/mL. **Demi-vie**: 2 à 3 h.

Indications supplémentaires Utilisé conjointement avec d'autres agents antituberculeux dans le traitement de la tuberculose. L'émergence de souches résistantes a réduit de beaucoup l'utilité de la streptomycine; utilisé également pour la tularémie, la morve *(Actinobacillus mallei)*, la peste bubonique *(Pasteurella pestis)*, la brucellose, le choléra et l'endocardite bactérienne causée par *H. influenzæ*.

Contre-indications supplémentaires Hypersensibilité, dermatite de contact et dermatite exfoliative. Ne pas administrer aux clients atteints de myasthénie grave.

Interactions avec les épreuves de laboratoire Détermination faussée du glucose dans l'urine avec la solution de Benedict et avec le Clinitest.

Posologie **IM, seulement.** *Tuberculose (adjuvant):* **Initialement**, 1 g par jour avec d'autres agents antituberculeux; **puis**, diminuer les doses de streptomycine à 1 g, 2 ou 3 fois par semaine pendant une période minimale d'un an. **Pédiatrique:** En association avec d'autres médicaments, administrer 20 mg/kg une fois par jour (ne pas excéder 1 g par jour). Les clients âgés et très affaiblis devraient recevoir des doses plus faibles. *Endocardite bactérienne causée par des α-streptocoques et des streptocoques non hémolytiques sensibles à la pénicilline (avec de la pénicilline):* 1 g b.i.d. pendant 1 semaine; **puis**, 0,5 g b.i.d. la 2e semaine. *Endocardite à entérocoques (avec de la pénicilline):* 1 g b.i.d. pendant 2 semaines; **puis**, 0,5 g b.i.d. pendant 4 semaines. *Prophylaxie de l'endocardite bactérienne:* **IM**, 1 g de streptomycine administré avec 1 million UI de pénicilline G aqueuse et 600 000 UI de pénicilline G procaïnique, 30 à 60 min avant l'intervention. *Peste:* 0,5 à 1,0 g q 6 h. *Tularémie:* 0,25 à 0,5 g q 6 h pendant 7 à 10 jours. *Autres infections:* **Adultes**, 1 à 4 g par jour en doses fractionnées q 6 à 12 h, selon la gravité de l'infection; **pédiatrique:** 20 à 40 mg/kg par jour en doses fractionnées, q 6 à 12 h.

Administration/entreposage

1. Se protéger les mains lors de la préparation du médicament. Porter des gants lorsqu'on prépare le médicament fréquemment, car il est irritant.

2. Sous forme de poudre sèche, le médicament demeure stable pendant au moins 2 ans à la température ambiante.

3. Les solutions aqueuses préparées sans agent de conservation demeurent stables pendant au moins 1 semaine à la température ambiante et pendant au moins 3 semaines au réfrigérateur.

4. Utiliser uniquement les solutions fraîchement préparées avec de la poudre sèche pour l'administration intrathécale, sous-arachnoïdienne et intrapleurale, car les préparations commerciales contiennent des agents de conservation dangereux pour les tissus du SNC et de la cavité pleurale.

5. Les solutions injectables préparées commercialement sont pour usage IM seulement. Ces préparations contiennent du phénol et demeurent stables longtemps à la température ambiante.

6. Administrer profondément dans une masse musculaire afin de réduire la douleur et l'irritation locale.

7. Les solutions peuvent parfois foncer lorsqu'elles sont exposées à la lumière; cela ne cause pas nécessairement une diminution de leur efficacité.

8. Lorsqu'une injection dans l'espace sous-arachnoïdien est nécessaire pour le traitement d'une méningite, on ne doit utiliser que des solutions fraîchement préparées à partir de la poudre sèche. Les solutions commerciales peuvent contenir un agent de conservation toxique pour le SNC.

Soins infirmiers complémentaires

Voir *Soins infirmiers – Anti-infectieux*, p. 69, et *Aminosides*, p. 140.

Utiliser le Tes-tape pour mesurer le glucose dans l'urine, car la solution de Benedict et la liqueur de Fehling peuvent donner de fausses réactions +.

TOBRAMYCINE, SULFATE DE   Nebcin[Pr], Tobrex ophtalmique[Pr]

Catégorie   Antibiotique, aminoside.

Mécanisme d'action/cinétique   Cet aminoside ressemble beaucoup à la gentamicine et peut être utilisé conjointement avec la carbénicilline. **Concentration sérique thérapeutique: IM**, 4 à 8 μg/mL. **Demi-vie**: 1 à 2 h.

Indications supplémentaires   Méningite, septicémie néonatale.

Interactions médicamenteuses supplémentaires
Lorsque utilisée avec la carbénicilline ou avec la ticarcilline, l'efficacité de la tobramycine dans le traitement des infections à *Pseudomonas* peut être augmentée.

Posologie   **IM, IV. Adultes**: 3 mg/kg par jour en 3 doses fractionnées égales, q 8 h; *infections gravissimes*: augmenter jusqu'à 5 mg/kg par jour en 3 ou 4 doses fractionnées égales. **Pédiatrique**: 2,0 2,5 mg/kg q 8 h ou 1,5 à 1,9 mg/kg q 6 h; **nouveau-nés de 1 semaine ou moins**: jusqu'à 4 mg/kg par jour en 2 doses égales q 12 h.

Fonction rénale altérée: **Initialement**, 1 mg/kg; **puis**, dose d'entretien calculée selon les indications fournies par le fabricant.

Administration/entreposage

1. Préparer la solution IV en diluant la dose nécessaire de tobramycine avec 50 à 100 mL de solution IV.

2. Perfuser en 20 à 60 min.

3. Toutes proportions gardées, utiliser moins de solvant pour les enfants que pour les adultes.

4. Ne pas mélanger à d'autres médicaments lors de l'administration parentérale.

5. Ne pas conserver le médicament à la température ambiante pendant plus de 2 ans.

6. Jeter les solutions contenant jusqu'à 1 mg/mL de médicament après qu'elles aient passé plus de 24 h à la température ambiante.

AUTRES ANTIBIOTIQUES

BACITRACINE INTRAMUSCULAIRE
Bacitracine

BACITRACINE, ONGUENT   Bacitin, Baciguent

BACITRACINE OPHTALMIQUE   Baciguent

Catégorie   Autres antibiotiques.

Généralités   Antibiotique produit par *Bacillus subtilis*. Bactéricide pour plusieurs organismes à Gram positif et pour *Neisseria*. N'est pas absorbé dans le tractus GI. Lorsque administré par voie parentérale, ce médicament est bien distribué dans les liquides pleural et ascitique.

La bacitracine est très néphrotoxique. Son utilisation systémique est limitée aux nourrissons (voir *Indications*). La fonction rénale doit être évaluée attentivement avant le traitement et tous les jours durant celui-ci.

Mécanisme d'action/cinétique   Intervient dans la synthèse de la membrane cellulaire en empêchant l'incorporation des acides aminés et des nucléotides. La bacitracine est à la fois bactéricide et bactériostatique. Elle est également active contre les protoplastes. **Concentration plasmatique maximale: IM**, 0,2 à 2,0 μg/mL après 2 h. De 10% à 40% du médicament est excrété dans l'urine après l'administration IM.

Indications   La bacitracine est utilisée localement pendant l'intervention chirurgicale pour traiter les infections crâniennes et post-neurochirurgicales causées par des organismes sensibles.

La bacitracine est utilisée sous forme d'onguent (de préférence) ou de solution, pour le traitement de l'impétigo superficiel semblable à une pyodermite et de la dermatite eczématoïde infectieuse dans les cas de surinfection d'une dermatose (dermatite atopique, dermatite de contact) et dans le cas d'infections superficielles des yeux, des oreilles, du nez et de la gorge causées par des organismes sensibles.

L'utilisation parentérale est limitée au traitement de la pneumonie à staphylocoques et de l'empyème causé par les staphylocoques chez le nourrisson.

Contre-indications

Hypersensibilité ou réaction toxique à la bacitracine. Grossesse.

Réactions indésirables

Néphrotoxicité causée par la nécrose tubulaire et glomérulaire, insuffisance rénale, réactions toxiques, nausées, vomissements.

Interactions médicamenteuses

Médicaments	Interaction
Aminosides	Néphrotoxicité et blocage neuromusculaire accrus.
Anesthésiques	↑ du blocage neuromusculaire → paralysie musculaire possible.
Curarisants	Blocage neuromusculaire accru → paralysie musculaire.

Posologie

IM seulement. Nourrissons de 2,5 kg et moins: 900 unités/kg par jour en 2 ou 3 doses fractionnées; **nourrissons de 2,5 kg et plus**: 1 000 unités/kg par jour en 2 ou 3 doses fractionnées. **Onguent ophtalmique (500 unités/g)**: 1 cm appliqué dans le sac conjonctival inférieur 2 à 6 fois par jour. **Onguent topique (500 unités/g)**: appliquer 1 à 5 fois par jour sur la région atteinte.

Administration

1. Ne pas mélanger la bacitracine à de la glycérine ou à d'autres polyalcools qui peuvent détériorer le médicament. La base anhydre de l'onguent se compose d'huile minérale et de vaseline officinale blanche.

2. Nettoyer la région avant d'appliquer l'onguent ou le pansement humide de bacitracine.

3. Maintenir un apport liquidien adéquat pendant l'administration parentérale.

Soins infirmiers

Voir *Soins infirmiers – Anti-infectieux*, p. 69.

1. Voir à ce que les épreuves de la fonction rénale soient effectuées avant et tous les jours pendant le traitement.

2. Mesurer les ingesta et les excreta.

3. Maintenir des ingesta et des excreta liquides adéquats lors de l'administration parentérale du médicament.

4. Interrompre la médication et consulter un médecin lorsque l'excrétion de liquides est inadéquate.

5. Vérifier le pH urinaire quotidiennement. Afin de diminuer l'irritation rénale, il devrait se situer à 6 ou plus.

6. Si la valeur du pH est inférieure à 6, administrer du bicarbonate de sodium ou une autre base.

---

7. Ne pas administrer conjointement ou séquentiellement à un autre médicament topique ou systémique néphrotoxique.

FURAZOLIDONE   Furoxone[Pr]

Catégorie   Antibactérien.

Mécanisme d'action/cinétique   Agit en entravant les systèmes enzymatiques essentiels. Bactéricide envers plusieurs agents pathogènes du tractus GI, tout en affectant très peu la flore normale. N'est que peu absorbé et inactivé par l'intestin.

Indications   Diarrhée d'origine bactérienne ou protozoaire; entérite causée par *Salmonella, Shigella, Staphylococcus, Escherichia, Enterobacter aerogenes, Vibrio choleræ* et *Giardia lamblia.*

Contre-indications   Contre-indiqué chez les mères qui allaitent et chez les nourrissons de moins d'un mois.

Réactions indésirables   *GI:* Nausées, vomissements, colite, proctite et prurit anal. *Allergiques:* Urticaire, éruption cutanée, hypotension, fièvre, arthralgie. *Autres:* Céphalée, malaise, réaction de type disulfirame, hémolyse chez les clients ayant une déficience en glucose-6-phosphate déshydrogénase.

Interactions médicamenteuses

Médicaments	Interaction
Alcool éthylique	Possibilité d'une réaction de type disulfirame.
Antidépresseurs tricycliques	↑ de l'activité (et de la toxicité) de la furazolidone.
Antihistaminiques	↑ du risque d'hypotension et d'hypoglycémie.
Dépresseurs du SNC	La furazolidone ↑ les effets dépresseurs.
Guanéthidine	La furazolidone ↓ les effets hypotenseurs.
Hypoglycémiants oraux	↑ de l'effet hypoglycémiant.
Inhibiteurs de la monoamine-oxydase	↑ de l'effet due à l'activité inhibitrice de la MAO de la furazolidone.
Insuline	↑ de l'effet hypoglycémiant.
Mépéridine	L'utilisation concomitante peut causer des effets imprévisibles sur le système cardio-vasculaire et sur le SNC.
Narcotiques	↑ du risque d'hypotension et d'hypoglycémie.
Sympathomimétiques indirects	↑ de l'effet due à l'activité inhibitrice de la MAO de la furazolidone.

Interactions avec les épreuves de laboratoire   Faux + pour les valeurs du glucose urinaire.

Posologie PO. **Adultes**: 100 mg q.i.d.; **enfants de 5 ans et plus**: 25 ou 50 mg q.i.d.; **enfants de 1 à 4 ans**: 17 à 25 mg q.i.d. (utiliser sous forme liquide); **enfants de 1 mois à 1 an**: 8 à 17 mg q.i.d. (utiliser sous forme de liquide). La dose quotidienne utilisée pour tous les âges ne devrait pas excéder 8,8 mg/kg.

Administration/entreposage

Conserver le liquide dans des bouteilles ambrées.

Soins infirmiers

Voir *Soins infirmiers – Anti-infectieux*, p. 69.

1. *Évaluer*:
   a) les réactions d'hypersensibilité, telles qu'une diminution de la pression artérielle, l'arthralgie, la fièvre et l'urticaire. Interrompre la médication lorsqu'un de ces symptômes est observé.
   b) les symptômes GI, le malaise et la céphalée qui s'apaisent lorsque la posologie est réduite ou que le traitement est interrompu.

2. Prévoir l'arrêt de la médication si la réponse clinique n'apparaît pas après 7 jours.

3. *Expliquer au client et/ou à sa famille*:
   a) qu'il ne doit pas manger d'aliments contenant de la tyramine (tels que les fèves, les fromages forts non pasteurisés, les extraits de levure, la bière, le hareng salé, le foie de poulet, les bananes, les avocats ou les aliments fermentés) parce que la furazolidone est un inhibiteur de la monoamine-oxydase. Ces réactions risquent d'apparaître surtout chez les clients recevant des doses plus grandes que celles recommandées généralement ou chez les clients recevant ce médicament depuis plus de 5 jours.
   b) qu'il ne doit prendre des sédatifs, des antihistaminiques, des tranquillisants et des narcotiques en même temps que la furazolidone qu'avec le consentement du médecin.
   c) qu'il ne doit pas boire d'alcool durant la thérapie et jusqu'à 4 jours après la fin de cette dernière à cause de la possibilité d'une réaction de type Antabuse, caractérisée par des rougeurs, des palpitations, de la dyspnée, de l'hyperventilation, de la tachycardie, des nausées, des vomissements, une diminution de la pression artérielle et même un collapsus profond. Le médicament peut également rendre l'urine brunâtre.

NITROFURAZONE Furacin[Pr]

Catégorie Autres antibiotiques (germicide topique).

Mécanisme d'action/cinétique La nitrofurazone est une substance principalement bactéricide, possédant un large spectre d'activité et agissant contre les organismes à Gram positif aérobies et anaérobies. On attribue son activité à son interaction avec le système enzymatique nécessaire au métabolisme des glucides.

Indications   Adjuvant dans le traitement des clients souffrant de brûlures du deuxième ou du troisième degré. Utilisé dans les cas de greffe de peau lorsque la contamination bactérienne peut entraîner le rejet du greffon ou l'infection du siège du prélèvement du greffon.

Réactions indésirables   Croissance excessive des micro-organismes non sensibles, y compris les champignons. Incidence très faible de dermatite de contact.

Posologie   **Poudre**: Appliquer directement. **Pansements solubles/crème**: Appliquer directement ou appliquer sur un morceau de gaze. Utiliser une fois par jour ou tous les deux ou trois jours.

Administration/entreposage

1. Conserver dans des contenants opaques et éviter d'exposer le produit à la lumière, à la chaleur et aux matériaux alcalins.

2. Ne pas utiliser les solutions troubles, car celles-ci peuvent être contaminées par des bactéries.

3. La décoloration de la solution n'indique pas une diminution de l'efficacité du produit.

4. On peut stériliser le produit en le mettant dans l'autoclave à 121°C pendant 30 min à 15 à 20 livres de pression (103 à 138 kPa), mais une décoloration apparaît et la consistance de la base (particulièrement des onguents) est altérée.

Soins infirmiers

Voir *Soins infirmiers – Anti-infectieux*, p. 69.

1. Protéger la peau adjacente aux ulcères de stase chroniques en couvrant la peau d'onguent d'oxyde de zinc et utiliser la nitrofurazone uniquement sur la lésion.

2. Évaluer et signaler les éruptions cutanées, le prurit et/ou l'irritation, qui indiquent que l'on doit interrompre le traitement à la nitrofurazone.

3. Réduire les effets indésirables en enlevant le médicament par irrigation dès les premiers signes d'irritation.

4. Imbiber les pansements avec de la solution saline stérile au moment de les enlever, afin de prévenir l'adhérence du pansement à la plaie.

Soins infirmiers pour la nitrofurazone en pansement soluble et la nitrofurazone en poudre

PANSEMENT DE NITROFURAZONE SOLUBLE

1. Appliquer directement à l'aide d'un abaisse-langue ou appliquer d'abord sur un morceau de gaze.

2. Préparation de la gaze stérile imprégnée:
   a) Placer les bandes de gaze stérile sur un plateau et les couvrir de la nitrofurazone soluble pour pansements.
   b) Répéter l'étape précédente en ajoutant plusieurs couches de gaze pour chaque couche de nitrofurazone.
   c) Afin de diminuer la décoloration causée par l'autoclave, asperger d'eau stérile chaque couche de nitrofurazone.
   d) Couvrir le plateau légèrement et l'introduire dans l'autoclave à 121°C pendant 30 min à 15 à 20 livres de pression (103 à 138 kPa).

3. Imprégner des rouleaux de bandage en les introduisant dans un récipient de verre contenant la nitrofurazone. Tenir les rouleaux droits et ajouter de la nitrofurazone sur le dessus. Mettre dans l'autoclave, tel que décrit précédemment.

NITROFURAZONE EN POUDRE SOLUBLE

Appliquer directement à partir de l'insufflateur de poudre non métallique.

SPECTINOMYCINE PENTAHYDRATÉE, CHLORHYDRATE DE   Trobicin[Pr]

Catégorie   Autres antibiotiques.

Généralités   La spectinomycine est produite par *Streptomyces spectabilis*. Elle est efficace contre une très grande variété d'organismes à Gram négatif et à Gram positif, y compris les organismes responsables de la gonorrhée. Elle est inefficace contre la syphilis, c'est pourquoi elle constitue un mauvais choix pour le traitement d'infections mixtes.

Mécanismes d'action/cinétique   Inhibe la synthèse protéinique des bactéries en se liant aux ribosomes (sous-unité 30S), ce qui empêche la transmission de l'information génétique essentielle à la survie des micro-organismes. La spectinomycine est principalement bactériostatique. Elle n'est pas absorbée dans le tractus GI et est administrée uniquement par voie IM. **Concentration sérique maximale**: 100 μg/mL après 1 h. **Demi-vie**: 1,2 à 2,8 h. Elle ne se lie pas de manière significative aux protéines. Excrétée dans l'urine.

Indications   Indiquée pour les gonorrhées aiguës résistantes à la pénicilline ou chez les clients allergiques à la pénincilline.

Contre-indication   Sensibilité au médicament.

Réactions indésirables   Une dose unique de spectinomycine peut causer de la douleur au point d'injection, de l'urticaire, des étourdissements, des nausées, des frissons, de la fièvre et de l'insomnie.

L'administration de doses multiples peut entraîner une diminution de l'hémoglobine, de l'hématocrite et de la clearance de la créatinine, et l'augmentation de la phosphatase alcaline, de l'urée sanguine et de la transaminase glutamique pyruvique sérique (SGPT).

Posologie   **IM seulement**: 2 g. Dans les régions où l'on sait que la résistance à l'antibiotique est développée, administrer 4 g en 2 points d'injection dans le muscle fessier.

Administration/entreposage

1. La poudre demeure stable pendant 3 ans.

2. Utiliser la solution reconstituée en moins de 24 h.

3. Injecter profondément dans le quadrant supérieur externe du muscle fessier.

4. On peut utiliser 2 points d'injection chez les clients à qui l'on doit administrer une dose de 4 g.

Soins infirmiers

Voir *Soins infirmiers – Anti-infectieux*, p. 69.

Avertir les clients chez qui on soupçonne une syphilis et qu'on traite à la spectinomycine de passer des épreuves sérologiques une fois par mois pendant 3 mois.

VANCOMYCINE, CHLORHYDRATE DE
Vancocin[Pr]

Catégorie   Autres antibiotiques.

Mécanisme d'action/cinétique   Cet antibiotique, dérivé de *Streptomyces orientalis*, se diffuse dans les liquides pleural, péricardique, ascitique et synovial, après administration parentérale. Il semble se lier à la membrane cellulaire des bactéries, arrêtant sa synthèse et endommageant la membrane cytoplasmique par un mécanisme différent de celui de la pénicilline. Ce médicament est à la fois bactéricide et bactériostatique. Il est peu absorbé dans le tractus GI. **Concentration sérique maximale, IV**: 33 μg/mL après l'administration de 0,5 g. **Demi-vie**: 4 à 8 h chez l'adulte et 2 à 3 h chez l'enfant. La demi-vie est augmentée de façon marquée lorsque la fonction rénale est altérée (on a noté une demi-vie de 240 h). Principalement excrété inchangé dans l'urine. Effectuer des épreuves de la fonction rénale et évaluer l'audition avant et durant la thérapie.

Indications   Cet agent doit être réservé pour le traitement des infections gravissimes lorsque les autres traitements se sont révélés inefficaces. Utilisé chez les clients atteints d'infections à staphylocoques graves, en cas de résistance ou d'allergie à la pénicilline ou aux céphalosporines, telles que l'endocardite, l'ostéomyélite, la pneumonie et la septicémie. L'administration orale est utile dans le traitement de l'entérocolite et de la colite pseudomembraneuse.

Contre-indications   Hypersensibilité au médicament. Infections mineures. Utiliser avec extrême prudence si la fonction rénale est altérée ou en cas de perte d'audition antérieure.

Réactions indésirables Ototoxicité (peut entraîner la surdité), néphrotoxicité (peut causer l'urémie). Frissons, érythème du cou et du dos, fièvre, paresthésie. *Dermatologiques*: Urticaire, éruption maculaire. *Allergiques*: Fièvre médicamenteuse, hypersensibilité et anaphylaxie. *Autres*: Nausées, tinnitus, éosinophilie, neutropénie, hypotension (causée par une administration rapide). Thrombophlébite au point d'injection. La surdité peut progresser après l'arrêt de l'administration du médicament.

Interactions médicamenteuses Ne jamais administrer avec d'autres agents ototoxiques ou néphrotoxiques, en particulier les aminosides et les polymyxines.

Posologie **IV, PO. Adultes**: 0,5 à 1,0 g q 6 à 12 h; **pédiatrique**: 44 mg/kg par jour en doses fractionnées. *Prophylaxie de l'endocardite bactérienne* (en association avec d'autres antibiotiques). **IV, adultes**: 1 g administré 30 à 60 min avant l'intervention; **IV, pédiatrique**, 20 mg/kg, 30 à 60 min avant l'intervention. *Colite pseudomembraneuse.* **PO, adultes**: 0,5 à 2,0 g par jour en 3 ou 4 doses fractionnées pendant 7 à 10 jours; **pédiatrique**: 44 mg/kg par jour en doses fractionnées. La posologie doit être diminuée chez les clients dont la fonction rénale est altérée.

Administration/entreposage

1. Mélanger en suivant les indications fournies par le fabricant.

2. La perfusion intermittente est la route de choix. On peut toutefois utiliser une perfusion continue.

3. Éviter d'administrer trop rapidement par voie IV, car cela cause des nausées, de la chaleur et des picotements généralisés.

4. Éviter l'extravasation durant les injections.

5. Diminuer les risques de thrombophlébite en faisant une rotation des points d'injection ou en diluant la solution.

6. Diluer une fiole de 500 mg dans 30 mL d'eau pour l'administration PO. Le client peut boire la solution ou on peut l'administrer par une sonde nasogastrique.

7. Les solutions aqueuses demeurent stables durant 2 semaines.

8. Une fois le bouchon de caoutchouc perforé, on doit réfrigérer l'ampoule afin de préserver la stabilité du médicament.

Soins infirmiers

Voir *Soins infirmiers – Anti-infectieux*, p. 69.

Évaluer:

a) les signes d'ototoxicité, tels que le tinnitus, une perte progressive de l'audition, des étourdissements et/ou le nystagmus.

b) les signes de néphrotoxicité, tels que l'albuminurie, l'hématurie, l'anurie, les cylindres urinaires, l'œdème et l'urémie.

c) les ingesta et les excreta.

 CHAPITRE **10**

Antifongiques

Généralités Plusieurs types de champignons et de levures sont pathogènes pour les humains. Certaines infections fongiques sont systémiques, d'autres n'affectent que la peau, le système pileux ou les ongles, et un troisième groupe affecte principalement les muqueuses, y compris le tractus GI et le vagin. *Candida* fait partie de ce dernier groupe.

La thérapeutique est établie selon l'agent infectieux et selon le type d'infection. Un diagnostic précis de l'infection avant le début du traitement est essentiel au choix des agents thérapeutiques.

Afin de prévenir l'apparition de souches résistantes, il est important, comme dans toute infection, de continuer la médication jusqu'à ce que l'organisme infectant soit éliminé.

ACIDE UNDÉCYLINIQUE ET SES DÉRIVÉS Desenex, Quinsana Plus

Catégorie Antibactérien, antifongique.

Indications Irritation cutanée mineure y compris l'érythème fessier, la sensation de brûlure, la miliaire, l'irritation, l'eczéma marginé de Hébra. Le pied d'athlète, les dermatophytoses.

Contre-indications Administration sur des pustules ou sur une peau fendillée. Chez les diabétiques et chez les clients présentant une mauvaise circulation sanguine, à moins d'avis médical contraire. Éviter tout contact du médicament avec les yeux ou avec les muqueuses.

Posologie Appliquer au besoin sur la région atteinte. Existe sous de nombreuses formes pharmaceutiques telles que: crème, mousse, liquide, onguent, poudre, savon, solution.

Administration

1. La région atteinte devrait être nettoyée et séchée avant l'application du médicament.

2. Le choix du véhicule est important pour une thérapie efficace (voir *Administration* du tolnaftate).

AMPHOTÉRICINE B Fungizone^{Pr}

Catégorie Antibiotique, antifongique.

Généralités Cet antibiotique produit par *Streptomyces nodosus* est le médicament de choix pour les infections graves. Il peut être administré par voie IV, instillé dans les cavités (administration intrathécale) ou être utilisé topiquement. Selon la dose, l'amphotéricine B est fongistatique ou fongicide. Elle est efficace pour le traitement de la plupart des mycoses, y compris la blastomycose nord-américaine.

Le médicament est très toxique et ne doit être administré qu'aux clients placés sous étroite surveillance médicale, lorsque le diagnostic d'infection mycotique grave est presque certain. L'administration intraveineuse est habituellement réservée aux clients dont la survie est menacée.

Mécanisme d'action/cinétique L'amphotéricine B se lie spécifiquement aux stérols de la membrane cellulaire du champignon, augmentant ainsi la perméabilité cellulaire et contribuant à la déplétion potassique et à la perte d'autres substances. L'amphotéricine B est mal absorbée dans le tractus GI. Elle se lie fortement aux protéines plasmatiques (90%). **Demi-vie**: 24 h. **Concentration plasmatique maximale**: 2 à 4 μg/mL. Excrétée lentement par les reins.

Indications Blastomycose nord-américaine disséminée, cryptococcose et autres infections mycotiques systémiques telles que coccidioïdomycose, paracoccidioïdomycose, histoplasmose, aspergillose, candidose disséminée et moniliase importante faisant suite à un traitement antibiotique oral. Topique: candidose (moniliase) cutanée et mucocutanée.

Contre-indication Hypersensibilité au médicament.

Réactions indésirables **Après l'administration topique**: Irritation, prurit, peau sèche. **Après l'administration systémique**: *GI*: Nausées, vomissements, diarrhée, dyspepsie, anorexie, crampes abdominales, méléna, gastro-entérite. *SNC*: Fièvre, frissons, céphalées, malaise, vertige, convulsions (rare). *CV*: Thrombophlébite, phlébite. Rarement, arythmie, hypertension ou hypotension, fibrillation ventriculaire, arrêt cardiaque. *Rénales*: Anurie, oligurie, azotémie, hypokaliémie, acidose tubulaire, néphrocalcinose, hyposthénurie. *Hématologiques*: Anémie, thrombopénie, leucopénie, agranulocytose, éosinophilie, leucocytose. *Autres*: Douleur musculaire et articulaire, perte de masse, tinnitus, vision trouble ou diplopie, neuropathie périphérique, perte d'audition, malfonctionnement du foie, prurit, éruption cutanée, rougeurs, anaphylaxie.

Les effets indésirables peuvent être diminués par l'aspirine, les anti-émétiques, les antihistaminiques et les corticostéroïdes. L'équilibre sodique doit être maintenu.

Interactions médicamenteuses

Médicaments	Interaction
Aminosides	Néphrotoxicité et/ou ototoxicité accrues.
Corticostéroïdes, corticotropine	↑ de la déplétion potassique causée par l'amphotéricine B.
Curarisants chirurgicaux: Succinylcholine, *d*-tubocurarine	↑ de la relaxation musculaire.
Flucytosine	Activité antifongique synergique.
Glucosides cardiotoniques	↑ de la déplétion potassique causée par l'amphotéricine B. ↑ de l'incidence de toxicité digitalique.
Miconazole	L'amphotéricine B ↓ l'activité du miconazole.
Rifampine	Activité antifongique synergique.
Tétracyclines	Effet antifongique synergique.

Interactions avec les épreuves de laboratoire

↑ GPT, SGOT, phosphatase alcaline, créatinine, urée, NPN, valeur de rétention de la BSP.

Posologie   Perfusion IV lente, initialement: 0,25 mg/kg par

jour. Peut être augmentée graduellement de 0,1 à 0,2 mg/kg par jour, jusqu'à un maximum de 1,0 à 1,5 mg/kg par jour, administré aux 2 jours. On devrait d'abord administrer une dose d'épreuve (1 mg) pour déterminer la tolérance du client. Plusieurs mois de traitement peuvent être requis selon le régime thérapeutique. **Topique (lotion, crème, onguent – tous à 3%)**: Appliquer abondamment sur les lésions b.i.d. à q.i.d.

Administration/entreposage

1. Suivre les instructions de dilution indiquées sur la fiole. N'utiliser comme solvant que de l'eau distillée sans agent bactériostatique ou une solution de dextrose à 5% afin d'éviter la précipitation du médicament.

2. Comme il n'y a aucun agent bactériostatique dans la préparation, on doit suivre une technique aseptique soignée pendant la dilution.

3. Utiliser une aiguille de calibre 20 pour ajouter le solvant ou retirer la préparation de la fiole.

4. Ne pas diluer avec de la solution saline ou de l'eau distillée contenant un agent bactériostatique car un précipité pourrait se former.

5. Ne pas administrer le concentré initial (même dilué) s'il y a un précipité.

6. Pour l'administration IV, on peut utiliser un perfuseur muni d'un filtre à membrane de calibre supérieur à 1 μm.

7. Protéger de la lumière pendant l'administration et l'entreposage.

8. Pour réduire l'inflammation locale et les risques de thrombophlébite, administrer la solution à une dilution inférieure à 0,1 mg.

9. Commencer la thérapie dans les veines les plus distales.

10. Garder à portée de la main 200 à 400 unités d'héparine sodique, car on pourrait la prescrire en perfusion afin de prévenir une thrombophlébite.

11. La perfusion intraveineuse doit durer 6 h.

12. Après la reconstitution, l'amphotéricine B peut être entreposée pendant 24 h dans l'obscurité ou pendant une semaine au réfrigérateur, sans perte significative d'efficacité.

13. Utiliser les solutions diluées de 0,1 mg/mL immédiatement après les avoir préparées.

Soins infirmiers complémentaires

Voir *Soins infirmiers – Anti-infectieux*, p. 69.

1. Interrompre la perfusion IV et avertir le médecin lorsque des réactions indésirables se manifestent.

2. Vérifier si le médecin a prescrit des antipyrétiques, des antihistaminiques ou des antiémétiques avant la thérapie IV.

3. S'assurer que la détermination hebdomadaire de l'urée, du NPN et de la kaliémie a été effectuée. Veiller à ce que le médecin soit mis au courant de tout résultat indésirable.

4. *Évaluer*:
   a) la faiblesse musculaire, signe d'hypokaliémie, chez les clients digitalisés; garder à portée de la main du chlorure de potassium pour traiter l'hypokaliémie.
   b) les signes vitaux toutes les 30 min durant la perfusion IV et au moins quotidiennement pendant toute la thérapie.
   c) les ingesta et les excreta, et signaler la réduction du débit urinaire ainsi que la présence de sang dans l'urine ou une urine trouble.
   d) les signes de malnutrition et de déshydratation. Peser le client deux fois par semaine.
   e) les pertes sensorielles ou le pied tombant chez les clients recevant l'amphotéricine B par voie intrathécale, car une inflammation des racines vertébrales pourrait survenir.

Administration **(Crèmes et lotions)** Bien faire pénétrer la préparation dans la lésion.

Soins infirmiers complémentaires

Voir *Soins infirmiers – Anti-infectieux*, p. 69.
Expliquer au client et/ou à sa famille que:

> **a)** le médicament ne tache pas la peau lorsqu'on le fait pénétrer dans la lésion.
>
> **b)** les taches sur les textiles causées par la crème ou la lotion disparaissent au lavage.
>
> **c)** les taches causées par l'onguent se nettoient avec un liquide nettoyant ordinaire.

CICLOPIROX, OLAMINE DE   Loprox[Pr]

Catégorie   Antifongique topique.

Mécanisme d'action/cinétique   Fongicide à large spectre d'activité, efficace contre les dermatophytes, les levures, *Malassezia furfur*, *Trichophyton rubrum*, *T. mentagrophytes*, *Epidermophyton floccosum*, *Microsporum canis* et *Candida albicans*. Le médicament est absorbé légèrement à travers la peau; il pénètre également le cuir chevelu.

Indications   Tinea pedis, tinea corporis, tinea cruris, candidoses (moniliases), tinea versicolor.

Contre-indications   L'efficacité et l'innocuité du médicament n'ont pas été établies chez les femmes enceintes, chez celles qui allaitent et chez les enfants de moins de 10 ans.

Réactions indésirables   Rarement: Prurit ou exacerbation de l'infection.

Posologie   Appliquer matin et soir sur la lésion et autour de celle-ci. Si aucune amélioration ne survient après 4 semaines, le diagnostic devrait être révisé.

Administration

1. Le médicament doit être administré pendant toute la période prescrite, même si les symptômes se sont améliorés.

2. Le médecin devrait être averti si la région d'application présente des papules, si elle brûle, pique, suinte, rougit ou enfle.

3. On ne devrait pas appliquer de pansements occlusifs.

Soins infirmiers

Voir *Soins infirmiers – Anti-infectieux*, p. 69.

Si le médicament est administré à un client qui pourrait être infecté par *Malassezia furfur*, aider à établir le diagnostic en décrivant les lésions et en obtenant un frottis, car il n'existe aucune technique de culture pour cet organisme.

CLOTRIMAZOLE   Canesten[Pr], Myclo[Pr]

Catégorie   Antifongique.

Mécanisme d'action/cinétique Antifongique à large spectre d'activité, efficace contre les infections à *Malassezia furfur, Trichophyton rubrum, T. mentagrophytes, Epidermophyton floccosum, Microsporum canis, Candida albicans.*

Indications Tinea pedis, tinea cruris, tinea corporis, tinea versicolor et candidoses.

Contre-indications Hypersensibilité. Premier trimestre de la grossesse.

Réactions indésirables *Dermatologiques*: Irritation de la peau, prurit, sensation de piqûre, urticaire, érythème, vésicules, œdème, desquamation. *Vaginales*: Crampes abdominales basses, mictions fréquentes, enflure.

Posologie **Topique**: Bien faire pénétrer dans la région atteinte b.i.d., matin et soir. S'il n'y a aucune amélioration de l'état après 4 semaines, le diagnostic devrait être révisé. **Comprimés vaginaux**: Insérer un comprimé au coucher pendant 7 jours; ou: insérer un comprimé b.i.d. pendant 3 jours. **Crème vaginale**: 5 g (un applicateur plein) par jour au coucher pendant 7 à 14 jours.

Administration

1. Appliquer après avoir nettoyé la région sauf en cas d'indications contraires du médecin.

2. La cliente devrait s'abstenir de relations sexuelles si elle est traitée pour une infection vaginale; sinon, son partenaire devrait utiliser un condom pour prévenir l'infection.

3. Lorsqu'elle utilise les comprimés ou la crème vaginale, la cliente devrait porter une serviette hygiénique afin d'éviter de tacher ses vêtements.

ÉCONAZOLE, NITRATE D' Ecostatin[Pr]

Catégorie Antifongique topique.

Mécanisme d'action/cinétique Fongicide à large spectre d'activité, efficace contre *Microsporum audouini, M. canis, M. gypseum, Epidermophyton floccosum, Trichophyton mentagrophytes, T. rubrum, T. tonsurans, Candida albicans, Pityrosporum oriculare* et quelques bactéries à Gram positif. On trouve des concentrations efficaces dans le stratum corneum, dans l'épiderme et dans le derme.

Indications Tinea cruris, tinea corporis, tinea pedis, candidose cutanée, tinea versicolor.

Contre-indications Employer avec prudence chez la femme enceinte ou qui allaite.

Réactions indésirables *Topiques*: Sensation de brûlure ou de piqûre, érythème, démangeaisons.

Posologie   La crème devrait être appliquée matin et soir, sauf dans le cas du tinea versicolor. *Tinea versicolor*: Appliquer une fois par jour. Le diagnostic devrait être révisé si aucune amélioration n'est survenue après le traitement recommandé.

Administration

1. Afin de réduire le risque de réinfection, le tinea pedis devrait être traité durant 1 mois, et le tinea cruris, le tinea corporis et les infections à *Candida* devraient être traités durant 2 semaines.

2. Le médicament devrait être administré durant toute la période prescrite, même si les symptômes se sont améliorés.

3. Le médecin devrait être averti si l'état du client s'aggrave, ou si des démangeaisons, des rougeurs ou des sensations de brûlure ou de piqûre se présentaient.

4. La crème devrait être appliquée après que la région atteinte ait été nettoyée, à moins d'indications contraires.

FLUCYTOSINE   Ancotil[Pr]

Catégorie   Antibiotique, antifongique.

Mécanisme d'action/cinétique   Indiquée seulement pour les infections fongiques systémiques graves. Ce médicament est moins toxique que l'amphotéricine B. La fonction hépatique, la fonction rénale et le système hématopoïétique doivent être étroitement surveillés.

La flucytosine semble pénétrer la cellule fongique et, après avoir été métabolisée, agir comme un antimétabolite interférant avec la synthèse des acides nucléiques et des protéines. Bien absorbé dans le tractus GI. **Concentration plasmatique maximale**: 2 à 6 h. **Concentration sérique thérapeutique**: 20 à 25 μg/mL. **Demi-vie**: 2,5 à 6 h, plus élevée dans le cas d'insuffisance rénale. Excrété inchangé dans l'urine à 90%.

Indications   Infections systémiques graves causées par des souches sensibles de *Candida* ou de *Cryptococcus*.

Contre-indications   Hypersensibilité au médicament. Employer avec prudence chez les clients atteints d'une maladie rénale ou ayant des antécédents de dépression médullaire.

Réactions indésirables   *GI*: Nausées, vomissements, diarrhée. *Hématologiques*: Anémie, leucopénie, thrombopénie. *SNC*: Céphalée, vertige, somnolence, confusion, hallucinations. *Autres*: Augmentation de l'urée sanguine, de la créatinine et des enzymes hépatiques.

Posologie   **PO. Adultes et enfants**: 50 à 150 mg/kg par jour en 4 doses fractionnées. Les clients atteints d'insuffisance rénale doivent recevoir de plus petites doses.

Administration Afin de réduire ou de prévenir les nausées, administrer quelques capsules à la fois pendant une période de 15 min.

Soins infirmiers complémentaires

Voir *Soins infirmiers – Anti-infectieux*, p. 69.

1. S'assurer qu'une culture a été faite avant d'administrer la première dose.

2. S'assurer que des cultures hebdomadaires sont effectuées afin de déterminer si les souches sont devenues résistantes. Les souches sont considérées comme résistantes si la valeur de la CMI (concentration minimale inhibitrice) est supérieure à 100.

3. Surveiller les ingesta et les excreta. Signaler la réduction du débit urinaire ainsi que la présence de sang ou de sédiments dans l'urine ou, encore, une urine trouble.

GRISÉOFULVINE MICRO-CRISTALLINE Fulvicin U/F[Pr], Grisovin-FP[Pr]

GRISÉOFULVINE ULTRAMICRO-CRISTALLINE Fulvicin P/G[Pr]

Catégorie Antibiotique, antifongique.

Généralités La griséofulvine est un antibiotique naturel produit par une variété de *Penicillium*. C'est le seul médicament oral efficace contre les infections dermatophytiques (teigne). Lorsqu'il est administré par voie systémique, le médicament se dépose dans la peau et les ongles nouvellement formés, qui sont alors résistants aux réinfections. Le médicament n'est pas efficace contre *Candida*. La sensibilité de l'agent infectieux devrait être déterminée avant que le traitement ne soit entrepris.

Mécanisme d'action/cinétique On croit que la griséofulvine entrave la division cellulaire (métaphase) ou qu'elle intervient dans la réplication de l'ADN. Absorbé dans le duodénum. **Concentration plasmatique maximale**: 0,37 à 2 μg/mL après 4 h. **Demi-vie**: 9 à 24 h. Ces taux peuvent être augmentés en administrant le médicament avec une diète riche en lipides.

Indications Dermatophytoses, y compris le pied d'athlète et les infections du cuir chevelu, de l'aine et des ongles.

Contre-indications Présence ou antécédents de porphyrie, insuffisance hépatocellulaire et hypersensibilité au médicament. Exposition au soleil ou à la lumière artificielle.

Réactions indésirables *Hypersensibilité*: Éruption cutanée, urticaire, œdème angioneurotique, réactions allergiques. *GI*: Nausées, vomissements, diarrhée, douleurs épigastriques. *SNC*: Étourdissements, céphalée, fatigue, confusion, insomnie. *Autres*: Muguet, porphyrie intermittente aiguë, paresthésie des membres, protéinurie, leucopénie.

Interactions médicamenteuses

Médicaments	Interaction
Alcool éthylique	Tachycardie et rougeurs avec la griséofulvine.
Anticoagulants oraux	↓ de l'activité des anticoagulants due à une ↑ du catabolisme dans le foie.
Barbituriques	↓ de l'activité de la griséofulvine due à une ↓ de l'absorption dans le tractus GI.

Interactions avec les épreuves de laboratoire

↑ SGPT, SGOT, phosphatase alcaline, urée et taux de créatinine.

Posologie   **PO. Adultes**: *Tinea corporis, cruris ou capitis*: 0,5 g par jour de griséofulvine microcristalline en dose unique ou fractionnée. *Tinea pedis ou unguium*: 0,75 à 1 g par jour de griséofulvine microcristalline. Après réponse, diminuer à 0,5 g par jour. **Pédiatrique, 14 à 23 kg**: 125 à 250 mg par jour de griséofulvine microcristalline; **pédiatrique, plus de 23 kg**: 250 à 500 mg par jour de microcristalline.

Administration   La durée du traitement s'échelonne entre 1 mois et 1 an.

Soins infirmiers complémentaires

Voir *Soins infirmiers – Anti-infectieux*, p. 69.

Expliquer au client et/ou à sa famille qu'il doit:

a) avoir une alimentation riche en lipides, car cela augmente l'absorption de la griséofulvine dans les intestins.

b) prendre toute la quantité de médicament prescrite afin de prévenir une récurrence de l'infection.

c) avoir une bonne hygiène afin de prévenir une réinfection.

d) éviter de s'exposer à la lumière naturelle ou artificielle intense, parce que des réactions de photosensibilité pourraient survenir.

e) signaler les signes de leucopénie comme la fièvre, l'irritation de la gorge et la sensation de malaise.

f) se considérer comme guéri seulement lorsque plusieurs cultures et frottis successifs des lésions auront été négatifs.

HALOPROGINE   Halotex

Catégorie   Antifongique topique.

Indications Traitement topique des infections fongiques du pied (tinea pedis), de la région génitale chez l'homme (tinea cruris), de la peau glabre (tinea corporis) et de la main (tinea manuum) causées par *Trichophyton rubrum*, *T. tonsurans*, *T. mentagrophytes*, *Microsporum canis* et *Epidermophyton floccosum*. Également pour les plaques papulaires multiples (tinea versicolor) causées par *Malassezia furfur*.

Si le médicament se révèle inefficace après 4 semaines de traitement, réviser le diagnostic et la thérapie. La présence d'infections mixtes ou de champignons résistants peut indiquer le besoin d'une thérapie systémique.

Contre-indications Hypersensibilité au médicament ou à un ingrédient de la préparation. Ne pas appliquer près des yeux. L'innocuité durant la grossesse n'est pas établie.

Réactions indésirables *Topiques*: Irritation locale, sensation de brûlure, prurit, exacerbation des lésions préexistantes.

Posologie Appliquer la crème ou la lotion à 1% abondamment sur les lésions b.i.d. pendant 2 ou 3 semaines. Les lésions interdigitales peuvent nécessiter 4 semaines de traitement.

Soins infirmiers complémentaires

Voir *Soins infirmiers – Anti-infectieux*, p. 69.

Expliquer au client et/ou à sa famille qu'il doit:

a) interrompre l'application de la crème en cas d'irritation locale, de sensation de brûlure ou d'aggravation de la maladie et signaler le fait au médecin.

b) utiliser la technique d'application appropriée.

c) continuer d'employer conjointement l'haloprogine et un autre anti-infectieux lorsque cela est prescrit.

d) revoir le médecin si le médicament n'est pas efficace après 4 semaines de traitement.

IODOCHLORHYDROXYQUINOLÉINE
Vioform^{Pr}

Catégorie Antibactérien, antifongique.

Indications Infections fongiques topiques, y compris le pied d'athlète et l'eczéma.

Réactions indésirables Démangeaisons, irritation, rougeur, enflure de la peau.

Interactions avec les épreuves de laboratoire Épreuves de la fonction thyroïdienne si le médicament est absorbé par la peau.

Posologie Appliquer b.i.d. ou t.i.d. pendant moins d'une semaine.

Administration Le médicament peut tacher la peau, les cheveux et les vêtements.

KÉTOCONAZOLE Nizoral^{Pr}

Catégorie Antifongique à large spectre d'activité.

Mécanisme d'action/cinétique Le kétoconazole inhibe la synthèse de l'ergostérol, un composant essentiel de la membrane cellulaire du champignon. **Concentration plasmatique maximale**: 3,5 μg/mL après 1 à 2 h. **Demi-vie** (biphasique): Première, 2 h; seconde, 8 h. Ne se dissous que dans un milieu acide. Métabolisé dans le foie et excrété principalement dans les fèces.

Indications Candidose, candidose mucocutanée chronique, candidurie, histoplasmose, chromomycose, muguet, coccidioïdomycose, paracoccidioïdomycose. Ne devrait pas être employé pour les méningites fongiques car il traverse mal la barrière hémato-encéphalique.

Contre-indications Hypersensibilité, méningite fongique.

Réactions indésirables *GI*: Nausées, vomissements, douleur abdominale, diarrhée. *SNC*: Céphalée, étourdissements, somnolence, fièvre, frissons. *Autres*: Hépatotoxicité, photophobie, prurit, gynécomastie, impuissance, thrombopénie.

Interactions médicamenteuses

Médicaments	Interaction
Antiacides	↓ de l'absorption du kétoconazole due à une
Anticholinergiques	↑ du *p*H induite par ces médicaments.
Cimétidine	

Interactions avec les épreuves de laboratoire ↑ temporaire des enzymes hépatiques sériques.

Posologie PO. **Adultes**: 200 à 400 mg par jour en une seule dose. **Pédiatrique, plus de 2 ans**: 3,3 à 6,6 mg/kg par jour. La posologie pour les enfants de moins de 2 ans n'est pas établie.

Administration

1. La durée minimale de traitement pour les candidoses est de 1 à 2 semaines, tandis que la durée minimale de traitement pour les autres mycoses systémiques est de 6 mois.

2. Le kétoconazole devrait être administré au moins 2 h avant des médicaments augmentant le *p*H gastrique (comme les antiacides, les anticholinergiques et les inhibiteurs des récepteurs H_2 de l'histamine).

3. Expliquer aux clients présentant une achlorhydrie comment dissoudre chaque comprimé dans 4 mL d'une solution aqueuse de HCl 0,2 N et utiliser une paille (en verre ou en plastique), afin d'éviter le contact avec les dents. Ils doivent ensuite prendre un verre d'eau.

Soins infirmiers complémentaires

Voir *Soins infirmiers – Anti-infectieux*, p. 69.

Expliquer au client et/ou à sa famille qu'il doit:

a) conduire avec prudence et être circonspect lors de l'accomplissement d'une tâche dangereuse, car le médicament peut causer des céphalées, des étourdissements et de la somnolence.

b) signaler toute fièvre, douleur ou diarrhée persistante.

MICONAZOLE   Micatin^{Pr}, Monistat^{Pr}, Monistat Derm^{Pr}, Monistat 5 Tampons^{Pr}, Monistat 7^{Pr}, Monistat 3 Ovules vaginaux^{Pr}

Catégorie   Antifongique.

Mécanisme d'action/cinétique   Le miconazole est un fongicide à large spectre d'activité qui altère la perméabilité de la membrane cellulaire du champignon. Le miconazole est faiblement absorbé de façon systémique lors de l'administration intravaginale.

Indications   Crème, ovules et tampons vaginaux: Infections vaginales à *Candida*. Crème topique: Traitement local des dermatophytoses et des infections à *Candida*, ainsi que pour des lésions causées par des infections mixtes à champignons sensibles. Traitement du pied d'athlète, du tinea cruris, du tinea corporis et du tinea versicolor.

Interactions médicamenteuses*

Médicaments	Interaction
Amphotéricine B	L'amphotéricine B ↓ l'activité du miconazole.
Anticoagulants coumariniques	Le miconazole ↑ l'effet des anticoagulants.

Posologie   **Crème topique**: Appliquer matin et soir sur la surface atteinte (une fois par jour dans le cas du tinea versicolor). **Crème vaginale**: Un applicateur plein au coucher pendant 7 ou 14 jours. **Suppositoires vaginaux**: Un suppositoire au coucher pendant 7 soirs. **Ovules vaginaux**: Un ovule au coucher pendant 3 soirs consécutifs. **Tampons**: Insérer un tampon au coucher et le retirer le matin pendant 5 jours.

---

* se manifestent lorsqu'il y a absorption systémique.

Administration

1. Avertir les femmes enceintes de faire preuve de prudence lors de l'utilisation de l'applicateur vaginal et lors de l'insertion des suppositoires vaginaux.

2. Pendant le traitement vaginal, il sera conseillé à certaines clientes de s'abstenir de rapports sexuels ou on préconisera l'usage d'un condom.

> **Soins infirmiers**
>
> Voir *Soins infirmiers – Anti-infectieux*, p. 69.

NYSTATINE   Mycostatin^{Pr}, Nadostine^{Pr}, Nilstat^{Pr}, Nyaderm^{Pr}

Catégorie   Antibiotique, antifongique.

Généralités   Cet antibiotique antifongique produit par *Streptomyces noursei* est fongistatique et fongicide contre toutes les espèces de *Candida*. Il est trop toxique pour être utilisé dans les mycoses systémiques. Il peut être administré PO dans les moniliases intestinales, car il n'est pas absorbé dans le tractus GI. Ces infections sont cependant peu fréquentes. *Note*: La nystatine peut être associée à la tétracycline afin de prévenir les surinfections fongiques.

Mécanisme d'action/cinétique   La nystatine se lie à la membrane cellulaire fongique et modifie la perméabilité cellulaire, ce qui entraîne une perte de potassium et d'autres composants intracellulaires essentiels. La nystatine est excrétée dans les fèces.

Indications   Infections cutanées, mucocutanées, gastro-intestinales, vaginales et orales (muguet) causées par *Candida albicans*.

Réactions indésirables   La nystatine est peu toxique. Des doses orales élevées peuvent causer des douleurs épigastriques, des nausées, des vomissements et la diarrhée.

Posologie   **PO.** *Candidose intestinale*: Comprimés, 500 000 à 1 000 000 unités t.i.d.; continuer la thérapie 48 h après la guérison afin de prévenir une rechute. *Candidose orale*: **Suspension orale, enfants et adultes**: 400 000 à 600 000 unités q.i.d. (1/2 de la dose de chaque côté de la bouche, retenue aussi longtemps que possible avant de l'avaler); **nourrissons**: 200 000 unités q.i.d. (même technique que les adultes); **prématurés ou nourrissons de faible masse de naissance**: 100 000 unités q.i.d. **Comprimés vaginaux**: Insérer un comprimé de 100 000 unités dans le vagin tous les jours pendant 2 semaines. **Topique (onguent, crème, lotion, poudre** – contenant 100 000 unités/mL ou g): Appliquer sur la région atteinte b.i.d. ou t.i.d. ou tel qu'indiqué, jusqu'à guérison complète; continuer le traitement pendant une semaine après la guérison clinique.

Administration/entreposage

1. Protéger de la chaleur, de la lumière, de l'humidité et de l'air.

2. La suspension orale sera inactive si elle est mélangée à de la nourriture.

3. La suspension orale peut être entreposée pendant 7 jours à la température ambiante ou pendant 10 jours au réfrigérateur sans perte d'efficacité.

4. Appliquer l'onguent de nystatine sur les lésions à l'aide d'un coton-tige.

5. Mettre 1 mL de suspension orale de chaque côté de la bouche ou appliquer à l'aide d'un coton-tige pour traiter les candidoses orales. Faire comprendre au client qu'il doit garder le médicament dans sa bouche le plus longtemps possible avant de l'avaler.

6. Insérer profondément les comprimés vaginaux à l'aide de l'applicateur.

Soins infirmiers complémentaires

Voir *Soins infirmiers – Anti-infectieux*, p. 69.

1. L'administration du médicament devrait être continuée pendant au moins 24 h après la disparition des symptômes. Prévoir que l'administration de comprimés vaginaux sera prolongée jusqu'à 3 à 6 semaines avant l'accouchement chez la femme enceinte, afin de réduire l'incidence de muguet chez le nouveau-né.

2. *Expliquer à la cliente et/ou à sa famille qu'elle doit*:
   a) continuer l'administration des comprimés vaginaux même durant la menstruation, puisque le traitement doit durer 2 semaines
   b) interrompre la thérapie et consulter le médecin si les comprimés vaginaux causent une irritation.

TOLNAFTATE   Tinactin, Pitrex

Catégorie   Antifongique topique.

Indications   Tinea pedis, tinea cruris, tinea corporis, tinea manuum et tinea versicolor.

Contre-indications   Infections du cuir chevelu et des ongles. Éviter d'en appliquer dans les yeux.

Réactions indésirables   Irritation légère de la peau.

Posologie   Appliquer b.i.d. pendant 2 ou 3 semaines quoiqu'un traitement d'une durée de 4 à 6 semaines puisse être nécessaire dans certains cas. Existe sous de nombreuses formes pharmaceutiques telles qu'un aérosol (liquide ou poudre), une crème, un gel, un liquide, une poudre et une solution.

Administration

1. Cesser le traitement si aucune amélioration n'est notée après 10 jours.

2. Un autre médicament devrait être pris conjointement en présence d'une infection bactérienne ou d'une candidose.

3. Pour une thérapie efficace, le choix du véhicule est important.
   a) Les poudres sont administrées pour des infections légères, comme adjuvant des crèmes, des liquides ou des onguents.
   b) Les crèmes, les liquides ou les onguents sont employés de manière prophylactique, particulièrement si la région à traiter est humide.
   c) Les liquides et les solutions sont administrés dans les régions poilues.

⊞ CHAPITRE **11**

Sulfamides/sulfone

SULFAMIDES

Généralités   Les sulfamides sont des agents bactériostatiques synthétiques qui ont un large spectre d'activité antimicrobienne contre des bactéries à Gram positif et à Gram négatif. En concentrations élevées, certains sont bactéricides.

Les sulfamides sont des acides faibles peu solubles. Ils forment des sels avec des bases. Les sels sodiques sont très solubles dans l'eau.

Il est toujours souhaitable que la sensibilité de l'agent pathogène soit déterminée avant, ou peu de temps après, le début de la thérapie.

Les sulfamides ont l'avantage d'être relativement économiques.

Mécanisme d'action/cinétique   Les sulfamides interviennent dans l'utilisation de l'acide para-aminobenzoïque (PABA), nécessaire pour la croissance des bactéries; ainsi, ils interrompent la multiplication des bactéries mais ne tuent pas les micro-organismes adultes.

Les divers sulfamides sont absorbés et excrétés à des taux très différents. Cela influe sur l'utilisation thérapeutique de ces médicaments. Par exemple, les sulfamides peu absorbés dans le tractus GI sont particulièrement indiqués pour les infections intestinales, car ils demeurent longtemps dans l'intestin.

Les sulfamides sont distribués par le sang dans tous les tissus, y compris le LCR, où la concentration atteint 50% à 80% de la concentration sanguine. Les sulfamides sont principalement excrétés par les reins.

Indications   Le nombre des indications des sulfamides a été grandement réduit par l'apparition de souches bactériennes résistantes et par le développement d'antibiotiques plus efficaces.

Infections aiguës non obstructives des voies urinaires causées par *E. coli*, *Klebsiella*, *Enterobacter*, *S. aureus*, *P. mirabilis* et *P. vulgaris*. Médicament de choix dans les nocardioses. Élimination des méningocoques du rhinopharynx chez les porteurs asymptomatiques de *N. meningitidis*. Substitut des pénicillines dans la prophylaxie du rhumatisme articulaire aigu. Comme substitut des tétracyclines dans les infections à *Chlamydia*, dans le trachome et dans la conjonctivite à inclusions. En association avec la pyriméthamine pour les toxoplasmoses. En association avec le sulfate de quinine et la pyriméthamine pour les infections à *Plasmodium falciparum*, résistant à la chloroquine. En association avec la pénicilline pour l'otite moyenne. Voir également la description de chaque médicament.

Contre-indications   Sauf l'hypersensibilité, il y a peu de contre-indications absolues. Cependant, les sulfamides sont potentiellement dangereux; ils causent des réactions indésirables chez 5% des clients.

Les sulfamides devraient être administrés avec prudence et à dose réduite chez les insuffisants hépatiques ou rénaux, chez les clients atteints d'une occlusion intestinale ou d'une obstruction des voies urinaires et chez ceux qui souffrent de dyscrasies sanguines, d'allergies, d'asthme ou de déficience héréditaire en glucose-6-phosphate déshydrogénase.

Les sulfamides peuvent causer un retard mental; ils ne devraient donc jamais être administrés pendant le troisième trimestre de la grossesse, chez les clientes qui allaitent et chez les nourrissons de moins de 2 mois, à moins que ce ne soit pour le traitement de la toxoplasmose (parasitose grave pouvant causer une inflammation de l'encéphale) ou dans une situation où la survie du client est menacée.

Réactions indésirables   *GI*: Nausées, vomissements, diarrhée, douleurs abdominales, glossite, stomatite, anorexie, pancréatite. *Allergiques*: Éruption cutanée, prurit, photosensibilité, érythème noueux ou polymorphe, syndrome de Stevens-Johnson, conjonctivite, rhinite, balanite, maladie du sérum, lupus érythémateux disséminé, périartérite noueuse, artérite. *SNC*: Céphalée, étourdissements, dépression, ataxie, confusion, psychose, somnolence, agitation. *Rénales*: Lésions rénales causées par la précipitation du sulfamide ou de son dérivé acétylé dans les tubules. Les signes sont la cristallurie, l'hématurie et l'oligurie. *Hématologiques*: Anémie hémolytique aiguë, surtout chez les déficients en glucose-6-phosphate déshydrogénase, anémie aplastique, granulopénie, leucopénie, éosinophilie, agranulocytose, thrombopénie, méthémoglobinémie. *Autres*: Ictère, hypoglycémie, arthralgie, acidose, œdème périorbitaire, purpura, surinfection.

En éliminant la flore intestinale, les sulfamides réduisent la synthèse de la vitamine K. Cela peut occasionner des hémorragies. L'administration de vitamine K aux clients sous thérapie prolongée aux sulfamides est recommandée.

Interactions médicamenteuses

Médicaments	Interaction
Anesthésiques locaux	↓ de l'effet des sulfamides.

Médicaments	Interaction
Antiacides	↓ de l'effet des sulfamides par ↓ de l'absorption dans le tractus GI.
Anticoagulants oraux	↑ de l'effet des anticoagulants par ↓ de leur taux de liaison aux protéines plasmatiques.
Cyclosporine	↓ de l'effet de la cyclosporine et ↑ de la néphrotoxicité.
Hypoglycémiants oraux	↑ de l'effet hypoglycémiant par ↓ de leur taux de liaison aux protéines plasmatiques.
Méthénamine	↑ des risques de cristallurie des sulfamides par ↓ du pH urinaire.
Méthotrexate	↑ de l'effet du méthotrexate par ↓ de son taux de liaison aux protéines plasmatiques et ↓ de l'excrétion tubulaire rénale.
Oxacilline	↓ de l'effet de l'oxacilline par ↓ de l'absorption dans le tractus GI.
Paraldéhyde	↑ des risques de cristallurie reliés à l'administration des sulfamides.
Phénylbutazone	↑ de l'effet des sulfamides par ↑ de la concentration plasmatique.
Phénytoïne	↑ de l'effet de la phénytoïne par ↓ du catabolisme hépatique.
Probénécide	↑ de l'effet des sulfamides par ↓ du taux de liaison aux protéines plasmatiques.
Salicylates	↑ de l'effet des sulfamides par ↑ de la concentration plasmatique.

Interactions avec les épreuves de laboratoire   Faux + ou ↑ des épreuves de la fonction hépatique (acides aminés, bilirubine, BSP), de la fonction rénale (urée, NPN, clearance de la créatinine), de la numération globulaire, du temps de prothrombine, du test de Coombs. Le glucose urinaire (par les méthodes de réduction du ouivre comme l'épreuve de Benedict ou le Clinitest), les protéines urinaires, l'urobilinogène urinaire.

Posologie   Voir le tableau 3, à la page 176. Les sulfamides sont habituellement administrés PO. La posologie est individualisée. Une dose d'attaque est habituellement recommandée. Les composés à courte durée d'action devraient être administrés q 4 à 6 h.

L'application topique des sulfamides est rarement prescrite de nos jours, sauf en ce qui concerne le Sulfamylon (mafénide), qui est employé en onguent à 10% dans le traitement des brûlures.

Des crèmes de sulfisoxazole ou de triple sulfas sont employées pour les vaginites.

Lorsque les sulfamides sont utilisés comme traitement adjuvant d'une intervention chirurgicale au tractus GI, on commence habituellement la thérapie 3 à 5 jours avant l'intervention et on la poursuit durant 1 ou 2 semaines après. On arrête la thérapie après le retour du péristaltisme.

TABLEAU 3 SULFAMIDES

Médicament	Indications principales
Association de sulfamides (sulfathiazole, sulfacétamide et sulfabenzamide) Sultrin[Pr]	Prophylaxie ou traitement de la cervicite et de la vaginite.
Mafénide, acétate de Sulfamylon[Pr]	Application topique dans le traitement des brûlures du deuxième et du troisième degré (prévention des infections).
Sulfacétamide sodique Bleph-10[Pr], Cetamide[Pr], Isopto Cetamide[Pr], Minims Sulfacétamide[Pr], Sulamyd sodique[Pr], Sulfex 10[Pr]	Application topique pour les infections ophtalmiques y compris le trachome.
Sulfadiazine d'argent Flamazine[Pr]	Utilisation topique pour la prévention et le traitement d'infections généralisées chez les brûlés au deuxième et au troisième degré.
Sulfaméthoxazole Apo-Sulfamethoxazole[Pr], Gantanol[Pr]	Infections des voies urinaires et des voies respiratoires supérieures, lymphogranulome vénérien.
Sulfapyridine Dagenan[Pr]	Dermatite herpétiforme.

Crème vaginale: Un applicateur plein b.i.d. pendant 4 à 6 jours; **puis**, réduire la dose au quart ou à la moitié.

Crème: Appliquer en couche mince (1,2 mm) sur la région brûlée à l'aide de gants die ou b.i.d. jusqu'à ce que la cicatrisation soit satisfaisante ou que la plaie soit prête à recevoir une greffe.

Ne pas administrer chez les clients déjà atteints d'une infection. Le mafénide n'est pas inhibé par la présence de pus ou de liquides organiques.
Réactions indésirables supplémentaires
Les brûlures traitées avec le mafénide ne doivent être couvertes que d'un pansement mince.
Douleur pendant l'application.

Solution ophtalmique: 1 ou 2 gouttes de solution à 10%, 15% ou 30% dans le cul-de-sac conjonctival plusieurs fois par jour.
Onguent ophtalmique (10%): Appliquer 1 à 3 fois par jour dans le cul-de-sac conjonctival.

Comme l'acétate de mafénide.

Administration
Appliquer une couche mince (1,2 mm) à l'aide d'un gant stérile sur les régions brûlées, débridées et lavées, 1 ou 2 fois par jour, ou lorsque de l'onguent a été accidentellement enlevé. Les pansements ne sont pas nécessaires. Continuer l'application jusqu'à la cicatrisation. Le médicament est absorbé par les régions brûlées, ce qui permet d'atteindre une concentration plasmatique thérapeutique.

PO. Adultes: Initialement, 2 g; **puis**, 1 g matin et soir (pour infections graves, 3 g par jour). **Pédiatrique (plus de 2 mois): Initialement**, 50 à 60 mg/kg; **puis**, 25 à 30 mg/kg matin et soir, sans dépasser 73 mg/kg par jour. *Lymphogranulome vénérien*: 1 g b.i.d. pendant 2 semaines.

Durée d'action intermédiaire (**demi-vie**: 8,6 h). Présent dans Bactrim, Bactrim DS, Septra, Septra DS et autres (voir l'appendice 3).

PO: Initialement, 500 mg q.i.d.; lorsqu'une amélioration est notée, diminuer de 500 mg par jour aux 3 jours, jusqu'à ce qu'on atteigne un état d'entretien sans symptômes. Augmenter si les symptômes réapparaissent.

Durée d'action intermédiaire. Absorbé lentement et incomplètement dans le tractus GI. Plus toxique que les autres sulfamides; rarement employé.

TABLEAU 3 (*suite*)

Médicament	Indications principales
Sulfasalazine PMS Sulfasalazine[Pr], Salazopyrin[Pr], SAS[Pr]	Colite ulcéreuse.
Sulfisoxazole Apo-Sulfisoxazole[Pr], Gantrisin[Pr], Novosoxazole[Pr]	Infections urinaires, infections locales et ophtalmiques.

Soins infirmiers

Voir *Soins infirmiers – Anti-infectieux*, p. 69.

1. Surveiller l'apparition des effets indésirables suivants, qui requièrent l'arrêt de la médication:
   a) Éruption cutanée.
   b) Dyscrasies sanguines, dont les symptômes sont le mal de gorge, la fièvre, la pâleur, le purpura, l'ictère et la faiblesse.
   c) Maladie du sérum, qui se manifeste par des éruptions purpuriques et par des douleurs dans les membres et les articulations. La maladie du sérum peut survenir 7 à 10 jours après le début de la thérapie.

PO. Adultes: Initialement, 3 ou 4 g par jour en doses fractionnées; **entretien**, 500 mg q.i.d.; **Pédiatrique: Initialement**, 40 à 60 mg/kg par jour en 3 à 6 doses égales; **entretien**, 30 mg/kg par jour en 4 doses égales. *Pour désensibilisation à la sulfasalazine*: Administrer de nouveau 50 à 250 mg par jour; **puis**, doubler la dose q 4 à 7 jours jusqu'au niveau thérapeutique désiré. Employer la suspension orale.

Environ 1/3 de la dose de sulfasalazine atteint le côlon où elle est métabolisée en acide amino-5-salicylique et en sulfapyridine.
Une thérapie intermittente est recommandée (2 semaines de traitement puis 2 semaines sans traitement). Le médicament n'affecte pas la flore intestinale.
Contre-indications supplémentaires
Enfants de moins de 5 ans, personnes hypersensibles aux sulfamides et aux salicylates.
Interactions médicamenteuses supplémentaires
(1) La sulfasalazine peut ↓ l'effet de la digoxine en ↓ son absorption.
(2) Le sulfate ferreux ↓ la concentration sanguine de sulfasalazine.

PO. Adultes: Initialement, 2 à 4 g; **entretien**, 4 à 8 g par jour en 4 ou 6 doses. **Pédiatrique (plus de 2 mois): Initialement**, 75 mg/kg par jour; **entretien**, 150 mg/kg par jour en 4 ou 6 doses, jusqu'à un maximum de 6 g par jour.
Crème vaginale (10%): insérer dans le vagin 2,5 à 5 g b.i.d. pendant 2 semaines. Peut être répété. **IM, IV (injection lente ou goutte à goutte), SC: Initialement**, 50 mg/kg; **puis**, 100 mg/kg en 2 à 4 doses fractionnées.

Courte durée d'action. **Demi-vie:** 5,9 h. Également contenu dans Azo-Gantrisin[Pr] (voir l'appendice 3).
Interactions médicamenteuses supplémentaires
Le sulfisoxazole peut ↑ l'effet du thiopental par ↓ des taux de liaison aux protéines plasmatiques. Passer à l'administration PO aussitôt que possible. Pour l'administration SC, diluer la solution commerciale (400 mg/mL) avec de l'eau stérile pour injection, afin d'obtenir une solution à 50 mg/mL.

d) Syndrome de Stevens-Johnson, dont les premiers symptômes sont une fièvre élevée, une céphalée intense, une stomatite, une conjonctivite, une rhinite, une urétrite et une balanite (inflammation du bout du pénis).

e) Ictère pouvant indiquer une atteinte hépatique, de 3 à 5 jours après le début de la thérapie.

f) Atteinte rénale, qui se manifeste par des coliques néphrétiques, une oligurie, une anurie, une hématurie et une protéinurie.

g) Hémorragies et ecchymoses causées par une réduction de la synthèse de la vitamine K par les bactéries intestinales.

2. Déterminer le *p*H urinaire à l'aide des bâtonnets Labstix. L'acidité excessive ou l'administration d'un sulfamide insoluble peut nécessiter l'alcalinisation de l'urine. L'alcalinisant de choix dans ce cas est le bicarbonate de sodium.

3. Conseiller une bonne hydratation afin de prévenir la cristallurie. Mesurer les ingesta et les excreta. Le débit urinaire minimal est de 1 500 mL par jour. Pour les sulfamides à action prolongée, une hydratation adéquate devrait être maintenue 24 à 48 h après la fin de la thérapie.

4. Étant donné les nombreuses interactions médicamenteuses rapportées avec les sulfamides, demander au client s'il prend d'autres médicaments et vérifier les interactions possibles.

5. Demander une confirmation des prescriptions inhabituelles de sulfamides à action prolongée.

6. *Expliquer au client et/ou à sa famille que*:
   a) il doit signaler tout effet indésirable ou nouveau symptôme.
   b) il doit respecter l'horaire d'administration.
   c) certains sulfamides colorent l'urine en rouge orangé.
   d) une surveillance médicale est nécessaire durant tout le traitement.
   e) il doit prendre le médicament avec 180 à 240 mL d'eau et maintenir une hydratation adéquate jusqu'à 24 à 48 h après l'arrêt de la médication.

SULFONE

DAPSONE   Avlosulfon[Pr]

Mécanisme d'action/cinétique   La dapsone est un agent synthétique bactériostatique et bactéricide particulièrement actif contre *Mycobacterium lepræ* (bacille de Hansen). Quoique son mécanisme d'action exact ne soit pas connu, on croit que la dapsone intervient dans le métabolisme des organismes infectieux, à l'instar des sulfamides. Largement distribué dans l'organisme. **Concentration plasmatique maximale**: 4 à 8 h. **Demi-vie**: environ 28 h. Le médicament est acétylé dans le foie et ses métabolites sont excrétés dans l'urine.

Indications   Lèpre tuberculoïde et lépromateuse, dermatite herpétiforme et prophylaxie du paludisme. *À l'étude*: Polychondrite récidivante.

Contre-indications   Amylose rénale grave. Lactation. Semble bien toléré durant la grossesse.

Réactions indésirables   *Hématologiques:* Anémie hémolytique, anémie aplastique, agranulocytose. *GI*: Nausées, vomissements, anorexie, malaise abdominal. *SNC*: Céphalée, insomnie, vertige, paresthésie, psychose. *Dermatologiques*: Photosensibilité, syndrome lupique, macules hyperpigmentées. *Hypersensibilité*: Réactions cutanées graves comme la dermatite exfoliative, l'érythème polymorphe, l'urticaire, l'érythème noueux. *Autres*: Neuropathie périphérique, faiblesse musculaire, hypoalbuminémie, albuminurie, syndrome néphrotique, vision trouble, tinnitus, infertilité masculine, fièvre.

Une réaction lépromateuse peut survenir chez un grand nombre de clients recevant de la dapsone. Les symptômes comprennent des réactions cutanées, la fièvre, l'enflure des articulations, la dépression, l'orchite, la névrite, l'iritis, le malaise, l'épistaxis et des nodules cutanés. On peut administrer des stéroïdes et des analgésiques afin de diminuer les symptômes.

Interactions médicamenteuses

Médicaments	Interaction
Acide para-aminobenzoïque	↓ de l'effet de la dapsone.
Probénécide	↑ de l'effet de la dapsone par l'inhibition de son excrétion urinaire.
Rifampine	↓ de l'effet de la dapsone par ↑ de son excrétion.

Interactions avec les épreuves de laboratoire Modification des résultats des épreuves de la fonction hépatique.

Posologie *Lèpre*: 6 à 10 mg/kg par semaine. (**Adultes**, 50 à 100 mg par jour). On devrait poursuivre le traitement sans interruption jusqu'à la fin. *Dermatite herpétiforme*: **Adultes**, **initialement**, 50 mg par jour; la dose peut être augmentée jusqu'à 300 mg par jour. **Entretien:** réduire la dose (jusqu'à 50% de moins) après 6 mois de traitement et ne pas consommer de gluten. La posologie doit être adaptée pour les enfants.

Administration

1. Le traitement devrait durer au moins 3 ans chez les clients atteints de lèpre tuberculoïde ou de lèpre de forme indéterminée.
2. Le traitement peut devoir se poursuivre à la dose maximale durant toute la vie chez les clients atteints de lèpre lépromateuse.
3. Évaluer la possibilité de résistance à la dapsone.

Soins infirmiers complémentaires

Voir *Soins infirmiers – Anti-infectieux*, p. 69.

1. *Évaluer*:
   a) l'amélioration de l'inflammation et de l'ulcération des muqueuses durant les 3 à 6 premiers mois du traitement. L'absence de réponse peut indiquer le besoin d'une autre thérapie.

b) la dermatite allergique, qui peut survenir avant la dixième semaine de traitement. La dermatite allergique peut évoluer vers une dermatite exfoliative fatale.

c) la psychose, les troubles GI, les réactions lépromateuses, les céphalées, les vertiges, la léthargie, le malaise grave, le tinnitus, les paresthésies, les douleurs profondes, les douleurs névralgiques et les troubles de la vision.

d) très attentivement l'état des clients atteints d'autres maladies chroniques et prévoir une réduction de la dose de sulfone.

e) les symptômes d'anémie. Signaler une numération érythrocytaire inférieure à $2,5 \times 10^{12}$/L ou qui demeure basse pendant les 6 premières semaines de traitement.

f) la numération des leucocytes et signaler les résultats inférieurs à $5,0 \times 10^9$/L.

2. La posologie est augmentée lentement au début du traitement.

3. Vérifier si le médecin désire que le client reçoive des hémotoniques.

4. Comme le client peut présenter une leucopénie, utiliser une asepsie médicale stricte.

5. Demander aux femmes qui allaitent de signaler toute cyanose chez le nourrisson car cela indique une concentration plasmatique élevée, et le retrait du médicament pourrait être indiqué.

⊞ CHAPITRE **12**

Anthelminthiques

 de *185*
Mébendazole *186*
Mépacrine, chlorhydrate de *186*
Niclosamide *188*
Oxamniquine *189*

Pipérazine, citrate
 de *190*
Praziquantel *191*
Pyrantel, pamoate de *191*
Pyrvinium, pamoate de *192*
Thiabendazole *193*

Généralités   Les helminthiases, ou infestations de l'organisme par des parasites, sont très courantes. C'est pour cette raison que les anthelminthiques sont très importants; leur rôle est d'éliminer de l'organisme les vers, les œufs et les larves.

Les humains peuvent être infestés par une grande variété de vers. Les affections les plus fréquemment rencontrées sont les suivantes:

FILARIOSE   Cette infestation est transmise par les moustiques. Le parasite est un petit ver rond qui se déplace dans le système lymphatique et dans la circulation sanguine. Les vers vivants et morts peuvent obstruer les vaisseaux lymphatiques et produire l'éléphantiasis. Une des façons les plus efficaces de combattre cette infestation est la lutte contre les moustiques. **Traitement médicamenteux**: peu efficace. Le médicament utilisé est la diéthylcarbamazine.

ANKYLOSTOMIASE   L'infestation par les ankylostomes est très fréquente. Ces vers provoquent un état d'affaiblissement qui aboutit à une anémie ferriprive, caractérisée par de la fatigue, de la lassitude et de l'apathie. Il existe plusieurs genres d'ankylostomes. **Traitement médicamenteux**: thiabendazole et mébendazole.

OXYUROSE   Les infestations par les oxyures sont communes chez les enfants d'âge scolaire. Les complications sont rares, bien que les infestations importantes puissent causer des douleurs abdominales, une perte de masse et de l'insomnie. **Traitement médicamenteux**: citrate de pipérazine, pamoate de pyrvinium, pamoate de pyrantel, thiabendazole, mébendazole.

ASCARIDIASE   L'ascaris cause une parasitose grave, car il peut infester d'autres tissus. Il peut obstruer les voies respiratoires et gastrointestinales, ainsi que le canal cholédoque et l'appendice. **Traitement médicamenteux**: pipérazine, pamoate de pyrantel, thiabendazole, mébendazole, diéthylcarbamazine.

SCHISTOSOMIASE   Cette parasitose du foie est le plus souvent rencontrée en Asie et dans quelques régions de l'Afrique. Appelée schistosomiase ou bilharziose, cette parasitose transmise par certaines espèces de mollusques est très difficile à éliminer. **Traitement médicamenteux**: niridazole (disponible auprès de la DGPS, voir p. 194).

TÆNIASE   Le tænia (ou ver plat) est constitué d'un scolex (tête) qui s'accroche à une partie de l'intestin. Son corps est plat et formé de segments, qu'on retrouve dans les fèces. Les infestations à tænias sont difficiles à éliminer mais elles ont peu d'effets indésirables. **Traitement médicamenteux**: quinacrine.

STRONGYLOÏDOSE   Dans cette helminthiase, le parasite infeste le tractus GI supérieur. Des infestations graves peuvent causer un syndrome de malabsorption, la diarrhée et un malaise général. **Traitement médicamenteux**: thiabendazole, pamoate de pyrvinium.

TRICHOCÉPHALOSE   Le trichocéphale infeste la muqueuse du cæcum. **Traitement médicamenteux**: thiabendazole, mébendazole.

TRICHINOSE   Les parasites sont transmis lors de la consommation de porc cru ou pas assez cuit. Cette infestation est grave; les larves circulent dans le sang et forment des kystes dans les muscles squelettiques. Aucun traitement efficace n'existe pour éliminer les larves. **Traitement médicamenteux**: corticostéroïdes pour diminuer l'inflammation causée par l'infestation systémique; thiabendazole. Les parasites qui infestent seulement le tractus intestinal peuvent être éliminés par des médicaments agissant localement. Les parasites qui infestent d'autres tissus doivent être traités par des médicaments absorbés dans le tractus GI.

Il est extrêmement important de poser un diagnostic exact avant de commencer la thérapie, car l'élimination du parasite spécifique dépend du choix du médicament approprié.

Comme plusieurs parasitoses se transmettent par des personnes partageant la même salle de bain, le médecin peut demander d'examiner toutes ces personnes. Le traitement est habituellement accompagné ou suivi d'épreuves de laboratoire pour déterminer si le parasite a été éliminé.

Réactions indésirables   Étant donné que les anthelminthiques sont de classes chimiques différentes, les réactions indésirables sont spécifiques à chacun des médicaments. Les plus communes sont cependant les nausées, les vomissements, les crampes et la diarrhée.

Soins infirmiers

Voir *Soins infirmiers – Anti-infectieux*, p. 69.

1. Remettre au client ou à sa famille des renseignements écrits sur la diète, les cathartiques, les lavements, les médicaments et les examens de suivi, lorsque le traitement se fait à la maison.

2. Revoir ces informations avec le client ou avec un membre de sa famille afin de s'assurer que la personne qui s'occupe des soins et du traitement les comprend. De bonnes habitudes d'hygiène réduisent l'incidence des helminthiases.

3. Insister sur la nécessité des examens de suivi afin de vérifier le résultat de la thérapie.

OXYUROSE

1. Expliquer à un membre de la famille comment prévenir les oxyuroses:

a) se laver les mains avant les repas et après être allé aux toilettes.

b) garder les ongles courts.

c) laver la région anale le matin afin d'éliminer les œufs.

d) appliquer un onguent antiprurigineux sur la région anale pour réduire le grattage, qui contribue à la transmission des oxyures.

2. Avertir tous les membres de la famille que le médecin pourrait demander de les examiner afin de rechercher des oxyures.

3. Après la fin du traitement, faire tous les matins un prélèvement dans la région périanale à l'aide de ruban adhésif transparent jusqu'à ce qu'on ne trouve plus, pendant 7 jours consécutifs, d'œufs à l'examen microscopique.

ASCARIDIASE   Les fèces devraient être examinées au microscope 2 à 3 semaines après la fin du traitement, afin de faire la numération des œufs fécaux. Les fèces devraient être examinées quotidiennement jusqu'à ce qu'aucun œuf ne soit retrouvé.

ANKYLOSTOMIASES/TÆNIASES   Après l'administration du médicament, des cathartiques et du lavement, rechercher la tête du ver, qui apparaîtra en jaune vif, dans les fèces.

DIÉTHYLCARBAMAZINE, CITRATE DE
Hetrazan^{Pr}

Catégorie   Anthelminthique.

Mécanisme d'action/cinétique   La diéthylcarbamazine endommagerait les microfilaires filamenteux et leurs larves qui seraient ensuite facilement détruits par les mécanismes de défense de l'organisme. Les vers adultes de la plupart des espèces sont détruits. Le médicament est absorbé dans le tractus GI et rapidement distribué dans les tissus et les liquides de l'organisme. **Concentration plasmatique maximale**: 3 à 4 h. Métabolisée, excrétée à 95% en 30 h dans l'urine.

Indications   Parasitoses systémiques causées par des filaires, particulièrement les espèces *Wucheria bancrofti, W. malayi* et *Loa loa.* Ces infections sont transmises par certains moustiques. Également pour l'onchocercose, l'ascaridiase et l'éosinophilie tropicale.

Contre-indications et précautions   Les clients atteints d'onchocercose – l'infestation à ver filarial – ont des réactions importantes, comme une inflammation oculaire, survenant dans les 15 h suivant l'administration.

Posologie   *Filariose, onchocercose, loase*: 2 à 4 mg/kg t.i.d. après les repas pendant 3 ou 4 semaines. *Ascaridiase.* **Adultes**: 13 mg/kg par jour pendant 7 jours; **enfants**: 6 à 10 mg/kg t.i.d. pendant 7 à 10 jours. Le traitement peut être plus long dans les cas plus difficiles.

MÉBENDAZOLE   Vermox^{Pr}

Catégorie   Anthelminthique.

Mécanisme d'action/cinétique   Le mébendazole bloque l'absorption du glucose par le parasite, ce qui cause une déplétion en énergie entraînant la mort de l'organisme. **Concentration plasmatique maximale**: 2 à 4 h. Excrété dans les fèces.

Indications   Trichocéphalose, oxyurose, ascaridiase et infections causées par les ankylostomes commun et américain; pour les infections simples ou mixtes.

Contre-indications   Hypersensibilité au mébendazole. Grossesse. Administrer avec prudence chez les enfants de moins de 2 ans.

Réactions indésirables   Douleur abdominale transitoire et diarrhée.

Posologie   *Trichocéphalose, ascaridiase et ankylostomiase,* **PO, adultes et enfants**: 1 comprimé matin et soir pendant 3 jours consécutifs. *Oxyurose*: 1 comprimé. Tous les traitements peuvent être répétés après 3 semaines.

Administration

1. Les comprimés peuvent être mastiqués, broyés et/ou mélangés à de la nourriture.

2. Il n'est pas nécessaire de prendre le médicament à jeun ou après une purge.

MÉPACRINE, CHLORHYDRATE DE (CHLORHYDRATE DE QUINACRINE)
Atabrine

Catégorie   Anthelminthique, antipaludique.

Mécanisme d'action/cinétique   On croit que le médicament intervient dans la synthèse de l'ADN du parasite et le déloge de la paroi intestinale, ce qui permet son élimination de l'organisme par une purge. Bien absorbé dans le tractus GI. **Concentration plasmatique maximale**: 1 à 3 h. Largement distribué dans l'organisme et taux élevé de liaison aux protéines tissulaires et plasmatiques. Métabolisée et excrétée lentement par les reins. Des traces du médicament sont détectées 2 mois après cessation du traitement.

Indications   Efficace contre les vers plats du bœuf, du porc et du poisson et contre le ver plat nain. Utilisée dans la giardiose. Antipaludique. *À l'étude*: Administration intrapleurale dans la mucoviscidose (fibrose kystique du pancréas) afin de prévenir un pneumothorax récurrent.

Contre-indications   Antécédents de psychose, grossesse, chez les clients atteints de psoriasis et chez ceux qui reçoivent de la primaquine (antipaludique), porphyrie. Administrer avec prudence chez les clients atteints d'une maladie hépatique, chez les alcooliques et chez les clients de plus de 60 ans.

Réactions indésirables   *SNC*: Céphalée, vertiges, convulsions, nervosité, irritabilité, psychose, cauchemars. *GI*: Nausées, vomissements, diarrhée, anorexie, crampes. *Dermatologiques*: Dermatite exfoliative, dermatite de contact. *Ophtalmologiques*: Dépôt cornéen ou œdème de la cornée menant à une vision trouble, problèmes visuels, halos, rétinopathie. *Autres*: Anémie aplastique, hépatite, éruptions ressemblant à du lichen plan.

Interactions médicamenteuses

Médicaments	Interaction
Alcool	Réaction ressemblant à l'effet Antabuse.
Primaquine	↑ de la toxicité de la primaquine; l'utilisation de ces 2 médicaments en même temps est contre-indiquée.

Interactions avec les épreuves de laboratoire   Faux + ou ↑ des valeurs de diagenex bleu (épreuve de la fonction gastrique).

Posologie   PO. *Vers plats du bœuf, du porc et du poisson:* **Adultes**, 4 doses de 200 mg prises à intervalles de 10 min avec du bicarbonate de sodium (600 mg avec chaque dose); **enfants, 5 à 14 ans**: 400 à 600 mg en 3 ou 4 doses fractionnées à 10 min d'intervalle avec du bicarbonate de sodium (300 mg avec chaque dose). *Ver plat nain*: **Adultes**, 3 doses de 200 mg prises à intervalles de 20 min le premier jour, **puis**, 100 mg t.i.d. pendant 3 jours. **Enfants, 4 à 8 ans: Initialement**, 200 mg; **entretien**, 100 mg après le déjeuner pendant 3 jours. **8 à 10 ans: Initialement**, 300 mg; **puis**, 100 mg b.i.d. pendant 3 jours. **11 à 14 ans: Initialement**, 400 mg; **puis**, 100 mg t.i.d. pendant 3 jours. *Giardiose*: **Adultes**, 100 mg t.i.d. pendant 5 à 7 jours; **enfants**: 7 mg/kg en 3 doses après les repas pendant 5 jours. *Antipaludique*:

Adultes et enfants de plus de 8 ans: 200 mg avec 1 g de bicarbonate de sodium toutes les 6 h pendant 5 jours; **puis**, 100 mg b.i.d. pendant 6 jours; **enfants, 1 à 4 ans**: 100 mg toutes les 8 h le premier jour; **puis**, 100 mg par jour pendant 6 jours. *Suppression du paludisme*: **Adultes**, 100 mg par jour; **enfants**: 50 mg par jour. La thérapie devrait durer 1 à 3 mois.

Administration

1. Le client doit avoir une diète hypolipidique pendant 24 à 48 h avant le début de la thérapie, afin de réduire l'absorption systémique.
2. Ne pas dîner ni souper la veille du traitement.
3. Administrer un cathartique salin le soir précédant le traitement.
4. Administrer la mépacrine avec 600 mg de bicarbonate de sodium afin de réduire les nausées et les vomissements.
5. Administrer un cathartique salin 1 h après la médication.
6. Faire suivre par un lavement d'eau savonneuse pour s'assurer que la tête jaune clair du ver sera expulsée.
7. Administrer le médicament par une sonde nasoduodénale afin de réduire l'irritation gastrique.

NICLOSAMIDE   Niclocide[Pr]

Catégorie   Anthelminthique.

Mécanisme d'action/cinétique   Le niclosamide inhibe la phosphorylation oxydative dans la mitochondrie du parasite. Les segments proximaux et le scolex sont tués au contact du médicament.

Indications   Ver plat du bœuf *(Tænia saginata)*, ver plat nain *(Hymenolepsis nana)*, ver plat du poisson *(Diphyllobothrium latum)*.

Contre-indications   L'innocuité et l'efficacité pendant la grossesse et la lactation ainsi que chez les enfants de moins de 2 ans n'ont pas été établies.

Réactions indésirables   *GI*: Nausées et vomissements (très fréquents), perte d'appétit, malaise abdominal, diarrhée, constipation, rectorragie, mauvais goût dans la bouche, irritation de la muqueuse buccale. *Topiques*: Éruption cutanée, alopécie. *SNC*: Vertiges, somnolence, céphalée, faiblesse. *Autres*: Mal de dos, irritabilité, fièvre, palpitations, transpiration.

Posologie   PO. *Vers plats du bœuf et du poisson.* **Adultes**: 2 g en une dose. **Pédiatrique, plus de 34 kg**: 1,5 g en une dose; **pédiatrique, 11 à 34 kg**: 1,0 g en une dose. *Ver plat nain.* **Adultes**: 2,0 g par jour en une dose pendant 7 jours; **pédiatrique, plus de 34 kg**: 1,5 g le premier jour, puis 1,0 g par jour pendant 6 jours; **pédiatrique, 11 à 34 kg**: 1,0 g le premier jour, puis 0,5 g par jour pendant 6 jours.

Administration

1. Les comprimés doivent être mastiqués complètement et avalés avec un peu d'eau. Pour les jeunes enfants, une pâte peut être faite à partir du comprimé broyé et d'une petite quantité d'eau.

2. Le médicament devrait être pris après un repas léger. Un malaise GI peut survenir.

3. Un laxatif peut être administré si le client est constipé.

4. Le scolex du ver plat peut être digéré dans l'intestin et, par conséquent, impossible à trouver dans les fèces.

5. Les examens des selles doivent être négatifs pendant 3 mois avant qu'on puisse considérer le client comme guéri.

OXAMNIQUINE   Vansil^{Pr}

Catégorie   Anthelminthique, antibilharzien.

Généralités   L'oxamniquine est efficace contre une seule espèce de schistosomes, *Schistosoma mansoni*, qui cause une infection systémique du foie et de la rate. On retrouve *S. mansoni* en Égypte, ailleurs en Afrique, en Amérique du Sud et dans les Antilles. Ce parasite se trouve dans l'eau et il est transmis par des limaces. L'oxamniquine est plus efficace contre les schistosomes mâles que contre les schistosomes femelles, mais les femelles cessent de produire des œufs après le traitement; l'infection disparaît éventuellement à cause de l'arrêt de la reproduction.

Mécanisme d'action/cinétique   **Concentration plasmatique maximale**: 1,0 à 1,5 h. **Demi-vie**: 1,0 à 2,5 h. Bien absorbé après administration orale. Les métabolites inactifs sont excrétés dans l'urine.

Indications   Infections aiguës et chroniques à *S. mansoni*.

Contre-indications   Aucune n'est connue. L'innocuité durant la grossesse n'est pas assurée; n'administrer que si les avantages éventuels l'emportent sur les risques (inconnus) pour le fœtus.

Réactions indésirables   Bien toléré. *SNC*: Vertiges et somnolence passagers, céphalées. Des convulsions sont déjà survenues, surtout chez les épileptiques; il faut surveiller les clients atteints de troubles convulsifs. *GI*: Nausées, vomissements, douleur abdominale, anorexie. *Dermatologiques*: Urticaire.

Posologie   **PO. Adultes**: 12 à 25 mg/kg en une dose. **Enfants (moins de 30 kg)**: 10 mg/kg suivis d'une autre dose de 10 mg/kg dans les 2 à 8 h.

Administration   Administrer avec de la nourriture afin de réduire l'irritation GI.

Comme le médicament peut provoquer des vertiges et/ou de la somnolence, avertir le client de ne pas conduire une automobile et de ne pas accomplir de tâches dangereuses.

PIPÉRAZINE, ADIPATE DE   Entacyl
PIPÉRAZINE, CITRATE DE   Veriga, Vermirex

Catégorie   Anthelminthique.

Mécanisme d'action/cinétique   On croit que le médicament paralyse les muscles des parasites, ce qui les déloge et favorise leur élimination. Le médicament est rapidement absorbé dans le tractus GI et partiellement métabolisé dans le foie. Ce qui en reste est excrété dans l'urine. Le taux d'élimination varie selon le client.

Indications   Oxyurose et ascaridiase. Recommandé particulièrement chez les enfants.

Contre-indications   Insuffisance hépatique ou rénale, troubles convulsifs, hypersensibilité.

Réactions indésirables   La pipérazine est peu toxique. *GI*: Nausées, vomissements, diarrhée, crampes. *SNC*: Tremblements, céphalée, vertiges, diminution des réflexes, paresthésie, convulsions, ataxie, chorée, diminution de la mémoire. *Ophtalmologiques*: Nystagmus, vision trouble, cataractes, strabisme. *Allergiques*: Urticaire, fièvre, réactions cutanées, purpura, larmoiement, rhinorrhée, arthralgie, bronchospasme, toux. *Autres*: Faiblesse musculaire.

Interactions médicamenteuses   L'administration conjointe de pipérazine et de phénothiazines peut entraîner une augmentation des effets extrapyramidaux (incluant des convulsions violentes) causés par les phénothiazines.

Interactions avec les épreuves de laboratoire   Faux − ou ↓ des valeurs d'acide urique.

Posologie   PO. *Oxyurose:* **Adultes et enfants**, 65 mg/kg en une dose pendant 7 jours jusqu'à un maximum de 2,5 g par jour. *Ascaridiase:* **Adultes**, 1 dose de 3,5 g par jour pendant 2 jours consécutifs; **pédiatrique**: 1 dose de 75 mg/kg par jour pendant 2 jours, ne pas excéder 3,5 g par jour. Dans les cas graves, répéter la thérapie après une semaine.

Administration   Administrer le médicament après le déjeuner ou en 2 doses fractionnées.

PRAZIQUANTEL Biltricide[Pr]

Catégorie Anthelminthique.

Mécanisme d'action/cinétique Le praziquantel augmente la perméabilité cellulaire de l'helminthe, créant ainsi une perte intracellulaire de calcium avec contractions massives, paralysie des muscles et rupture de l'intégrité de l'organisme. Les phagocytes peuvent alors attaquer et détruire le parasite. **Demi-vie**: 0,8 à 1,5 h. **Concentration plasmatique maximale**: 1 à 3 h. Effet de premier passage important.

Indications Infections schistosomales par *Schistosoma japonicum, S. mansoni, S. mekongi* et *S. hematobium. À l'étude*: Douves du foie, neurocysticercose.

Contre-indications Cysticercose ophtlamique. Administrer avec prudence durant la grossesse. L'innocuité chez les enfants de moins de 4 ans n'est pas établie.

Réactions indésirables *GI*: Nausées, malaise abdominal. *SNC*: Sensation de malaise, céphalée, vertiges, somnolence. *Autres*: Fièvre, urticaire (rare).
Note: Ces symptômes peuvent être dus à l'infestation elle-même.

Posologie 3 doses de 20 mg/kg à intervalles de 4 à 6 h.

Administration

1. Comme le médicament cause des vertiges et de la somnolence, le client devrait conduire avec prudence et effectuer avec précaution les tâches demandant de la vigilance.

2. Les comprimés devraient être administrés durant les repas avec des liquides. Les comprimés ne devraient pas être mastiqués.

3. Le client devrait être hospitalisé si la schistosomiase ou l'infection à douves est accompagnée de cysticercose cérébrale.

PYRANTEL, PAMOATE DE Combantrin

Catégorie Anthelminthique.

Mécanisme d'action/cinétique Le pyrantel cause un blocage neuromusculaire, ce qui expliquerait son effet anthelminthique.

Mal absorbé dans le tractus GI. **Concentration plasmatique maximale**: 0,05 à 0,13 g/mL après 1 à 3 h. Partiellement métabolisé par le foie. Excrété inchangé à 50% dans les fèces et à 7% dans l'urine.

Indications   Ascaridiase et oxyurose.

Contre-indication   Administrer avec prudence chez les insuffisants hépatiques.

Réactions indésirables   *GI* (très fréquentes): Anorexie, nausées, vomissements, crampes, diarrhée. *Hépatiques*: Élévation temporaire de la SGOT. *SNC*: Céphalée, vertiges, somnolence, insomnie. *Autres*: Éruption cutanée.

Interaction médicamenteuse   L'utilisation avec la pipérazine dans le traitement de l'ascaridiase entraîne un antagonisme de l'effet des 2 médicaments.

Posologie   PO. **Adultes et enfants**: 1 dose de 11 mg/kg (maximum). **Dose maximale totale**: 1,0 g.

Administration

1. Le médicament peut être pris à jeun ou pas.
2. Une purge n'est pas nécessaire avant ou durant le traitement.
3. Peut être administré avec du lait ou du jus de fruit.

PYRVINIUM, PAMOATE DE   Vanquin, Pamovin, Pyr-Pam

Catégorie   Anthelminthique.

Mécanisme d'action/cinétique   Le médicament semble inhiber la respiration et l'absorption de glucose chez le ver parasitaire. N'est pas absorbé de façon importante dans le tractus GI.

Indication   Oxyurose.

Contre-indications   Occlusion intestinale, maladie abdominale aiguë et autres états où il pourrait y avoir absorption dans le tractus GI. Utiliser avec prudence chez les clients atteints de maladies rénales ou hépatiques.

Réactions indésirables   *GI*: Nausées, vomissements, crampes, diarrhée. *Hypersensibilité*: Photosensibilité, syndrome de Stevens-Johnson.

Posologie   PO. **Adultes et enfants**: 1 dose de 5 mg/kg. La dose peut être répétée après 2 ou 3 semaines.

Administration

1. Prévenir le client d'avaler le comprimé sans le mastiquer afin d'éviter de se tacher les dents.

2. Administrer les comprimés plutôt que le liquide afin de réduire le risque de vomissements.

Soins infirmiers complémentaires

Voir *Soins infirmiers – Anthelminthiques*, p. 184.

1. Verser avec soin la préparation liquide car elle tache les textiles.

2. Informer le client et les parents que le médicament tache les dents et les sous-vêtements et colore les fèces et les vomissements en rouge vif.

THIABENDAZOLE   Mintezol[Pr]

Catégorie   Anthelminthique.

Mécanisme d'action/cinétique   Le médicament agit sur un enzyme spécifique aux helminthes. Il est absorbé rapidement dans le tractus GI. **Concentration plasmatique maximale**: 1 à 2 h. En grande partie excrété en 24 h.

Indications   Larva migrans cutanée, oxyurose, strongyloïdose, ascaridiase, trichocéphalose, ankylostomiase. Particulièrement utile pour les infections mixtes. Pour réduire les symptômes de la trichinose durant la phase d'invasion.

Contre-indications   Administrer avec prudence aux clients atteints de maladie hépatique ou d'insuffisance hépatique.

Réactions indésirables   *GI*: Nausées, vomissements, anorexie, diarrhée, douleur épigastrique. *SNC*: Vertiges, somnolence, céphalée, irritabilité, convulsions. *Allergiques*: Prurit, œdème angioneurotique, rougeur du visage, frissons, fièvre, éruption cutanée, syndrome de Stevens-Johnson, anaphylaxie, lymphadénopathie. *Hépatiques*: Ictère, cholestase, atteinte hépatique, augmentation temporaire de la SGOT. *Rénales*: Cristallurie, hématurie, énurésie, urine malodorante. *Autres*: Tinnitus, vision trouble, hypotension, évanouissement, hyperglycémie, leucopénie, éruption périanale.

Posologie   **PO**: 25 mg/kg b.i.d. jusqu'à un maximum de 3,0 g par jour.

Administration

1. Administrer le médicament après les repas, si possible.

2. Pour la strongyloïdose, la larva migrans cutanée, l'ankylostomiase, la trichocéphalose et l'ascaridiase, 2 doses par jour pendant 2 jours. Pour la trichinose, administrer 2 doses par jour pendant 2 à 4 jours. Pour les oxyuroses, administrer 2 doses réparties sur un jour et répéter après 7 ou 14 jours.

Soins infirmiers complémentaires

Voir *Soins infirmiers – Anthelminthiques*, p. 184.

Prévenir le client et un membre de sa famille au sujet des troubles du SNC, comme la faiblesse musculaire et la perte de vigilance, pouvant être causés par ce médicament. Avertir le client qu'il ne devrait pas aller à l'école ou au travail ni faire fonctionner de machines dangereuses après avoir pris ce médicament.

Note: Plusieurs médicaments à l'étude, ou rarement utilisés, pour le traitement de certaines infestations sont disponibles auprès de la Direction générale de la protection de la santé (DGPS). Ces médicaments peuvent être obtenus à la division des médicaments sous ordonnance pour humain, DGPS, Ottawa. Les médicaments suivants sont disponibles:

Médicaments	Maladie
Bithionol	Paragonimose
Déhydroémétine	Amibiase
Diloxanide (furoate de)	Amibiase à *E. histolytica*
Mélarsoprol	Trypanosomiase (maladie du sommeil)
Métrifonate	
Nifurtrimox	Maladie de Chagas
Niridazole	Schistosomiase
Pentamidine, iséthionate de	Pneumonie à *Pneumocystis*, trypanosomiase gambienne
Spiramycine	Toxoplasmose
Stibogluconate sodique (gluconate d'antimoine sodique)	Leishmanose
Suramine	Trypanosomiase rhodésienne, onchocercose
Tryparsamide	Trypanosomiase (maladie du sommeil)

CHAPITRE 12

⊞ CHAPITRE **13**

Antituberculeux

Généralités La tuberculose est rarement traitée par un seul médicament, car cela entraîne généralement l'apparition de souches résistantes. Cependant, lorsqu'un seul médicament est utilisé, le choix se porte sur l'isoniazide.

Les médicaments de premier choix pour le traitement de la tuberculose sont l'isoniazide, la streptomycine, l'éthambutol et l'acide paraaminosalicylique (PAS). Dans les cas de tuberculose pulmonaire cavitaire avancée, de nombreux médecins utilisent l'isoniazide, la streptomycine et l'éthambutol en association. Pour les cas où il n'y a pas de cavités, l'éthambutol a remplacé le PAS comme médicament de premier choix.

Soins infirmiers

Voir *Soins infirmiers – Anti-infectieux*, p. 69.

1. Prévoir que plus d'un médicament antituberculeux sera administré au client pour prévenir l'apparition d'une souche résistante.

2. Ne pas administrer conjointement des médicaments antituberculeux très ototoxiques.

3. Évaluer la néphrotoxicité, l'ototoxicité et l'hépatotoxicité causées par la plupart des médicaments antituberculeux.

4. Protéger le client manifestant des troubles vestibulaires pendant la marche, pour prévenir les chutes et les blessures.

5. Expliquer au client l'importance de prendre le médicament tel que prescrit.

AMINOSALICYLATE DE SODIUM   Nemasol^Pr

Catégorie   Antituberculeux de troisième ligne.

Mécanisme d'action/cinétique   L'acide aminosalicylique entrave la synthèse de l'acide folique chez les micro-organismes tuberculeux sensibles. Le médicament est bactériostatique. Ses sels sont facilement absorbés dans le tractus GI et bien distribués dans les tissus. **Demi-vie**: 1 h. Les métabolites sont excrétés principalement dans l'urine.

Indications Comme adjuvant d'autres médicaments antituberculeux dans le traitement de la tuberculose pulmonaire et extrapulmonaire. Souvent utilisé concurremment avec l'isoniazide et/ou la streptomycine.

Contre-indications Hypersensibilité au PAS. Administrer avec prudence chez les clients dont la fonction rénale est altérée.

Réactions indésirables *GI*: Nausées, vomissements, diarrhée, douleurs abdominales. *Allergiques*: Fièvre, éruption cutanée, hépatite. *Hématologiques*: Agranulocytose, thrombopénie, anémie hémolytique, leucopénie. *Autres*: Ictère, vasculite, encéphalopatie, syndrome faisant penser à la mononucléose infectieuse, goitre.

Interactions médicamenteuses

Médicaments	Interaction
Acide ascorbique	↑ du risque de cristallurie de l'acide aminosalicylique.
Acide para-aminobenzoïque (PABA)	Inhibe l'activité de l'acide aminosalicylique.
Aminosalicylate de potassium	↑ du risque d'arythmie chez les clients prenant des diurétiques ou de la digitale.
Ammonium, chlorure d'	↑ du risque de cristallurie de l'acide aminosalicylique.
Anticoagulants oraux	Effet additif sur le temps de prothrombine.
Isoniazide	↑ de l'activité de l'isoniazide due à une ↓ du métabolisme.
Phénytoïne	↑ de l'activité de la phénytoïne.
Pyrazinamide	↓ de l'activité pharmacologique de la pyrazinamide.
Rifampine	↓ de l'activité de la rifampine due à une ↓ de l'absorption dans le tractus GI.
Salicylates	↑possible de l'activité du PAS due à une ↓ de l'excrétion rénale ou à une ↓ de la liaison aux protéines.

Interactions avec les épreuves de laboratoire Décoloration des urines. Faux + à l'épreuve de l'acide acétylacétique.

Posologie PO. **Adultes**: 14 à 16 g par jour en 2 ou 3 doses fractionnées. **Pédiatrique**: 275 à 420 mg/kg par jour en 3 ou 4 doses fractionnées.

Administration/entreposage

1. Ranger au frais dans un contenant opaque sec.

2. Les solutions pour l'administration orale devraient être utilisées en moins de 24 h. Cependant, on ne doit jamais les utiliser si leur

couleur est plus foncée que celle d'une solution fraîchement préparée.

3. Réduire les troubles GI en administrant le médicament après les repas ou avec 5 à 10 mL d'hydroxyde d'aluminium, tel que prescrit par le médecin.

Soins infirmiers complémentaires

Voir *Soins infirmiers – Anti-infectieux*, p. 69, et *Antituberculeux*, p. 195.

1. *Évaluer*:
   a) les troubles GI, qui disparaissent après plusieurs jours de traitement. L'arrêt du traitement peut s'imposer s'ils persistent.
   b) les réactions d'hypersensibilité caractérisées par une hausse de la température corporelle (39 à 40°C) chez les clients n'ayant pas de fièvre au début du traitement.
   c) le goitre et l'hyperthyroïdie. S'attendre, s'il y a lieu, que le médecin prescrive une thyrothérapie.
   d) le déséquilibre électrolytique chez les clients atteints d'une maladie cardiaque ou rénale.

2. Utiliser le Tes-tape, le Clinistix ou le Diastix pour mesurer la glycosurie puisqu'une fausse réaction positive peut être obtenue avec la solution de Benedict, les comprimés Clinitest ou la liqueur de Fehling.

CAPRÉOMYCINE, SULFATE DE
Capastat Sulfate^Pr

Catégorie   Antituberculeux de troisième ligne.

Mécanisme d'action/cinétique   Mécanisme d'action inconnu. La capréomycine est bactéricide. Elle doit être administrée par voie parentérale. **Concentration plasmatique maximale: IM**, 20 à 47 µg/mL après 1 à 2 h. **Demi-vie**: 4 à 6 h. Excrété principalement dans l'urine.

Indications   Bacilles tuberculeux résistants. Devrait toujours être administré en association avec un autre médicament antituberculeux.

Contre-indications   Hypersensibilité au médicament. Utiliser avec prudence chez les clients présentant une insuffisance rénale ou une détérioration de l'audition. Ne jamais employer avec la streptomycine.

Réactions indésirables   Néphrotoxicité, toxicité hépatique, ototoxicité (tinnitus, vertige). *Hématologiques*: Leucopénie, leucocytose, éosinophilie. *Allergiques*: Urticaire, éruption cutanée, fièvre.

Autres: Douleur au point d'injection, abcès stériles, saignement au point d'injection. Hypokaliémie.

Posologie **IM profonde**: 1,0 g par jour (ne pas dépasser 20 mg/kg par jour) durant 60 à 120 jours, suivi de 1,0 g chaque 2 ou 3 semaines. Le traitement devrait être poursuivi pendant 18 à 24 mois.

Administration/entreposage

1. Les solutions reconstituées sont stables pendant 48 h à la température ambiante et pendant 14 jours au réfrigérateur.

2. Les solutions injectables de sulfate de capréomycine peuvent acquérir une légère coloration jaune paille et foncer, mais cela ne modifie pas l'efficacité du produit.

3. Administrer en profondeur dans un gros muscle pour réduire la douleur, l'induration, le saignement excessif et les abcès stériles au point d'injection.

Soins infirmiers complémentaires

Voir *Soins infirmiers – Anti-infectieux*, p. 69, et *Antituberculeux*, p. 195.

1. *Évaluer*:
   a) l'ototoxicité, qui se manifeste par une détérioration de la partie auditive et vestibulaire du nerf crânien VIII, le tinnitus, la surdité, l'étourdissement et l'ataxie.
   b) les symptômes de néphrotoxicité, mis en évidence par une diminution de la fonction rénale. Lorsque cela se produit, il faut évaluer l'état du client et discontinuer l'administration du médicament ou réduire la dose.

2. Protéger le client atteint de vertige ou d'ataxie durant la marche.

ÉTHAMBUTOL, CHLORHYDRATE D' Etibi[Pr], Myambutol[Pr]

Catégorie Antituberculeux de deuxième ligne.

Mécanisme d'action/cinétique Tuberculostatique. Interrompt la multiplication des bacilles tuberculeux mais n'affecte pas ces micro-organismes pendant leur état de repos. Entrave probablement la synthèse de l'ARN. Absorbé facilement après administration orale. Largement distribué dans l'organisme. **Concentration plasmatique maximale**: 2 à 5 μg/mL après 2 à 4 h. **Demi-vie**: 3,3 h. Environ 60% du médicament et de ses métabolites sont excrétés dans l'urine. Le médicament s'accumule chez les clients atteints d'insuffisance rénale.

Indications Médicament de deuxième ligne pour la tuberculose pulmonaire. Toujours utilisé en association avec d'autres médicaments antituberculeux.

Contre-indications Hypersensibilité à l'éthambutol, névrite optique préexistante et chez les enfants de moins de 13 ans. Devrait être employé avec prudence et à dose réduite chez les clients atteints de goutte ou d'une altération de la fonction rénale et chez la femme enceinte.

Réactions indésirables *Ophtalmologiques*: Névrite optique, diminution de l'acuité visuelle, perte de discrimination des couleurs (vert), perte temporaire de la vue, vision trouble. *GI*: Nausées, vomissements, anorexie, douleurs abdominales. *SNC*: Fièvre, céphalées, étourdissements, confusion, désorientation, malaise, hallucinations. *Allergiques*: Prurit, dermatite, goutte, thrombopénie, douleurs articulaires, érythrodermie bulleuse avec épidermolyse.

Atteinte rénale. Choc anaphylactique, névrite périphérique (rare), hyperuricémie et diminution de la fonction hépatique.

Les symptômes indésirables apparaissent généralement durant les premiers mois du traitement et disparaissent par la suite. Il est recommandé d'effectuer périodiquement les épreuves des fonctions hépatique et rénale et la détermination de l'acide urique.

Posologie **PO, traitement initial**: 15 mg/kg par jour administrés chaque jour jusqu'à ce qu'on observe une amélioration maximale; **second traitement**: 25 mg/kg par jour en dose unique avec au moins un autre médicament antituberculeux; **après 60 jours**: 15 mg/kg administrés une fois par jour.

Soins infirmiers complémentaires

Voir *Soins infirmiers – Anti-infectieux*, p. 69, et *Antituberculeux*, p. 195.

1. S'assurer que le client a subi un examen de l'acuité visuelle avant de commencer le traitement à l'éthambutol et qu'il ne souffre pas déjà de problèmes visuels. Voir aussi à ce que le client subisse un examen de la vision toutes les 2 ou 4 semaines pendant le traitement.

2. Rassurer le client; les effets du médicament sur la vision disparaissent généralement pendant les quelques semaines ou les quelques mois suivant l'arrêt du traitement.

3. Avertir la cliente de cesser de prendre le médicament et de voir immédiatement son médecin si elle devient enceinte au cours du traitement.

ISONIAZIDE (INH, ISONICOTINYL-HYDRAZINE) Isoniazide^Pr, Isotamine^Pr, PMS-Isoniazid^Pr, Rimifon^Pr

Catégorie Antituberculeux de première ligne.

Généralités L'isoniazide est l'agent tuberculostatique le plus efficace. On répartit les clients qui reçoivent de l'isoniazide en deux groupes, selon la façon dont ils métabolisent ce médicament.

1. **Inactivateurs lents**: Ils répondent plus vite mais ont plus de réactions toxiques, telles que les neuropathies causées par une concentration sanguine du médicament plus élevée.

2. **Inactivateurs rapides**: Ils ont peut-être une mauvaise réponse clinique à cause de l'inactivation rapide. Ce groupe requiert une dose quotidienne plus élevée, et il risque plus d'être atteint d'une hépatite.

Le métabolisme de l'isoniazide est déterminé génétiquement, et il dépend de la concentration d'un enzyme hépatique. En principe, 50% des Blancs et des Noirs sont des inactivateurs lents, alors que la majorité des Amérindiens, des Inuit, des Japonais et des Chinois sont des inactivateurs rapides.

Mécanisme d'action/cinétique L'isoniazide entrave probablement le métabolisme des lipides et de l'acide nucléique de la bactérie en croissance, ce qui se traduit par une altération de la paroi cellulaire de la bactérie. Le médicament est tuberculostatique. Il est absorbé rapidement après l'administration orale et parentérale (IM) et il est largement distribué. **Concentration plasmatique maximale: PO**, 1 à 2 h; **Demi-vie**: 1 à 4 h. Ces valeurs augmentent dans les cas d'atteinte rénale ou hépatique. Le médicament est métabolisé par le foie et excrété principalement dans l'urine.

Indications Tuberculose causée par des souches humaines, bovines ou BCG de *Mycobacterium tuberculosis*. Le médicament ne devrait pas être employé comme seul agent tuberculostatique. Thérapie préventive.

Contre-indications Hypersensibilité grave à l'isoniazide. On devrait user d'extrême prudence chez les clients atteints de troubles convulsifs; en pareil cas, le médicament ne devrait être administré que lorsque l'état du client est bien maîtrisé par l'utilisation d'anticonvulsivants. Employer également avec prudence dans le traitement de la tuberculose rénale de même qu'à la plus faible posologie possible chez les clients alcooliques et chez ceux dont la fonction rénale est altérée.

Réactions indésirables Névrite périphérique, spasmes musculaires. *SNC*: Ataxie, stupeur, convulsions, encéphalopathie toxique, euphorie, altération de la mémoire, étourdissements, psychoses toxiques. *GI*: Nausées, vomissements, épigastralgie, xérostomie. *Hypersensibilité*: Fièvre, éruption cutanée, vasculite, lymphadénopathie. *Hépatiques*: Malfonctionnement du foie, ictère, bilirubinémie, hépatite (rarement fatale). Augmentation de la SGOT et de la SGPT. *Hématologiques*: Agranulocytose, éosinophilie, thrombopénie, méthémoglobinémie, anémies. *Autres*: Tinnitus, névrite optique, atrophie optique, hyperglycémie, acidose métabolique, rétention urinaire, gynécomastie chez les hommes, syndrome lupique, arthralgie.

Note: On peut donner en association avec l'isoniazide 10 à 15 mg par jour de pyridoxine pour réduire les effets indésirables sur le SNC. On recommande d'effectuer périodiquement des examens ophtalmologiques et des épreuves de la fonction hépatique.

Interactions médicamenteuses

Médicaments	Interaction
Acide aminosalicylique	↑ de l'effet de l'isoniazide par ↑ de la concentration sanguine.
Atropine	↑ des effets secondaires de l'isoniazide.
Disulfirame (Antabuse)	↑ des effets secondaires de l'isoniazide (surtout sur le SNC).
Éthanol	↑ du risque d'hépatite induite par l'isoniazide.
Mépéridine	↑ des effets secondaires de l'isoniazide.
Phénytoïne	↑ de l'activité de la phénytoïne due à la ↓ du catabolisme hépatique.
Rifampine	Toxicité hépatique accrue.

Interactions avec les épreuves de laboratoire Modifications des épreuves de la fonction hépatique. Faux + ou ↑ K, SGOT, SGPT, glucose urinaire (solution de Benedict, Clinitest).

Posologie **PO (habituellement).** *Tuberculose active*: **Adultes**, 5 mg/kg par jour (jusqu'à 300 mg par jour) en une seule dose; **enfants et nourrissons**: 10 à 20 mg/kg par jour (jusqu'à 300 à 500 mg par jour) en une seule dose. *Prophylaxie*: **Adultes**, 300 mg par jour en une seule dose; **enfants et nourrissons**: 10 mg/kg par jour (jusqu'à 300 mg par jour) en une seule dose.

Administration/entreposage

1. Conserver dans un contenant opaque et bien fermé.

2. Les solutions destinées aux injections IM peuvent cristalliser à basse température. On devrait les laisser atteindre la température ambiante si elles contiennent un précipité.

3. Expliquer au client qu'il faut prendre le médicament à jeun, c'est-à-dire 1 h avant les repas ou 2 h après.

4. Chez les clients sous-alimentés, alcooliques ou diabétiques, l'isoniazide devrait être administré avec de la pyridoxine à raison de 6 à 50 mg par jour.

Soins infirmiers complémentaires

Voir *Soins infirmiers – Anti-infectieux*, p. 69, et *Antituberculeux*, p. 195.

1. Garder à portée de la main du phénobarbital sodique pour usage parentéral afin de pouvoir maîtriser les symptômes de neurotoxicité induits par l'isoniazide, en particulier les convulsions.

2. S'attendre que certains médicaments cholinergiques, l'atropine et certains narcotiques (mépéridine) puissent aggraver les réactions indésirables.

3. Cesser l'administration du médicament et consulter le médecin dans le cas de stimulation marquée du SNC.

4. Expliquer au client qu'on lui donne de la pyridoxine pour prévenir les effets neurotoxiques de l'isoniazide.

5. Surveiller attentivement l'état des diabétiques, puisqu'il est plus difficile d'équilibrer cette maladie lorsqu'on administre de l'isoniazide. Signaler ce phénomène au client.

6. Prévoir qu'on administrera de plus petites doses aux clients atteints de problèmes rénaux et surveiller les ingesta et les excreta liquides pour s'assurer que le débit d'élimination rénale est suffisant pour prévenir l'accumulation systémique du médicament.

7. Puisque l'état du client doit être réévalué chaque mois, ne lui donner que la quantité de médicament à prendre dans ce laps de temps.

8. Prévoir une légère irritation locale au point d'injection.

9. Expliquer au client et/ou à sa famille qu'il doit cesser de prendre le médicament et avertir le médecin en cas de fatigue, de faiblesse, de malaises et d'anorexie, puisqu'il s'agit des signes prodromiques d'une hépatite.

KANAMYCINE Anamid^Pr, Kantrex^Pr

Catégorie Antituberculeux de troisième ligne et antibiotique aminoside.

Posologie **IM. Adultes**: 15 mg/kg une fois par jour. L'usage n'est pas recommandé chez les enfants. Pour les renseignements sur la kanamycine, voir à la p. 143.

PYRAZINAMIDE Tebrazid^Pr

Catégorie Antituberculeux de deuxième ligne.

Mécanisme d'action/cinétique Bactériostatique et bactéricide. Bien absorbé dans le tractus GI, largement distribué dans les tissus. **Concentration plasmatique maximale**: 2 h; **Demi-vie**: 9 à 10 h, plus longue dans le cas d'une altération des fonctions hépatique ou rénale. Métabolisé dans le foie et excrété dans l'urine.

Indications Toute forme de tuberculose active. Convient pour un usage à court terme chez des clients choisis. Ne convient ni pour le traitement initial ni pour l'usage à long terme. Ce médicament ne devrait être employé qu'avec d'autres agents antituberculeux.

Contre-indications   Mauvais fonctionnement préexistant du foie.

Réactions indésirables   *Hépatiques*: Atteinte cellulaire, hépatomégalie, ictère, sensibilité. *GI*: Nausées, vomissements, diarrhée, anorexie. *SNC*: Fièvre, malaises. *Autres*: Goutte, troubles de la coagulation, arthralgie, éruption cutanée, photosensibilité, splénomégalie. Il faut faire fréquemment les épreuves de la fonction hépatique.

Interactions médicamenteuses

Médicaments	Interaction
Acide aminosalicylique	↓ de l'activité pharmacologique du pyrazinamide.
Probénécide	↓ de l'activité pharmacologique du pyrazinamide.
Salicylates	↓ de l'activité pharmacologique du pyrazinamide.

Posologie   **PO. Adultes, habituelle**: 20 à 35 mg/kg par jour en 3 ou 4 doses fractionnées. La dose quotidienne maximale est de 3,0 g.

Soins infirmiers complémentaires

Voir *Soins infirmiers – Anti-infectieux*, p. 69, et *Antituberculeux*, p. 195.

1. S'interroger sur le bien-fondé de doses excédant 35 mg/kg par jour, étant donné que le risque de lésions hépatiques est plus élevé avec de fortes doses.
2. N'administrer que sous étroite surveillance médicale.
3. *Évaluer*:
   a) l'ictère.
   b) l'hypoglycémie ou l'hyperglycémie chez les clients diabétiques puisque le médicament affecte le métabolisme des sucres.
   c) l'apparition de fatigue, d'anorexie, de faiblesse, d'irritabilité, de signes d'anémie et de signes prodromiques d'hépatite.
4. Planifier de fréquentes épreuves de la fonction hépatique.

RIFAMPINE   Rifadin[Pr], Rimactane[Pr], Rofact[Pr]

Catégorie   Antituberculeux de première ligne.

Mécanisme d'action/cinétique   Antibiotique semi-synthétique dérivé de *Streptomyces mediterranei*. La rifampine intervient dans la réplication bactérienne en interrompant la synthèse de l'ARN. Le médicament est à la fois bactériostatique et bactéricide. Il est particulièrement actif contre les organismes dont la reproduction est rapide. Le médicament est bien absorbé dans le tractus GI et il est largement distribué dans l'organisme. **Concentration plasmatique maximale**: 4 à 32 μg/mL après 2 à 4 h. **Demi-vie**: 3 h (plus longue chez les clients dont la fonction hépatique est altérée). Chez les clients normaux, la demi-vie décroît avec l'usage. Le médicament est métabolisé dans le foie, et 60% est excrété dans les fèces.

Indications   Tuberculose pulmonaire. Doit être employée en association avec au moins un autre médicament tuberculostatique (tel que l'isoniazide ou l'éthambutol). Médicament de choix pour un second traitement. Aussi pour le traitement des porteurs asymptomatiques de méningocoques. *À l'étude*: En association pour les infections causées par *Staphylococcus aureus* et *S. epidermidis*; maladie des légionnaires; en association avec la dapsone pour le traitement de la lèpre; prophylaxie des méningites causées par *H. influenzæ*.

Contre-indications   Hypersensibilité; n'est pas recommandé pour une thérapeutique intermittente. L'innocuité chez la femme enceinte et chez celle qui allaite n'a pas été établie. Employer avec une prudence extrême chez les clients atteints de malfonctionnement hépatique.

Réactions indésirables   *GI*: Nausées, vomissements, crampes, brûlures d'estomac, flatulence. *SNC*: Céphalée, somnolence, fatigue, ataxie, étourdissements, confusion, fièvre, difficulté de concentration. *Hépatiques*: Ictère, hépatite. Augmentation de la SGOT, de la SGPT, de la bilirubine, de la phosphatase alcaline. *Hématologiques*: Thrombopénie, leucopénie, anémie hémolytique. *Allergiques*: Syndrome grippal, dyspnée, respiration sifflante, purpura, prurit, urticaire, éruption cutanée, douleurs buccales et glossalgie, conjonctivite. *Rénales*: Hématurie, hémoglobinurie, insuffisance rénale aiguë. *Autres*: Troubles de la vision, faiblesse ou douleur musculaire, arthralgie, insuffisance corticosurrénale, augmentation du BUN et de l'acide urique sérique.
Note: Les liquides de l'organisme et les fèces peuvent être rouge orangé.

Interactions médicamenteuses

Médicaments	Interaction
Acide aminosalicylique	↓ de l'activité de la rifampine due à une ↓ de l'absorption dans le tractus GI.
Anticoagulants oraux	↓ de l'activité des anticoagulants due à une ↑ du catabolisme par le foie.
Barbituriques	↓ de l'activité des barbituriques due à une ↑ du catabolisme par le foie.
Contraceptifs oraux	↓ de l'activité des contraceptifs oraux due à une ↑ du catabolisme des œstrogènes par le foie.

Médicaments	Interaction
Corticostéroïdes	↓ de l'activité des corticostéroïdes due à une ↑ du catabolisme par le foie.
Digitoxine	↓ de l'activité de la digitoxine due à une ↑ du catabolisme par le foie.
Hypoglycémiants oraux	↓ de l'activité de l'hypoglycémiant due à une ↑ du catabolisme par le foie.
Isoniazide	Toxicité hépatique accrue.
Quinidine	↓ de l'activité de la quinidine due à une ↑ du catabolisme par le foie.

Interactions avec les épreuves de laboratoire

↑ SGOT, SGPT, phosphatase alcaline, urée, bilirubine, acide urique et valeur de rétention de la BSP. Faux + au test de Coombs.

Posologie **PO.** *Tuberculose pulmonaire*: **Adultes**, une dose unique de 600 mg quotidiennement; **enfants de plus de 5 ans**: 10 à 20 mg/kg par jour, sans excéder 600 mg par jour. *Porteurs de méningocoques*: 600 mg par jour pendant 4 jours; **enfants de plus de 5 ans**: 10 à 20 mg/kg par jour pendant 4 jours, sans excéder 600 mg par jour.

Administration

1. Pour obtenir une absorption maximale, administrer une fois par jour, 1 h avant les repas ou 2 h après.

2. S'assurer de la présence d'un agent dessicant dans le contenant des capsules de rifampine, car elles sont sensibles à l'humidité.

3. Si le médicament est administré conjointement avec le PAS, on devrait le donner 8 à 12 h avant ou après ce dernier, puisque l'acide entrave l'absorption de la rifampine.

Soins infirmiers complémentaires

Voir *Soins infirmiers – Anti-infectieux*, p. 69, et *Antituberculeux*, p. 195.

1. *Évaluer* l'apparition de troubles GI, l'altération de la fonction rénale, la détérioration du nerf auditif, la présence de dyscrasies sanguines et de malfonctionnement du foie.

2. Avertir le client que la rifampine confère une couleur orangée à l'urine, aux fèces, à la salive, aux expectorations et aux larmes.

STREPTOMYCINE, SULFATE DE Sulfate de streptomycine[Pr]

Catégorie Aminoside, antituberculeux de deuxième ligne. Voir à la p. 147.

CHAPITRE 14

Antipaludiques

Amino-4 quinoléines
Chloroquine, phosphate de *209*

Hydroxychloroquine,
   sulfate d' *210*

Amino-8 quinoléine
Primaquine, phosphate de *211*

Autres antipaludiques
Mépacrine, chlorhydrate
   de *212*

Pyriméthamine *212*
Quinine, sulfate de *214*

Généralités   Une bonne compréhension du cycle de vie de l'agent infectieux aide à bien comprendre le mécanisme d'action des antipaludiques.

Le paludisme est transmis par les moustiques du genre *Anophele*. L'agent pathogène fait partie du genre *Plasmodium*; les espèces infectieuses pour les humains sont *P. falciparum*, *P. vivax*, *P. malariæ* et *P. ovale*.

Les plasmodies ont un cycle de vie complexe dont une partie se déroule dans l'intestin du moustique et l'autre à l'intérieur de l'humain. Pendant ce stade de développement des sporozoïtes, l'organisme est transmis à l'humain par une piqûre de moustique. Les sporozoïtes se dirigent vers le foie où ils croissent et se divisent (stade exo-érythrocytaire ou des hépatozoïtes) pour se transformer en mérozoïtes. Les mérozoïtes entrent dans plusieurs tissus, dont les érythrocytes (stade érythrocytaire asexué), et les font éclater (hémolyse), ce qui élève la température corporelle. Certains mérozoïtes se développent en parasites mâles et d'autres en parasites femelles. À ce stade, on les appelle gamétocytes. Ils infectent les moustiques lorsque ceux-ci piquent les humains porteurs. Ils se reproduisent ensuite dans l'intestin du moustique et se développent jusqu'au stade de sporozoïte, ce qui complète le cycle.

Les manifestations cliniques du paludisme ne s'expriment pas pendant chaque stade du cycle de vie du parasite, et il n'existe pas de médicament qui permette l'élimination du parasite pendant tous les stades. Il existe 6 catégories de traitement, selon le résultat obtenu et le stade de la maladie en cours. Ces catégories sont les suivantes:

1. *Prophylaxie causale*: élimination du parasite à l'état primaire exo-érythrocytaire (destruction des sporozoïtes), ce qui empêche la maladie de se propager.

2. *Prophylaxie suppressive*: empêche le parasite de se développer jusqu'au stade érythrocytaire (inhibition du stade érythrocytaire).

Cette forme de traitement empêche les manifestations cliniques du paludisme. Médicaments recommandés: chloroquine, chloroguanide, pyriméthamine. Les symptômes réapparaissent si la thérapie est .interrompue. Employés de manière prophylactique, les antipaludiques doivent être administrés au moins 2 semaines avant l'exposition à l'endémie et le traitement doit être continué sur une période variable (selon le médicament) après le départ de la région endémique.

3. *Traitement clinique*: interrompt la progression du stade érythrocytaire et met fin à une attaque clinique. Médicaments recommandés: chloroquine, quinine.

4. *Traitement suppressif*: élimination complète des parasites du paludisme chez l'individu atteint. Médicament recommandé: pyriméthamine.

5. *Traitement radical*: élimination des variétés érythrocytaires du parasite et soulagement des symptômes. Médicament recommandé: primaquine.

6. *Traitement gamétocytocide*: destruction de la variété sexuée du parasite du paludisme. Médicament recommandé: primaquine.

Soins infirmiers

Voir *Soins infirmiers – Anti-infectieux*, p. 69.

AMINO-4 QUINOLÉINES

Généralités   L'emploi de deux amino-4 quinoléines – la chloroquine (Aralen) et l'hydroxychloroquine (Plaquenil) – est très répandu pour le traitement du paludisme. Ces agents synthétiques ressemblent à la quinine. Ils sont également employés comme amœbicides ainsi que pour le traitement des maladies rhumatismales.

Mécanisme d'action/cinétique   On croit que les amino-4 quinoléines forment un complexe avec l'ADN et qu'elles interviennent ainsi dans la réplication de l'organisme infectieux. Les amino-4 quinoléines sont rapidement et presque entièrement absorbées dans le tractus GI. **Concentration plasmatique maximale**: 1 à 3 h. Elles sont éliminées et transformées très lentement. On a démontré la présence de traces du médicament des semaines et même des mois après l'arrêt du traitement. On peut augmenter l'excrétion urinaire en acidifiant l'urine et la ralentir en l'alcalinisant.

Indications   Traitement suppressif ou prophylactique du paludisme causé par *Plasmodium falciparum*, *P. vivax*, *P. ovale* ou *P. malariæ*. Guérit complètement le paludisme causé par *P. falciparum* mais ne peut prévenir la rechute de celui qui est causé par *P. vivax*.

Les médicaments ne sont efficaces que contre les formes érythrocytaires et ne peuvent donc pas prévenir les infections.

Amibiase extra-intestinale causée par *E. histolytica.* Lupus érythémateux. Alternative aux sels d'or ou à la pénicillamine chez les clients résistants aux salicylates ou aux anti-inflammatoires non stéroïdiens (AINS).

Contre-indications   Employer avec une extrême prudence en présence de troubles sanguins, neurologiques, GI graves et hépatiques.

Ces médicaments ne devraient pas être employés en présence de psoriasis, de porphyrie ou durant la grossesse, à moins qu'ils ne soient jugés essentiels. Ne pas utiliser avec les sels d'or ou la phénylbutazone ou chez les clients qui prennent des médicaments abaissant le nombre de cellules souches du sang dans la moelle osseuse.

Réactions indésirables   *GI*: Nausées, vomissements, diarrhée, crampes, anorexie, douleurs épigastriques, stomatite, bouche sèche. *SNC*: Céphalée, fatigue, nervosité, anxiété, irritabilité, agitation, apathie, confusion, changement de personnalité, dépression, psychose, convulsions. *Dermatologiques*: Prurit, changement dans la pigmentation de la peau et des muqueuses, dermatose, décoloration des cheveux. *Hématologiques*: Neutropénie, anémie aplastique, thrombopénie, agranulocytose. *Oculaires*: Rétinopathie qui peut être permanente et conduire à la cécité. Vision trouble, difficultés d'accommodation ou de mise au point, l'administration chronique peut causer des dépôts sur la cornée ou la kératopathie. *Autres*: Hypotension, changements de l'ECG, névrite périphérique, ototoxicité, neuromyopathie se manifestant par une faiblesse musculaire.

Interactions médicamenteuses

Médicaments	Interaction
Acidifiants urinaires (chlorure d'ammonium, etc.)	↑ de l'excrétion urinaire de l'antipaludique, donc ↓ de son efficacité.
Alcalinisants urinaires (bicarbonates, etc.)	↓ de l'excrétion de l'antipaludique, donc ↑ de la quantité de médicament dans l'organisme.
Inhibiteurs de la MAO (IMAO)	↑ de la toxicité des amino-4 quinoléines par ↓ du catabolisme hépatique.
Médicaments contre le psoriasis (anthraline, résorcinol)	Les amino-4 quinoléines inhibent l'activité des médicaments contre le psoriasis.

Interaction avec les épreuves de laboratoire   Colore l'urine en brun.

Posologie   Voir chaque médicament.

Administration/entreposage

1. En thérapie suppressive, prendre le médicament le même jour chaque semaine. Prendre immédiatement après un repas afin de réduire l'irritation gastrique.

2. Prendre avec le repas du soir pour le traitement du lupus érythémateux discoïde.

3. Conserver dans des contenants ambrés.

Soins infirmiers

Voir *Soins infirmiers – Anti-infectieux*, p. 69.

1. *Évaluer*:
   a) l'apparition de la rétinopathie, qui se manifeste par des troubles visuels. L'altération de la rétine est irréversible. Des examens ophtalmologiques réguliers sont essentiels pendant une thérapie prolongée.
   b) l'apparition de toxicité aiguë, pouvant survenir lors d'un surdosage accidentel chez les enfants ou chez les clients suicidaires. Les symptômes de toxicité aiguë se développent dans les 30 min suivant l'ingestion et la mort peut survenir dans les 2 h.
      (1) Symptômes de toxicité aiguë: céphalée, somnolence, troubles de la vision, collapsus cardio-vasculaire, convulsions, arrêt cardiaque.
      (2) Garder l'équipement d'urgence à portée de la main, y compris l'équipement pour lavage gastrique, des barbituriques, des médicaments vasopresseurs et de l'oxygène. Garder le client sous observation pendant 6 h après que la toxicité aiguë a été traitée.
      (3) Vérifier fréquemment les signes vitaux et la pression artérielle ainsi que les ingesta, les excreta et l'état de conscience.
      (4) Prévoir qu'il faudra augmenter l'absorption de liquides et administrer du chlorure d'ammonium pendant des semaines ou même des mois pour acidifier l'urine et favoriser l'excrétion rénale du médicament.
      (5) Prévenir le client que le médicament doit être gardé hors de la portée des enfants.

2. Vérifier les effets toxiques des autres médicaments employés, car l'association avec la chloroquine peut augmenter les effets toxiques.

CHLOROQUINE, PHOSPHATE DE   Aralen[Pr], Novochloroquine[Pr]

Catégorie   Amino-4 quinoléine – antipaludique, amœbicide.
Note: Voir *Généralités*, p. 206, et *Amino-4 quinoléines*, p. 207.

Réaction indésirable supplémentaire La chloroquine peut exacerber le psoriasis et précipiter une crise aiguë.

Posologie PO. *Attaque de paludisme*: **Adultes, initialement**: 600 mg; **puis**, 300 mg après 6 h et 300 mg par jour pendant 2 jours. **Enfants, initialement**: 10 mg/kg; **puis**, 5 mg/kg après 6 h et 5 mg/kg pendant 2 jours. Les doses initiales pour enfants ne devraient pas excéder 600 mg et les doses subséquentes, 300 mg. *Suppression du paludisme*: **Adultes**, 5 mg (base)/kg, ne pas excéder 300 mg par semaine; **enfants de moins de 1 an**: ne pas excéder 62 mg par semaine; **1 à 3 ans**: ne pas excéder 125 mg par semaine; **4 à 6 ans**: ne pas excéder 165 mg par semaine; **7 à 10 ans**: ne pas excéder 250 mg par semaine; **11 à 16 ans**: ne pas excéder 375 mg par semaine. *Amibiase*: **Adultes**, 1 g par jour pendant 2 jours; **puis**, 500 mg par jour pendant 2 ou 3 semaines (donner avec un amœbicide intestinal).

HYDROXYCHLOROQUINE, SULFATE D'
Plaquenil[Pr]

Catégorie Amino-4 quinoléine.
Note: Voir *Généralités*, p. 206, et *Amino-4 quinoléines*, p. 207. Aussi employé comme antirhumatismal.

Réactions indésirables supplémentaires L'apparition d'éruptions cutanées ou une vision trouble et la perception de halos indiquent qu'il faut retirer le médicament.

Interactions médicamenteuses L'emploi simultané avec la phénylbutazone ou les sels d'or peut causer une dermatite et une ↑ des risques de réactions cutanées graves.

Posologie PO. *Attaque de paludisme*: **Adultes, initialement**, 620 mg; **puis**, 310 mg après 6 h et 310 mg par jour pendant 2 jours. **Enfants, initialement**, 10 mg/kg; **puis**, 5 mg/kg après 6 h et 5 mg/kg par jour pendant 2 jours. La posologie chez les enfants ne doit pas dépasser la posologie quotidienne pour adultes. *Suppression du paludisme*: **Adultes**, 5 mg (base)/kg sans excéder 310 mg (base) par semaine; **enfants de moins de 1 an**: ne pas excéder 50 mg par semaine; **1 à 3 ans**: ne pas excéder 100 mg par semaine; **4 à 6 ans**: ne pas excéder 130 mg par semaine; **7 à 10 ans**: ne pas excéder 200 mg par semaine; **11 à 16 ans**: ne pas excéder 290 mg par semaine. *Polyarthrite rhumatoïde*: **Adultes**, 400 à 600 mg par jour avec du lait ou un repas; **entretien** (habituellement après 4 à 12 semaines): 200 à 400 mg par jour. (*Note*: Plusieurs mois peuvent s'écouler avant l'apparition d'effets bénéfiques.) *Lupus érythémateux*: **Adultes, habituellement**, 400 mg une à deux fois par jour; **entretien**: 200 à 400 mg par jour.

AMINO-8 QUINOLÉINE

PRIMAQUINE, PHOSPHATE DE   Primaquine

Catégorie   Amino-8 quinoléine, antipaludique.

Généralités   Voir également les généralités au début de ce chapitre. La primaquine est active contre les formes primaires exo-érythrocytaires du paludisme causé par *P. falciparum* et *P. vivax*. Guérit de façon radicale le paludisme causé par *P. vivax* en éliminant ses formes exo-érythrocytaires et érythrocytaires. Elle guérit les infections cachées après le départ du client de la région endémique et prévient la rechute. Pour cette raison, le médicament est administré conjointement avec de la quinine ou de la chloroquine.

Mécanisme d'action/cinétique   On croit qu'elle perturbe les mitochondries du parasite; il en résulte une altération profonde du métabolisme cellulaire (diminution de la synthèse des protéines). Bien absorbé par le tractus GI. **Concentration plasmatique maximale**: 2 h. Peu distribué dans les tissus.

Indications   Guérison radicale des formes exo-érythrocytaires de *Plasmodium vivax*.

Contre-indications   Formes très actives de *Plasmodium vivax* et *P. falciparum*.

Réactions indésirables   *GI*: Crampes abdominales, troubles épigastriques, nausées, vomissements. *Hématologiques*: Méthémoglobinémie. Les Noirs et certains Méditerranéens (Sardes, Juifs séfarades, Grecs, Iraniens) présentent une incidence élevée de déficience en glucose-6-phosphate déshydrogénase et, par conséquent, tolèrent peu la primaquine. Ces individus manifestent une anémie hémolytique marquée après l'administration de primaquine. *Autres*: Céphalée, prurit, problèmes d'accommodation visuelle, arythmie cardiaque, hypertension.

Interactions médicamenteuses

Médicaments	Interaction
Médicaments hémolytiques, dépresseurs de la moelle osseuse	Réactions indésirables supplémentaires.
Quinacrine (Atabrine)	La quinacrine entrave la dégradation de la primaquine et accroît donc ses propriétés toxiques. Ne pas administrer la primaquine aux clients qui reçoivent de la quinacrine ou qui en ont reçu pendant les 3 derniers mois.

Posologie   **PO.** *Guérison radicale du paludisme causé par* P. vivax: 26,3 mg par jour pendant 14 jours. *Suppression du paludisme*: **Adultes**, 26,3 mg par jour pendant 14 jours ou 79 mg une fois par semaine pendant 8 semaines: **enfants**: 0,3 mg (base)/kg par jour pendant 14 jours ou 0,9 mg (base)/kg par semaine pendant 8 semaines.

Administration/entreposage

1. Administrer le médicament avec les repas ou des antiacides, tel que prescrit. Cela réduit ou prévient les troubles GI.

2. Conserver dans un contenant bien fermé.

3. Le traitement est commencé après la fin ou pendant les 2 dernières semaines du traitement suppressif avec la chloroquine ou un autre médicament similaire.

Soins infirmiers

Voir *Soins infirmiers – Anti-infectieux*, p. 69.

1. *Évaluer*:
   a) la couleur de l'urine, car une urine foncée indique une hémolyse et une baisse marquée de l'hémoglobine ou de la numération des érythrocytes; ces signes indiquent la nécessité de retirer le médicament. Surveiller les ingesta et les excreta.
   b) les clients non caucasiens. Pendant le traitement à la primaquine, ces clients risquent de souffrir d'anémie hémolytique à cause d'une possible déficience innée en glucose-6-phosphate déshydrogénase.

2. Enseigner au client comment évaluer la couleur de l'urine et lui expliquer qu'il faut signaler toute coloration brune ou foncée.

3. Lors d'un traitement suppressif, donner le médicament le même jour chaque semaine. Donner juste avant ou après un repas pour réduire l'irritation gastrique.

AUTRES ANTIPALUDIQUES

MÉPACRINE, CHLORHYDRATE DE   Atabrine

Voir à la p. 186.

PYRIMÉTHAMINE   Daraprim

Catégorie   Antipaludique, antitoxoplasmique, antagoniste de l'acide folique.

Généralités   Comme elle agit lentement, il est conseillé d'utiliser en cas d'attaque un autre antipaludique d'action plus rapide, comme la chloroquine. La pyriméthamine a une certaine activité antitoxoplasmique. Le médicament est administré conjointement avec un sulfamide dans le traitement de la toxoplasmose.

Mécanisme d'action/cinétique   Entrave le métabolisme des acides nucléiques du parasite (antagoniste de l'acide folique). Complètement absorbé par le tractus GI. Excrété très lentement dans l'urine. Des traces du médicament sont perceptibles dans l'urine 30 jours ou plus après l'administration.

Indications   Paludisme causé par *P. falciparum*: prophylaxie causale, prophylaxie suppressive, traitement radical, crises primaires et rechutes. Paludisme causé par *P. vivax*: traitement suppressif et peut-être une certaine prophylaxie causale. Toxoplasmose (habituellement administré avec un sulfamide).

Contre-indications   N'est pas recommandé pour le traitement de parasites résistants.

Réactions indésirables   Peu d'effets toxiques à la posologie habituelle. Dermatoses occasionnelles. Des doses plus fortes peuvent causer les réactions suivantes: *GI*: Anorexie, vomissements, glossite atrophique. *Hématologiques*: Anémie mégaloblastique, leucopénie, thrombopénie, pancytopénie. *SNC*: Les fortes doses et le surdosage peuvent entraîner des convulsions.

Interactions médicamenteuses

Médicaments	Interaction
Acide folique	↓ de l'effet de la pyriméthamine.
PABA	↓ de l'effet de la pyriméthamine.
Quinine	↑ de l'effet de la quinine due à une ↓ du taux de liaison aux protéines plasmatiques.

Posologie   **PO.** *Attaque de paludisme* (employé avec d'autres antipaludiques): **Adultes**, 50 mg par jour pendant 2 jours; **pédiatrique, 4 à 10 ans**: 25 mg par jour pendant 2 jours. *Prophylaxie du paludisme*: **Adultes et enfants de plus de 10 ans**, 25 mg une fois par semaine; **enfants de 4 à 10 ans**: 12,5 mg une fois par semaine; **nourrissons et enfants de moins de 4 ans**: 6,25 mg une fois par semaine. *Toxoplasmose*: **Initialement**, 50 à 75 mg par jour avec 150 mg/kg par jour (maximum de 4 g) de sulfadiazine en 4 doses fractionnées pendant 2 ou 3 semaines; **puis**, réduire de moitié la dose de chaque médicament et poursuivre le traitement pendant 4 ou 5 semaines. **Pédiatrique: Initialement**, 1 mg/kg par jour divisé en 2 doses égales pendant 2 à 4 jours; **puis**, réduire la dose de moitié et poursuivre pendant 1 mois (administrer également de la sulfadiazine).

Voir *Soins infirmiers – Anti-infectieux*, p. 69.

1. Prévoir un début d'action très lent. Un médicament agissant plus rapidement est habituellement employé lors d'une attaque de paludisme.

2. Administrer en prophylaxie suppressive lors de la saison de transmission de la maladie.

3. Administrer les doses recommandées à des intervalles d'une semaine pour éviter le développement d'une résistance et les troubles de la formation de cellules sanguines, ce qui nécessiterait une modification du traitement.

4. Prévoir que des signes de carence en acide folique, comme l'anémie mégaloblastique, la thrombopénie, la leucopénie ou des troubles GI, peuvent se développer lorsqu'on administre des doses élevées, comme chez les clients atteints de toxoplasmose. La médication devrait être interrompue ou réduite, et on devrait administrer de l'acide folique (Leucovorin calcique).

5. Garder des barbituriques et de l'acide folique pour traiter les convulsions résultant d'un surdosage important.

6. Surveiller l'apparition de symptômes du paludisme, car une résistance au médicament peut se développer.

QUININE, SULFATE DE Novoquinine, Sulfate de quinine

Catégorie Antipaludique.

Généralités Ce médicament est un alcaloïde naturel qui provient de l'écorce de quinquina. En plus d'être antipaludique, il a aussi des propriétés antipyrétiques et analgésiques semblables à celles des salicylates. Il soulage les spasmes musculaires et s'utilise comme agent diagnostique de la myasthénie grave. On emploie la quinine de plus en plus depuis que des souches résistantes de *P. vivax* et *P. falciparum* ont été observées dans le sud-est de l'Asie, il y a quelques années. Aucune des souches de *Plasmodium* n'est résistante à la quinine.

Mécanisme d'action/cinétique On croit que la quinine a plusieurs effets toxiques sur le parasite, dont la diminution de la respiration et l'atteinte de la réplication de l'ADN. La quinine est absorbée complètement et rapidement par le tractus GI et largement distribuée dans les tissus. Le médicament est fortement lié aux protéines. Environ 10% est excrété inchangé dans l'urine.

Indications En association avec la pyriméthamine et la sulfadiazine ou la tétracycline contre les formes résistantes de *P. falciparum*. Crampes nocturnes dans les jambes.

Contre-indications Clients atteints de tinnitus. Employer avec prudence chez les clients atteints de névrite optique.

Réactions indésirables Un ensemble de symptômes appelé cinchonisme peut résulter de l'emploi de la quinine. Le cinchonisme léger est caractérisé par le tinnitus, les céphalées, les nausées et de légers troubles de la vue. Cependant, des doses plus fortes entraînent de graves effets cutanés, gastro-intestinaux, cardio-vasculaires et au SNC.

Allergiques: Rougeurs, éruption cutanée, fièvre, œdème facial, prurit, dyspnée, tinnitus, troubles gastriques. *GI*: Nausées, vomissements, douleurs gastriques. *Ophtalmologiques*: Vision trouble, photophobie, diplopie, cécité nocturne, diminution du champ visuel, confusion, agitation, vertige, syncope, fièvre. *Hématologiques*: Thrombopénie, hypo-prothrombinémie. *CV*: Symptômes d'angine de poitrine, tachycardie ventriculaire, problèmes de conduction. *Autres*: Transpiration.

Interactions médicamenteuses

Médicaments	Interaction
Anticoagulants oraux	Hypoprothrombinémie accrue.
Digoxine	La quinine ↑ l'effet de la digoxine.
Héparine	Activité ↓ par la quinine.
Pyriméthamine	↑ de l'activité de la quinine due à une ↓ du taux de liaison aux protéines plasmatiques.
Curarisants chirurgicaux: Succinylcholine *d*-Tubocurarine	↑ de la dépression respiratoire et apnée.

Posologie PO. *Paludisme résistant à la chloroquine*: **Adultes**, 650 mg q 8 h pendant 10 à 14 jours; **enfants**: 25 mg/kg par jour divisé en 3 doses, pendant 10 à 14 jours. *Crampes nocturnes aux jambes*: 200 à 300 mg au coucher.

Soins infirmiers

Voir *Soins infirmiers – Anti-infectieux*, p. 69.

Évaluer:
   a) le cinchonisme (tintement dans les oreilles, vision trouble et céphalées qui peuvent être suivis par des troubles digestifs, une altération de l'ouïe et de la vue, de la confusion et du délire), qui indique un surdosage. Le surdosage de quinine devrait être traité par un lavage gastrique rigoureux ou par des vomissements provoqués.
   b) les tremblements, les palpitations, le tinnitus, l'altération de l'ouïe et les étourdissements qui peuvent apparaître avec des doses thérapeutiques.

Amœbicides et trichomonacides

Généralités L'amibiase est une maladie très répandue, causée par le protozoaire *Entamœba histolytica.* L'incidence de cette maladie est plus forte dans les endroits où les conditions d'hygiène sont mauvaises.

Entamœba histolytica se présente sous deux formes: (1) une forme active mobile appelée forme trophozoïte, et (2) une forme kystique très résistante à la destruction, qui transmet la maladie.

L'amibiase peut se manifester de diverses façons. Certains clients ont une violente dysenterie aiguë (apparition de crampes, diarrhée grave, selles glaireuses et contenant du sang), alors que d'autres ne présentent que peu ou pas du tout de symptômes évidents.

Le diagnostic est établi par l'examen microscopique de selles récentes, ou tout au moins humides. Plusieurs échantillons de selles doivent être négatifs pour qu'on puisse écarter la possibilité d'amibiase.

Les amibes se déplacent souvent du tractus GI vers d'autres parties du corps (amibiase extra-intestinale). Elles touchent souvent la rate, les poumons ou le foie. Elles s'installent dans ces organes et y forment des abcès qui peuvent se rompre et, de ce fait, servir de foyer d'infection.

Les médicaments employés pour soigner ces maladies se divisent en deux catégories; certains sont plus appropriés pour les cas d'amibiase intestinale alors que d'autres sont requis pour les cas d'infestation extra-intestinale. Il n'existe présentement pas de médicament qui guérisse toutes les formes d'infestation amibienne, et bien des médecins préfèrent employer plusieurs agents thérapeutiques en association. On emploie souvent des agents très toxiques – qui sont les plus efficaces – initialement pendant une courte période, alors qu'on emploie des agents moins toxiques pour l'éradication à long terme et pour la prophylaxie.

Comme les agents employés pour le traitement de l'amibiase servent aussi pour la trichomonase, les soins infirmiers et la posologie pour le traitement de *Entamœba histolytica* seront donnés dans cette section.

L'infestation par le parasite *Trichomonas vaginalis* cause une vaginite caractérisée par un écoulement vaginal abondant et irritant, crémeux ou mousseux, en plus du prurit et de la sensation de brûlure. Le diagnostic est confirmé par la présence du trichomonas dans les sécrétions vaginales observées au microscope.

La vaginite causée par *Trichomonas vaginalis* se traite par l'application locale de divers agents trichomonacides – qui sont souvent des amœbicides efficaces – et aussi par l'administration orale de métronidazole (Flagyl). Ce médicament est habituellement prescrit aux deux partenaires sexuels pour éviter la réinfection.

Les douches vaginales acides (vinaigre ou acide lactique) sont un adjuvant utile au traitement. On devrait s'assurer de l'éradication de l'agent infectieux – qui devient souvent résistant – pendant trois mois après la fin du traitement. L'examen a lieu habituellement après la menstruation, parce que les infections à trichomonas réapparaissent souvent à ce moment.

L'incidence des infections par un autre organisme protozoaire, *Giardia lambia*, augmente en Amérique du Nord. L'organisme se transmet par les matières fécales. Les infections se caractérisent par une diarrhée glaireuse, des douleurs abdominales et une perte de masse. Le métronidazole et la mépacrine sont les médicaments de choix.

Soins infirmiers

Voir *Soins infirmiers – Anti-infectieux*, p. 69.

AMŒBICIDES

1. Surveiller de près les clients qui sont traités pour la dysenterie aiguë ou pour une amibiase extra-intestinale parce que les agents de choix sont très toxiques.

2. Prévoir que le client sera traité par une association de médicaments pour amibiase et qu'il faudra surveiller les réactions toxiques à chaque médicament.

3. Se préparer à donner des soins de soutien intensifs aux clients atteints de dysenterie aiguë; participer aux efforts pour maîtriser la diarrhée, maintenir l'équilibre électrolytique et prévenir les complications causées par la malnutrition. Les activités du client doivent être restreintes pendant la phase aiguë de la maladie.

4. N'administrer chaque médicament que pendant la période prescrite, en alternant avec des périodes de repos entre chaque traitement. Prévenir le client qu'il ne doit prendre aucun médicament de lui-même.

5. *Expliquer*:
   a) aux porteurs qu'ils doivent continuer de prendre leurs médicaments et insister sur les avantages que cela comporte pour eux, leur famille et leurs compagnons de travail.
   b) la nécessité de bien se laver les mains, particulièrement au travail, à l'école et dans les autres institutions où la maladie peut être transmise.

> c) aux gens qui manipulent de la nourriture la nécessité de se laver les mains après être allé aux toilettes. Insister sur le besoin de savon, d'eau et de serviettes.
>
> d) aux clients et aux porteurs qu'ils doivent faire examiner leurs selles régulièrement pour détecter les récurrences.
>
> TRICHOMONACIDES
>
> **1.** *Expliquer à la cliente et/ou à sa famille*:
> a) la méthode de douche vaginale appropriée et les soins d'hygiène féminine.
> b) les méthodes d'insufflation ou d'introduction de suppositoires vaginaux, selon le régime médicamenteux.
> c) qu'elle doit porter une serviette hygiénique pour éviter de tacher ses vêtements ou ses draps avec les suppositoires, particulièrement s'ils contiennent de l'iode. Insister sur le fait que la serviette doit être changée fréquemment et qu'elle ne doit absolument pas être portée humide, puisqu'elle peut alors servir de milieu de croissance à l'organisme infectieux.
> d) que son partenaire peut être un porteur asymptomatique et qu'il peut aussi avoir à suivre un traitement pour éviter de la réinfecter.

CHLOROQUINE   Aralen[Pr]

Voir *Antipaludiques*, p. 209.

ÉRYTHROMYCINES[Pr]

Voir le chapitre 9, p. 97. Voir aussi le tableau 1.

IODOQUINOL   Diodoquin[Pr]

Catégorie   Amœbicide, trichomonacide et anti-infectieux local.

Mécanisme d'action/cinétique   Absorbé en grande partie dans le tractus GI. L'apparition d'iode libre dans le sang ou l'urine indique qu'une partie du médicament a été absorbé.

Indications   Amibiase intestinale aiguë ou chronique.

Contre-indications   Atteinte rénale ou hépatique ou intolérance à l'iode. Affection grave de la glande thyroïde. Diarrhée non spécifique chez les enfants.

Réactions indésirables   *GI*: Nausées, vomissements, diarrhée, crampes, prurit anal. *Dermatologiques*: Prurit, urticaire, éruption cutanée. *Oculaires*: Névrite ou atrophie optique. *SNC*: Fièvre, frissons, céphalée, vertiges. *Autres*: Neuropathie périphérique, hypertrophie thyroïdienne.

Interactions avec les épreuves de laboratoire Modification des résultats de certaines épreuves de la fonction thyroïdienne (↓ captation d'iode 131) jusqu'à 6 mois après l'arrêt de l'administration du médicament.

Posologie PO. **Adultes**: 650 mg b.i.d. ou t.i.d. après les repas pendant 20 jours; **pédiatrique**: 40 mg/kg par jour en 3 doses fractionnées pendant 20 jours.

Soins infirmiers complémentaires

Voir *Soins infirmiers – Anti-infectieux*, p. 69, et *Amœbicides et trichomonacides*, p. 217.

AMIBIASE. Évaluer les symptômes d'iodisme comme la furonculose, la dermatite, le mal de gorge, les frissons et la fièvre.

MÉTRONIDAZOLE   Apo-Metronidazole^Pr, Flagyl^Pr, Métronidazole^Pr, Néo-Tric^Pr, Novonidazol^Pr, PMS Metronidazole^Pr

Catégorie Trichomonacide systémique, amœbicide.

Mécanisme d'action/cinétique Efficace contre les protozoaires et les bactéries anaérobies. Inhibe spécifiquement la croissance de *Trichomonas* et *Entamœba* en se liant à l'ADN et en le dégradant. Bien absorbé dans le tractus GI et largement distribué dans les tissus. **Concentration sérique maximale: PO**, 5 à 40 μg/mL après 1 à 2 h. **Demi-vie: PO**, 6 à 8 h. Excrété principalement dans l'urine, qui peut être colorée en brun-rouge après un emploi PO ou IV.

Indications Amibiase. Trichomonase symptomatique ou asymptomatique; pour traiter le partenaire asymptomatique. Dysenterie amibienne et abcès amibien du foie. Pour réduire l'infection anaérobie postopératoire après une intervention colo-rectale, une hystérectomie élective ou une appendicectomie d'urgence. Infections bactériennes anaérobies de l'abdomen, de l'appareil génital féminin, de la peau ou de ses structures, des os et des articulations, des voies respiratoires inférieures et du SNC. Aussi, septicémie, endocardite. Emploi oral pour les cas de maladie de Crohn ou de colite pseudomembraneuse. Giardiase, *Gardnerella vaginalis.*

Contre-indications Dyscrasie sanguine, troubles organiques actifs du SNC, grossesse, particulièrement pendant le premier trimestre et peu avant le terme.

Réactions indésirables *GI*: Après emploi PO, nausées, xérostomie, goût métallique, vomissements, diarrhée, malaises abdominaux, constipation. *Système nerveux*: Céphalée, étourdissements, vertiges, incoordination, ataxie, confusion, irritabilité, dépression, faiblesse, insomnie, syncope, convulsions, neuropathie périphérique incluant la paresthésie. *Hématologiques*: Leucopénie, aplasie de la moelle osseuse. *GU*: Sensation de brûlure, dysurie, cystite, polyurie, incontinence, assèchement du vagin ou de la vulve, dyspareunie, diminution de la libido. *Allergiques*: Urticaire, prurit, éruption érythémateuse, rougeur, congestion nasale, fièvre, douleur aux articulations. *Autres*: Langue fourrée, glossite, stomatite (causée par la prolifération de *Candida*). Électrocardiogramme anormal, thrombophlébite.

Interactions médicamenteuses

Médicaments	Interaction
Alcool éthylique	Possibilité d'une réaction de type disulfirame.
Anticoagulants oraux	↑ de l'activité des anticoagulants causée par une ↓ du catabolisme dans le foie.
Disulfirame (Antabuse)	Effets accrus.

Posologie   PO. *Amibiase: dysenterie amibienne aiguë ou abcès amibien hépatique:* **Adultes**, 500 à 750 mg t.i.d. pendant 5 à 10 jours; **pédiatrique**: 35 à 50 mg/kg par jour en trois doses fractionnées pendant 10 jours. *Trichomonase. Femme*: 250 mg t.i.d. pendant 7 jours; ou 2 g donnés en un seul jour, en une seule dose ou en doses fractionnées. **Pédiatrique**: 5 mg/kg t.i.d. pendant 7 jours. Un intervalle de 4 à 6 semaines devrait être laissé entre chaque traitement. *Note*: Les clientes enceintes ne devraient pas suivre de traitement pendant le premier trimestre. *Homme*: Posologie individualisée; habituellement, 250 mg t.i.d. pendant 7 jours. *Giardiase*: 250 mg t.i.d. pendant 7 jours. *Gardnerella vaginalis*: 500 mg b.i.d. pendant 7 jours. **IV.** *Infections bactériennes anaérobies:* **Initialement**, 15 mg/kg perfusés en 1 h; ensuite, après 6 h, 7,5 mg/kg q 6 h pendant 7 à 10 jours (la posologie quotidienne ne devrait pas excéder 4 g). *Infections bactériennes anaérobies:* **IV. Adultes, initialement**, 15 mg/kg; **ensuite**, 7,5 mg/kg q 6 h (posologie quotidienne maximale: 4 g). Il peut être nécessaire de poursuivre le traitement pendant 2 à 3 semaines quoique la thérapie PO devrait débuter dès que possible. *Prophylaxie des infections anaérobies pendant une intervention chirurgicale:* **IV**, 0,5 à 1 g 1 h avant l'intervention et 0,5 g 8 h et 16 h après l'intervention.

Administration

1. Si employé par voie IV, le médicament ne devrait pas être donné par injection directe.

2. Les seringues à aiguille ou garde d'aluminium ne devraient pas être employées.

3. Si le perfuseur d'une solution IV principale est employé, discontinuer la perfusion de la solution pendant la perfusion du métronidazole.

4. Il est important de respecter l'ordre des étapes de préparation de la poudre pour injection:
   a) Reconstitution;

b) Dilution dans les solutions IV (contenants de verre ou de plastique);

c) Neutralisation du *p*H avec une solution de bicarbonate de sodium. Les solutions neutralisées ne devraient pas être réfrigérées.

Soins infirmiers complémentaires

Voir *Soins infirmiers – Anti-infectieux*, p. 69, et *Amœbicides et trichomonacides*, p. 217.

1. Surveiller les symptômes de toxicité pour le SNC, comme l'ataxie ou les tremblements, qui nécessiteraient l'arrêt de l'administration du médicament.

2. *Expliquer au client et/ou à sa famille*:

a) la nécessité pour l'homme de suivre un traitement, puisque l'organisme peut aussi se retrouver dans le tractus GU masculin.

b) que le médicament peut colorer l'urine en brun.

c) que l'ingestion d'alcool pendant la thérapie peut provoquer l'effet disulfirame. Les symptômes comprennent des crampes abdominales, des vomissements, des rougeurs et la céphalée.

POVIDONE-IODE   Betadine, Bridine, Proviodine

Catégorie   Antiseptique, germicide.

Mécanisme d'action/cinétique   Ce médicament est un composé d'iode qui a toutes les propriétés antiseptiques de l'iode mais qui n'irrite pas la peau ni les muqueuses. Bactéricide pour les bactéries à Gram positif et à Gram négatif, les levures, les protozoaires, les virus, les champignons et les organismes résistants aux antibiotiques. Emploi topique seulement. Après l'application du médicament, la coloration de la peau indique la région d'activité antibactérienne.

Indications   Pansements topiques; désinfectant pour la peau; antiseptique pour les plaies, les brûlures, les écorchures ou avant une intervention chirurgicale. Traitement contre les pellicules.

Contre-indication   Rares cas de sensibilité de la peau.

Posologie   Tous les onguents et solutions sont employés à pleine concentration et tous les tampons, coton-tiges ou autres moyens d'application ne sont utilisés qu'une fois. On peut mettre un pansement sur la zone traitée. Les formes de médicament suivantes sont disponibles: gargarisme et antiseptique oral, onguent, pansements de gaze, savon moussant, shampooings, solution, tampons, détergent chirurgical, douche vaginale, gelée vaginale, suppositoires vaginaux, ovules vaginaux, injection vaginale, brossage chirurgical, aérosol, derma, ovules.

Soins infirmiers complémentaires

Voir *Soins infirmiers – Anti-infectieux*, p. 69, et *Amœbicides et trichomonacides*, p. 217.

1. Surveiller la sensibilité de la peau.

2. Informer le client que les taches causées par le médicament se nettoient facilement.

3. Laisser sécher les régions exposées avant d'appliquer un pansement.

TÉTRACYCLINES[Pr]

Voir le chapitre 9, p. 99.

Germicides et analgésiques urinaires

Les infections des voies urinaires sont souvent traitées à l'aide d'antimicrobiens décrits dans d'autres parties de cet ouvrage (antibiotiques, sulfamides). Les médicaments utilisés spécifiquement pour le traitement des infections des voies urinaires sont étudiés dans ce chapitre. Voir *Soins infirmiers – Anti-infectieux*, p. 69.

ACIDE NALIDIXIQUE   NegGram^Pr

Catégorie   Germicide urinaire.

Mécanisme d'action/cinétique   On croit que l'acide nalidixique inhibe la synthèse de l'ADN du micro-organisme. Le médicament est soit bactériostatique, soit bactéricide. L'acide nalidixique est rapidement absorbé dans le tractus GI. **Concentration plasmatique maximale**: 86 à 172 μmol/L après 1 à 2 h; **concentration urinaire maximale**: 646 à 861 μmol/L après 3 à 4 h. **Demi-vie**: 1,1 à 2,5 h, augmente jusqu'à 21 h chez les clients anuriques. Le médicament est largement lié aux protéines, partiellement métabolisé dans le foie et rapidement excrété dans l'urine.

On recommande d'effectuer périodiquement des antibiogrammes durant une thérapie prolongée à l'acide nalidixique. Si la durée de la thérapie est supérieure à 2 semaines, il est judicieux d'effectuer les épreuves des fonctions hépatique et rénale.

Indications   Infections aiguës et chroniques des voies urinaires causées par des organismes sensibles à Gram négatif comprenant *E. coli*, *Proteus*, *Enterobacter* et *Klebsiella*.

Contre-indications   Employer avec prudence chez les clients atteints d'une maladie hépatique, d'épilepsie, d'artériosclérose cérébrale grave et chez ceux dont la fonction rénale est altérée. L'innocuité durant la grossesse n'a pas été établie.

Réactions indésirables   *GI*: Nausées, vomissements, diarrhée, douleur. *SNC*: Somnolence, céphalée, étourdissements, faiblesse, vertige, psychose toxique, convulsions (rare). *Allergiques*: Photosensibilité, éruption cutanée, arthralgie, prurit, urticaire, angio-œdème, éosinophilie. *Hématologiques*: Leucopénie, thrombopénie, anémie hémolytique (particulièrement chez les clients souffrant d'une déficience en glucose-6-phosphate déshydrogénase). *Autres*: Acidose métabolique, ictère cholostatique, paresthésie.

Interactions médicamenteuses

Médicaments	Interaction
Antiacides oraux	↓ de l'activité de l'acide nalidixique due à une ↓ de l'absorption dans le tractus GI.
Anticoagulants oraux	↑ de l'activité anticoagulante due à une ↓ de la liaison aux protéines.
Nitrofurantoïne	↓ de l'activité de l'acide nalidixique

Interactions avec les épreuves de laboratoire   Faux + dans la détermination du glucose urinaire avec la solution de Benedict, la liqueur de Fehling ou les comprimés Clinitest. Valeurs faussement élevées des céto-17 stéroïdes.

Posologie   **PO. Adultes: Initialement**, 1 g q.i.d. pendant 1 à 2 semaines; **entretien**, si nécessaire, 2 g par jour. **Enfants de 12 ans et moins: Initialement**, 55 mg/kg par jour en 4 doses fractionnées égales; **entretien**, si nécessaire, 33 mg/kg par jour. Ne pas utiliser pour les nourrissons de moins de 3 mois.

Soins infirmiers

Voir *Soins infirmiers – Anti-infectieux*, p. 69.

Utiliser les bâtonnets réactifs Clinistix ou Tes-Tape pour les épreuves urinaires, car les autres méthodes peuvent donner des faux +.

MÉTHÉNAMINE, HIPPURATE DE   Hip-Rex
MÉTHÉNAMINE, MANDÉLATE DE
Mandélamine

Catégorie   Anti-infectieux des voies urinaires.

Mécanisme d'action/cinétique   En milieu acide, ce médicament se transforme en ammoniaque et en formaldéhyde (le principe actif), qui dénature les protéines. Il est donc plus efficace lorsque le *p*H urinaire a une valeur de 5,5 ou moins. Absorbé immédiatement dans le tractus GI. Pour que le traitement soit efficace, la concentration urinaire de formaldéhyde doit être supérieure à 833 µmol/L. De 70% à 90% du médicament et de ses métabolites est excrété dans l'urine en dedans de 24 h.

Indications Infections aiguës, chroniques et récurrentes des voies urinaires causées par des organismes sensibles, particulièrement des organismes à Gram négatif y compris *E. coli*. Comme prophylactique avant une intervention chirurgicale aux voies urinaires. Ne jamais utiliser seul pour le traitement d'infections aiguës.

Contre-indications Insuffisance rénale, lésions hépatiques graves ou déshydratation grave.

Réactions indésirables *GI*: Nausées, vomissements, diarrhée, anorexie, crampes, stomatite. *GU*: Hématurie, albuminurie, cristallurie, dysurie, mictions fréquentes et impérieuses, irritation de la vessie. *Dermatologiques*: Éruption cutanée, urticaire, prurit. *Autres*: Tinnitus, crampes musculaires, céphalée, dyspnée, œdème, pneumonie lipoïdique.

Interactions médicamenteuses

Médicaments	Interaction
Acétazolamide (Diamox)	↓ de l'activité de la méthénamine due à une ↑ de l'alcalinité de l'urine par l'acétazolamide.
Diurétiques thiazidiques	↓ de l'activité de la méthénamine due à une ↑ de l'alcalinité de l'urine produite par les diurétiques thiazidiques.
Sodium, bicarbonate de	↓ de l'activité de la méthénamine due à une ↑ de l'alcalinité de l'urine par le bicarbonate de sodium.
Sulfamides	↑ des risques de cristallurie due aux sulfamides à cause de l'acidification urinaire produite par la méthénamine.

Interactions avec les épreuves de laboratoire Faux positif dans la détermination du glucose urinaire par la solution de Benedict. Le médicament affecte la détermination des catécholamines et de l'œstriol urinaires par la technique d'hydrolyse acide (n'affecte pas la détermination par les techniques enzymatiques).

Posologie PO. *Hippurate:* **Adultes et enfants de plus de 12 ans**: 1 g b.i.d.; **enfants de 6 à 12 ans**: 0,5 à 1 g b.i.d. *Mandélate.* **Adultes**: 1 g q.i.d. après les repas et au coucher; **enfants de 6 à 12 ans**: 0,5 g q.i.d.; **enfants de moins de 6 ans**: 18,3 mg/kg q.i.d.

Administration Administrer avec un demi-verre d'eau après les repas et au coucher.

Soins infirmiers

Voir *Soins infirmiers – Anti-infectieux*, p. 69.

1. *Évaluer*:
   a) les éruptions cutanées, qui indiquent qu'il faut retirer le médicament.

b) l'irritation de la vessie, les mictions fréquentes et douloureuses, l'albuminurie et l'hématurie chez les clients recevant de fortes doses.

c) l'idiosyncrasie, qui se manifeste par des nausées, des vomissements, une réaction cutanée, le tinnitus et des crampes musculaires.

2. Indiquer clairement que le client reçoit ce médicament car il interfère dans les épreuves de détermination de l'œstriol et des catécholamines urinaires, ainsi que dans la détermination de l'acide hydroxy-5 indole-acétique.

3. Maintenir des ingesta liquidiens adéquats (entre 1 500 et 2 000 mL par jour).

4. Mesurer les ingesta et les excreta.

5. Employer les bâtonnets Labstix ou le papier Nitrazine pour mesurer le *p*H urinaire.

6. Expliquer au client et/ou à sa famille que l'urine peut devenir trouble et pleine de sédiments lorsque le Mandélamine est administré avec du sulfaméthizole.

NITROFURANTOÏNE Apo-Nitrofurantoin^Pr, Nephronex^Pr, Nitrofurantoïne^Pr, Novofuran^Pr
NITROFURANTOÏNE, MACROCRISTAUX DE
Macrodantin^Pr

Catégorie Germicide urinaire.

Mécanisme d'action/cinétique La nitrofurantoïne entrave le métabolisme des glucides de la bactérie en inhibant l'acétylcoenzyme A. De plus, le médicament intervient dans la synthèse de la paroi cellulaire de la bactérie. Il est bactériostatique à faible concentration et bactéricide à concentration élevée. Les comprimés sont rapidement absorbés dans le tractus GI. Les macrocristaux de nitrofurantoïne sont disponibles; cette préparation a la même efficacité tout en diminuant les malaises GI.

Indications Infections urinaires graves réfractaires aux autres agents. Utile dans le traitement de la pyélonéphrite, de la pyélite et de la cystite causées par des organismes sensibles comprenant *E. coli, Staphylococcus aureus, Streptococcus fæcalis* et certaines souches d'*Enterobacter*, de *Proteus* et de *Klebsiella*.

Contre-indications Anurie, oligurie et clients dont la fonction rénale est altérée (clearance de la créatinine inférieure à 0,66 mL/s); grossesse, particulièrement peu avant l'accouchement; nourrissons de moins de 3 mois; mères qui allaitent. Utiliser avec extrême prudence chez les clients atteints d'anémie, de diabète, de déséquilibre électrolytique, d'avitaminose B ou de maladie débilitante.

Réactions indésirables   La nitrofurantoïne est un médicament potentiellement toxique dont les effets indésirables sont nombreux. *GI*: Nausées, vomissements, anorexie, diarrhée, douleur abdominale, parotidite, pancréatite. *SNC*: Céphalée, étourdissements, vertige, somnolence, nystagmus. *Hématologiques*: Leucopénie, thrombopénie, éosinophilie, anémie mégaloblastique, agranulocytose, granulopénie, anémie hémolytique (particulièrement chez les clients souffrant d'une déficience en glucose-6-phosphate déshydrogénase). *Allergiques*: Fièvre d'origine thérapeutique, éruption cutanée, prurit, urticaire, angio-œdème, anaphylaxie, arthralgie, symptômes d'asthme chez les clients sensibles. *Hépatiques*: Hépatite, ictère cholostatique, hépatite cholostatique, dysfonction hépatique. *Autres*: Neuropathie périphérique, alopécie, surinfection des voies génito-urinaires, hypotension, douleur musculaire.

Interactions médicamenteuses

Médicaments	Interaction
Acétazolamide (Diamox)	↓ de l'activité de la nitrofurantoïne due à une ↑ de l'alcalinité de l'urine produite par l'acétazolamide.
Acide nalidixique	↓ de l'activité de l'acide nalidixique.
Antiacides oraux	↓ de l'activité de la nitrofurantoïne due à une ↓ de l'absorption dans le tractus GI.
Anticholinergiques	↑ de l'activité de la nitrofurantoïne due à une ↑ de l'absorption dans l'estomac.
Sodium, bicarbonate de	↓ de l'activité de la nitrofurantoïne due à une ↑ de l'alcalinité produite par le bicarbonate de sodium.

Posologie   PO. **Adultes**: 50 à 100 mg q.i.d. sans excéder 400 mg par jour; **thérapie prolongée**: 25 ou 50 mg q.i.d. *Enfants*: 5 à 7 mg/kg par jour en 4 doses fractionnées égales; **thérapie prolongée**: 1 mg/kg par jour en 1 ou 2 doses. Contre-indiqué chez les nourrissons de moins d'un mois.

Administration/entreposage

1. Administrer la médication orale avec les repas ou avec du lait pour réduire l'irritation gastrique.

2. Administrer de préférence les capsules contenant des cristaux au lieu de comprimés, parce que les cristaux causent moins d'intolérance gastrique.

3. Entreposer la médication orale dans des bouteilles en verre antiactinique.

Soins infirmiers complémentaires

Voir *Soins infirmiers — Anti-infectieux*, p. 69.

1. *Évaluer*:

a) l'apparition de réaction anaphylactique aiguë ou tardive et avoir à sa disposition l'équipement d'urgence.

b) la neuropathie périphérique, qui se manifeste par de l'engourdissement et des picotements dans les membres. Ces manifestations indiquent la nécessité de retirer la médication, puisque le problème peut s'aggraver et devenir irréversible.

c) l'apparition d'une surinfection du tractus GI.

d) les symptômes d'anémie chez les Noirs et chez les personnes originaires des pays de la Méditerranée et du Proche-Orient.

2. Indiquer clairement au dossier que le client reçoit ce médicament parce qu'il peut fausser certaines épreuves de laboratoire.

3. Expliquer au client et/ou à sa famille que le médicament peut rendre l'urine brune.

OXYBUTYNINE, CHLORURE D' Ditropan^{Pr}

Catégorie   Spasmolytique.

Mécanisme d'action/cinétique   L'oxybutynine augmente la capacité vésicale et retarde le besoin urgent d'uriner. Il n'a pas d'effet ni à la jonction neuromusculaire, ni aux ganglions du système nerveux autonome. Son activité antispasmodique est de 4 à 10 fois supérieure à celle de l'atropine mais son activité anticholinergique n'en est que le cinquième. **Début d'action**: Rapide. **Effet maximal**: 3 à 4 h; **durée**: 6 à 10 h.

Indications   Vessie neurogène, caractérisée par de la rétention urinaire, une polyurie ou de l'incontinence.

Contre-indications   Glaucome, occlusion GI, iléus paralytique, atonie intestinale, mégacôlon, colite grave, myasthénie grave, maladie obstructive des voies urinaires, hémorragie massive. Employer avec prudence chez les personnes âgées et lorsqu'une augmentation de l'activité anticholinergique est indésirable.

Réactions indésirables   *GI*: Nausées, vomissements, constipation, sensation de ballonnement. *SNC*: Somnolence, insomnie, faiblesse. *ORL et ophtalmologiques*: Xérostomie, vision trouble, pupilles dilatées, cycloplégie, augmentation de la pression occulaire. *CV*: Tachycardie, palpitations. *Autres*: Transpiration diminuée, retard de la miction et rétention urinaire, impuissance, suppression de la lactation, réactions allergiques graves, idiosyncrasies avec le médicament, urticaire et autres manifestations cutanées.

SURDOSAGE   Troubles intenses du SNC (agitation, psychose), problèmes circulatoires (rougeurs, hypotension), collapsus cardiovasculaire, insuffisance respiratoire, paralysie et coma.

TRAITEMENT DU SURDOSAGE   Lavage gastrique, physostigmine (0,5 à 2,0 mg IV; répéter aussi souvent que nécessaire jusqu'à un maximum de 5 mg). Soutien des fonctions vitales si nécessaire. Contrer l'excitation avec du thiopental sodique (2%) ou de l'hydrate de chloral (100 à 200 mL d'une solution à 2%) administré par voie rectale. La ventilation assistée peut être nécessaire si les muscles respiratoires sont paralysés.

Posologie   **PO. Adultes**: 5 mg b.i.d. ou t.i.d.; dose maximale, 20 mg par jour. **Enfants (de plus de 5 ans)**: 5 mg t.i.d.; dose maximale, 15 mg par jour.

Administration/entreposage   Garder dans un contenant bien fermé à une température de 15 à 30°C.

Soins infirmiers complémentaires

Voir *Soins infirmiers – Anticholinergiques*, p. 741.

1. Se préparer à aider au traitement du surdosage, tel que décrit au paragraphe *Réactions indésirables*.

2. *Expliquer au client et/ou à sa famille qu'il doit*:
   a) signaler au médecin les effets indésirables décrits au paragraphe *Réactions indésirables*.
   b) user de prudence pour conduire un véhicule ou pour opérer des machines, car le médicament peut causer de la somnolence et une vision trouble.
   c) consulter le médecin avant de poursuivre la médication s'il souffre de diarrhée (particulièrement chez les clients qui ont une iléostomie ou une colostomie), car cela peut être un symptôme précoce d'occlusion intestinale.
   d) éviter la surexposition à la chaleur et augmenter la prise de liquides par temps chaud, car le médicament inhibe la transpiration et un coup de chaleur pourrait survenir.
   e) se rincer la bouche et augmenter l'ingestion de liquides pour soulager la sécheresse de la bouche, à moins de contre-indications.
   f) subir une cystométrie afin d'évaluer la réponse à la thérapie et la nécessité de poursuivre la médication.

PHÉNAZOPYRIDINE, CHLORHYDRATE DE
Phenazo, Pyridium, Pyronium

Catégorie   Anesthésique urinaire.

Mécanisme d'action/cinétique   Le chlorhydrate de phénazopyridine est un colorant azoïque ayant des propriétés anesthésiques agissant sur les voies urinaires.

Indications Soulagement de la douleur dans les cas d'irritation ou d'infection chroniques des voies urinaires comprenant la cystite, l'urétrite et la pyélite, traumatismes, intervention chirurgicale ou autre intervention touchant les voies urinaires. Peut aussi être employé comme adjuvant de la thérapie antibactérienne.

Contre-indications Insuffisance rénale.

Réactions indésirables *GI*: Nausées. *Hématologiques*: Méthémoglobinémie, anémie hémolytique (particulièrement chez les clients atteints d'une déficience en glucose-6-phosphate déshydrogénase). *Dermatologiques*: Une coloration jaunâtre de la peau ou des sclérotiques peut indiquer une accumulation du médicament due à l'insuffisance rénale. *Autres*: Toxicité rénale et hépatique.

Interactions avec les épreuves de laboratoire Clinistix ou Tes-Tape, colorimétries.

Posologie **PO. Adultes**: 100 ou 200 mg t.i.d.

Traitement du surdosage Pour traiter la méthémoglobinémie, administrer de l'acide ascorbique (PO: 100 ou 200 mg).

Administration Administrer pendant ou après les repas pour réduire les troubles GI.

Soins infirmiers

1. Évaluer la cyanose, un symptôme de méthémoglobinémie indiquant une réaction toxique.

2. Garder de l'acide ascorbique pour le traitement du surdosage.

3. *Expliquer au client et/ou à sa famille qu'il doit*: interrompre la prise du médicament et avertir le médecin si la peau ou les sclérotiques deviennent jaunes et/ou si la peau ou les muqueuses deviennent bleues.

CHAPITRE **17**

Antiviraux

Généralités   Les virus sont les agents infectieux les plus élémentaires. Ils sont constitués d'un noyau d'acide nucléique et d'une couche de protéines. Pour se reproduire, les virus pénètrent dans des cellules dont ils utilisent les éléments pour produire des copies d'eux-mêmes. Comme les virus ne possèdent pas de membrane cellulaire, les antibiotiques – comme la pénicilline – qui interviennent dans la synthèse des membranes cellulaires ne peuvent agir sur eux. C'est pour cette raison que la plupart des antibiotiques ne sont pas efficaces pour traiter les infections virales.

De nombreuses infections virales (rougeole, variole, poliomyélite) peuvent être prévenues par une immunisation. D'autres, comme la grippe, doivent suivre leur cours naturel. On a récemment mis sur le marché plusieurs médicaments qui sont modérément actifs contre certaines infections virales.

Soins infirmiers

Voir *Soins infirmiers – Anti-infectieux*, p. 69.

ACYCLOVIR (ACYCLOGUANOSINE)
Zovirax^{Pr}

Catégorie   Antiviral, anti-infectieux.

Mécanisme d'action/cinétique   L'acyclovir est transformé en acyclovir triphosphate qui inhibe la polymérase de l'ADN du virus de l'herpès, ce qui entraîne une inhibition de la réplication de l'ADN. Lorsque administré par voie topique, l'absorption systémique est minimale. **Concentration maximale après administration orale**: 1,5 à 2 h. **Demi-vie (PO)**: 3,3 h. Les métabolites et le médicament inchangé sont excrétés par les reins. La posologie devrait être réduite chez les clients atteints d'insuffisance rénale. L'acyclovir se présente sous forme d'onguent, de poudre pour suspension parentérale et de comprimés.

Indications   **PO**: Infection initiale et récurrences de l'herpès génital. **Parentérale**: Thérapie initiale dans l'herpès génital grave; infection initiale et récurrente des muqueuses et de la peau à virus HSV-1 et HSV-2 chez les clients immunodéprimés. **Topique**: L'acyclovir diminue le temps de cicatrisation et la durée de la propagation virale dans l'herpès génital initial. On l'utilise également dans les infections non gravissimes d'herpès génital initial chez les clients immunodéprimés. Le médicament ne semble pas avoir d'effets bénéfiques dans le cas des infections récurrentes d'herpès génital ou labial chez les clients non immunodéprimés.

Contre-indications Hypersensibilité à la préparation. L'administration dans les yeux ainsi que durant la grossesse et la lactation est contre-indiquée. Administrer avec prudence lorsque le traitement comprend également des injections intrathécales de méthotrexate ou d'interféron. L'innocuité et l'efficacité de la forme orale n'ont pas été établies chez les enfants.

Réactions indésirables *PO. Traitement de courte durée. GI*: Nausées, vomissements, diarrhée, anorexie, maux de gorge, goût du médicament dans la bouche. *SNC*: Céphalée, étourdissements, fatigue. *Autres*: Œdème, éruption cutanée, douleur dans les jambes, adénopathie inguinale. *Traitement prolongé. GI*: Nausées, vomissements, diarrhée, maux de gorge. *SNC*: Céphalée, vertige, insomnie, fatigue, fièvre, dépression, irritabilité. *Autres*: Arthralgie, éruption cutanée, palpitations, thrombophlébite superficielle, crampes musculaires, dysménorrhée, acné, adénopathie, alopécie.

Parentérale. *Au point d'injection*: Phlébite, inflammation. *SNC*: Modifications encéphalopathiques, énervement, céphalée. *Autres*: Éruption cutanée, urticaire, transpiration, hypotension, nausées, thrombocytose.

Topique. Sensation de brûlure passagère, sensation de piqûre, douleur, prurit, éruption cutanée, vulvite.
Note: Tous ces effets indésirables ont été observés avec l'administration d'un placebo.

Posologie **PO.** *Herpès génital initial*: 200 mg q 4 h (le jour) pour un total de 5 comprimés par jour pendant 10 jours. *Herpès génital chronique*: 200 mg t.i.d. sur une période allant jusqu'à 6 mois. Jusqu'à 5 comprimés de 200 mg par jour peuvent être nécessaires. *Thérapie intermittente*: 200 mg q 4 h (le jour) pour un total de 5 comprimés par jour pendant 5 jours. **Perfusion IV.** *Dans tous les cas:* **Adultes**, 5 mg/kg q 8 h pendant 7 jours. **Pédiatrique, moins de 12 ans**: 250 mg/m² q 8 h pendant 7 jours. La dose devrait être administrée en 1 h. **Topique (onguent à 5%)**: La lésion devrait être couverte avec une quantité suffisante d'onguent (1 cm par 10 cm² de surface) toutes les 3 h, 6 fois par jour, pendant 7 jours.

Entreposage

1. Les solutions reconstituées devraient être utilisées durant les 24 h suivant leur préparation.

2. Les solutions réfrigérées peuvent précipiter. Ce précipité se dissout à la température ambiante.

3. Conserver l'onguent dans un endroit sec à la température ambiante.

Soins infirmiers

Voir *Soins infirmiers – Anti-infectieux*, p. 69.

Expliquer au client et/ou à sa famille:

1. qu'il doit couvrir les lésions d'onguent d'acyclovir comme prescrit, mais qu'il ne doit pas dépasser la fréquence et la durée pour lesquelles le traitement est recommandé.

2. qu'il doit appliquer les quantités prescrites d'onguent d'acyclovir avec un doigt protecteur ou un gant protecteur afin de prévenir la transmission de l'infection.

3. qu'il doit signaler les sensations de brûlure et de piqûre, les démangeaisons et les éruptions causées par l'application d'acyclovir.

4. qu'il doit avoir complété les épreuves et les examens afin d'éliminer la possibilité d'autres MTS (maladies transmissibles sexuellement) simultanées.

5. qu'il doit revoir le médecin s'il y a réapparition du virus de l'herpès parce que l'acyclovir est inefficace dans le traitement des réinfections.

6. que l'acyclovir ne préviendra pas la transmission de l'infection à d'autres personnes ni les réinfections.

7. que la dose totale et la posologie diffèrent selon que l'infection est initiale ou chronique et selon que le traitement est intermittent ou non; le client doit donc bien suivre la posologie prescrite et la durée du traitement.

AMANTADINE, CHLORHYDRATE D'
Symmetrel^Pr

Catégorie   Antiviral, antiparkinsonien.

Mécanisme d'action/cinétique   On pense que l'amantadine prévient la pénétration du virus dans les cellules, probablement en inhibant la décapsulation du virus à ARN. Bien absorbé dans le tractus GI. **Concentration sérique maximale**: 0,2 mg/mL après 1 à 4 h. **Demi-vie**: 9 à 37 h, plus longue en présence d'insuffisance rénale. Excrété inchangé dans l'urine à 90%.

Indications   Infections des voies respiratoires par le virus de l'influenza A (prophylaxie et traitement des clients à risques élevés). Parkinsonisme et réactions extrapyramidales induites par des médicaments.

Contre-indications   Hypersensibilité au médicament. Administrer avec prudence dans les cas d'épilepsie, d'insuffisance cardiaque, de dysfonction rénale, chez les personnes âgées et durant la grossesse. L'innocuité durant la lactation et chez les enfants de moins de un an n'est pas établie.

Réactions indésirables   *GI*: Nausées, vomissements, constipation, anorexie, xérostomie. *SNC*: Dépression, psychose, convulsions, hallucinations, confusion, ataxie, irritabilité, anxiété, céphalée, étourdissements, fatigue, insomnie. *CV*: Insuffisance cardiaque, hypotension orthostatique, œdème périphérique. *Autres*: Rétention urinaire, leucopénie, neutropénie, coloration livide de la peau des membres due à une mauvaise circulation sanguine (livedo reticularis), éruption cutanée, problèmes visuels, troubles de l'élocution, crises oculogyres.

Interaction médicamenteuse   ↑ des effets indésirables du type de l'atropine lorsque administré avec des médicaments anticholinergiques.

Posologie   **PO. Adultes**: 200 mg par jour en une ou plusieurs doses. **Enfants, 1 à 9 ans**: 4,4 à 8,8 mg/kg par jour jusqu'à un maximum de 150 mg par jour en 2 ou 3 doses fractionnées (sirop); **9 à 12 ans**: 100 mg b.i.d. *Traitement prophylactique*: Administrer avant, ou immédiatement après, l'exposition au virus et continuer pendant 10 à 21 jours si on a administré un vaccin ou pendant 90 jours en cas contraire. *Traitement symptomatique*: Débuter aussitôt que possible et continuer l'administration jusqu'à 24 à 48 h après la disparition des symptômes. La dose devrait être réduite en présence d'insuffisance rénale (voir le dépliant du fabricant).

Pour la posologie dans le traitement antiparkinsonien, voir p. 551.

Traitement du surdosage   Lavage gastrique et vomissement provoqué, puis traitement de soutien. S'assurer que le client est bien hydraté; administrer des liquides par voie IV si nécessaire.

Administration/entreposage   Protéger les capsules contre l'humidité.

Soins infirmiers complémentaires

Voir *Soins infirmiers – Anti-infectieux*, p. 69.

1. *Évaluer*:
   a) l'augmentation de la fréquence des convulsions chez les clients ayant des antécédents d'épilepsie ou d'autres convulsions. Appliquer les mesures de protection nécessaires.
   b) l'augmentation de l'œdème et/ou la détresse respiratoire chez les clients ayant des antécédents d'insuffisance cardiaque ou d'œdème périphérique et avertir le médecin immédiatement.
   c) la cristallurie, l'oligurie et l'augmentation de l'urée sanguine ou de la créatinine chez les clients atteints d'insuffisance rénale et avertir le médecin immédiatement.
2. *Expliquer au client et/ou à sa famille*:
   a) qu'il ne doit pas conduire une voiture ou faire des travaux qui demandent une attention importante, parce que ce

---

médicament peut affecter la vision, la concentration et la coordination.

b) qu'il doit se lever lentement parce que l'hypotension orthostatique peut survenir.

c) qu'il doit se coucher s'il se sent étourdi ou faible afin de réduire l'hypotension orthostatique.

d) qu'il doit signaler toute exposition au virus de la rubéole parce que le médicament augmente la sensibilité de l'organisme à ce virus.

IDOXURIDINE   Herplex Liquifilm[Pr], Herplex-D Liquifilm[Pr], Stoxil[Pr]

Catégorie   Antiviral.

Mécanisme d'action/cinétique   L'idoxuridine ressemble à la thymidine. Elle intervient dans la réplication de certains virus à ADN dans les cellules.

Indications   **Topique**: Lésions cutanées causées par le virus de l'herpès. **Ophtalmique**: Kératite causée par le virus de l'herpès, particulièrement les infections épithéliales initiales caractérisées par la présence de lésions dendriformes.

Note: L'idoxuridine maîtrise l'infection mais ne prévient pas la formation de cicatrices, la perte de vision et la vascularisation. Une autre thérapie devrait être employée si aucune amélioration n'est survenue après 7 jours de traitement ou si la réépithélisation n'est pas complète après 21 jours de traitement. Les corticostéroïdes peuvent être utilisés simultanément.

Contre-indications   Hypersensibilité; ulcérations profondes jusqu'au couches du stroma cornéen. L'innocuité durant la grossesse n'est pas établie.

Réactions indésirables   **Topique**: Chez certains sujets, réactions allergiques, sensation de brûlure locale. **Ophtalmique**: Vision floue transitoire, irritation, douleur, prurit, inflammation, conjonctivite folliculaire avec adénopathie préauriculaire, œdème léger des paupières et de la cornée, réactions allergiques (rares), photosensibilité, opacification et pointillage cornéens, petites défectuosités ponctiformes.

Interaction médicamenteuse   L'utilisation oculaire simultanée d'acide borique peut causer de l'irritation.

Posologie   **Topique (solution à 0,1%)**: Deux posologies sont possibles: appliquer une à plusieurs gouttes de la solution topique de façon à bien couvrir la lésion q 1 h le jour et q 2 h la nuit; ou appliquer une ou plusieurs gouttes q 10 à 15 min pendant les 2 premières heures puis q 1 h pendant la journée. Dans les deux cas, continuer le traitement au moins 24 h après la disparition des lésions. **Ophtalmique (solution à 0,1%): Initialement**, 1 goutte q 1 h le jour et q 2 h la nuit; **après amélioration**: 1 goutte q 2 h le jour et q 4 h la nuit. Continuer pendant 3 à 5 jours après que la guérison soit complète. **Ophtalmique (onguent à 0,5%)**: Appliquer dans le sac conjonctival 5 fois par jour q 4 h avec la dernière dose au coucher; continuer la thérapie 3 à 5 jours après que la guérison soit complète.

Administration/entreposage

1. Conserver les solutions topiques à l'abri de la lumière, à la température ambiante.

2. Conserver les solutions ophtalmiques à l'abri de la lumière à une température entre 2 et 8°C.

3. Ne pas administrer la solution topique par voie orale ou parentérale.

4. Ne pas mélanger à d'autres médications.

5. Conserver l'onguent d'idoxuridine entre 2 et 15°C.

6. Administrer le médicament tel que prescrit, même durant la nuit.

7. Ne pas administrer le médicament s'il a été mal entreposé parce que son activité diminue et ses effets toxiques augmentent.

8. Les corticostéroïdes topiques peuvent être administrés avec l'idoxuridine pour le traitement de l'herpès avec œdème cornéen, lésions du stroma et iritis.

9. Des antibiotiques peuvent être utilisés avec l'idoxuridine pour maîtriser les surinfections.

Soins infirmiers complémentaires

Voir *Soins infirmiers – Anti-infectieux*, p. 69.

1. Évaluer les symptômes de perte visuelle chez le client qui reçoit une préparation ophtalmique et les réactions allergiques cutanées chez le client qui reçoit la préparation topique.

2. Assurer le client que la vision trouble qu'entraîne l'instillation du médicament ne dure pas longtemps.

3. Ne pas appliquer d'acide borique dans l'œil lorsque le client reçoit de l'idoxuridine, car cela peut produire de l'irritation.

4. Recommander aux clients de porter des lunettes de soleil s'ils souffrent de photophobie.

5. Prévoir que dans le cas d'utilisation simultanée d'idoxuridine et de corticostéroïdes, l'idoxuridine sera administrée plus longtemps que les stéroïdes afin de prévenir la réinfection.

TRIFLURIDINE   Viroptic^Pr

Catégorie   Antiviral ophtalmique topique.

Mécanisme d'action/cinétique Intervient probablement dans la synthèse de l'ADN et dans la réplication du virus.

Indications Kératoconjonctivite primaire et kératite épithéliale récurrente causée par le virus de l'herpès de type 1 et 2. Kératite épithéliale résistante à l'idoxuridine. Particulièrement indiquée dans les infections virales résistantes à l'idoxuridine et à la vidarabine.

Contre-indications Hypersensibilité ou intolérance chimique au médicament. L'innocuité durant la grossesse n'est pas établie.

Réactions indésirables *Ophtalmiques*: Locales, habituellement temporaires; irritation de la conjonctive et de la cornée y compris la sensation de brûlure et de piqûre ainsi que l'œdème des paupières. Augmentation de la pression intra-oculaire. *Autres*: Kératite ponctuée superficielle, kératite épithéliale, hypersensibilité, œdème du stroma, irritation, kératite sèche, hyperémie.

Posologie 1 goutte de solution à 1% q 2 h sur la cornée jusqu'à un maximum de 9 gouttes par œil par jour pendant l'état aigu (présence d'ulcère cornéen). Après la réépithélisation, diminuer la dose à 1 goutte q 4 h (ou à un minimum de 5 gouttes par œil par jour) pendant 7 jours. Ne pas utiliser pendant plus de 21 jours.

Administration/entreposage

1. Instiller les gouttes sur la cornée. Appliquer une pression légère avec un doigt sur le sac lacrymal pendant 1 min après l'instillation.
2. Peut être utilisé simultanément dans l'œil avec des antibiotiques (chloramphénicol, bacitracine, érythromycine, gentamicine, tétracycline, sulfacétamide sodique), des corticostéroïdes, des anticholinergiques, du chlorhydrate d'épinéphrine et du chlorure de sodium.
3. Le médicament est sensible à la chaleur. Conserver au réfrigérateur entre 2 et 8°C.

Soins infirmiers complémentaires

Voir *Soins infirmiers – Anti-infectieux*, p. 69.

1. *Expliquer au client et/ou à sa famille*:
   a) qu'il doit conserver et administrer la trifluridine de la manière décrite précédemment.
   b) qu'une sensation de brûlure passagère peut survenir au moment de l'instillation.
   c) qu'il doit signaler au médecin les effets indésirables mais qu'il ne doit pas cesser l'administration du médicament si on ne le lui recommande pas spécifiquement.
   d) qu'il doit être examiné régulièrement par un ophtalmologiste.
   e) qu'il devrait y avoir une amélioration en 7 jours et la guérison en 14 jours. Sept jours de thérapie supplémentaires sont nécessaires afin de prévenir une réinfection.

VIDARABINE   Vira-A^Pr, Vira-A Parentéral^Pr

Catégorie   Antiviral.

Mécanisme d'action/cinétique   La vidarabine intervient spécifiquement dans la propagation de plusieurs virus dans la cellule. Elle est efficace dans les infections par le virus de l'herpès, probablement parce qu'elle inhibe la synthèse de l'ADN. La vidarabine est rapidement métabolisée en ara-HX qui possède une activité antivirale réduite. **Concentration plasmatique maximale**: Vidarabine, 0,2 à 0,4 μg/mL; ara-HX, 3 à 6 μg/mL. **Demi-vie: IV**, vidarabine, 1,5 h; ara-HX, 3,3 h. Le médicament et ses métabolites sont excrétés par les reins.

Indications   **Systémique**: Encéphalite herpétique. **Topique**: Kératoconjonctivite primaire et kératite épithéliale récurrente causées par le virus de l'herpès de type 1 et 2. Kératite épithéliale résistante à l'idoxuridine. Elle est plus efficace que l'idoxuridine dans les infections profondes récurrentes.

Contre-indications   Hypersensibilité au médicament. L'innocuité du médicament durant la grossesse n'est pas établie. **Systémique**: Administrer avec prudence chez les clients sensibles à une surcharge liquidienne ou à un œdème cérébral et chez les clients atteints d'une insuffisance rénale ou hépatique. **Topique**: Hypersensibilité au médicament ou à un ingrédient de la préparation.

Réactions indésirables   **Systémique.** *GI*: Nausées, vomissements, diarrhée, hématémèse. *SNC*: Tremblements, étourdissements, ataxie, confusion, hallucinations, psychose, encéphalopathie (peut être mortelle). *Hématologiques*: Diminution des réticulocytes, de l'hémoglobine et de l'hématocrite. *Autres*: Perte de masse, sensation de malaise, éruption cutanée, prurit, douleur au point d'injection. **Topique**: Photophobie, larmes, conjonctives injectées, sensation d'avoir un corps étranger dans l'œil, vision trouble temporaire, sensation de brûlure, irritation, kératite ponctuée superficielle, douleur, occlusion ponctuée, sensibilité.

Interaction avec les épreuves de laboratoire   ↑ de la bilirubine et de la SGOT.

Posologie   **Perfusion IV**: 15 mg/kg par jour pendant 10 jours. **Onguent ophtalmique**: Appliquer 1,25 cm d'onguent à 3% dans le sac conjonctival inférieur 5 fois par jour q 3 h. Continuer le traitement pendant 7 jours à une dose réduite (par exemple, b.i.d.) après la réé-pithélisation complète.

Administration

1. Systémique: perfuser lentement la dose quotidienne totale à un débit constant pendant 12 à 24 h.

2. Il faut utiliser 2,2 mL de solution IV pour dissoudre 1 mg de médi-cament. Un maximum de 450 mg peut être dissous dans 1 L. Devrait être utilisé dans les 48 h suivant la dilution. Ne pas réfrigérer la solution.

3. N'importe quelle solution d'électrolytes ou de glucides convient pour diluer le médicament. Ne pas utiliser de liquides biologiques ou colloïdaux.

4. Bien agiter l'ampoule avant de retirer la solution de vidarabine. Ajouter à la solution de perfusion préchauffée (35 à 40°C). Agiter le mélange jusqu'à ce qu'il soit complètement clair.

5. Utiliser un filtre en ligne (0,45 μm) pour la filtration finale.

6. Diluer juste avant l'administration. Utiliser dans les 48 h.

7. Les corticostéroïdes et les antibiotiques peuvent être administrés simultanément à la vidarabine. On doit cependant évaluer les risques encourus par rapport aux bénéfices éventuels.

Soins infirmiers complémentaires

Voir *Soins infirmiers – Anti-infectieux*, p. 69.

1. *Évaluer*:
   a) la surcharge liquidienne chez les clients qui reçoivent une thérapie systémique.
   b) les dysfonctions rénales, hépatiques et hématologiques, précipitées par la vidarabine.

2. *Expliquer au client et/ou à sa famille*:
   a) qu'il doit être sous la surveillance d'un ophtalmologiste lorsqu'il reçoit le médicament pour des problèmes oph-talmiques.
   b) que l'onguent ophtalmique entraînera une vision trouble après l'application.

TROISIÈME PARTIE

Antinéoplasiques

 CHAPITRE **18**

Antinéoplasiques

Agents alcoylants

Antimétabolites

Antibiotiques

Produits naturels et autres agents

Antinéoplasiques hormonaux et antihormonaux

Diéthylstilbœstrol, disphosphate de *303*

Estramustine, phosphate disodique d' *304*

Médroxyprogestérone, acétate de *306*

Mégestrol, acétate de *306*

Mitotane *307*

Tamoxifène, citrate de *308*

Isotopes radioactifs

Iodure de sodium (^{131}I) *311*

Phosphate de chrome (^{32}P) *310*

Phosphate de sodium (^{32}P) *311*

Les agents antinéoplasiques (aussi appelés agents anticancéreux) sont présentés en ordre alphabétique au tableau 4.

Généralités   On a fait beaucoup de progrès dans le traitement médicamenteux du cancer, et on peut maintenant considérer certaines formes de cancer comme guérissables par la chimiothérapie seule. Dans plusieurs autres formes de cancer, particulièrement lorsqu'il existe des métastases, la chimiothérapie est un traitement adjuvant important. Les progrès récents peuvent être en partie attribués à un emploi judicieux d'un nombre grandissant d'associations d'antinéoplasiques (voir le tableau 5), dont la composition et le mode d'administration sont fondés sur une meilleure compréhension des caractéristiques des néoplasmes et de la cinétique du cycle cellulaire (voir *Mécanisme d'action/cinétique*). Quelques-uns des principes de la thérapie anticancéreuse sont décrits plus loin. Les soins infirmiers, très importants pour le bien-être du client sous thérapie anticancéreuse, sont également décrits en détail.

Effets généraux des agents antinéoplasiques   Le cancer ne peut, sauf pour quelques exceptions, être guéri par les médicaments. Il existe cependant plusieurs composés qui peuvent ralentir la progression de la maladie ou induire des rémissions.

Tous les antinéoplasiques sont cytotoxiques (c'est-à-dire toxiques pour les cellules). Ils agissent donc autant sur les cellules normales que sur les cellules cancéreuses. Cependant, les cellules cancéreuses sont beaucoup plus actives et se multiplient plus rapidement que les cellules normales, ce qui les rend plus sensibles aux agents antinéoplasiques.

Les cellules des tissus normaux, comme celles de la moelle osseuse et des muqueuses GI sont naturellement très actives et donc particulièrement sensibles aux agents antinéoplasiques. La différence entre la dose d'anticancéreux nécessaire pour détruire les cellules cancéreuses et celle qui cause des lésions de la moelle osseuse est très petite. Par conséquent, on doit surveiller chez les clients recevant des antinéoplasiques les signes de dépression de la moelle osseuse, principalement une numération globulaire réduite (leucocytes, érythrocytes, plaquettes). Le nombre de plaquettes et de leucocytes sert de guide pour l'établissement de la posologie, car ils démontrent les effets d'un surdosage plus rapidement que les érythrocytes. Lorsqu'une analyse du sang ou de la moelle osseuse démontre une chute de la numération leucocytaire ou plaquettaire, on devrait cesser l'administration de l'antinéoplasique ou en modifier grandement la dose. Quelquefois, l'effet des antinéoplasiques sur la moelle osseuse est cumulatif, la chute des leucocytes et des plaquettes apparaissant des semaines ou des mois après le début de la thérapie.

Le traitement est habituellement interrompu lorsque la numération leucocytaire est inférieure à $2,0 \times 10^9/L$ et la numération plaquettaire inférieure à $100 \times 10^9/L$.

Les antinéoplasiques ne devraient être administrés que par des personnes spécialisées. Il doit être possible d'effectuer fréquemment des épreuves de laboratoire, surtout des hémogrammes et des myélogrammes. Les médicaments intraveineux devraient être administrés par le médecin.

La toxicité des anticancéreux se manifeste également dans la muqueuse du tractus GI. Les ulcères buccaux, les saignements intestinaux et la diarrhée sont des signes de toxicité excessive.

Finalement, comme les follicules pileux font également partie des tissus à croissance rapide, le traitement avec des agents antinéoplasiques s'accompagne fréquemment d'alopécie.

Les antinéoplasiques peuvent être classés dans plusieurs grandes catégories: agents alcoylants, antimétabolites, antibiotiques, produits naturels et autres agents, agents hormonaux et antihormonaux, isotopes radioactifs.

Dans ce manuel, les agents chimiothérapeutiques ont été classés selon ces catégories spécifiques.

Le choix d'un agent chimiothérapeutique est fonction du type de tumeur et de son siège. Bien qu'on dise que le cancer n'est pas une maladie mais plusieurs maladies, une subdivision des cancers en tumeurs solides et en tumeurs hématologiques malignes facilite la classification. Les premières sont confinées, au début, à un tissu ou à un organe spécifique et demandent habituellement un traitement chirurgical ou radiothérapeutique. La chimiothérapie est employée pour détruire les cellules et les métastases qui restent ou lorsque le traitement principal est inefficace ou impossible.

La chimiothérapie est habituellement la thérapie la plus importante dans le traitement des tumeurs hématologiques malignes; quelques cures ont été réussies, notamment dans la maladie de Hodgkin et dans les leucémies chez l'enfant.

Dans ce manuel, les agents antinéoplasiques sont classés par catégorie. La monographie de chaque médicament décrit son mécanisme d'action et sa cinétique, sa posologie et sa voie d'administration. Pour une référence rapide, les agents sont également décrits en ordre alphabétique au tableau 4. Les abréviations sous lesquelles ces agents sont connus y sont données, ainsi que les associations dans lesquelles ils sont fréquemment trouvés (tableau 5). La posologie de ces agents dans les associations n'y est pas mentionnée parce qu'elle doit être individualisée.

TABLEAU 4 ANTINÉOPLASIQUES

Médicament	Abréviation	Catégorie
Asparaginase	L-ASP	Enzyme (produit naturel).
Bléomycine, sulfate de	BLM	Antibiotique.
Busulfan	BUS	Agent alcoylant de type alcoyle sulfonate.
Carmustine	BCNU	Agent alcoylant de type nitrosourée.
Chlorambucil	CHL	Agent alcoylant de type moutarde azotée.
Cisplatine	CPDD	Complexe à coordination de platine.
Cyclophosphamide	CYC	Agent alcoylant de type moutarde azotée.
Cytarabine	Ara-C	Antimétabolite, analogue des pyrimidines.
Dacarbazine	DTIC	Agent alcoylant du type des triazènes.

Indications	Toxicité
Leucémie lymphoblastique aiguë.	*Aiguë*: Nausées, fièvre, anaphylaxie. *Retardée*: Hypersensibilité, douleur abdominale, troubles de la coagulation, lésions hépatiques et rénales, pancréatite, hyperglycémie, dépression du SNC, autres.
Cancers du testicule, de l'ovaire, de la vessie, de la tête, du cou, de la thyroïde, du col de l'utérus et de l'endomètre; neuroblastome, sarcome ostéogénique, maladie de Hodgkin, lymphomes.	*Aiguë*: Nausées, vomissements, anaphylaxie, hypotension. *Retardée*: Pneumonite, fibrose pulmonaire, réactions cutanées, alopécie, stomatite.
Leucémie myéloïde (ou myélogène) chronique, thrombocytose primaire.	*Aiguë*: Nausées et vomissements légers. *Retardée*: Dépression de la moelle osseuse, hyperpigmentation, fibrose pulmonaire, leucémie aiguë.
Lymphomes hodgkiniens et non hodgkiniens, tumeur cérébrale primaire, cancers du rein, de l'estomac et du côlon, mélanome malin.	*Aiguë*: Nausées, vomissements, phlébite locale. *Retardée*: Dépression de la moelle osseuse, alopécie.
Leucémie lymphoïde chronique, macroglobinémie primaire, maladie de Hodgkin, lymphomes non hodgkiniens, cancers du sein, de l'ovaire et du testicule.	*Aiguë*: Nausées et vomissements légers. *Retardée*: Dépression de la moelle osseuse, leucémie aiguë.
Cancers du testicule, de l'ovaire, de la vessie, de la tête, du cou, de la thyroïde, du col de l'utérus, de l'endomètre, neuroblastome.	*Aiguë*: Nausées, vomissements. *Retardée*: Dépression de la moelle osseuse, lésion rénale, ototoxicité.
Leucémie lymphoblastique aiguë et leucémie lymphoïde chronique, lymphomes hodgkiniens et non hodgkiniens, myélome multiple, neuroblastome, cancers du sein, de l'ovaire et du poumon, tumeur de Wilms, rhabdomyosarcome.	*Aiguë*: Nausées, vomissements. *Retardée*: Dépression de la moelle osseuse, alopécie, cystite hémorragique.
Leucémies lymphoblastique et granuleuse aiguës, érythroleucémie, leucémie méningée.	*Aiguë*: Nausées et vomissements. *Retardée*: Dépression de la moelle osseuse, mégaloblastose, diarrhée, lésion hépatique.
Mélanome malin, insulinome, carcinoïde malin.	*Aiguë*: Nausées, vomissements, irritation locale. *Retardée*: Dépression de la moelle osseuse, syndrome grippal, alopécie, lésions rénales, ↑ des enzymes hépatiques.

TABLEAU 4 ANTINÉOPLASIQUES (*suite*)

Médicament	Abréviation	Catégorie
Dactinomycine (actinomycine D)	DACT	Antibiotique.
Daunorubicine (daunomycine)	DNR	Antibiotique.
Doxorubicine, chlorhydrate de		Antibiotique.
Étoposide	VP-16-213	Inhibiteur de la mitose.
Fluorouracile	5-FU	Antimétabolite, analogue des pyrimidines.
Hydroxyurée	HYD	Autres agents.
Iodure de sodium (^{131}I)		Isotope radioactif.
Lomustine	CCNU	Agent alcoylant de type nitrosourée.
Méchloréthamine, chlorhydrate de	HN 2	Agent alcoylant de type moutarde azotée.
Médroxyprogestérone, acétate de		Progestérone.
Mégestrol, acétate de		Progestine synthétique.
Melphalan	MPL	Agent alcoylant de type moutarde azotée.

Indications	Toxicité
Choriocarcinome, tumeur de Wilms, rhabdomyosarcome, cancer du testicule, sarcome ostéogénique.	
Leucémie non lymphoblastique aiguë, tumeurs solides chez les enfants.	*Aiguë*: Nausées, vomissements, irritation locale. *Retardée*: Cardiotoxicité, dépression de la moelle osseuse.
Sarcomes des tissus mous, ostéogéniques et apparentés, lymphomes hodgkiniens et non hodgkiniens, leucémies aiguës, cancers du sein, GU, de la thyroïde et du poumon.	*Aiguë*: Nausées, vomissements, irritation locale. *Retardée*: Dépression de la moelle osseuse, cardiotoxicité, stomatite, diarrhée, érythème des régions irritées.
Cancer du testicule réfractaire.	*Aiguë*: Nausées, vomissements, hypotension, anaphylaxie. *Retardée*: Leucopénie, thrombopénie, alopécie, neuropathie périphérique.
Cancers du sein, du côlon, de l'estomac, du pancréas, de l'ovaire, de la tête, du cou ct de la vessie, lésions cutanées précancéreuses (traitement topique).	*Aiguë*: Nausées, vomissements. *Retardées*: voir *Floxuridine*.
Mélanome, leucémie myéloïde chronique résistante, cancer métastatique de l'ovaire, carcinome de la tête et du cou.	*Aiguë*: Nausées et vomissements légers. *Retardée*: Dépression de la moelle osseuse, hyperkératose, hyperpigmentation, stomatite.
Cancers de la thyroïde.	*Aiguë*: Mal des rayons.
Lymphomes hodgkiniens et non hodgkiniens, tumeurs cérébrales primaires, cancers du rein, de l'estomac, du côlon ot du poumon à cellules anaplasiques de petite taille.	*Aiguë*: Nausées et vomissements. *Retardée*: Dépression de la moelle osseuse, alopécie.
Lymphomes hodgkiniens et non hodgkiniens, cancers du sein et de l'ovaire.	*Aiguë*: Nausées et vomissements, irritation locale. *Retardée*: Dépression de la moelle osseuse, alopécie, cystite hémorragique.
Traitement palliatif des cancers de l'endomètre et du rein.	*Retardée*: Œdème.
Traitcmcnt palliatif des cancers du sein et de l'endomètre.	*Retardée*: Œdème.
Plasmocytome, cancers du sein et de l'ovaire.	*Aiguë* et *retardée*: voir *Méchloréthaminc*.

TABLEAU 4 ANTINÉOPLASIQUES (*suite*)

Médicament	Abréviation	Catégorie
Mercaptopurine	6-MP	Antimétabolite, analogue des purines.
Méthotrexate	MTX	Antimétabolite, analogue de l'acide folique.
Mitomycine	MTC	Antibiotique.
Mitotane	op'DDD	Agent cytotoxique surrénal.
Moutarde à l'uracile		Agent alcoylant de type moutarde azotée.
Phosphate de chrome (^{32}P)		Isotope radioactif.
Phosphate de sodium (^{32}P)		Isotope radioactif.
Pipobroman		Agent alcoylant.
Prednisone	PRED	Corticostéroïde.
Procarbazine, chlorhydrate de	PCB	Dérivé de la méthyle hydrazine.
Sémustine (au stade expérimental)	MeCCNU	Agent alcoylant de type nitrosourée.

Indications	Toxicité
Leucémies lymphoblastique et granuleuse aiguës, leucémie myéloïde chronique; leucémies myéloïde et myélomonocytaire aiguës.	*Aiguë*: Nausées et vomissements. *Retardée*: Dépression de la moelle osseuse, lésions hépatiques, ulcères buccaux qui peuvent augmenter avec l'emploi de l'allopurinol.
Leucémie lymphoblastique aiguë, choriocarcinome, mycosis fongoïde, cancer du sein, du testicule, de la tête, du cou et du poumon, sarcome ostéogénique.	*Aiguë*: Nausées et vomissements. *Retardée*: Dépression de la moelle osseuse, stomatite, ulcérations, diarrhée, toxicité rénale et hépatique, infiltrations pulmonaires, ostéoporose, alopécie.
Cancers de l'estomac, du col de l'utérus, du côlon, du sein, du pancréas et de la vessie.	*Aiguë*: Nausées, vomissements, irritation locale. *Retardée*: Dépression de la moelle osseuse (cumulative), stomatite, alopécie, toxicité rénale.
Carcinome du cortex surrénal	*Aiguë*: Nausées, vomissements. *Retardée*: Dépression du SNC, dermatite, troubles de la vision, insuffisance corticosurrénale, diarrhée.
Leucémie lymphoïde chronique, lymphomes hodgkiniens et non hodgkiniens, cancer de l'ovaire, thrombocytose, leucémie myéloïde chronique.	*Aiguë*: Nausées légères, vomissements. *Retardée*: Dépression de la moelle osseuse.
Épanchement pleural ou péritonéal de métastases cancéreuses, cancer localisé.	*Aiguë*: Mal des rayons. *Retardée*: Dépression de la moelle osseuse.
Polycythémie vraie, leucémies lymphoïde et myéloïde chroniques, métastases squelettiques multiples.	*Aiguë*: Mal des rayons. *Retardée*: Dépression de la moelle osseuse.
Polycythémie vraie, leucémie myéloïde chronique.	*Aiguë*: Nausées, vomissements, crampes abdominales. *Retardée*: Éruption cutanée, diarrhée, dépression de la moelle osseuse.
	Voir *Corticostéroïdes*, p. 910.
Maladie de Hodgkin.	*Aiguë*: Nausées, vomissements. *Retardée*: Dépression de la moelle osseuse, stomatite, dermatite, neuropathie, dépression du SNC.
Lymphomes hodgkiniens et non hodgkiniens, tumeurs primaires du cerveau, cancers du rein, de l'estomac et du côlon, mélanome malin.	Voir *Lomustine*.

TABLEAU 4 ANTINÉOPLASIQUES (*suite*)

Médicament	Abréviation	Catégorie
Streptozocine		Agent alcoylant de type nitrosourée.
Tamoxifène, citrate de	Anti-EST	Antiœstrogénique.
Thioguanine	6-TG	Antimétabolite, analogue des purines.
Thiotépa	THIO	Agent alcoylant, dérivé éthylèneamine.
Vinblastine, sulfate de	VBL	Alcaloïde de la pervenche.
Vincristine, sulfate de	VCR	Alcaloïde de la pervenche.

Les informations générales qui s'appliquent à tous les antinéoplasiques (mécanisme d'action, contre-indications, réactions indésirables, indications, administration et soins infirmiers) sont présentées ici.

Mécanisme d'action Lors de la division, les cellules passent par un nombre précis d'étapes durant lesquelles elles sont plus ou moins sensibles aux agents chimiothérapeutiques (voir *Mécanisme d'action/cinétique* de chaque agent). Quelques agents, notamment les agents alcoylants, sont efficaces durant toutes les étapes du cycle cellulaire, alors que d'autres, les antimétabolites par exemple, ne sont efficaces que durant les étapes de synthèse de l'ADN.

Les différentes étapes du cycle cellulaire sont décrites à la figure 5.

Indications La plupart des médicaments de cette section sont employés exclusivement dans le traitement des néoplasmes malins.

Indications	Toxicité
Adénome langerhansien métastatique.	*Aiguë*: Nausées, vomissements, dépression, léthargie, confusion. *Retardée*: Toxicité hématologique, intolérance au glucose, toxicité rénale.
Cancer du sein avancé chez la femme ménopausée.	*Aiguë*: Nausées occasionnelles. *Retardée*: Bouffées de chaleur, saignements vaginaux, prurit vulvaire.
Leucémies granuleuse, myéloïde et lymphoblastique aiguës, leucémie myéloïde chronique.	*Aiguë*: Nausées et vomissements occasionnels. *Retardée*: Dépression de la moelle osseuse, lésions hépatiques possibles.
Lymphomes hodgkiniens et non hodgkiniens, rétinoblastomes, cancers du sein et de l'ovaire.	*Aiguë*: Nausées légères, vomissements. *Retardée*: Dépression de la moelle osseuse.
Lymphomes hodgkiniens et non hodgkiniens, cancers du sein, du rein, du testicule, lymphomes, mycosis fongoïde.	*Aiguë*: Nausées, vomissements, irritation locale. *Retardée*: Dépression de la moelle osseuse, alopécie, stomatite, diminution des réflexes tendineux profonds, douleur aux mâchoires, iléus paralytique.
Leucémie lymphoblastique aiguë, neuroblastome, tumeur de Wilms, rhabdomyosarcome, lymphomes hodgkiniens et non hodgkiniens, cancer du sein, tumeur à cellules anaplasiques de petite taille.	*Aiguë*: Irritation locale. *Retardée*: Neuropathie périphérique, douleur névritique, alopécie, constipation, iléus paralytique, dépression légère de la moelle osseuse.

TABLEAU 5 ASSOCIATIONS D'ANTINÉOPLASIQUES FRÉQUEMMENT UTILISÉES

ABVD	Bléomycine Dacarbazine Doxorubicine Vinblastine	Ara-C + ADR	Cytarabine Doxorubicine
AC	Cyclophosphamide Doxorubicine	Ara-C + DNR + PRED + MP	Cytarabine Daunorubicine Mercaptopurine Prednisone
A-COPP	Cyclophosphamide Doxorubicine Prednisone Procarbazine Vincristine	Ara-C + 6-TG	Cytarabine Thioguanine
		BCVPP	Carmustine Cyclophosphamide Prednisone Procarbazine Vinblastine
Adria + BCNU	Carmustine Doxorubicine		

TABLEAU 5 *(suite)*

CAF	Cyclophosphamide Doxorubicine Fluorouracile	CVP	Cyclophosphamide Prednisone Vincristine
CAMP	Cyclophosphamide Doxorubicine Méthotrexate Procarbazine	CY-VA-DIC	Cyclophosphamide Dacarbazine Doxorubicine Vincristine
CAV	Cyclophosphamide Doxorubicine Vincristine	FAC	Cyclophosphamide Doxorubicine Fluorouracile
CAVe	Doxorubicine Lomustine Vincristine	FAM	Doxorubicine Fluorouracile Mitomycine
CHL + PRED	Chlorambucil Prednisone	MACC	Cyclophosphamide Doxorubicine Lomustine Méthotrexate
CHOP	Cyclophosphamide Doxorubicine Prednisone Vincristine	MOPP	Méchloréthamine Prednisone Procarbazine Vincristine
CHOR	Cyclophosphamide Doxorubicine Vincristine	MOPP-LO- BLEO	Bléomycine Méchloréthamine Prednisone Procarbazine Vincristine
CISCA	Cisplatine Cyclophosphamide Doxorubicine		
CMC-dose élevée	Cyclophosphamide Lomustine Méthotrexate	MPL + PRED (MP)	Melphalan Prednisone
CMF	Cyclophosphamide Fluorouracile Méthotrexate	MTX-MP	Mercaptopurine Méthotrexate
CMPF	Cyclophosphamide Fluorouracile Méthotrexate Prednisone	MTX + MP + CTX	Cyclophosphamide Mercaptopurine Méthotrexate
		POCC	Cyclophosphamide Lomustine Procarbazine Vincristine
CMFVP (association de Cooper)	Cyclophosphamide Fluorouracile Méthotrexate Prednisone Vincristine	Protocole M-2	Carmustine Cyclophosphamide Melphalan Prednisone Vincristine
COP	Cyclophosphamide Prednisone Vincristine		
COPP ou C-MOPP	Cyclophosphamide Prednisone Procarbazine Vincristine	Protocole T-2 CYCLE 1	*Premier mois* Dactinomycine Doxorubicine Radiothérapie

TABLEAU 5 *(suite)*

	Deuxième mois		*Troisième mois*
	Cyclophosphamide Doxorubicine Vincristine Radiothérapie		Aucun médicament pendant 28 jours.
		CYCLE 4	Répéter le cycle 3.
	Troisième mois	VAC « pulse »	Cyclophosphamide Dactinomycine Vincristine
	Cyclophosphamide Vincristine		
CYCLE 2	Comme cycle 1 mais sans radiothérapie.	VAC standard	Cyclophosphamide Dactinomycine Vincristine
CYCLE 3	*Premier mois*	VBP	Bléomycine Cisplatine Vinblastine
	Dactinomycine Doxorubicine		
	Deuxième mois	VP	Prednisone Vincristine
	Cyclophosphamide Vincristine	VP-L- Asparaginase	L-Asparaginase Prednisone Vincristine

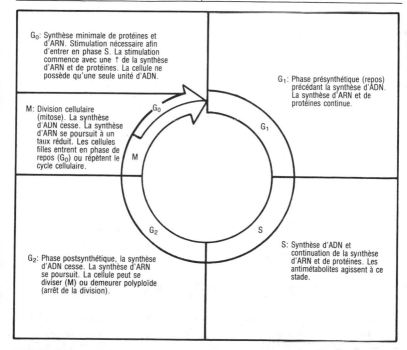

FIGURE 5

On étudie l'administration de quelques-uns de ces médicaments dans les maladies rhumatismales.

Contre-indications Hypersensibilité au médicament. La plupart des antinéoplasiques sont contre-indiqués pendant une période de 4 semaines après la radiothérapie ou après la chimiothérapie avec des agents similaires. Employer avec prudence et à des doses réduites chez les clients déjà atteints d'une dépression de la moelle osseuse, d'une infiltration maligne de la moelle osseuse ou des reins ou de malfonction hépatique.

L'innocuité de ces médicaments durant la grossesse n'est pas établie; ils sont contre-indiqués durant le premier trimestre de la grossesse.

Réactions indésirables *La dépression de la moelle osseuse* (leucopénie, thrombopénie, agranulocytose, anémie) *est le plus grand danger de la thérapie antinéoplasique. La dépression de la moelle osseuse peut quelquefois être irréversible. Il faut effectuer fréquemment des numérations globulaires et des analyses de la moelle osseuse chez ces clients. Les chutes de ces valeurs doivent être signalées au médecin.*

Autres réactions indésirables. *GI*: Nausées, vomissements (peuvent être graves), anorexie, diarrhée (peut être hémorragique), stomatite, entérite, crampes abdominales, ulcères intestinaux. *Hépatiques*: Toxicité hépatique y compris l'ictère et les variations des enzymes hépatiques. *Dermatologiques*: Dermatite, érythème, diverses dermatoses y compris éruption maculopapuleuse, alopécie (réversible), prurit, urticaire, chéilite. *Immunologiques*: Immunodépression, augmentation de la sensibilité aux infections virales, bactériennes et fongiques. *SNC*: Dépression, léthargie, confusion, étourdissements, céphalée, fatigue, sensation de malaise, fièvre, faiblesse. *Génito-urinaires*: Insuffisance rénale aiguë, anomalies de l'appareil génital, y compris l'aménorrhée et l'azoospermie. *Note*: Les agents alcoylants, en particulier, peuvent être carcinogènes et mutagènes.

Administration

1. Préparation des antinéoplasiques:
   a) Porter des gants afin de protéger la peau lors de la reconstitution des antinéoplasiques.
   b) Préparer le médicament avec prudence, particulièrement pour éviter des réactions cutanées.
   c) Laver immédiatement la peau ou les muqueuses entrées en contact avec la solution.
   d) Bien nettoyer les yeux si de la solution y entre accidentellement. Voir un ophtalmologiste.

2. Employer un montage en Y avec une pompe à perfusion IV électrique.

3. Commencer la perfusion avec la solution ne contenant pas d'agent vésicant.

4. Éviter, si possible, d'utiliser le dos de la main, le poignet ou le pli du coude pour la perfusion IV.

5. Éviter d'administrer la médication à un point d'injection employé précédemment.

6. Lorsque la perfusion IV de la solution ne contenant pas de médicament est commencée, évaluer le retour de sang, la douleur, les rougeurs ou l'œdème avant d'administrer le médicament.

7. Pendant l'administration du médicament, surveiller la diminution du débit de la perfusion et l'apparition de rougeurs, de douleurs ou d'enflure.

8. Interrompre l'administration du médicament si ces symptômes se manifestent ou si la perfusion fonctionne mal et administrer la solution non médicamentée à un débit permettant de garder la veine ouverte. Avertir le médecin immédiatement.

9. *Expliquer au client et/ou à sa famille* qu'il doit signaler toute douleur, rougeur ou œdème près du point d'injection durant et après le traitement.

10. Le client devrait utiliser un moyen de contraception, parce que ces médicaments ont un effet sur le système reproducteur.

11. Signaler au médecin l'extravasation de la solution et suivre les règlements de l'établissement en ce qui concerne la réduction des effets de l'extravasation.

12. Inscription au dossier de l'administration des antinéoplasiques:
    a) Noter le protocole d'administration du médicament sur la feuille de médicaments du client.
    b) Le jour 1 est le premier jour de la première dose.
    c) Numéroter chaque jour, même si le client ne reçoit pas de médicament chaque jour.
    d) Noter le moment où le nadir (le temps de dépression physiologique le plus grave) risque de se produire, parce que les complications comme les infections et les hémorragies pourront alors être anticipées et traitées rapidement.
    e) Lorsque le traitement est répété, le premier jour de la thérapie est noté comme étant le jour 1.

Soins infirmiers – Antinéoplasiques

1. Établir une approche d'équipe à laquelle participent le client, sa famille, l'infirmière, le médecin, le travailleur social et d'autres professionnels de la santé pour développer un plan de thérapie qui tienne compte des besoins physiques, émotionnels, sociaux et spirituels du client.

2. Utiliser la démarche de soins infirmiers pour planifier des soins physiques et psychosociaux visant à aider le client et sa famille à surmonter les effets et les difficultés de la chimiothérapie administrée comme traitement palliatif, pour la rémission ou pour la guérison.

3. Rassurer le client que l'apparition des réactions indésirables ne représente pas nécessairement un échec, mais que cela

indique plutôt que l'antinéoplasique détruit également les cellules cancéreuses.

Soins infirmiers avant le début de la chimiothérapie

Évaluer les valeurs de base suivantes:

a) l'état nutritionnel.

b) l'état de la peau.

c) l'état de la bouche.

d) le degré de mobilité.

e) l'état émotionnel.

f) les antécédents d'hypersensibilité.

g) les antécédents de chirurgie, de ratiothérapie et de chimiothérapie.

Soins infirmiers – Dépression de la moelle osseuse

LEUCOPÉNIE

1. *Évaluer*:

    a) la numération leucocytaire (valeur normale: 5,0 à 10,0 $\times$ 10^9/L).

    b) la formule leucocytaire (valeurs normales: neutrophiles: 0,60 à 0,70, lymphocytes: 0,25 à 0,30, monocytes: 0,02 à 0,06, éosinophiles: 0,01 à 0,03, basophiles: 0,0025 à 0,005).

    c) une chute soudaine de la numération leucocytaire ou une réduction de la numération leucocytaire à moins de 2,0 $\times$ 10^9/L, parce que cela peut indiquer la nécessité de réduire la dose ou de cesser l'administration du médicament. Signaler ces valeurs et cesser la médication.

    d) la température q 4 h et revérifier après 1 h en cas d'augmentation légère. Signaler une fièvre au-dessus de 38°C, parce que le client a une résistance limitée aux infections (résultant de la leucopénie et de l'immunosuppression).

    e) les signes d'infection sur la peau et les orifices. Il est extrêmement important de les identifier rapidement, car les infections ne se localisent pas en abcès purulents lorsqu'il n'y a pas de granulocytes: elles deviennent systémiques et se transforment en septicémie.

2. *Prevenir les infections*:

    a) Appliquer une asepsie médicale stricte.

    b) Favoriser la pratique d'une bonne hygiène.

    c) Utiliser un détergent ou un autre antiseptique pour laver les clients qui ont tendance à développer des éruptions cutanées.

    d) Administrer des soins buccaux q 4 ou 6 h à l'aide de solution saline ou d'eau oxygénée diluée de moitié avec de l'eau. Faire suivre d'un substrat de lait de magnésie. (Le substrat de lait de magnésie est obtenu en jetant le liquide clair qui surnage dans la bouteille. On se sert du liquide blanc épais qui reste au fond pour enduire la muqueuse buccale.) Ne pas employer de citron ou de glycérine parce qu'ils tendent à réduire la production de salive et à changer le *p*H de la bouche. La détérioration des muqueuses survient si les soins de la bouche ne sont pas effectués au moins q 6 h.

e) Nettoyer et assécher la région anale après chaque défécation. Appliquer l'onguent A&D s'il y a irritation.

f) Se préparer à l'isolement inversé si le nombre de leucocytes tombait sous 1,5 à 2,0 $\times$ 10^9/L. L'isolement inversé consiste à:
   (1) garder le client dans une chambre privée.
   (2) utiliser des gants, un masque et une blouse, si cela est prescrit.
   (3) réduire le nombre d'articles apportés dans la chambre.
   (4) fournir une salle de bain privée ou une chaise d'aisance.
   (5) limiter les allées et venues inutiles dans la chambre.
   (6) dépister les infections chez les visiteurs avant qu'ils n'entrent dans la chambre.

g) prévenir les infections nosocomiales entraînées par les techniques envahissantes:
   (1) nettoyer la peau avec un antiseptique avant le procédé.
   (2) changer la tubulure IV q 24 h.
   (3) changer le point d'injection de la perfusion IV q 48 h.

THROMBOPÉNIE

1. *Évaluer*:
   a) la numération plaquettaire (valeurs normales: 200 à 300 $\times$ 10^9/L). Les clients ayant une numération plaquettaire inférieure à 150 $\times$ 10^9/L devraient être suivis en centre hospitalier.
   b) la présence de cellules sanguines dans l'urine.
   c) la présence de sang dans les fèces.
   d) la présence de pétéchies et de contusions sur la peau.
   e) l'écoulement de sang par les orifices corporels.
   f) la pression artérielle q.d. chez les clients hospitalisés.

2. *Prévenir les saignements*:
   a) Réduire le nombre d'injections SC et IM. Si elles sont nécessaires, appliquer une pression pendant 3 à 5 min afin de prévenir l'écoulement ou l'hématome. Signaler un saignement inhabituel après l'injection.
   b) Éviter d'appliquer un garrot ou le brassard du sphygmomanomètre pendant une période de temps excessive.
   c) Enseigner au client les mesures qui permettent de prévenir les saignements causés par des traumatismes mineurs:
      (1) avertir le client de ne pas se nettoyer le nez parce que cela pourrait produire des saignements.

(2) recommander l'utilisation du rasoir électrique plutôt que du rasoir à main.

(3) fournir au client une brosse à dent à soies douces ou lui demander de se masser les gencives avec les doigts pour restreindre l'irritation.

3. *Participer au traitement des saignements*:
   a) Pincer le nez pendant 10 min et appliquer de la pression sur la lèvre supérieure dans les cas d'épistaxis.
   b) Participer à la transfusion sanguine (habituellement prescrite lorsque la numération plaquettaire tombe au-dessous de 150×10^9/L). Mesurer les signes vitaux avant le début de la transfusion et q 15 min pendant celle-ci. Surveiller les signes vitaux pendant au moins 2 h après la fin de la transfusion. Surveiller l'apparition des signes d'histo-incompatibilité (frissons, fièvre et urticaire). Dans ce cas, arrêter la transfusion, procurer des soins de soutien et avertir le médecin (voir *Soins infirmiers – Sang*, p. 345 et 353).

ANÉMIE

1. *Évaluer*:
   a) l'hémoglobine (valeur normale: 140 à 160 g/L de sang).
   b) l'hématocrite (valeur normale: hommes, 0,40 à 0,54; femmes, 0,37 à 0,47).
   c) la pâleur, la léthargie ou la fatigue inhabituelle.

2. *Réduire les risques d'anémie*:
   a) Fournir un régime nutritif que le client tolère.
   b) Administrer les vitamines et les suppléments de fer prescrits ou recommander au client de les prendre.

3. *Participer au traitement de l'anémie*:
   a) Fournir une alimentation riche en fer que le client tolère.
   b) Administrer les vitamines et les suppléments de fer prescrits.
   c) Participer à la transfusion (de la même manière que dans le traitement de la thrombopénie).

Soins infirmiers – Toxicité gastro-intestinale

NAUSÉES/VOMISSEMENTS

1. *Évaluer*:
   a) l'anorexie et/ou le refus de s'alimenter.
   b) l'état nutritionnel, et comparer avec l'état normal.
   c) la fréquence, les caractéristiques et la quantité des vomissements.

2. *Prévenir les nausées et les vomissements*:
   a) Administrer un antiémétique, tel que prescrit, avant l'antinéoplasique. On administre habituellement l'antiémétique 30 min avant ou juste après l'administration de l'antinéoplasique.

b) Administrer l'antinéoplasique lorsque le client est à jeun, avec un repas ou au coucher, pour réduire les nausées et les vomissements et produire ainsi un effet thérapeutique maximal chez le client.

c) Enseigner au client et/ou à sa famille comment insérer un suppositoire antiémétique.

d) Donner des glaçons au début des nausées.

e) Servir des boissons gazeuses pour prévenir les nausées.

f) Encourager le client à manger des glucides secs comme des rôties et des craquelins avant de commencer une activité.

g) Attendre que les nausées et les vomissements soient terminés avant de servir de la nourriture.

h) Donner des goûters légers et nutritifs et planifier les repas en fonction des moments où la tolérance du client est meilleure.

i) Offrir des aliments nourrissants que le client apprécie.

j) Fournir une alimentation riche en protéines.

k) Congeler les suppléments alimentaires et les servir comme de la crème glacée afin de les rendre plus savoureux.

l) Éviter de servir des aliments à l'arôme très prononcé.

m) Encourager le client à bien mastiquer les aliments.

n) Administrer des soins d'hygiène buccale avant et après les repas.

3. *Participer au traitement des nausées et des vomissements*:

a) Administrer les antiémétiques prescrits ou appeler le médecin s'il n'en a pas prescrits. Tous les vomissements devraient être signalés au médecin parce qu'un changement dans le régime thérapeutique ou une correction de l'équilibre électrolytique pourraient être nécessaires.

b) Fournir des soins de soutien afin que le client se sente aussi à l'aise, aussi propre et sans odeur désagréable que possible.

c) Expliquer au client que le malaise GI est signe que le médicament agit sur les cellules tumorales.

d) Participer à la correction de l'équilibre électrolytique et à la suralimentation, si nécessaire.

DIARRHÉE/CRAMPES ABDOMINALES

1. *Évaluer*:

a) la fréquence et la gravité des crampes causées par l'hypermotilité.

b) la fréquence, la couleur, la consistance et le volume des fèces, qui indiquent la quantité de tissus détruits.

c) les signes de déshydratation et d'acidose, qui indiquent un déséquilibre électrolytique.

2. *Prévenir les diarrhées/crampes abdominales*:

a) Fournir un régime sans aliments excitants et à faible teneur en fibres.

b) Augmenter la quantité d'aliments constipants comme les fromages à pâte dure dans le régime.

3. *Participer au traitement de la diarrhée*:
   a) Administrer un antidiarrhéique, si prescrit, ou appeler le médecin s'il n'en a pas prescrit. On devrait signaler les diarrhées et les crampes abdominales parce qu'un changement dans le régime thérapeutique ou la correction de l'équilibre électrolytique pourraient être nécessaires.
   b) Augmenter l'ingestion de liquides, à moins que cela ne soit contre-indiqué.
   c) Participer à la correction de l'équilibre électrolytique.
   d) Administrer des soins de la peau adéquats, en particulier dans la région périanale, afin de prévenir les lésions cutanées. Appliquer de l'onguent A&D lorsque la région périanale est sensible.

STOMATITE

1. *Évaluer*:
   a) la sécheresse de la bouche, l'érythème et les plaques blanches sur la muqueuse buccale qui indiquent l'apparition de la stomatite. L'évaluation devrait être faite chaque fois que le médicament est administré.

2. *Prévenir la stomatite*:
   a) Évaluer l'état de la bouche q.d. et signaler les saignements des gencives ou la sensation de brûlure lorsque des liquides acides comme des jus sont ingérés.
   b) Établir un horaire de soins buccaux.
   c) Administrer des soins buccaux adéquats, de la manière décrite à la page 256.
   d) Appliquer de la vaseline sur les lèvres au moins b.i.d.

3. *Participer au traitement de la stomatite*:
   a) Continuer d'administrer des soins buccaux adéquats.
   b) Appliquer un anesthésique topique visqueux, comme la lidocaïne (Xylocaine) avant les repas ou fournir un collutoire de lidocaïne pour anesthésier la muqueuse buccale. Le client peut avaler la lidocaïne après s'être gargarisé la cavité buccale. Une ordonnance du médecin est nécessaire pour administrer de la lidocaïne.
   c) Servir des aliments doux à température moyenne.

Soins infirmiers – Neurotoxicité

1. *Évaluer*:
   a) les symptômes de neuropathies mineures comme le picotement des mains et des pieds et la perte des réflexes tendineux profonds.
   b) les symptômes de neuropathies graves comme la faiblesse des mains, l'ataxie, la perte de coordination, le pied tombant ou le poignet tombant et l'iléus paralytique.

2. *Prévenir les pertes fonctionnelles causées par la neurotoxicité*:
   a) Signaler au plus tôt les symptômes de neuropathie parce

que le médecin peut décider de changer la médication afin de prévenir les pertes fonctionnelles, qui peuvent être irréversibles.

b) Pratiquer et enseigner les mesures de protection en cas de crises convulsives.

3. *Participer au traitement des neuropathies*:
   a) Appliquer les mesures de sécurité nécessaires dans les soins au client atteint de pertes fonctionnelles.
   b) Maintenir un bon alignement du corps en installant le client dans une position adéquate.
   c) Obtenir des ordonnances médicales pour l'administration d'émollients fécaux et de laxatifs, au besoin.

Soins infirmiers – Ototoxicité

1. Déterminer les difficultés d'audition avant le début de la thérapie.

2. *Expliquer au client* qu'il doit signaler le tinnitus ou l'altération de l'audition.

Soins infirmiers – Hépatotoxicité

1. *Évaluer*:
   a) les épreuves de la fonction hépatique:
      (1) Bilirubine sérique (valeur normale: 5 à 17 μmol/L). Une élévation peut indiquer une maladie hépatique ou une augmentation du taux d'hémolyse des érythrocytes.
      (2) SGOT (valeur normale: 2 à 19 U/L). Une élévation peut indiquer des changements dans le foie, les muscles squelettiques, les poumons, le pancréas et le cœur. L'hépatite produit une élévation marquée de la SGOT.
      (3) SGPT (valeur normale: 2 à 17 U/L). Une élévation indique un état menant à la nécrose du foie.
      (4) LDH (valeur normale: 48 à 108 U/L). Une élévation peut indiquer une hépatite, un infarctus pulmonaire et l'insuffisance cardiaque.
   b) les signes d'atteinte hépatique, comme les douleurs abdominales, la fièvre élevée, la diarrhée et le jaunissement de la peau et des sclérotiques.

2. *Prévenir l'aggravation de l'hépatotoxicité*:
   a) Signaler au médecin l'élévation des épreuves de la fonction hépatique et les signes d'atteinte hépatique. Ces signes indiquent la nécessité de changer le régime thérapeutique.

3. *Participer au traitement de l'hépatotoxicité*:
   a) Fournir des soins de soutien pour soulager les symptômes comme la fièvre, la douleur, la diarrhée et l'ictère.

Soins infirmiers – Toxicité rénale

1. *Évaluer*:
   a) les épreuves de la fonction rénale:
      (1) Urée (valeur normale: 3,6 à 7,1 mmol/L).
      (2) Acide urique sérique (valeur normale: 118 à 459 μmol/L).
      (3) Clearance de la créatinine (valeur normale: femme, 7,1 à 15,0 mmol/d; homme, 8,8 à 16,8 mmol/d).
      (4) Excrétion d'acide urique (valeur normale: 1,49 à 4,46 mmol par jour).
   b) les douleurs gastriques, l'enflure des pieds et des chevilles, les tremblements, les mouvements inhabituels et la stomatite.
   c) les ingesta et les excreta.

2. *Réduire l'hyperuricémie*:
   a) Encourager le client à prendre beaucoup de liquides afin d'augmenter l'excrétion d'acide urique et de diminuer les risques de formation de cristaux et de calculs.
   b) Aider à alcaliniser l'urine, si cela est prescrit.

Soins infirmiers – Immunodépression

1. *Évaluer*:
   a) la fièvre, les frissons et le mal de gorge.
   b) la numération leucocytaire et la formule leucocytaire.

2. *Participer au traitement du client immunodéprimé*:
   a) Prévenir les infections de la manière décrite pour la leucopénie.
   b) Conseiller de reporter les immunisations actives à plusieurs mois après la thérapie parce que les réponses risquent d'être excessives ou insuffisantes.

Soins infirmiers – Altérations génito-urinaires

1. *Évaluer*:
   a) les altérations du fonctionnement GU.
   b) si le client comprend que la plupart des symptômes, comme l'aménorrhée, disparaissent après que la médication est arrêtée.
   c) avant le début de la thérapie si le médecin a informé le client que la stérilité peut être un effet permanent du traitement.

2. *Prévenir la tératogenèse*:
   a) Expliquer au client et à son conjoint qu'ils doivent employer une méthode de contraception afin d'éviter une grossesse durant la thérapie et plusieurs mois après la fin de la théra-

pie, parce que le médicament peut avoir des effets tératogènes sur le fœtus si la femme devait concevoir durant cette période.

Soins infirmiers – Alopécie

1. S'assurer que le client comprend que ses cheveux peuvent tomber durant la thérapie mais qu'ils repousseront. Les cheveux pourraient être de teinte ou de texture différente, mais ils réapparaîtront 8 semaines environ après la fin de la thérapie.

2. *Réduire l'alopécie*:
   a) Aider à appliquer un tourniquet au cuir chevelu, qui doit rester en place jusqu'à 10 à 15 min après que la médication ait été administrée.
   b) Appliquer des sacs de glace sur le cuir chevelu durant l'administration du médicament et pendant les 15 min qui suivent.

3. *Aider le client à s'adapter à l'alopécie*:
   a) Raser la tête si les cheveux tombent par grosses mèches et porter une perruque ou un foulard jusqu'à ce que les cheveux repoussent.
   b) Employer une perruque ou un foulard lorsque les cheveux tombent et repoussent.
   c) Encourager l'expression des sentiments reliés au changement de l'image de soi.

Soins infirmiers – Problèmes cutanés

1. Surveiller l'apparition de lésions cutanées.

2. Maintenir la propreté de la peau et prévenir le dessèchement.

3. Prévenir l'exposition prolongée au soleil et aux rayons ultraviolets artificiels.

4. *Expliquer au client et/ou à sa famille*:
   a) les principes de la fidélité au traitement, p. 64.
   b) comment obtenir l'information écrite appropriée, pour qu'il puisse l'utiliser comme guide personnel pendant son traitement.

AGENTS ALCOYLANTS

Mécanisme d'action/cinétique   Les agents alcoylants comprennent les moutardes azotées, les plus vieux agents anticancéreux. Les gaz de moutardes azotées furent utilisés durant la Première Guerre mondiale comme arme chimique.

Ces composés sont très réactifs; dans le milieu biologique, ils produisent des groupes alcoyles (ions carboniums) qui alcoylent d'importantes macromolécules biologiques comme l'ADN. Cette réaction inactive la molécule et amène un arrêt de la *division cellulaire*. La cytotoxicité n'est pas limitée aux cellules cancéreuses, mais affecte d'autres cellules de l'organisme, en particulier celles des tissus à prolifération rapide comme la moelle osseuse, l'épithélium intestinal et les follicules pileux.

Les effets toxiques des agents alcoylants sont spécifiques au cycle cellulaire. L'effet spécifique sur la division cellulaire devient apparent lorsque la cellule entre en phase S. La division cellulaire est bloquée en phase G_2 (phase prémitotique), et les cellules possèdent alors un complément double d'ADN.

La résistance des cellules cancéreuses aux agents alcoylants se développe lentement et graduellement. La résistance semble être le résultat de nombreuses adaptations mineures plutôt que d'une seule réaction. Une diminution de la perméabilité cellulaire, une augmentation de la production des récepteurs non cancéreux (substances nucléophiliques) et une augmentation de l'efficacité du système de réparation de l'ADN sont quelques-unes de ces adaptations.

BUSULFAN (BUSULPHAN) Myleran[Pr]
(Abréviation: BUS)

Catégorie   Antinéoplasique, agent alcoylant.

Mécanisme d'action/cinétique   Une augmentation de l'appétit et une sensation de bien-être peuvent survenir quelques jours après le début de la thérapie. La numération leucocytaire chute durant la deuxième ou la troisième semaine. Ne pas remettre au client plus que la quantité nécessaire pour 3 ou 4 jours de traitement, puisqu'une surveillance médicale étroite et des épreuves de laboratoire sont obligatoires. On administre quelquefois de l'allopurinol simultanément, afin de prévenir les symptômes cliniques de goutte. Le busulfan peut causer une dépression importante de la moelle osseuse.

Rapidement absorbé dans le tractus GI; apparaît dans le sérum 0,5 à 2,0 h après l'administration. De 10% à 50% est excrété dans l'urine en 24 h.

Indications   Leucémie myéloïde (ou myélogène) chronique (médicament de choix).

Réactions indésirables supplémentaires   Pancytopénie (plus grave qu'avec les autres agents), dysplasie bronchopulmonaire, fibrose pulmonaire, cataractes (après administration prolongée), hyperpigmentation, syndrome ressemblant à l'insuffisance surrénale, gynécomastie, ictère cholestatique, myasthénie grave.

Interaction avec les épreuves de laboratoire   ↑ des concentrations sanguine et urinaire d'acide urique.

Posologie **PO.** Individualisée selon la numération leucocytaire. **Initialement, dose habituelle**: 4 à 8 mg par jour jusqu'à ce que la numération leucocytaire tombe sous 15,0 × 10⁹/L; **entretien**: 1 à 3 mg par jour si la rémission dure moins de 3 mois. Arrêter le traitement si la numération leucocytaire tombe brusquement.

CARMUSTINE BiCNU^{Pr} (Abréviation: BCNU)

Catégorie Antinéoplasique, agent alcoylant.

Mécanisme d'action/cinétique Comme la lomustine: une résistance croisée peut donc apparaître. Le médicament disparaît rapidement du plasma et est métabolisé. Traverse la barrière hémato-encéphalique (concentration de 15% à 70% plus élevée dans le LCR que dans le sang). **Demi-vie**: 15 à 30 min. Excrété à 30% dans l'urine en 24 h et à 60% à 70% après 96 h.

Indications Traitement palliatif des tumeurs cérébrales primaires et métastatiques. Myélome multiple (en association avec la prednisone). Maladie de Hodgkin avancée et lymphome non hodgkinien (en association avec d'autres agents).

Réactions indésirables supplémentaires Nausées et vomissements se déclenchant moins de 2 h après l'administration et durant de 4 à 6 h. L'administration IV rapide peut causer des rougeurs intenses de la peau et des conjonctives (début: après 2 h; durée: 4 h). Fibrose pulmonaire, toxicité oculaire (y compris l'hémorragie rétinienne).

Interaction médicamenteuse Dépression de la moelle osseuse accrue lorsque employé avec la cimétidine.

Posologie **IV**: 200 mg/m² q 6 semaines en dose unique ou fractionnée (jours consécutifs). Des doses subséquentes devraient être administrées seulement si la numération plaquettaire est supérieure à 100 × 10⁹/L et la numération leucocytaire supérieure à 4,0 × 10⁹/L.

Administration/entreposage

1. Jeter les fioles où la poudre s'est résoute en un liquide huileux.

2. Conserver les fioles non utilisées entre 2 et 8°C et les protéger de la lumière. Conserver les solutions diluées à 4°C et les protéger de la lumière.

3. Reconstituer la poudre avec de l'alcool absolu (fourni), puis ajouter de l'eau stérile. Pour l'injection, ces solutions sont stables pendant 24 h lorsque conservées de la manière indiquée précédemment.

4. Conservées de la manière indiquée précédemment, les solutions mères diluées à 500 mL avec de la solution saline (0,9% de NaCl) pour injection ou avec une autre solution de dextrose à 5% pour injection sont stables pendant 48 h.

5. Administrer par voie IV sur une période de 1 à 2 h. Une injection plus rapide pourrait produire une douleur intense et une sensation de brûlure au point d'injection.

6. *Ne pas utiliser la même fiole pour plusieurs injections*, car la préparation ne contient pas d'agent de conservation.

Soins infirmiers complémentaires

Voir *Soins infirmiers – Antinéoplasiques*, p. 255.

1. *Évaluer* la possibilité d'extravasation si le client se plaint de sensation de brûlure ou de douleur au point d'injection. Le malaise peut être causé par l'alcool (solvant).

2. S'il n'y a pas d'extravasation et que le client se plaint de brûlure au point d'injection, réduire le débit de la solution.

3. Réduire le débit de la perfusion si le client présente une rougeur de la peau et/ou des conjonctives.

CHLORAMBUCIL   Leukeran[Pr] (Abréviation: CHL)

Catégorie   Antinéoplasique, agent alcoylant.

Mécanisme d'action/cinétique   Agent relativement peu toxique. Absorbé rapidement dans le tractus GI. **Demi-vie** plasmatique: environ 90 min. Excrété dans l'urine à 60%, 24 h après l'administration. Lié à 40% aux tissus, y compris aux tissus adipeux.

Indications   Leucémie lymphoïde chronique, lymphomes malins (y compris le lymphosarcome), lymphome folliculaire géant, maladie de Hodgkin.

Réactions indésirables supplémentaires   Kératite, fibrose pulmonaire, dysplasie bronchopulmonaire.

Interaction avec les épreuves de laboratoire   ↑ des concentrations sanguine et urinaire d'acide urique.

Posologie   **PO**: *Individualisée* selon la réponse du client; **initialement, dose habituelle**: 0,1 à 0,2 mg/kg de masse corporelle (ou 4 à 10 mg) par jour pendant 3 à 6 semaines; **entretien**: 0,03 à 0,1 mg/kg par jour. **Autre possibilité pour le traitement de la leucémie lymphoïde chronique: Initialement**, 0,4 mg/kg; **puis**, répéter cette dose toutes les 2 semaines en augmentant la dose de 0,1 mg/kg jusqu'à toxicité ou maîtrise de la maladie.

Administration

1. Le médicament doit être pris 1 h avant le déjeuner ou 2 h après le souper.

2. Le client devrait ingérer 2,25 à 2,75 L de liquides chaque jour.

3. Le client devrait utiliser un moyen de contraception durant la thérapie.

CYCLOPHOSPHAMIDE Cytoxan^Pr, Procytox^Pr (Abréviation: CYC)

Catégorie Antinéoplasique, agent alcoylant.

Mécanisme d'action/cinétique **Demi-vie** (après administration IV): 4,0 à 6,5 h, mais des traces du médicament et de ses métabolites sont détectables dans le sérum après 72 h. Métabolisé dans le foie; excrété dans l'urine en 48 h. Excrété dans le lait.

Indications Myélome multiple. Lymphomes malins: maladie de Hodgkin, lymphome folliculaire, lymphosarcome lymphocytaire, réticulosarcome, lymphosarcome lymphoblastique, lymphome de Burkitt. Mycosis fongoïde. Leucémies: leucémies lymphoïde et myéloïde chroniques, leucémies myéloïde et monocytaire aiguës, leucémie lymphoblastique aiguë chez l'enfant. Neuroblastome, adénocarcinome de l'ovaire, rétinoblastome. Carcinome du poumon et du sein. *À l'étude*: Maladies rhumatismales.

Réactions indésirables supplémentaires Cystite hémorragique. La dépression de la moelle osseuse apparaît fréquemment du neuvième au quatorzième jour de la thérapie. L'alopécie survient plus souvent avec ce médicament qu'avec les autres. Tumeurs secondaires (particulièrement de la vessie), fibrose pulmonaire, cardiotoxicité. La peau et les ongles peuvent foncer.

Interactions médicamenteuses

Médicaments	Interaction
Allopurinol	↑ des risques de toxicité pour la moelle osseuse.
Diurétiques thiazidiques	↑ des risques de toxicité pour la moelle osseuse.
Insuline	L'insuline ↑ l'hypoglycémie.
Phénobarbital	↑ de la vitesse du métabolisme hépatique de la cyclophosphamide.
Succinylcholine	↑ de l'apnée induite par la succinylcholine par ↓ du catabolisme plasmatique.

Interactions avec les épreuves de laboratoire ↑ des concentrations sanguine et urinaire d'acide urique; faux positif au « test de Pap »; ↓ de la concentration sérique de pseudocholinestérase. Suppression de certaines épreuves cutanées.

Posologie **Dose d'attaque IV**: 40 à 50 mg/kg en doses fractionnées pendant 2 à 5 jours. **PO**: 1 à 5 mg/kg selon la tolérance du client. **Entretien** (horaires variés). **PO**: 1 à 5 mg/kg par jour; **IV**: 10 à 15 mg/kg q 7 à 10 jours ou **IV**: 3 à 5 mg/kg 2 fois par semaine. Essayer de maintenir la numération leucocytaire entre 3 000 et 4 000/mm³. La dose devrait être ajustée dans les cas de maladies rénale et hépatique.

Administration/entreposage

1. IV: Dissoudre 100 mg de cyclophosphamide dans 5 mL d'eau stérile. Laisser reposer la solution jusqu'à ce qu'elle soit claire. Il faut toutefois l'employer durant les 3 ou 4 h qui suivent sa préparation.

2. PO: Administrer préférablement à jeun. Donner avec un repas en cas de problèmes GI.

3. Conserver dans des contenants bien fermés, de préférence au réfrigérateur.

Soins infirmiers complémentaires

Voir *Soins infirmiers – Antinéoplasiques*, p. 255.

1. Le client doit être bien hydraté afin de prévenir la cystite hémorragique causée par une concentration excessive du médicament dans l'urine.

2. Encourager le client à uriner fréquemment.

3. *Évaluer* la dysurie et l'hématurie.

4. Pour le rassurer, informer le client atteint d'alopécie que ses cheveux repousseront lorsque la médication sera arrêtée ou lorsqu'il suivra une thérapie d'entretien.

5. Signaler aux femmes qu'elles pourront avoir un « test de Pap » faussement + .

6. Signaler au client diabétique que des symptômes d'hypoglycémie peuvent être précipités par une interaction du médicament et de l'insuline. Consulter le médecin pour un réajustement de la dose d'insuline.

7. Voir *Soins infirmiers – Curarisants*, p. 751, si le client reçoit également de la succinylcholine, parce que l'apnée peut survenir.

DACARBAZINE   DTIC^{Pr} (Abréviation: DTIC)

Catégorie   Antinéoplasique, agent alcoylant.

Mécanisme d'action/cinétique   Ce médicament agit par alcoylation, par activité antimétabolite et par réaction avec les groupes sulfidryles. **Demi-vie**: 35 à 75 min. Le médicament se localise probablement dans le foie. De faibles quantités (14% de la concentration plasmatique) pénètrent dans le LCR. De 30% à 40% dont la moitié est inchangé, est excrété dans l'urine en 6 h.

Indications Mélanome malin métastatique. Maladie de Hodgkin (avec d'autres agents). *À l'étude*: Sarcome des tissus mous et neuroblastome.

Réaction indésirables supplémentaires Toxicité hématologique grave (fatale). Plus de 90% des clients ont des nausées, des vomissements et de l'anorexie qui commencent 1 h après la première administration et durent 12 à 48 h. Rarement, diarrhée, stomatite et nausées réfractaires. Également, syndrome grippal, douleur grave le long des veines où l'on a injecté le médicament, rougeurs au visage, alopécie. Élévation de la SGOT, de la SGPT et d'autres enzymes. Symptômes du SNC.

Posologie IV seulement. *Mélanome malin*: 2,0 à 4,5 mg/kg par jour pendant 10 jours; peut être répété à des intervalles de 4 semaines; ou 250 mg/m² par jour pendant 5 jours; peut être répété à des intervalles de 3 semaines. *Maladie de Hodgkin*: 150 mg/m² par jour pendant 5 jours; ou 375 mg/m² le premier jour avec d'autres médicaments puis répéter aux 15 jours.

Administration/entreposage

1. Afin de diminuer les effets GI, on a suggéré l'utilisation d'antiémétiques, le jeûne (4 à 6 h avant le traitement) et une bonne hydratation (1 h avant le traitement).

2. On doit prendre toutes les précautions pour éviter l'extravasation.

3. Le médicament peut être administré en bolus IV en 1 min ou dilué et administré par perfusion IV (préférable) en 15 à 30 min.

4. Protéger de la lumière les fioles contenant seulement le médicament et les conserver entre 4 et 8°C.

5. Les solutions reconstituées sont stables pendant 72 h à 4°C ou pendant 8 h à 20°C. Les solutions plus diluées pour perfusion IV sont stables pendant 24 h entre 2 et 8°C.

Soins infirmiers complémentaires

Voir *Soins infirmiers – Antinéoplasiques*, p. 255.

1. Vérifier si le médecin veut que le client jeûne pendant 4 à 6 h avant l'administration du traitement pour réduire l'émèse ou s'il préfère que le client soit bien hydraté par l'administration de liquides jusqu'à 1 h avant la thérapie pour réduire la déshydratation qui suit le traitement.

2. Signaler les nausées et les vomissements, qui peuvent durer 1 à 12 h après l'injection.

3. Avoir à sa disposition du phénobarbital et/ou de la prochlorpérazine comme traitement palliatif des vomissements après l'administration de la dacarbazine.

4. Pour le rassurer, expliquer au client que les vomissements cessent après 1 ou 2 jours d'administration parce qu'une tolérance au médicament se développe.

5. Avertir le client qu'il doit signaler au médecin l'apparition du syndrome grippal, qui se reconnaît à la fièvre et à la myalgie ainsi qu'à la sensation de malaise. Ce syndrome peut survenir après le traitement.

6. Expliquer au client qu'il ne doit pas s'exposer pendant de longues périodes au soleil ou aux rayons ultraviolets, parce que des réactions de photosensibilité peuvent survenir.

LOMUSTINE CeeNu^{Pr} (Abréviation: CCNU)

Catégorie Antinéoplasique, agent alcoylant.

Mécanisme d'action/cinétique Semblable à celui de la carmustine: on observe donc une résistance croisée entre ces 2 agents. Absorbée rapidement dans le tractus GI. Métabolisée en moins de 1 h. **Concentration plasmatique maximale**: 1 à 6 h. **Demi-vie** biphasique: initiale, 6 h; après distribution, 1 ou 2 jours. De 15% à 30% demeure dans l'organisme après 5 jours. Traverse la barrière hémato-encéphalique; la concentration dans le liquide céphalo-rachidien est plus élevée que dans le plasma. Le médicament est excrété à 50% en 12 h, à 75% en 4 jours. Les métabolites sont présents dans le lait.

Indications Tumeurs cérébrales primaires et métastatiques. Maladie de Hodgkin disséminée (en association avec d'autres antinéoplasiques).

Réactions indésirables supplémentaires Incidence élevée de nausées et de vomissements apparaissant 3 à 6 h après l'administration et durant 24 h. Toxicité rénale et pulmonaire. Dysarthrie.

Interaction avec les épreuves de laboratoire Épreuves de la fonction hépatique élevées (réversible).

Posologie **PO. Adultes et enfants: Initialement.** 130 mg/m^2 en une seule dose q 6 semaines. En cas de réduction de l'activité de la moelle osseuse, la dose est diminuée à 100 mg/m^2 q 6 semaines. Les doses subséquentes seront déterminées selon la numération globulaire (plaquettes supérieures à 100 × 10^9/L et leucocytes supérieurs à 4,0 × 10^9/L). On devrait effectuer une numération globulaire toutes les semaines.

Administration/entreposage

1. Administrer le médicament après des antiémétiques ou lorsque le client est à jeun, pour réduire les troubles GI.

2. Expliquer au client que la médication se présente sous forme de 3 capsules de dose différente: une combinaison de capsules totalisera la dose à administrer. Cette combinaison devra être prise en une seule fois.

3. Conserver à moins de 40°C.

> **Soins infirmiers complémentaires**
>
> Voir *Soins infirmiers – Antinéoplasiques*, p. 255.
>
> 1. Prévoir que le client aura des nausées et des vomissements jusqu'à 36 h après le traitement. Cela peut être suivi de 2 ou 3 jours d'anorexie. Administrer des antiémétiques si cela est prescrit.
> 2. Insister auprès du client sur les effets positifs de la lomustine, car il peut être déprimé par les nausées et les vomissements prolongés.
> 3. Expliquer au client que des intervalles de 6 semaines entre l'administration de chaque dose du médicament sont nécessaires pour un effet maximal et une toxicité minimale.

MÉCHLORÉTHAMINE, CHLORHYDRATE DE
Mustargen^{Pr} (Abréviation: HN 2)

Catégorie   Antinéoplasique, agent alcoylant.

Mécanisme d'action/cinétique   Le médicament est inactivé en quelques minutes.

Indications   Lymphomes malins, y compris la maladie de Hodgkin, les lymphosarcomes, les leucémies lymphoïdes et myéloïdes chroniques, le mycosis fongoïde, la polycythémie vraie, les maladies néoplasiques généralisées, les tumeurs locales inopérables et les épithéliomas bronchiques. Fait partie de l'association MOPP.

Réactions indésirables supplémentaires   Incidence élevée de nausées et de vomissements. Pétéchies, hémorragies sous-cutanées, tinnitus, surdité, zona ou aménorrhée temporaire. L'extravasation dans les tissus sous-cutanés produit une inflammation douloureuse.

Interaction médicamenteuse   Amphotéricine B: l'association de ces médicaments augmente les risques de dyscrasies sanguines.

Posologie   IV. *Dose totale*: 0,4 mg/kg par traitement administrés en une dose ou en 2 à 4 doses fractionnées pendant 2 à 4 jours. Le médicament peut être également administré dans les cavités. Un deuxième traitement peut être administré 3 semaines après le premier, selon la numération globulaire.

Administration

1. Comme le médicament est très irritant et qu'il ne doit pas toucher la peau, on devrait porter des gants de plastique ou de caoutchouc lors de sa préparation.

2. Il est préférable d'administrer le médicament par la tubulure d'une perfusion rapide de solution saline.

3. Préparer la solution immédiatement avant l'administration.

4. La médication est fournie dans une fiole à bouchon de caoutchouc à laquelle on doit ajouter 10 mL d'eau distillée stérile.

5. Insérer l'aiguille et la laisser dans la fiole jusqu'à ce que le médicament soit dissous et que la dose requise soit retirée. Jeter la fiole contenant le reste de la solution de la manière appropriée, afin que personne n'entre en contact avec elle.

6. Après l'administration dans une cavité, tourner le client toutes les 1 à 5 min dans les positions suivantes: couché à plat ventre, sur le dos, sur le côté droit, sur le côté gauche puis dans la position genupectorale. L'inefficacité du traitement est souvent due à des changements de position insuffisants.

Soins infirmiers complémentaires

Voir *Soins infirmiers – Antinéoplasiques*, p. 255.

1. Administrer de la phénothiazine et/ou un sédatif avant le médicament si cela est prescrit, afin de maîtriser les nausées graves et les vomissements qui surviennent habituellement 1 à 3 h après l'administration de la moutarde azotée.

2. Administrer tard dans l'après-midi et faire suivre d'un sédatif afin de maîtriser les effets indésirables et d'induire le sommeil.

3. Surveiller de près l'administration IV parce que l'extravasation cause de l'enflure, de l'érythème, une induration et la formation d'une escarre.

4. S'il y a extravasation, enlever la perfusion IV, irriguer la région atteinte à l'aide d'une solution de thiosulfate de sodium (une solution du sel USP à 4,14 %) et appliquer des compresses froides. Si la solution de thiosulfate de sodium n'est pas disponible, utiliser une solution isotonique de chlorure de sodium.

5. Bien irriguer l'œil avec de la solution saline et consulter un ophtalmologiste en cas de contact accidentel de la solution avec l'œil.

6. Irriguer la peau avec de l'eau pendant 15 min puis avec une solution de thiosulfate à 2 % en cas de contact accidentel de la solution avec la peau.

MELPHALAN   Alkeran^Pr (Abréviation: MPL)

Catégorie   Antinéoplasique, agent alcoylant.

Mécanisme d'action/cinétique   Bien absorbé dans le tractus GI. **Demi-vie**: 90 min. Très toxique, dépression marquée de la moelle osseuse. Des cas de leucémie non lymphatique aiguë ont été signalés chez des clients atteints de myélome multiple ayant reçu du melphalan.

Indications   Myélome multiple. Épithélioma de l'ovaire (non résécable).

Interaction avec les épreuves de laboratoire   ↑ de la concentration d'acide urique et de la concentration urinaire d'acide hydroxy-5 indole-acétique.

Posologie   PO. *Myélome multiple:* **Initialement**, 6 mg par jour. Réajuster la dose selon les résultats de numérations globulaires fréquentes (1 à 3 fois par semaine). Interrompre le traitement après 2 ou 3 semaines, pour une période allant jusqu'à 4 semaines. Lorsque la numération leucocytaire augmente, reprendre la thérapie. **Entretien**: 2 mg par jour. Interrompre le traitement si la numération leucocytaire est inférieure à 3,0 × 10⁹/L ou si la numération plaquettaire est inférieure à 100 × 10⁹/L. **Autre traitement: Initialement**, 10 mg par jour pendant 7 à 10 jours; **entretien**: (habituellement 2 mg par jour) selon les numérations leucocytaire et plaquettaire. *Cancer épithélial de l'ovaire*: 0,2 mg/kg par jour pendant 5 jours. Répéter toutes les 4 à 5 semaines selon les numérations leucocytaire et plaquettaire.

MOUTARDE À L'URACILE

Catégorie   Antinéoplasique, agent alcoylant.

Mécanisme d'action/cinétique   On devrait effectuer une numération globulaire 1 ou 2 fois par semaine durant la thérapie et 1 mois après la fin de celle-ci. L'effet du médicament ne devient quelquefois apparent qu'après 3 mois et le médicament devrait être administré pendant tout ce temps à moins qu'une réaction toxique ne se manifeste.

Indications   Leucémie lymphoïde chronique, lymphomes (y compris la maladie de Hodgkin), lymphosarcome, lymphoblastome, lymphome à follicules géants et réticulosarcome. Leucémie myéloïde chronique. Cancer de l'ovaire, polycythémie vraie et mycosis fongoïde.

Réactions indésirables   Pendant la thérapie, une baisse importante des numérations leucocytaire et plaquettaire survient.

Interaction avec les épreuves de laboratoire   ↑ de la concentration sérique d'acide urique.

Posologie   PO. **Adultes**: 0,15 mg/kg une fois par semaine pendant 4 semaines. **Enfants**: 0,30 mg/kg une fois par semaine pendant 4 semaines.

Administration   Une bonne hydratation est nécessaire durant la thérapie.

PIPOBROMAN   Vercyte^Pr

Catégorie   Antinéoplasique, agent alcoylant.

Mécanisme d'action/cinétique   Bien absorbé dans le tractus GI.

Indications   Polycythémie vraie; leucémie myéloïde chronique.

Contre-indication supplémentaire   Enfants de moins de 15 ans.

Posologie   **PO.** *Polycythémie vraie*: 1 mg/kg par jour. Lorsque l'hématocrite a été réduit à 0,50 à 0,55, on administre une **dose d'entretien** de 100 à 200 µg/kg. *Leucémie myéloïde chronique*: **Initialement**, 1,5 à 2,5 mg/kg par jour; **entretien**: 7 à 175 mg par jour administrés lorsque la numération leucocytaire approche de $10,0 \times 10^9$/L.

Administration   Administrer en doses fractionnées.

STREPTOZOCINE   Zanosar^Pr

Catégorie   Antinéoplasique, agent alcoylant.

Mécanisme d'action/cinétique   **Demi-vie après l'administration IV rapide**: 35 min. Le médicament inchangé et ses métabolites sont excrétés dans l'urine.

Indications Adénome langerhansien métastatique (fonctionnel ou non fonctionnel).

Réactions indésirables supplémentaires Toxicité rénale (jusqu'à ⅔ des clients) qui se manifeste par de l'anurie, de l'azotémie, de la glycosurie, de l'hypophosphatémie et de l'acidose tubulaire rénale. La toxicité est proportionnelle à la dose, elle est cumulative, et elle peut être fatale. Intolérance au glucose (réversible) ou choc insulinique avec hypoglycémie et dépression.

Posologie IV. *Thérapie quotidienne*: 500 mg/m² pendant 5 jours consécutifs toutes les 6 semaines (jusqu'à amélioration de l'état ou toxicité). La dose ne devrait pas être augmentée. *Thérapie hebdomadaire:* **Initialement**, 1 000 mg/m² par semaine pendant 2 semaines; **puis**, s'il n'y a aucune réponse ou toxicité, la dose peut être augmentée jusqu'à une dose maximale de 1 500 mg/m². Une amélioration devrait être remarquée après 17 à 35 jours.

Administration

1. Le médicament devrait être dilué avec une solution de dextrose ou de la solution saline (0,9% NaCl).
2. La préparation ne contient pas d'agent de conservation. La durée de conservation du médicament reconstitué est de 12 h. On ne doit pas utiliser l'ampoule pour des doses multiples.

Soins infirmiers complémentaires

Voir *Soins infirmiers – Antinéoplasiques*, p. 255.

1. Mesurer les ingesta et les excreta. Signaler au médecin la diminution du débit urinaire, car le médicament peut causer l'anurie.
2. Évaluer la glycosurie au moins une fois par jour.
3. Surveiller les symptômes d'hypoglycémie.
4. Surveiller les résultats des épreuves de la fonction rénale.

THIOTÉPA (TRIÉTHYLÈNE THIOPHOSPHORAMIDE) Thiotepa
parentéral^Pr (Abréviation: THIO)

Catégorie Antinéoplasique, agent alcoylant.

Mécanisme d'action/cinétique L'effet du thiotépa est cumulatif et retardé. Signaler les numérations leucocytaires inférieures à 4,0 × 10⁹/L et les numérations plaquettaires inférieures à 100 × 10⁹/L. Cela requiert habituellement une réduction de la dose ou le retrait du médicament. Des antibiotiques prophylactiques sont quelquefois prescrits lorsque la numération leucocytaire est inférieure à 3,0 × 10⁹/L.

Le médicament brise les liens de l'ADN. Excrété inchangé dans l'urine à 85%.

Indications   Adénocarcinome du sein et de l'ovaire. Maîtrise des épanchements pleuraux, péricardiques et péritonéaux graves. Tumeurs de la vessie. Métastases cérébrales, leucémies myéloïde et lymphoïde chroniques, lymphomes malins y compris la maladie de Hodgkin et les cancers bronchogéniques. *À l'étude*: Prévention des récurrences de ptérygion après la correction chirurgicale.

Contre-indication supplémentaire   Leucémie aiguë.

Réactions indésirables supplémentaires   Anorexie ou diminution de la spermatogenèse.

Interactions médicamenteuses   Le thiotépa augmente les effets pharmacologiques et toxiques de la succinylcholine par diminution du catabolisme hépatique.

Posologie   IV (peut être rapide): 0,3 à 0,4 mg/kg à des intervalles de 1 à 4 semaines. **Administration dans une tumeur ou dans une cavité**: 0,6 à 0,8 mg/kg; **entretien (administration dans une tumeur)**: 0,07 à 0,8 mg/kg à des intervalles de 1 à 4 semaines selon l'état du client. *Carcinome de la vessie*: 60 mg dans 30 à 60 mL d'eau distillée, instillé dans la vessie et retenu pendant 2 h. Administrer 1 fois par semaine pendant 4 semaines.

Administration/entreposage

1. Diminuer la douleur au point d'injection et retarder l'absorption en administrant simultanément des anesthésiques locaux. Le médicament peut être mélangé à du chlorhydrate de procaïne à 2% ou à du chlorhydrate d'épinéphrine 1:1 000 ou aux deux, selon l'ordonnance du médecin.

2. Conserver les fioles au réfrigérateur. Les solutions reconstituées peuvent être conservées pendant 5 jours au réfrigérateur, sans perte substantielle d'efficacité.

3. Comme le thiotépa n'est pas vésicant, il peut être administré rapidement et directement dans une veine, avec le volume désiré d'eau stérile. Le volume de solvant habituellement utilisé est de 1,5 mL.

4. Ne pas utiliser de solution saline comme solvant.

5. Jeter les solutions opaques ou qui contiennent un précipité.

Soins infirmiers complémentaires

Voir *Soins infirmiers – Antinéoplasiques*, p. 255.

1. Encourager le client qui reçoit le médicament sous forme d'instillation vésicale à retenir le liquide pendant 2 h.

2. Changer la position des clients qui ont reçu une instillation vésicale toutes les 15 min pour assurer un contact maximal.

ANTIMÉTABOLITES

Mécanisme d'action/cinétique   Les antimétabolites peuvent contrecarrer la réplication de l'ADN en intervenant dans les étapes essentielles de sa synthèse et/ou de son métabolisme. On pense que les antimétabolites interviennent dans d'importantes réactions enzymatiques des acides nucléiques, des purines, des pyrimidines et de leurs précurseurs. Les antimétabolites peuvent également s'incorporer dans les acides nucléiques à la place des nucléotides correspondants, ce qui cause l'altération de fonctions cellulaires importantes et l'inhibition de la synthèse de l'ADN. Les antimétabolites sont habituellement spécifiques au cycle cellulaire, étant efficaces durant les phases S et G_2.

Les antimétabolites se divisent en plusieurs catégories: analogues de l'acide folique, analogues des pyrimidines, analogues des purines et autres agents.

CYTARABINE   Cytosar[Pr]

Catégorie   Antinéoplasique, antimétabolite.

Mécanisme d'action/cinétique   Inhibe probablement la conversion de la cytidine en désoxycytidine lors de la synthèse de l'ADN. Bien absorbé dans le tractus GI, disparaît rapidement du compartiment sanguin (5 à 20 min). Traverse la barrière hémato-encéphalique. Métabolisé dans le foie. Excrété à 90% dans l'urine en 24 h.

Indications   Leucémie myéloïde aiguë chez les adultes et chez les enfants, leucémie lymphoblastique aiguë, leucémie myéloïde chronique, myélose érythrémique aiguë et leucémie méningée. En association avec d'autres médicaments dans le lymphome non hodgkinien chez les enfants.

Réactions indésirables supplémentaires   Syndrome à la cytarabine (6 à 12 h après l'administration du médicament) se manifestant par des douleurs osseuses, de la fièvre, une éruption maculopapuleuse, une conjonctivite, des douleurs à la poitrine et une sensation de malaise. Néphrotoxicité, névrite, ulcération de la peau, septicémie, pancréatite aiguë, pneumonie, hyperuricémie. Thrombophlébite au point d'injection.

L'incidence des effets indésirables est plus élevée chez les clients qui reçoivent le médicament en injection IV rapide que chez ceux qui le reçoivent en perfusion IV.

Posologie   La cytarabine est fréquemment administrée en association avec d'autres médicaments: la posologie varie donc et doit être vérifiée attentivement. *Leucémie myéloïde aiguë.* **Perfusion IV**: 200 mg/m² par jour pendant 5 jours (dose totale: 1 000 mg/m²); répéter toutes les 2 semaines. *Leucémie méningée ou leucémie lymphoblas-*

tique aiguë chez l'enfant. **Intrathécale**: 30 mg/m^2 avec du succinate d'hydrocortisone sodique et du méthotrexate, chacun à des doses de 15 mg/m^2. On devrait cesser l'administration du médicament si la numération plaquettaire tombe à 50 × 10^9/L ou moins ou si la numération des polynucléaires neutrophiles est de 1,0 × 10^9/L ou moins.

Administration/entreposage

1. La cytarabine doit être conservée au réfrigérateur avant d'être reconstituée.

2. La solution reconstituée devrait être conservée à la température ambiante et utilisée en moins de 48 h.

3. Jeter toute solution brouillée.

4. Utiliser de l'eau contenant 0,9% d'alcool benzylique pour reconstituer le médicament.

5. La solution Elliot B peut être utilisée comme solvant pour l'administration intrathécale.

FLUOROURACILE   Adrucil^{Pr}, Efudex^{Pr}, Fluorouracil Roche^{Pr} (Abréviation: 5-FU)

Catégorie   Antinéoplasique, antimétabolite.

Mécanisme d'action/cinétique   Analogue de la pyrimidine inhibant la synthèse du thymidylate de l'acide désoxyuridylique, donc celle de l'ADN et, à un degré moindre, la synthèse de l'ARN. De 60% à 80% du médicament est éliminé sous forme de CO_2 respiratoire (8 à 12 h); une faible quantité (15%) est excrétée dans l'urine (1 à 6 h).

Extrêmement toxique, ce médicament n'est à employer qu'en milieu hospitalier. Les crèmes topiques causent initialement de l'ulcération, qui peut guérir seulement 1 à 2 mois après l'arrêt de la thérapie.

Indications   Systémiques: Traitement palliatif de certains cancers du tractus GI, du rectum, du foie, de l'ovaire, du côlon, du pancréas et du sein. Soulage la douleur et diminue le volume de la tumeur. Application topique (crème): Kératose solaire ou actinique, épithélioma basocellulaire superficiel.

Contre-indications supplémentaires   Systémiques: Clients sous-alimentés atteints de dépression médullaire osseuse grave, d'infection grave ou ayant subi récemment une intervention chirurgicale (moins de 4 semaines). Employer avec prudence chez les clients atteints de dysfonction hépatique ou de maladie du foie. Grossesse.

Réactions indésirables supplémentaires   Œsophago-pharyngite, ischémie myocardique, angine, syndrome cérébelleux aigu, photophobie, larmes, vision diminuée.

Posologie   **Individualisée. IV, initialement**: 12 mg/kg par jour pendant 4 jours, sans dépasser 800 mg par jour. Si aucune toxicité n'est observée, administrer 6 mg/kg les jours 6, 8, 10 et 12. Cesser la thérapie le jour 12. **Entretien**: Répéter la dose du premier traitement tous les 30 jours ou lorsque la toxicité du premier traitement a cessé; ou, donner 10 à 15 mg/kg par semaine en une seule dose. Ne pas excéder 1 g par semaine. **Si le client est très faible**: 6 mg/kg par jour pendant 3 jours; si aucune toxicité n'est observée, donner 3 mg/kg les jours 5, 7 et 9 (la dose quotidienne ne devrait pas dépasser 400 mg). **Topique.** *Kératose solaire ou actinique*: Appliquer b.i.d. la crème à 5% de manière à couvrir la lésion, pendant 2 à 6 semaines. *Épithélioma basocellulaire superficiel*: Appliquer b.i.d. la crème à 5% pour couvrir la lésion, pendant 3 à 6 semaines.

Administration/entreposage

IV

1. Entreposer dans un endroit frais (10 à 27°C). Ne pas congeler. Une température excessivement basse cause une précipitation.

2. Ne pas exposer la solution à la lumière.

3. La solution peut se décolorer légèrement pendant l'entreposage, mais l'efficacité et la sûreté ne sont pas diminuées.

4. Si un précipité s'est formé, resolubiliser le médicament en le chauffant à 60°C tout en l'agitant vigoureusement. Attendre que la solution ait atteint la température ambiante et que l'air soit sorti avant de la retirer et de l'administrer.

5. Aucune dilution supplémentaire n'est nécessaire, et la solution peut être injectée directement dans la veine avec une aiguille de calibre 25.

6. Le médicament peut être administré par perfusion IV en 0,5 à 8,0 h. On a rapporté que cette méthode cause moins de toxicité systémique qu'une injection rapide.

TOPIQUE

1. Appliquer avec le bout des doigts, un applicateur non métallique ou des gants de caoutchouc. Se laver les mains immédiatement après l'application.

2. Éviter que le médicament entre en contact avec les yeux, le nez et la bouche.

3. Les pansements occlusifs ne devraient pas dépasser du contour de la lésion, car ils augmentent la fréquence des réactions inflammatoires de la peau saine.

4. La guérison complète des kératoses peut prendre 2 mois.

Soins infirmiers complémentaires

Voir *Soins infirmiers – Antinéoplasiques*, p. 255.

1. Surveiller l'apparition de vomissements, de stomatite ou de diarrhée résistant au traitement. Ils constituent des signes

précoces de toxicité et une indication pour l'arrêt immédiat de l'administration du médicament. L'administration devrait aussi être interrompue si la numération leucocytaire est inférieure à 3,5 × 10⁹/L et la numération plaquettaire inférieure à 100 × 10⁹/L.

2. Instaurer l'isolement inversé lorsque la numération leucocytaire est inférieure à 2,0 × 10⁹/L.

3. Prévenir l'exposition au soleil et à d'autres rayons ultraviolets, car ils intensifient les réactions cutanées au médicament.

HYDROXYURÉE   Hydrea^Pr (Abréviation: HYD)

Catégorie   Antinéoplasique, antimétabolite.

Mécanisme d'action/cinétique   On croit que l'hydroxyurée intervient dans la synthèse de l'ADN, mais pas dans celle de l'ARN. Inhibe principalement l'incorporation de la thymidine dans l'ADN. Absorbé rapidement dans le tractus GI. **Concentration sérique maximale**: 2 h. Métabolisé dans le foie; excrété à 50% sous forme de CO_2 respiratoire, le reste est excrété inchangé dans l'urine.

Indications   Mélanome, leucémie myéloïde chronique résistante, carcinome de l'ovaire inopérable et épithélioma spinocellulaire de la tête et du cou.

Contre-indications supplémentaires   Administrer avec prudence aux clients ayant des troubles rénaux marqués. La posologie n'a pas été établie pour l'enfant.

Réactions indésirables supplémentaires   Anomalies érythrocytaires incluant l'érythropoïèse mégaloblastique. Constipation, rougeur du visage.

Interactions avec les épreuves de laboratoire   ↑ acide urique sérique; ↑ urée et créatinine.

Posologie   **PO: Individualisée.** *Tumeurs solides, thérapie intermittente ou utilisation avec la radiothérapie*: 80 mg/kg en une seule dose q jour 3; *tumeurs solides, thérapie continue*: 20 à 30 mg/kg par jour en une seule dose. La posologie intermittente a l'avantage de réduire la toxicité. Lorsque la thérapie est efficace, administrer indéfiniment le médicament au client sauf si des effets toxiques en résultent. *Leucémie myéloïde chronique résistante*: 20 à 30 mg/kg par jour en une seule dose. La thérapie devrait être interrompue si la numération leucocytaire est inférieure à 2,5 × 10⁹/L ou si la numération plaquettaire est inférieure à 100 × 10⁹/L.

Administration

1. Si le client ne peut avaler les capsules, leur contenu peut être donné

dans un verre d'eau que le client devrait boire immédiatement, même si le produit n'est pas entièrement dissous.

2. Le traitement à l'hydroxyurée devrait commencer 7 jours avant la radiothérapie.

Soins infirmiers complémentaires

Voir *Soins infirmiers – Antinéoplasiques*, p. 255.

1. Surveiller l'exacerbation de l'érythème postradiothérapique.

2. Anticiper une posologie moindre chez les personnes âgés.

MERCAPTOPURINE Purinethol[Pr]
(Abréviation: 6-MP)

Catégorie Antimétabolite, analogue des purines.

Mécanismes d'action/cinétique Métabolisé en antagoniste des purines, qui inhibe la synthèse de l'ADN et de l'ARN. Environ 50% du médicament est absorbé dans le tractus GI. **Concentration sérique maximale**: 2 h; élimination sérique: 8 h. Excrété dans l'urine. Une résistance croisée avec la thioguanine a été observée.

Indications Médicament de choix pour la leucémie lymphoblastique aiguë, particulièrement chez les enfants. Également dans la leucémie myéloïde chronique. Leucémies myéloïde et myélomonocytaire aiguës. L'efficacité varie selon l'emploi.

Contre-indications supplémentaires Employer avec prudence chez les clients atteints d'insuffisance rénale.

Réactions indésirables supplémentaires Produit moins de toxicité GI que les analogues de l'acide folique et les effets indésirables sont moins fréquents chez les enfants que chez les adultes.

Interaction médicamenteuse L'allopurinol potentialise l'activité de la mercaptopurine en ↓ son catabolisme. Requiert une réduction de l'agent antinéoplasique de 25 à 33 ⅓%.

Posologie **PO.** *Hautement individualisée*: 2,5 mg/kg par jour. *Habituellement,* **adultes**: 100 à 200 mg; **enfants**: 50 mg. La posologie peut être augmentée à 5 mg/kg par jour après 4 semaines, si on n'observe pas d'effets bénéfiques. On augmente la posologie jusqu'à ce que des symptômes de toxicité apparaissent. **Entretien après rémission**: 1,5 à 2,5 mg/kg par jour.

Administration

1. Étant donné que l'effet maximal de la mercaptopurine sur la numération globulaire peut être retardé et que les numérations peuvent diminuer plusieurs jours après l'arrêt de l'administration du médi-

cament, la thérapie devrait être interrompue dès le premier signe de diminution anormale de la numération leucocytaire.

2. Administrer le médicament chaque jour en une seule dose à n'importe quel moment.

3. Diminuer la consommation de boissons alcoolisées.

Soins infirmiers complémentaires

Voir *Soins infirmiers – Antinéoplasiques*, p. 255.

Avertir le client de limiter l'ingestion d'alcool.

MÉTHOTREXATE, MÉTHOTREXATE SODIQUE (AMÉTHOPTÉRINE)
Méthotrexate[Pr], Méthotrexate Injection[Pr] (Abréviation: MTX)

Catégorie   Antimétabolite, analogue de l'acide folique.

Mécanisme d'action/cinétique   Inhibiteur du déhydrofolate réductase, ce qui entraîne une diminution de la synthèse des purines et, conséquemment, de la synthèse de l'ADN. Assez bien absorbé dans le tractus GI. **Concentration sérique maximale**: 0,5 à 4,0 h selon la voie d'administration. S'accumule dans l'organisme. N'est pas métabolisé. Excrété par les reins (55% à 92% en 24 h).

Les épreuves de la fonction rénale sont recommandées avant le début de la thérapie; la numération leucocytaire devrait être faite quotidiennement durant la thérapie.

Indications   Choriocarcinome utérin (curatif), môle hydatiforme, leucémie lymphoblastique aiguë, lymphosarcome et autres néoplasmes disséminés chez l'enfant; leucémie méningée, effets bénéfiques dans la chimiothérapie régionale des tumeurs de la tête et du cou, tumeurs du sein et cancer du poumon. Cas avancés de mycosis fongoïde. Psoriasis grave ou invalidant.

Contre-indications   Troubles rénaux ou hépatiques chez le client atteint de psoriasis, dyscrasie sanguine, grossesse.

Réactions indésirables supplémentaires   Dépression grave de la moelle osseuse, entérite hémorragique, ulcération ou perforation intestinale, acné, ecchymose, hématémèse, méléna, augmentation de la pigmentation, diabète, maladie pulmonaire interstitielle obstructive chronique. L'emploi par voie intrathécale peut causer une arachnoïdite chimique, une parésie transitoire ou des convulsions. L'exposition au soleil pendant la thérapie peut aggraver le psoriasis.

Interactions médicamenteuses

Médicaments	Interaction
Acide folique, dans les préparations de vitamines	↓ de la réponse au méthotrexate.
Alcool éthylique	Hépatotoxicité accrue, coma.
Anticoagulants oraux	Hypoprothrombinémie accrue.
Chloramphénicol	↑ de l'activité du méthotrexate par ↓ de la liaison aux protéines plasmatiques.
PABA	↑ de l'activité du méthotrexate par ↓ de la liaison aux protéines plasmatiques.
Phénylbutazone	↑ de l'activité du méthotrexate par ↓ de la liaison aux protéines plasmatiques.
Phénytoïne	↑ de l'activité du méthotrexate par ↓ de la liaison aux protéines plasmatiques.
Probénécide	↑ de l'activité du méthotrexate par ↓ de la clearance rénale.
Pyriméthamine	↑ de la toxicité du méthotrexate.
Salicylates (aspirine)	↑ de l'activité du méthotrexate par ↓ de la liaison aux protéines plasmatiques; de plus, les salicylates ↓ l'excrétion rénale du méthotrexate.
Sulfamides	↑ de l'activité du méthotrexate par ↓ de la liaison aux protéines plasmatiques.
Tétracyclines	↑ de l'activité du méthotrexate par ↓ de la liaison aux protéines plasmatiques.
Vaccin antivariolique	Le méthotrexate diminue la réponse immunologique au vaccin antivariolique.

Posologie *Le méthotrexate est administré* **PO**; *le méthotrexate sodique est administré par voie* **IM, IV, intra-artérielle** *ou* **intrathécale.** *Dose individualisée. Choriocarcinome,* **PO, IM**: 15 à 30 mg par jour pendant 5 jours. Peut être répété 3 à 5 fois à 1 semaine d'intervalle. *Leucémie,* **initialement**: 3,3 mg/m² (avec prednisone 60 mg/m² par jour); **entretien: PO, IM**, 30 mg/m² 2 fois par semaine ou **IV**, 2,5 mg/kg q 14 jours. *Leucémie méningée,* **intrathécale**: 12 mg/m² q 2 à 5 jours jusqu'à ce que la numération globulaire redevienne normale. *Lymphomes,* **PO**: 10 à 25 mg par jour pendant 4 à 8 jours, répété plusieurs fois à intervalles de 7 à 10 jours. *Mycosis fongoïde:* **PO**, 2,5 à 10,0 mg par jour pendant plusieurs semaines ou plusieurs mois; ou **IM**, 50 mg une fois par semaine ou 25 mg deux fois par semaine. *Lymphosarcome:* 0,625 à 2,5 mg/kg par jour en association avec d'autres médicaments.

Administration

1. Employer seulement de l'eau stérile sans agent de conservation pour reconstituer la poudre avant l'administration parentérale.
2. Prévenir l'inhalation de particules de médicament et éviter qu'il entre en contact avec la peau.

Voir *Soins infirmiers – Antinéoplasiques*, p. 255.

1. Mesurer les ingesta et les excreta et encourager le client à prendre des liquides pour faciliter l'excrétion du médicament.

2. Signaler l'oligurie, qui peut indiquer la nécessité d'arrêter l'administration du médicament.

3. Surveiller les ulcérations buccales, un des premiers signes de toxicité.

4. Garder du Leucovorin calcique – un antidote puissant contre les antagonistes de l'acide folique – à portée de la main pour l'utiliser en cas de surdosage. Si nécessaire, on injecte habituellement 3 à 6 mg par voie intramusculaire. Les antidotes sont inefficaces s'ils sont administrés plus de 4 h après le surdosage. On administre quelquefois des corticostéroïdes en même temps que la dose initiale de méthotrexate.

5. Avertir le client de ne pas consommer d'alcool lorsqu'il reçoit du méthotrexate, car cela peut entraîner le coma.

6. Ne pas administrer le vaccin antivariolique si le client reçoit du méthotrexate, car la diminution de la réponse immunologique peut entraîner la vaccine.

7. Prévoir une réduction de la posologie d'anticoagulants.

8. Demander au médecin si le client reçoit d'autres acides organiques, comme l'aspirine, la phénylbutazone, le probénécide et/ou des sulfas, puisqu'ils affectent la clearance rénale du méthotrexate et augmentent les effets indésirables thrombopéniques et GI du méthotrexate.

THIOGUANINE   Lanvis^{Pr} (Abréviation: 6-TG)

Catégorie   Antimétabolite, analogue des purines.

Mécanisme d'action/cinétique   Antagoniste des purines qui inhibe la synthèse de l'ADN et de l'ARN. Partiellement absorbé dans le tractus GI. **Concentration sérique maximale**: 10 à 12 h, partiellement détoxifié par le foie, excrété dans l'urine et dans les fèces.

Plus efficace chez les enfants que chez les adultes. Résistance croisée avec la mercaptopurine. Faire une numération plaquettaire chaque semaine; cesser la médication si on observe une diminution anormale de la numération globulaire indiquant une dépression grave de la moelle osseuse. L'effet du médicament est cumulatif.

Indications   Leucémies lymphoblastique et myéloïde aiguës chez l'adulte et chez l'enfant. Leucémie myéloïde chronique.

Réactions indésirables supplémentaires   Perte de la sensibilité vibratoire, démarche instable. La diminution des leucocytes a tendance à être plus marquée chez les adultes que chez les enfants.

Interactions avec les épreuves de laboratoire ↑ de l'acide urique sanguin et urinaire.

Posologie **PO:** *Individualisée* et déterminée selon la réponse hématopoïétique; **adultes et enfants: initialement**, 2 mg/kg par jour. De 2 à 4 semaines peuvent s'écouler avant que les résultats bénéfiques deviennent apparents. Calculer la dose au multiple de 20 mg le plus rapproché. Si aucune réponse n'apparaît, la posologie peut être augmentée à 3 mg/kg par jour. **Dose d'entretien habituelle** (même durant la rémission): 2 mg/kg par jour.

Soins infirmiers complémentaires

Voir *Soins infirmiers – Antinéoplasiques*, p. 255.

1. Assister pendant la marche les clients présentant une perte de la sensibilité vibratoire et, par conséquent, une démarche instable (les cannes peuvent être insuffisantes).

2. Encourager le client à prendre beaucoup de liquides pour réduire l'hyperuricémie et l'hyperuricosurie.

3. Surveiller les résultats des épreuves de la fonction hépatique et enregistrer les valeurs initiales de base avant que la thérapie ne soit entreprise, puis répéter ensuite à tous les mois.

4. Expliquer au client qu'il doit cesser de prendre le médicament en cas d'ictère et le signaler au médecin.

5. Souligner aux adultes que des mesures contraceptives sont conseillées lorsque ce médicament est utilisé.

ANTIBIOTIQUES

Mécanisme d'action/cinétique Un certain nombre d'antibiotiques antinéoplasiques sont des agents chimiothérapeutiques très efficaces. La plupart de ces agents sont spécifiques au cycle cellulaire et interviennent dans la réplication de l'ADN et de l'ARN et dans la synthèse des protéines. Un certain nombre d'antibiotiques antinéoplasiques sont spécifiques à certains tissus ou à certains organes, et plusieurs sont utilisés en association au cours d'une thérapie (tableau 5).

BLÉOMYCINE, SULFATE DE Blenoxane[Pr]
(Abréviation: BLM)

Catégorie Antinéoplasique, antibiotique.

Mécanisme d'action/cinétique Antibiotique glycopeptidique produit par *Streptomyces verticillus*. Le médicament couramment employé est en grande partie un mélange de bléomycine A_2 et B_2. Le médicament a une activité dépressive relativement faible sur la moelle osseuse, se localise dans certains tissus et constitue un composant important dans certaines associations.

On croit que le médicament cause une scission de l'ADN (chélation, oxydation, formation de complexes, intercalation). **Concentration plasmatique maximale** (après 4 à 5 jours de thérapie): 50 ng/mL. **Demi-vie** biphasique: initialement, 1,3 h; distribution, 9 h. Excrété aux deux tiers dans l'urine.

Indications   Traitement palliatif de certaines tumeurs solides, lymphomes, maladie de Hodgkin et épithélioma spinocellulaire. Possède une certaine efficacité dans le carcinome du testicule.

Contre-indications supplémentaires   Maladies rénales ou pulmonaires.

Réactions indésirables supplémentaires   Fibrose pulmonaire, particulièrement chez les personnes âgées. Toxicité mucocutanée et réactions d'hypersensibilité. On a rapporté, chez approximativement 1% des clients atteints de lymphome, une réaction idiosyncrasique se manifestant par de l'hypotension, de la fièvre, des frissons, de la confusion mentale et une respiration sifflante.

Posologie   **SC, IM, IV.** *Épithélioma spinocellulaire, sarcomes, carcinome du testicule*: 0,25 à 0,5 unités/kg (10 à 20 unités/m²) une ou deux fois par semaine. *Maladie de Hodgkin*: **SC, IM, IV**, 0,25 à 0,5 unités/kg une ou deux fois par semaine; **entretien** (après une réponse de 50%): **IM, IV**, 1 unité par jour ou 5 unités par semaine.

Administration/entreposage

1. La bléomycine reconstituée est stable pendant 2 semaines à la température ambiante et pendant 4 semaines entre 2° et 8°C.

2. Administrer lentement par voie IV en 10 min.

3. Une réponse devrait apparaître en 2 semaines dans la maladie de Hodgkin et les tumeurs du testicule tandis que dans le traitement de l'épithélioma spinocellulaire il faut compter au moins 3 semaines.

Soins infirmiers complémentaires

Voir *Soins infirmiers – Antinéoplasiques*, p. 255.

1. Surveiller les râles basilaires, la toux, la dyspnée à l'effort et la tachypnée qui sont tous des symptômes de toxicité pulmonaire dépendants de la dose.

2. Expliquer au client et ou à sa famille la possibilité de réactions idiosyncrasiques, tel que noté dans les réactions indésirables.

DACTINOMYCINE (ACTINOMYCINE D)
Cosmegen^{Pr}

Catégorie   Antinéoplasique, antibiotique.

Généralités Antibiotique chromopeptidique produit par *Streptomyces parvullus*. Agent antinéoplasique puissant induisant une dépression marquée de la moelle osseuse. Durant la thérapie, la numération leucocytaire devrait être faite chaque jour et la numération plaquettaire q 3 jours. Des épreuves des fonctions hépatique et rénale fréquentes sont recommandées. L'apparition de manifestations toxiques peut être retardée de plusieurs semaines. Une dépression irréversible de la moelle osseuse peut survenir chez les clients déjà atteints d'insuffisance rénale ou hépatique ou de détérioration de la moelle osseuse. Le médicament est corrosif pour les tissus mous.

Mécanisme d'action/cinétique Spécifique au cycle cellulaire (phase M). Se lie à l'ADN, ce qui bloque l'effet de l'ARN polymérase et la transcription de l'ADN. S'élimine rapidement du sang. **Demi-vie plasmatique**: 36 h. Des études chez l'animal indiquent que 50% du médicament est excrété inchangé dans la bile et dans l'urine.

Indications Utilisé en association avec la chirurgie et/ou la radiothérapie pour le traitement de la tumeur de Wilms (néphroblastome) et de ses métastases; tumeurs de l'utérus et du testicule. Sarcome ostéogénique. Possède une certaine activité contre le rhabdomyosarcome de l'enfant. Sarcome d'Ewing, sarcome botryoïde.

Contre-indications Varicelle ou zona coexistant.

Réactions indésirables supplémentaires Anaphylaxie. À cause de sa causticité, l'extravasation cause de graves lésions aux tissus mous. Hypocalcémie. Gravité accrue des réactions cutanées, de la toxicité GI et de la dépression de la moelle osseuse, lorsque employé conjointement avec la radiothérapie.

Posologie IV. Individualisée. **Adultes, habituellement**: 0,5 mg par jour pendant un maximum de 5 jours. **Pédiatrique**: 15 µg/kg par jour pendant 5 jours; ou une dose totale de 2,5 mg/m² sur une semaine. La posologie quotidienne totale pour adultes et enfants ne devrait pas excéder 15 µg/kg. Le traitement peut être répété après 3 semaines si la toxicité ne devient pas une contre-indication. S'il ne se manifeste aucune toxicité, on peut répéter un second traitement après 3 semaines. **Perfusion régionale**: 0,05 mg/kg pour le bassin et les membres inférieurs et 0,35 mg/kg pour les membres supérieurs.

Administration

1. Pour l'emploi par voie IV, la dactinomycine se présente sous forme d'un mélange de dactinomycine lyophilisée et de mannitol, qui est doré après la reconstitution avec de l'eau stérile. Employer seulement de l'eau stérile sans agent de conservation pour reconstituer le médicament pour administration IV, sinon il y a précipitation. Les solutions ne devraient pas être exposées directement à la lumière solaire.

2. *Le médicament est extrêmement corrosif.* Il est préférable de l'administrer par la tubulure d'une perfusion IV en marche. Il peut

aussi être administré directement dans la veine, mais l'aiguille utilisée pour retirer la solution de l'ampoule devrait être jetée. Il faut fixer un autre aiguille stérile avant d'injecter le médicament, afin de prévenir une réaction sous-cutanée et la thrombophlébite.

3. Toute la solution qui n'a pas été employée pour l'injection devrait être jetée.

Soins infirmiers complémentaires

Voir *Soins infirmiers – Antinéoplasiques*, p. 255.

1. Signaler l'érythème de la peau, qui peut conduire à une desquamation due à la formation d'escarres, particulièrement dans les régions préalablement irradiées.

2. Prévenir le client de la possibilité de réactions toxiques retardées et souligner l'importance des épreuves sanguines au cours du suivi.

3. La dactinomycine est contre-indiquée pendant la grossesse et la lactation ainsi que chez les personnes atteintes d'herpès. Vérifier et signaler au médecin.

4. S'attendre que la dactinomycine soit administrée de façon intermittente si les nausées ou les vomissements persistent malgré l'administration d'un antiémétique.

5. Prévoir que la pénicilline ne soit pas employée si le client contracte une infection, car la dactinomycine inhibe l'action de la pénicilline.

DAUNORUBICINE (DAUNOMYCINE)
Cérubidine[Pr] (Abréviation: DNR)

Catégorie   Antinéoplasique, antibiotique.

Généralités   Anthracycline produite par *Streptomyces coeruleorubidus*. Résistance croisée avec la doxorubicine (produite par un micro-organisme similaire) et les alcaloïdes de la pervenche. Vu la cardiotoxicité du médicament, des ECG de base et réguliers sont indiqués durant la thérapie et plusieurs mois après celle-ci.

Mécanisme d'action/cinétique   Se lie à l'ADN, empêchant ainsi la réplication cellulaire et causant peut-être une scission de la chaîne d'ADN. Rapidement éliminé du plasma. **Demi-vie** triphasique: initiale, 12 min; intermédiaire, 3,3 h; terminale, 30 h. Le médicament s'accumule rapidement dans le cœur, les reins, les poumons, le foie et la rate. Métabolisé en daunorubicinol. Excrété principalement dans la bile (40%) et inchangé dans l'urine (25%). Ne traverse pas la barrière hémato-encéphalique.

Indications   Leucémie non lymphoblastique aiguë chez les adultes (myéloïde, érythrocytaire et monocytaire). Son activité est augmentée lorsqu'elle est associée à la cytarabine. Leucémie lympho-blastique aiguë chez l'enfant (efficacité accrue lorsque associée à la vincristine et à la prednisone).

Contre-indications
Employer avec prudence dans les cas de dépression de la moelle osseuse ou de troubles cardiaques préexistants, de grossesse (tératogène) et d'insuffisance rénale ou hépatique.

Réactions indésirables supplémentaires
Toxicité myo-cardique: Insuffisance cardiaque pouvant être fatale. Mucosite (3 à 7 jours après l'administration), urine colorée en rouge, hyperuricémie. Nécrose tissulaire grave si une extravasation survient.

Posologie
Perfusion IV (rapide). *Leucémie non lymphoblas-tique aiguë.* **Agent unique**: 60 mg/m² par jour les 3 premiers jours de la semaine toutes les 3 ou 4 semaines. **Avec la cytarabine:** *dauno-rubicine*, 45 mg/m² par jour les 3 premiers jours du premier traitement et les 2 premiers des traitements supplémentaires; *cytarabine*, **perfu-sion IV**, 100 mg/m² par jour pendant 7 jours durant le premier traitement et pendant 5 jours durant les traitements supplémentaires. Jusqu'à 3 traitements peuvent être requis. *Leucémie lymphoblastique aiguë chez l'enfant*: daunorubicine, 25 mg/m², et vincristine, 1,5 mg/m², par voie **IV** le premier jour de chaque semaine, avec de la prednisone, 40 mg/m² par jour **PO**. Habituellement, 4 traitements induisent une rémis-sion.

La posologie devrait être réduite chez les clients atteints d'insuffi-sance rénale ou hépatique.

Administration/entreposage

1. Diluer dans la fiole avec 4 mL d'eau stérile pour injection. Agiter doucement jusqu'à dissolution (la solution contient 5 mg de dau-norubicine/mL). Retirer la dose désirée dans une seringue conte-nant 10 à 15 mL de solution saline isotonique; injecter dans la tubulure d'une perfusion IV rapide de solution de dextrose à 5% ou de solution saline normale. *Ne jamais administrer la daunorubicine IM ou SC.*

2. La solution reconstituée est stable pendant 24 h à la température ambiante et pendant 48 h au réfrigérateur.

3. Protéger de la lumière solaire.

4. Ne pas mélanger à d'autres médicaments ou à de l'héparine.

Soins infirmiers complémentaires

Voir *Soins infirmiers – Antinéoplasiques*, p. 255.

1. Surveiller l'apparition de toxicité myocardique chez le client pendant et après la thérapie. Elle se manifeste par des chan-gements dans l'ECG de base, de l'œdème, de la dyspnée et de la cyanose. Les clients ayant des antécédents de troubles cardiaques qui reçoivent des doses supérieures à 550 mg/m² présentent une fréquence plus élevée d'insuffisance cardiaque.

---

2. S'assurer que des préparations digitaliques et des diurétiques sont disponibles; le médecin peut aussi prescrire une diète pauvre en sodium et le repos au lit pour traiter l'IC.

3. *Expliquer au client*:
   a) qu'il doit signaler les signes et les symptômes de toxicité cardiaque.
   b) que le médicament peut colorer l'urine en rouge.

DOXORUBICINE, CHLORHYDRATE DE
Adriamycin[Pr]

Catégorie Antinéoplasique, antibiotique.

Généralités Anthracycline produite par *Streptomyces peucetius*. Résistance croisée avec la daunorubicine, produite par un microorganisme semblable. Vu la cardiotoxicité du médicament, des ECG de base et mensuels sont indiqués pendant la thérapie et pour plusieurs mois par la suite.

Mécanisme d'action/cinétique Interrompt la réplication de l'ADN. Métabolisée en doxorubicinol actif et en d'autres composés inactifs. Voir également *Daunorubicine*, p. 288.

Indications Leucémie lymphoblastique aiguë, leucémie myéloblastique aiguë, tumeur de Wilms, sarcome ostéogénique et des tissus mous, neuroblastome, cancer du sein, de l'ovaire, du poumon, de la vessie et de la thyroïde, lymphome (hodgkinien et non hodgkinien).

Contre-indications supplémentaires Dépression de la moelle osseuse ou maladie cardiaque.

Réactions indésirables supplémentaires *Toxicité myocardique*: Insuffisance cardiaque potentiellement fatale. Mucosite, larmes, conjonctivite. Hyperpigmentation des lits des ongles. Rougeur du visage si l'injection est trop rapide, hyperuricémie, coloration de l'urine en rouge (initialement). L'extravasation peut causer une cellulite grave et la nécrose des tissus. Le médicament peut réactiver les lésions du myocarde, de la peau, des muqueuses et du foie associées à une radiothérapie antérieure.

Interactions médicamenteuses La doxorubicine potentialise la toxicité de la cyclophosphamide et de la mercaptopurine.

Posologie IV, *hautement individualisée*: 60 à 75 mg/m^2 de surface corporelle q 21 jours, ou 30 mg/m^2 de surface corporelle pendant 3 jours successifs q 4 semaines. Dose totale quel que soit le régime: 550 mg/m^2 de surface corporelle. Employer une posologie réduite selon le taux de bilirubine sérique chez les clients atteints d'insuffisance hépatique: si la bilirubine est de 20 à 51 μmol/L, administrer 50% de la dose habituelle; si la bilirubine est supérieure à 51 μmol/L, administrer 25% de la dose habituelle.

Administration

1. Commencer la thérapie chez les clients hospitalisés seulement.

2. *Ne pas administrer SC ou IM car des nécroses tissulaires graves peuvent survenir. Afin de réduire le risque d'extravasation, injecter dans la tubulure d'une perfusion IV en marche.*

3. Si une sensation de piqûre ou de brûlure survient durant l'administration IV, cesser la perfusion et recommencer à un autre point.

4. Le médicament ne devrait pas être mélangé à de l'héparine, à du phosphate sodique de dexaméthasone ou à de la céphalotine, car un précipité pourrait se former.

Soins infirmiers complémentaires

Voir *Soins infirmiers – Antinéoplasiques*, p. 255.

1. Surveiller l'apparition d'arythmie cardiaque et/ou de troubles respiratoires. Ces signes peuvent indiquer une toxicité cardiaque.

2. Si la médication réactive des lésions causées par la radiothérapie, telles que l'érythème, l'œdème et la desquamation, rassurer le client, car ces symptômes disparaîtront après 7 jours.

3. Expliquer au client que son urine sera rouge pendant 1 ou 2 jours après le début de la thérapie.

4. Avertir le client que l'alopécie peut survenir; l'assurer que ses cheveux repousseront 2 à 3 mois après l'arrêt de la thérapie.

5. Administrer soigneusement par voie IV. La sensation de piqûre ou de brûlure et l'œdème au point d'injection sont des signes d'extravasation. L'administration devrait être interrompue et, afin d'éviter la nécrose tissulaire, on devrait changer de point d'injection.

6. Garder des corticostéroïdes injectables pour effectuer une infiltration locale et irriguer le point d'injection avec de la solution saline. Examiner la région fréquemment pour vérifier s'il y a ulcération: une large excision précoce suivie de chirurgie plastique peut être nécessaire en pareil cas.

MITOMYCINE   Mutamycin[Pr] (Abréviation: MTC)

Catégorie   Antinéoplasique, antibiotique.

Mécanisme d'action/cinétique   Antibiotique produit par *Streptomyces caespitosus*. N'est pas recommandé comme seul agent pour le premier traitement ni pour remplacer la chirurgie et/ou la radiothérapie. Formation d'un complexe mitomycine-ADN qui inhibe la synthèse de l'ARN. Plus actif à la fin de la phase G_1 et au début de la phase S. Éliminé du sang rapidement (50% en 17 min). Métabolisé dans le foie, excrété inchangé à 10%, ou plus si la dose est augmentée, dans l'urine.

Indications Traitement palliatif et adjuvant au traitement chirurgical ou radiologique de l'adénocarcinome disséminé de l'estomac et du pancréas. Utilisé en association avec d'autres agents. Cancer superficiel de la vessie.

Contre-indications supplémentaires Employer avec une extrême prudence en présence d'insuffisance rénale.

Réactions indésirables supplémentaires Dépression grave de la moelle osseuse, particulièrement leucopénie et thrombopénie. Toxicité pulmonaire incluant la dyspnée avec toux non productive. Anémie micro-angiopathique hémolytique avec insuffisance rénale et hypertension, particulièrement lorsque utilisé à long terme en association avec le fluorouracile. L'extravasation cause une grave nécrose des tissus environnants.

Posologie **IV seulement**: 20 mg/m² en une seule dose par perfusion ou 2 mg/m² par jour pendant 5 jours. Après une période de repos de 2 jours, 2 mg/m² par jour pendant 5 autres jours. Les traitements subséquents sont fondés sur la réponse hématologique et ne devraient pas être répétés avant que la numération leucocytaire soit supérieure à 3,0 × 10⁹/L et que la numération plaquettaire soit supérieure à 75 × 10⁹/L.

Administration/entreposage

1. Le médicament est très toxique et l'extravasation doit être évitée.

2. Reconstituer la fiole de 5 ou 20 mg avec 10 à 40 mL, tel qu'indiqué sur l'étiquette. Le médicament se dissoudra s'il demeure à la température ambiante.

3. À 0,5 mg/mL, le médicament est stable pendant 14 jours au réfrigérateur ou pendant 7 jours à la température ambiante.

4. De 20 μg/mL à 40 μg/mL, le médicament est stable pendant 3 h dans de la solution de dextrose à 5%, pendant 12 h dans de la solution saline isotonique et pendant 24 h dans une solution de lactate de sodium pour injection.

5. Une solution de mitomycine (5 à 15 mg) et d'héparine (1 000 à 10 000 unités) dans 30 mL de solution saline isotonique est stable pendant 48 h à la température ambiante.

Soins infirmiers complémentaires

Voir *Soins infirmiers – Antinéoplasiques*, p. 255.

   Surveiller de près l'administration IV afin de prévenir l'extravasation et la cellulite.

PRODUITS NATURELS ET AUTRES AGENTS

Quelques-uns des agents antinéoplasiques les plus puissants n'appartiennent pas à un groupe spécifique. Deux de ces agents – la vinblastine et la vincristine – sont des alcaloïdes de la pervenche; un troisième agent est l'enzyme naturel asparaginase qui dégrade un des acides aminés nécessaires à la synthèse protéique; on croit que le quatrième agent, la procarbazine, inhibe la synthèse de l'ARN et de l'ADN par un processus oxydatif.

ASPARAGINASE Kidrolase[Pr]
(Abréviation: L-ASP)

Catégorie Autres antinéoplasiques.

Mécanisme d'action/cinétique Médicament isolé de *E. Coli*. Spécifique au cycle cellulaire (phase G_1). Les cellules néoplasiques semblent incapables de synthétiser assez d'asparagine, un acide aminé, pour suffire à leurs besoins métaboliques. L'approvisionnement en asparagine est réduit davantage par l'enzyme asparaginase, qui convertit l'asparagine en acide aspartique. **Demi-vie**: s'étend de 8 à 30 h. Le médicament s'accumule dans le plasma et dans les tissus, et une petite quantité (1%) se retrouve dans le liquide céphalorachidien. La voie d'excrétion est inconnue. Plus toxique pour l'adulte que pour l'enfant.

Indications Leucémie lymphoblastique aiguë. Le médicament est le plus souvent utilisé en association avec d'autres agents.

Contre-indications Réactions anaphylactiques à l'asparaginase, pancréatite hémorragique aiguë. Entreprendre un traitement supplémentaire avec extrême prudence. Utiliser également avec prudence en présence de malfonction hépatique. Thérapie d'entretien.

Réactions indésirables supplémentaires Réactions d'hypersensibilité, même lorsque la cuti-réaction est négative. Hyperglycémie, uricémie, azotémie, pancréatite hémorragique aiguë, hyperthermie fatale. Hallucinations, syndrome pseudo-parkinsonien (rare).

Interactions médicamenteuses

Médicaments	Interaction
Méthotrexate	L'asparaginase ↓ l'activité du méthotrexate.
Prednisone	Bien qu'on l'emploie avec l'asparaginase, peut causer une ↑ de la toxicité.
Vincristine	Bien qu'on l'emploie avec l'asparaginase, peut causer une ↑ de la toxicité; ↑ de l'activité hyperglycémiante.

Interactions avec les épreuves de laboratoire ↑ de la concentration sanguine d'ammoniaque, de l'urée, de la glycémie, de l'uricémie. ↓ du calcium et de l'albumine sériques. Gêne l'interprétation des épreuves de la fonction thyroïdienne.

Posologie   IV, IM, *individualisée*. **Utilisé comme seul agent: Adultes et enfants**, 200 UI/kg par jour **IV** pendant 28 jours. **En association avec la prednisone et la vincristine: asparaginase**, 1 000 UI/kg par jour **IV** pendant 10 jours en commençant le jour 22 de la thérapie; **vincristine**: 2 mg/m² **IV** une fois par semaine les jours 8 et 15 du traitement (la dose ne devrait pas dépasser 2 mg); **prednisone**: 40 mg/m² par jour **PO** en 3 doses pendant 15 jours; **puis**, 20 mg/m² pendant 2 jours, 10 mg/m² pendant 2 jours, 5 mg/m² pendant 2 jours et 2,5 mg/m² pendant 2 jours, et arrêt de la thérapie. **Autre régime: asparaginase**, 6 000 UI/m² **IM** les jours 4, 7, 10, 13, 16, 19, 22, 25 et 28 du traitement; **vincristine**: 1,5 mg/m² **IV** par semaine les jours 1, 8, 15 et 22 du traitement (la dose maximale ne devrait pas dépasser 2 mg); **prednisone**; 40 mg/m² par jour **PO** en 3 doses fractionnées pendant 28 jours, suivi d'une diminution graduelle sur une période de 2 semaines.

Administration

1. Une intradermoréaction (0,1 mL d'une solution à 20 UI/mL) doit être effectuée au moins 1 h avant l'administration initiale du médicament et quand il s'est écoulé une semaine ou plus entre les traitements.

2. La technique de désensibilisation, par l'administration de quantités de plus en plus élevées d'asparaginase, est parfois utilisée chez les clients hypersensibles au médicament.

3. Le traitement ne peut être commencé que chez les clients hospitalisés.

4. Lorsque utilisé par voie IV, administrer en au moins 30 min dans le côté du bras; perfuser avec une solution de chlorure de sodium ou de dextrose (5%).

5. Lorsque employé par voie IM, pas plus de 2 mL ne devraient être donnés dans chaque point d'injection.

Soins infirmiers complémentaires

Voir *Soins infirmiers – Antinéoplasiques*, p. 255.

1. Avoir le matériel d'urgence nécessaire en cas de choc anaphylactique (oxygène, épinéphrine et corticostéroïdes) lors de chaque administration d'asparaginase, car le risque de réaction grave est plus important avec ce médicament.

2. S'assurer que la détermination de l'amylase sérique est effectuée avant le traitement et périodiquement pendant celui-ci, pour détecter la pancréatite.

3. Expliquer au client qu'il doit signaler rapidement au médecin les douleurs gastriques, les nausées et les vomissements, car ce sont des symptômes de pancréatite.

4. Surveiller l'hyperglycémie, la glycosurie et la polyurie, qui peuvent être précipitées par l'asparaginase.

5. Avoir à sa disposition des liquides IV et de l'insuline régulière au cas où une hyperglycémie surviendrait. Anticiper l'arrêt de l'asparaginase.

---

6. Mesurer les ingesta et les excreta. Surveiller l'apparition d'insuffisance rénale.

7. Surveiller l'œdème périphérique dû à l'hypoalbuminémie, déclenchée par l'asparaginase.

8. Avertir le client et/ou sa famille que le médicament peut causer de la somnolence, même plusieurs semaines après l'administration; le client ne devrait donc pas conduire une automobile ou opérer des machines dangereuses.

9. Surveiller les tremblements et les mouvements inhabituels constituant un état pseudo-parkinsonien qui peut être précipité par l'asparaginase.

10. Avertir le client de signaler l'hyperthermie.

11. Administrer la vincristine et la prednisone, si elles sont prescrites, avant l'asparaginase, afin d'en réduire l'effet toxique.

12. Prévoir l'administration d'asparaginase 9 à 10 jours avant, ou moins de 24 h après, le méthotrexate pour prévenir la diminution de l'effet du méthotrexate et pour réduire les effets GI et hématologiques du méthotrexate.

CISPLATINE   Cisplatine^{Pr}, Platinol ^{Pr} (Abréviation: CPDD)

Catégorie   Autres antinéoplasiques.

Mécanisme d'action/cinétique   Le cisplatine empêche la réplication de l'ADN en formant des complexes avec lui. **Demi-vie**: initiale: 25 à 49 min; **postdistribution**, 58 à 73 h. Excrétion urinaire incomplète (seulement 27% à 43% après 5 jours). Le médicament se concentre dans le foie, les reins, l'intestin grêle et le gros intestin, avec une faible pénétration dans le SNC.

Indications   Traitement des tumeurs métastatiques du testicule (en association avec la bléomycine et la vinblastine) et de l'ovaire (en association avec la doxorubicine) chez les clients ayant reçu de la radiothérapie ou subi une intervention chirurgicale. Cancer avancé de la vessie.

Contre-indications supplémentaires   Lésions rénales préexistantes, dépression de la moelle osseuse, hypoacousie et réactions allergiques au platine.

Réactions indésirables supplémentaires   Toxicité rénale cumulative grave. Ototoxicité se manifestant par du tinnitus, particulièrement chez l'enfant, réactions anaphylactiques, neurotoxicité.

Posologie   **IV.** *Tumeurs métastatiques du testicule:* **posologie habituelle**, cisplatine, 20 mg/m^2 par jour pendant 5 jours q 3 semaines à 3 reprises; sulfate de bléomycine, **IV (perfusion rapide):** 30 unités par semaine le jour 2 de chaque semaine) pendant 12 semaines consécutives; sulfate de vinblastine, **IV**: 0,15 à 0,2 mg/kg deux fois par semaine (1er et 2e jours) q 3 semaines à 4 reprises (8 doses au total). *Tumeur métastatique de l'ovaire, comme agent unique*: 100 mg/m² une fois q 4 semaines. *En association avec le chlorhydrate de doxorubicine*, cisplatine: 50 mg/m² une fois q 3 semaines (le jour 1); chlorhydrate de doxorubicine: 50 mg/m² une fois q 3 semaines (le jour 1). Les médicaments sont donnés dans l'ordre. *Cancer avancé de la vessie*: 50 à 70 mg/m² q 3 ou 4 semaines.

Note: On ne devrait pas répéter le traitement avant que: (1) la créatinine sérique soit inférieure à 130 μmol/L et/ou l'urée inférieure à 9,0 mmol/L; (2) la numération plaquettaire soit égale ou supérieure à 100 × 10⁹/L et la numération leucocytaire soit égale ou supérieure à 4,0 × 10⁹/L; (3) l'activité auditive soit normale.

Administration/entreposage

1. Entreposer les fioles de poudre sèche non ouvertes au réfrigérateur entre 2° et 8°C pour en assurer la stabilité pendant 2 ans.

2. Reconstituer les fioles de 10 et 50 mg avec 10 ou 50 mL d'eau stérile pour injection tel qu'indiqué sur l'emballage.

3. Ne pas réfrigérer les solutions reconstituées, car elles précipitent. La solution reconstituée est stable à la température ambiante pendant 20 h.

4. Il est conseiller d'employer un filtre de 0,45 μm.

5. Avant l'administration du cisplatine, hydrater le client avec 1 à 2 L de liquide par voie IV sur une période de 8 à 12 h.

6. Ajouter la dose recommandée à 2 L de dextrose à 5% dans un tiers de solution saline normale contenant 37,5 g de mannitol. Perfuser en 6 à 8 h. Du furosémide est prescrit par quelques médecins au lieu du mannitol.

7. Ne pas employer de matériel en aluminium pour préparer ou administrer le médicament, car cela entraîne la formation d'un précipité noir et une perte d'efficacité.

Soins infirmiers complémentaires

Voir *Soins infirmiers – Antinéoplasiques*, p. 255.

1. Garder à sa disposition le matériel d'urgence nécessaire au traitement des réactions anaphylactiques au cisplatine.

2. *Évaluer*:
   a) l'œdème facial, la bronchoconstriction, la tachycardie et le choc.
   b) les tremblements qui peuvent conduire à des convulsions causées par l'hypomagnésémie.
   c) la tétanie, la confusion ou les signes d'hypocalcémie associés à l'hypomagnésémie

3. S'assurer que les épreuves de la fonction rénale sont effectuées avant le début de la thérapie, car le cisplatine peut causer une grave toxicité rénale cumulative.

---

4. Bien hydrater le client et mesurer les ingesta et les excreta pendant 24 h après le traitement, afin d'assurer une hydratation et un débit urinaire adéquats. Signaler l'oligurie.

5. Prévoir qu'on n'administrera pas de doses additionnelles de cisplatine tant que la fonction rénale du client ne sera pas revenue à ses valeurs de base.

6. Faire passer au client une audiométrie avant de commencer la thérapie et avant d'administrer des doses subséquentes, pour s'assurer que l'audition n'a pas diminué.

7. Prêter attention lorsque le client se plaint de tintement d'oreilles, de difficultés à entendre, d'œdème des membres inférieurs ou de diminution des mictions.

ÉTOPOSIDE   Vepesid[Pr]
(Abréviation: VP-16-213)

Catégorie   Autres antinéoplasiques.

Mécanisme d'action/cinétique   L'étoposide est un dérivé semi-synthétique de la podophyllotoxine. L'étoposide agit comme inhibiteur mitotique au stade G_2 du cycle cellulaire pour inhiber la synthèse de l'ADN. **Demi-vie: Adultes**, 7 h; **enfants**, approximativement 5,7 h. **Concentration plasmatique efficace**: 0,51 à 17 μmol/L

Indications   En association pour traiter les tumeurs du testicule réfractaires.

Contre-indications   L'innocuité et l'efficacité chez les enfants n'ont pas été établies.

Réactions indésirables supplémentaires   Réactions de type anaphylactique, hypotension, neuropathie périphérique, somnolence.

Posologie   **IV**: 50 à 100 mg/m² par jour les jours 1 à 5 ou 100 mg/m² par jour les jours 1, 3 et 5, toutes les 3 semaines. Employer en association avec d'autres agents.

Administration
1. Une perfusion IV lente, en 30 à 60 min, diminue les risques d'hypotension.
2. Le médicament devrait être dilué avec une solution de dextrose à 5% ou de chlorure de sodium pour injection à 0,9%, de manière à obtenir une concentration finale de 0,2 ou 0,4 mg/mL.

Soins infirmiers complémentaires

Voir *Soins infirmiers - Antinéoplasiques*, p. 255.

1. Garder à sa disposition des corticostéroïdes, des vasopres-

seurs, des antihistaminiques et des substituts du plasma pour le traitement des réactions anaphylactiques.

2. S'assurer que les valeurs de base de l'hémoglobine, de la numération leucocytaire et de la formule leucocytaire ont été déterminées avant l'administration du médicament.

3. Surveiller les signes d'infection et d'hémorragie, qui constituent des risques plus importants avec ce médicament qu'avec la plupart des agents alcoylants.

4. Mesurer la pression artérielle au moins 2 fois par jour, et noter toute baisse importante.

5. Signaler les picotements, l'engourdissement et les autres signes de neuropathie périphérique.

6. Tenir compte du fait que le client peut se sentir fatigué et somnolent pendant et après l'administration du médicament. Planifier les soins infirmiers en conséquence.

PROCARBAZINE, CHLORHYDRATE DE
Natulan^Pr (Abréviation: PCB)

Catégorie   Autres antinéoplasiques.

Mécanisme d'action/cinétique   Inhibe la synthèse des protéines, de l'ARN et de l'ADN, peut-être à cause de l'auto-oxydation (production de peroxyde d'hydrogène). Bien absorbé dans le tractus GI. Le médicament s'équilibre entre le plasma et le LCR. De 25% à 40% est excrété dans l'urine, surtout sous forme de métabolites, après 24 h. La procarbazine est employée la plupart du temps en association avec d'autres médicaments (thérapie MOPP).

Indications   Comme adjuvant dans le traitement de la maladie de Hodgkin.

Contre-indications supplémentaires   Hypersensibilité au médicament. Dépression de la moelle osseuse. Diminution des numérations érythrocytaire et leucocytaire ou de la numération plaquettaire.

Réactions indésirables supplémentaires   *GI*: Dysphagie, constipation ou diarrhée. *SNC*: Psychose, réactions maniaques, insomnie, cauchemars, pied tombant, diminution des réflexes, tremblements, coma, délire, convulsions. *Dermatologiques*: Hyperpigmentation, photosensibilité. *Autres*: Pétéchies, purpura, arthralgie.

Interactions médicamenteuses

Médicaments	Interaction
Alcool éthylique	Réaction de type disulfirame.
Antidépresseurs tricycliques	Possibilité de crises hypertensives.

Médicaments	Interaction
Antihistaminiques	Dépression accrue du SNC.
Antihypertenseurs	Dépression accrue du SNC.
Barbituriques	Dépression accrue du SNC.
Guanéthidine	Excitation et hypertension.
Hypoglycémiants oraux	↑ de l'activité hypoglycémiante.
Insuline	↑ de l'activité hypoglycémiante.
Lévodopa	Excitation et hypertension.
Inhibiteurs de la monoamine-oxydase	Possibilité de crises hypertensives.
Méthyldopa	Excitation et hypertension.
Narcotiques	Dépression accrue du SNC.
Phénothiazines	Dépression accrue du SNC; également, possibilité de crises hypertensives.
Réserpine	Excitation et hypertension.
Sympathomimétiques	Possibilité de crises hypertensives.
Tyramine, aliments contenant de la	Possibilité de crises hypertensives.

Posologie   PO. **Adultes**: 2 à 4 mg/kg par jour durant la première semaine; **puis**, 4 à 6 mg/kg par jour jusqu'à ce que la numération leucocytaire tombe sous 4,0 × 10^9/L ou la numération plaquettaire sous 100 × 10^9/L. Si des symptômes de toxicité apparaissent, interrompre la médication et reprendre le traitement à 1 à 2 mg/kg par jour; **entretien**: 1 à 2 mg/kg par jour. **Enfants:** *hautement individualisée*, 50 mg par jour durant la première semaine; puis 100 mg/m² (à 50 mg près) jusqu'à ce que la réponse maximale soit obtenue.

Soins infirmiers supplémentaires

Voir *Soins infirmiers – Antinéoplasiques*, p. 255.

1. Surveiller étroitement le client et avertir sa famille d'observer et de rapporter les réactions indésirables du SNC, qui peuvent nécessiter l'arrêt du médicament, mentionnées dans les réactions indésirables.

2. Expliquer au client recevant de la procarbazine qu'il ne doit pas prendre d'alcool, car une réaction de type disulfirame peut survenir.

3. Avertir le client de ne prendre aucune autre médication avant de consulter un médecin, car la procarbazine a une activité inhibitrice de la monoamine-oxydase. L'emploi de médicaments sympathomimétiques et l'absorption d'aliments qui ont une teneur élevée en tyramine sont contre-indiqués durant la thérapie et pendant 2 semaines après l'arrêt de la thérapie.

4. Expliquer au client diabétique que la procarbazine augmente l'activité de l'insuline et des hypoglycémiants oraux. Les

---

symptômes d'hypoglycémie devraient être signalés au médecin, car des ajustements de la médication antidiabétique peuvent être nécessaires.

5. Expliquer au client qu'il doit éviter l'exposition au soleil ou aux rayons ultraviolets, car une réaction de photosensibilité cutanée peut survenir.

VINBLASTINE, SULFATE DE Velbe^{Pr}
(Abréviation: VBL)

Catégorie   Antinéoplasique, alcaloïde de la pervenche.

Mécanisme d'action/cinétique   Alcaloïde, isolé de la pervenche. On croit que ce médicament inhibe la mitose (phase M du cycle cellulaire). Rapidement éliminé des tissus. Presque complètement métabolisé dans le foie après l'administration IV. Les métabolites sont excrétés dans la bile. Aucune résistance croisée avec la vincristine.

Indications   Traitement palliatif de la maladie de Hodgkin, lymphome lymphocytaire, mycosis fongoïde, carcinome du testicule avancé, sarcome de Kaposi, maladie de Letterer-Siwe. Le choriocarcinome résistant à d'autres agents et le carcinome du sein répondent moins bien à la vinblastine. Habituellement administré en association avec d'autres médicaments.

Réactions indésirables supplémentaires   La toxicité est reliée à la dose. Elle est plus prononcée chez les clients de plus de 65 ans et chez les clients atteints de cachexie (état d'affaiblissement généralisé) ou d'ulcération cutanée. *GI*: Iléus, saignement rectal, entérocolite hémorragique, vésiculation de la bouche, hémorragie d'un ulcère antérieur. *Dermatologiques*: Dépilation totale, vésicules. *Neurologiques*: Paresthésie, névrite, dépression mentale, perte des réflexes tendineux profonds, convulsions. L'extravasation peut causer une phlébite et une cellulite avec la formation d'une escarre.

Interactions médicamenteuses

Médicaments	Interaction
Acide glutamique	Inhibe l'activité de la vinblastine.
Bléomycine, sulfate de	L'association de bléomycine et de vinblastine peut produire des signes de la maladie de Raynaud chez les clients atteints d'un cancer du testicule.
Tryptophane	Inhibe l'activité de la vinblastine.

Posologie   *IV, individualisée, en fonction de la numération leucocytaire*. La vinblastine est administrée une fois tous les 7 jours. **Adul-**

tes: **Initialement**, 3,7 mg/m²; **puis**, après 7 jours, des doses graduelles de 5,5, 7,4, 9,25 et 11,1 mg/m² à des intervalles de 7 jours (la dose maximale ne devrait pas dépasser 18,5 mg/m²). **Enfants: Initialement**, 2,5 mg/m²; **puis**, après 7 jours, des doses graduelles de 3,75, 5,0, 6,25 et 7,5 mg/m² à des intervalles de 7 jours (la dose maximale ne devrait pas dépasser 12,5 mg/m²). Les **doses d'entretien** sont calculées en fonction de la numération leucocytaire – au moins 4,0 × 10⁹/L.

Administration/entreposage

1. Diluer la vinblastine avec 10 mL de chlorure de sodium pour injection.

2. Injecter dans la tubulure d'une perfusion IV en marche ou directement dans la veine.

3. Si l'extravasation survient, changer le point d'injection. Traiter la région atteinte avec une injection d'hyaluronidase et l'application de chaleur modérée de façon à diminuer la réaction locale.

4. Le reste de la solution peut être entreposé au réfrigérateur pendant 30 jours.

5. Si le médicament entre en contact avec les yeux, laver immédiatement avec de l'eau, afin de prévenir l'irritation et l'ulcération.

Soins infirmiers complémentaires

Voir *Soins infirmiers – Antinéoplasiques*, p. 255.
  Surveiller l'apparition de cyanose, de pâleur des membres et des signes de la maladie de Raynaud si le client reçoit également de la bléomycine.

VINCRISTINE, SULFATE DE   Oncovin^Pr
(Abréviation: VCR)

Catégorie   Antinéoplasique, alcaloïde de la pervenche.

Mécanisme d'action/cinétique   Voir *Sulfate de vinblastine*, p. 300. Associé aux corticostéroïdes, il est présentement considéré comme le médicament de choix pour le traitement de la leucémie infantile. Dépression de la moelle osseuse moins fréquente qu'avec les autres alcaloïdes de la pervenche. Pas de résistance croisée avec la vinblastine. Fréquemment employé dans les associations de médicaments.

Indications   Leucémie aiguë chez l'enfant. Maladie de Hodgkin, tumeur de Wilms, neuroblastome, lymphosarcome, rhabdomyosarcome, réticulosarcome. Purpura thrombopénique idiopathique.

Réactions indésirables supplémentaires   *Neurologiques*: Paresthésie, diminution des réflexes tendineux profonds, pied tombant, convulsions, troubles de la démarche. *GI*: Nécrose ou perforation intestinales. Constipation, iléus paralytique. *Rénales*: Sécrétion inadéquate de l'hormone antidiurétique (polyurie ou dysurie). *Ophtalmiques*: Cécité, ptose, diplopie, photophobie.

Interactions médicamenteuses

Médicaments	Interaction
Acide glutamique	Inhibe l'activité de la vincristine.
Méthotrexate	L'association peut causer de l'hypotension.

Posologie   IV (perfusion directe), *hautement individualisée, car un surdosage peut être fatal.* **Adultes: Habituellement, initialement**, 1,4 mg/m² une fois par semaine; **enfants**: 2 mg/m² une fois par semaine. *Pour l'insuffisance hépatique*: si la bilirubine sérique est de 22 à 51 μmol/L, administrer 50% de la dose; si la bilirubine sérique est supérieure à 53 μmol/L ou la SGOT supérieure à 87 U/L, la dose devrait être omise.

Administration/entreposage

1. Dissoudre la poudre dans de l'eau stérile ou dans une solution saline isotonique pour obtenir une concentration se situant entre 0,01 et 1,0 mg/mL. Le médicament est injecté directement dans une veine ou dans la tubulure d'une perfusion IV en marche, en 1 min.

2. Entreposer au réfrigérateur. La poudre est stable pendant 6 mois. Les solutions sont stables pendant 2 semaines au réfrigérateur. Garder le médicament à l'abri de la lumière.

3. Si l'extravasation survient, changer le point de perfusion. Traiter la région atteinte avec une injection d'hyaluronidase et l'application de chaleur modérée de façon à diminuer la réaction locale.

Soins infirmiers complémentaires

Voir *Soins infirmiers – Antinéoplasiques*, p. 255.

1. Évaluer les signes et les symptômes précoces d'effets indésirables neuromusculaires, tels que perte sensorielle et paresthésie, avant que de la douleur névritique et des difficultés motrices ne deviennent apparentes, puisque les manifestations neuromusculaires sont irréversibles.

2. Prévenir la constipation en encourageant l'absorption de liquides et une diète riche en fibres.

3. Surveiller l'absence de bruits intestinaux qui indique un iléus paralytique, ce qui nécessite des soins symptomatiques de même que l'arrêt temporaire de la vincristine.

4. Se préparer à soulager la stase à la partie supérieure du côlon causée par la vincristine avec des laxatifs et des lavements.

ANTINÉOPLASIQUES HORMONAUX ET ANTIHORMONAUX

La croissance des cancers qui touchent les organes génitaux ou les glandes sexuelles – notamment les cancers du sein, de l'utérus, de la prostate et du testicule – semble être stimulée par les hormones qui régularisent la fonction de ces tissus. L'administration d'un anti-hormonal ou d'une hormone différente, qui altère le milieu hormonal en luttant pour les récepteurs hormonaux, semble inhiber la croissance néoplasique. Les hormones ne sont habituellement pas employées comme agents chimiothérapeutiques principaux. Les œstrogènes peuvent également exacerber certaines tumeurs.

Le mitotane est un médicament qui fait partie de ces agents. Ce n'est pas une hormone, mais il supprime, par un mécanisme encore inconnu, la production des hormones corticosurrénales par le cortex surrénalien et est utile dans le traitement du cancer inopérable des surrénales.

Soins infirmiers complémentaires

Voir *Soins infirmiers – Antinéoplasiques*, p. 255.

1. Surveiller l'insomnie, la léthargie, l'anorexie, les nausées, les vomissements, le coma et le collapsus cardio-vasculaire, qui constituent des symptômes d'hypercalcémie.

2. S'assurer que la concentration sérique de calcium est déterminée quotidiennement et l'évaluer (valeur normale: 2,25 à 2,75 mmol/L). L'effet des stéroïdes et des métastases ostéolytiques peut produire une hypercalcémie.

3. Lorsque la concentration sérique de calcium est élevée, ne pas administrer le médicament et signaler le fait au médecin.

4. Encourager l'ingestion de liquides pour réduire l'hypercalcémie.

5. Se préparer à administrer des liquides IV, des diurétiques, des corticostéroïdes et des suppléments de phosphate en cas d'hypercalcémie grave.

6. Surveiller étroitement les clients qui poursuivent la thérapie après l'hypercalcémie induite par le médicament.

DIÉTHYLSTILBŒSTROL, DIPHOSPHATE DE
Honvol[Pr] (Abréviation: DES)

Catégorie   Œstrogène synthétique.

Mécanisme d'action/cinétique   Œstrogène synthétique entrant en concurrence avec les récepteurs androgéniques.

Indications   Traitement palliatif du cancer de la prostate.

Contre-indications   Cancer du sein, connu ou soupçonné, néoplasie œstrogéno-dépendante, thrombophlébite active, thromboembolie, altération grave de la fonction hépatique. Employer avec prudence en présence d'hypercalcémie, d'épilepsie, de migraine, d'asthme, de maladies cardiaque et rénale.

Réactions indésirables   Thrombophlébite, embolie pulmonaire, thrombose cérébrale, lésions neuro-oculaires. *GI*: Nausées, vomissements, anorexie. *SNC*: Céphalée, malaise, irritabilité. *Cutanées*: éruption allergique, démangeaisons. *GU*: Gynécomastie, altération de la libido. *Autres*: Porphyrie, mal de dos, douleur et abcès stérile au point d'injection, érythème après l'injection. Voir également *Œstrogènes*, p. 918.

Posologie   **PO**: 50 mg t.i.d.; augmenter à 200 mg t.i.d. ou plus, selon la réponse. **IV**: Jour 1, 0,5 g; puis, 1 g par jour pendant 5 jours ou plus. **Entretien: IV**, diminuer à 0,25 ou 0,5 g une à deux fois par semaine. (La dose d'entretien peut également être donnée par voie orale.)

Administration

1. Dissoudre la dose IV dans 300 mL de solution saline normale ou de solution de dextrose à 5%.

2. Administrer lentement goutte à goutte (20 à 30 gouttes/min pendant les 10 à 15 premières min); puis ajuster le débit pour une administration totale de 1 h.

Soins infirmiers complémentaires

Voir *Soins infirmiers – Antinéoplasiques hormonaux et antihormonaux*, p. 303 .

1. *Évaluer* l'œdème chez le client atteint de troubles cardiaques.

2. Prévoir une radiothérapie à faible dose avant le début de la thérapie au diéthylstilbœstrol afin de prévenir la gynécomastie chez les hommes.

3. *Expliquer au client et/ou à sa famille*:
   a) qu'il doit signaler au médecin les nausées, les vomissements, la douleur abdominale et le gonflement douloureux des seins.
   b) que la nourriture solide soulage souvent les nausées.
   c) qu'il faut surveiller les complications et/ou l'œdème, chez les clients atteints de troubles cardiaques.

ESTRAMUSTINE, PHOSPHATE DISODIQUE D'   Emcyt[Pr]

Catégorie   Agent hormonal, agent alcoylant.

Mécanisme d'action/cinétique   L'estramustine est un médicament soluble dans l'eau composé d'une association d'œstradiol et d'une moutarde azotée. L'administration chronique d'estramustine procure la concentration plasmatique et les effets de l'œstradiol qu'on obtient par la thérapie conventionnelle à l'œstradiol. Le médicament est bien absorbé dans le tractus GI, et il est déphosphorylé avant d'entrer dans la circulation générale.

Indications   Traitement palliatif du carcinome de la prostate métastatique et/ou progressif.

Contre-indications   Thrombophlébite active ou maladie thromboembolique, sauf lorsque le trouble thromboembolique est causé par la masse tumorale. Employer avec prudence en présence de maladie vasculaire cérébrale, de maladie artérielle coronarienne, de diabète, d'hypertension, d'insuffisance cardiaque, d'altération de la fonction hépatique ou rénale ou de maladies métaboliques des os associées à l'hypercalcémie.

Réactions indésirables supplémentaires   *Cardio-vasculaires*: Infarctus du myocarde, accident cardio-vasculaire, thrombose, insuffisance cardiaque, augmentation de la pression artérielle, thrombophlébite, crampes dans les jambes, œdème. *Respiratoires*: Embolie pulmonaire, dyspnée, expectorations des voies respiratoires supérieures, enrouement. *GI*: Flatulence, sensation de brûlure de la gorge, soif. *Dermatologiques*: Ecchymoses faciles, rougeurs, desquamation de la peau ou du bout des doigts. *Autres*: Douleur thoracique, larmes, sensibilité ou augmentation du volume des seins, diminution de la tolérance au glucose.

Interactions avec les épreuves de laboratoire   ↑ bilirubine, SGOT, LDH.

Posologie   **PO**: 14 mg/kg par jour en 3 ou 4 doses fractionnées (entre 10 et 16 mg/kg par jour). Traiter pendant 30 à 90 jours avant d'évaluer les effets bénéfiques; continuer la thérapie aussi longtemps que le médicament est efficace.

Administration/entreposage   Les capsules devraient être entreposées au réfrigérateur même si elles peuvent être conservées à la température ambiante 1 ou 2 jours sans perdre de leur efficacité.

Soins infirmiers complémentaires

Voir *Soins infirmiers – Antinéoplasiques hormonaux et antihormonaux*, p. 303.

1. *Évaluer*:
   a) l'hypoglycémie chez les clients diabétiques, car la tolérance au glucose peut être diminuée.
   b) la pression artérielle périodiquement, car l'hypertension s'est produite en conjonction avec la thérapie.

2. Expliquer au client que l'impuissance, dont il a pu être victime au cours d'une thérapie œstrogénique antérieure, peut être renversée. Étant donné que le phosphate sodique d'estramustine peut causer des mutations génétiques, des mesures contraceptives devraient être employées pour prévenir la tératogenèse.

MÉDROXYPROGESTÉRONE, ACÉTATE DE
Depo-Provera^Pr, Provera^Pr

Catégorie   Progestérone. Voir *Progestérone*, p. 924.

Mécanisme d'action/cinétique   Prévient la stimulation de l'endomètre par la gonadotrophine hypophysaire.

Indications   Adjuvant dans le traitement palliatif du carcinome de l'endomètre ou du carcinome du rein inopérables, récidivants ou métastatiques.

Posologie   **IM seulement: Initialement**, 400 à 1 000 mg par semaine; **entretien**: 400 mg par mois. La médroxyprogestérone n'est pas censée constituer la thérapie principale.

> **Soins infirmiers**
>
> Voir *Soins infirmiers – Antinéoplasiques hormonaux et antihormonaux*, p. 303, et *Progestérone et progestatifs*, p. 925.

MÉGESTROL, ACÉTATE DE   Mégace^Pr

Catégorie   Progestérone synthétique.

Mécanisme d'action/cinétique   L'activité antinéoplasique est due à la suppression des gonadotrophines (effet antilutéinisant). Pour de l'information générale sur la progestérone, voir *Progestérone et progestatifs*, p. 924.

Médicament contenant de la tartrazine qui peut causer des réactions de type allergique, y compris l'asthme, survenant souvent chez les clients sensibles à l'aspirine.

Indications   Traitement palliatif du cancer de l'endomètre ou du sein. Ne devrait pas être employé comme seul traitement.

Contre-indications supplémentaires   Ne pas utiliser pour le diagnostic de la grossesse.

Réactions indésirables   *Rares*: Douleur abdominale, céphalée, nausées, vomissements, sensibilité des seins, syndrome du canal carpien (endolorissement, faiblesse et sensibilité des muscles des pouces), thrombose veineuse profonde, alopécie.

Posologie   **PO.** *Cancer du sein*: 40 mg q.i.d. *Cancer de l'endomètre*: 40 à 320 mg par jour en doses fractionnées. Pour en déterminer l'efficacité, le traitement devrait être continué pendant au moins 2 mois.

Soins infirmiers

Voir *Soins infirmiers – Antinéoplasiques hormonaux et antihormonaux*, p. 303, et *Progestérone et progestatifs*, p. 925.

MITOTANE   Lysodren^Pr (Abréviation: OP'DDD)

Catégorie   Antihormonal.

Mécanisme d'action/cinétique   Apparenté au DDT; supprime l'activité du cortex surrénalien. Environ 40% du médicament est absorbé dans le tractus GI, détectable dans le sérum pendant une longue période (6 ou 9 semaines après l'administration). Cependant, le médicament est presque entièrement déposé dans le tissu adipeux.

Une corticothérapie substitutive peut être entreprise (c'est-à-dire augmentée) pour corriger l'insuffisance surrénalienne. La thérapie est continuée aussi longtemps que le médicament semble efficace. Les résultats bénéfiques peuvent ne pas devenir apparents avant 3 mois de thérapie.

Indications   Cancer inopérable du cortex surrénalien.

Contre-indications   Hypersensibilité au médicament. Suspendre temporairement après un choc ou un traumatisme grave. Employer avec prudence en présence de maladie hépatique autre que des lésions métastatiques. L'emploi à long terme peut causer des lésions cérébrales et une atteinte fonctionnelle.

Réactions indésirables supplémentaires   Insuffisance surrénalienne. *SNC*: Sédation, vertige, léthargie. *Ophtalmiques*: Vision trouble, diplopie, rétinopathie, opacité du cristallin. *Rénales*: Cystite hémorragique, hématurie, protéinurie. *Cardio-vasculaires*: Rougeur, hypotension orthostatique, hypertension. *Autres*: Hyperpyrexie.

Interactions avec les épreuves de laboratoire   ↓ PBI et hydroxy-17 corticostéroïdes urinaires.

Posologie   **PO: Initialement,** 9 à 10 g par jour en 3 ou 4 doses fractionnées égales. Ajuster la posologie en l'augmentant ou en la diminuant en fonction de l'absence d'effets indésirables ou de leur gravité. **Dose d'entretien habituelle**: 8 à 10 g par jour. **Éventail**: 2 à 19 g par jour.

Administration

1. Administrer le traitement au centre hospitalier jusqu'à l'établissement d'une posologie stable.

2. Le traitement devrait se poursuivre pendant 3 mois afin de déterminer les effets bénéfiques.

Soins infirmiers complémentaires

Voir *Soins infirmiers – Antinéoplasiques hormonaux et antihormonaux*, p. 303.

1. Surveiller les symptômes d'insuffisance surrénale tels que la faiblesse, l'augmentation de la fatigue, la léthargie et les symptômes GI.

2. Évaluer les lésions cérébrales en participant à l'évaluation comportementale et neurologique du client.

3. Arrêter la médication et signaler au médecin un choc ou un traumatisme grave, à cause de la suppression de la fonction surrénalienne induite par le médicament.

4. Afin de contrecarrer le choc ou le traumatisme, se préparer à administrer de fortes doses de stéroïdes car les surrénales peuvent ne pas produire des stéroïdes en quantité suffisante.

5. Insister auprès des clients traités au mitotane sur l'importance de porter une plaque d'identification Medic Alert, dans l'éventualité d'un traumatisme ou d'un choc.

TAMOXIFÈNE, CITRATE DE   Nolvadex[Pr], Nolvadex-D[Pr]

Catégorie   Antiœstrogénique.

Mécanisme d'action/cinétique   On croit que l'antiœstrogénique occupe les sites de liaison œstrogéniques dans le tissu cible (sein). **Concentration sérique maximale**: 0,10 à 0,24 μmol/L atteintes 7 à 14 h. **Demi-vie** biphasique: initialement, 7 à 14 h; distribution, 4 jours ou plus. Une réponse objective peut être retardée de 4 à 10 semaines en présence de métastases osseuses.

Indications   Traitement palliatif du cancer avancé du sein chez la femme ménopausée particulièrement dans les cas d'épreuves positives récentes indiquant la présence de récepteurs œstrogéniques.

Réactions indésirables   Bouffées de chaleur, nausées, vomissements (25%). Également, saignements et écoulements vaginaux, éruption cutanée. Rarement, hypercalcémie, œdème périphérique, dégoût pour la nourriture, prurit vulvaire, dépression, étourdissements, sensation de tête légère, céphalée, douleurs osseuses et tumorales accrues, anorexie, embolie pulmonaire, thrombopénie légère à modérée et leucopénie. Effets ophtalmologiques.

Interactions avec les épreuves de laboratoire ↑ du calcium sérique (transitoire).

Posologie **PO**: 10 à 20 mg b.i.d. (matin et soir).

Soins infirmiers complémentaires

Voir *Soins infirmiers – Antinéoplasiques hormonaux et antihormonaux*, p. 303.

1. Demander à la cliente de signaler au médecin les effets indésirables, car une réduction de la posologie peut être indiquée.

2. Expliquer à la cliente que la douleur osseuse et lombaire ainsi que les poussées locales de la maladie peuvent être associées à une bonne réponse à la médication.

3. S'assurer qu'on a fait des prescriptions d'analgésiques adéquates pour la cliente éprouvant des douleurs plus intenses; les lui donner au besoin.

4. Conseiller à la cliente de subir régulièrement des examens ophtalmologiques si les doses de médicament sont beaucoup plus élevées que celles qu'on recommande généralement.

ISOTOPES RADIOACTIFS

Deux isotopes radioactifs sont employés comme agents antinéoplasiques. Le premier, l'iodure de potassium ^{131}I, se concentre dans la thyroïde et s'emploie pour le traitement du cancer de la thyroïde. Le second, le phosphore radioactif, se concentre dans les cellules qui prolifèrent rapidement et détruit préférentiellement les cellules néoplasiques. Se référer à d'autres sources d'information pour de plus amples détails sur l'emploi des agents radioactifs.

Soins infirmiers complémentaires

Voir *Soins infirmiers – Antinéoplasiques*, p. 255.

1. Pour la protection contre les radiations, suivre les règlements du centre hospitalier où la médication est administrée.

2. Administrer des soins de soutien au client souffrant de malaises et de crampes abdominales causés par les radiations.

IODURE DE SODIUM ^{131}I Pr

Voir *Médicaments thyroïdiens et antithyroïdiens*, p. 863.

PHOSPHATE DE CHROME $^{32}P^{Pr}$

Catégorie   Isotope radioactif.

Mécanisme d'action/cinétique   Les particules émises par le phosphate de chrome radioactif entravent la croissance des cellules néoplasiques. **Demi-vie**: 495 h.

Indications   Traitement de l'épanchement péritonéal ou pleural causé par des néoplasmes métastatiques (endocavitaire) ou localisés (interstitiel).

Contre-indications supplémentaires   Tumeurs ulcéreuses. Cavités exposées.

Réactions indésirables supplémentaires   Mal des rayons transitoire, pleurésie, péritonite, dépression de la moelle osseuse, nausées et crampes abdominales. Lésions dues aux radiations lorsque injecté dans les interstices.

Posologie   Pour des clients de masse moyenne (70 kg):
Instillation intrapéritonéale   3,7 à 7,4 × 10^8 Bq (10 à 20 mCi)
Instillation intrapleurale   2,2 à 4,4 × 10^8 Bq (6 à 12 mCi)
Emploi interstitiel   3,7 à 18,5 × 10^6 Bq/g (0,1 à 0,5 mCi/g)

Administration
1. Administré par le médecin.
2. Mesurer la dose pour le client en employant un système de calibration radioactif convenable immédiatement avant l'administration.

PHOSPHATE DE SODIUM $^{32}P^{Pr}$

Catégorie   Isotope radioactif.

Mécanisme d'action/cinétique   Le phosphore radioactif du médicament se concentre dans les tissus proliférant rapidement. Lors de sa désintégration, il émet des particules bêta. **Demi-vie**: 14,3 jours. Initialement, la radioactivité diminue rapidement (25% à 50% en 4 à 6 jours), mais elle diminue beaucoup plus lentement par la suite (plus de 1% par jour). Le reste de la radioactivité se concentre dans le tissu osseux.

Indications   Polycythémie vraie, leucémie myéloïde chronique et leucémie lymphoïde chronique. Traitement palliatif des métastases squelettiques multiples.

Contre-indications supplémentaires   Grossesse, mères qui allaitent, enfants de moins de 18 ans, épisodes aigus de leucémie.

Polycythémie vraie chez les clients avec une numération leucocytaire inférieure à 5,0 × 10⁹/L, une numération plaquettaire inférieure à 150 × 10⁹/L ou une numération réticulocytaire inférieure à 0,02. Leucémie myéloïde chronique avec une numération leucocytaire de moins de 20,0 × 10⁹/L. Métastases squelettiques avec une numération leucocytaire de moins de 5,0 × 10⁹/L ou une numération plaquettaire de moins de 100 × 10⁹/L. Thérapie séquentielle avec un agent chimiothérapeutique.

Réactions indésirables supplémentaires Mal des rayons (rare).

Posologie **PO, IV.** *Polycythémie vraie*: 3,7 à 29,6 × 10⁷ Bq (1 à 8 mCi), habituellement **IV**; les doses peuvent être répétées. *Leucémie*: 2,2 à 5,5 × 10⁸ Bq (6 à 15 mCi), avec manipulation hormonale.

Administration/entreposage

1. Entreposer à la température ambiante dans des contenants appropriés pour absorber les radiations.

2. La solution et le contenant peuvent noircir, mais cela n'affecte pas l'efficacité.

3. Noter la date d'expiration – elle devrait être de 2 mois après la date de standardisation.

4. Faire jeûner le client 2 h avant et 6 h après l'administration du médicament pour réduire la quantité de matière radioactive non absorbée.

5. Éviter l'emploi de lait et de produits laitiers, de fer, de bismuth et de boissons gazeuses pour les clients recevant du phosphate de sodium ³²P.

Soins infirmiers complémentaires

Voir *Soins infirmiers – Isotopes radioactifs*, p. 309.

Pour la protection contre les radiations, suivre les règlements du centre hospitalier où la médication est administrée.

QUATRIÈME PARTIE

Médicaments agissant sur la formation et la coagulation du sang

CHAPITRE **19**

Antianémiques

Généralités   Le terme anémie désigne les nombreuses conditions cliniques qui comportent une insuffisance du nombre de globules rouges (érythrocytes) ou une diminution de la concentration de l'hémoglobine dans les globules rouges. L'hémoglobine est une substance complexe constituée d'une grosse protéine (globine) et d'une substance chimique contenant du fer, l'hème. L'hémoglobine se trouve à l'intérieur des globules rouges. Elle a pour fonction de se combiner à l'oxygène dans les poumons et de le transporter dans tous les tissus de l'organisme, où il est échangé contre du dioxyde de carbone (qui est transporté vers les poumons).

Une déficience en globules rouges ou en hémoglobine peut entraîner un apport insuffisant en oxygène dans les tissus. La durée de vie moyenne des globules rouges est de 120 jours; ainsi, de nouveaux globules rouges se forment sans cesse. Ils sont fabriqués dans la moelle osseuse, et la vitamine B_{12} et l'acide folique jouent un rôle important dans leur formation. De plus, une quantité suffisante de fer est nécessaire à la formation et à la maturation des globules rouges. Ce fer est fourni par une alimentation normale et il est également récupéré dans les vieux globules rouges.

Il existe plusieurs types d'anémie. Toutefois, les deux principales sont (1) les anémies ferriprives, résultant d'une perte ou d'une destruction de cellules sanguines plus grande que la normale, et (2) les anémies mégaloblastiques, résultant d'une production inadéquate de cellules sanguines. Les anémies ferriprives peuvent résulter d'une hémorragie ou d'une perte sanguine; la moelle osseuse est incapable de remplacer les globules rouges perdus, même en travaillant à pleine capacité (à cause d'une alimentation insuffisante en fer ou de l'incapacité d'absorber le fer dans le tractus GI). Les globules rouges trouvés dans les anémies ferriprives (également appelées anémies microcytaires ou hypochromes) contiennent une quantité insuffisante d'hémoglobine. On remarque, lorsqu'on les examine au microscope, qu'ils sont plus pâles et parfois plus petits que la normale. On doit déterminer la cause de la carence en fer avant de commencer la thérapie.

La thérapie consiste à administrer des produits contenant du fer, afin d'augmenter les réserves de l'organisme. Ce type de médicament est étudié dans ce chapitre (tableau 6).

Les anémies mégaloblastiques peuvent résulter d'un approvisionnement insuffisant en vitamines et en minéraux nécessaires à la moelle osseuse pour la fabrication des cellules sanguines. L'anémie pernicieuse, par exemple, résulte d'un apport inadéquat en vitamine B_{12}. Les globules rouges caractéristiques des anémies mégaloblastiques ont un plus grand volume et sont particulièrement riches en hémoglobine. Toutefois, le sang contient moins de globules rouges matures que la normale et un nombre relativement plus élevé de globules rouges immatures (mégaloblastes) qui ont été libérés prématurément de la moelle osseuse.

PRÉPARATIONS DE FER   Ces agents sont en général constitués d'un complexe de fer et d'une autre substance et sont habituellement administrés par la bouche. La quantité absorbée dans le tractus GI dépend de la dose administrée; aussi administre-t-on la plus grande dose tolérée sans effets indésirables. Dans certaines conditions, les composés de fer doivent être administrés par voie parentérale, particulièrement (1) en présence de certains troubles limitant la quantité de médicament absorbé par les intestins et (2) lorsque le client est incapable de tolérer le fer par voie orale.

Les préparations de fer sont efficaces seulement dans le traitement des anémies résultant spécifiquement d'une carence en fer. La perte de sang est presque toujours la cause unique de carence en fer observée chez les hommes adultes et chez les femmes ménopausées. Les besoins quotidiens en fer sont augmentés durant la croissance et la grossesse, et les carences sont, pour cette raison, particulièrement fréquentes chez les nourrissons et chez les jeunes enfants dont le régime est pauvre en fer. Les femmes enceintes et les femmes ayant des pertes menstruelles importantes peuvent également souffrir d'une carence en fer.

Le fer utilisé en thérapie est disponible sous deux formes: bivalent et trivalent. Les sels de fer bivalent (ferreux) sont administrés plus fréquemment que les sels de fer trivalent (ferriques) parce qu'ils sont moins astringents, moins irritants et mieux absorbés que les sels ferriques.

Les préparations de fer sont particulièrement appropriées pour le traitement des anémies chez les nourrissons et chez les enfants, chez les donneurs de sang, durant la grossesse et chez les clients ayant des pertes de sang chroniques. On note généralement la réponse thérapeutique optimale après 2 à 4 semaines de traitement. L'apport quotidien recommandé de fer est de 90 à 300 mg.

Mécanisme d'action/cinétique   Le fer est un minéral essentiel, normalement fourni par l'alimentation. Les sels de fer et les autres préparations fournissent le fer supplémentaire nécessaire pour les besoins du client. Le fer est absorbé dans le tractus GI, transporté par la transferrine et incorporé dans l'hémoglobine. La cinétique d'absorption dépend du sel de fer ingéré. En temps normal, le fer est bien retenu par l'organisme.

Indications   Prophylaxie et traitement des anémies ferriprives.

Contre-indications   Clients atteints d'hémosidérose, d'hémochromatose, d'ulcère gastro-duodénal, de la maladie de Crohn et de colite ulcéreuse. Anémie hémolytique, anémie pyridoxino-sensible et cirrhose.

Interactions médicamenteuses

Médicaments	Interaction
Allopurinol	Peut ↑ la concentration hépatique de fer.
Antiacides oraux	↓ de l'activité des préparations de fer causée par une ↓ de l'absorption dans le tractus GI.
Chloramphénicol	Le chloramphénicol ↓ la clearance plasmatique du fer et ↓ la quantité de fer utilisé par les globules rouges.
Cholestyramine	↓ de l'activité des préparations de fer causée par une ↓ de l'absorption dans le tractus GI.
Extraits pancréatiques	↓ de l'activité des préparations de fer causée par une ↓ de l'absorption dans le tractus GI.
Pénicillamine	↓ de l'activité de la pénicillamine causée par une ↓ de l'absorption dans le tractus GI.

Médicaments	Interaction
Tétracyclines	↓ de l'activité des tétracyclines causée par une ↓ de l'absorption dans le tractus GI.
Vitamine E	La vitamine E ↓ la réponse à la thérapie martiale.

Réactions indésirables   *Effets GI*: Constipation, irritation gastrique, nausées légères, crampes abdominales et diarrhée. Ces effets indésirables peuvent être réduits par l'administration de préparations sous forme de comprimés enrobés. Les préparations solubles de fer peuvent tacher les dents.

Les risques de réactions toxiques sont plus importants après l'administration par voie parentérale. Les réactions toxiques comprennent: nausées et vomissements, fièvre, collapsus vasculaire périphérique et réactions anaphylactoïdes fatales. Ces symptômes peuvent apparaître moins de 60 s après l'administration d'une dose toxique. Les symptômes peuvent ensuite disparaître pendant 6 à 24 h et être suivis par une deuxième crise. Les symptômes tels que les nausées, la diarrhée ou la constipation peuvent apparaître après l'utilisation de préparations orales.

TRAITEMENT DE L'INTOXICATION PAR LE FER   Le traitement de l'intoxication par le fer est symptomatique. Il se résume à retirer le fer de l'organisme et à combattre l'état de choc et l'acidose. Il faut provoquer le vomissement immédiatement, puis administrer des œufs et du lait. Les autres mesures comprennent le lavage gastrique avec des solutions aqueuses de bicarbonate de sodium ou de phosphate de sodium, suivi par l'administration orale de subcarbonate de bismuth comme agent protecteur et par une injection IV de dextrose et de chlorure de sodium, afin de corriger la déshydratation. Du plasma, du sang entier, de l'édétate de calcium disodique, de la déféroxamine, de la méthionine, de l'oxygène et des antibiotiques peuvent être prescrits.

Certains clients peuvent signaler des manifestations tardives 1 à 2 mois après la dose toxique. Ces manifestations tardives comprennent les malaises gastriques causés par des altérations nécrotiques de la muqueuse gastrique ou intestinale. Les effets résiduels comprennent également la sténose pylorique, la fibrose du foie et la dilatation du cœur droit avec congestion pulmonaire et hémorragie.

Interactions aveec les épreuves de laboratoire   Les médicaments contenant du fer peuvent affecter les déterminations du bilan électrolytique.

Posologie   **PO: Habituellement**, 90 à 300 mg de fer élémentaire par jour. Durée de la thérapie: environ 6 mois ou plus, soit 2 à 4 mois de plus que le temps nécessaire pour renverser l'anémie. Pour chaque agent, voir le tableau 6, p. 317.

Administration

1. Administrer les préparations de fer avec les repas afin de réduire l'irritation gastrique.

2. Administrer avec un jus d'agrume afin d'augmenter l'absorption du fer.

3. Ne pas administrer le médicament avec du lait ou un antiacide, car cela empêche l'absorption du fer (à l'exception du lactate ferreux, qui peut être administré avec du lait).

4. Administrer les préparations liquides bien diluées dans de l'eau ou du jus de fruit à l'aide d'une paille, afin de ne pas tacher les dents. Administrer les préparations liquides à l'aide d'un compte-gouttes chez les nourrissons et chez les jeunes enfants. Déposer le liquide contre la joue au fond de la bouche.

Soins infirmiers

1. Encourager les personnes présentant des symptômes d'anémie à consulter un médecin plutôt que de se traiter elles-mêmes avec du fer.

2. Se préparer à participer au traitement d'une intoxication, tel que décrit dans la section *Réactions indésirables*.

3. Surveiller attentivement les signes vitaux des clients souffrant d'une intoxication par le fer pendant au moins 48 h, puisqu'une seconde crise peut se produire dans les 12 à 48 h.

4. *Expliquer au client et/ou à sa famille*:
   a) les réactions indésirables possibles, telles que la constipation, l'irritation gastrique avec crampes abdominales et la diarrhée. Encourager le client à signaler ces symptômes puisqu'ils peuvent être soulagés par un changement de la médication, de la posologie ou du moment de l'administration.
   b) qu'il lui faut avoir une alimentation nutritive. Insister sur l'ingestion d'aliments riches en fer, tels que le foie, les raisins, les abricots et les légumes verts.
   c) qu'il faut garder les préparations de fer hors de la portée des enfants.

TABLEAU 6 ANTIANÉMIQUES

Médicament	Posologie	Commentaires
Fer-dextran pour injection Imferon Voir à la p. 319.	**IM**: Utiliser la formule pour calculer la posologie. **Adultes et enfants**: 100 mg du médicament non dilué par jour à un débit ne dépassant pas 50 mg/min. Des doses plus grandes peuvent être administrées par perfusion du médicament dilué dans 500 à 1 000	On devrait administrer une dose d'épreuve de 1 ou 2 gouttes puis de 25 mg en 15 min avant de commencer le traitement. Indiqué principalement chez les clients qui ne tolèrent pas les préparations orales de fer.

TABLEAU 6 *(suite)*

Médicament	Posologie	Commentaires
	mL de solution saline. Débit de la perfusion: 1 L en 4 à 6 h.	
Fer-polysaccharide, complexe de Niferex 150	*Capsules.* **PO**: 100 à 300 mg; **enfants de 6 à 12 ans**: 100 mg par jour; **enfants de 2 à 6 ans**: 50 mg par jour; **enfants de moins de 2 ans**: 25 mg.	Ce complexe de fer-polysaccharide est peu toxique et cause peu de troubles GI; il ne tache pas les dents; contient 46,1% de fer élémentaire.
Ferreux, ascorbate Ascofer	*Capsules.* **PO. Adultes**: 275 mg b.i.d. à q.i.d. **Nourrissons et jeunes enfants**: 275 à 550 mg par jour en trois doses fractionnées.	Contient 12% de fer élémentaire.
Ferreux, fumarate Fermasal, Fumarate ferreux, Néo-Fer-50, Novofumar, Palafer	*Capsules, comprimés, gouttes pédiatriques, suspension.* **PO. Adultes**: 100 à 400 mg (équivalant à 33 à 133 mg de fer élémentaire) par jour en doses fractionnées. **Pédiatrique, 6 à 12 ans**: 100 à 300 mg (33 à 100 mg de fer élémentaire) par jour en doses fractionnées; **pédiatrique, 1 à 5 ans**: initialement, administrer une quantité équivalente à 15 mg de fer élémentaire quotidiennement; **puis**, augmenter la dose jusqu'à un maximum de 45 mg de fer élémentaire par jour en doses fractionnées; **nourrissons**: administrer de 10 à 20 mg de fer élémentaire quotidiennement en doses fractionnées.	Mieux toléré que le gluconate ferreux ou le fumarate ferreux; contient 33% de fer élémentaire.
Ferreux, gluconate Apo-Ferrous Gluconate, Fergon, Fertinic, Ferroid, Gluconate	*Comprimés, sirop.* **PO**: 320 à 640 mg (équivalant à 38 à 77 mg de fer élémentaire) t.i.d.; **nourrissons et enfants de moins de 6 ans**: 120 à 300 mg par jour;	Spécialement indiqué chez les clients qui ne peuvent tolérer l'irritation gastrique causée par le sulfate ferreux; contient 11,6% de fer élémentaire.

TABLEAU 6 *(suite)*

Médicament	Posologie	Commentaires
ferreux, Novo-ferrogluc	**enfants de 6 à 12 ans**: 100 à 300 mg t.i.d.	
Ferreux, succinate Cerevon	*Comprimés*. **PO. Adultes et enfants de plus de 12 ans**: de 100 à 300 mg par jour.	Contient 35% de fer élémentaire.
Ferreux, sulfate Apo-Ferrous Sulfate, Fer-in-Sol, Fesofor, Fero-Grad, Novoferrosulfa, PMS Ferrous Sulfate, Slow-Fe, Sulfate ferreux	**PO. Adultes**: 300 à 1 200 mg (équivalant à 60 à 240 mg de fer élémentaire) par jour en doses fractionnées; **enfants de moins de 6 ans**: administrer de 15 à 45 mg de fer élémentaire par jour (utiliser la préparation pédiatrique); **enfants de 6 à 12 ans**: administrer de 24 à 120 mg de fer élémentaire par jour en doses fractionnées sous forme d'élixir ou de sirop; **nourrissons**: administrer de 10 à 25 mg de fer élémentaire par jour en doses fractionnées (utiliser la préparation pédiatrique). *Prophylaxie chez les prématurés et les nourrissons de faible masse*: 1 à 2 mg/kg par jour. *Grossesse et lactation*: 10 à 20 mg de fer élémentaire par jour.	Préparation de sel de fer la moins coûteuse et la plus efficace par voie PO; contient 20% de fer élémentaire.
Fer-sorbitol d'acide citrique complexe Jectofer	Injection IM profonde seulement. Ne doit pas être administré par voie IV. La dose à injecter est déterminée selon la masse du client et son taux d'hémoglobine. Voir les recommandations du fabricant.	Chaque mL de solution pour injection contient 50 mg de fer élémentaire.

FER-DEXTRAN POUR INJECTION   Imferon

Catégorie   Préparation de fer, usage parentéral.

Antianémiques

Généralités   Le fer administré par voie parentérale est indiqué uniquement lorsque le client ne peut tolérer l'administration de fer par voie orale ou lorsqu'il souffre d'une anémie très grave (hémoglobine inférieure à 7,5 g/L).

Le fer-dextran est absorbé lentement à partir du point d'injection: 1% à 15% est absorbé en 2 h; 60% à 68% est absorbé en plusieurs jours; le reste est absorbé en une période allant jusqu'à 6 mois.

Le fer-dextran est habituellement administré par voie IM mais il peut être administré par voie IV (cette voie n'est pas recommandée). L'injection de fer-dextran peut également causer des réactions anaphylactoïdes fatales; on recommande pour cette raison l'administration d'une petite dose d'épreuve. Le fer-dextran ne doit pas être administré conjointement avec une préparation orale de fer et son administration doit être interrompue si la concentration d'hémoglobine n'augmente pas d'au moins 20 g/L en trois semaines.

Contre-indications supplémentaires   Anémie pernicieuse, leucémie aiguë en l'absence de déplétion du fer causée par une perte de sang, anémie associée à une leucémie ou à une dépression de la moelle osseuse chroniques et autres anémies ne résultant pas d'une carence en fer. Hypersensibilité au médicament. Sidérose, hémochromatose, ou insuffisance hépatique ou rénale grave.

Réactions indésirables supplémentaires   Céphalées, fièvre, malaise, nausées, vomissements, douleur dans les membres inférieurs, arthralgie, perte transitoire du goût, lymphadénopathie, douleur locale, tache persistante sur la peau au point d'injection, urticaire légère, réactions anaphylactiques graves ou leucocytose transitoire.

EFFETS INDÉSIRABLES APRÈS L'INJECTION IV   Phlébite locale, dyspnée, choc, cyanose, urticaire, œdème de la face, photophobie, douleur articulaire et thrombose des veines éloignées du point de perfusion.

Posologie   **Dose d'épreuve avant le régime thérapeutique.** **IM, IV**: 25 mg (0,5 mL); observer le client pendant au moins 1 h. *Anémie ferriprive.* **IM**: Utiliser la formule pour calculer la posologie. **Doses de fer quotidiennes maximales. Adultes de plus de 50 kg**: 250 mg; **adultes et enfants de 9 à 50 kg**: 100 mg; **nourrissons de 3,5 à 9,0 kg**: 50 mg; **nourrissons de moins de 3,5 kg**: 25 mg. **IV**: Calculer la posologie en utilisant la formule et diluer les doses nécessaires dans 200 à 250 mL de solution saline. Si on n'observe aucune réaction avec la dose d'épreuve, administrer la dose nécessaire en 1 à 2 h.

Administration

1. Prévenir la formation d'une tache sur la peau en utilisant une aiguille différente pour retirer le médicament de la fiole et en utilisant la technique d'injection en Z.

2. Injecter la solution profondément à l'aide d'une aiguille mesurant au moins 5 cm, de calibre 19 ou 20, dans le quadrant supérieur externe du muscle grand fessier.

3. Retirer légèrement le piston de la seringue afin de s'assurer que l'aiguille n'est pas dans un vaisseau sanguin avant d'injecter le médicament.

4. On doit varier les points d'injection. Relever les points d'injection afin d'en faciliter la rotation.

5. S'il se tient debout, demander au client de faire porter sa masse sur la jambe opposée au point d'injection. Si le client est au lit, il doit être en position latérale, le point d'injection en haut.

Soins infirmiers complémentaires

Voir *Soins infirmiers – Antianémiques*, p. 317.

1. Prévoir que l'administration du médicament sera interrompue et l'état du client réévalué si l'administration quotidienne de 500 mg de fer n'entraîne pas une augmentation minimale de 20 g/L de la concentration d'hémoblogine en 3 semaines.

2. S'assurer qu'une petite dose d'épreuve est prescrite avant de commencer la thérapie.

3. Ne pas administrer les produits contenant du fer et les tétracyclines à moins de 2 h l'un de l'autre car le fer diminue l'absorption des tétracyclines.

4. Ne pas administrer les préparations de fer avec des antiacides car ces derniers diminuent l'absorption du fer.

Anticoagulants et hémostatiques

Généralités   Le mécanisme de la coagulation sanguine peut être divisé en trois étapes:

1. La coagulation sanguine commence lorsqu'un précurseur inactif se libère des plaquettes endommagées et active la *thromboplastine*.

2. La thromboplastine aide à convertir la protéine *prothrombine* en *thrombine*.

3. La *thrombine* sert de médiateur à la formation des filaments de *fibrine* – une protéine insoluble – à partir du *fibrinogène* soluble. Ces derniers forment un caillot, qui emprisonne les cellules sanguines et les plaquettes. La vitamine K, le calcium et divers facteurs accessoires fabriqués par le foie sont essentiels à la coagulation du sang.

Après sa formation, le caillot de sang est dissous au cours d'une autre série de réactions enzymatiques impliquant une substance appelée fibrinolysine.

La coagulation sanguine peut être modifiée par un grand nombre de maladies. Une tendance excessive à former des caillots est un des principaux facteurs impliqués dans les maladies cardio-vasculaires, tandis qu'une anomalie dans le mécanisme de la coagulation entraîne l'hémophilie et d'autres maladies du même type.

Les maladies hépatiques graves peuvent affecter la coagulation du sang, au même titre qu'une carence en vitamine K, puisque plusieurs des facteurs participant à la coagulation sont fabriqués par le foie.

Les médicaments qui influent sur la coagulation sanguine peuvent être divisés en trois catégories: (1) les *anticoagulants*, qui préviennent ou ralentissent la coagulation du sang; (2) les *agents thrombolytiques*, qui augmentent la vitesse de dissolution des caillots sanguins; (3) les *hémostatiques*, qui préviennent ou arrêtent les hémorragies internes. Le sulfate de protamine, qui a pour seule indication le traitement des surdosages d'héparine, est présenté à la fin de la section sur les anti-coagulants.

La posologie de tous les agents dont il est question dans ce chapitre doit être soigneusement ajustée, puisqu'un surdosage peut avoir des conséquences graves.

ANTICOAGULANTS

Généralités   Il existe deux grandes catégories d'anticoagulants: (1) la coumarine et autres médicaments de ce type (warfarine); (2) l'héparine. Les considérations suivantes sont pertinentes pour toutes les catégories d'anticoagulants.

Les anticoagulants sont principalement utilisés chez les clients atteints de la maladie thromboembolique; ils ne dissolvent pas les caillots déjà formés, mais ils les empêchent de grossir davantage et préviennent la formation de nouveaux caillots.

Certains médecins prescrivent également les anticoagulants comme prophylactiques. Il existe toutefois une très grande controverse au sujet de l'utilisation à long terme de ces agents.

Mécanisme d'action/cinétique   Ces médicaments perturbent la synthèse hépatique de la prothrombine et d'autres facteurs de la coagulation qui y sont apparentés, diminuant ainsi la concentration sanguine de prothrombine. **Début d'action**: Lent. **Durée d'action**: 1 à 6 jours (voir chaque agent). **Demi-vie**: Longue. Le but de la thérapie est de maintenir le temps de prothrombine entre 10% et 30% de la normale, déterminée avant et après le début de la thérapie.

Indications   Thrombose veineuse, embolie pulmonaire, occlusions coronariennes aiguës avec infarctus du myocarde et accidents vasculaires cérébraux causés par un embole ou un thrombus cérébral.

À titre prophylactique dans le rhumatisme cardiaque, la fibrillation auriculaire, les lésions traumatiques des vaisseaux sanguins, les interventions chirurgicales vasculaires, les interventions chirurgicales abdominales, thoraciques et pelviennes importantes, la prévention des accidents vasculaires cérébraux chez les clients atteints d'accès ischémiques transitoires cérébraux ou d'autres signes d'accident vasculaire cérébral imminent.

Contre-indications   Clients pouvant être atteints d'une anomalie du mécanisme de la coagulation (hémophilie) et clients dont les vaisseaux sanguins sont fragiles ou faibles. Ulcère gastro-duodénal, ulcération chronique du tractus GI, dysfonction rénale ou hépatique, endocardite lente ou hypertension grave. Également, après une intervention de neurochirurgie ou après une intervention chirurgicale récente à l'œil, à la moelle épinière ou à l'encéphale ou en présence de drains dans n'importe quel orifice. Alcoolisme.

Anticoagulants coumariniques

Indications   Prophylaxie et traitement de la coagulation intravasculaire, thrombophlébite postopératoire, embolie pulmonaire, embolie aiguë et occlusions thrombotiques des artères périphériques, thrombose coronarienne aiguë et thrombophlébite idiopathique récurrente. Fibrillation auriculaire avec embolisation. *À l'étude*: Prophylaxie de l'infarctus du myocarde récurrent.

L'héparine est souvent utilisée conjointement au début de la thérapie.

Contre-indications   Tendance à l'hémorragie, dyscrasies sanguines, lésions ulcéreuses du tractus GI, diverticulite, colite, endocardite lente, menace d'avortement, intervention chirurgicale récente à l'œil, à l'encéphale ou à la moelle épinière, anesthésie régionale et locorégionale, carence en vitamine K, leucémie avec tendance aux saignements, purpura thrombopénique, plaies ouvertes ou ulcérations, néphrite aiguë, fonction rénale ou hépatique altérée ou hypertension grave.

Les médicaments doivent être utilisés avec prudence pendant la menstruation, chez les femmes enceintes (car ils peuvent causer de l'hypoprothrombinémie chez le nourrisson), chez les femmes qui allaitent, durant le post-partum et après les accidents vasculaires cérébraux.

Réactions indésirables   Le principal risque de la thérapie aux anticoagulants est l'hémorragie. Des déterminations fréquentes du temps de prothrombine doivent être réalisées chez les clients qui suivent une thérapie à long terme, afin de s'assurer que les valeurs demeurent dans des limites sûres.

La présence de sang dans l'urine peut être le premier indice d'une hémorragie imminente.

ANTIDOTES   L'effet des médicaments coumariniques peut être contrecarré par l'administration orale (100 à 200 mg) ou IV (50 à 100 mg) de vitamine K (phytonadione).

Des transfusions de plasma ou de sang entier frais peuvent être requises en cas d'urgence.

Posologie   PO: *Individualisée*. Voir le tableau 7.

Interactions médicamenteuses   Ces médicaments causent un plus grand nombre d'interactions médicamenteuses que ceux de n'importe quelle autre catégorie. Les clients qui suivent une thérapie aux anticoagulants doivent être surveillés de très près chaque fois qu'un médicament est ajouté ou retiré.

La surveillance continue implique généralement la détermination du temps de prothrombine. En général, une prolongation du temps de prothrombine signifie une potentialisation de l'anticoagulant. Puisqu'une potentialisation peut signifier une hémorragie, un temps de prothrombine prolongé suggère et justifie **une réduction de la posologie des anticoagulants**. La posologie de l'anticoagulant doit toutefois être augmentée lorsqu'on cesse l'administration du second médicament.

Une diminution du temps de prothrombine signifie que l'anticoagulant est inhibé et qu'une augmentation de la posologie peut être nécessaire.

Médicaments	Interaction
Acétaminophène	↑ légère de l'hypoprothrombinémie.
Agents de contraste contenant de l'iode	↑ de l'activité des anticoagulants causée par une ↑ du temps de prothrombine.
Alcool éthylique	↑ ou ↓ de l'activité des anticoagulants oraux.
Allopurinol	↑ de l'activité des anticoagulants causée par une ↓ du catabolisme hépatique.
Aminosides	Potentialisent l'activité pharmacologique des anticoagulants.
Antiacides oraux	↓ de l'activité des anticoagulants causée par une ↓ de l'absorption GI.
Antidépresseurs tricycliques	↑ de l'activité des anticoagulants causée par une ↓ du catabolisme hépatique.
Barbituriques	↓ de l'activité des anticoagulants causée par une ↑ du catabolisme hépatique.
Carbamazépine	↓ de l'activité des anticoagulants causée par une ↑ du catabolisme hépatique.
Céphalosporines	↑ de l'activité des anticoagulants causée par une ↑ du temps de prothrombine.
Chloral, hydrate de	↑ de l'activité des anticoagulants causée par une ↓ do la liaison aux protéines plasmatiques.
Chloramphénicol	↑ de l'activité des anticoagulants causée par une ↓ du catabolisme hépatique.
Cholestyramine	↓ de l'activité anticoagulante causée par une agglutination et une ↓ de l'absorption GI.
Cimétidine	↑ de l'activité anticoagulante causée par une ↓ du catabolisme hépatique.
Clofibrate	↑ de l'activité anticoagulante causée par une ↓ de la liaison aux protéines plasmatiques.
Colestipol	↓ de l'activité des anticoagulants causée par une ↓ de l'absorption GI.
Contraceptifs oraux	↓ de l'activité anticoagulante causée par une ↑ de l'activité de certains facteurs de la coagulation (VII et X).

Médicaments	Interaction
Corticostéroïdes, corticostérone	↓ de l'activité des anticoagulants causée par une ↓ de l'hypoprothrombinémie; également, ↑ du risque de saignement GI causée par l'activité ulcérogène des stéroïdes.
Danazol	↑ de l'activité des anticoagulants.
Dextrothyroxine	↑ de l'activité des anticoagulants.
Disulfirame (Antabuse)	↑ de l'activité des anticoagulants causée par une ↓ du catabolisme hépatique.
Ethchlorvynol	↓ de l'activité des anticoagulants causée par une ↑ du catabolisme hépatique.
Glucagon	↑ de l'activité des anticoagulants causée par une ↑ de l'hypoprothrombinémie.
Glutéthimide	↓ de l'activité des anticoagulants causée par une ↑ du catabolisme hépatique.
Griséofulvine	↓ de l'activité des anticoagulants causée par une ↑ du catabolisme hépatique.
Halopéridol	↓ de l'activité des anticoagulants causée par une ↑ du catabolisme hépatique.
Héparine	↑ de l'activité causée par une ↑ du temps de prothrombine.
Hormones thyroïdiennes	↑ de l'activité anticoagulante causée par une ↓ du catabolisme des facteurs de la coagulation.
Huile minérale	↑ de l'hypoprothrombinémie causée par une ↓ de l'absorption de la vitamine K dans le tractus GI; l'huile minérale peut également ↓ l'absorption des anticoagulants dans le tractus GI.
Hypoglycémiants oraux	↑ de l'activité des anticoagulants causée par une ↓ de la liaison aux protéines plasmatiques; également, ↑ de l'activité des sulfonylurées.
Indométhacine	↑ de l'activité des anticoagulants causée par une ↓ de la liaison aux protéines plasmatiques; l'indométhacine est également ulcérogène et peut inhiber l'activité plaquettaire, ce qui entraîne l'hémorragie.
Méthotrexate	Hypoprothrombinémie additionnelle.
Méthylthiouracile	Hypoprothrombinémie additionnelle.
Métronidazole	↑ de l'activité des anticoagulants causée par une ↓ du catabolisme hépatique.
Œstrogènes	↓ de la réaction à l'anticoagulant causée par une ↑ de l'activité de certains facteurs de la coagulation.
Pénicilline	La pénicilline peut potentialiser l'activité pharmacologique des anticoagulants.

Médicaments	Interaction
Phénylbutazone	↑ de l'activité des anticoagulants causée par une ↓ de la liaison aux protéines plasmatiques et par une ↓ du catabolisme hépatique; la phénylbutazone peut également causer de l'ulcération GI et ↑ ainsi les risques d'hémorragie.
Phénytoïne	↑ de l'activité de la phénytoïne causée par une ↓ du catabolisme hépatique; également, ↑ possible de l'activité anticoagulante causée par une ↓ de la liaison aux protéines plasmatiques.
Propylthiouracile	Hypoprothrombinémie additionnelle.
Quinidine, quinine	Hypoprothrombinémie additionnelle.
Rifampine	↓ de l'activité anticoagulante causée par une ↑ du catabolisme hépatique.
Salicylates	↑ de l'activité des anticoagulants causée par une ↓ de la liaison aux protéines plasmatiques, une ↓ de la prothrombine plasmatique et une ↓ de l'agrégation plaquettaire; également, ↑ des risques de saignements GI causée par l'activité ulcérogène des salicylates.
Stéroïdes anabolisants	Potentialisent l'activité pharmacologique des anticoagulants.
Sulfamides	↑ de l'activité des sulfamides causée par une ↑ de la concentration sanguine; également, ↑ de l'activité des anticoagulants causée par une ↓ de la liaison aux protéines plasmatiques et une ↓ du catabolisme hépatique.
Sulfinpyrazone	↑ de l'activité anticoagulante causée par une ↓ du catabolisme hépatique et par l'inhibition de l'agrégation plaquettaire.
Sulfonylurées	↑ de l'activité des anticoagulants causée par une ↓ de la liaison aux protéines plasmatiques; également, ↑ de l'activité des sulfonylurées.
Sulindac	↑ de l'activité des anticoagulants.
Tétracyclines	Les tétracyclines administrées IV ↑ l'hypoprothrombinémie.
Xanthines	↑ de l'activité des anticoagulants causée par une ↑ de la prothrombine plasmatique et du facteur V.

Interactions avec les épreuves de laboratoire Fausse ↓ de la concentration sérique de théophylline déterminée par la méthode UV de Schack et Waxler.

TABLEAU 7 ANTICOAGULANTS

Médicaments	Posologie	Commentaires
Warfarine potassique Athrombin K^Pr **Warfarine sodique** Coumadin^Pr, Warfilone^Pr, Warnerin^Pr	**PO**: *sel potassique;* **PO, IM, IV**: *sel sodique.* Les doses sont identiques quel que soit le sel ou la voie d'administration. **Dose d'attaque**: 40 à 60 mg par jour. *Clients affaiblis*: 20 à 30 mg par jour. **Entretien**: 2 à 10 mg par jour selon le temps de prothrombine. Administrer 10 à 15 mg par jour jusqu'à ce que le temps de prothrombine désiré soit obtenu si on n'administre pas de dose d'attaque.	Constitue le seul médicament coumarinique pouvant s'administrer par voie parentérale; **atteinte de l'effet maximal**: 0,5 à 3 jours; **durée d'action**: 2 à 5 jours; **demi-vie**: 1,5 à 2,5 jours. La réponse au médicament est meilleure avec ce médicament qu'avec les autres anticoagulants. Il est recommandé de vérifier le temps de prothrombine quotidiennement durant la première semaine d'administration. Par la suite, on devrait vérifier le temps de prothrombine une fois par semaine. *Contre-indications supplémentaires* Maladie rénale ou hépatique. *Administration* On peut conserver les solutions reconstituées de warfarine injectable pendant plusieurs jours à 4°C. Jeter les solutions si un précipité devient apparent. Conserver à l'abri de la lumière.

Soins infirmiers

1. Assister l'équipe des professionnels de la santé dans l'évaluation de la fidélité au traitement, qui est essentielle dans la thérapie aux coumarines. Les personnes âgées, les psychotiques et les alcooliques sont souvent incapables de prendre leur médication sans supervision.

2. Demander à une personne de la famille ou à un ami digne de confiance de signaler les réactions indésirables et de s'assurer que le client prend sa médication et se présente à ses rendez-vous pour les analyses sanguines.

3. S'assurer que le taux de prothrombine est vérifié aux intervalles prescrits et que les résultats sont signalés rapidement.

4. Vérifier le taux de prothrombine plus attentivement et prévoir un ajustement des doses d'anticoagulant si le client reçoit un des nombreux médicaments qui interagissent avec les anticoagulants.

5. Vérifier attentivement les signes de saignement (saignement des gencives, hématurie, selles goudronneuses, hématémèse, ecchymoses et/ou pétéchies) durant la thérapie initiale et vérifier si le client reçoit également un des nombreux médicaments qui augmentent l'activité des anticoagulants.

6. Signaler l'apparition soudaine de douleur lombaire chez les clients qui suivent une thérapie aux anticoagulants puisque cela peut indiquer une hémorragie rétropéritonéale.

7. Signaler les symptômes de dysfonction GI chez les clients qui suivent une thérapie aux anticoagulants puisqu'ils peuvent indiquer la présence d'hémorragie intestinale. Prévoir qu'un client qui a des antécédents d'ulcères du tractus GI ou qui a subi récemment une intervention chirurgicale devrait subir de fréquentes épreuves de laboratoire pour vérifier la présence de sang dans l'urine ou les selles, afin de vérifier s'il y a saignement GI.

8. Garder à portée de la main de la vitamine K pour usage parentéral d'urgence.

9. *Expliquer au client et/ou à sa famille*:
   a) les possibilités de saignement et les symptômes d'hémorragie imminente. Éviter de causer de l'anxiété au client.
   b) qu'en cas de saignements (des gencives ou sous forme de régions cutanées noires et bleues ou de sang dans l'urine), le client doit arrêter de prendre la médication et consulter son médecin pour recevoir d'autres instructions.
   c) que les clients recevant des anticoagulants coumariniques devraient porter une carte afin d'en informer le personnel médical et paramédical si un accident ou un saignement excessif se produit ou si une intervention chirurgicale est nécessaire.
   d) qu'il est nécessaire de rester sous surveillance médicale pour les épreuves sanguines et l'ajustement de la posologie.
   e) que les autres médicaments, un changement dans l'alimentation et l'état physique peuvent modifier l'effet des anticoagulants. Toute maladie devrait être signalée rapidement au médecin.
   f) qu'il doit toujours avoir avec lui des capsules de vitamine K.
   g) qu'il ne doit pas prendre de médicaments en vente libre, en particulier de l'aspirine et des préparations vitaminiques

> contenant beaucoup de vitamine K, ou d'alcool sans vérifier auprès du médecin ayant prescrit les anticoagulants.
>
> h) qu'il doit utiliser un rasoir électrique plutôt qu'un rasoir mécanique.

Héparine et sulfate de protamine

HÉPARINE CALCIQUE Calciléan, Calciparine
sous-cutanée
HÉPARINE SODIQUE Hépaléan, Héparin,
Minihep

Catégorie Anticoagulant naturel.

Généralités L'héparine est une substance naturelle isolée à partir de la muqueuse intestinale porcine ou du tissu pulmonaire bovin. Elle doit être administrée par voie parentérale. L'héparine n'intervient pas dans la cicatrisation des plaies. La numération leucocytaire doit être réalisée avec du sang hépariné dans les 2 h suivant l'addition d'héparine. Le sang hépariné ne doit pas être utilisé pour certaines épreuves de laboratoire: réaction de fixation du complément, isoagglutinine, épreuve de la résistance globulaire et numération plaquettaire.

Mécanisme d'action/cinétique L'héparine utilisée à faibles doses prévient la conversion de la prothrombine en thrombine; à doses plus élevées, elle augmente la vitesse à laquelle la thrombine et les facteurs de coagulation activés sont neutralisés. Cela prévient la conversion du fibrinogène en fibrine, diminuant ou inhibant ainsi la coagulation du sang. **Début d'action: IV**, immédiat; **SC profonde**: 20 à 60 min. **Demi-vie**: 60 à 90 min chez les sujets en bonne santé. La **demi-vie** augmente avec la dose et dans les cas de maladie rénale grave, d'anéphrie et de cirrhose, alors qu'elle diminue dans les cas d'embolie pulmonaire et de troubles hépatiques autres que la cirrhose. *Métabolisme*: Probablement par le système réticulo-endothélial. Le temps de coagulation revient à la normale après 2 à 6 h.

Indications Comme anticoagulant, l'héparine est utilisée pour prévenir l'accroissement ultérieur d'un caillot déjà formé ou pour prévenir la récurrence de thrombi et d'emboles. Elle est également utilisée pour la prophylaxie de la maladie thromboembolique ainsi que des complications rencontrées après différentes interventions chirurgicales, comme les interventions de chirurgie vasculaire et cardiaque. Pour traiter l'hyperlipémie et prévenir la formation de caillots durant la dialyse rénale et les transfusions sanguines. Pour diagnostiquer et traiter la coagulation intravasculaire disséminée (CIVD). Prophylaxie des thromboses cérébrales lors d'un accident vasculaire cérébral. Occlusion coronarienne à la suite d'un infarctus du myocarde. Fibrillation auriculaire avec embolisation.

Contre-indications Hémorragie non jugulée, dyscrasies sanguines (ou autres troubles caractérisés par une tendance au saignement tels que l'hémophilie), purpura, thrombopénie, maladie hépatique avec hypoprothrombinémie, hémorragie intracrânienne soupçonnée, thrombophlébite suppurée, lésions ulcéreuses inaccessibles (particulièrement du tractus GI), plaies ouvertes, surface étendue de peau à vif et augmentation de la perméabilité capillaire (comme durant une carence en acide ascorbique).

Le médicament ne doit pas être administré durant une intervention chirurgicale à l'œil, à l'encéphale ou à la moelle épinière, ou durant le drainage continu de l'estomac ou du petit intestin. L'utilisation est également contre-indiquée dans l'endocardite lente, l'état de choc, les maladies rénales avancées, la menace d'avortement, l'hypertension grave ou l'hypersensibilité au médicament.

Utiliser avec prudence durant la menstruation, la grossesse et après un accouchement, ainsi que chez les clients ayant des antécédents d'asthme, d'allergies, de maladies rénales ou hépatiques légères ou chez les alcooliques.

Réactions indésirables Hémorragies de gravité variable: des petites ecchymoses locales jusqu'aux complications hémorragiques importantes. Le risque de telles réactions est plus élevé avec l'administration prophylactique lors d'une intervention chirurgicale qu'avec l'administration thérapeutique dans le cas de la maladie thromboembolique. Thrombopénie.

Des réactions allergiques rares caractérisées par des frissons, de la fièvre, du prurit, de l'urticaire, le syndrome des pieds brûlants, la rhinite, la conjonctivite, les larmes, des réactions de type asthmatique, l'hyperémie, l'arthralgie ou des réactions anaphylactoïdes ont été observées. Utiliser une dose d'épreuve de 1 000 unités chez les clients ayant des antécédents d'asthme ou d'allergies. Une thérapie à long terme peut causer de l'ostéoporose et/ou des fractures spontanées et de l'hypoaldostéronémie.

L'arrêt de l'administration d'héparine entraîne un retour de l'hyporlipémie, du priapisme, une alopécie transitoire et une diminution de la synthèse de l'aldostérone.

Une résistance à l'héparine a été observée chez certains clients âgés. Dans ces cas, l'administration de doses importantes peut se révéler nécessaire.

Les injections IM d'héparine peuvent causer une irritation locale, un hématome et la formation d'escarres.

SURDOSAGE Symptômes: Des saignements de nez, une hématurie, des selles goudronneuses, des pétéchies et la sensibilité aux contusions peuvent en être les premiers signes. Traitement: L'arrêt de la médication est généralement suffisant pour corriger le surdosage d'héparine. Dans certains cas, une transfusion sanguine ou l'administration d'un antagoniste de l'héparine (sulfate de protamine) peut se révéler nécessaire.

Interactions médicamenteuses

Médicaments	Interaction
ACTH	L'héparine est un antagoniste de l'activité de l'ACTH.
Anticoagulants oraux	↑ supplémentaire du temps de prothrombine.
Antihistaminiques	↓ de l'activité de l'héparine.
Aspirine	↑ supplémentaire du temps de prothrombine.
Corticostéroïdes	L'héparine est un antagoniste de l'activité des corticostéroïdes.
Dextran	↑ supplémentaire du temps de prothrombine.
Diazépam	L'héparine ↑ la concentration plasmatique de diazépam.
Digitale	↓ de l'activité de l'héparine.
Dipyridamole	↑ supplémentaire du temps de prothrombine.
Hydroxychloroquine	↑ supplémentaire du temps de prothrombine.
Ibuprofène	↑ supplémentaire du temps de prothrombine.
Indométhacine	↑ supplémentaire du temps de prothrombine.
Insuline	L'héparine est un antagoniste de l'activité de l'insuline.
Phénylbutazone	↑ supplémentaire du temps de prothrombine.
Quinine	↑ supplémentaire du temps de prothrombine.
Tétracyclines	↓ de l'activité de l'héparine.

Interactions avec les épreuves de laboratoire   ↑ de la SGOT et de la SGPT.

Posologie   Adaptée pour chaque client selon les épreuves de laboratoire. **SC profonde: Dose d'attaque initiale**, 10 000 à 20 000 unités (précédée d'une dose IV de 5 000 unités); **dose d'entretien**: 8 000 à 10 000 unités q 8 h ou 15 000 à 20 000 unités q 12 h. *Utiliser des solutions concentrées.* **IV intermittente: Initialement**, 10 000 unités non diluées ou dans 50 à 100 mL de solution saline; **puis**, 5 000 à 10 000 unités q 4 à 6 h non diluées ou dans 50 à 100 mL de solution saline. **Perfusion IV continue**: 20 000 à 40 000 unités par jour dans 1 000 mL de solution saline. *Prophylaxie des thromboembolies post-opératoires.* **SC profonde**: 5 000 unités de solution concentrée administrées avant l'intervention, puis 5 000 unités q 8 à 12 h pendant 7 jours ou jusqu'à ce que le client se lève. *Intervention chirurgicale cardio-vasculaire*: **Initialement**, 150 à 400 unités/kg (la dose varie en fonction de la durée estimée de l'intervention); afin de prévenir la formation de caillots dans le système de tubes, ajouter de l'héparine aux liquides dans l'oxygénateur. *Dialyse rénale extracorporelle*: Voir les instructions concernant l'équipement. *Transfusion sanguine*: 400 à 600 unités/100 mL de sang entier. *Échantillons de laboratoire*: 70 à 150 unités par échantillon de 10 à 20 mL afin de prévenir la coagulation.

Administration/entreposage

1. Le client doit être hospitalisé pour la thérapie à l'héparine.

2. Protéger les solutions du gel.

3. L'héparine ne doit pas être administrée IM.

4. L'héparine doit être administrée par injection **SC profonde** afin de réduire l'irritation locale, la formation d'hématome et d'escarres et de prolonger l'action du médicament.

   a) Injection en Z: Utiliser n'importe quelle couche de graisse, de préférence la couche de graisse abdominale. Utiliser une aiguille de ½ po ou de ⅝ de po. Saisir la couche graisseuse cutanée et la soulever vers le haut. Insérer l'aiguille à un angle de 45° avec la surface de la peau et administrer ensuite le médicament. Il n'est pas nécessaire de vérifier avec ce médicament si l'aiguille est ou n'est pas dans un vaisseau sanguin. Retirer rapidement l'aiguille en relâchant la peau.

   b) Pincement cutané: Saisir le tissu situé autour du point d'injection et créer ainsi une couche tissulaire ayant environ 1,25 cm de diamètre. Insérer l'aiguille dans cette couche de tissu à un angle de 90° avec la surface de la peau et injecter le médicament. Il n'est pas nécessaire de vérifier si l'aiguille est insérée dans un vaisseau sanguin. Retirer l'aiguille rapidement lorsque la peau est libérée.

   c) Ne pas administrer à moins de 5 cm du nombril car cette région est très vascularisée.

5. Ne pas masser avant ou après l'injection.

6. Alterner les points d'administration.

7. Des précautions doivent être prises afin d'éviter la présence de pression négative (avec une pompe Roller), car elle augmente la vitesse à laquelle l'héparine est injectée dans le système. Administrer avec une pompe à perfusion constante.

Soins infirmiers

1. S'assurer que les temps de céphaline-kaolin (temps de prothrombine partielle activée) sont déterminés tel que prescrit et signaler les résultats au médecin rapidement. Le temps de céphaline-kaolin devrait être déterminé avant le début de la thérapie, q 4 h durant les étapes initiales, puis quotidiennement lorsqu'on administre de fortes doses d'héparine par perfusion IV continue. Le temps de céphaline-kaolin devrait être déterminé avant le début de la thérapie, avant l'administration de chaque dose durant les étapes initiales, puis quotidiennement durant la thérapie IV intermittente avec de fortes doses d'héparine. Pendant la thérapie, les valeurs thérapeutiques acceptables du temps de céphaline-kaolin sont de 1,5 à 2,5 fois les valeurs de contrôle en secondes. Le temps de coagulation activé (ACT) peut également être utilisé. Cette épreuve pouvant se réaliser au chevet du client, elle est très

pratique pour la surveillance de la coagulation chez les clients ayant une circulation extracorporelle. Les valeurs thérapeutiques acceptables du temps de coagulation activé sont de 2 à 3 fois supérieures aux valeurs de contrôle.

2. Prévoir que chaque dose d'héparine sera prescrite sur une base individuelle après l'étude par le médecin des épreuves de coagulation, sauf pour l'administration prophylactique de petites doses.

3. Prévoir un ajustement de la posologie chez les clients recevant un des nombreux médicaments qui interagissent avec les anticoagulants.

4. Surveiller de près les signes d'hémorragie tels que le saignement des gencives, l'hématurie, les selles goudronneuses, l'hématémèse, les ecchymoses et/ou les pétéchies.

5. Demander au client de signaler tout signe de saignement.

6. Garder du sulfate de protamine à portée de la main afin de pouvoir arrêter une hémorragie en cas d'urgence.

7. *Expliquer au client et/ou à sa famille*:
   a) qu'il faut signaler tout signe de saignement.
   b) qu'un écoulement menstruel excessif chez la femme en âge de procréer devrait être signalé, puisqu'il peut être causé par le médicament et peut nécessiter une diminution de la posologie.
   c) au client atteint d'alopécie que cette situation est temporaire.
   d) que les altérations des fonctions GU et les fractures spontanées doivent être signalées immédiatement au médecin ayant prescrit l'héparine.

SOLUTION DE RINÇAGE DES DISPOSITIFS À SYSTÈME DE BLOCAGE DE L'HÉPARINE
Hépaléan-Lok

Catégorie   Agent anticoagulant de rinçage.

Indication   Les solutions d'héparine sodique diluée (100 unités/mL) servent à maintenir la perméabilité des cathéters à demeure utilisés pour la thérapie IV ou pour le prélèvement d'échantillons de sang. Ne pas utiliser de manière thérapeutique. Voir *Héparine*, p. 330.

Soins infirmiers

1. Maintenir la perméabilité du dispositif à système de blocage en injectant 1 mL de solution de rinçage dans l'orifice d'injection après chaque utilisation. Cela devrait maintenir la perméabilité pendant 4 h.

2. Lorsqu'un médicament incompatible avec l'héparine est administré, rincer le dispositif avec une solution stérile pour injection ou une solution saline pour injection avant et immédiatement après l'administration du médicament incompatible. Après le second rinçage, injecter une autre dose de solution d'héparine.

3. L'héparine ou la solution saline normale peuvent interagir avec les épreuves de laboratoire lorsque de nombreux prélèvements sanguins sont effectués. Se débarrasser de la solution de rinçage d'héparine en aspirant et en jetant 1 mL de liquide du dispositif avant de prélever l'échantillon de sang. Injecter 1 mL de solution de rinçage dans le dispositif après avoir prélevé les échantillons.

PROTAMINE, SULFATE DE Sulfate de protamine injectable

Catégorie   Agent antihéparinique.

Mécanisme d'action/cinétique   Le sulfate de protamine est un polypeptide fortement basique qui forme un complexe avec l'héparine, fortement acide, ce qui donne un sel stable inactif. **Début d'action**: 30 à 60 s. **Durée d'action**: 2 h. Peut libérer de l'héparine, après avoir été métabolisé (rebond de l'héparine).

Indications   Traitement du surdosage d'héparine seulement. N'est pas approprié pour le traitement des hémorragies spontanées, des hémorragies du post-partum, des ménorragies ou des saignements utérins. Un rebond de l'héparine peut se produire durant ou après une transfusion, la dialyse extracorporelle ou la circulation extracorporelle. Cela peut être corrigé en administrant davantage de sulfate de protamine.

Contre-indications   Clients ayant déjà démontré une intolérance au médicament.

Réactions indésirables   *CV*: Chute soudaine de la pression artérielle, bradycardie, dyspnée, rougeur transitoire, bouffées de chaleur. Afin de réduire ces réactions, administrer lentement (en 1 à 3 min). *GI*: Nausées, vomissements. *SNC*: Lassitude. En raison du faible effet anticoagulant de la protamine, un surdosage peut entraîner une hémorragie.

Posologie   **IV lente**. La posologie est déterminée par des études sur la coagulation veineuse. Les doses de sulfate de protamine ne devraient pas excéder 50 mg par 10 min.

On estime que chaque milligramme de sulfate de protamine neutralise 90 unités d'héparine provenant de tissus pulmonaires ou environ 115 unités d'héparine provenant de la muqueuse intestinale.

Administration/entreposage

1. Noter la date d'expiration, qui est de 2 ans après la fabrication.
2. Entreposer à une température de 2 à 15°C.
3. Après reconstitution, on peut conserver la solution au réfrigérateur pendant 24 h.

Soins infirmiers

1. Prévoir une chute de la pression artérielle, de la bradycardie, de la dyspnée, des rougeurs transitoires et une sensation de chaleur lorsque le médicament est administré trop rapidement. Assurer le client que ces symptômes sont transitoires. Ralentir l'administration IV et signaler.

2. Surveiller la pression artérielle avant et après l'administration du médicament, jusqu'à ce qu'elle soit stable. Évaluer ensuite toutes les heures ou en fonction de ce qui a été indiqué par le médecin.

3. Surveiller le client attentivement et signaler les signes d'un rebond de l'héparine caractérisé par une augmentation de l'hémorragie, une diminution de la pression artérielle et/ou le choc.

4. Prévoir la nécessité de répéter les doses de sulfate de protamine lorsque l'héparine est administrée sous une forme à action prolongée.

HÉMOSTATIQUES

Généralités   Ces médicaments sont utilisés pour juguler les hémorragies excessives chez les personnes atteintes d'une anomalie innée du mécanisme de la coagulation, souffrant d'une maladie affectant le mécanisme de la coagulation ou présentant une fuite continue à partir d'un capillaire ne pouvant être jugulée par d'autres moyens (physique, chirurgical).

Le mécanisme de la coagulation sanguine a été expliqué au début de ce chapitre. Les anomalies du mécanisme de la coagulation sont difficiles à traiter car une coagulation excessive entraînée par les médicaments est beaucoup plus dangereuse que l'hémorragie elle-même.

Les agents hémostatiques sont divisés (1) en agents topiques et (2) en agents systémiques.

Agent topique

THROMBINE TOPIQUE   Thrombinar, Thrombostat

Catégorie   Hémostatique topique.

Mécanisme d'action/cinétique Catalyse la conversion du fibrinogène en fibrine. Plus efficace lorsque la thrombine peut se mêler au sang dès qu'il atteint la surface. **Début d'action**: Moins d'une minute.

Indications Durant les interventions chirurgicales afin de juguler les saignements capillaires.

Contre-indications La thrombine ne doit jamais être injectée, particulièrement par voie IV. Les injections IV peuvent être fatales.

Posologie **Topique: Habituellement**, solution de 100 unités/mL; en présence de saignements abondants, une solution de 1 000 à 2 000 unités/mL peut être nécessaire. Peut également être appliquée à sec sur des surfaces suintantes.

Administration/entreposage

1. La poudre sèche peut être conservée indéfiniment.
2. La solution de thrombine peut être appliquée à l'aide d'un vaporisateur ou d'une seringue stérile munie d'une aiguille.
3. Les solutions de thrombine doivent être utilisées la journée de leur préparation. Lorsqu'on a ajouté un agent de conservation, elles doivent être utilisées dans les 48 h.

Agents systémiques

ACIDE AMINOCAPROÏQUE   Amicar^Pr

Catégorie Hémostatique systémique.

Mécanisme d'action/cinétique Inhibe l'activité du plasminogène (une protéine participant à la coagulation), ce qui prévient la fibrinolyse (dissolution des caillots). **Concentration plasmatique maximale**: 2 h. **Concentration plasmatique efficace**: 1 mmol/L. **Durée (après IV)**: 3 h ou moins; 40% à 60% est excrété inchangé par les reins après 12 h.

Indications Saignements excessifs accompagnés d'une hyperfibrinolyse systémique et d'une fibrinolyse urinaire. Complications chirurgicales d'une intervention cardiaque et anastomose portocave dans les cas de cancer du poumon, de la prostate, du cou, de l'estomac et d'autres types d'interventions chirurgicales accompagnées de saignements postopératoires abondants. Anémie aplastique.

Contre-indications Clients atteints de coagulation intravasculaire pouvant être accompagnée de fibrinolyse ou de saignements. Ne pas employer, ou alors avec prudence, chez les clients atteints d'urémie ou de maladies hépatiques, rénales ou cardiaques. Premier et second trimestre de la grossesse.

Réactions indésirables *GI*: Nausées, crampes, diarrhée. *SNC*: Étourdissements, malaise, céphalée. *CV*: Hypotension, thrombophlébite. *Autres*: Tinnitus, épanchement de la conjonctive, myopathie, congestion nasale, éruption cutanée, prolongation des règles, insuffisance rénale aiguë réversible.

Interactions médicamenteuses

Médicaments	Interaction
Anticoagulants oraux	↓ de l'effet anticoagulant.
Contraceptifs oraux (œstrogènes)	L'association avec l'acide aminocaproïque peut conduire à un état d'hypercoagulation.

Interactions avec les épreuves de laboratoire ↑ de l'aldolase sérique, de la SGOT, de la créatinine phosphokinase et du potassium.

Posologie **PO, IV. Dose d'amorce initiale**: 4 à 5 g pendant la première heure; poursuivre avec 1 g q 1 h pendant 8 h ou jusqu'à ce que les saignements soient maîtrisés. **Posologie quotidienne maximale**: 30 g.

Administration

1. Pour emploi IV, peut être mélangé à de la solution saline, du dextrose à 5%, de l'eau stérile ou de la solution de Ringer. Ne devrait jamais être injecté non dilué.

2. Pour emploi IV, la dose d'amorce est dissoute dans 250 mL; le débit de la perfusion continue est de 1 g/h dans 50 mL de solvant.

Soins infirmiers

1. Évaluer les valeurs de base de la pression artérielle et du pouls avant de commencer l'administration IV.

2. Surveiller fréquemment les signes d'hypotension, de bradycardie et d'arythmies, qui indiquent que l'administration IV est trop rapide.

3. Avec tous les hémostatiques systémiques, surveiller de près les signes et symptômes de thrombose, tels que la douleur à une jambe, la douleur thoracique ou les difficultés respiratoires.

4. Avoir de la vitamine K ou de sulfate de protamine à portée de la main pour utilisation en cas d'urgence.

COMPLEXE COAGULANT ANTI-INHIBITEUR
Autoplex^Pr

Catégorie   Hémostatique systémique.

Mécanisme d'action/cinétique Ce produit est préparé à partir de plasma humain et contient des concentrations variables de facteurs activés de la coagulation et des précurseurs de facteurs de la coagulation, y compris certaines kinines. Des variations importantes surviennent d'un lot à l'autre; toutefois, on identifie sur chaque flacon le nombre d'unités d'activité corrigée de facteur VIII que le lot contient. Une unité d'activité corrigée de facteur VIII correspond à la quantité de complexe de prothrombine activé qui, lorsque ajouté à un volume égal de plasma déficient en facteur VIII ou de plasma inhibiteur, corrigera le temps de coagulation à 35 s (normale).

Indications Ce médicament est indiqué seulement si la présence d'inhibiteur du facteur VIII a été confirmée. Spécifiquement, ce médicament est indiqué chez les hémophiles (approximativement 10%) qui démontrent la présence d'inhibiteur du facteur VIII, chez les clients qui ont une concentration sanguine d'inhibiteur du facteur VIII supérieure à 10 unités Bethesda, chez les clients qui ont une augmentation de la concentration sanguine d'inhibiteur du facteur VIII supérieure à 10 unités Bethesda après un traitement avec le facteur antihémophilique (facteur VIII) et chez certains clients qui ont une concentration sanguine d'inhibiteur du facteur VIII normalement inférieure à 10 unités Bethesda après un traitement avec le facteur antihémophilique (facteur VIII).

Contre-Indications Signes de fibrinolyse, coagulation intra-vasculaire disséminée.

Réactions indésirables Hépatite virale, coagulation intra-vasculaire (voir *Soins infirmiers*). Réactions d'hypersensibilité, y compris la fièvre, les frissons, la modification de la pression artérielle et les indications de sensibilité aux protéines.

Interactions médicamenteuses L'administration conjointe du complexe coagulant anti-inhibiteur avec des produits de complexe de prothrombine activée, avec l'acide aminocaproïque ou avec l'acide tranexamique n'est pas recommandée.

Posologie **IV seulement**. Écart de posologie: 25 à 100 unités corrigée de facteur VIII par kg selon la gravité de l'hémorragie. La dose devrait être répétée si aucune amélioration n'est notée 6 h après la dose initiale.

Administration/entreposage

1. Reconstituer les solutions selon les instructions du fabricant.

2. Le débit d'administration peut atteindre jusqu'à 10 mL/min; toutefois, si le client se plaint de céphalées ou s'il présente des rougeurs ou des modifications du pouls ou de la pression artérielle, on doit cesser l'administration puis la reprendre à un débit de 2 mL/min.

3. Conserver les solutions non reconstituées au réfrigérateur (2 à 8°C). Ne pas congeler le produit.

4. On devrait déterminer la concentration sanguine de fibrinogène avant la perfusion initiale et durant le traitement chez les enfants.

Soins infirmiers supplémentaires

1. Évaluer la pression artérielle et le pouls avant de commencer la perfusion IV.

2. Cesser l'administration du médicament et aider à déterminer la présence de coagulation intravasculaire disséminée par des épreuves de prothrombine et de thromboplastine en cas de modifications de la pression artérielle et du pouls, de détresse respiratoire, de toux, de douleur à la poitrine ou de céphalée.

3. S'assurer que la valeur du temps de prothrombine après la perfusion est au moins aux deux tiers de celle d'avant la perfusion avant de commencer un autre traitement.

FACTEUR ANTIHÉMOPHILIQUE HUMAIN (FAH, FACTEUR VIII)   Hemofil, Koate-HT

Catégorie   Hémostatique systémique.

Mécanisme d'action/cinétique   Le facteur antihémophilique est isolé à partir d'un mélange de sang humain normal; il est essentiel à la coagulation sanguine. La puissance et la pureté de la préparation varient mais chaque lot est standardisé. Noter les détails sur l'emballage. La protéine plasmatique (facteur VIII) accélère la transformation anormalement lente de la prothrombine en thrombine. **Demi-vie**: 8 à 24 h. Une unité de FAH est l'activité trouvée dans 1 mL de plasma humain normal provenant d'un groupe de donneurs et vieux de moins de 1 h.

Indications   Maîtrise des saignements chez les clients atteints d'hémophilie A (déficit en facteur VIII et inhibiteur du facteur VIII acquis).

Réactions indésirables   *GI*: Nausées, vomissements. *SNC*: Céphalée paresthésie, obnubilation ou perte de la conscience. *CV*: Tachycardie, rougeur, hypotension. *Autres*: Troubles de la vue, constriction ou rigidité du thorax. Ictère et hépatite virale.

Le facteur antihémophilique contient des traces d'isohémagglutinine des groupes sanguins A et B. Ces dernières peuvent causer une hémolyse intravasculaire chez les clients appartenant aux groupes sanguins A, B ou AB.

Posologie   **IV seulement. Individualisée**, selon la gravité du saignement, la gravité du déficit, la masse corporelle et la présence d'inhibiteurs du facteur VIII. Les posologies suivantes ne sont données qu'à titre indicatif. *Saignement extériorisé.* **Initialement**, 15 à 25 unités/

kg; poursuivre avec 8 à 15 unités/kg q 8 à 12 h pendant 3 ou 4 jours. *Hémarthrose, sans aspiration*: 8 à 10 unités/kg à des intervalles de 8 à 12 h pendant un ou plusieurs jours; *avec aspiration*: 8 unités/kg avant l'aspiration; **puis**, 8 unités/kg 8 h plus tard (répéter au besoin). *Hémorragie musculaire*: 8 à 10 unités/kg q 12 à 24 h pendant 2 ou 3 jours, selon la gravité du saignement. *Hémorragie musculaire à proximité des organes vitaux.* **Initialement**: 15 unités/kg; **puis**, 8 unités q 8 h pendant 48 h suivi par 4 unités/kg q 8 h pendant 48 h supplémentaires (ou plus). *Saignement de plaies importantes.* **Initialement**, 40 à 50 unités/kg; **puis**, 20 à 25 unités/kg q 8 à 12 h pour obtenir un taux de FAH entre 80% et 100% de la normale. *Intervention chirurgicale*: 20 à 30 unités/kg avant l'intervention et 15 unités/kg q 8 h après l'intervention pendant 10 jours. Le taux de FAH après la perfusion devrait être de 60%, et on devrait le maintenir à 30% pendant au moins 10 à 14 jours après l'intervention. *Prophylaxie dans l'hémophilie A.* **Clients pesant 50 kg ou moins**: 250 unités une fois par jour tous les matins; **clients pesant 50 kg ou plus**: 500 unités une fois par jour le matin.

Administration/entreposage

1. Le facteur antihémophilique est très labile et il est inactivé rapidement: en moins de 10 min à 56°C et en moins de 3 h à 49°C. Conserver les fioles entre 2 et 8°C. Vérifier la date d'expiration. **Ne pas congeler**.

2. Réchauffer le concentré et le solvant à la température ambiante avant la reconstitution.

3. Placer une aiguille dans le concentré pour laisser passer l'air puis, avec une seringue et une aiguille stériles, ajouter le solvant au concentré.

4. Agiter et tourner doucement la fiole contenant le solvant et le concentré afin de diluer le médicament. **Ne pas agiter vigoureusement**.

5. Administrer le médicament dans les 3 h suivant la reconstitution pour éviter l'incubation s'il y a eu contamination pendant le mélange.

6. Ne pas réfrigérer le médicament après la reconstitution parce que les ingrédients actifs peuvent précipiter.

7. Garder le médicament reconstitué à la température ambiante pendant la perfusion parce qu'à une température inférieure les ingrédients actifs peuvent précipiter.

8. *Ce médicament ne devrait pas être administré plus vite que 10 mL/min.*

Soins infirmiers

1. *Évaluer*:
   a) les valeurs de base du pouls et de la pression artérielle avant de commencer la perfusion IV.
   b) le pouls et la pression artérielle pendant l'administration. Ralentir l'administration et avertir le médecin en cas de tachycardie ou d'hypotension.

> **2.** Ralentir l'administration et avertir le médecin si le client se plaint de céphalée, de rougeurs, d'engourdissement, de douleur au dos, de troubles de la vue ou de constriction du thorax.

FACTEUR IX COMPLEXE HUMAIN
Konyne-HT, Proplex

Catégorie   Hémostatique systémique.

Mécanisme d'action/cinétique   Ce médicament est un concentré de plusieurs facteurs de coagulation humains (II, VII, IX et X) préparé à partir de plasma humain normal. Ces facteurs sont essentiels au mécanisme de la coagulation. **Demi-vie (biphasique)**: 4 à 6 h et 22,5 h. Facilement éliminé du plasma. Une unité est l'activité présente (comme facteur IX) dans 1 mL de plasma normal vieux de moins de 1 h.

Indications   Clients atteints d'un déficit en facteur IX, en particulier l'hémophilie B et la maladie de Christmas. Clients ayant des inhibiteurs du facteur VIII.

Contre-indications   Lésion hépatique avec possibilité de coagulation intravasculaire ou de fibrinolyse. Évaluer les avantages et les inconvénients avant d'employer dans les cas de lésion hépatique ou d'intervention chirurgicale non urgente.

Réactions indésirables   Fièvre transitoire, frissons, céphalée, rougeurs et picotements. La plupart de ces effets disparaissent lorsque la vitesse d'administration est diminuée. Hépatite virale. La préparation contient aussi des traces des groupes sanguins A et B et d'isohémagglutinine, qui peuvent causer une hémolyse intravasculaire lorsque administrée en grande quantité aux clients appartenant aux groupes sanguins A, B et AB.

Posologie   **IV. Individualisée**, selon la gravité des saignements, la gravité du déficit, la masse corporelle et le taux de facteur requis. Le taux minimal de facteur IX requis pendant une intervention chirurgicale et après un traumatisme est de 25% de la normale. Ce taux est maintenu pendant une semaine après l'intervention. **Dose d'entretien, habituellement**: 10 à 12 unités/kg par jour. *Saignements chez les clients atteints d'hémophilie A avec inhibiteurs du facteur VII*: 75 unités/kg en une seule dose; une seconde dose peut être administrée après 8 à 12 h si nécessaire. *Prophylaxie des saignements chez les clients ayant un déficit en facteur IX*: 500 unités par semaine.

Administration/entreposage
1. Entreposer entre 2 et 8°C.

2. Éviter que le solvant fourni avec le médicament ne gèle.

3. Jeter deux ans après la date de fabrication.

4. Avant la reconstitution, réchauffer le solvant à la température ambiante, mais pas à plus de 40°C.

5. Agiter la solution doucement jusqu'à ce que la poudre soit dissoute.

6. Administrer le médicament moins de trois heures après sa reconstitution pour éviter qu'il n'y ait incubation s'il y a eu contamination pendant la préparation.

7. Ne pas réfrigérer après la reconstitution parce que les ingrédients actifs peuvent précipiter.

8. Administrer au débit prescrit.

Soins infirmiers

1. Évaluer les valeurs de base de la pression artérielle et le pouls avant de commencer l'administration IV.

2. Réduire le débit si le client signale une sensation de picotement, des frissons, de la fièvre et une céphalée; prévenir le médecin.

CHAPITRE **21**

Sang, fractions du sang et succédanés du sang

Généralités   Le sang, les fractions du sang et les solutions de remplissage vasculaire ne sont pas des médicaments dans le vrai sens du terme; nous les présentons toutefois ici brièvement puisqu'ils sont souvent administrés et employés par les infirmières.

Les transfusions sanguines sont possibles depuis que l'on a découvert qu'on pouvait prévenir la coagulation du sang par l'ajout d'anticoagulants (héparine), qu'il existait certains groupes sanguins bien déterminés et que le sang pouvait être échangé relativement sans problèmes entre les membres d'un même groupe. Cependant, la transfusion de sang entier comporte certains risques (hypersensibilité, hépatite); c'est pourquoi les méthodes récentes de fractionnement des éléments du sang constituent un progrès important de la thérapie puisque le client peut maintenant recevoir seulement les éléments nécessaires à son traitement. Le type de sang ou de substitut du sang qu'il faut administrer est déterminé par les besoins du client, dans la mesure où on peut disposer de la préparation la plus adéquate.

Indications   Remplacement de sang perdu lors d'un trauma, d'une intervention chirurgicale ou d'une maladie. Expansion du volume plasmatique, coagulopathie grave, hémostase (par maladie ou par l'administration d'un médicament) et agranulocytose. Brûlures, hypo-protéinémie.

Réactions indésirables   Elles dépendent du sang ou des fractions sanguines administrées. *Hépatite virale* (apparition 4 semaines à 6 mois après la transfusion): Caractérisée par de l'anorexie, des nausées, de la fièvre, des malaises, de la sensibilité et de l'hypertrophie du foie, de l'ictère ainsi que par des réactions cutanées et GI. *Réactions d'hypersensibilité*: Légères: Urticaire, prurit. Graves: Bronchospasmes. *Réactions fébriles*: Caractérisées par de la fièvre (39,4°C à 40°C), des tremblements, des frissons et des céphalées. Apparition: Pendant les quinze premières minutes de la transfusion. *Hémolyse*: Complication potentiellement mortelle causée par une erreur de groupage ou d'étiquetage du sang ou par toute autre erreur humaine. Caractérisée par des rougeurs, de la tachycardie, de l'agitation, de la dyspnée, des frissons, de la fièvre, des céphalées, des douleurs aiguës dans la région lombaire, une sensation d'oppression thoracique, une sensation de trop-plein dans la tête, des nausées, des vomissements ainsi que par l'hémoglobinurie, l'hémoglobinémie, l'oligurie et l'insuffisance rénale aiguë. Apparition habituelle: Après l'administration de 100 à 200 mL de sang incompatible. Le choc et/ou la mort se produisent occasionnellement quelques minutes après le début de la transfusion. *Ictère*: Causé par un nombre de globules rouges hémolysés supérieur à la normale, que l'on peut retrouver dans un sang dont la date de péremption est proche. Elle se produit plus fréquemment chez les clients atteints d'une insuffisance hépatique. *Hypervolémie (augmentation du volume de sang)*: Caractérisée par des difficultés respiratoires, la toux, la dyspnée, la cyanose et l'œdème pulmonaire. Elle se produit plus fréquemment chez les clients très jeunes, chez les personnes âgées ou chez les clients atteints de maladie cardiaque ou pulmonaire. *Réaction fébrile pyrogène à des produits contaminés (particulièrement des bactéries)*: Caractérisée par des frissons, de la fièvre, un choc profond, le coma, des convulsions et souvent la mort. Apparition: Après la transfusion de 50 à 100 mL.

Administration

1. Employer du soluté physiologique dans le montage en Y (montage en parallèle) pour transfusion sanguine. Ne pas employer de dextrose pour injection puisqu'il causerait l'agglutination des globules rouges. **Ne jamais employer de l'eau distillée car elle causerait l'hémolyse.**

2. Ne jamais ajouter de médicament au sang ou au plasma.

3. Employer dans la mesure du possible des sacs de plastique pour transfusion afin de réduire le risque d'embolie gazeuse.

Soins infirmiers – Sang, solutions de remplissage vasculaire et fractions et succédanés du sang

1. Ajuster l'administration IV à 20 gouttes/min pendant les 10 premières minutes et rester auprès du client afin d'observer les réactions indésirables. **Arrêter l'administration IV sans délai et prévenir l'équipe de surveillance médicale si une des réactions indésirables suivantes survenait:**

   a) *Réactions anaphylactiques*: Urticaire, oppression thoracique, respiration sifflante, hypotension, nausées et vomissements. Garder à portée de la main de l'épinéphrine, des antihistaminiques, des corticostéroïdes ainsi que le matériel de réanimation.

   b) *Problèmes circulatoires*: Dyspnée, cyanose, toux persistante (signe précoce), expectorations mousseuses (signe tardif). Placer le client à la verticale, les membres inférieurs pendants. Se procurer des garrots qu'on utilisera selon les recommandations du médecin.

   c) *Réactions fébriles (pyrogènes)*: Frissons soudains, fièvre, céphalée, nausées et vomissements. Prendre la tempéra-

---

ture toutes les demi-heures après les frissons; poursuivre jusqu'à ce que la température redevienne normale.

d) *Contamination bactérienne*: Frissons graves, fièvre élevée, hypotension et état ressemblant à un choc. Prendre la température toutes les demi-heures après les frissons; poursuivre jusqu'à ce que la température redevienne normale.

e) *Réactions hémolytiques*: Frissons, sensation de trop-plein dans la tête, sensation d'oppression thoracique, rougeurs au visage, douleur aiguë dans la région lombaire, dilatation des veines du cou, hypotension et collapsus circulatoire. Se procurer du mannitol. Encourager l'absorption orale de liquides pendant les quelques heures qui suivent. Mesurer et conserver toute l'urine évacuée. Surveiller les ingesta et les excreta. Disposer d'un tube de sang citraté pour les prélèvements sanguins afin de pouvoir vérifier la présence d'hémoglobine libre dans le plasma.

2. Envoyer au laboratoire pour des analyses le reste du matériel et de l'équipement utilisés pour la perfusion si une réaction indésirable s'était produite.

3. Accélérer l'administration si aucune réaction n'est évidente après les 10 premières minutes.

4. Prévoir une vitesse d'administration plus lente pour les clients âgés et cardiaques.

5. Vérifier la pression artérielle et le pouls toutes les demi-heures pendant la perfusion et signaler toute absence de réaction à la thérapie ainsi que tout écart important, qu'il soit à la hausse ou à la baisse, par rapport aux valeurs de base du client.

ALBUMINE SÉRIQUE HUMAINE NORMALE
Albumine sérique normale

Catégorie   Solution de remplissage vasculaire.

Mécanisme d'action/cinétique   Préparation à partir de sang entier, de sérum, de plasma ou de placenta humain prélevé sur des sujets en bonne santé. Présentation sous forme de concentration à 5% (isotonique et iso-osmotique par rapport au plasma humain normal) et à 25% (solution pauvre en sel dont 50 mL équivalent, du point de vue osmotique, à 250 mL de plasma citraté). Teneur en sodium: 130 à 160 mmol/L.

Indications   Solution de remplissage vasculaire pour les cas de choc, à la suite d'une intervention chirurgicale, d'une hémorragie, de brûlures ou d'un autre trauma. Hypoprotéinémie due à la toxémie gravidique, anurie, cirrhose ou coma hépatique aigus, syndrome néphrotique aigu, tuberculose et prématurés. Adjuvant lors des transfusions d'échange dans les cas d'hyperbilirubinémie et d'érythroblastose fœtale. Prophylaxie et traitement de l'œdème cérébral, du choc ou de l'hypotension chez les clients hémodialysés ayant un surplus liquidien.

Contre-indications   Anémie grave ou insuffisance cardiaque.

Réactions indésirables   Œdème pulmonaire, surcharge circulatoire, frissons, fièvre, urticaire, nausées, déshydratation et insuffisance cardiaque.

Interaction avec les épreuves de laboratoire   ↑ de la phosphatase alcaline sérique.

Posologie   **Perfusion IV, Individualisée. 5%.** *Hypoprotéinémie*: le débit ne doit pas excéder 10 mL/min. *Brûlures*: 500 mL initialement; continuer l'administration au besoin. *Choc*: **Adultes et enfants**, 250 à 500 mL initialement; répéter après 15 à 30 min, en cas de réaction insatisfaisante. **25%.** *Hypoprotéinémie avec ou sans œdème*: **Adultes**, 50 à 75 g par jour; **pédiatrique**: 25 g par jour. Le débit ne devrait pas excéder 2 mL/min. *Néphrose*: 100 à 200 mL (25 à 50 g) à des intervalles de 1 à 2 jours. *Brûlures*: À déterminer selon l'importance des lésions; la dose doit être suffisante pour maintenir la concentration plasmatique d'albumine aux environs de 25 g/L avec une pression oncotique plasmatique de 20 mm Hg. *Choc*: Dose à déterminer selon l'état du client. *Pédiatrique, urgences*: **Initialement**, 25 g; *sans urgence*: ¼ à ½ de la dose pour adultes. *Nourrissons prématurés*: 1 g/kg. *Hyperbilirubinémie et érythroblastose fœtale*: 4 mL/kg (1g/kg) 1 à 2 h avant la transfusion sanguine.

Administration/entreposage

1. L'utilisation d'une solution trouble ou contenant un dépôt est déconseillée.

2. La préparation ne contient pas d'agent de conservation. Utiliser chaque flacon ouvert immédiatement.

3. L'administration initiale peut être effectuée aussi rapidement que cela est nécessaire. Cependant, lorsque le volume plasmatique se rapproche de la normale, le débit de la solution à 5% ne devrait pas dépasser 2 à 4 mL/min et celui de la solution à 25% ne devrait pas dépasser 1 mL/min.

4. En cas d'hypoprotéinémie, le débit de la solution à 5% ne devrait pas dépasser 5 à 10 mL/min et celui de la solution à 25% 2 à 3 mL/min afin de réduire les risques de surcharge circulatoire et d'œdème pulmonaire.

Soins infirmiers complémentaires

Voir *Soins infirmiers*, p. 345.

1. *Évaluer*:
   a) l'œdème pulmonaire manifesté par la toux, la dyspnée, la

cyanose et des râles. **Interrompre** l'administration d'albumine dès que l'un de ces symptômes surgit.

b) les ingesta et les excreta.

c) la diurèse et la réduction de l'œdème, le cas échéant.

d) la déshydratation, qui dicte une administration supplémentaire de liquide IV.

e) de près, la pression artérielle et le pouls.

f) les hémorragies ou les chocs qui peuvent se produire à cause de l'augmentation rapide de la pression artérielle, ce qui cause des saignements de vaisseaux sanguins endommagés dont l'état n'avait pas été remarqué.

2. Prévoir qu'après l'administration d'albumine pour le traitement ou la prévention de l'œdème cérébral, toute consommation de liquides doit être complètement supprimée pendant les 10 h qui suivent. Apporter au client les soins buccaux appropriés.

DEXTRAN 40   LMD 10%, Rhéomacrodex
DEXTRAN 70   Hyskon, Macrodex
DEXTRAN 75   Dextran à 6%

Catégorie   Solution de remplissage vasculaire.

Mécanisme d'action/cinétique   Le dextran est une grosse molécule (polymère) biosynthétique, soluble dans l'eau, ayant plusieurs masses moléculaires. Le dextran 40 a une masse moléculaire plus petite que le dextran 70 ou 75. Les produits dont les masses moléculaires sont plus petites causent moins de réactions allergiques. Cette préparation est une solution de remplissage vasculaire qui ne peut toutefois pas être utilisée comme substitut du sang entier ou de ses fractions.

Indications   *Dextran 40*: Remplacement de liquides, traitement du choc opératoire, hémorragie, brûlures ou autre trauma. Comme liquide d'amorçage, seul ou avec un autre agent, dans la pompe à oxygène pour perfusion pendant la circulation extracorporelle. Prophylaxie de la thrombose aiguë et de l'embolie pulmonaire lors d'une intervention chirurgicale chez les clients à haut risque (par exemple, opération de la hanche). *À l'étude*: Augmentation de la circulation dans les cas d'infarctus du myocarde ou de crise drépanocytaire. Prophylaxie de la néphrotoxicité associée avec une substance de contraste, méthodes de transplantation ou de greffe.

Dextran 70/75: Remplacement de liquides, traitement du choc. *À l'étude*: Néphrose, toxémie de fin de la grossesse, prophylaxie de la thrombose postopératoire des veines profondes.

Contre-indications   Insuffisance cardiaque grave, insuffisance rénale, troubles hémorragiques graves et hypersensibilité connue. Employer avec prudence en présence de maladie du myocarde et d'insuffisance rénale ou hépatique.

Réactions indésirables Réactions anaphylactiques, urticaire, acidose transitoire, œdème pulmonaire (oppression thoracique, angio-œdème), surcharge circulatoire, temps de coagulation accru, hypotension, stase tubulaire ou obstruction rénale. Le dextran 70/75 peut également provoquer des nausées, des vomissements, de la fièvre, de l'arthralgie ou des défécations involontaires (chez les clients anesthésiés).

Interactions avec les épreuves de laboratoire ↓ des immunoglobulines A, G et M. ↑ des SGOT et SGPT.

Posologie *Dextran 40.* **Enfants et adultes, IV: Premier jour,** 2 g/kg (20 mL de solution à 10%/kg); **puis**, les doses quotidiennes ne devraient pas excéder 1 g/kg pendant plus de 5 jours. *Liquide d'amorçage*: 1 à 2 g/kg, ne pas excéder 2 g/kg. *Prophylaxie de la thrombose veineuse, embolie pulmonaire*: Le jour de l'intervention, 50 à 100 g (10 mL/kg) de la solution à 10%; **puis**, 50 g (500 mL) par jour pendant 2 ou 3 jours suivis de 50 g (500 mL) q 2 à 3 jours, jusqu'à 14 jours. *Dextran 70 et Dextran 75.* **Individualisée, adultes, habituellement**: 500 mL de solution à 6%; la dose totale des 24 premières heures ne devrait pas excéder 1,2 g/kg (20 mL/kg). Après 24 h, la posologie ne devrait pas excéder 0,6 g/kg (10 mL/kg). **Pédiatrique**, la dose totale ne devrait pas excéder 20 mL/kg.

Administration/entreposage

1. Ne pas administrer une solution qui n'est pas parfaitement transparente.

2. Dissoudre les flocons de la solution en la chauffant dans un bain d'eau à 100°C pendant 15 min ou à l'autoclave à 110°C pendant 15 min.

3. Entreposer les flacons intacts à une température constante, de préférence 25°C, afin de prévenir la formation de flocons.

4. Jeter toute portion inutilisée d'un flacon ouvert puisque la solution ne contient pas d'agent de conservation.

5. Dans les cas d'urgence, l'administration de dextran 70 ou 75 peut s'effectuer chez les adultes à un débit de 20 à 40 mL/min. Chez les clients ayant un volume plasmatique normal ou près de la normale, le débit de perfusion ne devrait pas excéder 4 mL/min.

Soins infirmiers complémentaires

Voir *Soins infirmiers*, p. 345.

1. Effectuer tous les prélèvements d'échantillons pour les épreuves sanguines avant l'administration de dextran, car le médicament peut en modifier les résultats.

2. *Évaluer*:
   a) toute déshydratation éventuelle avant le début du traitement. En cas de déshydratation, l'administration de liquides supplémentaires peut se révéler nécessaire.

b) la densité relative de l'urine (la normale étant de 1 005 à 1 025) parce que des valeurs faibles peuvent indiquer que le dextran n'est pas éliminé. Dans ce cas, l'interruption de l'administration pourrait être nécessaire.

c) les excreta pour déceler l'oligurie ou l'anurie, qui pourraient nécessiter l'arrêt du traitement.

d) l'augmentation soudaine de la pression veineuse centrale (PVC), qui indique une surcharge circulatoire. Ralentir l'administration IV et signaler le problème.

e) attentivement, la présence d'œdème, de pression artérielle élevée, de toux, de cyanose ou de râles humides chez les clients dont la consommation de sel est faible. Les solutions de dextran contiennent du sodium, ce qui peut précipiter l'œdème pulmonaire.

f) les signes de saignement par les orifices ou le point de trauma ou le purpura (en particulier 3 à 9 h après l'administration).

g) l'hématocrite à la fin de l'administration.

h) les vomissements et les défécations involontaires chez les clients anesthésiés qui reçoivent du dextran 70 ou 75.

GLOBULES ROUGES CONCENTRÉS

Catégorie   Remplacement sanguin.

Mécanisme d'action/cinétique   Les globules rouges concentrés sont préparés en enlevant le plasma du sang entier. La préparation passe parfois par un processus de gel-dégel, ce qui donne un produit plus pur. L'administration de ces préparations de globules rouges réduit les risques de surcharge circulatoire ainsi que le nombre d'anticorps et d'électrolytes (sodium, potassium, citrate) transmis par le sang. Les autres risques associés à la transfusion sanguine (hépatite, réactions allergiques, erreurs de groupage) ne se trouvent pas réduits.

Indications   Anémie aplastique, hémorragies et les cas où l'on souhaite remplacer les globules rouges sans augmenter le volume sanguin. Particulièrement approprié pour les personnes âgées, les nourrissons et les clients souffrant de troubles rénaux ou cardio-pulmonaires.

Réactions indésirables   Voir *Sang entier*, p. 353.

Posologie   Équivalente à celle qui est indiquée pour le sang entier.

Administration/entreposage

1. Entreposer entre 1°C et 6°C.
2. Vérifier sur l'étiquette la date d'expiration ainsi que le groupe sanguin, afin de s'assurer qu'il est approprié pour le client.

3. Prévoir une période de 45 à 90 min pour l'administration des globules rouges concentrés.

> **Soins infirmiers complémentaires**
>
> Voir *Soins infirmiers – Sang, solutions de remplissage vasculaire*, p. 345 et *Soins infirmiers – Sang entier*, p. 353.

HETASTARCH

Catégorie   Solution de remplissage vasculaire.

Mécanisme d'action/cinétique   Cette molécule (polymère) synthétique géante, soluble dans l'eau, ressemble au glycogène. Son action est similaire à celle du dextran mais elle produit moins de réactions allergiques et n'altère pas les compatibilités sanguines. Hetastarch n'est pas un substitut du sang entier ni de ses fractions.

Indications   Choc (brûlures, hémorragies, septicémies et intervention chirurgicale). Remplacement de liquides, expansion du volume plasmatique. Adjuvant dans la leucaphérèse. *À l'étude*: Agent cryoprotecteur pour l'entreposage prolongé du sang entier. Remplissage vasculaire pendant les interventions chirurgicales nécessitant une circulation extracorporelle. Liquide d'amorçage lors de l'oxygénation par pompe pour la perfusion pendant la circulation extracorporelle.

Contre-indications   Troubles hémorragiques graves, insuffisance cardiaque ou rénale avec oligurie ou anurie.

Réactions indésirables   *Hématologiques*: Prolongement des temps de prothrombine, de coagulation et de céphaline. *Allergiques*: Vomissements, fièvre, démangeaisons, frissons, syndrome d'allure grippale, céphalée, œdème des membres inférieurs, myalgie, anaphylaxie. *Autres*: Surcharge circulatoire.

Posologie   Perfusion IV seulement. Individualisée, habituellement, *remplissage vasculaire*: 500 à 1 000 mL (30 à 60 g) de solution à 6% jusqu'à un maximum de 1 500 mL (90 g) par jour. *Pour les hémorragies aiguës*: Débit rapide, jusqu'à 20 mL/kg par h (1,2 g/kg par h). Plus lentement pour les brûlures et le choc septique. *Leucaphérèse*: de 250 à 500 mL, perfusés dans une proportion constante, habituellement de 8:1 avec le sang veineux entier.

Administration   Jeter les flacons partiellement utilisés.

> **Soins infirmiers**
>
> **1.** *Évaluer*:
>   **a)** les excreta pour déceler l'oligurie ou l'anurie qui pourraient dicter l'arrêt de l'administration d'Hetastarch.

b) la densité relative de l'urine (la normale étant de 1 005 à 1 025) car de faibles valeurs indiquent que l'Hetastarch n'est pas excrété; ce fait pourrait dicter l'interruption de l'administration de la solution.

c) l'hématocrite, après l'administration de 500 mL d'Hetastarch, pour éviter des valeurs inférieures à 0,30 par volume.

d) l'augmentation soudaine de la pression veineuse centrale (PVC), qui indique une surcharge circulatoire.

e) attentivement, l'œdème, la pression artérielle élevée, la toux, la cyanose ou les râles humides chez les clients dont la consommation de sel est limitée, parce que le sodium contenu dans Hetastarch peut précipiter l'œdème pulmonaire chez les clients atteints de troubles cardiaques ou rénaux.

f) les manifestations de purpura ou d'autres signes de saignement des orifices ou des plaies particulièrement 3 à 9 h après l'administration, car Hetastarch peut temporairement prolonger le temps de saignement.

PLASMA HUMAIN NORMAL
PROTÉINES PLASMATIQUES Plasmanate, Proténate

Catégorie   Solution de remplissage vasculaire.

Mécanisme d'action/cinétique   On injecte du sang sans globules ou une solution à 5% de protéines plasmatiques humaines dans du chlorure de sodium lorsque l'administration du sang entier n'est pas justifiée ou qu'on n'en dispose pas. Les préparations contiennent de l'albumine, des globulines et des électrolytes. Teneur en sodium de 130 à 160 mmol/L.

Le plasma humain normal, présenté sous forme fraîche, congelée ou séchée, possède un facteur de coagulation; les protéines plasmatiques n'en possèdent pas.

Indications   Choc hypovolémique, brûlés, hypoprotéinémie, hémorragie lorsque l'on ne dispose pas de sang entier, déshydratation chez les nourrissons et les jeunes enfants. Hyperbilirubinémie et érythroblastose fœtale.

Contre-indications   Intervention chirurgicale nécessitant une circulation extracorporelle, anémie grave. Employer avec prudence dans les cas d'insuffisance cardiaque, hépatique ou rénale.

Réactions indésirables   *CV*: Rougeurs, érythème, surcharge vasculaire. Hypotension (due à l'administration intra-artérielle ou à la perfusion IV rapide). *GI*: Nausées, vomissements. *Autres*: Urticaire, frissons, céphalée, douleur au dos, fièvre.

Posologie   Individualisée. Plasma humain normal, perfusion IV: 250 à 500 mL. **Protéines plasmatiques (5%), perfusion IV**: *Choc hypovolémique*, 250 à 500 mL (12,5 à 25,0 g de protéines) à une vitesse n'excédant pas 10 mL/min; **pédiatrique, nourrissons et jeunes enfants: initialement**, 4,5 à 6,8 mL/kg (225 à 340 mg de protéines/kg) à un débit n'excédant pas 10 mL/min. La posologie subséquente dépend de la réaction. *Hypoprotéinémie*: 1 000 à 1 500 mL (50 à 75 g de protéines) à un débit n'excédant pas 5 à 8 mL/min.

Administration/entreposage

1. Vérifier la date d'expiration. Les préparations réfrigérées restent stables pendant une longue période.

2. Vérifier le débit d'administration auprès du médecin. Débit habituel: adultes et nourrissons, 5 à 10 mL/min. Lorsque le volume plasmatique se rapproche de la normale, le débit ne devrait pas excéder 5 à 8 mL/min.

3. Ne pas administrer près d'un point d'infection ou de trauma.

SANG ENTIER

Catégorie   Remplacement sanguin.

Remarque: Le sang entier n'est administré que dans les cas d'extrême nécessité à cause des risques d'hépatite, d'erreurs de groupage et de réactions allergiques.

Indications   Anémie, hémorragies graves et hypovolémie.

Réactions indésirables   Sérum-hépatite, réactions hémolytiques (frissons, fièvre, rougeurs, agitation, céphalée, nausées et vomissements) et allergiques (bronchospasmes).

Posologie   IV; 500 mL; répéter selon les besoins.

Soins infirmiers complémentaires

Voir *Soins infirmiers*, p. 345.

1. Se procurer une unité de sang de la banque de sang tout juste avant la transfusion à moins qu'il ne s'agisse d'une situation d'urgence.

2. Ne pas entreposer le sang dans le réfrigérateur de l'unité puisque les fluctuations de température rendent l'entreposage inadéquat (le sang devrait être entreposé entre 1°C et 10°C).

3. Ne pas perfuser un sang froid. Il est préférable de le laisser reposer à la température ambiante pendant 20 à 30 min avant la perfusion.

---

4. Comparer le bracelet d'identification du client avec l'étiquette d'identification du sac de sang pour vérifier son nom et le numéro du centre hospitalier; comparer le groupe sanguin inscrit sur le sac et celui qui apparaît dans les résultats des épreuves de laboratoire du client. Vérifier la date d'expiration du sang (21 jours pour le sang citraté, 4 jours pour le sang hépariné).

5. Tourner doucement le sac de sang afin de remélanger le plasma avec les globules rouges avant de commencer la transfusion.

6. Utiliser un microfiltre pour prévenir le microembolisme, en particulier l'embolie cérébrale ou pulmonaire causée par des microagrégats contenus dans le sang conservé.

7. Évaluer les signes vitaux avant le début de la transfusion afin de les utiliser comme valeurs de base. Vérifier les signes vitaux toutes les demi-heures pendant la transfusion, puis à la fin de la transfusion.

8. Prévoir un maximum de 4 h pour la perfusion d'une unité de sang entier. Ajuster le débit selon l'âge et l'état du client. Consulter le médecin quant au débit de la transfusion.

9. Ne jamais ajouter de médicament au sac de sang ou au perfuseur.

10. Revoir les règlements officiels concernant l'administration de sang.

CHAPITRE **22**

Fibrinolytiques

Généralités   Les fibrinolytiques sont employés pour provoquer la dissolution (lyse) de la fibrine insoluble présente dans les thrombi ou les emboles intravasculaires. En activant le système fibrinolytique du client, les enzymes fibrinolytiques augmentent la dégradation des caillots de fibrine dans les vaisseaux sanguins. Lors d'une thérapie aux fibrinolytiques, les enzymes perturbent le mécanisme de la coagulation. La complication la plus grave de cette thérapie est l'hémorragie. Une thérapie aux anticoagulants est contre-indiquée pendant le traitement avec les enzymes fibrinolytiques. Cependant, une thérapie à l'héparine fait habituellement suite au traitement avec ces agents.

Mécanisme d'action/cinétique   Accélère la thrombolyse en stimulant la conversion du plasminogène en plasmine (fibrinolyse).

Indications   Embolie pulmonaire massive aiguë, embolie pulmonaire accompagnée d'instabilité hémodynamique, thrombose artérielle coronaire associée à un infarctus du myocarde.

Contre-indications   Tout état entraînant des risques d'hémorragie, comme une intervention chirurgicale ou une biopsie récentes, moins de 10 jours après l'accouchement, la grossesse, une maladie ulcéreuse. Également, insuffisance hépatique ou rénale, tuberculose, embolie cérébrale récente, thrombose, hémorragie, endocardite bactérienne subaiguë, cardiopathic valvulaire rhumatismale, thrombopénie. L'emploi de ces médicaments dans les cas de thrombophlébite septique peut être dangereux. L'innocuité chez les enfants n'a pas été établie.

Réactions indésirables   Hémorragio, diminution de l'hématocrite, fièvre, réactions allergiques, phlébite près du point de perfusion IV, tendance accrue aux contusions.

Interactions médicamenteuses

Médicaments	Interaction
Anticoagulants oraux Acide acétylsalicylique Héparine Indométhacine Phénylbutazone	↑ des risques de saignement.

Posologie   Surveiller le temps de thrombine q 4 à 12 h lorsqu'on administre un fibrinolytique. Il devrait se situer entre 2 et 5 fois la valeur normale. La posologie du fibrinolytique devrait être diminuée si les valeurs sont inférieures à 2 fois la valeur normale et augmentée lorsqu'elles sont supérieures à 5 fois la valeur normale.

Soins infirmiers

1. Éviter de bouger le client inutilement pour prévenir les contusions.

2. Éviter les injections intraveineuses, intra-artérielles et intramusculaires afin de prévenir les saignements au point d'injection.

3. Si une injection IM est nécessaire, appliquer une pression après avoir retiré l'aiguille afin de prévenir un hématome et le saignement au point d'injection.

4. Employer une pompe à perfusion pour l'administration IV.

5. Si une injection intra-artérielle est nécessaire, ne pas utiliser l'artère fémorale mais plutôt l'artère radiale ou brachiale.

6. Appliquer une pression manuelle et un pansement pendant 15 min après l'injection intra-artérielle ou IV. Laisser le pansement en place pendant l'heure qui suit et vérifier fréquemment s'il y a saignement.

7. S'assurer qu'on a déterminé le groupe sanguin et effectué une épreuve de compatibilité croisée chez le client qui reçoit un fibrinolytique.

8. Interrompre le traitement si le saignement occasionné par un procédé envahissant est grave et demander des globules rouges concentrés et une solution de remplissage vasculaire (autre que le dextran). Avoir des corticostéroïdes et de l'acide aminocaproïque (Amicar) à portée de la main.

9. S'assurer que le temps de thrombine est inférieur à 2 fois la valeur normale (10 à 15 s) avant de commencer une perfusion. Après la thérapie aux fibrinolytiques, l'héparine ne devrait pas être administrée avant que le temps de thrombine ne soit redescendu à une valeur inférieure à deux fois la valeur normale. Pendant le transport au laboratoire, mettre dans un bain de glace le sang pour vérification du temps de thrombine.

10. Prévoir l'emploi d'héparine IV et d'anticoagulants oraux après l'arrêt de la thérapie aux fibrinolytiques afin de prévenir une nouvelle thrombose.

11. *Évaluer*:
    a) les saignements aux points d'injections et aux plaies chirurgicales pendant la thérapie aux fibrinolytiques.
    b) les réactions allergiques, allant de l'anaphylaxie jusqu'aux réactions modérées et légères, habituellement maîtrisées avec des antihistaminiques et des corticostéroïdes.

---

c) la rougeur et la douleur au point de perfusion IV. Diluer davantage la solution afin de prévenir la phlébite.

12. Ne pas administrer de médicament qui altère la fonction plaquettaire comme l'indométhacine, la phénylbutazone ou l'aspirine, sans consulter le médecin.

13. Prévoir un traitement symptomatique des réactions fiévreuses. On recommande l'acétaminophène plutôt que l'aspirine pendant la thérapie aux fibrinolytiques.

STREPTOKINASE   Streptase[Pr]

Catégorie   Fibrinolytique.

Mécanisme d'action/cinétique   La plupart des clients ont une résistance naturelle à la streptokinase qui doit être surmontée par une dose d'attaque avant que le médicament ne produise son effet. Le temps de thrombine et la résistance à la streptokinase devraient être déterminés avant le début de la thérapie.

Agit en accroissant la conversion du plasminogène en plasmine. De plus, le complexe streptokinase-plasminogène est transformé en streptokinase-plasmine, qui peut aussi transformer le plasminogène en plasmine. **Début d'action**: Rapide; **durée**: 12 h. **Demi-vie (biphasique)**: *Initiale*, 18 min; *finale*, 83 min.

Indications supplémentaires   Lyse de la thrombose veineuse profonde, désobstruction des canules artério-veineuses.

Contre-indications supplémentaires   Antécédents importants de réponse allergique. Résistance à la streptokinase lors de l'administration de plus de 1 million UI.

Posologie   **IV.** *Thrombose artérielle ou veineuse, embolie artérielle:* **Initialement**, 250 000 UI en 30 min; **dose d'entretien**: 100 000 UI/h pendant 24 h pour l'embolie pulmonaire, jusqu'à 72 h pour la thrombose veineuse profonde ou artérielle. Peut être suivi d'une perfusion IV continue d'héparine afin de prévenir la thrombose récurrente (commencer seulement lorsque le temps de thrombine est tombé à moins de deux fois la valeur normale, habituellement après 3 à 4 h). *Thrombose de l'artère coronaire:* **Initialement, à moins de 6 h des symptômes d'infarctus du myocarde aigu**, 20 000 UI; **puis**, 2 000 UI/min pendant 1 h. *Occlusion des canules artério-veineuses*: 250 000 UI dans 2 mL de solution IV dans chaque branche obstruée de la canule; **puis**, après 2 h, aspirer le liquide de la canule, rincer avec de la solution saline et rebrancher la canule.

Administration/entreposage

1. Les solvants de choix sont le chlorure de sodium pour injection et le dextrose à 5% pour injection.

2. Reconstituer doucement selon les instructions du fabricant, sans agiter la fiole.

3. Employer moins de 24 h après la reconstitution.

5

CINQUIÈME PARTIE

Médicaments cardio-vasculaires

 CHAPITRE **23**

Glucosides cardiotoniques

Glucosides cardiotoniques
Deslanoside *366*   Digitoxine *366*
Digitale *366*   Digoxine *366*

Autre
Amrinone, lactate d' *368*

Généralités   Les glucosides cardiotoniques, tels que la digitale, sont des alcaloïdes (ils proviennent de plantes). Ils sont probablement les plus vieux médicaments utilisés pour le traitement de l'insuffisance cardiaque, et les plus efficaces. En améliorant la contraction myocardique, ils améliorent l'approvisionnement sanguin à tous les organes, incluant les reins, et par le fait même améliorent la capacité fonctionnelle. La diurèse résulte de cette action, ce qui corrige l'œdème souvent associé à l'insuffisance cardiaque. Les glucosides cardiotoniques sont également employés pour le traitement de l'arythmie cardiaque, car ils diminuent aussi la fréquence du pouls.

Les glucosides cardiotoniques ont une action cumulative. Cela est en cause dans les difficultés associées à leur utilisation.

Mécanisme d'action/cinétique Les glucosides cardiotoniques augmentent la force de contraction du myocarde. Ils augmentent également la période réfractaire du nœud auriculoventriculaire (AV), augmentent la résistance périphérique et diminuent la fréquence ventriculaire. L'action principale est attribuée à l'inhibition de l'ATPase Na-K-activée, qui entraîne une augmentation de la concentration intracellulaire de sodium. Le sodium est ensuite échangé pour du calcium extracellulaire, augmentant de cette façon la contraction musculaire. Les glucosides cardiotoniques sont absorbés dans le tractus GI. L'absorption varie de 40% à 90%, selon la préparation et la *marque de commerce.* Avec la plupart des préparations, la concentration plasmatique maximale est atteinte en 2 à 3 h. La demi-vie varie de 1,7 jour pour la digoxine à 7 jours pour la digitoxine. Les médicaments sont principalement excrétés par les reins soit inchangés (digoxine), soit métabolisés (digitoxine). La dose initiale de glucosides digitaliques est plus élevée (dose d'attaque) et on l'appelle traditionnellement dose de digitalisation (DD); les doses subséquentes sont appelées doses d'entretien (DE).

Indications Insuffisance cardiaque, particulièrement lorsqu'elle résulte de l'hypertension, de la maladie coronarienne, de l'athérosclérose ou d'une cardiopathie valvulaire. Maîtrise de la fréquence de contraction ventriculaire élevée chez le client atteint de fibrillations ou de flutter auriculaires. Fréquence cardiaque ralentie dans la tachycardie sinusale due à l'insuffisance cardiaque. Tachycardie supraventriculaire. Prophylaxie et traitement de la tachycardie auriculaire paroxystique récurrente avec rythme paroxystique au nœud AV. En association avec le propranolol pour l'angine. Choc cardiogénique (valeur non établie).

Contre-indications Occlusion coronarienne ou angine de poitrine en l'absence d'insuffisance cardiaque ou en cas d'hypersensibilité aux glucosides cardiotoniques. Employer avec prudence chez les clients atteints de cardiopathie ischémique, de myocardite aiguë, de tachycardie ventriculaire, de sténose subaortique hypertrophique, d'états hypoxiques ou myxœdémateux, du syndrome d'Adams-Stokes, du syndrome du sinus carotidien, d'amylose cardiaque ou de maladie cyanotique du cœur et des poumons, y compris l'emphysème et le bloc auriculoventriculaire incomplet.

Le stimulateur cardiaque électrique peut sensibiliser le myocarde aux glucosides cardiotoniques.

Les glucosides cardiotoniques devraient également être donnés avec précautions et à des posologies réduites aux clients âgés très affaiblis, aux femmes enceintes ou qui allaitent ainsi qu'aux nouveau-nés, à terme ou prématurés, dont les fonctions rénale et hépatique sont immatures. Des précautions similaires devraient également être observées pour les clients ayant une fonction rénale et/ou hépatique diminuée, car de telles lésions retardent l'excrétion des glucosides cardiotoniques.

Réactions indésirables   Les glucosides cardiotoniques sont extrêmement toxiques et ont causé la mort même chez des clients en ayant reçu pendant de longues périodes. Il n'existe qu'une très étroite marge de sécurité entre la dose thérapeutique efficace et la dose toxique. Le surdosage causé par les effets cumulatifs du médicament est un danger permanent dans la thérapie avec les glucosides cardiotoniques. La toxicité digitalique se caractérise par de nombreux symptômes difficiles à distinguer de la maladie cardiaque elle-même.

CV: Changements dans la fréquence, le rythme et l'irritabilité cardiaques et le mécanisme de battement du cœur. On a noté les manifestations suivantes: extrasystoles, pouls bigéminé, rythme couplé, contraction ectopique et autres formes d'arythmies. La mort résulte le plus souvent de la fibrillation ventriculaire. L'administration des glucosides cardiotoniques devrait être interrompue chez les adultes lorsque la fréquence du pouls descend au-dessous de 60 battements par minute. Les changements cardiaques sont mieux détectés par l'électrocardiogramme (ECG), qui est également très utile chez les clients souffrant d'intoxication. Hémorragie aiguë.

GI: Anorexie, nausées, vomissements, salivation excessive, douleur épigastrique, douleur abdominale, diarrhée, nécrose intestinale. Les clients digitalisés peuvent avoir deux stades de vomissement. Le premier est un signe précoce de toxicité et résulte d'un effet direct de la digitale sur le tractus GI. Les vomissements tardifs indiquent une stimulation du centre de l'émèse de l'encéphale; ils surviennent après que le muscle cardiaque a été saturé de digitale.

SNC: Céphalée, fatigue, lassitude, irritabilité, malaise, faiblesse musculaire, insomnie, stupeur. Effets psychomimétiques (particulièrement chez les personnes âgées ou les clients artérioscléreux ou les nouveau-nés), comme la désorientation, la confusion, la dépression, l'aphasie, le délire, les hallucinations et, rarement, des convulsions. *Neuromusculaires*: Névralgie au bas du visage et dans la région lombaire, paresthésie. *Troubles visuels*: Vision trouble, points scintillants, halos blancs, bordure autour des objets sombres, diplopie, amblyopie, changements de la perception des couleurs. *Hypersensibilité (5 à 7 jours après le début de la thérapie)*: Réactions cutanées (urticaire, fièvre, prurit, œdème angioneurotique et facial). *Autres*: Douleur thoracique, froideur des membres. *Enfants*: L'arythmie et la tachycardie auriculaires avec un bloc AV sont les signes les plus communs de toxicité. Chez les nouveau-nés ces signes sont un ralentissement excessif de la fréquence sinusale, un arrêt sino-auriculaire (S-A) et une prolongation de l'intervalle P-R.

Les clients souffrant d'intoxication à la digitale devraient être admis aux soins intensifs pour une surveillance continue de l'ECG. L'administration de la digitale devrait être suspendue. Si le potassium sérique est inférieur à la normale, des sels potassiques devraient être administrés. Des médicaments antiarythmiques, comme la phénytoïne ou la lidocaïne, peuvent être donnés sur ordonnance du médecin.

Interactions médicamenteuses Un des effets indésirables les plus sérieux des médicaments de type digitalique est l'hypokaliémie (diminution de la concentration sérique de potassium). Cela peut conduire à l'arythmie cardiaque, à la faiblesse musculaire, à l'hypotension et à la détresse respiratoire. Les autres agents qui causent de l'hypokaliémie renforcent cet effet et augmentent le risque de toxicité digitalique. De telles réactions peuvent survenir chez les clients qui ont été en thérapie d'entretien digitalique pendant très longtemps.

Médicaments	Interaction
Acide éthacrynique	↑ des pertes de K et de Mg et ↑ du risque de toxicité digitalique.
Acide aminosalicylique	↓ de l'activité des glucosides cardiotoniques due à une ↓ de l'absorption dans le tractus GI.
Aminosides	↓ de l'activité des glucosides cardiotoniques due à une ↓ de l'absorption dans le tractus GI.
Amphotéricine B	↑ de la déplétion potassique causée par la digitale : ↑ de la fréquence de la toxicité digitalique.
Antiacides	↓ de l'activité des glucosides cardiotoniques due à une ↓ de l'absorption dans le tractus GI.
Barbituriques	↓ de l'activité des glucosides cardiotoniques due à une ↑ du catabolisme hépatique.
Calcium, préparations de	Arythmie cardiaque si du calcium parentéral est administré avec la digitale.
Chlorthalidone	↑ de la perte de K et de Mg et ↑ du risque de toxicité digitalique.
Cholestyramine	La cholestyramine se lie à la digitoxine dans l'intestin et ↓ son absorption.
Colestipol	Le colestipol se lie à la digitoxine dans l'intestin et ↓ son absorption.
Diurétiques thiazidiques	↑ des pertes de K et de Mg et ↑ du risque de toxicité digitalique.
Éphédrine	↑ du risque d'arythmie cardiaque.
Épinéphrine	↑ du risque d'arythmie cardiaque.
Furosémide	↑ des pertes de K et de Mg et ↑ du risque de toxicité digitalique.
Glucose, perfusion de	Une perfusion importante de glucose peut causer une ↓ du K sérique et ↑ le risque de toxicité digitalique.
Hormones thyroïdiennes	↑ de l'efficacité des glucosides cardiotoniques.
Hypoglycémiants	↓ de l'activité des glucosides cardiotoniques due à une ↑ du catabolisme hépatique.

Médicaments	Interaction
Méthimazole	↑ du risque d'effets toxiques de la digitale.
Pénicillamine	↓ de l'activité de la digoxine.
Phénylbutazone	↓ de l'activité des glucosides cardiotoniques due à une ↑ du catabolisme hépatique.
Phénytoïne	↓ de l'activité des glucosides cardiotoniques due à une ↑ du catabolisme hépatique.
Procaïnamide	↑ de l'activité des glucosides cardiotoniques.
Propranolol	Le propranolol potentialise la bradycardie induite par la digitale.
Quinidine	↑ de l'activité des glucosides cardiotoniques.
Réserpine	↑ du risque d'arythmie cardiaque.
Rifampine	↓ de l'activité de la digitoxine due à ↑ du catabolisme hépatique.
Succinylcholine	↑ du risque d'arythmie cardiaque.
Sympathomimétiques	↑ du risque d'arythmie cardiaque.

Interactions avec les épreuves de laboratoire   Peut

↓ le temps de prothrombine. Modifie les épreuves des céto-17 stéroïdes et des hydroxy-17 corticostéroïdes.

Posologie   PO, IM ou IV. Hautement individualisée. Voir le

tableau 8, p. 366, pour les posologies habituelles.

Au début du traitement, les médicaments sont habituellement donnés à des doses élevées (dose de digitalisation ou d'attaque). Elles sont réduites aussitôt que l'effet thérapeutique est atteint ou que des réactions indésirables se développent. La réponse du client aux glucosides cardiotoniques est mesurée par observations cliniques et par ECG.

La vitesse de digitalisation des clients varie considérablement. Les clients présentant de légers signes de congestion peuvent souvent être digitalisés graduellement sur une période de plusieurs jours. Les clients souffrant de congestion plus sérieuse, par exemple ceux qui présentent des signes d'insuffisance ventriculaire gauche aiguë, de dyspnée ou d'œdème pulmonaire, peuvent être digitalisés plus rapidement par l'administration parentérale d'un glucoside cardiotonique à action rapide.

Une fois la digitalisation obtenue (pouls de 68 à 80 battements/min) et les symptômes d'insuffisance cardiaque apaisés, le client reçoit la posologie d'entretien. Selon le médicament et l'âge du client, la dose d'entretien quotidienne se situe souvent aux environs de 10% de la dose de digitalisation.

Administration

1. Vérifier l'ordonnance, la carte de médicament et l'étiquette sur la bouteille de médicament, car plusieurs des glucosides cardiotoniques ont des noms semblables. Leur posologie et leur durée d'activité diffèrent sensiblement.

2. Mesurer tous les médicaments liquides PO avec précision à l'aide d'un compte-gouttes calibré ou d'une seringue.

3. Administrer après les repas pour diminuer l'irritation gastrique.

Soins infirmiers

POUR LES CLIENTS QUI COMMENCENT UNE DOSE DE DIGITALISATION

1. S'assurer que les épreuves de laboratoire suivantes ont été effectuées et leurs résultats évalués avant d'administrer le médicament : hémoglobine, hématocrite, électrolytes sériques et épreuves des fonctions hépatique et rénale. Les résultats de ces épreuves servent de valeurs de base afin d'établir un diagnostic différentiel et de déterminer le déroulement de la thérapie. Les épreuves de laboratoire devraient être répétées périodiquement et leurs résultats étudiés attentivement.

2. S'assurer que l'ECG a été fait et examiné avant l'administration. Se préparer à installer un moniteur cardiaque, qui doit être surveillé de près.

POUR LES CLIENTS QUI REÇOIVENT UNE DOSE DE DIGITALISATION OU UNE DOSE D'ENTRETIEN DE GLUCOSIDE CARDIOTONIQUE

1. *Évaluer*:
   a) la bradycardie et/ou les arythmies en surveillant le moniteur cardiaque ou compter la fréquence apicale pendant au moins 1 min avant d'administrer le médicament. Si la fréquence du pouls du client adulte est inférieure à 60 battements/min (enfant, 90 à 110) ou si une arythmie qui n'a pas été notée auparavant survient, ne pas administrer le médicament et consulter immédiatement le médecin. Obtenir une ordonnance écrite du médecin indiquant à quelles fréquences du pouls (limite inférieure et limite supérieure) le glucoside cardiotonique ne doit pas être administré. Se rendre compte que *tout* changement dans la fréquence *ou* le rythme peut indiquer une toxicité digitalique.
   b) le pouls déficitaire, en mesurant le pouls apico-radial avec une autre infirmière pendant 1 min. Ne pas administrer la médication et signaler le pouls déficitaire, étant donné que cela indique des effets indésirables.
   c) une toux persistante, de la dyspnée et des râles, qui indiquent l'insuffisance cardiaque.
   d) l'œdème. Peser le client q.d. et signaler tout gain de masse significatif. Mesurer les mollets à 5 cm au-dessus de la malléole interne pour détecter l'œdème, et mesurer l'abdomen au niveau de l'ombilic pour détecter l'ascite. Comparer les mesures chaque jour pendant la digitalisation. Évaluer l'œdème qui prend le godet dans les régions déclives, comme la partie postérieure des mollets et la région sacrée.
   e) les ingesta et les excreta pour assurer une hydratation et

une élimination adéquates, ce qui aidera à prévenir un effet toxique cumulatif.

f) les symptômes de toxicité notés dans *Réactions indésirables.*

2. Donner au client des aliments riches en potassium, comme du jus d'orange et des bananes. Expliquer au client qu'il est nécessaire de prendre un supplément de potassium oral si le médecin le prescrit. Demander à la pharmacie de fournir la préparation de potassium qui a le meilleur goût. (Les préparations de potassium sont habituellement amères.)

3. Prévoir que le client qui emploie des diurétiques autres que les diurétiques d'épargne potassique et un glucoside cardiotonique devra prendre un supplément de potassium.

4. Espacer d'au moins 6 h les doses d'antiacides (si prescrites) contenant de l'aluminium ou du magnésium et les mélanges de kaolin/pectine des doses de glucosides cardiotoniques, pour prévenir une diminution de l'effet thérapeutique des glucosides.

5. Utiliser un moniteur cardiaque pour les nouveau-nés afin d'identifier les signes précoces de toxicité, qui se manifeste par un ralentissement excessif de la fréquence sinusale, un arrêt sino-auriculaire et une prolongation de l'intervalle P-R.

6. Surveiller l'apparition d'arythmie cardiaque chez les enfants; ce signe de toxicité survient fréquemment chez eux.

7. Évaluer la réponse positive à la digitalisation: amélioration du rythme et de la fréquence cardiaques, amélioration de la respiration, diminution de masse et diurèse.

8. Adresser le client et/ou la famille ayant besoin d'assistance pour les soins à un organisme de santé communautaire.

9. *Expliquer au client et/ou à sa famille*:
   a) pourquoi une supervision médicale régulière est essentielle.
   b) qu'il doit continuer à utiliser la marque de glucoside cardiotonique avec laquelle son état a été stabilisé au centre hospitalier.
   c) qu'il doit suivre les indications pour prendre le médicament.
   d) qu'il faut consulter le médecin s'il a oublié de prendre une dose et éviter de doubler la dose suivante. Établir un calendrier afin que le client puisse inscrire le moment où il a pris le médicament. Cette méthode est particulièrement utile pour les clients âgés atteints de pertes de mémoire.
   e) qu'il faut prendre le médicament après les repas.
   f) qu'il doit jeter tous les glucosides cardiotoniques prescrits antérieurement, pour éviter les erreurs.
   g) comment mesurer son pouls avant de prendre le médicament. Insister sur les signes qui indiquent qu'il ne faut pas prendre le médicament et sur l'importance de les signaler au médecin.

TABLEAU 8 GLUCOSIDES CARDIOTONIQUES

Médicament	*Dose de digitalisation (DD)* *Dose d'entretien (DE)*
Deslanoside Cédilanide	**DD: IM** ou **IV**, 1,6 mg en 1 ou 2 doses fractionnées; **pédiatrie, IM** ou **IV**: 0,022 mg/kg de masse corporelle. **DE**: Passer aux préparations **PO**.
Digitale	**DD (rapide): PO, initialement**, 6 unités USP; **puis**, 4 unités USP 4 à 6 h plus tard suivies par 2 unités USP q 4 ou 6 h jusqu'à ce qu'un effet thérapeutique soit atteint. **DD (lente)**: 2 unités USP b.i.d. pendant 4 jours. **DE**: 0,5 à 3,0 unités USP par jour.
Digitoxine Digitaline	**Adultes. DD: IV, PO (rapide)**: 0,6 mg suivi de 0,4 mg en 4 ou 6 h; **puis**, 0,2 mg q 4 ou 6 h jusqu'à ce que l'effet thérapeutique soit atteint. **DD: PO (lente)**: 0,2 mg b.i.d. pendant 4 jours. **DE: PO**: 0,05 à 0,3 mg par jour (**habituellement**, 0,15 mg par jour). **Pédiatrie. DD: PO, IV** (donner en 3 ou 4 doses à 6 h d'intervalle), **prématurés et nouveau-nés**: 0,022 mg/kg; **moins d'un an**: 0,045 mg/kg; **1 à 2 ans**: 0,04 mg/kg; **plus de 2 ans**: 0,03 mg/kg. **DE**: 10% de la dose de digitalisation.
Digoxine Digoxine, Lanoxin, Novodigoxin	**Adultes et enfants de plus de 10 ans. DD: IV**, 0,5 à 1 mg en doses fractionnées q 4 ou 6 h. **DD: PO (rapide), initialement**, 0,5 à 0,75 mg; **puis**, 0,25 à 0,5 mg q 6 ou 8 h jusqu'à ce que l'effet thérapeutique soit atteint. **DM**: 0,125 à 0,5 mg par jour; **pour les personnes âgées**, 0,125 à 0,25 mg par jour. **Enfants de moins de 10 ans. DD: IV**, en doses fractionnées; **prématurés et nouveau-nés (de moins de 2 semaines)**, 0,025 à 0,040 mg/kg; **2 semaines à 2 ans**, 0,025 à 0,050 mg/kg; **2 à 10 ans**, 0,025 à 0,040 mg/kg. Initialement, un quart à une demie de la dose calculée; puis, un quart de la dose totale q 6 h jusqu'à ce que la posologie soit complète. **DD: PO**, en doses fraction-

Début d'action (DA) Durée (D)	Commentaires
DA: 10 à 30 min. **D**: 3 à 6 jours. **Demi-vie**: Approx. 33 à 36 h. Effet max.: 20 min.	Employer pour une digitalisation rapide en situation d'urgence (insuffisance cardiaque aiguë avec œdème pulmonaire, arythmies auriculaires). Le véhicule d'injection contient de l'alcool éthylique et de la glycérine. Protéger de la lumière.
DA: 25 min à 2 h; effet max.: 4 à 12 h. **D**: 2 à 3 sem. (voir Digitoxine).	
DA: PO, 1,5 à 6,0 h; effet max.: 6 à 12 h; **IV**, 25 à 120 min; effet max.: 1,5 à 3,0 h. **D**: 2 à 3 sem. **Demi-vie**: 7 à 9 jours; concentration plasmatique thérapeutique: 13 à 33 nmol/L.	Le plus puissant des glucosides digitaliques. Son début d'action lent le rend inapte pour l'emploi d'urgence. Médicament de choix pour l'entretien. Presque complètement absorbé dans le tractus GI. Arrêter la médication et consulter le médecin si la concentration plasmatique excède 44 nmol/L, ce qui indique une intoxication. *Administration* Injecter profondément dans le muscle fessier. *Entreposage* Incompatible avec les acides et les bases. Protéger de la lumière.
DA: PO, 0,5 à 2,0 h; effet max.: 2 à 6 h; **IV**, 5 à 30 min.; effet max.: 1,5 à 3 h. **D**: 2 à 6 jours. **Demi-vie**: 35 h; concentration plasmatique thérapeutique: 1,0 à 2,6 nmol/L.	Action plus rapide et plus courte que la digitoxine. Le véhicule d'injection contient du propylène glycol, du phosphate de sodium et de l'acide citrique. Peut être le médicament de choix pour l'insuffisance cardiaque car (1) début d'action rapide, (2) durée relativement courte, (3) peut être administré PO, IV. *Entreposage* Incompatible avec les acides et les bases. Protéger de la lumière. *Interactions médicamenteuses supplémentaires* **1.** Les médicaments suivants augmentent les taux de digoxine sérique conduisant à une toxicité possible: anticholinergiques, érythromycine,

TABLEAU 8 *(suite)*

Médicament	Dose de digitalisation (DD) Dose d'entretien (DE)
	nées; **moins de 30 jours**, 0,040 à 0,060 mg/kg; **1 à 24 mois**, 0,060 à 0,080 mg/kg; **2 à 10 ans**, 0,040 à 0,060 mg/kg. **DE**: 20% à 30% de la dose de digitalisation par jour. Chez tous les clients, diminuer la posologie dans le cas d'insuffisance rénale.

h) comment reconnaître les symptômes d'intoxication. Fournir une liste des symptômes d'intoxication; insister sur l'importance de les repérer et de les signaler rapidement. Porter une attention particulière à l'anorexie, qui est souvent le premier symptôme.

i) qu'il doit se peser et noter sa masse chaque matin avant le déjeuner. Signaler un gain de masse rapide. Apporter au médecin la feuille sur laquelle la masse est notée chaque jour lors du rendez-vous.

j) comment maintenir une diète pauvre en sel (sodium). Encourager l'ingestion d'aliments riches en potassium aussi bien que de préparations de potassium, si prescrites.

k) qu'il ne doit prendre aucun autre médicament sans consulter le médecin, car les interactions médicamenteuses surviennent fréquemment avec les glucosides cardiotoniques.

l) qu'il faut surveiller l'apparition d'une toux persistante, de difficultés à respirer et d'œdème, car ces signes d'insuffisance cardiaque doivent être rapportés rapidement au médecin.

m) qu'il faut respecter les indications écrites. Revoir ces instructions avec le client et/ou avec sa famille plusieurs jours au moins avant le congé du client.

AMRINONE, LACTATE D' Inocor^Pr

Catégorie Agent inotrope.

Mécanisme d'action/cinétique L'amrinone cause une augmentation du débit cardiaque en augmentant la force de contraction du myocarde ainsi que la vasodilatation. Il réduit la postcharge et la précharge en relaxant directement les muscles vasculaires lisses. **Demi-vie**: 3,6 h. **Concentration plasmatique**: 16 μmol/L. **Effet maximal**: 10 min. **Durée**: 30 min à 2 h.

Indications Insuffisance cardiaque (thérapie à court terme chez les clients qui ne répondent pas à la digitale, aux diurétiques et/ou aux vasodilatateurs). Peut être employé chez les clients digitalisés.

Contre-indications Hypersensibilité aux bisulfites. Valvulopathie aortique ou pulmonaire grave au lieu d'une intervention chirur-

hydroxychloroquine, tétracyclines, vérapamil.

2. La pénicillamine diminue la concentration sérique de digitoxine.

gicale. Infarctus du myocarde aigu. L'innocuité et l'efficacité durant la grossesse, la lactation et chez les enfants n'ont pas été établies.

Réactions indésirables *GI*: Nausées, vomissements, douleur abdominale, anorexie. *CV*: Hypotension, arythmie. *Autres*: Thrombopénie, hépatotoxicité, fièvre, douleur thoracique, brûlure au point d'injection, réactions d'hypersensibilité.

Interaction médicamenteuse Hypotension excessive lorsque employé avec le disopyramide.

Posologie **IV. Initialement**: 0,75 mg/kg en bolus administré lentement en 2 à 3 min. **Dose d'entretien, perfusion IV**: 5 à 10 μg/kg par min. Selon la réponse, un bolus additionnel de 0,75 mg/kg peut être donné 30 min après le début de la thérapie. La dose quotidienne ne devrait pas excéder 10 mg/kg, quoique l'on ait employé des doses allant jusqu'à 18 mg/kg par jour chez quelques clients pendant de courtes périodes.

Administration/entreposage

1. L'amrinone ne devrait pas être dilué avec des solutions contenant du dextrose (glucose) avant l'injection. Cependant, le médicament peut être injecté dans un orifice d'injection en Y ou directement dans la tubulure d'une perfusion de dextrose (glucose) en marche.

2. Protéger de la lumière et entreposer à la température ambiante.

Soins infirmiers

1. Savoir que le client est relié à un moniteur cardiaque lorsqu'il reçoit ce médicament.

2. Surveiller la concentration sérique de potassium.

3. Noter toute chute de la pression artérielle; le médicament peut causer de l'hypotension.

4. Surveiller la numération plaquettaire et signaler tout écoulement sanguin ou contusion.

5. Savoir que le médicament entraîne des réactions d'hypersensibilité inhabituelles comprenant la péricardite, la pleurite et l'ascite.

Glucosides cardiotoniques

 CHAPITRE **24**

Vasodilatateurs coronariens (antiangineux)

Généralités La plupart des agents vasodilatateurs sont des nitrites ou des nitrates. Leurs actions chimiques, pharmacologiques et cliniques sont semblables. Nous ne traitons ici que des nitrates, les nitrites n'étant pas commercialisés au Canada.

Les médicaments qui améliorent la circulation périphérique utilisés spécifiquement pour le traitement des maladies vasculaires périphériques sont présentés au chapitre *Vasodilatateurs périphériques*, p. 384.

Les nitrites et nitrates organiques sont les plus vieux et les plus utilisés des médicaments vasodilatateurs.

En plus de diminuer le besoin d'oxygène du myocarde, les nitrates redistribuent probablement la circulation sanguine du cœur en faveur des régions qui nécessitent plus d'oxygène en dilatant sélectivement les coronaires. Cet effet entraîne une baisse de la pression artérielle et une diminution du débit systolique.

La dilatation des vaisseaux capacitatifs (veines) périphériques peut causer une syncope chez une personne debout.

Mécanisme d'action/cinétique Le principal effet systémique des glucosides cardiotoniques est de réduire les besoins d'oxygène du myocarde. Les nitrates ont des durées d'action différentes (voir le tableau 9). Le début d'action est généralement très rapide, et la durée d'action courte, lorsque le médicament est administré sous la langue, la voie d'administration habituelle. L'administration orale permet d'obtenir un début d'action plus lent et une activité prolongée.

TABLEAU 9 VASODILATATEURS CORONARIENS (NITRATES ORGANIQUES)

Médicament	**Érythrityle, tétranitrate d'** Cardilate
Pharmacocinétique	**PO. Début**: 30 min; effet maximal: 1,0 à 1,5 h. **Durée**: 4 à 6 h.
Posologie	**PO: initialement**, 10 à 30 mg t.i.d.
Commentaires	*Indications*: Traitement prophylactique et chronique de l'angine. Spasme œsophagien diffus. Peut améliorer la tolérance à l'effort. N'est pas indiqué contre les crises aiguës d'angine de poitrine. Une tolérance peut se développer. *Soins infirmiers complémentaires* 1. Signaler la céphalée et/ou les malaises GI; une réduction pourrait alors être nécessaire. 2. Administrer, tel que prescrit, des analgésiques pour les céphalées. 3. *Expliquer au client/ou à sa famille*: a) qu'on ne peut pas retirer toutes les limites imposées sur ses activités, même si le médicament permet une vie plus normale. b) qu'on peut soulager la sensation de picotement sublingual en plaçant le comprimé dans le creux de la joue.
Médicament	**Isosorbide, dinitrate d', oral** Apo-ISDN, Coronex, Isordil **Isosorbide, dinitrate d', sublingual** Apo-ISDN, Coronex, Isordil, Novosorbide
Pharmacocinétique	**Sublinguale. Début**: 3 min. **Durée**: 1 à 2 h. **PO. Début**: 15 à 30 min. **Durée**: 4 à 6 h. **Libération prolongée. Début**: 30 min. **Durée**: 12 h.
Posologie	**Comprimés oraux: Prophylaxie**, 5 à 30 mg q.i.d. **Sublinguale**: *Crise aiguë*, 2,5 à 10,0 mg (peut nécessiter jusqu'à 40 mg) aussi souvent que le permet la tolérance ou q 4 ou 6 h pour la prophylaxie
Commentaires	*Indication supplémentaire*: Spasme œsophagien diffus. Les comprimés oraux ne sont employés que comme prophylactiques alors que les comprimés sublinguaux peuvent être employés pour mettre fin à une crise aiguë d'angine. Des céphalées vasculaires surviennent fréquemment. Administrer pendant les repas pour réduire ou supprimer les céphalées; sinon, administrer lorsque le client est à jeun.
Médicament	**Nitroglycérine intraveineuse** Nitro-Bid IV, Nitrostat IV, Tridil
Pharmacocinétique	**Début**: Immédiat; **Durée**: 3 à 5 min.
Posologie	**Perfusion IV seulement. Initialement**: 5 μg/min administrés au moyen d'une pompe à perfusion précise. Peut être augmentée de 5 μg/min

TABLEAU 9 *(suite)*

q 3 ou 5 min jusqu'à ce qu'une réponse soit observée. Si aucune réponse n'apparaît après l'administration de 20 μg/min, la dose peut être augmentée de 10 ou 20 μg/min jusqu'à ce qu'on note une réponse. Surveiller continuellement, de manière à déterminer la dose nécessaire au client pour obtenir la réponse désirée.

Commentaires

Employé également pour l'hypertension associée à une intervention chirurgicale et pour l'insuffisance cardiaque associée à un infarctus du myocarde aigu.

Administration
1. N'employer que des bouteilles de solution IV en verre et le perfuseur fourni par le fabricant, parce que la nitroglycérine est rapidement absorbée à la surface de nombreux plastiques. Éviter d'ajouter du matériel de plastique superflu au perfuseur.
2. Aspirer le médicament dans la seringue et l'injecter immédiatement dans une bouteille en verre (ou en polyoléfine) pour diminuer le contact avec le plastique.
3. Pour régulariser le débit plus précisément, administrer à l'aide d'une pompe à perfusion volumétrique plutôt qu'à l'aide d'une pompe péristaltique.
4. N'administrer aucun autre médicament avec la nitroglycérine dans le système IV.
5. Ne pas interrompre la nitroglycérine IV pour administrer un bolus de quelque autre médicament.
6. Pour assurer un dosage adéquat, retirer 15 mL de la tubulure si la concentration de la solution est changée.
7. Diluer avec une solution de dextrose à 5% ou avec une solution de chlorure de sodium à 0,9%.

Soins infirmiers
1. Surveiller continuellement la fréquence cardiaque, la pression artérielle, la pression veineuse centrale et la pression artérielle pulmonaire, pour assurer le maintien des signes vitaux lors d'une perfusion systémique.
2. Prévoir qu'après une réponse initiale positive on diminuera les incréments de la posologie et qu'on fera les ajustements à de plus longs intervalles.
3. Se préparer à administrer des substituts du sang pour les clients à la limite de l'hypotension.

TABLEAU 9 *(suite)*

4. Surveiller l'hypotension, la transpiration, les nausées et les vomissements et la tachycardie/bradycardie, qui indiquent que la dose est supérieure à celle que le client peut tolérer. Relever les jambes du client afin de rétablir la pression artérielle et se préparer à réduire le débit de la solution ou à administrer des liquides IV additionnels.

5. Avoir du propranolol à sa disposition pour contrecarrer la tachycardie sinusale pouvant survenir chez un client souffrant d'angine de poitrine qui reçoit une dose d'entretien de nitroglycérine. Une fréquence cardiaque de 80 ou moins est préférable afin de réduire la demande myocardique.

6. Évaluer la thrombophlébite au point d'injection. Se préparer à retirer la perfusion d'une région enflammée et à la réinstaller ailleurs.

7. Si le client reçoit des doses topiques, orales ou sublinguales en même temps de la nitroglycérine IV, s'assurer que ces doses sont ajustées.

8. Prévoir que le client sera sevré en diminuant graduellement les doses de nitroglycérine IV pour éviter l'état préthérapeutique et la détresse cardio-vasculaire. On diminue graduellement la dose lorsque l'effet maximal des vasodilatateurs oraux ou topiques est obtenu. On diminue le débit de la perfusion et on surveille l'apparition d'hypertension ou d'angine, qui indiquent la nécessité d'une augmentation de la dose.

Médicament	**Nitroglycérine sublinguale** Nitrostabilin, Nitrostat, Nitroglycérine **Nitroglycérine à effet prolongé** Nitrong SR, Nitrogard-SR **Nitroglycérine topique** Nitro-Bid, Nitroglycérine, Nitrol, Nitrong
Pharmacocinétique	**Sublinguale. Début**: 2 min. **Durée**: jusqu'à 30 min. **Topique. Début**: 20 à 60 min. **Durée**: 2 à 12 h. **Effet prolongé. Début**: 40 min. **Durée**: 8 à 12 h.
Posologie	**Sublinguale**: 150 à 600 μg q 2 ou 3 h, au besoin. Pour les *attaques aiguës*: 150 à 600 μg q 5 min, jusqu'à ce que la douleur soit soulagée. **Effet prolongé**: une capsule ou un comprimé (1,3 à 9 mg) q 8 ou 12 h à jeun. **Onguent topique** (2%): 2,5 à 5,0 cm q 8 h (12,5 cm q 4 h peuvent être requis). 2,5 cm = approximativement 15 mg de nitroglycérine. Déterminer la posologie optimale en commençant avec 1,25

TABLEAU 9 *(suite)*

cm q 8 h puis en augmentant de 1,25 cm à chaque dose successive, jusqu'à ce que surviennent des céphalées; ensuite, revenir à la plus grande dose ne causant pas de céphalées. Vers la fin du traitement, réduire la dose et la fréquence d'administration sur une période de 4 à 6 semaines, pour éviter un syndrome de retrait soudain.

Commentaires Médicament de choix pour la prophylaxie et le traitement de l'angine de poitrine. Les préparations à effet prolongé et les onguents sont employés pour prévenir les crises angineuses.

Soins infirmiers complémentaires (administration topique)

1. Déposer l'onguent sur le papier de mesure de la dose fourni avec le médicament et étendre au moyen de l'applicateur.

2. Utiliser le papier pour étendre le médicament sur une surface de peau non velue. D'un point de vue psychologique, de nombreux clients trouvent que l'application sur la poitrine est efficace; on peut cependant appliquer l'onguent sur d'autres surfaces non velues. Varier les lieux d'application pour prévenir l'irritation.

3. Appliquer une couche mince et uniforme couvrant une surface de 12,5 à 15,25 cm de diamètre.

4. Coller le papier d'application sur la surface couverte d'onguent ou recouvrir avec une pellicule de plastique. Un revêtement de plastique transparent laisse s'écouler moins d'onguent, diminue l'irritation de la peau et augmente l'absorption du médicament.

5. Une fois la dose déterminée, utiliser le même revêtement pour s'assurer que la même quantité de médicament est absorbée à chaque application.

6. Bien visser le bouchon du tube après chaque emploi.

7. L'infirmière devrait éviter que sa peau entre en contact avec l'onguent afin de prévenir l'absorption du médicament. Se laver les mains après l'application.

Médicament	**Pentaérythritol, tétranitrate de** Péritrate
Pharmacocinétique	**Début**: 20 à 60 min. **Durée**: 4 à 5 h. **Demi-vie**: 10 min. **Libération prolongée. Début**: lent. **Durée**: 12 h. Excrété dans l'urine et dans les fèces.
Posologie	**PO. Initialement**, 10 à 20 mg t.i.d. ou q.i.d.; **puis**, jusqu'à 40 mg q.i.d. **Libération prolongée**: 30 à 80 mg b.i.d.

TABLEAU 9 *(suite)*

Commentaires	Employé comme prophylactique pour les attaques d'angine mais ne devrait pas être employé pour mettre fin à une attaque aiguë. Un usage à long terme peut amener une tolérance à la nitroglycérine. *Réactions indésirables supplémentaires* Éruption cutanée grave, dermatite exfoliative. *Administration/entreposage* Le médicament peut être pris ½ h avant ou 1 h après les repas, de même qu'au coucher. Il faut prendre les comprimés à libération prolongée à jeun.

Indications   Attaques aiguës d'angine de poitrine et comme thérapie prophylactique pour réduire la fréquence et la gravité des crises. *Nitroglycérine IV*: Pour diminuer la pression artérielle lors d'une intervention chirurgicale entraînant de l'hypertension. *À l'étude*: Réduction du travail cardiaque dans l'infarctus du myocarde aigu et dans l'insuffisance cardiaque. *Onguent de nitroglycérine*: Comme adjuvant dans le traitement de la maladie de Raynaud.

Contre-indications   Sensibilité aux nitrates pouvant produire des réactions d'hypotension graves, un infarctus du myocarde ou une tolérance aux nitrites. Employer avec prudence chez les clients atteints de glaucome, de traumatisme crânien, d'hémorragie cérébrale ou d'anémie.

Réactions indésirables   La toxicité grave est rare avec l'usage thérapeutique. *SNC*: Céphalées (réaction la plus commune), syncope, étourdissements, faiblesse. *CV*: Hypotension orthostatique (réaction commune), tachycardie, rougeur transitoire, collapsus cardio-vasculaire. *GI*: Nausées, vomissements, xérostomie. *Autres*: Éruption cutanée, pâleur de la peau, sudation froide, miction ou défécation involontaire, vision trouble. *Usage topique*: Œdème périphérique, dermatite de contact.

Interactions médicamenteuses

Médicaments	Interaction
Alcool éthylique	Hypotension due à l'activité vasodilatatrice des deux agents.
Antihypertenseurs	Hypotension additive.
Dihydroergotamine	↑ de l'activité de la dihydroergotamine due à l'augmentation de la concentration sanguine.
Phénothiazines	Hypotension additive.

Interaction avec les épreuves de laboratoire   ↑ des catécholamines urinaires.

Posologie   Voir le tableau 9, p. 371.

Administration   Les nitrates sont disponibles sous plusieurs formes pharmaceutiques: sublinguale, topique, orale et parentérale. Il est important de bien comprendre quelle est l'utilisation appropriée de chacune de ces formes.

Entreposage   Éviter d'exposer le médicament à l'air, à la chaleur et à l'humidité.

Soins infirmiers

1. Permettre au client hospitalisé de garder ses comprimés sublinguaux avec lui, mais noter:
   a) combien de comprimés il faut pour soulager son angine.
   b) à quelle fréquence il prend le médicament.
   c) si le soulagement n'est que partiel ou s'il est complet.
   d) le temps nécessaire au soulagement.
   e) s'il survient des effets secondaires. Inscrire ces observations.

2. *Expliquer au client et/ou à sa famille:*
   a) qu'il doit porter sur lui ses comprimés sublinguaux, en cas d'attaque, vérifier la date d'expiration sur la bouteille et s'en procurer une nouvelle au besoin.
   b) qu'il faut garder les comprimés sublinguaux dans une bouteille en *verre* bien fermée. Ne pas utiliser de bouteilles en plastique ou de contenants sécuritaires, étant donné que le client doit pouvoir prendre rapidement son médicament.
   c) que si le premier comprimé n'a pas soulagé la douleur angineuse après 5 min, il peut prendre jusqu'à 2 autres comprimés à 5 min d'intervalle. Si la douleur n'est pas soulagée après le troisième comprimé, le client devrait être conduit à l'urgence par sa famille ou par une ambulance. Le client *ne* devrait *pas* conduire lui-même sa voiture.
   d) qu'il peut prendre un comprimé sublingual 5 à 15 min avant toute activité susceptible de lui causer une douleur angineuse telle que: monter les escaliers, avoir des relations sexuelles, s'exposer au froid.
   e) qu'il peut prendre un comprimé sublingual au moment de s'asseoir ou de se coucher, pour éviter l'hypotension orthostatique.
   f) comment appliquer la nitroglycérine topique (voir p. 374).

BLOQUEURS DES CANAUX CALCIQUES

Mécanisme d'action/cinétique   Les ions calcium sont importants pour la production des potentiels d'action et pour l'excitation/contraction des muscles. Pour que survienne la contraction des muscles lisses et du myocarde, le calcium extracellulaire doit pénétrer à l'intérieur de la cellule par des ouvertures appelées canaux calciques. Les agents bloqueurs des canaux calciques (appelés également bloqueurs des canaux lents ou antagonistes du calcium) inhibent l'afflux de calcium à travers la membrane cellulaire, ce qui cause une dépression de l'automatisme et de la vitesse de conduction dans les muscles lisses et dans le myocarde. Cela entraîne une dépression de la contraction dans ces tissus.

Dans le myocarde, ces médicaments dilatent les vaisseaux coronariens et inhibent le spasme des artères coronaires. Ils réduisent également la résistance périphérique totale et, par conséquent, diminuent les besoins du cœur en énergie et en oxygène. Ces effets sont bénéfiques pour divers types d'angine.

Ces agents sont aussi efficaces contre certaines arythmies cardiaques, car ils diminuent la conduction AV et prolongent la repolarisation. De plus, ils diminuent l'amplitude, la vitesse de dépolarisation et la conduction dans les oreillettes.

Traitement du surdosage

1. Hypotension: Isoprotérénol IV, norépinéphrine, calcium.
2. Tachycardie ventriculaire: Procaïnamide ou lidocaïne IV; aussi, défibrillation.
3. Bradycardie, asystole, bloc AV: Sulfate d'atropine IV, calcium, isoprotérénol, norépinéphrine; aussi, stimulation cardiaque.

DILTIAZEM, CHLORHYDRATE DE
Cardizem[Pr]

Catégorie   Bloqueur des canaux calciques: antiangineux et antiarythmique.

Mécanisme d'action/cinétique   Voir *Bloqueurs des canaux calciques*. **Début d'action**: 30 min. **Temps pour atteindre la concentration plasmatique maximale**: 2 à 3 h. **Demi-vie**: 3,5 à 9,0 h. **Concentration sérique thérapeutique**. 96 à 482 nmol/L.

Indications   Angine stable chronique, angine due à un spasme des artères coronaires. *À l'étude*: Hypertension artérielle essentielle.

Contre-indications   Hypotension, bloc AV du second ou du troisième degré, syndrome de dysfonctionnement sinusal. Employer avec prudence en cas de maladie hépatique. L'innocuité durant la grossesse, la lactation et chez les enfants n'a pas été établie.

Réactions indésirables   *CV*: Bloc AV, bradycardie, insuffisance cardiaque, hypotension, œdème périphérique, arythmie. *GI*: Nausées, diarrhée, constipation. *SNC*: Fatigue, faiblesse, nervosité, étourdissements, sensation de tête légère, troubles du sommeil. *Dermatologiques*: Éruption cutanée, prurit, urticaire. *Autres*: Photosensibilité, douleur ou raideur articulaires, enzymes hépatiques élevées.

Posologie PO. **Initialement**: 30 mg q.i.d. avant les repas et au coucher; **puis**, augmenter graduellement jusqu'à une dose quotidienne totale de 240 mg en 3 ou 4 doses fractionnées q 1 ou 2 jours.

Administration
1. De la nitroglycérine sublinguale peut être donnée conjointement pour l'angine aiguë.
2. Le diltiazem peut être donné avec des nitrates à action prolongée.

Soins infirmiers

Expliquer au client et/ou à sa famille:

1. qu'il doit mesurer son pouls et sa pression artérielle au moins deux fois par semaine au même moment de la journée et signaler au médecin toute baisse de la fréquence du pouls de plus de 10 pulsations par minute et toute baisse de la pression systolique ou diastolique de plus de 20 mm.

2. qu'il doit continuer de garder sur soi, en tout temps, des nitrates à courte action (nitroglycérine) tel que prescrit par le médecin.

NIFÉDIPINE Adalat^Pr

Catégorie Bloqueur des canaux calciques: antiangineux et anti-arythmique.

Mécanisme d'action/cinétique Voir *Bloqueurs des canaux calciques*. **Début d'action**: 20 min. **Temps pour atteindre la concentration plasmatique maximale**: 0,5 h **Demi-vie**: 2 à 5 h. **Concentration sérique thérapeutique**: 72 à 289 nmol/L.

Indications Angine angiospastique, angine stable chronique (angine associée à l'effort). *À l'étude*: PO ou sublinguale pour les urgences hypertensives, le phénomène de Raynaud, l'hypertension pulmonaire primitive et l'asthme.

Contre-indications Hypersensibilité. L'innocuité durant la grossesse et la lactation n'a pas été établie.

Réactions indésirables *CV*: Œdème périphérique et pulmonaire, infarctus du myocarde, arythmie ventriculaire, problèmes de conduction, hypotension, palpitations, syncope, insuffisance cardiaque. *GI*: Nausées, diarrhée, constipation, flatulence, crampes abdominales. *SNC*: Étourdissements, sensation de tête légère, nervosité, troubles du sommeil, céphalées, faiblesse, troubles de l'équilibre. *Dermatologiques*: Éruption cutanée, urticaire, prurit. *Respiratoires*: Dyspnée, toux, respiration sifflante, congestion des voies respiratoires. *Musculosquelettiques*: Crampes musculaires, douleur ou raideur articulaire *Autres*: Fièvre, frissons, transpiration, vision trouble, troubles de la fonction sexuelle, hépatite.

Interactions médicamenteuses

Médicaments	Interaction
Adrénolytiques bêta	↑ du risque d'insuffisance cardiaque, d'hypotension grave ou d'exacerbation de l'angine.
Cimétidine	↑ de l'activité de la nifédipine.
Digoxine	↑ de l'activité de la digoxine par ↓ de l'excrétion rénale.
Quinidine	↓ possible de l'activité de la quinidine.

Posologie   **PO. Individualisée.** Initialement: 10 mg t.i.d.; **entretien**: 10 à 30 mg t.i.d. ou q.i.d. Des doses quotidiennes de plus de 180 mg ne sont pas recommandées.

Administration

1. La pression artérielle devrait être soigneusement vérifiée avant d'augmenter la posologie.

2. Une dose unique ne devrait pas excéder 30 mg.

3. On peut entreprendre une thérapie aux adrénolytiques bêta pendant la thérapie à la nifédipine; noter cependant les interactions déjà décrites.

4. On peut utiliser de la nitroglycérine sublinguale en même temps que la nifédipine.

5. On doit protéger les capsules de la lumière et de l'humidité et les conserver dans leur contenant original à la température ambiante.

Soins infirmiers

1. *Évaluer:*
   a) une hypotension excessive et un accroissement de la fréquence cardiaque dus à la vasodilatation périphérique pendant la période d'ajustement de la posologie. Ces effets indésirables peuvent précipiter l'angine.
   b) le développement d'une hypotension grave, d'insuffisance cardiaque ou d'exacerbation de l'angine chez le client recevant également un adrénolytique bêta.
   c) un syndrome de retrait caractérisé par une augmentation de l'angine chez le client qui a récemment fini une thérapie avec un adrénolytique bêta.
   d) l'œdème périphérique, qui peut résulter d'une vasodilatation artérielle précipitée par la nifédipine ou qui peut indiquer une augmentation de la dysfonction ventriculaire. Si on note un œdème périphérique, rechercher des signes d'insuffisance cardiaque, tels que la faiblesse, l'essoufflement et le malaise abdominal.

2. Si l'on doit terminer la thérapie avec un adrénolytique bêta,

---

diminuer progressivement la dose pour prévenir un syndrome de retrait.

3. *Expliquer au client et/ou à sa famille* comment mesurer son pouls et sa pression artérielle au moins deux fois par semaine au même moment de la journée. Il doit signaler au médecin tout changement significatif, particulièrement une augmentation de la fréquence du pouls et une diminution de la pression artérielle.

VÉRAPAMIL, CHLORHYDRATE DE Isoptin oral[Pr], Isoptin parentéral[Pr]

Catégorie Bloqueur des canaux calciques: antiangineux, antiarythmique.

Mécanisme d'action/cinétique Voir *Bloqueurs des canaux calciques.* **Début d'action: PO.** 30 min; **IV**, 3 à 5 min. **Temps requis pour atteindre la concentration plasmatique maximale (PO):** 1 à 2 h. **Demi-vie:** 3 à 7 h. **Concentration sérique thérapeutique:** 176 à 660 nmol/L.

Indications Angine de poitrine due à un spasme des artères coronaires, angine chronique stable, menace d'infarctus (angine instable, s'aggravant), tachyarythmies supraventriculaires (IV), pour maîtriser la fréquence ventriculaire rapide dans le flutter ou dans la fibrillation auriculaire. *À l'étude:* Comme prophylactique pour la migraine.

Contre-indications Hypotension grave, bloc AV du second ou du troisième degré, choc cardiogénique, insuffisance cardiaque grave, syndrome de dysfonctionnement sinusal (sauf si le client a un stimulateur cardiaque). Employer avec prudence en présence de myocardiopathie hypertrophique ou d'altération de la fonction rénale. L'innocuité durant la grossesse et la lactation n'a pas été établie.

Réactions indésirables *CV:* Insuffisance cardiaque, bloc AV, bradycardie, asystole, contraction ventriculaire prématurée (après administration IV), œdème périphérique et pulmonaire, hypotension, syncope. *GI:* Nausées, constipation, malaise abdominal. *Autres:* Vision trouble, alopécie, troubles de la fonction sexuelle, crampes ou fatigue musculaires, dysménorrhée, transpiration, nystagmus rotatoire.

Interactions médicamenteuses

Médicaments	Interaction
Adrénolytiques bêta	Conduction AV et effets dépresseurs sur la contractilité du myocarde accrus.
Anticoagulants oraux	↑ de l'activité de l'anticoagulant due à la ↓ du taux de liaison au protéines plasmatiques.
Antihypertenseurs	Effet hypotenseur accru.

Médicaments	Interaction
Calcium, sels de	↓ de l'activité du vérapamil.
Disopyramide	Conduction AV et effets dépresseurs sur la contractilité du myocarde accrus.
Digoxine	↑ des risques de toxicité de la digoxine.
Théophyllines	↑ de l'activité des théophyllines.
Vitamine D	↓ de l'activité du vérapamil.

Note: Puisque le vérapamil se lie aux protéines plasmatiques de manière significative, il peut survenir des interactions avec d'autres médicaments se liant aussi aux protéines plasmatiques.

Posologie PO. *Angine*. **Individualisée. Adultes: Initialement**, 80 mg q 6 ou 8 h; **puis**, augmenter la dose jusqu'à un total de 240 à 480 mg par jour. **IV lente:** *Tachyarythmie supraventriculaire*. **Adultes: initialement**, 5 à 10 mg en 2 min (3 min chez les clients âgés; **puis**, 10 mg après 30 min si la réponse n'est pas adéquate. **Pédiatrie, jusqu'à 1 an**: 0,1 à 0,2 mg/kg en 2 min; **1 à 15 ans**: 0,1 à 0,3 mg/kg (ne pas excéder 5 mg) en 2 min. Si la réponse à la dose initiale n'est pas adéquate, on peut répéter l'administration après 30 min.

Administration

1. Donner en bolus IV lent en 2 min (3 min aux personnes âgées pour diminuer les effets toxiques).

2. La posologie IV ne devrait être administrée que sous surveillance continue par ECG. Le matériel de réanimation doit être disponible.

3. Conserver les ampoules entre 15 et 30°C, à l'abri de la lumière.

4. S'assurer qu'il n'y a pas de précipité dans l'ampoule et que la solution n'est pas décolorée avant d'administrer le médicament.

Soins infirmiers

1. Avoir à sa disposition le matériel pour l'ECG et la surveillance de la PA ainsi que le matériel de réanimation lorsqu'on administre le vérapamil IV.

2. *Évaluer*:
   a) l'obtention du rythme sinusal normal (atteint généralement 10 min après l'administration IV).
   b) la bradycardie et l'hypotension, qui peuvent indiquer un surdosage.

3. Ne pas administrer conjointement avec un adrénolytique bêta IV (comme le propranolol).

4. Ne pas administrer de disopyramide (Norpace) 48 h avant ou 24 h après une administration de vérapamil.

5. Sauf lorsqu'on traite un surdosage de vérapamil, consulter le médecin avant d'administrer un médicament qui augmente la concentration sérique de calcium.

AUTRES VASODILATATEURS

DIPYRAMIDOLE Apo-Dipyramidole[Pr], Persantine[Pr]

Catégorie Vasodilatateur coronarien.

Mécanisme d'action/cinétique Dilate sélectivement les vaisseaux à faible résistance du lit vasculaire coronarien, probablement en augmentant la concentration tissulaire d'adénosine diphosphate (ADP), un vasodilatateur puissant. Le médicament réduit également le temps de coagulation (agrégation plaquettaire).

Indications Angine de poitrine chronique (traitement à long terme). N'est pas indiqué pour des attaques aiguës. En association avec l'aspirine pour prévenir l'infarctus du myocarde et pour prévenir l'occlusion des pontages coronariens. *À l'étude*: En association avec la warfarine pour prévenir la thromboembolie chez les clients ayant des valvules cardiaques prothétiques.

Contre-indications Employer avec prudence chez les clients hypotendus.

Réactions indésirables *SNC*: Céphalées, étourdissements, faiblesse ou syncope. *GI*: Nausées, douleurs GI. *Autres*: Rougeurs, éruption cutanée. Rarement, aggravation de l'angine de poitrine.

Interaction médicamenteuse L'effet anticoagulant est accru si le médicament est administré conjointement avec de l'aspirine.

Posologie PO. 50 mg t.i.d., 1 h avant les repas avec un plein verre d'eau. *Note*: Il peut exister une différence de biodisponibilité entre les produits.

Soins infirmiers

1. *Évaluer:*
   a) l'aggravation de l'angine de poitrine; il faut alors interrompre la thérapie.
   b) la réponse clinique positive, qui se manifeste par une augmentation de la tolérance à l'effort, par un besoin réduit de nitroglycérine et par une diminution ou une élimination des attaques d'angine.
   c) les réactions indésirables, parce qu'un ajustement de la posologie peut être nécessaire.
2. *Expliquer au client et/ou à sa famille*:
   a) qu'il faut signaler tout signe subjectif d'hypotension, tel que la faiblesse, les étourdissements et la sensation lipothy-

---

mique, qui a pu être potentialisée par le médicament et qui justifie un changement dans le régime d'administration.

b) qu'il doit rester fidèle au traitement bien qu'il puisse être découragé par le retard de la réponse clinique (1 à 3 mois).

NADOLOL   Corgard[Pr]

Voir le chapitre 26, p. 414.

PROPRANOLOL, CHLORHYDRATE DE
Indéral[Pr]

Voir le chapitre 26, p. 414.

Vasodilatateurs périphériques

Généralités   Plusieurs affections, y compris l'artériosclérose, réduisent l'irrigation sanguine des membres. La maladie vasculaire périphérique qui en résulte peut avoir de graves conséquences, telles que l'hypoxie des tissus et la gangrène. Le traitement entraîne habituellement une relaxation des muscles entourant les petites artères et les capillaires. De nombreux médicaments agissant sur diverses parties du système nerveux autonome (voir la sixième partie) sont utilisés pour le traitement des maladies vasculaires périphériques. Les médicaments qui agissent spécifiquement sur les vaisseaux sanguins périphériques sont présentés ici.

ALCOOL NICOTYLINIQUE, TARTRATE D'
Roniacol supraspan

Catégorie   Vasodilatateur périphérique.

Mécanisme d'action/cinétique   Transformé en niacine, qui produit une vasodilatation périphérique directe, en particulier des vaisseaux cutanés, du visage, du cou et du thorax. Se présente sous forme de dragées à libération prolongée. **Début d'action**: 30 min. **Durée**: 6 à 12 h.

Indications   Claudication intermittente associée à l'artériosclérose périphérique et à la thromboangéite oblitérante, maladie vasculaire reliée au diabète, ulcères de décubitus et variqueux, érythème pernio, syndrome de Ménière, vertige.

Réactions indésirables   *CV*: Rougeur du visage et du cou, hypotension. *SNC*: Étourdissements, syncope. *GI*: Brûlures d'estomac, nausées, vomissements. *Autres*: Paresthésie, éruption cutanée, prurit, symptômes allergiques. Une tolérance au médicament peut se développer après un emploi prolongé.

Posologie   **PO**: 150 ou 300 mg b.i.d., le matin et le soir.

CYCLANDÉLATE   Cyclospasmol

Catégorie   Vasodilatateur périphérique, antispasmodique.

Mécanisme d'action/cinétique   Action directe ressemblant à celle de la papavérine sur le muscle lisse des vaisseaux sanguins, entraînant une vasodilatation périphérique. Le médicament a peu d'effet sur la pression artérielle et sur la fréquence cardiaque. Les effets bénéfiques sont graduels. **Début d'action**: 15 min. **Effet maximal**: 1 à 1,5 h. **Durée**: 3 à 4 h. Vitesse du métabolisme incertaine.

Indications   Thérapie symptomatique des maladies vasculaires oblitérantes et des affections angiospastiques, y compris l'artériosclérose périphérique, la claudication intermittente, la thromboangéite oblitérante, la thrombophlébite aiguë, l'érythrocyanose, la maladie de Raynaud, la sclérodermie, les crampes nocturnes dans les jambes, les ulcères diabétiques de la jambe, les gelures et des cas choisis d'atteinte cérébrale par occlusion artérielle. Ne doit pas servir de substitut à une autre thérapie.

Contre-indications   Devrait être employé avec extrême prudence chez les clients atteints de maladie coronarienne ou de maladie vasculaire cérébrale oblitérantes. L'innocuité durant la grossesse n'a pas été établie. Administrer avec prudence aux clients atteints de glaucome.

Réactions indésirables   *GI*: Brûlures d'estomac, troubles GI. *SNC*: Céphalée, étourdissements, faiblesse. *CV*: Rougeur, tachycardie. *Autres*: Picotements dans les membres, transpiration.

Posologie   **PO: Initialement**, 1 200 à 1 600 mg par jour en doses fractionnées avant les repas et au coucher. **Entretien**: 100 à 200 mg q.i.d. *Note*: Les effets du médicament peuvent n'apparaître qu'après plusieurs semaines.

c) qu'il doit signaler les symptômes indésirables: il est toutefois important de l'avertir que des rougeurs, des céphalées, de la faiblesse et de la tachycardie surviennent souvent durant les premières semaines de thérapie.

ISOXSUPRINE, CHLORHYDRATE D'
Vasodilan

Catégorie   Vasodilatateur périphérique.

Mécanisme d'action/cinétique   Relaxation directe du muscle lisse des vaisseaux qui augmente le débit sanguin périphérique. Le médicament traverse la barrière placentaire. **Concentration sérique maximale (PO ou IM)**: 1 h, persistant durant environ 3 h. **Demi-vie**: 1,25 h. Excrété principalement dans l'urine.

Indications   Traitement symptomatique de l'insuffisance vasculaire cérébrale. Améliore la circulation sanguine périphérique dans les cas d'artériosclérose oblitérante, de la maladie de Buerger et de la maladie de Raynaud. Risque de travail prématuré. *À l'étude*: Dysménorrhée.

Contre-indications   Saignements artériels. Pendant le post-partum. L'utilisation parentérale doit se faire avec prudence chez les clients souffrant d'hypotension et de tachycardie.

Réactions indésirables   *CV*: Tachycardie, hypotension, douleur thoracique. *GI*: Douleur abdominale, nausées, vomissements. *SNC*: Sensation de tête légère, étourdissements, nervosité, faiblesse. *Autres*: Éruption cutanée grave.

Posologie   **PO**: 10 à 20 mg t.i.d. ou q.i.d. **IM**: 5 à 10 mg b.i.d. ou t.i.d. Changer pour l'administration PO aussitôt que possible.

Soins infirmiers

Surveiller la fréquence, l'intensité et la durée des contractions lorsque administré pendant le travail prématuré pour contrecarrer la menace d'avortement.

NYLIDRINE, CHLORHYDRATE DE   Arlidin, Arlidin Forte, PMS Nylindrin

Catégorie   Vasodilatateur périphérique.

Mécanisme d'action/cinétique   Vasodilatation des muscles squelettiques (principalement) par stimulation des récepteurs bêta-adrénergiques et relaxation du muscle lisse des vaisseaux. **Début d'action**: 10 min; **effet maximal**: 30 min. **Durée**: 2 h. Excrété dans l'urine.

Indications   Maladies vasculaires périphériques, y compris la maladie de Raynaud, la thromboangéite oblitérante, l'artériosclérose oblitérante, la maladie vasculaire reliée au diabète, gelures, crampes nocturnes dans les jambes, ulcère ischémique, acrocyanose, acroparesthésie, thrombophlébite. Troubles circulatoires de l'oreille interne. N'est pas un médicament de choix.

Contre-indications   Infarctus myocardique aigu, angine de poitrine, tachycardie paroxystique ou thyrotoxicose. Employer avec prudence chez tout client atteint d'une maladie cardiaque.

Réactions indésirables   *CV*: Palpitations, hypotension orthostatique. *SNC*: Tremblements, faiblesse, étourdissements, nervosité. *GI*: Nausées, vomissements.

Posologie   **PO**: 3 à 12 mg t.i.d. ou q.i.d.

Soins infirmiers

Expliquer au client et/ou à sa famille:

a) que les palpitations devraient disparaître au cours de la thérapie.

b) que l'amélioration peut ne devenir apparente qu'après plusieurs semaines.

CHLORHYDRATE DE PAPAVÉRINE
Chlorhydrate de papavérine

Catégorie   Vasodilatateur périphérique.

Mécanisme d'action/cinétique   Effet spasmolytique direct sur le muscle lisse, peut-être par inhibition de la phosphorylation oxydative et par interaction avec le calcium dans la contraction musculaire. Absorbé assez rapidement. Déposé dans les tissus adipeux et dans le foie. Une concentration plasmatique stable est obtenue lorsque le médicament est donné q 6 h.

Indications   Troubles circulatoires accompagnés par des spasmes vasculaires causant une insuffisance circulatoire (myocardique, rénale, cérébrale ou périphérique). Spasmes urétéraux ou biliaires, colique GI. On ne considère pas ce médicament comme très efficace.

Contre-indications   Bloc auriculoventriculaire complet; administrer avec extrême prudence en présence d'insuffisance coronarienne et de glaucome. L'innocuité durant la grossesse et la lactation ainsi que chez les enfants n'a pas été établie.

Réactions indésirables   *CV*: Rougeur du visage, hypertension. *GI*: Nausées, anorexie, douleur abdominale, constipation ou diarrhée, bouche et gorge sèches. *SNC*: Céphalée, somnolence, sédation, vertige. *Autres*: Transpiration, prurit, éruption cutanée, augmentation de l'amplitude respiratoire, ictère, éosinophilie.
Note: Une intoxication aiguë ou chronique peut résulter de l'emploi de la papavérine. Les symptômes sont une prolongation des réactions indésirables. Les symptômes d'intoxication aiguë comprennent aussi: nystagmus, diplopie, coma, cyanose, dépression respiratoire. Les symptômes d'intoxication chronique comprennent aussi: ataxie, vision trouble, éruption érythémateuse maculaire, dyscrasie sanguine.

Interaction médicamenteuse   La papavérine peut ↓ l'activité de la lévodopa en bloquant les récepteurs dopaminergiques.

Interactions avec les épreuves de laboratoire   ↑ de la SGOT, de la SGPT et de la bilirubine.

Posologie   **PO**: 100 à 300 mg 3 à 5 fois par jour; **IM, IV**: 30 à 120 mg administrés lentement (sur une période d'une à deux minutes) q 3 h. **Pédiatrique**: 6 mg/kg.

Administration

1. Les injections IV doivent être faites par le médecin ou sous son étroite surveillance.
2. Ne pas mélanger à une solution de Ringer avec lactate, car un précipité se formerait.

Soins infirmiers

1. Surveiller le pouls, la respiration et la pression artérielle pendant au moins une demi-heure après l'administration IV de papavérine.
2. Signaler au médecin les symptômes indésirables du système nerveux autonome et GI.

TOLAZOLINE, CHLORHYDRATE DE
Priscoline

Voir *Adrénolytiques (sympatholytiques)*, p. 722.

CHAPITRE **26**

Antihypertenseurs

Généralités L'hypertension est une affection caractérisée par une pression artérielle moyenne élevée. C'est l'une des principales affections chroniques pour lesquelles on prescrit des médicaments devant être pris régulièrement. La plupart des cas d'hypertension n'ont pas de cause connue et résultent d'une augmentation généralisée de la résistance à la circulation dans les vaisseaux périphériques (artérioles). Il s'agit d'hypertension primitive ou essentielle. Le traitement de l'hypertension essentielle a pour but de réduire la pression artérielle jusqu'à la normale ou près de la normale. On croit ainsi prévenir ou arrêter les dommages lents et permanents causés par une pression constamment trop élevée.

L'hypertension essentielle est communément classée en fonction de sa gravité: bénigne, modérée ou grave. Dans la plupart des cas, l'hypertension est bénigne au début. L'hypertension modérée ou grave peut entraîner des changements dégénératifs dans l'encéphale, le cœur et les reins, et elle peut être fatale.

Les autres types d'hypertension (hypertension secondaire) ont une cause connue et peuvent résulter de complications de la grossesse (hypertension gravidique récidivante) ou de certaines maladies causant des altérations de la fonction rénale. Elles peuvent également être causées par une tumeur de la glande surrénale (phéochromocytome) ou par le blocage de certaines artères se rendant aux reins (hypertension d'origine rénale). Ces deux derniers cas peuvent être corrigés par une intervention chirurgicale.

La plupart des agents pharmacologiques utilisés dans le traitement de l'hypertension réduisent la pression artérielle en relaxant les artérioles resserrées, ce qui diminue la résistance au débit sanguin périphérique. Ces médicaments agissent en diminuant l'influence du système nerveux sympathique sur le muscle lisse des artérioles, en relaxant directement le muscle lisse artériolaire, ou en agissant sur les centres nerveux supérieurs qui régularisent la pression artérielle.

On commence généralement la thérapie antihypertensive lorsque la pression artérielle diastolique est supérieure à 90 mm Hg. La perte de masse, le régime hyposodé, l'arrêt de l'usage de tabac, l'exercice ainsi que des modifications du comportement sont des éléments importants du traitement antihypertenseur. La thérapie antihypertensive est entreprise par paliers. La thérapie commence avec un seul médicament. D'autres agents peuvent être ajoutés ou substitués en augmentant graduellement les doses jusqu'à ce que l'on ait obtenu l'effet désiré, que l'on ait atteint la posologie maximale ou que les effets indésirables ne soient plus tolérés. Lorsque de nouveaux agents sont ajoutés au régime thérapeutique, ils doivent agir par des mécanismes différents de ceux des médicaments déjà utilisés.

Les médicaments suivants sont utilisés dans la thérapie par paliers. Étape 1: Diurétiques thiazidiques (médicaments de choix) et adrénolytiques bêta. Étape 2: Médicaments qui inhibent l'activité du système nerveux adrénergique. Certains de ces médicaments ont une action centrale (clonidine, méthyldopa), alors que d'autres ont une action périphérique (prazosine, réserpine). Les adrénolytiques bêta peuvent également être considérés comme faisant partie des médicaments de l'étape 2. Étape 3: Vasodilatateurs, y compris l'hydralazine et le minoxidil. Étape 4: La guanéthidine et le captopril sont réservés pour cette étape à cause du très grand nombre d'effets indésirables qu'ils peuvent entraîner. Le captopril peut toutefois être utilisé dans les étapes 2 et 3, lorsque les effets indésirables ou l'inefficacité limitent l'utilisation des autres agents.

Note: Les bloqueurs des canaux calciques ont également été utilisés dans le traitement de l'hypertension (voir le chapitre 24, p. 376).

Parmi les autres médicaments utilisés pour traiter l'hypertension, mentionnons:

1. **Les sédatifs et les anxiolytiques.** Ces médicaments sont utilisés dans le traitement de l'hypertension bénigne, particulièrement lorsque celle-ci est causée par le stress. Voir le chapitre 31.

2. **Les alcaloïdes de la rauwolfia.**

3. **Les ganglioplégiques.** Utilisés pour traiter l'hypertension modérée à grave.

4. **Les inhibiteurs de la monoamine-oxydase.**

Soins infirmiers

1. Évaluer la pression artérielle de base avant de commencer le traitement, peu importe l'antihypertenseur utilisé.

2. Évaluer périodiquement la pression artérielle comme le prescrivent l'état du client et sa médication.

3. Signaler au médecin tout changement significatif de la pression artérielle ou l'absence de réponse au traitement.

ALCALOÏDES DE LA RAUWOLFIA

Généralités   Les alcaloïdes de la rauwolfia réduisent la pression artérielle élevée accompagnée de bradycardie, mais n'ont aucun effet sur le débit sanguin rénal. Toutefois, les effets antihypertenseurs sont insuffisants lorsque la réserpine est administrée seule à des doses produisant une fréquence minimale d'effets indésirables. Les alcaloïdes de la rauwolfia sont employés dans le traitement des psychoses à cause de leurs effets significatifs sur le SNC.

Mécanisme d'action/cinétique   On croit que la réserpine exerce son action en entraînant la déplétion de la noradrénaline et de la sérotonine dans les terminaisons nerveuses. Ainsi, une quantité plus faible de neurotransmetteurs est disponible pour réagir avec les récepteurs, ce qui entraîne une relaxation du muscle lisse des vaisseaux sanguins. La réserpine agit également directement en déprimant la fonction myocardique, en augmentant la sécrétion d'acide gastrique et en produisant une variété de changements endocriniens. Elle produit également des effets neuroleptiques. **PO**: Le début d'action est lent; l'activité maximale est obtenue après une semaine ou plus. **IM**: Le début d'action prend plus de 1 h; durée d'action: jusqu'à 10 h. **IV**: Début d'action, 1 h; activité maximale: 4 h. Métabolisé par le foie et excrété dans l'urine. **Demi-vie**: 50 à 100 h.

Indications   Utilisés conjointement avec un diurétique dans le traitement de l'hypertension primitive légère ou labile, particulièrement lorsque celle-ci est associée à de l'anxiété et à des facteurs émotionnels. Psychoses accompagnées d'agitation. Adjuvant dans le traitement de la tachycardie et des palpitations. *À l'étude*: Adjuvant dans le traitement des troubles psychologiques rencontrés dans la thyrotoxicose; traitement des angiospasmes dans la maladie de Raynaud.

Contre-indications   Phéochromocytome, antécédents de dépression mentale, colites ou ulcères gastro-duodénaux. Durant les électrochocs. Utiliser avec prudence en présence d'arythmie cardiaque ou d'asthme. Ces médicaments doivent être utilisés avec prudence durant la grossesse, car on a signalé qu'ils pouvaient causer des contractions utérines et traverser la barrière placentaire. Ils peuvent causer de la congestion nasale chez les nourrissons de mères qui allaitent, ce qui peut entraîner de sérieux problèmes respiratoires durant les tétées.

Réactions indésirables   *SNC*: Somnolence, fatigue, léthargie, dépression (pouvant être grave et entraîner des gestes suicidaires). Céphalée, étourdissements, cauchemars, augmentation des périodes de rêves. *CV*: Bradycardie, hypotension grave, symptômes de type angineux, arythmie. *GI*: Nausées, vomissements, diarrhée, anorexie, crampes, augmentation des sécrétions gastriques (peut aggraver les ulcères gastro-duodénaux), xérostomie, *Allergiques*: Prurit, éruption cutanée, symptômes d'asthme chez les asthmatiques. *Endocriniennes*: Impuissance, diminution de la libido, engorgement mammaire, gynécomastie, galactorrhée. *Autres*: Congestion nasale (fréquente), bouffées vasomotrices, sialorrhée, purpura thrombopénique, épistaxis, ecchymoses, augmentation du temps de saignement, douleurs musculaires, vision trouble, ptosis.

Les alcaloïdes de la rauwolfia peuvent causer un collapsus cardiovasculaire aigu chez les clients soumis à un stress soudain. De plus, on doit en interrompre l'administration deux semaines avant toute intervention chirurgicale. Des complications ont également été observées durant l'administration d'un anesthésique.

On doit interrompre l'administration d'alcaloïdes de la rauwolfia une semaine avant de commencer un traitement aux électrochocs.

La rétention hydrosodée peut progresser jusqu'à l'insuffisance cardiaque.

Le surdosage est caractérisé par une dépression du SNC, de l'hypotension, du myosis et de la catatonie.

Interactions médicamenteuses

Médicaments	Interaction
Adrénolytiques bêta	Hypotension et bradycardie.
Anesthésiques généraux	Hypotension et bradycardie.
Anticholinergiques	Les alcaloïdes de la rauwolfia ↓ l'effet des anticholinergiques en causant une ↑ de la sécrétion d'acide gastrique.
Anticonvulsivants	La réserpine ↓ le seuil convulsif et raccourcit la période de latence précédant la crise. Il se peut qu'on doive ajuster la posologie des anticonvulsivants.

Médicaments	Interaction
Antidépresseurs tricycliques	↑ de l'effet stimulant chez les clients déprimés.
Diurétiques thiazidiques	Effet hypotenseur additif.
Éphédrine	↓ de l'efficacité de l'éphédrine.
Glucosides cardiotoniques	↑ des risques d'arythmie cardiaque.
Inhibiteurs de la MAO	La libération de la norépinéphrine accumulée induite par la réserpine, sous l'effet des inhibiteurs de la MAO, entraîne de l'excitation et de l'hypertension.
Méphentermine	↓ de l'efficacité de la méphentermine.
Méthotriméprazine	Effet hypotenseur additif.
Phénothiazines	Effet hypotenseur additif.
Procarbazine	Effet hypotenseur additif.
Quinidine	Effet hypotenseur additif et ↑ des risques d'arythmie cardiaque.
Théophylline	↑ des risques de tachycardie.
Thioxanthines	Effet hypotenseur additif.
Vasodilatateurs périphériques	Effet hypotenseur additif.

Interactions avec les épreuves de laboratoire ↑ du glucose sérique, du glucose urinaire. ↓ des catécholamines urinaires, des hydroxy-17 corticostéroïdes et des céto-17 stéroïdes.

Posologie **Généralement, PO**: voir chaque composé au tableau 10, p. 394.

Soins infirmiers

1. *Évaluer*:
   a) les symptômes précoces de dépression, tels que les changements de la personnalité, les cauchemars et les changements dans le profil de rythmes veille-sommeil, pouvant entraîner des gestes suicidaires.
   b) la pression artérielle dans des conditions standard et la comparer à la valeur de base et aux autres valeurs préalablement mesurées. Signaler tout changement significatif (demander au médecin les directives pour chaque client).

2. Peser le client au moins deux fois par semaine dans des conditions standard, afin de pouvoir surveiller la rétention d'eau. Évaluer la gravité de l'œdème.

3. Évaluer l'œdème en mesurant le mollet 5 cm au-dessus de la malléole interne et comparer ces mesures au moins 2 fois par jour.

---

4. Garder à portée de la main un agent sympathomimétique (éphédrine) afin de pouvoir traiter le surdosage.

5. *Expliquer au client et/ou à sa famille*:
   a) les signes qui peuvent précéder la dépression et souligner l'importance d'une supervision médicale si ces signes surviennent.
   b) les effets indésirables pouvant être occasionnés par les alcaloïdes de la rauwolfia et comment évaluer l'œdème; demander au client de signaler les effets indésirables.

Soins infirmiers – Administration parentérale des alcaloïdes de la rauwolfia

1. Évaluer la dépression respiratoire.

2. Évaluer l'hypotension posturale.

3. Aviser le client de ne pas descendre de son lit sans assistance.

4. Mesurer la pression artérielle avant l'administration parentérale de chaque dose de réserpine.

TABLEAU 10 ALCALOÏDES DE LA RAUWOLFIA

Médicament	Posologie	Commentaires
Alséroxylon Rauwiloid[Pr]	**PO: Initialement**, 2 à 4 mg par jour en une seule dose ou en doses fractionnées; **entretien**: 2 mg par jour.	On utilise de préférence la réserpine chez les clients hospitalisés. *Interactions médicamenteuses supplémentaires* 1. L'éthanol ↑ les effets dépresseurs du SNC et hypotenseurs de l'alséroxylon. 2. La lévodopa et le méthyldopa ↑ les effets hypotenseurs de l'alséroxylon.
Rauwolfia serpentina Raudixin[Pr]	**PO: Initialement**, 200 à 400 mg par jour administrés matin et soir; **entretien**: 50 à 300 mg par jour, en une ou deux doses.	Une posologie de 200 à 300 mg de cette préparation équivaut à 0,5 mg de réserpine.
Réserpine Novoréserpine[Pr], Réserfia[Pr], Réserpine[Pr], Serpasil[Pr]	**PO.** *Hypertension*: **Initialement**, 0,5 mg par jour pendant 1 ou 2 semaines; **entretien**: 0,1 à 0,25 mg par jour. *Psychiatrie*: 0,1 à 1 mg ajusté en fonction de la réponse du client.	Médicament de choix pour les clients hospitalisés. Peut causer de l'hypotension posturale et de la dépression respiratoire. Évaluer la pression artérielle avant chaque administration. L'adminis-

TABLEAU 10 (*suite*)

Médicament	Posologie	Commentaires
		tration de 10 mg ou plus peut causer une réaction retardée d'hypotension. Peut ne pas maîtriser efficacement l'hypertension si employé seul. Le plus souvent utilisé avec des diurétiques thiazidiques ou en association avec de l'hydralazine (par exemple, Apresoline). (Voir l'appendice 3.)

GANGLIOPLÉGIQUES

Mécanisme d'action/cinétique   Les ganglioplégiques bloquent la transmission de l'influx nerveux dans les ganglions du système nerveux autonome. Cette action entraîne l'inhibition des influx nerveux, y compris ceux qui provoquent la constriction des parois vasculaires, ce qui réduit la pression artérielle. Les baroréflexes sont également bloqués, prévenant ainsi l'augmentation de la fréquence cardiaque reliée à la diminution de la pression artérielle.

Ces médicaments ont toutefois une valeur limitée dans le traitement à long terme de l'hypertension chronique à cause des effets indésirables qu'ils occasionnent, tels que l'hypotension orthostatique, l'iléus paralytique et la rétention urinaire.

Réactions indésirables   La plupart des effets indésirables sont associés au blocage des systèmes nerveux parasympathique et sympathique, car ces médicaments bloquent les ganglions se rendant à tous les organes du corps et non uniquement ceux qui se rendent aux vaisseaux sanguins. Comme avec les autres médicaments puissants qui entraînent un changement majeur des processus physiologiques, il est souvent difficile de décider quand une réaction indésirable devient excessive.

CV: Hypotension posturale, fibrose et œdème pulmonaire interstitiel. *GI*: Anorexie, diarrhée suivie de constipation, iléus paralytique, xérostomie, nausées, vomissements, glossite. *SNC*: Faiblesse, fatigue, étourdissements, syncope, sédation. Rarement, crises convulsives, mouvements choréiformes, tremblements et troubles mentaux, particulièrement lors de l'administration de fortes doses. *GU*: Rétention urinaire, impuissance, baisse de la libido. *Autres*: Paresthésie.

Les clients suivant un régime hyposodé, ceux qui ont subi une sympathectomie et ceux qui ont souffert d'une encéphalopathie hypertensive sont particulièrement sensibles aux ganglioplégiques.

Interactions médicamenteuses

Médicaments	Interaction
Alcool éthylique	↑ de l'effet hypotenseur.
Anesthésiques généraux	Effet hypotenseur additif.
Antihypertenseurs	Effet hypotenseur additif.
Diurétiques thiazidiques	↑ additive de l'effet hypotenseur; leur utilisation concomitante permet de réduire de moitié la dose de ganglioplégique.

Posologie Fortement individualisée. La quantité requise de médicament varie selon le moment de la journée où le médicament est administré (des doses plus élevées sont généralement requises durant la nuit), selon la saison (des doses plus faibles sont généralement requises lorsque la température est chaude) et selon la position du client (on administre des doses plus élevées aux clients qui se lèvent qu'aux clients alités).

Il est important de toujours mesurer la pression artérielle des clients traités avec des ganglioplégiques lorsqu'ils sont debout, ou dans la position prescrite par le médecin.

Soins infirmiers

1. *Évaluer*:
   a) la pression artérielle et le pouls aux heures demandées et s'assurer que le client est dans la position recommandée lors de chaque évaluation (en position debout ou assise). Lorsque cela se révèle impossible, indiquer au dossier tout changement apporté.
   b) la masse du client quotidiennement et la présence d'œdème afin de déterminer si le gain de masse est liquidien ou s'il est causé par une augmentation de l'appétit.
   c) les ingesta et les excreta, car de l'oligurie causée par une hypotension excessive peut apparaître.
   d) la constipation. Consulter le médecin au sujet de l'usage d'un laxatif, tel qu'un cathartique salin ou un autre cathartique irritant, si le client ne défèque pas régulièrement. On doit cesser l'administration du médicament en cas de constipation. Les cathartiques augmentant le volume des fèces sont inefficaces.
   e) attentivement les effets hypotenseurs additifs lorsque d'autres antihypertenseurs ou des diurétiques sont administrés conjointement, car un ajustement de la posologie peut se révéler nécessaire.

2. *Expliquer au client et/ou à sa famille*:
   a) que l'hypotension orthostatique se manifeste par de la faiblesse, des étourdissements et des syncopes. Ces symptômes peuvent apparaître lorsque le client passe

rapidement de la position couchée à la position debout. Afin de prévenir ce phénomène, il devrait s'asseoir lentement dans son lit et laisser pendre ses jambes pendant quelques minutes, jusqu'à ce qu'il se sente suffisamment stable pour se tenir debout. Une infirmière ou un membre de la famille devrait l'assister au besoin.

b) que s'il se sent faible, étourdi et sur le point de perdre conscience après être resté debout ou avoir fait de l'exercice pendant une longue période, il devrait s'étendre, si possible, ou s'asseoir et garder la tête baissée entre ses genoux.

c) comment prévenir la constipation; il faut signaler la constipation au médecin.

TRIMÉTAPHAN, CAMSYLATE DE   Arfonad[Pr]

Catégorie   Ganglioplégique, antihypertenseur.

Mécanisme d'action/cinétique   Cet agent dilate directement les vaisseaux sanguins et libère de l'histamine en plus d'agir comme ganglioplégique. **Début d'action**: Immédiat. **Durée d'action**: Extrêmement courte (10 à 30 min). La pression artérielle augmente 10 min après l'arrêt de la perfusion IV.

Indications   Lorsque l'hypotension est indiquée durant une intervention chirurgicale, comme dans le cas d'une tumeur ou d'un anévrisme cérébral, de la réparation d'une fistule A-V et d'une transplantation, d'une coarctation, d'une anastomose ou d'une intervention de fenestration de l'aorte.

Le trimétaphan est également indiqué dans le traitement des crises hypertensives et de l'œdème pulmonaire causé par l'hypertension. *À l'étude*: Anévrisme disséquant de l'aorte ou maladies coronariennes lorsque les autres médicaments ne peuvent pas être utilisés.

Contre-indications   Anémie, choc, asphyxie, insuffisance respiratoire, hypovolémie. Utiliser avec précaution dans les cas d'artériosclérose, de maladies cardiaques, hépatiques ou rénales, de maladie d'Addison, de diabète et de maladies dégénératives du SNC. Clients prenant des stéroïdes.

Interactions médicamenteuses

Médicaments	Interaction
Anesthésiques généraux	Hypotension additive.
Antihypertenseurs	Hypotension additive.
Diurétiques	↑ de l'effet du trimétaphan.

Médicaments	Interaction
Myorésolutifs non dépolarisants	Relaxation musculaire additive.
Succinylcholine	↑ de la relaxation musculaire.

Posologie **Perfusion IV: Adultes, initialement**, 1,0 mg/mL dans du dextrose à 5% administré à un débit de 3 à 4 mL/min (3 à 4 mg/min); **puis**, posologie individualisée. **Pédiatrique**: 50 à 150 µg/kg par min. Mesurer la pression artérielle fréquemment.

Administration

1. On devrait cesser l'administration avant de suturer les plaies afin de permettre à la pression artérielle de retourner à la normale (en général en moins de 10 min).

2. Installer le client dans une position permettant d'éviter l'anoxie cérébrale.

Soins infirmiers complémentaires

Voir *Soins infirmiers – Ganglioplégiques*, p. 396.

1. *Évaluer*:
   a) la pression artérielle attentivement. La pression artérielle systolique doit être maintenue au-dessus de 60 mm Hg ou aux deux tiers de la valeur habituelle chez les clients hypertendus.
   b) l'hypotension excessive, le pouls rapide, la peau moite et froide et la cyanose, qui caractérisent le collapsus vasculaire périphérique.

2. Garder à portée de la main du lévartérénol, de l'éphédrine, de la méthoxamine et de la phényléphrine afin de pouvoir corriger une pression artérielle trop basse.

3. Expliquer au client ayant des antécédents d'angine qu'il est important de signaler la présence de nouvelles attaques, car la médication peut les précipiter.

MÉDICAMENTS QUI RÉDUISENT L'ACTIVITÉ DU SYSTÈME NERVEUX SYMPATHIQUE

Médicaments à action centrale

CLONIDINE, CHLORHYDRATE DE
Catapres^Pr, Dixarit^Pr

Catégorie Antihypertenseur, antiadrénergique à action centrale.

Mécanisme d'action/cinétique Ce médicament stimule les récepteurs alpha-adrénergiques du SNC, ce qui entraîne l'inhibition des centres vasomoteurs sympathiques et une diminution de l'influx nerveux. Ainsi, de la bradycardie et une diminution de la pression artérielle systolique et diastolique surviennent. La concentration plasmatique de rénine diminue tandis que la pression veineuse périphérique demeure inchangée. Le médicament entraîne peu d'effets orthostatiques. Même si l'excrétion de chlorure de sodium est réduite de façon significative, l'excrétion du potassium demeure inchangée. Une tolérance au médicament peut se développer. **Début d'action**: 30 à 60 min. **Effet maximal**: 2 à 4 h. **Durée d'action**: 12 à 24 h. **Demi-vie**: 12 à 16 h. Excrété principalement dans l'urine.

Indications Hypertension bénigne à modérée. Un diurétique ou un autre médicament antihypertenseur ou les deux à la fois sont souvent utilisés conjointement. Prophylaxie des bouffées vasomotrices durant la ménopause. À *l'étude*: Prophylaxie des céphalées migranoïdes et de la dysménorrhée. Traitement de la maladie de Gilles de la Tourette. Désintoxication dans les cas de dépendance aux opiacés.

Contre-indications Utiliser avec prudence dans les cas d'insuffisance coronarienne grave, d'infarctus du myocarde récent, d'accidents vasculaires cérébraux ou d'insuffisance rénale chronique. Utiliser durant la grossesse uniquement lorsque les avantages éventuels l'emportent sur les risques. L'innocuité de ce produit chez l'enfant n'a pas encore été établie.

Réactions indésirables *SNC*: Somnolence (fréquente), sédation, étourdissements, céphalée, fatigue, malaise, cauchemars, nervosité, agitation, anxiété, dépression mentale, augmentation des périodes de rêve, insomnie. *GI*: Xérostomie (fréquente), constipation, anorexie, nausées, vomissements, gain de masse. *CV*: Insuffisance cardiaque, phénomène de Raynaud, anomalies de l'ECG. *Dermatologiques*: Urticaire, éruption cutanée, œdème de Quincke, prurit, amincissement des cheveux. *Autres*: Impuissance, rétention urinaire, gynécomastie, augmentation de la glycémie (transitoire), sensibilité accrue à l'alcool, sécheresse des muqueuses du nez, démangeaisons, sensation de brûlure, sécheresse des yeux, pâleur de la peau.
Note: On peut observer de l'hypertension rebond lorsque la clonidine est retirée brusquement.

Interactions médicamenteuses

Médicaments	Interaction
Adrénolytiques bêta	Hypertension paradoxale; de plus, ↑ de la gravité de l'hypertension rebond après le retrait de la clonidine.

Médicaments	Interaction
Alcool éthylique	↑ de l'effet dépresseur.
Antidépresseurs tricycliques	Blocage de l'effet antihypertenseur.
Dépresseurs du SNC	↑ de l'effet dépresseur.
Lévodopa	↓ de l'effet de la lévodopa.
Tolazoline	Blocage de l'effet antihypertenseur.

Interactions avec les épreuves de laboratoire ↑ transitoire de la glycémie et de la concentration sérique de phosphokinase de la créatinine. Test de Coombs faiblement +. Altération de l'équilibre électrolytique.

Posologie *Hypertension.* **PO: Initialement**, 0,1 mg b.i.d.; **puis**, augmenter de 0,1 à 0,2 mg par jour jusqu'à l'obtention de la réponse désirée; **entretien**: 0,2 à 0,8 mg par jour administré en doses fractionnées (dose maximale: 2,4 mg par jour). La tolérance au médicament nécessite une augmentation de la posologie ou l'administration conjointe d'un diurétique. Une augmentation graduelle de la posologie après le début de la thérapie permet de réduire les effets indésirables. *Syndrome de Gilles de la Tourette*: 0,05 à 0,6 mg par jour. *Syndrome de sevrage dans les cas de dépendance aux opiacés*: 0,8 mg par jour.

Administration On doit cesser l'administration du médicament graduellement, sur une période de 2 à 4 jours. Administrer la dernière dose de la journée au coucher afin d'assurer la régularisation de la pression artérielle durant la nuit.

Soins infirmiers

1. Surveiller la pression artérielle attentivement au début de la thérapie, car elle diminue 30 à 60 min après l'administration du produit, et cette diminution peut persister pendant 8 h. Demander au médecin à quelle fréquence il désire qu'on mesure la pression artérielle.

2. *Évaluer*:
    a) attentivement, pendant 3 à 4 jours après le début de la thérapie, le gain de masse (en pesant le client tous les matins) et l'œdème causés par la rétention de sodium. La rétention liquidienne devrait disparaître après 3 ou 4 jours.
    b) les variations de la pression artérielle afin de déterminer s'il est préférable d'utiliser la clonidine seule ou conjointement avec un diurétique. Une pression artérielle stable réduit les effets orthostatiques des changements de position.
    c) l'apparition d'épisodes de dépression, pouvant être précipités par le médicament chez les clients ayant des antécédents de dépression.

---

d) la réaction hypertensive paradoxale chez les clients recevant également du propranolol.

e) le blocage de l'action antihypertensive chez le client recevant également de la tolazoline ou un antidépresseur tricyclique, car un ajustement de la posologie serait alors indiqué.

3. Signaler les effets indésirables, car la posologie est ajustée en fonction de la pression artérielle et de la tolérance au médicament. On peut réduire les effets indésirables en augmentant la posologie graduellement.

4. Garder à portée de la main une préparation IV de tolazoline (Priscoline) afin de pouvoir traiter l'intoxication aiguë par la clonidine.

5. *Expliquer au client et/ou à sa famille*:

a) qu'il ne doit pas s'engager dans des activités qui nécessitent de la vigilance, comme opérer des machines ou conduire une automobile, car le médicament peut causer de la somnolence.

b) qu'il ne doit pas arrêter brusquement de prendre le médicament; il faut consulter le médecin avant de modifier le régime posologique. On prévient l'hypertension rebond en retirant graduellement la médication.

c) **(dans les cas de maladie de Parkinson maîtrisée par la lévodopa)** qu'il faut signaler l'augmentation des signes et des symptômes, car l'effet de la lévodopa peut être réduit par la clonidine.

MÉTHYLDOPA   Aldomet[Pr], Apo-Methyldopa[Pr], Dopamet[Pr], Médimet-250[Pr], Méthyldopa[Pr], Novomedopa[Pr], PMS Dopazide[Pr]

MÉTHYLDOPATE, CHLORHYDRATE DE
Aldomet Ester[Pr]

Catégorie   Antihypertenseur, antiadrénergique à action centrale.

Mécanisme d'action/cinétique   On croit que le principal mécanisme d'action est attribuable à un métabolite actif, l'alpha-méthylnorépinéphrine, qui diminue la pression artérielle en stimulant les récepteurs inhibiteurs alpha-adrénergiques centraux, la fausse neurotransmission et/ou la réduction de la rénine plasmatique. Ce médicament modifie peu le débit cardiaque. **PO. Début d'action**: 7 à 12 h. **Durée**: 12 à 24 h. On n'observe aucun effet après 48 h. L'absorption est variable. **IV. Début d'action**: 4 à 6 h. **Durée**: 10 à 16 h. Le médicament est excrété à 70% dans l'urine. **Effet thérapeutique maximal**: 1 à 4 jours. *Note*: Le méthyldopa est un composant de Aldoril. (Voir l'appendice 3.)

Indications Hypertension modérée à grave. Particulièrement utile chez les clients atteints d'une altération de la fonction rénale, d'hypertension rénale, d'hypertension réfractaire compliquée par un accident vasculaire cérébral, une cardiopathie ischémique ou de la rétention azotée, et pour les cas de crises hypertensives (par voie parentérale).

Contre-indications Sensibilité au médicament, hypertension labile et bénigne, grossesse, maladie hépatique active ou phéochromocytome. Utiliser avec prudence chez les clients ayant des antécédents de maladie hépatique ou rénale.

Réactions indésirables *SNC*: Sédation (disparaît avec l'usage), faiblesse, céphalée, asthénie, étourdissements, paresthésie, symptômes parkinsoniens, troubles psychiques, mouvements choréoathétosiques. *CV*: Bradycardie, hypotension orthostatique, hypersensibilité des sinus carotidiens, aggravation de l'état angineux, réponse hypertensive (paradoxale), myocardite. *GI*: Nausées, vomissements, distension abdominale, diarrhée ou constipation, flatulence, colite, xérostomie, langue noire, pancréatite. *Hématologiques*: Anémie hémolytique, leucopénie, granulopénie, thrombopénie. *Endocriniennes*: Gynécomastie, aménorrhée, galactorrhée, hyperprolactinémie. *Autres*: Œdème, ictère, hépatite, éruption cutanée, fièvre, symptômes lupoïdes, impuissance, gêne à l'éjaculation, baisse de la libido, congestion nasale, douleur articulaire, myalgie.

Interactions médicamenteuses

Médicaments	Interaction
Anesthésiques généraux	Hypotension additive.
Antidépresseurs tricycliques	Les antidépresseurs tricycliques peuvent bloquer l'effet hypotenseur du méthyldopa.
Diurétiques thiazidiques	Effet hypotenseur additif.
Éphédrine	↓ de l'effet de l'éphédrine chez les clients traités au méthyldopa.
Fenfluramine	↑ de l'effet du méthyldopa.
Halopéridol	Le méthyldopa ↑ les effets toxiques de l'halopéridol.
Inhibiteurs de la MAO	Peuvent renverser l'activité hypotensive du méthyldopa et causer des migraines et des hallucinations.
Lévodopa	↑ des effets des deux médicaments.
Lithium	↑ des risques d'intoxication par le lithium.
Méthotriméprazine	Effet hypotenseur additif.
Norépinéphrine	↑ de la pression artérielle plus importante que lorsqu'on administre la norépinéphrine seule.
Phénoxybenzamine	Incontinence urinaire.

Médicaments	Interaction
Propranolol	Hypertension paradoxale.
Thioxanthines	Effet hypotenseur additif.
Tolbutamide	↑ de l'hypoglycémie causée par une ↓ du catabolisme hépatique.
Vasodilatateurs	Effet hypotenseur additif.
Vérapamil	↑ de l'effet du méthyldopa.

Interactions avec les épreuves de laboratoire Faux + ou ↑ de la phosphatase alcaline, de la bilirubine, de l'urée, de la bromsulfaléine, de la réaction de Hanger, de la créatinine, de la SGOT, de la SGPT, de l'acide urique, du test de Coombs et du temps de prothrombine. Épreuves de dépistage du lupus érythémateux (LE) et d'anticorps antinucléaires positives.

Posologie *Méthyldopa.* **PO. Initialement**: 250 mg b.i.d. ou t.i.d. pendant 2 jours. Ajuster la posologie tous les 2 jours. Si on doit augmenter la posologie, débuter avec la dose du soir. **Dose d'entretien habituelle**: 0,5 à 2,0 g par jour administrés en doses fractionnées; **dose maximale**: 3 g par jour. Le passage à une autre médication, d'un hypertenseur au méthyldopa et inversement, doit se réaliser graduellement, en utilisant une dose initiale de méthyldopa ne dépassant pas 500 mg. *Remarque*: Ne pas utiliser une association de médicaments pour commencer la thérapie. **Pédiatrique: Initialement**, 10 mg/kg par jour; **puis**, ajuster la dose d'entretien, jusqu'à une dose maximale de 65 mg/kg. *Chlorhydrate de méthyldopate.* **Perfusion IV**: 250 à 500 mg q 6 h; **dose maximale**: *crise hypertensive*, 1 g q 6 h. Lorsque la pression artérielle est régularisée, passer au méthyldopa par voie orale en utilisant la même posologie. **Pédiatrique**: 20 à 40 mg/kg par jour administrés en doses fractionnées q 6 h; **dose maximale**: 65 mg/kg jusqu'à une dose quotidienne maximale de 3 g.

Soins infirmiers

1. S'assurer que les épreuves hématologiques, les épreuves de la fonction hépatique et les tests de Coombs sont effectués avant le début de la thérapie. Ces épreuves doivent également être réalisées régulièrement pendant la thérapie.

2. S'assurer que les tests de Coombs direct et indirect sont effectués si le client doit recevoir une transfusion sanguine. Prévoir une consultation avec un spécialiste en transfusions sanguines, lorsque les tests de Coombs indirect et direct sont positifs.

3. *Évaluer*:
   a) les signes de tolérance, pouvant apparaître durant le second ou le troisième mois de la thérapie.
   b) la masse du client quotidiennement et observer attentivement l'apparition d'œdème.

c) les ingesta et les excreta en observant particulièrement s'il y a une réduction du volume urinaire.

4. *Expliquer au client et/ou à sa famille*:

a) qu'il devrait se lever du lit lentement et s'asseoir en laissant pendre ses pieds afin d'éviter les étourdissements et la perte de conscience. L'ajustement de la posologie peut prévenir l'hypotension matinale.

b) que de la sédation peut apparaître au début de la thérapie, mais qu'elle disparaîtra lorsque la dose d'entretien sera établie.

c) qu'il arrive, très rarement, que le méthyldopa rende l'urine plus foncée ou la teinte en bleu; cette réaction n'est pas dangereuse.

d) qu'il faut avertir l'anesthésiologiste qu'il reçoit du méthyl-dopa, si une intervention chirurgicale est nécessaire.

e) qu'il doit arrêter de prendre le médicament et consulter le médecin en cas de fatigue, de fièvre ou de jaunissement de la peau et du blanc des yeux.

f) qu'il faut signaler au médecin qu'il est traité au méthyldopa lorsqu'une transfusion sanguine est nécessaire, car ce médicament induit un test de Coombs positif.

Médicaments à action périphérique

GUANÉTHIDINE, SULFATE DE

Apo-GuanéthidinePr, GuanéthidinePr, IsmelinPr

Catégorie   Antihypertenseur, antiadrénergique à action péri-phérique.

Mécanisme d'action/cinétique   La guanéthidine produit un blocage adrénergique sélectif des voies sympathiques périphériques efférentes en provoquant la déplétion des réserves de norépinéphrine et en inhibant sa libération. Elle induit une baisse graduelle et prolongée de la pression artérielle systolique et diastolique, généralement accompagnée de bradycardie, d'une diminution de la pression différentielle, d'une diminution de la résistance périphérique et d'un faible change-ment du débit cardiaque. Ce médicament n'est pas ganglioplégique et ne produit pas un blocage central ou parasympathique

Concentration plasmatique variable à cause de l'absorption incom-plète et variable dans le tube digestif (3 à 50%). **Concentration maxi-male**: 6 à 8 h. La concentration sérique est détectable pendant 24 à 48 h. **Effet maximal**: 1 à 3 semaines. **Durée d'action**: 7 à 10 jours après l'arrêt de la médication. **Demi-vie**: Environ 5 jours.

Indications   Hypertension modérée à grave, utilisé seul ou conjointement avec un autre agent. Hypertension rénale.

Contre-indications Hypertension bénigne ou labile, phéo-chromocytome ou insuffisance cardiaque n'étant pas causée par de l'hypertension.

Administrer plus lentement et avec prudence aux clients dont la fonction rénale est altérée et aux clients atteints de maladie coronarienne ou cardio-vasculaire, particulièrement lorsqu'elle est associée à une encéphalopathie. Les mêmes précautions s'appliquent pour les clients ayant récemment subi un infarctus du myocarde. Des épreuves cardiaques, rénales et sanguines doivent être réalisées durant une thérapie prolongée. Utiliser avec prudence en présence d'ulcère gastro-duodénal.

Réactions indésirables *SNC*: Étourdissements, faiblesse, lassitude. Rarement, dyspnée, fatigue, dépression psychique. *CV*: Hypotension à l'effort ou posturale, bradycardie, œdème pouvant être accompagné d'insuffisance cardiaque. Rarement, angine. *GI*: Diarrhée persistante, augmentation de la fréquence des défécations. Rarement, nausées, vomissement, sensibilité des parotides. *Autres*: Inhibition de l'éjaculation. Rarement, dyspnée, nycturie, incontinence urinaire, dermatite, alopécie, xérostomie, augmentation de l'urée sanguine, ptosis, vision trouble, myalgie, tremblements musculaires, paresthésie du thorax, congestion nasale.

Interactions médicamenteuses

Médicaments	Interaction
Alcool éthylique	Hypotension orthostatique additive.
Amphétamines	↓ de l'effet de la guanéthidine par ↓ de sa capture au lieu d'action.
Anesthésiques généraux	Hypotension additive.
Antidépresseurs tricycliques	↓ de l'effet de la guanéthidine par ↓ de sa capture au lieu d'action.
Cocaïne	↓ de l'effet de la guanéthidine par ↓ de sa capture au lieu d'action.
Contraceptifs oraux	↓ de l'effet de la guanéthidine par ↓ de sa capture au lieu d'action.
Diurétiques thiazidiques	Effet hypotenseur additif.
Éphédrine	↓ de l'effet de la guanéthidine par ↓ de sa capture au lieu d'action.
Épinéphrine	La guanéthidine ↑ l'effet de l'épinéphrine.
Halopéridol	↓ de l'effet de la guanéthidine par ↓ de sa capture au lieu d'action.
Inhibiteurs de la MAO	Renverse l'effet de la guanéthidine.
Lévartérénol	Voir *Norépinéphrine*.
Métaraminol	La guanéthidine ↑ l'effet du métaraminol.
Méthotriméprazine	Effet hypotenseur additif.

Médicaments	Interaction
Méthoxamine	La guanéthidine ↑ l'effet de la méthoxamine.
Norépinéphrine	↑ de l'effet de la norépinéphrine causée probablement par une ↑ de la sensibilité des récepteurs à la norépinéphrine et une ↓ de la capture de la norépinéphrine par le neurone.
Phénothiazines	↓ de l'effet de la guanéthidine par ↓ de sa capture au lieu d'action.
Phényléphrine	↑ de la réponse à la phényléphrine chez les clients traités à la guanéthidine.
Phénylpropanolamine	↓ de l'effet de la guanéthidine par ↓ de sa capture au lieu d'action.
Procaïnamide	Effet hypotenseur additif.
Procarbazine	Effet hypotenseur additif.
Propranolol	Effet hypotenseur additif.
Pseudoéphédrine	↓ de l'effet de la guanéthidine par ↓ de sa capture au lieu d'action.
Quinidine	Effet hypotenseur additif.
Réserpine	Bradycardie excessive, hypotension posturale et dépression mentale.
Thioxanthines	↓ de l'effet de la guanéthidine par ↓ de sa capture au lieu d'action.
Vasodilatateurs périphériques	Effet hypotenseur additif.
Vasopresseurs	↑ de l'effet des vasopresseurs probablement causée par une ↓ de la sensibilité des récepteurs à la norépinéphrine et par une ↓ de la capture des vasopresseurs par le neurone.

Interactions avec les épreuves de laboratoire ↑ de l'urée sanguine, de la SGOT et de la SGPT. ↓ du temps de prothrombine, du glucose sérique et des catécholamines urinaires. Altération de l'équilibre électrolytique.

Posologie **PO.** *Clients ambulatoires*: **Initialement**, 10 mg par jour; augmenter de 10 mg tous les 7 jours; **entretien**: 25 à 50 mg administrés une fois par jour. *Clients hospitalisés*: **Initialement**, 25 à 50 mg; augmenter de 25 ou 50 mg par jour ou aux deux jours; **entretien**: on l'estime à environ un septième de la dose d'attaque. **Pédiatrique: Initialement**, 0,2 mg/kg par jour administrés en une seule dose; **puis**, on peut augmenter la dose de 0,2 mg/kg par jour tous les 7 à 10 jours jusqu'à une dose maximale de 3 mg/kg par jour.

Administration

1. On administre ce médicament une fois par jour ou tous les deux jours.

2. Souvent utilisé conjointement avec des diurétiques thiazidiques afin de réduire la gravité de la rétention hydrosodée causée par la guanéthidine.

3. Lorsqu'on a maîtrisé l'hypertension, on doit réduire la posologie afin d'utiliser la dose minimale requise pour maintenir la pression au plus bas niveau possible.

4. On doit cesser l'utilisation du sulfate de guanéthidine ou diminuer sa posologie au moins 2 semaines avant une intervention chirurgicale.

Soins infirmiers

1. S'assurer que les épreuves des fonctions cardiaque, hépatique et rénale ont été effectuées avant de commencer la thérapie.

2. *Évaluer*:
   a) la pression artérielle lorsque le client est en position debout et en position couchée, sauf si cela est contre-indiqué par l'état du client.
   b) et signaler au médecin la bradycardie et la diarrhée. Un anticholinergique (atropine) peut alors être administré.
   c) la masse quotidiennement et la présence d'œdème.
   d) les ingesta et les excreta, particulièrement une réduction du volume urinaire.
   e) le stress, car il peut entraîner le collapsus cardio-vasculaire.
   f) attentivement les interactions médicamenteuses, qui peuvent nécessiter un ajustement de la posologie, car la guanéthidine interagit avec plusieurs médicaments.

3. *Expliquer au client et/ou à sa famille*:
   a) qu'il doit limiter sa consommation d'alcool; l'hypotension orthostatique pourrait être accentuée par l'ingestion d'alcool.
   b) qu'il doit se lever lentement de son lit en s'asseyant quelques minutes sur le bord, les pieds pendants. Faire particulièrement attention le matin; il faudrait aider le client car l'hypotension peut être plus grave parce qu'il est resté couché toute la nuit.
   c) qu'il doit s'étendre ou s'asseoir en tenant sa tête baissée lorsqu'il se sent faible ou étourdi.
   d) qu'il doit éviter de se tenir debout ou de faire des exercices de façon trop brusque ou pendant une trop longue période.

PHENTOLAMINE, MÉSYLATE DE   Rogitine[Pr]

Catégorie   Antihypertenseur, adrénolytique. (Voir p. 720.)

PRAZOSINE, CHLORHYDRATE DE
Minipress[Pr]

Catégorie   Antihypertenseur, antiadrénergique à action péri-phérique.

Mécanisme d'action/cinétique   Produit un blocage sélectif des récepteurs alpha-adrénergiques postsynaptiques. Dilate les arté-rioles et les veines, diminuant ainsi la résistance périphérique totale et la pression diastolique plus que la pression systolique. Le débit car-diaque, la fréquence cardiaque et le débit sanguin rénal ne sont pas modifiés. Peut être utilisé pour initier la thérapie antihypertensive. S'est révélé plus efficace lorsque utilisé avec d'autres agents (par exemple, diurétiques, adrénolytiques bêta).

Début d'action: 2 h; **effet maximal**: 2 à 4 h; **durée d'action**: 6 à 12 h. **Demi-vie**: 2 à 4 h. Effet thérapeutique maximal: 4 à 6 semaines. Fortement métabolisé; excrété principalement dans les fèces.

Indications   Hypertension bénigne à modérée. *À l'étude*: Insuf-fisance cardiaque globale réfractaire aux autres traitements. Maladie de Raynaud.

Contre-indications   L'innocuité durant la grossesse et chez l'enfant n'a pas encore été établie.

Réactions indésirables   Syncope, 30 à 90 min après l'admi-nistration de la dose initiale (en général de 2 mg ou plus), l'augmen-tation de la posologie ou l'addition d'un autre agent antihypertenseur. *SNC*: Étourdissements, somnolence, céphalée, fatigue, paresthésie, dépression, vertige, nervosité. *CV*: Palpitations, syncope, tachycardie, hypotension orthostatique, aggravation de l'état angineux. *GI*: Nau-sées, vomissement, diarrhée ou constipation, xérostomie, douleurs abdominales. *Autres*: Transpiration, symptômes lupoïdes, vision trouble, tinnitus, épistaxis, congestion nasale, rougeur de la sclérotique, éruption cutanée, alopécie, prurit.

Interactions médicamenteuses

Médicaments	Interaction
Antihypertenseurs (autres)	↑ de l'effet antihypertenseur.
Diurétiques	↑ de l'effet antihypertenseur.
Propranolol	Effets hypotenseurs additifs particulièrement prononcés.

Posologie   PO: *Individualisée*, toujours commencer le traite-ment avec 1 mg b.i.d. ou t.i.d.; **entretien**: si nécessaire, augmenter graduellement la posologie jusqu'à 20 mg par jour, administrés en 2 ou 3 doses fractionnées. Lorsque utilisé avec un diurétique ou un autre antihypertenseur, réduire la posologie à 1 à 2 mg t.i.d.

Administration   La nourriture peut retarder l'absorption du médicament et réduire les effets indésirables.

1. En cas de syncope, coucher le client et apporter les soins de soutien.

2. En cas de surdosage, coucher le client et apporter les soins de soutien. Traiter le choc si nécessaire, avec une solution de remplissage vasculaire et des vasopresseurs.

3. *Expliquer au client et/ou à sa famille*:
   a) qu'il doit être fidèle au régime thérapeutique parce que l'activité maximale du médicament peut ne devenir évidente qu'après 4 à 6 semaines de traitement.
   b) qu'il doit signaler les effets indésirables au médecin, car une diminution de la posologie peut être indiquée.
   c) qu'il ne doit pas cesser de prendre ses médicaments, sauf si le médecin le décide.
   d) qu'il ne doit pas utiliser de médication contre le rhume, la toux ou les allergies sans avoir consulté le médecin, car les composants sympathomimétiques de ces médicaments gênent l'activité de la prazosine.
   e) qu'il ne doit pas s'engager dans des activités nécessitant de la vigilance, comme opérer des machines ou conduire une automobile, car le médicament peut causer des étourdissements et de la somnolence.
   f) qu'il doit éviter les changements de position rapides, car ils peuvent entraîner de la faiblesse, des étourdissements et une syncope.
   g) que s'il ressent que sa fréquence cardiaque est trop rapide, il doit s'étendre ou s'asseoir en se baissant la tête entre les genoux afin d'éviter de s'évanouir.
   h) qu'il doit éviter les situations dans lesquelles il serait dangereux de perdre connaissance.

Adrénolytiques bêta

Mécanisme d'action/cinétique Les adrénolytiques bêta se combinent de façon réversible aux récepteurs bêta-adrénergiques afin de bloquer la réponse aux influx nerveux sympathiques, aux catécholamines circulantes ou aux médicaments adrénergiques. Les récepteurs bêta-adrénergiques ont été classés en récepteurs bêta-1 (se trouvant principalement dans le myocarde) et en récepteurs bêta-2 (se trouvant principalement dans les bronches et les muscles vasculaires). Le blocage des récepteurs bêta-1 diminue la fréquence cardiaque, la contractilité du myocarde et le débit cardiaque. De plus, la conduction AV est ralentie. Ces effets entraînent une diminution de la pression artérielle ainsi qu'un renversement des arythmies cardiaques. Le blocage des récepteurs bêta-2 augmente la résistance à l'écoulement gazeux dans les bronchioles et inhibe l'activité vasodilatatrice des catécholamines sur les vaisseaux sanguins périphériques. Les adrénolytiques bêta diffèrent dans leur capacité à bloquer les récepteurs bêta-

1 et bêta-2; de plus, certains de ces agents possèdent une activité sympathomimétique intrinsèque.

Indications   Selon le médicament utilisé, ces agents peuvent servir dans le traitement de l'hypertension, de l'angine, des arythmies cardiaques et de l'infarctus du myocarde. Voir chaque agent.

Contre-indications   Bradycardie sinusale, bloc auriculoventriculaire du second degré ou complet, choc cardiogénique, insuffisance cardiaque. Bronchite chronique, asthme, bronchospasme, emphysème. Utiliser avec prudence dans les cas de diabète, de thyrotoxicose et d'altération de la fonction rénale. L'innocuité durant la grossesse, la lactation et chez l'enfant n'a pas encore été établie. Voir chaque agent.

Réactions indésirables   *CV*: Bradycardie, hypotension (particulièrement après l'administration IV), insuffisance cardiaque, froideur des membres, claudication, aggravation de l'état angineux, accident vasculaire cérébral, œdème, syncope, arythmie, augmentation de la fréquence cardiaque, palpitations, précipitation ou aggravation du bloc cardiaque, thrombose des artères rénales ou mésentériques, colite ischémique, précipitation ou aggravation du phénomène de Raynaud. Le retrait brusque de la médication chez un client recevant de fortes doses peut causer de l'angine, de la tachycardie ventriculaire, un infarctus du myocarde fatal ou la mort subite. *GI*: Nausées, vomissements, diarrhée, flatulence, xérostomie, constipation, anorexie, crampes, gain ou perte de masse, fibrose rétropéritonéale. *Respiratoires*: Symptômes de type asthmatique, bronchospasmes, aggravation des bronchopneumopathies chroniques obstructives, dyspnée, toux, embarras de la respiration nasale, rhinite, pharyngite, râles. *SNC*: Fatigue, léthargie, rêves très vifs, dépression, hallucinations, délire, psychose, paresthésie, insomnie, nervosité, cauchemars, céphalée, vertige. *Hématologiques*: Agranulocytose, thrombopénie. *Allergiques*: Fièvre, mal de gorge, détresse respiratoire, éruption cutanée. *Dermatologiques*: Prurit, éruption cutanée, augmentation de la pigmentation cutanée, transpiration, sécheresse de la peau, alopécie, irritation de la peau. *Autres*: Hyperglycémie ou hypoglycémie, douleurs articulaires et musculaires, arthralgie, douleur au dos, syndrome lupoïde, maladie de La Peyronie, dysfonction sexuelle, dysurie, nycturie, troubles visuels, irritation ou sensation de brûlure des yeux, conjonctivite.

Interactions médicamenteuses

Médicaments	Interaction
Anesthésiques généraux	Dépression additive du myocarde.
Anticholinergiques	Les anticholinergiques neutralisent la bradycardie produite par les adrénolytiques bêta.
Antihypertenseurs	Effet hypotenseur additif.
Chlorpromazine	Action adrénolytique bêta additive.

Médicaments	Interaction
Cimétidine	↑ de l'effet des adrénolytiques bêta causée par une ↓ du catabolisme hépatique.
Clonidine	Hypertension paradoxale; également, ↑ de la gravité de l'hypertension rebond.
Contraceptifs oraux	↑ de l'effet des adrénolytiques bêta causée par une ↓ du catabolisme hépatique.
Épinéphrine	Les adrénolytiques bêta préviennent l'activité bêta-adrénergique de l'épinéphrine mais pas son activité alpha-adrénergique →↑ de la pression systolique et diastolique et ↓ de la fréquence cardiaque.
Furosémide	↑ du blocage bêta-adrénergique.
Hydralazine	↑ du blocage bêta-adrénergique.
Indométhacine	↓ de l'activité des adrénolytiques bêta probablement causée par l'inhibition de la synthèse des prostaglandines.
Insuline	Les adrénolytiques bêta ↑ l'effet hypoglycémiant de l'insuline.
Lidocaïne	↑ de l'effet de la lidocaïne causée par une ↓ du catabolisme hépatique.
Méthyldopa	↑ possible de la pression artérielle causée par l'effet alpha-adrénergique.
Phenformine	↑ de l'hypoglycémie.
Phénobarbital	Le phénobarbital ↓ l'effet des adrénolytiques bêta en ↑ le catabolisme hépatique.
Phénothiazines	↑ de l'effet des deux médicaments.
Phénytoïne	Dépression additive du myocarde; également, la phénytoïne ↓ l'effet des adrénolytiques bêta en ↑ le catabolisme hépatique.
Prazosine	↑ de l'effet de la prazosine.
Rifampine	La rifampine ↓ l'effet des adrénolytiques bêta en ↑ le catabolisme hépatique.
Ritodrine	Les adrénolytiques bêta ↓ l'effet de la ritodrine.
Salicylates	↓ de l'effet des adrénolytiques bêta probablement causée par l'inhibition de la synthèse des prostaglandines.
Succinylcholine	Les adrénolytiques bêta ↑ l'effet de la succinylcholine.
Théophylline	Les adrénolytiques bêta renversent l'effet de la théophylline; également, les adrénolytiques bêta ↓ la clearance rénale de la théophylline.
Tubocurarine	Les adrénolytiques bêta ↑ l'effet de la tubocurarine.

Interactions avec les épreuves de laboratoire ↓ du glucose sérique.

Posologie   Voir chaque médicament.

Traitement du surdosage   Traitement de soutien général: vomissement provoqué ou lavage gastrique, ventilation assistée, traitement de l'hypoglycémie ou de l'hypokaliémie, etc. *Bradycardie excessive*: **Atropine, 0,6 mg; si on n'obtient aucune réponse, administrer la même dose q 3 min jusqu'à une dose totale de 2 à 3 mg. L'administration prudente d'isoprotérénol peut être essayée. De plus, l'administration de 5 à 10 mg de glucagon peut renverser la bradycardie.** *Insuffisance cardiaque*: Digitale, diurétique et oxygène; si l'insuffisance cardiaque est réfractaire, l'utilisation IV d'aminophylline ou de glucagon peut être utile. *Hypotension*: Liquides par voie IV; également, vasopresseurs tels que la norépinéphrine, la dobutamine, la dopamine. Dans les cas réfractaires, le glucagon peut être utile. *Extrasystoles ventriculaires*: Lidocaïne ou phénytoïne. *Bronchospasmes*: Administrer un adrénergique bêta-2 ou de la théophylline. *Bloc cardiaque*: Isoprotérénol ou stimulateur cardiaque transveineux.

Soins infirmiers

1. *Évaluer*:
   a) la fréquence du pouls, car ces médicaments peuvent causer de la tachycardie ou de la bradycardie.
   b) les symptômes d'insuffisance cardiaque, tels que la fatigue, la dyspnée et la toux s'aggravant et l'œdème. Ces symptômes peuvent indiquer que le client a besoin d'être digitalisé et de recevoir des diurétiques et/ou qu'on doit cesser de lui administrer le médicament.
   c) la fréquence et la qualité des respirations, car ces médicaments peuvent causer de la dyspnée et des bronchospasmes.
   d) la fatigue aiguë, l'agitation, le malaise, l'irritabilité et la faiblesse chez les diabétiques, car ces symptômes indiquent l'hypoglycémie. La majorité des adrénolytiques bêta masquent les signes d'hypoglycémie tels que la tachycardie et l'hypotension.

2. *Expliquer au client et/ou à sa famille*:
   a) qu'il faut mesurer la pression artérielle au moins 2 fois par semaine et mesurer la fréquence du pouls chaque jour, immédiatement avant l'administration de la première dose.
   b) qu'il ne doit pas interrompre la thérapie sans avoir d'abord consulté le médecin, car la majorité des adrénolytiques bêta peuvent causer de l'angine, un infarctus du myocarde ou de l'hypertension rebond si on cesse brusquement de les prendre.

ATÉNOLOL   Tenormin^{Pr}

Mécanisme d'action/cinétique   Bloque principalement les récepteurs bêta-1. **Concentration sanguine maximale**: 2 à 4 h. **Demi-vie**: 6 à 7 h. Éliminé inchangé par les reins.

Indications   Hypertension (utilisé seul ou avec d'autres anti-hypertenseurs tels que les diurétiques thiazidiques). *À l'étude*: Prophylaxie de la migraine.

Posologie   **PO. Initialement**: 50 mg une fois par jour, seul ou avec des diurétiques; si la réponse obtenue est inadéquate, administrer 100 mg, une fois par jour. Les doses supérieures à 100 mg par jour ne produisent pas d'effets bénéfiques supplémentaires. Ajuster la posologie dans les cas d'insuffisance rénale.

MÉTOPROLOL   Betaloc[Pr], Lopresor[Pr]

Mécanisme d'action/cinétique   Exerce principalement un blocage des récepteurs bêta-1. **Début d'action**: 15 min. **Concentration plasmatique maximale**: 90 min. **Demi-vie**: 3 à 4 h. L'effet du médicament est cumulatif. La nourriture augmente sa biodisponibilité. Effet de premier passage important. Métabolisé par le foie et excrété dans l'urine.

Indications   Hypertension (utilisé seul ou avec d'autres anti-hypertenseurs tels que les diurétiques thiazidiques). Infarctus du myocarde aigu chez les clients dont l'état est stable. *À l'étude*: Par voie IV, pour supprimer les extrasystoles auriculaires rencontrées dans les bronchopneumopathies chroniques obstructives.

Contre-indications supplémentaires   Infarctus du myocarde chez les clients dont la fréquence cardiaque est inférieure à 45 pulsations par minute, en bloc auriculoventriculaire du second ou du troisième degré ou ayant une pression artérielle systolique inférieure à 100 mm Hg. Insuffisance cardiaque.

Interactions médicamenteuses supplémentaires   Le méthimazole ou le propylthiouracile peuvent ↑ les effets du métoprolol.

Interactions avec les épreuves de laboratoire   ↑ des transaminases, de la LDH et de la phosphatase alcaline sériques.

Posologie   **PO.** *Hypertension*: **Initialement**, 100 mg par jour administrés en une ou plusieurs doses; **puis**, on peut augmenter les doses hebdomadairement jusqu'à l'obtention de doses d'entretien variant entre 100 et 450 mg par jour. Un diurétique peut également être utilisé. *Traitement initial de l'infarctus du myocarde*: 5 mg administrés en bolus IV q 2 min, pour un total de 3 doses (15 mg); **puis**, si ces doses sont tolérées, administrer 50 mg PO q 6 h pendant 48 h, en commençant 15 min après la dernière dose IV. **Entretien**: 100 mg b.i.d. Si le client ne peut tolérer les doses entières administrées par voie IV, commencer l'administration par voie PO avec des doses de 25 ou

50 mg q 6 h. *Traitement d'entretien de l'infarctus du myocarde*: **PO**, 100 mg b.i.d.; commencer le plus tôt possible et poursuivre pendant 1 à 3 mois.

NADOLOL   Corgard[Pr]

Mécanisme d'action/cinétique   Bloque à la fois les récepteurs adrénergiques bêta-1 et bêta-2. **Concentration sérique maximale**: 3 à 4 h. **Demi-vie**: 20 à 24 h (permet l'administration d'une seule dose par jour). **Durée d'action**: 17 à 24 h. L'absorption, variable, est d'environ 30%; une concentration plasmatique stable est obtenue après 6 à 9 jours. Excrété inchangé par les reins.

Indications   Hypertension (utilisé seul ou avec d'autres médicaments, comme les diurétiques thiazidiques.) Angine de poitrine. *À l'étude*: Prophylaxie de la migraine, traitement des tremblements induits par le lithium.

Posologie   **PO.** *Hypertension*: **Initialement**, 40 mg une fois par jour; **puis**, peut être augmentée de 40 à 80 mg q 3 à 7 jours, jusqu'à l'obtention d'une réponse optimale. **Entretien**: 40 à 80 mg une fois par jour; on peut toutefois avoir besoin d'une dose quotidienne allant jusqu'à 320 mg. *Angine*: **Initialement**, 40 mg une fois par jour; **puis**, augmenter la dose de 40 à 80 mg q 3 à 7 jours, jusqu'à l'obtention d'une réponse optimale. **Entretien**: 40 à 80 mg une fois par jour; on peut toutefois avoir besoin d'une dose quotidienne allant jusqu'à 240 mg. La posologie devrait toujours être réduite chez les clients dont la fonction rénale est altérée.

PINDOLOL   Visken[Pr]

Mécanisme d'action/cinétique   Bloque à la fois les récepteurs adrénergiques bêta-1 et bêta-2. Le pindolol possède également une activité sympathomimétique intrinsèque significative. **Demi-vie**: 3 à 4 h. Le médicament est métabolisé par le foie; les métabolites ainsi que la fraction inchangée de médicament sont excrétés par les reins.

Indications   Hypertension (utilisé seul ou en association avec d'autres antihypertenseurs tels que les diurétiques thiazidiques).

Interactions avec les épreuves de laboratoire   ↑ de la SGOT et de la SGPT. Rarement, ↑ de la LDH, de l'acide urique et de la phosphatase alcaline.

Posologie   **PO. Initialement**, 5 mg b.i.d. (administré seul ou avec d'autres antihypertenseurs). Si aucune réponse n'est obtenue après 3 ou 4 semaines, augmenter de 10 mg par jour q 3 ou 4 semaines, jusqu'à une dose quotidienne maximale de 60 mg.

PROPRANOLOL, CHLORHYDRATE DE   Apo-Propranolol[Pr], Detensol[Pr], Inderal[Pr], Inderal LA[Pr], Novopranol[Pr], PMS Propranolol[Pr], Propranolol[Pr]

Mécanisme d'action/cinétique   Le propranolol bloque à la fois les récepteurs adrénergiques bêta-1 et bêta-2. L'action antiarythmique résulte du blocage des récepteurs bêta-adrénergiques et de l'action stabilisante directe sur la membrane des cellules cardiaques. **PO: Début d'action**, 30 min. **Effet maximal**: 1 à 1,5 h. **Durée d'action**: 3 à 6 h. **Demi-vie**: 2 à 5 h. Le début d'action après l'administration par voie IV est presque immédiat. Complètement métabolisé par le foie et excrété dans l'urine. Bien que la nourriture augmente sa biodisponibilité, elle peut diminuer son absorption.

Indications   Hypertension (utilisé seul ou avec d'autres agents antihypertenseurs). Angine de poitrine, rétrécissement aortique sous-valvulaire hypertrophique, prophylaxie de l'infarctus du myocarde, phéochromocytome, prophylaxie de la migraine. Arythmies cardiaques incluant les tachycardies ventriculaires, les tachycardies causées par une intoxication digitalique et les arythmies supraventriculaires. À l'étude: Schizophrénie, dyskinésie tardive, symptômes de panique aigus, hémorragies GI récurrentes dans les cas de cirrhose, tremblement (essentiel).

Réactions indésirables supplémentaires   Éruptions psoriasiques, nécrose cutanée, lupus érythémateux systémique (rare).

Interactions médicamenteuses supplémentaires   Le méthimazole et le propylthiouracile peuvent ↑ les effets du propranolol.

Interactions avec les épreuves de laboratoire   ↑ de l'urée sanguine, des transaminases sériques, de la phosphatase alcaline et de la LDH. Interaction avec les épreuves de dépistage du glaucome.

Posologie   **PO.** *Hypertension*: **Initialement**, 40 mg b.i.d. ou 80 mg d'une préparation à libération progressive par jour; **puis**, augmenter la dose jusqu'à une dose d'entretien de 120 à 240 mg par jour en 2 ou 3 doses fractionnées ou de 120 à 160 mg d'une préparation à libération progressive une fois par jour. La dose quotidienne maximale ne doit pas dépasser 640 mg. *Prophylaxie de l'angine*: **Initialement**, 10 à 20 mg t.i.d. ou q.i.d. ou 80 mg d'une préparation à libération progressive une fois par jour; **puis**, augmenter les doses graduellement jusqu'à une dose d'entretien de 160 mg par jour. La dose quotidienne maximale ne doit pas dépasser 320 mg. *Arythmies*: 10 à 30 mg administrés avant les repas et au coucher. *Rétrécissement aortique sous-valvulaire hypertrophique*: 20 à 40 mg t.i.d. ou q.i.d. avant les repas et au coucher ou 80 à 160 mg d'une préparation à libération progressive une fois par jour. *Prophylaxie de l'infarctus du myocarde*: 180 à 240 mg par jour en 2 ou 3 doses fractionnées. *Phéochromocytome, traitement préopératoire*: 60 mg par jour les 3 jours précédant l'intervention chirurgicale; administrer conjointement avec un adrénolytique alpha; *tumeurs inopérables*: 30 mg par jour en doses fractionnées. *Migraine*: **Initialement**, 80 mg d'une préparation à libération progressive une fois par jour; **puis**, augmenter la dose graduellement jusqu'à une dose d'entretien quotidienne de 160 à 240 mg.

IV. *Arythmies menaçant la vie du client*: 1 à 3 mg sans dépasser 1 mg/min; une seconde dose peut être administrée après 2 min et être suivie par des doses subséquentes q 4 h. Les clients doivent passer à la thérapie PO le plus tôt possible.

Administration

1. Ne pas administrer le médicament pendant une période minimale de 2 semaines suivant l'administration d'inhibiteurs de la MAO.
2. Si des signes de dépression grave du myocarde sont observés après l'administration de propranolol, perfuser lentement de l'isoprotérénol (Isuprel) par voie IV.

Soins infirmiers complémentaires

Voir *Soins infirmiers – Adrénolytiques bêta*, p. 412.

1. Évaluer les éruptions cutanées, la fièvre et/ou le purpura, qui indiquent une réaction d'hypersensibilité. L'arrêt de la médication peut alors être nécessaire.
2. Revoir la liste des interactions médicamenteuses, car il existe de nombreuses interactions nécessitant une surveillance étroite du client et une réduction probable de la dose.
3. Afin de combattre l'hypotension ou le collapsus cardio-vasculaire pouvant survenir après l'administration par voie IV, garder sous la main de l'atropine pour administration IV.

TIMOLOL, MALÉATE DE   Blocadren^{Pr}, Timoptic^{Pr}

Mécanisme d'action/cinétique   Le timolol bloque à la fois les récepteurs adrénergiques bêta-1 et bêta-2. Le mécanisme de son effet protecteur dans l'infarctus du myocarde est inconnu. **Concentration plasmatique maximale**: 1 à 2 h. **Demi-vie**: 4 h. Métabolisé par le foie; l'excrétion des métabolites et de la fraction de médicament inchangé se fait par les reins.

Indications   Hypertension (utilisé seul ou avec d'autres antihypertenseurs tels que les diurétiques thiazidiques). Utiliser de 1 à 4 semaines après un infarctus du myocarde afin de réduire les risques de récidive. Glaucome (voir le tableau 22, p. 736). *À l'étude*: Prophylaxie de la migraine.

Interactions avec les épreuves de laboratoire   ↑ de l'urée, du potassium et de l'acide urique sériques. ↓ de l'hémoglobine et de l'hématocrite.

Posologie   **PO.** *Hypertension*: **Initialement**, 10 mg b.i.d.; **entretien**: 20 à 40 mg par jour (jusqu'à 60 mg par jour, administrés en 2 doses fractionnées, peuvent être nécessaires). Si une augmentation de la posologie se révèle nécessaire, attendre 7 jours. *Prophylaxie de l'infarctus du myocarde*: 10 mg, administrés 2 fois par semaine.

Soins infirmiers complémentaires

Voir *Soins infirmiers – Adrénolytiques bêta*, p. 412.

Expliquer au client et/ou à sa famille, lorsque le timolol est utilisé dans la prophylaxie à long terme de l'infarctus du myocarde, qu'il ne faut pas interrompre la thérapie sans avoir tout d'abord consulté le médecin, car un arrêt soudain de la médication peut précipiter un infarctus.

Autres médicaments

CAPTOPRIL   Capoten^Pr

Catégorie   Antihypertenseur, inhibiteur de la synthèse de l'angiotensine.

Mécanisme d'action/cinétique   Le mécanisme d'action n'est pas entièrement compris, mais il semblerait que le médicament inhibe la biosynthèse de l'angiotensine II, qui augmente la pression artérielle. Le captopril augmente aussi l'activité de la rénine et diminue la sécrétion d'aldostérone, entraînant ainsi une faible augmentation du potassium sérique. **Concentration sanguine maximale**: 1 h; la présence de nourriture diminue l'absorption de 30% à 40%. **Liaison aux protéines plasmatiques**: 25% à 30%. **Durée d'action**: 6 à 12 h. **Demi-vie**: 2 h; 95% de la fraction de médicament absorbée est excrétée dans l'urine en 24 h (40% à 50% sous forme inchangée).

Indications   Utiliser conjointement avec un diurétique thiazidique chez les clients n'ayant pas répondu aux autres antihypertenseurs ou ayant souffert d'effets indésirables avec ces autres traitements. (L'utilisation conjointe avec un diurétique peut toutefois précipiter de l'hypotension.)

Utilisé conjointement avec des diurétiques et des préparations digitaliques dans le traitement de l'insuffisance cardiaque ne répondant pas aux thérapies conventionnelles.

Contre-indications   Utiliser avec prudence lorsque la fonction rénale est altérée. Utiliser durant la grossesse uniquement si les avantages éventuels l'emportent sur les risques. Utiliser chez les enfants uniquement lorsque les autres thérapies antihypertensives n'ont pas régularisé la pression artérielle. Lactation.

Réactions indésirables   *Dermatologiques*: Éruption cutanée accompagnée de prurit, de fièvre et d'éosinophilie. Œdème angioneurotique du visage, de la muqueuse buccale ou des membres. Bouffées vasomotrices, pâleur. *GI*: Irritation gastrique, nausées, vomissements, anorexie, constipation ou diarrhée, ulcères, dyspepsie, xérostomie. *SNC*: Céphalée, étourdissements, insomnie, malaise, fatigue. *CV*: Hypotension, angine, insuffisance cardiaque, infarctus du myocarde, phénomène de Raynaud, douleur thoracique, palpitations, tachycardie. *Rénales*: Insuffisance rénale, protéinurie, fréquence urinaire, oligurie, polyurie. *Autres*: Diminution ou perte de la perception du goût avec perte de masse (réversible), neutropénie, paresthésie.

Interactions médicamenteuses

Médicaments	Interaction
Antihypertenseurs oraux	↑ de l'effet du captopril si de la rénine est libérée.
Diurétiques	↓ soudaine de la pression artérielle, en moins de 3 h.
Diurétiques d'épargne potassique	↑ du potassium sérique.

Interactions avec les épreuves de laboratoire   Faux + des épreuves de détection de l'acétone urinaire. ↑ transitoire de l'urée et de la créatinine. ↑ du potassium sérique.

Posologie   PO. *Hypertension*: **Adultes**, 25 mg t.i.d. Lorsque la réponse n'est pas satisfaisante après 1 ou 2 semaines, augmenter la dose à 50 mg t.i.d.; si les résultats sont encore insatisfaisants après 1 ou 2 semaines, ajouter un diurétique thiazidique (comme l'hydrochlorothiazide, 25 mg par jour). La posologie peut être augmentée jusqu'à 100 à 150 mg t.i.d., sans toutefois dépasser 450 mg par jour. *Insuffisance cardiaque*: **Initialement**, 25 mg t.i.d.; **puis**, augmenter la dose à 50 mg t.i.d. et évaluer la réponse. **Entretien**: 50 à 100 mg t.i.d., sans dépasser 450 mg par jour.

Hypertension accélérée ou maligne: **Initialement**, 25 mg t.i.d.; **puis**, augmenter la dose q 24 h jusqu'à l'obtention d'une réponse satisfaisante ou jusqu'à l'atteinte de la dose maximale. On doit toujours réduire les doses lorsque la fonction rénale est altérée.

Administration

1. Administrer le captopril 1 h avant les repas, car la nourriture diminue son absorption.

2. Dans les cas de surdosage, le traitement de choix pour rétablir la pression artérielle est la perfusion IV de solution saline normale afin d'augmenter le volume sanguin.

3. Le traitement au captopril ne devrait pas être arrêté sans le consentement du médecin.

> **Soins infirmiers**
>
> 1. S'assurer que les épreuves hématologiques, rénales et hépa-

tiques de base ont été effectuées avant de commencer la thérapie.

2. *Évaluer*:
   a) périodiquement la protéinurie. Analyser l'urine et surveiller l'œdème.
   b) étroitement l'effondrement de la pression artérielle moins de 3 h après l'administration de la première dose de captopril chez les clients ayant suivi une thérapie diurétique et un régime hyposodé. Si la pression artérielle diminue rapidement, coucher le client et se préparer à une perfusion IV de solution saline.

3. Arrêter l'administration des diurétiques d'épargne potassique et consulter le médecin si le client n'est pas hypokaliémique, car il y a alors des risques d'hyperkaliémie.

4. Surveiller l'apparition d'hyperkaliémie pouvant survenir plusieurs mois après l'administration de spironolactone et de captopril.

5. *Expliquer au client et/ou à sa famille*:
   a) qu'il doit prendre le captopril 1 h avant les repas, car la nourriture gêne son absorption.
   b) qu'il doit signaler au médecin la fièvre, le mal de gorge, les aphtes buccaux, les battements cardiaques irréguliers et la douleur thoracique.
   c) qu'il faut éviter les changements de position brusques afin de prévenir les étourdissements et les syncopes.
   d) qu'il doit signaler lorsqu'ils persistent les changements dans la perception du goût et les éruptions cutanées.

LABÉTOLOL, CHLORHYDRATE DE
Trandate[Pr]

Catégorie   Adrénolytique alpha et bêta.

Mécanisme d'action/cinétique   Le labétolol diminue la pression artérielle en bloquant à la fois les récepteurs adrénergiques alpha et bêta. On n'observe pas de tachycardie réflexe ni de bradycardie significatives, même si la conduction AV peut être prolongée. **Début d'action: PO**, 2 à 4 h; **IV**, 5 min. **Durée d'action: PO**, 8 à 12 h. **Demi-vie: PO**, 7 h; **IV**, 5,5 h. Effet de premier passage significatif; métabolisé par le foie. La nourriture augmente la biodisponibilité.

Indications   Utilisé seul ou avec d'autres médicaments dans le traitement de l'hypertension.

Contre-indications   Choc ou insuffisance cardiogénique, asthme bronchique, bradycardie, bloc auriculoventriculaire du deuxième ou du troisième degré. Utiliser avec prudence durant la grossesse et la lactation, chez les clients dont la fonction rénale est altérée et chez les diabétiques (peut prévenir les signes prémonitoires d'hypoglycémie aiguë). L'innocuité et l'efficacité chez l'enfant n'ont pas encore été établies.

Réactions indésirables *CV*: Hypotension posturale, œdème, bouffées vasomotrices, arythmie ventriculaire. *GI*: Nausées, vomissements, diarrhée, altération du goût, dyspepsie. *SNC*: Céphalée, sédation, fatigue, insomnie, étourdissements, vertiges. *GU*: Impuissance, rétention urinaire, miction difficile, gêne à l'éjaculation. *Dermatologiques*: Éruption cutanée, érythème facial, alopécie, urticaire, prurit, érythème psoriasiforme. *Autres*: Bronchospasme, dyspnée, crampes ou faiblesses musculaires, myopathie toxique, ictère, cholestase, troubles visuels, sécheresse des yeux, embarras de la respiration nasale, engourdissements, respiration sifflante, picotement de la peau ou du cuir chevelu, transpiration.

On peut observer des changements dans les résultats des épreuves de laboratoire, tels qu'une augmentation des transaminases sériques, de l'urée et de la créatinine sanguine et des facteurs antinucléaires positifs.

Interactions médicamenteuses

Médicaments	Interaction
Antidépresseurs tricycliques	↑ des risques de tremblements.
Cimétidine	↑ de la biodisponibilité du labétolol.
Halothane	↑ des risques d'hypotension grave.
Nitroglycérine	Hypotension additive.

Posologie **PO. Initialement**: 100 mg b.i.d.; **entretien**: 200 à 400 mg b.i.d., jusqu'à 1 200 à 2 400 mg par jour dans les cas graves. **Injection IV. Individualisée. Initialement**: 20 mg administrés lentement en 2 min; **puis**, 40 à 80 mg q 10 min jusqu'à l'obtention de l'effet désiré ou jusqu'à une dose totale de 300 mg. **Perfusion IV. Initialement**: 2 mg/min; **puis**, ajuster le débit de la perfusion en fonction de la réponse obtenue. **Éventail de doses habituelles**: 50 à 300 mg. *Passage de la thérapie IV à la thérapie PO*: **Initialement**, 200 mg; **puis**, 200 à 400 mg 6 à 12 h plus tard, en fonction de la réponse obtenue. Par la suite, on ajuste la posologie en fonction de la réponse.

Administration

1. Réduire lentement la posologie de la thérapie antihypertensive avant de passer au labétolol par voie orale.

2. Commencer le passage de la thérapie IV à la thérapie PO lorsque la pression artérielle en position couchée commence à augmenter.

3. Le labétolol est incompatible avec les préparations pour injection de bicarbonate de sodium à 5%.

MINOXIDIL   Loniten^{Pr}

Catégorie   Antihypertenseur, dépresseur du système nerveux sympathique.

Mécanisme d'action/cinétique   Réduit la pression artérielle élevée en diminuant la résistance périphérique. Le médicament augmente la sécrétion de rénine, la fréquence et le débit cardiaque et la rétention hydrosodée. Il ne cause pas d'hypotension orthostatique. **Début d'action**: Rapide. **Concentration plasmatique maximale**: Atteinte en 60 min; **demi-vie plasmatique**: 4,2 h. **Durée d'action**: 75 h. Absorbé à 90% dans le tractus GI; excrétion rénale (90% métabolites). Le délai avant l'atteinte de l'effet maximal est inversement proportionnel à la dose.

Le minoxidil peut causer de graves effets indésirables; il doit être réservé pour les cas d'hypertension réfractaire. Son utilisation nécessite généralement l'administration conjointe d'adrénolytiques bêta et de diurétiques. Une supervision médicale étroite est nécessaire; on peut hospitaliser le client lorsqu'on commence l'administration de ce médicament.

Indications   Hypertension non maîtrisée par l'administration d'un diurétique et de deux autres antihypertenseurs.

Contre-indications   Phéochromocytome. Moins d'un mois après un infarctus du myocarde. L'innocuité durant la grossesse et la lactation n'a pas été établie. Utiliser avec prudence en réduisant la posologie lorsque la fonction rénale est altérée.

Réactions indésirables   *CV*: Œdème, épanchement péricardique, tamponade (compression aiguë du cœur causée par la présence de liquide ou de sang dans le péricarde), insuffisance cardiaque, angine de poitrine, augmentation de la fréquence cardiaque. *GI*: Nausées, vomissements. *SNC*: Céphalée, fatigue. *Autres*: Hypertrichose (augmentation de la croissance, de la pigmentation et épaississement des poils fins du corps, observée 3 à 6 semaines après le début de la thérapie) chez environ 80% des clients, éruption cutanée (hypersensibilité), sensibilité des seins.

Interaction médicamenteuse   L'utilisation conjointe avec la guanéthidine peut entraîner de l'hypotension grave.

Interactions avec les épreuves de laboratoire   Changements non spécifiques de l'ECG. ↓ de l'hématocrite, de la numération érythrocytaire et de l'hémoglobine. ↑ de la phosphatase alcaline, de la créatinine sérique et de l'urée sanguine.

Posologie   En général utilisé avec au moins 2 autres antihypertenseurs, un diurétique et un médicament servant à réduire la tachycardie (un adrénolytique bêta, par exemple). **Adultes et enfants de plus de 12 ans : Initialement**, 5 mg une fois par jour. Afin d'atteindre une maîtrise optimale, on peut augmenter les doses à 10, à 20, puis à 40 mg par jour en une ou plusieurs doses. La posologie quotidienne ne doit pas dépasser 100 mg. **Enfants de moins de 12 ans : Initialement**, 0,2 mg/kg, une fois par jour. Éventail des doses efficaces : 0,25 à 1,0 mg/kg par jour. La posologie doit être individualisée en fonction de la réponse obtenue. La posologie quotidienne ne doit pas dépasser 50 mg.

Administration   Peut être administré avec des liquides sans tenir compte des repas.

Soins infirmiers

1. S'attendre que l'on débute la thérapie au minoxidil en centre hospitalier, afin de pouvoir surveiller rigoureusement les diminutions orthostatiques rapides ou importantes de la pression artérielle. Celle-ci diminue dans les 30 min suivant l'administration ; la pression artérielle minimale est atteinte en 2 à 3 h.

2. *Évaluer* :
   a) la rétention hydrosodée pouvant causer de l'insuffisance cardiaque. Peser le client quotidiennement et évaluer l'œdème.
   b) et signaler au médecin l'apparition de tachycardie.
   c) et signaler au médecin l'apparition de troubles respiratoires.

3. S'assurer que la thérapie à la guanéthidine est interrompue avant le début de la thérapie au minoxidil ou que le client prenant les deux médicaments est surveillé étroitement afin de détecter l'hypotension grave pouvant être précipitée par l'interaction de ces deux médicaments.

4. *Expliquer au client et/ou à sa famille* :
   a) comment mesurer le pouls. Avertir le médecin lorsque le pouls est supérieur de 20 battements à la valeur de base.
   b) qu'il doit se peser tous les jours et signaler un gain de masse rapide, c'est-à-dire tout gain de plus de 2 kg en 3 jours.
   c) qu'il faut signaler l'œdème des membres, du visage et de l'abdomen.
   d) qu'il faut signaler la dyspnée apparaissant en position couchée.
   e) qu'il faut signaler l'angine, les étourdissements et les syncopes.
   f) que la médication peut causer un épaississement et une augmentation de la longueur et de la pigmentation des poils, mais que tout redevient normal après l'arrêt de la médication.

Médicaments qui agissent directement sur le muscle lisse vasculaire

DIAZOXIDE   Hyperstat Injectable^{Pr}

Catégorie   Antihypertenseur à action directe sur le muscle lisse vasculaire.

Mécanisme d'action/cinétique   Vasodilatation rapide et directe des artérioles périphériques. **Début d'action**: 1 à 5 min. **Durée d'action** (variable): Habituellement 3 à 12 h; extrêmes: 30 min à 72 h.

Indications   Peut être le médicament de choix pour les crises d'hypertension (hypertension maligne). Souvent donné en concomitance avec un diurétique. Particulièrement approprié pour les clients atteints d'une altération de la fonction rénale, d'encéphalopathie hypertensive, d'hypertension compliquée par une insuffisance ventriculaire gauche ou d'éclampsie. Inefficace pour l'hypertension causée par un phéochromocytome.

Emploi oral pour le traitement de l'hyperinsulinisme (voir p. 859.).

Contre-indications   Hypersensibilité au médicament ou aux diurétiques thiazidiques.

Réactions indésirables   *CV*: Hypotension (peut être grave), rétention hydrosodée, arythmies, ischémie myocardique ou cérébrale, palpitations, bradycardie. *SNC*: Céphalée, étourdissements, somnolence, sensation ébrieuse. Confusion, convulsions, paralysie, inconscience, engourdissement (tous dus à l'ischémie cérébrale). *Respiratoires*: Oppression thoracique, toux, dyspnée, sensation de suffocation. *GI*: Nausées, vomissements, diarrhée, anorexie, gonflement des parotides, modifications de la gustation, salivation, xérostomie, iléus, constipation. *Autres*: Hyperglycémie (peut être assez grave pour nécessiter un traitement), transpiration, bouffées vasomotrices, sensation de chaleur, tinnitus, perte auditive, rétention des déchets azotés, pancréatite aiguë. Douleur, cellulite et phlébite au point d'injection.

Interactions médicamenteuses

Médicaments	Interaction
Anticoagulants oraux	↑ de l'effet de l'anticoagulant oral par ↓ de la liaison aux protéines plasmatiques.
Diurétiques thiazidiques	↑ des effets hyperglycémiants, hyperuricémiants et antihypertenseurs du diazoxide.
Phénytoïne	Le diazoxide ↓ l'effet anticonvulsivant de la phénytoïne.

Médicaments	Interaction
Réserpine	↑ de l'effet hypotenseur.
Vasodilatateurs périphériques	↑ de l'effet hypotenseur.

Interactions avec les épreuves de laboratoire   Faux + ou ↑ de l'acide urique.

Posologie   **Injection IV rapide** (30 s ou moins): **Adultes**, 1 à 3 mg/kg jusqu'à un maximum de 150 mg; peut être répété à des intervalles de 5 à 15 min, jusqu'à ce que la réponse adéquate de la pression artérielle soit obtenue. La médication peut alors être répétée à des intervalles de 4 à 24 h pendant 4 à 5 jours ou jusqu'à ce que la thérapie antihypertensive orale puisse commencer.

Un bolus de 300 mg peut aussi être utilisé, mais il n'est pas plus efficace et il augmente les risques d'hypotension grave.

Administration/entreposage
1. Protéger de la lumière, de la chaleur et du gel.
2. Injecter rapidement (30 s) le médicament non dilué dans une veine périphérique afin de maximiser la réponse.
3. Ne pas administrer **IM** ou **SC**.

Soins infirmiers

1. Garder le client couché pendant l'injection et durant 30 min après l'injection.
2. Garder le client couché pendant 8 à 10 h si on administre aussi du furosémide.
3. Après l'injection, surveiller étroitement la pression artérielle jusqu'à ce qu'elle se stabilise et toutes les heures par la suite.
4. Mesurer une dernière fois la pression artérielle lorsque le client se lève après l'injection.
5. Surveiller la glycosurie pendant toute la thérapie.
6. Surveiller les symptômes d'hyperglycémie. Voir p. 839.

HYDRALAZINE, CHLORHYDRATE D'
Apresoline[Pr]

Catégorie   Antihypertenseur à action directe sur le muscle lisse vasculaire.

Mécanisme d'action/cinétique   Exerce un effet vasodilatateur sur le muscle lisse vasculaire. Augmente aussi le débit sanguin rénal et cérébral et augmente le débit cardiaque par action réflexe.

Pour réduire les effets cardiaques, l'hydralazine est souvent adminis-trée avec des médicaments qui diminuent l'activité des nerfs sympa-thiques. La nourriture augmente la biodisponibilité du médicament.

PO. Début d'action: 20 à 30 min; **concentration plasmatique maximale**: 2 h; **durée d'action**: 2 à 4 h. **IM. Début d'action**: 10 à 30 min; **concentration plasmatique maximale**: 1 h; **durée d'action**: 2 à 6 h. **IV. Début d'action**: 5 à 10 min; **effet maximal**: 10 à 80 min; **durée d'action**: 2 à 6 h.

Indications   *PO*: En association avec d'autres médicaments pour l'hypertension essentielle. *Parentérales*: Urgences hypertensives. *À l'étude*: Pour réduire la postcharge dans l'insuffisance cardiaque et l'insuffisance aortique grave après un remplacement valvulaire.

Contre-indications   Cardiopathie ischémique, angine de poi-trine, maladie rénale avancée (comme dans l'hypertension rénale chro-nique) et glomérulonéphrite chronique. Employer avec prudence chez les clients ayant subi un accident vasculaire cérébral.

Réactions indésirables   *CV*: Hypotension orthostatique, infarctus du myocarde, angine de poitrine, palpitations, tachycardie. *SNC*: Céphalée, étourdissements, psychose, tremblements, dépres-sion, anxiété, désorientation. *GI*: Nausées, vomissements, diarrhée, anorexie, constipation, iléus paralytique. *Allergiques*: Éruption cutanée, urticaire, fièvre, frissons, arthralgie, prurit, éosinophilie. Rarement, hépatite, ictère obstructif. *Hématologiques*: Diminution de l'hémoglo-bine et des globules rouges, purpura, agranulocytose, leucopénie. *Autres*: Névrite périphérique, impuissance, congestion nasale, œdème, crampes musculaires, larmes, conjonctivite, miction difficile, syndrome lupoïde, lymphadénopathie, splénomégalie. Les effets indésirables sont moins graves quand la posologie est diminuée lentement.

Interactions médicamenteuses

Médicaments	Interaction
Adrénolytiques bêta	↑ de l'effet des deux médicaments.
Méthotriméprazine	Effet hypotenseur additif.
Procaïnamide	Effet hypotenseur additif.
Quinidine	Effet hypotenseur additif.
Sympathomimétiques	↑ des risques de tachycardie et d'angine.

Posologie   **PO. Adultes, initialement**: 10 mg q.i.d. pendant 2 à 4 jours; **puis**, augmenter à 25 mg q.i.d. pour le reste de la première semaine. Pour la seconde semaine et les suivantes, augmenter à 50 mg q.i.d. **Entretien**: Individualisé à la plus petite dose efficace; la dose quotidienne maximale ne devrait pas dépasser 300 mg. **Pédiatrique: Initialement**, 0,75 mg/kg en 4 doses fractionnées; la posologie peut être augmentée graduellement jusqu'à 7,5 mg/kg par jour. La nourriture augmente la biodisponibilité du médicament.

IV, IM. *Crises hypertensives*: **Adultes, habituellement**, 20 à 40 mg; répéter si nécessaire. La pression artérielle peut tomber en 5 à 10 min, avec une réponse maximale en 10 à 80 min. Habituellement, on passe à la posologie PO après 1 ou 2 jours. La posologie devrait être diminuée chez les clients atteints de lésions rénales. **Pédiatrique**: 0,1 à 0,2 mg/kg q 4 à 6 h, selon les besoins.

Administration   Les injections parentérales devraient être faites aussitôt que possible après qu'on a aspiré le médicament dans la seringue.

Soins infirmiers

1. *Évaluer*:
   a) l'apparition du syndrome grippal, au début de la thérapie, ou du syndrome rhumatoïde, qui peuvent nécessiter l'arrêt de la thérapie.
   b) la pression artérielle plusieurs fois par jour dans des conditions standard, assis ou debout, comme prescrit par le médecin.
   c) la pression artérielle dans les 5 min suivant l'injection parentérale du médicament.
   d) la masse tous les jours.
   e) l'œdème.
   f) les ingesta et les excreta; surveiller surtout la diminution des excreta.

2. *Expliquer au client et/ou à sa famille*:
   a) les effets indésirables possibles du médicament. Après la première dose, le client peut être atteint de céphalée, de palpitations et d'hypotension orthostatique. Ces symptômes peuvent persister pendant 7 à 10 jours.
   b) que le client peut se sentir faible et étourdi. Le cas échéant, le client devrait s'étendre ou s'asseoir la tête entre les genoux.
   c) qu'il faut passer très lentement de la position couchée à la position assise.

SODIUM, NITROPRUSSIATE DE   Nipride[Pr]

Catégorie   Antihypertenseur à action directe sur le muscle lisse vasculaire.

Mécanisme d'action/cinétique   Action directe sur le muscle lisse vasculaire, ce qui cause une vasodilatation périphérique. **Début d'action** (le médicament doit être donné par perfusion IV): 2 min; **Durée d'action**: 3 à 5 min.

Indications   Crise hypertensive, pour réduire la pression artérielle sans délai. Pour produire une hypotension contrôlée pendant l'anesthésie afin de réduire le saignement. *À l'étude*: Insuffisance cardiaque réfractaire grave (peut être associé à la dopamine), en association avec la dopamine pour l'infarctus du myocarde aigu, acidose lactique causée par une mauvaise perfusion périphérique, pour réduire les effets vasoconstricteurs de la norépinéphrine et de la dopamine.

Contre-indications Hypertension compensatoire. Employer avec prudence dans l'hypothyroïdie, l'atteinte hépatique ou rénale, la grossesse et la lactation.

Réactions indésirables De fortes doses peuvent conduire à une intoxication par le cyanure. *Après l'injection rapide*: Étourdissements, nausées, agitation, céphalée, transpiration, secousses musculaires, palpitations, douleur abdominale, appréhension. *Symptômes d'intoxication par le thiocyanate*: Vision trouble, tinnitus, confusion, hyperréflexie, convulsions. *Symptômes du SNC (transitoires)*: Nervosité, agitation et secousses musculaires. Vomissements ou éruption cutanée.

Interactions médicamenteuses L'emploi concomitant avec d'autres antihypertenseurs, des anesthésiques liquides volatiles ou certains dépresseurs ↑ la réponse au nitroprussiate.

Posologie **Adultes et enfants, perfusion IV seulement**: En moyenne, 3 μg/kg par min. **Éventail**: 0,5 à 10,0 μg/kg par min. La dose doit être réduite chez les clients recevant d'autres antihypertenseurs.

Évaluer la pression artérielle et s'en servir comme guide pour régulariser le débit d'administration afin de maintenir l'effet antihypertenseur désiré. Le débit d'administration ne devrait pas dépasser 10 μg/kg par min.

Administration/entreposage

1. Protéger le médicament de la chaleur, de la lumière et de l'humidité.
2. Protéger les solutions diluées pendant l'administration en enveloppant le flacon d'un matériau opaque, comme du papier d'aluminium.
3. Diluer dans une solution de dextrose à 5% dans l'eau ou dans de l'eau stérile **sans agent de conservation**.
4. Jeter toute solution diluée non utilisée après 4 h.
5. Jeter toute solution d'une autre couleur que légèrement brunâtre.
6. N'ajouter aucun autre médicament ou agent de conservation à la solution.

Soins infirmiers

1. Surveiller de près la pression artérielle pour pouvoir régulariser le débit d'administration et pour évaluer les effets hypotenseurs excessifs.
2. Ajuster la pompe à perfusion ou la chambre à microgouttes exactement au débit prescrit.

CHAPITRE **27**

Antiarythmiques

Généralités   La séquence ordonnée de la contraction des cavités du cœur à une fréquence efficace est nécessaire pour que le cœur puisse pomper assez de sang aux organes. Normalement, les oreillettes se contractent et les ventricules se contractent ensuite.

Une altération du mode de contraction, ou l'augmentation ou la diminution marquée de la fréquence cardiaque, réduit la capacité qu'a le cœur de pomper du sang. De telles altérations sont appelées *arythmies cardiaques.* Voici quelques genres d'arythmie cardiaque:

1. *Extrasystole ventriculaire.* Contraction qui commence dans les ventricules plutôt que dans la région du nœud sino-auriculaire (des oreillettes). Les ventricules se contractent alors avant les oreillettes, ce qui entraîne une diminution du volume sanguin pompé dans l'aorte.

2. *Tachycardie ventriculaire.* Battements rapides du cœur associés à une succession de battements provenant des ventricules.

3. *Flutter auriculaire.* Contraction rapide des oreillettes à une fréquence trop rapide pour forcer le sang efficacement dans les ventricules.

4. *Fribrillation auriculaire.* La fréquence de contraction auriculaire est encore plus rapide que dans le flutter auriculaire et elle est plus désorganisée.

5. *Fribrillation ventriculaire.* Contractions ventriculaires rapides, irrégulières et non coordonnées, incapables de pomper du sang aux organes. En l'absence de correction immédiate, cet état conduit à la mort.

6. *Bloc auriculoventriculaire.* Ralentissement ou arrêt de la transmission de l'influx cardiaque des oreillettes aux ventricules, dans la jonction auriculoventriculaire. La contraction auriculaire peut *ne pas* être suivie de la contraction ventriculaire.

Les antiarythmiques sont employés pour corriger les perturbations de la fréquence et du rythme cardiaques. Ces médicaments ramènent la fréquence cardiaque à des valeurs plus normales ou rétablissent l'origine des battements au nœud sino-auriculaire (stimulateur cardiaque). Les antiarythmiques régularisent les battements cardiaques en déprimant la production d'influx dans les régions du cœur où il ne devrait pas s'en produire. Certains médicaments ramènent à la normale l'intervalle pendant lequel le cœur ne peut être stimulé pour qu'il se contracte (période réfractaire).

Soins infirmiers

1. *Évaluer*:
   a) à l'aide d'un moniteur cardiaque tous les clients qui reçoivent des antiarythmiques par voie IV.
   b) les variations du rythme cardiaque et signaler les changements qui peuvent nécessiter une modification dans l'administration du médicament.
   c) particulièrement une dépression de l'activité cardiaque telle que la prolongation de l'intervalle P-R ou du complexe QRS ou l'aggravation de l'arythmie.
   d) la pression artérielle presque continuellement durant la thérapie parce que les clients recevant des antiarythmiques sont particulièrement sensibles à l'hypotension et au collapsus cardiaque.
   e) la fréquence cardiaque. La bradycardie peut indiquer un collapsus cardiaque imminent.

2. Se préparer à arrêter l'administration du médicament, à administrer des médicaments d'urgence et à appliquer les techniques de réanimation d'urgence en cas de réaction adverse.

BRÉTYLIUM, TOSYLATE DE   Brétylate
Parentéral^Pr

Catégorie   Antiarythmique, type III.

Mécanisme d'action/cinétique   Le mécanisme d'action entraînant l'effet antiarythmique n'est pas connu mais il se peut qu'il comporte une prolongation de la repolarisation. Le brétylium inhibe également la libération des catécholamines aux terminaisons nerveuses en diminuant leur excitabilité. Le médicament peut produire une légère augmentation initiale de la fréquence cardiaque et de l'hypertension transitoire. **Concentration plasmatique maximale**: Obtenue en moins de 60 min après l'administration IM. L'effet antifibrillant est obtenu en quelques minutes après l'administration IV. L'effet hypotenseur est obtenu en 1 h; la suppression de la tachycardie et des arythmies ventriculaires en 20 min à 2 h; la suppression des extrasystoles ventriculaires en 6 à 9 h. **Demi-vie plasmatique**: 5 à 10 h. Excrété inchangé dans l'urine (70% à 80%).

Indications   Arythmies ventriculaires gravissimes, particulièrement les fibrillations et tachycardies ne répondant pas à d'autres antiarythmiques. Pour usage à court terme seulement.

Contre-indications   Sténose aortique grave, hypertension pulmonaire grave. L'innocuité durant la grossesse et chez les enfants n'a pas été établie.

Réactions indésirables   *CV*: Hypotension, hypertension transitoire, augmentation de la fréquence des extrasystoles ventriculaires, bradycardie, déclenchement des attaques d'angine. *GI*: Nausées, vomissements, particulièrement après une administration rapide, diarrhée, douleur abdominale, hoquet. *SNC*: Vertige, étourdissements, sensation de tête légère, syncope, anxiété, psychose paranoïde, confusion, labilité émotionnelle. *Autres*: Dysfonction rénale, rougeur, hyperthermie, essoufflement, embarras de la respiration nasale, diaphorèse, conjonctivite, éruption érythémateuse maculaire.

Interactions médicamenteuses

Médicaments	Interaction
Glucosides cardiotoniques	Le brétylium peut aggraver la toxicité digitalique à cause de la libération initiale de norépinéphrine.
Procaïnamide, Quinidine	L'utilisation conjointe avec le brétylium ↓ l'activité inotrope du brétylium et ↑ l'hypotension.

Posologie   *Fribrillation ventriculaire.* **IV**: 5 mg/kg de solution non diluée rapidement. On peut augmenter à 10 mg/kg et répéter aux 15 à 30 min. La posologie ne devrait pas dépasser 30 mg/kg. **Entretien**: 1 à 2 mg/min de solution diluée en perfusion IV continue ou 5 à 10 mg/kg q 6 h, perfusés en 10 à 30 min. *Autres arythmies ventriculaires.* **Perfusion IV**: 5 à 10 mg/kg de solution diluée en 10 à 30 min. **Entretien**: 5 à 10 mg/kg de la solution non diluée suivis d'une seconde dose après 1 à 2 h. **IM**: 5 à 10 mg/kg de solution non diluée suivis d'une seconde dose après 1 à 2 h; continuer avec la même dose q 6 ou 8 h. Durée habituelle: 3 à 5 jours.

Administration

1. *IV habituelle.* Diluer avec quatre parties de dextrose ou de chlorure de sodium pour injection et administrer lentement (en 10 à 30 min). Pour les fibrillations ventriculaires, administrer aussi rapidement que possible, et sans diluer si la situation le permet.

2. *IM (employer non dilué).* Éviter d'administrer près d'un nerf. Faire une rotation des points d'injection pour éviter une atrophie, une fibrose, une dégénérescence ou une inflammation locales. N'injecter que 5 mL par point d'injection.

Soins infirmiers complémentaires

Voir *Soins infirmiers – Antiarythmiques*, p. 429.

1. Garder le client en décubitus durant la thérapie et surveiller l'hypotension orthostatique jusqu'à ce que se développe une

---

tolérance. Cela peut prendre plusieurs jours. Durant la thérapie au brétylium, environ 50% des clients sont hypotendus en décubitus.

2. Avertir le médecin et se préparer à administrer de la dopamine ou de la norépinéphrine IV pour augmenter la pression artérielle lorsqu'elle est inférieure à 75 mm Hg alors que le client est en décubitus.

3. Demander une confirmation de l'emploi conjoint de préparations digitaliques parce que le brétylium peut aggraver la toxicité digitalique.

4. Savoir que la nausée et le vomissement peuvent être causés par une administration IV trop rapide et, le cas échéant, signaler immédiatement.

DILTIAZEM, CHLORHYDRATE DE
Cardizem^{Pr}

Voir *Bloqueurs des canaux calciques*, p. 377.

DISOPYRAMIDE   Norpace^{Pr}, Norpace CR^{Pr}, Rythmodan^{Pr}, Rythmodan-LA^{Pr}

Catégorie   Antiarythmique, type I.

Mécanisme d'action/cinétique   Le disopyramide déprime l'excitabilité du myocarde par la stimulation électrique et prolonge la période réfractaire. Il possède des effets anticholinergiques mais il cause moins d'effets indésirables que la quinidine. Le médicament ne modifie pas la pression artérielle de manière appréciable et il peut être employé tant chez les clients digitalisés que chez ceux qui ne le sont pas. **Début d'action**: 30 min. **Concentration plasmatique maximale**: 2 h. **Durée**: en moyenne 6 h (s'échelonne de 1,5 à 8 h). **Concentration sérique thérapeutique**: 6 à 24 μmol/L. **Taux de liaison aux protéines**: 40% à 60%.

Indications   Prévention, récurrence et maîtrise des extrasystoles ventriculaires couplées, à foyer unique ou multiple. Arythmies dans la cardiopathie ischémique. *À l'étude*: Arythmies ventriculaires dans les situations d'urgence, tachycardie supraventriculaire paroxystique.

Contre-indications   Hypersensibilité au médicament. Choc cardiogénique, insuffisance cardiaque, bloc cardiaque, particulièrement bloc AV du second ou du troisième degré préexistant, glaucome, rétention urinaire. L'innocuité durant la grossesse, le travail et l'accouchement ainsi que chez les enfants n'a pas été établie.

Réactions Indésirables   *Cardio-vasculaires*: Hypotension, insuffisance cardiaque, œdème, gain de masse, troubles de conduction cardiaque, essoufflement, syncope, douleur abdominale. *Anticholinergiques*: Xérostomie, rétention urinaire, constipation, vision trouble, nez, yeux et gorge secs. *GU*: Fréquence et urgence urinaires. *GI*: Nausées, douleur, flatulence, anorexie, diarrhée, vomissements. *SNC*: Céphalées, nervosité, étourdissements, fatigue, dépression, insomnie; psychose. *Dermatologiques*: Éruptions/dermatoses. *Autres*: Fièvre, troubles respiratoires, gynécomastie, anaphylaxie, malaise, faiblesse musculaire, engourdissement, picotement, glaucome à angle fermé.

Interactions médicamenteuses   La phénytoïne et la rifampine ↓ l'activité à cause d'une ↑ du catabolisme hépatique.

Posologie   PO. *Individualisée*. **Dose d'attaque initiale**: 300 mg (200 mg si la masse du client est inférieure à 50 kg); **entretien**: 400 à 800 mg par jour en 4 doses fractionnées (habituellement: 150 mg q 6 h). *Pour les clients de moins de 50 kg,* **entretien**: 100 mg q 6 h. Si on emploie une préparation à libération progressive, administrer q 12 h. *Tachycardie réfractaire grave*: jusqu'à 400 mg q 6 h peuvent être requis. *Myocardiopathie*: ne pas administrer de dose d'attaque; donner 100 mg q 6 h. Dans tous les cas, la posologie doit être réduite en présence d'insuffisance rénale ou hépatique.

Administration

1. Administrer le médicament seulement après une évaluation de l'ECG.
2. Administrer avec prudence aux clients recevant (ou qui ont récemment reçu) d'autres médicaments antiarythmiques.

Soins infirmiers

Voir *Soins infirmiers – Antiarythmiques*, p. 429.

1. *Évaluer*:
   a) très attentivement les clients dont on change l'antiarythmique pour le disopyramide.
   b) la pression artérielle b.i.d. pour repérer un effet hypotenseur.
   c) l'élargissement du complexe QRS et la prolongation de l'intervalle Q-T, qui indiquent la nécessité de cesser l'administration du disopyramide.
   d) de près les clients dont la fonction ventriculaire gauche est mauvaise, parce que les risques d'hypotension ou d'exacerbation de l'insuffisance cardiaque, manifestée par la toux, la dyspnée, les râles humides et la cyanose, sont plus élevés.
   e) la concentration sérique de potassium, afin de savoir si elle est suffisante pour qu'il y ait réponse au disopyramide.
   f) l'apparition de rétention urinaire, en particulier chez les hommes atteints d'une hypertrophie de la prostate.
2. Signaler les réactions indésirables parce que la posologie est déterminée selon la réponse du client et la tolérance au médicament.

3. Ne pas administrer si l'ECG démontre un bloc cardiaque du premier degré. Consulter le médecin afin d'obtenir une posologie réduite.

GLUCOSIDES DIGITALIQUES

Voir *Glucosides cardiotoniques*, p. 359.

LIDOCAÏNE, CHLORHYDRATE DE

Chlorhydrate de lidocaïne, Lidocaïne parentérale, Xylocard

Catégorie   Antiarythmique, type I.

Mécanisme d'action/cinétique   La lidocaïne diminue la période réfractaire et supprime l'automatisme des foyers ectopiques sans affecter la conduction de l'influx dans le tissu cardiaque. Elle n'affecte pas la pression artérielle, le débit cardiaque ou la contractilité myocardique. **IV. Début d'action**: 45 à 90 s. **Durée**: 10 à 20 min. **Demi-vie**: 1 à 2 h **Concentration sérique thérapeutique**: 6 à 21 μmol/L. **Taux de liaison aux protéines**: 40% à 80%. Puisque la lidocaïne n'a que peu d'effet sur la conduction aux doses antiarythmiques normales, on devrait l'employer (au lieu de la procaïnamide) dans les situations aiguës lorsqu'un bloc cardiaque pourrait survenir.

Indications   **IV**: Traitement des arythmies ventriculaires aiguës comme celles qui surviennent après un infarctus du myocarde ou durant une intervention chirurgicale. Ce médicament n'est pas efficace contre les arythmies auriculaires. **IM**: Certaines situations d'urgence (par exemple, lorsque l'équipement d'ECG n'est pas disponible et dans une unité mobile de soins coronariens, selon les indications du médecin).

Contre-indications   Hypersensibilité aux anesthésiques locaux de type amide, syndrome d'Adams-Stokes ou bloc cardiaque complet ou incomplet. Employer avec prudence en présence de maladie hépatique ou rénale grave, d'insuffisance cardiaque, d'hypoxie marquée, de dépression respiratoire grave ou de choc. Employer avec prudence durant la grossesse, le travail et l'accouchement ainsi que chez les enfants.

Réactions indésirables   *CV*: Déclenchement ou aggravation des arythmies (après l'emploi IV), hypotension, bradycardie (avec possibilité d'un arrêt cardiaque), collapsus cardio-vasculaire. *SNC*: Étourdissement, agitation, appréhension, euphorie, stupeur, convulsions, inconscience. *Respiratoires*: Respiration ou déglutition difficiles, dépression respiratoire. *Allergiques*: Éruption cutanée, urticaire, œdème, anaphylaxie. *Autres*: Tinnitus, vision trouble, vomissements, engourdissement, sensation de chaleur ou de froid, secousses musculaires, tremblements.

Pendant l'anesthésie, la dépression cardio-vasculaire peut être le premier signe de toxicité de la lidocaïne. Pour les autres utilisations, les convulsions sont le premier signe de toxicité.

Interactions médicamenteuses

Médicaments	Interaction
Aminosides	↑ du blocage neuromusculaire.
Cimétidine	↑ de l'activité de la lidocaïne.
Métoprolol	↓ de la clearance de la lidocaïne.
Phénytoïne	La phénytoïne IV → une dépression cardiaque excessive.
Procaïnamide	Effets secondaires neurologiques accrus.
Propranolol	↓ de la clearance de la lidocaïne.
Succinylcholine	↑ de l'activité de la succinylcholine par ↓ du taux de liaison aux protéines plasmatiques.
Tubocurarine	↑ du blocage neuromusculaire.

Posologie **IV. Directe**: 50 à 100 mg à une vitesse de 25 à 50 mg/min. Répéter si nécessaire après un intervalle de 5 min. Le début d'action survient en 10 s. **Dose maximale/h**: 200 à 300 mg. **Perfusion**: 1 à 4 mg/min (ou 20 à 50 μg/kg par min pour un adulte d'environ 70 kg). Le début d'action survient en 10 à 20 min. **IM**: 300 mg. Changer pour de la lidocaïne IV ou pour des antiarythmiques PO aussitôt que possible.

La posologie de l'injection IV directe devrait être réduite chez les clients de plus de 60 ans et chez les clients atteints d'insuffisance cardiaque ou de maladie hépatique.

Administration

1. **Ne pas ajouter de lidocaïne au perfuseur d'une transfusion sanguine.**

2. Les solutions de lidocaïne qui contiennent de l'épinéphrine ne devraient pas être employées dans le traitement des arythmies. S'assurer que le flacon porte l'indication: « Pour arythmie cardiaque ».

3. Employer du dextrose à 5% dans l'eau pour préparer la solution; la solution est stable pendant 24 h.

Soins infirmiers complémentaires

Voir *Soins infirmiers – Antiarythmiques*, p. 429.

1. *Évaluer*:
   a) les effets neurologiques indésirables, tels que les secousses musculaires et les tremblements, qui peuvent précéder des convulsions.
   b) la dépression respiratoire, caractérisée par une respiration lente et superficielle.

2. Avoir à sa disposition des barbituriques à courte durée d'action, comme le sécobarbital (Seconal), pour les situations d'urgence.

PHÉNYTOÏNE (DIPHÉNYLHYDANTOÏNE)
Dilantin[Pr], Novophénytoïne[Pr]

PHÉNYTOÏNE SODIQUE (DIPHÉNYLHYDANTOÏNE SODIQUE)
Dilantin[Pr]

Catégorie Antiarythmique (type I), anticonvulsivant (voir p. 576).

Mécanisme d'action/cinétique La phénytoïne augmente le seuil de stimulation électrique du myocarde, mais elle est moins efficace que la quinidine, la procaïnamide et la lidocaïne. **Début d'action**: 30 à 60 min. **Durée**: 24 h ou plus. **Demi-vie**: 22 à 36 h. **Concentration sérique thérapeutique**: 40 à 79 μmol/L.

Indications PO pour certaines extrasystoles ventriculaires et IV pour les extrasystoles ventriculaires et pour la tachycardie. Ce médicament est particulièrement efficace contre les arythmies causées par un surdosage digitalique.

Pour tous les détails sur ce médicament y compris les contre-indications, les réactions indésirables, les interactions médicamenteuses et les soins infirmiers, voir au chapitre 36, *Anticonvulsivants*, p. 576.

Interactions avec les épreuves de laboratoire Faux + ou ↑ de la glycémie à jeun et du test de Coombs.

Posologie *Arythmies*. **PO**: 200 à 400 mg par jour. **IV**: 100 mg q 5 min jusqu'à un maximum de 1 g.

PROCAÏNAMIDE, CHLORHYDRATE DE
Procan SR[Pr], Pronestyl,[Pr] Pronestyl SR[Pr]

Catégorie Antiarythmique.

Mécanisme d'action/cinétique Prolonge la période réfractaire du cœur et déprime la conduction de l'influx cardiaque. Entraîne un certain effet anticholinergique et anesthésique local. **Début d'action. PO**: 30 min.; **IV**: 1 à 5 min. **Durée**: 3 h. **Demi-vie**: 2,5 à 4,5 h. **Concentration sérique thérapeutique**: 17 à 34 μmol/L. **Taux de liaison aux protéines**: 15%. De 50% à 60% est excrété inchangé.

Indications Tachycardie ventriculaire, fibrillation auriculaire, tachycardie auriculaire paroxystique résistante. Traitement d'urgence de la tachycardie ventriculaire, intoxication à la digitale, maîtrise prophylactique de la tachycardie chez les clients à risque durant l'anesthésie ou subissant une intervention chirurgicale au thorax.

Contre-indications   Hypersensibilité au médicament, bloc AV complet, bloc AV du second et du troisième degré, myasthénie grave ou dyscrasie sanguine. Employer avec extrême prudence chez les clients pour lesquels une baisse soudaine de la pression artérielle pourrait être néfaste, chez les clients atteints de dysfonction rénale ou hépatique et chez les clients atteints d'asthme bronchique ou d'autres troubles respiratoires. L'innocuité durant la grossesse et la lactation n'a pas été établie.

Réactions indésirables   *CV*: Après administration IV: Hypotension, asystole ou fibrillation ventriculaires, bloc cardiaque complet ou incomplet. *GI*: Nausées, vomissements, diarrhée, anorexie, goût amer, douleur abdominale. *Hématologiques*: Thrombopénie, agranulocytose. *Allergiques*: Urticaire, prurit, œdème angioneurotique, éruption maculopapulaire. *SNC*: Dépression, sensation vertigineuse, psychose, hallucinations. *Autres*: Syndrome lupique, particulièrement chez les clients suivant une thérapie d'entretien. Aussi, hépatite granulomateuse, faiblesse, fièvre, frissons.

Interactions médicamenteuses

Médicaments	Interaction
Acétazolamide	↑ de l'activité de la procaïnamide due à la ↓ de l'excrétion rénale.
Anticholinergique, atropine	Effets anticholinergiques accrus.
Antihypertenseurs	Effets hypotenseurs accrus.
Cholinergiques	L'activité anticholinergique de la procaïnamide est un antagoniste de l'effet des cholinergiques.
Cimétidine	↑ de l'activité de la procaïnamide due à la ↓ de l'excrétion rénale.
Éthanol	↓ de l'activité de la procaïnamide due à une ↑ de la vitesse du catabolisme hépatique.
Kanamycine	La procaïnamide ↑ la relaxation musculaire produite par la kanamycine.
Lidocaïne	Effets neurologiques indésirables accrus.
Magnésium, sels de	La procaïnamide ↑ la relaxation musculaire produite par les sels de magnésium.
Néomycine	La procaïnamide ↑ la relaxation musculaire produite par la néomycine.
Sodium, bicarbonate de	↑ de l'activité de la procaïnamide due à la ↓ de l'excrétion rénale.
Succinylcholine	La procaïnamide ↑ la relaxation musculaire produite par la succinylcholine.

Interactions avec les épreuves de laboratoire   Peut modifier les épreuves de la fonction hépatique. Faux + ou ↑ de la phosphatase alcaline sérique.

Posologie **Individualisée. PO.** *Arythmies auriculaires*: **initialement**, 1,25 g suivi de 0,75 g après 1 h; **puis**, si aucun changement n'apparaît dans l'ECG, 0,5 à 1,0 g q 2 h jusqu'à ce que l'arythmie cesse. **Entretien**: 0,5 à 1,0 g q 4 ou 6 h. *Extrasystoles ventriculaires*: 50 mg/kg par jour en doses fractionnées q 3 h. *Tachycardie ventriculaire*: **initialement**, 1,0 g; **puis**, 6 mg/kg q 3 h. **Comprimés à libération prolongée**: non recommandés pour la thérapie initiale; **entretien**: 50 mg/kg par jour en doses fractionnées q 6 h.

IM: 0,5 à 1,0 g q 4 ou 8 h jusqu'à ce que la thérapie PO soit possible. *Arythmies associées à une intervention chirurgicale ou à l'anesthésie*: 0,1 à 0,5 g IM.

Administration IV directe: 100 mg q 5 min en injection IV lente à une vitesse ne dépassant pas 50 mg/min; administrer jusqu'à ce que l'arythmie cesse ou jusqu'à concurrence de 1 g; **entretien**: perfusion IV, 2 à 6 mg/min. **Perfusion IV**: initialement, 500 à 600 mg en 25 à 30 min; **puis**, 2 à 6 mg/min. Changer pour la thérapie PO aussitôt que possible. Attendre cependant au moins 3 à 4 h après la dernière dose IV.

Administration/entreposage

1. L'emploi IV devrait être réservé aux situations d'urgence.

2. Pour la thérapie initiale IV, le médicament devrait être dilué avec une solution de dextrose à 5%. On devrait l'administrer lentement pour réduire les effets indésirables.

3. Jeter les solutions qui sont plus foncées qu'une bouteille ambrée ou qui sont d'une autre couleur. Les solutions qui ont légèrement jauni peuvent être utilisées.

Soins infirmiers complémentaires

Voir *Soins infirmiers – Antiarythmiques*, p. 429.

1. Surveiller l'administration IV en vérifiant que la dose n'excède pas 25 à 50 mg/min.

2. Évaluer le client en décubitus durant la perfusion IV et vérifier presque continuellement la pression artérielle.

3. Prévenir le médecin et se préparer à interrompre la perfusion si la pression artérielle diastolique diminue de 15 mm Hg ou plus durant l'administration.

4. Avoir à portée de la main du chlorhydrate de phényléphrine injectable (Neo-Synephrine) ou du bitartrate de lévartérénol injectable (Levophed) pour contrecarrer une réponse hypotensive excessive.

5. Évaluer chez le client qui reçoit une thérapie d'entretien PO les symptômes de lupus érythémateux, qui se manifeste par la polyarthralgie, l'arthrite, la douleur pleurétique, la fièvre, la myalgie et les lésions cutanées.

PROPRANOLOL, CHLORHYDRATE DE

Apo-Propranolol[Pr], Détensol[Pr], Indéral[Pr], Indéral LA[Pr], Novopranol[Pr], PMS Propranolol[Pr], Propranolol[Pr]

Catégorie Antiarythmique (type II), adrénolytique bêta. Voir *Antihypertenseurs*, p. 414, pour les détails sur ce médicament.

QUINIDINE, BISULFATE DE   Biquin Durules[Pr]

QUINIDINE, GLUCONATE DE   Quinaglute Duratabs[Pr], Quinate[Pr]

QUINIDINE, POLYGALACTURONATE DE
Cardioquin[Pr]

QUINIDINE, SULFATE DE   Apo-quinidine[Pr], Novoquinidin[Pr], Quinidex Extentabs[Pr], Sulfate de quinidine[Pr]

Catégorie Antiarythmique, type I.

Mécanisme d'action/cinétique La quinidine déprime l'excitabilité du cœur et augmente la période réfractaire en diminuant la sortie du potassium des fibres cardiaques. Elle diminue également le débit cardiaque et possède des propriétés anticholinergiques, antipaludiques, antipyrétiques et ocytoxiques. **PO. Début d'action**: 0,5 à 3,0 h. **Durée d'action**: 6 à 8 h. **Demi-vie**: 6 à 7 h. **Concentration plasmatique thérapeutique**: 6 à 22 μmol/L. **Taux de liaison aux protéines**: 60% à 80%. Métabolisée par le foie. La vitesse d'excrétion urinaire (20% excrété inchangé) est modifiée par le *p*H urinaire.

Indications La quinidine est souvent le médicament de choix pour la fibrillation auriculaire et les arythmies auriculaires et ventriculaires. Non recommandé comme prophylactique durant une intervention chirurgicale.

Contre-indications Hypersensibilité au médicament ou à d'autres médicaments dérivés du quinquina. La quinidine devrait être employée avec extrême prudence chez les clients pour lesquels un changement soudain de la pression artérielle peut être néfaste et chez les clients atteints de lésions myocardiques graves, d'endocardite subaiguë, de bradycardie, d'occlusion coronarienne, de perturbations dans la conduction de l'influx, de valvulopathie chronique, d'agrandissement cardiaque considérable, d'insuffisance cardiaque, d'arythmie causée par la toxicité digitalique ou de maladie rénale.

On recommande aussi d'être prudent chez les clients atteints d'infections aiguës, d'hyperthyroïdie, de myasthénie grave, de faiblesse musculaire, de détresse respiratoire et d'asthme bronchique. L'innocuité durant la grossesse et la lactation de même que chez les enfants n'a pas été établie.

Réactions indésirables *CV*: Élargissement du complexe QRS, hypotension, asystole, extrasystole ventriculaire, tachycardie ou fibrillation ventriculaires, embolie auriculaire, collapsus circulatoire, bradycardie, insuffisance cardiaque, bloc cardiaque complet ou incomplet. *GI*: Nausées, vomissements, douleur abdominale, coliques, anorexie, diarrhée, miction et défécation urgentes. *SNC*: Syncope, céphalées, confusion, excitation, vertige, appréhension, tinnitus, diminution de l'acuité auditive. *Dermatologiques*: Éruption cutanée, urticaire, dermatite exfoliative, photosensibilité, rougeur. *Allergiques*: Asthme aigu, œdème angioneurotique, paralysie respiratoire, dyspnée, fièvre, collapsus cardio-vasculaire. *Hématologiques*: Hypoprothrombinémie, anémie hémolytique aiguë, purpura thrombopénique, agranulocytose. *Ophtalmologiques*: Vision trouble, mydriase, daltonisme, diminution du champ de vision, diplopie, photophobie, névrite optique, héméralopie, scotome. *Autres*: Toxicité hépatique comprenant l'hépatite, lupus érythémateux (rare).

Interactions médicamenteuses

Médicaments	Interaction
Acétazolamide ⎱ Antiacides ⎰	↑ de l'activité de la quinidine due à la ↓ de l'excrétion rénale.
Aticholinergiques, atropine	Effet additif sur le blocage de l'action du nerf vague.
Anticoagulants oraux	Hypoprothrombinémie accrue.
Barbituriques	↓ de l'activité de la quinidine due à la ↑ du catabolisme hépatique.
Cholinergiques	La quinidine est un antagoniste de l'activité des cholinergiques.
Cimétidine	↑ de l'activité de la quinidine due à la ↓ du catabolisme hépatique.
Curarisants	↑ de la dépression respiratoire.
Digoxine, digitoxine	↑ des symptômes de toxicité de la digoxine.
Diurétiques thiazidiques	↑ de l'activité de la quinidine due à la ↓ de l'excrétion rénale.
Guanéthidine	Effet hypotenseur accru.
Méthyldopa	Effet hypotenseur accru.
Myorésolutifs	↑ de la relaxation musculaire squelettique.
Phénobarbital ⎱ Phénytoïne ⎰	↓ de l'activité de la quinidine par ↑ de la vitesse du métabolisme hépatique.
Phénothiazines	Effet dépresseur cardiaque accru.
Potassium	↑ de l'activité de la quinidine.
Propranolol	Les deux médicaments produisent un effet inotrope négatif sur le cœur.
Réserpine	Effet dépresseur cardiaque accru.
Rifampine	↓ de l'activité de la quinidine due à la ↑ du catabolisme hépatique.

Médicaments	Interaction
Sodium, bicarbonate de	↑ de l'activité de la quinidine due à la ↓ de l'excrétion rénale.
Vérapamil	Hypotension chez les clients atteints de myo-cardiopathie hypertrophique.

Interactions avec les épreuves de laboratoire Faux + ou ↑ de la PSP, des céto-17 stéroïdes, du temps de prothrombine.

Posologie *Individualisée.* Le monitorage par ECG est recommandé lorsqu'on utilise de grandes doses de quinidine. L'administration d'une dose d'épreuve (un seul comprimé ou 200 mg IM) de quinidine est recommandée pour écarter la possibilité d'une réaction d'hypersensibilité. **Concentration plasmatique** : 6 à 18 μmol/L; on peut atteindre cette concentration en administrant 200 à 300 mg q.i.d. **PO.** *Tachycardie supraventriculaire paroxysmique*: 400 à 600 mg q 2 ou 3 h jusqu'à ce qu'un effet bénéfique soit obtenu. *Extrasystoles ventriculaires et auriculaires*: 200 à 300 mg t.i.d. ou q.i.d. *Fibrillation auriculaire:* **initialement**, 5 à 8 doses de 200 mg q 2 ou 3 h; **puis**, augmenter la dose quotidienne, sans dépasser une dose de 3 ou 4 g par jour, jusqu'à ce que le rythme soit rétabli (ou qu'une toxicité apparaisse). **Entretien** dans tous les cas: 200 à 300 mg t.i.d. ou q.i.d. **Formes pharmaceutiques à libération prolongée**: 300 à 600 mg q 8 ou 12 h. **IM.** *Tachycardie aiguë*: **initialement**, 600 mg; **puis**, 400 mg de gluconate répété q 2 h si nécessaire. **IV.** *Arythmies*: 330 mg (ou moins) de gluconate; certains clients peuvent nécessiter 500 à 750 mg.

Administration/entreposage

1. Les solutions IV peuvent être préparées en diluant 10 mL de gluconate de quinidine pour injection à 50 mL avec du glucose à 5%; on devrait administrer cette solution à un débit de 1 mL/min.

2. N'utiliser que les solutions claires pour l'injection. Dans les solutions brunies, la quinidine a été cristallisée par la lumière.

3. Administrer avec de la nourriture pour réduire les effets GI.

Soins infirmiers complémentaires

Voir *Soins infirmiers – Antiarythmiques*, p. 429.

1. Prévoir l'administration d'une dose d'épreuve avant le début de la thérapie à la quinidine. **Adultes**: 200 mg de sulfate de quinidine ou de gluconate de quinidine administrés PO ou IM. **Enfants**: dose d'épreuve de 2 mg de sulfate de quinidine par kilogramme de masse corporelle.

2. *Évaluer*:
   a) l'hypersensibilité, qui se manifeste par des symptômes respiratoires et tégumentaires.

---

b) l'ECG et signaler la prolongation des intervalles P-R, l'absence d'onde P et une fréquence cardiaque supérieure à 120 battements/min. Ces manifestations sont toutes des raisons pour cesser l'administration du médicament.

c) les signes d'hypotension chez le client prenant de la quinidine par voie orale.

d) au moins une fois par jour la pression artérielle du client hospitalisé recevant de la quinidine par voie orale.

TOCAÏNIDE, CHLORHYDRATE DE
Tonocard^Pr

Catégorie   Antiarythmique, type I.

Mécanisme d'action/cinétique   La tocaïnide, qui ressemble à la lidocaïne, diminue l'excitabilité des cellules du myocarde. La tocaïnide produit une augmentation de la pression artérielle aortique et pulmonaire et une faible augmentation de la résistance périphérique. Elle est efficace chez les clients digitalisés et non digitalisés. **Concentration plasmatique maximale**: 0,5 à 2,0 h. **Demi-vie**: 15 h. **Concentration plasmatique thérapeutique**: 21 à 52 µmol/L. Liée approximativement à 10% aux protéines plasmatiques. Quarante pour cent du médicament est excrété inchangé dans l'urine.

Indications   Arythmies ventriculaires, y compris les extrasystoles ventriculaires à foyer unique ou multiple, les extrasystoles couplées et la tachycardie ventriculaire.

Contre-indications   Allergie aux anesthésiques locaux de type amide, bloc AV du second ou du troisième degré en l'absence de stimulateur ventriculaire artificiel. L'innocuité durant la grossesse, la lactation et chez les enfants n'a pas été établie.

Réactions indésirables   *CV*. Augmentation des arythmies, augmentation de la fréquence ventriculaire, insuffisance cardiaque, tachycardie, hypotension, troubles de conduction, bradycardie, douleur thoracique, insuffisance ventriculaire gauche. *SNC*: Sensation de tête légère, étourdissements, vertige, sensation vertigineuse, céphalées, tremblements, agitation, confusion, désorientation, hallucinations, ataxie, paresthésie, engourdissement, nystagmus, somnolence. *GI*: Nausées, vomissements, anorexie, diarrhée. *Hématologiques*: Leucopénie, agranulocytose, anémie hypoplasique, thrombopénie. *Autres*: Fibrose pulmonaire, vision trouble, tinnitus, baisse de l'acuité auditive, arthrite, myalgie, syndrome lupique.

Posologie   **Individualisée. PO. Adultes: Initialement**, 400 mg q 8 h jusqu'à un maximum de 2 400 mg par jour. Une dose totale de 1 200 mg peut être suffisante chez les clients atteints de maladie rénale ou hépatique.

VÉRAPAMIL, CHLORHYDRATE DE   Isoptin oral[Pr], Isoptin parentéral[Pr]

Voir *Bloqueurs des canaux calciques*, p. 376.

CHAPITRE 28

Hypocholestérolémiants et antihyperlipidémiques

Généralités   L'athérosclérose se caractérise par un rétrécissement des vaisseaux sanguins causé par des dépôts lipidiques et par une augmentation de l'incidence d'accident vasculaire cérébral et d'infarctus du myocarde. Cet état s'associe à des modifications du métabolisme du cholestérol, des lipides et/ou des glucides. On ne sait cependant pas si ces modifications sont une cause ou une conséquence de la maladie. On trouve fréquemment chez les clients qui en sont atteints une concentration élevée de lipides plasmatiques, un mélange complexe de triglycérides, de phospholipides, de cholestérol libre et d'esters du cholestérol – tous associés à des protéines. On subdivise les lipoprotéines en chylomicrons, en lipoprotéines de très basse densité (VLDL)*, en lipoprotéines de basse densité (LDL) et en lipoprotéines de haute densité (HDL). Ces dernières sont, pense-t-on, bénéfiques et protectrices. Elles sont présentes en grande concentration chez la femme et leur quantité est augmentée par l'exercice.

On peut diviser les clients en 5 catégories selon la concentration de lipoprotéines et d'autres caractéristiques (voir le tableau 11).

On pense qu'une diminution des lipides plasmatiques, particulièrement du cholestérol et des LDL, à des concentrations plus normales peut réduire l'athérosclérose et les hypercholestérolémies qui y sont fréquemment associées (voir le tableau 11). Une telle réduction peut être accomplie par une diète (diminution de l'apport en cholestérol, en graisses saturées, en sucres simples, et augmentation de l'apport en fibres), par une perte de masse et par l'exercice. Les antihyperlipidémiques et les hypocholestérolémiants sont quelquefois prescrits même si leur effet thérapeutique à long terme n'est pas établi. Actuellement, leur utilisation est limitée aux clients qui ont eu un ou plusieurs accidents cardio-vasculaires, qui sont obèses ou qui ont des antécédents familiaux de maladie cardiaque athérosclérotique. Les médicaments n'élimineront pas les plaques lipidiques intra-artérielles existantes (plaques athéromateuses) mais peuvent réduire la formation de nouvelles plaques.

---

* Les VLDL et les LDL sont également connues respectivement sous les noms de prébêtalipoprotéines et bêtalipoprotéines dans des classifications dérivées de l'électrophorèse.

TABLEAU 11 HYPERLIPOPROTÉINÉMIES PRIMITIVES

Catégorie	Caractéristiques	Traitement
Type I (exogène ou induite par les graisses)	Concentration de triglycérides élevée. Concentration de cholestérol normale. Cette hyperlipoprotéinémie rare est reliée à une alimentation riche en lipides. ↑ des chylomicrons.	Régime à faible teneur en graisses. Traitement de la maladie sous-jacente (diabète, maladie thyroïdienne).
Type II – a et b (hypercholestérolémie familiale)	Concentration plasmatique de cholestérol élevée, concentration de triglycérides normale ou légèrement élevée. ↑ des LDL.	Substitution de graisses insaturées aux graisses saturées. La plupart des médicaments antihyperlipidémiques.
Type III (endogène)	Augmentation des LDL et des VLDL, particulièrement des bêta-lipoprotéines. Hypercholestérolémie et hypertriglycéridémie.	Diminution de la masse. Thérapie médicamenteuse possible (clofibrate).
Type IV (endogène)	Hyperlipoprotéinémie induite par les glucides, associée fréquemment à un début précoce d'athérosclérose. ↑ des VLDL.	Diminution de la masse, diminution de l'apport de glucides. Thérapie médicamenteuse (clofibrate et niacine).
Type V (exogène mixte ou endogène)	Hyperlipoprotéinémie mixte I et IV causée par un métabolisme anormal des glucides et par un apport important de lipides dans l'alimentation. Hypertriglycéridémie. ↑ des chylomicrons et des VLDL.	Diminution de la masse. Diminution de l'apport de glucides. Thérapie médicamenteuse (clofibrate et niacine).

CHOLESTYRAMINE   Questran[Pr]

Catégorie   Résine, hypocholestérolémiant.

Mécanisme d'action/cinétique   La cholestyramine se lie aux cholates (sels biliaires) dans l'intestin; de cette façon, le précurseur principal du cholestérol forme un complexe insoluble et n'est pas absorbé. Le médicament diminue les concentrations de cholestérol, de VLDL et de LDL. Il produit également un soulagement des démangeaisons en éliminant les sels biliaires irritants. **Début d'action (théra-**

peutique): 1 semaine; **effet maximal**: 1 à 3 semaines. La concentration de cholestérol retourne à la concentration d'avant le traitement 2 à 4 semaines après l'arrêt de l'administration du médicament.

Lors de thérapies prolongées, on doit quelquefois administrer des vitamines liposolubles (A,D,K) et de l'acide folique parce que la cholestyramine se lie à ces vitamines dans l'intestin.

Indications Prurit associé à un ictère obstructif, à la cirrhose biliaire primitive et à l'obstruction biliaire, diarrhée chez les clients ayant subi une résection de l'iléus et athérosclérose. Hyperlipoprotéinémie. *À l'étude*: Colite à *Pseudomonas* induite par les antibiotiques.

Contre-indications Obstruction complète ou atrésie des canaux biliaires.

Réactions indésirables *GI*: Nausées, vomissements, constipation, diarrhée, distension abdominale. Fécalome chez les personnes âgées. Des doses élevées peuvent causer de la stéatorrhée. *Autres*: Ostéoporose, déséquilibre électrolytique, manifestations neurologiques et musculaires. L'administration prolongée peut interférer avec l'absorption des vitamines liposolubles.

Interactions médicamenteuses

Médicaments	Interaction
Anticoagulants oraux	↓ de l'effet anticoagulant par ↓ de l'absorption dans le tractus GI.
Céphalexine	↓ de l'absorption de la céphalexine dans le tractus GI.
Clindamycine	↓ de l'absorption de la clindamycine dans le tractus GI.
Diurétiques thiazidiques	↓ de l'effet des diurétiques par ↓ de leur absorption dans le tractus GI.
Fer, préparations de	↓ de l'effet des préparations contenant du fer par ↓ de l'absorption dans le tractus GI.
Glucosides cardiotoniques	La cholestyramine se lie dans l'intestin à la digitoxine et ↓ sa demi-vie.
Hormones thyroïdiennes	↓ de l'effet des hormones thyroïdiennes par ↓ de leur absorption dans le tractus GI.
Phénobarbital	↓ de l'absorption du phénobarbital dans le tractus GI.
Phénylbutazone	L'absorption de la phénylbutazone est retardée par la cholestyramine – peut ↓ l'effet.

Posologie **PO**: 4 g de résine anhydre t.i.d. ou q.i.d. avant ou après les repas pendant 2 semaines ou plus. Après le soulagement du prurit, la posologie peut être réduite. Des doses de plus de 24 g par jour causent une augmentation de la fréquence des réactions indésirables.

Administration

1. Toujours mélanger la résine à un liquide, car celle-ci peut causer une irritation ou un blocage de l'œsophage.

2. Mélanger la résine à un jus de fruit, à une soupe, à du lait, à de l'eau, à de la compote de pommes, à une purée de fruit ou à une boisson gazeuse, afin de masquer son goût désagréable.

3. Après avoir versé le contenu d'un sachet de résine sur 120 à 180 mL de liquide, le laisser reposer pendant 2 min sans le mélanger. Ensuite, tourner le verre, puis mélanger lentement (pour ne pas former de mousse) afin d'obtenir une suspension.

Soins infirmiers

1. Prévoir que les vitamines A, D, K et l'acide folique pourront être administrés sous forme d'une préparation miscible à l'eau lorsque le client reçoit sa médication.

2. Évaluer les saignements et le purpura parce que les tendances aux saignements sont augmentées. On traite habituellement ces symptômes en administrant de la vitamine K par voie parentérale.

3. S'assurer que le client subit régulièrement des épreuves de laboratoire comme la détermination de la concentration sérique de cholestérol et de triglycérides.

4. Prévoir l'arrêt de la médication si la concentration de cholestérol ne diminue pas.

5. *Expliquer au client et/ou à sa famille*:
   a) comment suivre une diète à faible teneur en cholestérol.
   b) qu'il doit prendre toute autre médication prescrite 1 h avant ou 4 h après l'administration de l'antihyperlipidémique, afin de réduire les problèmes d'absorption pouvant résulter d'une interaction.
   c) que le médicament peut causer la constipation.
   d) qu'il doit boire beaucoup et qu'il doit manger des fibres. Demander au médecin si des laxatifs devraient être prescrits afin de diminuer la constipation causée par ce médicament.
   e) que le soulagement du prurit peut survenir 1 à 3 semaines après le début du traitement et qu'il peut réapparaître après la cessation de celui-ci.

CLOFIBRATE   Atromide-S[Pr], Claripex[Pr], Novofibrate[Pr]

Catégorie   Hypocholestérolémiant.

Mécanisme d'action/cinétique   Le clofibrate diminue les triglycérides, les VLDL et, de façon moindre, le cholestérol et les LDL.

Le mécanisme d'action n'est pas connu avec certitude, mais on croit que l'effet est dû à une augmentation du catabolisme des VLDL et des LDL et à une diminution de la synthèse hépatique des VLDL. Plus la concentration de cholestérol est élevée, plus le médicament est efficace. **Concentration plasmatique maximale**: 2 à 6 h. **Demi-vie**: 6 à 25 h. **Effet thérapeutique: Début**: 2 à 5 jours; **effet maximal**: 3 semaines. La concentration de triglycérides retourne au niveau d'avant le traitement 2 à 3 semaines après l'arrêt de la thérapie. Le médicament pourrait se concentrer dans le sang fœtal. Des épreuves de la fonction hépatique devraient être faites durant la thérapie.

Indications   Hyperlipidémie – hypercholestérolémie, hypertriglycéridémie. Médicament de choix dans les hyperlipidémies de type III. Xanthome (petit dépôt lipidique dans la peau); le traitement de ce dépôt est limité à une durée d'un an. Le médicament n'est pas efficace en présence d'hyperthyroïdie non traitée.

Contre-indications   Insuffisance hépatique ou rénale, grossesse ou grossesse prévue, lactation, enfants. Administrer avec prudence chez les clients atteints de goutte.

Réactions indésirables   *GI*: Nausées, dyspepsie, gain ou perte de masse, vomissements, flatulence, douleur abdominale, stomatite, selles molles. *SNC*: Céphalées, étourdissements, fatigue, faiblesse. *CV*: Modification du temps de coagulation. *Muscles squelettiques*: Myosite, asthénie, myalgie, faiblesse, douleurs musculaires, crampes. *Modifications des concentrations d'enzymes*: Créatinine phosphokinase, augmentation des transaminases sériques (si les concentrations continuent d'augmenter après que la réponse thérapeutique maximale ait été atteinte, la thérapie devrait être arrêtée). *Autres*: Augmentation de l'incidence de cholélithiase, leucopénie, éruption cutanée, urticaire, prurit, cheveux secs et cassants (chez la femme), dyspnée.

Interactions médicamenteuses

Médicaments	Interaction
Anticoagulants	Le clofibrate ↑ l'effet anticoagulant en ↓ le taux de liaison aux protéines plasmatiques.
Furosémide	↑ de l'effet des 2 médicaments.
Hypoglycémiants oraux (sulfonylurées)	Le clofibrate ↑ l'effet des hypoglycémiants oraux.

Posologie   PO: 500 mg q.i.d. La réponse thérapeutique peut n'apparaître qu'après plusieurs semaines de traitement. Le médicament doit être administré continuellement parce que les concentrations de cholestérol et des autres lipides retourneront à leur valeurs élevées plusieurs semaines après la cessation du traitement. Arrêter le traitement après 3 mois si le médicament se révèle inefficace.

Soins infirmiers

1. S'assurer que les épreuves des fonctions rénale et hépatique, l'hémogramme ainsi que la détermination des concentrations sériques de lipides, de cholestérol et d'électrolytes ont été effectués avant le début de la thérapie.

2. *Expliquer au client et/ou à sa famille*:
   a) comment suivre la diète prescrite.
   b) qu'il doit surveiller les saignements ou le purpura s'il reçoit aussi des anticoagulants. Une diminution de la posologie de l'anticoagulant est fréquente lorsqu'une thérapie au clofibrate est entreprise.
   c) qu'il doit surveiller les signes d'hypoglycémie (voir p. 839) s'il reçoit des hypoglycémiants oraux, car une interaction de ces deux médicaments est possible. Insister sur l'importance de signaler ces symptômes.
   d) qu'il doit signaler les signes et symptômes associés à la cholélithiase.
   e) que les nausées diminuent au cours de la thérapie ou lorsqu'on diminue la dose.
   f) qu'il doit utiliser une méthode de contraception, si cela est approprié, parce que le clofibrate pourrait être tératogène.
   g) qu'il faut continuer à utiliser la méthode de contraception pendant plusieurs mois après l'arrêt de l'administration du médicament, même si on désire une grossesse.

COLESTIPOL, CHLORHYDRATE DE   Colestid

Catégorie   Résine hypocholestérolémiante.

Mécanisme d'action/cinétique   Le colestipol est une résine échangeuse d'anions qui se lie aux acides biliaires et les retient, ce qui diminue indirectement la concentration sanguine de cholestérol en stimulant son oxydation en acides biliaires. Le colestipol diminue également la concentration de LDL, mais ne diminue pas la concentration de triglycérides. Elle peut augmenter la concentration de VLDL. **Début d'action**: 1 à 2 jours; **Effet maximal**: 1 mois. La concentration de cholestérol revient au niveau d'avant le traitement 1 mois après l'arrêt de l'administration du médicament.

Indications   Hypercholestérolémie, hyperlipoprotéinémie (IIa).

Contre-indications   Obstruction complète ou atrésie des canaux biliaires. Administrer avec prudence aux clients souffrant de constipation ou d'hémorroïdes. L'innocuité durant la grossesse et chez les enfants n'a pas été établie.

Réactions indésirables   Constipation (chez 10% des clients) habituellement légère, mais qui peut entraîner un fécalome; également, malaise abdominal, irritation GI, douleur musculaire, céphalée, vertiges et réactions d'hypersensibilité.

Interactions médicamenteuses

Médicaments	Interaction
Céphalexine Chlorothiazide Clindamycine Digitale Médicaments thyroïdiens Phénobarbital Phénylbutazone Tétracycline Triméthoprime Warfarine sodique	Le colestipol peut retarder ou ↓ l'absorption GI de ces médicaments.

Posologie   **PO**: 15 à 30 g par jour en 2 à 4 doses fractionnées égales.

Administration

1. Toujours mélanger avec un liquide avant d'administrer parce que la résine peut causer une irritation ou un blocage de l'œsophage.

2. Masquer le goût désagréable du médicament en le mélangeant à du jus de fruit, de la soupe, du lait, de l'eau, de la compote de pommes, des fruits en purée, des céréales ou des boissons gazeuses.

3. Prendre les autres médicaments 1 h avant ou 4 h après le colestipol afin d'éviter de réduire leur absorption.

Soins infirmiers

Voir *Soins infirmiers – Cholestyramine*, p. 446.

DEXTROTHYROXINE SODIQUE   Choloxin^{Pr}

Catégorie   Hypocholestérolémiant.

Mécanisme d'action/cinétique   La dextrothyroxine (l'isomère dextrogyre de l'hormone thyroïdienne) augmente la vitesse du métabolisme hépatique du cholestérol; l'excrétion du cholestérol et de ses métabolites est augmentée, ce qui entraîne une diminution de la concentration sérique de cholestérol et des lipides totaux, y compris les triglycérides, les VLDL et les LDL. Sur le plan physiologique, la dextrothyroxine ressemble à la lévothyroxine, sauf qu'elle a un effet minimal sur la vitesse du métabolisme basal. Plus la concentration de cholestérol augmente, plus le médicament est efficace. **Demi-vie**: 18 h.

Indications   Hypercholestérolémie chez les clients qui n'ont pas de maladie cardiaque ou thyroïdienne. Utilisé quelquefois dans les cas d'hypothyroïdie. Devrait être utilisé surtout lorsque la diète n'a pas réussi.

Contre-indications   Clients euthyroïdiens atteints d'une maladie cardiaque organique hypertensive, comme l'angine de poitrine, des antécédents d'infarctus du myocarde, de l'arythmie cardiaque ou de la tachycardie, le rhumatisme cardiaque ou l'insuffisance cardiaque. Grossesse, lactation, clients atteints d'une maladie rénale ou hépatique avancée ou présentant des antécédents d'hypersensibilité à l'iode.

Réactions indésirables   *SNC*: Insomnie, nervosité, fièvre, céphalée, altération de la libido, étourdissement, sensation de malaise, fatigue excessive, changements psychiques. *CV*: Palpitations, rougeurs, modification de l'activité cardiaque chez des clients normaux auparavant, infarctus du myocarde, angine de poitrine, arythmie, modifications ischémiques du myocarde, accident vasculaire cérébral, thrombophlébite. *GI*: Perte de masse, goût amer, hémorragies GI. *Autres*: Tremblements, ptose des paupières, transpiration, perte de cheveux, diurèse, dysménorrhée, enrouement, tinnitus, œdème périphérique, problèmes visuels, paresthésie, douleur musculaire, cholélithiase, augmentation de la glycémie chez les diabétiques.

L'aggravation d'une maladie cardiaque préexistante est une raison de suspendre l'administration du médicament. Le surdosage se caractérise par de l'hyperthyroïdie, de la diarrhée, des crampes, des vomissements, de la nervosité, des tics, de la tachycardie et une perte de masse.

Interactions médicamenteuses

Médicaments	Interaction
Anticoagulants oraux	↑ de l'effet des anticoagulants par ↑ de l'hypoprothrombinémie.
Hypoglycémiants oraux	↓ de l'équilibre du diabète parce que la dextrothyroxine ↑ la glycémie.
Médicaments thyroïdiens	↑ de la sensibilité aux médicaments thyroïdiens chez les clients hypothyroïdiens.

Posologie   PO: *Individualisée,* **initialement**, 1 à 2 mg par jour. La dose quotidienne peut être augmentée de 1 à 2 mg toutes les 4 semaines; **entretien**: 4 à 8 mg par jour. **Dose quotidienne maximale**: 8 mg. La réponse thérapeutique peut ne se manifester qu'après 2 à 4 semaines de traitement. **Pédiatrique**: initialement, 0,05 mg/kg par jour. Augmenter de 0,05 mg/kg par jour tous les mois, jusqu'à un maximum de 4 mg par jour, pour obtenir un effet satisfaisant. Retirer le médicament 2 semaines avant une intervention chirurgicale.

Soins infirmiers

1. Encourager et aider le client à suivre la diète prescrite.
2. Évaluer les crises d'angine.

GEMFIBROZIL   Lopid^Pr

Catégorie   Antihyperlipidémique.

Mécanisme d'action/cinétique   Le gemfibrozil, dont la formule chimique ressemble à celle du clofibrate, réduit les fractions VLDL et LDL, ce qui entraîne une diminution des triglycérides sériques et probablement du cholestérol sérique total. Le médicament pourrait inhiber le développement de l'athérosclérose. **Concentration plasmatique maximale**: 1 à 2 h; **Demi-vie**: 1,3 h. Près de 70% du médicament est excrété inchangé.

Indications   Hypertriglycéridémie (hyperlipidémie du type IV) ne répondant pas à la diète ou à une augmentation de l'exercice. (Réponse variable; arrêter l'administration du médicament s'il n'y a pas d'amélioration significative après 3 mois de traitement.)

Contre-indications   Pour réduire les concentrations de lipides élevées dans la prophylaxie de la cardiopathie ischémique, cirrhose biliaire primitive, maladie de la vésicule biliaire et dysfonction rénale grave. Administrer avec prudence durant la grossesse et la lactation.

Réactions indésirables   Cholélithiase; augmentation des risques d'infection virale ou bactérienne. *GI*: Douleur abdominale ou épigastrique, nausées, vomissements, diarrhée, flatulence. *SNC*: Étourdissements, céphalée, vision trouble; peut-être aussi, tinnitus, insomnie, vertiges, paresthésie. *Hématopoïétiques*: Anémie, leucopénie, éosinophilie. *Musculo-squelettiques*: Douleurs aux membres; peut-être aussi, arthralgie, crampes musculaires, enflure des articulations, douleur au dos, myalgie. *Autres*: Dermatite, prurit, urticaire; peut-être aussi, fatigue, sensation de malaise, syncope.

Interaction médicamenteuse   La posologie des anticoagulants devrait être ↓ si ceux-ci sont administrés avec du gemfibrozil.

Interactions avec les épreuves de laboratoire   ↑ de la SGOT, de la SGPT, de la LDH et de la phosphatase alcaline.

Posologie   PO: 600 mg 30 min avant les repas du matin et du soir (éventail de la posologie: 900 à 1 500 mg par jour).

Soins infirmiers

1. S'assurer que les épreuves des fonctions rénale et hépatique, l'hémogramme ainsi que la détermination des concentrations sériques de cholestérol, de triglycérides et d'électrolytes ont été effectués avant le début du traitement. S'assurer qu'ils sont effectués périodiquement par la suite.

2. *Expliquer au client et/ou à sa famille*:
   a) comment suivre la diète prescrite. Diminuer l'absorption d'alcool.

---

b) qu'il doit surveiller les saignements et le purpura s'il prend également des anticoagulants. Une diminution de la posologie de l'anticoagulant est indiquée lorsque l'on commence une thérapie au gemfibrozil.

c) qu'il doit signaler les signes et les symptômes de cholélithiase, comme la douleur abdominale et les vomissements. Signaler au médecin les symptômes GI persistants.

d) qu'il doit conduire et effectuer des tâches dangereuses avec prudence parce que le médicament peut causer des étourdissements et une vision trouble.

NIACINAMIDE (NICOTINAMIDE) Niacinamide
NIACINE (ACIDE NICOTINIQUE) Novoniacin, Niacine

Catégorie   Hypocholestérolémiants.

Mécanisme d'action/cinétique   Ces médicaments diminuent les concentrations sériques de cholestérol, de triglycérides, de chylomicrons, de VLDL et de LDL en modifiant le métabolisme des lipides dans les cellules adipeuses (augmentation de la lipolyse et stimulation de la lipoprotéine lipase). Ils stimulent également la libération d'histamine des mastocytes et ils augmentent la sécrétion gastrique. **Début d'action**: 30 min. **Concentration sérique maximale**: 45 min. **Demi-vie**: 45 min. **Concentration plasmatique thérapeutique**: 4 à 8 μmol/L.

Ces médicaments ont été efficaces pour réduire le cholestérol et les lipides sériques pendant une période allant jusqu'à 5 ans. Lorsqu'on arrête leur administration, les concentrations sanguines retournent à leurs valeurs originales (d'avant le traitement) en 2 à 6 semaines.

Indications   Hypercholestérolémie, hyperlipidémie.

Contre-indications   Administrer avec prudence chez les clients atteints d'un ulcère gastro-duodénal ou en ayant des antécédents, et chez les clients qui présentent une atteinte de la vésicule biliaire, des problèmes hépatiques, de la goutte, du diabète, de la tuberculose (active ou en repos), de l'asthme, des tendances aux réactions allergiques ou une atteinte bronchique.

Réactions indésirables   *GI*: Nausées, dyspepsie, flatulence, anorexie, vomissements, douleur épigastrique et diarrhée. Ces réactions peuvent être graves, mais elles répondent habituellement à une diminution de la posologie. L'administration simultanée d'antiacides peut aider. Activation de l'ulcère gastro-duodénal. *Ophtalmiques*: Vision trouble, amblyopie, œdème oculaire. *SNC*: États de panique, nervosité. *Dermatologiques*: Rougeurs, prurit, urticaire, peau sèche, bouche sèche. *Modifications du métabolisme du glucose*: Hyperglycémie, glycosurie, précipitation du diabète. *Autres*: Sensations de picotement, réactivation de la tuberculose, acanthosis nigricans (affection cutanée caractérisée par des placards papillaires hyperpigmentés).

Une augmentation légère de la concentration d'acide urique (précipitation de la goutte) et une modification de certaines épreuves sanguines et de la fonction hépatique ont été rencontrées lors de thérapies prolongées.

Interactions médicamenteuses

Médicaments	Interaction
Anticoagulants	Le nicotinate d'aluminium ↑ l'activité.
Hypoglycémiants oraux	Les modifications du métabolisme des sucres par le nicotinate d'aluminium peuvent nécessiter une modification de la dose de l'hypoglycémiant oral.
Tétracyclines	L'activité est ↓ par le nicotinate d'aluminium.

Posologie   *Niacine*. **PO**: 1 à 2 g t.i.d. avant les repas ou en mangeant (prendre avec de l'eau froide). On commence avec de petites doses afin de réduire les effets indésirables. *Niacinamide*. **PO ou parentérale**: 50 mg 3 à 10 fois par jour.

Soins infirmiers

Expliquer au client et/ou à sa famille:

a) comment suivre la diète prescrite.

b) qu'il doit réduire son ingestion d'alcool.

c) qu'il doit prendre le médicament en doses *fractionnées* pendant les repas. Si les effets indésirables GI persistent, le signaler au médecin, qui peut réduire la posologie du médicament et/ou prescrire des antiacides.

d) qu'il doit éviter de prendre le nicotinate d'aluminium à jeun parce que les risques de rougeurs et d'effets indésirables gastriques seront augmentés.

e) que les rougeurs, le prurit et les nausées peuvent diminuer en poursuivant le traitement.

f) que les clients diabétiques doivent surveiller les symptômes d'hyperglycémie (voir p. 839) précipités par la niacine. Signaler les symptômes d'hyperglycémie au médecin car une modification de l'hypoglycémiant oral pourrait être indiquée.

g) que les clients recevant des anticoagulants devraient surveiller le purpura et/ou les saignements et les signaler au médecin.

h) que les clients développant de l'acanthosis nigricans peuvent s'attendre à voir disparaître les placards 2 mois après l'arrêt de l'administration du médicament.

PROBUCOL Lorelco^{Pr}

Catégorie Hypocholestérolémiant.

Mécanisme d'action/cinétique On ne connaît pas le mécanisme par lequel le médicament modifie le métabolisme du cholestérol. Le probucol diminue la concentration de cholestérol et a un effet variable sur les triglycérides. Après une administration prolongée, le médicament se dépose dans les tissus adipeux et persiste dans l'organisme jusqu'à 6 mois après l'arrêt de la thérapie. L'absorption dans le tractus GI est variable. **Demi-vie** (biphasique): **initiale**, 24 h; **finale**, 20 jours. **Début de l'effet thérapeutique**: 2 à 4 semaines; maximum: 20 à 50 jours. Mal absorbé dans le tractus GI.

Indications Hypercholestérolémie primaire, particulièrement des types II et IIa. N'est pas indiqué dans les cas où l'hypertriglycéridémie est la principale anomalie.

Contre-indications Hypersensibilité. L'innocuité durant la grossesse et l'enfance n'est pas établie.

Réactions indésirables Légères et de courte durée. *GI*: Les plus fréquentes. Diarrhée, flatulence, douleur abdominale, nausées, vomissements. *Autres*: Hyperhidrose, transpiration fétide, œdème angioneurotique.

Posologie **Adultes seulement, PO**: 500 mg b.i.d. pris avec les repas du matin et du soir.

Administration/entreposage

1. Doit être pris avec les repas du matin et du soir.
2. Conserver dans un endroit sec, dans des contenants en verre anti-actinique. Éviter la chaleur excessive.

Soins infirmiers

Expliquer au client et/ou à sa famille:

a) comment suivre la diète pauvre en cholestérol qui lui est prescrite.

b) que la diarrhée pouvant survenir sera transitoire. Les fibres devraient cependant être éliminées de l'alimentation jusqu'à ce que la diarrhée cesse.

c) qu'il doit signaler au médecin les symptômes GI persistants.

Médicaments agissant sur le système nerveux central

Barbituriques

Généralités   Les barbituriques, particulièrement leur sel sodique, sont rapidement absorbés après l'administration par voie orale, rectale ou parentérale. Ils sont distribués dans tous les tissus, traversent la barrière placentaire et passent dans le lait maternel. Des doses toxiques dépriment l'activité de tissus qui ne font pas partie du SNC, dont l'appareil cardio-vasculaire. Chez certains clients, les barbituriques ont une activité inhabituelle, y compris une réaction d'excitation.

Mécanisme d'action/cinétique   Les barbituriques produisent tous les niveaux de dépression du SNC: de la dépression légère (sédation), après de petites doses, aux effets hypnotiques (induction du sommeil), au coma et même à la mort, à mesure que les doses augmentent. On pense que les effets dépresseurs se manifestent dans la formation réticulée par une interférence dans la transmission des influx nerveux vers le cortex cérébral. On croit que l'acide gamma-aminobutyrique (GABA), un neurotransmetteur, est associé à cette action. Certains barbituriques possèdent également une activité anti-convulsivante; cependant, les barbituriques ne sont pas analgésiques et ne devraient pas être administrés pour maîtriser la douleur.

On distingue les différents barbituriques principalement par leur début d'action. *Barbituriques à action ultra-courte.* **Début: IV**, immédiat; **durée**: jusqu'à 30 min. *Barbituriques à action courte.* **Début: PO**, 10 à 15 min; **effet maximal**: 3 à 4 h. *Barbituriques à action intermédiaire.* **Début: PO**, 45 à 60 min; **effet maximal**: 6 à 8 h. *Barbituriques à action prolongée.* **Début: PO**, 60 min ou plus; **effet maximal**: 10 à 12 h. *Administration rectale.* Début d'action similaire à l'administration PO. **Début: IV**, immédiat pour ceux à action courte et jusqu'à 5 min pour ceux à action prolongée. **Durée de la sédation**: 3 à 6 h après l'administration IV; 6 à 8 h par les autres voies d'administration.
Note: On pense maintenant qu'il y a peu de différence dans la durée de l'hypnose induite par n'importe quel barbiturique; il y a cependant une différence dans leur début d'action. Quoique répandue, la classification des barbituriques selon leur durée d'action semble donc dépassée. Les barbituriques sont métabolisés presque complètement dans le foie (sauf pour le barbital et le phénobarbital) et sont excrétés dans l'urine. **Demi-vie**: voir chaque médicament au tableau 12, p. 458.

Indications Comme médication préanesthésique, anesthésique (thiobarbituriques), sédative, hypnotique et pour la maîtrise des convulsions aiguës (seulement le phénobarbital et le méphobarbital), comme dans l'épilepsie, le tétanos et l'éclampsie. Les benzodiazépines ont remplacé les barbituriques dans le traitement de plusieurs affections.

Contre-indications Hypersensibilité aux barbituriques, traumatisme grave, maladie pulmonaire, œdème, diabète non équilibré, antécédents de porphyrie et clients chez qui les barbituriques produisent des réactions d'excitation.

Les barbituriques devraient être administrés avec prudence durant la grossesse et la lactation, chez les clients qui présentent une dépression du SNC, de l'hypotension, de l'asthénie marquée (caractéristique de la maladie d'Addison, de l'hypoadrénalisme et du myxœdème grave), de la porphyrie, de la fièvre, de l'anémie, un choc hémorragique, des lésions cardiaques, hépatiques ou rénales, des antécédents d'alcoolisme, et chez les clients suicidaires et les personnes âgées, particulièrement celles qui font de la démence sénile.

Réactions indésirables Éruption cutanée, dyscrasie sanguine, photosensibilité, douleur musculaire et articulaire, lassitude, vertige, céphalée, nausées, diarrhée et gueule de bois. Excitation, euphorie et agitation. L'administration prolongée peut provoquer un ictère ou une porphyrie chez les personnes sensibles. La sensibilité aux barbituriques est augmentée chez les personnes âgées, et il se produit quelquefois des réactions d'excitation.

L'administration de doses importantes de barbituriques sur de longues périodes peut causer une dépendance physique et psychologique. Les symptômes de sevrage commencent généralement après 12 à 16 h d'abstinence. L'anxiété, la faiblesse, les nausées, les vomissements, les crampes musculaires, le délire et même des convulsions tonico-cloniques caractérisent le syndrome de sevrage.

Interactions médicamenteuses

GÉNÉRALITÉS

1. Les barbituriques stimulent l'activité des enzymes qui induisent le métabolisme d'un grand nombre d'autres médicaments par induction enzymatique. Ainsi, lorsque des clients reçoivent des barbituriques et de tels médicaments, l'efficacité thérapeutique de ces derniers est grandement diminuée ou même abolie.

2. Les effets dépresseurs des barbituriques sur le SNC sont potentialisés par plusieurs médicaments. L'administration simultanée de ces médicaments et des barbituriques peut entraîner un coma ou une dépression mortelle du SNC. La posologie des barbituriques devrait toujours être réduite, ou leur administration suspendue, lorsque d'autres médicaments touchant le SNC sont administrés.

3. Les barbituriques potentialisent également les effets toxiques de plusieurs autres agents.

TABLEAU 12 BARBITURIQUES

Médicament	Indications
Amobarbital Amytal[c], Isobec basique[c], Novamobarb[c]	Sédatif, hypnotique, convulsions aiguës, réactions maniaques.
Amobarbital sodique Amytal sodique[c]	
Butabarbital sodique Butisol sodium[c], Day-Barb[c], Néo-Barb[c]	Hypnotique, sédation légère dans l'anxiété.
Méphobarbital **(Méthylphénobarbital)** Mebaral[c]	Sédatif, anticonvulsivant dans les convulsions tonico-cloniques et les absences.
Méthohexital sodique Briétal sodique[c]	Anesthésique général dans les interventions courtes (chirurgie buccale, examens gynécologiques et génito-urinaires, réduction de fractures, administré avant les électrochocs).
Pentobarbital sodique Nembutal sodique[c], Novopentobarb[c], Pentogen[c], Pentobarbital sodique[c]	Sédatif, hypnotique, états convulsifs, médication préanesthésique.

---

* Voir *Mécanisme d'action/cinétique*, p. 456.

Posologie	Commentaires*

Amobarbital. **PO seulement.** *Sédatif*: 30 à 50 mg 2 ou 3 fois par jour. *Hypnotique*: 100 à 200 mg.
Amobarbital sodique. **PO:** *Insomnie*, 65 à 200 mg. *Préanesthésique*: 200 mg 1 à 2 h avant l'intervention.
Accouchement: Début, 200 à 400 mg; **puis**, 200 à 400 mg, si nécessaire q 1 à 3 h, ne pas excéder une dose totale de 1 g. **IM**: 65 à 200 mg. **IV**: dose individualisée.

Action intermédiaire. **Demi-vie**: 8 à 42 h. *Administration*: Lorsqu'on dissout la poudre avec l'eau stérile pour utilisation parentérale, tourner l'ampoule pour mélanger. Les solutions qui ne sont pas claires après 5 min devraient être jetées. Il ne devrait pas s'écouler plus de 30 min entre l'ouverture de l'ampoule et son utilisation. **IM**: Injecter profondément dans un gros muscle; pas plus de 5 mL par point d'injection. **IV**: Injecter lentement à un débit n'excédant pas 1 mL/min. On devrait surveiller étroitement les clients qui reçoivent le médicament par voie IV.

PO, *Sédatif*: **Adultes**, 15 à 30 mg t.i.d. ou q.i.d.; **pédiatrie**: 7,5 à 30,0 mg (selon l'âge et le degré de sédation désiré). *Hypnotique:* **Adultes**, 50 à 100 mg; **pédiatrie**: selon l'âge et la masse.

Action intermédiaire. **Demi-vie**: 34 à 42 h. Plus souvent utilisé comme sédatif. Également trouvé dans Fiorinal et Fiorinal-C (voir l'appendice 3).

PO, *Sédatif:* **Adultes**, 32 à 100 mg t.i.d. à q.i.d.; **pédiatrie**: 16 à 32 mg t.i.d. ou q.i.d. *Épilepsie:* **Adultes, habituellement**, 400 à 600 mg par jour; **pédiatrie (plus de 5 ans)**: 32 à 64 mg t.i.d. ou q.i.d.; **pédiatrie (moins de 5 ans)**: 16 à 32 mg t.i.d. ou q.i.d. Administrer au coucher s'il est probable que des convulsions surviennent durant la nuit. La dose devrait être augmentée jusqu'à ce que des effets optimaux soient observés.

Action prolongée. Activité anticonvulsivante. Catabolisé dans le foie en phénobarbital, la forme active. Les effets hypnotiques sont légers et le médicament cause peu de somnolence et de lassitude. Le méphobarbital est fréquemment administré avec la phénytoïne pour le traitement de l'épilepsie.

Induction: 50 à 120 mg; **entretien**: administrer 20 à 40 mg selon les besoins, habituellement q 4 à 7 min, (solution à 1%) ou en goutte à goutte continu (solution à 0,2% – 1 goutte/min).

Action ultra-courte; durée de l'anesthésie: 5 à 8 min.

PO. *Sédatif:* **Adultes**, 30 mg t.i.d. ou q.i.d.; **pédiatrie**: 8 à 30 mg. *Hypnotique:* **Adultes**, 100 mg. **Rectal** (suppositoires): **Adultes**, 120 à 200 mg; **pédiatrie, 2 à 12 mois**: 30 mg; **1 à 4 ans**: 30 à 60 mg; **5 à 12 ans**: 60 mg; **12 à 14 ans**: 60 à 120 mg. **IV (lente): Adultes (70 kg)**, 100 mg (voir com-

Action courte. **Demi-vie**: 19 à 34 h. Lié aux protéines plasmatiques de 60% à 70%. *Administration*: Comme le pentobarbital est un puissant dépresseur du SNC qui peut produire des effets respiratoires et circulatoires indésirables, on administre la dose IV en fractions. Les adultes reçoivent ini-

TABLEAU 12 (*suite*)

Médicament	Indications

Phénobarbital
Gardenal[c], Phénobarbital[c]
Phénobarbital sodique
Luminal[c]

Sédatif, sédation préanesthésique et postopératoire, hypnotique, anticonvulsivant (convulsions tonico-cloniques ou cortico-focales); convulsions aiguës comme dans l'état de mal épileptique, la méningite, le tétanos, l'éclampsie, l'intoxication par les anesthésiques locaux.

Sécobarbital sodique
Novosecobarb[c], Seconal sodique[c], Sécobarbital sodique[c]

Sédation légère, hypnotique, convulsions aiguës dues à des réactions aux anesthésiques locaux, au tétanos,

Posologie	Commentaires*

mentaires). **IM. Adultes**: 150 à 200 mg; **pédiatrie**: 25 à 80 mg (ne pas excéder 100 mg).

tialement 100 mg; les enfants et les personnes faibles reçoivent 50 mg. Les fractions subséquentes sont administrées après des périodes d'observation de 1 min. Un surdosage ou une administration trop rapide peut causer des spasmes du pharynx et/ou du larynx. Les solutions de pentobarbital sont fortement basiques. Ne pas administrer plus de 5 mL par point d'injection **IM** à cause de l'irritation tissulaire possible (douleur, nécrose, gangrène).
Soins infirmiers complémentaires:
(1) Surveiller étroitement la dépression respiratoire qui est le premier signe de surdosage. (2) Surveiller les signes d'injection intra-artérielle tels que la douleur, le retard dans le début de l'effet hypnotique, la pâleur et la décoloration par plaques de la peau. (3) Arrêter l'injection IV s'il y a douleur aux membres.

PO. *Sédatif*: **Adultes**, 30 à 120 mg par jour en 2 ou 3 doses fractionnées. *Hypnotique:* **Adultes**, 100 à 320 mg. *Anticonvulsivant:* **Adultes**, 50 à 100 mg b.i.d. ou t.i.d.; **pédiatrie**, 4 à 6 mg/kg par jour pendant 7 à 10 jours (afin de parvenir à une concentration sanguine de 43 à 65 μmol/L) ou 10 à 15 mg/kg par jour. *Préanesthésique:* **Pédiatrie**, 1 à 3 mg/kg. **IM, IV.** *Sédatif:* **Adultes**, 100 à 130 mg. *Convulsions, éclampsie:* **Adultes**, 200 à 300 mg (répéter après 6 h si nécessaire). **IM seulement.** *Sédatif:* **Nourrissons, enfants**, 2 mg/kg. *Convulsions, éclampsie:* **Nourrissons, enfants**, 3 à 5 mg/kg. *Préanesthésique:* **Adultes**, 130 à 200 mg; **enfants**, 16 à 100 mg. *Sédation postopératoire:* **Adultes**, 32 à 100 mg; **enfants**, 8 à 30 mg. *Vomissements gravidiques*: 100 à 130 mg q 6 h.

Action prolongée. **Demi-vie**: 24 à 140 h. **Concentration sérique thérapeutique anticonvulsivante**: 65 à 194 μmol/L. Lié de 50% à 60% aux protéines plasmatiques. Médicament de choix dans les convulsions tonicocloniques. Administrer la principale fraction du médicament en fonction du moment où les convulsions risquent de survenir (au lever lorsque les convulsions surviennent le jour, au coucher si elles surviennent le soir). Dans la plupart des cas d'épilepsie, on doit administrer le médicament régulièrement même si aucune convulsion n'est imminente. Les solutions aqueuses pour injection doivent être fraîchement préparées. Quelques solutions déjà préparées sont disponibles. Le véhicule contient du propylène-glycol, de l'eau et de l'alcool. Ces solutions sont stables. *Administration IV*: Injecter très lentement à un débit de 50 mg/min.

PO. *Sédatif:* **Adultes**, 30 à 50 mg t.i.d.; **pédiatrie**, 6 mg/kg par jour en 3 doses. *Hypnotique:* **Adultes**, 100 mg.

Action courte. **Demi-vie**: 15 à 40 h. Lié de 46% à 70% aux protéines plasmatiques. N'est pas efficace pour

TABLEAU 12 (*suite*)

Médicament	Indications
	et à l'état de mal épileptique. Dentisterie.
Thiamylal sodique Surital[c]	
Thiopental sodique Pentothal sodique[c]	Préanesthésie ou anesthésie générale seulement.

Médicaments	Interaction
Acide valproïque	↑ de l'effet des barbituriques par ↓ du catabolisme hépatique.
Alcool	Potentialisation ou addition des effets dépresseurs du SNC; l'administration simultanée peut causer des étourdissements, de la léthargie, de la stupeur, un collapsus respiratoire, le coma et la mort.
Analgésiques narcotiques	Voir *Alcool.*

Posologie	Commentaires*

Sédation préopératoire: **Adultes**, 200 à 300 mg 1 à 2 h avant l'intervention; **pédiatrie**, 50 à 100 mg 1 à 2 h avant l'intervention. **Rectal** (dose selon le degré de sédation désiré). **Adultes**, 120 à 200 mg; **pédiatrie, jusqu'à 6 mois**, 15 à 60 mg; **6 mois à 3 ans**, 60 mg; **plus de 3 ans**, 60 à 120 mg. **IM.** *Hypnotique:* **Adultes**, 100 à 200 mg; **enfants**, 3 à 5 mg/kg jusqu'à une dose totale maximale de 100 mg. **Dentisterie: Adultes, enfants**, 2,2 mg/kg 10 à 15 min avant l'intervention. **Dose maximale**: 100 mg. **IV.** *Anesthésie:* 50 mg/15 s jusqu'au degré d'hypnose recherché. La dose totale ne doit pas excéder 250 mg. *Convulsions tétaniques*: 5,5 mg/kg, répété q 3 à 4 h si nécessaire (la vitesse ne doit pas excéder 50 mg/15 s).

l'épilepsie. **Adultes**: Les solutions aqueuses sont préférables aux solutions de polyéthylène-glycol, car ces dernières peuvent irriter les reins, particulièrement chez les clients qui présentent des signes d'insuffisance rénale. *Administration*: (1) Les solutions aqueuses pour injection doivent être fraîchement préparées. (2) Des solutions de polyéthylène-glycol stables sont disponibles. Ces solutions doivent être conservées à moins de 10°C.

IV: 3 à 4 mL de solution à 2,5% fraîchement préparée; **dose maximale**: 1 g (ou 40 mL de solution à 2,5%). Les deux tiers de la dose peuvent être suffisants en obstétrique.

Action ultra-courte. *Administration*: La solution devrait être administrée lentement, 1 mL/5 s. Peut également être administré en goutte à goutte IV en solution de 0,2% ou de 0,3%. *Contre-indication supplémentaire*: Porphyrie.

IV seulement. La dose est déterminée par l'anesthésiste, selon la situation. **Rectal**: Dose déterminée par l'anesthésiste.

Action ultra-courte. Administrer prudemment afin de prévenir une dépression respiratoire grave. *Interaction médicamenteuse supplémentaire*: Le sulfisoxazole ↑ les effets du thiopental par ↓ du taux de liaison aux protéines plasmatiques.

Médicaments	Interaction
Anesthésiques généraux	Voir *Alcool*.
Anorexigènes	↓ de l'activité anorexigène par antagonisme d'action.
Anticoagulants oraux	↓ de l'effet anticoagulant par ↓ de l'absorption dans le tractus GI et par ↑ du catabolisme hépatique.
Antidépresseurs tricycliques	↓ de l'effet antidépresseur par ↑ du catabolisme hépatique.

Médicaments	Interaction
Antihistaminiques	Voir *Alcool*.
Anxiolytiques	Voir *Alcool*.
Adrénolytiques bêta	↓ de l'effet adrénolytique bêta par ↑ du catabolisme hépatique.
Chloramphénicol	↑ de l'effet des barbituriques par ↑ du catabolisme hépatique et ↓ de l'effet du chloramphénicol par ↑ du catabolisme hépatique.
Contraceptifs oraux	↓ de l'effet des contraceptifs par ↑ du catabolisme hépatique.
Corticostéroïdes	↓ de l'effet des corticostéroïdes par ↑ du catabolisme hépatique.
Dépresseurs du SNC	Voir *Alcool*.
Digitoxine	↓ de l'effet de la digitoxine par ↑ du catabolisme hépatique.
Doxorubicine	↓ de l'effet de la doxorubicine.
Doxycycline	↓ de l'effet de la doxycycline par ↑ du catabolisme hépatique.
Furosémide	↑ des risques et de l'intensité de l'hypotension orthostatique.
Griséofulvine	↓ de l'effet de la griséofulvine par ↓ de l'absorption dans le tractus GI.
Halopéridol	↓ de l'effet de l'halopéridol par ↑ du catabolisme hépatique.
Hypoglycémiants	Prolongation de l'effet des barbituriques.
Inhibiteurs de la monoamine-oxydase (IMAO)	↑ de l'effet des barbituriques par ↓ du catabolisme hépatique.
Méthoxyflurane	↑ de la toxicité rénale par ↑ du catabolisme hépatique du méthoxyflurane en métabolites toxiques.
Œstrogènes	↓ de l'effet œstrogénique par ↑ du catabolisme hépatique.
Phénothiazines	↓ de l'effet des phénothiazines par ↑ du catabolisme hépatique; voir également *Alcool*.
Phénytoïne	↓ variable de l'effet; surveiller de près.
Procarbazine	↑ de l'effet des barbituriques.
Quinidine	↓ de l'effet de la quinidine par ↑ du catabolisme hépatique.
Rifampine	↓ de l'effet des barbituriques par ↑ du catabolisme hépatique.
Sédatifs hypnotiques non barbituriques	Voir *Alcool*.
Théophylline	↓ de l'effet de la théophylline par ↑ du catabolisme hépatique.

TOXICITÉ AIGUË Caractérisée par une dépression corticale et respiratoire; anoxie; collapsus de la circulation périphérique; pouls faible et rapide; œdème pulmonaire; baisse de la température corporelle; peau cyanotique, moite et froide; dépression des réflexes; stupeur et coma. Contraction des pupilles au début, puis dilatation. La mort résulte d'une défaillance ou d'un arrêt respiratoire suivi d'un arrêt cardiaque.

TOXICITÉ CHRONIQUE L'administration de barbituriques sur de longues périodes à des doses élevées peut amener une dépendance physique et psychologique ainsi que la tolérance au médicament. Des doses de 600 à 800 mg par jour pendant 8 semaines peuvent causer une dépendance physique. Le toxicomane ingère habituellement 1,5 g par jour, et il préfère les barbituriques à courte durée d'action. Les symptômes de dépendance ressemblent à ceux qui sont associés à l'alcoolisme chronique, et le syndrome de sevrage est grave. Le syndrome de sevrage dure habituellement 5 à 10 jours et se termine par un long sommeil.

Le traitement consiste en un retrait prudent du médicament et en l'hospitalisation du toxicomane pendant 2 à 4 semaines. Une dose de stabilisation de 200 à 300 mg d'un barbiturique à courte durée d'action est administrée toutes les 6 h. Par la suite, la dose est réduite de 100 mg par jour jusqu'à ce que la dose de stabilisation ait été réduite de moitié. Le client reçoit cette dose pendant 2 ou 3 jours avant une autre réduction de la posologie. On répète la même procédure lorsque la dose de stabilisation initiale a été réduite des trois quarts. Si des pics ou une activité lente à l'ECG, ou si de l'insomnie, de l'anxiété, des tremblements ou de la faiblesse se développent, on maintient la dose à un niveau constant ou on l'augmente légèrement jusqu'à ce que les symptômes disparaissent.

TRAITEMENT DE LA TOXICITÉ AIGUË Le traitement de la toxicité aiguë devrait consister à maintenir la liberté des voies aériennes, l'oxygénation et l'évacuation du dioxyde de carbone. On peut retarder l'absorption du médicament administré par voie IM ou SC en appliquant des sacs de glace ou un garrot. On peut retarder l'absorption du médicament administré par voie orale en faisant un lavage ou une succion gastrique. On ne devrait pas provoquer le vomissement lorsque les symptômes de surdosage sont devenus apparents parce que le client peut aspirer des vomissements dans les poumons. D'autre part, si la dose de barbiturique ingérée est importante, le centre du vomissement peut être déprimé. Le maintien de la fonction rénale et l'élimination du médicament par dialyse péritonéale ou par hémodialyse sont nécessaires. Les traitements de soutien physiologique se sont révélés supérieurs aux traitements analeptiques.

Interactions avec les épreuves de laboratoire

1. **Interaction avec la méthode**: ↑ des hydroxy-17 corticostéroïdes.
2. **Causées par les effets pharmacologiques**: ↑ de la créatine-phosphokinase, de la phosphatase alcaline, des transaminases sériques, de la testostérone sérique chez certaines femmes), de l'œstriol urinaire, du porphobilinogène, de la coproporphyrine, de l'uropor-

phyrine. ↓ du temps de prothrombine chez les clients recevant un dérivé coumarinique. ↑ ou ↓ de la bilirubine. Épreuve du lupus érythémateux faussement +.

Posologie Administrer la plus faible dose possible. Comme hypnotiques, les barbituriques devraient être administrés de façon intermittente car une tolérance peut se développer. On devrait administrer la moitié de la dose pour adultes aux personnes âgées, et du quart à la moitié aux enfants (voir le tableau 12).

Administration/entreposage

1. Les barbituriques ne devraient pas être administrés pendant plus de 14 à 28 jours comme hypnotiques.

2. Les solutions aqueuses de barbituriques sous forme de sel sodique sont instables et devraient être utilisées durant les 30 min suivant leur préparation.

3. Jeter les solutions parentérales contenant un précipité.

Soins infirmiers

1. Ne pas administrer le médicament et consulter le médecin si l'on observe des symptômes de surdosage.

2. Ne pas réveiller un client pour lui administrer un somnifère.

3. Noter les habitudes de sommeil du client, car elles peuvent influencer le médecin dans le choix du barbiturique.

4. Prévoir que certains clients démontreront une exaltation, de la confusion ou de l'euphorie transitoires avant la sédation. Calmer le client et prévenir les blessures.

5. Utiliser des mesures de protection, comme les ridelles du lit et une assistance pendant la marche, pour les clients recevant des doses hypnotiques, car ils peuvent être confus et instables.

6. Ne pas appliquer de sangles brachiales ou d'autres moyens de contention dès que le client devient confus et présente des signes d'excitation. Tenter de le calmer et de l'aider à s'orienter en allumant une lumière et en lui parlant calmement et à voix basse jusqu'à ce qu'il soit calme et détendu.

7. Utiliser des soins infirmiers de soutien pour augmenter l'effet du médicament (friction du dos, boisson chaude, ambiance calme et agréable, attitude empathique).

8. Utiliser son jugement avant d'administrer une deuxième dose PRN de médicament pour dormir pendant la nuit. Tenter de découvrir pourquoi le client ne peut dormir, le mettre à l'aise et administrer des analgésiques s'ils sont prescrits pour la douleur, ou consulter le médecin. La confusion, les étourdissements et la léthargie du matin sont quelquefois la con-

---

séquence d'une utilisation non judicieuse des barbituriques durant la nuit.

9. S'assurer que le client avale bien le médicament PO et qu'il ne le garde pas dans la bouche pour le rejeter ensuite.

10. Évaluer la dépendance physique et psychologique, ainsi que la tolérance.

11. Surveiller l'apparition des signes de porphyrie tels que les nausées, les vomissements, les douleurs abdominales et les spasmes musculaires.

12. Anticiper que l'administration IV de barbituriques sera limitée au traitement des convulsions aiguës et pour l'anesthésie.

13. Surveiller le débit de la perfusion IV de barbituriques; une administration trop rapide peut causer une dépression respiratoire, la dyspnée et le choc.

14. Surveiller l'extravasation au point d'injection IV, qui peut produire de la douleur, des lésions aux nerfs et de la nécrose.

15. Surveiller la thrombophlébite au point d'injection IV, que l'on reconnaît par de la rougeur et de la douleur le long de la veine.

16. Bien connaître le traitement des toxicités aiguë et chronique.

17. *Expliquer au client et/ou à sa famille*:
    a) qu'il ne devrait pas consommer d'alcool parce que cela potentialise l'effet des barbituriques.
    b) qu'il ne doit pas conduire une voiture ou entreprendre des tâches dangereuses après avoir pris ce médicament.
    c) qu'il ne doit pas laisser la bouteille contenant le médicament sur sa table de chevet. Certains clients oublient combien de comprimés ils ont pris, ce qui entraîne un surdosage accidentel.
    d) que le client ayant pris des doses importantes de sédatifs pendant 8 semaines ou plus ne devrait pas arrêter soudainement la prise du médicament, parce qu'un syndrome de sevrage (faiblesse, anxiété, délire et convulsions tonico-cloniques) peut survenir. La posologie ne devrait pas être réduite sans l'avis du médecin.
    e) qu'il doit signaler immédiatement les signes d'infection tels que la fièvre et les maux de gorge. De plus, il doit signaler immédiatement les symptômes de tendance aux saignements, tels que les contusions faciles ou les saignements du nez, qui sont des signes de toxicité hématologique.

CHAPITRE 30

Benzodiazépines et autres sédatifs hypnotiques non barbituriques

Mécanisme d'action/cinétique Les sédatifs hypnotiques (nooleptiques) non barbituriques agissent par un mécanisme d'action semblable à celui des barbituriques; ils gênent la propagation de l'influx nerveux au sein de la formation réticulée. Ces médicaments ont un effet semblable à celui des barbituriques (voir le chapitre 29, p. 456).

Lorsqu'on dépasse la dose thérapeutique recommandée, une dépendance physique et de la tolérance peuvent se développer. Il ne faut jamais augmenter la dose sans l'accord du médecin. Le traitement, dans les cas de dépendance, consiste à cesser l'administration du médicament graduellement et avec prudence, sur une longue période et sous la surveillance d'un médecin.

Interactions médicamenteuses L'utilisation conjointe de sédatifs hypnotiques non barbituriques et d'alcool, d'anesthésiques, d'antihistaminiques, d'anxiolytiques, de barbituriques, de narcotiques ou de phénothiazines peut causer une addition ou une potentialisation des effets dépresseurs du SNC. Les symptômes suivants se manifestent alors: somnolence, léthargie, stupeur, collapsus respiratoire, coma et mort possible.

Soins infirmiers

1. Éviter l'ingestion d'alcool avec n'importe lequel de ces médicaments.

2. Conduire ou opérer des machines prudemment jusqu'à ce que les effets sédatifs résiduels soient évalués.

3. Évaluer le développement de la tolérance ou de la dépendance psychologique ou physique.

---

4. Étant donné que ces médicaments causent de l'accoutumance, il est préférable, lorsque le client souffre d'une insomnie simple, d'essayer les bains chauds, le lait tiède ou d'autres moyens d'induire le sommeil.

CHLORAL, HYDRATE DE   Chloralvan[Pr], Hydrate de chloral[Pr], Noctec[Pr], Novochlorhydrate[Pr]

Catégorie   Sédatif hypnotique non barbiturique et non benzodiazépine.

Généralités   L'hydrate de chloral ne cause que très peu d'obnubilation et on prétend qu'il n'affecte pas le sommeil paradoxal. De fortes doses causent une dépression marquée du SNC ainsi qu'une dépression des centres respiratoire et vasomoteur (hypotension). Une dépendance psychologique et physique peut se développer.

Mécanisme d'action/cinétique   L'hydrate de chloral est métabolisé en trichloroéthanol, le métabolite actif. **Début d'action**: 10 à 15 min. **Durée d'action**: 4 à 8 h. **Demi-vie**: 8 à 10 h. Le médicament est rapidement absorbé dans le tractus GI et il est distribué dans tous les tissus; il traverse la barrière placentaire et apparaît dans le lait maternel. Les métabolites sont excrétés par les reins.

Indications   Hypnotique et sédatif. Sédatif préopératoire et comme adjuvant aux analgésiques en période postopératoire.

Contre-indications   Insuffisance hépatique ou rénale marquée, maladie cardiaque grave et mères qui allaitent. Le médicament ne devrait pas être administré PO aux clients souffrant de gastrite ou d'ulcère gastrique.

Réactions indésirables   *SNC*: Réactions paranoïdes paradoxales. Un retrait brusque chez les clients dépendants peut causer le « delirium chloral ». Après une longue période d'utilisation, une intolérance subite au médicament peut causer une dépression respiratoire, de l'hypotension, des effets cardiaques et, éventuellement, la mort. *GI*: Nausées, vomissements, diarrhée, mauvais goût dans la bouche, gastrite et augmentation du péristaltisme. *GU*: Lésions rénales, diminution du débit urinaire et de l'excrétion d'acide urique. *Autres*: Réactions cutanées, lésions hépatiques, réactions allergiques, éosinophilie et leucopénie.

On traite l'intoxication chronique par un retrait graduel du médicament et par des mesures de réadaptation similaires à celles qu'on utilise dans les cas d'alcoolisme chronique. L'intoxication par l'hydrate de chloral ressemble à l'intoxication aiguë par les barbituriques; un traitement de soutien identique est donc indiqué (voir p. 465).

Interactions médicamenteuses

Médicaments	Interaction
Anticoagulants oraux	↑ de l'effet des anticoagulants par ↓ de la liaison aux protéines plasmatiques.
Dépresseurs du SNC	Dépression additive du SNC. L'utilisation conjointe peut causer de la somnolence, de la léthargie, de la stupeur, un collapsus respiratoire, le coma ou la mort.
Furosémide IV	L'utilisation conjointe cause une diaphorèse, de la tachycardie, de l'hypertension et de la rougeur.

Interactions avec les épreuves de laboratoire ↑ des hydroxy-17 corticostéroïdes. Perturbe les épreuves de fluorescence des catécholamines.

Posologie **PO** *(capsules et sirop). Sédatif*: 250 mg t.i.d.; **pédiatrique**: la moitié de la dose hypnotique. *Hypnotique*: 0,5 à 1,0 g 15 à 30 min avant le coucher, ne pas excéder 2 g par jour; **pédiatrique**: 50 mg/kg sans excéder 1 g par jour.

Administration PO: Les capsules doivent être prises après les repas avec un grand verre d'eau. Le sirop peut être administré dans un demi-verre d'eau, de jus de fruit ou de soda au gingembre.

> **Soins infirmiers complémentaires**
>
> Voir *Soins infirmiers*, p. 468.
> 1. *Évaluer*:
>   a) la vigilance.
>   b) la dépression respiratoire, cardiaque et vasomotrice et la dilatation des vaisseaux sanguins cutanés.
>   c) la possibilité de réduction du débit urinaire et d'augmentation de l'urée sanguine.
>   d) la tolérance et la dépendance physique et psychologique. Les symptômes de dépendance s'apparentent à ceux de l'alcoolisme aigu, mais la gastrite est plus marquée.
> 2. Avoir à sa disposition l'équipement nécessaire pour le traitement de soutien physiologique d'une intoxication aiguë: appareil de succion, respirateur, oxygène, nécessaire à perfusion intraveineuse et solutions de bicarbonate et de lactate de sodium.

ETCHLORVYNOL Placidyl[Pr]

Catégorie Sédatif hypnotique non barbiturique et non benzodiazépine.

Mécanisme d'action/cinétique En plus d'être sédatif et hypnotique, ce produit possède des propriétés anticonvulsivantes et myorésolutives. Il causerait une dépression du sommeil paradoxal. Son utilisation prolongée conduit à une dépendance physique et psychologique. Il cause moins de dépression respiratoire que les barbituriques.

Début d'action: 15 à 30 min. **Concentration sanguine maximale**: 1,0 à 1,5 h. **Durée d'action**: 5 h. **Demi-vie**: Initiale, 1 à 3 h; finale, 10 à 25 h. Métabolisé à environ 90% dans le foie et excrété dans l'urine.

Indications Insomnie (ne pas excéder une semaine de traitement).

Contre-indications Porphyrie, hypersensibilité.

Réactions indésirables *SNC*: Céphalée, excitation, sensation ébrieuse, vertiges, confusion mentale, vision trouble, gueule de bois, fatigue et ataxie. *GI*: Arrière-goût désagréable, nausées, vomissements, embarras gastrique. *Cardio-vasculaires*: Hypotension, évanouissement. *Autres*: Éruption cutanée, thrombopénie, ictère, œdème pulmonaire (à la suite d'un abus par voie IV). Un surdosage cause des effets similaires à ceux d'une intoxication par les barbituriques.

Interactions médicamenteuses

Médicaments	Interaction
Anticoagulants oraux	↓ de l'effet des anticoagulants due à une ↑ du catabolisme hépatique.
Antidépresseurs tricycliques	L'association peut causer un délire transitoire.

Interaction avec les épreuves de laboratoire ↓ du temps de prothrombine (clients traités au Coumadin).

Posologie PO. **Adultes, habituellement**: 500 mg au coucher; une insomnie marquée peut nécessiter jusqu'à 1 000 mg. Si le client se réveille, une dose additionnelle de 100 à 200 mg peut être administrée. Ajuster la dose avec prudence pour les clients âgés ou affaiblis.

Administration Administrer avec de la nourriture ou du lait afin de réduire la sensation ébrieuse et l'ataxie.

Soins infirmiers

Voir *Soins infirmiers – Barbituriques*, p. 466.

FLURAZÉPAM, CHLORHYDRATE DE
Apo-Flurazepam^Pr, Dalmane^Pr, Novoflupam^Pr

Catégorie Benzodiazépine, sédatif hypnotique.

Mécanisme d'action/cinétique **Début d'action**: 15 à 45 min. Le principal métabolite actif, le N-desalkyl-flurazépam, a une **demi-**

vie de 47 à 100 h. **Efficacité maximale**: 2 à 3 jours (à cause de l'accumulation lente du métabolite actif).

Indications Insomnie (tous les types).

Contre-indications Hypersensibilité. Grossesse ou chez la femme souhaitant devenir enceinte. Dépression, maladie rénale ou hépatique, insuffisance pulmonaire chronique. Enfant de moins de 15 ans.

Réactions indésirables *SNC*: Ataxie, étourdissements, somnolence/sédation, céphalée, désorientation. Symptômes de stimulation incluant la nervosité, l'appréhension, l'irritabilité et la logorrhée. *GI*: Nausées, vomissements, diarrhée, embarras ou douleur gastrique, brûlures d'estomac, constipation. *Autres*: Arthralgie, douleur thoracique ou palpitations. Rarement, symptômes d'allergie, souffle court, ictère, anorexie, vision trouble.

Interactions médicamenteuses

Médicaments	Interaction
Alcool éthylique	Effet dépresseur additif, même la journée suivant l'administration du flurazépam.
Cimétidine	↑ de l'effet du flurazépam due à la ↓ du catabolisme hépatique.
Contraceptifs oraux	↑ ou ↓ de l'effet des benzodiazépines dues à l'effet sur le catabolisme hépatique.
Disulfirame	↑ de l'effet du flurazépam due à la ↓ du catabolisme hépatique.
Isoniazide	↑ de l'effet du flurazépam due à la ↓ du catabolisme hépatique.
Rifampine	↓ de l'effet des benzodiazépines due à une ↑ du catabolisme hépatique.

Interactions avec les épreuves de laboratoire ↑ de la phosphatase alcaline, de la bilirubine et des transaminases sériques.

Posologie **PO. Adultes**: 15 à 30 mg au coucher; 15 mg pour les clients âgés et/ou affaiblis.

GLUTÉTHIMIDE Doriden^Pr

Catégorie Sédatif hypnotique non barbiturique.

Mécanisme d'action/cinétique Le glutéthimide cause une dépression du SNC comparable à celle que produisent les barbituriques, y compris la suppression du sommeil paradoxal et un rebond de sommeil paradoxal. Il a aussi des effets anticholinergiques tels que la mydriase, une inhibition de la sécrétion de salive et la constipation.

À des doses comparables, le glutéthimide cause moins de dépression respiratoire et plus d'hypotension que les barbituriques. Une dépendance psychologique ou physique peut se développer. **Début d'action**: 30 min. **Concentration plasmatique maximale**: 1 à 6 h (l'absorption dans le tractus GI est erratique). **Demi-vie**: 10 à 12 h. Lié à environ 50 % aux protéines plasmatiques. Métabolisé par le foie et excrété dans l'urine.

Indications   Insomnie (l'utilisation ne devrait pas excéder une semaine).

Contre-indications   Hypersensibilité au médicament. Porphyrie. Client ayant des antécédents de dépendance aux médicaments, d'alcoolisme ou de troubles émotionnels. L'emploi n'est pas recommandé pendant la grossesse et chez les enfants.

Ne pas administrer aux clients atteints de glaucome ou aux clients ayant des antécédents de dépendance aux médicaments, d'alcoolisme ou de troubles émotionnels.

Réactions indésirables   *GI*: Nausées, vomissements, anorexie, xérostomie. *SNC*: Céphalée, confusion, somnolence. *Dermatologiques*: Éruption cutanée (justifie l'arrêt du traitement), urticaire, purpura. *Autres*: Ostéomalacie à la suite d'une utilisation prolongée. *Rarement*: Excitation, vision trouble, hypersensibilité aiguë, dermatite exfoliative, porphyrie intermittente, dyscrasies sanguines incluant la thrombopénie, l'anémie aplastique et la leucopénie.

Un sevrage brusque chez un client accoutumé à de fortes doses peut être dangereux – les symptômes de sevrage sont semblables à ceux qu'on observe avec les barbituriques. À l'occasion, des symptômes semblables à ceux du sevrage apparaissent chez des clients qui ne prennent que des doses modérées, même s'il n'y a pas d'arrêt de la prise du médicament (tremblements, nausées, tachycardie, fièvre, spasmes musculaires toniques, convulsions généralisées).

TOXICITÉ CHRONIQUE   Caractérisée par une psychose, de la confusion, des délires, des hallucinations, de l'ataxie, des tremblements, de l'hyporéflexie, des troubles de l'élocution, des pertes de mémoire, de l'irritabilité, de la fièvre, une perte de masse, de la mydriase, de la xérostomie, du nystagmus, des céphalées et des convulsions. Le traitement consiste à retirer le médicament avec prudence, sur une période de plusieurs jours ou de plusieurs semaines.

TOXICITÉ AIGUË   Caractérisée par le coma, l'hypotension et l'hypothermie, suivis de fièvre, de tachycardie, d'une diminution ou d'une absence de réflexes (incluant les réactions pupillaires), d'apnée soudaine, de cyanose, de spasmes musculaires toniques, de convulsions et d'hyperréflexie.

Le traitement de soutien indiqué dans les cas d'intoxication aiguë doit commencer par un lavage gastrique, l'administration de stimulants du SNC (utilisés avec prudence) et de vasopresseurs et le maintien de la ventilation pulmonaire. Les liquides parentéraux sont administrés avec prudence, et l'hémodialyse peut être nécessaire. Parfois, une intubation endotrachéale ou une trachéotomie sont indiquées.

Interactions médicamenteuses

Médicaments	Interaction
Anticoagulants oraux	↓ de l'effet des anticoagulants due à une ↑ du catabolisme hépatique.
Antidépresseurs tricycliques	Effets anticholinergiques indésirables additifs.

Interactions avec les épreuves de laboratoire   Modification (↑ ou ↓) des stéroïdes céto-17 géniques et des hydroxy-17 corticostéroïdes.

Posologie   **PO. Adultes**: Individualiser afin de réduire les risques de surdosage. **Habituellement**: 250 ou 500 mg au coucher. **Clients âgés ou affaiblis**: La dose quotidienne ne devrait pas excéder 500 mg. Ce médicament n'est pas recommandé pour les enfants.

Soins infirmiers complémentaires

Voir *Soins infirmiers*, p. 468.

1. Procurer au client des soins buccaux spéciaux, car il peut souffrir de xérostomie.

2. S'assurer que le client va à la selle régulièrement, car le glutéthimide réduit la motilité intestinale. Fournir des fibres et des liquides additionnels dans le régime alimentaire. Demander au médecin si l'emploi d'un laxatif est indiqué.

3. Ne pas administrer le médicament si le client présente des signes de dépression ou des tendances suicidaires.

4. Avertir les clients traités au glutéthimide de ne pas conduire ou de ne pas opérer des machines après avoir pris le médicament, car il cause de la somnolence.

TRAITEMENT DU SURDOSAGE

5. Se préparer à participer au lavage gastrique dans les cas d'intoxication aiguë. Surveiller continuellement les signes vitaux.

6. En plus d'assurer la liberté des voies aériennes ainsi que l'apport d'oxygène, de liquides, d'électrolytes et de liquides parentéraux, il faut garder des stimulants du SNC et des vasopresseurs à portée de la main.

7. Garder à portée de la main une sonde endotrachéale et un nécessaire à trachéotomie.

8. Se préparer à répondre à une demande d'hémodialyse.

MÉTHYPRYLONE   Noludar^Pr

Catégorie   Sédatif hypnotique non barbiturique, non benzodiazépine.

Mécanisme d'action/cinétique L'action de la méthyprylone est semblable à celle des barbituriques en ce sens qu'elle supprime le sommeil paradoxal et induit un rebond lors de l'arrêt de la thérapie. **Début d'action**: 45 min. **Concentration plasmatique maximale**: 1 à 2 h. **Durée d'action**: 5 à 8 h. **Demi-vie**: 4 h. Le médicament inchangé et ses métabolites hépatiques sont excrétés dans l'urine.

Indications Insomnie intermittente ou transitoire. Particulièrement utile chez les clients allergiques aux barbituriques.

Contre-indications Hypersensibilité au médicament. Enfants de moins de 12 ans. Administrer avec prudence durant la grossesse et dans les cas de maladie hépatique et rénale.

Réactions indésirables Somnolence matinale, étourdissements, malaise gastrique léger ou modéré, céphalée, excitation paradoxale, éruption cutanée. Le surdosage est caractérisé par la somnolence, la confusion, le coma, le myosis, la dépression respiratoire et l'hypotension.

Interactions médicamenteuses L'utilisation conjointe avec de l'alcool ou d'autres dépresseurs du SNC peut induire une dépression marquée du SNC.

Interactions avec les épreuves de laboratoire Avec les méthodes de dosage: ↑ des hydroxy-17 corticostéroïdes, des céto-17 stéroïdes et des stéroïdes céto-17 géniques.

Posologie **PO. Adultes**: 200 à 400 mg avant le coucher. **Pédiatrique, plus de 12 ans**: (efficacité très variable) **Initialement**, 50 mg. Si cette dose est inefficace, elle peut être portée à 200 mg au coucher.

Soins infirmiers

1. *Expliquer au client et/ou à sa famille*:
   a) qu'il ne doit pas entreprendre des activités dangereuses telles que la conduite d'une automobile, car de la somnolence peut se manifester.
   b) qu'il faut essayer les bains chauds, le lait tiède ou d'autres moyens d'induire le sommeil dans les cas d'insomnie simple, car le médicament cause de l'accoutumance.

2. Participer au traitement de l'intoxication aiguë:
   a) Surveiller étroitement les signes vitaux.
   b) Participer au lavage gastrique.
   c) Fournir de l'oxygène et la ventilation assistée si nécessaire; garder à sa disposition de la caféine et du benzoate de sodium, pour stimuler la respiration en cas de besoin.
   d) Surveiller les liquides et les électrolytes IV; garder à portée de la main du Levophed, nécessaire en cas d'hypotension.
   e) Surveiller le débit urinaire; l'hémodialyse peut être entreprise si le débit urinaire est trop faible.

f) Fournir des soins de soutien au client comateux; coucher le client sur le côté afin de prévenir l'aspiration des vomissements.

g) Fournir des mesures de protection; relever les ridelles du lit.

NITRAZÉPAM   Mogadon[Pr]

Catégorie   Benzodiazépine hypnotique et anticonvulsivante.

Mécanisme d'action/cinétique   Le nitrazépam entraîne une diminution de la période de latence du sommeil et une augmentation de la durée totale du sommeil. Il affecte le sommeil paradoxal et il se produit un rebond de sommeil paradoxal et d'insomnie lors de l'arrêt du traitement. Une administration prolongée n'est pas recommandée car elle peut causer de la tolérance et de la dépendance. Le nitrazépam est rapidement absorbé par le tractus GI. Il traverse la barrière placentaire et se diffuse dans le lait maternel. Il se lie à 87% aux protéines plasmatiques et ses principaux métabolites ne sont pas très actifs. **Demi-vie**: 26 h. **Concentration sanguine maximale**: 3 h.

Indications   Traitement à court terme de l'insomnie et traitement des crises myocloniques.

Contre-indications   Hypersensibilité, myasthénie grave. L'innocuité chez les enfants n'a pas été établie. Étant donné que ce médicament est une benzodiazépine, il n'est pas recommandé de l'utiliser pendant les trois premiers mois de la grossesse. Administrer avec prudence chez les clients atteints d'insuffisance hépatique ou rénale.

Réactions indésirables   *SNC*: Fatigue, sensations ébrieuses, étourdissements, somnolence, léthargie, confusion, ataxie et perte d'équilibre. Plus rarement, céphalée, dépression, rêves à caractère dépressif, nervosité, appréhension, amnésie rétrograde et réactions paradoxales. *GI*: Nausées, vomissements, diarrhée ou constipation. *Autres*: Éruption cutanée, palpitations, hypotension, pyrosis, lipothymie, leucopénie et granulopénie.

Posologie   **Adultes: Habituellement**, 5 ou 10 mg au coucher. **Clients âgés ou affaiblis: Initialement**, 2,5 mg; des doses supérieures à 5 mg ne sont pas recommandées. *Crises myocloniques.* **Enfants (jusqu'à 30 kg)**: 0,3 à 1,0 mg/kg par jour en 3 doses fractionnées. Amorcer le traitement avec une dose inférieure à l'éventail posologique habituellement recommandé, afin de déterminer la tolérance et la sensibilité de l'enfant. Si l'on ne parvient pas à faire céder les crises avec une posologie conforme à l'éventail posologique recommandé, on peut augmenter graduellement la posologie. Les doses élevées peuvent provoquer un excès de somnolence. Chaque fois que la situation s'y prête, la posologie quotidienne devrait être administrée en 3 doses égales; sinon, administrer la dose la plus forte au coucher.

1. En présence de réactions paradoxales, telles que l'agitation, l'excitation, l'hyperactivité, les hallucinations, l'augmentation de la spasticité musculaire et l'agressivité, il faut interrompre le traitement et avertir immédiatement le médecin.

2. Dans les cas d'intoxication aiguë, il faut surveiller étroitement le pouls et la pression artérielle; se préparer à instituer un traitement de soutien des fonctions cardio-pulmonaires.

3. Administrer avec prudence aux clients ayant des tendances suicidaires ou des antécédents de surdosage de médicaments.

PARALDÉHYDE Paraldéhyde[Pr]

Catégorie Sédatif hypnotique non barbiturique.

Mécanisme d'action/cinétique Le paraldéhyde a une odeur forte et désagréable. Aux doses habituelles, il a peu d'effets sur la respiration ou la pression artérielle. Il peut provoquer de l'excitation ou du délire lorsqu'il est administré en présence de douleur; il n'est pas analgésique. (Voir *Hydrate de chloral*, p. 469.)

Début d'action: 10 à 15 min. Métabolisé de 70% à 80% dans le foie, le reste étant excrété inchangé par les poumons. **Demi-vie**: 3,4 à 9,8 h.

Indications Sédatif et hypnotique. Delirium tremens et autre états d'excitation. Pour produire un sommeil léger avant un EEG. Traitement d'urgence de l'éclampsie, du tétanos, de l'état de mal épileptique ou d'un surdosage de médicament convulsivant ou stimulant (voir p. 590).

Contre-indications Gastro-entérite, maladie bronchopulmonaire, insuffisance hépatique. Administrer avec prudence pendant le travail.

Interactions médicamenteuses

Médicaments	Interaction
Disulfirame	L'administration simultanée des deux médicaments peut provoquer une réaction de type disulfirame.
Sulfamides	↑ des risques de cristallurie.

Interactions avec les épreuves de laboratoire
Hydroxy-17 corticostéroïdes, stéroïdes 17-cétogènes.

Posologie **IM. Adultes**: *Sédation*, 2 à 5 mL; *Hypnose*, 0,3 mL/kg.

Administration/entreposage

1. On devrait administrer une préparation stérile pure. Prévenir l'extravasation dans les tissus sous-cutanés car le médicament est très irritant et il peut causer des abcès stériles.

2. Conserver dans des contenants bien fermés, antiactiniques et bien remplis avec un maximum de 120 g dans chaque contenant.

Soins infirmiers

Voir *Soins infirmiers – Hydrate de chloral*, p. 470.

1. Évaluer la dépendance et la toxicité.

2. Évaluer les symptômes de surdosage, comme la respiration rapide et difficile, le pouls rapide et faible, l'hypotension et l'haleine caractéristique du paraldéhyde.

TÉMAZÉPAM   Restoril[Pr]

Catégorie   Benzodiazépine hypnotique.

Mécanisme d'action/cinétique   Le témazépam est une benzodiazépine. Le sommeil peut être troublé pendant une ou deux nuits après l'arrêt du traitement. Une administration prolongée n'est pas recommandée, car une dépendance physique et de la tolérance peuvent se développer. Voir *Flurazépam*, p. 471. **Concentration sanguine maximale**: 2 à 3 h. **Demi-vie**, initiale: 0,4 à 0,6 h; finale: 10 h. **Concentration sérique stationnaire**: 1,3 μmol/L (2,5 h après une dose de 30 mg). Le médicament est métabolisé dans le foie en métabolites inactifs.

Indications   Insomnie, chez les clients incapables de s'endormir, qui se réveillent fréquemment pendant la nuit et/ou qui se réveillent trop tôt.

Contre-indications   Grossesse. Utiliser avec prudence pendant la lactation, chez les clients âgés et chez les clients très déprimés.

Réactions indésirables   *SNC*: La somnolence (après utilisation le jour) et les étourdissements sont fréquents. Léthargie, confusion, euphorie, faiblesse, ataxie, manque de concentration, hallucinations. Chez certains clients (moins de 0,5%), une excitation paradoxale incluant de la stimulation et de l'hyperactivité peut se produire. *GI*: Anorexie et diarrhée. *Autres*: Tremblements, nystagmus horizontal, chutes, palpitations. Rarement, dyscrasie sanguine.

Posologie   **PO. Adultes: Habituellement**, 30 mg au coucher. **Chez les personnes âgées ou affaiblies: Initialement**, 15 mg; **puis**, ajuster la posologie en fonction de la réaction.

TRIAZOLAM   Halcion[Pr]

Catégorie   Benzodiazépine sédative hypnotique.

Mécanisme d'action/cinétique   Le triazolam entraîne une diminution de la période de latence du sommeil, une augmentation de la durée totale du sommeil et une diminution du nombre d'éveils. **Demi-vie**: 2,3 h. Métabolisé par le foie en métabolites inactifs excrétés dans l'urine.

Indications   Insomnie (à court terme, ne pas excéder un mois de traitement).

Contre-indications   Grossesse, lactation. L'innocuité chez les enfants de moins de 18 ans n'a pas été établie.

Réactions indésirables   *SNC*: Insomnie rebond, amnésie antérograde, céphalée, ataxie, diminution de la coordination. Dépendance psychologique et physique. *GI*: Nausées et vomissements.

Interactions médicamenteuses   L'utilisation conjointe d'alcool peut causer une dépression marquée du SNC.

Posologie   **Individualisée. Adultes: Initialement**, 0,125 mg; **puis**, selon la réaction, 0,25 à 0,5 mg avant le coucher. Chez les clients âgés ou affaiblis, la dose devrait être réduite de moitié.

Anxiolytiques

BENZODIAZÉPINES

Généralités Les benzodiazépines ont un indice thérapeutique important. À titre d'exemple, la sédation et l'ataxie se manifestent à des doses plus fortes que celles nécessaires pour obtenir un effet anxiolytique. Les principales différences entre les médicaments de cette classe semblent découler de leur durée d'action et d'autres propriétés pharmacocinétiques.

Tous les anxiolytiques peuvent causer de la dépendance psychologique et physique. Les symptômes de sevrage commencent habituellement 12 à 48 h après l'interruption du traitement et durent de 12 à 48 h. Si le client a reçu de fortes doses de ces médicaments pendant une période de plusieurs semaines ou de plusieurs mois, il faut réduire la posologie graduellement et sur une période de 1 à 2 semaines. Comme autre solution, on peut substituer au traitement un barbiturique à courte durée d'action et ensuite interrompre graduellement l'administration de ce médicament. Un sevrage abrupt chez un client accoutumé à de fortes doses peut entraîner le coma, des convulsions et même la mort. Le tableau 13 résume la posologie et les indications des benzodiazépines. Le méprobamate et les autres agents sont présentés séparément.

Mécanisme d'action/cinétique Les principaux anxiolytiques sont les benzodiazépines et le méprobamate. On pense que les benzodiazépines diminuent l'anxiété en agissant sur le système limbique. Cet effet serait attribuable à l'action qu'exercent les benzodiazépines sur l'interaction entre le GABA, un neuromédiateur, et son récepteur. Les benzodiazépines et le méprobamate possèdent aussi, à divers degrés, des propriétés anticonvulsivantes; ils relâchent les muscles squelettiques et soulagent la tension. Étant donné que les benzodiazépines ont en général de longues demi-vies (1 à 8 jours), elles peuvent produire des effets cumulatifs. De plus, plusieurs benzo-diazépines sont transformées par le foie en métabolites actifs, ce qui prolonge leur durée d'action. Les benzodiazépines sont distribuées dans tout l'organisme. Environ 85% à 98% d'une dose administrée se lie aux protéines plasmatiques. Le médicament est excrété par les reins.

Indications   Traitement de l'anxiété et de la tension qui se manifestent seules ou en tant que symptômes d'autres troubles tels que le syndrome ménopausique, la tension prémenstruelle, l'asthme et l'angine de poitrine.

Troubles neurologiques accompagnés d'une spasticité musculaire et d'un tétanos. Adjuvant dans le traitement de la polyarthrite rhuma-thoïde, de l'arthrose, des traumatismes, des douleurs lombaires, du torticolis et de certains états convulsifs tels que l'état de mal épileptique.

Prémédication pour l'intervention chirurgicale et la cardioversion.

Réadaptation des alcooliques chroniques; delirium tremens; énurésie nocturne de l'enfance; somnifère.

Contre-indications   Hypersensibilité, glaucome aigu à angle fermé, psychose, myasthénie grave, grossesse ou lactation. Employer avec prudence en cas d'insuffisance rénale ou hépatique et chez les clients âgés ou affaiblis.

Réactions indésirables   *SNC*: Somnolence, fatigue, confu-sion, ataxie, étourdissements, vertiges, évanouissements, céphalée, faiblesse, dysarthrie, hallucinations et suicide. Excitation paradoxale caractérisée par de l'agitation, de la logorrhée, des réactions aiguës de fureur, de la spasticité musculaire, de l'hyperréflexie, des insomnies, de l'euphorie et des cauchemars. *GI*: Boulimie, constipation, hoquets, anorexie, gain ou perte de masse, xérostomie, arrière-goût métallique ou amer, sialorrhée, tuméfaction de la langue. *Allergiques*: Urticaire, éruption cutanée, photosensibilité, prurit, œdème, purpura sans throm-bopénie et hypotension. *Endocriniennes*: Altération de la libido, gynécomastie, galactorrhée, troubles menstruels. *GU*: Miction difficile et rétention urinaire. *Ophtalmologiques*: Diplopie, conjonctivite, nystagmus et vision trouble. *Autres*: Douleurs articulaires, crampes musculaires, paresthésie, syndrome lupoïde, tachycardie, transpira-tion, essoufflement et rougeurs.

SYMPTÔMES DE SURDOSAGE   Somnolence marquée, confusion, tremblements, dysarthrie, titubations, coma, hypotension, essouffle-ment, dyspnée, faiblesse et diminution de la fréquence cardiaque.

TRAITEMENT DU SURDOSAGE   Thérapie de soutien. Lavage gastrique uniquement par intubation endotrachéale avec sonde à ballonnet pour prévenir l'aspiration des vomissures. Provoquer des vomissements seulement en cas d'ingestion récente et si le client est totalement conscient. On peut administrer du charbon activé et un cathartique salin après le lavage d'estomac ou le vomissement. On doit assurer le maintien d'une fonction pulmonaire appropriée. L'hy-potension peut être contrée par l'administration de liquides IV ou de norépinéphrine.

Interactions médicamenteuses (benzodiazépines)

Médicaments	Interaction
Acide valproïque	↑ de l'effet des benzodiazépines due à une ↓ du catabolisme hépatique.
Alcool éthylique	Potentialisation ou synergie additive des effets dépresseurs du SNC. L'utilisation conjointe peut provoquer de la somnolence, de la léthargie, de la stupeur, le collapsus respiratoire, le coma et la mort.
Anesthésiques généraux	Voir *Alcool éthylique.*
Antidépresseurs tricycliques	L'utilisation conjointe avec les benzodiazépines peut causer des effets sédatifs additifs ou des effets indésirables semblables à ceux occasionnés par l'atropine.
Antihistaminiques	Voir *Alcool éthylique.*
Barbituriques	Voir *Alcool éthylique.*
Cimétidine	La cimétidine cause une ↑ de l'effet des benzodiazépines due à une ↓ du catabolisme hépatique.
Contraceptifs oraux	↑ ou ↓ possible de l'effet des benzodiazépines.
Dépresseurs du SNC	Voir *Alcool éthylique.*
Disulfirame	Le disulfirame cause une ↑ de l'effet des benzodiazépines due à une ↓ du catabolisme hépatique.
Isoniazide	↑ de l'effet des benzodiazépines due à une ↓ du catabolisme hépatique.
Lévodopa	↓ de l'effet de la lévodopa.
Narcotiques	Voir *Alcool éthylique.*
Phénothiazines	Voir *Alcool éthylique.*
Phénytoïne	L'utilisation conjointe avec des benzodiazépines peut causer une ↑ de l'effet de la phénytoïne due à une ↓ du catabolisme hépatique.
Rifampine	↓ de l'effet des benzodiazépines due à une ↑ du catabolisme hépatique.
Sédatifs hypnotiques, non barbituriques	Voir *Alcool éthylique.*

Interactions avec les épreuves de laboratoire   Modification des épreuves de la fonction hépatique incluant les taux de bilirubine.

Posologie   Voir le tableau 13, p. 486. Un ajustement de la posologie est indiqué en cas de somnolence, d'ataxie ou de troubles visuels persistants. On conseille habituellement une dose plus faible chez les clients âgés. Les effets sur l'appareil digestif sont moins prononcés lorsque ces médicaments sont pris pendant le repas ou peu de temps après. Interrompre le traitement graduellement.

Soins infirmiers

1. Évaluer l'apparition d'une dépendance psychologique ou physique. Les clients ayant tendance à abuser de ces médicaments en demanderont plus fréquemment ou consommeront de plus fortes doses que celles prescrites.

2. Évaluer la présence d'ataxie, de dysarthrie et de vertiges. Ces symptômes sont caractéristiques d'une intoxication chronique et indiquent habituellement que le client dépasse la dose prescrite.

3. Surveiller étroitement la dose et la quantité prescrites, en particulier lors d'un traitement prolongé chez un alcoolique ou un client qui peut abuser de ces médicaments.

4. En cas d'administration à un client hospitalisé, s'assurer que celui-ci a bien avalé le médicament. Cette mesure vise à prévenir l'omission de la prise du médicament ou son accumulation, ce qui peut conduire à une tentative de suicide.

5. Se souvenir et informer le client que le retrait du médicament après un usage prolongé ou abusif peut causer une récurrence des symptômes préexistants ou précipiter un syndrome de sevrage qui se manifeste par de l'anxiété, de l'anorexie, de l'insomnie, des vomissements, de l'ataxie, des tremblements, des secousses musculaires, de la confusion, des hallucinations et, rarement, des crises convulsives.

6. Prévoir pour les personnes âgées ou affaiblies des doses équivalentes à la dose efficace la plus faible.

7. Prévoir que le médicament sera prescrit avec prudence et à de faibles doses aux clients ayant des tendances suicidaires. Surveiller étroitement ces clients – comme d'ailleurs *tous* les autres – afin de déceler des signes de dépression.

8. Procurer des ridelles de lit aux clients atteints d'ataxie, de faiblesse ou d'incoordination; au besoin, aider ces clients.

9. Surveiller la pression artérielle avant et après l'administration d'un anxiolytique par voie IV. Évaluer la présence et la gravité de la réaction hypotensive. Il est préférable que le client reste couché pendant les 2 ou 3 h qui suivent l'administration IV du médicament.

10. Évaluer et signaler les symptômes précoces d'un ictère cholostatique, tels que la fièvre, une douleur dans la partie supérieure de l'abdomen, des nausées, de la diarrhée et des éruptions; ces symptômes appellent une évaluation de la fonction hépatique.

11. Suspendre l'administration du médicament et prévenir le médecin lorsque la peau, la sclérotique ou les membranes des muqueuses jaunissent. (Ce sont des signes tardifs d'un ictère cholestatique, indiquant une obstruction biliaire.)

12. Évaluer et signaler les symptômes de dyscrasie sanguine tels que le mal de gorge, la fièvre et la faiblesse. Ces complications nécessitent l'arrêt du traitement et une réévaluation des épreuves hématologiques.

13. Cesser l'administration du médicament et prévenir le médecin si le client semble trop endormi, ou encore confus ou comateux.

14. Se préparer à participer au traitement d'un surdosage. Dans de telles situations, on peut avoir recours à la ventilation assistée, au lavage d'estomac et au traitement de soutien physiologique général. Au cours de ces interventions, il faut surveiller étroitement la pression artérielle, la respiration, les ingesta et les excreta.

15. Être préparée à aider en cas de réaction d'hypersensibilité et disposer de médicaments tels que l'épinéphrine, des antihistaminiques et, éventuellement, des stéroïdes.

16. *Expliquer au client et/ou à sa famille*:
   a) que ces médicaments réduisent la capacité de faire fonctionner des machines potentiellement dangereuses, telles qu'une automobile ou autres engins.
   b) que la consommation concomitante d'alcool et d'anxiolytiques est déconseillée à cause de la potentialisation des effets dépresseurs des anxiolytiques et de l'alcool.
   c) qu'il doit se lever lentement s'il était couché sur le dos et bouger les pieds avant de se tenir debout.
   d) qu'il doit s'étendre dès qu'il sent qu'il va s'évanouir.
   e) qu'il ne doit pas interrompre soudainement la prise du médicament après une utilisation prolongée ou abusive. (Voir *Soins infirmiers* 5, ci-dessus.)

MÉPROBAMATE ET AUTRES AGENTS

CHLORMÉZANONE   Trancopal^Pr

Catégorie   Anxiolytique de type méprobamate.

Mécanisme d'action/cinétique   **Début d'action**: 15 à 30 min. **Durée d'action**: 4 à 6 h. **Demi-vie**: 24 h.

Indications   Anxiété, tension.

Réactions indésirables   *SNC*: Étourdissements, somnolence, dépression, excitation, tremblements, céphalée, confusion et faiblesse. *GI*: Nausées et xérostomie. *Autres*: Éruptions, œdème, rougeurs, troubles de la miction et ictère cholestatique (rare).

Interactions médicamenteuses L'utilisation conjointe d'autres dépresseurs du SNC entraîne des effets additifs.

Posologie PO. **Adultes**: 100 à 200 mg t.i.d. ou q.i.d.; **pédiatrique, 5 à 12 ans**: 50 à 100 mg t.i.d. ou q.i.d.

Administration

1. Il est souhaitable de toujours utiliser la plus petite dose initiale possible, en particulier chez l'enfant.
2. On peut prendre le médicament à jeun.
3. Avertir le client des dangers encourus s'il conduit une voiture ou s'il fait fonctionner des machines.

HYDROXYZINE, CHLORHYDRATE D'
Atarax[Pr], Multipax[Pr]

Catégorie Anxiolytique.

Mécanisme d'action/cinétique L'effet de l'hydroxyzine est probablement attribuable à la diminution de l'activité de certaines régions spécifiques de l'aire sous-corticale du SNC. L'hydroxyzine a des effets anticholinergiques, antiémétiques, antispasmodiques, antihistaminiques et myorésolutifs. Anesthésique local. Le médicament possède en plus de faibles effets antiarythmiques et analgésiques. **Début d'action**: 15 à 30 min.

Indications Tranquillisant dans les cas de psychonévroses et les états de tension, d'anxiété et d'agitation. Maîtrise des nausées et des vomissements associés à diverses maladies. Thérapie préanesthésique. L'administration IM pour maîtriser les vomissements réduit les besoins en narcotiques pendant une intervention chirurgicale ou un accouchement. Sevrage éthylique. Adjuvant dans le post-partum.

Contre-indications Grossesse. L'hydroxyzine n'est pas recommandée pour le traitement des états nauséeux de la grossesse ni comme agent unique pour le traitement des psychoses ou de la dépression. Hypersensibilité au médicament.

Réactions indésirables Faible fréquence aux doses recommandées. Somnolence, xérostomie et activité motrice involontaire.

Interactions médicamenteuses L'utilisation conjointe d'autres dépresseurs du SNC entraîne des effets additifs. Voir *Interactions médicamenteuses (benzodiazépines)*, p. 482.

Interaction avec les épreuves de laboratoire Hydroxycorticostéroïdes.

Posologie *Anxiolytique:* **Adultes**, 25 à 100 mg t.i.d. ou q.i.d.; **pédiatrique, moins de 6 ans**: 50 mg par jour; **plus de 6 ans**, 50 à

TABLEAU 13 BENZODIAZÉPINES UTILISÉES COMME ANXIOLYTIQUES

Médicaments	Indications
Alprazolam Xanax[Pr]	Anxiété associée à la dépression.
Bromazépam Lectopam[Pr]	Anxiété.
Chlordiazépoxide Apo-Chlordiazépoxide[Pr], Librium[Pr], Medilium[Pr], Novopoxide[Pr], Solium[Pr]	Anxiété, symptômes aigus de sevrage chez l'alcoolique chronique. Préopératoire, afin de diminuer la tension et l'anxiété.

PO: Initialement, 0,25 à 0,5 mg t.i.d.; **puis**, ajuster en fonction des besoins du client, sans dépasser 4 mg par jour. **Clients âgés ou affaiblis: Initialement**, 0,25 mg b.i.d. ou t.i.d.; **puis**, ajuster en fonction des besoins du client.

Concentration plasmatique maximale: PO, 26 à 120 nmol/L après 1 à 2 h. **Demi-vie**: 12 à 15 h. Liaison aux protéines plasmatiques à 80%. Métabolisé en hydroxy-alpha alprazolam, métabolite actif. Excrété dans l'urine.

Initialement: 6 à 18 mg par jour, en doses fractionnées. Ne pas dépasser 60 mg par jour. **Clients âgés ou affaiblis: Initialement**, ne pas dépasser 3 mg par jour, en doses fractionnées. Ajuster par la suite, en fonction de l'état du client.

L'absorption PO est complète. **Concentration sanguine maximale**: 1 à 4 h. **Demi-vie**: 12 h. Le bromazépam est métabolisé par le foie et excrété dans l'urine sous forme de métabolites conjugués.

Interactions avec les épreuves de laboratoire
Modification de la glycémie. Diminution des taux d'hémoglobine et d'hématocrite. Modification du nombre de globules blancs, de la phosphatase alcaline, de la bilirubine et des transaminases sériques.

PO. Adultes: *Anxiété et tension*: 5 à 10 mg t.i.d. ou q.i.d. (jusqu'à 20 à 25 mg t.i.d. ou q.i.d., dans les cas graves). Chez les clients âgés ou affaiblis, réduire la dose à 5 mg b.i.d. à q.i.d. **Pédiatrique, plus de 6 ans: Initialement**, 5 mg b.i.d. à q.i.d. Cette dose peut être portée à 10 mg b.i.d. ou t.i.d. *Préopératoire*: 5 à 10 mg t.i.d. ou q.i.d., la journée précédant l'intervention chirurgicale. *Sevrage éthylique*: 50 à 100 mg; on peut augmenter jusqu'à 300 mg par jour; **puis**, réduire à une dose d'entretien. **IM, IV (déconseillées chez les enfants de moins de 12 ans)**. *Anxiété ou agitation aiguës ou marquées*: **Initialement**, 50 à 100 mg; **puis**, 25 à 50 mg t.i.d. ou q.i.d. *Préopératoire:* **IM**, 50 à 100 mg, 1 h avant l'intervention chirurgicale. *Sevrage éthylique:* **IM, IV**, 50 à 100 mg; répéter 2 à 4 h plus tard, au besoin. Ne pas dépasser 300 mg par jour.

L'absorption PO est plus rapide que l'absorption IM. **Début d'action: PO**, 30 à 60 min; **IM**, 15 à 30 min; **IV**, 3 à 30 min. **Concentration plasmatique maximale (PO)**: 1 à 4 h. **Durée d'action: demi-vie**: 5 à 30 h. Le chlordiazépoxide est métabolisé en deux métabolites actifs, le déméthyldiazépam et l'oxazépam. Par rapport au diazépam, le chlordiazépoxide a une activité anticonvulsivante plus faible, et il est moins puissant.

Réactions indésirables supplémentaires
Ictère, nécrose hépatique aiguë, insuffisance hépatique.

Interactions avec les épreuves de laboratoire
1. *Interactions avec les méthodes d'analyse*: ↑ hydroxy-17 corticostéroïdes, céto-17 stéroïdes.
2. *Interactions causées par les effets pharmacologiques*: ↑ de la phosphatase alcaline, de la bilirubine, des transaminases sériques et du porphobilinogène; ↓ du temps de prothrombine (clients traités au Coumadin).

TABLEAU 13   (*suite*)

Médicaments	Indications

Clorazépate dipotassique
Tranxène^{Pr}

Anxiété, tension et adjuvant dans le traitement du syndrome aigu d'abstinence alcoolique. Anticonvulsivant.

Diazépam
Apo-Diazépam^{Pr}, E-Pam^{Pr}, Meval^{Pr}, Néo-Calme^{Pr}, Novodipam^{Pr}, Rival^{Pr}, Serenack^{Pr}, Stress-Pam^{Pr}, Valium^{Pr}, Vivol^{Pr}

Anxiété, tension (plus efficace que le chlordiazépoxide), sevrage éthylique. Myorésolutif et anticonvulsivant. Avant la gastroscopie et l'œsophagoscopie, avant une intervention chirurgicale et avant une cardioversion. Traitement de l'état de mal épileptique. Adjuvant dans la thérapie de l'infirmité motrice cérébrale, de la paraplégie ou du tétanos.

Administration
IM: Préparer la solution extemporanément, en ajoutant le solvant à l'ampoule. Agiter jusqu'à dissolution. Jeter
la portion non utilisée. Injecter lentement dans le cadran supéro-externe
du muscle fessier. **IV**: Préparer la
solution extemporanément. Injecter
directement dans la veine, en une
minute. Ce médicament étant instable, ne pas l'ajouter à un soluté pour
perfusion. Ne pas utiliser la solution
IV pour une administration IM.

PO. *Anxiété:* **Initialement**, 30 mg par
jour, en doses fractionnées. **Dose
d'entretien**: 15 à 60 mg par jour, en
doses fractionnées. **Clients âgés ou
affaiblis: Initialement**, 7,5 à 15 mg
par jour. **Solution de rechange.
Dose quotidienne unique: Adultes,
initialement**, 15 mg; **puis**, 11,25 à
22,5 mg par jour. *Syndrome aigu
d'abstinence alcoolique: Première
journée*, **initialement**, 30 mg; **puis**,
30 à 60 mg, en doses fractionnées;
deuxième journée, 45 à 90 mg par
jour; *troisième journée*, 22,5 à 45 mg
par jour; *quatrième journée*, 15 à
30 mg par jour. Par la suite, réduire la
posologie à 7,5 à 15 mg par jour, et
cesser l'administration dès que possible. *Anticonvulsivant:* **Adultes, initialement**, 7,5 mg t.i.d.; ne pas
augmenter la posologie de plus de
7,5 mg par semaine et ne pas dépasser 90 mg par jour. **Enfants (9 à 12
ans): Initialement**, 7,5 mg b.i.d.; ne
pas augmenter la posologie de plus
de 7,5 mg par semaine et ne pas
dépasser 60 mg par jour.

Effet maximal: 60 min. **Demi-vie**: 30
à 100 h. Dans l'estomac, le clorazépate est transformé, par hydrolyse, en
déméthyldiazépam, métabolite actif.
Le médicament est excrété lentement.
Contre-indications supplémentaires
Clients dépressifs et mères qui allaitent. Administrer avec prudence aux
clients atteints d'insuffisance rénale
ou hépatique.

PO. *Anxiolytique, anticonvulsivant et
myorésolutif:* 2 à 10 mg b.i.d. à q.i.d.
Sevrage éthylique: **Initialement**,
10 mg t.i.d. ou q.i.d. Diminuer graduellement jusqu'à 5 mg t.i.d. ou q.i.d.
Clients âgés ou affaiblis: 2,0 à
2,5 mg, 1 ou 2 fois par jour. On peut
augmenter graduellement jusqu'à la
dose d'adulte. **Pédiatrique, plus de
6 mois: Initialement**, 1,0 à 2,5 mg

Début d'action: PO, 30 à 60 min; **IM**,
15 à 30 min; **IV**, plus rapide. **Concentration sérique maximale: PO**, 1 à
2 h. **Durée d'action**: 3 h. **Demi-vie**:
20 à 50 h. Le diazépam est métabolisé dans le foie en deux métabolites actifs, le déméthyldiazépam et le
méthyloxazépam.
Contre-indications supplémentaires
Glaucome à angle fermé, enfants de

TABLEAU 13 (*suite*)

Médicaments	Indications

Kétazolam
Loftran^{Pr}

Anxiété.

Lorazépam
Ativan^{Pr}, Novolorazem^{Pr}

Anxiété, tension, anxiété accompagnée de dépression, insomnie et avant l'anesthésie. *À l'étude*: État de mal épileptique.

Posologie	Commentaires

b.i.d. ou t.i.d. **IM** et **IV**: mêmes doses que **PO**, ne pas excéder 30 mg en 8 h. *Préopératoire ou usage diagnostique:* **IM**: 5 à 15 mg 5 à 30 min avant l'intervention. **IM, IV.** *Tétanos chez l'enfant,* **plus d'un mois**: 1 à 2 mg; répéter q 3 à 4 h, au besoin; **5 ans et plus**: 5 à 10 mg q 3 à 4 h. **IV.** *État de mal épileptique:* **Enfants de plus d'un mois**: 0,2 à 0,5 mg q 2 à 5 min, ne pas excéder 10 mg. On peut répéter l'administration 2 à 4 h plus tard. L'administration IV ne devrait pas excéder 5 mg/min. **IV.** *Cardioversion*: 5 à 10 min avant l'intervention. Il n'est pas recommandé d'administrer une dose supérieure à 5 mg par voie parentérale, en une seule fois, aux clients âgés ou affaiblis.

moins de 6 mois. Par voie parentérale; enfants de moins de 12 ans.
Interactions médicamenteuses supplémentaires
1. Le diazépam potentialise les effets antihypertensifs des diurétiques thiazidiques et des autres diurétiques.
2. Le diazépam potentialise les effets myorésolutifs de la d-tubocurarine et de la gallamine.
3. La ranitidine ↓ l'absorption GI du diazépam.
4. L'isoniazide ↑ la demi-vie du diazépam.
Interactions avec les épreuves de laboratoire
↓ de l'acide homovanillique urinaire et de l'acide gastrique; ↑ du porphobilinogène, de la coproporphyrine et de l'uroporphyrine.
Administration/entreposage
Éviter l'administration intra-artérielle. Ne pas injecter dans de petites veines. Par voie IM, injecter profondément dans le muscle. Ne pas mélanger à d'autres préparations injectables. Lors de l'administration IV à un enfant, avoir à portée de la main l'équipement nécessaire pour la ventilation assistée. Entreposer à l'abri de la lumière.

Adultes; 15 mg 1 ou 2 fois par jour. Cette dose peut être augmentée graduellement par paliers de 15 mg. **Clients âgés ou affaiblis**: la moitié de la dose pour adultes.

L'absorption PO est rapide. **Concentration sérique maximale**: 3 h. **Demi-vie**: 2 h. Métabolisé dans le foie en diazépam, en déméthylkétazolam et en déméthyldiazépam. Ces métabolites ont de longues demi-vies (34 à 52 h). Excrété dans l'urine.

PO. *Anxiété*: 2 à 3 mg par jour, en 2 ou 3 doses fractionnées. *Hypnotique*: 2 à 4 mg, au coucher. **Clients âgés ou affaiblis**: 1 à 2 mg par jour, en doses fractionnées. **IM. Préopératoire**: 0,05 mg/kg, ne pas excéder 4 mg, 2 h avant l'intervention chirurgicale. **IV**, *Anxiété:* **Initialement**, 0,044 mg/kg; dans certains cas, une dose de 4 mg (0,05 mg/kg) peut être

Contre-indications supplémentaires
Glaucome à angle fermé, particulièrement en phase aiguë. Employer avec prudence en cas d'insuffisance rénale ou hépatique. Absorption et élimination plus rapide qu'avec autres benzodiazépines. **Concentration plasmatique maximale: PO**, 2,5 h. **Demi-vie**: 10 à 15 h. Les métabolites sont inactifs.

TABLEAU 13 (*suite*)

Médicaments	*Indications*
Oxazépam Apo-Oxazepam[Pr], Ox-Pam[Pr], Serax[Pr], Zapex[Pr]	Anxiété, tension, anxiété accompagnée de dépression. Adjuvant dans le sevrage éthylique.

100 mg par jour, en doses fractionnées. *Antiprurigineux:* **Adultes**, 25 mg t.i.d. ou q.i.d. **Enfants, moins de 6 ans**: 50 mg par jour, en doses fractionnées; **plus de 6 ans**, 50 à 100 mg par jour, en doses fractionnées. *Préopératoire:* **Adultes**: 25 à 100 mg; **pédiatrique**, 0,6 mg/kg.

IM. *Anxiété aiguë, y compris le sevrage éthylique:* **Initialement**, 50 à 100 mg; répéter q 4 à 6 h au besoin. *Nausées et vomissements avant et après une intervention chirurgicale ou un accouchement:* **Adultes**, 25 à 100 mg; **pédiatrique**, 1,1 mg/kg. Passer à **PO** aussitôt que possible.

Soins infirmiers

Voir *Soins infirmiers – Benzodiazépines*, p. 483.

Suggérer au client de se gargariser et de boire plus que d'habitude afin de soulager la sécheresse de la bouche.

Posologie	Commentaires

nécessaire. La posologie n'est pas déterminée chez les enfants de moins de 18 ans.

Interaction médicamenteuse supplémentaire
Avec l'administration par voie parentérale du lorazépam, la scopolamine → sédation, hallucinations et troubles du comportement.

PO. *Anxiété*: 10 à 15 mg t.i.d. ou q.i.d. (jusqu'à 30 mg t.i.d. ou q.i.d. dans les cas graves). **Clients âgés ou affaiblis**: 10 mg t.i.d.; on peut porter la dose à 15 mg t.i.d. ou q.i.d. *Sevrage éthylique*: 15 à 30 mg t.i.d. ou q.i.d.

Concentration sérique maximale: 2 à 4 h. **Demi-vie**: 5 à 13 h. Métabolisé par le foie en métabolites inactifs. On prétend que ce médicament cause moins de somnolence que le chlordiazépoxide. Des réactions paradoxales caractérisées par des troubles du sommeil et une hyperexcitation peuvent se manifester durant la première semaine de traitement. L'administration parentérale peut causer de l'hypotension. La posologie n'est pas déterminée chez les enfants de moins de 12 ans.
Interactions avec les épreuves de laboratoire
Modification de la glycémie. Diminution des taux d'hémoglobine et d'hématocrite. Modification du nombre de globules blancs, de la phosphatase alcaline, de la bilirubine et des transaminases sériques.

MÉPROBAMATE   Apo-Meprobamate^{Pr}, Equanil^{Pr}, Méditran^{Pr}, Mepro-G^{Pr}, Meprospan^{Pr}, Miltown^{Pr}, Néo-Tran^{Pr}, NovoMepro^{Pr}, Quietal^{Pr}

Catégorie   Anxiolytique.

Mécanisme d'action/cinétique   Le méprobamate est un dérivé du carbamate qui possède aussi des propriétés myorésolutives et anticonvulsivantes. Il agit sur le système limbique, sur le thalamus et inhibe aussi les réflexes polysynaptiques spinaux. **Début d'action**: 1 h. **Concentration sanguine, traitement prolongé**: 23 à 92 μmol/L. **Demi-vie**: 6 à 24 h. Métabolisme hépatique significatif.

Indications   Soulagement de l'anxiété à brève échéance.

Contre-indications   Hypersensibilité au méprobamate ou au carisoprodol. Porphyrie. Enfants de moins de 6 ans. Employer avec prudence au cours de la grossesse, de la lactation, dans les cas d'épilepsie et d'insuffisance rénale ou hépatique.

Réactions indésirables *SNC*: Ataxie, étourdissements, céphalée, excitation, dysarthrie et vertiges. *GI*: Nausées, vomissements et diarrhée. *Autres*: Troubles de la vision, paresthésie et réactions allergiques incluant des symptômes hématologiques et cutanés.

Interactions médicamenteuses L'utilisation conjointe de dépresseurs du SNC, d'inhibiteurs de la MAO ou d'antidépresseurs tricycliques cause des effets dépresseurs additifs.

Interactions avec les épreuves de laboratoire *Avec les méthodes d'analyse*: ↑ des hydroxy-17 corticostéroïdes et des céto-17 stéroïdes. *Effets pharmacologiques*: ↑ de la phosphatase alcaline, de la bilirubine, des transaminases sériques, de l'œstriol urinaire (épreuve colorimétrique) et du porphobilinogène. ↓ du temps de prothrombine chez les clients traités au Coumadin.

Posologie **PO. Adultes: Initialement**, 400 mg t.i.d. ou q.i.d. Augmenter jusqu'à 2,4 g par jour, au besoin. **Pédiatrique, plus de 6 ans**: 100 à 200 mg b.i.d. ou t.i.d.

Soins infirmiers

Voir *Soins infirmiers – Benzodiazépines*, p. 483.

Neuroleptiques

Généralités   L'avènement des neuroleptiques a apporté un changement important dans le traitement des clients atteints de maladie mentale. La réserpine, un alcaloïde de la rauwolfia (*Rauwolfia ocrpentina*), et la chlorpromazine, élaborées au début des années 50, ont presque à elles seules révolutionné les soins des psychotiques. Des clients qui, depuis des décennies, étaient réfractaires au traitement par les électrochocs, à l'insulinothérapie et/ou à d'autres formes de traitements ont dès lors pu, dans plusieurs cas, obtenir leur congé.

Les neuroleptiques ne guérissent pas la maladie mentale mais ils apaisent les clients en état de crise, relèvent de leur état d'abattement les clients très déprimés, redonnent de la vigueur aux apathiques et aux retirés et améliorent la réponse de certains de ces clients à la psychothérapie.

PHÉNOTHIAZINES

Généralités   La plupart des phénothiazines entraînent de la sédation, particulièrement au début du traitement. Les phénothiazines diffèrent fortement des analgésiques narcotiques et des sédatifs hypnotiques en ce que les clients traités avec ces médicaments peuvent être éveillés facilement. Les phénothiazines potentialisent cependant les effets analgésiques des opiacés et prolongent l'action des dépresseurs du SNC.

Ces médicaments diminuent également l'activité motrice spontanée, comme dans le cas du parkinsonisme, et plusieurs d'entre eux abaissent la pression artérielle.

Selon leur structure chimique développée, les phénothiazines se divisent en trois groupes:

1. Les dérivés diméthylaminopropyliques;

2. Les dérivés pipérazinés;

3. Les dérivés pipéridinés.

Les médicaments de premier choix pour les clients en état d'excitation aiguë sont souvent ceux qui, comme la chlorpromazine, appartiennent au groupe des *dérivés diméthylaminopropyliques*. Les médicaments de ce groupe provoquent plus de sédation que les autres phénothiazines et sont particulièrement indiqués pour les clients recrus de fatigue par manque de sommeil.

Les *dérivés pipérazinés* agissent plus sélectivement sur les sites sous-corticaux; on peut donc les administrer à des doses relativement faibles. Cela réduit également au minimum la somnolence et les effets moteurs indésirables. De plus, parce qu'elles dépriment spécifiquement la zone chimioréceptrice de déclenchement du centre du vomissement, les pipérazines sont les plus puissants antiémétiques. Les *dérivés pipéridinés* sont moins toxiques en ce qui a trait aux effets extrapyramidaux. Le Mellaril, un médicament de ce groupe, n'est pas un antiémétique efficace.

Mécanisme d'action/cinétique   On a postulé qu'un excès de dopamine dans certaines régions du SNC provoque les psychoses. On croit que l'action des phénothiazines résulte d'un blocage des récepteurs dopaminergiques postsynaptiques, ce qui entraînerait la diminution des symptômes psychotiques. On croit aussi que les phénothiazines dépriment plusieurs parties de la formation réticulée, ce qui expliquerait leurs effets sur la régulation de la température corporelle, le tonus vasomoteur, l'insomnie et la vitesse du métabolisme basal. Ces médicaments ont aussi des effets périphériques à cause de leurs effets bloquants sur les récepteurs cholinergiques et alpha-adrénergiques. Il existe peu de données sur la cinétique des phénothiazines, et elles ne sont pas très fiables. En règle générale, la concentration plasmatique maximale est atteinte 2 à 4 h après l'administration orale. Les phénothiazines sont largement distribuées dans l'organisme. Elles ont une demi-vie de 10 à 20 h. La plupart d'entre elles sont métabolisées par le foie et excrétées par les reins. Des études ont démontré que les formes pharmaceutiques orales et les suppositoires provenant de compagnies différentes n'ont pas la même biodisponibilité. Il est donc déconseillé de changer de marque de commerce à moins que des données de bioéquivalence ne soient disponibles.

Indications Psychoses, particulièrement en cas d'activité psychomotrice excessive. Psychoses involutives, toxiques ou séniles. Utilisées en association avec les inhibiteurs de la monoamine-oxydase chez les clients déprimés manifestant de l'anxiété, de l'agitation ou présentant un état de panique (utiliser avec prudence). Avec le lithium, dans la phase maniaque de la psychose maniaco-dépressive. Comme adjuvant lors d'un sevrage éthylique pour réduire l'anxiété, la tension, la dépression, les nausées et/ou les vomissements. Indiquées pour le traitement de troubles graves de comportement chez les enfants hyper-excités et/ou combatifs; utilisées aussi à court terme pour le traitement des enfants hyperactifs présentant une activité motrice excessive et des troubles du comportement. Prophylaxie et maîtrise des nausées et vomissements graves résultant de la chimiothérapie et de la radio-thérapie. Hoquet persistant, porphyrie intermittente, tétanos (comme adjuvant). Médication préopératoire et postopératoire. Quelques phénothiazines sont antiprurigineuses.

Contre-indications Dépression marquée du SNC, état comateux, clients atteints de lésions cérébrales sous-corticales, de dépression de la moelle osseuse, lactation. Contre-indiquées chez les clients ayant des antécédents de convulsions et chez ceux qui reçoivent des anticonvulsivants. Clients âgés ou très affaiblis, maladies hépa-tiques ou rénales, troubles cardio-vasculaires, glaucome, hypertrophie de la prostate. Contre-indiquées chez les enfants atteints de varicelle, d'infections du SNC, de rougeole, de gastro-entérite ou de déshydra-tation, à cause de l'augmentation des risques de symptômes extrapyramidaux chez ces clients.

Les phénothiazines devraient être employées avec prudence chez les clients exposés à une chaleur ou à un froid extrêmes, de même que chez ceux qui sont atteints d'asthme, d'emphysème ou d'une infec-tion aiguë des voies respiratoires. L'innocuité des phénothiazines pendant la grossesse n'a pas été démontrée; n'utiliser que si les avan-tages éventuels l'emportent sur les inconvénients.

Réactions indésirables *SNC*: Dépression, somnolence, étourdissements, léthargie, fatigue. Effets extrapyramidaux, symp-tômes pseudo-parkinsoniens incluant la démarche traînante et les mouvements répétitifs de la tête ou du visage, dyskinésie tardive (voir plus loin), acathisie, dystonie. Convulsions, particulièrement chez les clients ayant des antécédents de convulsions. *CV*: Hypotension ortho-statique, augmentation ou diminution de la pression artérielle, tachycardie, évanouissements. *GI*: Xérostomie, anorexie, constipation, iléus paralytique, diarrhée. *Endocriniennes*: Engorgement mammaire, galactorrhée, gynécomastie, augmentation de l'appétit, gain pondéral, hyperglycémie ou hypoglycémie, glycosurie. Éjaculation tardive, alté-ration de la libido. *GU*: Irrégularités du cycle menstruel, incontinence, miction difficile. *Dermatologiques*: Photosensibilité, prurit, érythème, eczéma, dermatite exfoliative, changement de la pigmentation cutanée (usage prolongé de fortes doses). *Hématologiques*: Anémie aplastique, leucopénie, agranulocytose, éosinophilie et thrombopénie. *Ophtalmo-logiques*: Dépôt de fines particules dans le cristallin et dans la cornée amenant une vision trouble, altération de la vision. *Respiratoires*: Laryn-gospasme, bronchospasme, œdème laryngé, dyspnée. *Autres*: Fièvre, rigidité musculaire, diminution de la transpiration, spasmes musculaires au niveau du visage, du cou ou du dos, ictère obstructif, congestion nasale, pâleur, mydriase, syndrome lupoïde.

La dyskinésie tardive a été observée avec toutes les classes de neuroleptiques, bien que la cause précise n'en soit pas connue. Ce syndrome est plus fréquent chez les personnes âgées, particulièrement chez les femmes, et chez les clients présentant un syndrome cérébral organique. Il est souvent aggravé ou précipité par l'arrêt brusque de la médication et peut persister indéfiniment par la suite. Les signes précoces de dyskinésie tardive comprennent des mouvements ver-miformes subtils de la langue, des contorsions du visage ou des mou-vements répétitifs involontaires de la tête ou du cou. Bien qu'on ne connaisse pas de traitement curatif au syndrome, sa progression peut cesser si la posologie du médicament est réduite progressivement. De plus, les symptômes de dyskinésie tardive peuvent apparaître lorsqu'on suspend le traitement pendant quelques jours, ce qui en facilite le diagnostic.

Interactions médicamenteuses

Médicaments	Interaction
Alcool éthylique	Potentialisation ou addition des effets dépres-seurs du SNC. L'utilisation conjointe peut causer de la somnolence, de la léthargie, de la stupeur, un collapsus respiratoire, le coma ou la mort.
Amphétamine	↑ de l'effet de l'amphétamine par ↓ de la cap-ture au lieu d'action.
Anesthésiques généraux	Voir *Alcool éthylique*.
Antiacides oraux	↓ de l'effet des phénothiazines par ↓ de l'ab-sorption dans le tractus GI.
Anticholinergiques	Effets anticholinergiques indésirables additifs et/ou diminution des effets neuroleptiques.
Antidépresseurs tricycliques	Effets anticholinergiques indésirables addi-tifs.
Anxiolytiques	Voir *Alcool éthylique*.
Bacitracine	Dépression respiratoire additive.
Barbituriques	Voir *Alcool éthylique*.
Barbituriques anesthésiques	↑ des risques de tremblements, d'activité musculaire involontaire et d'hypotension.
Capréomycine	Dépression respiratoire additive.
Colistiméthate	Dépression respiratoire additive.
Dépresseurs du SNC	Voir *Alcool éthylique*; de plus, ↓ de l'effet des phénothiazines par ↑ du catabolisme hépa-tique.

Médicaments	Interaction
Diazoxide	Effet hyperglycémiant additif.
Guanéthidine	↓ de l'effet de la guanéthidine par ↓ de la capture au lieu d'action.
Hydantoïne, dérivés de l'	↑ des risques de toxicité des dérivés de l'hydantoïne.
Hypoglycémiants	↓ de l'effet des hypoglycémiants, car les phénothiazines ↑ la glycémie.
Inhibiteurs de la MAO	↑ de l'effet des phénothiazines par ↓ du catabolisme hépatique.
Lithium, sels de	↓ de la concentration des phénothiazines.
Mépéridine	↑ des risques de toxicité associée à la mépéridine.
Métoprolol	Effets hypotenseurs additifs.
Narcotiques	Voir *Alcool éthylique.*
Phénytoïne	↑ de l'effet de la phénytoïne par ↓ du catabolisme hépatique.
Polymyxine B	Dépression respiratoire additive.
Propranolol	Effets hypotenseurs additifs.
Quinidine	Effets dépresseurs additifs sur le myocarde.
Sédatifs hypnotiques non barbituriques	Voir *Alcool éthylique.*
Succinylcholine	↑ de la relaxation musculaire.

Interactions avec les épreuves de laboratoire   Faux + : Bile urinaire (bâtonnet réactif), chlorure ferrique, diagnostic de la grossesse, porphobilinogène urinaire, stéroïdes urinaires, urobilinogène urinaire (bâtonnet réactif). Faux − : Phosphore inorganique, stéroïdes urinaires. *Causés par des effets pharmacologiques:* ↑ phosphatase alcaline, bilirubine, transaminases sériques, cholestérol sérique et catécholamines urinaires. ↓ tolérance au glucose, acide urique sérique, acide hydroxy-5-indolacétique, FSH, somatotrophine, hormone lutéinisante et acide vanilmandélique.

Posologie   L'éventail de la posologie efficace des phénothiazines est très large. On augmente généralement la dose graduellement sur une période de 7 jours, pour réduire au minimum les effets indésirables, jusqu'à ce que la dose efficace minimale soit atteinte. On doit augmenter la dose de façon plus graduelle chez les personnes âgées ou affaiblies, étant donné qu'elles sont plus sensibles aux effets indésirables des médicaments. Une fois les symptômes maîtrisés, on doit réduire la dose graduellement jusqu'à ce que le niveau d'entretien soit atteint. Il est généralement préférable de maintenir ce niveau indéfiniment chez les malades chroniques.

Le traitement ne devrait pas être interrompu brusquement, en particulier chez les clients recevant de fortes doses.

Administration/entreposage

1. Ne pas substituer des formes pharmaceutiques orales ou des suppositoires provenant de compagnies différentes, parce qu'ils n'ont pas la même biodisponibilité.

2. Lors de la préparation ou de l'administration d'une solution parentérale, l'infirmière et le client devraient éviter que le médicament entre en contact avec la peau, les yeux et les vêtements.

3. La douleur causée par l'administration de solutions injectables peut être réduite par dilution dans de la solution saline ou avec un anesthésique local et par le massage du point d'injection.

4. Ne pas mélanger à d'autres médicaments dans la seringue.

5. Jeter les solutions rosées et les solutions dont la couleur a changé.

6. Ranger les solutions dans un endroit frais et dans des contenants en verre antiactinique.

7. Pour l'administration parentérale, on devrait prescrire un débit spécifique. Le débit d'administration par voie IV ainsi que la pression artérielle devraient être soigneusement surveillés.

8. Éviter l'extravasation de la solution IV.

9. Injecter profondément et lentement la solution IM.

Soins infirmiers

Ces soins infirmiers s'appliquent pour tous les neuroleptiques, à l'exception du carbonate de lithium.

1. *Évaluer*:
   a) la coloration de la peau. La peau devient parfois brunâtre avant de tourner au pourpre (cette complication se produit en général au cours d'une thérapie prolongée).
   b) la présence d'hyperthermie ou d'hypothermie, car les mécanismes de régulation de la température corporelle peuvent être altérés par le médicament. Dans les cas d'hypothermie, la chaleur devrait être apportée par des couvertures et non par des bouillottes ou un dispositif de chauffage, car la sensibilité du client à la chaleur est fortement diminuée et des brûlures peuvent se produire. Dans les cas d'une hyperthermie excessive, on peut recourir à des bains d'eau froide, tout en s'assurant que le client ne prend pas de refroidissement.
   c) les symptômes d'une dyscrasie sanguine, tels que le mal de gorge, la fièvre et la faiblesse, car cette complication nécessite l'arrêt du traitement et la prise de mesures de protection du client contre les infections hospitalières, jusqu'à ce que les résultats des épreuves sanguines soient redevenus normaux.
   d) les signes de dépression physique et émotionnelle ou de stimulation excessive ou la présence de symptômes extrapyramidaux, car une modification de la posologie ou une médication supplémentaire peuvent être requises.

e) les réactions neuromusculaires, particulièrement chez les enfants atteints d'infections aiguës ou de déshydratation, car ils sont plus sensibles aux réactions indésirables.

f) les ingesta, les excreta et la distension abdominale, car certains clients omettent de mentionner qu'ils souffrent de constipation et de rétention urinaire.

(1) Signaler la rétention urinaire, car cette complication peut nécessiter une réduction de la dose, l'administration d'antispasmodiques ou un changement de médicament.

(2) Signaler les cas de constipation, car cette complication peut nécessiter une augmentation des fibres alimentaires, plus de liquides et l'administration de laxatifs.

g) les problèmes visuels et s'assurer que le client subit régulièrement des examens de la vue.

h) les modifications du métabolisme des glucides, tels que la glycosurie, la perte de masse, la polyphagie, l'augmentation de l'appétit ou un gain de masse excessif, qui pourraient nécessiter une modification de l'alimentation ou de la médication.

i) les irrégularités du cycle menstruel, l'engorgement des seins, la lactation, l'augmentation de la libido chez la femme et la diminution de la libido chez l'homme, car ces symptômes peuvent effrayer le client et éventuellement nécessiter un changement de la médication. On doit rassurer le client à ce propos en lui faisant comprendre que ces changements sont induits par le médicament et qu'ils disparaîtront avec l'ajustement de la médication.

j) les symptômes d'hypersensibilité, tels que la fièvre, l'asthme, l'œdème laryngé, l'œdème de Quincke et la réaction anaphylactique. Avoir à portée de la main de l'épinéphrine, des stéroïdes, des antihistaminiques et de l'oxygène.

k) les signes précoces d'un ictère cholostatique, tels que la fièvre, une douleur abdominale haute, la diarrhée et une éruption cutanée, qui nécessitent des épreuves de la fonction hépatique.

2. Rester avec le client jusqu'à ce qu'il ait avalé le médicament, afin d'éviter qu'il accumule ou ne prenne pas le médicament.

3. Évaluer la valeur de base de la pression artérielle et du pouls avant l'administration IV.

4. Garder le client couché pendant au moins 1 h après l'administration IV et surveiller de près la pression artérielle afin de dépister une réaction hypotensive. Après 1 h, le relever lentement et surveiller l'apparition de tachycardie, les étourdissements ou la perte de conscience. On devrait lever les ridelles du lit.

5. Ne pas administrer le médicament et aviser le médecin si des signes d'ictère cholostatique indiquant une obstruction des voies biliaires se manifestent tels que le jaunissement de la peau, de la sclérotique ou des muqueuses.

6. S'attendre que les doses de barbituriques anxiolytiques (mais pas celles des barbituriques anticonvulsivants) soient réduites lorsque des phénothiazines sont administrées conjointement.

7. Ne pas oublier que l'effet antiémétique des phénothiazines peut masquer d'autres états pathologiques, tels qu'une intoxication par d'autres médicaments, une occlusion intestinale ou des lésions cérébrales.

8. *Expliquer au client et/ou à sa famille*:
   a) qu'il devrait s'asseoir ou, mieux encore, s'étendre les pieds élevés, lorsqu'il a des étourdissements ou qu'il sent qu'il va s'évanouir.
   b) qu'il ne doit pas trop s'exposer au soleil.
   c) qu'il ne doit pas conduire d'automobile ou opérer des machines qui requièrent de l'attention pendant au moins les 2 premières semaines de traitement et, par la suite, seulement après avoir consulté le médecin, qui évaluera sa réponse à la thérapie.
   d) qu'il peut se rincer la bouche à l'eau et augmenter son apport de liquides afin de soulager la sécheresse de la bouche.
   e) qu'il ne doit pas cesser brusquement de prendre de fortes doses de phénothiazines, car cela pourrait causer des nausées, des vomissements, des tremblements, des sensations de chaleur et de froid, de la transpiration, de la tachycardie, des céphalées et des insomnies.
   f) qu'il doit respirer profondément s'il souffre d'insuffisance respiratoire, car le médicament peut supprimer le réflexe de la toux.
   g) que le médicament peut colorer l'urine en rose ou en rouille.
   h) qu'il est nécessaire que le client continue de prendre sa médication après sa sortie du centre hospitalier. Insister sur le fait qu'un suivi est important afin d'éviter le « syndrome de la porte tournante ».

CHLORPROMAZINE, CHLORHYDRATE DE

Apo-Chlorpromazine[Pr], Chlorhydrate de chlorpromazine[Pr], Chlorprom[Pr], Chlorpromanyl[Pr], Chlorpromazine[Pr], Largactyl[Pr], Novochlorpromazine[Pr]

Catégorie   Neuroleptique, phénothiazine diméthylaminée.

Mécanisme d'action/cinétique   La concentration plasmatique maximale est atteinte 2 à 3 h après l'administration PO ou IM.

Demi-vie (après l'administration IM ou IV): **initiale**, 4 à 5 h; **finale**, 3 à 40 h. La chlorpromazine est fortement métabolisée dans la paroi intestinale et dans le foie; certains métabolites sont actifs. **Concentration plasmatique maximale** (chez les psychotiques): 31 à 4 080 nmol/L. Après 2 à 3 semaines de thérapie, la concentration plasmatique diminue, probablement à cause d'une réduction de l'absorption et/ou à cause d'une augmentation du métabolisme.

Indications

Psychoses aiguës et chroniques, y compris la schizophrénie; phase maniaque de la psychose maniaco-dépressive. Porphyrie intermittente aiguë. Préanesthésique, adjuvant dans le traitement du tétanos, hoquet incoercible, problèmes comportementaux marqués chez l'enfant, névroses, nausées et vomissements. Anesthésique.

Posologie

Adultes: *Psychiatrie: symptômes marqués,* **IM**, 25 mg à répéter après 1 h. Passer ensuite à la thérapie **PO**. **PO: Initialement**, 10 mg t.i.d. ou q.i.d. ou 25 mg b.i.d. ou t.i.d.; **puis**, on peut augmenter de 20 à 50 mg deux fois par semaine, jusqu'à ce que l'on note une amélioration (certains clients nécessiteront une dose de 200 à 800 mg par jour). *Nausées et vomissements:* **IM**, 25 mg **initialement; puis**, 25 à 50 mg q 3 à 4 h, si on ne décèle pas d'hypotension. **PO**, 10 à 25 mg q 4 ou 6 h. **Rectale**, 50 à 100 mg q 6 ou 8 h. *Préopératoire:* **PO**, 25 à 50 mg 2 à 3 h avant l'intervention ou 12,5 à 25,0 mg **IM** 1 à 2 h avant l'intervention. *Maîtrise des nausées et vomissements durant une intervention chirurgicale:* **IM**, 12,5 mg répétés après 30 min si nécessaire; **IV**, 2 mg toutes les 2 min, ne pas dépasser 25 mg (solution à 1 mg/mL dans de la solution saline). *Postopératoire:* **PO**, 10 à 25 mg q 4 ou 6 h; **IM**, 12,5 à 25,0 mg q.i.d. *Hoquet:* **PO**, 25 à 50 mg t.i.d. ou q.i.d.; si les symptômes persistent, après 2 ou 3 jours, **IM**, 25 à 50 mg; ou **perfusion IV lente**, 25 à 50 mg dans 500 à 1 000 mL de solution saline. *Tétanos:* **IM**, 25 à 50 mg t.i.d. ou q.i.d. avec un barbiturique; **IV**, 25 à 50 mg (administrer une solution à 1 mg/mL à un débit de 1 mg/min). *Porphyrie intermittente aiguë:* **PO**, 25 à 50 mg t.i.d. ou q.i.d. ou, **IM**, 25 mg t.i.d. ou q.i.d.

Enfants. *Nausées, vomissements et en psychiatrie:* **PO, IM, rectale**, 0,55 à 1,1 mg/kg q 4 à 8 h, au besoin; **dose IM maximale: jusqu'à 5 ans**, 40 mg par jour; **5 à 12 ans**: 75 mg par jour. **Ne pas utiliser chez les enfants de moins de 6 mois**. *Préopératoire:* **PO**, 0,55 mg/kg 2 à 3 h avant l'intervention ou, **IM**, 0,55 mg/kg 1 à 2 h avant l'intervention. *Maîtrise des nausées et vomissements durant une intervention chirurgicale:* **IM**, 0,25 mg/kg, répétés après 30 min si nécessaire; **IV**, 1 mg administré à intervalles de 2 min. *Postopératoire:* **PO, IM**, 0,55 mg/kg. *Tétanos:* **IM, IV**, 0,55 mg/kg q 6 à 8 h. **Pour perfusion IV**, administrer une solution de 1 mg/mL à un débit de 1 mg/2 min. Ne pas dépasser 50 mg par jour chez les enfants de moins de 22,5 kg; 75 mg par jour chez les enfants de 22,5 à 45 kg. *Schizophrénie, clients hospitalisés:* **PO**, jusqu'à 50 à 100 mg par jour (dans certains cas, 500 mg par jour); **IM, jusqu'à 5 ans**: ne pas dépasser 40 mg par jour; **5 à 12 ans**: ne pas dépasser 75 mg par jour.

FLUPHÉNAZINE, CHLORHYDRATE DE
Apo-Fluphenazine[Pr], Fluphénazine[Pr],
Moditen Chlorhydrate[Pr], Permitil[Pr]

FLUPHÉNAZINE, DÉCANOATE DE
Modecate[Pr]

FLUPHÉNAZINE, ÉNANTHATE DE Moditen Enanthate[Pr]

Catégorie   Neuroleptique, phénothiazine pipérazinée.

Mécanisme d'action/cinétique   La fluphénazine cause fréquemment des réactions extrapyramidales. En revanche, elle cause rarement de la sédation, des effets anticholinergiques ou de l'hypotension orthostatique. Les esters du type énanthate et décanoate augmentent de beaucoup la durée d'action. *Décanoate.* **Début d'action**: 24 à 72 h; **concentration plasmatique maximale**: 12 h; **demi-vie** (approximative): 6,8 à 9,6 jours; **durée d'action**: jusqu'à 4 semaines. *Énanthate.* **Début d'action**: 24 à 72 h; **concentration plasmatique maximale**: 48 h; **demi-vie** (approximative): 3,6 jours; **durée d'action**: 1 à 3 semaines.

Le chlorhydrate de fluphénazine peut être administré avec prudence aux clients que l'on sait allergiques à d'autres phénothiazines. L'énanthate de fluphénazine peut remplacer le chlorhydrate de fluphénazine lorsque la réponse thérapeutique est obtenue mais qu'elle est accompagnée d'une réaction d'hypersensibilité à la fluphénazine.

Indications supplémentaires   Schizophrénie chronique.

Posologie   *Individualisée.* Le chlorhydrate de fluphénazine est administré **PO** et **IM**. L'énanthate et le décanoate de fluphénazine sont administrés **SC** et **IM**. *Chlorhydrate.* **PO: Initialement**, 0,5 à 10,0 mg par jour en doses fractionnées q 6 ou 8 h; **puis**, réduire graduellement à une dose d'entretien de 1 à 5 mg par jour (en général, on administre une dose unique n'excédant pas 20 mg par jour). *Clients âgés:* **Initialement**, 1,0 à 2,5 mg par jour; **puis**, ajuster la posologie en fonction de la réponse. **IM: Initialement**, 1,25 mg; **puis**, 2,5 à 10,0 mg par jour en doses fractionnées q 6 à 8 h (ne pas excéder 10 mg par jour). *Énanthate et décanoate.* **IM, SC, initialement**; 12,5 à 25,0 mg. Les doses subséquentes sont déterminées d'après la réponse du client, mais ne doivent pas excéder 100 mg.

Administration/entreposage

1. Protéger de la lumière, peu importe la forme pharmaceutique.
2. Entreposer à la température ambiante et éviter la congélation.
3. La solution parentérale peut être incolore ou légèrement ambrée. Ne pas utiliser une solution qui serait plus que légèrement ambrée.

MÉSORIDAZINE, BÉSYLATE DE   Serentil[Pr]

Catégorie   Neuroleptique, phénothiazine pipéridinée.

Mécanisme d'action/cinétique   La mésoridazine est fortement sédative et elle cause une hypotension orthostatique et des effets anticholinergiques modérés. Elle provoque rarement des symptômes extrapyramidaux.

Indications   Schizophrénie, alcoolisme aigu et chronique, troubles comportementaux chez les clients atteints de déficience mentale, de syndrome cérébral chronique et de psychonévrose.

Posologie   PO. *Schizophrénie:* **Initialement**, 50 mg t.i.d.; **dose totale optimale**: 100 à 400 mg par jour. *Alcoolisme:* **Initialement**, 25 mg b.i.d.; **dose totale optimale**: 50 à 200 mg par jour. *Troubles comportementaux:* **Initialement**, 25 mg t.i.d.; **dose totale optimale**: 75 à 300 mg par jour. *Psychonévrose:* **Initialement**, 10 mg t.i.d.; **dose totale optimale**: 30 à 150 mg. La dose totale est administrée en 2 ou 3 doses fractionnées. **IM: Initialement**, 25 mg. Peut être répété après 30 à 60 min, si nécessaire. **Dose quotidienne optimale IM**: 25 à 200 mg.

Administration

1. Afin de réduire l'hypotension orthostatique, il est souhaitable que le client demeure couché au moins 30 min après l'administration parentérale.

2. Avant l'usage, on peut diluer le concentré avec de l'eau acidifiée, distillée ou du robinet, du jus d'orange ou du jus de raisin.

PERPHÉNAZINE   Apo-Perphenazine[Pr], Perphénazine[Pr], Phenazine[Pr], Trilafon[Pr]

Catégorie   Neuroleptique, antiémétique, phénothiazine pipérazinée.

Mécanisme d'action/cinétique   La perphénazine entraîne fréquemment des réactions extrapyramidales, elle est modérément anticholinergique, et elle cause quelquefois de l'hypotension orthostatique et de la sédation. La perphénazine se trouve aussi dans Triavil et dans PMS Levazine (voir l'appendice 3). Son mécanisme d'action et son profil pharmacocinétique s'apparentent à ceux de la chlorpromazine.

Posologie   *Psychoses:* **PO, IM, IV**, 4 à 16 mg b.i.d. à q.i.d., selon la gravité de l'état. *Nausées et vomissements marqués:* **PO**, 8 à 16 mg par jour en doses fractionnées; **IM**, 5 mg (quelquefois, 10 mg sont requis). L'administration IV est rarement nécessaire et doit être faite avec prudence. On peut administrer la plus faible dose pour adultes aux enfants de plus de 12 ans.

Administration/entreposage

1. Le concentré oral peut être dilué à raison de 5 mL dans 60 mL de solvant tel que de l'eau, du lait, des boissons gazeuses ou du jus d'orange.

2. Ne pas mélanger avec du thé, du café, du cola, du jus de raisin ou du jus de pomme.

3. Protéger de la lumière.

4. Entreposer les solutions dans des contenants en verre ambré.

PIPÉRACÉTAZINE   Quide[Pr]

Catégorie   Neuroleptique, phénothiazine de type pipéridinée.

Mécanisme d'action/cinétique   La pipéracétazine cause de la sédation. Elle possède également des propriétés anticholinergiques, adrénolytiques et antiémétiques. Comme toutes les autres phénothiazines, elle cause des effets extrapyramidaux. Si on la compare à la chlorpromazine, on peut estimer que, mg pour mg, elle est 5 fois plus antiémétique.

Indications   Schizophrénie aiguë ou chronique chez l'adulte sous surveillance médicale appropriée.

Posologie   **Individualisée**: 10 mg b.i.d. à q.i.d. Cette dose peut être augmentée à 160 mg par jour en 3 à 4 jours, selon la réponse du client. **Dose d'entretien**: 100 mg par jour, ou moins; ne pas dépasser 160 mg par jour.

PIPOTIAZINE, PALMITATE DE   Piportil L4[Pr]

Catégorie   Neuroleptique, phénothiazine pipéridinée.

Mécanisme d'action/cinétique   L'ester palmitique de la pipotiazine cause fréquemment des réactions extrapyramidales. Toutefois, ce médicament cause moins de sédation et d'hypotension que les autres phénothiazines. **Début d'action**: 2 à 3 jours. **Durée d'action**: 3 à 6 semaines.

Indications   Traitement d'entretien chez les schizophrènes chroniques non agités.

Posologie   **IM seulement.** *Individualisée.* **Initialement**: 50 à 100 mg. Ajuster en augmentant par paliers de 25 mg toutes les 2 ou 3 semaines. Il est souvent possible d'obtenir une réponse thérapeutique suffisante avec une dose de 75 à 150 mg toutes les 4 semaines. Toutefois, la posologie peut varier entre 25 et 250 mg par mois. Il ne faut pas augmenter la dose dans le but de prolonger l'intervalle entre les injections. D'ailleurs, certains clients répondent mieux à de plus faibles doses administrées toutes les 3 semaines. Chez les clients de plus de 50 ans, il faut utiliser des doses plus faibles au début du traitement.

Administration   Il faut utiliser une aiguille de calibre 21 au minimum.

PROCHLORPÉRAZINE Stémétil^{Pr}
PROCHLORPÉRAZINE, MÉSYLATE DE
Stémétil^{Pr}

Catégorie Neuroleptique, antiémétique, phénothiazine pipéra-zinée.

Mécanisme d'action/cinétique La prochlorpérazine cause souvent des réactions extrapyramidales, elle est modérément sédative, et elle cause peu d'effets anticholinergiques et d'hypotension ortho-statique. Elle est aussi un antiémétique efficace.

Indications supplémentaires Psychonévroses. Nausées et vomissements graves.

Posologie *Adultes. Nausées et vomissements graves.* PO: 5 à 10 mg t.i.d. ou q.i.d. **IM: Initialement,** 5 à 10 mg; répéter si nécessaire q 3 à 4 h (la dose IM totale ne devrait pas dépasser 40 mg par jour. **Rectale**: 1 suppositoire de 25 mg b.i.d. *Maîtrise des nausées au cours d'une intervention chirurgicale.* IM: 5 à 10 mg; **injection IV**: 5 à 10 mg 15 à 30 min avant l'anesthésie; **perfusion IV**: ajouter 20 mg/L à la perfusion 15 à 30 min avant l'anesthésie. *Psychoses et anxiété excessive.* **PO: Initialement,** 5 à 10 mg t.i.d. ou q.i.d.; **puis**, augmenter graduellement jusqu'à une dose d'entretien de 50 à 75 mg par jour (dans certains cas, 150 mg par jour sont requis). **IM**: 10 à 20 mg q 2 à 4 h jusqu'à ce que les symptômes soient maîtrisés. Pour une utili-sation prolongée, 10 à 20 mg q 4 à 6 h.

Enfants. *Nausées et vomissements.* PO, Rectale: **9 à 14 kg**, 2,5 mg 1 ou 2 fois par jour, ne pas dépasser 7,5 mg par jour; **14 à 18 kg**, 2,5 mg b.i.d. ou t.i.d., ne pas dépasser 10 mg par jour; **18 à 39 kg**, 2,5 mg t.i.d., ne pas dépasser 15 mg par jour. **IM**: 0,13 mg/kg. Il est rarement nécessaire que le traitement dure plus d'une journée. *Psy-chiatrie.* **PO, rectale: 2 à 12 ans**, 2,5 mg b.i.d. ou t.i.d. (**de 2 à 5 ans**: ne pas dépasser 20 mg par jour; **de 6 à 12 ans**: ne pas dépasser 25 mg par jour). **IM, 12 ans ou moins**: 0,13 mg/kg; remplacer par une thérapie PO dès que les symptômes sont maîtrisés. L'administration aux enfants de moins de 2 ans ou de moins de 9 kg n'est pas recommandée.

Administration/entreposage

1. Conserver toutes les formes pharmaceutiques dans des contenants étanches en verre ambré. Conserver les suppositoires à moins de 37°C.

2. Afin de masquer le goût du médicament, ajouter la dose de concentré à 60 mL de liquide (jus de tomate ou de fruit, lait ou soupe) ou de nourriture semi-solide.

Soins infirmiers complémentaires

Voir *Soins infirmiers – Phénothiazines*, p. 500.

Aviser les parents de ne pas dépasser la dose prescrite et de cesser l'administration si l'enfant démontre des signes d'agitation et d'excitation.

PROMAZINE, CHLORHYDRATE DE
Chlorhydrate de promazine[Pr], Sparine[Pr]

Catégorie   Neuroleptique, phénothiazine diméthylaminopropylée.

Mécanisme d'action/cinétique   La promazine cause des effets anticholinergiques importants et une sédation, des symptômes extrapyramidaux et de l'hypotension orthostatique modérés. Ce médicament n'inhibe pas efficacement le comportement destructeur chez les clients psychotiques agités en crise.

Indications   Voir *Indications*, p. 497.

Posologie   PO, IV, IM: La voie orale et la voie IM sont préférables. *Agitation modérée ou grave:* **Initialement, IM**: 50 à 150 mg; **puis, PO**: 10 à 200 mg q 4 à 6 h. **La dose quotidienne totale ne devrait pas dépasser 1 000 mg. Enfants de plus de 12 ans**: 10 à 25 mg q 4 à 6 h dans les cas de psychose chronique.

Administration   L'injection IM doit être faite dans un muscle fessier.

THIOPROPAZATE, CHLORHYDRATE DE
Dartal[Pr]

Catégorie   Neuroleptique, phénothiazine pipérazinée.

Mécanisme d'action/cinétique   Le thiopropazate cause fréquemment des réactions extrapyramidales, mais entraîne peu de sédation, d'effets anticholinergiques et d'hypotension orthostatique.

Indications   Troubles psychotiques.

Posologie   *Individualisée.* **Initialement**: 10 mg t.i.d. ou q.i.d. La dose peut ensuite être adaptée en l'augmentant ou en la diminuant de 10 mg tous les 3 ou 4 jours, selon la réponse. La dose quotidienne maximale ne doit pas dépasser 100 mg.

THIOPROPÉRAZINE, MÉSYLATE DE
Majeptil[Pr]

Catégorie   Neuroleptique, phénothiazine diméthylaminée.

Mécanisme d'action/cinétique   Le profil pharmacologique de la thiopérazine s'apparente beaucoup à celui de la chlorpromazine. Discontinuer l'administration lorsqu'un syndrome neurologique grave avec déglutition difficile apparaît, particulièrement lorsqu'un syndrome neurovégétatif accentué s'ajoute à une hypertonie marquée.

Indications   Schizophrénie aiguë; schizophrénie d'évolution ancienne et réfractaire aux autres neuroleptiques.

Posologie   **Adultes. PO: Initialement**, 5 mg par jour en une ou plusieurs doses. Augmenter graduellement par paliers de 5 mg tous les 2 ou 3 jours jusqu'à une dose quotidienne efficace, habituellement de 30 à 40 mg. Dans certains cas, 90 mg ou plus par jour peuvent être nécessaires. Réduire ensuite à la plus faible dose efficace. **Autre possibilité: Initialement**, 5 à 10 mg b.i.d. ou t.i.d. jusqu'à l'apparition de réactions extrapyramidales. Cesser le traitement et reprendre lorsque les réactions extrapyramidales sont complètement disparues. On peut répéter ce traitement au moins 3 fois de suite. Traitement réservé aux clients hospitalisés et sous surveillance.

THIORIDAZINE, CHLORHYDRATE DE
Apo-Thioridazine[Pr], Chlorhydrate de thioridazine[Pr], Mellaril[Pr], Novoridazine[Pr], PMS Thioridazine[Pr], Thioridazine[Pr], Thioril[Pr]

Catégorie   Neuroleptique, phénothiazine pipéridinée.

Mécanisme d'action/cinétique   La thioridazine cause fréquemment des effets anticholinergiques, des effets sédatifs et de l'hypotension orthostatique, mais elle cause rarement des réactions extrapyramidales. Elle est fréquemment employée chez les clients qui tolèrent mal les autres phénothiazines. Elle n'est pas ou presque pas antiémétique.

Concentration sérique maximale (après l'administration PO): 1 à 4 h. À cause de ses effets anticholinergiques marqués, la thioridazine peut nuire à sa propre absorption lorsqu'elle est administrée à de fortes doses. **Demi-vie**: 10 h. Métabolisée dans le foie en métabolites actifs et inactifs.

Indications   Schizophrénie aiguë ou chronique; dépression modérée à grave accompagnée d'anxiété; troubles du sommeil. *Chez l'enfant*: Traitement de l'hyperactivité chez les enfants retardés et chez ceux qui ont des troubles comportementaux. Clients âgés atteints de syndrome cérébral organique. Sevrage éthylique. Douleur réfractaire.

Posologie   **PO.** Très individualisée. *Névroses, anxiété, sevrage éthylique, sénilité,* **éventail**: 20 à 200 mg par jour; **initialement**, 25 mg t.i.d. **Dose d'entretien**, cas bénins: 10 mg b.i.d. à q.i.d.; cas graves: 50 mg t.i.d. ou q.i.d. *Clients psychotiques très perturbés hospitalisés.* **Initialement**: 50 à 100 mg t.i.d. Si nécessaire, cette dose peut être augmentée à la dose maximale de 200 mg q.i.d. Lorsque les symptômes sont maîtrisés, diminuer graduellement jusqu'à la dose minimale efficace. **Pédiatrique, plus de 2 ans**: 0,5 à 3 mg/kg par jour. *Enfants psychotiques hospitalisés.* **Initialement**: 25 mg b.i.d. ou t.i.d. Augmenter graduellement, si nécessaire. **Ce médicament n'est pas recommandé pour les enfants de moins de 2 ans.**

Administration/entreposage Diluer chaque dose extemporanément avec de l'eau distillée, de l'eau du robinet acidifiée ou un jus approprié. Il n'est pas recommandé de préparer et d'entreposer de grandes quantités de dilutions.

TRIFLUOPÉRAZINE Apo-Trifluoperazine[Pr], Chlorhydrate de trifluopérazine[Pr], Novoflurazine[Pr], Solazine[Pr], Stelazine[Pr], Terfluzine[Pr], Trifluopérazine[Pr], Triflurin[Pr]

Catégorie Neuroleptique, antiémétique, phénothiazine pipérazinée.

Mécanisme d'action/cinétique La trifluopérazine cause souvent des symptômes extrapyramidaux, mais rarement de la sédation, de l'hypotension orthostatique et des effets anticholinergiques. C'est un antiémétique efficace. Elle n'est recommandée que chez les clients qui sont étroitement surveillés. **Effet thérapeutique maximal**: En général, 2 à 3 semaines après le début de la thérapie.

Indications Schizophrénie. Appropriée pour les clients apathiques ou retirés. Anxiété, tension et agitation chez les névrosés.

Posologie *Clients hospitalisés.* **PO: Initialement**, 2 à 5 mg b.i.d. ou t.i.d.; **dose d'entretien**: 15 à 20 mg par jour en 2 ou 3 doses fractionnées. *Clients de consultation externe.* **PO**: 1 à 2 mg par jour, peut être augmenté à 4 mg par jour. *Symptômes graves.* **IM**: 1 à 2 mg q 4 à 6 h. Peut être augmenté à 6 à 10 mg par jour. **Pédiatrique, 6 à 12 ans: PO**, 1 à 2 mg par jour. Augmenter graduellement jusqu'à une dose d'entretien, qui dépasse rarement 15 mg. **IM** (seulement lorsque cela est absolument nécessaire): 1 mg 1 ou 2 fois par jour. La dose devra probablement être réduite chez les clients âgés.

Administration/entreposge

1. Diluer le concentré dans 60 mL d'une boisson appropriée (jus de tomate ou de fruit, lait, etc.) ou dans de la nourriture semi-solide.
2. Diluer immédiatement avant l'administration.
3. Protéger les formes pharmaceutiques liquides de la lumière.
4. Jeter les solutions fortement colorées.
5. Éviter le contact de la peau avec les formes pharmaceutiques liquides afin de prévenir des dermatites de contact.

TRIFLUPROMAZINE, CHLORHYDRATE DE Vesprin[Pr]

Catégorie Neuroleptique, phénothiazine diméthylaminopropylée.

Mécanisme d'action/cinétique Ce médicament cause une sédation et des effets anticholinergiques importants, mais peu d'hypotension et de symptômes extrapyramidaux.

Indications supplémentaires Nausées et vomissements graves. Ce médicament n'est pas recommandé dans les cas de psychose accompagnée de dépression.

Posologie *Psychoses.* **Adultes, IM**: 60 mg par jour, jusqu'à un maximum de 150 mg par jour. **Pédiatrique, IM**: 0,2 à 0,25 mg/kg par jour, jusqu'à un maximum de 10 mg par jour (ne peut être utilisé chez les enfants de moins de 2½ ans). *Nausées et vomissements.* **Adultes, IM**: 5 à 15 mg en une seule dose, répéter q 4 h jusqu'à un maximum de 60 mg par jour (chez les clients âgés ou affaiblis: 2,5 mg par jour, jusqu'à un maximum de 15 mg par jour); **IV**: 1 mg par jour, jusqu'à un maximum de 3 mg par jour. **Enfants, IM**: 0,2 à 0,25 mg/kg par jour, jusqu'à un maximum de 10 mg par jour. L'administration IV n'est pas recommandée chez les enfants. **Ne pas utiliser chez les enfants de moins de 2½ ans**.

Administration/entreposage

1. Éviter l'exposition à la chaleur excessive et la congélation.
2. Conserver dans des contenants en verre ambré.
3. Ne pas utiliser les solutions plus foncées qu'ambre pâle.
4. Éviter le contact avec la peau afin de prévenir les dermatites de contact.

DÉRIVÉS DU THIOXANTHÈNE ET DE LA BUTYROPHÉNONE

Généralités Les médicaments de deux autres familles chimiques – les dérivés du thioxanthène et les dérivés de la butyrophénone – sont utilisés comme neuroleptiques. Les dérivés du thioxanthène, le chlorprothixène, le flupenthixol et le thiothixène, sont fortement apparentés aux phénothiazines des points de vue chimique, pharmacologique et clinique.

Bien que les dérivés de la butyrophénone (l'halopéridol et le dropéridol) soient chimiquement différents des phénothiazines, leurs effets pharmacologiques sont très semblables.

Pour toutes les informations générales sur ces agents, voir *Phénothiazines*, p. 495.

DÉRIVÉS DU THIOXANTHÈNE

CHLORPROTHIXÈNE Tarasan[Pr]

Catégorie Neuroleptique, thioxanthine.

Mécanisme d'action/cinétique   Le chlorprothixène cause une sédation et de l'hypotension orthostatique importantes ainsi que des effets anticholinergiques et extrapyramidaux modérés. Il possède des propriétés antiémétiques. C'est un plus puissant inhibiteur des réflexes posturaux et de la coordination motrice que la chlorpromazine, mais ses effets antihistamiques sont moins prononcés. **Début d'action: IM**, 30 min.

Indications   Névrose, dépression, schizophrénie, sevrage éthylique et comme antiémétique. Comme adjuvant lors d'une thérapie aux électrochocs. Ce médicament peut se révéler efficace chez les clients réfractaires aux autres médicaments psychothérapeutiques.

Réactions indésirables   La somnolence, la léthargie, l'hypotension orthostatique, la tachycardie, les étourdissements et la xérostomie sont fréquemment observés.

Interactions médicamenteuses   Le médicament peut causer une hypotension additive s'il est administré conjointement au méthyldopa.

Posologie   **IM. Adultes et enfants de plus de 12 ans**: 25 à 50 mg t.i.d. ou q.i.d. Il est rare que des doses dépassant 600 mg par jour soient requises. Remplacer par une thérapie PO dès que possible. **PO** même que **IM. Pédiatrique, enfants de 6 à 12 ans: PO**, 10 à 25 mg t.i.d. ou q.i.d. La posologie doit être réduite chez les personnes âgées.

Administration/entreposage

1. Injecter profondément dans des masses musculaires volumineuses.
2. Le client doit être couché lors de l'administration à cause de l'hypotension posturale.
3. Protéger de la lumière.

FLUPENTHIXOL, DÉCANOATE DE   Fluanxol Dépôt[Pr]

FLUPENTHIXOL, DICHLORHYDRATE DE Fluanxol[Pr]

Catégorie   Neuroleptique, thioxanthine.

Mécanisme d'action/cinétique   Le flupenthixol cause fréquemment des réactions extrapyramidales, mais entraîne relativement peu de sédation, d'hypotension orthostatique et d'effets anticholinergiques. **Début d'action: PO**, rapide; **IM**, 24 à 72 h. **Concentration sérique maximale: PO**, 3 à 8 h; **IM**, 4 à 7 jours. Métabolisé par le foie en métabolites inactifs. Excrété dans l'urine et les fèces.

Indications   Traitement d'entretien de la schizophrénie chronique lorsque les principaux symptômes n'incluent pas l'agitation, l'excitation et l'hyperactivité.

Contre-indications supplémentaires Le flupenthixol n'est pas recommandé chez les enfants et chez les clients agités ou hyperactifs.

Posologie *Individualisée.* **PO: Initialement**, 1 mg t.i.d. Augmenter par paliers de 1 mg tous les 2 ou 3 jours, au besoin. **Dose d'entretien**, habituellement, 3 à 6 mg par jour en doses fractionnées. Dans certains cas, 12 mg et plus sont nécessaires. Après que les symptômes sont maîtrisés, on peut poursuivre le traitement avec la préparation IM. **IM: Initialement**, 5 à 40 mg selon l'état du client. Une seconde dose, généralement de 20 à 40 mg, peut être administrée 4 à 10 jours plus tard. La dose est ensuite ajustée en fonction de la réponse thérapeutique. Habituellement: 20 à 40 mg toutes les 2 ou 3 semaines. Des doses supérieures à 80 mg ne sont généralement pas nécessaires. **Clients âgés ou affaiblis**: Commencer avec une dose d'essai de 5 mg et ajuster par la suite en fonction de la réponse thérapeutique.

Administration/entreposage

1. Le flupenthixol est administré par injection IM profonde, de préférence dans un muscle fessier.
2. Le Fluanxol Dépôt est une solution jaunâtre. On doit le conserver à la température ambiante normale et le protéger de la lumière.

THIOTHIXÈNE Navane[Pr]

Catégorie Neuroleptique, thioxanthine.

Mécanisme d'action/cinétique Le thiothixène cause fréquemment des symptômes extrapyramidaux, mais rarement de sédation, d'hypotension orthostatique et d'effets anticholinergiques. Il possède des propriétés antiémétiques. Ses effets sur les réflexes posturaux et sur la coordination motrice sont très semblables à ceux du chlorprothixène. L'écart entre la dose efficace et la dose causant des symptômes extrapyramidaux est étroite.

Concentration sérique maximale, PO: 1 à 3 h. **Demi-vie**: 34 h. **Concentration plasmatique thérapeutique** (lors d'un traitement prolongé). 23 à 338 nmol/L.

Indications Traitement symptomatique de la schizophrénie aiguë ou chronique, en particulier lorsque le client présente tous les symptômes de la maladie.

Contre-indications Enfants de moins de 12 ans.

Interactions médicamenteuses Voir *Chlorprothixène.*

Posologie **PO. Adultes: Initialement**, 2 mg t.i.d.; peut être augmentée graduellement à la dose d'entretien habituelle de 20 à 30 mg par jour, bien que certains clients nécessitent une dose de 60 mg par jour. **IM. Adultes**: 4 mg b.i.d. à q.i.d.; **dose d'entretien habituelle**:

16 à 20 mg par jour, bien que, dans certains cas, 30 mg par jour soient requis. Remplacer par la forme pharmaceutique PO dès que possible. Ce médicament n'est pas recommandé chez les enfants de moins de 12 ans.

DÉRIVÉS DE LA BUTYROPHÉNONE

DROPÉRIDOL   Inapsine[Pr]

Catégorie   Neuroleptique, butyrophénone; anxiolytique.

Mécanisme d'action/cinétique   Le dropéridol cause de la sédation, bloque les récepteurs adrénergiques alpha, entraîne une vasodilatation périphérique et possède des propriétés antiémétiques. Pour plus de détails, voir *Halopéridol*, ci-dessous, et *Phénothiazines*, à la p. 495. **Début d'action** (après l'administration IM ou IV): 3 à 10 min. **Effet maximal**: 30 min. **Durée d'action**: 2 à 4 h, bien que l'altération de la conscience puisse persister jusqu'à 12 h.

Indications   Préopératoires; induction et maintien de l'anesthésie. Soulagement des nausées, des vomissements et de l'anxiété associés aux interventions diagnostiques ou chirurgicales. Comme antiémétique (par voie IV) au cours de la chimiothérapie anticancéreuse.

Interactions médicamenteuses

Médicaments	Interaction
Analgésiques narcotiques	↑ de la dépression respiratoire.
Anesthésiques de conduction (par exemple, spinaux)	Vasodilatation périphérique et hypotension.
Dépresseurs du SNC	Potentialisation ou addition des effets.

Posologie   *Préopératoire.* **Adultes: IM**, 2,5 à 10,0 mg 30 à 60 min avant l'intervention (ajuster la posologie chez les clients âgés ou affaiblis); **pédiatrique, 2 à 12 ans**, 88 à 165 μg/kg. *Adjuvant à l'anesthésie générale:* **Adultes, IV**, 0,28 mg/kg conjointement à un analgésique ou un anesthésique; **dose d'entretien**: 1,25 à 2,5 mg (dose totale). *Interventions diagnostiques:* **Adultes, IM**, 2,5 à 10,0 mg 30 à 60 min avant l'intervention; puis, si nécessaire, **IV**, 1,25 à 2,5 mg. *Adjuvant à l'anesthésie régionale:* **IM ou IV (lente)**, 2,5 à 5,0 mg.

> **Soins infirmiers complémentaires**
>
> Voir *Soins infirmiers – Phénothiazines*, p. 500.
>
> Surveiller étroitement la pression artérielle et le pouls en période postopératoire, jusqu'à ce qu'ils se stabilisent à des valeurs acceptables.

HALOPÉRIDOL   Apo-Haloperidol^Pr, Haldol^Pr, Halopéridol^Pr, Novopéridol^Pr, Peridol^Pr

HALOPÉRIDOL, DÉCANOATE D'   Haldol LA^Pr

Catégorie   Neuroleptique, butyrophénone.

Mécanisme d'action/cinétique   L'halopéridol cause des effets extrapyramidaux importants, mais entraîne rarement de la sédation, des effets anticholinergiques et de l'hypotension orthostatique. L'écart entre la dose efficace et la dose causant des symptômes extrapyramidaux est faible. Ce médicament possède aussi des propriétés antiémétiques. **Concentration plasmatique maximale: PO**, 2 à 6 h; **IM**, 20 min. **Concentration sérique thérapeutique**: 8 à 27 nmol/L. **Demi-vie**: 12 à 38 h. **Liaison aux protéines plasmatiques**: 90%. Métabolisé dans le foie et excrété lentement dans l'urine et la bile.

Indications   Tics et émissions vocales associés au syndrome de Gilles de la Tourette. Psychoses aiguës ou chroniques incluant la schizophrénie, la phase maniaque de la psychose maniaco-dépressive, les réactions psychotiques chez l'adulte atteint de lésion cérébrale ou de retard mental. Troubles comportementaux graves chez l'enfant. Antiémétique, à faible dose.

Contre-indications   Ne pas employer, ou employer avec une extrême prudence, chez les clients atteints de parkinsonisme.

Réactions indésirables   Les symptômes extrapyramidaux, en particulier l'acathisie et la dystonie, se rencontrent plus fréquemment avec ce médicament qu'avec les phénothiazines. Des réactions extrapyramidales marquées, l'hypotension et la sédation sont caractéristiques d'un surdosage. Contrairement aux phénothiazines, ce médicament ne cause pas de photosensibilité.

Interactions médicamenteuses

Médicaments	Interaction
Amphétamine	↓ de l'effet de l'amphétamine par ↓ de la capture du médicament à son lieu d'action.
Anticholinergiques	↓ de l'effet de l'halopéridol.
Antidépresseurs tricycliques	↑ de l'effet antidépresseur par ↓ du catabolisme hépatique.
Barbituriques	↓ de l'effet de l'halopéridol par ↑ du catabolisme hépatique.
Guanéthidine	↓ de l'effet de la guanéthidine par ↓ de la capture du médicament à son lieu d'action.
Lithium	Le lithium augmente la toxicité de l'halopéridol.
Méthyldopa	La méthyldopa augmente la toxicité de l'halopéridol.
Phénytoïne	↓ de l'effet de l'halopéridol par ↑ du catabolisme hépatique.

Interactions avec les épreuves de laboratoire ↑ de la phosphatase alcaline, de la bilirubine et des transaminases sériques; ↓ du temps de prothrombine (clients traités au Coumadin) et du cholestérol sérique.

Posologie Adultes. PO: Initialement, 0,5 à 2,0 mg b.i.d. ou t.i.d. Lorsque les symptômes sont graves, 3 à 5 mg b.i.d. ou t.i.d.; **dose d'entretien**: réduire la posologie à la plus faible dose efficace. Dans certains cas, 100 mg par jour sont requis. Réduire la posologie chez les clients âgés ou affaiblis. **IM**: 2 à 5 mg (jusqu'à 10 à 30 mg, dans certains cas); peut être répété q 4 à 8 h. Remplacer par une thérapie **PO** dès que possible.

Enfants, 3 à 12 ans (ou 15 à 40 kg). PO: Initialement, 0,5 mg par jour; la dose peut être augmentée par paliers de 0,5 mg tous les 5 à 7 jours, jusqu'à l'obtention d'une réponse thérapeutique. Dose totale dans les cas de *psychoses*: 0,05 à 0,15 mg/kg par jour; dans les cas de *comportement non psychotique* ou de *syndrome de Gilles de la Tourette*: 0,05 à 0,075 mg/kg par jour. La dose totale peut être administrée en doses fractionnées, 2 à 3 fois par jour. Ce médicament n'est pas recommandé chez les enfants de moins de 3 ans. Une dose supérieure à 6 mg par jour n'augmente pas les effets thérapeutiques.

AUTRES NEUROLEPTIQUES

FLUSPIRILÈNE Imap^Pr, Imap Forte^Pr

Catégorie Neuroleptique, diphénylbutylpipéridine.

Mécanisme d'action/cinétique On suppose que le mécanisme d'action du fluspirilène est très semblable à celui des phénothiazines, tout comme le sont ses effets indésirables. Bien absorbé par voie IM. **Concentration plasmatique maximale**: 24 h. **Durée d'action**: 5 jours à un peu plus d'une semaine. **Effet thérapeutique maximal**: 2 jours. Son métabolisme se fait par glucuronoconjuguaison et N-déalkoylation. L'excrétion est lente, soit moins de 50% en 7 jours.

Indications Schizophrénie chronique non associée à l'agitation, l'excitation ou la dépression.

Contre-indications Sensiblement les mêmes que pour les phénothiazines. Déconseillé chez les enfants de moins de 12 ans.

Posologie IM seulement. *Individualisée.* **Initialement**: 2 à 3 mg une fois par semaine. Cette dose peut être augmentée à 4 mg par semaine chez les clients que l'on sait réfractaires aux neuroleptiques. En l'absence d'acathisie, on peut augmenter la dose initiale par paliers hebdomadaires de 1 à 2 mg, selon les besoins. La posologie idéale se situe entre 2 et 10 mg par semaine. Ne pas dépasser 15 mg par semaine. Dans certains cas, une administration tous les 5 à 6 jours est préférable.

Administration   Utiliser une aiguille de 2 po de calibre 21 pour les clients ayant une quantité normale de tissus adipeux. Utiliser une aiguille de 2½ po pour les clients obèses, afin que l'aiguille pénètre bien dans le muscle.

LITHIUM, CARBONATE DE   Carbolith^{Pr}, Duralith^{Pr}, Lithane^{Pr}, Lithizine^{Pr}

Catégorie   Neuroleptique.

Généralités   Afin de prévenir l'atteinte d'une concentration sérique toxique, il faut effectuer des dosages de la concentration sanguine 1 ou 2 fois par semaine au début de la thérapie et 1 fois par mois par la suite. Ces dosages sont effectués sur des échantillons de sang prélevés 8 à 12 h après l'administration de la dose. Il se peut que les effets bénéfiques du lithium ne se manifestent que 6 à 10 jours après le début de la thérapie. Afin de réduire les risques d'intoxication, l'apport de sodium doit demeurer normal.

Mécanisme d'action/cinétique   On croit que le lithium normalise la sensibilité des sites récepteurs dans le SNC chez les clients maniaco-dépressifs, réduisant ainsi les périodes d'euphorie et de dépression caractéristiques de la maladie. **Concentration sérique maximale** (formes pharmaceutiques régulières): 1 à 2 h; formes pharmaceutiques à libération prolongée: 4 à 6 h. **Concentration sérique thérapeutique**: 0,6 à 1,4 mmol/L (doivent être surveillées étroitement, car des effets toxiques peuvent se manifester à ces concentrations et des réactions toxiques importantes se produisent lorsque la concentration sérique de lithium est de 2 mmol/L). **Demi-vie plasmatique**: 24 h (plus longue chez les clients atteints d'insuffisance rénale et chez les clients âgés).

Indications   Maîtrise des états maniaques chez les clients maniaco-dépressifs. Prophylaxie. *À l'étude*: Pour contrer la neutropénie induite par la chimiothérapie anticancéreuse ou chez l'enfant atteint de neutropénie chronique. Prophylaxie des céphalées vasculaires et des migraines cycliques.

Contre-indications   Insuffisance cardiaque ou rénale. Lésions cérébrales. Clients traités aux diurétiques. Grossesse et lactation.

Réactions indésirables   Elles sont reliées à la concentration sanguine de lithium. *SNC*: Évanouissements, somnolence, troubles de l'élocution, confusion, étourdissements, fatigue, léthargie, ataxie, dysarthrie, aphasie, vertiges, stupeur, agitation, coma et convulsions. *GI*: Anorexie, nausées, vomissements, diarrhée, soif, xérostomie, distension gastrique. *Musculaires*: Tremblements (des mains, en particulier), faiblesse musculaire, fasciculations et/ou secousses musculaires, mouvements cloniques des membres, augmentation des réflexes tendineux profonds, mouvements choréo-athétosiques et rigidité pallidale. *Rénales*: Diabète insipide néphrogénique (polyurie et polydypsie). *Endocriniennes*: Hypothyroïdie, goitre et hyperparathyroïdie. *CV*: Modifications de l'ECG, œdème, hypotension, collapsus cardio-vasculaire, pouls irrégulier et tachycardie. *Dermatologiques*: Éruption acnéiforme, éruption maculopapuleuse prurigineuse, assèchement et amincissement des cheveux, alopécie, paresthésie, ulcères cutanés et symptômes lupoïdes. *Autres*: Enrouement, œdème des pieds, du bas des jambes ou du cou, sensibilité au froid, leucémie, leucocytose et dyspnée à l'effort.

Interactions médicamenteuses

Médicaments	Interaction
Acétazolamide	↓ de l'effet du lithium par ↑ de l'excrétion rénale.
Acide éthacrynique	↑ de la toxicité du lithium par ↓ de la clearance rénale.
Aminophylline	↓ de l'effet du lithium par ↑ de l'excrétion rénale.
Bumétamide	↑ de la toxicité du lithium par ↓ de la clearance rénale.
Curarisants	Le lithium cause une ↑ de l'effet de ces agents.
Diazépam	↑ du risque d'hypothermie.
Diurétiques thiazidiques	↑ des risques de toxicité du lithium par ↓ de la clearance rénale.
Furosémide	↑ de la toxicité du lithium par ↓ de la clearance rénale.
Halopéridol	↑ des risques de neurotoxicité.
Indométhacine	↑ du risque de toxicité du lithium par ↓ de la clearance rénale.
Iode, sels d'	↑ des risques d'hypothyroïdie.
Mannitol	↓ de l'effet du lithium par ↑ de l'excrétion rénale.
Méthyldopa	↑ des risques de toxicité associée au lithium.
Phénothiazines	↓ de la concentration de phénothiazine et ↑ de la neurotoxicité.
Phénytoïne	↑ des risques de toxicité du lithium.
Piroxicam	↓ des risques de toxicité du lithium par ↓ de la clearance rénale.
Sodium, bicarbonate de	↓ de l'effet du lithium par ↑ de l'excrétion rénale.
Sodium, chlorure de	L'excrétion du lithium est proportionnelle à la quantité de chlorure de sodium ingérée; si le client suit un régime sans sel, il peut présenter une intoxication par le lithium car ce dernier est moins excrété.

Médicaments	Interaction
Succinylcholine	↑ de la relaxation musculaire.
Théophyllines	↓ de l'effet du lithium par ↑ de l'excrétion rénale.
Triamtérène	↑ des risques de toxicité du lithium par ↓ de la clearance rénale.
Urée	↓ de l'effet du lithium par ↑ de l'excrétion rénale.

Interactions avec les épreuves de laboratoire Faux + aux épreuves urinaires de glucose (réaction de Benedict), ↑ du glucose sérique et de la créatinine kinase. Faux − ou ↓ de l'iode lié aux protéines (PBI) et de l'acide urique; ↑ de la TSH; ↓ de la thyroxine.

Posologie PO. *Manie aiguë*: Individualisée et en fonction de la concentration sérique de lithium (ne pas dépasser 1,4 mmol/L) et de la réponse clinique. *Habituellement,* **initialement**: 600 mg t.i.d. ou 900 mg b.i.d. de la forme pharmaceutique à libération prolongée; **clients âgés ou affaiblis**: 0,6 à 1,2 g par jour en 3 doses. **Entretien**: 300 à 400 mg b.i.d. ou t.i.d.

Il faut cesser l'administration du médicament lorsque la concentration sérique dépasse 1,2 mmol/L et reprendre l'administration 24 h après que la concentration soit redevenue inférieure à cette valeur. *Pour faire rétrocéder la neutropénie*: 300 à 1 000 mg par jour (pour obtenir une concentration sérique de 0,5 à 1,0 mmol/L) pendant 10 jours. *Prophylaxie des céphalées vasculaires*: 600 à 900 mg par jour.

Administration

1. À cause de la somnolence, les clients doivent être prudents lorsqu'ils conduisent un véhicule ou opèrent des machines.
2. Conseiller au client de boire 10 à 12 verres d'eau par jour et d'éviter la déshydratation (par les bains de soleil, les saunas, etc.).

Soins infirmiers

1. Se préparer à participer à la succion gastrique et à l'administration parentérale de liquides et d'électrolytes, afin de promouvoir l'excrétion du lithium dans les cas d'intoxication.
2. *Expliquer au client et/ou à sa famille*:
   a) qu'il est nécessaire d'effectuer un dosage du lithium sanguin au moins une fois par semaine (la concentration sérique thérapeutique varie habituellement entre 0,6 et 1,2 mmol/L
   b) qu'en présence de diarrhée, de vomissements, de somnolence, de faiblesse musculaire et de manque de coordination, il doit cesser de prendre le médicament et prévenir immédiatement le médecin.

c) qu'il ne doit pas entreprendre d'activités physiques qui requièrent de la vigilance ou de la coordination car ces dernières sont diminuées par le traitement.

d) qu'il doit prendre une quantité normale de sel dans son alimentation.

e) qu'il devrait boire 2,5 à 3 L d'eau par jour.

f) qu'il faut signaler la transpiration excessive et la diarrhée, car cela peut signifier un besoin de liquides ou de sel supplémentaires.

LOXAPINE   Loxapac^Pr

LOXAPINE, CHLORHYDRATE DE   Loxapac^Pr

LOXAPINE, SUCCINATE DE   Loxapac^Pr

Catégorie   Neuroleptique.

Mécanisme d'action/cinétique   La loxapine appartient à une nouvelle sous-classe de neuroleptiques tricycliques. Elle cause des symptômes extrapyramidaux importants, des effets sédatifs modérés et peu d'effets anticholinergiques et d'hypotension orthostatique. **Début d'action**: 20 à 30 min. **Effet maximal**: 1,5 à 3 h. **Durée d'action**: Approximativement 12 h. **Demi-vie**: 6 à 8 h. Métabolisée partiellement dans le foie; excrétée dans l'urine et excrétée inchangée dans les fèces.

Indications   Schizophrénie.

Contre-indications supplémentaires   Antécédents de convulsions. Employer avec prudence chez les clients atteints de maladies cardio-vasculaires.

Réactions indésirables supplémentaires   Tachycardie, hypertension, hypotension, sensation ébrieuse et syncope.

Posologie   **PO.** *Individualisée:* **Initialement**, 10 mg b.i.d. *Cas graves*: jusqu'à 50 mg par jour. Augmenter la dose rapidement pendant 7 à 10 jours, jusqu'à ce que les symptômes soient maîtrisés. **Éventail**: 60 à 100 mg par jour, jusqu'à 250 mg par jour. **Entretien**: Si possible, réduire la posologie à 20 à 60 mg par jour. Fractionner toujours la posologie en 2 à 4 doses. **IM**: 12,5 à 50,0 mg q 4 à 6 h; remplacer par une thérapie PO lorsque les symptômes sont maîtrisés.

Administration

1. Ne mesurer la dose de concentré qu'avec le compte-gouttes calibré fourni.

2. Mélanger le concentré pour administration orale avec du jus d'orange ou de pamplemousse immédiatement avant l'administration, afin d'en masquer le goût désagréable.

CHAPITRE 33

Antidépresseurs

Inhibiteurs de la monoamine-oxydase (MAO)

Antidépresseurs tricycliques

Autres antidépresseurs

INHIBITEURS DE LA MONOAMINE-OXYDASE (MAO)

Généralités   À cause de leur toxicité relativement importante, les inhibiteurs de la MAO sont prescrits seulement dans les cas où les antidépresseurs tricycliques sont inefficaces. Les inhibiteurs de la MAO peuvent aussi entraver les mécanismes de détoxication et, par conséquent, la biotransformation hépatique de certains médicaments.

Mécanisme d'action/cinétique   La monoamine-oxydase est un des enzymes qui métabolisent les amines biogènes (norépinéphrine, épinéphrine, sérotonine). Les médicaments classés comme inhibiteurs de la MAO préviennent le catabolisme des amines biogènes par la monoamine-oxydase; ces amines s'accumulent donc dans les granules présynaptiques, ce qui augmente la quantité de neuromédiateurs libérés lors de la stimulation du nerf. On croit que les effets antidépresseurs des inhibiteurs de la MAO proviennent de cette augmentation. **Début d'action**: Quelques jours à plusieurs mois. Les effets cliniques du médicament continuent de se manifester jusqu'à 2 semaines après l'arrêt du traitement.

Indications   Dépression réactionnelle ou endogène, dépression accompagnant la névrose, mélancolie d'involution, phases dépressives de la psychose maniaco-dépressive. Ces médicaments sont rarement utilisés en premier lieu pour le traitement des états dépressifs.

Contre-indications   Hypersensibilité aux inhibiteurs de la MAO. Antécédents d'insuffisance hépatique, d'anomalies des épreuves de la fonction hépatique, de phéochromocytome (tumeur de la médullosurrénale), insuffisance rénale, hyperthyroïdie, schizophrénie paranoïde, épilepsie, maladie vasculaire cérébrale, hypertension, artériosclérose cérébrale ou généralisée, hypernatrémie, colite atonique, et maladies cardio-vasculaires. Les inhibiteurs de la MAO peuvent aggraver le glaucome. Ils peuvent aussi soulager la douleur associée à l'angine, qui sert d'avertissement pour les clients atteints d'angine de poitrine. Utiliser avec prudence chez les clients âgés.

Réactions indésirables   *SNC*: Agitation, céphalée, étourdissements, somnolence, insomnie, hypomanie, troubles de la mémoire, faiblesse, fatigue, euphorie, ataxie, coma, acathisie et névrites. Rarement, convulsions, hallucinations et symptômes schizophréniques. Symptômes d'excitation incluant l'agitation, l'anxiété et la manie. *CV*: Hypotension orthostatique, changements du rythme et de la fréquence cardiaque. Rarement, palpitations. *GI*: Nausées, vomissements, douleur abdominale, constipation ou diarrhée, anorexie et xérostomie. *Neuromusculaires*: Tremblements, hyperréflexie et secousses musculaires. *GU*: Rétention urinaire, dysurie et incontinence. Rarement, augmentation de la sécrétion de l'hormone antidiurétique. *Autres*: Œdème, vision trouble, transpiration, éruption cutanée, glaucome, photosensibilité, troubles de la fonction sexuelle, complications hépatiques et langue noire pileuse.

Interactions médicamenteuses   Les inhibiteurs de la MAO potentialisent les effets pharmacologiques et les effets toxiques d'un grand nombre de médicaments. À cause de leur longue durée d'action, les interactions décrites ci-dessous peuvent même se manifester 2 à 3 semaines après l'arrêt de l'administration d'un inhibiteur de la MAO.

Médicaments	Interaction
Alcool éthylique	Les boissons contenant de la tyramine (comme le chianti) peuvent induire une crise hypertensive.
Aliments riches en tyramine, tels que la bière, les gourganes, les fromages (brie, cheddar, camembert, stilton), le chianti, le foie de poulet, la caféine, les colas, les figues, la réglisse, le foie, les harengs fumés et marinés, le thé, la crème, le yogourt, les extraits de levure et le chocolat.	Des céphalées graves, de l'hypertension, des hémorragies cérébrales et même la mort ont été signalées lorsque des clients traités aux inhibiteurs de la MAO ont consommé ces aliments.

Médicaments	Interaction
Amphétamines	Voir *Sympathomimétiques*.
Analgésiques narcotiques	Possibilité de potentialisation des effets des inhibiteurs de la MAO (excitation et hypertension) ou des effets des narcotiques (hypotension et coma), qui peut entraîner la mort.
Anticholinergiques, atropine	Les inhibiteurs de la MAO ↑ l'effet des anticholinergiques.
Antidépresseurs tricycliques	L'utilisation conjointe peut causer de l'excitation, de l'hyperthermie, du délire, des tremblements et des convulsions, bien que de telles associations se soient révélées bénéfiques.
Antihypertenseurs	↑ du risque d'hypotension.
Barbituriques	↑ de l'effet des barbituriques par ↓ du catabolisme hépatique.
Doxapram	Les inhibiteurs de la MAO causent une ↑ des réactions cardio-vasculaires indésirables du doxapram (arythmie et augmentation de la pression artérielle).
Éphédrine	Voir *Sympathomimétiques*.
Guanéthidine	L'utilisation conjointe peut causer une crise hypertensive.
Hypoglycémiants	Les inhibiteurs de la MAO ↑ et prolongent la réponse hypoglycémique à l'insuline et aux hypoglycémiants oraux.
Lévodopa	L'administration conjointe peut causer une ↑ des effets de la lévodopa, ce qui entraîne de l'hypertension, une sensation ébrieuse et des rougeurs.
Méthylphénidate (Ritalin)	Voir *Sympathomimétiques*.
Phénothlazines	↑ de l'effet des phénothiazines par ↓ du catabolisme hépatique; aussi ↑ du risque d'effets extrapyramidaux marqués et de crise hypertensive.
Phényléphrine	Voir *Sympathomimétiques*.
Réserpine	L'utilisation conjointe peut causer une crise hypertensive.
Succinylcholine	↑ de l'effet de la succinylcholine par ↓ de son catabolisme par les pseudocholinestérases plasmatiques.
Sympathomimétiques. Amphétamines, éphédrine, méthylphénidate et phényléphrine. (Plusieurs médica-	Potentialisation de tous les effets périphériques, métaboliques, cardiaques et centraux, jusqu'à 2 semaines après l'arrêt de la thérapie aux inhibiteurs de la MAO (les symptômes comprennent la crise hypertensive aiguë avec

Médicaments	Interaction
ments en vente libre, comme les comprimés et les capsules contre le rhume et la fièvre des foins ainsi que les décongestionnants nasaux, contiennent un ou plusieurs de ces médicaments.)	risque d'hémorragie cérébrale, l'hyperthermie, les convulsions, le coma et, éventuellement, la mort).

Interactions avec les épreuves de laboratoire ↑ de la phosphatase alcaline, de l'urée sanguine, de la bilirubine, des trans-aminases sériques, des catécholamines urinaires, de la métanéphrine et du temps de prothrombine; ↓ de l'acide 5-hydroxy-indole acétique urinaire.

Posologie   Tous ces médicaments sont administrés par voie orale. L'efficacité des inhibiteurs de la MAO est cumulative, et l'efficacité maximale de ces médicaments peut n'être atteinte qu'après plusieurs jours ou plusieurs mois. Les effets continuent de se manifester jusqu'à 2 à 3 semaines après l'arrêt du traitement. Si l'on désire substituer un inhibiteur de la MAO à un autre, il faut donc attendre 2 semaines entre l'arrêt de la thérapie avec le dernier agent et l'introduction du nouvel agent. De plus, les interactions des inhibiteurs de la MAO avec les autres médicaments peuvent se produire durant les 2 à 3 semaines qui suivent l'arrêt d'un traitement avec des inhibiteurs de la MAO. Un retrait brusque du médicament chez des clients recevant de fortes doses peut entraîner un effet rebond caractérisé par des céphalées, une excitabilité du SNC et, occasionnellement, des hallucinations (voir la posologie de chacun des agents au tableau 14).

Soins infirmiers

1. *Évaluer*:
   a) la pression artérielle et le pouls, au début du traitement et à intervalles réguliers par la suite, afin de dépister l'hypertension, ce qui nécessiterait l'arrêt du traitement.
   b) l'œdème périphérique, qui pourrait être un signe d'insuffisance cardiaque imminente.
   c) la détérioration de la vision du rouge et du vert, car cela peut être un signe précoce de lésion optique.
   d) les signes d'hypoglycémie chez les clients diabétiques, car les inhibiteurs de la MAO potentialisent les effets de l'insuline et des sulfonylurées.
   e) les ingesta et les excreta ainsi que la distension de la vessie, car la rétention urinaire pourrait nécessiter un changement de la médication.
   f) la possibilité de tendance suicidaire, car les clients traités aux antidépresseurs y sont plus enclins au moment où ils sortent de la phase de dépression profonde qu'avant la thérapie.

TABLEAU 14 ANTIDÉPRESSEURS, INHIBITEURS DE LA MAO

Médicament	Posologie	Commentaires
Isocarboxazide Marplan[Pr]	**PO: Initialement**, 30 mg par jour en une seule dose ou en doses fractionnées. Réduire lorsqu'une amélioration du profil clinique est notée. **Entretien**: 10 à 20 mg par jour.	Il est possible que les effets ne se manifestent pas avant 3 ou 4 semaines.
Phénelzine, sulfate de Nardil[Pr]	**PO: Initialement**, 15 mg t.i.d.; augmenter rapidement la dose à 60 mg par jour (dans certains cas, 90 mg par jour sont nécessaires). **Entretien** (après que les effets bénéfiques maximaux soient obtenus): 15 mg par jour ou tous les 2 jours.	Il est possible qu'on ne note pas d'effets bénéfiques avant d'avoir administré une dose de 60 mg par jour pendant 4 semaines ou plus.
Tranylcypromine Parnate[Pr]	**PO**: 10 mg b.i.d. pendant 2 ou 3 semaines, jusqu'à ce que les effets bénéfiques soient observables. Si aucune réponse n'est obtenue, augmenter à 30 mg par jour. **Entretien**: Diminuer la posologie graduellement, jusqu'à 10 à 20 mg par jour. **Dose quotidienne maximale**: 30 mg.	Le début d'action est plus rapide qu'avec les autres inhibiteurs de la MAO. Les risques de crise hypertensive sont plus élevés. À utiliser chez les clients très dépressifs hospitalisés. Réduire progressivement la dose lors de l'arrêt du traitement.

2. Avoir à portée de la main les médicaments requis pour le traitement du surdosage. L'agitation est traitée avec des phénothiazines (IM). L'hypertension excessive est traitée avec un adrénolytique alpha (phentolamine) ou avec un vasodilatateur.

3. *Expliquer au client et/ou à sa famille*:
   a) qu'il ne doit jamais prendre d'autre médicament lorsqu'il est traité aux inhibiteurs de la MAO, et pendant les 2 à 3 semaines qui suivent le traitement, sans d'abord consulter le médecin.
   b) que les aliments contenant de la tyramine (voir *Interactions médicamenteuses*) peuvent être extrêmement dangereux pour le client et qu'ils doivent être retirés de l'alimentation. Il faut lui remettre une liste écrite des aliments à proscrire.

c) qu'il doit limiter sa consommation de café, de thé et de colas, car une grande quantité de caféine avec des inhibiteurs de la MAO peut causer une crise hypertensive. Cette crise se caractérise par une augmentation marquée de la pression artérielle, des céphalées occipitales, des palpitations, la rigidité de la nuque, des douleurs au cou, des nausées, des vomissements, de la photophobie, de la transpiration, une dilatation des pupilles, de la tachycardie ou de la bradycardie et une douleur thoracique constrictive.

d) qu'il doit se lever lentement lorsqu'il est couché et laisser pendre ses jambes avant de se lever afin de réduire l'hypotension orthostatique.

e) qu'il doit s'étendre immédiatement s'il sent qu'il va s'évanouir.

f) qu'il ne doit pas faire d'exercices violents, car ces médicaments peuvent supprimer la douleur angineuse, laquelle est un signe avant-coureur d'une ischémie du myocarde.

ANTIDÉPRESSEURS TRICYCLIQUES

Généralités   Il est très important d'individualiser la posologie des antidépresseurs tricycliques, car une même dose aura une efficacité très variable d'un client à l'autre. Les antidépresseurs tricycliques sont apparentés chimiquement aux phénothiazines: ils possèdent donc plusieurs propriétés pharmacologiques semblables (ils sont, par exemple, anticholinergiques, antisérotonine, sédatifs, antihistaminiques et hypotenseurs). Les antidépresseurs tricycliques sont moins efficaces chez les clients dépressifs atteints de lésions cérébrales organiques ou de schizophrénie. De plus, ils peuvent induire la manie. Il ne faut pas oublier cette éventualité lorsqu'on les administre à des clients atteints de psychose maniaco-dépressive. Il est nécessaire d'effectuer des numérations leucocytaires, des formules leucocytaires et des épreuves de la fonction hépatique lors d'une thérapie prolongée.

Mécanisme d'action/cinétique   Les antidépresseurs tricycliques empêchent le recaptage de la norépinéphrine et/ou de la sérotonine dans les granules d'entreposage du nerf présynaptique. Cela entraîne une augmentation de la concentration de ces neuromédiateurs dans la synapse, ce qui atténue la dépression. (Remarque: On croit que la dépression endogène serait causée par de trop faibles concentrations de norépinéphrine et/ou de sérotonine.) Les antidépresseurs tricycliques sont rapidement absorbés par le tractus gastrointestinal. Tous ces médicaments ont de longues demi-vies sériques. Il faut 4 à 6 jours pour obtenir une concentration plasmatique stable et 2 à 4 semaines pour obtenir les effets thérapeutiques maximaux. Étant donné leur longue demi-vie, une seule dose quotidienne peut suffire. Les antidépresseurs tricycliques se lient à plus de 90% aux protéines plasmatiques. Ils sont métabolisés partiellement dans le foie et excrétés principalement dans l'urine. (Voir le tableau 15.)

TABLEAU 15 ANTIDÉPRESSEURS TRICYCLIQUES

Médicament	Posologie	Cinétique/commentaires
Amitriptyline, chlorhydrate d' Apo-Amitriptyline[Pr], Chlorhydrate d'amitriptyline[Pr], Elavil[Pr], Levate[Pr], Mevaril[Pr], Novotryptin[Pr]	**PO. Adultes (clients de consultation externe):** 75 mg par jour en doses fractionnées; peut être augmentée à 150 mg par jour. **Clients hospitalisés: Initialement,** 100 mg par jour; peut être augmentée à 200 à 300 mg par jour. **Entretien: Habituellement,** 40 à 100 mg par jour (peut être administré en une seule dose au coucher). **Adolescents et personnes âgées:** 10 mg t.i.d. et 20 mg au coucher. **IM seulement: Initialement,** 20 à 30 mg q.i.d.; passer à une thérapie **PO** dès que possible.	L'amitriptyline est transformée en un métabolite actif, la nortriptyline. **Concentration plasmatique efficace d'amitriptyline et de nortriptyline:** Approximativement 0,45 à 0,90 μmol/L. **Demi-vie:** 17 à 40 h. L'apparition des effets bénéfiques peut prendre jusqu'à un mois. *Indications supplémentaires* Dépression accompagnée d'anxiété et d'insomnie. Douleur chronique due au cancer ou à d'autres syndromes douloureux. Prophylaxie des céphalées vasculaires de Horton et des migraines. *Soins infirmiers complémentaires* Voir *Soins infirmiers – Antidépresseurs tricycliques*, p. 536. Avertir le client de ne pas conduire une automobile ou opérer des machines dangereuses, car ce médicament cause fréquemment de la sédation. On trouve aussi de l'amitriptyline dans les préparations Triavil, Etrafon et Elavil Plus (voir l'appendice 3).
Amoxapine Asendin[Pr]	**PO:** *Individualisée,* **initialement,** 50 mg t.i.d. Peut être augmentée à 100 mg t.i.d. pendant la première semaine. **Entretien:** 300 mg en une seule dose au coucher. **Clients hospitalisés:** Jusqu'à 150 mg q.i.d. **Clients âgés: Initialement,** 25 mg b.i.d. ou t.i.d. Si nécessaire, augmenter à 50 mg b.i.d.	**Concentration plasmatique maximale:** 90 min. **Concentration plasmatique efficace:** 0,64 à 1,3 μmol/L. **Demi-vie:** 8 h; demi-vie du principal métabolite: 30 h. Excrété dans l'urine. L'innocuité n'a pas été établie chez l'enfant de moins de 16 ans, chez la femme enceinte et pendant la lactation. Éviter les fortes

TABLEAU 15 (*suite*)

Médicament	Posologie	Cinétique/commentaires
	ou t.i.d. après la première semaine. **Entretien**: Jusqu'à 300 mg une fois par jour au coucher.	doses chez les clients ayant des antécédents de crises convulsives. Ne pas utiliser au cours de la période de convalescence après un infarctus du myocarde. *Indication supplémentaire* Anxiolytique.
Désipramine, chlorhydrate de Norpramin^{Pr}, Pertofrane^{Pr}	**PO.** *Individualisée*: **Initialement**, 75 à 200 mg en une seule dose ou en doses fractionnées. **Dose quotidienne maximale**: 300 mg. **Entretien**: 50 à 100 mg par jour. **Clients âgés et adolescents**: 25 à 100 mg par jour. **Ce médicament n'est pas recommandé chez les enfants.**	**Concentration plasmatique efficace**: 0,56 à 1,1 μmol/L. **Demi-vie**: 12 à 76 h. Les clients qui répondent bien à ce médicament le font en général au cours de la première semaine. *Réactions indésirables supplémentaires* Mauvais goût dans la bouche.
Doxépine, chlorhydrate de Sinéquan^{Pr}, Triadapin^{Pr}	**PO.** *Individualisée. Symptômes bénins à modérés*: 25 mg t.i.d.; **puis**, ajuster en fonction de la réponse individuelle (posologie optimale habituelle: 75 à 150 mg par jour). **Autre posologie**: 150 mg au coucher. *Symptômes graves*: 50 mg t.i.d.; **puis**, augmenter graduellement jusqu'à 300 mg par jour. **Ce médicament n'est pas recommandé chez les enfants de moins de 12 ans.**	La doxépine est métabolisée en un métabolite actif, la desméthyldoxépine. **Concentration plasmatique minimale efficace de la doxépine et de la desméthyldoxépine**: 0,54 à 0,89 μmol/L. **Demi-vie**: 8 à 36 h. *Indications supplémentaires* Anxiolytique, dépression accompagnée d'anxiété et d'insomnie, dépression chez les clients atteints de psychose maniaco-dépressive. *Administration* Le concentré pour administration orale doit être dilué extemporanément dans 100 mL d'eau, de jus de fruit ou de lait. *Contre-indication supplémentaire* Glaucome. *Réactions indésirables supplémentaires*

TABLEAU 15 *(suite)*

Médicament	Posologie	Cinétique/commentaires
		Ce médicament cause fréquemment des effets indésirables comprenant une sédation marquée, une diminution de la libido, des symptômes extrapyramidaux, des dermatites, du prurit, de la fatigue, un gain de masse corporelle, de l'œdème, de la paresthésie, un engorgement mammaire, des insomnies, des tremblements, des frissons, du tinnitus et de la photophobie.
Imipramine, chlorhydrate d' Apo-Imipramine[Pr], Chlorhydrate d'imipramine[Pr], Impril[Pr], Novopramine[Pr], Tofranil[Pr]	*Dépression.* **PO, IM,** *individualisée,* **clients hospitalisés**: 50 mg b.i.d. ou t.i.d. Peut être augmentée par paliers de 25 mg à quelques jours d'intervalle, jusqu'à 200 mg par jour. Après 2 semaines, la dose peut être augmentée graduellement à un maximum de 250 à 300 mg une fois par jour au coucher. **Client en consultation externe**: 75 à 150 mg par jour. La dose maximale pour un client en consultation externe est de 200 mg. Réduire lorsque c'est possible à une dose d'entretien de 50 à 150 mg une fois par jour au coucher. **Clients âgés et adolescents**: 30 à 40 mg par jour **PO**, jusqu'à un maximum de 100 mg par jour. *Énurésie chez l'enfant*: **PO, 6 ans et plus**, 25 mg par jour 1 h avant le coucher. La dose peut être augmentée à 50 mg par jour chez les enfants de 6 à 12 ans et à 75 mg	L'imipramine est biotransformée en son métabolite actif, la desméthylimipramine. **Concentration plasmatique efficace d'imipramine et de desméthylimipramine**: 0,53 à 1,1 μmol/L. **Demi-vie**: 6 à 24 h. Un régime posologique trop élevé peut augmenter la fréquence des crises chez les clients épileptiques et causer des crises chez les clients qui ne sont pas épileptiques. Les clients âgés et les adolescents peuvent mal tolérer ce médicament. *Interactions avec les épreuves de laboratoire* ↑ de la métanéphrine (épreuve de Pisano); ↓ du 5-HIAA urinaire. *Entreposage* Protéger des rayons du soleil et d'une lumière artificielle intense. *Administration* Il est possible de redissoudre les cristaux qui se forment dans la préparation injectable en immergeant l'ampoule fermée dans de l'eau chaude

TABLEAU 15 (*suite*)

Médicament	Posologie	Cinétique/commentaires
	par jour chez les enfants de plus de 12 ans.	pendant une minute. La dose quotidienne totale peut être administrée au coucher. *Soins infirmiers complémentaires* Voir *Soins infirmiers – Antidépresseurs tricycliques*, p. 536. Signaler toute augmentation de la fréquence des crises chez les clients épileptiques ou toute crise chez les clients non épileptiques.
Maprotiline, chlorhydrate de Ludiomil^{Pr}	**Adultes**, *dépression bénigne à modérée*, **clients en consultation externe, initialement**: 75 mg par jour; peut être augmentée à 150 à 225 mg par jour, *si nécessaire*. **Adultes**, *dépression grave*, **clients hospitalisés, initialement**: 100 à 150 mg par jour; peut être augmentée à 225 à 300 mg, si nécessaire. La dose ne devrait pas excéder 300 mg par jour. **Entretien**: Pour toutes les indications, 75 à 150 mg par jour; ajuster en fonction de la réponse thérapeutique. **Clients âgés**: 50 à 75 mg par jour. **Ce médicament n'est pas recommandé chez les clients de moins de 18 ans.**	**Concentration plasmatique efficace**: 0,72 à 1,1 μmol/L. **Demi-vie**: Approximativement 25 à 60 h. **Effet maximal**: 12 h. Les effets bénéfiques peuvent n'être perceptibles qu'après 2 ou 3 semaines de traitement. *Indications supplémentaires* Névroses dépressives, état dépressif chez les clients atteints de psychose maniaco-dépressive et dépression associée à de l'anxiété. *Administration* 1. Peut être administré en une seule dose ou en doses fractionnées. 2. Devrait être discontinué le plus longtemps possible avant une intervention chirurgicale élective.
Nortriptyline, chlorhydrate de Aventyl^{Pr}	**PO**. 25 mg t.i.d. ou q.i.d. Dose individualisée. **Les doses excédant 100 mg ne sont pas recommandées. Clients âgés**: 30 à 50 mg par jour en doses fractionnées. Ce	**Concentration plasmatique efficace**: 0,19 à 0,57 μmol/L. **Demi-vie**: 15 à 90 h. *Administration* Après les repas et au coucher.

TABLEAU 15 (*suite*)

Médicament	Posologie	Cinétique/commentaires
	médicament n'est pas recommandé chez les enfants.	*Interactions avec les épreuves de laboratoire* ↓ du 5-HIAA urinaire.
Protriptyline, chlorhydrate de Triptil[Pr]	**PO.** *Individualisée*, **initialement**, *dépression grave*: 30 à 60 mg en 3 ou 4 doses fractionnées. Après l'obtention d'une réponse thérapeutique satisfaisante, diminuer graduellement jusqu'à une dose d'entretien de 15 à 40 mg par jour en doses fractionnées. **Clients âgés: Initialement**, 5 mg t.i.d., augmenter la dose lentement. Surveiller étroitement l'appareil cardio-vasculaire si la dose excède 20 mg par jour chez les clients âgés. Ce médicament n'est pas recommandé chez les enfants.	**Concentration plasmatique efficace**: 0,44 à 0,80 μmol/L. **Demi-vie**: Approximativement 50 à 200 h. *Indications supplémentaires* Clients renfermés et anergiques. Apnée du sommeil obstructive. La protriptyline cause plus d'effets cardio-vasculaires indésirables que les autres antidépresseurs tricycliques. Administrer avec prudence chez les clients atteints d'insuffisance cardiaque ou chez les clients pour qui la tachycardie ou une chute de la pression artérielle pourrait conduire à de graves complications. Ce médicament cause moins de sédation que les autres antidépresseurs tricycliques. *Administration* Si le médicament cause de l'insomnie, il faut administrer la dernière dose au plus tard 8 h avant le coucher. *Soins infirmiers* Voir *Soins infirmiers – Antidépresseurs tricycliques*, p. 536. Évaluer les signes vitaux au moins b.i.d. au début de la thérapie.
Trimipramine, maléate de Surmontil[Pr]	**Adultes, clients en consultation externe: Initialement**, 75 mg par jour en doses fractionnées, jusqu'à 150 mg	**Concentration plasmatique efficace**: 0,61 μmol/L. **Demi-vie**: 7 à 30 h. Il semble que ce médicament soit plus effi-

TABLEAU 15 (*suite*)

Médicament	Posologie	Cinétique/commentaires
	par jour. La posologie quotidienne ne devrait pas excéder 200 mg; **entretien**: 50 à 150 mg par jour. La dose totale peut être administrée au coucher. **Adultes, hospitalisés: Initialement**, 100 mg par jour en doses fractionnées, jusqu'à 200 mg par jour. Si aucune amélioration notable ne se manifeste en 2 ou 3 semaines, augmenter à 250 à 300 mg par jour. **Clients âgés et adolescents: Initialement**, 50 mg par jour, jusqu'à 100 mg par jour. Ce médicament n'est pas recommandé chez les enfants.	cace dans la dépression endogène que dans les autres types de dépression. *Indication supplémentaire* Ulcère gastro-duodénal.

Indications   Dépression endogène ou réactionnelle. Ils sont préférés aux inhibiteurs de la MAO, car ils sont moins toxiques. Consulter les monographies pour les indications particulières.

Contre-indications   Insuffisance hépatique grave. Employer avec prudence chez les clients atteints d'épilepsie, de maladies cardiovasculaires, de glaucome ou d'hypertrophie bénigne de la prostate, chez les clients ayant des tendances suicidaires ou des antécédents de rétention urinaire ainsi que chez les clients âgés. Il ne faut pas les utiliser conjointement aux inhibiteurs de la MAO.

Réactions indésirables   Les effets indésirables les plus fréquemment observés sont la sédation et les effets anticholinergiques. *SNC*: Confusion, anxiété, agitation, insomnie, cauchemars, hallucinations, illusions, manie ou hypomanie, céphalée, étourdissements, difficultés de concentration, réactions de panique, aggravation des psychoses, fatigue et faiblesse. *Anticholinergiques*: Xérostomie, vision trouble, mydriase, constipation, iléus paralytique, rétention urinaire ou difficultés à la miction. *GI*: Nausées, vomissements, anorexie, troubles gastriques, arrière-goût désagréable, stomatite, glossite, crampes, salivation excessive et langue noire pileuse. *CV*: Évanouissements, tachycardie, hypotension ou hypertension, arythmie, bloc cardiaque, possibilités de palpitations, infarctus du myocarde et accident vasculaire cérébral. *Neurologiques*: Paresthésie, engourdissement, incoordination, neuropathie, symptômes extrapyramidaux incluant la dyskinésie tardive, la dysarthrie et les crises convulsives. *Dermatologiques*: Éruption cutanée, urticaire, rougeurs, prurit, pétéchies, photosensibilité et œdème. *Endocriniennes*: Tuméfaction des testicules et gynécomastie chez l'homme, altération de la libido, impuissance, irrégularités du cycle menstruel et galactorrhée chez la femme, altération de la glycémie, modification de la sécrétion de l'hormone antidiurétique. *Autres*: Transpiration, alopécie, congestion nasale, larmes, hyperthermie, frissons, pollakiurie avec nycturie. Dépression de la moelle osseuse incluant la thrombopénie, la leucopénie, l'agranulocytose et l'éosinophilie.

Une posologie élevée peut augmenter la fréquence des crises chez les clients épileptiques ou causer des crises chez les clients non épileptiques.

Interactions médicamenteuses

Médicaments	Interaction
Acétazolamide	↑ de l'effet des antidépresseurs tricycliques par ↑ de la réabsorption tubulaire rénale.
Acide ascorbique	↓ de l'effet des antidépresseurs tricycliques par ↓ de la réabsorption tubulaire.
Adrénolytiques bêta	Les antidépresseurs tricycliques causent une ↓ de l'effet des adrénolytiques.
Alcool éthylique	L'utilisation conjointe peut entraîner une ↑ des complications GI et une ↓ de la performance aux épreuves d'habiletés motrices. Des cas de mort ont été signalés.
Ammonium, chlorure d'	↓ de l'effet des antidépresseurs tricycliques par ↓ de la réabsorption tubulaire.
Analgésiques narcotiques	Les antidépresseurs tricycliques augmentent la dépression respiratoire induite par les narcotiques; de plus, effets anticholinergiques indésirables additifs.
Anticholinergiques	Effets anticholinergiques indésirables additifs.
Anticoagulants oraux	↑ de l'hypoprothrombinémie par ↓ du catabolisme hépatique.
Anticonvulsivants	Les antidépresseurs tricycliques peuvent causer une ↑ de la fréquence des crises épileptiques.
Antihistaminiques	Effets anticholinergiques indésirables additifs.
Barbituriques	↑ de l'effet des barbituriques; de plus, les barbituriques peuvent causer une ↑ du catabolisme hépatique des antidépresseurs.
Chlordiazépoxide	L'utilisation conjointe peut entraîner des effets sédatifs additifs et/ou des effets anticholinergiques indésirables.

Médicaments	Interaction
Cimétidine	↑ de l'effet des antidépresseurs tricycliques par ↓ du catabolisme hépatique.
Clonidine	Les antidépresseurs tricycliques entraînent une ↓ de l'effet de la clonidine en empêchant sa capture au lieu d'action.
Contraceptifs oraux	Les contraceptifs oraux peuvent causer une ↑ de l'effet des antidépresseurs tricycliques.
Diazépam	L'utilisation conjointe peut causer des effets sédatifs additifs et/ou des effets anticholinergiques indésirables additifs.
Éphédrine	Les antidépresseurs tricycliques causent une ↓ de l'effet de l'éphédrine en empêchant sa capture au lieu d'action.
Ethchlorvynol	L'utilisation conjointe peut causer un délire passager.
Furazolidone	Une psychose toxique est possible.
Glutéthimide	Effets anticholinergiques indésirables additifs.
Guanéthidine	Les antidépresseurs tricycliques causent une ↓ de l'effet de la guanéthidine en empêchant sa capture au lieu d'action.
Halopéridol	↑ de l'effet des antidépresseurs tricycliques par ↓ du catabolisme hépatique.
Inhibiteurs de la MAO	L'utilisation conjointe peut causer de l'excitation, de l'hyperthermie, du délire, des tremblements et des convulsions, bien que cette association puisse être bénéfique.
Lévodopa	↓ de l'effet de la lévodopa par ↓ de l'absorption.
Mépéridine	Les antidépresseurs tricycliques augmentent la dépression respiratoire induite par les narcotiques; de plus, effets anticholinergiques indésirables additifs.
Méthyldopa	Les antidépresseurs tricycliques peuvent bloquer les effets hypotenseurs de la méthyldopa.
Méthylphénidate	↑ de l'effet des antidépresseurs tricycliques par ↓ du catabolisme hépatique.
Œstrogènes	Selon la dose, les œstrogènes peuvent causer une ↑ ou une ↓ de l'effet des antidépresseurs tricycliques.
Oxazépam	L'utilisation conjointe peut causer des effets sédatifs additifs et/ou des effets anticholinergiques additifs.
Phénothiazines	Effets anticholinergiques additifs; de plus, les phénothiazines causent une ↑ des effets des

Médicaments	Interaction
	antidépresseurs tricycliques par ↓ du catabolisme hépatique.
Procaïnamide	Effets cardiaques additifs.
Quinidine	Effets cardiaques additifs.
Réserpine	Les antidépresseurs tricycliques causent une ↓ de l'effet hypotenseur de la réserpine.
Sodium, bicarbonate de	↑ de l'effet des antidépresseurs tricycliques par ↑ de la réabsorption tubulaire.
Sympathomimétiques	Potentialisation des effets sympathomimétiques → hypertension ou arythmie cardiaque.
Thyroïde, préparations de	Une potentialisation mutuelle des effets a été observée.
Vasodilatateurs	Effet hypotenseur additif.

Interactions avec les épreuves de laboratoire ↑ de la phosphatase alcaline et de la bilirubine; ↑ ou ↓ de la glycémie. Faux + ou ↑ des catécholamines urinaires.

Posologie   Voir chaque agent au tableau 15.

Surdosage

SYMPTÔMES   Somnolence, ataxie, tachycardie, anomalies de l'ECG, insuffisance cardiaque, convulsions, mydriase, hypotension grave, stupeur, coma, agitation, hyperréflexie, rigidité musculaire, diaphorèse, dépression respiratoire, cyanose, état de choc, vomissements et hyperthermie.

TRAITEMENT DU SURDOSAGE

1. Hospitaliser le client.

2. Lorsque le client est conscient, vider l'estomac en provoquant le vomissement et en effectuant un lavage gastrique avec du charbon activé **après l'intubation endotrachéale par sonde à ballonnet**. Assister la respiration et éviter d'administrer des stimulants respiratoires.

3. Administrer du salicylate de physostigmine afin de contrer les effets sur le SNC et les effets cardio-vasculaires. *Adultes*: 1 à 3 mg; *pédiatrie*: 0,5 mg, répéter q 5 min jusqu'à un maximum de 2 mg, si nécessaire. On peut répéter q 30 à 60 min pour tous les clients.

4. Surveiller l'ECG pendant au moins 72 h. Surveiller étroitement la fonction cardiaque.

5. Maîtriser l'hyperthermie par des interventions externes (bains d'éponge, sacs de glace et bains frais).

6. Atténuer les stimulations externes afin de réduire les risques de convulsions. Si nécessaire, employer du diazépam, un barbiturique à courte durée d'action, du paraldéhyde ou du méthocarbamol pour maîtriser les convulsions. Éviter les barbituriques si le client a reçu des inhibiteurs de la MAO récemment.

7. Lorsque les arythmies menacent la vie du client, on peut essayer la lidocaïne, le propranolol ou la phénytoïne. Surveiller l'éventuelle dépression du myocarde causée par ces médicaments.

Soins infirmiers

1. S'assurer que les valeurs de base de la fonction hépatique et du sang ont été déterminées avant de débuter la thérapie et qu'un calendrier d'évaluation périodique est prévu.

2. *Évaluer*:
   a) la possibilité d'allergie au médicament, qui se manifeste par une éruption cutanée, de l'alopécie, de l'éosinophilie ou d'autres manifestations allergiques.
   b) les arythmies et la tachycardie chez les clients ayant des antécédents de maladie cardio-vasculaire, car elles prédisposent à des crises d'angine, à l'infarctus du myocarde et aux accidents vasculaires cérébraux. S'assurer qu'un calendrier d'évaluation périodique de l'ECG est prévu.
   c) et signaler les symptômes de dyscrasie sanguine, tels que les maux de gorge, la fièvre et le purpura, car cela nécessite l'arrêt de la thérapie et l'application de mesures d'isolement inversé jusqu'à ce que les résultats des épreuves sanguines soient réévalués.
   d) les réactions GI telles que les nausées, les vomissements, l'anorexie, la douleur épigastrique, la diarrhée, la constipation, les crampes abdominales, la langue noire pileuse et un arrière-goût bizarre. Ces symptômes indiquent qu'un ajustement de la posologie est nécessaire.
   e) les effets endocriniens, tels qu'une altération de la libido, la gynécomastie, la tuméfaction des testicules, la galactorrhée, les troubles de la sécrétion d'hormone antidiurétique et une altération de la glycémie.
   f) le comportement montrant une aggravation des troubles psychologiques, qui nécessite une réduction de la posologie ou l'arrêt du traitement.
   g) les signes précoces d'une attaque de glaucome à angle fermé qui se caractérise souvent par une céphalée grave, des nausées, des vomissements, des douleurs aux yeux, de la mydriase et des halos, chez les clients ayant des antécédents de glaucome à angle fermé.
   h) l'arythmie cardiaque précipitée par les antidépresseurs tricycliques chez les clients atteints d'hyperthyroïdie.
   i) les ingesta et les excreta, la distension abdominale et les bruits intestinaux, qui peuvent indiquer la rétention urinaire, l'iléus paralytique ou la constipation. Ces troubles peuvent nécessiter une réduction de la posologie.
   j) les symptômes d'ictère cholostatique (indiquant une obstruction des canaux biliaires), tels qu'une forte fièvre, une douleur thoracique, des nausées, de la diarrhée, une

éruption cutanée, un jaunissement de la peau, de la sclérotique ou des muqueuses.

   k) les autres effets indésirables des antidépresseurs tricycliques décrits au paragraphe *Réactions indésirables*.

3. Prévoir que la posologie soit très individualisée en fonction de l'âge du client, de son état physique et mental et de sa réponse à la thérapie.

4. Prévoir que la sédation et les effets anticholinergiques soient moins marqués si l'on débute le traitement avec de faibles doses qu'on augmente graduellement.

5. Surveiller étroitement les clients très déprimés, particulièrement au début du traitement, car la fréquence des tentatives de suicide est plus élevée chez les clients qui commencent à se remettre d'une dépression. De plus, il faut s'assurer que ces clients ont bien avalé les médicaments et qu'ils ne les amassent pas.

6. Consulter le médecin avant d'administrer des antidépresseurs tricycliques aux clients qui reçoivent des électrochocs, car l'association peut augmenter les risques reliés aux électrochocs.

7. Savoir que le client peut avoir des crises épileptiformes précipitées par le médicament. Prendre les mesures de protection requises.

8. S'assurer que l'administration du médicament est cessée plusieurs jours avant une intervention chirurgicale, car les antidépresseurs tricycliques peuvent affecter la pression artérielle au cours de l'intervention.

9. Cesser l'administration du médicament progressivement, afin de prévenir les symptômes de sevrage tels que les nausées, les céphalées et les malaises.

10. Savoir que les inhibiteurs de la MAO sont en général contre-indiqués chez les clients traités aux antidépresseurs tricycliques, mais qu'ils peuvent être utilisés à faible dose, sous surveillance médicale étroite, chez les clients réfractaires aux thérapies habituelles.

11. *Expliquer au client et/ou à sa famille*:

   a) qu'il ne doit pas consommer d'autres médicaments lorsqu'il reçoit des antidépresseurs tricycliques, et durant les deux semaines suivant l'arrêt de la thérapie, sans consulter le médecin.

   b) qu'il faut 2 à 4 semaines avant que la réponse clinique optimale soit atteinte.

   c) qu'il doit se lever lentement lorsqu'il est couché sur le dos et éviter de demeurer longtemps debout sans bouger; s'il sent qu'il va s'évanouir, il faut qu'il s'étende afin de réduire l'hypotension orthostatique. Assurer les mesures de protection appropriées.

   d) qu'il peut se rincer la bouche avec de l'eau. Il faut l'encourager à boire beaucoup de liquides afin de soulager la sécheresse de la bouche et lui procurer, le cas échéant, un moyen de retenir ses prothèses dentaires.

e) que la thérapie avec les antidépresseurs tricycliques peut induire de l'impuissance; le médecin ajustera la posologie afin d'atténuer ce problème.

f) que les clients diabétiques doivent surveiller étroitement leur urine, car ces médicaments peuvent influer sur le métabolisme des glucides; un ajustement de la posologie des hypoglycémiants et de la diète peut se révéler nécessaire.

g) que les clients qui développent de la photosensibilité doivent demeurer à l'abri du soleil.

h) qu'il doit être prudent lorsqu'il entreprend des tâches dangereuses nécessitant une bonne acuité intellectuelle et de la coordination, car ces médicaments causent de la somnolence et de l'ataxie.

AUTRES ANTIDÉPRESSEURS

NOMIFENSINE, MALÉATE DE   Merital[Pr]

Catégorie   Antidépresseur, dérivé de la tétrahydro-isoquinoléine.

Mécanisme d'action/cinétique   Son mécanisme d'action n'est pas encore élucidé. Il semblerait que la nomifensine augmente l'activité des catécholamines du SNC, particulièrement la dopamine et la norépinéphrine. Son effet sur la sérotonine serait beaucoup moindre; toutefois son principal métabolite exerce aussi un effet marqué sur la capture de la sérotonine. Absorption rapide. **Concentration sanguine maximale**: 1 à 2 h. **Demi-vie**: 2 à 3 h. Métabolisé dans le foie et excrété dans l'urine.

Indications   Soulagement symptomatique des états dépressifs. Comme son effet est plutôt stimulant que sédatif, la nomifensine n'est pas recommandée pour les dépressions de type agité.

Contre-indications   Insuffisance rénale ou hépatique grave et antécédents de dyscrasie sanguine. Employer avec prudence au cours de la grossesse et de la lactation et chez les clients ayant des antécédents d'épilepsie ou d'hypothyroïdie. L'innocuité et l'efficacité n'ont pas été établies chez les enfants de moins de 18 ans.

Réactions indésirables   Les effets indésirables les plus fréquemment causés par ce médicament sont du même type que ceux qu'on observe avec les antidépresseurs tricycliques. Ce sont des troubles du système nerveux autonome, des troubles du sommeil, de la nervosité, des céphalées et des troubles gastro-intestinaux. Les essais cliniques indiquent que les effets anticholinergiques sont moins marqués et moins fréquents avec la nomifensine qu'avec l'imipramine. On a aussi signalé, mais plus rarement, des effets endocriniens et des effets sur la fonction pulmonaire.

Allergiques ou toxiques: Fièvre, éosinophilie, leucopénie, cholostase, hépatite, ictère, augmentation de la phosphatase alcaline et de la SGOT, éruption cutanée, urticaire, prurit, œdème et, rarement, anémie hémolytique auto-immune.

Interactions médicamenteuses

Médicaments	Interaction
Anticholinergiques	Effets anticholinergiques indésirables additifs.
Anticonvulsivants	La nomifensine peut ↑ la fréquence des crises épileptiques.
Antiparkinsoniens	Effets anticholinergiques indésirables additifs.
Guanéthidine	La nomifensine peut bloquer les effets de la guanéthidine.
Inhibiteurs de la MAO	L'utilisation conjointe peut causer de l'excitation, de l'hyperthermie, du délire, des tremblements et des convulsions.
Sympathomimétiques	Potentialisation éventuelle des effets sympathomimétiques.

Posologie   PO. Adultes: **Initialement**, 50 mg b.i.d., le matin et au milieu de l'après-midi (comme son effet est stimulant, ne pas administrer ce médicament le soir); **puis**, augmenter graduellement par paliers de 50 mg par jour. **Entretien**: 100 à 200 mg par jour, peut être augmentée à 300 mg par jour dans les cas graves. **Clients âgés ou affaiblis: Initialement**, 25 mg b.i.d., peut être augmentée graduellement jusqu'à la dose maximale de 150 mg par jour.

Soins infirmiers

1. *Évaluer*:
   a) la fonction rénale, car la nomifensine ne doit pas être administrée si le taux de filtration glomérulaire est inférieur à 25 mL/min.
   b) la possibilité d'allergie au médicament, qui se manifeste par une éruption cutanée, de l'alopécie, de l'éosinophilie ou d'autres manifestations allergiques.
   c) les arythmies et la tachycardie chez les clients ayant des antécédents de maladie cardio-vasculaire, car elles prédisposent à des crises d'angines, à l'infarctus du myocarde et aux accidents vasculaires cérébraux. S'assurer qu'un calendrier d'évaluation périodique de l'ECG est prévu.

d) et signaler les symptômes de dyscrasie sanguine, tels que les maux de gorge, la fièvre et le purpura, car cela nécessite l'arrêt de la thérapie et l'application de mesures d'isolement inversé jusqu'à ce que les résultats des épreuves sanguines soient réévalués.

e) les signes de développement d'une accoutumance au médicament.

f) la possibilité de tendance suicidaire, car les clients traités aux antidépresseurs y sont plus enclins au moment où ils sortent de la phase de dépression profonde qu'avant la thérapie.

g) la comportement montrant une aggravation des troubles psychologiques, qui nécessite une réduction de la posologie ou l'arrêt du traitement.

h) les symptômes d'ictère cholostatique (indiquant une obstruction des canaux biliaires), tels qu'une forte fièvre, une douleur thoracique, des nausées, de la diarrhée, une éruption cutanée, un jaunissement de la peau, de la sclérotique ou des muqueuses.

2. Savoir que le client peut avoir des crises épileptiformes précipitées par le médicament. Prendre les mesures de protection requises.

3. Savoir que les inhibiteurs de la MAO sont en général contreindiqués chez les clients traités à la nomifensine.

4. *Expliquer au client et/ou à sa famille*:

a) que la thérapie à la nomifensine peut induire de l'impuissance et que le médecin ajustera la posologie afin d'atténuer ce problème.

b) qu'il doit informer le médecin si une intervention chirurgicale non urgente est envisagée afin que celui-ci puisse ajuster la posologie de la nomifensine pour réduire l'interaction avec l'agent anesthésique.

TRAZODONE, CHLORHYDRATE DE
Desyrel^{Pr}

Catégorie   Antidépresseur.

Mécanisme d'action/cinétique   La tradozone est un nouvel antidépresseur qui n'inhibe pas la MAO et qui est dénué d'effets du même type que ceux de l'amphétamine. La réponse thérapeutique est en général obtenue après 2 semaines (75% des clients), bien que, dans certains cas, elle ne se manifeste qu'après 2 à 4 semaines. Ce médicament pourrait inhiber la capture de la sérotonine par les neurones, augmentant ainsi la concentration de sérotonine dans la synapse. **Concentration plasmatique maximale**: 1 h (à jeun). **Demivie**: Initiale, 3 à 6 h; finale, 5 à 9 h.

Indications   Dépression accompagnée ou non d'anxiété.

Contre-indications   Durant la période initiale de la convalescence après un infarctus du myocarde. Simultanément à une thérapie aux électrochocs. Employer avec prudence au cours de la grossesse et de la lactation. L'innocuité et l'efficacité n'ont pas été établies chez les enfants de moins de 18 ans.

Réactions indésirables   *Générales*: Dermatites, œdème, vision trouble, constipation, xérostomie, congestion nasale, douleurs musculaires et courbatures. *CV*: Hypertension ou hypotension, syncope, palpitations, tachycardie, essoufflement, douleur thoracique. *GI*: Diarrhée, nausées, vomissements, arrière-goût désagréable et flatulence. *GU*: Retard de la miction, hématurie et pollakiurie. *SNC*: Cauchemars, confusion, colère, excitation, diminution de la capacité de concentration, étourdissements, désorientation, somnolence, sensation ébrieuse, fatigue, insomnie, nervosité et troubles de la mémoire. Rarement, hallucinations, dysarthrie et hypomanie. *Autres*: Incoordination, tremblements, paresthésie, diminution de la libido, altération de l'appétit, rougeurs des yeux, transpiration ou moiteur de la peau, tinnitus, variation de la masse corporelle, anémie et salivation excessive. Rarement, acathisie, secousses musculaires, augmentation de la libido, impuissance, éjaculation rétrograde, menstruation précoce et aménorrhée.

Interactions médicamenteuses

Médicaments	Interaction
Antihypertenseurs	Hypotension additive.
Clonidine	La trazodone cause une ↓ des effets de la clonidine.
Dépresseurs du SNC	↑ de la dépression du SNC.
Digoxine	La trazodone cause une ↑ de la concentration sérique de digoxine.
Phénytoïne	La trazodone cause une ↑ de la concentration sérique de phénytoïne.

Posologie   PO. **Initialement**, 150 mg par jour; **puis**, augmenter par paliers de 50 mg par jour tous les 3 ou 4 jours, jusqu'à un maximum de 400 mg par jour en doses fractionnées (clients en consultation externe). Les clients hospitalisés peuvent nécessiter jusqu'à 600 mg par jour en doses fractionnées; il ne faut toutefois pas excéder cette dose. **Entretien**: Employer la plus petite dose efficace.

Administration

1. Prendre le médicament avec de la nourriture afin d'augmenter son absorption et de diminuer les étourdissements et la sensation ébrieuse.

2. Prendre la plus grande partie de la dose quotidienne au coucher afin de réduire les effets indésirables au cours de la journée.

Soins infirmiers

1. *Évaluer*:
   a) et signaler les effets indésirables.
   b) les tendances suicidaires, car les clients traités aux anti-dépresseurs y sont plus enclins au moment où ils sortent de la phase de dépression profonde qu'avant la thérapie.

2. *Expliquer au client et/ou à sa famille*:
   a) qu'il doit être prudent lorsqu'il conduit ou accomplit des tâches dangereuses, car la trazodone peut causer de la somnolence ou des étourdissements.
   b) qu'il ne doit pas boire d'alcool ou prendre d'autres anti-dépresseurs.
   c) qu'il doit partager la responsabilité de la thérapie médi-camenteuse afin d'optimiser le traitement et de prévenir le surdosage.
   d) qu'il doit informer le médecin si une intervention chirur-gicale non urgente est envisagée afin que celui-ci puisse ajuster la posologie de la trazodone pour réduire l'inter-action avec l'agent anesthésique.

Antiparkinsoniens

La maladie de Parkinson est une maladie évolutive du système nerveux touchant surtout les personnes de plus de 50 ans.

Les symptômes la caractérisant sont le ralentissement moteur (bradykinésie et akinésie), la raideur ou la résistance aux mouvements passifs (rigidité), la faiblesse musculaire, les tremblements, les troubles de l'élocution, la sialorrhée (salivation excessive) et l'instabilité posturale.

Le parkinsonisme est souvent un effet indésirable des neuroleptiques, incluant la prochlorpérazine, la chlorpromazine et la réserpine. Le parkinsonisme médicamenteux est généralement réversible par l'arrêt de l'administration de l'agent causal. Des symptômes extrapyramidaux du type parkinsonien peuvent accompagner les lésions cérébrales (accidents vasculaires cérébraux, tumeurs) ou d'autres maladies du système nerveux.

La cause de la maladie de Parkinson est inconnue; toutefois, elle s'accompagne d'une déplétion du médiateur chimique dopamine dans le système nerveux central. L'administration de lévodopa – précurseur de la dopamine – soulage les symptômes chez 75% à 80% des clients. Les anticholinergiques ont aussi des effets bénéfiques; ils réduisent les tremblements et la rigidité et augmentent la mobilité, la coordination et le fonctionnement moteur. On les administre souvent en association avec la lévodopa. Certains antihistaminiques, notamment la diphénhydramine (Benadryl), sont également utiles pour le traitement de la maladie de Parkinson.

Il faut apporter un soutien affectif et des encouragements aux clients atteints de la maladie de Parkinson, car la nature débilitante de cette maladie entraîne souvent de la dépression. Le traitement complet comprend la physiothérapie.

ANTICHOLINERGIQUES

Généralités   L'administration d'anticholinergiques réduit les tremblements et la rigidité qui accompagnent le parkinsonisme; de plus, on note une amélioration de la mobilité, de la coordination et du fonctionnement moteur. Les anticholinergiques de synthèse ont considérablement remplacé l'atropine et ses analogues dans le traitement de cette maladie.

Mécanisme d'action/cinétique   Le parkinsonisme semble provenir d'un déséquilibre des neuromédiateurs se trouvant dans le corps strié du SNC qui se manifeste particulièrement par une insuffisance de dopamine et un excès d'acétylcholine. En bloquant l'action de l'acétylcholine sur les neurones du SNC, les anticholinergiques permettent de rétablir l'équilibre entre l'activité cholinergique et dopaminergique, ce qui fait rétrocéder les symptômes du parkinsonisme. D'après certaines preuves, les anticholinergiques pourraient inhiber le recaptage de la dopamine par les sites de stockage, prolongeant ainsi son effet. Les effets secondaires périphériques des anticholinergiques (tels que la xérostomie, la constipation, la tachycardie et la rétention urinaire) tendent à limiter leur utilisation dans le traitement du parkinsonisme.

Contre-indications   Glaucome, tachycardie, obstruction partielle du tractus GI et des voies biliaires et hypertrophie de la prostate. Ces médicaments doivent être utilisés avec une extrême prudence chez les clients atteints d'hypertension, d'insuffisance cardiaque, particulièrement ceux qui ont tendance à souffrir de tachycardie, et chez les personnes âgées atteintes d'athérosclérose ou qui accusent une diminution de l'acuité mentale. Employer avec prudence lors de l'administration prolongée de phénothiazines et par temps chaud.

Réactions indésirables   *GI*: Constipation (fréquente), nausées, vomissements, xérostomie (avec une éventuelle difficulté à avaler), dilatation du côlon et iléus paralytique. *GU*: Rétention ou hésitation urinaire et impuissance. *CV*: Tachycardie, palpitations et hypotension. *SNC*: Étourdissements, somnolence, lassitude, nervosité, désorientation; on peut souvent prendre ces symptômes pour de la sénilité ou de la détérioration mentale. Une posologie trop élevée peut causer de l'agitation, des réactions psychotiques et des hallucinations. *Respiratoires*: Diminution des sécrétions bronchiques, effets antihistaminiques. *Oculaires*: Vision trouble, glaucome aigu et photophobie. *Autres*: Suppression de la transpiration, rougeurs, éruptions scarlatiniformes, diminution des sécrétions glandulaires, engourdissement des doigts, érection difficile à obtenir ou à maintenir, suppression de la perspiration, perte de la libido.

Interactions médicamenteuses

Médicaments	Interaction
Amantadine	Effets anticholinergiques indésirables additifs, particulièrement avec le trihexyphénydile et la benztropine.

Médicaments	Interaction
Analgésiques narcotiques	↑ des risques d'effets anticholinergiques indésirables.
Antidépresseurs tricycliques	Effets anticholinergiques indésirables additifs.
Antihistaminiques	↑ des risques d'effets anticholinergiques indésirables.
Halopéridol	↓ de l'effet de l'halopéridol.
Inhibiteurs de la MAO	Les inhibiteurs de la MAO causent une ↑ de l'effet des anticholinergiques.
Phénothiazines	↑ du risque d'effets indésirables GI, incluant l'iléus paralytique; de plus ↓ de l'effet des phénothiazines.
Procaïnamide	Effets anticholinergiques indésirables additifs.
Quinidine	Effet de blocage du nerf vague additif.

Posologie Consulter la monographie de chacun des agents. On commence en général par une faible dose qu'on augmente graduellement jusqu'à l'obtention de l'effet optimal. Les réactions indésirables excessives peuvent souvent être corrigées par la réduction de la dose. L'administration de ces agents ne doit pas être arrêtée de façon abrupte, mais plutôt graduelle pendant qu'on commence lentement l'administration d'un médicament ayant les mêmes effets.

Administration

1. On peut prendre ces médicaments avec de la nourriture afin de réduire les troubles gastriques.

2. Les anticholinergiques peuvent augmenter les risques de coups de chaleur s'ils sont administrés par temps chaud.

3. Le client doit être très prudent s'il conduit ou s'il effectue des tâches nécessitant de la vigilance, à cause de la somnolence et des étourdissements.

Soins infirmiers

1. S'assurer que le client n'a pas d'antécédents d'asthme, de glaucome ou d'ulcère duodénal, car les anticholinergiques sont contre-indiqués dans ces cas.

2. Vérifier la posologie et mesurer la dose avec exactitude car certains antiparkinsoniens sont administrés en quantités minimes et le surdosage entraîne de la toxicité.

3. *Expliquer au client et/ou à sa famille*:
   a) qu'il doit signaler au médecin les effets indésirables éventuels; ce dernier réduira la dose ou suspendra le traitement temporairement. Le médecin doit encourager le client à

tolérer certains effets secondaires (à savoir, la xérostomie et la vision trouble) à cause des effets bénéfiques globaux.

b) qu'il doit reprendre graduellement ses activités normales en cas d'amélioration grâce à la thérapie médicamenteuse, tout en prenant les autres problèmes médicaux en considération.

c) qu'on ne doit pas interrompre l'administration des antiparkinsoniens de façon abrupte. Lorsqu'on change de traitement, il faut retirer graduellement l'ancien médicament et commencer l'administration du nouvel agent par de faibles doses.

d) qu'il peut soulager la xérostomie en consommant des boissons froides, en suçant des bonbons durs ou en mâchant de la gomme, si le régime le permet.

BENZTROPINE, MÉSYLATE DE
Apo-Benztropine, Bensylate, Benztropine, Cogentin, PMS Benztropine

Catégorie   Antiparkinsonien, anticholinergique de synthèse.

Mécanisme d'action/cinétique   La benztropine est un anticholinergique de synthèse possédant des propriétés antihistaminiques et anesthésiques locales. Ses effets sont cumulatifs et durent longtemps (24 h). Les effets maximaux se manifestent en 2 ou 3 jours. Ce médicament cause peu d'effets indésirables.

Indications   Adjuvant dans la thérapie du parkinsonisme (tous les types). Réduction des effets extrapyramidaux causés par les phénothiazines ou autres neuroleptiques (inefficace dans le traitement de la dyskinésie tardive).

Posologie   Les clients peuvent rarement tolérer la pleine dose. **PO (rarement IM ou IV).** *Parkinsonisme*: 0,5 à 6,0 mg par jour. *Parkinsonisme médicamenteux*: **Initialement**, 0,5 mg par jour; augmenter graduellement à 1 à 4 mg, 1 ou 2 fois par jour.

Administration   Si ce médicament est administré comme substitut ou comme supplément d'autres antiparkinsoniens, il faut l'ajouter au régime thérapeutique ou le remplacer graduellement.

Soins infirmiers complémentaires

Voir *Soins infirmiers – Anticholinergiques*, p. 545.

1. Expliquer au client que les effets bénéfiques sont perceptibles seulement 2 ou 3 jours après le début du traitement.

2. Aviser le client d'être prudent lorsqu'il conduit ou fait fonctionner des outils dangereux, car ce médicament a des effets sédatifs.

---

3. Évaluer les effets émétiques ou excitants, qui peuvent dicter l'arrêt temporaire de l'administration du médicament. Le traitement peut être repris ultérieurement, à dose plus faible.

BIPÉRIDÈNE, CHLORHYDRATE DE   Akineton

Catégorie   Antiparkinsonien, anticholinergique de synthèse.

Mécanisme d'action/cinétique   On peut développer une tolérance à cet anticholinergique de synthèse. Les tremblements peuvent augmenter au fur et à mesure que la spasticité est soulagée.

Indications   Parkinsonisme, particulièrement ceux du type post-encéphalitique, artériosclérotique et idiopathique. Effets extrapyramidaux médicamenteux (par exemple, phénothiazines).

Contre-indications supplémentaires   Enfants de moins de 3 ans; utiliser avec prudence chez les enfants plus âgés.

Réactions indésirables supplémentaires   Faiblesse musculaire, incapacité à bouger certains muscles.

Posologie   PO: *Parkinsonisme*, 2 mg t.i.d. ou q.i.d. *Effets extrapyramidaux médicamenteux*: 2 mg, 1 à 3 fois par jour.

Administration   Administrer avec les repas afin de réduire l'irritation gastrique.

ÉTHOPROPAZINE, CHLORHYDRATE D'
Parsitan

Catégorie   Antiparkinsonien, anticholinergique de synthèse du type phénothiazine.

Mécanisme d'action/cinétique   Cet anticholinergique de synthèse est considéré par certains comme le médicament de choix pour le traitement des tremblements graves du parkinsonisme. L'éthopropazine a également des effets antihistaminiques, anesthésiques locaux et dépresseurs du SNC. **Début d'action**: 30 min. **Durée d'action**: 4 h. Ce médicament provoque une fréquence élevée d'effets indésirables.

Indications   Pour le traitement de tous les types de parkinsonisme et des symptômes extrapyramidaux médicamenteux.

Réactions indésirables supplémentaires   Tachycardie, anomalie de l'EEG, agranulocytose, purpura, pancytopénie, troubles endocriniens, troubles oculaires, hallucinations et ictère. Les symptômes parkinsoniens peuvent être exacerbés.

Posologie **PO: Initialement**, 50 mg, 1 ou 2 fois par jour; augmenter de 10 mg par dose q 2 ou 3 jours, jusqu'à l'obtention des effets optimaux ou jusqu'à la limite de tolérance. **Entretien**: 100 à 600 mg par jour. La plupart des clients, et spécialement les personnes âgées, ne peuvent pas tolérer la pleine dose thérapeutique.

Soins infirmiers complémentaires

Voir *Soins infirmiers – Anticholinergiques*, p. 545.

1. Évaluer les effets indésirables.

2. S'attendre que la posologie chez les personnes âgées soit inférieure à la pleine dose thérapeutique.

ORPHÉNADRINE, CHLORHYDRATE D'
Disipal
ORPHÉNADRINE, CITRATE D'   Norflex

Catégorie   Antiparkinsonien, anticholinergique.

Mécanisme d'action/cinétique   L'orphénadrine améliore la rigidité, mais pas les tremblements associés au parkinsonisme. **Effet maximal**: 2 h. **Durée d'action**: 4 à 6 h.

Indications   Traitement d'appoint de tous les types de parkinsonisme. Réactions extrapyramidales médicamenteuses.

Contre-indications supplémentaires   Glaucome et myasthénie grave. Employer avec prudence chez les clients atteints de tachycardie, chez ceux présentant des signes de rétention urinaire et pendant la grossesse.

Réactions indésirables supplémentaires   Des effets indésirables sur le SNC (étourdissements, somnolence et augmentation des tremblements) peuvent se manifester au début du traitement mais ils disparaîtront si l'on continue le traitement ou si l'on diminue la dose. Euphorie légère. L'anémie aplastique se produit rarement.

Posologie   **PO**: 50 mg t.i.d. Des doses allant jusqu'à 250 mg par jour ont été administrées sans qu'on signale de malaises.

Soins infirmiers complémentaires

Voir *Soins infirmiers – Anticholinergiques*, p. 545.

1. Évaluer de près les tremblements ou les effets indésirables sur le SNC, qui peuvent nécessiter une diminution de la dose.

2. Signaler les effets indésirables, mais encourager le client à continuer son traitement car ces effets peuvent disparaître avec le temps.

PROCYCLIDINE, CHLORHYDRATE DE
Kemadrin, PMS Procyclidine, Procyclid

Catégorie   Antiparkinsonien, anticholinergique de synthèse.

Mécanisme d'action/cinétique   La procyclidine, anticholinergique de synthèse, semble mieux tolérée chez les clients jeunes. **Début d'action**: 30 à 45 min. **Durée d'action**: 4 à 6 h. Ce médicament est en général plus efficace pour soulager la rigidité que les tremblements.

Indications   Traitement de tous les types de parkinsonisme. Symptômes extrapyramidaux médicamenteux. Maîtrise de la sialorrhée causée par les neuroleptiques.

Posologie   **PO.** *Parkinsonisme (clients ne recevant pas d'autres médicaments)*: **Initialement**, 2,5 mg t.i.d. après les repas; on peut augmenter graduellement la dose jusqu'à 4 à 5 mg t.i.d. et, au besoin, administrer une dose supplémentaire avant le coucher. *Parkinsonisme (changement de médicament)*: Substituer 2,5 mg t.i.d.; augmenter graduellement la dose de procyclidine et diminuer celle de l'autre médicament jusqu'à la dose d'entretien appropriée. *Symptômes extrapyramidaux médicamenteux*: **Initialement**, 2,5 mg t.i.d.; augmenter jusqu'à une dose d'entretien de 10 à 20 mg par jour.

TRIHEXYPHÉNIDYLE, CHLORHYDRATE DE
Aparkane, Apo-Trihex, Artane, Novohexidyl

Catégorie   Antiparkinsonien, anticholinergique.

Mécanisme d'action/cinétique   Anticholinergique de synthèse qui soulage la rigidité, mais qui n'a que peu d'effets sur les tremblements. Fréquence élevée d'effets secondaires. **Début d'action**: 60 min. **Durée d'action**: 6 à 12 h.

Indications   Adjuvant dans le traitement de tous les types de parkinsonisme (souvent employé comme adjuvant de la lévodopa). Réactions extrapyramidales médicamenteuses. Les formes pharmaceutiques à libération lente sont utilisées pour le traitement d'entretien seulement.

Contre-indications supplémentaires   Artériosclérose et hypersensibilité au médicament.

Réactions indésirables supplémentaires   Stimulation grave du SNC (insomnie, délire et agitation) et manifestations psychotiques.

Posologie   **PO.** *Parkinsonisme*: **Initialement (jour 1)**, 1 à 2 mg; **puis**, augmenter de 2 mg q 3 à 5 jours jusqu'à une dose quotidienne de 6 à 10 mg, en doses fractionnées. L'état de certains clients peut dicter l'administration de 12 à 15 mg par jour. *Adjuvant à la lévodopa*: 3 à 6 mg par jour, en doses fractionnées. *Réactions extrapyramidales médicamenteuses*: **Initialement**, 1 mg par jour; **puis**, augmenter, au besoin, jusqu'à une dose quotidienne totale de 5 à 15 mg. **Entretien**: Préparation à libération prolongée, 5 à 10 mg, 1 ou 2 fois par jour.

Soins infirmiers complémentaires

Voir *Soins infirmiers – Anticholinergiques*, p. 545.

1. Évaluer la fréquence des effets indésirables et les signaler, afin de prévenir des problèmes insurmontables.
2. Évaluer les effets indésirables supplémentaires sur le SNC (à savoir, agitation, insomnie, délire et manifestations psychotiques).

AUTRES ANTIPARKINSONIENS

AMANTADINE, CHLORHYDRATE D'
Symmetrel

Catégorie Antiparkinsonien et antiviral.

Généralités Ce médicament réduit les symptômes extrapyramidaux, y compris l'akinésie, la rigidité, les tremblements, la salivation excessive, les troubles de la démarche et l'incapacité fonctionnelle totale. On a obtenu des résultats favorables chez approximativement 50% des clients. Les améliorations peuvent durer jusqu'à 30 mois, bien que certains clients signalent que les effets du médicament disparaissent en 1 à 3 mois. Une période de repos ou une augmentation de la dose peut rétablir l'efficacité. Pour le parkinsonisme, le chlorhydrate d'amantadine est en général administré conjointement à d'autres médicaments, tels que la lévodopa et les anticholinergiques.

Mécanisme d'action/cinétique On croit que l'amantadine entraîne une libération de dopamine à partir des synaptosomes ou qu'elle bloque son recaptage par les neurones présynaptiques. N'importe lequel de ces deux mécanismes conduit à une augmentation des concentrations de dopamine dans les synapses dopaminergiques du corps strié. **Début d'action**: 48 h. **Concentration sanguine maximale**: 1 à 4 h après l'administration PO. **Demi-vie d'élimination**: 9 à 37 h. Le médicament est excrété inchangé dans l'urine.

L'amantadine est aussi utilisée comme antiviral (voir p. 233).

Indications Traitement symptomatique du parkinsonisme idiopathique et des syndromes parkinsoniens provoqués par l'encéphalite, l'intoxication par l'oxyde de carbone ou l'artériosclérose cérébrale. Prophylaxie ou traitement des maladies respiratoires provoquées par le myxovirus influenza A.

Contre-indications   Hypersensibilité au médicament; antécédents d'épilepsie. Administrer avec prudence aux clients atteints d'insuffisance hépatique, rénale ou cardiaque, d'œdème périphérique, d'hypotension orthostatique, de dermatite eczématoïde récurrente ou de psychose grave, ainsi qu'à ceux recevant des stimulants du SNC, à ceux qui ont été mis en contact avec des cas de rubéole et aux mères qui allaitent. L'innocuité chez la femme enceinte n'a pas été établie.

Réactions indésirables   *SNC*: Dépression (fréquente), confusion, anxiété, irritabilité, psychose, hallucinations, céphalée, fatigue et insomnie. *CV*: Insuffisance cardiaque, hypotension orthostatique et œdème. *GI*: Anorexie, nausées, constipation, vomissements et xérostomie. *Autres*: Rétention urinaire, dyspnée, faiblesse, éruption cutanée, dysarthrie, livedo reticularis (marbrure de la peau des membres) et vision trouble.

Interactions médicamenteuses

Médicaments	Interaction
Anticholinergiques	Effets anticholinergiques additifs (incluant les hallucinations et la confusion), particulièrement avec la trihexyphénidyle et la benztropine.
Lévodopa	Potentialisée par l'amantadine.
Stimulants du SNC	↑ possible des effets psychiques et sur le SNC de l'amantadine; l'administration conjointe doit se faire avec précaution.

Posologie   PO *Parkinsonisme*: En tant qu'agent unique, habituellement, 100 mg b.i.d.; une augmentation de la posologie à 400 mg par jour, en doses fractionnées, peut se révéler nécessaire. En administration conjointe avec d'autres antiparkinsoniens: 100 mg, 1 ou 2 fois par jour. *Symptômes extrapyramidaux médicamenteux*: 100 mg b.i.d. (jusqu'à 300 mg par jour peuvent être nécessaires dans certains cas) (*Antiviral*, voir p. 234.) Réduire la dose chez les clients atteints d'insuffisance rénale.

Administration   Administrer la dernière dose de la journée longtemps avant le coucher, afin de prévenir l'insomnie.

Soins infirmiers complémentaires

Voir *Soins infirmiers – Anticholinergiques*, p. 545.

1. Prévoir une diminution de l'efficacité du médicament lors d'une administration prolongée. Pour retrouver les effets bénéfiques du médicament, il faut augmenter la dose ou suspendre l'administration du médicament pendant plusieurs semaines et la recommencer par la suite.

2. *Expliquer au client et/ou à sa famille*:

   a) qu'il ne doit pas conduire ni faire fonctionner des machines après avoir pris le médicament, car la concentration et la coordination peuvent en être affectées.

   b) qu'il doit signaler toute décoloration par plaques de la peau, mais aussi que cette décoloration diminue quand les jambes sont élevées et qu'en général elle disparaît totalement après l'arrêt du traitement.

   c) qu'il doit se lever lentement s'il est en décubitus ventral, car une hypotension orthostatique peut se produire.

   d) qu'il doit se coucher s'il est étourdi ou faible afin de soulager l'hypotension orthostatique.

BENSÉRAZIDE/LÉVODOPA

Prolopa 50-12,5[Pr], Prolopa 100-25[Pr], Prolopa 200-50[Pr]

Catégorie   Antiparkinsonien.

Mécanisme d'action/cinétique   Le bensérazide inhibe la décarboxylation périphérique de la lévodopa, mais pas sa décarboxylation centrale, car il ne traverse pas la barrière hémato-encéphalique. Grâce à l'inhibition de la décarboxylation périphérique, une plus grande quantité de lévodopa peut se rendre à l'encéphale, où elle est convertie en dopamine, ce qui soulage les symptômes du parkinsonisme. *La dose de lévodopa devrait être réduite d'environ 85 % lorsque les deux médicaments sont en association.* Une telle utilisation diminue la fréquence des effets indésirables provoqués par la lévodopa. *Remarque.* La pyridoxine n'inverse pas l'action du bensérazide/lévodopa.

Indications   Tous les types de parkinsonisme d'origine non médicamenteuse. **AVERTISSEMENT**: L'administration de lévodopa doit être interrompue au moins 12 h avant le début de la thérapie au bensérazide/lévodopa. De plus, les clients prenant du bensérazide/lévodopa ne doivent pas prendre de la lévodopa conjointement, car le premier est une association de bensérazide et de lévodopa.

Contre-indications   Voir *Lévodopa*, p. 556. Antécédents de mélanome. On doit interrompre l'administration des inhibiteurs de la MAO deux semaines avant le début de la thérapie.

Réactions indésirables   Voir *Lévodopa*, p. 556. De plus, la dyskinésie peut se produire à de plus faibles doses avec le bensérazide/lévodopa qu'avec la lévodopa seule.

Interactions médicamenteuses   L'utilisation conjointe de médicaments cardio-vasculaires et de psychotropes doit se faire avec prudence. Il est nécessaire d'interrompre la thérapie avec le bensérazide/lévodopa la veille d'une intervention chirurgicale avec anesthésie et de reprendre le traitement lorsque le client peut de nouveau prendre des médicaments PO.

Posologie Individualisée. *Clients ne recevant pas de lévodopa*: **Initialement**, 1 gélule de Prolopa 100-25, 1 ou 2 fois par jour, **puis**, augmenter d'une gélule tous les 3 ou 4 jours jusqu'à un total de 4 à 8 gélules par jour, en 4 à 6 prises. Lorsque la posologie optimale est déterminée, on peut remplacer par des gélules de Prolopa 50-12,5 ou de Prolopa 250-50. *Clients recevant de la lévodopa*: **Initialement**, la posologie de bensérazide/lévodopa doit constituer environ 15% de la précédente posologie de lévodopa (interrompre l'administration de lévodopa 12 h avant de commencer la thérapie au bensérazide/lévodopa); **puis**, ajuster la dose selon les besoins.

Soins infirmiers complémentaires

Voir *Soins infirmiers – Anticholinergiques*, p. 545.

1. Évaluer avec soin les mouvements involontaires pendant la période d'ajustement de la posologie, car ils peuvent indiquer qu'une réduction de la dose est nécessaire.

2. Évaluer la présence de blépharospasme, qui est un signe précoce de surdosage chez certains clients.

3. Ne pas administrer conjointement à la lévodopa.

4. Administrer la dernière dose de lévodopa au coucher et la première dose de bensérazide/lévodopa au lever, afin de faciliter l'adaptation du client au changement de régime thérapeutique.

BROMOCRIPTINE, MÉSYLATE DE Parlodel[Pr]

Catégorie Antiparkinsonien. Voir aussi p. 1065.

Remarque La bromocriptine est aussi employée dans les cas d'aménorrhée et de galactorrhée, ainsi que pour la prévention de la lactation et le traitement de la stérilité féminine. Pour les indications, les contre-indications et les réactions indésirables, voir p. 1065.

Posologie *Parkinsonisme*: 2,5 mg par jour (la moitié d'un comprimé de 2,5 mg, 2 fois par jour, avec les repas). Au besoin, augmenter la dose de 2,5 mg par jour, toutes les 2 à 4 semaines, sans dépasser 100 mg par jour. La posologie devrait être réévaluée toutes les 2 semaines afin de s'assurer qu'on utilise la dose efficace la plus faible.

Administration En cas de réactions indésirables, réduire graduellement la dose, par paliers de 2,5 mg.

CARBIDOPA/LÉVODOPA Sinemet 100/10, Sinemet 100/25, Sinemet 250

Catégorie Antiparkinsonien.

Mécanisme d'action/cinétique La carbidopa inhibe la décarboxylation périphérique de la lévodopa, mais pas sa décarboxylation centrale, car elle ne traverse pas la barrière hémato-encéphalique. Grâce à l'inhibition de la décarboxylation périphérique, une plus grande quantité de lévodopa peut se rendre à l'encéphale, où elle est convertie en dopamine, ce qui soulage les symptômes du parkinsonisme. *La dose de lévodopa devrait être réduite d'environ 80% lorsque les deux médicaments sont en association.*

Une telle utilisation diminue la fréquence des effets indésirables provoqués par la lévodopa.

Remarque: La pyridoxine n'inverse pas les effets de la carbidopa/lévodopa.

Indications Tous les types de parkinsonisme. *À l'étude*: Myoclonie postanoxique intentionnelle. Voir *Lévodopa*, p. 556. **AVERTISSEMENT**: Interrompre l'administration de la lévodopa au moins 8 h avant le début de la thérapie à la carbidopa/lévodopa. De plus, les clients prenant de la carbidopa/lévodopa ne doivent pas prendre de la lévodopa conjointement, car la première est une association de carbidopa et de lévodopa.

Contre-indications Voir *Lévodopa*, p. 556. Antécédents de mélanome. On doit interrompre l'administration des inhibiteurs de la MAO deux semaines avant le début de la thérapie.

Réactions indésirables Voir *Lévodopa*, p. 556. De plus, la dyskinésie peut se produire à de plus faibles doses avec la carbidopa/lévodopa qu'avec la lévodopa seule.

Interactions médicamenteuses L'utilisation conjointe d'antidépresseurs tricycliques peut causer de l'hypertension et de la dyskinésie.

Posologie Individualisée. *Clients ne recevant pas de lévodopa*: **Initialement**, 1 comprimé de 10 mg de carbidopa/100 mg de lévodopa ou de 25 mg de carbidopa/100 mg de lévodopa t.i.d.; **puis**, augmenter d'un comprimé tous les 1 ou 2 jours jusqu'à un total de 6 comprimés par jour. Si une plus grande quantité de lévodopa est nécessaire, remplacer par 1 comprimé de 25 mg de cabidopa/250 mg de lévodopa t.i.d. ou q.i.d. *Clients recevant de la lévodopa*: **Initialement**, la posologie de carbidopa/lévodopa doit constituer environ 25% de la posologie précédente de lévodopa (interrompre l'administration de lévodopa 8 h avant le début de la thérapie à la carbidopa/lévodopa); **puis**, ajuster la dose, selon les besoins.

> **Soins infirmiers complémentaires**
>
> Voir *Soins infirmiers – Anticholinergiques*, p. 545.
>
> 1. Évaluer avec soin les mouvements involontaires pendant la période d'ajustement de la posologie; ils peuvent indiquer qu'une réduction de la dose est nécessaire.
> 2. Évaluer la présence de blépharospasme, qui est un signe précoce de surdosage chez certains clients.
> 3. Ne pas administrer conjointement à la lévodopa.
> 4. Administrer la dernière dose de lévodopa au coucher et la première dose de carbidopa/lévodopa au lever, afin de faciliter l'adaptation du client au changement de régime thérapeutique.

DIPHÉNHYDRAMINE, CHLORHYDRATE DE
Allerdryl, Benadryl, Chlorhydrate de diphénhydramine

Catégorie   Antihistaminique.

Indications   Cet antihistaminique (voir le chapitre 51, p. 781) est utile au traitement du parkinsonisme chez les clients âgés, incapables de tolérer les médicaments plus puissants. Également indiqué dans les cas peu graves de parkinsonisme chez les clients d'autres groupes d'âge. Symptômes extrapyramidaux médicamenteux.

Posologie   **PO. Adultes**: 25 à 50 mg t.i.d. ou q.i.d.; **pédiatrique, plus de 9 kg**: 12,5 à 25,0 mg t.i.d. ou q.i.d. (ou 5 mg/kg par jour). **IM, IV. Adultes**: 10 à 50 mg (au besoin, on peut administrer jusqu'à 100 mg); dose quotidienne maximale: 400 mg. **Pédiatrique**: 5 mg/kg par jour en 4 doses fractionnées; dose quotidienne maximale: 300 mg.

LÉVODOPA   Larodopa[Pr]

Catégorie   Antiparkinsonien.

Généralités   La lévodopa est efficace chez plus de la moitié des clients atteints de parkinsonisme. Toutefois, elle procure un soulagement symptomatique et n'intervient pas dans le cours de la maladie. Lorsqu'elle est efficace, elle soulage la rigidité, la bradykinésie, les tremblements, la dysphagie, la séborrhée, la sialorrhée et l'instabilité posturale.

Il faut effectuer périodiquement des épreuves des fonctions hépatique, hématopoïétique, cardio-vasculaire et rénale chez les clients traités pendant une période prolongée. La lévodopa est souvent administrée conjointement à un anticholinergique.

Mécanisme d'action/cinétique   La lévodopa, précurseur de la dopamine, peut traverser la barrière hémato-encéphalique. Dans le SNC, elle est convertie en dopamine, réapprovisionnant ainsi les sites de stockage de dopamine épuisés, caractéristiques du parkinsonisme. **Concentration plasmatique maximale**: 1 à 2 h (ce délai peut être plus long si le médicament est pris avec de la nourriture). La lévodopa est fortement métabolisée dans le tractus GI et dans le foie et ses métabolites sont excrétés dans l'urine.

Indications   Parkinsonisme idiopathique, artériosclérotique et postencéphalitique. Parkinsonisme causé par l'intoxication par l'oxyde de carbone ou par l'aluminium. *À l'étude*: Douleurs causées par le zona.

Contre-indications   Hypersensibilité au médicament, glaucome à angle étroit, dyscrasie sanguine, hypertension et athérosclérose coronaire. Administrer avec une extrême prudence chez les clients ayant des antécédents d'infarctus du myocarde, de convulsions, d'arythmie, d'asthme bronchique, d'emphysème, d'ulcère gastro-duodénal actif, de psychose, de névrose ou de glaucome à angle ouvert.

Réactions indésirables   Les effets indésirables de la lévodopa sont nombreux et en général reliés à la dose. Certains s'atténuent lors d'une utilisation prolongée.

Les effets GI comprennent l'anorexie, les nausées, les vomissements, l'ulcère duodénal, les saignements GI, la constipation, la diarrhée, les troubles épigastriques et abdominaux, la douleur, la flatulence, l'éructation, le hoquet, la sialorrhée, un arrière-goût amer, la xérostomie, la constriction des lèvres ou de la langue, la dysphagie et une sensation de brûlure de la langue.

Des anomalies cardiaques et l'hypotension orthostatique se produisent souvent. Les anomalies de l'ECG, les palpitations, l'hypertension, les rougeurs et les phlébites se produisent plus rarement; toutefois, leur apparition dicte l'arrêt du traitement.

Les effets neurologiques comprennent les contorsions du visage (grimaces), le bruxisme (grincement des dents), la torsion de la langue, les mouvements ondulatoires du cou, des pieds et des mains, les secousses et les mouvements involontaires. Étourdissements, sédation, dyskinésie, agitation, anxiété, confusion, dépression, changements mentaux, comportements antisociaux, ataxie, convulsions, torticolis et plusieurs autres effets neurologiques et psychologiques. Plus rarement, tendances suicidaires, augmentation de la libido et, éventuellement, comportements antisociaux qui en découlent.

De plus, effets secondaires sur la respiration tels que toux, enrouement, rythme respiratoire anormal; pollakiurie, rétention urinaire, incontinence, hématurie, urine foncée et énurésie nocturne. Vision trouble, diplopie, changements de la formule sanguine, bouffées de chaleur et modifications des valeurs de diverses épreuves de laboratoire.

La lévodopa interagit avec plusieurs médicaments et, pour cette raison, son administration doit se faire avec prudence.

Interactions médicamenteuses

Médicaments	Interaction
Amphétamines	La lévodopa potentialise l'effet des sympathomimétiques indirects.
Antiacides	↑ de l'effet de la lévodopa par ↑ de l'absorption gastro-intestinale.
Anticholinergiques	↓ possible de l'effet de la lévodopa par ↑ du catabolisme de la lévodopa dans l'estomac (à cause du ralentissement du temps d'évacuation gastrique).
Antidépresseurs tricycliques	↓ de l'effet de la lévodopa par ↓ de son absorption gastro-intestinale.
Clonidine	↓ de l'effet de la lévodopa.
Digoxine	↓ de l'effet de la digoxine.
Éphédrine	La lévodopa potentialise l'effet des sympathomimétiques indirects.
Furazolidone	↑ de l'effet de la lévodopa par ↓ de son catabolisme.
Guanéthidine	↑ de l'effet hypotenseur de la guanéthidine.
Hypoglycémiants	La lévodopa affecte le traitement du diabète par les hypoglycémiants.
Inhibiteurs de la MAO	L'administration conjointe peut causer de l'hypertension, une sensation ébrieuse et des rougeurs par ↓ du catabolisme de la dopamine et de la norépinéphrine formées à partir de la lévodopa.
Méthyldopa	Effets additifs, incluant l'hypotension.
Papavérine	↓ de l'effet de la lévodopa.
Phénothiazines	↓ de l'effet de la lévodopa par ↓ du recaptage de la dopamine par les neurones.
Phénytoïne	La phénytoïne est un antagoniste des effets de la lévodopa.
Propranolol	Le propranolol peut être un antagoniste de l'effet hypotenseur et de l'effet inotrope positif de la lévodopa.
Pyridoxine	La pyridoxine peut contrer l'amélioration du parkinsonisme provoquée par la lévodopa.
Réserpine	La réserpine peut inhiber la réaction à la lévodopa par ↓ de la dopamine cérébrale.
Thioxanthines	↓ de l'effet de la lévodopa chez les clients atteints de parkinsonisme.

Interactions avec les épreuves de laboratoire ↑ de l'urée sanguine, de la SGOT, de la LDH, de la SGPT, de la bilirubine, des phosphatases alcalines, et de l'iode lié aux protéines. Faux + du test de Coombs. Modification des épreuves de glucose et de corps cétoniques urinaires.

Posologie   **PO** (avec les repas). **Habituellement, initialement**: 0,5 à 1,0 g par jour en 2 doses fractionnées; **puis**, augmenter la dose totale quotidienne par paliers de 0,75 g au maximum q 3 à 7 jours, jusqu'à l'obtention de la dose optimale (on ne devrait pas excéder 8 g par jour). Une période allant jusqu'à 6 mois peut être nécessaire pour obtenir un effet thérapeutique significatif.

Administration

1. Si le client est incapable d'avaler les comprimés ou les capsules, administrer les comprimés écrasés ou le contenu des capsules dans une petite quantité de jus de fruit.
2. L'urine et la sueur peuvent avoir une couleur foncée; ce phénomène est inoffensif.

Soins infirmiers complémentaires

Voir *Soins infirmiers – Anticholinergiques*, p. 545.

1. Vérifier auprès du médecin si l'administration du médicament doit être arrêtée 24 h avant une intervention chirurgicale et, le cas échéant, s'informer du moment où il faudra recommencer l'administration.
2. *Expliquer au client et/ou à sa famille*:
   a) que la dose ne doit pas excéder 8 g par jour.
   b) qu'il ne doit pas prendre de préparations multivitaminiques contenant 10 à 25 mg de vitamine B_6, car elles peuvent rapidement contrer les effets de la lévodopa.
   c) qu'il doit continuer de prendre le médicament même si les effets bénéfiques ne sont pas évidents; il peut s'écouler jusqu'à six mois avant l'apparition d'effets significatifs.

 CHAPITRE **35**

Myorésolutifs à action centrale

Mécanisme d'action/cinétique   Les myorésolutifs à action centrale diminuent le tonus musculaire et les mouvements involontaires. Plusieurs soulagent aussi l'anxiété et la tension. Bien que leur mécanisme d'action ne soit pas connu exactement, la plupart de ces agents inhibent les réflexes médullaires polysynaptiques. Leurs effets bénéfiques pourraient aussi être attribuables à leur effet anxiolytique. Plusieurs des médicaments de cette catégorie sont aussi analgésiques.

Indications   Troubles neurologiques et musculosquelettiques associés à des spasmes musculaires, à de l'hyperréflexie et à de l'hypertonie, comme le parkinsonisme, le tétanos, les céphalées de tension, les spasmes musculaires aigus causés par un traumatisme et par l'inflammation (lombalgie, entorse, arthrite, bursite, etc.). Ils peuvent aussi être utiles dans le traitement de l'infirmité motrice cérébrale et de la sclérose en plaques.

Réactions Indésirables   Les réactions indésirables touchent souvent le système nerveux central, l'appareil digestif et l'appareil génito-urinaire. Des symptômes d'allergie peuvent aussi se manifester. En ce qui a trait aux réactions indésirables spécifiques, consulter la monographie de chaque médicament.

Interactions médicamenteuses   Les myorésolutifs à action centrale peuvent augmenter la sédation et la dépression respiratoire causées par les dépresseurs du SNC, comme l'alcool, les barbituriques, les sédatifs, les hypnotiques et les anxiolytiques.

Posologie   Ces médicaments semblent plus efficaces lorsqu'ils sont administrés par voie parentérale. En ce qui concerne les posologies, consulter les monographies.

Surdosage

SYMPTÔMES   Les symptômes du surdosage sont souvent une exagération des réactions indésirables. La stupeur, le coma, un syndrome ressemblant à l'état de choc, la dépression respiratoire ainsi que la perte du tonus musculaire et des réflexes tendineux profonds peuvent aussi se produire.

TRAITEMENT   Symptomatique. Vomissement ou lavage d'estomac (suivi de charbon activé). Si nécessaire, on peut avoir recours à la ventilation artificielle, à l'administration d'oxygène, à des agents vaso-presseurs et à des liquides IV. On peut aussi augmenter la vitesse d'excrétion de certains médicaments par des diurétiques (y compris le mannitol), la dialyse péritonéale ou l'hémodialyse.

Soins infirmiers

Étant donné que ces médicaments causent de la somnolence, on doit informer le client de ne pas opérer de machines ou conduire une automobile.

BACLOFÈNE   Lioresal^{Pr}

Catégorie   Myorésolutif à action centrale.

Mécanisme d'action/cinétique   On ne connaît pas très bien le mécanisme d'action du baclofène, mais on sait qu'il inhibe les réflexes médullaires monosynaptiques et polysynaptiques. Il est possible qu'il agisse aussi à certains sites cérébraux. **Concentration sérique maximale**: 2 h. **Demi-vie**: 3 à 4 h. Le médicament est excrété inchangé par les reins.

Indications   Sclérose en plaques (spasmes fléchisseurs, douleur, clonus et rigidité musculaire) et maladies ou lésions de la moelle épinière associées à de la spasticité. Il est inefficace dans le traitement de l'infirmité motrice cérébrale, des accidents vasculaires cérébraux, du parkinsonisme et des troubles rhumatismaux.

Contre-indications   Hypersensibilité. L'innocuité chez la femme enceinte et chez les enfants de moins de 12 ans n'est pas établie. Troubles rhumatismaux, spasmes causés par la maladie de Parkinson, accident vasculaire cérébral et infirmité motrice cérébrale.

Réactions indésirables   *SNC*: Somnolence, étourdisse-ments, fatigue, confusion, céphalée et insomnie. L'arrêt brusque de l'administration peut causer des hallucinations. *CV*: Hypotension. *GI*: Nausées et constipation. *GU*: Pollakiurie. *Autres*: Éruption cutanée, prurit, œdème des chevilles, transpiration excessive, gain de masse, évanouissements et congestion nasale.

Interactions médicamenteuses   L'utilisation conjointe avec des dépresseurs du SNC → dépression additive du SNC.

Interactions avec les épreuves de laboratoire   ↑ de la SGOT, de la phosphatase alcaline et de la glycémie.

Posologie   **PO. Initialement**, 5 mg t.i.d. pendant 3 jours; **puis**, augmenter de 5 mg t.i.d. q 3 jours jusqu'à ce qu'on ait déterminé la dose efficace optimale. La dose quotidienne maximale ne devrait pas excéder 20 mg q.i.d.

Administration   Si on ne constate pas d'effets bénéfiques, on doit cesser graduellement l'administration du médicament.

Soins infirmiers

1. Consulter le médecin au sujet des clients qui se servent de la spasticité pour se tenir debout, pour maintenir leur équilibre quand ils marchent ou pour augmenter leur fonctionnement. Le baclofène peut être contre-indiqué dans ces cas, car il nuit aux mécanismes d'adaptation du client.

2. Évaluer, chez les épileptiques, les signes et symptômes de la maladie et planifier des EEG à intervalles réguliers, car on a associé une diminution de la maîtrise des crises au baclofène.

3. Prêter assistance lors du lavage d'estomac et maintenir un échange respiratoire adéquat dans les cas de surdosage. Ne pas employer de stimulants respiratoires.

4. *Expliquer au client et/ou à sa famille*:
   a) qu'il ne doit pas conduire une automobile ou opérer des machines dangereuses, car les principaux effets indésirables du médicament sont la somnolence, la sédation, la faiblesse et la fatigue.
   b) qu'il ne doit pas boire d'alcool et/ou prendre d'autres dépresseurs du SNC, car les effets peuvent s'additionner à ceux du baclofène.

CARISOPRODOL   Soma^Pr

Catégorie   Myorésolutif à action centrale.

Mécanisme d'action/cinétique   Le carisoprodol produirait de la relaxation musculaire en inhibant les réflexes synaptiques dans la formation réticulée descendante et dans la moelle épinière. Son effet sédatif entraînerait aussi de la relaxation musculaire. **Début d'action**: 30 min. **Durée d'action**: 4 à 6 h. **Demi-vie**: 8 h.

Indications   Adjuvant dans le traitement des troubles musculaires comme la bursite, les lombalgies, les contusions, la fibrosite, la spondylite, les entorses, les foulures et l'infirmité motrice cérébrale.

Contre-indications   Porphyrie. Hypersensibilité au carisoprodol ou au méprobamate. Enfants de moins de 12 ans. Employer avec prudence chez les clients atteints d'insuffisance rénale ou hépatique.

Réactions indésirables   *SNC*: Ataxie, étourdissements, somnolence, excitation, tremblements, syncope, vertige et insomnie. *GI*: Nausées, vomissements, troubles gastriques et hoquets. *CV*: Rougeur du visage, hypotension orthostatique et tachycardie. *Réactions allergiques*: Symptômes hématologiques et cutanés.

Interactions médicamenteuses

Médicaments	Interaction
Alcool éthylique	Effets dépresseurs du SNC additifs.
Antidépresseurs tricycliques	↑ de l'effet du carisoprodol.
Barbituriques	↑ possible de l'effet du carisoprodol, suivie par une inhibition de son effet.
Dépresseurs du SNC	Dépression du SNC additive.
Inhibiteurs de la MAO	↑ de l'effet du carisoprodol par ↓ du catabolisme hépatique.
Phénobarbital	↓ de l'effet du carisoprodol par ↑ du catabolisme hépatique.
Phénothiazines	Effets dépresseurs du SNC additifs.

Posologie **PO**: 350 mg q.i.d. (prendre la dernière dose au coucher).

Administration Pour les clients incapables de les avaler, mélanger les comprimés avec un produit agréable au goût tel que de la gelée, du sirop ou du chocolat.

CYCLOBENZAPRINE, CHLORHYDRATE DE
Flexeril[Pr]

Catégorie Myorésolutif à action centrale.

Mécanisme d'action/cinétique La cyclobenzaprine ressemble aux antidépresseurs tricycliques tant au point de vue chimique qu'au point de vue pharmacologique et possède des propriétés sédatives et anticholinergiques. On croit que, contrairement aux autres myorésolutifs, le chlorhydrate de cyclobenzaprine inhibe les réflexes en agissant principalement dans le tronc cérébral (plutôt que dans la moelle épinière). **Concentration plasmatique maximale**: 4 à 6 h. **Début d'action**: 1 h. **Durée d'action**: Jusqu'à 24 h. **Demi-vie**: 1 à 3 jours. Ce médicament se lie fortement aux protéines plasmatiques. Ses métabolites inactifs sont excrétés dans l'urine.

Indications Adjuvant au repos et à la physiothérapie pour le soulagement des spasmes musculaires associés à des états musculosquelettiques aigus ou douloureux. Ce médicament n'est pas indiqué pour le traitement des troubles spastiques et de l'infirmité motrice cérébrale.

Contre-indications Hypersensibilité. Arythmie, bloc cardiaque, insuffisance cardiaque ou peu après un infarctus du myocarde. Hyperthyroïdie. À cause de ses effets semblables à ceux de l'atropine, il faut l'employer avec prudence dans les cas où un blocage cholinergique n'est pas désiré. L'innocuité pendant la grossesse et chez l'enfant de moins de 15 ans n'est pas établie.

Réactions indésirables Symptômes d'un blocage cholinergique incluant la xérostomie, les étourdissements, la tachycardie, la vision trouble et la rétention urinaire. Également, somnolence, faiblesse, dyspepsie, paresthésie, arrière-goût désagréable et insomnie. Étant donné la ressemblance structurale de la cyclobenzaprine avec les antidépresseurs tricycliques, les réactions indésirables de ces derniers devraient aussi être observées (voir p. 532). On peut employer le salicylate de physostigmine, à une dose de 1 à 3 mg, afin de contrer les symptômes d'un blocage cholinergique marqué.

Interactions médicamenteuses

Médicaments	Interaction
Anticholinergiques	Effets anticholinergiques indésirables additifs.
Antidépresseurs tricycliques	Effets indésirables additifs.
Dépresseurs du SNC	Effets dépresseurs additifs.
Guanéthidine	La cyclobenzaprine peut bloquer son effet.
Inhibiteurs de la MAO	Crise hypertensive, convulsions marquées.

Posologie PO: *Habituellement*, 10 mg t.i.d, jusqu'à 60 mg par jour, en doses fractionnées.

Administration

1. N'utiliser la cyclobenzaprine que pendant 2 ou 3 semaines.

2. Si le client a reçu des inhibiteurs de la MAO, attendre au moins 2 semaines avant de commencer l'administration.

Soins infirmiers complémentaires

Voir *Soins infirmiers – Antidépresseurs tricycliques*, p. 536.

Expliquer au client qu'il ne doit pas prendre le médicament plus de 2 ou 3 semaines; une thérapie plus longue est contre-indiquée.

DANTROLÈNE SODIQUE Dantrium
intraveineux[Pr], Dantrium oral[Pr]

Catégorie Myorésolutif à action centrale.

Mécanisme d'action/cinétique Le dantrolène est un dérivé de l'hydantoïne et il n'est pas apparenté chimiquement aux autres myorésolutifs. Il agit directement sur le muscle, probablement en dissociant le couplage excitation-contraction. Cela entraîne une diminution de la force de la contraction musculaire réflexe et une réduction de l'hyperréflexie, de la spasticité, des mouvements involontaires et du clonus. L'absorption est lente et incomplète, mais constante. **Demi-vie: Orale**, 8,7 h; **IV**, 5 h. Le médicament se lie fortement aux protéines plasmatiques.

Indications   Spasticité musculaire associée à des états chroniques graves tels que la sclérose en plaques, l'infirmité motrice cérébrale, les lésions de la moelle épinière et les accidents vasculaires cérébraux. Hyperthermie maligne due à un hypermétabolisme des muscles squelettiques. *À l'étude*: Douleur musculaire induite par l'exercice.

Contre-indications   Maladies rhumatismales, grossesse, lactation et enfants de moins de 5 ans. Hépatite aiguë et cirrhose. Utiliser avec prudence dans les cas d'insuffisance de la fonction pulmonaire.

Réactions indésirables   **Hépatotoxicité mortelle et non mortelle.** *SNC*: Somnolence, étourdissements, faiblesse, malaise, sensation ébrieuse, céphalée, insomnies, convulsions, troubles de l'élocution, fatigue, confusion, dépression et nervosité. *GI*: Diarrhée (fréquente), anorexie, troubles gastriques, crampes et saignements. *Musculosquelettiques*: Douleurs au dos et myalgie. *Dermatologiques*: Éruptions, photosensibilité, prurit, urticaire, hyperactivité du système pileux, transpiration. *CV*: Altération de la pression artérielle, phlébite et tachycardie. *GU*: Rétention urinaire, hématurie, cristallurie, nycturie, impuissance. *Autres*: Troubles de la vision, fièvre, frissons, larmoiement, sensation de suffocation et épanchement pleural avec péricardite.

Posologie   **PO**. *États spastiques*. **Adultes: Initialement**, 25 mg par jour; **puis**, porter à 25 mg b.i.d. à q.i.d.; on peut ensuite augmenter la dose par paliers de 25 mg jusqu'à 100 mg b.i.d. à q.i.d. (les doses excédant 400 mg par jour ne sont pas recommandées). **Pédiatrique: Initialement**, 0,5 mg/kg b.i.d.; **puis**, porter à 0,5 mg/kg t.i.d. ou q.i.d.; on peut ensuite augmenter la dose par paliers de 0,5 mg/kg à 3 mg/kg b.i.d. à q.i.d. (ne pas excéder 400 mg par jour). *Hyperthermie maligne, préopératoire*. **Adultes et enfants**: 4 à 8 mg/kg par jour, en 3 ou 4 doses fractionnées, 1 à 2 jours avant l'intervention. **IV. Hyperthermie maligne, traitement de la crise: Adultes et enfants, initialement**, 1 mg/kg rapidement; la dose peut être répétée jusqu'à une dose cumulative de 10 mg/kg **puis**, afin de prévenir les rechutes, 4 à 8 mg/kg par jour PO, en doses fractionnées.

Administration

1. On peut administrer le médicament dans du jus de fruit ou un autre excipient liquide.

2. Les effets bénéfiques sur la spasticité peuvent n'être visibles qu'après 1 semaine, et le médicament devrait être retiré après 6 semaines s'ils ne sont pas évidents.

3. On devrait évaluer les avantages d'une utilisation prolongée pour chaque client, étant donné les risques d'hépatotoxicité.

4. Il faut protéger la solution reconstituée de la lumière et l'utiliser dans les 6 h suivant sa préparation.

> **Soins infirmiers**
>
> **1.** Encourager le client en lui soulignant que les effets du médicament ne deviennent parfois évidents qu'après une semaine et que les effets indésirables diminuent avec le temps.
>
> **2.** Il faut expliquer au client qu'il ne doit pas conduire une automobile ou opérer des machines dangereuses parce que le médicament cause de la somnolence.

DIAZÉPAM   Valium^Pr et autres

Anxiolytique et myorésolutif. Voir le tableau 13, p. 488.

MÉTHOCARBAMOL   Robaxin

Catégorie   Myorésolutif à action centrale.

Mécanisme d'action/cinétique   L'action bénéfique du méthocarbamol est reliée à ses propriétés sédatives. Utilité limitée. Le médicament peut être administré IM ou IV dans le polyéthylène-glycol 300 (solution à 50%). On doit entreprendre la thérapie PO le plus tôt possible. **Début d'action**: 30 min. **Demi-vie**: 1 à 2 h.

Indications   Spasmes musculaires associés aux entorses et/ou aux traumatismes, douleur aiguë au dos due à l'irritation des nerfs ou à une discopathie, techniques orthopédiques postopératoires, bursite et torticolis. Spasme musculaire en phase aiguë. Comme adjuvant dans le traitement du tétanos.

Contre-indications   Hypersensibilité, lorsque la spasticité musculaire est requise pour maintenir la position debout, grossesse, lactation, enfants de moins de 12 ans. Insuffisance rénale (forme pharmaceutique parentérale seulement). Utiliser avec prudence chez les épileptiques.

Réactions indésirables   **Après l'administration PO.** *SNC*: Étourdissements, somnolence, sensation ébrieuse, vertiges, lassitude et céphalée. *GI*: Nausées. *Autres*: Symptômes allergiques incluant l'éruption, l'urticaire, le prurit, la conjontivite, la vision trouble et la fièvre. **Après l'administration IV** (en plus des réactions précédentes) *CV*: Évanouissements, hypotension et bradycardie. *Autres*: Arrière-goût métallique, congestion nasale, rougeur, nystagmus, diplopie, thrombophlébite, douleur au point d'injection et anaphylaxie.

Interactions médicamenteuses   Les dépresseurs du SNC (y compris l'alcool) peuvent augmenter l'effet du méthocarbamol.

Interactions avec les épreuves de laboratoire Interaction avec les épreuves pour l'acide hydroxy-5 indole acétique (5-HIAA) et l'acide vanilmandélique (VMA).

Posologie **PO. Adultes, initialement**: 1,5 g q.i.d.; **entretien**: 1 g q.i.d. (on recommande 6 g par jour pendant les premières 48 à 72 h).

IM, IV: Habituellement, initialement, 1 g; dans les cas graves, jusqu'à 2 à 3 g peuvent être nécessaires. **L'administration IV ne devrait pas excéder 3 jours.** *Tétanos*: **IV**, 1 à 3 g administrés par la tubulure d'une aiguille à demeure déjà insérée. Peut s'administrer q 6 h, jusqu'à ce qu'on puisse l'administrer **PO**.

Administration

1. Le débit de la perfusion IV ne doit pas excéder 3 mL/min.
2. Pour un goutte-à-goutte, on peut ajouter une ampoule à 250 mL ou moins de solution saline ou de dextrose à 5%.
3. Avant le retrait de la perfusion IV, pincer la tubulure afin de prévenir l'extravasation de la solution hypertonique, ce qui pourrait causer une thrombophlébite.
4. Par voie IM, ne pas injecter plus de 5 mL dans chacune des régions fessières.

Soins infirmiers

1. Placer le client en position couchée au moment de l'administration IV et lui faire garder cette position pendant 10 à 15 min après l'injection afin de réduire l'hypotension orthostatique.
2. Avertir le client de s'étendre immédiatement s'il sent qu'il va s'évanouir.
3. Vérifier fréquemment la possibilité d'infiltration au cours de l'administration IV, car l'extravasation de la solution peut causer une thrombophlébite ou la formation d'une escarre.
4. Sauf si une personne reste avec le client, relever les ridelles du lit pendant l'administration IV. Appliquer les mesures de protection en cas de convulsions.
5. Faire lever le client lentement s'il était couché. Lui indiquer d'agiter les pieds avant de se lever.
6. On doit avertir le client de ne pas conduire une automobile et de ne pas opérer de machines dangereuses, car le médicament cause de la somnolence.

ORPHÉNADRINE, CHLORHYDRATE D'
Disipal

ORPHÉNADRINE, CITRATE D' Norflex

Catégorie Myorésolutif à action centrale.

Mécanisme d'action/cinétique L'effet de ce médicament peut être attribué, en partie, à son effet analgésique. Il a aussi des effets anticholinergiques. **Effet maximal**: 2 h. **Durée d'action**: 4 à 6 h. **Demi-vie**: 14 h.

Indications Adjuvant dans le traitement des troubles musculosquelettiques aigus.

Contre-indications Glaucome à angle étroit, ulcère gastroduodénal sténosant, hypertrophie de la prostate, obstruction du pylore ou du duodénum, cardiospasme et myasthénie grave. Chez la femme enceinte et chez l'enfant. Employer avec prudence chez les clients atteints d'insuffisance cardiaque.

Réactions indésirables Effets anticholinergiques, incluant la xérostomie, la tachycardie, la rétention urinaire, la vision trouble et la constipation. Également, symptômes d'allergie, irritation gastrique, tremblements, céphalée et étourdissements.

Interactions médicamenteuses

Médicaments	Interaction
Anticholinergiques	↑ de l'effet des anticholinergiques.
Contraceptifs oraux	L'orphénadrine cause une ↑ du catabolisme hépatique.
Griséofulvine	L'orphénadrine cause une ↑ du catabolisme hépatique.
Propoxyphène	L'utilisation conjointe peut entraîner de l'anxiété, des tremblements et de la confusion.

Posologie **PO**: 100 mg b.i.d. **IV ou IM**: 60 mg. Peut être répété q 12 h.

Administration Les injections IV doivent se faire en 5 min, alors que le client est couché; l'administration IV doit être suivie d'une période de repos de 5 à 10 min.

Soins infirmiers

1. Évaluer la xérostomie, qui indique qu'il faut réduire la dose.
2. Encourager le client à se rincer la bouche fréquemment et à boire beaucoup d'eau afin de soulager la xérostomie.
3. On doit avertir le client de ne pas conduire d'automobile ou opérer des machines dangereuses, car le médicament cause de la somnolence.

Anticonvulsivants

Généralités   Les anticonvulsivants sont utilisés pour la maîtrise des crises chroniques et des spasmes musculaires involontaires ou des mouvements caractéristiques de certaines maladies neurologiques. On les emploie le plus fréquemment pour le traitement de l'épilepsie, provoquée par une anomalie de la transmission de l'influx nerveux dans l'encéphale.

Les agents thérapeutiques ne guérissent pas ces troubles convulsifs, mais ils visent à supprimer leurs manifestations sans affecter les fonctions normales du SNC, ce qui est souvent accompli par le biais d'une dépression élective des zones hyperactives de l'encéphale qui sont à l'origine des convulsions. Ces médicaments devront donc être pris sans interruption afin de prévenir les crises (prophylaxie).

Il y a plusieurs types de troubles épileptiques, incluant la crise tonico-clonique (grand mal), les absences épileptiques (petit mal) et l'épilepsie psychomotrice. Les médicaments décrits dans ce chapitre ne sont pas efficaces contre tous les types d'épilepsie; on ne peut utiliser que certains d'entre eux pour chaque type de crise (voir la monographie de chaque produit).

Les médicaments efficaces contre un type d'épilepsie peuvent ne pas l'être contre un autre type.

Les barbituriques, particulièrement le phénobarbital et le méphobarbital sont des anticonvulsivants efficaces. Ils sont décrits au chapitre 29, p. 458.

La thérapie aux anticonvulsivants doit être individualisée. Le traitement commence avec de petites doses de médicament qu'on augmente continuellement jusqu'à la disparition des crises ou l'apparition de la toxicité causée par le médicament. Si une certaine dose d'un médicament réduit la fréquence des crises sans toutefois les prévenir complètement, on peut administrer conjointement au régime thérapeutique un autre médicament. On doit parfois utiliser un autre agent si le médicament en question se révèle inefficace. Le traitement échoue souvent à cause de l'utilisation de doses trop faibles pour procurer un effet thérapeutique ou du fait qu'on ne conseille pas l'administration de deux ou de plusieurs agents simultanément.

Si, pour une raison donnée, on décide d'interrompre le traitement, il faut retirer l'anticonvulsivant de façon graduelle sur une période de plusieurs jours ou semaines, afin d'éviter des convulsions graves et prolongées. Cette règle s'applique aussi lorsqu'un anticonvulsivant est substitué à un autre. La dose du nouvel agent doit être augmentée simultanément à la diminution de la dose de l'ancien médicament.

Grâce aux nouveaux médicaments, quatre cas d'épilepsie sur cinq peuvent être maîtrisés adéquatement, mais il est probable qu'il faille du temps au médecin avant de découvrir le médicament ou l'association de médicaments avec laquelle il doit traiter le client. Les anticonvulsivants peuvent provoquer des hémorragies de la délivrance, des anomalies congénitales et des troubles de la coagulation chez les nouveau-nés des clientes traitées avec ces médicaments.

Posologie   La posologie est fortement individualisée. Toutefois, un traumatisme ou un stress émotionnel peuvent dicter une augmentation de dose (par exemple, si le client doit subir une intervention chirurgicale et commence à être pris de crises). Pour les détails, consulter la monographie de chacun des médicaments.

Administration

1. Administrer les anticonvulsivants avec de la nourriture afin de diminuer les troubles gastriques.

2. Ne pas interrompre le traitement de façon abrupte sans l'avis du médecin.

3. Avertir le client que l'administration de plusieurs anticonvulsivants nuit à la conduite automobile et aux tâches nécessitant de la vigilance.

4. Demander aux clients traités avec des anticonvulsivants de porter une pièce ou une plaque d'identité faisant état de leur maladie et de leur traitement.

Soins infirmiers

1. Vérifier si le client a des antécédents d'hypersensibilité à un type particulier d'anticonvulsivants; dans l'affirmative, il ne devrait pas recevoir d'autres dérivés de cette catégorie (par exemple, si on sait qu'un client est allergique à une hydan-

toïne, on ne devrait pas lui administrer un autre médicament de cette catégorie).

2. Vérifier auprès du médecin s'il recommande l'administration de suppléments d'acide folique, afin de prévenir l'anémie mégaloblastique.

3. Vérifier auprès du médecin s'il recommande l'administration de suppléments de vitamine D, afin de prévenir l'hypocalcémie (la dose hebdomadaire est habituellement de 4 000 unités de vitamine D).

4. Prévoir l'administration de vitamine K aux femmes enceintes, 1 mois avant l'accouchement, afin de prévenir les hémorragies chez le nouveau-né.

5. Surveiller attentivement le client après l'administration IV d'anticonvulsivants afin de déceler une dépression respiratoire ou un collapsus cardio-vasculaire. En cas d'intoxication aiguë, se préparer à prêter de l'aide par le biais de vomissements provoqués (si le client n'est pas comateux), de lavages gastriques et d'autres mesures de soutien telles que l'administration de liquides ou d'oxygène.

6. Prévoir le recours éventuel à une dialyse péritonéale ou à une hémodialyse pour le traitement d'une intoxication aiguë aux barbituriques et aux hydantoïnes, et à une hémodialyse dans le cas d'une intoxication aiguë aux succinimides.

7. *Expliquer au client et/ou à sa famille*:
   a) qu'il faut exercer une surveillance médicale étroite au cours de la thérapie aux anticonvulsivants.
   b) qu'il doit prendre la dose de médicament prescrite.
   c) qu'il ne faut ni augmenter ni réduire la dose ni interrompre le traitement sans l'avis du médecin, afin d'éviter les convulsions.
   d) que l'abus d'alcool peut nuire à l'effet des anticonvulsivants.
   e) qu'il ne doit pas entreprendre de tâches dangereuses requérant de la vigilance et de la coordination au début de la thérapie, car les anticonvulsivants causent fréquemment de la somnolence, des vertiges, des céphalées et de l'ataxie. Les effets indésirables sur le SNC sont reliés à la dose et peuvent disparaître grâce à la modification de la posologie ou à un traitement prolongé.
   f) que les troubles GI peuvent être réduits en prenant le médicament avec de grandes quantités de liquide ou avec de la nourriture.
   g) qu'il doit signaler les éruptions, la fièvre, les céphalées graves, la stomatite, la rhinite, l'urétrite ou la balanite (inflammation du gland du pénis), signes avant-coureurs d'un syndrome d'hypersensibilité.
   h) qu'il doit prendre des mesures afin d'éviter la fièvre, l'hypoglycémie et l'hyponatrémie, car ces troubles diminuent le seuil des crises.

i) qu'il doit signaler les maux de gorge, l'apparition d'ecchymoses au moindre traumatisme, les pétéchies ou les saignements de nez, signes de toxicité hématologique. Il faut effectuer des épreuves hématologiques avant le début du traitement et de façon périodique pendant la thérapie.

j) qu'il doit signaler l'ictère, une coloration foncée de l'urine, l'anorexie, la douleur abdominale, signes d'hépatotoxicité. Il faut effectuer des épreuves de la fonction hépatique avant le début du traitement et de façon périodique pendant la thérapie.

k) qu'il faut discuter avec le médecin de l'effet de la médication pendant la grossesse, si le cas se présentait.

l) qu'il faut mettre sous observation un nourrisson allaité au sein, si la mère est traitée aux anticonvulsivants, afin de déceler et de rapporter les signes de toxicité médicamenteuse.

m) qu'il faut informer le médecin de tout événement inhabituel se produisant dans la vie du client, car il faut ajuster le régime posologique si le client subit des traumatismes ou un stress émotionnel.

HYDANTOÏNES

Généralités   Les hydantoïnes couramment utilisées pour traiter l'épilepsie sont la phénytoïne et la méphénytoïne. Des deux, c'est la phénytoïne qui est la plus utilisée. Toutefois, les clients qui ne réagissent pas à la phénytoïne peuvent réagir à une autre hydantoïne.

Mécanisme d'action/cinétique   Les hydantoïnes agissent sur le cortex moteur de l'encéphale en réduisant la propagation des décharges électriques émises par les foyers épileptiques hyperactifs de cette région. Cet effet vient de la stabilisation des cellules hyperexcitables, probablement en affectant l'émission de sodium. De plus, les hydantoïnes diminuent l'activité des centres du tronc cérébral qui sont à l'origine de la phase tonique des crises de grand mal. Ces médicaments sont peu sédatifs.

Indications   Épilepsie chronique, particulièrement du type tonico-clonique et psychomoteur. Inefficace contre le petit mal; ces médicaments peuvent même augmenter la fréquence des crises dans ce cas. On utilise parfois la phénytoïne par voie parentérale pour traiter l'état de mal épileptique, pour maîtriser les crises au cours d'une intervention de neurochirurgie et dans les cas d'arythmie cardiaque.

Contre-indications   Hypersensibilité aux hydantoïnes ou dermatite exfoliative. Administrer avec extrême prudence aux clients qui présentent des antécédents d'asthme ou d'autres allergies, une insuffisance rénale ou hépatique et une maladie cardiaque. L'administration de ce médicament est déconseillée chez les mères qui allaitent. Administrer avec prudence chez les clients atteints de porphyrie.

Réactions indésirables *SNC*: Somnolence, incoordination, ataxie, dysarthrie, étourdissements, réactions extrapyramidales, augmentation paradoxale de l'activité motrice, effets psychosomimétiques incluant les hallucinations et les délires, fatigue, insomnie et apathie. *GI*: Nausées, vomissements et diarrhée ou constipation. *Dermatologiques*: Dermatites de formes variées incluant des éruptions rougeoleuses (fréquentes), scarlatiniformes, maculopapuleuses et urticariennes. Rarement, lupus érythémateux médicamenteux, syndrome de Stevens-Johnson, dermatite exfoliative ou purpurique et érythrodermie bulleuse avec épidermolyse. Les réactions cutanées peuvent dicter l'arrêt de la thérapie. *Hématopoïétiques*: Anémie mégaloblastique, hyperplasie des ganglions lymphatiques, thrombopénie, leucopénie, agranulocytose, pancytopénie, anémies, incluant les anémies hémolytique et aplastique. *Hépatiques*: Hépatite, ictère et hépatite toxique. *Autres*: Hyperglycémie, ostéomalacie, hyperplasie gingivale (avec la phénytoïne), hirsutisme, fibrose pulmonaire, alopécie, œdème et photophobie.

Une administration parentérale rapide peut causer des effets cardiovasculaires graves, incluant l'hypotension, les arythmies, le collapsus cardio-vasculaire et le bloc cardiaque ainsi que la dépression du SNC.

Le *surdosage* se caractérise par le nystagmus, l'ataxie, la dysarthrie, le coma, l'absence de réaction pupillaire et l'hypotension ainsi que certains effets sur le SNC décrits ci-dessus.

Il peut se produire une intoxication après l'administration de faibles doses de phénytoïne PO, car plusieurs clients présentent une certaine insuffisance hépatique qui ne permet que la dégradation partielle de ce médicament. Il est recommandé d'effectuer des épreuves des fonctions hépatique et rénale ainsi que des épreuves hématologiques avant de commencer la thérapie, et de façon périodique par la suite.

Interactions médicamenteuses (phénytoïne)

Médicaments	Interaction
Acide folique	↓ de la concentration sanguine de phénytoïne par ↑ du catabolisme hépatique.
Acide valproïque	↑ des risques de toxicité associés à la phénytoïne.
Alcool éthylique	Chez les alcooliques, ↓ de l'effet de la phénytoïne par ↑ du catabolisme hépatique.
Allopurinol	↑ de l'effet de la phénytoïne par ↓ du catabolisme hépatique.
Antiacides	↓ de l'effet de la phénytoïne par ↓ de l'absorption intestinale.
Anticoagulants oraux	↑ de l'effet de la phénytoïne par ↓ du catabolisme hépatique. De plus, ↑ possible de l'effet anticoagulant par ↓ de la liaison aux protéines plasmatiques.

Médicaments	Interaction
Antidépresseurs tricycliques	Peuvent causer une ↑ de la fréquence des crises épileptiques ou causer une ↑ de l'effet de la phénytoïne.
Barbituriques	↑, ↓ ou absence de modification de l'effet de la phénytoïne; ↑ possible de l'effet des barbituriques.
Benzodiazépines	↑ de l'effet de la phénytoïne par ↓ du catabolisme hépatique.
Carbamazépine	↓ de l'effet de la phénytoïne par ↑ du catabolisme hépatique.
Chloral, hydrate de	↓ de l'effet de la phénytoïne par ↑ du catabolisme hépatique.
Chloramphénicol	↑ de l'effet de la phénytoïne par ↓ du catabolisme hépatique.
Cimétidine	↑ de l'effet de la phénytoïne par ↓ du catabolisme hépatique.
Contraceptifs oraux	La rétention liquidienne provoquée par les œstrogènes peut précipiter les crises; de plus, ↓ de l'effet des contraceptifs par ↑ du catabolisme hépatique.
Corticostéroïdes	↓ de l'effet des corticostéroïdes par ↑ du catabolisme hépatique.
Cyclosporine	↓ de l'effet de la cyclosporine par ↑ du catabolisme hépatique.
Diazoxide	↓ de l'effet de la phénytoïne par ↑ du catabolisme hépatique.
Disulfirame	↑ de l'effet de la phénytoïne par ↓ du catabolisme hépatique.
Dopamine	L'administration IV de phénytoïne cause de l'hypotension et de la bradycardie.
Doxycycline	↓ de l'effet de la doxycycline par ↑ du catabolisme hépatique.
Furosémide	↓ de l'effet du furosémide par ↓ de l'absorption intestinale.
Glucosides cardiotoniques	↓ de l'effet des glucosides cardiotoniques par ↑ du catabolisme hépatique.
Halopéridol	↓ de l'effet de l'halopéridol par ↑ du catabolisme hépatique.
Isoniazide	↑ de l'effet de la phénytoïne par ↓ du catabolisme hépatique.
Lévodopa	↓ de l'effet de la lévodopa.
Mépéridine	↓ de l'effet de la mépéridine par ↑ du catabolisme hépatique.
Méthadone	↓ de l'effet de la méthadone par ↑ du catabolisme hépatique.

Médicaments	Interaction
Méthotrexate	↓ de l'effet de la phénytoïne par ↓ de l'absorption intestinale.
Métyrapone	↓ de l'effet de la métyrapone par ↑ du catabolisme hépatique.
Œstrogènes	Voir *Contraceptifs oraux.*
Phénothiazines	↑ de l'effet de la phénytoïne par ↓ du catabolisme hépatique.
Phénylbutazone	↑ de l'effet de la phénytoïne par ↓ du catabolisme hépatique et par ↓ de la liaison aux protéines plasmatiques.
Primidone	↑ possible de l'effet de la primidone.
Quinidine	↓ de l'effet de la phénytoïne par ↑ du catabolisme hépatique.
Salicylates	↑ de l'effet de la phénytoïne par ↓ de la liaison aux protéines plasmatiques.
Sulfamides	↑ de l'effet de la phénytoïne par ↓ du catabolisme hépatique.
Sulfonylurées	↓ de l'effet des sulfonylurées.
Théophylline	↓ de l'effet des deux médicaments par ↑ du catabolisme hépatique.
Triméthoprime	↑ de l'effet de la phénytoïne par ↓ du catabolisme hépatique.
Vinblastine	↑ de l'effet de la phénytoïne par ↓ du catabolisme hépatique.

Interactions avec les épreuves de laboratoire   Modification des épreuves de la fonction hépatique, ↑ des valeurs de la glycémie et ↓ des valeurs de l'iode lié aux protéines. ↑ des gammaglobulines. La phénytoïne cause une ↓ des immunoglobulines A et G.

Posologie   Consulter la monographie de chacun des médicaments. Il faut prévoir 6 à 9 jours pour que l'efficacité maximale des hydantoïnes administrées PO se manifeste. Prévoir un laps de temps similaire avant la disparition complète des effets. Lorsque les hydantoïnes remplacent d'autres anticonvulsivants ou lorsqu'on les ajoute à un tel régime thérapeutique, augmenter la dose graduellement, tout en diminuant celle de l'ancien médicament proportionnellement.

Soins infirmiers complémentaires

Voir *Soins infirmiers – Anticonvulsivants*, p. 569.

Expliquer au client et/ou à sa famille:

a) qu'il ne doit prendre aucun autre médicament sans surveillance médicale, car les hydantoïnes interagissent avec plusieurs médicaments et que, de plus, l'ajout d'autres

---

médicaments peut dicter un ajustement de la dose d'anticon-vulsivant.

b) que les diabétiques doivent signaler toute modification des épreuves urinaires fractionnées, car les hydantoïnes peuvent affecter la glycémie.

c) que les hydantoïnes peuvent colorer l'urine en rose, en rouge ou en brun.

d) qu'il faut favoriser l'hygiène dentaire, y compris le brossage des dents, le nettoyage à l'aide de la soie dentaire et le massage des gencives, afin de réduire les saignements des gencives.

e) qu'il faut signaler au médecin le développement excessif de poils sur le visage et sur le tronc.

f) que de bons soins cutanés sont nécessaires, car les hydantoïnes ont des effets androgéniques sur les follicules pileux et peuvent causer de l'acné.

MÉPHÉNYTOÏNE   Mésantoïne[Pr]

Catégorie   Anticonvulsivant, hydantoïne.

Généralités   La méphénytoïne est potentiellement dangereuse, car elle est plus toxique que les autres hydantoïnes; son administration doit, par conséquent, être réservée aux clients qui ne réagissent pas aux autres anticonvulsivants. La dyscrasie sanguine, les manifestations cutanées et des muqueuses ainsi que les effets sur le SNC sont plus fréquents qu'avec les autres hydantoïnes. De plus, ce produit est sédatif, ce qui n'est pas le cas de la phénytoïne. Effectuer des épreuves de la fonction hépatique avant le début du traitement.

Mécanisme d'action/cinétique   Absorption GI rapide. Le produit est métabolisé dans le foie en métabolites actifs.

Indications supplémentaires   Épilepsie focale et jacksonienne et clients qui résistent aux autres médicaments.

Posologie   PO. **Adultes et enfants: Initialement**, 50 à 100 mg par jour; augmenter graduellement sur une période de 8 à 10 semaines jusqu'à la maîtrise des symptômes. Garder la même dose pendant au moins une semaine avant de l'augmenter. **Entretien**, habituellement, **adultes**: 200 à 600 mg, en 3 ou 4 prises; **entretien, pédiatrique**: 100 à 400 mg, en 3 ou 4 prises.

Soins infirmiers complémentaires

Voir *Soins infirmiers – Anticonvulsivants*, p. 569.

Prévenir le client de ne pas faire fonctionner des machines, car la somnolence se produit plus fréquemment avec ce médicament qu'avec les autres hydantoïnes.

PHÉNYTOÏNE (DIPHÉNYLHYDANTOÏNE)
Dilantin Infatabs[Pr], Dilantin-30[Pr], Dilantin-125[Pr]

PHÉNYTOÏNE SODIQUE PARENTÉRALE
Dilantin[Pr]

PHÉNYTOÏNE SODIQUE PROLONGÉE
Dilantin[Pr], Novophenytoin[Pr]

Catégorie   Anticonvulsivant, hydantoïne.

Mécanisme d'action/cinétique   Surveiller les concentrations sériques, car elles n'augmentent pas proportionnellement à la dose. La phénytoïne prolongée est destinée à une administration quotidienne unique. Son taux de dissolution est lent: inférieur à 35% en 30 min, de 30% à 70% en 60 min et de moins de 80% en 120 min. L'absorption est variable lors d'une administration par voie orale. **Concentration sérique maximale: PO**, 4 à 8 h. Étant donné que la vitesse d'absorption et la quantité absorbée varient d'une forme pharmaceutique à l'autre, on doit toujours administrer le même produit au client. **Concentration sérique maximale (après l'administration IM)**: 24 h (très variable). **Concentration sérique thérapeutique**: 40 à 79 μmol/L. **Demi-vie**: 8 à 60 h (moyenne: 20 à 30 h). Plateau atteint 7 à 10 jours après le début de la thérapie. La phénytoïne est biotransformée dans le foie. Les métabolites inactifs et le médicament inchangé sont excrétés dans l'urine.

Posologie   **PO. Adultes**: 100 mg t.i.d. initialement; ajuster la dose jusqu'à la maîtrise des crises (**entretien, habituellement**: 300 à 400 mg par jour, bien que 600 mg par jour soient recommandés dans certains cas). **Pédiatrique: Initialement**, 5 mg/kg par jour, en 2 ou 3 prises; **entretien**, 4 à 8 mg/kg par jour (jusqu'à un maximum de 300 mg par jour). On peut administrer jusqu'à 300 mg par jour aux enfants de plus de 6 ans. Lorsque la posologie a été établie, on peut administrer des capsules à action prolongée pour une posologie quotidienne unique. **IV**. *État de mal épileptique*: 150 à 200 mg administrés lentement; **puis**, 100 à 150 mg après 30 min, au besoin. **Pédiatrique**: La posologie peut être calculée sur une base de 250 mg/m². **IM**. Si la posologie IM est conseillée chez un client stabilisé avec une thérapie PO, la dose IM doit être de 50% supérieure à la dose PO. *Neurochirurgie*: 100 à 200 mg IM q 4 h pendant et après l'intervention (durant les 24 premières heures, ne pas dépasser 1 000 mg; administrer la posologie d'entretien après la première journée). *Phénytoïne prolongée*: **PO: Entretien seulement**, 300 à 400 mg, en une seule dose, chaque jour.

Administration (parentérale)

1. Diluer dans le solvant spécial fourni par le fabricant. Agiter les fioles jusqu'à ce que la solution devienne claire. La dissolution du médicament prend environ 10 min. On peut accélérer la solubilisation en réchauffant la fiole dans de l'eau chaude après l'ajout du solvant.

Ce médicament est incompatible avec des solutions acides. Utiliser uniquement une solution claire.

2. Éviter l'injection sous-cutanée ou périvasculaire, car une solution fortement alcaline peut causer de la douleur, de l'inflammation et de la nécrose.

3. Administrer une injection de chlorure de sodium par la même aiguille ou la même cathéter après l'administration IV du médicament, afin d'éviter l'irritation locale de la veine causée par l'alcalinité de la solution.

4. *Ne pas* ajouter la phénytoïne à une solution IV qu'on est en train d'administrer.

5. Pour le traitement de l'état de mal épileptique, injecter lentement par voie IV, à un débit n'excédant pas 50 mg/min. Au besoin, répéter la dose 30 min après la première administration.

Soins infirmiers complémentaires

Voir *Soins infirmiers – Anticonvulsivants*, p. 569 et *Hydantoïnes*, p. 574.

1. Effectuer des évaluations périodiques de la concentration totale de phénytoïne, particulièrement chez les clients qui reçoivent des médicaments qui interagissent avec la phénytoïne ou chez ceux atteints d'insuffisance rénale (l'éventail de concentration sérique cliniquement efficace est de 40 à 79 μmol/L). Compter 7 à 10 jours avant d'atteindre la concentration sérique recommandée.

2. Ne pas substituer les produits à base de phénytoïne ni changer de marque, parce que la biodisponibilité peut varier. En cas de substitution, une perte de la maîtrise des crises ou des concentrations sanguines toxiques peuvent s'ensuivre.

3. *Expliquer au client et/ou à sa famille (en cas d'administration de la phénytoïne prolongée):*
   a) qu'il ne doit pas remplacer les capsules par des comprimés à croquer, car la concentration de médicament (quantité de phénytoïne) n'est pas égale.
   b) qu'il faut s'assurer que l'étiquette sur la bouteille indique qu'il s'agit de la forme à action prolongée.
   c) qu'il ne doit prendre qu'une seule dose par jour.
   d) qu'il ne doit prendre que la marque et la posologie prescrites par le médecin.

SUCCINIMIDES

Généralités   On utilise de façon courante trois succinimides pour le traitement des crises d'absence épileptique (petit mal): l'éthosuximide, le methsuximide et le phensuximide. L'éthosuximide constitue le médicament de choix pour le traitement des crises d'absence.

L'utilisation du methsuximide se limite aux cas où le client ne réagit pas aux autres médicaments. Ces médicaments peuvent être administrés conjointement à d'autres anticonvulsivants si d'autres types d'épilepsie se manifestent en même temps que les crises d'absence épileptique.

Mécanisme d'action/cinétique Les dérivés du succinimide suppriment les aspects anormaux des ondes de l'activité électrique cérébrale associés aux pertes de conscience des états d'absence. Cet effet se produit probablement par le biais d'une dépression du cortex moteur et par une augmentation du seuil du SNC face à des stimuli convulsivants.

Contre-indications Hypersensibilité aux succinimides. L'innocuité pendant la grossesse n'a pas été établie. Administrer avec prudence chez les clients atteints d'insuffisance rénale ou hépatique.

Réactions indésirables *SNC*: Somnolence, ataxie, étourdissements, céphalées, euphorie, léthargie, fatigue, insomnie et hyperactivité. Aberrations psychiatriques ou psychologiques comme la lenteur mentale, l'hypochondrie, les troubles du sommeil, l'incapacité de se concentrer, la dépression, la confusion et l'agressivité. *GI*: Nausées, vomissements, hoquets, anorexie, diarrhée, troubles et douleurs gastriques, crampes et constipation. *Hématologiques*: Leucopénie, granulopénie, éosinophilie, agranulocytose, pancytopénie, anémie aplastique et monocytose. *Dermatologiques*: Prurit, urticaire, érythème polymorphe, lupus érythémateux, syndrome de Stevens-Johnson et photophobie. *Autres*: Vision trouble, alopécie, faiblesse musculaire, hirsutisme, hyperhémie, hypertrophie des gencives, enflure de la langue, myopie et hémorragies vaginales.

Interactions médicamenteuses Les succinimides peuvent augmenter l'effet des hydantoïnes en diminuant leur métabolisme hépatique.

Posologie *Individualisée*. Consulter la monographie de chaque médicament. Les succinimides peuvent être administrés conjointement à d'autres anticonvulsivants si le client est atteint de deux ou plusieurs types d'épilesie.

Soins infirmiers complémentaires

Voir *Soins infirmiers – Anticonvulsivants*, p. 569.

1. Signaler toute augmentation de la fréquence des crises tonico-cloniques (grand mal).

2. Informer la famille des possibilités de modification de la personnalité, comme le comportement hypochondriaque et l'agressivité. Insister sur l'importance de signaler ces troubles.

ÉTHOSUXIMIDE   Zarontin[Pr]

Catégorie   Anticonvulsivant, succinimide.
Remarque: Voir les données concernant les *Succinimides*, p. 577, et les *Anticonvulsivants*, p. 568.

Mécanisme d'action/cinétique   **Concentration sérique maximale**: 3 à 7 h. **Demi-vie: Adultes**, 60 h. **Demi-vie: Enfants**, 30 h. Concentration sérique stable atteinte en 7 à 10 jours. **Concentration sérique thérapeutique**: 0,28 à 0,71 mmol/mL. Ce médicament est métabolisé par le foie. Les métabolites inactifs et le médicament inchangé sont excrétés dans l'urine.

Interactions médicamenteuses supplémentaires
L'isoniazide et l'acide valproïque peuvent causer une ↑ de l'effet de l'éthosuximide.

Posologie   **PO**: *Individualisée.* **Habituellement, initialement; adultes et enfants de plus de 6 ans**: 250 mg b.i.d.; **pédiatrique, enfants de moins de 6 ans**: 250 mg par jour.

La posologie peut être augmentée graduellement (par paliers de 250 mg tous les 4 à 7 jours) jusqu'à la maîtrise des crises. Cette démarche peut dicter l'administration de 1,0 à 1,5 g ou plus par jour. Les doses excédant 1 g par jour sont rarement plus efficaces que les doses plus faibles.

Ce médicament peut être employé conjointement à d'autres anticonvulsivants en présence d'autres formes d'épilepsie.

METHSUXIMIDE   Celontin[Pr]

Catégorie   Anticonvulsivant, succinimide.
Remarque: Voir les données concernant les *Succinimides*, p. 577, et les *Anticonvulsivants*, p. 568.

Indications   Le methsuximide est employé pour traiter les crises d'absence épileptique qui résistent aux autres médicaments.

Réactions indésirables supplémentaires   Les plus fréquentes sont l'ataxie, les étourdissements et la somnolence.

Interactions médicamenteuses supplémentaires   Le methsuximide peut causer une ↑ de l'effet de la primidone.

Posologie   **PO**. *Individualisée.* **Adultes et enfants: Initialement**, 300 mg par jour pendant la première semaine; **puis**, augmenter la posologie de 300 mg par semaine jusqu'à la maîtrise des crises. **Dose quotidienne maximale**: 1,2 g en doses fractionnées.

PHENSUXIMIDE   Milontin[Pr]

Catégorie   Anticonvulsivant, succinimide.
Remarque: Le phensuximide semble moins efficace et moins toxique

que les autres succinimides. Il peut colorer l'urine en rose, en rouge ou en brun. Voir les données concernant les *Succinimides*, p. 577, et les *Anticonvulsivants*, p. 568.

Réactions indésirables supplémentaires Lésions rénales, hématurie et pollakiurie.

Posologie PO. *Individualisée.* **Adultes**: 0,5 à 1,0 g b.i.d. ou t.i.d. **Pédiatrique**: 0,6 à 1,2 g b.i.d. ou t.i.d. La dose quotidienne totale varie entre 1 et 3 g, sans égard à l'âge. On peut administrer ce médicament conjointement à d'autres anticonvulsivants, en présence de plusieurs formes d'épilepsie.

AUTRES ANTICONVULSIVANTS

ACÉTAZOLAMIDE Acetazolam[Pr], Apo-Acetazolamide[Pr], Diamox[Pr]

Catégorie Anticonvulsivant, diurétique.

Mécanisme d'action/cinétique Ce dérivé sulfamide, inhibiteur de l'anhydrase carbonique, semble retarder les décharges anormales et paroxysmales des neurones du SNC. Les effets bénéfiques peuvent être dus à l'inhibition de l'anhydrase carbonique ou à l'acidose résultante. Le médicament est absorbé dans le tractus GI et il est largement diffusé dans tout l'organisme, y compris dans le SNC. Il est excrété inchangé dans l'urine.

Indications Adjuvant dans le traitement des crises tonico-cloniques et myocloniques, des états d'absence épileptique (petit mal) et des crises mixtes. Également utilisé comme diurétique et pour le traitement du glaucome. *À l'étude*: Prophylaxie de la maladie de Monge aiguë.

Contre-indications Faibles concentrations sériques de sodium ou de potassium. Insuffisance rénale ou hépatique. Acidose hyperchlorémique, insuffisance surrénalienne, hypersensibilité aux diurétiques thiazidiques. L'administration prolongée chez les clients atteints de glaucome à angle fermé non congestif est déconseillée.

Réactions indésirables *Thérapie à brève échéance* (réactions indésirables minimes): Anorexie, polyurie, somnolence, confusion et paresthésie. *Thérapie prolongée*: Acidose et myopie transitoire. *Rarement*: Urticaire, glycosurie, insuffisance hépatique, méléna, paralysie flasque et convulsions. Également, effets indésirables similaires à ceux des sulfamides (voir p. 174).

Interactions médicamenteuses Voir *Diurétiques thiazidiques*, p. 980.

Posologie **PO.** **Adultes et enfants**: 8 à 30 mg/kg par jour en doses fractionnées. Posologie quotidienne optimale: 375 à 1 000 mg (les doses supérieures à 1 000 mg n'augmentent pas l'effet thérapeutique). *Adjuvant à d'autres anticonvulsivants*: **Initialement**, 250 mg une fois par jour; on peut augmenter la dose jusqu'à 1 000 mg par jour, au besoin.

Administration

1. La substitution de l'acétazolamide à tout autre anticonvulsivant doit se faire graduellement.

2. Utiliser les solutions parentérales dans les 24 h qui suivent leur reconstitution.

3. L'administration IV est préférable, car l'administration IM est douloureuse.

4. Reconstituer avec au moins 5 mL d'eau stérile pour injection.

Soins infirmiers complémentaires

Voir *Soins infirmiers – Diurétiques*, p. 976, et *Sulfamides*, p. 178.

Expliquer au client qu'il doit signaler au médecin les symptômes d'acidose tels que faiblesse, céphalées, malaises, douleurs abdominales, nausées et vomissements afin que ce dernier lui prescrive éventuellement du bicarbonate ou d'autres antiacides pour neutraliser l'acidité excessive.

ACIDE VALPROÏQUE   Depakene[Pr]
SODIUM, DIVALPROHEX DE   Epival[Pr]
SODIUM, VALPROATE DE   Depakene[Pr]

Catégorie   Anticonvulsivant.

Mécanisme d'action/cinétique   Le mécanisme d'action précis de cet anticonvulsivant n'est pas connu, mais on croit que son activité serait liée à une augmentation de la concentration du neuromédiateur GABA dans l'encéphale. L'absorption GI est plus rapide après l'administration du sirop (valproate de sodium) que des capsules. Le divalprohex de sodium se dissocie en acide valproïque dans le tractus GI. **Concentration sérique maximale**: 1 à 4 h (retardée si le médicament est pris avec de la nourriture). **Demi-vie**: 6 à 16 h. **Concentration sérique thérapeutique**: 0,35 à 0,69 mmol/L. Le médicament se lie à environ 90 % aux protéines plasmatiques. Il est métabolisé dans le foie et ses métabolites inactifs sont excrétés dans les fèces.

Indications   Seul ou conjointement à d'autres anticonvulsivants pour le traitement de l'épilepsie caractérisée par des crises d'absences (petit mal) simples ou multiples.

Contre-indications   L'innocuité durant la grossesse et la lactation n'a pas été établie. Utiliser avec prudence chez les clients atteints d'insuffisance hépatique.

Réactions indésirables *GI* (les plus fréquentes): Nausées, vomissements et indigestion. *SNC*: Sédation. *Hématologiques*: Thrombopénie, leucopénie, éosinophilie, anémie, dépression médullaire osseuse. *Autres*: **Hépatotoxicité**. Également, alopécie transitoire, troubles émotionnels, modifications du comportement, faiblesse, éruption cutanée, pétéchies, irrégularités du cycle menstruel, pancréatite aiguë, augmentation des valeurs de la SGOT et de la phosphatase alcaline.

Interactions médicamenteuses

Médicaments	Interaction
Alcool éthylique	↑ de la fréquence de dépression du SNC.
Aspirine	↑ de l'effet de l'acide valproïque par ↓ de la liaison aux protéines plasmatiques.
Benzodiazépines	↑ de l'effet des benzodiazépines par ↓ du catabolisme hépatique.
Clonazépam	↑ des risques de crises d'absence épileptique (petit mal).
Dépresseurs du SNC	↑ de la fréquence de dépression du SNC.
Éthosuximide	↑ de l'effet de l'éthosuximide.
Phénobarbital	↑ de l'effet du phénobarbital par ↓ du catabolisme hépatique.
Phénytoïne	↑ de l'effet de la phénytoïne par ↓ du catabolisme hépatique.
Warfarine sodique	Inhibition de l'agrégation plaquettaire.

Interaction avec les épreuves de laboratoire Faux + aux épreuves de cétonurie.

Posologie **PO: Initialement**, 15 mg/kg par jour. Augmenter à une semaine d'intervalle de 5 à 10 mg/kg par jour. **Dose maximale**: 60 mg/kg par jour. Si la dose quotidienne totale excède 250 mg, administrer en doses fractionnées.

Administration

1. Administrer en doses fractionnées si la dose quotidienne dépasse 250 mg.
2. Commencer par la plus faible dose ou administrer avec de la nourriture si le client souffre d'irritation GI.
3. Les capsules doivent être avalées entières, afin d'éviter toute irritation locale.

> **Soins infirmiers**
>
> 1. Prévenir les clients diabétiques que la thérapie à l'acide valproïque peut causer des faux + lors des épreuves urinaires pour l'acétone. Réviser avec le client les symptômes de

l'acidocétose (xérostomie, soif, peau rougie et desséchée) afin qu'il soit en mesure de savoir s'il est en état d'acidose.

2. Ne pas administrer de sirop d'acide valproïque aux clients qui suivent un régime *hyposodé*. Consulter le médecin si un client suivant un tel régime est incapable d'avaler les capsules.

CARBAMAZÉPINE   Apo-Carbamazepine[Pr], Mazépine[Pr], Tégrétol[Pr]

Catégorie   Anticonvulsivant.

Mécanisme d'action/cinétique   La carbamazépine est apparentée chimiquement aux antidépresseurs tricycliques; elle est aussi analgésique, anticholinergique et sédative. On doit évaluer les risques par rapport aux bénéfices avant d'entreprendre la thérapie, car le produit peut causer une dyscrasie sanguine grave.

Le mécanisme d'action de la carbamazépine est inconnu. Toutefois, ses propriétés anticonvulsivantes sont semblables à celles des hydantoïnes. **Concentration sérique maximale**: 2 à 6 h. **Demi-vie** (sérique): 12 à 17 h, après l'administration de doses répétées. **Concentration sérique thérapeutique**: 21 à 51 μmol/L. La carbamazépine est métabolisée dans le foie en son dérivé l'époxyde, métabolite actif dont la demi-vie est de 5 à 8 h.

Indications   Sans constituer un médicament de choix, la carbamazépine est réservée aux crises qui ne peuvent pas être maîtrisées avec d'autres agents. Épilepsie, particulièrement l'épilepsie partielle à sémiologie complexe. Grand mal, épilepsie psychomotrice et maladie associée à un profil de crise mixte. Traitement des douleurs associées au tic douloureux de la face (névralgie essentielle du trijumeau) ainsi que de la névralgie du glossopharyngien. *À l'étude*: Diabète insipide nerveux, sevrage éthylique, certains troubles psychiatriques comme la schizophrénie réfractaire.

Contre-indications   Antécédents de dépression médullaire osseuse. Hypersensibilité au médicament ou aux antidépresseurs tricycliques. Clients traités aux inhibiteurs de la MAO. Employer avec prudence chez les clients atteints de glaucome ou d'insuffisance hépatique, rénale ou cardiaque. L'innocuité au cours de la grossesse et de la lactation n'a pas été établie. Ne pas employer ce médicament si d'autres antiépileptiques sont efficaces.

Réactions indésirables   *GI*: Nausées, vomissements, diarrhée, douleurs ou troubles abdominaux, anorexie, glossite, stomatite, sécheresse de la bouche et du pharynx. *Hématologiques*: Anémie aplastique, leucopénie, éosinophilie, thrombopénie, purpura, agranulocytose et leucocytose. *SNC*: Fatigue, somnolence, ataxie, incoordination, vertiges, confusion, céphalée, nystagmus, hallucinations, mouvements involontaires, dysarthrie et dépression. *CV*: Insuffisance cardiaque, hypertension, hypotension, syncope, thrombophlébite, aggravation de l'angine, arythmie et infarctus du myocarde. *GU*: Pollakiurie, rétention urinaire, oligurie et impuissance. *Dermatologiques*: Prurit, urticaire, photosensibilité, dermatite exfoliative, syndrome de Stevens-Johnson, aggravation du lupus érythémateux, alopécie, érythème noueux. *Ophtalmologiques*: Nystagmus, diplopie, vision trouble, troubles oculomoteurs et conjonctivite. *Autres*: Névrite périphérique, paresthésie, acouphènes, transpiration, fièvre, frissons, crampes et douleurs musculaires et articulaires, adénopathie et lymphadénopathie.

Interactions médicamenteuses

Médicaments	Interaction
Acide valproïque	↓ de l'effet de l'acide valproïque par ↑ du catabolisme hépatique.
Anticoagulants oraux	↓ de l'effet des anticoagulants par ↑ du catabolisme hépatique.
Cimétidine	↑ de l'effet de la carbamazépine par ↓ du catabolisme hépatique.
Contraceptifs oraux	↓ de l'effet des contraceptifs par ↑ du catabolisme hépatique.
Doxycycline	↓ de l'effet de la doxycycline par ↑ du catabolisme hépatique.
Érythromycine	↑ de l'effet de la carbamazépine par ↓ du catabolisme hépatique.
Éthosuximide	↓ de l'effet de l'éthosuximide par ↑ du catabolisme hépatique.
Hormones posthypophysaires	La carbamazépine cause une ↑ de l'effet des hormones posthypophysaires.
Inhibiteurs de la MAO	Exacerbation des effets indésirables de la carbamazépine.
Isoniazide	↑ de l'effet de la carbamazépine par ↓ du catabolisme hépatique.
Lithium	↑ de la toxicité pour le SNC.
Phénobarbital	↓ de l'effet de la carbamazépine par ↑ du catabolisme hépatique.
Phénytoïne	↓ de l'effet de la carbamazépine par ↑ du catabolisme hépatique.
Primidone	↓ de l'effet de la carbamazépine par ↑ du catabolisme hépatique.
Propoxyphène	↑ de l'effet de la carbamazépine par ↓ du catabolisme hépatique.
Théophyllines	↓ de l'effet des théophyllines par ↑ du catabolisme hépatique.
Troléandomycine	↑ de l'effet de la carbamazépine par ↓ du catabolisme hépatique.

Posologie **PO.** *Individualisée, épilepsie,* **adultes et enfants de plus de 12 ans: Initialement**, 200 mg b.i.d. Augmenter par paliers de 200 mg jusqu'à l'obtention de la réaction optimale. Diviser la dose totale et administrer q 6 à 8 h. **Dose maximale, enfants de 12 à 15 ans**: 1 000 mg par jour; **adultes et enfants de plus de 15 ans**: 1 200 mg par jour. **Entretien**: Diminuer la dose graduellement jusqu'à 800 à 1 200 mg par jour. **Enfants, 6 à 12 ans: Initialement**, 100 mg b.i.d.; **puis**, augmenter la dose lentement de 100 mg par jour, en doses fractionnées, administrées q 6 à 8 h. La dose quotidienne ne doit pas excéder 1 000 mg par jour. **Entretien**: 400 à 800 mg par jour. *Névralgie essentielle du trijumeau*: **Initialement**, 100 mg b.i.d. le premier jour. Augmenter de 200 mg par jour, au plus, par paliers de 100 mg q 12 h, au besoin, jusqu'à un maximum de 1 200 mg par jour. **Entretien**: *Habituellement*, 400 à 800 mg par jour. Tenter d'interrompre l'administration au moins 1 fois q 3 mois

Administration/entreposage

1. Ne pas administrer dans les 2 semaines qui suivent une thérapie aux inhibiteurs de la MAO.
2. Garder les comprimés à l'abri de l'humidité.
3. Administrer le médicament lors des repas.

Soins infirmiers

1. S'assurer que les valeurs de base des épreuves hématologiques et celles des fonctions rénale et hépatique ont été déterminées avant le début de la thérapie. Commencer le traitement au moment où toutes les anomalies importantes ont été éliminées.

2. S'assurer que les épreuves décrites ci-dessus sont effectuées périodiquement (les épreuves hématologiques doivent être répétées chaque semaine pendant les 3 premiers mois et mensuellement par la suite, pendant 2 à 3 ans). Si ces épreuves révèlent une anomalie, interrompre l'administration du médicament et signaler le cas au médecin.

3. Utiliser le barème suivant afin d'évaluer la dépression médullaire osseuse:
   Numération des érythrocytes, inférieure à 4×10^{12}/L; hématocrite, inférieur à 0,32; hémoglobine, inférieure à 110 g/L; numération des leucocytes, inférieure à $4,0 \times 10^9$/L; numération des réticulocytes, inférieure à 0,003 des érythrocytes (20×10^9/L); fer sérique, supérieur à 27 μmol/L.

4. S'assurer que des évaluations oculaires sont effectuées périodiquement, afin de déceler des opacités ou le développement d'une pression intra-oculaire.

5. S'attendre que la thérapie soit commencée graduellement à faible dose afin de réduire des réactions indésirables telles que les étourdissements, la somnolence, les nausées et les vomissements.

6. Évaluer, chez les clients ayant des antécédents de psychose, une réactivation éventuelle des symptômes.

7. Évaluer la confusion et l'agitation chez les clients âgés et préparer les mesures de protection qui s'imposent.

8. Si la carbamazépine est ajoutée à un autre traitement, commencer son administration graduellement tout en maintenant ou en diminuant graduellement les doses des autres antiépileptiques.

9. À moins de cas graves comme la dépression médullaire osseuse, qui mettent en danger la vie du client, il faut interrompre graduellement l'administration du médicament afin d'éviter la précipitation de l'état de mal épileptique.

10. S'il faut interrompre l'administration de façon abrupte, prendre les précautions nécessaires pour les cas de crise.

11. *Expliquer au client et/ou à sa famille*:
    a) qu'il faut interrompre la prise du médicament si l'un des symptômes suivants se produisait:
       (1) *Signes précoces d'une dépression médullaire osseuse.* Fièvre, maux de gorge, ulcération de la bouche, apparition d'ecchymoses au moindre traumatisme, pétéchies et hémorragies purpuriques.
       (2) *Signes précoces de troubles GU.* Pollakiurie, rétention urinaire aiguë, oligurie et impuissance.
       (3) *Effets secondaires CV.* Symptômes d'insuffisance cardiaque, syncope, collapsus, œdème, thrombophlébite, ou cyanose.
    b) qu'il faut exercer une extrême prudence en conduisant une automobile ou en opérant des machines dangereuses, car ce médicament nuit à la vision et à la coordination.
    c) qu'il faut signaler toute éruption cutanée, car il faudrait peut-être, dans ce cas, interrompre l'administration du médicament.

CLONAZÉPAM   Rivotril[Pr]

Catégorie   Anticonvulsivant, benzodiazépine.

Mécanisme d'action/cinétique   Dérivé de la benzodiazépine. Le clonazépam diminue la fréquence des décharges dans les cas de crises d'absence épileptique et la fréquence, l'amplitude et la durée des décharges dans les cas de crises motrices mineures. **Concentration plasmatique maximale**: 1 à 2 h. **Demi-vie**: 18 à 50 h. **Concentration sérique maximale**: 63 à 253 nmol/L. Ce médicament se lie à plus de 80% aux protéines plasmatiques; il est presque totalement métabolisé dans le foie en métabolites inactifs, qui sont excrétés dans l'urine.

Bien que ce soit une benzodiazépine, le clonazépam n'est utilisé qu'en tant qu'anticonvulsivant. Toutefois, ses contre-indications, ses réactions indésirables et autres paramètres sont semblables à ceux du diazépam (voir p. 481).

Indications   Crises d'absence épileptique (petit mal), y compris le syndrome de Lennox-Gastaut, les crises akinétiques et myocloniques.

Contre-indications   Sensibilité aux benzodiazépines. Maladie hépatique grave, glaucome à angle fermé en phase aiguë. L'innocuité pendant la grossesse et l'enfance n'a pas été établie.

Réactions indésirables   Chez les clients atteints de plusieurs formes d'épilepsie simultanément, le clonazépam peut précipiter les crises de grand mal.

Interactions médicamenteuses

Médicaments	Interaction
Acide valproïque	↑ des risques de crises d'absence.
Dépresseurs du SNC	Potentialisation des effets dépresseurs du SNC du clonazépam.
Phénobarbital	↓ de l'effet du clonazépam par ↑ du catabolisme hépatique.
Phénytoïne	↓ de l'effet du clonazépam par ↑ du catabolisme hépatique.

Posologie   **PO. Adultes**: *Individualisée*, **initialement**, 0,5 mg t.i.d. Augmenter par paliers de 0,5 à 1 mg par jour q 3 jours, jusqu'à la maîtrise des crises ou jusqu'au moment où les effets indésirables deviennent trop marqués. *Dose maximale*: 20 mg par jour. **Pédiatrique, jusqu'à l'âge de 10 ans ou 30 kg**: 0,01 à 0,03 mg/kg par jour, en 2 ou 3 doses fractionnées, jusqu'à un maximum de 0,05 mg/kg par jour. Augmenter par paliers de 0,25 à 0,5 mg q 3 jours, jusqu'à la maîtrise des crises ou jusqu'à une dose d'entretien de 0,1 à 0,2 mg/kg.

Soins infirmiers

Voir *Soins infirmiers – Benzodiazépines, Anxiolytiques*, p. 483, et *Anticonvulsivants*, p. 569.

CLORAZÉPATE DIPOTASSIQUE   Tranxene[Pr]

Catégorie   Benzodiazépine, anticonvulsivant.

Mécanisme d'action/cinétique   Pour les données concernant l'action, les indications, les contre-indications, les réactions indésirables et les interactions médicamenteuses, consulter le chapitre 31, p. 481.

Indications Adjuvant pour le traitement des crises d'absence.

Posologie **PO. Adultes et enfants de plus de 12 ans, initialement**: 7,5 mg t.i.d.; **puis**, on peut augmenter la dose de 7,5 mg par semaine jusqu'à un maximum de 90 mg par jour. **Pédiatrique, 9 à 12 ans, initialement**: 7,5 mg b.i.d.; **puis**, on peut augmenter la dose de 7,5 mg par semaine jusqu'à un maximum de 60 mg par jour. Ce médicament est déconseillé chez les enfants de moins de 9 ans.

DIAZÉPAM Valium^Pr et autres

Voir le chapitre 31, tableau 13, p. 488.

MAGNÉSIUM, SULFATE DE Sulfate de magnésium

Catégorie Anticonvulsivant, électrolyte, cathartique.

Mécanisme d'action/cinétique Le magnésium cause une dépression du SNC et empêche les convulsions en bloquant la transmission neuromusculaire. **Concentration sérique efficace**: 1,25 à 3,75 mmol/L (concentration normale de Mg: 0,75 à 1,5 mmol/L. **Début d'action: IM**, 1 h; **IV**, immédiat. **Durée d'action: IM**, 3 à 4 h; **IV**, 30 min. Le Mg est excrété par les reins.

Indications Convulsions associées à la toxémie gravidique, épilepsie, ou dans les circonstances où des concentrations anormalement faibles de magnésium peuvent être un facteur prédisposant aux convulsions, comme dans le cas de l'hypothyroïdie ou de la glomérulonéphrite. Néphrite aiguë chez l'enfant.

Contre-indications Insuffisance rénale, lésions du myocarde et bloc cardiaque.

Réactions indésirables Symptômes d'une concentration plasmatique de magnésium trop élevée, y compris la dépression du SNC, la transpiration, l'hypotension, le collapsus cardio-vasculaire, les rougeurs et la dépression cardio-vasculaire. La suppression du réflexe rotulien peut être utilisée comme indice de toxicité. Une insuffisance respiratoire peut se produire dans le cas de l'administration de doses supérieures à celles nécessaires à la suppression du réflexe rotulien.

Interactions médicamenteuses

Médicaments	Interaction
Curarisants (succinylcholine, tubocurarine)	Possibilité d'un blocage neuromusculaire.

Médicaments	Interaction
Dépresseurs du SNC (anesthésiques généraux, sédatifs hypnotiques, narcotiques)	Effets supplémentaires de dépression du SNC.
Digitale	Bloc cardiaque lorsque l'intoxication par le Mg est traitée avec du calcium chez les clients digitalisés.

Posologie   *Anticonvulsivant.* **IM**: 1 à 5 g d'une solution à 25% à 50% jusqu'à 6 fois par jour. **Pédiatrique**: 20 à 40 mg/kg, à partir de la solution à 20% (on peut répéter l'administration au besoin). **IV**: 1 à 4 g à partir de la solution à 10% à 20%; ne pas excéder 1,5 mL/min de la solution à 10%. **Perfusion IV**: 4 g dans 250 mL d'une solution de dextrose à 5% administrée à un débit n'excédant pas 3 mL/min. *Carence en magnésium.* **IM, IV**: 1 à 2 g ou jusqu'à l'obtention de la réaction désirée.

Administration

1. Pour les injections IV, administrer seulement la solution à 10% à un débit de 1,5 mL/min. Arrêter l'administration dès que les convulsions cessent.
2. Pour les perfusions IV, le débit d'administration ne doit pas excéder 3 mL/min.

Soins infirmiers

1. Évaluer les symptômes de toxicité décrits au paragraphe *Réactions indésirables*.
2. Évaluer le réflexe rotulien avant d'administrer le médicament. Si ce réflexe est absent, interrompre l'administration et signaler le problème au médecin car si l'on continuait l'administration dans ce cas, il pourrait s'ensuivre une insuffisance respiratoire, nécessitant la respiration artificielle ou l'administration de calcium.
3. Avoir à portée de la main du gluconate ou du glucoheptonate de calcium, à utiliser comme antidote.
4. S'attendre que les doses de dépresseurs du SNC soient ajustées chez les clients traités au magnésium.
5. Surveiller très attentivement les clients traités avec des préparations de digitale *et* du sulfate de magnésium, car en cas d'intoxication, l'administration de calcium est extrêmement dangereuse et peut entraîner un bloc cardiaque.

NITRAZÉPAM   Mogadon[Pr]

Voir le chapitre 30, p. 476.

PARALDÉHYDE   Paraldéhyde[Pr]

Catégorie   Hypnotique, anticonvulsivant.

Mécanisme d'action/cinétique   Le paraldéhyde est un hypnotique à action rapide dépourvu d'effet analgésique. Il est incolore et il a une mauvaise odeur et un goût amer. Début d'hypnose: 10 à 15 min. Métabolisé dans le foie.

Indications   Traitement d'urgence des troubles convulsifs découlant de l'état de mal épileptique, du tétanos, de l'éclampsie et des intoxications par des médicaments convulsivants, y compris les anesthésiques. Fréquemment employé pour le traitement du délire alcoolique aigu. Aussi utilisé comme sédatif hypnotique (voir p. 477).

Contre-indications   Insuffisance hépatique; parfois, en cas de maladie bronchopulmonaire. Irritation GI éventuelle si le client souffre de gastro-entérite. Le médicament peut créer une accoutumance.

Interactions médicamenteuses

Médicaments	Interaction
Dépresseurs du SNC	Effets dépresseurs supplémentaires sur le SNC.
Disulfirame	Réaction de type disulfirame.

Posologie   **IM**: 5 mL. Consulter la p. 477 pour la posologie dans le cas d'autres indications.

Administration

1. Ne pas utiliser la solution si elle a une teinte brune et/ou si elle a une odeur vinaigrée, ce qui indique la présence d'acide acétique.

2. Ne pas utiliser une solution de paraldéhyde si le contenant a été ouvert pendant plus de 24 h.

3. Utiliser pour l'administration du matériel en verre, car le médicament réagit au contact de la matière plastique.

4. La voie IM est la seule voie recommandée, même si l'injection est douloureuse avant le début d'action du médicament.

5. Au cours de l'administration IM, ne jamais toucher de troncs nerveux car le médicament peut causer des lésions nerveuses et la paralysie.

Soins infirmiers

1. Rassurer le client incommodé par l'odeur du produit, en lui expliquant qu'il s'y habituera.

2. Ne pas administrer conjointement au disulfirame, car une réaction du même type que celle produite par l'alcool peut se produire.

---

3. Évaluer la présence de symptômes de surdosage, tels qu'une respiration rapide et difficile, un pouls faible et rapide, une pression artérielle basse et l'odeur caractéristique du paraldéhyde dans l'haleine.

4. Pouvoir disposer du matériel nécessaire à un traitement de soutien physiologique des intoxications aiguës: matériel pour succion, respirateur, oxygène, matériel pour administration IV et solutions de bicarbonate et de lactate de sodium.

5. Prévoir le recours à l'hémodialyse ou à la dialyse péritonéale afin de corriger l'acidose métabolique.

PRIMIDONE Apo-Primidone^{Pr}, Mysoline^{Pr}, Sertan^{Pr}

Catégorie Anticonvulsivant.

Mécanisme d'action/cinétique La primidone est étroitement reliée aux barbituriques; toutefois, son mécanisme d'action en tant qu'anticonvulsivant est inconnu. La primidone, utilisée pour le traitement des crises, est plus sédative que les barbituriques. En général, les effets indésirables diminuent avec le temps. **Concentration plasmatique maximale**: 3 h. La primidone est convertie par le foie en deux métabolites actifs, le phénobarbital et le phényléthylmalonamide (PEMA). **Concentration plasmatique maximale (PEMA)**: 7 à 8 h. **Demi-vie (primidone)**: 8 h; **demi-vie (PEMA)**: 24 à 48 h; **demi-vie (phénobarbital)**: 48 à 120 h. Plusieurs jours peuvent s'écouler entre le début de la thérapie et le moment où le phénobarbital apparaîtra dans le sang. **Concentration plasmatique thérapeutique, primidone**: 23 à 55 μmol/L; **phénobarbital**, 43 à 129 μmol/L.

Indications Crises psychomotrices, crises focales ou crises tonico-cloniques réfractaires. On peut utiliser ce produit seul ou conjointement à d'autres médicaments. Son administration est souvent réservée aux clients qui ne réagissent pas à une thérapie phénobarbital-hydantoïne. *À l'étude*: Tremblement familial bénin.

Contre-indications Porphyrie. Hypersensibilité au phénobarbital. Lactation.

Réactions indésirables *SNC*: Somnolence, ataxie, vertiges, irritabilité, malaise général, céphalée et troubles émotionnels. *GI*: Nausées, vomissements, anorexie, gencives douloureuses. *Autres*: Éruption cutanée, œdème des paupières et des jambes, anémie mégaloblastique, diplopie, nystagmus, alopécie ou impuissance. À l'occasion, une hyperexcitabilité peut se manifester, particulièrement chez l'enfant. Hémorragie de la délivrance et hémorragie du nouveau-né. Symptômes de lupus érythémateux aigu disséminé.

Interactions médicamenteuses (Voir *Barbituriques*, p. 457.)

Médicaments	Interaction
Carbamazépine	↑ de la concentration plasmatique de phénobarbital.
Isoniazide	↑ de l'effet de la primidone par ↓ du catabolisme hépatique.
Phénytoïne	↑ de l'effet de la primidone par ↓ du catabolisme hépatique.

Posologie PO. **Adultes et enfants de plus de 8 ans: Initialement; chez les clients ne recevant aucun autre anticonvulsivant**: Jours 1 à 3, 100 à 125 mg au coucher; jours 4 à 6, 100 à 125 mg b.i.d.; jours 7 à 9, 100 à 125 mg t.i.d.; **entretien**: 250 mg t.i.d. ou q.i.d. (on peut augmenter à 250 mg, 5 à 6 fois par jour; la dose quotidienne totale ne doit pas excéder 500 mg q.i.d.). **Enfants de moins de 8 ans: Initialement**, jours 1 à 3, 50 mg par jour au coucher; jours 4 à 6, 50 mg b.i.d.; jours 7 à 9, 100 mg b.i.d.; **entretien**: 125 mg b.i.d. à 250 mg t.i.d. *Si le client reçoit d'autres anticonvulsivants:* **Initialement**, 100 à 125 mg au coucher; **puis**, augmenter jusqu'à la dose d'entretien tout en retirant graduellement l'ancien médicament (la transition devrait prendre au moins 2 semaines).

Soins infirmiers complémentaires

Voir *Soins infirmiers – Anticonvulsivants*, p. 569.

1. *Évaluer*:
   a) et signaler l'hyperexcitabilité chez l'enfant.
   b) la présence d'une alopécie marquée.
   c) l'œdème des paupières et des jambes.
   d) l'impuissance.
2. Vérifier si le médecin désire recommander à une cliente enceinte de la vitamine K pendant le dernier mois de la grossesse afin de prévenir les risques d'hémorragie de la délivrance et du nouveau-né.

CHAPITRE 37

Analgésiques narcotiques et antagonistes des narcotiques

ANALGÉSIQUES NARCOTIQUES

Généralités Les analgésiques narcotiques comprennent l'opium, la morphine, la codéine, divers dérivés de l'opium et des substances totalement synthétiques ayant des propriétés pharmacologiques semblables. La mépéridine (Demerol) est la plus connue de ces substances. La puissance relative de tous les analgésiques narcotiques est mesurée par rapport à la puissance de la morphine.

L'opium est un mélange d'alcaloïdes du pavot connu depuis l'antiquité. La morphine et la codéine sont deux substances chimiques pures isolées à partir de l'opium. Certains médicaments (pentazocine, butorphanol et nalbuphine) ont à la fois des propriétés agonistes et antagonistes des narcotiques. Ces médicaments peuvent précipiter le syndrome de sevrage lorsqu'ils sont administrés à des clients dépendants des narcotiques.

DÉPENDANCE ET TOLÉRANCE Il est important de se rappeler que tous les médicaments de ce groupe créent de l'accoutumance. Une dépendance psychologique et physique ainsi que de la tolérance se développent, même lorsqu'ils sont utilisés à des doses cliniques. La tolérance se caractérise par le fait que le client doit recevoir le médicament plus fréquemment ou de plus fortes doses du médicament afin de soulager la douleur. En général, la tolérance se développe plus

rapidement lorsque l'analgésique narcotique est administré régulièrement et lorsqu'il est administré à fortes doses.

EFFETS DES ANALGÉSIQUES NARCOTIQUES   L'effet le plus
important des analgésiques narcotiques s'exerce sur le SNC. En plus
d'une modification de la perception de la douleur (analgésie), ces médicaments, particulièrement à fortes doses, induisent de l'euphorie, de
la somnolence, des changements de l'humeur, de la confusion mentale
et un sommeil profond.

Les analgésiques narcotiques produisent aussi une dépression respiratoire. Cet effet est notable même à faibles doses. La mort par
surdosage se produit en général à cause d'un arrêt respiratoire.

Les analgésiques narcotiques causent des nausées et des vomissements (stimulation directe de la zone chimioréceptrice de déclenchement). Ils inhibent le réflexe de la toux. On les trouve d'ailleurs à faible dose (codéine) dans les préparations antitussives.

Les analgésiques narcotiques ont peu d'effet sur la pression artérielle
lorsque le client est en supination. Toutefois, la plupart des narcotiques
diminuent la capacité du client à réagir au stress. La morphine et les
autres analgésiques narcotiques induisent de la vasodilatation, ce qui
peut conduire à de l'hypotension.

Plusieurs analgésiques narcotiques causent du myosis. Avec ces
médicaments, ce symptôme est le signe le plus évident d'une dépendance. La analgésiques narcotiques diminuent aussi le péristaltisme
intestinal. Les effets constipants de ces médicaments ont souvent été
utilisés en thérapeutique dans les cas de diarrhée grave. Les analgésiques narcotiques augmentent aussi la pression dans les voies
biliaires.

TOXICITÉ AIGUË   Cet état se caractérise par une dépression respiratoire marquée, un sommeil profond, de la stupeur ou le coma et le
myosis extrême. La fréquence respiratoire peut être aussi faible que 2
à 4 respirations/min. Le client peut être cyanosé. La pression artérielle
diminue graduellement. Le débit urinaire est faible, la peau est moite
et froide et la température corporelle est basse. La mort est presque
toujours causée par la dépression respiratoire.

TRAITEMENT DU SURDOSAGE AIGU   Le lavage d'estomac et le
vomissement provoqué sont indiqués dans les cas d'intoxication PO.
Le traitement vise toutefois à contrer la dépression respiratoire progressive (habituellement à l'aide de la ventilation assistée). Bien que des
stimulants de la respiration (caféine, nicéthamide) aient été employés,
leur effet stimulant est toujours suivi d'une dépression marquée. Cette
dépression s'ajoute alors à celle que causent les analgésiques narcotiques. Antagonistes des narcotiques: La naloxone (Narcan), 0,4 mg
IV, ou la lévallorphane, 0,5 à 1,0 mg IV, sont efficaces dans le traitement
du surdosage aigu. La naloxone est le médicament de choix.

TOXICITÉ CHRONIQUE   Le problème de la narcomanie est bien
connu, et nous n'en traiterons pas ici. Soulignons toutefois que ce
n'est pas qu'un problème « de rue », car on le rencontre souvent chez
ceux qui ont facilement accès aux narcotiques (médecins, infirmières

et pharmaciens). Tous les principaux narcotiques (morphine, opium, héroïne, codéine et mépéridine) sont sujets à un usage non thérapeutique.

L'infirmière doit se tenir à l'affût du problème et être en mesure de dépister les signes d'une dépendance chronique. Ces signes sont la contraction des pupilles, des effets GI (constipation), des infections cutanées, des cicatrices d'aiguille, des abcès et des démangeaisons, particulièrement sur la face antérieure du corps, là ou le client s'injecte le médicament.

Les *signes de sevrage* apparaissent 4 à 12 h après le retrait du médicament. Ils se caractérisent par une grande avidité pour le médicament, de l'insomnie, des bâillements, des éternuements, des vomissements, de la diarrhée, des tremblements, de la transpiration, de la dépression mentale, des douleurs musculaires, des frissons et de l'anxiété. Bien que ces symptômes soient très désagréables, ils mettent rarement la vie du client en danger. Ce syndrome diffère donc de celui du sevrage des dépresseurs du SNC, qui entraîne des crises tonico-cloniques pouvant menacer la vie du client.

Mécanisme d'action/cinétique   Les analgésiques narcotiques se lient à des récepteurs spécifiques dans le SNC (cortex, tronc cérébral et moelle épinière), ce qui cause l'analgésie. Bien qu'on n'en connaisse pas les détails, le mécanisme semble entraîner une diminution de la perméabilité de la membrane cellulaire au sodium, ce qui conduit à une diminution de la transmission des influx douloureux. Pour les paramètres pharmacocinétiques, consulter les monographies.

Indications   Douleur marquée, particulièrement d'origine coronarienne, pulmonaire ou périphérique. Colique hépatique ou rénale. Médication préanesthésique et adjuvant à l'anesthésie. Douleur postopératoire. Occlusion vasculaire aiguë, particulièrement d'origine coronarienne, pulmonaire et périphérique. Diarrhée et dysenterie. Douleur associée à l'infarctus du myocarde, à un carcinome et aux brûlures. Douleurs du post-partum. Certains médicaments de cette catégorie sont principalement utilisés comme antitussifs.

Contre-indications   États asthmatiques, emphysème, cyphoscoliose, obésité marquée, états convulsifs tels que l'épilepsie, le délire alcoolique, le tétanos et l'intoxication par la strychnine, acidose diabétique, myxœdème, maladie d'Addison, cirrhose et enfants de moins de 6 ans. Employer avec prudence chez les clients atteints de traumatismes crâniens ou après une intervention de neurochirurgie car la morphine a tendance à élever la pression intracrânienne.

Employer avec prudence chez les personnes âgées ou affaiblies, chez les enfants, dans les cas d'hypertension intracrânienne, en obstétrique et chez les clients en état de choc ou dans la phase aiguë de l'intoxication éthylique.

La morphine doit être utilisée avec extrême précaution chez les clients atteints de cœur pulmonaire. On a signalé des cas de mort après l'administration de doses thérapeutiques.

Employer avec prudence chez les clients atteints d'hypertrophie de la prostate, car elle peut précipiter la rétention urinaire. Employer avec prudence chez les clients dont le volume sanguin est réduit, comme dans les cas d'hémorragies, car ils sont plus sensibles aux effets hypotenseurs de la morphine.

Étant donné que ces médicaments causent une dépression du centre respiratoire, on doit les administrer tôt au cours du travail (au moins 2 h avant l'accouchement), afin de réduire les risques de dépression respiratoire chez le nouveau-né. Lorsqu'on les administre avant une intervention chirurgicale, il faut donner les analgésiques narcotiques au moins 1 à 2 h avant l'intervention, afin que les risques de dépression respiratoire importante soient passés avant l'anesthésie.

Il faut parfois cesser l'administration de ces médicaments avant d'entreprendre des épreuves diagnostiques, afin que le médecin puisse se baser sur la douleur pour situer l'origine du problème.

Réactions indésirables *Respiratoires*: Dépression respiratoire et apnée. *SNC*: Étourdissements, sensation ébrieuse, sédation, léthargie, céphalée, euphorie, confusion mentale, évanouissements. Les effets idiosyncrasiques comprennent l'excitation, l'agitation, les tremblements, le délire et l'insomnie. *GI*: Nausées, vomissements, constipation, augmentation de la pression dans le canal biliaire, xérostomie et anorexie. *CV*: Rougeurs, modifications de la fréquence cardiaque et de la pression artérielle et collapsus cardio-vasculaire. *Allergiques*: Eruptions cutanées, y compris le prurit et l'urticaire. Transpiration, laryngospasme et œdème. *Autres*: Rétention urinaire, oligurie, diminution de la libido, changements de la température corporelle. Les narcotiques traversent la barrière placentaire et inhibent la respiration du fœtus ou du nouveau-né.

Interactions médicamenteuses

Médicaments	Interaction
Alcool éthylique	Potentialisation des effets dépresseurs du SNC; l'utilisation conjointe peut causer de la somnolence, de la léthargie, de la stupeur, le collapsus respiratoire, le coma ou la mort.
Anesthésiques généraux	Voir *Alcool éthylique*.
Antidépresseurs tricycliques	↑ de la dépression respiratoire induite par les narcotiques.
Antihistaminiques	Voir *Alcool éthylique*.
Anxiolytiques	Voir *Alcool éthylique*.
Barbituriques	Voir *Alcool éthylique*.
Cimétidine	↑ de la toxicité des narcotiques sur le SNC.
Dépresseurs du SNC	Voir *Alcool éthylique*.
Inhibiteurs de la MAO	Potentialisation possible des effets des inhibiteurs de la MAO (excitation et hypertension) ou des narcotiques (hypotension et coma); dans certains cas, cela a entraîné la mort.

Médicaments	Interaction
Méthotriméprazine	Potentialisation de la dépression du SNC.
Myorésolutifs (chirurgicaux)	↑ de la dépression respiratoire et ↑ de la relaxation musculaire.
Phénothiazines	Voir *Alcool éthylique*.
Sédatifs hypnotiques non barbituriques	Voir *Alcool éthylique*.

Interactions avec les épreuves de laboratoire   Altération des épreuves de la fonction hépatique. Faux + ou ↑ des épreuves de glucose urinaire (réaction de Benedict). ↑ de l'amylase ou de la lipase plasmatiques.

Posologie   (Consulter les monographies.) La posologie des narcotiques et la réaction du client dépendent de l'intensité de la douleur. Une dose 2 à 4 fois supérieure à la dose normale peut être tolérée pour le soulagement de la douleur atroce. Toutefois, l'infirmière doit savoir que si, pour une raison quelconque, la douleur disparaît, une dépression respiratoire grave peut s'ensuivre. Cette dépression respiratoire n'est pas apparente lorsque la douleur persiste.

Soins infirmiers

1. Noter l'administration des narcotiques dans le registre prévu selon la Loi sur les stupéfiants.
2. Demander au médecin qu'il rédige une nouvelle ordonnance aux intervalles requis lors d'une administration prolongée.
3. Évaluer les besoins du client se plaignant de douleurs.
    a) Prodiguer des soins de soutien, tels que replacer le client dans une position confortable et le rassurer, afin de soulager la douleur.
    b) Si on a le choix, administrer un analgésique qui ne crée pas de dépendance.
    c) Ne pas attendre que la douleur ait retrouvé toute son intensité avant d'administrer le médicament, puisqu'il serait alors moins efficace.
4. *Évaluer*:
    a) le développement de la tolérance et de la dépendance. Toutefois, on ne considère pas la dépendance comme un problème lorsqu'on traite des clients cancéreux en phase terminale.
    b) les réactions allergiques ou idiosyncrasiques.
    c) les signes précoces de toxicité, tels que la dépression respiratoire (10 à 12 respirations/min), le sommeil profond et la contraction des pupilles. Ne pas administrer le médicament si un de ces symptômes apparaît et consulter le médecin. Se procurer du chlorhydrate de naloxone pour traiter l'intoxication.
    d) l'apport alimentaire et fournir des aliments que le client peut tolérer.

---

e) la distension abdominale, les gaz et la constipation; signaler ces signes au médecin, qui prescrira éventuellement des laxatifs. Encourager le client à consommer plus de fibres alimentaires et de liquides.

f) la distension vésicale, car le médicament peut inhiber la miction. Cela peut entraîner de la rétention urinaire. Offrir des liquides et inciter le client à tenter d'uriner toutes les 3 ou 4 h.

5. Employer des mesures de protection (relever les ridelles du lit) pour les clients alités qui ont reçu des narcotiques.

6. Surveiller adéquatement et assister les clients qui se lèvent, car il est plus probable qu'ils soient étourdis et souffrent de nausées et de vomissements après avoir pris le médicament. Conseiller au client de se lever lentement lorsqu'il est assis, afin de réduire l'hypotension.

7. S'attendre à devoir essuyer le client et changer ses draps plus fréquemment, car l'administration de narcotiques cause une transpiration abondante.

8. Expliquer au client que les rougeurs et la sensation de chaleur sont quelquefois causées par des doses thérapeutiques de narcotiques.

9. Prodiguer amicalement mais fermement les soins infirmiers aux narcomanes.

10. Avertir le client ambulatoire de ne pas conduire une automobile ou opérer des machines dangereuses, car les narcotiques causent des étourdissements et de la sédation.

ALPHAPRODINE, CHLORHYDRATE D'
Nisentil[N]

Généralités   Analgésique narcotique morphinique.

Mécanisme d'action/cinétique   **Début d'action: IV**, 1 à 2 min; **SC**, 2 à 30 min. **Durée d'action**: 0,5 à 2 h. **Demi-vie**: 2 h.

Indications supplémentaires   Cystoscopie. Analgésie rapide pour les petites interventions chirurgicales. L'utilisation chez l'enfant est restreinte aux interventions dentaires.

Posologie   *Analgésique*: **Adultes, IV**, 0,4 à 0,6 mg/kg, ne pas excéder 30 mg au début; **SC**, 0,4 à 1,2 mg/kg, ne pas excéder 60 mg au début. La dose quotidienne totale, par voie IV ou SC, ne doit pas excéder 240 mg. *Obstétrique*: **SC**, 40 à 60 mg q 2 h, au besoin (souvent utilisé conjointement à l'atropine ou à la scopolamine). *Dentisterie*. **Pédiatrique: Voie sous-muqueuse seulement**, 0,3 à 0,6 mg/kg.

BROMPTON, COCKTAIL DE[N]

Catégorie   Mélange d'analgésiques narcotiques.

Généralités   Le cocktail de Brompton est un mélange complexe et variable d'un analgésique narcotique (en général, la morphine), d'un stimulant du SNC (cocaïne ou dextroamphétamine), d'alcool (éthanol, gin, brandy ou vermouth) et d'aromatisants (miel, sirop). Cette préparation produit peu de tolérance.

Mécanisme d'action/cinétique   Le stimulant augmenterait et potentialiserait les endorphines ou procurerait une surcharge sensorielle diminuant la sensation douloureuse. L'alcool donne meilleur goût au médicament, améliore l'humeur et augmente la sédation. Le stimulant et/ou l'alcool accentuent l'effet de l'analgésique narcotique. **Durée d'action**: 3 à 4 h.

Indications   Soulagement de la douleur, particulièrement chez les cancéreux en phase terminale lorsqu'un analgésique narcotique seul s'est révélé insuffisant.

Posologie   L'éventail posologique est le suivant: morphine, 5 à 15 mg; cocaïne ou dextroamphétamine, 5 à 15 mg; éthanol (90% à 98%), 1,25 à 2,5 mL. La fréquence d'administration doit être ajustée selon le client, et l'administration doit se faire en respectant un horaire régulier.

Administration

1. Le mélange doit être jeté après 2 semaines s'il n'a pas été utilisé et si la stabilité n'est pas déterminée.

2. Chez les clients fortement stimulés, une phénothiazine peut être ajoutée à la thérapie.

3. On doit effectuer un ajustement de la posologie toutes les 48 à 72 h en ne variant que la concentration d'un agent à la fois.

4. Si le mélange contient de la cocaïne, il est souhaitable d'agiter la solution dans sa bouche avant de l'avaler (afin d'augmenter l'absorption par la muqueuse buccale).

5. Ne jamais mélanger avec des boissons gazeuses ou des jus de fruits; le mélange peut être servi sur glace.

Soins infirmiers

1. Aider l'équipe de soins à déterminer les besoins du client en cocktail de Brompton en évaluant l'intensité de la douleur, la peur, l'anxiété et la dépression.

2. Administrer le médicament tel que prescrit en respectant l'horaire afin de maintenir continuellement l'analgésie et l'état d'euphorie. Le client s'en trouve relaxé et ne craint pas le retour de la douleur.

3. Évaluer et signaler au médecin la présence d'une sédation trop marquée, d'une dépression respiratoire et de nausées. Ces données sont essentielles à un ajustement posologique optimal.

Analgésiques narcotiques et antagonistes des narcotiques   **599**

4. *Expliquer au client et/ou à sa famille*:
- **a)** qu'il faut administrer le mélange de Brompton en respectant un horaire régulier, tel que prescrit, de façon que la douleur soit toujours maîtrisée et que le client ne craigne pas son retour et n'associe pas son médicament à la douleur ou à la dépendance.
- **b)** comment surveiller la sédation excessive, la dépression respiratoire et les nausées. Insister sur le fait que ces évaluations sont essentielles au médecin pour qu'il puisse ajuster la posologie en fonction des besoins du client.
- **c)** Comment mesurer la dose avec exactitude et comment l'administrer correctement.
- **d)** qu'il doit consulter le médecin si la dose est inefficace, plutôt que d'augmenter la dose lui-même.
- **e)** que ce médicament ne cause généralement pas de tolérance et que la dépendance n'est pas considérée comme un problème lorsqu'on traite un cancéreux en phase terminale.

BUTORPHANOL, TARTRATE DE   Stadol[N]

Catégorie   Analgésique narcotique (agoniste et antagoniste).

Mécanisme d'action/cinétique   Le butorphanol possède une activité narcotique agoniste et antagoniste. On croit que sa puissance est 7 fois supérieure à celle de la morphine et de 30 à 40 fois supérieure à celle de la mépéridine. Le surdosage répond à la naloxone. **Début d'action : IM**, 10 min. **IV**: rapide. **Durée d'action**: 3 à 4 h. **Effet analgésique maximal**: 30 à 60 min après l'administration IM du médicament, plus rapide après l'administration IV. **Demi-vie**: 2,5 à 3,5 h. Le butorphanol est métabolisé dans le foie et excrété par les reins.

Indications supplémentaires   Douleur modérée à grave, en particulier après une intervention chirurgicale. Médication préopératoire (anesthésie équilibrée). Douleur du post-partum.

Contre-indications supplémentaires   Administrer avec une extrême prudence chez les clients atteints d'un infarctus du myocarde aigu, d'un malfonctionnement ventriculaire et d'une insuffisance coronarienne (on préfère la morphine ou la mépéridine). L'innocuité durant la grossesse, pendant le travail et chez les enfants de moins de 18 ans n'est pas établie.

Interactions médicamenteuses supplémentaires   Le butorphanol peut précipiter un syndrome de sevrage chez les clients physiquement dépendants des narcotiques.

Posologie   **IM: Habituellement**, 2 mg q 3 ou 4 h, selon les besoins; **écart posologique**: 1 à 4 mg q 3 ou 4 h. **IV: Habituellement**, 1 mg q 3 ou 4 h; **écart posologique**: 0,5 à 2,0 mg q 3 ou 4 h. Ce médicament n'est pas recommandé chez les enfants.

CODÉINE, PHOSPHATE DE Paveral[N], Phosphate de codéine[N]

Catégorie   Analgésique narcotique morphinique.

Mécanisme d'action/cinétique   La codéine ressemble à la morphine du point de vue pharmacologique, mais cause moins de dépression respiratoire, de nausées et de vomissements que la morphine. Elle entraîne des risques d'accoutumance et de constipation modérés. Les doses supérieures à 60 mg causent souvent de l'agitation et de l'excitation et irritent le centre de la toux. Toutefois, à faible dose, c'est un antitussif puissant; la codéine est d'ailleurs un des ingrédients de plusieurs sirops pour la toux. **Début d'action**: 15 à 30 min. **Effet maximal**: 60 à 90 min. **Durée d'action**: 4 à 6 h. **Demi-vie**: 3 à 4 h.

On utilise la codéine dans plusieurs préparations afin de potentialiser l'effet d'analgésiques non narcotiques comme l'aspirine et l'acétaminophène; voir l'appendice 3. La codéine se trouve aussi dans plusieurs associations médicamenteuses contre la toux et le rhume.

Indications   Analgésique et antitussif. Analgésique pour la douleur grave et comme médication préopératoire et postopératoire.

Interaction médicamenteuse supplémentaire   L'utilisation conjointe avec le chlordiazépoxide peut causer le coma.

Posologie   **Adultes.** *Analgésie*, **IV, IM, SC, PO**: 15 à 60 mg q 4 à 6 h. *Antitussif*, **PO**: 10 à 20 mg q 4 à 6 h jusqu'à un maximum de 120 mg par jour. **Pédiatrique.** *Analgésie*, **1 an et plus, IM, SC, PO**: 0,15 mg/kg q 4 à 6 h. *Antitussif*, **PO. 2 à 6 ans**: 2,5 à 5,0 mg q 4 à 6 h, ne pas excéder 30 mg par jour; **6 à 12 ans**: 5 à 10 mg q 4 à 6 h, ne pas excéder 60 mg par jour.

FENTANYL, CITRATE DE Sublimaze[N]

Catégorie   Analgésique narcotique morphinique.

Mécanisme d'action/cinétique   Semblable à la morphine et à la mépéridine. **Début d'action**: 5 à 15 min. **Effet maximal**: Environ 30 min. **Durée d'action**: 1 à 2 h. **Demi-vie**: 1,5 à 6 h. Son début d'action est plus rapide et sa durée d'action plus courte que ceux de la morphine et de la mépéridine.

Indications   Analgésique pour la douleur grave, médication préopératoire et postopératoire; particulièrement approprié pour les clients en consultation externe qui subissent une petite intervention chirurgicale. Tachypnée et délire postopératoire. Conjointement au dropéridol comme médication préanesthésique pour l'induction de l'anesthésie et comme adjuvant pour le maintien de l'anesthésie. Employé conjointement à l'oxygène dans les interventions à cœur ouvert et dans les interventions neurologiques ou orthopédiques délicates chez les clients à risque élevé.

Contre-indications supplémentaires Myasthénie grave et autres conditions où l'administration d'un myorésolutif est contre-indiquée. Clients particulièrement sensibles à la dépression respiratoire. Employer avec prudence et à dose réduite chez les clients à mauvais risque, les enfants, les personnes âgées et conjointement à d'autres dépresseurs du SNC.

Réaction indésirable supplémentaire Rigidité des muscles squelettiques et thoraciques, particulièrement après l'administration IV rapide.

Interaction médicamenteuse supplémentaire ↑ des risques de dépression cardio-vasculaire lorsque de fortes doses de fentanyl sont combinées au protoxyde d'azote ou au diazépam.

Posologie *Préopératoire*: **IM**, 50 à 100 µg 30 à 60 min avant l'intervention chirurgicale. *Adjuvant à l'anesthésie: Induction*, **IV**, 0,002 à 0,05 mg/kg, en fonction de la profondeur et de la durée de l'anesthésie; *entretien*: **IV, IM**, 0,025 à 0,1 mg/kg, au besoin. *Adjuvant à l'anesthésie régionale*: **IM, IV**, 50 à 100 µg en 1 à 2 min, au besoin. *Postopératoire*: **IM**, 50 à 100 µg q 1 à 2 h pour la maîtrise de la douleur. **Pédiatrique, 2 à 12 ans**: *Induction et entretien*, 1,7 à 2,6 µg/kg.

Entreposage Protéger de la lumière.

HYDROMORPHONE, CHLORHYDRATE D' (DIHYDROMORPHINONE, CHLORHYDRATE DE) Dilaudid[N], Dilaudid-HP[N]

Catégorie Analgésique narcotique morphinique.

Mécanisme d'action/cinétique L'hydromorphone est 7 à 10 fois plus analgésique que la morphine et sa durée d'action est plus courte. Elle cause moins de sédation, de vomissements et de nausées que la morphine bien qu'elle cause une dépression respiratoire prononcée. **Début d'action**: 15 à 30 min. **Effet maximal**: 30 à 90 min. **Durée d'action**: 4 à 5 h. **Demi-vie**: 4 h. Ce médicament peut être administré par voie rectale si on désire une activité prolongée.

Indications Analgésie pour la douleur grave (intervention chirurgicale, cancer, colique hépatique, brûlures, colique rénale, infarctus du myocarde et traumatismes osseux, etc.).

Contre-indications supplémentaires Migraine. N'est pas recommandé chez l'enfant.

Posologie *Analgésie*. **PO, IM, IV, SC**: 2 à 4 mg q 4 à 6 h, au besoin. **Rectale**: 3 mg (suppositoire), q 6 à 8 h.

> **Soins infirmiers complémentaires**
>
> Voir *Soins infirmiers – Analgésiques narcotiques*, p. 597.
>
> 1. Administrer lentement par voie IV afin de réduire les effets hypotenseurs et la dépression respiratoire.
> 2. Évaluer de près le développement d'une dépression respiratoire, car elle est très prononcée avec l'hydromorphone.

LÉVORPHANOL, TARTRATE DE (LÉVORPHAN, TARTRATE DE)

Levodromoran[N]

Catégorie Analgésique narcotique morphinique.

Mécanisme d'action/cinétique Le lévorphanol est 5 fois plus puissant que la morphine en tant qu'analgésique; la dépression respiratoire, la contraction des muscles lisses et le risque de dépendance sont augmentés de façon proportionnelle. Le lévorphanol peut être utilisé sans danger avec plusieurs anesthésiques. y compris le protoxyde d'azote. **Début d'action**: Environ 60 min. **Effet maximal**: 60 à 90 min. **Durée d'action**: 4 à 5 h. **Demi-vie**: Environ 80 min.

Posologie **PO, SC**: 2 à 3 mg. Administrer une injection IV lente dans des cas spéciaux.

MÉPÉRIDINE, CHLORHYDRATE DE (PÉTHIDINE, CHLORHYDRATE DE)

Chlorhydrate de mépéridine[N], Demer Idine[N], Demerol[N]

Catégorie Analgésique narcotique, synthétique.

Généralités L'activité pharmacologique de la mépéridine est semblable à celle des opiacés; toutefois, son effet analgésique est 10 fois moins puissant que celui de la morphine. Ses effets analgésiques sont réduits de moitié lorsqu'on l'administre par voie orale plutôt que par voie parentérale. La mépéridine n'est pas antitussive et ne produit pas de myosis. Sa durée d'action est plus courte que celle de la plupart des opiacés, ce dont on doit tenir compte lorsqu'on planifie un régime posologique.

La mépéridine entraîne de la dépendance, tant psychologique que physique. Le surdosage cause une dépression respiratoire marquée (voir le traitement du surdosage aigu, p. 594).

Mécanisme d'action/cinétique La mépéridine n'est pas apparentée chimiquement à la morphine. **Début d'action**: 10 à 15 min. **Effet maximal**: 30 à 60 min. **Durée d'action**: 2 à 4 h. **Demi-vie**: 3 à 8 h. La mépéridine possède aussi des propriétés spasmogéniques modérées sur les muscles lisses.

Indications Toute situation nécessitant un analgésique narcotique: douleur marquée, colique hépatique ou rénale, obstétrique, médication préanesthésique et adjuvant à l'anesthésie. Ce médicament est particulièrement utile pour les petites interventions chirurgicales en orthopédie, en ophtalmologie, en rhinologie, en laryngologie et en dentisterie ainsi que pour les épreuves diagnostiques telles que la cystoscopie, la pyélographie rétrograde et la gastroscopie. Spasmes du tractus GI, de l'utérus et de la vessie. Syndrome angineux et souffrance associée à l'insuffisance cardiaque.

Contre-indications supplémentaires Hypersensibilité au médicament, états convulsifs tels que l'épilepsie, le tétanos et l'intoxication par la strychnine, enfants de moins de 6 mois, acidose diabétique, traumatisme crânien, choc, maladie hépatique, dépression respiratoire, hypertension intracrânienne et grossesse avant le travail. Employer avec prudence en obstétrique, chez les mères qui allaitent et chez les clients âgés ou affaiblis. Employer avec extrême prudence chez les asthmatiques. La mépéridine cause des effets du même type que ceux de l'atropine qui peuvent aggraver le glaucome, particulièrement lorsqu'on l'administre avec d'autres médicaments devant être employés avec prudence chez les clients atteints de glaucome.

Réactions indésirables supplémentaires Hallucinations transitoires, hypotension transitoire (fortes doses), troubles visuels.

Interactions médicamenteuses supplémentaires

Médicaments	Interaction
Antidépresseurs tricycliques	Effets anticholinergiques indésirables additifs.
Hydantoïnes	↓ de l'effet de la mépéridine par ↑ du catabolisme hépatique.
Inhibiteurs de la MAO	↑ du risque de symptômes graves, y compris l'hyperthermie, l'agitation, l'hypertension ou l'hypotension, les convulsions et le coma.

Posologie PO, IM, SC. *Analgésique.* **Adultes**: 50 à 100 mg q 3 à 4 h au besoin; **pédiatrique**: 1,1 à 1,8 mg/kg, jusqu'à la posologie pour adultes, q 3 à 4 h, au besoin. *Préopératoire.* **Adultes: IM, SC**, 50 à 100 mg 30 à 90 min avant l'anesthésie; **pédiatrique: IM, SC**, 1,1 à 2,2 mg/kg 30 à 90 min avant l'anesthésie. *Adjuvant à l'anesthésie*: **Perfusion IV** (1 mg/mL) ou **injection IV lente** (10 mg/mL) jusqu'à ce que les besoins du client soient satisfaits. *Obstétrique*: **IM, SC**, 50 à 100 mg q 1 à 3 h.

MORPHINE, CHLORHYDRATE DE Doloral[N], M.O.S.[N], Teinture de morphine[N]

MORPHINE, SULFATE DE Epimorph[N], MS Contin[N], Roxanol[N], Statex[N], Sulfate de morphine[N]

Catégorie Analgésique narcotique morphinique.

Généralités À faibles doses, la morphine est plus efficace contre la douleur sourde et continue que contre la douleur vive intermittente. Toutefois, une forte dose atténue pratiquement toutes les sortes de douleur. La morphine ne doit pas être administrée conjointement à la papavérine pour le soulagement de la douleur associée aux spasmes biliaires, mais peut être utilisée avec la papavérine dans les cas d'occlusions vasculaires aiguës. La morphine est moins efficace par voie orale.

Mécanisme d'action/cinétique La morphine est le prototype des opiacés analgésiques. **Début d'action**: Approximativement 20 min. **Effet maximal**: 30 à 90 min. **Durée d'action**: Jusqu'à 7 h. **Demi-vie**: 2 à 3 h.

Indications supplémentaires Insuffisance cardiaque gauche aiguë (pour les crises de dyspnée) et œdème pulmonaire. Par voie intrathécale et péridurale ou en perfusion IV continue pour la douleur aiguë ou chronique.

Posologie **PO, formes à libération prolongée**: 30 mg q 8 h selon les besoins et la réponse du client. **IM, SC: Adultes**, 5 à 20 mg q 4 h au besoin; **pédiatrique**: 100 à 200 µg/kg, jusqu'à un maximum de 15 mg. **IV: Adultes**, 4 à 10 mg dans 4 à 5 mL d'eau stérile pour injection (doit être administrée lentement, en 4 à 5 min). **Rectale**: 10 à 20 mg q 4 h. **PO (non recommandé)**: 5 à 30 mg q 4 h. La dose peut être réduite chez les clients âgés ou affaiblis.

NALBUPHINE, CHLORHYDRATE DE Nubain[C]

Catégorie Analgésique narcotique (agoniste et antagoniste).

Mécanisme d'action/cinétique La nalbuphine, un produit de synthèse ressemblant à l'oxymorphone et à la naloxone, est un puissant analgésique qui a des effets agonistes et antagonistes des narcotiques. Sa puissance analgésique est comparable à celle de la morphine alors que sa puissance antagoniste est environ le quart de celle de la nalorphine.

Début d'action: IV, 2 à 3 min; **SC ou IM**, moins de 15 min. **Effet maximal**: 30 à 60 min. **Durée d'action**: 3 à 6 h; **Demi-vie**: 5 h.

Indications Douleur modérée à grave, analgésie préopératoire, adjuvant à l'anesthésie et analgésie en obstétrique.

Contre-indications Hypersensibilité au médicament. L'innocuité pendant la grossesse (à l'exception de l'accouchement) et la lactation n'a pas été établie. Enfants de moins de 18 ans. Employer avec prudence en présence de traumatisme crânien, d'asthme, d'infarctus du myocarde (si le client a des nausées ou des vomissements), d'intervention chirurgicale aux voies biliaires (peut causer un spasme du sphincter d'Oddi) et d'insuffisance rénale.

Réactions indésirables supplémentaires Bien que la nalbuphine soit un agoniste-antagoniste, elle peut entraîner de la dépendance et précipiter les symptômes de sevrage chez un client physiquement dépendant des narcotiques. *SNC*: La sédation est fréquente. Pleurs, sensation d'irréalité et autres sensations psychiques. *GI*: Crampes, xérostomie, arrière-goût amer et dyspepsie. *Cutanées*: Démangeaisons, sensation de brûlure, urticaire, transpiration, peau moite et froide. *Autres*: Vision trouble, dysarthrie et pollakiurie.

Interactions médicamenteuses L'utilisation conjointe de dépresseurs du SNC, d'autres narcotiques ou de phénothiazines peut causer une addition des effets dépresseurs.

Posologie **Adultes: SC, IM, IV**, 10 mg pour un client de 70 kg (une dose unique ne devrait pas dépasser 20 mg q 3 à 6 h; la dose quotidienne totale ne devrait pas excéder 160 mg).

Surdosage Voir p. 594 et *Antagonistes des narcotiques*, p. 609.

Soins infirmiers complémentaires

1. Voir *Soins infirmiers – Analgésiques narcotiques*, p. 597.
2. *Évaluer*:
   a) les antécédents de narcomanie, car la nalbuphine peut précipiter le sevrage chez les narcomanes.
   b) les symptômes de sevrage, tels que l'agitation, les larmes, la rhinorrhée, les bâillements, la transpiration et la mydriase, qui indiquent une dépendance aux narcotiques. Signaler les symptômes, car on doit alors effectuer un ajustement posologique.

OPIUM, ALCALOÏDES DE L' (PAPAVERETUM)
Pantopon[N]

Catégorie Analgésique narcotique morphinique.

Mécanisme d'action/cinétique Cette préparation est un mélange des alcaloïdes de l'opium. L'absorption gastro-intestinale est rapide et la fréquence des effets indésirables est faible.

Indications Analgésie pour la douleur grave et comme médication préopératoire ou postopératoire. Antidiarrhéique.

Posologie   IM et SC seulement: 5 à 20 mg q 4 à 5 h. Chaque 15 mg de Pantopon est équivalent à 15 mg de morphine.

OXYCODONE, CHLORHYDRATE D', TRIHYDRATÉ   Supeudol[N]

Catégorie   Analgésique narcotique morphinique.

Mécanisme d'action/cinétique   L'oxycodone, un opiacé semi-synthétique, est faiblement sédative et peu ou pas antitussive. Elle est très efficace pour le traitement de la douleur aiguë. **Durée d'action:** 4 à 5 h. Risques de dépendance modérés. L'oxycodone se présente aussi en association avec l'AAS (Percodan) ou l'acétaminophène (Percocet).

Indications   Douleur modérément aiguë, comme dans la bursite, les traumatismes, les luxations, les fractures simples, la pleurésie et la névralgie. Également en obstétrique et pour la douleur postopératoire et postextractionnelle ainsi que pendant le post-partum.

Interactions médicamenteuses supplémentaires   Les clients atteints de troubles gastriques, tels que la colite et l'ulcère gastrique ou duodénal, et les clients atteints de glaucome ne devraient pas recevoir de Percodan, car il contient de l'aspirine.

Posologie   PO. **Adultes:** 5 mg q 6 h. L'utilisation chez l'enfant n'est pas recommandée.

OXYMORPHONE, CHLORHYDRATE D'
Numorphan[N]

Catégorie   Analgésique narcotique morphinique.

Mécanisme d'action/cinétique   En fonction de la masse moléculaire, l'oxymorphone serait un analgésique 2 à 10 fois plus puissant que la morphine, bien que sa puissance dépende de la voie d'administration. Elle est légèrement sédative et entraîne une dépression modérée du réflexe de la toux. **Début d'action:** 5 à 10 min. **Effet maximal:** 30 à 90 min. **Durée d'action:** 4 à 5 h.

Indications supplémentaires   Dyspnée associée à l'œdème pulmonaire ou à l'insuffisance ventriculaire gauche.

Posologie   SC, IM. **Initialement:** 1,0 à 1,5 mg q 4 à 6 h; on peut augmenter la dose graduellement, jusqu'à l'atteinte de l'effet analgésique. *Obstétrique:* **IM,** 0,5 à 1,0 mg. **IV: Initialement,** 0,5 mg. **Rectale** (suppositoires): 5 mg q 4 à 6 h. **Ce médicament n'est pas recommandé chez les enfants de moins de 12 ans.**

Administration   On doit conserver les suppositoires au réfrigérateur.

PENTAZOCINE, CHLORHYDRATE DE
Talwin[N]

PENTAZOCINE, LACTATE DE   Talwin[N]

Catégorie   Analgésique narcotique (agoniste et antagoniste).

Généralités   Lorsqu'on l'administre comme analgésique en période préopératoire, la pentazocine possède approximativement le tiers de la puissance de la morphine. C'est un faible antagoniste des effets analgésiques de la mépéridine, de la morphine et d'autres analgésiques narcotiques. Elle est aussi sédative.

Mécanisme d'action/cinétique   La pentazocine est à la fois agoniste et antagoniste des narcotiques. **Début d'action: IM**, 15 à 20 min; **PO**, 15 à 30 min; **IV**, 2 à 3 min. **Durée d'action**: 3 h. Toutefois, le début d'action, la durée d'action et le degré de soulagement sont fonction de la dose et de l'intensité de la douleur. **Demi-vie**: 2 à 3 h.

Indications   Obstétrique. Analgésique et sédatif préopératoire. Douleur modérée à grave.

Contre-indications supplémentaires   Hypertension intracrânienne ou traumatisme crânien. Employer avec prudence chez les clients atteints d'insuffisance rénale ou hépatique et après un infarctus du myocarde lorsque le client a des nausées et/ou des vomissements. L'utilisation chez les enfants de moins de 12 ans n'est pas recommandée.
Note: La lévallorphane, un antagoniste des narcotiques, ne contre pas la dépression respiratoire causée par la pentazocine ou le surdosage de la pentazocine. Toutefois, la naloxone peut être utilisée à cette fin. Éviter d'employer d'autres narcotiques pour le sevrage de la pentazocine.

Réactions indésirables supplémentaires   Œdème de la face, syncope, dysphorie, cauchemars et hallucinations. Également, diminution de la numération des leucocytes, paresthésie et frissons. La physicodépendance et la psychodépendance sont possibles, bien que le risque d'accoutumance ne serait pas plus important que pour la codéine.

Posologie   *Chlorhydrate de pentazocine*. **PO: Adultes**, 50 mg q 3 à 4 h, jusqu'à 100 mg. La dose quotidienne ne devrait pas excéder 600 mg. *Lactate de pentazocine*. **IM, SC, IV**: 30 mg q 3 à 4 h; il n'est pas recommandé d'excéder 30 mg par voie IV ou 60 mg par voie IM. La dose quotidienne totale ne doit pas excéder 360 mg. *Analgésie, obstétrique*: **IM**, 30 mg; **IV**, 20 mg. On peut répéter la dose 2 ou 3 fois à des intervalles de 2 à 3 h.

Administration   Ne pas mélanger avec un barbiturique soluble dans la même seringue, car un précipité se formerait.

TEINTURE D'OPIUM (LAUDANUM)   Teinture d'opium[N]

TEINTURE D'OPIUM CAMPHRÉE (ÉLIXIR PARÉGORIQUE)   Teinture d'opium camphrée[N]

Catégorie   Analgésique narcotique morphinique.

Remarque: La teinture d'opium possède une activité analgésique qui provient de son contenu en morphine. (Voir *Morphine*, p. 604, et *Teinture d'opium*, p. 820.

Indications   Douleur modérée à grave, diarrhée.

Posologie   *Teinture d'opium camphrée.* **Adultes**: 5 à 10 mL (2 à 4 g de morphine), 1 à 4 fois par jour; **pédiatrique**: 0,25 à 0,5 mL/kg, 1 à 4 fois par jour. *Teinture d'opium.* **Adultes**: 0,25 à 2,0 mL, 1 à 4 fois par jour.

Soins infirmiers complémentaires

Voir *Soins infirmiers – Analgésiques narcotiques*, p. 597 et le chapitre 55, p. 821.

ANTAGONISTES DES NARCOTIQUES

Généralités   Les antagonistes des narcotiques sont aptes à prévenir ou à contrer plusieurs des effets pharmacologiques des analgésiques narcotiques du même type que la morphine et la mépéridine. À titre d'exemple, la dépression respiratoire induite par ces médicaments est contrée en quelques minutes.

La naloxone est considérée comme un antagoniste pur, en ce sens qu'elle n'a pas de propriétés morphiniques. La lévallorphane peut entraîner une dépression respiratoire et des effets analgésiques lorsqu'elle est employée seule.

Les antagonistes des narcotiques ne contrent pas la dépression respiratoire induite par les barbituriques, les anesthésiques et les autres médicaments non narcotiques.

Les antagonistes des narcotiques provoquent presque immédiatement un syndrome de sevrage chez les narcomanes et sont quelquefois utilisés pour mettre en évidence la dépendance.

Mécanisme d'action/cinétique   Les antagonistes des narcotiques bloquent l'action des analgésiques narcotiques en se liant aux récepteurs des opiacés, empêchant ainsi l'analgésique de s'y lier (inhibition compétitive).

Soins infirmiers

1. Tenter d'obtenir, du client ou d'un ami, des renseignements sur l'agent ayant causé la dépression respiratoire, parce que

les antagonistes des narcotiques ne contrent pas la toxicité causée par les dépresseurs du SNC non narcotiques.

2. *Évaluer*:

   a) les signes vitaux avant et après l'administration de l'antagoniste des narcotiques afin d'évaluer la réponse à la thérapie.

   b) étroitement la respiration une fois que la durée d'action de l'antagoniste des narcotiques est écoulée, car il se peut que des doses supplémentaires soient requises.

   c) l'apparition de symptômes de sevrage après l'administration de l'antagoniste. Les symptômes de sevrage sont l'agitation, les larmes, la rhinorrhée, les bâillements, la transpiration et la mydriase.

3. Se préparer à participer aux mesures de réanimation pour les clients intoxiqués par les narcotiques, telles que le lavage d'estomac, le maintien de la perméabilité des voies aériennes, la ventilation assistée, l'apport d'oxygène, le massage cardiaque et l'administration d'agents vasopresseurs.

4. Administrer des soins de soutien aux clients comateux: tourner le client sur le côté afin de prévenir l'aspiration, relever les ridelles du lit, etc.

5. Évaluer la dilatation suivie d'une contraction des pupilles lorsque les antagonistes des narcotiques sont utilisés pour dépister la dépendance.

LÉVALLORPHANE, TARTRATE DE Lorfan[N]

Catégorie   Antagoniste des narcotiques.

Mécanisme d'action/cinétique   La lévallorphane renverse la dépression respiratoire en augmentant la fréquence et la profondeur des respirations. **Début d'action**: Rapide (1 min). **Durée d'action**: 2 à 5 h.

Indications   Pour renverser la dépression respiratoire causée par un narcotique. Diagnostic de la dépendance aux narcotiques.

Contre-indications   Dépression respiratoire légère. Dépression respiratoire causée par les barbituriques et les anesthésiques (à moins que la lévallorphane ne soit utilisée en dose d'épreuve pour déterminer si la toxicité est due à un analgésique narcotique). Le médicament peut provoquer un syndrome de sevrage grave chez les narcomanes.

Réactions indésirables   Dépression respiratoire lorsque utilisée seule. Également, dysphorie, myosis, léthargie, étourdissements, somnolence, irritation GI et transpiration. De fortes doses peuvent provoquer des symptômes psychodysleptiques.

Posologie IV. *Surdosage de narcotiques*: **Initialement**, 1 mg; puis, si nécessaire, 1 ou 2 doses additionnelles de 0,5 mg administrées à des intervalles de 10 à 15 min jusqu'à un maximum de 3 mg. **Nouveau-nés** (dépression respiratoire suite à l'administration de narcotiques à la mère): 0,05 à 0,1 mg avec 2 à 3 mL de solution de chlorure de sodium injectable dans la veine ombilicale après l'accouchement. Peut également être administré par voie IM ou SC si la veine ombilicale ne peut être utilisée.

NALOXONE, CHLORHYDRATE DE Narcan[N]

Catégorie Antagoniste des narcotiques.

Mécanisme d'action/cinétique Ce médicament peut contrer la dépression respiratoire induite par un analgésique narcotique ou par la pentazocine (Talwin), le propoxyphène (Darvon) et la cyclazocine. Il est probable que la dépression respiratoire recommence quand l'effet du médicament diminue, puisque sa durée d'action est plus courte que celle des analgésiques narcotiques. **Début d'action: IV**, 2 min; **SC, IM**: moins de 5 min. **Durée d'action**: Habituellement, 1 à 4 h, mais elle varie en fonction de la dose et de la voie d'administration. **Demi-vie**: 1 h.

Indications Dépression respiratoire causée par un narcotique naturel ou synthétique. Médicament de choix lorsqu'on n'a pas identifié l'agent dépresseur. Diagnostic du surdosage aigu d'analgésiques narcotiques. Inefficace si la dépression respiratoire est induite par des hypnotiques, des sédatifs, des anesthésiques et d'autres dépresseurs du SNC non narcotiques.

Contre-indications Sensibilité au médicament. Narcomanes (le médicament peut causer un syndrome de sevrage grave). N'est pas recommandé chez les nouveau-nés. L'innocuité chez l'enfant n'est pas établie.

Réactions indésirables Nausées, vomissements, transpiration, hypertension et tremblements. Utilisé en période postopératoire: Tachycardie, fibrillation, hypotension ou hypertension et œdème pulmonaire.

Posologie *Surdosage de narcotiques*: **IV, IM, SC, initialement**, 0,4 à 2,0 mg; si nécessaire, administrer des doses IV supplémentaires à intervalles de 2 à 3 min. S'il n'y a pas de réponse après 10 mg, réévaluer le diagnostic. *Pour contrer la dépression narcotique postopératoire*: **IV, initialement**, paliers de 0,1 à 0,2 mg à intervalles de 2 à 3 min; **puis**, répéter à intervalles de 1 à 2 h au besoin. L'administration d'une dose supplémentaire par voie IM augmente la durée de l'effet. **Pédiatrique.** *Surdosage de narcotiques*: **IV, IM, SC, initialement**, 0,01 mg/kg; répéter si nécessaire. **Nouveau-nés.** *Pour contrer la dépression narcotique*: **IV, IM, SC, initialement**, 0,01 mg/kg; répéter si nécessaire.

CHAPITRE 38

Analgésiques non narcotiques et antipyrétiques

Généralités   Les médicaments comme l'acide acétylsalicylique (AAS) et l'acétaminophène se vendent sans ordonnance. On les utilise abondamment pour soulager la douleur et la fièvre. Toutefois, ils peuvent entraîner de graves effets indésirables si on les emploie incorrectement. Les intoxications accidentelles par l'AAS sont fréquentes chez les jeunes enfants.

Plusieurs médicaments de ce groupe possèdent, en plus de leurs effets analgésique et antipyrétique, un effet anti-inflammatoire spécifique, qui en fait des médicaments de choix dans le traitement des affections rhumatismales. Pour ces affections, on utilise toutefois des doses beaucoup plus élevées que dans les cas où on désire soulager la fièvre ou obtenir une simple analgésie.

Les analgésiques non narcotiques comprennent les salicylates, l'acétaminophène, les anti-inflammatoires non stéroïdiens et une variété d'autres agents.

SALICYLATES

Catégorie   Analgésique, antipyrétique et anti-inflammatoire.

Mécanisme d'action/cinétique   Les salicylates ont des effets antipyrétiques, anti-inflammatoires et analgésiques. Leur effet antipyrétique résulte d'une action sur l'hypothalamus qui entraîne une perte de chaleur en causant la vasodilatation des vaisseaux sanguins périphériques et en activant la transpiration. L'activité anti-inflammatoire est probablement causée par l'inhibition de la prostaglandine synthétase, qui entraîne une diminution de la synthèse des prostaglandines. Les prostaglandines participeraient au processus inflammatoire et à la médiation de la douleur. Ainsi, lorsque la concentration de prostaglandines est réduite, la réaction inflammatoire peut céder. On ne connaît pas encore le mécanisme de l'activité analgésique de l'AAS, mais on l'attribue, en partie, à l'amélioration de l'affection inflammatoire. L'AAS inhibe également l'agrégation plaquettaire en réduisant la synthèse des endoperoxydes et des thromboxanes – substances médiatrices de l'agrégation plaquettaire.

L'administration de fortes doses d'AAS (5 g ou plus par jour) augmente la sécrétion d'acide urique, tandis que l'administration de faibles doses (2 g ou moins par jour) diminue la sécrétion d'acide urique. Cependant, l'AAS est un antagoniste des médicaments utilisés dans le traitement de la goutte.

Les salicylates sont rapidement absorbés après l'administration PO. L'acide acétylsalicylique est hydrolysé en acide salicylique, la substance active, liée de 70% à 90% aux protéines. **Concentration sérique thérapeutique d'acide salicylique**: 1,1 à 2,2 mmol/L, bien que l'acouphène apparaisse aux concentrations sériques supérieures à 1,4 mmol/L et que l'on puisse observer des signes sérieux de toxicité aux concentrations supérieures à 2,9 mmol/L. **Demi-vie**: Acide acétylsalicylique, 15 min; acide salicylique, 2 à 20 h, selon la dose. L'acide salicylique et les métabolites sont excrétés par les reins.

La biodisponibilité des dragées gastrorésistantes et entérosolubles de salicylates peut être faible.

Les salicylates sont énumérés au tableau 16.

Indications   Douleur provenant des structures tégumentaires, myalgie, névralgie, arthralgie, céphalée, dysménorrhée et douleurs du même type. Antipyrétique. Anti-inflammatoire dans les affections telles que l'arthrite, le lupus érythémateux systémique, le rhumatisme articulaire aigu et plusieurs autres affections. L'AAS est également utilisé pour réduire le risque de rechutes d'accès ischémiques cérébraux transitoires et d'accidents vasculaires cérébraux chez l'homme. Goutte. Peut soulager efficacement les douleurs postopératoires et du postpartum modérées; douleurs secondaires au trauma et au cancer. *Topique*: L'acide salicylique est utilisé pour ses propriétés kératolytiques. Le salicylate de méthyle (huile de thé des bois) est utilisé comme agent révulsif.

Contre-indications   Hypersensibilité aux salicylates. Les réactions d'hypersensibilité sont plus fréquentes chez les clients souffrant d'asthme, de fièvre des foins ou de polypes nasaux. On doit utiliser les salicylates avec prudence en présence d'ulcères gastro-duodénaux, chez les clients atteints de maladies cardiaques ou conjointement aux anticoagulants. L'administration de fortes doses de salicylates dans le traitement des affections rhumatismales peut causer de l'insuffisance cardiaque. Carence en vitamine K et d'une semaine avant à une semaine après une intervention chirurgicale. Utiliser avec prudence en présence de maladies hépatiques ou rénales.

Chez les enfants atteints de la varicelle ou de la grippe, car on a établi une relation entre l'utilisation de salicylates durant ces affections et le développement du syndrome de Reye.

Réactions indésirables Les effets toxiques des salicylates sont fonction de la dose. *GI*: Dyspepsie, pyrosis, anorexie, nausées, perte occulte de sang. *Allergiques*: Bronchospasme, symptômes de type asthmatique, anaphylaxie, éruption cutanée, urticaire, rhinite, polypes nasaux.

Salicylisme – toxicité bénigne. Se produit à des concentrations sériques de 1,1 à 1,4 mmol/L. *GI*: Nausées, vomissements, diarrhée, soif. *SNC*: Acouphène (symptôme le plus fréquent), étourdissements, troubles de l'audition, confusion mentale, lassitude. *Autres*: Bouffées vasomotrices, transpiration, tachycardie. On peut observer des symptômes de salicylisme aux doses utilisées pour le traitement des maladies inflammatoires ou du rhumatisme articulaire aigu.

Intoxication grave par les salicylates. Se produit aux concentrations sériques supérieures à 2,9 mmol/L. *SNC*: Agitation, confusion, forte fièvre, coma, convulsions. *Métaboliques*: Alcalose respiratoire (initialement), acidose respiratoire et métabolique, déshydratation. *Autres*: Hémorragie, œdème pulmonaire, collapsus cardiovasculaire, insuffisance rénale et respiratoire, tétanie.

Pour le traitement, voir *Soins infirmiers*, p. 616.

Interactions médicamenteuses

Médicaments	Interaction
Acétazolamide	↑ de la toxicité des salicylates pour le SNC.
Acide aminosalicylique (PAS)	↑ possible de l'activité du PAS causée par une ↓ de l'excrétion rénale ou une ↓ de la liaison aux protéines plasmatiques.
Acide ascorbique	↑ de l'activité des salicylates causée par une ↑ de la réabsorption tubulaire rénale.
Acide valproïque	↑ de l'activité de l'acide valproïque causée par une ↓ de la liaison aux protéines plasmatiques.
Alcool éthylique	↑ des risques de saignements GI causés par les salicylates.
Ammonium, chlorure d'	↑ de l'effet des salicylates causée par une ↑ de la réabsorption tubulaire rénale.
Antiacides	↓ de la concentration plasmatique de salicylates causée par une ↑ de la vitesse d'excrétion rénale.
Anticoagulants oraux	↑ de l'activité anticoagulante causée par une ↓ de la liaison aux protéines plasmatiques et de la prothrombine plasmatique.

Médicaments	Interaction
Anti-inflammatoires non stéroïdiens	Activité ulcérigène additive.
Antirhumatismaux	Les deux médicaments sont ulcérigènes et peuvent causer une ↑ des saignements GI.
Corticostéroïdes	Les deux médicaments sont ulcérigènes; de plus, les corticostéroïdes peuvent ↓ la concentration sanguine de salicylate en ↑ le catabolisme hépatique et en ↑ l'excrétion.
Dipyridamole	Effets anticoagulants additifs.
Furosémide	↑ des risques de toxicité des salicylates causée par une ↓ de l'excrétion rénale.
Héparine	L'AAS inhibe l'adhérence plaquettaire, ce qui peut augmenter les risques de saignement.
Hypoglycémiants oraux	↑ de l'hypoglycémie causée par une ↓ de la liaison aux protéines plasmatiques et par une ↓ de l'excrétion.
Indométhacine	Les deux médicaments sont ulcérigènes et peuvent augmenter les risques de saignement.
Insuline	↑ de l'effet hypoglycémiant de l'insuline.
Méthotrexate	↑ de l'effet du méthotrexate causée par une ↓ de la liaison aux protéines plasmatiques; de plus, les salicylates bloquent l'excrétion rénale du méthotrexate.
Phénylbutazone	Leur utilisation conjointe peut causer de l'hyperuricémie.
Phénytoïne	↑ de l'effet de la phénytoïne causée par une ↓ de la liaison aux protéines plasmatiques.
Probénécide	Les salicylates inhibent l'activité uricosurique du probénécide.
Sodium, bicarbonate de	↓ de l'effet des salicylates causée par une ↑ de la vitesse d'excrétion.
Spironolactone	L'AAS ↓ l'activité de la spironolactone.
Sulfamides	↑ de l'effet des sulfamides causée par une ↑ de la salicylémie.
Sulfinpyrazone	Les salicylates inhibent l'activité uricosurique de la sulfinpyrazone.

Interactions avec les épreuves de laboratoire Valeurs faussement + ou ↑: Amylase, SGOT, SGPT, acide urique, catécholamines, glucose urinaire (réaction de Benedict et Clinitest) et acide urique urinaire (fortes doses de salicylates). Valeurs faussements − ou ↓: Contenu en CO_2, glucose (à jeun), potassium et thrombocytes.

Posologie Voir le tableau 16, p. 618.

Administration

1. Administrer avec les repas, du lait ou des craquelins afin de réduire l'irritation gastrique.

2. Lorsque cela est prescrit par le médecin, on peut administrer conjointement du bicarbonate de sodium afin de réduire l'irritation.

3. Les dragées gastrorésistants et entérosolubles ou les comprimés tamponnés sont mieux tolérés par certains clients.

Soins infirmiers

1. Vérifier si le client a des antécédents d'hypersensibilité aux salicylates avant d'administrer ce genre de produit. Certains clients ayant bien toléré les salicylates pendant une longue période peuvent développer soudainement une réaction allergique ou anaphylactique. Se procurer de l'épinéphrine pour les traitements d'urgence. L'asthme causé par une réaction d'hypersensibilité aux salicylates peut se révéler réfractaire à l'épinéphrine; on doit garder des antihistaminiques pour administration parentérale et orale.

2. Administrer les salicylates aux clients hospitalisés seulement, tel que prescrit par le médecin et selon l'horaire établi. Aviser les clients de ne pas utiliser l'aspirine sans discernement à la maison.

3. Administrer les salicylates pour leurs propriétés antipyrétiques uniquement lorsque la température, le pouls et la respiration ont atteint les valeurs pour lesquelles le médecin les a prescrits. Après l'administration d'AAS pour ses propriétés antipyrétiques, mesurer la température du client au moins une fois par heure et surveiller la diaphorèse marquée. Prodiguer des soins infirmiers de soutien: sécher le client, changer les draps, administrer des liquides et éviter le refroidissement après une diaphorèse importante.

4. Chez le client qui subit un traitement anticoagulant, évaluer les ecchymoses, les saignements des muqueuses ou des orifices, car l'administration de fortes doses de ces médicaments peut augmenter le temps de prothrombine.

5. Évaluer l'irritation et la douleur gastrique.

6. *Expliquer au client et/ou à sa famille*:
   a) qu'il ne doit pas prendre de bicarbonate de sodium sans le consentement du médecin, car cette substance peut diminuer plus rapidement la concentration sérique d'AAS et réduire ainsi son efficacité.
   b) les effets thérapeutiques et toxiques du médicament (notés dans *Réactions indésirables*).
   c) que les symptômes d'hypoglycémie peuvent apparaître chez les diabétiques, car les salicylates potentialisent les médicaments antidiabétiques. Vérifier auprès du médecin l'ajustement possible de la posologie.

d) que les clients cardiaques prenant de fortes doses doivent surveiller les symptômes d'insuffisance cardiaque.

e) qu'il faut demander au médecin si l'on peut utiliser des suppositoires d'AAS ou de l'acétaminophène lorsqu'un enfant refuse de prendre de l'AAS ou vomit sa médication.

f) qu'il faut consulter le médecin si une intervention chirurgicale est prévue, car on interrompt généralement l'administration d'aspirine une semaine avant l'intervention chirurgicale à cause des risques de saignements postopératoires.

7. Toxicité des salicylates:

   a) Après l'administration répétée de fortes doses de salicylate, évaluer les symptômes de salicylisme, caractérisé par de l'hyperventilation et des troubles auditifs et visuels, et aviser le médecin immédiatement.

   b) S'attendre que les intoxications graves par les salicylates, causées par un surdosage ou une accumulation du médicament, causeront aussi un effet exagéré sur le SNC et sur le métabolisme. Le client présente parfois une ivresse salicylique caractérisée par la loquacité. Des convulsions et le coma peuvent y succéder.

   c) Savoir que les salicylates topiques, comme l'acide salicylique et le salicylate de méthyle, sont rapidement absorbés par la peau intacte, particulièrement lorsqu'ils sont appliqués dans la lanoline, et qu'ils peuvent causer une intoxication systémique.

   d) Maintenir un apport liquidien adéquat chez les enfants fiévreux traités avec l'AAS, car les risques d'intoxication par les salicylates sont plus importants lorsqu'ils sont déshydratés.

   e) L'équipement d'urgence pour le traitement de l'intoxication aiguë par les salicylates devrait comprendre:

   (1) des émétiques et l'équipement pour lavage gastrique (dans les cas d'intoxication par le salicylate de méthyle, on doit continuer le lavage jusqu'à ce que le liquide de lavage n'ait plus du tout l'odeur du médicament).

   (2) du matériel pour perfusion IV, des solutions de dextrose, de potassium et de bicarbonate de sodium et de la solution saline; de la vitamine K.

   (3) de l'oxygène et un ventilateur.

   (4) des barbituriques à courte action (pour le traitement des convulsions), tels que le pentobarbital ou le sécobarbital.

   f) *Expliquer aux parents et aux personnes qui s'occupent des enfants*:

   (1) que les salicylates doivent être gardés hors de la portée des enfants (4 mL d'huile de thé des bois chez l'enfant et 30 mL chez l'adulte peuvent constituer des doses mortelles).

TABLEAU 16 SALICYLATES

Médicament	Indications
Acide acétylsalicylique Acide acétylsalicylique, Apo-Asen, Arthritic Pain Timed release, Aspirin, Astrin, Coryphen, Ecotrin, Entrophen, Headache, Lifepren, Novasen, Riphen-10, Sal-Adult, Sal-Infant, Supasa, Triaphen-10 **Acide acétylsalicylique tamponné** Alka-Seltzer, Arthritis Pain Formula, Asadrine C-200, Buffinol	Analgésique, anti-inflammatoire, anti-pyrétique, rhumatisme articulaire aigu, prophylaxie de l'infarctus du myocarde.
Salicylate sodique Dodd Pills, Gin Pills	Antipyrétique, analgésique, rhuma-tisme articulaire aigu.

(2) que l'aspirine ne doit pas être administrée aux enfants sans l'avis du médecin.

(3) que les risques d'intoxication avec des quantités d'as-pirine relativement faibles sont particulièrement élevés chez les enfants fiévreux et déshydratés.

(4) qu'il faut signaler au médecin l'irritation et la douleur gastrique et surveiller les symptômes d'hypersensi-bilité ou de toxicité.

ACÉTAMINOPHÈNE

ACÉTAMINOPHÈNE (PARACÉTAMOL)

Acetab, Acétaminophène, Acetatab, Anacin 3, Apo-Acetaminophen, Atasol, Atophen, Campain, Dolophen, Exaphen Forte, Exdol, Exdol Fort, Fievrol, Life Acetaminophen, Martril, Meda Phen, Novogesic, Panadol, Paracetamol, Paramine, Paraphen, Robigesic, Rounox, Tempra, Tylenol, Tylophen Forte

Catégorie Analgésique non narcotique de type para-amino-phénol.

Mécanisme d'action/cinétique L'acétaminophène est le seul dérivé du para-aminophénol couramment utilisé. Il ressemble aux

Posologie	Commentaires

PO. Adultes: *Analgésique*, 325 à 650 mg q 4 h. *Arthrite/maladies rhumatismales*: 2,6 à 5,2 g par jour en doses fractionnées. *Accès ischémiques cérébraux transitoires chez l'homme*: 650 mg b.i.d. ou 325 mg q.i.d. **Pédiatrique**: *Analgésique, antipyrétique*, 65 mg/kg par jour en doses fractionnées q 6 h, sans excéder 3,6 g par jour.

L'aspirine est fréquemment associée à d'autres substances dans des médicaments comme Equagesic, Fiorinal, Fiorinal avec codéine, Norgesic et Norgesic Forte. Voir l'appendice 3.

PO. *Antipyrétique, analgésique*, 325 à 650 mg q 4 ou 6 h. *Rhumatisme articulaire aigu*: 10 à 15 g par jour en doses fractionnées q 4 ou 5 h.

Ne pas administrer aux clients suivant un régime hyposodé. Un gramme de ménadione (vitamine K) devrait être administré pour chaque gramme de salicylate sodique durant une thérapie prolongée.

salicylates car il produit de l'analgésie et de l'antipyrèse. L'importance de ses effets se comparent à ceux de l'AAS. L'acétaminophène est dépourvu de propriétés anti-inflammatoires et uricosuriques, et il possède peu ou pas de propriétés anticoagulantes. Il ne cause pas d'ulcération et d'irritation GI et n'est pas un antagoniste des médicaments uricosuriques.

Concentration plasmatique maximale: 30 à 120 min. **Demi-vie**: 0,75 à 3 h. **Concentration sérique thérapeutique** (analgésie): 33 à 132 μmol/L. **Liaison aux protéines plasmatiques**: environ 25%. L'acétaminophène est métabolisé par le foie et excrété dans l'urine conjugué au glucuronide et au sulfate. Toutefois, un métabolite intermédiaire hydroxylé est hépatotoxique après l'administration de fortes doses d'acétaminophène.

L'acétaminophène est souvent associé à d'autres médicaments, comme dans Paralun Forte et Tylenol avec codéine. Voir l'appendice 3.

Indications   Maîtrise de la douleur causée par les céphalées, la dysménorrhée, l'arthralgie, la myalgie, les douleurs musculosquelettiques, l'immunisation, l'éruption des dents, l'amygdalectomie. Pour réduire la fièvre dans les infections bactériennes ou virales. Substitut de l'aspirine dans les maladies du tractus GI supérieur, dans les cas d'allergie à l'aspirine, dans les troubles hémorragiques, chez les clients suivant une anticoagulothérapie et dans l'arthrite goutteuse.

Contre-indications   Insuffisance rénale, anémie. Les clients atteints de maladies cardiaques ou pulmonaires sont plus sensibles aux effets toxiques de l'acétaminophène. Selon certaines données, l'acétaminophène devrait être utilisé avec prudence durant la grossesse.

Réactions indésirables   Peu nombreuses avec les doses thérapeutiques habituelles. La toxicité chronique et même aiguë peut se développer après un usage prolongé n'ayant provoqué aucun symptôme. *Hématologiques*: Méthémoglobinémie, anémie hémolytique, neutropénie, thrombopénie, pancytopénie, leucopénie. *Allergiques*: Éruption cutanée, fièvre. *Autres*: Stimulation du SNC, hypoglycémie, ictère, sédation, glossite.

SYMPTÔMES DE SURDOSAGE   On peut n'observer que peu de symptômes initiaux. *Toxicité hépatique. SNC*: Stimulation du SNC, malaise général, délire suivi de dépression, crise, coma, mort. *GI*: Nausées, vomissements, diarrhée, malaise gastrique. *Autres*: Transpiration, frissons, fièvre, collapsus vasculaire.

TRAITEMENT DU SURDOSAGE   Initialement, provoquer le vomissement, effectuer un lavage gastrique et administrer du charbon activé. La *N*-acétylcystéine par voie orale diminue ou prévient les lésions hépatiques en inactivant les métabolites de l'acétaminophène, qui causent les effets néfastes sur le foie.

Interactions médicamenteuses

Médicaments	Interaction
Carbamazépine	↓ de l'effet de l'acétaminophène par ↑ du catabolisme hépatique.
Contraceptifs oraux	↑ du catabolisme hépatique de l'acétaminophène.
Phénobarbital	↓ de l'effet de l'acétaminophène par ↑ du catabolisme hépatique.
Phénytoïne	↓ de l'effet de l'acétaminophène par ↑ du catabolisme hépatique.

Posologie   **PO. Adultes**: 300 à 400 mg q 4 h; on peut utiliser jusqu'à 1 g q.i.d., pour une thérapie à court terme; la posologie ne devrait pas excéder 2,6 g par jour pour une thérapie à long terme. **Pédiatrique**: Administrer 4 ou 5 fois par jour. **Jusqu'à 3 mois**: 40 mg par dose; **4 à 12 mois**: 80 mg par dose; **1 à 2 ans**: 120 mg par dose; **2 à 3 ans**: 160 mg par dose; **4 à 5 ans**: 240 mg par dose; **6 à 8 ans**: 320 mg par dose; **9 à 10 ans**: 400 mg par dose; **11 à 12 ans**: 480 mg par dose.

Soins infirmiers

1. *Évaluer*:
   a) la méthémoglobinémie (couleur bleutée des muqueuses et des ongles, dyspnée, vertige, faiblesse et céphalée) causée par l'anoxie.
   b) l'anémie hémolytique (pâleur, faiblesse et palpitations).
   c) la néphrite (hématurie et albuminurie).
   d) l'intoxication chronique (dyspnée, pouls faible et rapide, froideur des extrémités, peau moite, température sous la normale et collapsus accompagné de confusion).

---

e) la toxicité (stimulation du SNC, excitation et délire).

f) les troubles psychiques accompagnant le retrait du médicament.

2. *Expliquer au client et/ou à sa famille*:

   a) que la phénacétine peut colorer l'urine en brun foncé ou en rouge vin.

   b) que l'administration prolongée de médicaments contenant de l'acétaminophène peut entraîner des réactions toxiques.

   c) que les médicaments composés de salicylates, d'acétaminophène et de caféine, servant à soulager les céphalées et les douleurs mineures, ne sont souvent pas plus efficaces que l'aspirine seule, mais qu'ils peuvent être plus dangereux.

AUTRES MÉDICAMENTS

MÉTHOTRIMÉPRAZINE   Nozinan[Pr]

Catégorie   Analgésique non narcotique.

Mécanisme d'action/cinétique   Le méthotriméprazine est un dérivé phénothiazinique entraînant de nombreux effets pharmacologiques, incluant des effets sédatifs, analgésiques, amnésiques, antiprurigineux, anesthésiques locaux et anticholinergiques. On croit que les effets sur le SNC sont causés par la dépression des régions sous-corticales de l'encéphale, incluant le thalamus, le système limbique, la formation réticulée et l'hypothalamus, ce qui entraîne une réduction des influx sensoriels, une réduction des activités locomotrices et une sédation subséquente ainsi qu'un effet antiémétique. **Effet maximal**: 20 à 40 min après l'administration IM. **Durée d'action**: Environ 4 h. **Concentration sanguine thérapeutique**: 3,0 mmol/L. Le médicament est métabolisé par le foie et les métabolites (qui possèdent une activité pharmacologique minimale) sont excrétés dans l'urine et les fèces.

Indications   Analgésie chez les clients non ambulatoires. Analgésie en obstétrique lorsqu'on veut éviter la dépression respiratoire. Préanesthésique pour produire de la sédation et un soulagement de l'anxiété et de la tension.

Contre-indications   Ce médicament doit être utilisé avec prudence chez les personnes âgées ou chez les clients atteints d'une maladie cardiaque. On ne doit pas l'administrer en cas de travail prématuré, avec un antihypertenseur ou en présence de maladie myocardique, rénale ou hépatique grave.

Réactions indésirables   *CV*: Hypotension orthostatique accompagnée de syncope ou de faiblesse. *SNC*: Étourdissements, troubles de l'élocution, sédation excessive, désorientation. *GI*: Nausées, vomissements, xérostomie et malaise. *Autres*: Troubles urinaires, symptômes allergiques, ictère, agranulocytose, frissons, congestion nasale, douleur au point d'injection.

Interactions médicamenteuses

Médicaments	Interaction
Alcool éthylique	Potentialisation ou addition des effets dépresseurs sur le SNC; l'utilisation conjointe peut causer de la sédation, de la léthargie, de la stupeur, de la dépression respiratoire, le coma et, éventuellement, la mort.
Anticholinergiques	L'utilisation conjointe cause de la tachycardie et peut entraîner des réactions extrapyramidales.
Antihypertenseurs	Effets hypotenseurs additifs.
Dépresseurs du SNC Anxiolytiques, barbituriques, narcotiques, phénothiazines, sédatifs hypnotiques	Voir *Alcool éthylique*.
Guanéthidine	Effets hypotenseurs additifs.
Méthyldopa	Effets hypotenseurs additifs.
Myorésolutifs chirurgicaux	↑ de la relaxation musculaire.
Phénothiazines	Voir *Alcool éthylique*; également, effets extrapyramidaux additifs.

Posologie   IM. **Adultes**: 10 à 20 mg q 4 à 6 h au besoin pour l'analgésie. On doit réduire les doses chez les clients âgés: **initialement**, 5 à 10 mg; **puis**, augmenter graduellement, au besoin. *Analgésie en obstétrique*: **Initialement**, 15 à 20 mg; peut être répété au besoin. *Médication préanesthésique*: 2 à 20 mg administrés 45 min à 3 h avant l'intervention chirurgicale. *Analgésie postopératoire*: **Initialement**, 2,5 à 7,5 mg (à cause de l'activité résiduelle de l'anesthésique); **puis**, administrer des doses supplémentaires au besoin, q 4 à 6 h. **Ne pas administrer par voie SC ou IV**.

Administration

1. Faire une injection IM profonde dans une masse musculaire importante. Il est préférable de faire une rotation des points d'injection.

2. Ne pas administrer par voie SC, car on peut ainsi causer de l'irritation.

3. Ne mélanger dans la même seringue qu'avec de l'atropine ou de la scopolamine.

Soins infirmiers

Éviter l'ambulation pendant au moins 6 h après l'administration de la première dose, car le client peut souffrir d'hypotension orthostatique, de syncopes et d'étourdissements. La tolérance à ces effets apparaît à la suite de l'administration répétée.

PROPOXYPHÈNE, CHLORHYDRATE DE
Chlorhydrate de propoxyphène[N],
Comprimés 642[N], Novopropoxyn[N],
Propoxyphène[N]

PROPOXYPHÈNE, NAPSYLATE DE
Darvon-N[N]

Catégorie   Analgésique non narcotique.

Généralités   Lorsque des doses excessives ont été adminis-trées pendant une longue période, on peut observer de la dépendance psychologique et, à l'occasion, de la dépendance physique et de la tolérance.

Le propoxyphène est souvent prescrit en association avec des sali-cylates. Dans ces cas, consulter également la monographie des sali-cylates. On trouve du chlorhydrate de propoxyphène dans No-vopropoxyn Composé et les Comprimés 692 tandis que l'on trouve du napsylate de propoxyphène dans Darvon-N avec AAS et dans Darvon-N Composé. Voir l'appendice 3.

Mécanisme d'action/cinétique   Le propoxyphène res-semble aux narcotiques en ce qui concerne son mécanisme d'action et son effet analgésique; sa puissance se situe entre la moitié et les deux tiers de celle de la codéine.

Il ne possède pas d'effets antitussifs, anti-inflammatoires ou anti-pyrétiques. **Concentration plasmatique maximale**: *Chlorhydrate*: 2 à 2,5 h; *napsylate*: 3 à 4 h. **Début de l'activité analgésique**: Jusqu'à 1 h. **Durée d'action**: 3,5 à 4 h. **Concentration sérique thérapeutique**: 0,15 à 0,35 µmol/L. Effet de premier passage important; les métabolites sont excrétés dans l'urine.

Indications   Soulagement de la douleur bénigne à modérée. Le napsylate de propoxyphène a été utilisé expérimentalement pour supprimer le syndrome de sevrage des narcotiques.

Contre-indications   Hypersensibilité au produit.

Réactions indésirables   *GI*: Nausées, vomissements, consti-pation, douleur abdominale. *SNC*: Sédation, étourdissements, sensa-tion ébrieuse, céphalée, faiblesse, euphorie, dysphorie. *Autres*: Éruption cutanée, troubles visuels.

Le propoxyphène peut causer de la dépendance psychologique et physique ainsi que de la tolérance.

Les symptômes de surdosage sont similaires à ceux du surdosage de narcotiques. Ils comprennent la dépression respiratoire, le coma, la contraction des pupilles et le collapsus cardio-vasculaire. Le traitement du surdosage consiste à maintenir la perméabilité des voies aériennes, à fournir une assistance ventilatoire et à administrer un antagoniste des narcotiques (naloxone, lévallorphane) afin de combattre la dépression respiratoire. Un lavage gastrique ou l'administration de charbon activé peut être utile.

Interactions médicamenteuses

Médicaments	Interaction
Carbamazépine	↑ de l'effet de la carbamazépine par ↓ du catabolisme hépatique.
Dépresseurs du SNC Alcool Anxiolytiques Narcotiques Neuroleptiques Sédatifs hypnotiques	Dépression additive du SNC. L'utilisation conjointe peut causer de la sédation, de la léthargie, de la stupeur, de la dépression respiratoire et le coma.
Myorésolutifs	Dépression respiratoire additive.
Orphénadrine	L'utilisation conjointe peut causer de la confusion, de l'anxiété et des tremblements.
Phénobarbital	↑ de l'effet du phénobarbital par ↓ du catabolisme hépatique.
Warfarine	↑ de l'effet hypoprothrombinémique de la warfarine.

Posologie *Chlorhydrate.* **PO**: 65 mg q 4 h, sans excéder 390 mg par jour. *Napsylate.* **PO**: 100 mg q 4 h, sans excéder 600 mg par jour. **Ce médicament n'est pas recommandé pour les enfants.**

Soins infirmiers

1. *Évaluer*:
   a) l'augmentation de la dépendance et de la tolérance.
   b) les signes précoces de toxicité, comme la dépression respiratoire et la contraction des pupilles.

2. *Expliquer au client et/ou à sa famille*:
   a) qu'il doit être prudent lorsqu'il opère des machines dangereuses ou lorsqu'il conduit une voiture, car ce produit peut causer des étourdissements et de la sédation.
   b) qu'il doit s'étendre s'il a des étourdissements, des nausées ou des vomissements.

Anti-inflammatoires et antirhumatismaux

Généralités   L'arthrite, c'est-à-dire l'inflammation des articulations, englobe environ 80 maladies différentes, appelées aussi maladies rhumatismales, maladies du collagène, ou maladies des tissus conjonctifs. Les symptômes importants sont la douleur et l'inflammation des articulations; la cause de cette inflammation articulaire varie selon les cas. La douleur articulaire de la goutte, par exemple, provient de la formation de cristaux uratiques sodiques qui sont la conséquence d'une surproduction ou d'une élimination insuffisante de l'acide urique. L'arthrose est causée par la dégénérescence des articulations; la polyarthrite rhumatoïde et le lupus érythémateux disséminé sont des maladies auto-immunes. Les facteurs immuns déclenchent la libération des enzymes corrosifs dans les articulations d'une façon complexe. L'arthrite infectieuse est la conséquence d'une destruction rapide des articulations par des micro-organismes comme les gonocoques qui envahissent la cavité articulaire. Le traitement doit évidemment viser la cause de la forme d'arthrite particulière; un examen diagnostique minutieux devrait précéder le début de la thérapie. On traite la goutte avec des agents uricosuriques qui modifient le métabolisme de l'acide urique (chapitre 40); l'arthrite infectieuse avec des antibiotiques (chapitre 9); l'arthrose infectieuse avec des antibiotiques (chapitre 9); l'arthrose avec des analgésiques et des anti-inflammatoires; la polyarthrite rhumatoïde, le lupus érythémateux disséminé et la spondylarthrite ankylosante avec des anti-inflammatoires. On peut aussi traiter la polyarthrite rhumatoïde avec deux agents de rémission: l'or et la pénicillamine. L'acide acétylsalicylique (AAS) (chapitre 38) constitue un agent important pour le traitement des maladies rhumatismales. On réserve de préférence les corticostéroïdes aux traitements à brève échéance et à quelques cas, les plus récalcitrants, de polyarthrite rhumatoïde et de lupus érythémateux disséminé (chapitre 61). Les corticostéroïdes sont également administrés par voie intra-articulaire. Les antipaludiques, particulièrement le sulfate d'hydroxychloroquine (Plaquenil), sont parfois employés pour la polyarthrite rhumatoïde et le lupus érythémateux disséminé (chapitre 14).

La thérapie médicamenteuse doit être accompagnée de physiothérapie, d'une alimentation saine et de périodes appropriées de repos. Le remplacement complet de l'articulation devient un moyen thérapeutique de plus en plus important pour réparer les ravages de l'arthrite.

DÉRIVÉS DE L'ACIDE PROPIONIQUE ET AUTRES COMPOSÉS SEMBLABLES

Mécanisme d'action/cinétique   Pendant la dernière décennie, on a mis au point un grand nombre d'agents anti-inflammatoires non stéroïdiens. Chimiquement, ces médicaments sont voisins de l'indène, de l'indole ou de l'acide propionique. Comme dans le cas de l'AAS, on croit que les effets thérapeutiques de ces agents sont le résultat de l'inhibition de la synthèse des prostaglandines. Ces agents sont efficaces pour diminuer les enflures, les douleurs et la raideur matinale des articulations, ainsi que pour augmenter la mobilité des clients arthritiques. Ils ne modifient cependant pas le cours de la maladie. Leur activité anti-inflammatoire est comparable à celle de l'AAS. Ils ont aussi une activité analgésique et un certain effet antipyrétique.

Les agents anti-inflammatoires non stéroïdiens ont un effet irritant sur le tractus GI. Ils diffèrent quelque peu entre eux selon leur vitesse d'absorption, leur durée d'action, leur activité anti-inflammatoire et leur effet sur la muqueuse gastro-intestinale.

Indications   Polyarthrite rhumatoïde (poussée aiguë et traitement prolongé), arthrose, spondylarthrite ankylosante, goutte et autres maladies musculosquelettiques. Douleurs faibles à modérées. Dysménorrhée primaire, douleur épisiotomique, foulures et entorses, douleurs provoquées par l'extraction d'une dent.

Contre-indications   La plupart de ces médicaments sont contre-indiqués chez les enfants de moins de 14 ans. Hypersensibilité à un de ces agents ou à l'AAS. Asthme aigu, rhinite ou urticaire. Employer avec prudence chez les clients ayant des antécédents de maladie GI ou une fonction rénale réduite.

Réactions indésirables   *GI (les plus communes)*: Ulcération gastro-duodénale et saignements GI, réveil d'ulcères déjà existants. Brûlures d'estomac, dyspepsie, nausées, vomissements, anorexie, diarrhée, constipation, indigestion, stomatite. *SNC*: Étourdissements, somnolence, vertiges, céphalée. *Cutanées*: Prurit, éruption cutanée, transpiration, ecchymoses, urticaire, purpura. *Autres*: Acouphènes, vision trouble et autres troubles oculaires. *Dyscrasies sanguines*: Anémie, modification de la fonction plaquettaire, augmentation du temps de saignement. *Cardio-vasculaires*: Œdème, palpitations, tachycardie.

Interactions médicamenteuses

Médicaments	Interaction
Anticoagulants (Coumadin)	↑ du temps de prothrombine suite à l'emploi concomitant.
Aspirine	↓ de l'effet des agents non stéroïdiens.
Phénobarbital	↓ de l'effet du fénoprofène due à une ↑ du catabolisme hépatique.
Phénytoïne	↑ de l'effet de la phénytoïne due à une ↓ de la liaison aux protéines plasmatiques.
Probénécide	↑ de l'effet des agents non stéroïdiens due à une ↑ de la concentration plasmatique.
Sulfamides	↑ de l'effet des sulfamides due à une ↓ de la liaison aux protéines plasmatiques.
Sulfonylurées (hypoglycémiants oraux)	↑ de l'effet des sulfonylurées due à une ↓ de la liaison aux protéines plasmatiques.

Soins infirmiers

Expliquer au client et/ou à sa famille:

a) qu'il est recommandé de prendre les agents anti-inflammatoires avec des aliments, du lait ou un antiacide prescrit par le médecin, afin de diminuer l'irritation gastrique.

b) qu'il faut rester fidèle au traitement car seule une prise régulière de médicament entraîne un effet anti-inflammatoire.

c) qu'il faut exercer une surveillance médicale étroite pour ajuster la posologie selon l'âge du client, son état et les modifications de l'évolution de la maladie.

d) qu'il faut signaler au médecin les signes et les symptômes d'irritation ou de saignement GI, de vision trouble ou autres problèmes oculaires, les acouphènes, les éruptions cutanées, le purpura, le gain pondéral ou l'œdème.

e) qu'il doit être extrêmement prudent lorsqu'il conduit une voiture ou fait fonctionner des machines car le médicament peut causer des étourdissements et de la somnolence.

FÉNOPROFÈNE CALCIQUE   Nalfon^Pr

Catégorie   Analgésique, anti-inflammatoire non stéroïdien.

Mécanisme d'action/cinétique Concentration sérique maximale: 1 à 2 h; **demi-vie**: 3 h. Liaison protéinique à 90%. Les aliments (mais non pas les antiacides) retardent l'absorption et diminuent la quantité totale absorbée. En cas d'arthrite, il faut compter 2 à 3 semaines pour évaluer l'ensemble des effets thérapeutiques. L'innocuité et l'efficacité chez les enfants n'ont pas été établies.

Réactions indésirables supplémentaires *GU*: Dysurie, hématurie, syndrome néphrotique.

Interactions médicamenteuses supplémentaires Le phénobarbital ↓ l'effet du fénoprofène à cause d'une ↑ du catabolisme hépatique.

Posologie *Polyarthrite rhumatoïde et arthrose.* PO: 300 à 600 mg t.i.d. ou q.i.d. Adapter la dose selon la réaction du client. *Douleur légère à modérée*: 200 mg q 4 à 6 h. Posologie quotidienne maximale pour toutes les utilisations: 3 200 mg.

Administration Administrer le médicament 30 min avant ou 2 h après les repas, car la nourriture diminue la vitesse de l'absorption du fénoprofène ainsi que la quantité de médicament absorbé.

IBUPROFÈNE Advil, Amersol[Pr], Apo-Ibuprofen[Pr], Ibuprofène[Pr], Motrin[Pr], Novoprofen[Pr], Nuprin

Catégorie Anti-inflammatoire, analgésique non stéroïdien.

Mécanisme d'action/cinétique Concentration sérique maximale: 1 à 2 h. **Demi-vie**: 2 h. La nourriture retarde la vitesse d'absorption mais n'influe pas sur la quantité totale de médicament absorbé.

Advil et Nuprin contiennent 200 mg d'ibuprofène chacun; il s'agit de produits grand public.

Posologie PO. *Arthrite*: 300 à 600 mg t.i.d. ou q.i.d.; adapter la posologie selon la réaction du client. On ne peut pas évaluer la réaction thérapeutique totale avant au moins 2 semaines. *Douleur légère à modérée*: 200 à 400 mg q 4 à 6 h. *Dysménorrhée*: 400 mg q 4 h. Posologie quotidienne maximale pour toutes les utilisations: 2 400 mg.

INDOMÉTHACINE Apo-Indomethacin[Pr], Indocid[Pr], Novomethacin[Pr]

INDOMÉTHACINE SODIQUE TRIHYDRATÉE Indocid PDA[Pr]

Catégorie   Anti-inflammatoire, analgésique, antipyrétique.

Mécanisme d'action/cinétique   PO. **Début d'action**: 1 à 2 h. **Concentration plasmatique maximale**: 30 à 120 min. **Durée**: 4 à 6 h. **Concentration plasmatique thérapeutique**: 28 à 50 μmol/L. **Demi-vie**: Approximativement 5 h. **Demi-vie plasmatique après perfusion IV chez les nourrissons**: 12 à 20 h, selon l'âge et la dose. Lié à approximativement 90% aux protéines plasmatiques. Le médicament est métabolisé dans le foie et excrété dans l'urine et les fèces.

Indications supplémentaires   Bursite, tendinite. *IV*: Fermeture pharmacologique du canal artériel chez les prématurés.

Contre-indications supplémentaires   Lésions GI. Employer avec prudence chez les clients ayant des antécédents d'épilepsie, de maladie psychiatrique ou de parkinsonisme ainsi que chez les personnes âgées. L'indométhacine devrait être employée avec une extrême prudence en présence d'infections maîtrisées. Emploi IV: Saignements intracrâniens ou GI, thrombopénie, troubles rénaux, anomalies de la coagulation, entérocolite nécrosante.

Réactions indésirables supplémentaires   Réactivation d'infections latentes. Plus de manifestations marquées du SNC qu'avec les autres médicaments de ce groupe.

Interactions médicamenteuses

Médicaments	Interaction
Acide éthacrynique	↓ de l'effet du diurétique, peut-être due à l'inhibition des prostaglandines.
Adrénolytiques bêta	L'indométhacine ↓ les effets antihypertenseurs de ces médicaments.
Amines sympathomimétiques	Risques d'hypertension.
Antiacides	↓ do l'offct de l'indométhacine due à une ↓ de l'absorption dans le tractus GI.
Anticoagulants oraux	↑ de l'effet des anticoagulants par ↓ de la liaison aux protéines plasmatiques; l'indométhacine est aussi ulcérigène et peut inhiber la fonction plaquettaire, ce qui cause des hémorragies.
Captopril	↓ de l'effet du captopril peut-être due à l'inhibition des prostaglandines.
Corticostéroïdes	Augmentation des risques d'ulcération GI.
Diurétiques thiazidiques	Voir *Acide éthacrynique*.
Furosémide	Voir *Acide éthacrynique*.
Lithium	↑ de la toxicité du lithium due à une ↓ de l'excrétion rénale.

Médicaments	Interaction
Probénécide	↑ de l'effet de l'indométhacine par ↓ de l'excrétion rénale.
Salicylates	Ils sont tous deux ulcérigènes et causent une ↑ des saignements GI.
Sulfamides	↑ de l'effet des sulfamides par ↑ de la concentration sanguine.
Triamtérène	↑ des risques de néphrotoxicité.

Posologie   **PO.** *Arthrite*: **Initialement**, 25 mg b.i.d. ou t.i.d.; on peut augmenter de 25 mg par semaine selon l'affection, jusqu'à l'obtention d'une réponse satisfaisante. **Dose quotidienne maximale**: 150 à 200 mg. *Arthrite goutteuse*: 50 mg t.i.d. pendant 3 à 5 jours. Réduire la posologie rapidement jusqu'à l'arrêt de la médication. *Bursite/tendinite*: 75 à 150 mg par jour en 3 ou 4 doses fractionnées pendant 1 ou 2 semaines. Une préparation retard (de 75 mg dont 25 mg sont libérés immédiatement) est disponible pour l'emploi 1 ou 2 fois par jour.

IV. *Persistance du canal artériel*: 3 doses IV, selon l'âge du nourrisson, sont données à des intervalles de 12 à 24 h. **Nourrissons de moins de 2 jours**: Première dose, 0,2 mg/kg suivie de 2 doses de 0,1 mg/kg; **nourrissons de 2 à 7 jours**: 3 doses de 0,2 mg/kg; **nourrissons de plus de 7 jours**: Première dose, 0,2 mg/kg suivie de 2 doses de 0,25 mg/kg. Si le canal artériel se rouvre, la thérapie peut être répétée. S'il n'y a pas de réponse après deux thérapies, une intervention chirurgicale peut être nécessaire.

Administration/entreposage

1. Entreposer dans un contenant ambré.

2. La solution IV devrait être préparée avec du chlorure de sodium pour injection ou avec de l'eau pour injection. Le solvant ne devrait pas contenir d'agent de conservation.

3. Les solutions IV devraient être préparées immédiatement avant l'utilisation.

4. On devrait administrer la solution IV en 5 à 10 s.

> **Soins infirmiers complémentaires**
>
> Voir *Soins infirmiers – Dérivés de l'acide propionique*, p. 627.
>
> 1. Appliquer la démarche de soins infirmiers (évaluation, enseignement, rapport) pour aider le médecin à établir la plus petite dose efficace pour chaque client car les réactions indésirables dépendent de la dose.
>
> 2. Arrêter la médication et consulter le médecin en cas de réaction indésirable car n'importe laquelle de ces réactions peut nécessiter l'arrêt de la médication.
>
> 3. Évaluer les infections coexistantes ou la réactivation d'infections maîtrisées car l'indométhacine peut avoir masqué les symptômes d'infection.

4. *Expliquer au client et/ou à sa famille*:
  a) qu'une surveillance médicale est nécessaire pendant la thérapie à l'indométhacine. Des examens ophtalmologiques et des numérations globulaires sont habituellement indiqués lors d'une thérapie prolongée.
  b) qu'il doit être prudent lorsqu'il opère des machines dangereuses à cause de la possibilité de sensation ébrieuse et de diminution de la vigilance.

NAPROXÈNE   Apo-Naproxen[Pr], Naprosyn[Pr], Naxen[Pr], Novonaprox[Pr]

NAPROXÈNE SODIQUE   Anaprox[Pr]

Catégorie   Analgésique. Non stéroïdien, anti-inflammatoire.

Mécanisme d'action/cinétique   **Concentration sérique maximale (naproxène)**: 2 à 4 h; **(sel sodique)**: 1 à 2 h. **Demi-vie**: 13 h. Le naproxène se lie aux protéines plasmatiques à plus de 90%. La nourriture retarde la vitesse d'absorption mais ne modifie pas la quantité de médicament absorbé. On peut ne pas noter d'amélioration clinique avant deux semaines.

Indications supplémentaires   Douleur légère à modérée. Inflammation musculosquelettique et des tissus mous, incluant la polyarthrite rhumatoïde, l'arthrose, la bursite, la tendinite, la spondylarthrite ankylosante. Dysménorrhée, goutte aiguë.

Interactions médicamenteuses   Le probénécide ↓ la clearance plasmatique du naproxène.

Interactions avec les épreuves de laboratoire   Le naproxène peut augmenter les valeurs des céto-17 stéroïdes urinaires. Les deux formes peuvent modifier le dosage de l'acide hydroxy-5 indole-acétique.

Posologie   **PO**. *Arthrite (polyarthrite rhumatoïde, arthrose, spondylarthrite ankylosante)*: **Individualisée. Habituellement**. 250 à 375 mg de naproxène (sel sodique: 275 mg) b.i.d. Une amélioration devrait se manifester dans les deux semaines. *Goutte aiguë*: **Initialement**, 750 mg de naproxène (sel sodique: 825 mg); poursuivre avec 250 mg de naproxène (sel sodique: 275 mg) q 8 h jusqu'à la disparition des symptômes. *Douleur, dysménorrhée, bursite, tendinite*: **Initialement**, 500 mg (550 mg de sel sodique); **puis**, 250 mg (275 mg de sel sodique) q 6 ou 8 h. La posologie quotidienne totale ne devrait pas excéder 1 250 mg (1 375 mg de sel sodique).

Administration   On recommande de prendre le médicament matin et soir.

PIROXICAM   Feldene[Pr]

Catégorie   Anti-inflammatoire non stéroïdien, analgésique, antipyrétique.

Mécanisme d'action/cinétique   Le piroxicam peut inhiber la synthèse des prostaglandines. **Concentration plasmatique maximale**: 6,5 à 8,7 μmol/L après 3 à 5 h (dose simple). **État stationnaire de la concentration plasmatique** (après 7 à 12 jours): 13 à 35 μmol/L. **Demi-vie**: 50 h. Excrétion des métabolites et du médicament inchangé dans l'urine et les selles.

L'effet du piroxicam est comparable à celui de l'AAS mais avec moins d'effets indésirables GI et moins d'acouphènes. On peut l'administrer conjointement à l'or, aux corticostéroïdes et aux antiacides.

Interactions avec les épreuves de laboratoire   ↑ réversible de l'urée sanguine.

Posologie   **PO**: 20 mg, une fois par jour. L'effet thérapeutique ne peut être évalué avant deux semaines. L'efficacité et l'innocuité chez les enfants n'ont pas été établies.

Soins infirmiers complémentaires

Voir *Soins infirmiers – Dérivés de l'acide propionique*, p. 627.

Expliquer au client et/ou à sa famille:

a) que les effets thérapeutiques du piroxicam ne peuvent être pleinement évalués avant les deux semaines qui suivent le début d'action du médicament.

b) qu'il ne faut pas prendre de l'AAS pendant la thérapie au piroxicam, car l'efficacité de ce dernier serait diminuée et les risques de réactions indésirables pourraient augmenter.

SULINDAC   Clinoril^Pr

Catégorie   Antirhumatismal, analgésique.

Mécanisme d'action/cinétique   Le sulindac est biotransformé en sulfure (métabolite actif) dans le foie. **Concentration plasmatique maximale du sulfure**: à jeun: 2 h; après le repas, 3 à 4 h. **Demi-vie** (sulindac): 7,8 h; (métabolite): 16,4 h. Excrété dans l'urine et les selles.

Indications supplémentaires   Douleur aiguë à l'épaule.

Interactions médicamenteuses supplémentaires   Le sulindac ↑ l'effet de la warfarine, à cause d'une ↓ de la liaison aux protéines plasmatiques.

Posologie   *Arthrose, polyarthrite rhumatoïde, spondylarthrite ankylosante*: 150 mg b.i.d., jusqu'à 400 mg par jour. *Douleur aiguë de l'épaule, arthrite goutteuse aiguë*: 200 mg b.i.d., pendant 7 à 14 jours. En cas de maladies aiguës, réduire la posologie lorsqu'on a atteint une réaction satisfaisante. L'innocuité et l'efficacité chez les enfants n'ont pas été établies.

TOLMÉTINE SODIQUE   Tolectin[Pr], Tolectin DS[Pr]

Catégorie   Analgésique, anti-inflammatoire non stéroïdien.

Mécanisme d'action/cinétique   **Concentration plasmatique maximale**: 30 à 60 min. **Demi-vie**: 1 h. **Concentration plasmatique thérapeutique**: 0,16 mmol/L. Inactivé dans le foie et excrété dans l'urine.

Indications supplémentaires   Polyarthrite rhumatoïde juvénile.

Interactions avec les épreuves de laboratoire   Les métabolites de la tolmétine donnent un faux + de la protéinurie avec l'acide sulfosalicylique.

Posologie   **PO. Adultes**: 400 mg t.i.d. (Une dose au lever et l'autre au coucher); ajuster la posologie selon la réaction du client. Il est déconseillé d'administrer des doses supérieures à 2 000 mg par jour pour la polyarthrite rhumatoïde et à 1 600 mg par jour pour l'arthrose. **Pédiatrique, deux ans et plus**: 20 mg/kg par jour, en 3 ou 4 doses fractionnées pour commencer; **puis**, 15 à 30 mg/kg par jour. Les effets bénéfiques peuvent ne pas être observés avant une période allant de plusieurs jours à une semaine.

Administration

1. Prendre une dose au lever, une pendant la journée et une autre au coucher.

2. Administrer avec des aliments, du lait, ou des antiacides (autres que le bicarbonate de sodium) en cas de symptômes GI.

DÉRIVÉ PYRAZOLIQUE

PHÉNYLBUTAZONE   Algoverine[Pr], Apo-Phenylbutazone[Pr], Butazolidine[Pr],

Deca-Butazone^{Pr}, G-Butazone^{Pr}, Intrabutazone^{Pr}, Néo-Zoline^{Pr}, Novobutazone^{Pr}

Catégorie   Anti-inflammatoire, dérivé pyrazolique.

Généralités   L'administration de la phénylbutazone peut être dangereuse chez certains clients. Les réactions toxiques les plus graves sont la dyscrasie sanguine, incluant l'agranulocytose, la leucopénie et la thrombopénie. Les réactions indésirables sont de même nature que l'hypersensibilité et ne sont pas nécessairement liées à la dose. Ces effets peuvent se manifester chez des clients qui ont pris ce médicament pendant plusieurs années sans en subir d'effets nocifs. Viser la posologie la plus basse.

Mécanisme d'action/cinétique   La phénylbutazone a des effets antipyrétiques, analgésiques, anti-inflammatoires et uricosuriques (faibles). Les effets anti-inflammatoires semblent provenir d'une combinaison de l'inhibition de la synthèse des prostaglandines avec la migration des leucocytes et la libération des enzymes lysosomiaux. **Début d'action**: 30 à 60 min. **Concentration plasmatique maximale**: 2 h; **durée**: 3 à 5 jours. **Demi-vie**: 72 h. **Liaison aux protéines plasmatiques**: 98%. La phénylbutazone est métabolisée en oxyphenbutazone (métabolite actif).

Indications   Arthrite goutteuse aiguë, polyarthrite rhumatoïde active, arthrose des hanches ou des genoux. Vu la possibilité d'effets toxiques graves, il ne faudrait utiliser la phénylbutazone qu'en dernier recours lorsque les autres thérapies se sont révélées inefficaces.

Contre-indications   Antécédents d'ulcère gastro-duodénal, insuffisance cardiaque, pancréatite, sénilité, enfants de moins de 14 ans, hypertension, maladie thyroïdienne, dyscrasie sanguine, œdème, artérite, allergie au médicament, stomatite, parotidite. Troubles rénaux, hépatiques ou cardiaques graves. Administration simultanée avec d'autres médicaments provoquant des réactions indésirables similaires. Grossesse et lactation.

Réactions indésirables   La phénylbutazone est associée à un grand nombre d'effets indésirables. Il faut garder les clients sous étroite surveillance. *GI*: Dérangements GI, nausées, indigestion, aigreurs d'estomac, vomissements, flatulence, diarrhée ou constipation, gastrite, stomatite, ulcération GI, hématémèse. *SNC*: Céphalée, faiblesse, somnolence, confusion, engourdissement, léthargie, agitation. *Hématologiques*: Thrombopénie, pancytopénie, agranulocytose, anémie aplastique, dépression médullaire généralisée, anémie hémolytique, leucopénie. *CV*: Œdème, insuffisance cardiaque, hypertension, myocardite, péricardite. *Allergiques*: Urticaire, éruption cutanée, fièvre, polyartérite, vascularite, syndrome de Stevens-Johnson, anaphylaxie, dermatite exfoliative, exacerbation du lupus érythémateux. *Rénales*: Glomérulonéphrite, nécrose, occlusion, syndrome néphrotique, hématurie, protéinurie, anurie, oligurie, calculs rénaux, azotémie avec insuffisance rénale. *Ophtalmologiques*: Vision trouble, diplopie, décollement rétinien, névrite optique, ulcération de la cornée, hémorragie de la rétine. *Autres*: Hépatite, hyperglycémie, troubles thyroïdiens, perte de l'ouïe, acouphènes, lymphadénopathie.

Interactions médicamenteuses

Médicaments	Interaction
Alcool éthylique	Altération des habiletés psychomotrices.
Anticoagulants oraux	↑ l'effet des anticoagulants par la ↓ de la liaison aux protéines plasmatiques et la ↓ du catabolisme hépatique; la phénylbutazone peut aussi produire une ulcération GI et ↑ ainsi les risques de saignement.
Glucosides cardiotoniques	↓ de l'effet des glucosides cardiotoniques due à une ↑ du catabolisme hépatique.
Hypoglycémiants	↑ de la réaction hypoglycémique due à une ↓ du catabolisme hépatique et à une ↓ de la liaison aux protéines plasmatiques.
Phénytoïne	↑ de l'effet de la phénytoïne due à une ↓ du catabolisme hépatique.
Salicylates	La phénylbutazone inhibe l'activité uricosurique des salicylates.
Stéroïdes anabolisants	Certains androgènes ↑ l'effet de la phénylbutazone.

Interactions avec les épreuves de laboratoire Peut modifier les épreuves de la fonction hépatique. Faux + au test de Coombs. ↑ du temps de prothrombine.

Posologie PO. *Polyarthrite rhumatoïde, arthrose*: **Adultes**, 300 à 600 mg par jour en 3 ou 4 doses; dose d'entretien: 100 à 200 mg par jour, ne pas excéder 400 mg par jour. Pour déterminer l'efficacité, une période d'essai d'une semaine est suffisante. *Arthrite goutteuse aiguë*: **Initialement**, 400 mg; **puls**, 100 mg q 4 h, pendant 4 à 7 jours.

Administration

1. Administrer avant ou après les repas, avec un verre de lait pour réduire l'irritation gastrique.

2. La thérapie ne devrait pas être prolongée au-delà de 7 jours chez les clients de plus de 60 ans à cause du risque accru de réactions indésirables graves.

3. Effectuer les hémogrammes et les analyses d'urine avant le début du traitement et à des intervalles de 1 ou 2 semaines par la suite.

Soins infirmiers

1. Interrompre le traitement et prévenir le médecin si le client présente des manifestations d'allergie au médicament telles

qu'une éruption cutanée, de l'œdème ou une respiration asthmatique.

2. Préparer le traitement éventuel de la toxicité avec du matériel pour lavage gastrique, de l'oxygène et des couvertures pour tenir le client au chaud.

3. Si l'agranulocytose est grave, prendre des mesures pour protéger le client contre les infections hospitalières.

4. Peser le client tous les jours et signaler tout gain de masse.

5. Prévoir des résultats positifs du traitement le troisième ou le quatrième jour. En l'absence de résultats favorables, on ne prolonge habituellement pas la thérapie d'essai au-delà d'une semaine.

6. *Expliquer au client et/ou à sa famille*:
   a) qu'il faut interrompre le traitement et prévenir le médecin en cas de réactions cutanées, de fièvre, de malaise, de mal de gorge ou d'ulcération des muqueuses – symptômes d'une possibilité d'agranulocytose irréversible.
   b) qu'il faut effectuer des épreuves sanguines fréquentes et régulières.
   c) qu'il faut prendre seulement les doses prescrites, sans jamais les augmenter.
   d) qu'il doit se peser chaque matin et avant le déjeuner dans des conditions standard et qu'il doit inscrire sa masse dans un dossier. Signaler tout gain pondéral.
   e) qu'il doit évaluer quotidiennement les signes d'œdème et en signaler la présence.
   f) qu'il doit noter par écrit les ingesta et les excreta et signaler toute diminution de l'élimination urinaire.
   g) qu'il doit suivre un régime pauvre en sel (ou en sodium), si le médecin le prescrit, pour réduire les risques d'œdème.

AGENTS DE RÉMISSION

AURANOFINE   Ridaura^Pr

Catégorie   Composé oral d'or pour l'arthrite.

Mécanisme d'action/cinétique   L'auranofine est un composé à 29% d'or, mis au point pour l'administration orale. Le médicament oral a moins d'effets indésirables que le produit d'or pour injection. Bien que le mécanisme en soit inconnu, l'auranofine améliorera les symptômes de la polyarthrite rhumatoïde. Elle est plus efficace dans les premiers stades de la synovite active. L'or ne réparera pas les dommages causés aux articulations par la maladie. Approximativement 25% d'une dose orale est absorbée. **Demi-vie plasmatique de l'or d'auranofine**: 26 jours. Il faut compter environ trois mois pour atteindre l'état stationnaire de la concentration sanguine. Le médicament est métabolisé et excrété dans l'urine et les selles.

Indications   Adultes atteints de polyarthrite rhumatoïde qui n'ont pas réagi aux autres médicaments. Parfois, les effets bénéfiques peuvent ne pas se manifester avant six mois. L'auranofine devrait faire partie d'un régime de traitement global de la polyarthrite rhumatoïde comprenant également des moyens non médicamenteux.

Contre-indications   Antécédents de troubles provoqués par l'or comprenant l'entérocolite ulcéro-nécrosante, la fibrose pulmonaire, la dermatite exfoliative, l'aplasie médullaire ou autres troubles hématologiques. Pendant la grossesse et la lactation et chez les enfants. Employer avec prudence dans les cas de maladies hépatiques ou rénales, d'éruptions cutanées ou d'antécédents de dépression médullaire.

Réactions indésirables   *GI*: Nausées, vomissements, diarrhée (commune), douleurs abdominales, goût métallique, stomatite, glossite, gingivite, anorexie, constipation, flatulence, dyspepsie, dysgueusie. Rarement, méléna, saignements GI, dysphagie, entérocolite ulcérative. *Dermatologiques*: Éruption cutanée, prurit, alopécie, urticaire, angio-œdème, *Hématologiques*: Leucopénie, anémie, thrombopénie, hématurie, neutropénie, agranulocytose. *Rénales*: Protéinurie, hématurie. *Autres*: Conjonctivite, ictère cholostatique, fièvre, pneumonie et fibrose interstitielles, neuropathie périphérique.

Interactions avec les épreuves de laboratoire   ↑ des enzymes hépatiques.

Posologie   **PO. Adultes: Initialement**, 6 mg, une fois par jour, ou 3 mg b.i.d. Si après six mois la réaction reste insatisfaisante, augmenter jusqu'à 3 mg t.i.d. Si la réaction reste toujours inadéquate après 3 mois supplémentaires, interrompre l'administration du médicament. Des posologies supérieures à 9 mg par jour ne sont pas recommandées. *En cas de traitement préalable à l'or injectable*: Interrompre l'administration de l'or injectable et commencer la thérapie à l'auranofine, à 6 mg par jour.

Soins infirmiers

Expliquer au client et/ou à sa famille:

a) les nombreux signes de toxicité qu'il faut signaler immédiatement au médecin.

b) l'importance de respecter les dates des épreuves de laboratoire (habituellement mensuellement) qui permettent de déceler les signes précoces de toxicité.

AUROTHIOMALATE DE SODIUM
Myochrysine

Catégorie   Antirhumatismal.

Mécanisme d'action/cinétique Même si son mécanisme exact n'est pas connu, le sel d'or inhibe l'activité de l'enzyme lysosomial dans les macrophages et diminue la phagocytose dans ces cellules. Les sels d'or répriment mais ne guérissent pas l'arthrite ni la synovite. Les effets bénéfiques peuvent ne pas être apparents avant 3 à 12 mois. La plupart des clients présentent des effets indésirables transitoires quoique chez certains d'entre eux des effets graves puissent aussi se manifester. **Concentration sanguine maximale (IM):** 4 à 6 h. **Demi-vie:** Augmente lors de la poursuite de la thérapie. L'or peut s'accumuler dans les tissus et y demeurer pendant des années. L'or n'est pas métabolisé; il est excrété dans l'urine et les selles.

Indications Adjuvant au traitement de la polyarthrite rhumatoïde (stades actifs et progressifs) chez les enfants et les adultes. Le médicament est plus efficace dans les premiers stades de la maladie.

Contre-indications Troubles hépatiques, problèmes cardiovasculaires tels que l'hypertension ou l'insuffisance cardiaque, diabète grave, clients affaiblis, troubles rénaux, dyscrasie sanguine, agranulocytose, diathèse hémorragique, clients recevant une radiothérapie, colite, lupus érythémateux, grossesse, lactation, enfants de moins de 6 ans. Clients atteints d'eczéma ou d'urticaire.

Réactions indésirables *Cutanées:* Dermatite (la plus commune), prurit, érythème, dermatoses, pigmentation grise ou bleue des tissus, alopécie, perte des ongles. *GI:* Stomatite (deuxième en fréquence), goût métallique, gastrite, colite, gingivite, glossite, nausées, vomissements, diarrhée, coliques, anorexie, crampes, entéro-colite. *Hématologiques:* Anémie, thrombopénie, granulopénie, leucopénie, éosinophilie, diathèse hémorragique. *Allergiques:* Rougeurs, perte de conscience, transpiration, étourdissements, anaphylaxie, syncope, bradycardie, œdème angioneurotique, difficultés respiratoires. *Autres:* Pneumonie interstitielle, fibrose pulmonaire, syndrome néphrotique, glomérulite (avec hématurie), hépatite, fièvre, céphalée, arthralgie, troubles ophtalmologiques incluant des ulcères cornéens, iritis, anomalies de l'électroencéphalogramme, névrite périphérique.

Les corticostéroïdes peuvent être employés pour traiter les symptômes tels que les troubles pulmonaires, hématologiques, GI, la stomatite et la dermatite. Si les symptômes sont graves et si on ne peut pas les maîtriser avec les corticostéroïdes, on peut utiliser un agent chélateur comme le dimercaprol. Les clients devraient être surveillés de près.

Interactions médicamenteuses L'emploi de ce produit conjointement à des médicaments qui provoquent des dyscrasies sanguines (par exemple, antipaludiques, médicaments cytotoxiques et dérivés pyrazoliques) est contre-indiqué.

Interactions avec les épreuves de laboratoire Modification des épreuves de la fonction hépatique. Modification de la concentration de protéines urinaires et des globules rouges dans la numération globulaire (indices de l'effet toxique du médicament).

Posologie *Polyarthrite rhumatoïde.* **Adultes, IM**, première semaine: 10 mg par semaine; seconde et troisième semaine: 25 mg par semaine. Par la suite, 50 mg par semaine jusqu'à une dose totale de 0,8 à 1,0 g. Poursuivre selon la réaction individuelle. *Habituellement*: 25 mg par semaine ou 50 mg q 3 à 4 semaines. **Pédiatrique, IM: Initialement**, 10 mg; **puis**, habituellement, 1 mg/kg sans excéder 50 mg par injection.

Administration

1. Bien agiter la fiole avant d'en retirer le médicament, afin d'assurer l'uniformité de la suspension.
2. Injecter dans le muscle grand fessier.
3. Continuer le traitement en cas de symptômes toxiques légers mais non pas en présence de symptômes graves.

Soins infirmiers

1. Garder le client couché pendant au moins 20 min après l'injection pour prévenir les chutes causées par d'éventuels sensations ébrieuses ou vertiges.
2. Garder à portée de la main du dimercaprol (BAL) à utiliser comme antidote en cas de toxicité grave.
3. *Expliquer au client et/ou à sa famille*:
   a) qu'il faut exercer une étroite surveillance médicale pendant la thérapie à l'or.
   b) que les effets bénéfiques se manifestent lentement mais qu'on peut continuer la thérapie jusqu'à 12 mois en prévision d'un soulagement.

PÉNICILLAMINE   Cuprimine^{Pr}, Depen^{Pr}

Catégorie Antirhumatismal, antagoniste des métaux lourds, traitement de la cystinurie.

Mécanisme d'action/cinétique La pénicillamine, produit de dégradation de la pénicilline, est un agent chélateur employé également comme antagoniste des métaux lourds et comme antirhumatismal. L'activité anti-inflammatoire (polyarthrite rhumatoïde) de la pénicillamine peut provenir de son effet sur une réaction immunitaire modifiée (diminution du facteur rhumatoïde IgM). La pénicillamine débarrasse l'organisme de l'excès de cuivre et réduit ainsi la concentration toxique de cuivre qui caractérise la maladie de Wilson. Dans les cas de cystinurie, la pénicillamine peut réduire l'excrétion excessive de cystine probablement par un échange de disulfure entre la pénicillamine et la cystine. Le disulfure de cystéine-pénicillamine qui en résulte est un complexe plus soluble que la cystine est donc facilement excrété. La pénicillamine est bien absorbée par le tractus GI et elle est excrétée dans l'urine. **Concentration plasmatique maximale**: 1 h. **Demi-vie**: Approximativement 2 h. **Lors du traitement de la polyarthrite rhumatoïde, une réaction positive peut ne pas devenir manifeste avant 2 à 3 mois.**

Indications Maladie de Wilson, cystinurie et polyarthrite rhumatoïde – maladie active grave qui ne réagit pas aux traitements courants. Antagoniste des métaux lourds. *À l'étude*: Cirrhose biliaire primaire.

Contre-indications Grossesse, anémie aplastique ou agranulocytose reliées à la pénicillinase, hypersensibilité au médicament. Les clients allergiques à la pénicilline peuvent présenter une réaction croisée avec la pénicillamine. Insuffisance rénale ou antécédents.

Réactions indésirables Ce médicament présente un grand nombre d'effets indésirables potentiellement graves. Les clients devraient être surveillés de près. *GI*: Modification de la perception gustative (commune), nausées, vomissements, diarrhée, anorexie, douleurs GI, stomatite, ulcérations orales, récidive d'ulcère gastro-duodénal, glossite, chéilite. *Hématologiques*: Thrombopénie, leucopénie, agranulocytose, anémie aplastique, éosinophilie, monocytose, aplasie des globules rouges. *Rénales*: Protéinurie, hématurie, syndrome néphrotique, syndrome de Goodpasture (glomérulonéphrite grave et finalement mortelle). *Allergiques*: Éruption cutanée (commune), syndrome lupoïde, prurit, symptômes de type pemphigoïdes (comme les lésions bulleuses), fièvre médicamenteuse, arthralgie, lymphadénopathie, dermatose, urticaire, bronchiolite oblitérante. *Autres*: Acouphènes, névrite optique, neuropathie, thrombophlébite, alopécie, précipitation de la myasthénie grave, élévation de la température du corps, fibrose pulmonaire, pneumonite, asthme bronchique, vascularite rénale (peut être mortelle), bouffées de chaleur, fragilité cutanée accrue.

Interactions médicamenteuses

Médicaments	Interaction
Antiacides	↓ de l'effet de la pénicillamine due à une ↓ de l'absorption par le tractus GI.
Digoxine	La pénicillamine ↓ l'effet de la digoxine.
Fer, sels de	↓ de l'effet de la pénicillamine due à une ↓ de l'absorption par le tractus GI.
Antipaludiques Dérivés pyrazoliques Médicaments cytotoxiques Thérapie à l'or	↑ des risques de dyscrasie sanguine et des effets nocifs sur les reins.

Posologie PO. *Maladie de Wilson*: La posologie est habituellement calculée selon l'excrétion de cuivre dans l'urine. Un gramme de pénicillamine favorise l'excrétion de 2 mg de cuivre. **PO. Adultes et enfants**: *Habituellement, initialement*, 250 mg q.i.d. Il se peut qu'il faille augmenter la posologie jusqu'à 2 g par jour. Une augmentation subséquente ne produira pas d'excrétion supplémentaire. *Cystinurie*: Individualisée et basée sur le débit d'excrétion de la cystine (100 à 200 mg par jour chez les clients sans antécédents de calculs, moins de 100 mg chez les clients avec des antécédents de calculs ou de douleur). Commencer à de faibles doses (250 mg par jour) et augmenter graduellement jusqu'à la posologie minimale efficace. **Adultes**: *Habituellement*, 2 g par jour (écart 1 à 4 g); **enfants**: 30 mg/kg par jour, en 4 doses fractionnées. Si l'on administre moins de 4 doses, réserver une dose plus forte pour la nuit. *Polyarthrite rhumatoïde.* **PO**, *individualisée*: **Initialement**, 125 à 250 mg par jour. On peut augmenter la posologie à des intervalles de 1 à 3 mois par paliers de 125 à 250 mg jusqu'à l'obtention de la réaction adéquate. **Maximale**: 500 à 750 mg par jour. On peut administrer jusqu'à 500 mg en une seule dose; des doses plus fortes devraient être fractionnées.

Administration

1. Administrer la pénicillamine à jeun 1 h avant ou 2 h après les repas. Attendre aussi une heure après toute autre consommation de nourriture, de lait ou de médicament.

2. Si le client ne peut tolérer les effets de la posologie pour la cystinurie, continuer d'administrer le médicament au coucher, en augmentant la dose.

3. Lors du traitement de la cystinurie, demander au client de boire beaucoup de liquides (par exemple, 1 L au coucher et 1 L pendant la nuit puisque l'urine est plus concentrée et plus acide pendant la nuit).

4. Administrer le contenu de la capsule dans 15 à 30 mL de jus froid ou de purée de fruits si le client est incapable d'avaler des capsules ou des comprimés.

Soins infirmiers

1. S'assurer que les épreuves urinaires et hématologiques sont effectuées toutes les deux semaines pendant les premiers six mois de la thérapie et, mensuellement, par la suite.

2. Arrêter l'administration de la pénicillamine si les concentrations leucocytaires sont inférieures à 3,5 × 10⁹/L et signaler toute numération des plaquettes inférieure à 100 × 10⁹/L. Si les numérations des leucocytes et des plaquettes révèlent une diminution progressive pendant trois épreuves de laboratoire successives, il est conseillé d'interrompre temporairement la thérapie.

3. S'assurer que des épreuves de la fonction hépatique ont été effectuées avant le début de la thérapie et par la suite, q 6 mois pendant les 18 premiers mois.

4. Écarter la possibilité d'infection si des papules blanches

apparaissent au point de ponction veineuse et aux plaies chirurgicales. Il ne faut cependant pas supposer que les papules sont dues à la pénicillamine.

5. Prévoir une réduction de la posologie à 250 mg par jour avant une intervention chirurgicale et jusqu'à la cicatrisation complète.

6. Noter qu'une épreuve d'anticorps antinucléaires positive ne dicte pas l'arrêt de la thérapie; elle peut cependant suggérer l'apparition éventuelle d'un syndrome lupoïde.

7. Prévoir l'administration d'un supplément de pyridoxine, car la pénicillamine augmente le besoin en vitamines de l'organisme.

8. *Expliquer au client et/ou à sa famille*:
   a) qu'il faut signaler la fièvre, le mal de gorge, les frissons, les contusions et les saignements – signes précoces de granulopénie.
   b) qu'il faut mesurer la température le soir pendant les premiers mois de la thérapie, car la fièvre peut indiquer une réaction d'hypersensibilité.
   c) qu'il faut prévenir la stomatite par des soins de la bouche et qu'il faut signaler l'apparition de ce trouble qui dicte l'arrêt du traitement.
   d) que l'atténuation de la perception gustative peut durer au moins 2 mois, mais qu'elle guérit habituellement spontanément; il faut, par ailleurs, continuer à s'alimenter normalement.
   e) qu'il faut laisser passer au moins 2 h entre l'ingestion de la pénicillamine et celle du fer thérapeutique car le fer diminue les effets de la pénicillamine sur l'excrétion du cuivre dans l'urine.
   f) qu'il faut éviter, principalement dans les cas des personnes âgées, toute pression excessive sur les épaules, les coudes, les genoux, les orteils et les fesses, car la peau devient plus friable lors de l'administration de la pénicillamine.
   g) qu'il faut surveiller l'urine, pour déceler les signes de protéinurie (apparence trouble) et d'hématurie (brun fumé au début, légèrement sanguinolente par la suite et fortement sanguine à la fin). Signaler tous les résultats positifs.
   h) qu'il est contre-indiqué d'administrer la pénicillamine pendant la grossesse, car le médicament peut léser le fœtus.
   i) qu'une femme devrait signaler l'absence des règles ou les autres signes de grossesse.
   j) que les clients atteints de la maladie de Wilson:
      (1) devront consommer un régime pauvre en cuivre en évitant de manger du chocolat, des noix, des fruits de mer, des champignons, du foie, de la mélasse, du brocoli et des céréales enrichies de cuivre.
      (2) devront boire de l'eau distillée ou déminéralisée si l'eau potable contient plus de 0,1 mg/L de cuivre.

(3) devront prendre de la potasse sulfurée ou Carbo-Resin avec les repas pour réduire l'absorption de cuivre sauf si le client reçoit aussi un supplément de fer.

(4) devront continuer la thérapie, car les symptômes neurologiques peuvent ne montrer aucune amélioration avant 1 à 3 mois.

(5) devront vérifier que les préparations vitaminiques ingérées ne contiennent pas de cuivre.

k) que les clients souffrant de cystinurie:

(1) devront consommer beaucoup de liquides afin d'éviter la formation de calculs rénaux. Les clients devraient boire un litre au coucher et un autre litre pendant la nuit, lorsque l'urine tend à être plus concentrée et plus acide. L'urine devrait avoir une densité relative inférieure à 1,010 et un *p*H entre 7,5 et 8.

(2) devront subir des radiographies des reins tous les ans pour déceler la présence de calculs rénaux.

(3) devront continuer à suivre un régime pauvre en méthionine, l'un des principaux précurseurs de la cystine, en excluant de l'alimentation les soupes et les bouillons riches en viande, le lait, les œufs, le fromage et les pois.

(4) devront être avertis qu'un régime pauvre en méthionine est contre-indiqué pour les enfants et pendant la grossesse à cause de sa faible teneur en protéines.

l) que les clients atteints de polyarthrite rhumatoïde doivent continuer à utiliser les autres méthodes destinées à soulager les symptômes, car la réaction thérapeutique à la pénicillamine peut ne pas se manifester avant six mois.

AUTRES MÉDICAMENTS

ACIDE MÉFÉNAMIQUE   Ponstan^{Pr}

Catégorie   Analgésique léger, antipyrétique, non narcotique.

Mécanisme d'action/cinétique   L'acide méfénamique a des effets anti-inflammatoires, analgésiques et antipyrétiques. À l'instar de l'AAS, il inhibe la synthèse des prostaglandines. **Concentration plasmatique maximale**: 2 à 4 h; **durée d'action**: 4 à 6 h. Le médicament est absorbé lentement dans le tractus GI, métabolisé par le foie et excrété dans l'urine et les selles.

Indications   Soulagement à brève échéance des douleurs légères à modérées comme celles provenant de maux de dents, d'extraction dentaire et de troubles musculosquelettiques. Dysménorrhée.

Contre-indications   Ulcération et inflammation chronique du tractus GI, grossesse ou possibilité de grossesse, enfants de moins de 14 ans et hypersensibilité au médicament.

Employer avec prudence chez les clients dont la fonction rénale ou hépatique est altérée ou chez ceux atteints d'asthme ou qui suivent une thérapie aux anticoagulants.

Réactions indésirables Effets neurologiques et GI, incluant les céphalées, la somnolence, les étourdissements, les crampes GI, la diarrhée, l'hémorragie GI et la dyscrasie sanguine.

Interactions médicamenteuses

Médicaments	Interaction
Anticoagulants	↑ de l'hypoprothrombinémie due à une ↓ de la liaison aux protéines plasmatiques.
Insuline	↑ des besoins en insuline.

Interactions avec les épreuves de laboratoire Faux + de l'épreuve de bile urinaire avec des comprimés diazoïques.

Posologie PO. *Analgésique.* **Adultes et enfants de plus de 14 ans: Initialement**, 500 mg, puis, 250 mg q 6 h. La thérapie ne devrait pas durer plus d'une semaine. *Dysménorrhée*: **Initialement**, 500 mg; **puis**, 250 mg q 6 h pendant 2 à 3 jours.

Administration Avec de la nourriture.

Soins infirmiers
---

1. Signaler les éruptions cutanées ou l'œdème et arrêter l'administration du médicament dans ces cas.
2. Surveiller les signes d'hémorragie puisque le médicament diminue le temps de prothrombine.
3. Prévenir le client qu'il doit être prudent s'il conduit une voiture ou s'il fait fonctionner des machines potentiellement dangereuses, étant donné que le médicament peut causer une sensation ébrieuse, des étourdissements ou de la confusion.

DIFLUNISAL Dolobid^Pr

Catégorie Analgésique non stéroïdien, anti-inflammatoire, antipyrétique.

Mécanisme d'action/cinétique Le diflunisal est un dérivé de l'acide salicylique bien qu'il ne soit pas métabolisé en acide salicylique. Son mécanisme n'est pas connu, bien qu'on pense qu'il s'agit d'un inhibiteur de la synthèse des prostaglandines. **Concentration plasmatique maximale**: 2 à 3 h. **Effet maximal**: 2 à 3 h. **Demi-vie**: 8 à 12 h. Liaison protéinique à 99%. Les métabolites sont excrétés dans l'urine.

Indications Analgésique. Arthrose, douleur musculosquelettique.

Contre-indications Hypersensibilité au médicament, à l'AAS ou à d'autres anti-inflammatoires. Attaques asthmatiques aiguës, urticaire ou rhinite précipitée par l'AAS. Employer avec prudence en présence d'ulcère ou d'antécédents d'ulcères ainsi que chez les clients atteints d'hypertension, ou chez ceux qui présentent une fonction cardiaque altérée ou des troubles qui mènent à une rétention liquidienne. Lactation et enfants de moins de 12 ans. Employer avec prudence pendant les deux premiers trimestres de la grossesse.

Réactions indésirables *GI*: Nausées, dyspepsie, douleurs GI, diarrhée, vomissements, constipation, flatulence, ulcère gastro-duodénal, saignements GI, éructations, anorexie. *SNC*: Céphalée, fatigue, fièvre, malaise, étourdissements, somnolence, insomnie, nervosité, vertiges, dépression, paresthésie. *Dermatologiques*: Éruption cutanée, prurit, transpiration, syndrome de Stevens-Johnson, muqueuses sèches, érythème polymorphe. *CV*: Palpitations, syncope, œdème. *Autres*: Acouphènes, asthénie, douleurs thoraciques, réactions d'hypersensibilité, anaphylaxie, dyspnée, dysurie, crampes musculaires, thrombopénie.

Interactions médicamenteuses

Médicaments	Interaction
Acétaminophène	↑ de la concentration plasmatique d'acétaminophène.
Antiacides	↓ de la concentration plasmatique de diflunisal.
Anticoagulants	↑ du temps de prothrombine.
Furosémide	↓ de l'effet hyperuricémique du furosémide.
Hydrochlorothiazide	↑ de la concentration plasmatique et ↓ de l'effet hyperuricémique de l'hydrochlorothiazide.
Indométhacine	↓ de la clearance rénale de l'indométhacine → ↑ de sa concentration plasmatique.
Naproxène	↓ de l'élimination du naproxène et des métabolites dans l'urine.

Posologie **PO.** *Douleur légère à modérée*: **Initialement**, 1 000 mg; **puis**, 250 à 500 mg q 8 à 12 h. *Arthrose*: 250 à 500 mg b.i.d. Les doses excédant 1 500 mg par jour ne sont pas recommandées.

Administration

1. Administrer avec de l'eau, du lait ou des aliments pour diminuer l'irritation gastrique.
2. Ne pas administrer de l'acétaminophène et de l'AAS simultanément au diflunisal.

HYDROXYCHLOROQUINE, SULFATE D'
Plaquenil^{Pr}

Catégorie Antipaludique.

Généralités Les antipaludiques sont parfois utilisés pour traiter la polyarthrite rhumatoïde, ainsi que le lupus érythémateux disséminé et discoïde.

Pour plus de détails, voir *Amino-4 quinoléines*, p. 207, et la monographie de ce médicament, p. 210.

L'hydroxychloroquine n'est pas un médicament de choix pour la polyarthrite rhumatoïde; il faudrait interrompre son administration après six mois en l'absence d'effets bénéfiques. Les clients suivant une thérapie prolongée devraient faire examiner rigoureusement et régulièrement leurs réflexes rotuliens et achiléens ainsi que l'hématopoïèse. *Le médicament peut causer la rétinopathie*; par conséquent, le client doit subir un examen des valeurs de base ophtalmologiques, à des intervalles de 3 mois; interrompre l'administration du médicament en cas de lésions ophtalmiques, d'altération des réflexes et de dyscrasie sanguine.

Traitement des symptômes de toxicité: Administration de 8 g de chlorure d'ammonium, en doses fractionnées, 3 ou 4 fois par semaine pendant plusieurs mois pour améliorer l'excrétion résiduelle du médicament.

Posologie Voir p. 210.

Soins infirmiers

Voir *Soins infirmiers – Antipaludiques*, p. 209.

1. Administration pour le traitement de la polyarthrite rhumatoïde:

a) rassurer le client et préciser que les effets bénéfiques peuvent ne se produire que 6 à 12 mois après le début de la thérapie.

b) prévoir que les effets indésirables peuvent dicter une diminution de la posologie. Après avoir administré pendant 5 à 10 jours des doses réduites, on peut les augmenter graduellement jusqu'à la quantité désirée.

c) prévoir une réduction de la posologie au moment de l'obtention de la réaction désirée. Le médicament restera efficace en cas de nouvelle attaque.

d) réduire l'irritation GI en administrant le médicament avec du lait ou des aliments.

2. Administration pour le traitement du lupus érythémateux; au repas du soir.

Antigoutteux

Généralités La goutte, ou arthrite goutteuse, se caractérise par un excès d'acide urique dans l'organisme. Cet excès résulte d'une surproduction d'acide urique ou d'une anomalie dans son catabolisme ou son élimination.

Lorsque la concentration d'urate de sodium dans le sang excède un certain niveau (360 μmol/L), celui-ci peut commencer à former de fins cristaux de forme allongée qui peuvent se déposer dans les articulations et causer une inflammation aiguë de la membrane synoviale. L'hyperuricémie peut aussi accompagner d'autres maladies comme la leucémie et les lymphomes. Des concentrations élevées d'acide urique peuvent aussi accompagner le traitement avec certains antinéoplasiques ou des diurétiques thiazidiques. Des concentrations rénales élevées d'acide urique peuvent causer la précipitation de cristaux d'acide urique, qui entraînent des lésions rénales.

La thérapie vise à réduire la concentration d'acide urique à un niveau normal ou près de la normale. Les médicaments employés pour le traitement de la goutte ou de l'hyperuricémie favorisent l'élimination de l'acide urique par les reins ou réduisent la quantité d'acide urique se formant. Ces médicaments n'ont aucun effet analgésique ou anti-inflammatoire, bien que la colchicine réduise l'inflammation induite par les cristaux uratiques.

Autrefois, on traitait souvent la goutte par des mesures diététiques – réduction de l'apport d'aliments riches en purines comme la viande. Des restrictions diététiques sont rarement prescrites de nos jours, sauf pour les abats, qui ont une forte teneur en purines.

Goutte aiguë. Contrairement aux autres formes d'arthrite, la goutte aiguë débute de façon dramatique. La douleur très intense, l'enflure et la sensibilité des articulations sont atteintes en quelques heures. Un accès aigu de goutte s'accompagne souvent d'une température subfébrile ainsi que d'une augmentation de la numération des globules blancs.

Entre les attaques, les clients atteints d'hyperuricémie n'ont habituellement pas de symptômes; ces clients reçoivent souvent une dose d'entretien d'un médicament uricosurique, puisque les accès de goutte aiguë se répètent habituellement.

ALLOPURINOL Alloprin[Pr], Allopurinol[Pr], Apo-Allopurinol[Pr], Novopurol[Pr], Purinol[Pr], Roucol[Pr], Zyloprim[Pr]

Catégorie Antigoutteux.

Remarques L'allopurinol n'est pas utile pour le traitement d'accès *aigus* de goutte mais il est le médicament de choix pour l'arthrite goutteuse *chronique*. L'allopurinol réduit l'acide urique sans bouleverser la biosynthèse des purines essentielles.

Mécanisme d'action/cinétique L'allopurinol et son principal métabolite, l'oxypurinol, sont de puissants inhibiteurs de la xanthine-oxydase, un enzyme participant à la synthèse de l'acide urique, qui ne bouleversent pas la biosynthèse des purines essentielles. Cela entraîne une diminution de la concentration d'acide urique. **Concentration plasmatique maximale**: 2 à 6 h. **Demi-vie** (allopurinol): 2 à 3 h; **demi-vie** (oxypurinol): 18 à 30 h. **Effet thérapeutique maximal**: 1 à 3 semaines. Bien absorbé dans le tractus GI, métabolisé dans le foie, excrété dans l'urine.

Indications Médicament de choix pour le traitement de l'arthrite goutteuse *chronique* mais inutile pour le traitement de la goutte *aiguë*. Goutte, hyperuricémie associée à la polyglobulie essentielle. Métaplasie myéloïde ou autres dyscrasies sanguines et certains cas de troubles rénaux primaires ou secondaires. Prophylaxie de l'hyperuricémie et comme adjuvant dans certaines thérapies antinéoplasiques.

L'allopurinol est parfois administré conjointement à des uricosuriques chez les clients atteints de goutte tophacée. (Le tophus est un dépôt d'urate de sodium.)

Contre-indications Hypersensibilité au médicament. Clients atteints d'hémochromatose idiopathique ou antécédents familiaux de cette affection. Chez les enfants, sauf comme adjuvant dans le traitement des maladies néoplasiques. Réactions cutanées graves lors d'une exposition antérieure. Employer avec prudence chez les clients atteints d'une maladie rénale ou hépatique.

Réactions indésirables *Dermatologiques* (les plus fréquentes): Éruption cutanée maculopapuleuse prurigineuse (peut s'accompagner de fièvre et de malaise). Alopécie et dermatite exfoliative urticarienne de type purpurique. Syndrome de Stevens-Johnson. L'éruption cutanée peut s'accompagner d'hypertension et du développement de cataractes. *Allergiques*: Fièvre, frissons, leucopénie, éosinophilie, arthralgie, éruption cutanée, prurit, nausées, vomissements, néphrite.

Interactions médicamenteuses

Médicaments	Interaction
Ampicilline	L'utilisation conjointe peut causer des éruptions cutanées.
Anticoagulants oraux	↑ de l'effet de l'anticoagulant par ↓ du catabolisme hépatique.

Médicaments	Interaction
Azathioprine	↑ de l'effet de l'azathioprine par ↓ du catabolisme hépatique.
Fer, préparations de	L'allopurinol ↑ la concentration de fer dans le foie.
Mercaptopurine	↑ de l'effet de la mercaptopurine par ↓ du catabolisme hépatique.
Théophylline	L'allopurinol ↑ la concentration plasmatique de théophylline.

Interactions avec les épreuves de laboratoire   Modifie les épreuves de la fonction hépatique. ↑ du cholestérol sérique. ↓ du glucose sérique.

Posologie   PO. *Goutte/hyperuricémie*: 200 à 600 mg par jour, selon la gravité. *Prévention de la néphropathie causée par l'acide urique pendant le traitement des néoplasmes*: 600 à 800 mg par jour pendant 2 ou 3 jours (avec beaucoup de liquides); dose efficace minimale: 100 à 200 mg par jour. *Prophylaxie de la goutte aiguë*: **Initialement**, 100 mg par jour; augmenter par paliers de 100 mg à intervalles hebdomadaires jusqu'à l'atteinte d'une concentration sérique d'acide urique de 360 μmol/L ou moins. **Pédiatrique.** *Hyperuricémie associée à une affection maligne*, **6 à 10 ans**: 300 mg par jour; **moins de 6 ans**: 150 mg par jour. Le passage de la colchicine, d'agents uricosuriques et/ou d'agents anti-inflammatoires à l'allopurinol devrait se faire graduellement en diminuant la posologie de ces agents et en augmentant la dose d'allopurinol.

La posologie devrait être réduite dans les cas d'altération rénale.

Administration

1. On peut prendre le médicament avec de la nourriture pour réduire l'irritation gastrique.

2. Au moins 10 à 12 verres de 250 mL de liquides devraient être pris chaque jour.

3. Pour éviter la formation de calculs d'acide urique, l'urine devrait être légèrement alcaline.

Soins infirmiers

1. Prévoir que lors du passage d'un uricosurique à l'allopurinol, la posologie de l'uricosurique est graduellement diminuée et la posologie de l'allopurinol, graduellement augmentée.

2. *Expliquer au client et/ou à sa famille*:
   a) qu'il faut signaler une éruption cutanée qui survient plusieurs mois après le début de la thérapie médicamenteuse, parce qu'elle peut être causée par l'allopurinol et qu'un arrêt de la thérapie serait alors indiqué.

b) qu'il doit boire assez de liquides pour éliminer 2 L d'urine par jour (sauf si cela est contre-indiqué à cause d'une autre affection) afin de prévenir les lésions rénales.

c) qu'il ne doit pas prendre de sels de fer pendant le traitement à l'allopurinol, parce que cela peut entraîner une trop forte concentration hépatique de fer.

d) qu'il doit être prudent lorsqu'il conduit une voiture ou exécute des tâches qui demandent de la vigilance, car l'allopurinol peut causer de la somnolence.

e) qu'il doit éviter les ingesta excessifs de vitamine C, qui pourraient conduire à une augmentation du risque de formation de calculs rénaux.

f) qu'il ne doit pas prendre d'alcool, car cela diminuerait l'effet de l'allopurinol.

COLCHICINE   Colchicine^Pr

Catégorie   Antigoutteux.

Mécanisme d'action/cinétique   La colchicine, un alcaloïde, n'augmente pas l'excrétion d'acide urique (non uricosurique). On croit qu'elle diminue l'inflammation induite par les cristaux en réduisant la production d'acide lactique par les leucocytes (causant une diminution du dépôt de l'urate de sodium), en inhibant la migration des leucocytes et en réduisant la phagocytose. **Demi-vie** (IV) biphasique: Initiale, 20 min; finale (chez les leucocytes), 60 h. La colchicine est métabolisée dans le foie et principalement excrétée dans les fèces.

Indications   Agent de choix dans les accès de goutte aiguë, spontanés ou induits par l'allopurinol ou les uricosuriques; diagnostic de la goutte. Prophylaxie de l'arthrite goutteuse récurrente.

Contre-indications   Employer avec une extrême prudence chez les personnes âgées et affaiblies, particulièrement en présence d'une maladie cardio-vasculaire, GI, hépatique ou rénale chronique.

Réactions indésirables   Le médicament est toxique. On doit donc surveiller les clients de près. Nausées, vomissements, diarrhée, crampes abdominales (arrêter la médication sur-le-champ et attendre au moins 48 h avant de rétablir la thérapie médicamenteuse). L'administration prolongée peut causer une dépression de la moelle osseuse, la thrombopénie et l'anémie aplastique, une névrite périphérique ainsi qu'une dysfonction hépatique.

L'intoxication aiguë par la colchicine se caractérise au début par des symptômes violents du tractus GI, tels que la douleur abdominale, les nausées, les vomissements et la diarrhée. Celle-ci peut être abondante, aqueuse, sanglante et associée à de graves pertes de liquides et d'électrolytes. Également, sensation de brûlure de la gorge et de la peau, hématurie et oligurie, pouls rapide et faible, épuisement général, dépression musculaire et atteinte du SNC. La mort est habituellement causée par la dépression respiratoire. Le traitement de l'intoxication aiguë comprend le lavage gastrique et le soutien symptomatique, incluant l'administration de morphine et d'atropine, la ventilation assistée, l'hémodialyse péritonéale et le traitement du choc.

Interactions médicamenteuses

Médicaments	Interaction
Acidifiants	Inhibent l'effet de la colchicine.
Alcalinisants	Potentialisent l'effet de la colchicine.
Dépresseurs du SNC	Les clients recevant de la colchicine peuvent être plus sensibles aux effets dépresseurs de ces médicaments.
Sympathomimétiques	L'effet des sympathomimétiques est accentué par la colchicine.
Vitamine B_{12}	La colchicine peut gêner l'absorption intestinale de la vitamine B_{12}.

Interactions avec les épreuves de laboratoire Modifications des épreuves de la fonction hépatique. ↑ de la phosphatase alcaline. Faux + de l'hématurie et de l'hémoglobinurie.

Posologie *Crise de goutte aiguë.* **PO**: 1,0 à 1,2 mg suivi de 0,5 à 0,6 mg q 1 h (ou 1,0 à 1,2 mg q 2 h) jusqu'au soulagement de la douleur ou à l'apparition de diarrhée. **Quantité totale requise**: 4 à 8 mg. **IV: Initialement**, 1 à 2 mg; **puis**, 0,5 mg q 3 à 6 h jusqu'au soulagement de la douleur; donner jusqu'à 4 mg. *Prophylaxie.* **PO**: 0,5 à 0,6 mg par jour, 3 ou 4 jours par semaine. La colchicine est employée presque exclusivement par voie orale.

Administration/entreposage

1. Entreposer dans des contenants hermétiques résistant à la lumière.
2. Pour l'administration parentérale, employer la voie IV seulement. L'administration SC ou IM pourrait causer une grave irritation locale.

Soins infirmiers

1. Si des effets GI se produisent, arrêter la médication et consulter le médecin.
2. Prévoir que le médecin peut prescrire de la teinture d'opium pour le traitement de la diarrhée grave induite par la colchicine.
3. *Expliquer au client et/ou à sa famille*:
   a) qu'il doit toujours garder de la colchicine si le médecin a prescrit son emploi pour les crises de goutte aiguë.
   b) qu'il doit commencer à prendre la colchicine ou en augmenter la posologie tel que prescrit aux premiers signes de douleur articulaire ou de symptômes de crise imminente.

PROBÉNÉCIDE   Benemid^{Pr}, Benuryl^{Pr}

Catégorie   Antigoutteux, uricosurique.

Mécanisme d'action/cinétique   Le probénécide, un urico-surique, augmente l'excrétion d'acide urique en inhibant la réabsorption tubulaire d'acide urique. Une diminution de la concentration sérique d'acide urique en résulte. Le probénécide inhibe aussi la sécrétion rénale des pénicillines et des céphalosporines; on tire souvent avantage de cet effet dans le traitement d'infections, puisque l'administration conjointe de probénécide augmente la concentration plasmatique des antibiotiques. **Concentration plasmatique maximale**: 2 à 4 h. **Concentration plasmatique thérapeutique pour l'inhibition de la sécrétion des antibiotiques**: 0,14 à 0,21 mmol/L; **concentration plasmatique thérapeutique pour l'effet uricosurique**: 0,35 à 0,70 mmol/L. **Demi-vie**: 8 à 10 h. Le probénécide est métabolisé dans le foie et excrété dans l'urine.

Indications   Hyperuricémie dans la goutte chronique et l'arthrite goutteuse. Comme adjuvant dans le traitement par les pénicillines et les céphalosporines pour augmenter et prolonger la concentration plasmatique de l'antibiotique.

Contre-indications   Hypersensibilité au médicament, dyscrasie sanguine, acide urique et calculs rénaux. Administrer avec prudence aux clients atteints de troubles rénaux et aux enfants de moins de 2 ans. Employer avec prudence dans les cas de porphyrie, de carence en glucose-6-phosphate déshydrogénase et d'ulcère gastro-duodénal.

Réactions indésirables   *SNC*: Céphalée, étourdissements. *GI*: Anorexie, nausées, vomissements, diarrhée, constipation et malaise abdominal. *Allergiques*: Éruption cutanée, fièvre médicamenteuse et, très rarement, réactions anaphylactoïdes. *Autres*: Rougeurs, anémie hémolytique, syndrome néphrotique, gencives douloureuses.

Initialement, le médicament peut augmenter la fréquence des crises de goutte aiguë à cause d'une mobilisation de l'acide urique.

Interactions médicamenteuses

Médicaments	Interaction
Acide aminosalicylique (PAS)	↑ de l'effet du PAS par ↓ de l'excrétion rénale.
Acyclovir	Le probénécide ↓ l'excrétion rénale de l'acyclovir.
Captopril	↑ de l'effet du captopril par ↓ de l'excrétion rénale.
Céphalosporines	↑ de l'effet des céphalosporines par ↓ de l'excrétion rénale.

Médicaments	Interaction
Clofibrate	↑ de l'effet du clofibrate par ↓ de l'excrétion et ↓ de la liaison aux protéines plasmatiques.
Dyphylline	↑ de l'effet de la dyphylline par ↓ de l'excrétion rénale.
Indométhacine	↑ de l'effet de l'indométhacine par ↓ de l'excrétion rénale.
Méthotrexate	↑ de l'effet du méthotrexate par ↓ de l'excrétion rénale.
Naproxène	↑ de l'effet du naproxène par ↓ de l'excrétion rénale.
Pénicillines	↑ de l'effet des pénicillines par ↓ de l'excrétion rénale.
Pyrazinamide	Le probénécide inhibe l'hyperuricémie produite par le pyrazinamide.
Rifampine	↑ de l'effet de la rifampine par ↓ de l'excrétion rénale.
Salicylates	Les salicylates inhibent l'effet uricosurique du probénécide.
Sulfamides	↑ de l'effet des sulfamides par ↓ de la liaison aux protéines plasmatiques.
Sulfinpyrazone	↑ de l'effet de la sulfinpyrazone par ↓ de l'excrétion rénale.
Sulfonylurées orales	↑ de l'effet des sulfonylurées → hypoglycémie.
Thiopental	↑ de l'effet du thiopental.

Posologie   *Goutte.* **PO: Initialement**, 250 mg b.i.d. pendant une semaine. **Entretien**: 500 mg b.i.d. La posologie peut devoir être augmentée (de 500 mg par jour q 4 semaines jusqu'à un maximum de 2 g) jusqu'à ce que l'excrétion uratique soit inférieure à 700 mg par 24 h. *Adjuvant aux thérapies par les pénicillines et les céphalosporines*: 500 mg q.i.d. La posologie est réduite pour les personnes âgées atteintes de troubles rénaux. **Pédiatrique, 2 à 14 ans: Initialement**, 25 mg/kg; **entretien**, 40 mg/kg par jour en doses fractionnées. **Enfants de 50 kg ou plus**: Suivre la posologie pour adultes. **Non recommandé pour les enfants de moins de 2 ans**.

Soins infirmiers

1. Prévoir que l'urine peut être alcalinisée à l'aide de bicarbonate de sodium pour prévenir la cristallisation des urates dans l'urine acide et la formation de calculs rénaux.

2. Être consciente de la possibilité que la médication fausse la réaction de Benedict.

3. Signaler promptement l'intolérance thérapeutique afin que la posologie puisse être corrigée sans perte d'effet thérapeutique.

---

4. Surveiller les réactions d'hypersensibilité, qui se produisent plus fréquemment pendant les thérapies intermittentes.

5. Évaluer l'état du client recevant un médicament dont l'excrétion est inhibée par le probénécide parce que la concentration plasmatique peut être toxique. Les ajustements posologiques appropriés devraient être effectués.

6. *Expliquer au client et/ou à sa famille*:
   a) qu'il faut prendre de grandes quantités de liquides pour prévenir la formation de calculs d'urate de sodium.
   b) qu'il doit noter soigneusement s'il y a eu une augmentation du nombre de crises au début de la thérapie, parce que le médecin peut décider d'ajouter de la colchicine au régime thérapeutique.
   c) qu'il doit continuer à prendre le probénécide avec la colchicine pendant les crises, sauf si le médecin en décide autrement.
   d) qu'il ne faut pas prendre de salicylates pendant la thérapie uricosurique. Les préparations d'acétaminophène peuvent être employées comme analgésique au lieu des salicylates.

SULFINPYRAZONE   Antazone^Pr, Anturan^Pr, Apo-Sulfinpyrazone^Pr, Novopyrazone^Pr, Sulfinpyrazone^Pr, Zynol^Pr

Catégorie   Antigoutteux, uricosurique.

Généralités   La sulfinpyrazone n'est pas efficace pour les accès de goutte aiguë et peut même en augmenter la fréquence au début de la thérapie. Cependant, la médication ne devrait pas être discontinuée pendant les accès. On recommande l'administration conjointe de colchicine au début de la thérapie.

Mécanisme d'action/cinétique   La sulfinpyrazone inhibe la réabsorption tubulaire de l'acide urique, ce qui augmente l'excrétion de l'acide urique. De plus, la sulfinpyrazone manifeste des effets antithrombotiques et inhibe l'agrégation plaquettaire. **Concentration plasmatique maximale**: 1 à 2 h. **Concentration plasmatique thérapeutique**: 25 μmol/L (pour l'uricosurie). **Durée d'action**: 4 à 6 h (parfois jusqu'à 10 h). **Demi-vie**: 3 à 8 h. La sulfinpyrazone est métabolisée dans le foie. Environ 45% du médicament est excrété inchangé par les reins et une petite quantité est excrétée dans les fèces.

Indications   Pour réduire la fréquence et l'intensité des accès de goutte aiguë dans les cas d'arthrite goutteuse chronique. Pour réduire les risques de mort subite pendant la première année après un infarctus du myocarde.

Contre-indications   Ulcère gastro-duodénal actif. Employer avec une extrême prudence chez les clients dont la fonction rénale est altérée et ceux qui ont des antécédents d'ulcère gastro-duodénal. Dyscrasie sanguine. Sensibilité à la phénylbutazone. Employer avec prudence chez la femme enceinte.

Réactions indésirables   *GI*: Nausées, vomissements, malaise abdominal. Risque de réactivation d'un ulcère gastro-duodénal. *Hématologiques*: Leucopénie, agranulocytose, anémie, thrombopénie. *Autres*: Éruption cutanée qui disparaît habituellement avec l'usage.

Les accès de goutte aiguë peuvent devenir plus fréquents au début de la thérapie. Les cas échéant, administrer conjointement de la colchicine.

Interactions médicamenteuses

Médicaments	Interaction
Anticoagulants	↑ de l'effet de l'anticoagulant par ↓ de la liaison aux protéines plasmatiques.
Insuline	Potentialisation de l'effet hypoglycémiant.
Probénécide	↑ de l'effet de la sulfinpyrazone par ↓ de l'excrétion rénale.
Salicylates	Les salicylates inhibent l'effet uricosurique de la sulfinpyrazone.
Sulfamides	↑ de l'effet des sulfamides par ↓ de la liaison aux protéines plasmatiques.
Sulfonylurées orales	Potentialisation de l'effet hypoglycémiant.

Posologie   **PO. Initialement**: 200 à 400 mg par jour en deux doses fractionnées avec les repas. Les clients qui passent d'un autre uricosurique à la sulfinpyrazone peuvent recevoir la posologie complète dès le début. **Entretien**: 400 mg par jour en deux doses fractionnées, jusqu'à 800 mg par jour au besoin. Prendre toute la posologie sans interruption pendant les accès de goutte aiguë. *Après un infarctus du myocarde*: 200 mg q.i.d.

Administration

1. Prendre avec un repas ou un antiacide pour réduire l'irritation gastrique.

2. Au moins 10 à 12 verres de 250 mL de liquides devraient être pris quotidiennement.

3. L'acidification de l'urine peut causer la formation de calculs d'acide urique.

Soins infirmiers

1. Encourager le client à prendre beaucoup de liquides pour éviter la formation de calculs d'acide urique.

2. Prévoir que l'urine peut être alcalinisée à l'aide de bicarbonate de sodium pour prévenir la cristallisation des urates dans l'urine acide et la formation de calculs rénaux.

3. Administrer avec un repas ou un antiacide afin de réduire les risques de malaise gastrique.

CHAPITRE 41

Anorexigènes, analeptiques et médicaments pour les troubles déficitaires de l'attention

Généralités   Il est difficile de diviser les stimulants du système nerveux central (SNC) en catégories pharmacologiques distinctes car leur effet varie selon la dose. Par exemple, tout agent ayant une action principalement cérébrale stimulera la respiration, car les centres de contrôle respiratoire se situent dans le tronc cérébral. De plus, ces médicaments peuvent provoquer des réactions paradoxales dont la pharmacologie tire avantage. Par exemple, certains stimulants du SNC ont un effet calmant chez les enfants qui souffrent d'hyperkinésie ou d'autres troubles du comportement d'origine neurologique plutôt que d'origine psychologique. (On appelle ces troubles, des troubles déficitaires de l'attention.) Ces agents et d'autres stimulants du SNC peuvent être bénéfiques pour les clients souffrant de symptômes moteurs extrapyramidaux et de spasticité.

L'effet de ces médicaments ne se limite souvent pas au SNC. Par exemple, l'appareil cardio-vasculaire et le système nerveux autonome peuvent également être affectés; de tels effets sont indésirables lorsque le but premier est la stimulation du SNC.

Même si les indications des différents stimulants du SNC se chevauchent souvent, ces produits ont été classés, selon leurs principales indications cliniques ou leur principale action pharmacologique, en anorexigènes, analeptiques et médicaments pour les troubles déficitaires de l'attention. Les stimulants de la moelle épinière causent des convulsions et ne sont pas employés en clinique; ils ne seront donc pas traités ici.

ANOREXIGÈNES, AMPHÉTAMINES ET DÉRIVÉS

Généralités　La réaction aux amphétamines change d'un individu à l'autre. La stimulation psychique est souvent suivie par un effet rebond manifesté par de la fatigue. Tous les médicaments de cette catégorie entraînent une accoutumance. Les légères différences entre les réactions pharmacologiques et les réactions indésirables des différents anorexigènes (inhibition de l'appétit, stimulation de la respiration, durée d'action) dictent leur emploi principal.

Mécanisme d'action/cinétique　On pense que ces médicaments agissent sur le cortex cérébral et sur le système réticulé facilitateur (incluant les centres médullaires respiratoires et vasomoteurs) en libérant la norépinéphrine des neurones adrénergiques. D'après certaines preuves, l'amphétamine exercerait des effets directs sur les récepteurs adrénergiques. L'effet stimulant sur le SNC cause une augmentation de l'activité motrice et de la capacité de réaction mentale, un effet thymo-analeptique, un léger effet euphorique et un effet anorexigène. On pense que l'effet anorexigène est produit par stimulation directe du centre de satiété des régions limbique et hypothalamique de l'encéphale. Les amphétamines sont facilement absorbées dans le tractus GI et sont distribuées dans la plupart des tissus avec de plus grandes concentrations dans l'encéphale et dans le LCR. Durée de l'anorexie (PO): 3 à 6 h. Métabolisme hépatique et excrétion rénale.

Indications　Frénateur de l'appétit (à brève échéance), narcolepsie; pour contrecarrer le surdosage de dépresseurs et pour traiter la phase dépressive des psychoses maniaco-dépressives. Également pour traiter l'hyperkinésie et d'autres anomalies du comportement chez les enfants.
Remarque: De nombreux médecins recommandent l'utilisation des amphétamines *uniquement* pour les syndromes de narcolepsie et d'hyperactivité chez les enfants.

Contre-indications　Hyperthyroïdie, néphrite, diabète sucré, hypertension, glaucome à angle fermé, angine de poitrine, maladie cardio-vasculaire et hypersensibilité au médicament. Employer avec prudence chez les enfants souffrant d'états d'hyperexcitabilité et chez les clients âgés, affaiblis ou asthéniques; chez les clients avec des traits de personnalité psychopathiques ou ayant des antécédents de tendances homicidaires ou suicidaires. Ces médicaments sont contre-indiqués chez les clients ayant des émotions instables, qui risquent d'abuser des médicaments.

Réactions indésirables
SNC: Nervosité, étourdissements, dépression, céphalée, insomnie, euphorie, symptômes d'excitation. Rarement, psychoses. *GI*: Nausées, vomissements, crampes, diarrhée, xérostomie, constipation, goût métallique, anorexie. *CV*: Arythmie, palpitations, dyspnée, hypertension pulmonaire, hypertension ou hypotension périphérique, douleur précordiale, évanouissements. *Dermatologiques*: Symptômes d'allergie incluant l'éruption, l'urticaire, l'érythème, la sensation de brûlure. Pâleur. *GU*: Pollakiurie, dysurie. *Ophtalmologiques*: Vision trouble, mydriase. *Hématologiques*: Agranulocytose, leucopénie. *Endocriniennes*: Dysménorrhée, gynécomastie, impuissance et altération de la libido. *Autres*: Alopécie, augmentation de l'activité motrice, fièvre, transpiration, frissons, douleurs musculaires, douleurs thoraciques. La dépendance psychique de même qu'une forte accoutumance résultent d'un emploi prolongé.

RÉACTIONS TOXIQUES   Il y a une marge d'innocuité relativement large entre les doses thérapeutiques et toxiques d'amphétamines. Cependant, les amphétamines peuvent causer une intoxication aiguë ou chronique. Les amphétamines sont excrétées très lentement (5 à 7 jours) et des effets cumulatifs peuvent survenir lors d'une administration continue.

L'intoxication aiguë (le surdosage) se caractérise par des symptômes cardio-vasculaires (rougeur, pâleur, palpitations, pouls instable, modification de la PA, bloc cardiaque ou douleurs thoraciques), de l'hyperthermie, des troubles mentaux (confusion, délire, psychose aiguë, désorientation, délires et hallucinations, états de panique, idées paranoïdes).

Collapsus cardio-vasculaire ou convulsions qui aboutissent habituellement à la mort.

L'intoxication chronique due à un abus se caractérise par la labilité émotionnelle, une perte d'appétit, la somnolence, une détérioration mentale, une détérioration sur le plan professionnel, une tendance à se retirer de tout contact social, des grincements de dents, une mastication continue et des ulcères de la langue et des lèvres.

L'emploi prolongé de doses élevées peut produire des symptômes de schizophrénie paranoïde, incluant des hallucinations auditives et visuelles et des idées paranoïdes.

Traitement de l'intoxication aiguë (surdosage)
Traitement symptomatique. Après l'ingestion orale, provoquer des vomissements ou pratiquer un lavage gastrique suivi de l'administration de charbon activé. Maintenir une circulation et une respiration adéquates. L'hyperthermie et d'autres symptômes du SNC peuvent être traités à la chlorpromazine. On peut donner comme sédatifs du

diazépam ou un barbiturique. On peut administrer de la phentolamine pour le traitement de l'hypertension et juguler l'hypotension par des liquides IV et, éventuellement, par des vasopresseurs (à utiliser avec prudence). Réduire les stimuli afin de garder le client dans un environnement calme et obscur. Les clients qui ont ingéré une dose excessive de produits à action prolongée doivent être traités jusqu'à la disparition des symptômes de surdosage.

Interactions médicamenteuses

Médicaments	Interaction
Acétazolamide	↑ de l'effet de l'amphétamine par une ↑ de la réabsorption tubulaire rénale.
Acide ascorbique	↓ de l'effet de l'amphétamine par une ↓ de la réabsorption tubulaire rénale.
Ammonium, chlorure d'	↓ de l'effet de l'amphétamine par une ↓ de la réabsorption tubulaire rénale.
Anesthésiques généraux	↑ des risques d'arythmie cardiaque.
Antihypertenseurs	Les amphétamines ↓ l'effet des antihypertenseurs.
Diurétiques thiazidiques	↑ de l'effet de l'amphétamine par une ↑ de la réabsorption tubulaire rénale.
Furazolidone	↑ de la toxicité des anorexigènes.
Guanéthidine	↓ de l'effet de la guanéthidine par déplacement de son lieu d'action.
Halopéridol	↓ de l'effet de l'amphétamine par une ↓ de la captation du médicament à son lieu d'action.
Inhibiteurs de la MAO	Tous les effets périphériques, métaboliques, cardiaques et centraux de l'amphétamine sont potentialisés jusqu'à 2 semaines après l'arrêt de la thérapie aux inhibiteurs de la MAO (les symptômes comprennent la crise hypertensive avec risque d'hémorragie intracrânienne, d'hyperthermie, de convulsions, de coma) – la mort peut survenir. ↓ de l'effet de l'amphétamine par une ↓ de la captation du médicament à son lieu d'action.
Insuline	Les amphétamines modifient les besoins en insuline.
Méthyldopa	↓ de l'effet hypotenseur du méthyldopa par une ↑ de l'activité sympathomimétique.
Phénothiazines	↓ de l'effet de l'amphétamine par une ↓ de la captation du médicament à son lieu d'action.
Sodium, bicarbonate de	↑ de l'effet de l'amphétamine par une ↑ de la réabsorption tubulaire rénale.

Interactions avec les épreuves de laboratoire ↑ des catécholamines urinaires.

TABLEAU 17 ANOREXIGÈNES, AMPHÉTAMINES ET DÉRIVÉS

Médicament	Posologie	Commentaires
Dextro-amphétamine, sulfate de Dexédrine[c]	**PO.** *Narcolepsie*: **Adultes**: 5 à 60 mg par jour. **Pédiatrique, 12 ans et plus**: 10 mg par jour; **6 à 12 ans**: 5 mg par jour. *Comportement hyperkinétique chez les enfants*: **3 à 5 ans, initialement**, 2,5 mg par jour; augmenter de 2,5 mg par semaine jusqu'à l'obtention de la posologie optimale; **6 ans et plus, initialement**, 5 mg, 1 ou 2 fois par jour; augmenter de 5 mg chaque semaine jusqu'à l'obtention du niveau optimal (rarement plus de 40 mg par jour). *Anorexigène*: **Adultes**, 5 à 30 mg par jour, en doses fractionnées, 30 à 60 min avant les repas (libération prolongée: 10 à 15 mg, le matin).	Action centrale plus puissante et action périphérique plus faible que l'amphétamine, et donc moins d'effets cardiovasculaires indésirables. *Cinétique* Après l'administration PO, absorption complète en 3 h. **Durée d'action: PO**, 4 à 24 h; **demi-vie**: 5 h. Excrétion urinaire. L'acidification augmente l'excrétion alors que l'alcalinisation la diminue.
Diéthylpropion, chlorhydrate de Chlorhydrate de diéthylpropion[c], Nobesine-75[c], Propion[c], Regibon[c], Tenuate[c]	**PO**: 25 mg t.i.d., 1 h avant les repas ou en une seule dose de 75 mg d'un comprimé à libération prolongée, au milieu de la matinée.	*Cinétique* **Durée d'action: PO**, 4 h. *Réactions indésirables supplémentaires* Augmentation éventuelle des risques de convulsion chez les épileptiques. *Administration* Administrer le comprimé à libération prolongée au milieu de la matinée. On peut également administrer le médicament au milieu de la soirée afin de diminuer la faim pendant la nuit.
Fenfluramine, chlorhydrate de Ponderal[Pr], Pondimin[Pr]	**PO**: 20 mg t.i.d. avant les repas. On peut augmenter la dose chaque semaine jusqu'à un maximum de 40 mg, t.i.d. Si la dose initiale n'est pas bien tolérée, la	*Cinétique* **Début d'action**: 1 à 2 h; **durée d'action**: 4 à 6 h. **Demi-vie**: 20 h. Excrétion urinaire. *Indication supplémentaire* Pour traiter les enfants

TABLEAU 17   *(suite)*

Médicament	Posologie	Commentaires
	réduire à 40 mg par jour et l'augmenter ensuite très graduellement. La dose quotidienne totale ne devrait pas excéder 120 mg.	autistiques qui présentent de hautes concentrations de sérotonine. *Contre-indications supplémentaires* L'administration chez les alcooliques est contre-indiquée. *Réactions indésirables supplémentaires* Hypoglycémie, dépression du SNC, impuissance, somnolence. *Interactions médicamenteuses supplémentaires* La fenfluramine peut ↑ l'effet de l'alcool, des dépresseurs du SNC, de la guanéthidine, du méthyldopa, de la réserpine, des diurétiques thiazidiques et des antidépresseurs tricycliques.
Mazindol Sanorex[Pr]	**PO**: 1 mg t.i.d., 1 h avant les repas ou 2 mg 1 fois par jour, 1 h avant le repas du midi.	*Cinétique* **Début d'action**: 30 à 60 min; **durée d'action**: 8 à 15 h. **Concentration sanguine thérapeutique**: 11 à 42 nmol/L. Le médicament est excrété dans l'urine partiellement inchangé. *Administration* En cas de troubles GI, prendre avec les repas.
Phentermine, chlorhydrate de Fastin[c] **Phentermine, complexe résinique de** Ionamin[c]	**PO**: 8 mg, t.i.d., ½ h avant les repas, ou 15,0 à 37,5 mg, une fois par jour, avant le déjeuner.	**Durée d'action**: 4 h pour le chlorhydrate.

Posologie   Individualisée (voir le tableau 17). Plusieurs composés sont des préparations à libération prolongée.

Administration

1. Commencer par une faible dose initiale et augmenter graduellement au besoin, selon l'individu.

2. À moins d'avis contraire du médecin, administrer la dernière dose de la journée 6 h avant le coucher.

3. Si le médicament est employé comme anorexigène, l'administrer une demi-heure avant le repas.

Soins infirmiers

1. *Évaluer*:

a) les crises d'hypertension caractérisées par de la fièvre, une transpiration excessive, de l'excitation, du délire, des tremblements, des secousses musculaires, des convulsions, le coma et un collapsus circulatoire. (Les clients recevant simultanément des inhibiteurs de la MAO ou ceux qui en ont 7 à 14 jours avant l'administration des amphétamines peuvent présenter une crise d'hypertension.)

b) toute intoxication aiguë qui se manifeste par des symptômes cardio-vasculaires suivis d'un syndrome psychotique. Être prête à effectuer le traitement du surdosage comme il a été mentionné précédemment pour le cas de l'intoxication aiguë.

c) toute intoxication chronique, qui se manifeste par une labilité émotionnelle, une perte de l'appétit, de la somnolence, un déficit mental et une détérioration sur le plan professionnel. Une interruption du traitement est conseillée dans ce cas.

d) toute dépendance psychologique ou tolérance marquées. Une interruption du traitement est conseillée dans ce cas.

e) la xérostomie et la constipation.

f) la masse, au moins une fois par semaine, étant donné que des effets anorexigènes peuvent se manifester bien que le client soit traité pour une autre cause. Noter l'insomnie et l'agitation chez ces clients.

2. Suivre les règlements de l'établissement en ce qui a trait à la manipulation des amphétamines. Il s'agit de médicaments dont l'usage est restreint par les lois pour prévenir l'abus.

3. *Expliquer au client et/ou à sa famille*:

a) que dans le cas où les anorexigènes sont administrés pour une perte pondérale, le traitement ne se fait qu'à courte échéance, que leur effet ne dure que de 4 à 6 semaines et qu'une accoutumance se développe rapidement.

b) qu'il est important de diminuer la consommation de nourriture. Aider le client à choisir un régime approprié.

c) qu'il ne faut pas augmenter la posologie en cas d'accoutumance mais au contraire la diminuer.

d) que les amphétamines peuvent masquer une fatigue extrême, qui peut empêcher le client de mener à bien certaines occupations comportant des risques, telles que faire fonctionner des machines ou conduire une automobile.

AUTRES MÉDICAMENTS

CAFÉINE   Alert, Vivarin

CAFÉINE, BENZOATE SODIQUE DE
Caféine pour injection

Catégorie   Stimulant du SNC.

Remarque: La caféine se trouve dans de nombreuses associations médicamenteuses, dont Fiorinal et Fiorinal-C (voir l'appendice 3).

Mécanisme d'action/cinétique   La caféine stimule le SNC à tous les niveaux (cortex cérébral, bulbe rachidien et moelle épinière). Elle possède également d'autres propriétés pharmacologiques, y compris la dilatation des vaisseaux sanguins coronariens et périphériques, la constriction des vaisseaux sanguins cérébraux, l'augmentation de la fréquence cardiaque, la stimulation des muscles squelettiques, l'augmentation de la sécrétion d'acide gastrique et de la diurèse. **Concentration plasmatique maximale**: 50 à 75 min. **Concentration plasmatique thérapeutique**: 31 à 67 μmol/L. Des concentrations supérieures à 103 μmol/L produisent des effets toxiques. **Demi-vie**: 3 à 4 h. Liaison aux protéines plasmatiques à environ 17%. Le produit est surtout métabolisé par le foie et excrété par les reins.

Indications   *PO*: Adjuvant au traitement avec des analgésiques narcotiques et non narcotiques. Augmentation de l'état d'éveil par accroissement de la vigilance mentale et adjuvant dans la thérapie contre la migraine. *Voie parentérale*: Analeptique dans les cas d'intoxication, insuffisance circulatoire aiguë; diurétique, traitement des céphalées à la suite d'une ponction rachidienne, traitement des alcooliques comateux.

Bien qu'on ait employé la caféine pour contrer l'effet d'obnubilation qui survient pendant l'éveil à la suite d'un coma provoqué par une intoxication par la morphine, les barbituriques, l'alcool et les autres dépresseurs du SNC, cet emploi n'est ni recommandé ni logique.

Contre-indications   Employer avec prudence en présence de maladies cardio-vasculaires ou rénales, d'ulcère ou de dépression. L'innocuité durant la grossesse n'a pas été établie.

Réactions indésirables   *SNC*: Symptômes de surexcitation comprenant l'insomnie, la nervosité, l'agitation, les céphalées. *GI*: Nau-

sées, vomissements, diarrhée, douleurs gastriques. *GU*: Diurèse.
Remarque: Des doses importantes peuvent entraîner une névrose d'angoisse accompagnée de troubles sensoriels, de palpitations, de tremblements, d'arythmies, d'une érubescence du visage et des autres symptômes déjà mentionnés.

Interactions médicamenteuses

Médicaments	Interaction
Cimétidine	La cimétidine ↓ l'excrétion de la caféine.
Contraceptifs oraux	Les contraceptifs oraux ↓ l'excrétion de la caféine.
Inhibiteurs de la MAO	Une quantité excessive de caféine peut causer une crise hypertensive; diminuer la consommation de caféine.
Propoxyphène (Darvon)	Chez les clients qui reçoivent des doses élevées de propoxyphène, la caféine peut causer des convulsions.

Interactions avec les épreuves de laboratoire ↑ des catécholamines urinaires.

Posologie *Caféine*: **PO**, 100 ou 200 mg au besoin; dose quotidienne maximale: 800 à 1 000 mg. *Benzoate sodique de caféine*: **IM, IV ou SC**. Voie habituelle: **IM**, 0,2 à 0,5 g. Il est déconseillé d'administrer aux enfants la forme PO.

> **Soins infirmiers**
>
> Évaluer toute consommation élevée de caféine, manifestée par de l'insomnie, de l'irritabilité, des tremblements, des irrégularités cardiaques et une gastrite.

ANALEPTIQUES

Généralités   Les analeptiques agissent directement sur le bulbe rachidien situé dans le tronc cérébral. Aux doses thérapeutiques, ces agents sont censés stimuler la respiration. À plus fortes doses, les analeptiques stimulent le rhombencéphale et la moelle épinière. Ces médicaments ne stimulent pas le myocarde. Désormais, les analeptiques ne sont plus considérés comme les médicaments de choix pour le traitement de la dépression du SNC causée par un surdosage de sédatifs et d'hypnotiques. Généralement, le traitement du surdosage de sédatifs hypnotiques consiste surtout en certaines mesures de soutien telles que le dégagement des voies aériennes, l'apport d'oxygène, la ventilation assistée, au besoin, et le maintien du volume sanguin et de la pression artérielle. Voir également *Médicaments pour les troubles déficitaires de l'attention*.

DOXAPRAM, CHLORHYDRATE DE   Dopram^Pr

Catégorie   Stimulant du SNC, analeptique.

Mécanisme d'action/cinétique   Le doxapram augmente la vitesse et la profondeur de la respiration par stimulation directe des centres respiratoires localisés dans le bulbe rachidien, de même que par stimulation réflexe indirecte des chémorécepteurs carotidiens et aortiques périphériques. Une augmentation de la pression artérielle peut aussi survenir à cause de l'augmentation du débit cardiaque. Le médicament est un antagoniste de la dépression respiratoire mais pas de l'analgésie causées par les narcotiques. On peut aussi observer de la sialorrhée et une augmentation des concentrations d'acide gastrique et de catécholamines. Au fur et à mesure qu'on augmente la dose, les autres centres du SNC sont à leur tour stimulés et certaines doses peuvent de ce fait occasionner des convulsions tonico-cloniques. **Début d'action** (IV): 20 à 40 s. **Effet maximal**: 1 à 2 min. **Durée d'action**: 5 à 12 min. Le doxapram est métabolisé par le foie et excrété dans l'urine.

Indications   Adjuvant dans le traitement de la dépression respiratoire provoquée par les analgésiques narcotiques ou les anesthésiques. La ventilation assistée est cependant plus efficace en pareil cas et l'emploi de ce médicament dans ce but n'est ni recommandé ni logique. Temporairement, chez les clients hospitalisés atteints d'une maladie pulmonaire chronique accompagnée d'hypercapnie aiguë.

Contre-indications   Épilepsie, états convulsifs, insuffisance respiratoire due à une paralysie musculaire, pneumothorax, obstruction des voies respiratoires et dyspnée extrême, hypertension grave et accidents vasculaires cérébraux. Hypersensibilité. Administrer avec prudence chez les clients atteints d'œdème cérébral, d'asthme, de maladie cardio-vasculaire grave, d'hyperthyroïdie et de phéochromocytome (cancer des surrénales), d'ulcère gastro-duodénal ou chez les clients ayant subi une intervention chirurgicale à l'estomac.

Réactions indésirables   *SNC*: Stimulation excessive comprenant l'hyperactivité, le clonus, les convulsions. Céphalées, appréhension, étourdissements. *GI*: Nausées, vomissements, diarrhée, besoin urgent de déféquer. *Respiratoires*: Bronchospasmes, dyspnée, toux, hoquet, hypoventilation, laryngospasmes. *CV*: Arythmie, ECG anormal, douleurs et constriction thoracique, phlébite, érubescence du visage. *GU*: Mictions spontanées, rétention urinaire. Sensation de brûlure ou de chaleur dans la région génitale et périnéale. *Autres*: Mydriase, spasmes musculaires, mouvements involontaires, transpiration, prurit.

SURDOSAGE   Caractérisé par une alcalose respiratoire et par l'hypocapnie (concentration insuffisante de CO_2 sanguin) accompagnées de tétanie et d'apnée. Également, stimulation excessive du SNC pouvant mener à des convulsions.

Interactions médicamenteuses

Médicaments	Interaction
Amines sympathomimétiques	Synergie additive des effets vasopresseurs.
Anesthésiques généraux	Étant donné que le doxapram augmente la libération d'épinéphrine, n'administrer que 10 min après l'arrêt de l'anesthésie à l'halothane ou à l'enflurane, pour réduire les arythmies cardiaques.
Inhibiteurs de la MAO	Synergie additive des effets vasopresseurs.

Interactions avec les épreuves de laboratoire   ↓ de l'hémoglobine, de l'hématocrite, des globules rouges. ↑ de l'urée sanguine et de la protéinurie.

Posologie   *Après l'anesthésie*: **IV**, 0,5 à 1,0 mg/kg, sans excéder 1,5 à 2,0 mg/kg; administration par injections multiples à des intervalles de 5 min. *Bronchopneumopathie chronique obstructive accompagnée d'hypercapnie aiguë*: **Perfusion IV**, 1 à 2 mg/min jusqu'à un maximum de 3 mg/min. *Dépression du SNC due à un médicament*: **IV, initialement**, 2 mg/kg; répéter après 5 min puis toutes les heures ou toutes les 2 heures jusqu'au retour de la conscience.

Administration   Attendre dix minutes après l'arrêt de l'administration d'anesthésiques avant d'administrer le doxapram. On peut aussi administrer le doxapram en goute-à-goutte IV (dans du dextrose ou de la solution saline isotonique) à un débit initial de 5 mg/min.

Soins infirmiers

1. Évaluer la PA, la fréquence cardiaque et les réflexes tendineux profonds après l'administration du doxapram afin de prévenir le surdosage et de guider l'ajustement du débit de la perfusion.

2. Après l'administration, évaluer la dépression respiratoire pendant au moins une demi-heure à une heure après le retour à la conscience.

3. Administrer le médicament avec de l'oxygène chez les clients souffrant d'insuffisance pulmonaire chronique.

4. Pour maîtriser un éventuel surdosage, garder à portée de la main des barbituriques à courte action, de l'oxygène et le matériel de réanimation.

5. Après l'administration du médicament, prendre des mesures de protection en cas de convulsions.

NICÉTHAMIDE   Coramine, Nicéthamide

Catégorie   Stimulant du SNC, analeptique.

Mécanisme d'action/cinétique   Le mécanisme d'action du nicéthamide est similaire à celui du doxapram (voir p. 666). Le nicéthamide est absorbé rapidement après l'administration PO, IM ou SC et transformé en nicotinamide. Métabolisme hépatique et excrétion urinaire.

Ce médicament n'est pas fréquemment administré, car il possède une faible marge d'innocuité et il n'est pas aussi efficace que le doxapram.

Indications   Dépression respiratoire, dépression du SNC, insuffisance circulatoire.

Contre-indications   Injection intra-artérielle (des spasmes artériels ou une thrombose peuvent survenir).

Réactions indésirables   *SNC*: Stimulation excessive incluant des convulsions. *CV*: Érubescence du visage, sensation de chaleur, tachycardie, hypertension. *GI*: Nausées, vomissements. *Respiratoires*: Sensation de brûlure ou de piqûre en arrière du nez, toux, éternuements, augmentation de la fréquence et de la profondeur de la respiration (souvent un effet désiré). *Autres*: Transpiration, sentiment de peur, secousses musculaires faciales.

Posologie   **IV**: *Surdosage de dépresseurs narcotiques, intoxication par l'oxyde de carbone*, 5 à 10 mL suivis par 5 mL q 5 min pendant la première heure, **puis**, 5 mL q 30 à 60 min, au besoin. *Alcoolisme aigu*: 5 à 20 mL pour contrer la dépression du SNC. *Décompensation cardiaque/occlusion coronarienne*: 5 à 10 mL **IM ou IV**. *Électrochocs*: 5 mL avec 5 mL d'eau stérile dans la veine antébrachiale. Appliquer le stimulus électrique lorsque le visage du client est érubescent et que la vitesse de la respiration augmente appréciablement. *Choc (adjuvant)*: **IV, IM**, 10 à 15 mL. *Surdosage d'anesthésiques*: **IM, IV**, 2 à 10 mL selon la cause de l'administration. **PO**: Entretien, 3 à 5 mL de solution orale q 4 à 6 h.

Soins infirmiers

Garder des barbituriques à portée de la main pour traiter le surdosage.

MÉDICAMENTS POUR LES TROUBLES DÉFICITAIRES DE L'ATTENTION

Généralités   On utilise de façon courante de nombreux stimulants du SNC pour traiter les enfants souffrant d'hyperkinésie et d'autres problèmes de comportement d'origine neurologique et non pas psychologique. Traitement de la diminution de la capacité mentale des personnes âgées.

Avant d'entreprendre une thérapie pour ce trouble mal défini chez l'enfant, ce dernier doit subir une évaluation exhaustive comprenant des tests psychologiques.

Le mode d'action de ces agents n'est pas complètement compris. Il se pourrait qu'ils provoquent une élévation de la concentration de choline, d'acétylcholine et de dopamine dans l'encéphale.

ERGOLOÏDES, MÉSYLATES D' (ALCALOÏDES DE L'ERGOT DIHYDROGÉNÉS)   Hydergine[Pr]

Catégorie   Médicament pour le traitement des troubles déficitaires de l'attention.

Mécanisme d'action/cinétique   On pense que l'augmentation du débit sanguin cérébral est à l'origine de l'action de cette association de mésylates de dihydroergocornine, de dihydroergocristine et de dihydroergocryptine en proportions égales. **Concentration plasmatique maximale**: 1 h: **Demi-vie**: 3,5 h. Les comprimés oraux présentent une absorption gastrique rapide mais incomplète; l'administration orale s'accompagne d'un effet de premier passage important.

Indications   Démence progressive primaire, maladie d'Alzheimer.

Contre-indications   Tous les types de psychose, aiguë ou chronique. Clients sensibles à la tartrazine. Employer avec prudence en cas de porphyrie.

Réactions indésirables   Porphyrie intermittente aiguë chez les clients sensibles. Nausées, vomissements.

Posologie   PO: **Initialement**, 1 mg, t.i.d. On peut ne pas percevoir les effets bénéfiques avant 3 ou 4 semaines. **IM, SC, perfusion IV**: 1 ampoule q.i.d. le premier jour; **puis**, 1 ampoule t.i.d. Passer à la voie orale dès que possible.

Administration   Les clients devraient s'assurer que les comprimés sublinguaux se sont complètement dissous.

MÉTHYLPHÉNIDATE, CHLORHYDRATE DE
Méthidate[c], Ritalin[c], Ritalin-SR[c]

Catégorie   Stimulant du SNC.

Mécanisme d'action/cinétique   Le mécanisme d'action du méthylphénidate n'est pas connu mais son effet pharmacologique est similaire à celui de l'amphétamine. **Concentration sanguine maximale**: 1 à 3 h. **Durée**: 4 à 6 h. **Demi-vie: PO**, 2 à 7 h; **IV**, 1 à 2 h. Le médicament est métabolisé par le foie et excrété dans l'urine.

Indications Troubles déficitaires de l'attention chez l'enfant (fait partie du traitement global). Narcolepsie. Dépression légère. Sénilité.

Contre-indications Anxiété, tension et agitation marquées. Glaucome. Employer avec extrême prudence chez les clients ayant des antécédents d'hypertension ou de maladie convulsive. Maladie de Gilles de la Tourette, tics moteurs.

Réactions indésirables *SNC*: Nervosité, insomnie, céphalée, étourdissements, somnolence, chorée. Psychose toxique. Dépendance psychologique. *CV*: Palpitations, tachycardie, angine, arythmie, hyperventilation ou hypoventilation. *GI*: Nausées, anorexie, douleurs abdominales. *Allergiques*: Éruption cutanée, fièvre, arthralgie, dermatose, érythème.

SURDOSAGE Caractérisé par des symptômes cardio-vasculaires (hypertension, arythmie cardiaque, tachycardie), des troubles mentaux, de l'agitation, des céphalées, des vomissements, une hyperréflexie, de l'hyperthermie, des convulsions et le coma.

TRAITEMENT DU SURDOSAGE Symptomatique. En cas de stimulation excessive du SNC, garder le client dans un environnement calme et obscur. L'administration d'un barbiturique à courte action peut être utile. On peut provoquer des vomissements ou pratiquer un lavage gastrique si le client est conscient. Les fonctions respiratoire et circulatoire doivent être adéquatement maintenues. On peut traiter l'hyperthermie en donnant un bain froid.

Interactions médicamenteuses

Médicaments	Interaction
Anticoagulants oraux	↑ de l'effet des anticoagulants due à la ↓ du catabolisme hépatique.
Anticonvulsivants (phénobarbital, phénytoïne, primidone)	↑ de l'effet des anticonvulsivants due à la ↓ du catabolisme hépatique.
Antidépresseurs tricycliques	↑ de l'effet des antidépresseurs due à la ↓ du catabolisme hépatique.
Guanéthidine	↓ de l'effet de la guanéthidine par le déplacement de son lieu d'action.
Inhibiteurs de la MAO	Risque de crise hypertensive, d'hyperthermie, de convulsions et de coma.
Phénylbutazone	↑ de l'effet de la phénylbutazone due à la ↓ du catabolisme hépatique.

Interactions avec les épreuves de laboratoire ↑ de l'excrétion urinaire d'épinéphrine.

Posologie PO. **Individualisée, adultes**: 20 à 60 mg par jour, en doses fractionnées, avant les repas. *Troubles déficitaires de l'at-*

tention, **6 ans et plus: Initialement**, 5 mg, b.i.d., avant le déjeuner et le repas du midi; **puis**, augmenter de 2,5 à 10 mg par semaine, jusqu'à un maximum de 60 mg par jour.

Administration

1. Administrer avant le déjeuner et le repas du midi pour éviter de perturber le sommeil.

2. Pour les troubles déficitaires de l'attention, interrompre l'administration du médicament si aucune amélioration ne survient après un mois ou si un effet stimulateur se manifeste.

Soins infirmiers

1. Mesurer la PA et le pouls b.i.d. étant donné que des modifications peuvent survenir.

2. Peser le client 2 fois par semaine, car il peut avoir tendance à maigrir.

3. En cas d'hyperthermie associée au médicament, rafraîchir le client.

4. En cas de surdosage, être prête à apporter des soins pour maintenir une circulation et un échange respiratoire adéquats. Protéger le client contre l'automutilation et diminuer les stimuli extérieurs.

5. Expliquer au client et/ou à sa famille qu'il faut être prudent si l'on travaille avec des machines ou si l'on conduit une automobile lorsqu'on prend du méthylphénidate, car ce médicament peut masquer la fatigue et/ou causer de l'incoordination, des étourdissements ou de la somnolence.

PÉMOLINE   Cylert^{Pr}

Catégorie   Stimulant du SNC.

Mécanisme d'action/cinétique   Même si la pémoline ressemble à l'amphétamine et au méthylphénidate du point de vue pharmacologique, son mécanisme d'action n'est pas parfaitement connu. On croit qu'elle agit par un mécanisme dopaminergique. **Concentration sérique maximale**: 2 à 4 h. **Demi-vie**: 12 h. L'état stationnaire est atteint en 2 à 3 jours, mais les effets bénéfiques du médicament peuvent ne pas apparaître avant 3 à 4 semaines. Le médicament est lié à environ 50% aux protéines plasmatiques. La pémoline est métabolisée dans le foie, mais plus de 40% du médicament est excrété inchangé par les reins.

Indications   Troubles déficitaires de l'attention, syndrome d'hyperkinésie. *À l'étude*: Sommeil excessif durant le jour, narcolepsie.

Contre-indications   Hypersensibilité au médicament. Syndrome de Gilles de la Tourette. Enfants de moins de 6 ans.

Réactions indésirables *SNC*: Insomnie (la plus commune). Dyskinésie du visage et des membres, précipitation du syndrome de Gilles de la Tourette. Dépression légère, céphalée, nystagmus, étourdissements, hallucinations. *GI*: Perte pondérale transitoire, troubles gastriques, nausées. *Autres*: Éruption cutanée.

Pour le traitement du surdosage, voir *Chlorhydrate de méthylphénidate*.

Posologie **PO: Initialement**, 37,5 mg par jour; augmenter la posologie de 18,75 mg à des intervalles d'une semaine, jusqu'à l'obtention de la réaction désirée sans excéder 112,5 mg par jour. **Dose d'entretien habituelle**: 56,25 à 75 mg par jour. *Narcolepsie, sommeil pendant le jour*: 50 à 200 mg par jour, en 2 doses fractionnées.

Administration

1. Administrer en dose unique chaque matin.
2. Interrompre le traitement une ou deux fois par année pour vérifier si les symptômes du comportement dictent une poursuite de la thérapie.

Soins infirmiers

1. *Expliquer aux parents*:
   a) qu'il faut mesurer la taille de l'enfant tous les mois, le peser deux fois par semaine et inscrire ces données pour les soumettre au médecin afin qu'il évalue la croissance.
   b) qu'il faut signaler au médecin une perte pondérale et un arrêt de croissance.
   c) qu'il faut administrer le médicament tôt le matin pour réduire au minimum l'insomnie qu'il cause.
   d) qu'il faut poursuivre la thérapie, car les modifications du comportement ne se manifestent qu'après 3 à 4 semaines.
   e) qu'il faut interrompre l'administration du médicament si le médecin le recommande; observer par la suite le comportement de l'enfant pour aider le médecin à décider s'il y a lieu de continuer la thérapie.
   f) que l'enfant doit subir périodiquement des épreuves de la fonction hépatique afin d'établir l'absence d'effets indésirables qui nécessiteraient le retrait du médicament.
   g) qu'il faut prendre en note des signes de surdosage comme l'agitation, les hallucinations et la tachycardie. Si de tels symptômes se manifestaient, expliquer aux parents qu'il faut interrompre l'administration du médicament, procurer des soins de soutien à l'enfant et consulter le médecin.

Anesthésiques locaux et généraux

Généralités   Puisqu'on administre souvent des anesthésiques locaux et généraux aux clients, nous en discutons brièvement sous forme de tableau. Notez leur durée d'action et leurs autres caractéristiques, étant donné qu'ils interagissent avec les autres médicaments que reçoit le client.

ANESTHÉSIQUES LOCAUX

Généralités   Les anesthésiques locaux stabilisent la membrane de la terminaison nerveuse et empêchent le déclenchement et la transmission de l'influx; cela conduit à l'anesthésie. L'emploi d'épinéphrine avec les anesthésiques locaux sert à diminuer l'absorption systémique et à prolonger ainsi leur durée d'action.

Indications   Voir le tableau 18, p. 674.

Contre-indications   Hypersensibilité. On ne devrait pas employer de doses élevées chez les clients atteints de bloc cardiaque. **Les préparations contenant un agent de conservation ne devraient pas être employées pour la rachianesthésie ou l'anesthésie péridurale.**

TABLEAU 18 ANESTHÉSIQUES LOCAUX

Médicament	Durée d'action (h)	Indications
Benzocaïne *Topique*: Americaine, Burncare Crème, Dermine, Detane, Endocaine, Hurricaine, Novol Benzocaine, Pain Ease Liniment, Solarcaine pour les lèvres *Muqueuses*: Dermine, Gingicaine, Hurricaine, Maintain, Novol Benzocaine, Orajel Préparations, Sirop dentition, Topicale	0,5 à 1,0	*Topique*: Anesthésique pour les troubles cutanés (0,5 à 20% en solution, aérosol, crème, liquide, lotion, onguent, vaporisateur). *Anesthésie des muqueuses*: Interventions dentaires (22%); anesthésique pour cathéters pharyngiens et nasaux, tubes endotrachéaux, sondes endoscopiques ou nasogastriques, cathéters vésicaux, laryngoscopes, proctoscopes, sigmoïdoscopes, spéculum vaginal (gel 20%).
Bupivacaïne, chlorhydrate de Marcaine	4 à 5	Infiltration locale, anesthésie dentaire, anesthésie caudale, anesthésie périphérique, anesthésie sympathique (tous à 0,25% ou à 0,5%); anesthésies lombaire et péridurale (0,25% à 0,75%); anesthésie rétrobulbaire (0,75%).
Chlorprocaïne, chlorhydrate de Nesacaine, Nesacaine CE	1	Infiltration et anesthésie par blocage nerveux (1% et 2%); anesthésies caudale et péridurale (2% et 3%).
Dibucaïne Nupercainal	2 à 4	*Topique*: Pour les troubles cutanés (onguent à 1% et crème à 0,5%). *Anesthésie des muqueuses*: Hémorroïdes et fissures anales (suppositoires de 2,5 mg).
Lidocaïne *Topique*: Alphacaine, Lidocaine, Xylocaine *Muqueuses*: Octocaine, Xylocaine *Injectable*: Xylocaine CO$_2$	0,5 à 1,0	*Topique*: Anesthésique pour les troubles cutanés (2,5 à 5% en crème, gelée, aérosol, lotion, onguent). *Anesthésie des muqueuses*: Cavités orale et nasales, intubation endotrachéale, urétrite, pour interventions urétrales (tous de 2% à 10% en crème, gelée, onguent, solution). Infiltration (0,5% à 2%); anesthésie par blocage nerveux périphérique (1% à 2%); anesthésie par blocage nerveux sympathique (cervicale et lombaire, 1%); anesthésie par blocage nerveux central; péridurale: thoracique (1%) ou lombaire (1% à 2%); anes-

Médicament		
Mépivacaïne, chlorhydrate de Arestocaine, Arestocaine avec levonordefrin, Carbocaine, Carbocaine avec épinéphrine, Carbocaine avec Neocobrefin, Carbocaine Forte, Isocaine, Mepivacaine, Mepivacaine avec levonordefrin, Scandonest	2,0 à 2,5	thésie caudale (1% à 1,5%); rachianesthésie (5% avec du glucose); faible rachianesthésie (1,5% avec du dextrose); rétrobulbaire ou transtrachéale (4%). Anesthésie par blocage nerveux (1% à 2%); anesthésie transvaginale (1%); anesthésie paracervicale (obstétrique, 1%); anesthésie caudale et péridurale (1 à 2%); infiltration (1%); traitement de la douleur (1 à 2%); dentaire (infiltration ou anesthésie par blocage nerveux, 3% ou 2% avec levonordefrin).
Pramoxine, chlorhydrate de Tronothane		*Topique:* Anesthésique pour les troubles cutanés (crème).
Prilocaïne, chlorhydrate de Citanest Ordinaire	2,0 à 2,5	Infiltration (1% à 2%); anesthésie par blocage nerveux péri-phérique: intercostale ou paravertébrale (1% à 2%), plexus brachial ou sciatique/fémorale (2% à 3%); anesthésie par blocage nerveux central: péridurale ou caudale (1% à 3%); dentaire (4%).
Procaïne, chlorhydrate de Chlorhydrate de procaïne, Novocaine	1	Infiltration (0,25% à 0,5%); anesthésie nerveuse périphérique (0,5% à 2%); rachianesthésie (10%).
Proxymétacaïne, chlorhydrate de Ak Taine, Alcaine, Ophthaine, Ophthetic		*Ophtalmologie:* Anesthésie pour l'ablation de cataractes, l'ex-traction de corps étrangers dans l'œil, l'enlèvement de sutures et la tonométrie (solution à 0,5%).
Tétracaïne, chlorhydrate de Pontocaine, Pontocaine ophtalmique, Tet	0,5 à 1,0	*Topique:* Pour les troubles cutanés (onguent à 0,5%, crème à 1% ou solution à 2%). *Anesthésie des muqueuses:* Nez ou gorge avant une bronchoscopie ou d'autres interventions (solution à 2%). *Rachianesthésie:* anesthésie forte, moyenne, faible, et en selle (solution de 0,2% à 0,3%); prolongée (solution à 1%). *Ophtalmologie:* Anesthésie, extraction de corps étrangers, tonométrie (onguent ou solu-tion, à 0,5%).

Réactions indésirables Tuméfaction et paresthésie des lèvres et des tissus buccaux. Des réactions systémiques surviennent lorsque la concentration plasmatique est élevée et, dans de rares cas, ces réactions peuvent être mortelles. Les symptômes systémiques comprennent l'excitation du SNC accompagnée de tremblements, de frissons et de convulsions; des effets cardio-vasculaires incluant l'hypotension, des anomalies de la conduction intraventriculaire ou un bloc auriculoventriculaire pouvant mener à un arrêt respiratoire ou cardiaque; une dermatite eczématiforme.

L'épinéphrine contenue dans certaines préparations peut provoquer de la douleur angineuse, de la tachycardie, des tremblements, des céphalées, de l'agitation, des palpitations, des étourdissements et de l'hypertension.

Interactions médicamenteuses

Médicaments	Interaction
Anesthésiques locaux contenant des vasoconstricteurs avec les inhibiteurs de la MAO, les antidépresseurs tricycliques, les phénothiazines.	Hypotension ou hypertension graves.
Anesthésiques locaux contenant des vasoconstricteurs et médicaments ocytociques.	Réponse hypertensive excessive.
Anesthésiques locaux contenant des vasoconstricteurs et chloroforme, halothane, cyclopropane, trichloroéthylène.	↑ des risques d'arythmie cardiaque.

Administration/entreposage

1. Ne pas employer de préparations contenant des agents de conservation pour la rachianesthésie ou l'anesthésie péridurale.

2. Entreposer à l'écart des autres les préparations contenant de l'*épinéphrine*.

3. Entreposer à l'écart des autres les préparations contenant des *agents de conservation*.

4. Indiquer clairement sur chaque compartiment l'anesthésique qu'il renferme.

5. Pour une manutention stérile, mettre à l'autoclave les flacons d'anesthésiques qui ne sont pas détruits par la chaleur.

6. Employer un antiseptique ou un détergent teintés comme solution d'entreposage pour les anesthésiques qui ne peuvent pas être mis à l'autoclave mais qui doivent être stériles et prêts à servir. La teinture indique si le flacon est en bon état et si la solution de stérilisation ne s'infiltre pas dans l'anesthésique.

7. Lire trois fois l'étiquette pour s'assurer qu'on prépare ou qu'on donne au médecin le bon anesthésique.

8. Jeter les flacons de préparations ne contenant pas d'agents de conservation dès qu'ils ont été utilisés une fois.

9. *Ne pas employer d'épinéphrine* pour l'anesthésie par blocage nerveux des doigts ou des orteils car l'apport sanguin pourrait être compromis et des lésions tissulaires pourraient apparaître.

Soins infirmiers

1. Toujours avoir à sa disposition l'équipement et les médicaments pour la réanimation lorsqu'on utilise des anesthésiques.

2. Se rappeler que le client est éveillé lorsqu'on utilise des anesthésiques locaux. Pour réduire son anxiété, éviter de faire du bruit ou de converser.

3. Évaluer les symptômes d'excitation du SNC, comme la nervosité, les étourdissements, la vision trouble et les tremblements. Évaluer également les symptômes de dépression tels que la somnolence, la détresse respiratoire, les convulsions et l'inconscience. Les premiers symptômes peuvent être dépressifs.

4. Garder à portée de la main des barbituriques à action ultra-courte (par exemple, du thiopental ou du thiamylal) ou des barbituriques à courte action (par exemple, du sécobarbital ou du pentobarbital) pour le traitement des clients atteints de convulsions. Étant donné qu'on ne devrait pas administrer de dépresseurs du SNC en présence de dépression respiratoire ou cardiaque, garder un myorésolutif à courte durée d'action (tel que la succinylcholine) que l'on peut administrer IV.

5. Évaluer les réactions cardio-vasculaires ayant un effet dépresseur, caractérisées par de l'hypotension (vérifier la PA), la dépression myocardique, la bradycardie (mesurer le pouls) et, éventuellement, l'arrêt cardiaque (évaluer la PA, la fréquence cardiaque, l'ECG et l'état général du client).

6. Pour le traitement des clients aux prises avec une réaction cardio-vasculaire, garder des vasopresseurs (comme de l'éphédrine) et des liquides IV. Ne pas administrer d'éphédrine si le client est anoxique parce qu'une fibrillation ventriculaire pourrait se produire.

7. Soutenir les efforts respiratoires en dégageant les voies aériennes et en procurant de l'oxygène par des méthodes de ventilation assistée ou contrôlée.

8. Évaluer l'apparition de réactions allergiques, telles que des lésions cutanées, de l'urticaire, de l'œdème ou de l'anaphylaxie.

9. Pour traiter les clients ayant des réactions allergiques, garder à portée de la main de l'oxygène, de l'épinéphrine, des corticostéroïdes et des antihistaminiques.

10. Évaluer les réactions locales caractérisées par la sensation de brûlure, la sensibilité, la tuméfaction, l'irritation des tissus, la formation d'escarres et la nécrose des tissus. Signaler immédiatement et entreprendre une thérapie appropriée.

ANESTHÉSIE DE L'ŒIL

1. Administrer tel que recommandé à la page 40 (chapitre 6).

2. Éviter que le compte-gouttes n'entre en contact avec la paupière et les tissus voisins pendant l'administration.

3. N'administrer que le nombre de gouttes prescrit étant donné qu'un surdosage cause de sérieux effets indésirables et retarde la cicatrisation de l'œil.

4. Rincer le tonomètre (l'instrument utilisé pour mesurer la pression intra-oculaire) avec l'eau distillée stérile avant l'utilisation pour éviter d'introduire des corps étrangers dans l'œil anesthésié.

5. Protéger l'œil anesthésié des produits chimiques irritants, des corps étrangers et du frottement. Couvrir l'œil après l'intervention, car le réflexe de clignotement sera temporairement absent.

6. *Expliquer au client/ou à sa famille* qu'il ne doit pas toucher ou frotter l'œil anesthésié.

ANESTHÉSIE DU RHINOPHARYNX

Avertir le client de ne pas manger ni boire pendant au moins une heure après l'emploi d'anesthésiques topiques, car la seconde étape de la déglutition (pharyngienne) est compromise et une aspiration peut se produire.

ANESTHÉSIE DU RECTUM ET DE L'ANUS

1. Expliquer au client qu'il faut employer la plus petite dose possible pour réduire au minimum l'intoxication systémique.

2. Examiner la région anale pour vérifier la présence de lésions cutanées si le client se plaint de sensation de brûlure lors de l'administration.

ANESTHÉSIE PAR BLOCAGE NERVEUX

BLOCAGE DE LA CAVITÉ ORALE   (1) Avertir le client de ne pas manger pendant au moins une heure après l'injection car le réflexe de déglutition est diminué. L'aspiration et la perte de sensation de la langue peuvent entraîner des blessures pendant la mastication. (2) Observer la tuméfaction des lèvres et des tissus buccaux, qui peut nécessiter l'emploi de compresses froides.

BLOCAGE VULVAIRE   (1) Évaluer l'augmentation de l'appréhension, de l'anxiété et de la peur, ce qui peut indiquer que le blocage est inefficace. (2) Observer la formation d'un hématome ou la ponction rectale (écoulement de sang par le rectum) à la suite du blocage, ce qui indique des complications éventuelles.

BLOCAGE PÉRIDURAL   (1) Surveiller une diminution des

fonctions cardiaque et respiratoire pouvant être un résultat accidentel de l'anesthésie elle-même. (2) Surveiller le pouls, la PA et la couleur de la peau. Si de l'hypotension se manifeste, demander de l'assistance, relever les jambes du client, le tourner sur le côté gauche, lui administrer de l'oxygène et augmenter le débit de la perfusion IV. (3) Surveiller de près la progression du travail, car la cliente sent moins les contractions. (4) Évaluer la rétention urinaire en palpant la vessie. Un cathétérisme peut être nécessaire. (5) Surveiller l'incontinence anale et nettoyer la région périnéale aussi souvent que nécessaire.

BLOCAGE CAUDAL (1) Surveiller une diminution des fonctions cardiaque et respiratoire, ce qui indique que le niveau d'anesthésie est trop élevé. Si de l'hypotension survient, demander de l'assistance, relever les jambes du client, le tourner sur le côté gauche, lui administrer de l'oxygène et augmenter le débit de la perfusion IV. (2) Surveiller une agitation marquée, de l'anxiété, des tremblements ou des secousses musculaires, signes précoces de convulsions imminentes dues à l'absorption de l'anesthésique local dans la circulation sanguine. Appliquer les mesures de protection habituelles. (3) Surveiller le moment où le client cesse de transpirer et rechercher une vasodilatation prononcée dans les membres inférieurs; ce sont là des signes précoces d'une anesthésie efficace. Consulter le médecin avant de changer la position du client durant les premiers stades de l'anesthésie. (4) Surveiller de près la progression du travail, car la sensation des contractions diminue. (5) Évaluer la rétention urinaire en palpant la vessie. Un cathétérisme peut être nécessaire. (6) Surveiller l'incontinence anale et nettoyer la région périnéale aussi souvent que nécessaire.

BLOCAGE PARACERVICAL Surveiller de près le cœur fœtal, préférablement avec un moniteur fœtal parce que l'anesthésie par blocage paracervical peut causer de la bradycardie et une acidose chez le fœtus.

RACHIANESTHÉSIE (1) Garder le client en décubitus dorsal pendant 8 à 12 h après l'anesthésie pour éviter les céphalées. (2) Appliquer un sac de glace sur la tête du client s'il a des céphalées. (3) Protéger le client des brûlures car les sensations tactiles sont absentes. (4) Noter le moment où le client retrouve ses sensations et sa mobilité. La sensation complète est revenue quand le client peut bouger les orteils. (5) Donner les analgésiques et les sédatifs prescrits au besoin. (6) Hydrater adéquatement le client pour éviter l'hypotension. (7) Aider le client à faire des exercices avec ses membres inférieurs, de manière à prévenir une thrombophlébite.

ANESTHÉSIQUES GÉNÉRAUX

Les objectifs de l'anesthésie générale sont d'amener: (1) un état d'inconscience et d'amnésie, (2) l'analgésie, (3) l'hyporéflexie et (4) la relaxation musculaire.

TABLEAU 19 ANESTHÉSIQUES GÉNÉRAUX

Médicament	Indications	Avantages	Inconvénients	Soins infirmiers complémentaires
		Liquides volatils		
Enflurane Ethrane^{Pr}	Induction et maintien de l'anesthésie générale (très employé). Analgésie en obstétrique.	L'induction et le réveil sont rapides. Aucune stimulation importante de la salivation, des sécrétions bronchiques ou du tonus bronchomoteur. Procure habituellement assez de relaxation musculaire pour pratiquer une intervention chirurgicale à l'abdomen. Pas de bradycardie significative.	Au fur et à mesure que l'anesthésie progresse, l'hypotension augmente. Des concentrations élevées peuvent causer une relaxation utérine et augmenter le saignement utérin. Moins de risques de causer des problèmes rénaux dus à la libération d'ions fluorure. Des concentrations élevées accompagnées d'hypercapnie peuvent entraîner des convulsions.	Surveiller de beaucoup plus près la fonction cardiaque si on administre de l'épinéphrine parce qu'il y a plus de risques d'arythmies.
Halothane Fluothane, Halothane, Somnothane	Induction et maintien de l'anesthésie générale.	Induction et réveil agréables et rapides. Peu de nausées, de vomissements. Inexplosible. N'irrite pas les voies respiratoires et, en conséquence, n'augmente pas les sécrétions. Il ne semble pas y avoir de toxicité hépatique chez les enfants avec cet agent.	De l'hypoxie, de l'acidose ou de l'apnée peuvent survenir au cours d'une anesthésie profonde. Sensibilise le cœur à l'épinéphrine, ce qui peut entraîner de graves arythmies. Bradycardie. Causerait des lésions hépatiques après l'emploi répété. Ne produit qu'une relaxation musculaire modérée. Une ventilation assistée ou con-	

CHAPITRE 42

trôlée peut être requise. Peut causer de l'hypotension ou de l'hyperthermie maligne.

Isoflurane
Forane[Pr]

Induction et maintien de l'anesthésie générale.

L'induction et le réveil sont rapides. Moins de toxicité due aux ions fluorure. Ne sensibilise pas le myocarde à l'épinéphrine. Procure une relaxation musculaire satisfaisante lorsque employé seul.

Cause une dépression respiratoire importante. Odeur piquante. Induction moins douce que celle de l'halothane. Une dilatation périphérique marquée peut causer une diminution de la pression artérielle et une augmentation de la fréquence cardiaque. Peut causer de l'hyperthermie maligne.

Méthoxyflurane
Metofane, Penthrane

Induction et maintien de l'anesthésie générale. Peut être associé au protoxyde d'azote et à l'oxygène pour une intervention que l'on prévoit réaliser en moins de 4 h. On peut aussi l'employer en association avec le protoxyde d'azote comme analgésique en obstétrique ou pour de petites interventions chirurgicales.

L'analgésie et la somnolence persistent après l'intervention, de sorte que le besoin de narcotiques est réduit. Inexplosible. La fréquence des laryngospasmes et des bronchoconstrictions est moindre avec cet agent. Relaxation musculaire excellente. Pas de sensibilisation importante du myocarde aux catécholamines. Odeur agréable et irritation des voies respiratoires minimale.

L'induction et le réveil sont lents. Le métabolisme libère des ions fluorure, ce qui peut causer des lésions ou une insuffisance rénales. Peut causer de l'hyperthermie maligne.

TABLEAU 19 (suite)

Médicament	Indications	Avantages	Inconvénients	Soins infirmiers complémentaires
		Gaz		
Protoxyde d'azote	Comme adjuvant avec d'autres anesthésiques, anxiolytiques, narcotiques ou myorésolutifs. Médecine dentaire. Analgésique. En association avec l'halothane pour en obtenir l'équilibre plus rapidement.	Induction et réveil rapides et agréables. Inexplosible. Aucun effet important sur les systèmes hépatique, rénal et nerveux autonome.	À une pression partielle de 100% pour l'anesthésie, l'hypoxie et l'anoxie surviennent. On obtient une bonne analgésie mais pas d'anesthésie lorsque la pression partielle du gaz est de 80% et celle de l'oxygène de 20%. Ne provoque pas de relaxation musculaire. Peut causer de l'hyperthermie maligne.	
		Autres		
Innovar[N]	Analgésique narcotique (fentanyl) en association avec un neuroleptique (dropéridol). L'effet obtenu est la neuroleptanalgésie. Employé pour produire une analgésie et tranquilliser le client avant une intervention chirurgicale	Produit une quiescence générale, réduit l'activité motrice et est un excellent analgésique; la perte totale de conscience ne se produit habituellement pas.		

Kétamine Ketalar[Pr], Ketalean[Pr], Ketaset[Pr], Rogarsetic[Pr]	ou diagnostique, de même que pour la préanesthésie. Comme adjuvant pour le maintien de l'anesthésie générale et locale. Lors d'interventions pour lesquelles une relaxation musculaire n'est pas requise. Pour l'induction de l'anesthésie.	Action rapide; produit une bonne analgésie. N'a pas d'effet sur les réflexes pharyngés-laryngés. Employé pour suppléer à la faible puissance d'agents tels que le protoxyde d'azote.	Stimulation cardio-vasculaire et respiratoire. Relaxation musculaire squelettique inadéquate. Chez les adultes – rêves vifs et désagréables pendant le réveil.	Afin d'éviter les rêves pouvant survenir avec la kétamine, placer le client dans un endroit calme après l'anesthésie. Ne pas le déranger pendant ce temps. Évaluer les signes vitaux doucement. Éviter de faire du bruit, de secouer le lit ou d'éveiller vigoureusement le client. Prévoir qu'une faible dose de barbiturique peut être requise si le client est très actif pendant le réveil.
Sufentanil Sufenta[N]	Analgésique narcotique employé comme adjuvant pour maintenir une anesthésie générale équilibrée. Concentration sanguine de l'anesthésique: 21 à 78 nmol/kg.	Permet une oxygénation appropriée du cœur et de l'encéphale pendant une intervention chirurgicale prolongée. Peut être employé chez les enfants.	La posologie doit être diminuée chez les obèses, les personnes âgées ou les clients affaiblis. Dépression respiratoire postopératoire prolongée.	

Il existe deux types d'anesthésies générales: l'anesthésie par inhalation de gaz tels que le protoxyde d'azote et par inhalation de liquides hautement volatils tels que l'halothane et les composés apparentés; l'anesthésie par doses intraveineuses fixes d'anesthésiques. On trouve dans ce groupe les barbituriques à action ultra-courte tels que le méthohexital et le thiopental.

Étant donné que les anesthésiques généraux ne devraient être employés que par du personnel hautement spécialisé et expérimenté, nous ne présentons ici que des informations générales concernant les emplois particuliers, les avantages et les inconvénients des anesthésiques couramment utilisés. Puisque le personnel infirmier doit assumer la responsabilité des soins aux clients après l'anesthésie, des soins infirmiers complets sont présentés.

Mécanisme d'action/cinétique La plupart des anesthésiques généraux sont excrétés inchangés par les poumons. Toutefois, l'halothane, l'enflurane, le méthoxyflurane et l'isoflurane sont métabolisés par le foie. La biotransformation de l'enflurane, du méthoxyflurane et de l'isoflurane libère des ions fluorure, ce qui peut entraîner une toxicité rénale (voir le tableau 19).

Soins infirmiers

1. Avant d'accepter de prendre le client en charge, obtenir un rapport complet concernant le diagnostic, l'intervention pratiquée, l'anesthésique administré ainsi que l'heure d'administration, la réaction à l'anesthésique, l'état du client et son degré de conscience.

2. S'assurer que les voies aériennes sont libres. Avec l'aide de l'anesthésiste, fixer un respirateur si le tube endotrachéal est encore en place. L'ajuster de manière à maintenir une ventilation adéquate.

3. Pour empêcher l'aspiration des vomissures, garder le client sur le côté au moins jusqu'à ce qu'il soit conscient, à moins d'indications contraires.

4. S'assurer qu'il n'y a pas trop de mucus dans le rhinopharynx et dans la bouche. Faire une succion au besoin.

5. Surveiller de près la PA, la fréquence du pouls, la fréquence respiratoire et l'aspect du client, tel que prescrit. Au fur et à mesure que les signes vitaux se stabilisent, la fréquence de ces mesures peut diminuer.

6. Vérifier quel anesthésique a été employé de manière à prévoir le temps de récupération et à planifier les soins en conséquence.

7. Mesurer les paramètres de la pression veineuse centrale, de la pression artérielle, du moniteur cardiaque et du débit urinaire tel que prescrit.

8. Se rappeler que le premier sens que le client recouvre est l'ouïe et que les bruits ou les conversations qui peuvent provoquer de l'anxiété devraient être réduits. Le personnel infirmier devrait orienter et encourager le client.

9. Aider le client à retrouver son équilibre physiologique avec un minimum d'anxiété.

10. Administrer les analgésiques prescrits si le client se plaint de douleur après l'exhalaison de l'anesthésique.

11. Évaluer l'état du client qui présente de l'hypotension et de la douleur, car la douleur peut causer l'hypotension. Signaler cet état au médecin et vérifier si l'on devrait administrer au client des analgésiques malgré qu'il soit hypotendu.

12. Couvrir adéquatement le client de manière à prévenir la vasodilatation et la perte subséquente de chaleur, ce qui a tendance à se produire après l'administration d'agents anesthésiques.

13. Se rappeler que la température n'est pas un signe fiable 1 ou 2 h après l'anesthésie, car le client s'ajuste à différents environnements.

14. Consulter un manuel de soins infirmiers en médecine-chirurgie en ce qui concerne les soins postopératoires.

15. *Prévention des incendies et des explosions.* Suivre les règlements de l'institution concernant la prévention des incendies et des explosions associés aux anesthésiques généraux.
    a) Savoir quels gaz sont explosifs.
    b) Éviter d'employer des gaz explosifs lorsqu'une dessiccation ou une cautérisation électriques doivent être pratiquées.
    c) Porter des bottes ou des souliers conducteurs.
    d) Ne pas porter d'uniformes en nylon là où l'on utilise des gaz.
    e) Ne pas employer de couvertures de laine dans ces endroits.
    f) Vérifier que tout l'équipement électrique est mis à terre adéquatement.
    g) Consulter l'anesthésiste avant de faire fonctionner quelque appareil électrique que ce soit dans la salle d'opération.
    h) On ne doit pas employer d'allumettes dans la salle d'opération.

7

SEPTIÈME PARTIE

Médicaments agissant sur le système nerveux autonome

CHAPITRE **43**

Introduction au système nerveux autonome

On appelle système nerveux autonome (SNA), ou système nerveux involontaire, le système qui régularise les fonctions physiologiques de base.

Les fonctions régularisées par le SNA comprennent la respiration, la transpiration, la température corporelle, le métabolisme des glucides, la digestion, la motilité intestinale, le diamètre pupillaire, la pression artérielle, la fréquence cardiaque et les sécrétions glandulaires telles que la salivation.

Le SNA est constitué de deux systèmes qui s'opposent – les systèmes sympathique et parasympathique – qui interagissent pour maintenir l'équilibre physiologique de l'organisme. Même s'il est difficile de différencier avec précision les fonctions des systèmes sympathique et parasympathique, étant donné que les deux jouent un rôle dans tous les processus physiologiques importants, le système sympathique est associé plus étroitement à la régulation rapide de la dépense d'énergie durant les situations d'urgence (réaction de combat ou de fuite), tandis que le système parasympathique est associé plus directement à l'entreposage et à la conservation de l'énergie (par exemple, la digestion et l'absorption des aliments).

On peut illustrer la façon dont les deux divisions du SNA travaillent de concert en examinant un organe important tel que le cœur. Les influx nerveux transmis par le système *sympathique* ont tendance à *augmenter* la fréquence cardiaque, la contractilité du myocarde et la vitesse de transmission de l'impulsion. Le système *parasympathique diminue* la vitesse de contractilité et de conduction.

Normalement, les deux divisions du SNA sont en équilibre. Cependant, en situation d'urgence, lorsque l'organisme a besoin d'une circulation sanguine rapide, le système sympathique domine. Des influx nerveux augmentent la fréquence cardiaque. La pression artérielle augmente. Les petites artérioles qui irriguent la peau et les extrémités se contractent et l'apport sanguin au tractus GI diminue. Lorsque la situation redevient normale, le système parasympathique ramène les fonctions physiologiques au niveau de base.

Chaque voie nerveuse du SNA se compose de deux cellules nerveuses. La cellule préganglionnaire se trouve dans la moelle épinière, et l'axone de cette cellule (fibre préganglionnaire) se rend jusqu'à une autre cellule nerveuse située hors de la moelle où il y a une jonction neuronale, ou synapse. Cette cellule nerveuse située hors de la moelle se trouve dans un ganglion et la jonction neuronale porte le nom de synapse ganglionnaire. La plupart des ganglions sympathiques sont placés dans la chaîne ganglionnaire sympathique. Les ganglions parasympathiques se trouvent près de l'organe effecteur. L'axone de la cellule ganglionnaire (fibre postganglionnaire) se rend ensuite à l'organe effecteur, où se forme une seconde synapse à l'organe effecteur ou à la structure effectrice.

Quand un influx nerveux atteint une de ces synapses, celle-ci libère le médiateur chimique, une neurohormone, contenu dans des sites de stockage spéciaux dans des terminaisons nerveuses. Le médiateur chimique traverse la synapse et se combine à une partie de la cellule appelée site récepteur. Ce phénomène déclenche une réaction spécifique de l'organe effecteur. Une fois ce processus accompli (la séquence d'événements est presque instantanée), ce qui reste de l'hormone est détruit par un enzyme spécifique ou recapté dans les sites de stockage spéciaux de la cellule. Une petite quantité de l'hormone est également éliminée dans le sang. Le système entier est alors prêt à agir de nouveau.

On connaît trois neurohormones qui transmettent l'influx nerveux aux synapses du SNA: l'*acétylcholine*, l'*épinéphrine* (aussi appelée adrénaline, qu'on trouve également dans la glande surrénale) et la *norépinéphrine* (lévartérénol).

L'*acétylcholine* se trouve aux deux *synapses* (préganglionnaire et postganglionnaire) du système nerveux *parasympathique*, de même que dans les synapses ganglionnaires du système nerveux sympathique. Les médicaments dont l'effet augmente ou imite celui de l'acétylcholine sont appelés cholinergiques ou parasympathomimétiques. De plus, les médicaments qui agissent à la jonction de la fibre postganglionnaire et de l'organe effecteur sont appelés muscariniques, alors que les médicaments qui agissent aux ganglions sont appelés nicotiniques.

La norépinéphrine et/ou l'épinéphrine (adrénaline) sont les médiateurs chimiques des terminaisons nerveuses sympathiques postganglionnaires (jonction à l'organe effecteur). La norépinéphrine se combine à des sites appelés récepteurs alpha. L'épinéphrine se combine aux récepteurs *alpha* et *bêta*. Dans le cœur, la norépinéphrine et l'épinéphrine se combinent toutes deux aux sites récepteurs bêta. Les médicaments dont l'effet augmente ou imite celui de ces médiateurs chimiques sont appelés adrénergiques ou sympathomimétiques.

Les médicaments agissant sur les enzymes qui détruisent l'excès de neurohormone après sa libération des sites de stockage augmentent également l'efficacité des neurohormones. De tels médicaments sont également appelés *cholinergiques* ou *adrénergiques*.

Les autres types de médicaments qui agissent sur le SNA perturbent ou bloquent la transmission nerveuse dans ce système. On les nomme anticholinergiques (*parasympatholytiques*) et adrénolytiques (*sympatholytiques*).

D'un point de vue anatomique, les glandes sudoripares et certaines des glandes salivaires sont innervées par le système sympathique. Cependant, leur synapse postganglionnaire utilise l'acétylcholine comme neurotransmetteur; c'est pourquoi ces glandes sont sensibles à l'effet de certains médicaments agissant normalement sur le système parasympathique.

Sympathomimétiques (adrénergiques)

Généralités Les médicaments adrénergiques complètent, simulent et renforcent les messages transmis par les neurohormones naturelles – la norépinéphrine et l'épinéphrine. Ces hormones effectuent la transmission des influx nerveux aux jonctions postganglionnaires du système nerveux sympathique. Les effets physiologiques des médicaments adrénergiques sont présentés au tableau 20.

Les médicaments adrénergiques ont deux fonctions: (1) ils simulent l'action de la norépinéphrine et de l'épinéphrine (sympathomimétiques à action directe) ou (2) ils entraînent la libération des hormones naturelles à partir de leurs sites de stockage (sympathomimétiques à action indirecte). Certains médicaments présentent une combinaison des effets 1 et 2.

La jonction myoneurale est munie de récepteurs spéciaux neurohormonaux. On a classé ces récepteurs en deux types: alpha (α) et bêta (β), selon qu'ils répondent à la norépinéphrine, à l'épinéphrine ou à l'isoprotérénol et à certains adrénolytiques. Les récepteurs alpha-adrénergiques sont inhibés par la phénoxybenzamine et la phentolamine, alors que les récepteurs bêta-adrénergiques sont inhibés par le propranolol et par d'autres médicaments semblables.

TABLEAU 20 VUE D'ENSEMBLE DES EFFETS
DES MÉDICAMENTS ADRÉNERGIQUES*

Action	Indications thérapeutiques
Coeur Excitation entraînant une augmentation de la fréquence cardiaque et de la force de contraction. Dilatation ou constriction des vaisseaux coronariens avec augmentation des débits systolique et cardiaque et renforcement du pouls.	Choc cardiogénique, bloc cardiaque, maladie d'Adams-Stokes, diminution de la fréquence cardiaque (bradycardie), réanimation.
Vaisseaux sanguins, vasoconstriction générale Diminution significative de l'apport sanguin aux viscères abdominaux, aux hémisphères cérébraux, à la peau et aux muqueuses (vasoconstriction de la circulation sanguine périphérique). La PA dans les gros vaisseaux se trouve augmentée et régularisée.	Augmentation de la PA dans l'hypotension aiguë médicamenteuse durant l'anesthésie ou après un infarctus du myocarde ou une hémorragie. L'isoprotérénol cause une vasodilatation des vaisseaux des muscles squelettiques accompagnée d'une augmentation du débit cardiaque sanguin. Décongestion nasale, certaines dermatoses, épistaxis, migraine, tous les types de réactions allergiques, réaction anaphylactique.
Tractus GI et GU Inhibition de la sécrétion glandulaire. Constriction des sphincters. Diminution du tonus musculaire, de la motilité du tractus GI et de la vessie. Augmentation du tonus musculaire et de la motilité de l'uretère.	Soulagement des spasmes durant les coliques urétérales et biliaires, la dysménorrhée et l'accouchement. Énurésie.
Poumons Relâchement des muscles de l'arbre bronchique.	Asthme aigu et chronique, emphysème et fibrose pulmonaires, bronchite chronique.
Yeux Dilatation de l'iris, augmentation de la pression oculaire, relâchement du muscle ciliaire.	
Stimulation du SNC Action stimulante, stimulation respiratoire, état d'éveil.	Frénateur de l'appétit, surdosage de dépresseurs du SNC, narcolepsie.
Métabolisme Augmentation de la glycogenèse (métabolisme des sucres). Augmentation de la lipolyse (libération d'acides gras libres).	
Autres Stimulation des glandes salivaires.	
Organes sexuels Éjaculation	

* Tous ces médicaments ne sont pas efficaces dans toutes les circonstances.

Sympathomimétiques (adrénergiques)

Les récepteurs alpha et bêta ont été divisés à leur tour en deux sous-types. Par conséquent, la stimulation adrénergique des récepteurs aura les effets généraux suivants:

Alpha-adrénergique: Vasoconstriction, décongestion. D'après certaines preuves, il existerait plusieurs types de récepteurs alpha.

Bêta$_1$-adrénergique: Contraction myocardique (inotrope), régulation des battements du cœur (chronotrope), amélioration de la conduction de l'impulsion.

Bêta$_2$-adrénergique: Vasodilatation périphérique, dilatation bronchique.

De plus, les adrénergiques ont une influence sur les intestins, les sphincters du tractus génito-urinaire (GU), les glandes exocrines, les glandes salivaires, les muscles oculaires et le SNC.

Les stimulants adrénergiques dont il est question ici agissent électivement sur l'un ou sur plusieurs des sous-types de récepteurs ci-dessus mentionnés; leur effet pharmacologique doit être soigneusement équilibré et surveillé.

Indications Les sympathomimétiques sont principalement administrés pour le traitement des chocs provoqués par un arrêt cardiaque soudain, la décompensation, l'infarctus du myocarde, des traumatismes, de la bronchodilatation, de l'insuffisance rénale aiguë, des réactions médicamenteuses et de l'anaphylaxie. Les adrénergiques sont également indiqués pour enrayer le bronchospasme causé par l'asthme bronchique, l'emphysème, la bronchite chronique et d'autres troubles respiratoires. Les sympathomimétiques ayant une activité prédominante sur les récepteurs alpha sont indiqués pour soulager la congestion nasale et rhinopharyngienne due à la rhinite, la sinusite et le rhume de cerveau. Voir également les indications de chacun des médicaments.

Avant de considérer les effets spécifiques de chaque médicament, consulter le tableau 20, p. 691, qui résume les effets physiologiques généraux des adrénergiques.

Contre-indications Tachycardie due à des arythmies ou à la toxicité digitalique. Employer avec prudence en présence d'hyperthyroïdie, de diabète, d'hypertrophie prostatique, de tremblements, de cardiopathie dégénérative, spécialement chez les clients âgés ou chez ceux souffrant d'asthme, d'emphysème ou de psychonévrose. Employer également avec prudence en présence d'insuffisance coronarienne, de cardiopathie ischémique, d'hypertension ou d'antécédents d'accident vasculaire cérébral.

Réactions indésirables *CV*: Tachycardie, arythmie, palpitations, modifications de la pression artérielle, douleurs angineuses, douleurs précordiales, pâleur et hémorragie cérébrale. *GI*: Nausées, vomissements, pyrosis, anorexie et altération du goût. *SNC*: Agitation, anxiété, tension, insomnie, hyperkinésie, somnolence, vertige, irritabilité, étourdissements, céphalée, tremblements. *Autres*: Œdème pulmonaire, difficultés respiratoires, crampes musculaires, toux, bronchospasmes, irritation de l'oropharynx.

Interactions médicamenteuses

Médicaments	Interaction
Adrénolytiques bêta	Inhibition de la stimulation adrénergique du cœur et de l'arbre bronchique; constriction bronchique; l'hypertension et l'asthme ne sont pas soulagés par les adrénergiques.
Ammonium, chlorure d'	↓ de l'effet des sympathomimétiques due à une ↑ de l'excrétion rénale.
Anesthésiques	Les anesthésiques halogénés sensibilisent le cœur aux adrénergiques et causent des arythmies cardiaques.
Anticholinergiques	L'utilisation conjointe aggrave le glaucome.
Antidépresseurs tricycliques	↑ de l'effet des sympathomimétiques à action directe et ↓ de l'effet des sympathomimétiques à action indirecte.
Corticostéroïdes	L'emploi prolongé avec des sympathomimétiques peut aggraver le glaucome; les sympathomimétiques et les corticostéroïdes en aérosol peuvent être mortels pour les enfants asthmatiques.
Furazolidone	La furazolidone ↑ les effets alpha-adrénergiques des sympathomimétiques.
Glucosides cardiotoniques	L'association peut causer des arythmies cardiaques.
Guanéthidine	Les sympathomimétiques à action directe ↑ les effets de la guanéthidine alors que les sympathomimétiques à action indirecte ↓ les effets de la guanéthidine.
Hypoglycémiants	L'effet hyperglycémiant de l'épinéphrine peut dicter une ↑ de la posologie de l'insuline ou des hypoglycémiants oraux.
Inhibiteurs de la MAO	Tous les effets des sympathomimétiques sont potentialisés; les symptômes comprennent la crise hypertensive avec risque d'hémorragie intracrânienne, l'hyperthermie, des convulsions et le coma; risque de mort.
Méthyldopa	↑ des effets des sympathomimétiques.
Méthylphénidate	Potentialisation des effets hypertenseurs des sympathomimétiques; association dangereuse en présence de glaucome.
Ocytociques	↑ des risques d'hypertension grave.

Médicaments	Interaction
Phénothiazines	↑ des risques d'arythmie cardiaque.
Réserpine	↑ des risques d'hypertension après l'emploi de sympathomimétiques à action directe et ↓ de l'effet des sympathomimétiques à action indirecte.
Sodium, bicarbonate de	↑ de l'effet des sympathomimétiques due à une ↓ de l'excrétion rénale.
Thyroxine	Potentialisation de la vasopression causée par les sympathomimétiques.

Administration/entreposage   Jeter les solutions colorées.

Soins infirmiers

1. Surveiller constamment les clients recevant des adrénergiques par voie IV; mesurer leur PA de même que leur pouls.

2. Ne pas administrer de doses d'entretien de ces médicaments au coucher car ils peuvent causer de l'insomnie.

3. *Expliquer au client et/ou à sa famille*:
   a) les effets indésirables des médicaments et la nécessité de les signaler au médecin s'ils se manifestaient au cours du traitement d'entretien.
   b) qu'il ne faut augmenter ni la dose de médicament ni la fréquence d'administration au cours du traitement d'entretien. Si les symptômes s'aggravent, consulter le médecin.

Soins infirmiers spéciaux – Bronchodilatateurs adrénergiques

Voir *Administration par inhalation*, chapitre 6, p.36.

1. Vérifier la PA avant et après la première utilisation des bronchodilatateurs afin d'évaluer la réaction cardiaque.

2. Continuer l'oxygénation et la ventilation assistée chez les clients ayant une crise d'asthme et des gaz sanguins anormaux, même si le bronchodilatateur semble en avoir soulagé les symptômes.

3. Employer la méthode d'oxygénation recommandée et administrer la quantité d'oxygène prescrite par minute, selon l'évaluation des symptômes cliniques et des gaz sanguins du client, de façon à prévenir une dépression de l'effort respiratoire.

4. Il est déconseillé de continuer le traitement avec le même agent si 3 à 5 aérosolthérapies dans les 6 à 12 h qui précèdent n'ont produit qu'un soulagement minime.

5. Se préparer à une autre thérapie en cas d'aggravation de la dyspnée après l'emploi excessif et répété de l'inhalateur, car

une résistance paradoxale à l'écoulement gazeux dans les voies aériennes peut survenir.

6. *Expliquer au client et/ou à sa famille*:
   a) qu'une seule aérosolthérapie est habituellement suffisante pour maîtriser une crise d'asthme.
   b) qu'il faut consulter le médecin si l'état du client exige plus de 3 aérosolthérapies en moins de 24 h.
   c) qu'une diminution de l'efficacité, un risque de réactions paradoxales et un arrêt cardiaque peuvent se produire après une utilisation excessive des bronchodilatateurs adrénergiques.
   d) qu'il faut consulter le médecin si le bronchodilatateur cause des étourdissements, de la douleur thoracique ou une absence de réaction thérapeutique à la dose habituelle.
   e) qu'il faut effectuer les inhalations le matin au lever et avant les repas, afin d'améliorer la ventilation pulmonaire et de réduire la fatigue qui accompagne l'absorption de nourriture.
   f) que l'augmentation de la consommation de liquides aide à la liquéfaction des sécrétions.
   g) qu'il faut effectuer un drainage postural, accomplir une toux productive, des percussions thoraciques et des vibrations afin de favoriser une bonne hygiène respiratoire.
   h) qu'il ne faut pas prendre d'autres adrénergiques, si le médecin ne les a pas expressément prescrits.
   i) qu'il est essentiel de prendre le médicament régulièrement et conformément aux recommandations du médecin pour que le traitement soit le plus efficace possible.

SYMPATHOMIMÉTIQUES

DOBUTAMINE, CHLORHYDRATE DE
Dobutrex[Pr]

Catégorie   Adrénergique (sympathomimétique) à action directe.

Mécanisme d'action/cinétique   Stimulation des récepteurs bêta$_1$ (du cœur), qui augmente la fonction cardiaque, le débit cardiaque et le débit systolique avec des effets mineurs sur la fréquence cardiaque. Faibles effets sur les récepteurs alpha-adrénergiques (vasoconstriction). **Début d'action**: 1 à 2 min. **Effet maximal**: 10 min. **Demi-vie**: 2 min. **Concentration plasmatique thérapeutique**: 0,13 à 0,63 μmol/L. Métabolisme hépatique et excrétion urinaire.

Indications   Traitement à brève échéance de la décompensation cardiaque. Fibrillation auriculaire avec fréquence ventriculaire rapide (seulement après la digitale). *À l'étude*: Augmentation de la fonction cardiaque des enfants atteints de cardiopathies congénitales nécessitant un cathétérisme cardiaque.

Contre-indications   Sténose idiopathique hypertrophique subaortique. L'innocuité durant la grossesse, l'enfance ou après un infarctus aigu du myocarde n'a pas été établie.

Réactions indésirables   *CV*: Augmentation marquée de la fréquence cardiaque, de la PA et de l'activité ventriculaire ectopique. Douleurs thoraciques angineuses et non spécifiques, palpitations. *Autres*: Nausées, céphalée et difficultés respiratoires.

Interactions médicamenteuses supplémentaires
L'emploi conjoint avec le nitroprussiate cause une ↑ du débit cardiaque et une ↓ de la pression capillaire pulmonaire.

Posologie   **Perfusion IV**: *Individualisée,* **habituellement**, 2,5 à 10 μg/kg par min (jusqu'à 4 μg/kg par min). Le débit de la perfusion et la durée de la thérapie sont déterminés par la réaction du client selon sa fréquence cardiaque, la présence d'activité ectopique, sa PA et son débit urinaire.

Administration/entreposage

1. Reconstituer la solution en suivant les instructions du fabricant. La dilution s'effectue en deux étapes.

2. La solution la plus concentrée peut être gardée au réfrigérateur pendant 48 h et à la température ambiante pendant 6 h.

3. Avant l'administration, diluer la solution de nouveau selon les besoins liquidiens du client. Cette solution diluée doit être employée dans les 24 h.

4. Les solutions diluées de dobutamine peuvent noircir, ce qui n'affecte pas la concentration du médicament dans la mesure où on l'utilise dans les délais mentionnés ci-dessus.

5. Le médicament est incompatible avec les solutions alcalines.

Soins infirmiers

1. Garder à portée de la main le matériel nécessaire à la perfusion de solutions de remplissage vasculaire avant de commencer la thérapie au chlorhydrate de dobutamine.

2. Être prête à surveiller la pression veineuse centrale pour évaluer le volume vasculaire et l'efficacité du pompage cardiaque du côté droit du cœur. La PVC normale est de 5 à 8 mm H_2O. Une PVC élevée indique un débit cardiaque insuffisant comme dans les cas de défaillance de la fonction « pompe » ou d'œdème pulmonaire. Une PVC basse est indice d'hypovolémie.

3. Se préparer à surveiller la pression capillaire pulmonaire afin de déterminer la pression dans l'oreillette et le ventricule gauches et de mesurer l'efficacité du débit cardiaque. L'écart moyen varie entre 4 et 12 mm Hg.

4. Surveiller continuellement l'ECG et la PA durant l'administration du médicament.

5. Signaler le surdosage rendu évident par la modification excessive de la PA ou par la tachycardie et se préparer à diminuer le débit de la perfusion ou à arrêter temporairement le traitement.

6. Surveiller les ingesta et les excreta.

DOPAMINE, CHLORHYDRATE DE
Chlorhydrate de dopamine^{Pr}, Intropin^{Pr}, Revimine^{Pr}

Catégorie   Adrénergique (sympathomimétique) à action directe et indirecte.

Mécanisme d'action/cinétique   La dopamine est le précurseur immédiat de l'épinéphrine. Administrée de façon exogène, la dopamine produit une stimulation directe des récepteurs bêta, et une stimulation variable (reliée à la dose) des récepteurs alpha (vasoconstriction périphérique). La dopamine entraîne également une libération de la norépinéphrine à partir des sites de stockage. Ces actions entraînent une augmentation de la contraction myocardique, du débit cardiaque, du débit systolique ainsi qu'une augmentation du débit sanguin rénal et de l'excrétion du sodium. Elle exerce peu d'effets sur la PA diastolique et provoque moins d'arythmies que l'isoprotérénol. **Début d'action**: 5 min. **Durée**: 10 min. **Demi-vie**: 2 min. Métabolisme hépatique et excrétion urinaire.

Indications   Choc cardiogénique, particulièrement dans l'infarctus du myocarde associé à une insuffisance cardiaque grave. Également, le choc associé aux traumatismes, à la septicémie, à une intervention chirurgicale à cœur ouvert, à l'insuffisance rénale ou cardiaque. Particulièrement approprié chez les clients qui présentent des réactions indésirables à l'isoprotérénol. Perfusion faible dans les organes vitaux; hypotension due à un débit cardiaque insuffisant.

Contre-indications supplémentaires   Phéochromocytome, tachycardie non corrigée ou arythmie. Pédiatrie.

Réactions indésirables supplémentaires   *CV*: Extrasystoles, tachycardie, douleur angineuse, palpitations, vasoconstriction, hypotension, hypertension. *Autres*: Dyspnée, céphalée, mydriase.

Interactions médicamenteuses supplémentaires

Médicaments	Interaction
Diurétiques	Synergie additive ou potentialisation.
Phénytoïne	Hypotension et bradycardie.
Propranolol	↓ de l'effet de la dopamine.

Posologie   **Perfusion IV: Initialement,** 2 à 5 μg/kg par min; **puis,** augmenter jusqu'à 20 à 50 μg/kg par min (selon la gravité de la maladie) par paliers de 5 à 10 μg/kg par min.

Administration/entreposage

1. Diluer le médicament avant l'utilisation. Consulter le prospectus de conditionnement.

2. La solution diluée est stable pendant 24 h. Garder à l'abri de la lumière.

3. Afin de ne pas surcharger l'organisme par un excès de liquides, administrer aux clients recevant de fortes doses de dopamine, des solutions plus concentrées que la moyenne.

Soins infirmiers complémentaires

Voir *Soins infirmiers – Sympathomimétiques*, p. 694.

1. Surveiller de près la PA, l'ECG, la pression capillaire pulmonaire et alvéolaire ainsi que le débit urinaire des clients recevant de la dopamine. Signaler tout changement au médecin.

2. Se préparer à ajuster fréquemment le débit de la perfusion.

3. Surveiller fréquemment l'extravasation lors de la perfusion car la formation d'escarres et la nécrose peuvent survenir.

ÉPHÉDRINE, CHLORHYDRATE D'
Éphédrine, Formule G8
ÉPHÉDRINE, SULFATE D'   Sulfate d'éphédrine

Catégorie   Adrénergique à action directe et indirecte.

Mécanisme d'action/cinétique   Libération de la norépinéphrine à partir de ses sites de stockage. Elle possède peu d'effets directs sur les récepteurs alpha, bêta₁ et bêta₂, ce qui cause une élévation de la pression artérielle due à la constriction artériolaire et à la stimulation cardiaque, à la bronchodilatation, à la décontraction du muscle lisse du tractus GI, à la mydriase et à l'augmentation du tonus du trigone et du sphincter vésical. Elle peut aussi augmenter la puissance des muscles squelettiques, particulièrement chez les clients myasthéniques. L'éphédrine est plus stable et possède une durée d'action plus longue que l'épinéphrine. **Début d'action, IM**: 10 à 20 min; **PO**, 15 à 60 min. **Durée, IM, SC**: 30 à 60 min; **PO**, 3 à 5 h.

Indications   États hypotensifs aigus (dus à une rachianesthésie par exemple), syndrome d'Adams-Stokes. Troubles asthmatiques, bronchospasme aigu, narcolepsie, œdème angioneurotique et fièvre des foins. Décongestion nasale (également en application topique).

Réactions indésirables supplémentaires   Douleur précordiale, rétention urinaire, miction douloureuse, diminution de la quantité d'urine, pâleur et difficulté respiratoire.

Interactions médicamenteuses

Médicaments	Interaction
Dexaméthasone	L'éphédrine ↓ l'effet de la dexaméthasone.
Diurétiques	Les diurétiques ↓ la réaction aux sympathomimétiques.
Guanéthidine	↓ l'effet de la guanéthidine par un déplacement des sites d'action.
Méthyldopa	↓ de l'effet de l'éphédrine chez les clients traités au méthyldopa.

Posologie   *Bronchodilatateur*: **Adultes, PO**: 25 à 50 mg q 3 à 4 h. **SC, IM: Adultes**, 25 à 50 mg. **Pédiatrique (toutes les voies d'administration)**: 3 mg/kg par jour en 4 à 6 doses fractionnées. *Vasopression*: **Adultes, SC, IM**: 25 à 50 mg (la dose maximale ne devrait pas excéder 150 mg/24 h). **Pédiatrique, IM, SC**: 25 à 100 mg/m², en 4 à 6 doses fractionnées. **Topique** (gouttes): **Adultes et enfants de plus de 6 ans**: 2 à 3 gouttes de la solution dans chaque narine q 3 à 4 h. Ne pas administrer par voie topique au-delà de 3 à 4 jours consécutifs.

Soins infirmiers complémentaires

Voir *Soins infirmiers – Sympathomimétiques*, p. 694.

1. Mesurer la PA et le pouls avant de commencer une thérapie et surveiller le client fréquemment jusqu'à ce qu'il soit stabilisé dans le cas où le médicament est administré pour le traitement de l'hypotension.

2. Après un emploi prolongé de l'éphédrine, vérifier si le client ne présente pas de résistance au médicament. Dans l'affirmative, accorder une période de repos de 3 ou de 4 jours. Le client réagira habituellement au médicament après une période de repos.

3. *Expliquer au client et/ou à sa famille*:
   a) qu'il doit mesurer son pouls radial et signaler toute élévation ou irrégularité.
   b) que les clients de sexe masculin doivent signaler toute difficulté d'élimination, celles-ci pouvant être causées par une rétention urinaire médicamenteuse.

ÉPINÉPHRINE   Bronkaid Mistometer, Épinéphrine, Epipen, Epipen Jr, Eprin Inhalant, Sus-Phrine

ÉPINÉPHRINE, BITARTRATE D' Epitrate, Medihaler-Epi

ÉPINÉPHRINE, CHLORHYDRATE D'
Adrenalin, Dysne-Inhal, Epiclor, Epifrin, Epinéphrine, Glaucon, Nephron, Vaponefrin

ÉPINÉPHRYLE, BORATE D' Epinal, EPPY/N

Catégorie Adrénergique à action directe.

Mécanisme d'action/cinétique L'épinéphrine, hormone naturelle produite par les médullosurrénales, provoque une stimulation marquée des récepteurs alpha, bêta$_1$ et bêta$_2$, ce qui entraîne une stimulation sympathomimétique, une tendance à la hausse de la pression artérielle dans les gros vaisseaux, une stimulation cardiaque, de la bronchodilatation et de la décongestion. Pour tous ses effets, voir p. 691. **Il faut être extrêmement prudent afin de ne jamais injecter la solution de 1:100, destinée à l'inhalation – l'injection d'une solution de cette concentration a causé la mort. Début d'action: IV, IM, SC, topique**, 3 à 10 min; **inhalation**: 1 min. **Action maximale (inhalation)**: 3 à 5 min. **Durée**: 20 min. L'épinéphrine est inefficace en administration orale.

Indications Arrêt cardiaque, syndrome d'Adams-Stokes, prolongation de l'action des anesthésiques locaux, hémostatique. Asthme bronchique aigu, bronchospasme dû à l'emphysème, bronchite chronique ou autres maladies pulmonaires. Traitement des réactions d'hypersensibilité aux médicaments, aux allergènes, etc. Adjuvant dans le traitement du glaucome à angle ouvert. Effet mydriatique, traitement des conjonctivites, maîtrise des hémorragies lors d'une intervention chirurgicale oculaire.

Contre-indication supplémentaire Administrer avec prudence l'épinéphrine parentérale aux enfants.

Réactions indésirables supplémentaires *CV*: Fibrillation ventriculaire mortelle, hémorragie sous-arachnoïdienne ou cérébrale, obstruction de l'artère rétinienne centrale. *GU*: Diminution de la production d'urine, rétention urinaire, miction douloureuse. *Au point d'injection*: Saignement, urticaire, formation de papules.

Interactions avec les épreuves de laboratoire Faux + ou ↑ de l'urée sanguine, de la glycémie à jeun, de l'acide lactique, des catécholamines urinaires, du glucose (réaction de Benedict), ↓ du temps de coagulation. Le médicament peut modifier l'équilibre électrolytique.

Posologie *Arrêt cardiaque*: **IV**, 0,5 à 1,0 mg q 5 min (employer la solution à 1:10 000). **Intracardiaque (utilisation réservée au per-**

sonnel spécialisé): 0,3 à 0,5 mg (3 à 5 mL de solution à 1:10 000). *Ponction intrarachidienne*: 0,2 à 0,4 mL d'une solution à 1:1 000 ajoutée au mélange liquide d'anesthésique. *Administration avec des anesthésiques locaux*: 1:100 000 à 1:20 000.

Asthme bronchique. **Solution (1:1 000): Adultes, SC, IM**, 0,3 à 0,5 mg q 20 min à 4 h. **Nourrissons et enfants, SC**: 0,01 mg/kg q 20 min à 4 h (la posologie ne devrait pas excéder 0,5 mg). **Suspension (1:200): Adultes, SC seulement**, 0,5 à 1,5 mg; **nourrissons et enfants, SC seulement**: 0,025 mg/kg. Prévoir au moins 6 h entre les administrations. *Inhalation*: Administrer la solution aqueuse par un nébuliseur en un minimum d'inhalations produisant un soulagement.

Glaucome: 1 goutte d'une solution de 0,25% à 2% dans l'œil 1 ou 2 fois par jour (déterminer la réaction par tonométrie). *Conjonctivite, dilatation pupillaire rapide*: 1 ou 2 gouttes d'une solution à 0,1% dans l'œil; on peut répéter une fois, au besoin.

Administration/Entreposage

1. *Ne jamais administrer* la solution à 1:100 par voie IV. Employer pour cette voie la solution à 1:1 000.
2. Préférer l'utilisation d'une seringue tuberculinique pour mesurer l'épinéphrine car les posologies parentérales sont très petites et le médicament est très puissant. Une erreur de mesure peut être désastreuse.
3. Administrer l'épinéphrine IV à l'aide d'un nécessaire à double tubulure de façon à ajuster facilement le débit de la perfusion.
4. Pour l'administration IV aux adultes, le médicament doit être bien dilué car il faut injecter avec précaution et très lentement une solution à 1:1 000 et des quantités de 0,05 à 0,1 mL de solution, en comptant environ une minute pour chaque injection et en notant la réaction du client (PA et pouls). On peut répéter l'administration plusieurs fois, au besoin.
5. Masser énergiquement le point d'injection SC ou IM pour hâter l'action du médicament. Ne pas exposer l'épinéphrine à la chaleur, à la lumière ou à l'air afin de prévenir la détérioration du médicament.
6. Jeter la solution de couleur rouge et respecter la date d'expiration.

Soins infirmiers complémentaires

Voir *Soins infirmiers – Sympathomimétiques*, p. 694.

1. S'occuper constamment des clients recevant de l'épinéphrine IV.
2. *Évaluer*:
   a) la PA et le pouls. Mesurer la PA et le pouls avant de commencer la thérapie. Mesurer ensuite la PA et le pouls chaque minute, jusqu'à l'obtention de l'effet désiré; puis toutes les 2 à 5 min, jusqu'à ce que l'état se stabilise. Par la suite, mesurer la PA toutes les 15 à 30 min. Signaler

---

la fréquence et le caractère du pouls (régularité et force).

b) les signes de choc tels que peau moite et froide, cyanose et perte de conscience.

3. Être préparée à administrer des liquides IV et du sang aux clients en état de choc hypovolémique.

4. Vérifier l'endroit d'entreposage des seringues et de l'épinéphrine dans l'unité de façon à administrer le médicament sans délai en situation d'urgence.

ISOPROTÉRÉNOL, CHLORHYDRATE D'

Chlorhydrate d'isoprotérénol[Pr], Isuprel[Pr]

ISOPROTÉRÉNOL, SULFATE D'

Medihaler-Iso[Pr]

Catégorie   Sympathomimétique à action directe.

Mécanisme d'action/cinétique   L'isoprotérénol produit une stimulation prononcée des récepteurs bêta$_1$ et bêta$_2$ du cœur, des bronches, des vaisseaux, des muscles squelettiques et du tractus GI. Contrairement aux autres sympathomimétiques, l'isoprotérénol produit une chute de la PA. Il cause moins d'hyperglycémie que l'épinéphrine, mais il produit de la bronchodilatation et le même niveau d'excitation du SNC. **Inhalation: Début d'action**, 2 à 5 min; **effet maximal**: 3 à 5 min; **durée d'action**: 30 à 120 min. **IV: Début d'action**, immédiat; **durée d'action**: moins de 1 h. **Administration sublinguale: Début d'action**, 15 à 30 min; **durée d'action**: 1 à 2 h. **Rectale: Début d'action**, 30 min; **durée d'action**: 4 h. Métabolisme partiel; excrétion urinaire.

Indications   Bronchodilatateur pour l'asthme, l'emphysème pulmonaire, la bronchite et les autres maladies comportant des bronchospasmes. Adjuvant pour les chocs de types cardiogénique et autres. Syndromes d'Adams-Stokes et du sinus carotidien, adjuvant dans l'anesthésie. Certaines arythmies cardiaques. Bloc cardiaque AV, tachycardie ventriculaire et arythmies ventriculaires.

Contre-indication supplémentaire   Employer avec prudence en présence de tuberculose ou de grossesse.

Réactions indésirables supplémentaires   Rougeurs, transpiration, tuméfaction des glandes parotides. L'inhalation excessive cause une obstruction bronchique réfractaire. L'administration sublinguale peut causer de l'ulcération buccale. Les effets indésirables du médicament sont moins graves après l'inhalation.

Interaction médicamenteuse   Les adrénolytiques bêta enrayent les effets de l'isoprotérénol.

Posologie *Chlorhydrate d'isoprotérénol. Choc*: **Perfusion IV**, 0,5 à 5 µg/min (0,25 à 2,5 mL d'une solution diluée à 1:500 000). *Arrêt des contractions du cœur et arythmie cardiaque*: **Adultes, IM, SC**: 1 mL (0,2 mg) d'une solution à 1:5 000 (écart: 0,02 à 1,0 mg); **IV**: 1 à 3 mL (0,02 à 0,06 mg) d'une solution à 1:50 000 (écart: 0,01 à 0,2 mg); **Perfusion IV**: 5 µg/min (1,25 mL d'une solution à 1:250 000/min); **Intracardiaque (en cas d'extrême urgence)**: 0,1 mL d'une solution 1:5 000. *Bloc cardiaque.* **IV, SC, IM**: voir *Arrêt des contractions du cœur et arythmie cardiaque.* **Administration sublinguale: Adultes, initialement**, 10 mg; **entretien**: 5 à 50 mg. **Rectale: Adultes, initialement**, 5 mg; **entretien**: 5 à 15 mg.

Asthme bronchique aigu: **Nébuliseur à poire manuelle**: 5 à 15 inhalations profondes d'une solution à 1:200 (ou, chez les adultes, 3 à 7 inhalations d'une solution à 1:100); répéter une fois de plus en l'absence d'un soulagement après 5 à 10 min. **Inhalateur à dose constante: Habituellement**, une inhalation; en l'absence d'un soulagement après 2 à 5 min, administrer de nouveau. **Entretien**: 1 ou 2 inhalations, 4 à 6 fois par jour. (**Remarque**: Éviter plus de 2 inhalations à la fois et plus de 6 en une heure.) *Bronchopneumopathie chronique obstructive (bronchospasme)*: **Nébuliseur à poire manuelle**: 5 à 15 inhalations profondes d'une solution à 1:200 (ou 3 à 7 inhalations d'une solution à 1:100) q 3 à 4 h. **Nébulisation par RPPI**: Diluer 0,5 mL d'une solution à 1:200 dans 2 à 2,5 mL de solvant (pour obtenir une concentration de 1:800 à 1:1 000) et administrer en 10 à 20 min. On peut répéter cette administration 5 fois par jour. **Inhalateur à dose constante**: 1 ou 2 inhalations q 3 à 4 h. **Administration sublinguale: Adultes**, 10 à 20 mg, selon la réaction individuelle (ne pas excéder 60 mg par jour). **Pédiatrique**: 5 à 10 mg, jusqu'à un maximum de 30 mg par jour. Ne pas dépasser la posologie t.i.d. *Bronchospasmes durant l'anesthésie*: **IV**, 0,01 à 0,02 mg, selon les besoins (1 mL d'une solution à 1:5 000 diluée à 10 mL avec du chlorure de sodium ou du dextrose pour injection).

Sulfate d'isoprotérénol. Administrer à jeun à partir d'un aérosol-doseur pour les bronchospasmes. Voir la posologie du chlorhydrate.

Administration L'administration chez les enfants, sauf recommandation contraire, est la même que celle des adultes, car la capacité d'échange ventilatoire plus petite de l'enfant permettra une prise proportionnellement plus petite de l'aérosol.

Soins infirmiers

Voir *Soins infirmiers – Bronchodilatateurs adrénergiques*, p. 694.

1. Évaluer et signaler les problèmes respiratoires qui semblent empirer après l'administration du médicament. Une réaction réfractaire peut survenir et dicter l'arrêt du traitement.

2. *Expliquer au client et/ou à sa famille*:
    a) qu'il faut se rincer la bouche avec de l'eau pour réduire la xérostomie provoquée par l'inhalation.

b) qu'à cause du médicament, les expectorations ou la salive peuvent être roses après l'inhalation.

c) qu'il ne faut pas dépasser la fréquence d'inhalations prescrite, car de graves problèmes cardiaques et respiratoires sont survenus lors de l'usage excessif de ces médicaments.

d) qu'il faut arrêter la médication et signaler toute tuméfaction des glandes parotides, qui peut survenir après l'emploi prolongé du médicament.

LÉVARTÉRÉNOL, BITARTRATE DE (NORÉPINÉPHRINE)   Levophed

Catégorie   Adrénergique à action directe.

Mécanisme d'action/cinétique   Le lévartérénol produit une vasoconstriction (augmentation de la PA) en stimulant les récepteurs alpha-adrénergiques. Il cause aussi une augmentation modérée de la contraction du cœur par stimulation des récepteurs bêta₁. Il possède des effets hypoglycémiants minimaux. **Début d'action**: Immédiat. **Durée d'action**: 1 à 2 min. Métabolisme hépatique et excrétion urinaire.

Indications   États hypotensifs causés par les traumatismes, la septicémie, les transfusions sanguines, l'anesthésie rachidienne, la poliomyélite, la dépression vasomotrice centrale et l'infarctus du myocarde. Adjuvant dans le traitement de l'arrêt cardiaque.

Contre-indications supplémentaires   Hypotension due à un volume sanguin insuffisant (sauf dans les cas d'urgence), thrombose vasculaire mésentérique ou périphérique, durant l'anesthésie à l'halothane (à cause du risque d'arythmies mortelles).

Réactions indésirables supplémentaires   Ce médicament peut causer de la bradycardie qu'on peut enrayer par l'atropine.

Posologie   **Perfusion IV seulement** (posologie à déterminer selon l'effet sur la PA): **En moyenne**, 2 à 4 µg/min ou 0,5 à 1,0 mL/min d'une solution à 0,004 mg/mL.

Administration/entreposage

1. Jeter les solutions brunes et celles qui ont précipité.

2. Ne pas administrer par la même tubulure que les produits du sang.

Soins infirmiers complémentaires

Voir *Soins infirmiers – Sympathomimétiques*, p. 694.

1. Avant de commencer la thérapie, mesurer la valeur de base de la PA et du pouls.

2. *Évaluer*:
  a) constamment le client pendant le traitement au lévarté-rénol.
  b) la PA toutes les 2 min dès le début de l'administration du médicament jusqu'à l'obtention du résultat désiré, puis toutes les 5 min, tout au long de l'administration du médicament. Après l'administration, vérifier fréquemment la PA pour s'assurer du maintien du niveau désiré.
  c) le débit de la perfusion, constamment.
  d) le pouls, fréquemment, pour déceler la bradycardie. Avoir de l'atropine à portée de la main au cas où une bradycardie se produirait.
  e) fréquemment, tout signe d'extravasation, étant donné qu'une ischémie et une formation d'escarres peuvent se produire.
  f) le blêmissement le long de la veine, indice d'une perméabilité de la paroi veineuse; en pareil cas une fuite pourrait se produire et il faudrait changer de point d'administration.

3. Administrer le lévartérénol IV au moyen d'un montage en Y de deux flacons, pour permettre un ajustement simple du débit de la perfusion.

4. Prévoir que l'administration IV se fera dans une grosse veine, préférablement dans la veine antébrachiale et non pas dans un membre, où la circulation est insuffisante.

5. Avoir à sa portée de la phentolamine (Rogitine), que l'on peut utiliser à l'endroit de l'extravasation pour dilater les vaisseaux sanguins locaux.

MÉPHENTERMINE, SULFATE DE Sulfate de Wyamine^{Pr}

Catégorie   Adrénergique à action indirecte.

Mécanisme d'action/cinétique   Légers effets sur les récepteurs alpha et bêta$_1$ et effets modérés sur les récepteurs bêta$_2$, médiateurs de la vasodilatation. Ce médicament cause une augmentation du débit cardiaque; il entraîne également de légers effets sur le SNC. **IV: Début d'action**, immédiat; **durée d'action**: 15 à 30 min. **IM: Début d'action**, 5 à 15 min; **durée d'action**: 1 à 4 h. **SC: Durée d'action**, 30 à 60 min. Métabolisme hépatique, excrétion urinaire en 24 h (la vitesse d'excrétion augmente lorsque l'urine est acide).

Indications   Hypotension causée par une anesthésie, un blocage ganglionnaire ou une hémorragie (comme traitement d'urgence seulement, jusqu'à ce qu'on puisse administrer du sang ou des substituts du sang).

Contre-indications supplémentaires   Hypotension causée par les phénothiazines; en association avec les inhibiteurs de la MAO.

Interactions médicamenteuses supplémentaires La méphentermine potentialise les effets hypotenseurs des phénothiazines.

Posologie *Hypotension durant l'anesthésie rachidienne*: **IV**, 30 à 45 mg; on peut répéter l'administration de doses de 30 mg selon les recommandations du médecin; ou, **perfusion IV**: méphentermine à 0,1% dans du dextrose à 5%. *Prophylaxie de l'hypotension durant l'anesthésie rachidienne*: **IM**, 30 à 45 mg, 10 à 20 min avant l'anesthésie. *Choc à la suite d'une hémorragie*: La méphentermine n'est pas recommandée dans ce cas, mais une perfusion IV d'une solution à 0,1% dans du dextrose à 5% peut maintenir la PA jusqu'à l'administration du volume de sang manquant.

Soins infirmiers complémentaires

Voir *Soins infirmiers – Sympathomimétiques*, p. 694.

   Avant de commencer la thérapie, mesurer la valeur initiale de la PA et du pouls; puis, mesurer ces valeurs toutes les 5 min jusqu'à leur stabilisation; enfin, toutes les 15 à 30 min au-delà de la durée de l'action médicamenteuse pour s'assurer que la PA reste stable et à un niveau satisfaisant.

MÉTAPROTÉRÉNOL, SULFATE DE (ORCIPRÉNALINE, SULFATE D') Alupent[Pr]

Catégorie Adrénergique à action directe, bronchodilatateur.

Mécanisme d'action/cinétique Le métaprotérénol stimule fortement les récepteurs bêta$_2$, produisant une décontraction des muscles lisses de l'arbre bronchique ainsi qu'une vasodilatation périphérique. Ses effets sont semblables à ceux de l'isoprotérénol mais sa durée d'action est plus longue et il donne lieu à moins d'effets indésirables. **Début d'action: Inhalation**, 1 à 5 min. **Effet maximal**: 10 min. **Début d'action**: PO, 15 min; **Effet maximal**: 1 h. **Durée**: 3 à 4 h. L'administration orale produit un effet de premier passage prononcé.

Indications Bronchodilatateur pour l'asthme, la bronchite, l'emphysème et d'autres troubles comportant des bronchospasmes réversibles.

Interactions médicamenteuses Potentialisation possible des effets adrénergiques en emploi préalable ou postérieur à un autre bronchodilatateur sympathomimétique.

Posologie **PO. Adultes et enfants de plus de 27 kg**: 20 mg t.i.d. ou q.i.d.; **enfants de moins de 27 kg**: 10 mg t.i.d. ou q.i.d.; **enfants de moins de 6 ans**: 1,3 à 2,6 mg/kg par jour, en doses fractionnées. **Inhalation. Vaporisateur manuel**: Dose unique, 10 inhalations de solution à 5% non diluée. **RPPI**: 0,3 mL d'une solution à 5% diluée dans du soluté ou dans un autre solvant. **Aérosol doseur**: 2 ou 3 inhalations (1,30 à 1,95 mg). La dose totale quotidienne ne devrait pas excéder 12 inhalations (7,8 mg). **L'inhalation n'est pas recommandée chez les enfants de moins de 12 ans.** En cas de bronchospasmes aigus, administrer le métaprotérénol q 4 h. En cas de bronchospasmes chroniques (maladie pulmonaire), administrer 3 ou 4 fois par jour.

Administration

1. Demander au client d'agiter le contenant.
2. Voir *Administration par inhalation*, p. 36.

Soins infirmiers

Voir *Soins infirmiers – Bronchodilatateurs adrénergiques*, p. 694.

NYLIDRINE, CHLORHYDRATE DE   Arlidin, Arlidin Forte, PMS Nylidrin

Voir *Vasodilatateurs périphériques*, chapitre 25, p. 384.

PHÉNYLÉPHRINE, CHLORHYDRATE DE
Chlorhydrate de phényléphrine, Eye Cool, Nase-X, Neo-Synephrine Parentérale, Neo-Synephrine Préparations intra-nasales, Neo-Synephrine Solutions ophtalmiques, Prefrin Liquifilm

Catégorie   Adrénergique.

Mécanisme d'action/cinétique   La phényléphrine stimule les récepteurs alpha-adrénergiques, ce qui produit une vasoconstriction prononcée et, par le fait même, une augmentation de la PA. Le médicament est également un décongestionnant puissant. Il ressemble à l'épinéphrine mais il a une action plus prolongée et entraîne moins d'effets cardiaques. **IV: Début d'action**, immédiat; **durée d'action**: 15 à 20 min. **IM: Début d'action**, 10 à 15 min; **durée d'action**: 0,5 à 2 h. *Décongestion nasale* (topique): **Début d'action**: 15 à 20 min; **durée d'action**: 3 à 4 h. Excrétion urinaire.

On trouve également de la phényléphrine dans Naldecol et dans les préparations de Dimetane et Dimetapp. Voir l'appendice 3.

Indications   États hypotensifs aigus causés par un collapsus de la circulation périphérique. Maintien de la pression artérielle durant l'anesthésie rachidienne; le médicament prolonge la rachianesthésie.

Tachycardie supraventriculaire paroxystique. Congestion nasale, afin de diminuer la congestion autour de l'oreille moyenne. Ophtalmologique: Décongestionnant contre la fièvre des foins, les rhumes ou les irritations mineures de l'œil. Décongestionnant et vasoconstricteur dans les cas d'uvéite, de glaucome à angle étroit et en chirurgie. Méthodes de diagnostic; réfraction avant une intervention chirurgicale ophtalmique.

Contre-indications supplémentaires
Employer avec prudence chez les clients âgés ou atteints d'artériosclérose grave et pendant la grossesse et la lactation.

Réactions indésirables supplémentaires
Bradycardie réflexe. Un surdosage peut causer des extrasystoles ventriculaires et un court paroxysme ou de la tachycardie ventriculaire, ainsi que des picotements aux extrémités et une sensation de tête lourde.

Posologie
Hypotension légère à modérée: **SC, IM, habituellement**: 2 à 5 mg (écart: 1 à 10 mg); la posologie initiale ne devrait pas excéder 5 mg. **IV, habituellement**: 0,2 mg (écart: 0,1 à 0,5 mg); la posologie initiale ne devrait pas excéder 0,5 mg. *Hypotension grave, choc*: **Perfusion IV, initialement**, 100 à 180 gouttes/min d'une solution à 1:50 000 (ou 10 mg par 500 mL); **entretien**: 40 à 60 gouttes/min d'une solution à 1:50 000. *Prolongation de la rachianesthésie*: 2 à 5 mg ajoutés à la solution anesthésique. *Vasoconstricteur dans l'anesthésie*: 1 mg/20 mL de solution anesthésique. *Hypotension durant l'anesthésie rachidienne*: **IM, SC**, 2 à 3 mg, 3 ou 4 min avant l'anesthésie. *Pour les cas d'urgence d'hypotension*: **IV, adultes, initialement**: 0,2 mg; **puis**, au besoin, augmenter par paliers de 0,1 à 0,2 mg, sans excéder 0,5 mg par dose. **Pédiatrique: IM, SC**, 0,5 à 1 mg/11,34 kg. *Tachycardie supraventriculaire paroxystique*: **Perfusion IV rapide**, la dose initiale ne doit pas excéder 0,5 mg; **puis**, selon la réaction, augmenter par paliers de 0,1 à 0,2 mg, la posologie totale ne devant pas excéder 1 mg.

Décongestion nasale: **Adultes**, 1 ou 2 inhalations d'une solution à 0,25% à 0,5% ou une petite quantité de gelée à 0,5% dans chaque narine q 3 ou 4 h; **enfants de plus de 6 ans**: 1 ou 2 inhalations de la solution à 0,25% dans chaque narine q 3 ou 4 h; **nourrissons**: 1 goutte d'une solution à 0,125% à 0,2% dans chaque narine q 2 ou 4 h.

Glaucome: 1 goutte de la solution à 1% dans la partie supérieure de la cornée, aussi souvent que le besoin se présente. *Réfraction de l'œil*, **adultes**: Administrer le cycloplégique d'abord suivi après 5 min d'une goutte de la solution à 2,5% et, 10 min plus tard, administrer de nouveau le cycloplégique. **Pédiatrique**: 1 goutte de sulfate d'atropine à 1% suivie d'une goutte de phényléphrine à 2,5% dans les 10 à 15 prochaines min et, finalement, 1 goutte de sulfate d'atropine à 1%. *Vasoconstriction et vasodilatation de la pupille*: Anesthésie locale suivie d'une goutte d'une solution à 2,5% ou à 10% dans le limbe supérieur; répéter après une heure, au besoin. *Uvéites et synéchie postérieure*.

Prophylaxie de la synéchie: solution ophtalmique d'atropine à 2,5% ou 10% pour libérer la synéchie postérieure: 1 goutte d'une solution à 2,5% ou à 10%; continuer le deuxième jour. (Également des compresses chaudes pendant 5 à 10 min t.i.d. avec 1 goutte d'une solution de sulfate d'atropine à 1% ou à 2% avant et après chaque série de compresses.) *Chirurgie.* Pour bien dilater la pupille avant une intervention intraoculaire: Appliquer la solution topique à 2,5% ou à 10%, 30 à 60 min avant l'intervention. *Examen ophtalmologique*: 1 goutte d'une solution à 2,5% dans chaque œil; l'examen peut être effectué en 15 à 30 min (durée de la mydriase: 1 à 3 h). *Irritation de l'œil*: 2 gouttes dans l'œil b.i.d. ou t.i.d., selon les recommandations du médecin.

Administration/entreposage

1. Garder le médicament à l'abri de la lumière dans un flacon ambré.

2. Avant d'administrer la solution ophtalmique de Néo-Synephrine, prévoir l'administration d'une goutte d'anesthésique local.

3. Demander au client de se moucher avant l'administration d'un décongestionnant nasal.

Soins infirmiers

Voir *Soins infirmiers – Sympathomimétiques*, p. 694.

PSEUDOÉPHÉDRINE, CHLORHYDRATE DE
Eltor 120, Pseudofrin, Robidrine, Sirop décongestionnant, Sudafed, Sudodrin

Catégorie   Sympathomimétique à action directe et indirecte.

Mécanisme d'action/cinétique   La pseudoéphédrine produit une stimulation directe des récepteurs adrénergiques alpha (prononcéc) ct bôta. Ello produit également une stimulation indirecte par libération de la norépinéphrine des sites de stockage. Ces actions produisent un effet décongestionnant de la muqueuse nasale. L'administration par voie générale élimine les risques de lésion de la muqueuse nasale. **Début d'action**: 30 min. **Durée d'action**: 4 à 8 h. **Action prolongée: Durée d'action**, 12 h. L'excrétion urinaire est diminuée par alcalinisation en causant une réabsorption du médicament.

On trouve également la pseudoéphédrine dans Actifed, Chlor-Tripolon Décongestionnant et Drixoral. Voir l'appendice 3.

Indications   Congestion nasale associée à des troubles sinusaux, des otites et des allergies.

Posologie   **Adultes**: 60 mg q.i.d. ou action prolongée à 120 mg q 12 h. Ne pas excéder 240 mg par jour. **Enfants de 2 à 5 ans**: 15 mg q 6 h, sans excéder 60 mg par jour; **enfants de 6 à 12 ans**: 30 mg q 6 h, sans excéder 120 mg par jour.

SALBUTAMOL   Ventolin^{Pr}, Ventolin Rotacaps^{Pr}, Ventolin Rotahaler^{Pr}

Catégorie   Adrénergique (sympathomimétique) à action directe.

Mécanisme d'action/cinétique   Le salbutamol stimule les récepteurs bêta$_2$ des bronches, ce qui produit une bronchodilatation. Il cause moins de tachycardie et son action est plus longue que celle de l'isoprotérénol. **Début d'action, PO**: Moins de 30 min; **inhalation**: moins de 15 min. **Effet maximal, PO**: 30 à 60 min. **Durée d'action, PO**: 4 à 6 h; **inhalation**: 3 à 4 h. Le médicament et ses métabolites sont excrétés dans l'urine. **Ne pas administrer chez les enfants de moins de 12 ans**.

Indications   Asthme bronchique; bronchospasmes dus à l'emphysème bronchique; asthme d'effort.

Posologie   **Inhalations. Adultes et enfants de plus de 12 ans**: 2 inhalations (90 μg par inhalation) q 4 à 6 h. (Chez certains clients une inhalation toutes les 4 h suffit.) *Asthme d'effort*. **Adultes et enfants de plus de 12 ans**: 2 inhalations, 15 min avant l'effort. **PO. Adultes et enfants de plus de 12 ans: Initialement**, 2 à 4 mg t.i.d. ou q.i.d.; **puis**, on ajuste la posologie selon la réaction. Ne pas excéder 32 mg par jour. Les clients âgés devraient recevoir une dose initiale de 2 mg t.i.d. ou q.i.d.

Administration

1. Ne pas dépasser la dose recommandée.

2. Comme le contenu est sous pression, ne pas garder le produit près d'une source de chaleur ou près d'une flamme et ne pas perforer le contenant.

3. Lors de l'emploi d'inhalateurs de salbutamol, ne pas administrer un autre médicament par inhalation sauf sur recommandation contraire de la part du médecin.

4. Si la posologie efficace au préalable n'apporte plus de soulagement, consulter immédiatement le médecin.

TERBUTALINE, SULFATE DE Bricanyl^{Pr}

Catégorie Adrénergique à action directe, bronchodilatateur.

Mécanisme d'action/cinétique La terbutaline a le rôle spécifique de stimuler les récepteurs bêta$_2$, ce qui entraîne une bronchodilatation ainsi que le relâchement des vaisseaux sanguins périphériques. L'action du médicament ressemble à celle de l'isoprotérénol. **PO: Début d'action**: 30 min; **effet maximal**: 30 min à 1 h; **durée d'action**: 1,5 h à 4 h. *Inhalation*: **Début d'action**: 5 à 30 min; **durée**: 3 à 6 h.

Indications Bronchodilatateur dans les cas d'asthme, de bronchite, d'emphysème et d'autres troubles associés à des bronchospasmes réversibles. *À l'étude*: Prévention des accouchements prématurés.

Contre-indications supplémentaires L'innocuité pendant la grossesse et l'enfance n'a pas été établie.

Posologie **PO. Adultes**: 5 mg t.i.d., q 6 h, pendant les heures d'éveil; ne pas excéder 15 mg par 24 h. En cas de réactions indésirables troublantes, on peut réduire la posologie à 2,5 mg, t.i.d. sans perte des effets bénéfiques. Prévoir l'emploi d'autres mesures thérapeutiques si le client ne réagit pas à la seconde dose. **Enfants de 12 à 15 ans**: 2,5 mg t.i.d.; ne pas excéder 7,5 mg par 24 h. **SC**: 250 μg. En l'absence d'une amélioration clinique importante, on peut répéter l'administration, une fois, 15 à 30 min après. Ne pas excéder 0,5 mg par 4 h. *Accouchement prématuré*: **Initialement, IV**, 10 μg par min jusqu'à un maximum de 80 μg/min maintenu pendant 4 h; **puis, PO**, 2,5 mg, q 4 à 6 h, jusqu'au moment de l'accouchement.

Soins infirmiers

Voir *Soins infirmiers – Bronchodilatateurs adrénergiques*, p. 094.

DÉRIVÉS DE LA THÉOPHYLLINE
Les dérivés de la théophylline sont utilisés pour le traitement de l'asthme. Ils sont présentés au chapitre 49, *Antiasthmatiques*, p. 760.

DÉCONGESTIONNANTS NASAUX

Mécanisme d'action/cinétique Les agents les plus fréquemment employés pour soulager la congestion nasale sont les adrénergiques. Ils ont un effet de stimulation sur les récepteurs adrénergiques alpha, ce qui entraîne la constriction des artérioles dans la muqueuse nasale, une réduction du débit sanguin dans cette région et, enfin, une diminution de la congestion. On peut employer des agents topiques (vaporisateurs, gouttes) et des agents par voie générale. Pour les agents topiques, voir le tableau 21.

Indications   Soulagement symptomatique de la rhinite aiguë associée au rhume ou à d'autres infections respiratoires, rhinite allergique, sinusite aiguë et chronique et fièvre des foins.

Contre-indications   Hyperthyroïdie, artériosclérose, pression intraoculaire accrue, hypertrophie prostatique, angine, diabète, maladie cardiaque ischémique, hypertension. Ces produits sont également contre-indiqués chez les clients recevant des inhibiteurs de la MAO et chez ceux qui présentent des crises d'hypertension à la suite de l'utilisation de décongestionnants nasaux par voie orale. Employer avec prudence chez les clients âgés, ainsi que durant la grossesse et la lactation.

Réactions indésirables   *Application topique*: Sensation de piqûre et de brûlure, sécheresse des muqueuses, récidive de la congestion. L'usage par voie générale peut produire les symptômes suivants: *CV*: Hypotension, arythmie, palpitations, douleur précordiale, tachycardie. *SNC*: Anxiété, étourdissements, céphalée, agitation, tremblements, insomnie, psychose, hallucinations, convulsions, dépression. *GI*: Nausées, vomissements. *Ophtalmiques*: Irritation, photophobie, larmoiement, vision trouble. *Autres*: Dysurie, transpiration, pâleur, respiration difficile, dystonie bucco-faciale.
Remarque: L'éphédrine peut également produire de l'anorexie et de la rétention urinaire chez les hommes atteints d'hypertrophie prostatique.

Posologie   Voir le tableau 21.

Administration

1. La plupart des décongestionnants nasaux sont employés par voie topique sous forme de vaporisateurs, de gouttes ou de solutions.

2. Voir *Administration par application nasale*, p. 38.

3. Les décongestionnants nasaux en solutions topiques peuvent devenir contaminés par suite d'une utilisation prolongée; il s'y développe des bactéries et des champignons. Pour cette raison, l'applicateur devrait être nettoyé avec de l'eau chaude après chaque utilisation.

TABLEAU 21   DÉCONGESTIONNANTS NASAUX TOPIQUES

Médicament	Posologie	Commentaires
Éphédrine, chlorhydrate d' Formule G8	**Adultes et enfants de plus de 6 ans**: 1 ou 2 gouttes dans chaque narine, 2 ou 3 fois par jour. Ne	Présentation: gouttes à 1,5%.

TABLEAU 21 *(suite)*

Médicament	Posologie	Commentaires
	pas employer pendant plus de 3 à 4 jours consécutifs.	
Épinéphrine, chlorhydrate d' Adrenalin	**Adultes et enfants de plus de 6 ans**: 1 ou 2 gouttes dans chaque narine q 4 à 6 h.	1. Présentation: solution aqueuse à 0,1%. 2. À cause de la présence de bisulfite de sodium en tant qu'agent de conservation, l'administration peut s'accompagner d'une légère sensation de piqûre. 3. Ne pas employer chez les enfants de moins de 6 ans.
Naphazoline, chlorhydrate de Bronchodex V, Privine, Rhino-Mex-N	**Adultes et enfants de plus de 6 ans**: 2 gouttes ou vaporisations dans chaque narine; prévoir au moins 3 h entre les applications.	Présentation: gouttes et solution à vaporiser à 0,05% et à 0,1%.
Oxymétazoline, chlorhydrate d' Dristan Vaporisateur nasal longue action, Duration, Nafrine, Sinex Vaporisateur nasal	**Adultes et enfants de plus de 6 ans**: 2 ou 3 gouttes ou vaporiser une solution à 0,05% dans chaque narine matin et soir. **Pédiatrique, 2 à 5 ans**: 2 ou 3 gouttes de solution à 0,025% dans chaque narine matin et soir.	Présentation: gouttes et solution à vaporiser à 0,05% et gouttes à 0,025%.
Phényléphrine, chlorhydrate de Efadrin D, Nose-X, Neo-Synephrine Préparations intranasales	**Adultes**: 1 ou 2 vaporisations ou plusieurs gouttes d'une solution à 0,25% dans chaque narine q 3 ou 4 h. (Dans les cas graves, administrer une solution à 1%). **Enfants de plus de 6 ans**: 1 ou 2 vaporisations d'une solution à 0,25% dans chaque narine	1. Présentation: solutions à 0,125%, 0,5% et 1%; solution à vaporiser à 0,25% ou 0,5%; gelée à 0,5%. 2. Administrer des solutions à 0,125% ou à 0,16% aux nourrissons.

TABLEAU 21 (*suite*)

Médicament	Posologie	Commentaires
	q 3 ou 4 h. **Nourrissons**: 1 goutte d'une solution à 0,125% ou 0,2% dans chaque narine q 2 à 4 h. On peut déposer la vaporisation nasale ou la gelée dans chaque narine puis inhaler.	
Propylhexédrine Benzedrex	Inhalations	Inhaler les vapeurs par une narine à la fois en obstruant l'autre.
Xylométazoline, chlorhydrate de Dristan Vaporisateur nasal longue action, Otrivin, Sinex Vaporisateur nasal, Sinutab Vaporisation nasale, Sustaine	**Adultes et enfants de plus de 12 ans**: 2 ou 3 gouttes d'une solution à 0,1% dans chaque narine ou 1 ou 2 inhalations d'une solution à vaporiser de 0,1% q 8 à 10 h; **pédiatrique: moins de 12 ans**: 2 ou 3 gouttes d'une solution à 0,05% dans chaque narine ou 1 inhalation d'une solution à vaporiser de 0,05% q 8 à 10 h.	1. Présentation: solution et solution à vaporiser à 0,1%; solution pédiatrique à 0,05%. 2. Ne pas employer ce produit dans un atomiseur d'aluminium.

 CHAPITRE **45**

Adrénolytiques (sympatholytiques)

Généralités   Les adrénolytiques (sympatholytiques) réduisent ou préviennent l'action des sympathomimétiques, étudiés au chapitre 44. Ils exercent leur action par compétition avec la norépinéphrine ou l'épinéphrine (neurotransmetteurs) pour les récepteurs alpha-adrénergiques ou bêta-adrénergiques. Par exemple, les adrénolytiques alpha empêchent le muscle lisse entourant les artérioles de se contracter, tandis que les adrénolytiques bêta empêchent l'effet de stimulation des neurotransmetteurs sur le cœur. Il est à noter également que plusieurs des antihypertenseurs décrits au chapitre 26 bloquent les récepteurs alpha ou bêta.

En plus de leur effet vasodilatateur périphérique, certains adrénolytiques ont aussi un effet cardiaque systémique direct. La chute de la pression artérielle qui suit leur administration peut déclencher une tachycardie compensatoire (stimulation réflexe). Les vaisseaux sanguins du cœur d'un client atteint d'artériosclérose peuvent être incapables de se dilater assez rapidement pour rééquilibrer ces changements dans le volume sanguin et le client peut alors subir une attaque aiguë d'angine de poitrine ou même une insuffisance cardiaque.

Les adrénolytiques possèdent une multitude d'effets indésirables qui, bien qu'ils ne conduisent pas à une intoxication, limitent leur utilisation. On devrait toujours commencer le traitement par de faibles doses et les augmenter graduellement.

ADRÉNOLYTIQUES ALPHA   Ces médicaments (aussi appelés alpha-bloquants) diminuent le tonus des muscles entourant les vaisseaux sanguins périphériques et augmentent en conséquence la circulation sanguine périphérique. De ce fait, ils réduisent également la pression artérielle.

ADRÉNOLYTIQUES BÊTA   Ces médicaments (aussi appelés bêta-bloquants) bloquent la transmission de l'influx nerveux vers les récepteurs bêta situés dans le système sympathique du SNA. Les récepteurs bêta sont particulièrement nombreux aux terminaisons postjonctionnelles des fibres nerveuses qui contrôlent le myocarde et réduisent le tonus musculaire. Voir le chapitre 26.

ATÉNOLOL   Tenormin^{Pr}

Voir *Antihypertenseurs*, chapitre 26, p. 412.

DIHYDROERGOTAMINE, MÉSYLATE DE
Dihydroergotamine-Sandoz^{Pr}

Catégorie   Adrénolytique alpha.

Mécanisme d'action/cinétique   La dihydroergotamine bloque les récepteurs alpha-adrénergiques et possède un effet de stimulation directe sur le muscle lisse des vaisseaux sanguins périphériques et crâniens, ce qui entraîne une vasoconstriction prévenant l'attaque de migraine. L'activité de la dihydroergotamine quant au blocage des récepteurs alpha-adrénergiques est plus prononcée que celle de l'ergotamine. La vasoconstriction ainsi que les nausées et les vomissements qu'elle induit sont moins prononcés que ceux que produit l'ergotamine, bien qu'elle n'ait pas d'effets ocytociques. Elle est plus efficace lorsqu'elle est administrée au début d'une attaque de migraine. **Début d'action: IM**, 15 à 30 min; **IV**, quelques minutes. **Durée:** 3 à 4 h. **Demi-vie**: Initiale: 1,4 h; finale: 18 à 22 h. Métabolisé dans le foie et excrété dans l'urine.

Indications   Migraine, équivalent migraineux et céphalées vasculaires. Particulièrement utile pour obtenir un effet rapide.

Contre-indications   Voir *Ergotamine*, p. 717.

Réactions indésirables   Voir *Ergotamine*, p. 717. Les effets indésirables de la dihydroergotamine sont moins prononcés que ceux de l'ergotamine.

Interaction médicamenteuse   La nitroglycérine orale ↑ la biodisponibilité de la dihydroergotamine.

Posologie   **IM: Initialement**, 1 mg toutes les 1 ou 2 h, jusqu'à un total de 3 mg si nécessaire. **IV**: Administration semblable à l'administration IM mais jusqu'à un total de 2 mg. **La dose totale hebdomadaire ne devrait pas excéder 6 mg.**

Soins infirmiers

Encourager le client à demander le médicament au tout début d'une attaque de migraine car le traitement est alors plus efficace.

ERGOTAMINE, TARTRATE D'   Ergomar^{Pr}, Gynergène^{Pr}, Medihaler-Ergotamine^{Pr}

Catégorie   Adrénolytique alpha.

Mécanisme d'action/cinétique Alcaloïde de l'ergot possédant des propriétés de blocage des récepteurs alpha-adrénergiques de même qu'une action stimulante directe sur le muscle lisse des vaisseaux, qui mènent à une vasoconstriction. Il en résulte une diminution des pulsations qui causent la migraine et les autres symptômes des céphalées vasculaires. L'ergotamine a également des effets ocytociques et émétiques. **Début d'action**: Variable. **Concentration plasmatique maximale**: 0,5 à 3,0 h. **Demi-vie**: Initiale: 1,8 à 3,6 h; finale: 17 à 25 h. Métabolisé par le foie et excrété dans la bile.

Indications Médicament de choix pour les attaques aiguës de migraine. Il est cependant plus efficace d'administrer l'ergotamine avant le début d'une attaque aiguë. Céphalée vasculaire.

Contre-indications Grossesse et lactation. Maladies vasculaires périphériques, maladie coronarienne, hypertension, altération de la fonction rénale ou hépatique, sepsie, hypersensibilité ou malnutrition, prurit grave, présence d'infection.

Réactions indésirables *CV*: Douleur précordiale, tachycardie ou bradycardie transitoire. Des doses importantes peuvent causer une augmentation de la pression artérielle, une vasoconstriction des artères coronaires et de la bradycardie. *GI*: Nausées, vomissements, diarrhée. *Autres*: Engourdissement et picotement des doigts et des orteils, douleurs musculaires dans les membres, faiblesse dans les jambes, œdème localisé et démangeaisons. *Emploi prolongé*: Gangrène, ergotisme.

Interactions médicamenteuses

Médicaments	Interaction
Caféine	La caféine ↑ la vitesse d'absorption de l'ergotamine.
Troléandromycine	↑ de l'effet de l'ergotamine due à la ↓ du métabolisme hépatique.
Vasoconstricteurs	Hypertension importante

Posologie **Sublinguale**: 2 mg au début d'une attaque de migraine suivis de 2 mg aux 30 min si nécessaire, sans excéder 6 mg en 24 h et 10 mg par semaine. **Orale**: Même posologie que pour l'administration sublinguale. **Par inhalation**: 0,36 mg en une seule inhalation au début d'une attaque. On peut prendre jusqu'à 6 doses en 24 h ou 15 doses par semaine. *Association à de la caféine*: 100 mg de caféine par milligramme d'ergotamine.

Soins infirmiers

Expliquer au client et/ou à sa famille:

a) qu'il doit surveiller la froideur des membres ou les picotements dans les doigts lors d'une thérapie à long terme. Ces symptômes constituent des signes précurseurs de gangrène.

MÉTHYSERGIDE, MALÉATE DE   Sansert[Pr]

Catégorie   Antagoniste de la sérotonine.

Mécanisme d'action/cinétique   Le méthysergide est un alcaloïde de l'ergot de structure apparentée à celle du LSD. Le médicament bloque l'effet de la sérotonine, un vasodilatateur puissant qui, pense-t-on, joue un rôle important dans les céphalées vasculaires; il inhibe également la libération d'histamine par les mastocytes et empêche la libération de sérotonine par les plaquettes. Il possède de faibles propriétés vasoconstrictrices, émétiques et ocytociques. **Concentration plasmatique maximale**: 0,17 µmol/L. **Effet thérapeutique**: Minimum de 1 à 2 jours, mais il peut prendre 3 à 4 semaines avant de se manifester. **Demi-vie**: Longue.

Indications   Prophylaxie de la migraine ou autre céphalée vasculaire. L'emploi ne devrait pas se poursuivre pendant plus de 6 mois et il devrait être réservé aux clients atteints de céphalées graves ou à ceux qui ne répondent pas à un autre traitement. Le client devrait rester sous surveillance.

Contre-indications   Maladie rénale ou hépatique grave, hypertension grave, maladie coronarienne, maladie vasculaire périphérique ou tendance à la maladie thromboembolique, cachexie (due à un état pathologique ou à la malnutrition), maladie infectieuse ou ulcère gastro-duodénal. Contre-indiqué pendant la grossesse, la lactation et chez les enfants.

Réactions indésirables   Ce médicament entraîne une incidence élevée d'effets indésirables. *Fibrose*: Fibrose rétropéritonéale, fibrose cardiaque, fibrose pleuropulmonaire. La condition fibreuse peut entraîner une insuffisance vasculaire dans le bas des jambes. *CV*: Vasoconstriction des artères menant à la paresthésie, à des douleurs thoraciques ou abdominales, ou à des membres froids, engourdis ou douloureux. Tachycardie, hypotension orthostatique. *SNC*: Étourdissements, ataxie, somnolence, vertige, insomnie, euphorie, sensation de tête légère et réactions psychiques telles que la dépersonnalisation, la dépression et les hallucinations. *GI*: Nausées, vomissements, diarrhée, brûlures d'estomac, douleurs abdominales. *Hématologiques*: Éosinophilie, neutropénie. *Autres*: Œdème périphérique, rougeur du visage, éruption cutanée, alopécie transitoire, myalgie, arthralgie, faiblesse, gain pondéral.

Interaction médicamenteuse   L'activité des analgésiques narcotiques est supprimée par le méthysergide.

Posologie **PO**: Administrer 4 à 8 mg par jour en doses fractionnées. L'administration continue ne devrait pas se poursuivre plus de 6 mois. Le médicament peut être administré de nouveau après une période de repos de 3 à 4 semaines.

Administration

1. Administrer le médicament pendant les repas ou avec du lait pour réduire l'irritation due à l'augmentation de la production d'acide chlorhydrique.

2. Le médicament doit être retiré graduellement pour éviter un retour des migraines.

Soins infirmiers

1. Évaluer le comportement du client et l'interroger pour vérifier s'il se manifeste ou non des symptômes indésirables du SNC ou des hallucinations.

2. *Expliquer au client et/ou à sa famille*:
   a) qu'il doit demeurer sous surveillance médicale et qu'il faut procéder périodiquement à des épreuves sanguines afin de s'assurer qu'il n'y a pas de complications.
   b) qu'il doit se peser et noter sa masse chaque jour et signaler un gain pondéral soudain.
   c) comment reconnaître l'œdème des membres.
   d) comment suivre un régime hyposodé si cela est prescrit.
   e) qu'il doit ajuster l'ingestion de kilojoules si le gain pondéral est excessif.
   f) qu'il faut signaler immédiatement les douleurs thoraciques ou lombaires en ceinture et la dyspnée.
   g) qu'il ne doit pas conduire un véhicule ou effectuer des tâches dangereuses, étant donné que le médicament peut causer de la somnolence.
   h) qu'il faut surveiller tout changement d'ordre psychique.
   i) qu'il faut surveiller les troubles de la circulation.
   j) qu'il devrait se lever lentement lorsqu'il est en décubitus dorsal et se balancer les pieds un instant avant de se mettre debout.
   k) qu'il doit se coucher les jambes élevées s'il se sent affaibli.
   l) qu'il ne faut pas arrêter de prendre le médicament brusquement car un retour des migraines peut survenir. Le médicament doit être retiré graduellement.

MÉTOPROLOL, TARTRATE DE
Apo-Metoprolol^Pr, Bétaloc^Pr, Lopressor^Pr

Voir *Antihypertenseurs*, chapitre 26, p. 413.

NADOLOL   Corgard^Pr

Voir *Antihypertenseurs*, chapitre 26, p. 414.

PHENTOLAMINE, MÉSYLATE DE Rogitine[Pr]

Catégorie Adrénolytique alpha.

Mécanisme d'action/cinétique La phentolamine est un bloqueur des récepteurs alpha-adrénergiques produisant une vasodilatation et une stimulation cardiaque. On croit également qu'elle exerce une stimulation légère des récepteurs bêta$_2$. **Début d'action** (parentéral): Immédiat. **Durée**: Courte. Faiblement absorbé dans le tractus GI.

Indications Traitement de l'hypertension causée par un phéochromocytome. Nécrose dermique et formation d'escarres après l'administration IV ou l'extravasation de norépinéphrine. *À l'étude*: Le mésylate a été employé pour traiter les crises d'hypertension dues à l'emploi d'inhibiteurs de la MAO ou de sympathomimétiques. Également employé pour le traitement du retour de l'hypertension dû au retrait d'agents antihypertenseurs tels que la clonidine ou le propranolol.

Contre-indications Insuffisance coronarienne y compris l'angine, l'infarctus du myocarde ou l'insuffisance coronarienne. Employer avec grande prudence en présence de gastrite ou d'ulcère ou d'antécédents de ces deux maladies. L'innocuité durant la grossesse et la lactation n'a pas été établie.

Réactions indésirables *CV*: Hypotension aiguë et prolongée, tachycardie et arythmie, particulièrement après l'administration parentérale. Hypotension orthostatique, rougeur. *GI*: Nausées, vomissements, diarrhée. *Autres*: Étourdissements, faiblesse, embarras de la respiration nasale.

Interactions médicamenteuses

Médicaments	Interaction
Épinéphrine	Ne pas employer pour traiter un surdosage de phentolamine, car l'emploi simultané entraîne de la tachycardie et de l'hypotension graves.
Norépinéphrine	Antagoniste approprié pour traiter un surdosage de phentolamine.
Propranolol	L'emploi avec la phentolamine pendant l'ablation chirurgicale d'un phéochromocytome est indiqué.

Posologie *Pour le traitement de l'hypertension en période préopératoire.* **IV, IM. Adultes**: 5 mg, 1 à 2 h avant l'intervention chirurgicale; **enfants**: 1 mg, 1 à 2 h avant l'intervention chirurgicale. *Nécrose dermique/formation d'une escarre arpès l'administration IV ou l'extravasation de norépinéphrine. Prévention*: 10 mg/1 000 mL de solution de norépinéphrine; *traitement*: 5 à 10 mg/10 mL de solution saline injectés dans la région de l'extravasation en dedans de 12 h. *Diagnostic du phéochromocytome*. **IV. Adultes**: 5 mg; **enfants**, 1 mg. **IM. Adultes**: 5 mg; **enfants**: 3 mg.

Soins infirmiers

1. Surveiller la pression artérielle et le pouls avant et après l'administration parentérale, jusqu'à ce qu'ils se soient stabilisés à une valeur satisfaisante.

2. Éviter l'hypotension orthostatique après l'administration parentérale en gardant le client en décubitus dorsal pendant 30 min après l'injection. Lui demander ensuite de se lever lentement et de balancer les pieds avant de se tenir debout.

3. Le traitement du surdosage se fait en plaçant le client dans la position de Trendelenburg et en administrant des liquides par voie parentérale. On doit également garder du lévartérénol à sa disposition pour réduire l'hypotension. *Ne pas employer d'épinéphrine*.

PINDOLOL   Visken[Pr]

Voir *Antihypertenseurs*, chapitre 26, p. 414.

PROPRANOLOL, CHLORHYDRATE DE
Apo-Propranolol[Pr], Detensol[Pr], Indéral[Pr], Indéral-LA[Pr], Novopranol, PMS Propranolol[Pr], Propranolol

Voir *Antihypertenseurs*, chapitre 26, p. 414.

TIMOLOL, MALÉATE DE   Blocadren[Pr], Timoptic[Pr]

Voir *Antihypertenseurs*, chapitre 26, p. 416.

Catégorie   Agent ophtalmique, adrénolytique bêta.

Remarque   Le timolol exerce des effets sympathomimétiques minimaux, des effets de dépression directe du myocarde et une action anesthésique locale. Il ne cause pas de myosis ou de cécité nocturne.

Mécanisme d'action/cinétique   Le timolol exerce à la fois un blocage des récepteurs bêta$_1$-adrénergiques et des récepteurs bêta$_2$-adrénergiques. Il réduit à la fois la pression oculaire élevée et la pression oculaire normale, qu'il y ait un glaucome ou non; on croit qu'il agit en réduisant la formation d'humeur aqueuse et/ou en augmentant légèrement son écoulement. Pour l'emploi dans l'œil: **Début d'action**: 30 min. **Effet maximal**: 2 h. **Durée**: 24 h. Pour l'emploi systémique, voir à la p. 416.

Indications Glaucome chronique à angle ouvert, certains cas de glaucome secondaire, hypertension oculaire, clients aphaques (sans cristallin) atteints de glaucome. Pour traiter l'hypertension et pour réduire la mortalité et le taux de récidive d'infarctus chez les clients qui ont survécu à un infarctus du myocarde.

Contre-indications Hypersensibilité au médicament. Employer avec prudence chez les clients pour qui l'utilisation systémique d'adrénolytiques bêta est contre-indiquée. L'innocuité durant la grossesse et chez les enfants n'est pas établie.

Réactions indésirables Il y en a peu. À l'occasion, irritation oculaire, réactions d'hypersensibilité locales et diminution de la fréquence cardiaque au repos.

Interaction médicamenteuse L'administration systémique d'adrénolytiques bêta peut entraîner une potentialisation.

Posologie *Glaucome*: Une goutte de solution à 0,25% ou 0,50% dans chaque œil b.i.d. Si le client change d'agent contre le glaucome, poursuivre avec l'ancien médicament le premier jour de la thérapie au timolol (une goutte de solution à 0,25%). Arrêter l'ancienne thérapie le jour suivant. Commencer avec la solution à 0,25%. Passer à la solution à 0,50% si la réaction est insuffisante. Un accroissement ultérieur de la dose est inutile. Pour la prophylaxie de l'infarctus du myocarde et l'hypertension, voir à la p. 416.

Administration Dire au client d'appliquer son doigt légèrement sur le sac lacrymal pendant une minute après l'administration.

Soins infirmiers
Expliquer l'importance de se faire suivre par un ophtalmologiste qui mesurera la pression oculaire régulièrement étant donné que l'hypertension oculaire peut revenir et/ou progresser sans signes ou symptômes manifestes.

TOLAZOLINE, CHLORHYDRATE DE
Priscoline[Pr]

Catégorie Adrénolytique alpha.

Mécanisme d'action/cinétique La tolazoline est un vasodilatateur périphérique, mais comme bloqueur des récepteurs alpha-adrénergiques elle n'exerce que des effets incomplets et transitoires. La vasodilatation est due à un effet direct sur le muscle lisse des vaisseaux sanguins. Parmi les autres effets qu'elle produit, on trouve la stimulation cardiaque et GI, une augmentation du débit sanguin cutané et des effets s'apparentant à ceux de l'histamine. Excrété inchangé dans l'urine.

Indications Maladie vasculaire périphérique spasmodique, endartérite, artériosclérose diabétique, gangrène, états post-thrombotiques, sclérodermie, maladie de Raynaud, maladie de Buerger, séquelles de gelures, acrocyanose, acroparesthésie et artériosclérose oblitérante. *À l'étude*: Chez les nourrissons comme vasodilatateur pulmonaire. Pour l'administration par voie intra-artérielle afin d'augmenter l'irrigation sanguine d'un membre blessé.

Contre-indications Contre-indiqué après un accident vasculaire cérébral et chez les clients atteints d'insuffisance coronarienne. Employer avec prudence chez les clients atteints de gastrite, d'ulcère gastro-duodénal ou de rétrécissement mitral. L'innocuité durant la grossesse et la lactation n'est pas établie.

Réactions indésirables *CV*: Augmentation ou diminution de la pression artérielle, tachycardie, arythmie, angine, rougeurs. Cause possible d'un infarctus du myocarde. *SNC*: Confusion, hallucinations. *GI*: Nausées, vomissements, diarrhée, aggravation de l'ulcère gastro-duodénal, malaise abdominal, perforation du duodénum. *Autres*: Thrombopénie, leucopénie, oligurie, hématurie, œdème, hépatite, éruption cutanée, picotements ou sensation de froid, augmentation de l'activité pilomotrice.

Interactions médicamenteuses

Médicaments	Interaction
Alcool éthylique	Réaction de type disulfirame.
Clonidine	La tolazoline ↓ l'effet de la clonidine.
Épinéphrine	↓ de la pression artérielle avec rebond (renversement de l'épinéphrine).

Posologie **PO: Individualisée**, 25 à 50 mg q 3 ou 4 h. Commencer avec de faibles doses et augmenter progressivement jusqu'à la dose optimale.

Soins infirmiers

1. *Évaluer*:
   a) la pression artérielle et le pouls au moins b.i.d. étant donné que le client peut développer des réactions d'hypertension ou d'hypotension.
   b) si le client ressent bien une sensation de chaleur dans le membre atteint et non une sensation accrue de froid due à une réaction paradoxale.
---

c) la rougeur et la piloérection (érection des poils) du membre atteint après l'administration du médicament, car cela signifie qu'on a atteint la dose optimale.

2. Garder le client au chaud pour augmenter l'efficacité du médicament.

3. Avertir le client de ne pas consommer d'alcool avant ou après l'administration du médicament, car u. ` réaction de type disulfirame peut se développer.

4. Le traitement du surdosage se fait en plaçant le client dans la position de Trendelenburg et en administrant des liquides par voie parentérale. On doit également garder à sa disposition de l'éphédrine pour soulager l'hypotension (*ne pas employer d'épinéphrine ou de norépinéphrine*).

CHAPITRE **46**

Parasympatho-mimétiques (cholinergiques)

PARASYMPATHOMIMÉTIQUES

L'acétylcholine, une neurohormone, est nécessaire à la transmission de l'influx nerveux dans la division parasympathique (cholinergique) du système nerveux autonome (SNA).

L'acétylcholine est emmagasinée dans la jonction neuronale; après une stimulation appropriée, cette neurohormone est libérée, traverse la synapse et interagit avec le récepteur situé dans la membrane post-synaptique.

Bien que tous les récepteurs cholinergiques post-jonctionnels du SNA parasympathique partagent certaines caractéristiques, ils diffèrent par l'intensité avec laquelle ils réagissent à la stimulation par l'acétyl-choline et par les médicaments qui simulent les effets de l'acétylcholine ou qui bloquent son action. On a découvert cette différence lors d'études sur les récepteurs de la muscarine et de la nicotine. Les récepteurs ont été classés en récepteurs muscariniques et en récepteurs nicotiniques. On a subdivisé ces classes récemment.

Les cholinergiques peuvent être répartis dans deux catégories: les médicaments à action directe et les médicaments à action indirecte. Les premiers simulent l'action de l'acétylcholine et les seconds augmentent la concentration d'acétylcholine, généralement en inhibant l'acétylcholinestérase, l'enzyme qui dégrade l'acétylcholine. Les médicaments à action directe comprennent le béthanéchol, et les médicaments à action indirecte comprennent l'édrophonium, la néostigmine et la pyridostigmine.

Les cholinergiques possèdent les effets pharmacologiques suivants sur l'organisme:

TRACTUS GI Augmentation de la sécrétion des glandes gastriques et des autres glandes (peuvent produire des éructations, du pyrosis, des nausées et des vomissements). Augmentation du tonus des muscles lisses et stimulation des mouvements de l'intestin grêle.

APPAREIL GÉNITO-URINAIRE Stimulation des uretères et relaxation de la vessie entraînant la miction.

MYOCARDE Ralentissement de la fréquence cardiaque (bradycardie), diminution de la contractilité auriculaire, de la formation de l'influx et de la conductivité.

VAISSEAUX SANGUINS Vasodilatation entraînant une augmentation de la température de la peau et des rougeurs locales.

RESPIRATION Augmentation de la sécrétion de mucus et constriction bronchique causant la toux, la suffocation et la respiration sifflante, en particulier chez les clients ayant des antécédents d'asthme.

YEUX Contraction des muscles radiaux et sphinctériens de l'iris (contraction de la pupille ou myosis). Contraction du corps ciliaire produisant des spasmes d'accommodation du cristallin, qui ne s'ajuste plus. Réduction de la pression intra-oculaire.

PEAU Glandes sudoripares et salivaires: Activation, augmentation de la réponse pilomotrice.

Certains de ces effets sont plus prononcés avec certains médicaments qu'avec d'autres. De plus, les cholinergiques sont des médicaments assez peu spécifiques puisqu'ils touchent de nombreuses parties du corps; en conséquence, ils entraînent de nombreux effets indésirables.

Cholinergiques à action directe

BÉTHANÉCHOL, CHLORURE DE Duvoid, Urecholine

Catégorie Cholinergique (parasympathomimétique) à action directe.

Mécanisme d'action/cinétique Stimule directement les récepteurs cholinergiques, en particulier les récepteurs muscariniques.

Cela provoque une stimulation de la motilité gastrique, accroît le tonus gastrique et stimule les muscles vésicaux. Le béthanéchol produit une légère diminution transitoire de la pression artérielle diastolique, accompagnée d'une tachycardie réflexe mineure. Le médicament résiste à l'hydrolyse par l'acétylcholinestérase, ce qui augmente sa durée d'action. **PO: Début d'action**, 30 min; **maximum**: 60 à 90 min; **durée d'action**: jusqu'à 6 h. **SC: Début d'action**, 5 à 15 min; **maximum**: 15 à 30 min; **durée d'action**: 2 h.

Indications Rétention urinaire pendant le post-partum et rétention urinaire postopératoire, atonie de la vessie avec rétention urinaire. À l'*étude*: Œsophagite peptique.

Contre-indications Grossesse. Hypertension, hypotension, maladie coronarienne, occlusion coronarienne, anomalie de la conduction auriculoventriculaire, bradycardie. Également, ulcère gastro-duodénal, asthme, hyperthyroïdie, parkinsonisme, épilepsie, obstruction vésicale, péritonite, maladie spasmodique du tractus GI, vagotonie.

Réactions indésirables La posologie orale mène rarement à des effets indésirables sérieux; on observe plutôt des symptômes lors du surdosage. *GI*: Nausées, vomissements, diarrhée, salivation, malaise GI, défécation involontaire, crampes, colique, éructations. *CV*: Bloc cardiaque, hypotension orthostatique, syncope et arrêt cardiaque, fibrillation auriculaire (chez les clients atteints d'hyperthyroïdie). *SNC*: Céphalée, malaise. *Autres*: Rougeurs, miction impérieuse, crise d'asthme, dyspnée, douleur ou pression thoracique.

Interactions médicamenteuses

Médicaments	Interaction
Anticholinergiques	Effets cholinergiques additifs.
Ganglioplégiques	Réponse hypotensive critique.
Procaïnamide	Antagonisme des effets cholinergiques.
Quinidine	Antagonisme des effets cholinergiques.

Posologie **PO** (de préférence): **Adultes, habituellement**, 10 à 50 mg b.i.d. à q.i.d., jusqu'à un maximum de 120 mg par jour. **SC: Habituellement**, 5 mg. Administrer une seconde dose après 15 à 30 min au besoin, jusqu'à un maximum de 10 mg. Ne jamais administrer **IM** ou **IV**.

Administration On devrait administrer le béthanéchol 1 h avant les repas ou 2 h après, pour éviter les nausées et les vomissements.

Soins infirmiers

Voir *Soins infirmiers – Cholinergiques à action indirecte*, p. 728.

Garder à portée de la main une seringue contenant 0,6 mg d'atropine toutes les fois qu'on administre le béthanéchol par voie SC.

Cholinergiques à action indirecte (inhibiteurs de la cholinestérase)

Mécanisme d'action/cinétique   En inhibant l'acétylcholinestérase, ces médicaments entraînent une augmentation de la concentration d'acétylcholine à la jonction myoneurale.

Indications   Voir chaque médicament.

Contre-indications   Hypersensibilité, obstruction mécanique du tractus GI et des voies urinaires, bradycardie, hypotension, vagotonie, ulcère gastro-duodénal, asthme, hyperthyroïdie, occlusion coronarienne, obstruction du col de la vessie. L'innocuité durant la grossesse et la lactation n'a pas été établie.

Réactions indésirables   *GI*: Nausées, vomissements, diarrhée, crampes abdominales, défécation involontaire, salivation, dysphagie. *CV*: Bradycardie, hypotension, bloc auriculoventriculaire, douleur rétrosternale. *SNC*: Céphalée, convulsions, malaise, dysphonie. *Respiratoires*: Sécrétions accrues, bronchoconstriction, paralysie des muscles squelettiques, laryngospasmes. *Ophtalmologiques*: Myosis, diplopie, larmes, troubles de l'accommodation, hyperémie de la conjonctive. *Autres*: Pollakiurie et incontinence urinaire, transpiration, rougeurs, fatigue ou crampes musculaires. On peut contrer ces effets en administrant 0,6 mg de sulfate d'atropine, qui devrait toujours être disponible sur-le-champ.

Il faut savoir distinguer la crise cholinergique, due à un surdosage, de la crise myasthénique (aggravation de la maladie), étant donné que la première demande que l'on retire le médicament, alors que la seconde requiert une augmentation de la dose d'anticholinestérasique.

Interactions médicamenteuses

Médicaments	Interaction
Aminosides	↑ du blocage neuromusculaire.
Atropine	L'atropine supprime les symptômes de stimulation GI excessive causés par les cholinergiques.
Insecticides/ pesticides organophosphorés	Effets systémiques s'ajoutant à ceux des anticholinestérasiques.
Magnésium, sels de	Antagonistes des effets des anticholinestérasiques.

Posologie   Voir chaque médicament.

Soins infirmiers

1. Évaluer les réactions toxiques, caractérisées par une stimulation cholinergique généralisée.

---

2. Avoir à portée de la main de l'atropine et de l'épinéphrine pour traiter un surdosage. De plus, l'épinéphrine est efficace dans le cas de réactions cardio-vasculaires ou bronchoconstrictrices dues aux cholinomimétiques.

ÉDROPHONIUM, CHLORURE D' Tensilon

Catégorie   Cholinergique à action indirecte – inhibiteur de l'acétylcholinestérase.

Mécanisme d'action/cinétique   L'édrophonium est un médicament de courte durée d'action utilisé principalement pour établir un diagnostic et non pour le traitement d'entretien. **Début d'action: IM**, 2 à 10 min; **IV**, moins d'une minute. **Durée d'action: IM**, 12 à 40 min; **IV**, 6 à 25 min.

Indications   Diagnostic de la myasthénie grave et comme adjuvant au traitement de la dépression respiratoire due au curare ou aux curarisants.

Posologie   *Diagnostic de la myasthénie grave.* **IV. Adultes**, 2 mg pour commencer; garder l'aiguille en place et attendre 45 s; si aucune réponse ne survient après ce temps, injecter 8 mg. Si on obtient une réponse avec 2 mg, on interrompt l'épreuve et on administre 0,4 à 0,5 mg d'atropine par voie IV. **Pédiatrique, jusqu'à 34 kg: IV**, 1 mg; si aucune réponse n'est obtenue après 45 s, on peut donner jusqu'à 5 mg. **Nourrissons**: 0,5 mg. S'il est impossible de pratiquer une injection IV, on peut faire une injection IM. **IM: Adultes**, 10 mg; si de l'hyperréactivité survient, refaire l'épreuve après 30 min avec 2 mg IM pour écarter la possibilité de faux négatif. **Pédiatrique, jusqu'à 34 kg**: 2 mg; **plus de 34 kg**: 5 mg. (Par voie IM, la réaction survient en 2 à 10 min.)

Évaluation du traitement des clients myasthéniques: Administrer 1 ou 2 mg d'édrophonium par voie **IV** 1 h après l'administration PO du médicament employé pour traiter la myasthénie. (Remarque: On obtient une réaction myasthénique lorsque le traitement est insuffisant, une réaction normale lorsque le traitement est adéquat et une réaction cholinergique lorsque le traitement est excessif.) *Antagoniste du curare*: **Administration IV lente**, 10 mg en 30 à 45 s; au besoin, répéter jusqu'à un maximum de 40 mg.

Soins infirmiers complémentaires

Voir *Soins infirmiers – Cholinergiques à action indirecte*, p. 728.

1. *Évaluer*:
    a) les effets indésirables tels que le ptyalisme, la constriction bronchiolique, la bradycardie et une dysrythmie cardiaque chez les clients plus âgés.
    b) les effets de chaque dose du médicament lorsqu'il est

utilisé comme antidote contre le curare avant d'administrer la dose suivante.

2. Évaluer l'effort respiratoire. Procurer une ventilation assistée au besoin.

NÉOSTIGMINE, BROMURE DE Prostigmin
NÉOSTIGMINE, MÉTHYLSULFATE DE
Prostigmin

Catégorie   Cholinergique à action indirecte – inhibiteur de l'acétylcholinestérase.

Mécanisme d'action/cinétique   La néostigmine possède une action plus courte que la pyridostigmine. On administre souvent de l'atropine en même temps que la néostigmine pour maîtriser les effets indésirables. **Début d'action: PO**, 45 à 75 min; **IM**, 20 min; **IV**, 4 à 8 min. **Durée d'action**: Pour toutes les voies d'administration, 2 à 4 h.

Indications   Diagnostic et traitement de la myasthénie grave. Distension vésicale et rétention urinaire postopératoires. Antidote contre la *d*-tubocurarine et contre des médicaments semblables après une intervention chirurgicale.

Réactions indésirables supplémentaires   Éruption cutanée, thrombophlébite à la suite de l'emploi par voie IV.

Posologie   *Bromure de néostigmine pour la myasthénie grave.* **PO. Adultes**: 15 à 375 mg par jour; **habituellement**, 150 mg par jour. **Pédiatrique**: 7,5 à 15 mg t.i.d. ou q.i.d. *Méthylsulfate de néostigmine pour la myasthénie grave.* **IM, SC. Adultes**: 0,5 mg (employer 1 mL d'une solution à 1:2 000). **Pédiatrique**: 0,01 à 0,04 mg/kg q 2 ou 3 h. *Diagnostic de la myasthénie grave.* **IM: Adultes**, 0,022 mg/kg; **pédiatrique**: 0,04 mg/kg. *Antidote contre la d-tubocurarine.* **IV: Adultes**, 0,5 à 2,0 mg injectés lentement avec 0,6 à 1,2 mg de sulfate d'atropine. Au besoin, on peut répéter l'administration jusqu'à une dose de 5 mg. **Pédiatrique**: 0,07 à 0,08 mg/kg avec 0,008 à 0,025 mg/kg de sulfate d'atropine.

Distension vésicale et rétention urinaire postopératoires. Prophylaxie. **SC, IM**: 0,25 mg (1 mL d'une solution à 1:4 000) aussitôt que possible après l'intervention chirurgicale; **puis**, répéter q 4 ou 6 h pendant 48 à 72 h. *Traitement.* **SC, IM**: 0,5 mg (1 mL d'une solution à 1:2 000); on peut répéter l'administration q 3 h jusqu'à concurrence de 5 doses.

Soins infirmiers complémentaires

Voir *Soins infirmiers – Cholinergiques à action indirecte*, p. 728.

1. *Évaluer*:

a) l'apparition de réactions toxiques caractérisées par une stimulation cholinergique généralisée.

b) les saignements vaginaux lorsque le médicament est employé pour le traitement de l'aménorrhée fonctionnelle.

2. Aider à ventiler le client et à maintenir la liberté des voies aériennes lorsque le médicament est employé comme antidote contre la *d*-tubocurarine.

3. Avoir à sa disposition de l'atropine quand la néostigmine est employée comme antidote.

4. Prévoir l'utilisation d'atropine avant d'administrer la néostigmine en cas de bradycardie. On doit amener le pouls à 80 battements par minute avant d'administrer la néostigmine.

PHYSOSTIGMINE, SALICYLATE DE
Antilirium^{Pr}

Catégorie   Cholinergique à action indirecte – inhibiteur de l'acétylcholinestérase.

Mécanisme d'action/cinétique   La physostigmine est un inhibiteur réversible de l'acétylcholinestérase. **Début d'action** (parentéral): 3 à 5 min. **Durée d'action**: 45 à 60 min. **Demi-vie**: 1 à 2 h.

Indications   Surdosage de belladone (atropine) et d'antidépresseurs tricycliques. Pour contrer les effets dépresseurs du diazépam sur le SNC. Pour diminuer la dépression respiratoire et la somnolence causées par la morphine, sans toutefois perdre l'analgésie. Glaucome (voir la p. 733 et le tableau 22). À *l'étude*: Delirium tremens, maladie d'Alzheimer.

Posologie   *Surdosage d'anticholinergiques*: **Adultes, IV, IM**, 2 mg à une vitesse de 1 mg/min; la dose peut être répétée au besoin.

Après l'anesthésie: **IM, IV**, 0,5 à 1,0 mg à une vitesse de 1 mg/min; la dose peut être répétée q 10 ou 30 min au besoin. **Pédiatrique** *(états gravissimes seulement)*: Pas plus de 0,5 mg en injection IV très lente; la dose peut être répétée à des intervalles de 5 à 10 min jusqu'à un maximum de 2 mg si aucun effet toxique ne survient. *Glaucome*: Voir le tableau 22, p. 734.

PYRIDOSTIGMINE, BROMURE DE
Mestinon, Regonol

Catégorie   Cholinergique à action indirecte – inhibiteur de l'acétylcholinestérase.

Mécanisme d'action/cinétique   La pyridostigmine est un inhibiteur de l'acétylcholinestérase. Son action est de plus longue durée que celle de la néostigmine, et elle entraîne moins d'effets indésirables. **Début d'action, PO**: 20 à 30 min; **IM**: 15 min; **IV**: 2 à 5 min. **Durée d'action, PO**: 3 à 6 h; **IM, IV**: 2 à 4 h. Peu absorbé dans le tractus GI; excrété dans l'urine jusqu'à 72 h après l'administration.

Indications   Myasthénie grave. Antidote contre les myorésolutifs non dépolarisants (comme le curare).

Posologie   *Myasthénie grave.* **PO: Habituellement**, 600 mg par jour (dans les cas graves, 1 500 mg peuvent être requis); *comprimés à libération prolongée*: 1 à 3 comprimés de 180 mg, 1 ou 2 fois par jour, avec un intervalle d'au moins 6 h entre chaque dose. **Pédiatrique**: 7 mg/kg par jour en 5 ou 6 doses. *Pendant une crise de myasthénie, avant et après une intervention chirurgicale, durant l'accouchement et le post-partum*: **IV (lente), IM**, ⅟₃₀ de la dose orale. *Antidote contre les myorésolutifs non dépolarisants*: **IV**, 10 à 20 mg avec 0,6 à 1,2 mg de sulfate d'atropine.

Soins infirmiers complémentaires

Voir *Soins infirmiers – Cholinergiques à action indirecte*, p. 728.
1. *Évaluer*:
   a) l'apparition de réactions toxiques caractérisées par une stimulation cholinergique généralisée.
   b) la faiblesse musculaire, qui peut être un signe de crise myasthénique imminente et de surdosage de cholinergiques.
2. *Expliquer au client et/ou à sa famille*:
   a) comment agissent les comprimés à libération prolongée. L'avertir de ne pas prendre ces comprimés plus fréquemment qu'aux 6 h.
   b) qu'il peut prendre des comprimés ordinaires avec les comprimés à libération prolongée si cela lui est prescrit.
   c) comment reconnaître les symptômes de réaction toxique et de crise myasthénique.

CHOLINERGIQUES OPHTALMIQUES (MYOTIQUES)

Généralités   Les cholinergiques sont employés couramment pour traiter le glaucome et, moins fréquemment, pour la correction du strabisme accommodatif convergent et pour la myasthénie grave oculaire.

Ces médicaments sont instillés directement dans le sac conjonctival.

On range les cholinergiques ophtalmiques dans deux catégories: ceux dont l'action est directe (carbachol, pilocarpine) et ceux dont l'action est indirecte (échothiophate), qui inhibent la cholinestérase. Dans le traitement du glaucome, ces médicaments entraînent une accumulation d'acétylcholine, laquelle stimule les muscles ciliaires et augmente la contraction des muscles sphinctériens de l'iris. Ce phénomène a pour effet d'augmenter l'angle de l'œil et de conduire à une augmentation de l'écoulement de l'humeur aqueuse, ce qui se traduit finalement par une diminution de la pression intra-oculaire. Cet effet est d'une importance particulière dans le traitement du glaucome à angle fermé. On recommande d'effectuer des mesures tonométriques toutes les heures au début de la thérapie. Ces médicaments causent également de la spasticité d'accommodation.

(Voir chaque agent au tableau 22, p. 734.)

Indications   Glaucome: glaucome primaire aigu à angle fermé (thérapie intensive) et glaucome primaire chronique à angle ouvert (thérapie chronique). Cas choisis de glaucome secondaire. Strabisme convergent accommodatif (non paralytique). Myasthénie oculaire grave. Comme antidote contre les effets nocifs de médicaments du type de l'atropine chez les clients atteints de glaucome. Alternativement avec un mydriatique pour rompre l'adhérence du cristallin à l'iris.

Contre-indications   *Médicaments à action directe*: Maladies inflammatoires de l'œil (iritis), asthme, hypertension.

Médicaments à action indirecte: Mêmes contre-indications que les médicaments à action directe. De plus, glaucome aigu à angle fermé, antécédents de décollement de la rétine, hypotension oculaire accompagnée d'un processus inflammatoire intra-oculaire, obstruction intestinale ou urinaire, ulcère gastro-duodénal, épilepsie, maladie de Parkinson, états GI spasmodiques, instabilité vasomotrice, bradycardie ou hypotension graves et infarctus du myocarde récent.

Réactions indésirables   *Locales*: Contractions douloureuses des muscles ciliaires, douleur oculaire, vision trouble, spasmes accommodatifs, vision obscurcie, absence d'accommodation à l'obscurité, secousses musculaires, céphalée, front douloureux. La plupart de ces symptômes s'amoindrissent avec l'usage. Kyste de l'iris et décollement rétinien (médicaments à action indirecte seulement).

Systémiques: L'absorption systémique du médicament peut causer des nausées, un malaise GI, de la diarrhée, de l'hypotension, de la constriction bronchique et de la sialorrhée.

Posologie   *Individualisée*: Voir le tableau 22, p. 734.

Soins infirmiers

1. Les effets indésirables peuvent être réduits en administrant au moins une dose au coucher.
2. Prévenir l'écoulement de la solution dans le rhinopharynx après l'instillation topique des gouttes, en exerçant une pression sur le canal lacrymonasal pendant 1 à 2 min avant de fermer la paupière.

TABLEAU 22 CHOLINERGIQUES OPHTALMIQUES (MYOTIQUES)

Médicament	Indications
Acétylcholine, chlorure d', intra-oculaire Miochol	Myosis rapide et intense durant une intervention chirurgicale.
Carbachol intra-oculaire Miostat	Myosis durant une intervention chirurgicale.
Carbachol topique Isopto Carbachol	Glaucome, en particulier glaucome résistant à la pilocarpine.
Dipivéfrine, chlorhydrate de Propine	Glaucome chronique à angle ouvert.
Échothiophate, iodure d' Phospholine, Iodure de	Début de glaucome simple et glaucome simple avancé; glaucome à la suite de l'extraction du cristallin; ésotropie accommodative.

Posologie	Commentaires
0,5 à 2,0 mL d'une solution à 1%.	Irriguer lentement pour éviter une atrophie de l'iris. Action rapide, courte durée (10 à 20 min). Étant donné que les solutions aqueuses d'acétylcholine sont instables, il faut les préparer immédiatement avant leur utilisation.
0,5 mL d'une solution à 1% dans la chambre antérieure.	Administrer avec un agent mouillant. **Effet maximal**: En 2 à 5 min. **Durée**: 8 h.
1 ou 2 gouttes d'une solution à 0,75% ou 3% b.i.d. à q.i.d.	*Réactions indésirables* Hyperémie légère pendant les premiers jours, céphalée et douleur oculaire disparaissant habituellement après trois jours de traitement. *Soins infirmiers* Après l'instillation des gouttes, on peut améliorer l'absorption en massant les paupières.
Initialement: 1 goutte q 12 h. *Passage d'autres médicaments contre le glaucome (sauf l'épinéphrine)*: Le premier jour, continuer l'ancienne médication avec la dipivéfrine tel que décrit ci-dessus. Si l'ancien médicament était de l'épinéphrine, en discontinuer l'administration et passer à la dipivéfrine. *Thérapie conjointe* (avec la pilocarpine, le carbachol, l'échothiophate, l'acétazolamide): 1 goutte de dipivéfrine q 12 h.	La dipivéfrine libère lentement de l'épinéphrine (libération enzymatique) dans la chambre antérieure, à partir d'un composé inactif. Cela réduit la production de l'humeur aqueuse et améliore son écoulement de l'œil. La dipivéfrine possède une activité de 17 fois celle de l'épinéphrine. Des posologies plus faibles diminuent les effets indésirables et la fréquence d'administration. *Cinétique*: **Début d'action**: 30 min; **maximum**: 1 h. **Durée d'action**: 12 h. Offert en solution à 0,1%. *Réactions indésirables* Sensation de piqûre légère à l'instillation. Tachycardie, arythmie, hypertension. *Soins infirmiers complémentaires* Peut être employée conjointement avec d'autres médicaments contre le glaucome. Expliquer au client qu'il faut signaler promptement les battements cardiaques irréguliers et les céphalées.
Glaucome: 1 goutte d'une solution à 0,03% ou 0,06% toutes les 12 ou 48 h. *Ésotropie accommodative*: Initialement, 1 goutte de solution à	**Durée d'action**: Plusieurs jours. Offert en solutions à 0,06%, 0,125% et 0,25%. L'effet myotique peut être enrayé par l'atropine. L'effet est accru

Parasympathomimétiques (cholinergiques)

TABLEAU 22 (*suite*)

Médicament	Indications
Pilocarpine, chlorhydrate de Isopto Carpine, Miocarpine	Glaucome simple aigu ou chronique; glaucome secondaire; pour enrayer les effets des cycloplégiques et des mydriatiques à la suite d'un examen des yeux.
Pilocarpine, dispositif de thérapie oculaire à base de Ocusert Pilo-20, Ocusert Pilo-40	Glaucome répondant à la pilocarpine.
Pilocarpine, nitrate de Nitrate de pilocarpine, P.V. Carpine	Voir *Chlorhydrate de pilocarpine*.
Timolol, maléate de Timoptic	Glaucome à angle ouvert et cas choisis de glaucome secondaire, hypertension oculaire.

3. Avoir à sa disposition de l'épinéphrine et de l'atropine pour le traitement d'urgence de l'hypertension intra-oculaire.

4. Signaler l'érubescence autour de la cornée. On pourra alors prescrire de l'épinéphrine ou du chlorhydrate de phényléphrine (10%) avec de l'iodure d'échothiophate pour réduire ce genre de réaction.

5. *Expliquer au client et/ou à sa famille*:
   a) qu'il ne doit pas conduire un véhicule pendant 1 ou 2 h après l'administration du médicament.
   b) que la douleur et la vision trouble disparaissent généralement lors d'un emploi prolongé.
   c) la nécessité d'une surveillance médicale régulière pendant tout le temps que dure la thérapie.
   d) que les spasmes douloureux des yeux peuvent être soulagés par l'application d'une compresse froide.

Posologie	Commentaires

0,125% par jour avant le coucher, dans les deux yeux, pendant 2 à 3 semaines, **puis**, 1 goutte de solution à 0,125% tous les 2 jours ou 1 goutte de solution à 0,06% par jour.

par l'administration conjointe de Diamox.

Habituellement: 1 ou 2 gouttes d'une solution à 0,5% ou 4%, 1 à 6 fois par jour.

Début d'action: 15 min. **Durée d'action**: 4 à 6 h. Offert en solutions à 0,5% 1%, 2%, 3%, 4% et 6%.

Dispositif à placer dans le cul-de-sac conjonctival; libère de la pilocarpine à une vitesse de 20 ou 40 µg/h pendant 1 semaine.

Le client devrait vérifier la présence du dispositif avant d'aller au lit et en se levant. De la myopie peut se manifester durant plusieurs heures au début du traitement.

Offert en solutions à 1%, 2% et 4%.

Initialement: 1 goutte de solution à 0,25% dans chaque œil b.i.d. Si la réponse est inadéquate, instiller 1 goutte de solution à 0,5% b.i.d. La dose peut être réduite à une goutte par jour si la pression intra-oculaire demeure basse.

Ce médicament n'affecte pas le diamètre de la pupille ou l'acuité visuelle. **Début d'action**: 30 min. **Effet maximal**: 1 à 2 h. **Durée d'action**: 24 h. On utilise également cet adrénolytique bêta pour le traitement de l'hypertension; voir p. 416.

Anticholinergiques (parasympatholytiques)

PARASYMPATHOLYTIQUES

Mécanisme d'action/cinétique   Les anticholinergiques empêchent la fixation de l'acétylcholine – un neurotransmetteur – aux récepteurs de la terminaison nerveuse parasympathique postganglionnaire (récepteurs muscariniques). À des doses thérapeutiques, ces agents n'ont que peu d'effet sur la transmission de l'influx nerveux au niveau des ganglions (récepteurs nicotiniques) ou de la jonction neuro-musculaire.

Les principaux effets anticholinergiques sont:

1. La réduction des spasmes des muscles lisses tels que ceux de la vessie, des bronches ou des intestins.

2. Le blocage de l'influx vagal qui se propage vers le cœur; ce phéno-mène entraîne une augmentation du rythme et de la vitesse de conduction de l'influx dans le système de conduction auriculoven-triculaire.

3. La suppression ou la réduction des sécrétions gastriques, de la transpiration, de la salivation et des sécrétions de mucus bron-chique.

4. Le relâchement des muscles sphinctériens de l'iris, la dilatation de la pupille (mydriase) et une perte d'accommodation pour la vision des objets rapprochés (cycloplégie).

5. Diverses actions sur le SNC telles que la dépression (scopolamine) ou la stimulation (doses toxiques d'atropine). Plusieurs anticholi-nergiques ont aussi des effets antiparkinsoniens. Ils abolissent ou

réduisent les signes et les symptômes de la maladie de Parkinson tels que les tremblements et la rigidité, ce qui se traduit par une certaine amélioration de la mobilité, de la coordination musculaire et du fonctionnement moteur. Ces effets pourraient être entraînés par le blocage des effets de l'acétylcholine dans le SNC. Nous traitons également dans cette section de divers antispasmodiques de synthèse apparentés aux anticholinergiques. Les médicaments utilisés principalement pour le traitement de la maladie de Parkinson sont présentés au chapitre 34.

Les anticholinergiques apparentés à l'atropine sont rapidement absorbés par voie orale. Ces agents traversent la barrière hémato-encéphalique et peuvent exercer des effets marqués sur le SNC. Il en est ainsi, par exemple, de la scopolamine et de l'hyoscyamine. L'absorption intestinale des anticholinergiques de la classe des ammoniums quaternaires est erratique. Étant donné que ces produits ne traversent pas la barrière hémato-encéphalique, ils n'exercent que des effets minimes sur le SNC. Il s'agit, entre autres, du glycopyrrolate, de la propanthéline et de l'isopropamide.

Indications   Voir les indications spécifiques de chacun des agents.

Contre-indications   Glaucome, tachycardie, occlusion partielle de l'appareil digestif et des voies biliaires, hypertrophie prostatique, maladie rénale, myasthénie grave, maladie hépatique, iléus paralytique, atonie intestinale, colite ulcéreuse, uropathie obstructive. Clients cardiaques, particulièrement s'il y a risque de tachycardie; personnes plus âgées souffrant d'athérosclérose ou de troubles mentaux. Administrer avec prudence durant la grossesse et la lactation, ainsi qu'en présence d'hyperthyroïdie, d'insuffisance cardiaque, d'arythmies cardiaques, d'hypertension, de syndrome de Down, d'asthme, d'allergies et de maladie pulmonaire chronique. L'innocuité et l'efficacité n'ont pas été établies chez les enfants.

Réactions indésirables   Elles peuvent être souhaitables pour certaines maladies et nocives pour d'autres. Ainsi, les anticholinergiques ont des effets antisialogènes, ce qui peut constituer un avantage pour les personnes atteintes de la maladie de Parkinson. Par ailleurs, cet effet peut être désagréable lorsque ces médicaments sont utilisés pour traiter des troubles spastiques de l'appareil digestif.

La plupart des réactions indésirables varient selon la dose administrée et diminuent avec une réduction de la posologie. Il est parfois utile d'interrompre le traitement pendant plusieurs jours. Dans cette perspective, les anticholinergiques ont les effets indésirables suivants: *GI*: Nausées, vomissements, xérostomie, dysphagie, constipation, pyrosis, modification des perceptions gustatives, iléus paralytique. *SNC*: Étourdissements, somnolence, nervosité, désorientation, céphalée, faiblesse, insomnie, fièvre. De grandes doses peuvent produire une stimulation du SNC qui comprend des tremblements et de l'agitation. *GU*: Rétention ou incontinence urinaire, impuissance. *Ophtalmologiques*: Vision trouble, mydriase, photophobie, cycloplégie, précipitation du glaucome aigu. *Allergiques*: Urticaire, éruption cutanée, anaphylaxie. *Autres*: Rougeur du visage, diminution de la transpiration, congestion nasale, suppression de la sécrétion glandulaire y compris de la lactation.

Interactions médicamenteuses

Médicaments	Interaction
Amantadine	Effets anticholinergiques indésirables additifs.
Antiacides	↓ de l'absorption intestinale des anticholinergiques.
Antidépresseurs tricycliques	Effets anticholinergiques indésirables additifs.
Antihistaminiques	Effets anticholinergiques indésirables additifs.
Benzodiazépines	Effets anticholinergiques indésirables additifs.
Corticostéroïdes	Effets anticholinergiques indésirables additifs.
Digoxine	↑ des effets de la digoxine due à une ↑ de l'absorption intestinale.
Disopyramide	Potentialisation des effets anticholinergiques indésirables.
Diurétiques thiazidiques	↑ de la biodisponibilité des diurétiques thiazidiques.
Guanéthidine	Régression de l'inhibition des sécrétions d'acide gastrique causée par les anticholinergiques.
Halopéridol	Augmentation additive de la pression intra-oculaire.
Histamine	Régression de l'inhibition des sécrétions d'acide gastrique causée par les anticholinergiques.
Inhibiteurs de la MAO	↑ des effets des anticholinergiques due à la ↓ du catabolisme hépatique.
Lévodopa	↓ possible de l'effet de la lévodopa due à une ↑ du catabolisme de la lévodopa dans l'estomac (causée par un retard d'évacuation).
Mépéridine	Effets anticholinergiques indésirables additifs.
Méthylphénidate	Potentialisation des effets anticholinergiques indésirables.
Métoclopramide	Blocage anticholinergique de l'action du métoclopramide.
Nitrates	Potentialisation des effets anticholinergiques indésirables.
Nitrofurantoïne	↑ de la biodisponibilité de la nitrofurantoïne.

Médicaments	Interaction
Orphénadrine	Effets anticholinergiques indésirables additifs.
Phénothiazines	Effets anticholinergiques indésirables additifs.
Primidone	Potentialisation des effets anticholinergiques indésirables.
Procaïnamide	Effets anticholinergiques indésirables additifs.
Quinidine	Effets anticholinergiques indésirables additifs.
Sympathomimétiques	↑ de la relaxation bronchique.
Thioxanthines	Potentialisation des effets anticholinergiques indésirables.

Posologie   Voir la posologie spécifique de chacun des agents et consulter le tableau 23, p. 742.

Soins infirmiers

1. Évaluer les antécédents d'asthme ou de glaucome, qui contre-indiquent l'emploi de ces médicaments.

2. Vérifier la posologie et mesurer avec précision la dose de médicament étant donné que certains produits doivent être administrés à très faible dose et que le surdosage peut entraîner la toxicité.

3. Soulager les symptômes de xérostomie en donnant au client des boissons froides (particulièrement, après l'intervention chirurgicale) ou des bonbons et de la gomme à mâcher sans sucre, si les circonstances le permettent.

4. Connaître les interactions médicamenteuses qui peuvent dicter la réduction de la posologie de l'un ou l'autre médicament.

5. *Expliquer au client et/ou à sa famille*:
   a) que certains effets indésirables peuvent se produire; aviser le client de les signaler au médecin, afin que celui-ci puisse en alléger les symptômes en réduisant la posologie ou en interrompant temporairement l'administration du médicament. Parfois, les clients devraient tolérer certains effets indésirables (par exemple, la xérostomie, la vision trouble) pour profiter, par ailleurs, d'autres effets bénéfiques.
   b) qu'il est important de suivre le régime alimentaire prescrit par le médecin. Aider le client à comprendre et à planifier ce régime.
   c) que le traitement antiparkinsonien ne doit pas être arrêté de manière abrupte. S'il faut changer de produit, il faut réduire graduellement la posologie de l'ancien médicament et commencer l'administration du nouveau à de faibles doses.

Anticholinergiques (parasympatholytiques)

TABLEAU 23 ANTICHOLINERGIQUES

Médicament	*Principale indication*
Atropine, sulfate d' Sulfate d'atropine	Adjuvant thérapeutique de l'ulcère gastro-duodénal; durant l'anesthésie pour maîtriser la salivation et les sécrétions bronchiques. Traitement de l'intoxication par les anticholinestérasiques ou de l'intoxication par un champignon (comme l'amanite). Pylorospasmes; pendant la radiographie hypotonique pour décontracter le tube digestif supérieur et le côlon. En association avec la morphine pour le traitement de la colique urétrale et biliaire. Par inhalation, pour le traitement et la prophylaxie des bronchospasmes dus à l'asthme, à une bronchopneumopathie chronique obstructive ou à la bronchite. Mydriase et cycloplégie, voir le tableau 24.
Belladone, teinture de Teinture de belladone	Pancréatite. **SNC**: Maladie de Parkinson, mal des transports. **GU**: Dysménorrhée, énurésie nocturne.
Dicyclomine, chlorhydrate de Bentylol, Chlorhydrate de dicyclomine, Formulex, Lomine, Protylol, Spasmoban, Spasmoban-PH, Viscerol	Hypermotilité et spasmes de l'appareil GI associés à un côlon irritable et à la colite spastique, colite ulcéreuse, diverticulite et ulcères gastro-duodénaux. Colique infantile.
Glycopyrrolate Robinul	Adjuvant thérapeutique de l'ulcère gastro-duodénal. Diminution de la salivation et des sécrétions trachéobronchiques et pharyngiennes durant une intervention chirurgicale. Lors de l'anesthésie, pour bloquer les réflexes d'inhibition de la branche cardiaque du nerf vague. Traitement d'appoint avec la néostigmine ou avec la pyridostigmine pour faire rétrocéder le blocage neuromusculaire causé par un myorésolutif non dépolarisant.
Hyoscyamine, sulfate d' Levsin	**GI**: Traitement de l'ulcère gastroduodénal. Hypersécrétions gastriques, hypermotilité intestinale (accompagnée de crampes), dysenterie et diverticulite légères, colites. Colique biliaire et infantile. Pancréatite. **Système respiratoire**: Pour assécher les

Posologie	Commentaires

PO. Adultes: 0,4 à 0,6 mg; **pédiatrique, plus de 41 kg**: Même posologie que pour les adultes; **29 à 41 kg**: 0,4 mg; **18 à 29 kg**: 0,3 mg; **11 à 18 kg**: 0,2 mg; **7 à 11 kg**: 0,15 mg; **3 à 7 kg**: 0,1 mg.
Chirurgie: **SC, IM, IV: Adultes** 0,4 à 0,6 mg; **pédiatrique**: 0,1 à 0,6 mg, selon l'âge. *Intoxication anticholinestérasique.* **SC, IM**: 2 à 3 mg; répéter la dose jusqu'à l'apparition de signes de toxicité de l'atropine. *Radiographie hypotonique.* **IM**, 1 mg.

On trouve le sulfate d'atropine dans de nombreuses associations comme Donnagel. Voir p. 818 et l'appendice 3.

PO. Adultes: 0,6 à 1,0 mL, t.i.d. – q.i.d.; **pédiatrique**: 0,3 mL/kg, t.i.d.

Souvent prescrit en association fixe avec le phénobarbital.

PO. Adultes: 10 à 20 mg, t.i.d. ou q.i.d.; **enfants**: 10 mg, t.i.d. ou q.i.d.; **nourrissons** (employer le sirop): 5 mg, t.i.d. ou q.i.d. dilués avec un volume égal d'eau. **IM (adultes seulement)**: 20 mg q 4 ou 6 h. **Ne pas utiliser par voie IV.**
Ulcère gastro-duodénal. **PO**: 1 mg, t.i.d. ou 2 mg, b.i.d. ou t.i.d.; **entretien**: 1 mg, b.i.d. **IM, IV**: 0,1 à 0,2 mg, t.i.d. ou q.i.d. *Avant l'anesthésie.* **IM: Adultes**, 0,004 mg/kg, 30 à 60 min avant l'anesthésie; **pédiatrique, moins de 12 ans**: 0,004 à 0,008 mg/kg. *Rétrocession du blocage neuromusculaire.* **IV: adultes et enfants**: 0,2 mg par mg de néostigmine ou par 5 mg de pyridostigmine.

Réactions indésirables supplémentaires: Brève euphorie, étourdissements légers, sensation de distension abdominale. Le produit n'est pas contre-indiqué en présence de glaucome.

Début d'action: PO, 1 h; **IV**, 10 min. **Durée d'action: PO**, 6 h. Ne pas employer pour le traitement de l'ulcère gastro-duodénal chez les enfants de moins de 12 ans. Ne pas ajouter à des solutions IV contenant du chlorure ou du bicarbonate de sodium. L'emploi parentéral peut retarder l'évacuation gastrique et causer de la douleur au point d'injection.

PO. Adultes: 0,125 à 0,25 mg, t.i.d. ou q.i.d.; **pédiatrique, 2 à 10 ans**: la moitié de la dose pour adultes; **pédiatrique, jusqu'à 2 ans**: un quart de la dose pour adultes.

Alcaloïde principal de la belladone. L'un des ingrédients de Donnagel. Voir l'appendice 3.

TABLEAU 23 (*suite*)

Médicament	*Principale indication*
	sécrétions avant l'anesthésie. **SNC**: Intoxication par les anticholinestérasiques. Maladie de Parkinson. **GU**: Cystite, colique rénale.
Isopropamide, iodure d' Darbid	Adjuvant thérapeutique de l'ulcère gastro-duodénal.
Propanthéline, bromure de Banlin, Novopropantil, Pro-Banthine, Propanthel	Adjuvant thérapeutique de l'ulcère gastro-duodénal. Maladie spastique et inflammatoire de l'appareil GI et des voies urinaires. Maîtrise de la salivation et de l'énurésie.
Scopolamine, bromhydrate de Bromhydrate de scopolamine	Sédation préanesthésique et amnésie obstétricale. Mydriase/cycloplégie (voir le tableau 24).

PO. Adultes: 5 mg q 12 h jusqu'à 10 mg q 12 h. Usage déconseillé chez les enfants de moins de 12 ans.

Anticholinergique de synthèse. Antispasmodique. Ammonium quaternaire. **Durée d'action**: 12 h. Des sédatifs et des antiacides peuvent être administrés concurremment. L'un des ingrédients de Combid, d'Ornade et de Tuss-Ornade. Voir l'appendice 3.

PO. Adultes: 15 mg, une demi-heure avant les repas et 30 mg au coucher. Réduire la dose à 7,5 mg, t.i.d. pour le traitement de symptômes légers, chez les clients âgés ou chez ceux de petite taille. **Pédiatrique**: *Antisécrétoire*: 1,5 mg/kg par jour en 3 ou 4 doses. *Antispasmodique*: 2 à 3 mg/kg par jour q 4 à 6 h et au coucher.

Anticholinergique, antispasmodique, ammonium quaternaire. Diluer juste avant l'administration parentérale. *Soins infirmiers complémentaires* Voir également *Soins infirmiers*, p. 741. On recommande un régime liquide pendant le traitement initial en cas d'ulcère duodénal œdémateux.

SC, IM, IV (seulement dilué dans de l'eau): **Adultes**, 0,3 à 0,6 mg; **pédiatrique, 6 mois à 3 ans**: 0,1 à 0,15 mg; **3 à 6 ans**: 0,15 à 0,2 mg; **6 à 12 ans**: 0,2 à 0,3 mg.

Anticholinergique possédant des effets dépresseurs du SNC. Amnestique en administration concomitante avec de la morphine ou de la mépéridine. Ce médicament, administré seul, peut créer une accoutumance. Délirogène en présence de la douleur. Voir les associations à l'appendice 3.
Réactions indésirables supplémentaires
Désorientation, délire, augmentation de la fréquence cardiaque, diminution de la fréquence respiratoire.
Soins infirmiers complémentaires
Voir *Soins infirmiers*, p. 741.
1. Évaluer:
   a) la présence d'effets indésirables supplémentaires.
   b) l'accoutumance après l'utilisation prolongée.
2. Ne pas administrer le médicament seul pour soulager la douleur car il peut être délirogène.
3. Rassurer le client atteint d'amnésie après l'administration du médicament. L'aider également à retrouver la mémoire.

TABLEAU 23   (*suite*)

Médicament	Principale indication
Scopolamine, système thérapeutique transdermique Transderm-V	Prophylaxie des nausées et des vomissements associés au mal des transports.

Soins infirmiers complémentaires – Maladies qui dictent l'administration du médicament

CARDIO-VASCULAIRES Évaluer les modifications de la fréquence du pouls et les palpitations.

OCULAIRES

1. Aider le client hospitalisé qui se sent étourdi ou qui a une vision trouble. Prendre les mesures de protection qui s'imposent.

2. *Expliquer au client et/ou à sa famille*:
   a) que le médicament affectera la vision pendant une période déterminée, afin que le client puisse planifier ses activités en conséquence, en tenant compte des mesures de sécurité qui s'imposent.
   b) que la photophobie peut être soulagée, le cas échéant, par le port de lunettes fumées.
   c) qu'il doit signaler toute modification marquée de la vue.

GASTRO-INTESTINALES

1. Administrer le médicament pour le traitement d'une maladie GI suffisamment de temps avant le repas, de manière qu'il soit efficace lorsque le besoin s'en fera sentir (au moins 20 min).

2. Expliquer aux clients souffrant d'une maladie GI comment respecter le régime alimentaire prescrit et les informer de la nécessité de continuer à prendre les autres médicaments, selon les recommandations du médecin.

GÉNITO-URINAIRES

1. Évaluer chez les hommes d'âge moyen, en particulier, la fré-

Posologie	Commentaires

Placer le système derrière l'oreille plusieurs heures avant l'effet recherché. Pour une thérapie continue, replacer un nouveau système q 3 jours.

Pharmacocinétique
Ce système contient 1,5 mg de scopolamine libérée à partir d'une matrice faite d'huile minérale et de polyisobutylène. Le système libère environ 0,5 mg par jour.

Contre-indications
Contre-indiqué chez les enfants et chez les mères qui allaitent.

Soins infirmiers complémentaires
Avertir le client de ne pas conduire une automobile ni de faire marcher des machines dangereuses, car le médicament peut causer de la somnolence, de la confusion et de la désorientation.

quence des mictions afin de déceler tout signe de rétention urinaire.

2. Expliquer au client qu'il est recommandé de consulter son médecin si le médicament provoque l'impuissance.

Intoxication par la belladone

Les nourrissons et les enfants sont particulièrement sensibles aux effets toxiques de l'atropine et de la scopolamine. L'intoxication (reliée à la dose) est caractérisée par les symptômes suivants: xérostomie, sensation de brûlure dans la bouche, difficulté à avaler et à parler, vision trouble, photophobie, éruption cutanée, tachycardie, augmentation de la fréquence respiratoire, fièvre élevée (allant jusqu'à 42,7°C), agitation, irritabilité, confusion, incoordination musculaire, mydriase, peau sèche et chaude, dépression et paralysie respiratoires, tremblements, convulsions, hallucinations et mort.

TRAITEMENT DE L'INTOXICATION PAR LA BELLADONE   *Après ingestion orale*: Lavage gastrique ou induction de vomissements suivis de l'administration de charbon activé.

Contrepoison à action généralisée: Physostigmine (ésérine), 1 à 3 mg IV (efficacité incertaine; employer pour cette raison un autre agent dans la mesure du possible). Méthylsulfate de néostigmine, 0,5 à 2 mg IV; répéter la dose au besoin. En cas d'excitation, on peut administrer du diazépam ou un barbiturique à action lente. Contre la fièvre, on peut recommander des bains froids. En cas de photophobie, garder le client dans une pièce sombre.

MYDRIATIQUES ET CYCLOPLÉGIQUES

Mécanisme d'action/cinétique Ces agents dilatent la pupille (mydriase) et paralysent les muscles qui interviennent dans l'accommodation de la vision des objets rapprochés (cycloplégie). Leur administration permet au médecin l'examen de la structure interne de l'œil, y compris la rétine, ainsi que l'évaluation des troubles de réfraction du cristallin sans accommodation automatique.

Indications Agent de diagnostic pour l'examen ophtalmoscopique, réfraction chez les enfants, mydriase préopératoire et postopératoire durant une intervention chirurgicale à l'œil et uvéite antérieure.

Contre-indications Glaucome, enfants de moins de trois mois. Employer avec prudence chez les nourrissons, les enfants, les personnes âgées, les diabétiques, ainsi qu'en présence d'hypothyroïdie ou d'hyperthyroïdie et d'un angle étroit de la chambre antérieure.

TABLEAU 24 MYDRIATIQUES ET CYCLOPLÉGIQUES

Médicament	Posologie	Commentaires
Atropine, sulfate d' Atropine, Isopto Atropine, SMP Atropine	*Réfraction.* **Adultes**: 1 ou 2 gouttes dans l'œil avant l'examen; **enfants**: 1 ou 2 gouttes d'une solution à 0,5% dans les yeux b.i.d. pendant 1 à 3 jours avant l'examen et 1 h avant l'examen. *Uvéite.* **Adultes**: 1 ou 2 gouttes dans l'œil jusqu'à t.i.d.; **enfants**: 1 ou 2 gouttes d'une solution à 0,5% dans l'œil jusqu'à t.i.d.	**Effet maximal**: *Mydriase*, 30 à 40 min; *cycloplégie*, 1 à 3 h. **Retour à la normale** jusqu'à 12 jours. Ce médicament a tendance à causer des effets généraux tels que l'eczéma de contact et la conjonctivite allergique. Solutions à 0,5% et à 3% et onguent à 1,0%.
Cyclopentolate, chlorhydrate de Cyclogyl	*Réfraction.* **Adultes**: 1 goutte d'une solution à 0,5% suivie d'une autre goutte, 5 min après; **enfants**: 1 goutte de solution à 0,5%, 1% ou 2% dans chaque œil, suivie d'une autre goutte de solution à 0,5% ou à 1%, 10 min après.	**Début d'action**: 25 à 75 min. **Durée**: 24 h. Pour accélérer le rétablissement, administrer 1 ou 2 gouttes de pilocarpine à 1% ou 2%. Pour diminuer l'absorption, exercer une pression sur le sac lacrymal pendant 2 à 3 min.
Homatropine, bromhydrate d' Homatropine, Isopto Homatropine	*Réfraction*: 1 ou 2 gouttes; répéter après 5 ou 10 min, au besoin. *Uvéite*: 1 ou 2 gouttes q 3 à 4 h.	*Action brève.* **Début d'action**: 60 min. **Durée**: 24 à 72 h. Solution à 2% ou à 5%.

TABLEAU 24 *(suite)*

Médicament	Posologie	Commentaires
Tropicamide Mydriacyl	*Réfraction*: 1 ou 2 gouttes de solution à 1%; répéter après 5 min. La cycloplégie maximale survient en 25 à 30 min si une seconde goutte est instillée, 5 min après la première. *Examen du fond de l'œil*: 1 ou 2 gouttes d'une solution à 0,5%, 15 à 20 min avant l'examen.	**Début d'action rapide**: 20 à 40 min. **Durée**: 2 à 6 h. Ce médicament a une tendance particulière à causer des effets secondaires généraux.

Réactions indésirables *Ophtalmologiques*: Vision trouble, sensation de picotement, pression intra-oculaire accrue. L'emploi prolongé peut causer de l'irritation, de la photophobie, une conjonctivite, de l'hyperémie ou l'œdème. Pour connaître les effets généraux, voir à la page 739.

Posologie Voir au tableau 24 la posologie spécifique de chacun des agents.

Administration

1. Les gouttes sont instillées dans le sac conjonctival.
2. Avertir les clients de ne pas conduire et de ne pas faire marcher des machines lorsque les pupilles sont dilatées.

Soins infirmiers

1. Avant d'administrer le médicament, vérifier les antécédents de glaucome à angle fermé, car le produit peut précipiter une crise aiguë.
2. Avertir le client que ces médicaments perturbent temporairement la vision et qu'il ne devrait pas effectuer de travail nécessitant une vision de près ou faire marcher des machines, ni conduire sa voiture avant la disparition des effets.

Anticholinergiques (parasympatholytiques)

Curarisants

Généralités Les médicaments étudiés dans ce chapitre entravent la transmission de l'influx nerveux entre la plaque motrice et les récepteurs des muscles squelettiques (action périphérique). Lors d'une stimulation, ces muscles se contractent normalement lorsque l'acétylcholine est libérée des sites de stockage enfouis dans la plaque motrice.

Ces médicaments forment deux groupes: les curarisants acétylcholino-compétitifs (pachycurares) et les curarisants acétylcholino-mimétiques. Les curarisants acétylcholino-compétitifs – l'atracurium, la gallamine, la métocurine, le pancuronium, la tubocurarine – agissent par compétition avec l'acétylcholine sur le site récepteur des cellules musculaires. On appelle ces agents « curarisants » car leur mode d'action est similaire à celui du curare, poison dans lequel certaines peuplades d'Amérique du Sud trempent leurs flèches pour paralyser leurs proies. Le curarisant acétylcholino-mimétique – la succinylcholine – excite premièrement les muscles squelettiques et les empêche ensuite de se contracter en prolongeant le temps d'absence de réaction à l'acétylcholine des récepteurs de la plaque neuromusculaire (dépolarisation).

La paralysie musculaire causée par les curarisants est séquentielle. Les doses thérapeutiques produisent une dépression musculaire dans l'ordre suivant: alourdissement des paupières, difficulté d'avaler et de parler, diplopie, affaiblissement progressif des membres et du cou suivis par un relâchement du tronc et de la colonne vertébrale. Le diaphragme (paralysie respiratoire) est touché en dernier. Les médicaments n'affectent pas la conscience et leur usage en absence d'une anesthésie générale suffisante peut effrayer le client.

Il y a une très petite marge d'innocuité entre une dose thérapeutique efficace causant le relâchement musculaire et une dose toxique causant la paralysie respiratoire. **L'administration des curarisants doit toujours être effectuée par un médecin**. Cependant, l'infirmière doit être prête à soutenir et à surveiller de très près la respiration du client jusqu'à ce que l'action du médicament s'épuise.

Indications Voir chaque médicament.

Contre-indications Administrer les curarisants avec prudence chez les clients atteints de myasthénie grave; de troubles rénaux, hépatiques ou pulmonaires, de dépression respiratoire ainsi que chez les clients âgés ou affaiblis. Administrer les curarisants acétylcholino-mimétiques avec prudence aux clients présentant un déséquilibre électrolytique, particulièrement l'hyperkaliémie, ainsi qu'à ceux traités à la digitale.

Réactions indésirables *Paralysie respiratoire. Relâchement musculaire grave et prolongé.* Certains curarisants causent de l'hypotension, des bronchospasmes, des troubles cardiaques et de l'hyperthermie. Voir, également, chaque médicament.

Interactions médicamenteuses Les interactions médicamenteuses suivantes s'appliquent aux pachycurares des muscles squelettiques. Pour ce qui concerne la succinylcholine, voir la monographie de ce médicament.

Médicaments	Interaction
Analgésiques narcotiques	↑ de la dépression respiratoire et ↑ du relâchement musculaire.
Anesthésiques par inhalation	Relâchement musculaire supplémentaire.
Aminosides	Relâchement musculaire supplémentaire.
Amphothéricine B	↑ du relâchement musculaire.
Clindamycine	Relâchement musculaire supplémentaire.
Colistine	↑ du relâchement musculaire.
Diurétiques thiazidiques	↑ du relâchement musculaire due à l'hypokaliémie.
Furosémide	Le furosémide ↑ l'effet des curarisants.
Lincomycine	↑ du relâchement musculaire.
Magnésium, sels de	↑ du relâchement musculaire.
Méthotriméprazine	↑ du relâchement musculaire.
Phénothiazines	↑ du relâchement musculaire.
Polymyxine B	↑ du relâchement musculaire.
Procaïnamide	↑ du relâchement musculaire.
Procaïne	↑ du relâchement musculaire par une ↓ de la liaison aux protéines plasmatiques.
Quinidine	↑ du relâchement musculaire.

Soins infirmiers

1. *Évaluer*:
   a) la respiration, la PA et le pouls de très près pendant la durée d'action du médicament et signaler les signes indésirables.
   b) les signes de difficulté respiratoire ou d'apnée et se tenir prête à pratiquer la respiration artificielle et à administrer de l'oxygène.
   c) l'apparition d'hypersécrétion bronchique ou d'une respiration sifflante.

2. Préparer de l'oxygène, un respirateur, de la néostigmine, de l'atropine et de l'éphédrine pour les cas d'urgence.

3. Se souvenir que la dépression respiratoire causée par les pachycurares peut être soulagée par les anticholinestérasiques, tels que la néostigmine, qui augmentent la production d'acétylcholine, mais que l'antidote contre les curarisants acétylcholino-mimétiques est l'oxygène sous pression suivi par du sang complet ou du plasma si l'apnée persiste.

4. Suivre de près les interactions médicamenteuses car la potentialisation du relâchement musculaire peut être mortelle.

ATRACURIUM, BÉSYLATE D' Tracrium

Catégorie   Curarisant acétylcholino-compétitif.

Mécanisme d'action/cinétique   L'atracurium prévient l'action de l'acétylcholine par compétition au niveau des récepteurs cholinergiques à la jonction neuromusculaire. Il peut également libérer de l'histamine, ce qui entraîne l'hypotension. **Effet maximal**: 2 à 3 min. **Durée d'action**: 20 à 40 min. La récupération survient plus rapidement qu'avec les autres pachycurares (comme la *d*-tubocurarine). **Demi-vie**: 20 min. Métabolisme plasmatique.

Indications   Myorésolution pendant une intervention chirurgicale; adjuvant à l'anesthésie générale; accessoire lors d'une intubation endotrachéale.

Contre-indications   Employer avec prudence pendant la grossesse, le travail et l'accouchement. Également chez les clients souffrant de myasthénie grave, du syndrome de Lambert-Eaton, de troubles électrolytiques et d'asthme bronchique. L'innocuité et l'efficacité n'ont pas été déterminées lors de la lactation ni chez les enfants de moins de 2 ans.

Réactions indésirables supplémentaires   *CV*: Bradycardie. Les autres réactions indésirables peuvent être dues à la libération d'histamine et elles comprennent: des rougeurs, de l'érythème, des sifflements, de l'urticaire, des sécrétions bronchiques ainsi que des modifications de la pression artérielle et de la fréquence cardiaque.

Posologie   IV seulement. **Adultes et enfants de plus de 2 ans, initialement**: 0,4 à 0,5 mg/kg en bolus IV; **entretien**: 0,08 à 0,1 mg/kg. La première dose d'entretien peut être administrée après 20 à 45 min et répétée à des intervalles de 15 à 25 min sous anesthésie équilibrée ou à des intervalles plus longs avec des anesthésiques par inhalation. *Après l'administration de la succinylcholine pour une intubation*: **Initialement**, 0,3 à 0,4 mg/kg à l'aide de l'anesthésie équilibrée. *Traitement des maladies cardio-vasculaires ou des clients ayant des antécédents d'asthme ou d'anaphylaxie*: **Initialement**, 0,3 à 0,4 mg/kg administrés lentement en 1 min.

Administration

1. En cas d'utilisation concomitante avec des anesthésiques par inhalation, réduire la posologie initiale.
2. Réduire la posologie chez les clients atteints de myasthénie grave ou d'autres maladies neuromusculaires, de déséquilibres électrolytiques ou de carcinomatose.
3. Ne pas mélanger l'atracurium aux solutions alcalines.

GALLAMINE, TRIIODOÉTHYLATE DE
Flaxedil

Catégorie   Curarisant acétylcholino-compétitif.

Mécanisme d'action/cinétique   Semblable à la tubocurarine. Le médicament ne libère pas d'histamine et ne produit pas de bronchospasmes. Il n'a pas d'effet sur le tractus GI. **Début d'action**: Immédiat. **Durée d'action**: 20 min. Le médicament est excrété inchangé par les reins.

Indications   Myorésolution durant une intervention chirurgicale; adjuvant chez les clients nécessitant une ventilation mécanique.

Contre-indications supplémentaires   Myasthénie grave. Maladies cardiaques, particulièrement lorsque la tachycardie peut être dangereuse. Également, en présence d'hypertension, d'hyperthyroïdie, de troubles de la fonction rénale ou de dépression respiratoire et d'hypersensibilité à l'iode.

Réactions indésirables supplémentaires   Anaphylaxie.

Posologie   **IV, pendant l'anesthésie générale**: *Fortement individualisée.* **Initialement**, 1 mg/kg de masse corporelle, jusqu'à un maximum de 100 mg; on peut administrer une dose supplémentaire de 0,5 à 1,0 mg/kg de masse corporelle à des intervalles de 30 à 40 min.

Réduire la dose lors de l'emploi avec de l'éther, de l'halothane ou du méthoxyflurane.

Administration   Un précipité se formera si la gallamine est mélangée avec des agents anesthésiques.

MÉTOCURINE, IODURE DE   Iodure de
Metubine^Pr

Catégorie   Curarisant acétylcholino-compétitif.

Mécanisme d'action/cinétique   La métocurine est deux fois plus puissante que la tubocurarine et ne cause pas de blocage ganglionnaire. Il peut y avoir une libération d'histamine. Les effets sont cumulatifs. **Début d'action**: Quelques minutes; les effets maximaux persistent pendant 35 à 60 min. **Durée d'action**: 25 à 90 min. **Demi-vie**: 3,6 h. Environ 50% du médicament est excrété inchangé dans l'urine.

Indications   Myorésolution durant une intervention chirurgicale; diminution des contractions musculaires durant les convulsions; adjuvant chez les clients nécessitant une ventilation mécanique; adjuvant aux électrochocs.

Contre-indications   Clients sensibles aux iodures.

Réactions indésirables supplémentaires   Réactions allergiques au médicament ou à l'iode. *Symptômes causés par la libération d'histamine: CV*: Hypotension, érythème, tachycardie, rougeurs, collapsus circulatoire. *Autres*: Œdème, bronchospasme.

Interactions médicamenteuses supplémentaires   Le chlorure de succinylcholine ↑ l'effet de relâchement musculaire des deux médicaments.

Posologie   IV. *Interventions chirurgicales*: La dose dépend du type d'anesthésiques et de la nature de l'intervention. *Intubation endotrachéale*: 0,2 à 0,4 mg/kg. *Doses supplémentaires*: 0,5 à 1,0 mg. *En administration concomitante avec l'halothane, l'enflurane, le methoxyflurane ou l'éther*: Réduire les doses par fraction d'un tiers à une moitié. *Électrochocs*: 1,75 à 5,5 mg (habituellement: 2 à 3 mg). **La voie IM n'est pas recommandée.**

Administration   La métocurine est incompatible avec les solutions alcalines.

Soins infirmiers complémentaires

Voir *Soins infirmiers – Curarisants*, p. 751.

1. Avoir du méthylsulfate de néostigmine à portée de la main durant l'administration IV pour combattre la dépression respiratoire.
2. Ne pas administrer de néostigmine lorsque la dépression respiratoire est associée à une chute de la pression artérielle pour ne pas aggraver le choc.

PANCURONIUM, BROMURE DE   Pavulon^Pr

Catégorie   Curarisant acétylcholino-compétitif.

Mécanisme d'action/cinétique   Effets similaires à ceux de la *d*-tubocurarine bien que le pancuronium soit 5 fois plus puissant. La cinétique dépend de la posologie. **Début d'action, après 0,04 mg/kg**: 45 s; **effet maximal**: 4,5 min; **durée d'action**: 1 h.

Indications Myorésolution durant l'anesthésie et l'intubation endotrachéale.

Contre-indications supplémentaires Hypersensibilité au bromure, tachycardie, enfants de moins de 10 ans et clients chez qui l'augmentation de la fréquence cardiaque est déconseillée.

Réactions indésirables supplémentaires Salivation, démangeaisons et pouls accéléré.

Interactions médicamenteuses supplémentaires

Médicaments	Interaction
Acétylcholine	L'acétylcholine ↓ l'effet du pancuronium.
Glucosides cardiotoniques	Synergie des effets toxiques sur le cœur.
Potassium	Effet antagoniste avec le pancuronium.
Succinylcholine	La succinylcholine ↑ l'intensité et la durée d'action du pancuronium.

Posologie **IV: Initialement**, 40 à 100 µg/kg. On peut administrer des doses supplémentaires de 10 mg/kg à des intervalles de 25 à 60 min. La posologie chez les enfants est la même que celle des adultes. **Nouveau-nés**: Administrer d'abord une dose d'épreuve de 20 µg/kg afin de déterminer la réaction. *Intubation endotrachéale*: 60 à 100 µg/kg.

SUCCINYLCHOLINE, CHLORURE DE
Anectine, Chlorure de Quelicin, Chlorure de succinylcholine

Catégorie Curarisant acétylcholino-mimétique.

Mécanisme d'action/cinétique La succinylcholine excite premièrement les muscles squelettiques, puis les empêche de se contracter en prolongeant la durée de l'absence de réaction à l'acétylcholine des récepteurs à la jonction neuromusculaire. Courte action. **IV: Début d'action**, 1 min; **durée d'action**: 4 à 6 min. **Récupération**: 8 à 10 min. **IM: Début d'action**, 3 min. Métabolisé par les pseudo-cholinestérases du plasma.

Indications Myorésolution durant les interventions chirurgicales, l'intubation endotrachéale, l'endoscopie et les petites interventions chirurgicales; électrochocs.

Contre-indications supplémentaires Employer avec prudence chez les clients atteints de maladies hépatiques graves, d'anémie grave, de malnutrition, de troubles de l'activité cholinestérasique, de glaucome aigu à angle fermé, ainsi que chez ceux présentant des antécédents d'hyperthermie maligne, des plaies oculaires par pénétration et des fractures. Également, maladies cardio-vasculaires, pulmonaires, rénales ou métaboliques. L'innocuité pendant la grossesse n'a pas été établie.

Réactions indésirables *Muscles squelettiques*: Apparition éventuelle d'une apnée ou d'une dépression grave et persistante de la respiration. Fasciculations musculaires, douleurs musculaires postopératoires. *CV*: Bradycardie ou tachycardie, modification de la pression artérielle, arythmie, arrêt cardiaque. *Respiratoires*: Apnée, dépression respiratoire. *Autres*: Fièvre, hyperthermie maligne, salivation, hyperkaliémie, anaphylaxie, myoglobinémie, éruption cutanée et augmentation de la pression intra-oculaire.

Interactions médicamenteuses

Médicaments	Interaction
Adrénolytiques bêta	Blocage additif des muscles squelettiques.
Aminosides	Blocage additif des muscles squelettiques.
Antibiotiques autres que les pénicillines	Blocage additif des muscles squelettiques.
Anticholinestérasiques	Synergie additive.
Chloroquine	Blocage additif des muscles squelettiques.
Clindamycine	Blocage additif des muscles squelettiques.
Cyclophosphamide	↑ de l'effet de la succinylcholine par ↓ du catabolisme plasmatique du médicament par la pseudocholinestérase.
Diazépam	↓ de l'effet de la succinylcholine.
Échothiophate, iodure d'	↑ de l'effet de la succinylcholine par ↓ du catabolisme plasmatique du médicament par la pseudocholinestérase.
Furosémide	↑ l'action de la succinylcholine.
Glucosides cardiotoniques	↑ des risques d'arythmie cardiaque.
Isoflurane	Blocage additif des muscles squelettiques.
Lidocaïne	↑ de l'effet de la succinylcholine.
Lincomycine	Blocage additif des muscles squelettiques.
Lithium	↑ de l'effet de la succinylcholine.
Magnésium, sels de	Blocage additif des muscles squelettiques.
Phénothiazines	↑ de l'effet de la succinylcholine.
Polymyxine	Blocage additif des muscles squelettiques.
Procaïnamide	↑ de l'effet de la succinylcholine.
Procaïne	↑ de l'effet de la succinylcholine par inhibition de l'activité de la pseudocholinestérase plasmatique.

Médicaments	Interaction
Quinidine	Blocage additif des muscles squelettiques.
Quinine	Blocage additif des muscles squelettiques.
Thiotépa	↑ de l'effet de la succinylcholine par ↓ du catabolisme plasmatique du médicament par la pseudocholinestérase.
Trimétaphan	↑ de l'effet de la succinylcholine par inhibition de l'activité de la pseudocholinestérase plasmatique.

Posologie **IV: Habituellement**, administrer une dose d'épreuve initiale de 0,1 mg/kg pour déterminer la sensibilité et le temps de récupération. *Intervention chirurgicale*: **Adultes**, 0,6 mg/kg (plage: 0,3 à 1,1 mg/kg). **Enfants plus âgés**: 1 mg/kg; **nourrissons et jeunes enfants**: 1 à 2 mg/kg. Pour des interventions prolongées, administrer des **injections IV intermittentes: Adultes: Initialement**, 0,3 à 1,1 mg/kg; **puis**, 0,04 à 0,07 mg/kg, selon les besoins. **IM**: 3,3 mg/kg sans excéder une dose totale de 150 mg.

Administration/entreposage

1. Pour la perfusion IV, utiliser une solution de 1 ou 2 mg/mL de médicament dans du dextrose pour injection à 5%, du chlorure de sodium à 0,9% ou dans d'autres solutions IV appropriées. La succinylcholine n'est pas compatible avec les solutions alcalines.

2. Ajuster le degré de relâchement en modifiant le débit de la perfusion.

3. Garder au réfrigérateur.

4. Ne pas mélanger avec des anesthésiques.

TUBOCURARINE, CHLORURE DE Chlorure de *d*-tubocurarine, Tubarine

Catégorie Curarisant acétylcholino-compétitif.

Mécanisme d'action/cinétique Des effets cumulatifs peuvent survenir. Écart très étroit entre la dose thérapeutique et la dose toxique. Traiter le surdosage principalement par la ventilation assistée mais garder néanmoins à portée de la main de la néostigmine, de l'atropine et du chlorure d'édrophonium. **Début d'action**: Quelques minutes; les effets maximaux persistent pendant 35 à 60 min. **Durée d'action**: 25 à 90 min. **Demi-vie**: 1 à 3 h. Environ 43% du médicament est excrété inchangé dans l'urine.

Indications Myorésolution lors d'une intervention chirurgicale à l'abdomen, lors de la réduction des fractures et des luxations; spasticité causée par une blessure ou une maladie du SNC; électrochocs; diagnostic de la myasthénie grave.

Contre-indications supplémentaires Employer avec une extrême prudence chez les clients présentant des troubles rénaux, hépatiques ou des états obstructifs. Le médicament peut causer une hypersécrétion et un collapsus circulatoire. Clients chez qui la libération d'histamine est dangereuse. Employer avec prudence pendant la grossesse, la lactation et chez les enfants.

Réactions indésirables supplémentaires Réactions allergiques.

Interactions médicamenteuses supplémentaires

Médicaments	Interaction
Acétylcholine	L'acétylcholine est un antagoniste de l'effet de la tubocurarine.
Acétylcholines-térasiques	Les acétylcholinestérasiques sont des antagonistes de l'effet de la tubocurarine.
Calcium, sels de	↑ de l'effet de la tubocurarine.
Diazépam	Le diazépam, administré simultanément à la tubocurarine, peut causer une hyperthermie maligne.
Potassium	Effet antagoniste avec la tubocurarine.
Propranolol	↑ de l'effet de la tubocurarine.
Quinine	↑ de l'effet de la tubocurarine.
Succinylcholine, chlorure de	↑ de l'effet de relâchement des deux médicaments.
Trimétaphan	↑ l'effet de la tubocurarine.

Posologie **IV, IM**: La dose initiale devrait être inférieure de 20 unités à la quantité calculée. *Intervention chirurgicale,* **IV**: Habituellement, 1,1 unité/kg (40 à 60 unités au moment de l'incision suivies de 20 à 30 unités après 3 à 5 min, au besoin). *Électrochocs*: 1,1 unité/kg **IV** en 60 à 90 s. *Diagnostic de la myasthénie grave*, **IV**: 0,07 à 0,22 unités/kg.

Administration La tubocurarine est incompatible avec les solutions alcalines.

HUITIÈME PARTIE

Médicaments agissant sur l'appareil respiratoire

CHAPITRE **49**

Antiasthmatiques

Dérivés de la théophylline
Aminophylline *763*
Dyphylline *763*
Oxtriphylline *763*

Théophylline *764*
Théophylline sodique, glycinate
  de *764*

Autres antiasthmatiques
Cromoglycate disodique *764*

Généralités L'asthme est une maladie caractérisée par des difficultés respiratoires qui peuvent provenir de la contraction des muscles lisses des bronches et des bronchioles, de l'œdème des muqueuses des voies respiratoires ou des sécrétions de mucus adhérant aux parois des bronches et des bronchioles. La cause de l'asthme n'est pas connue avec certitude mais chez certains clients, cette maladie serait causée par une réaction allergique.

La thérapie vise, somme toute, à débloquer les voies respiratoires et à modifier les caractéristiques des liquides des voies respiratoires. Les médicaments et les catégories de médicaments employés pour traiter l'asthme sont les bronchodilatateurs tels les théophyllines et les amines sympathomimétiques (voir le chapitre 44), les mucolytiques (voir le chapitre 50), les corticostéroïdes (voir le chapitre 61) et le cromoglycate disodique. Les théophyllines et le cromoglycate disodique sont présentés dans ce chapitre.

DÉRIVÉS DE LA THÉOPHYLLINE

Mécanisme d'action/cinétique   Les dérivés de la théophylline sont des substances naturelles qui, comme la caféine, appartiennent à la famille des xanthines. Elles stimulent le SNC, décontractent les muscles lisses des bronches et des vaisseaux sanguins pulmonaires (soulagent les bronchospasmes), produisent la diurèse, stimulent la sécrétion d'acide gastrique et augmentent la fréquence cardiaque et la force de contraction du cœur. La théophylline et ses dérivés exercent un effet d'inhibition concurrentielle sur la phosphodiestérase, enzyme qui métabolise l'AMP cyclique en 5-AMP. L'augmentation résultante d'AMP cyclique augmente la libération d'épinéphrine endogène, ce qui entraîne une bronchodilatation. D'après certaines preuves, l'augmentation d'AMP cyclique inhibe la libération de la substance à réaction différée de l'anaphylaxie (SRS-A) et de l'histamine. La réaction au médicament varie d'un individu à l'autre.

Sels de théophylline: **Début d'action**: 1 à 5 h, selon la voie d'administration et la présentation. **Concentration plasmatique thérapeutique**: 56 à 111 μmol/L. **Demi-vie**: 7 à 9 h chez les adultes non fumeurs, 4 à 5 h chez ceux qui fument beaucoup et 3 à 5 h chez les enfants. À cause d'une grande variation de l'absorption et d'une plage thérapeutique extrêmement étroite, le suivi de la thérapie à la théophylline se fait par la détermination de la concentration sérique du médicament. Si on ne peut obtenir ces valeurs, on peut se servir des valeurs de la concentration salivaire, qui équivaut à 60% de la concentration sérique. Métabolisme hépatique en méthyl-3 xanthine active, excrétion rénale.

Dyphylline: Moins puissante que la théophylline, elle possède une demi-vie de 2 h. Tous ces médicaments sont métabolisés dans le foie et excrétés par les reins.

Indications   Soulagement de l'asthme bronchique aigu, des bronchospasmes réversibles associés à une bronchite chronique et de l'emphysème.

Contre-indications   Hypersensibilité au médicament, hypotension, maladie coronarienne, angine de poitrine. L'innocuité durant la grossesse n'est pas établie. Les xanthines ne sont généralement pas tolérées par les petits enfants à cause d'une stimulation excessive du SNC. Employer avec prudence en présence de gastrite, d'ulcère gastro-duodénal, d'alcoolisme, de maladies cardiaques aiguës, d'hypoxémie, de maladies hépatiques et rénales graves, d'hypertension prononcée, d'infarctus du myocarde grave, d'hyperthyroïdie, de glaucome, ainsi que chez les personnes âgées et chez les nouveau-nés.

Réactions indésirables *GI*: Nausées, vomissements, diarrhée, anorexie, douleur épigastrique, dyspepsie, irritation rectale (après l'emploi de suppositoires). *SNC*: Céphalée, insomnie, irritabilité, fièvre, étourdissements, vertiges, réflexes hyperexcitables, convulsions, dépression, anomalies du discours, périodes de mutisme et d'hyperactivité alternantes, lésion cérébrale, mort. *CV*: Hypotension, arythmie, palpitations, tachycardie, collapsus vasculaire périphérique, extrasystoles. *Rénales*: Protéinurie, excrétion d'érythrocytes et de cellules tubulaires rénales, déshydratation due à la diurèse, rétention urinaire (chez les hommes atteints d'hypertrophie prostatique). *Autres*: Tachypnée, arrêt respiratoire, fièvre, rougeurs, hyperglycémie, syndrome de l'hormone antidiurétique, leucocytose.

Remarque: L'aminophylline, en injection rapide IV, produit de l'hypotension, des rougeurs, des palpitations, de la douleur précordiale, des céphalées, des étourdissements ou de l'hyperventilation. De plus, l'éthylènédiamine contenue dans l'aminophylline peut causer des réactions allergiques comprenant l'urticaire et des éruptions cutanées.

Surdosage Les signes précoces de toxicité comprennent l'anorexie, les nausées, les vomissements, la faiblesse, l'agitation, l'irritabilité. Les symptômes tardifs comprennent les comportements agité et maniaque, de fréquents vomissements, une soif inextinguible, le délire, des convulsions, de l'hyperthermie et le collapsus vasomoteur. Une toxicité grave peut apparaître sans signes antérieurs. La toxicité s'observe généralement à la suite de l'administration parentérale mais elle peut parfois survenir après l'administration du médicament par voie orale, particulièrement chez les enfants.

Interactions médicamenteuses

Médicaments	Interaction
Adrénolytiques bêta	↓ de l'effet de la théophylline.
Cimétidine	↑ de la toxicité de la théophylline due à la ↓ du catabolisme hépatique.
Contraceptifs oraux	↑ de l'effet des théophyllines due à la ↓ du catabolisme hépatique.
Digitale	La théophylline ↑ la toxicité de la digitale.
Éphédrine et autres sympathomimétiques	↑ de la stimulation du SNC.
Érythromycine	↑ de l'effet de la théophylline due à la ↓ du catabolisme hépatique.
Furosémide	↑ de l'effet de la théophylline.
Halothane	↑ du risque d'arythmie cardiaque.
Lithium	↓ de l'effet du lithium due à ↑ du taux d'excrétion.

Médicaments	Interaction
Myorésolutifs non dépolarisants	La théophylline ↓ l'effet de ces médicaments.
Phénytoïne	↓ de l'effet des deux médicaments due à une ↑ du catabolisme hépatique.
Réserpine	L'emploi concomitant → de la tachycardie.
Tabac	↓ de l'effet de la théophylline due à une ↑ du catabolisme hépatique.
Vérapamil	↑ de l'effet de la théophylline.

Interactions avec les épreuves de laboratoire ↑ des acides gras plasmatiques libres, de la bilirubine, des catécholamines urinaires, de la vitesse de sédimentation des globules blancs. Interaction avec les épreuves de l'acide urique et les épreuves pour le furosémide, le probénécide, la théobromine et la phénylbutazone.

Posologie Voir le tableau 25. Individualisée. Initialement, ajuster la posologie en fonction de la concentration plasmatique du médicament. Habituellement: 56 à 111 μmol de théophylline par L de plasma.

Administration Le régime alimentaire a une influence sur l'excrétion de la théophylline. Un régime à forte teneur en protéines ou à faible teneur en glucides augmente l'excrétion de la théophylline. On observe le contraire avec un régime à faible teneur en protéines ou à forte teneur en glucides.

Soins infirmiers

1. *Évaluer*:
   a) de près la réaction clinique et les signes de toxicité.
   b) la concentration sérique de théophylline, qui doit se situer à l'intérieur de la plage thérapeutique, soit entre 56 et 111 μmol/L. Des concentrations supérieures à 111 μmol/L dictent un ajustement de la posologie.
   c) les petits enfants, en particulier, pour déceler une stimulation excessive du SNC, étant donné qu'ils sont incapables de signaler les effets indésirables.

2. Diluer les médicaments adéquatement et maintenir un débit de perfusion correct, de manière à réduire les problèmes de surdosage. Employer de préférence une pompe à perfusion IV pour maintenir le débit.

3. Ne commencer une thérapie orale que 4 à 6 h après la thérapie IV.

4. Pouvoir disposer d'un respirateur, d'oxygène, de diazépam (Valium) et de liquides IV pour traiter les cas de surdosage.

5. Expliquer au client et/ou à sa famille qu'il faut signaler au médecin les nausées, les vomissements, les douleurs GI et l'agitation, le cas échéant.

TABLEAU 25 DÉRIVÉS DE LA THÉOPHYLLINE EMPLOYÉS EN CAS DE BRONCHOSPASMES AIGUS

Médicament	Posologie	Commentaires
Aminophylline Aminophyl, Aminophylline, Corophyllin, Palaron, Phyllocontin	**PO**: *Attaques aiguës d'asthme,* **adultes**: 500 mg immédiatement; **pédiatrique**: 7,5 mg/kg immédiatement. **Entretien, adultes**: 200 à 315 mg q 6 à 8 h; **pédiatrique**: 3 à 6 mg/kg q 6 à 8 h. **Suppositoires rectaux: Adultes**: 500 mg 1 ou 2 fois par jour sans excéder 1 g par jour; **pédiatrique**: 7 mg/kg. **IM**: 500 mg, selon les recommandations du médecin (douloureux). **IV**: N'employer que des préparations de 25 mg/mL. **Dose d'attaque**: 6 mg/kg à un débit n'excédant pas 25 mg/min. **Entretien**: Jusqu'à 0,9 mg/kg par h par perfusion.	Médicament de choix lorsqu'on ne peut différencier l'œdème pulmonaire des bronchospasmes. Contient 79% à 86% de théophylline. *Administration* Diluer dans 10 à 20 mL de solvant et injecter lentement en 5 à 10 min pour éviter une hypotension grave. *Soins infirmiers complémentaires* Voir *Soins infirmiers*, p. 762. 1. Surveiller la PA de près durant l'administration IV, car le médicament peut en causer une diminution transitoire qui dicte un ajustement immédiat de la posologie et du débit. 2. Si possible, employer une autre voie d'administration que la voie IM car l'injection est douloureuse.
Dyphylline Protophylline	**PO. Adultes**: 15 mg/kg q.i.d.; **pédiatrique (PO seulement)**: 4,5 à 5,8 mg/kg b.i.d. ou t.i.d. **IM. Adultes**: 250 à 500 mg (en injection); la dose ne devrait pas excéder 15 mg/kg q 6 h; **pédiatrique**: 4,4 à 6,6 mg/kg par jour, en doses fractionnées. **Suppositoires rectaux. Adultes**: 500 mg q 8 h.	**Ne pas employer IV.** *Interactions médicamenteuses supplémentaires* Le probénécide ↓ l'excrétion de la dyphylline. Moins irritante que la théophylline ou que l'aminophylline. Équivaut à 70% de théophylline. *Remarque*: La concentration sérique de théophylline ne correspond pas à celle de la dyphylline.
Oxtriphylline Apo-Oxtriphylline, Choledyl, Choledyl	**PO. Adultes**: 200 mg q.i.d.; **pédiatrique: 2 à 12 ans**: 3,7 mg/kg q.i.d.	La théophylline choline contient 64% de théophylline. Moins irritante

TABLEAU 25 (*suite*)

Médicament	Posologie	Commentaires
SA, Novotriphyl, Oxtriphylline, Rouphylline	**Libération prolongée**: 400 à 600 mg q 12 h.	que l'aminophylline. Administrer de préférence après les repas et au coucher.
Théophylline *Libération immédiate*: Atphyline Elixir, Élixir de théophylline, Elixophyllin, Pulmophyllin, Quibron-T, Quibron-T Liquide, Somophyllin-T, Theolair, Theolixir, Theophylline *Libération prolongée*: Quibron T/SR, Respbid, Somophyllin, Somophyllin-12, Theo-Dur, Theolair, Theophylline	**PO: Adultes**, 200 à 250 mg q 6 h; **pédiatrique**: 100 mg q 6 h. **Libération prolongée**: La posologie varie selon la préparation.	
Théophylline sodique, glycinate de Acet-Am	**PO. Adultes**: 325 à 650 mg q 6 à 8 h après les repas; **pédiatrique, moins de 6 ans**: 55 à 165 mg q 6 à 8 h, après les repas; **pédiatrique, de 6 à 12 ans**: 220 à 330 mg q 6 à 8 h, après les repas.	Contient 44,5% à 47,3% de théophylline.

AUTRES ANTIASTHMATIQUES

CROMOGLYCATE DISODIQUE (CROMOLYNE SODIQUE)   Fivent, Intal[Pr], Nalcrom[Pr], Rynacrom[Pr]

Catégorie   Produit pour inhalation en cas d'asthme bronchique.

Mécanisme d'action/cinétique   Le cromoglycate disodique semble agir localement sur la muqueuse du poumon en prévenant la libération d'histamine et de SRS-A. Le médicament n'a pas de propriétés antihistaminiques, anti-inflammatoires ou bronchodilatatrices et ne met fin en aucune façon à une crise d'asthme aiguë. Après l'inhalation, une partie du médicament est absorbée par voie générale. L'excrétion dans l'urine et dans la bile (fèces) est à peu près égale. **Demi-vie**: 81 min; poumons: 60 min. S'il est efficace, le cromoglycate disodique réduit le nombre de crises asthmatiques et diminue l'intensité de la maladie. Une amélioration survient généralement après 4 semaines.

Indications   Chez certains clients, agent prophylactique et adjuvant dans le traitement de l'asthme bronchique grave. Agent prophylactique contre les bronchospasmes provoqués par l'effort, rhinite allergique. Traitement des allergies alimentaires et des affections intestinales inflammatoires.

Contre-indications   Hypersensibilité. Enfants de moins de 5 ans. L'innocuité durant la grossesse n'a pas été établie. Crises aiguës et état de mal asthmatique. Exercer la prudence en emploi prolongé ou en présence de maladie rénale ou hépatique.

Réactions indésirables   *Respiratoires*: Bronchospasmes, toux, œdème laryngé (rarement), pneumonie à éosinophiles. *SNC*: Étourdissements, somnolence, céphalée. *Allergiques*: Urticaire, éruptions, angio-œdème, maladie du sérum, anaphylaxie. *Autres*: Nausées, pollakiurie, dysurie, inflammation et douleurs articulaires, larmes, tuméfaction de la glande parotide. **À la suite de la nébulisation**: Éternuements, respiration sifflante, démangeaisons, épistaxis, sensation de brûlure, congestion nasale. **À la suite de l'emploi d'une solution nasale**: Sensation de brûlure ou de piqûre, irritation nasale; éternuements, épistaxis, céphalée, altération gustative, sécrétions rétronasales.

Posologie   *Asthme*. **Capsules pour la nébulisation: Adultes et enfants de plus de 5 ans, initialement**, 20 mg q.i.d. à intervalles réguliers. **Solution pour la nébulisation: Adultes et enfants de plus de 2 ans**, même posologie que pour les capsules. *Prophylaxie des bronchospasmes d'effort*: Inhalation de 20 mg (1 capsule), 1 h avant l'effort. *Rhinite*. **Solution nasale: Adultes et enfants de plus de 6 ans**, 1 vaporisation dans chaque narine, 3 à 6 fois par jour. *Allergies alimentaires et affections inflammatoires intestinales*. **PO: Adultes**: 200 mg q.i.d., 15 à 20 min avant les repas; **enfants, de 2 à 14 ans**: 100 mg q.i.d., 15 à 20 min avant les repas.

Administration/entreposage

1. N'entreprendre la thérapie qu'au moment où la crise est terminée, les voies pulmonaires libérées et le client capable d'inhaler adéquatement.

2. Demander au client d'utiliser un inhalateur spécial et de ne pas avaler les capsules (traitement de l'asthme).

3. Continuer de suivre la posologie des corticostéroïdes lors du début de la thérapie au cromoglycate; cependant, si une amélioration survient, on peut retirer les corticostéroïdes. Reprendre la thérapie aux corticostéroïdes si l'inhalation du cromoglycate est interrompue, ainsi qu'au moment d'un stress ou en cas d'insuffisance surrénalienne.

4. Pour une plus grande absorption, dissoudre le contenu de la capsule dans de l'eau chaude et administrer sous forme de solution.

Soins infirmiers

Expliquer au client et/ou à sa famille:

a) qu'il faut introduire la capsule dans l'inhalateur.

b) qu'il faut placer l'inhalateur entre les lèvres et inhaler complètement.

c) qu'il faut incliner la tête et inhaler profondément et rapidement afin que le propulseur tourne rapidement et fournisse une plus grande quantité de médicament en une seule inhalation.

d) qu'il faut ensuite enlever l'inhalateur de la bouche, attendre quelques secondes et expirer lentement.

e) qu'il faut répéter les étapes précédentes jusqu'à l'administration de toute la quantité de poudre.

f) qu'il ne faut pas mouiller la poudre pendant l'expiration.

g) qu'il faut continuer l'administration du médicament selon les recommandations du médecin, car jusqu'à 4 semaines peuvent s'écouler avant qu'on observe une diminution de la fréquence des crises d'asthme.

h) qu'il faut demander au médecin si on peut cesser la prise du médicament, car une interruption du traitement pourrait précipiter une attaque d'asthme et une thérapie conjointe aux corticostéroïdes pourrait nécessiter un ajustement.

CHAPITRE 50

Antitussifs, expectorants et mucolytiques

ANTITUSSIFS

Généralités La toux est un mécanisme réflexe protecteur par lequel l'organisme tente de libérer les voies respiratoires de l'excès de mucus ou de particules étrangères. La toux peut accompagner les infections des voies respiratoires supérieures. Dans ce cas, elle disparaît généralement après quelques jours. La toux peut aussi indiquer une maladie organique sous-jacente dont la cause devrait être déterminée.

Les deux principaux types de toux sont: la toux productive (toux accompagnée d'expectoration de mucus et de phlegme) et la toux non productive (toux sèche). Lorsque la toux devient excessive et qu'elle perturbe les activités normales ou le sommeil, on devrait commencer un traitement symptomatique.

Les antitussifs sont classés en produits narcotiques et en produits non narcotiques. Ces médicaments soulagent la toux en déprimant le centre de la toux de l'encéphale ou en agissant localement.

ANTITUSSIFS NARCOTIQUES

CODÉINE

Voir *Analgésiques narcotiques*, p. 601.

HYDROCODONE, BITARTRATE D'
Hydocan[N], Robidone[N]

Catégorie   Antitussif narcotique.

Mécanisme d'action/cinétique   L'hydrocodone est un antitussif de 2 à 8 fois plus puissant que la codéine. On croit qu'il agit directement en inhibant le centre de la toux. L'administration par voie orale de 10 mg d'hydrocodone produit en moyenne une concentration sanguine de 79 μmol/L. **Concentration sérique maximale**: 1,3 h. **Demi-vie**: 3,8 h.

Indications   Maîtrise de la toux non productive et exténuante, lorsque le traitement à l'aide d'antitussifs non narcotiques est inefficace.

Contre-indications   L'innocuité du médicament durant la grossesse et la lactation n'a pas été établie.

Interactions médicamenteuses   Voir *Analgésiques narcotiques*, p. 596.

Réactions indésirables   *CV*: Hypertension, hypotension orthostatique, palpitations. *Respiratoires*: Dépression respiratoire proportionnelle à la dose. *GU*: Spasmes urétéraux, rétention urinaire. *SNC*: Somnolence, sédation, léthargie, étourdissements, vision trouble. *GI*: Nausées, vomissements, constipation.

Posologie   **PO. Adultes et enfants de plus de 12 ans**: 5 mg q 4 h après les repas et au coucher. Ne pas excéder 30 mg par jour. **Pédiatrique, 2 à 12 ans**: 2,5 mg q 4 h, sans excéder 15 mg par jour; **moins de 2 ans**: 1,25 mg q 4 h, sans excéder 7,5 mg par jour.

> **Soins infirmiers**
>
> Voir *Soins infirmiers – Analgésiques narcotiques*, p. 597.

ANTITUSSIFS NON NARCOTIQUES

Généralités   Les médicaments de cette catégorie dépriment le réflexe de la toux par différents mécanismes. Ils sont tous plus efficaces pour le traitement de la toux non productive que pour celui de la toux associée à des expectorations abondantes. Plusieurs de ces agents ont des propriétés anesthésiques locales. Contrairement aux narcotiques, ils ne produisent pas de dépendance.

Contre-indications   On devrait éviter les médicaments antitussifs durant le premier trimestre de la grossesse, à moins d'avis contraire du médecin.

> **Soins infirmiers**
>
> 1. Si le client continue de paraître congestionné ou est incapable de se débarrasser des sécrétions, avertir le médecin.

2. Procurer des soins de soutien: encourager l'ingestion de liquides, faire asseoir le client, soutenir les plaies pendant la toux et procurer des liquides chauds pour réduire l'irritation de la muqueuse.

3. *Expliquer au client et/ou à sa famille*:
   a) qu'il faut prendre les antitussifs tels que prescrits et jeter le reste de la médication après la thérapie car ces médicaments doivent être pris sous surveillance médicale.
   b) que les antitussifs sont généralement contre-indiqués pendant la grossesse.
   c) qu'il ne doit pas manger ou boire pendant au moins 15 min après avoir pris un sirop pour la toux qui a un effet émollient.

BENZONATATE   Tessalon

Catégorie   Antitussif non narcotique.

Mécanisme d'action/cinétique   L'effet antitussif est dû à l'effet anesthésique local sur les récepteurs de tension des voies respiratoires, qui déprime ainsi le réflexe de la toux à sa source. Il est aussi efficace que la codéine. **Début d'action**: 30 min. **Durée d'action**: 2 à 8 h.

Indications   Affections respiratoires incluant la pneumonie et la bronchite; affections chroniques incluant l'emphysème, la tuberculose et les tumeurs pulmonaires; asthme bronchique. Adjuvant pendant une intervention chirurgicale lorsque la toux devrait être supprimée. Toux non productive.

Contre-indications   Employer avec prudence pendant la grossesse et la lactation.

Réactions indésirables   *GI*: Nausées, dérangement gastrique, constipation. *SNC*: Somnolence, étourdissements, céphalée. *Autres*: Éruption cutanée, prurit, congestion nasale, frissons, sensation de brûlure des yeux, hypersensibilité.

Posologie   **PO. Adultes et enfants de plus de 10 ans**: 100 mg t.i.d., jusqu'à un maximum de 600 mg par jour.

Administration/entreposage   Avaler la perle sans la mâcher pour éviter l'effet anesthésique local sur la muqueuse buccale.

DEXTROMÉTHORPHANE, BROMHYDRATE DE   Balminil DM, Broncho-Grippol-DM, Delsym, DM Sirop, Koffex, Néo-DM, Robidex, Sedatuss, Sirop contre la toux, Sucrets Formule pour le contrôle de la toux

Catégorie   Antitussif non narcotique.

Mécanisme d'action/cinétique   Le dextrométhorphane déprime sélectivement le centre de la toux (dans le bulbe rachidien), et son activité antitussive est à peu près égale à celle de la codéine. On le trouve fréquemment dans les médications contre la toux vendues sans ordonnance; il ne produit pas de dépendance physique ni de dépression respiratoire. Il est bien absorbé dans le tractus GI. **Début d'action**: 15 à 30 min. **Durée d'action**: 3 à 6 h.

Indications   Soulagement symptomatique de la toux non productive chronique.

Contre-indications   Toux persistante ou chronique. Employer avec prudence chez les clients souffrant de nausées, de vomissement, de fièvre, d'une éruption cutanée ou d'un mal de tête persistant.

Interaction médicamenteuse   Contre-indiqué avec les inhibiteurs de la monoamine-oxydase.

Posologie   Sirop, pastilles. **Adultes et enfants de plus de 12 ans**: 10 à 30 mg q 4 à 8 h, sans excéder 60 à 120 mg par jour; **pédiatrique, 6 à 12 ans**: 5 à 10 mg q 4 h ou 15 mg q 6 à 8 h, sans excéder 40 à 60 mg par jour; **pédiatrique, 2 à 6 ans**: 2,5 à 5,0 mg q 4 h ou 7,5 mg q 6 à 8 h, sans excéder 30 mg par jour. **Liquide à libération progressive. Adultes**: 60 mg b.i.d.; **pédiatrique, 6 à 12 ans**: 30 mg b.i.d.; **pédiatrique, 2 à 5 ans**: 15 mg b.i.d.

Administration   L'augmentation de la dose de dextrométhorphane n'augmentera pas l'efficacité mais augmentera la durée d'action.

DIPHÉNHYDRAMINE, CHLORHYDRATE DE
Allerdryl, Benadryl, Bénylin pour la toux, Calmex, Chlorhydrate de diphénhydramine, Compoz, Dormex, Dormipren, Dorm-L, Insomnal, Nytol, Sedicin, Sleep Eze, Sominex, Unisom

Voir *Antihistaminiques*, p. 781.

Posologie   PO. **Adultes**: 25 mg q 4 h, sans excéder 100 mg par jour; **pédiatrique, 6 à 12 ans**: 12,5 mg q 4 h, sans excéder 50 mg par jour; **pédiatrique, 2 à 6 ans**: 6,25 mg q 4 h, sans excéder 25 mg par jour.

EXPECTORANTS

ÉLIXIR D'HYDRATE DE TERPINE
Élixir d'hydrate de terpine

ÉLIXIR D'HYDRATE DE TERPINE AVEC CODÉINE   Élixir d'hydrate de terpine avec codéine[N]

Catégorie   Expectorant.

Généralités   On prétend que l'hydrate de terpine augmente et liquéfie les sécrétions bronchiques et facilite leur expectoration; cependant les doses recommandées n'entraînent probablement pas cet effet. L'hydrate de terpine est souvent associé à la codéine, un narcotique qui déprime spécifiquement le réflexe de la toux. L'élixir d'hydrate de terpine contient 43% d'alcool, alors que l'élixir d'hydrate de terpine avec codéine contient 40% d'alcool, 85 mg d'hydrate de terpine et 10 mg de codéine par 5 mL.

Indications   Traitement symptomatique de la toux.

Contre-indications   Ulcère gastro-duodénal et diabète sucré grave. Chez les enfants. Voir *Codéine*, p. 601.

Réactions indésirables   Voir *Codéine*, p. 601.

Posologie   *Élixir d'hydrate de terpine*, **PO**: 5 à 10 mL q 3 ou 4 h au besoin. *Élixir d'hydrate de terpine avec codéine*, **PO**: 5 mL 3 ou 4 fois par jour.

Soins infirmiers

Avertir le client qu'un emploi excessif du médicament peut conduire à une sédation excessive et que l'emploi prolongé peut conduire à la dépendance.

GUAÏFÉNÉSINE (GAÏACOLATE DE GLYCÉRYLE)   Balminil expectorant, Corritol, Guaïfénésine, Néo-Spec, Resyl, Robitussin

Catégorie   Expectorant.

Mécanisme d'action/cinétique   La guaïfénésine augmente les sécrétions trachéobronchiques. Cela réduit la viscosité des sécrétions respiratoires et facilite leur expectoration. Il n'y a aucune donnée concernant l'efficacité de la guaïfénésine; cependant, on la trouve dans plusieurs préparations contre la toux vendues sans ordonnance.

Indications   Pour liquéfier et expulser le mucus accumulé dans les voies respiratoires. Toux sèche et non productive.
Remarque: Également présent dans Dimetane Expectorant. Voir l'appendice 3.

Contre-indications   Toux chronique, toux accompagnée d'un excès de sécrétions.

Réactions indésirables   *GI*: Nausées, vomissements, dérangement GI. *SNC*: Somnolence.

Interactions médicamenteuses   Une tendance aux saignements peut résulter de l'inhibition de l'adhésivité plaquettaire par la guaïfénésine.

Posologie   **PO. Adultes et enfants de plus de 12 ans**: 100 à 400 mg q 4 à 6 h, sans excéder 2,4 g par jour; **pédiatrique, 6 à 12 ans**: 50 à 100 mg q 4 à 6 h, sans excéder 600 mg par jour; **pédiatrique, 2 à 6 ans**: 50 mg q 4 h, sans excéder 300 mg par jour.

MUCOLYTIQUES

ACÉTYLCYSTÉINE   Airbron, Mucomyst, Parvolex

Catégorie   Mucolytique.

Généralités   L'acétylcystéine réduit la viscosité des sécrétions pulmonaires purulentes et non purulentes par rupture des ponts disulfures. Cela permet l'expectoration ou la succion mécanique des sécrétions. Son action augmente avec l'augmentation du *p*H (effet maximal: *p*H 7 à 9).

Indications   Adjuvant dans le traitement de la bronchite aiguë et chronique, de l'emphysème, de la tuberculose, de la pneumonie, de la bronchiectasie et de l'atélectasie. Soins des trachéotomies, des complications pulmonaires après une intervention chirurgicale thoracique ou cardio-vasculaire et des affections thoraciques post-traumatiques. Complications pulmonaires de la mucoviscidose (fibrose kystique du pancréas). Examens diagnostiques des bronches. Antidote dans l'intoxication par l'acétaminophène pour réduire l'hépatotoxicité. *À l'étude*: En solution ophtalmique pour les yeux secs.

Contre-indications   Sensibilité au médicament. Employer avec prudence chez les asthmatiques et les personnes âgées.

Réactions indésirables   *Respiratoires*: L'acétylcystéine augmente la fréquence des bronchospasmes chez les asthmatiques. Le médicament peut également augmenter la quantité de sécrétions bronchiques, qui doivent être retirées par succion si la toux est inadéquate. Irritation bronchique et trachéale, oppression thoracique et bronchoconstriction. *GI*: Nausées, vomissements, stomatite. *Autres*: Éruption cutanée, fièvre, somnolence, rhinorrhée.

Interactions médicamenteuses   L'acétylcystéine est incompatible avec les antibiotiques et devrait être administrée séparément.

Posologie   Administrer une solution à 10% ou 20% par nébulisation, application directe ou instillation intratrachéale.

Nébulisation dans le masque facial: 1 à 10 mL d'une solution à 20% ou 2 à 10 mL d'une solution à 10%, 3 ou 4 fois par jour. *Tente ou Croupette*: 300 mL d'une solution à 10% ou 20% par traitement. *Instillation directe dans la trachéotomie*: 1 à 2 mL d'une solution à 10% ou 20% toutes les 1 à 4 h. *Cathéter intratrachéal percutané*: 1 à 2 mL d'une solution à 20% ou 2 à 4 mL d'une solution à 10% q 1 à 4 h à l'aide d'une seringue reliée au cathéter. *Examens diagnostiques*: 2 ou 3 doses de 1 ou 2 mL d'une solution à 20% ou de 2 à 4 mL d'une solution à 10% par nébulisation ou instillation intratrachéale. *Surdosage d'acétaminophène*: **PO, initialement**, 140 mg/kg; **puis**, 70 mg/kg q 4 h pour un total de 17 doses.

Administration/entreposage

1. Employer du matériel de verre, de plastique non réactif ou d'acier inoxydable pour l'administration.

2. Administrer le médicament par un masque facial, une tente faciale, une tente à oxygène, une tente de tête ou à l'aide d'un respirateur à pression positive intermittente, tel qu'indiqué.

3. Administrer avec de l'air comprimé pour la nébulisation. Les nébuliseurs manuels sont contre-indiqués.

4. Après une nébulisation prolongée, diluer le dernier quart de la médication avec de l'eau stérile pour injection afin d'éviter la concentration du médicament.

5. La solution peut se teinter légèrement en violet, ce qui n'affecte pas l'action du médicament.

6. Les flacons non débouchés sont stables pendant 2 ans lorsqu'on les entrepose à une température de 20°C. On doit entreposer les flacons ouverts à une température de 2 à 8°C et les utiliser dans les 96 h.

Soins infirmiers

1. Évaluer, chez les asthmatiques, l'apparition des bronchospasmes, caractérisés par une respiration sifflante et une augmentation de la congestion.

2. Garder à sa disposition des bronchodilatateurs comme l'isoprotérénol pour inhalation en aérosol pour le traitement des bronchospasmes.

3. Effectuer une succion mécanique pour retirer les sécrétions si le client ne peut les expectorer et garder une sonde endotrachéale à sa disposition.

4. Expliquer au client que l'odeur nauséabonde qu'il peut percevoir au début du traitement disparaîtra très vite.

5. Laver le visage du client après la nébulisation car le médicament peut laisser un résidu poisseux.

Histamine et antihistaminiques

HISTAMINE

Généralités On trouve de l'histamine dans presque tous les tissus. Cependant, jusqu'à présent, l'importance de l'histamine en pharmacologie demeure principalement la suppression de son action par les inhibiteurs de ses récepteurs (les antihistaminiques). Des stimuli appropriés, qui comprennent les lésions tissulaires, les réactions antigène-anticorps (réactions allergiques) et le froid extrême, déclenchent la libération d'histamine de ses sites de stockage dans le système vasculaire. Ce phénomène induit les réactions suivantes:

1. Dilatation et augmentation de la perméabilité des petites artérioles, des capillaires et des précapillaires, conduisant à une augmentation de la perméabilité aux liquides. Ce phénomène entraîne une diminution de la pression artérielle chez l'humain. L'écoulement de liquide dans les espaces sous-cutanés provoque de l'œdème. La congestion nasale associée aux allergies est imputable à l'œdème de la muqueuse nasale causé par l'histamine. La libération d'histamine peut également causer un œdème laryngé.

2. Contraction de certains muscles lisses tels que ceux des bronchioles; on croit que la bronchoconstriction qui en résulte explique le rôle de l'histamine dans l'asthme bronchique. La libération d'histamine entraîne aussi la contraction de l'utérus.

3. Stimulation de la sécrétion d'acide dans l'estomac. Employé comme agent de diagnostic pour stimuler les glandes gastriques afin d'éva-

luer la fonction gastrique. Augmente également les sécrétions bronchiques, intestinales et salivaires.

4. Dilatation des vaisseaux cérébraux. De petites doses peuvent causer une céphalée intense.

5. Douleur et démangeaisons, à cause de la stimulation des terminaisons nerveuses.

Action Lorsqu'elle est libérée, l'histamine interagit avec des récepteurs spécifiques généralement divisés en récepteurs H_1 et H_2. La bronchoconstriction et la motilité intestinale relèvent des récepteurs H_1, tandis que la sécrétion gastrique relève des récepteurs H_2. Certains autres phénomènes – tels que l'hypotension résultant de la vasodilatation – dans lesquels l'histamine joue un rôle relèvent des deux groupes de récepteurs, H_1 et H_2. Le *phosphate d'histamine* est employé pour diagnostiquer le phéochromocytome et l'achlorhydrie.

ANTIHISTAMINIQUES (INHIBITEURS DES RÉCEPTEURS H_1 DE L'HISTAMINE)

Mécanisme d'action/cinétique Les effets de l'histamine peuvent être contrés par des médicaments qui inhibent les récepteurs de l'histamine (les antihistaminiques) ou par des médicaments dont les effets sont contraires à ceux de l'histamine (comme l'épinéphrine). Lorsqu'on emploie des antihistaminiques pour le traitement des allergies, il s'agit d'inhibiteurs des récepteurs H_1 de l'histamine, tandis qu'il s'agit d'inhibiteurs des récepteurs H_2 de l'histamine lorsqu'on les utilise pour traiter les troubles GI (comme l'ulcère gastro-duodénal). Voir le chapitre 53.

Les antihistaminiques n'empêchent pas la libération d'histamine; ils font plutôt concurrence à l'histamine pour l'occupation des récepteurs (inhibition compétitive), ce qui empêche ou contre les effets de l'histamine. Les antihistaminiques préviennent ou diminuent la perméabilité des capillaires (diminuent l'œdème et la démangeaison) de même que les bronchospasmes. Les réactions allergiques qui ne sont pas reliées à la libération d'histamine ne sont pas soulagées par les antihistaminiques.

Les inhibiteurs des récepteurs H_1 ont des propriétés anticholinergiques, antiémétiques et antisérotoninergiques variables. Ils possèdent aussi des effets dépresseurs du SNC variables.

Du point de vue chimique, les antihistaminiques peuvent être rangés dans les cinq catégories suivantes.

1. **Les dérivés de l'éthylènédiamine**. Les médicaments de ce groupe ont un faible effet sédatif et aucune activité anticholinergique ou antiémétique. Ils causent fréquemment des troubles GI. Agent disponible: Tripelennamine.

2. **Les dérivés de l'éthanolamine**. Les médicaments de ce groupe sont ceux qui risquent le plus de causer une dépression du SNC

(somnolence). L'incidence d'effets GI indésirables est faible avec ces médicaments et ils ont des propriétés anticholinergiques et antiémétiques importantes. Agents disponibles: Clémastine, diphénhydramine.

3. **Les alkylamines**. Ce groupe comprend des antihistaminiques très puissants. Ces médicaments sont efficaces à faibles doses, et ils sont particulièrement utiles pour l'emploi durant la journée. Ils entraînent une sédation minimale, des effets anticholinergiques modérés et aucun effet antiémétique. Une excitation paradoxale peut survenir. La réaction individuelle à chaque agent est variable. Agents disponibles: Bromphéniramine, chlorphéniramine, dexchlorphéniramine, triprolidine.

4. **Les phénothiazines** (voir également *Phénothiazines*, chapitre 32). Ces agents possèdent une action antihistaminique significative, provoquent une sédation variable et ont des effets anticholinergiques et antiémétiques très marqués. Agents disponibles: Methdilazine, prométhazine, triméprazine.

5. **Les pipéridines**. Les médicaments de ce groupe ont une activité antihistaminique prolongée, une activité anticholinergique modérée et aucun effet antiémétique. La somnolence est relativement peu fréquente. Agents disponibles: Azatadine, cyproheptadine.

La pharmacocinétique de la plupart des antihistaminiques est semblable. **Début d'action**: 30 à 60 min; **effet maximal**: 1 à 2 h; **durée d'action**: 4 à 6 h (les pipéridines ont une plus longue durée d'action). De nombreux antihistaminiques sont offerts en préparations à libération prolongée. La plupart sont métabolisés dans le foie et excrétés dans l'urine.

Indications Soulagement symptomatique des symptômes d'allergie causés par la libération d'histamine, y compris l'urticaire, l'angio-œdème, le dermographisme, l'anaphylaxie (emploi comme adjuvant) et les réactions sanguines ou plasmatiques. Également, pour le traitement des réactions cutanées induites par un médicament, la dermatite atopique, l'eczéma de contact, le prurit anal et vulvaire et les morsures d'insectes (des produits pour usage topique peuvent aussi être employés pour ces états). Congestion nasale accompagnant la rhinite allergique, la fièvre des foins et le rhume.

Les effets anticholinergiques et dépresseurs du SNC de certains de ces médicaments se sont révélés utiles dans le traitement de la maladie de Parkinson et des réactions extrapyramidales induites par les médicaments. Ils réduisent la rigidité et améliorent l'élocution ainsi que les mouvements volontaires.

Certains antihistaminiques ont été employés contre le mal des transports et comme somnifères.

Contre-indications Hypersensibilité au médicament, glaucome à angle fermé, hypertrophie prostatique, ulcère gastro-duodénal sténosant, obstruction du col de la vessie et obstruction pyloro-duodénale.

Grossesse ou possibilité de grossesse (certains de ces médicaments), lactation, nouveau-nés et nourrissons prématurés. Administrer avec prudence aux clients atteints de troubles convulsifs, aux personnes âgées, en présence de maladie respiratoire et chez les nourrissons et les enfants (peut causer des hallucinations, des convulsions et la mort).

Les antihistaminiques du type des phénothiazines sont contre-indiqués en présence de dépression du SNC, quelle qu'en soit la cause, de dépression de la moelle osseuse et d'ictère ainsi que chez les enfants déshydratés ou gravement malades et chez les clients comateux.

Réactions indésirables *SNC*: Sédation allant d'une légère somnolence à un sommeil profond. Étourdissements, lassitude, troubles de la coordination, faiblesse musculaire. Excitation paradoxale (en particulier chez les enfants) incluant: l'agitation, l'insomnie, les tremblements, l'euphorie, la nervosité, le délire, les palpitations et même des convulsions. Les antihistaminiques peuvent précipiter des convulsions épileptiformes chez des clients atteints de lésions focales. *GI*: Douleur épigastrique, xérostomie, anorexie ou augmentation de l'appétit, nausées, vomissements et diarrhée ou constipation. *CV*: Palpitations, augmentation de la fréquence cardiaque, hypotension, extra-systoles. *GU*: Pollakiurie, rétention urinaire ou miction difficile. Impuissance, altération de la libido, dysménorrhée. *Respiratoires*: Sécheresse du nez, de la bouche et de la gorge; embarras de la respiration nasale, dépression respiratoire, respiration sifflante et oppression thoracique. *Hématologiques*: Anémie (hémolytique, hypoplasique), leucopénie, pancytopénie, agranulocytose, thrombopénie. *Allergiques*: Anaphylaxie, éruption cutanée, photosensibilité, urticaire. *Autres*: Les mains deviennent lourdes et faibles, picotements, transpiration excessive, frissons.

Emploi topique: L'emploi prolongé peut entraîner de l'irritation locale et un eczéma de contact allergique.

Intoxication aiguë Les antihistaminiques possèdent une large fenêtre thérapeutique. Un surdosage peut toutefois être fatal. Les enfants y sont particulièrement sensibles. Le surdosage peut provoquer aussi bien une surexcitation qu'une dépression du SNC. La surexcitation se caractérise par des hallucinations, de l'incoordination et des convulsions tonico-cloniques. Chez les enfants, on observe fréquemment des pupilles fixes et dilatées, des rougeurs et de la fièvre. L'œdème cérébral, un coma profond et un collapsus respiratoire surviennent habituellement en 2 à 18 h.

Chez l'adulte, le surdosage se manifeste d'abord par une dépression marquée du SNC. Le traitement du surdosage est un traitement symptomatique et de soutien. On provoque le vomissement par l'administration de sirop d'ipéca (sauf s'il s'agit d'un surdosage de phénothiazine), suivi de charbon activé et d'un cathartique. Si le vomissement n'a pas été provoqué dans les 3 h suivant l'ingestion, on peut entreprendre un lavage gastrique. On peut traiter l'hypotension avec

TABLEAU 26 ANTIHISTAMINIQUES

Médicament	Catégorie*	Posologie	Commentaires
Astémizole Hismanal	6	**Adultes et enfants de plus de 12 ans**: 10 mg die. **Enfants de 6 à 12 ans**: 5 mg die. **Enfants de moins de 6 ans**: 2 mg/kg die.	Pour que l'astémizole soit absorbé au maximum, il est recommandé de le prendre à jeun. La fréquence des effets indésirables est faible avec l'astémizole.
Azatadine, maléate d' Optimine^{Pr}	5	**PO**: 1 ou 2 mg b.i.d. Employer de plus petites doses chez les personnes âgées.	Possède une action prolongée. Employé contre la rhinite allergique et l'urticaire chronique. Ne devrait pas être employé chez les enfants de moins de 12 ans.
Bromphéniramine, maléate de Dimetane	3	**PO. Adultes et enfants de plus de 12 ans**: 4 mg q 4 ou 6 h, ou 8 ou 12 mg à libération prolongée b.i.d. ou t.i.d., sans excéder 24 mg par jour. **Pédiatrique, 6 à 12 ans**: 2 mg q 4 ou 6 h ou 8 ou 12 mg à libération prolongée q 12 h; **2 à 6 ans**: 1 mg q 4 ou 6 h, sans excéder 6 mg par jour. **IM, IV, SC. Adultes: Habituellement**, 10 mg (écart: 5 à 20 mg) b.i.d. (dose quotidienne maximale: 40 mg); **pédiatrique, moins de 12 ans**: 0,5 mg/kg par jour en 3 ou 4 doses.	Peut être administré par voie parentérale. Cause une légère somnolence. Ne pas employer de solutions qui contiennent des agents de conservation pour les injections IV. Également présent dans Dimetane Expectorant et dans Dimetapp (voir l'appendice 3).

Chlorphéniramine, maléate de Chlorphen, Chlor-Tripolon, Contac pour les allergies, Coricidin « D », Histalon, Maléate de chlorphéniramine, Novopheniram	3	**PO. Adultes et enfants de plus de 12 ans**: 4 mg q 4 ou 6 h ou 8 mg à libération prolongée q 8 ou 12 h ou au coucher sans excéder 24 mg par jour. **Pédiatrique, 6 à 12 ans**: 2 mg q 4 à 6 h sans excéder 12 mg par jour. Ne pas employer de préparation à libération prolongée chez les enfants. **IM, IV, SC.** *Réactions allergiques au sang ou au plasma*: 10 à 20 mg en une seule dose, jusqu'à 40 mg par jour. *Autres réactions allergiques*: 5 à 20 mg en une seule dose. *Anaphylaxie*: **IV**, 10 à 20 mg en une seule dose.	Faible incidence d'effets indésirables; somnolence. Ce médicament peut être administré par voie parentérale comme prophylactique contre des réactions aux médicaments ou à une transfusion sanguine. Seules les préparations *sans* agent de conservation peuvent être administrées par voie IV. Si les médicaments sont compatibles, la chlorphéniramine peut être donnée par la même seringue. Les préparations de chlorphéniramine pour injection sans agent de conservation peuvent être ajoutées directement à la transfusion sanguine. Présent également dans Chlor-Tripolon Décongestionnant. Voir l'appendice 3.
Clémastine, fumarate de Tavist	2	**PO. Adultes et enfants de plus de 12 ans**: 1,34 mg b.i.d. à 2,68 mg t.i.d., sans excéder 8,04 mg par jour. *Dermatoses*: Employer seulement les comprimés de 2,68 mg.	Ne pas employer chez les enfants de moins de 12 ans. Cause fréquemment de la somnolence.
Cyclizine, chlorhydrate de Marzine^{Pr} **Cyclizine, lactate de** Marzine^{Pr}	5	**PO**: 50 mg t.i.d. ou q.i.d., jusqu'à un maximum de 200 mg par jour; **pédiatrique, 6 à 12 ans**: La moitié de la posologie (24 h) pour adultes. **IM**: 50 mg t.i.d. ou q.i.d. ou tel que requis.	Contre-indiqué durant la grossesse. Largement utilisé comme antiémétique et pour les vertiges.

* 1: Dérivés de l'éthylénédiamine. 2: Dérivés de l'éthanolamine. 3: Alkylamines. 4: Phénothiazines. 5: Pipéridines. 6: Autres.

TABLEAU 26 (suite)

Médicament	Catégorie*	Posologie	Commentaires
Cyproheptadine, chlorhydrate de Periactin, Vimicon	5	**PO**: 4 à 20 mg par jour. Ne pas excéder 0,5 mg/kg par jour. **Pédiatrique (n'employer que 6 mois au maximum)**, **2 à 6 ans**: 2 mg t.i.d., sans excéder 12 mg par jour; **6 à 14 ans**: 4 mg t.i.d. Ne pas excéder 16 mg par jour.	Contre-indiqué en présence de glaucome et de rétention urinaire. Utilisé également dans le traitement des dermatoses prurigineuses, de l'angio-œdème, des céphalées vasculaires de Horton et comme stimulant de l'appétit chez les clients hypotrophiques ou souffrant d'anorexie mentale.
Dexchlorphéniramine, maléate de Polaramine	3	**PO. Adultes**: 2 mg q 4 ou 6 h ou 4 ou 6 mg à libération prolongée q 8 ou 10 h et au coucher. **Pédiatrique, 6 à 11 ans**: 1 mg q 4 ou 6 h ou 4 mg à libération prolongée une fois par jour (habituellement au coucher); **2 à 5 ans**: 0,5 mg q 4 ou 6 h. **Ne pas employer de formes à libération prolongée.**	Peut causer une légère somnolence.
Dimenhydrinate Apo-Dimenhydrinate, Atinate, Dimenhydrinate, Gravol, Nauseatol, Nausex, Novodimenate, PMS-Dimenhydrinate,	2	**PO. Adultes**: 50 à 100 mg q 4 ou 6 h, sans excéder 400 mg par jour. **Pédiatrique, 6 à 12 ans**: 25 à 50 mg q 6 ou 8 h, sans excéder 150 mg par jour; **2 à 6 ans**: jusqu'à 25 mg q 6 ou 8 h, sans excéder 75 mg par jour. **IM. Adultes**:	Contient de la diphénhydramine et de la chlorothéophylline. Largement employé pour le mal des transports; peut causer de la somnolence. Peut masquer l'ototoxicité causée par les aminosides (gentamicine, kanamycine, néomycine,

Travamine, Travel Eze, Travel-On		50 mg. **IV. Adultes**: 50 mg dans 10 mg de chlorure de sodium pour injection administrés en 2 min. **Pédiatrique, moins de 2 ans, IM**: 1,25 mg/kg q.i.d., sans excéder 300 mg par jour.	streptomycine).
Diphénhydramine, chlorhydrate de Allerdryl, Benadryl, Calmex, Chlorhydrate de diphénhydramine, Compoz, Dormex, Dormiprex, Dorm-L, Insomnal, Nytol, Sedicin, Sleep Eze, Sominex, Unisom	2	**PO: Adultes,** 25 à 50 mg t.i.d. ou q.i.d.; **pédiatrique, plus de 9 kg**: 12,5 à 25,0 mg t.i.d. ou q.i.d. (ou 5 mg/kg par jour, sans excéder 300 mg par jour). *Somnifère*: **Adultes**, 50 mg au coucher. **IV, IM profonde: Adultes**, 10 à 50 mg, jusqu'à 100 mg (sans excéder 400 mg par jour); **pédiatrique**: 5 mg/kg par jour sans excéder 300 mg par jour.	Employer également pour le mal des transports, comme antiémétique, comme somnifère, dans la maladie de Parkinson, chez les clients âgés incapables de tolérer des médicaments plus puissants. Pour le mal des transports, la dose prophylactique maximale devrait être administrée 30 min avant le départ, avec des doses similaires aux repas et au coucher.
Méclizine, chlorhydrate de Bonamine^Pr	5	**PO. Mal des transports**: 25 à 50 mg une heure avant le départ. *Vertiges*: 25 à 100 mg par jour en doses fractionnées.	Employé principalement pour le mal des transports ou les vertiges. Peut causer de la somnolence, de la xérostomie et une vision trouble.
Methdilazine, chlorhydrate de Dilosyn	4	**PO. Adultes**: 8 mg b.i.d. à q.i.d.; **pédiatrique, plus de 3 ans**: 4 mg b.i.d. à q.i.d.	Indiqué dans le cas de prurit allergique et non allergique. Les comprimés doivent être bien mâchés. Peut causer de la somnolence. Voir également *Phénothiazines*.

TABLEAU 26 (suite)

Médicament	Catégorie*	Posologie	Commentaires
Prométhazine, chlorhydrate de Chlorhydrate de prométhazine, Histantil, Phénergan, PMS-Prométhazine	4	**PO, Rectal.** *Allergie:* **Adultes**, 25 mg au coucher ou 12,5 mg avant les repas et au coucher; **pédiatrique**: 25 mg au coucher ou 6,25 à 12,5 mg t.i.d. *Mal des transports:* **Adultes**, 25 mg b.i.d. avec une première dose une heure avant le départ; **pédiatrique**: 12,5 à 25 mg b.i.d. *Préopératoire, la veille de l'intervention:* **Adultes**, 50 mg; **pédiatrique**: 12,5 à 25,0 mg. Donné en association avec de la mépéridine et un anticholinergique. *Sédation, sédation préopératoire ou comme adjuvant aux analgésiques:* **Adultes**, 25 à 50 mg; **pédiatrique**: 12,5 à 25,0 mg. **IM (habituellement), IV.** *Allergie:* 25 mg répétés après 2 h, au besoin. *Nausées/vomissements:* 12,5 à 25,0 mg répétés q 4 ou plus. *Préopératoire et postopératoire:* **Adultes**, 25 à 50 mg en association avec un analgésique et un anticholinergique; **pédiatrique, moins de 12 ans**: 1 mg/kg. *Somnifère:* **Adultes**, 25 à 50 mg. *Travail:* 50 mg au début du travail et 25 à 75 mg avec un narcotique pendant le travail, jusqu'à 100 mg par jour.	Antihistaminique très puissant possédant une action prolongée. Employé également comme sédatif et pour le mal des transports. Somnolence marquée. Voir également *Phénothiazines.* À cause de la fréquence d'effets indésirables, employer avec prudence chez les clients ambulatoires. Pour la voie IV, la concentration devrait être de 25 mg/mL ou moins et le débit d'administration ne devrait pas dépasser 25 mg/min. Présent également dans Phénergan Expectorant, Phénergan VC Expectorant et Promatussin DM (voir l'appendice 3).

Terfénadine Selcane	5	**PO. Adultes et enfants de plus de 12 ans**: 60 mg b.i.d.	Causerait beaucoup moins de somnolence que les autres antihistaminiques. L'innocuité et l'efficacité chez les enfants de moins de 12 ans n'ont pas été établies.
Triméprazine, tartrate de Panectyl[Pr]	4	**PO. Adultes**: 2,5 mg q.i.d. ou 5 mg à libération prolongée q 12 h. **Pédiatrique, de 6 mois à 3 ans**: 1,25 mg t.i.d. ou au coucher (employer le sirop); **plus de 3 ans**: 2,5 mg t.i.d. ou au coucher; **plus de 6 ans**: 5 mg par jour à libération prolongée.	Soulagement symptomatique du prurit aigu et chronique. Voir également *Phénothiazines*. Peut causer de la somnolence (diminuant avec l'usage), des étourdissements et de la xérostomie.
Tripelennamine, chlorhydrate de Pyribenzamine	1	**PO. Adultes: Habituellement**, 25 ou 50 mg q 4 ou 6 h; **pédiatrique**: 5 mg/kg par jour en 4 à 6 doses, jusqu'à un maximum de 300 mg par jour.	Faible incidence d'effets indésirables; sédation modérée, troubles GI légers, excitation paradoxale, hyperirritabilité.
Triprolidine, chlorhydrate de Actidil	3	**PO. Adultes**: 2,5 mg t.i.d. ou q.i.d. **Pédiatrique: de 4 mois à 2 ans**: 0,3 mg t.i.d. ou q.i.d.; **2 à 4 ans**: 0,6 mg t.i.d. ou q.i.d.; **4 à 6 ans**: 0,9 mg t.i.d. ou q.i.d.; **6 à 12 ans**: La moitié de la dose pour adultes. N'employer que le sirop pour les enfants de moins de 6 ans.	Début d'action rapide; faible incidence d'effets indésirables. Peut causer de la somnolence, des étourdissements, des troubles GI, une excitation paradoxale, de l'hyperirritabilité. Présent également dans Actifed, Actifed-A et Actifed DM (voir l'appendice 3).

un vasopresseur tel que la norépinéphrine, la dopamine ou la phényléphrine (ne pas employer d'épinéphrine). Pour les convulsions, la phénytoïne par voie IV est recommandée; **ne pas employer de dépresseurs du SNC, y compris le diazépam**.

Interactions médicamenteuses

Médicaments	Interaction
Alcool éthylique	Voir *Dépresseurs du SNC*.
Antidépresseurs tricycliques	Effets anticholinergiques indésirables additifs.
Dépresseurs du SNC Anxiolytiques Barbituriques Narcotiques Phénothiazines Sédatifs hypnotiques	Potentialisation ou addition des effets dépresseurs sur le SNC. L'emploi conjoint peut causer de la somnolence, de la léthargie, de la stupeur, de la dépression respiratoire, le coma et, éventuellement, la mort.
Inhibiteurs de la MAO	Intensification et prolongation des effets anticholinergiques indésirables.

Remarque: Voir également les *Interactions médicamenteuses* pour les phénothiazines, p. 498.

Interactions avec les épreuves de laboratoire   Cesser l'administration des antihistaminiques 4 jours avant une épreuve cutanée pour éviter les résultats faussement négatifs.

Posologie   **Habituellement PO**. Voir le tableau 26, p. 778. La voie parentérale est rarement utilisée à cause de la nature irritante de ces médicaments.

L'emploi topique est également restreint parce que les antihistaminiques causent souvent des réactions d'hypersensibilité. Pour le mal des transports, on administre généralement les antihistaminiques 30 à 60 min avant le départ.

Administration

1. Injecter les préparations IM profondément dans le muscle car elles ont tendance à irriter les tissus.

2. Diminuer les effets GI indésirables en administrant le médicament pendant les repas ou avec du lait.

3. Les préparations pour administration topique ne devraient pas être appliquées sur la peau à vif, suintante ou présentant des vésicules, ni près des organes génitaux, des yeux ou des muqueuses.

Soins infirmiers

1. Utiliser les ridelles du lit lorsque les antihistaminiques provoquent de la sédation.

2. Aider les clients qui souffrent d'étourdissements, de lassitude ou de faiblesse.

3. *Expliquer au client et/ou à sa famille*:
   a) qu'il doit être prudent lorsqu'il conduit un véhicule ou opère des machines jusqu'à ce que la réaction au médicament (la somnolence) disparaisse. Les effets de sédation peuvent disparaître spontanément après quelques jours d'administration.
   b) qu'il faut signaler les effets indésirables au médecin, qui changera la posologie ou qui prescrira un autre antihistaminique pouvant entraîner moins d'effets indésirables chez ce client.
   c) qu'il doit consulter le médecin avant de prendre quelque dépresseur que ce soit parce que les antihistaminiques tendent à potentialiser les effets des autres dépresseurs du SNC.
   d) qu'il faut conserver les antihistaminiques hors de la portée des enfants parce que les doses importantes peuvent être fatales.

NEUVIÈME PARTIE

Médicaments agissant sur l'appareil digestif

CHAPITRE **52**

Antiacides

Généralités   L'acide chlorhydrique maintient l'estomac à un *p*H de 1 à 2, nécessaire à l'activité optimale de la pepsine, l'enzyme de la digestion. Dans certaines circonstances, cependant, l'acidité gastrique entraîne des réactions adverses allant du pyrosis aux ulcères gastro-duodénaux ou duodénaux. On croit que les ulcères gastro-duodénaux sont causés par une diminution de la résistance des tissus de l'estomac à l'acide chlorhydrique alors que les ulcères duodénaux sont associés à une augmentation de la sécrétion d'acide par les cellules pariétales. Les troubles GI aigus et chroniques figurent parmi les problèmes de santé les plus courants.

Plusieurs médicaments et mesures diététiques sont employés pour le traitement des états d'hyperacidité et des ulcères; l'emploi des antiacides constitue une part importante de ces régimes thérapeutiques.

Mécanisme d'action/cinétique Les antiacides agissent en neutralisant ou en réduisant l'acidité gastrique, ce qui augmente le pH de l'estomac. L'activité de la pepsine est inhibée si le pH est porté à 4. La capacité d'un antiacide spécifique à neutraliser l'acidité est appelée *pouvoir de neutralisation de l'acide* et les antiacides sont choisis en fonction de ce pouvoir. Idéalement, les antiacides ne devraient pas être absorbés par voie systémique bien que des substances telles que le bicarbonate de sodium et le carbonate de calcium puissent produire des effets systémiques significatifs. La forme posologique la plus efficace pour les antiacides est la suspension. Les antiacides facilitent également la cicatrisation des ulcères gastro-duodénaux.

Les antiacides contenant du magnésium ont un effet laxatif alors que ceux contenant de l'aluminium ou du calcium ont un effet constipant. C'est pour cette raison qu'on fait souvent alterner les doses d'antiacides laxatifs et d'antiacides constipants. **Durée d'action des antiacides**: 30 min à jeun; jusqu'à 3 h si on les prend après les repas.

Indications Ulcère gastro-duodénal, états d'hyperacidité, hernie hiatale, œsophagite, gastrite.

Interactions médicamenteuses

Médicaments	Interaction
Amphétamines	Les antiacides systémiques ↓ l'excrétion des amphétamines → ↑ de l'effet.
Anticholinergiques	↓ de l'effet des anticholinergiques due à une ↓ de l'absorption.
Fer, oral	↓ de l'effet du fer due à une ↓ de l'absorption.
Indométhacine	↓ de l'effet de l'indométhacine due à une ↓ de l'absorption.
Phénothiazines	↓ de l'effet des phénothiazines due à une ↓ de l'absorption.
Quinidine	Les antiacides systémiques ↓ l'excrétion de la quinidine → ↑ de l'effet.
Salicylates	Les antiacides systémiques ↑ l'excrétion → ↓ de l'effet.
Tétracyclines	↓ de l'effet des tétracyclines due à une ↓ de l'absorption.

Administration/entreposage

1. Administrer la dose laxative ou cathartique au coucher car un laps de temps d'environ 8 h est nécessaire pour obtenir l'effet, ce qui ne devrait pas perturber le repos du client.

2. Les comprimés devraient être mâchés complètement avant d'être avalés et suivis d'un verre de lait ou d'eau.

3. L'absorption de plusieurs médicaments peut être perturbée par les antiacides; on ne devrait donc pas prendre de médicaments par voie orale 1 à 2 h avant ou après l'ingestion des antiacides.

4. Pour la maladie ulcéreuse gastro-duodénale active, les antiacides devraient être donnés toutes les heures d'éveil pendant les 2 premières semaines.

Soins infirmiers

1. *Évaluer*:
   a) la constipation chez le client qui prend un antiacide contenant du calcium ou de l'aluminium. Encourager la prise de liquides, sauf si cela est contre-indiqué et consulter le médecin lorsque des laxatifs ou des lavements semblent indiqués.
   b) la diarrhée chez le client qui prend un antiacide contenant du magnésium. Signaler la diarrhée au médecin car un changement de médication ou l'alternance avec des antiacides contenant de l'aluminium ou du calcium peuvent être indiqués.

2. Expliquer au client suivant la thérapie antiacide qu'il doit prendre sa médication avec la quantité d'eau ou de lait prescrite car le liquide agit comme véhicule pour transporter la médication dans l'estomac, à l'endroit où l'action est désirée.

ALUMINIUM, GEL D'HYDROXYDE D' Alugel, Amphojel

ALUMINIUM, GEL D'HYDROXYDE D', DESSÉCHÉ Alu-tab, Amphogel, Basalgel

Catégorie   Antiacide.

Mécanisme d'action/cinétique   L'hydroxyde d'aluminium n'a pas d'effet systémique. Il a une activité émolliente et est constipant. L'hydroxyde et le phosphore d'aluminium forment des phosphates insolubles qui sont éliminés dans les fèces. L'urine contient donc très peu de phosphore, ce qui prévient la formation de calculs chez les clients à risque. Pouvoir de neutralisation de l'acide: 6,5 à 18,0 mmol par comprimé, capsule ou 5 mL.

Indications   Adjuvant dans le traitement de l'ulcère gastrique ou duodénal. Hyperphosphatémie, insuffisance rénale chronique.

Contre-indications   Sensibilité à l'aluminium. Ulcère gastro-duodénal associé à une insuffisance pancréatique, à la diarrhée ou à un régime pauvre en sodium. Étant donné que les préparations d'hydroxyde d'aluminium contiennent du sodium, on ne devrait pas les administrer aux clients qui suivent un régime pauvre en sodium.

Réactions indésirables   L'emploi chronique peut conduire à des douleurs osseuses, à de la faiblesse musculaire ou à des malaises dus à une déficience chronique en phosphates et à de l'ostéomalacie. Constipation, occlusion intestinale. Absorption réduite du fluorure.

Interactions médicamenteuses supplémentaires Le gel d'hydroxyde d'aluminium inhibe l'absorption des barbituriques, de la digoxine, de la phénytoïne, des corticostéroïdes, de la quinidine, de la warfarine et de l'isoniazide, ce qui diminue leur effet.

Posologie *Suspension, comprimés, capsules.* **Habituellement**: 600 mg 3 à 6 fois par jour, après et entre les repas et au coucher.

Hyperphosphatémie. **Enfants**: 50 à 150 mg/kg par jour en doses fractionnées q 4 ou 6 h; ajuster la posologie jusqu'à ce qu'une concentration sérique de phosphate normale soit atteinte.

Administration

1. Administrer le gel dans un demi-verre d'eau.
2. Expliquer au client qu'il faut mâcher les comprimés avant de les avaler et les prendre avec du lait ou de l'eau.
3. Pour l'administration par une sonde gastrique, diluer la solution commerciale avec 2 ou 3 parties d'eau. Administrer à une vitesse de 15 à 20 gouttes/min. La dose quotidienne totale est d'environ 1,5 L de la suspension diluée.

Soins infirmiers complémentaires

Voir *Soins infirmiers – Antiacides*, p. 789.

1. S'assurer qu'un échantillon d'urine est analysé au moins une fois par mois pour déterminer les phosphates urinaires lorsque ce médicament est employé pour le traitement des calculs urinaires phosphatiques.
2. S'assurer que le client suit un régime pauvre en phosphore (1,3 g de phosphore, 700 mg de calcium, 13 g d'azote et 10 500 kJ) lorsqu'on le traite pour des calculs urinaires phosphatiques.

CALCIUM, CARBONATE DE, PRÉCIPITÉ
Titralac, Tums

Catégorie Antiacide.

Remarques Antiacide de choix. Comme le carbonate de calcium est constipant, on le mélange souvent aux sels de magnésium ou on le fait alterner avec ceux-ci. Pouvoir de neutralisation de l'acide: 8,25 à 10 mmol par comprimé ou 2,5 mL.

Mécanisme d'action/cinétique Excellent pouvoir de neutralisation de l'acide, quoique son emploi chronique puisse entraîner des effets systémiques. Il possède un début d'action rapide et une activité relativement prolongée.

Indications   Antiacide; ulcère gastro-duodénal.

Réactions indésirables   *GI*: Constipation, hyperacidité rebond, flatulence, éructation, occlusion intestinale. Syndrome de Burnett (syndrome du lait et des alcalins): Hypercalcémie, alcalose métabolique, troubles rénaux.

Posologie   **PO**: *Dose habituelle, individualisée.* 0,5 à 2,0 g 4 fois ou plus par jour avec de l'eau. *Symptômes graves*: 2 à 4 g q h. On devrait mâcher les comprimés avant de les avaler.

DIHYDROXYALUMINIUM, CARBONATE DE SODIUM DE   Rolaids

Catégorie   Antiacide.

Mécanisme d'action/cinétique   Antiacide non systémique avec des propriétés adsorbantes et protectrices similaires à celles de l'hydroxyde d'aluminium mais agissant plus rapidement. Pouvoir de neutralisation de l'acide: 7 mmol par comprimé.
Remarque: Voir le gel d'hydroxyde d'aluminium pour les indications, les contre-indications, les réactions indésirables et les interactions médicamenteuses supplémentaires.

Posologie   **PO**: 1 ou 2 comprimés à mâcher après les repas et au coucher; 1 ou 2 comprimés à mâcher q 2 à 4 h peuvent être requis pour soulager les malaises graves.

MAGALDRATE (HYDROXYMAGNÉSIUM D'ALUMINIUM)   Riopan

Catégorie   Antiacide.

Remarques   Association chimique d'hydroxyde d'aluminium et d'hydroxyde de magnésium. Ce composé est un antiacide non systémique efficace. Il possède une action tampon (*p*H 3,0 à 5,5) sans causer d'alcalose. Pouvoir de neutralisation de l'acide: 13,5 mmol par comprimé ou 5 mL.

Indications   Antiacide.

Contre-indications   Sensibilité à l'aluminium. Employer avec prudence chez les clients dont la fonction rénale est altérée.

Réactions indésirables   Constipation légère et hypermagnésémie.

Posologie   PO: **Comprimé ou suspension**, 480 ou 960 mg q.i.d., entre les repas et au coucher. On peut l'administrer q h au début pour maîtriser les symptômes graves.

MAGNÉSIUM, HYDROXYDE DE (MAGNÉSIE)
Atmag, Carmilox, Lait de magnésie, Magenion, Magnésie, Suimag

Catégorie   Antiacide, laxatif.

Mécanisme d'action/cinétique   Selon la posologie, le médicament agit comme un antiacide ou comme un laxatif. Il neutralise l'acide chlorhydrique. Il ne produit pas d'alcalose et a une action émolliente. Un millilitre neutralise 2,7 mmol d'acide. Comme antiacide, on le fait souvent alterner avec l'hydroxyde d'aluminium pour contrer l'effet laxatif.

Indications   Antiacide, laxatif.

Contre-indications   Fonction rénale réduite.

Réactions indésirables   Diarrhée, douleur abdominale, nausées, vomissements. Hypermagnésémie et dépression du SNC (particulièrement chez les clients atteints d'insuffisance rénale).

Interactions médicamenteuses supplémentaires

Médicaments	Interaction

Curarisants
  Succinylcholine
  Tubocurarine
	↑ du relâchement musculaire.

Procaïnamide	La procaïnamide ↑ la relaxation musculaire produite par les sels de Mg.

Posologie   PO. **Adultes et enfants de plus de 12 ans**: *Antiacide*, 5 à 10 mL de liquide ou 600 mg en comprimés, q.i.d.; *laxatif*, 15 à 30 mL de liquide une fois par jour avec de l'eau. **Enfants, 6 à 12 ans**: *Antiacide*, 2,5 à 5,0 mL de liquide avec de l'eau; *laxatif*, 15 à 30 mL (selon l'âge) une fois par jour avec de l'eau. **Enfants, 2 à 6 ans**: *Laxatif*, 5 à 15 mL de liquide une fois par jour avec de l'eau.

Administration

1. Donner la suspension avec de l'eau. Administrer en association avec le gel d'hydroxyde d'aluminium avec un demi-verre d'eau.
2. Suggérer de manger un morceau d'orange ou de boire du jus d'orange après son administration comme laxatif afin de diminuer l'arrière-goût désagréable.
3. Administrer la dose laxative au coucher car les effets ne se manifestent pas avant 8 h, ce qui ne gênera pas le repos du client.

MAGNÉSIUM, OXYDE DE Oxyde de magnésium

Catégorie Antiacide, laxatif.

Mécanisme d'action/cinétique L'oxyde de magnésium est un antiacide non systémique ayant des effets laxatifs. Il possède un pouvoir de neutralisation important (1 g neutralise 50 mmol d'acide). L'oxyde de magnésium agit plus lentement que le bicarbonate de sodium, mais il a une durée d'action plus longue que celui-ci.

Indications Antiacide, laxatif.

Contre-indications Altération de la fonction rénale.

Réactions indésirables Douleur abdominale, nausées, diarrhée. Hypermagnésémie et dépression du SNC chez les clients dont la fonction rénale est altérée.

Interactions médicamenteuses supplémentaires Voir *Hydroxyde de magnésium.*

Posologie **PO.** *Antiacide*: 0,25 à 1,5 g avec de l'eau ou du lait, tel que prescrit. *Cathartique*: 4 g.

Administration Administrer pour l'effet antiacide avec de l'eau ou du lait.

SODIUM, BICARBONATE DE Bicarbonate de sodium, Bicarbonate de soude, Digesbec, Selgestif, Sellymin, Selmex, Soda Mint

Catégorie Antiacide, alcalinisant systémique.

Mécanisme d'action/cinétique Antiacide systémique qui neutralise l'acide chlorhydrique en formant du chlorure de sodium et du dioxyde de carbone (1 g de bicarbonate de sodium neutralise 12 mmol d'acide). Apporte un soulagement temporaire de la douleur causée par un ulcère gastro-duodénal et du malaise associé à l'indigestion. Encore largement utilisé par le public, le bicarbonate de sodium est rarement prescrit comme antiacide à cause de son contenu élevé en sodium, de sa courte durée d'action et des risques d'alcalose qu'il entraîne. Voir également le chapitre 69 pour les détails sur l'emploi du bicarbonate de sodium comme électrolyte.

Indications Antiacide. Agent alcalinisant pour le traitement de l'acidose ou pour alcaliniser l'urine afin d'augmenter ou de diminuer l'excrétion des médicaments.

Contre-indications Troubles rénaux, insuffisance cardiaque, clients suivant un régime pauvre en sodium, obstruction pylorique. Employer avec prudence chez les clients souffrant d'œdème ou de cirrhose. Ne pas employer comme antidote des acides minéraux concentrés à cause de la formation de dioxyde de carbone, qui peut entraîner un malaise et même une perforation.

Réactions indésirables *GI*: Rebond de l'acidité, distension gastrique. Syndrome du lait et des alcalins: Hypercalcémie, alcalose métabolique (étourdissements, crampes, soif, anorexie, nausées, vomissements, diminution de la respiration, convulsions), troubles rénaux.

Interactions médicamenteuses Voir le chapitre 69, p. 1022.

Posologie *Antiacide*: **PO**, 0,3 à 2,0 g, 1 à 4 fois par jour. *Alcalinisation urinaire ou systémique*: **PO**, 0,325 à 2,0 g, jusqu'à q.i.d. (ne pas excéder 16 g par jour). *Électrolyte systémique*: Voir p. 1022.

Administration

1. Les solutions hypertoniques doivent être administrées par le médecin.
2. Administrer la solution isotonique lentement, tel que prescrit, car la mort due à l'acidité cellulaire peut résulter d'une administration trop rapide. Vérifier le débit fréquemment.

Soins infirmiers

1. *Évaluer*:
   a) les clients acidosiques traités avec du bicarbonate de sodium pour soulager la dyspnée et l'hyperpnée et signaler la disparition de ces conditions car l'administration du médicament doit alors être arrêtée.
   b) les clients acidosiques traités avec du bicarbonate de sodium contre l'œdème, ce qui peut nécessiter le passage au bicarbonate de potassium.
2. Mettre en garde le public contre la prise de routine du bicarbonate de sodium pour traiter les troubles gastriques. L'emploi excessif de ce médicament peut causer un effet rebond accompagné de sécrétions acides accrues ou d'alcalose systémique et de la formation de cristaux phosphatiques dans les reins.

CHAPITRE 53

Antiulcéreux et autres médicaments agissant sur l'appareil digestif

CIMÉTIDINE   Apo-cimetidine^Pr, Cimétidine^Pr, Novocimetine^Pr, Peptol^Pr, Tagamet^Pr

Catégorie   Inhibiteur des récepteurs H_2 de l'histamine.

Mécanisme d'action/cinétique   La cimétidine diminue l'acidité de l'estomac en bloquant l'action de l'histamine, une substance stimulant la sécrétion d'acide gastrique. La cimétidine bloque l'action de l'histamine par occupation compétitive des récepteurs H_2 de l'histamine de la muqueuse gastrique. Ce phénomène entraîne l'inhibition de la libération d'acide gastrique (acide chlorhydrique). La cimétidine réduit la sécrétion post-prandiale d'acide gastrique durant la journée et la nuit d'environ 50% à 80%. Elle est bien absorbée dans le tractus GI. **Concentration plasmatique maximale**: 1 h. **Demi-vie**: 2 h, plus longue en cas d'altération de la fonction rénale. Le médicament est métabolisé principalement dans le foie lorsqu'on l'administre PO; lorsqu'on l'administre par voie parentérale, environ 75% est excrété inchangé dans l'urine.

Indications   Traitement à court terme (jusqu'à 8 semaines) de l'ulcère duodénal ou gastrique bénin; prophylaxie de l'ulcère duodénal. Traitement des états d'hyperchlorhydrie (syndrome de Zollinger Ellison, mastocytose diffuse). Avant une intervention chirurgicale pour prévenir le syndrome de Mendelson (pneumonie de déglutition). Adjuvant dans le traitement de la mucoviscidose (fibrose kystique du pancréas). Prophylaxie des ulcères de stress, hémorragie digestive haute, reflux gastro-œsophagien. *À l'étude*: Infections par le virus de l'herpès, teigne tondante microscopique. Hyperparathyroïdie primaire ou secondaire chez les hémodialysés.

Contre-indications   Grossesse, enfants de moins de 16 ans, mères qui allaitent.

Réactions indésirables   *GI*: Diarrhée, pancréatite, hépatite, fibrose hépatique. *SNC*: Étourdissements, somnolence, céphalée, confusion, délire, hallucinations, diplopie, dysarthrie, ataxie. *CV*: Hypotension et arythmie à la suite d'une administration IV rapide. *Hématologiques*: Agranulocytose, thrombopénie, anémie hémolytique ou aplastique, granulopénie. *GU*: Impuissance (doses élevées pendant une longue période), gynécomastie (traitement prolongé). *Autres*: Arthralgie, myalgie, éruption cutanée, vasculite, galactorrhée, alopécie, bronchoconstriction.

Interactions médicamenteuses

Médicaments	Interaction
Adrénolytiques bêta	↑ de l'effet des adrénolytiques bêta due à la ↓ du catabolisme hépatique.
Antiacides	↓ de l'effet de la cimétidine due à la ↓ de l'absorption dans le tractus GI.
Anticholinergiques	↓ de l'effet de la cimétidine due à la ↓ de l'absorption dans le tractus GI.
Anticoagulants oraux	↑ de l'effet anticoagulant due à la ↓ du catabolisme hépatique.
Barbituriques	↓ de l'effet de la cimétidine due à la ↓ de l'absorption dans le tractus GI et à la ↑ du catabolisme hépatique.
Benzodiazépines	↑ de l'effet des benzodiazépines due à la ↓ du catabolisme hépatique.
Caféine	↑ de l'effet de la caféine due à la ↓ du catabolisme hépatique.
Carbamazépine	La cimétidine ↑ l'effet de la carbamazépine.
Carmustine (BCNU)	Dépression de la moelle osseuse additive.
Chlorpromazine	↓ de l'effet de la chlorpromazine due à la ↓ de l'absorption dans le tractus GI.
Fer, sels de	↓ de l'effet du fer due à la ↓ de l'absorption dans le tractus GI.
Kétoconazole	↓ de l'effet du kétoconazole due à la ↓ de l'absorption dans le tractus GI.
Lidocaïne	↑ de l'effet de la lidocaïne due à la ↓ du catabolisme hépatique.
Métoclopramide	↓ de l'effet de la cimétidine due à la ↓ de l'absorption dans le tractus GI.
Métronidazole	↓ de l'effet du métronidazole due à la ↓ du catabolisme hépatique.
Narcotiques	↑ possible des effets toxiques des narcotiques.
Phénytoïne	↑ de l'effet de la phénytoïne due à la ↓ du catabolisme hépatique.
Procaïnamide	↑ de l'effet de la procaïnamide due à la ↓ de l'excrétion rénale.
Quinidine	↑ de l'effet de la quinidine due à la ↓ du catabolisme hépatique.
Tétracyclines	↓ de l'effet des tétracyclines due à la ↓ de l'absorption dans le tractus GI.
Théophylline	↑ de l'effet de la théophylline due à la ↓ du catabolisme hépatique.

Posologie PO. *Ulcères duodénaux*: 300 mg q.i.d. avec les repas et au coucher pendant 4 à 6 semaines (administrer avec des antiacides). *Prophylaxie des ulcères récidivants*: 400 mg au coucher. *Ulcères gastro-duodénaux actifs bénins*: 300 mg q.i.d. avec les repas et au coucher pendant un maximum de 8 semaines. *États d'hyper-sécrétion*: 300 mg q.i.d. avec les repas et au coucher (maximum de 2,4 g par jour). *Reflux gastro-œsophagien*: 600 mg b.i.d. (au déjeuner et au coucher) ou 300 mg q.i.d. avec les repas et au coucher pendant 8 à 12 semaines. *Hémorragie digestive haute*: **IV** (injection ou perfusion intermittente), dose individualisée selon la gravité de l'hémorragie. On cesse l'administration IV du médicament 48 h après l'arrêt de l'hémorragie. Administrer ensuite le médicament par voie orale. *Prophylaxie de l'ulcère de stress, clients hospitalisés et ulcères résistant au traitement*: **IV, IM**, 300 mg q 6 h ou plus souvent pour maintenir un pH gastrique supérieur à 4 (maximum de 2,4 g par jour). *Altération de la fonction rénale*: **PO, IV**, 300 mg q 12 h. *Avant une intervention chirurgicale afin de prévenir la pneumonie de déglutition (syndrome de Mendelson)*: **IM**, 300 mg 1 h avant l'induction de l'anesthésie et 300 mg (**IM ou IV**) q 4 h jusqu'à ce que le client réponde aux instructions verbales.

Administration

1. Pour l'injection ou la perfusion IV: diluer tel que recommandé par le fabricant et injecter en 1 à 2 min ou perfuser de façon intermittente.

2. Administrer la posologie orale avec les repas et au coucher.

3. Si on emploie des antiacides, il faut en faire alterner l'administration avec celle de la cimétidine.

Soins infirmiers

Expliquer au client qu'il faut continuer à prendre le médicament tel que prescrit, même s'il n'y a plus de symptômes.

MÉTOCLOPRAMIDE, CHLORHYDRATE DE
Emex, Maxeran^Pr, Reglan^Pr

Catégorie Stimulant gastro-intestinal.

Mécanisme d'action/cinétique En augmentant la sensibilité à l'acétylcholine, le métoclopramide augmente la motilité du tractus GI supérieur et relâche le sphincter pylorique et le bulbe duodénal. Cela entraîne une augmentation de la vidange gastrique et une réduction du temps du transit gastro-intestinal. Le métoclopramide est considéré comme un antagoniste de la dopamine. Ce médicament facilite l'intubation de l'intestin grêle et accélère le transit du repas baryté. **Début d'action, IV**: 1 à 3 min; **IM**, 10 à 15 min; **PO**, 30 à 60 min. **Durée d'action**: 1 à 2 h. **Demi-vie**: 4 h. L'emploi PO s'accompagne d'un effet de premier passage important; le médicament inchangé et ses métabolites sont excrétés dans l'urine.

Indications **PO**: Gastroparésie diabétique aiguë et récurrente, reflux gastro-œsophagien. **Emploi parentéral**: Pour faciliter l'intubation de l'intestin grêle, stimuler la vidange gastrique et augmenter le transit du baryum afin de faciliter les examens radiologiques de l'estomac et de l'intestin grêle. Prophylaxie des nausées et des vomissements dans la chimiothérapie anticancéreuse. *À l'étude*: Nausées et vomissements dus à la grossesse, au travail, à l'ulcère gastro-duodénal et à l'anorexie mentale. Pour améliorer la lactation.

Contre-indications
Hémorragie, obstruction ou perforation gastro-intestinales; épilepsie, clients prenant des médicaments pouvant causer des symptômes extrapyramidaux tels que les phénothiazines. Phéochromocytome. L'innocuité durant la grossesse et la lactation n'a pas été établie.

Réactions indésirables
SNC: Agitation, somnolence, fatigue, lassitude, insomnie. Céphalée, étourdissements, symptômes extrapyramidaux, symptômes ressemblant à ceux de la maladie de Parkinson, dystonie, myoclonie, dépression, diskinésie. *GI*: Nausées, troubles intestinaux. *CV*: Hypertension (transitoire).

Interactions médicamenteuses

Médicaments	Interaction
Acétaminophène	↑ de l'absorption GI de l'acétaminophène.
Alcool éthylique	↑ de l'absorption GI de l'alcool éthylique.
Analgésiques narcotiques	↓ de l'effet du métoclopramide.
Anticholinergiques	↓ de l'effet du métoclopramide.
Cimétidine	↓ de l'effet de la cimétidine due à la ↓ de l'absorption dans le tractus GI.
Dépresseurs du SNC	Effets sédatifs additifs.
Digoxine	↓ de l'effet de la digoxine due à la ↓ de l'absorption dans le tractus GI.
Lévodopa	↑ de l'absorption GI de la lévodopa.
Tétracyclines	↑ de l'absorption GI des tétracyclines.

Posologie
PO. *Gastroparésie diabétique*: 10 mg, 30 min avant les repas et au coucher pendant 2 à 8 semaines (on devrait reprendre la thérapie si les symptômes réapparaissent). *Reflux gastro-œsophagien*: 10 ou 15 mg q.i.d., 30 min avant les repas et au coucher. **IV.** *Prophylaxie des vomissements dus à la chimiothérapie anticancéreuse*: **Initialement**, deux doses de 1 à 2 mg/kg; administrer la première dose 30 min avant la chimiothérapie, **puis**, 10 mg ou plus q 3 h pour 3 doses. Injecter lentement en 15 min. *Facilitation de l'intubation de l'intestin grêle*: **Adultes**, 10 mg, administrés en 1 à 2 min; **pédiatrique, 6 à 14 ans**: 2,5 à 5,0 mg; **pédiatrique, moins de 6 ans**: 0,1 mg/kg. *Augmentation du temps du transit intestinal lors d'examens radiologiques*: Une seule dose administrée en 1 à 2 min (même posologie que pour l'intubation de l'intestin grêle).

Administration

1. Injecter lentement en 1 à 2 min pour prévenir l'anxiété et l'agitation transitoires.

2. L'absorption de certains médicaments dans le tractus GI peut être affectée par l'emploi oral de métoclopramide (voir *Interactions médicamenteuses*).

3. Le métoclopramide est physiquement et/ou chimiquement incompatible avec plusieurs médicaments; vérifier l'étiquette sur l'emballage avant de mélanger le métoclopramide à d'autres médicaments.

Soins infirmiers

Expliquer au client et/ou à sa famille:

a) que le métoclopramide accentue les effets sédatifs des autres dépresseurs du SNC (par exemple, tranquillisants ou somnifères).

b) qu'il ne devrait pas conduire ou opérer des machines dangereuses car le médicament cause de la sédation.

RANITIDINE, CHLORHYDRATE DE Zantac^Pr

Catégorie   Antagoniste des récepteurs H_2 de l'histamine.

Mécanisme d'action/cinétique   La ranitidine inhibe la sécrétion d'acide gastrique en bloquant l'effet de l'histamine sur les récepteurs H_2. Elle inhibe, pendant la journée et la nuit, la sécrétion d'acide gastrique à jeun de même que la sécrétion d'acide gastrique stimulée par la nourriture et par la pentagastrine. **Effet maximal: PO**, 1 à 3 h; **IM, IV**, 15 min. **Demi-vie**: 2,5 à 3,0 h. **Durée d'action**: 9 à 12 h. **Concentration sérique nécessaire à l'inhibition de 50% de la sécrétion d'acide gastrique**: 0,11 à 0,30 mmol/L. Excrété dans l'urine.

Indications   Traitement à court terme de l'ulcère duodénal et de l'ulcère gastrique (4 à 8 semaines). États pathologiques d'hyperchlorhydrie tels que le syndrome de Zollinger-Ellison et la mastocytose diffuse. Œsophagite par reflux gastro-œsophagien, prophylaxie de l'aspiration pulmonaire d'acide durant l'anesthésie et le travail. Prophylaxie de l'hémorragie d'un ulcère de stress et de l'hémorragie récidivante d'ulcération gastro-intestinale.

Contre-indications   Employer avec prudence durant la grossesse et la lactation ainsi qu'en présence d'altération de la fonction rénale ou hépatique. L'innocuité et l'efficacité chez les enfants n'ont pas été établies.

Réactions indésirables   *GI*: Constipation, nausées, vomis-

---

sements, diarrhée, douleur abdominale. *SNC*: Céphalée, étourdissements, malaise, insomnie, vertige. *CV*: Bradycardie ou tachycardie, extrasystoles ventriculaires. *Hématologiques*: Thrombopénie, granulopénie, leucopénie, pancytopénie. *Hépatiques*: Hépatotoxicité, ictère, hépatite, augmentation de la SGPT. *Allergiques*: Bronchospasmes, éruption cutanée, fièvre, éosinophilie. *Autres*: Arthralgie, alopécie.

Interactions médicamenteuses   Les antiacides peuvent ↓ l'absorption de la ranitidine.

Posologie   **PO. Adultes**: *Ulcère duodénal et ulcère gastrique*: 150 mg b.i.d. pour guérir l'ulcère même si 100 mg b.i.d. inhibent la sécrétion d'acide. *États d'hypersécrétion*: 50 mg b.i.d. (jusqu'à 6 g par jour dans les cas graves). *Altération de la fonction rénale* (clearance de la créatinine inférieure à 0,8 mL/s): 150 mg par jour. *Reflux gastro-œsophagien*: 150 mg b.i.d. pendant 8 semaines. *Prophylaxie de l'ulcère de stress, prophylaxie des hémorragies récidivantes d'ulcération gastro-duodénale*: **IV**, 50 mg q 6 à 8 h. Chez les clients à risques élevés, on administre 150 mg b.i.d. de ranitidine par voie orale par la suite. *Prophylaxie de l'aspiration pulmonaire d'acide durant l'anesthésie et le travail*: **IM ou IV (lente)**, 50 mg 45 à 60 min avant l'induction de l'anesthésie.

Administration

1. On devrait administrer des antiacides avec la ranitidine en cas de douleur, même si cela peut en perturber l'absorption.

2. La moitié des clients environ peuvent guérir complètement en 2 semaines; l'endoscopie peut indiquer qu'il est inutile de poursuivre le traitement.

Soins infirmiers

1. Étant donné que la cicatrisation peut survenir en 2 semaines, encourager le client à respecter ses rendez-vous avec le médecin ou le radiologue.

2. La thérapie devrait être interrompue dès que la cicatrisation est prouvée.

SIMÉTHICONE (DIMÉTHICONE)   Ovol
Catégorie   Antiflatulent.

Mécanisme d'action/cinétique   La siméthicone a une action anti-moussante qui diminue la tension de surface des bulles de gaz, facilitant ainsi leur coalescence et leur expulsion sous forme de flatuosités ou d'éructations. Ce médicament prévient également l'accumulation de poches de gaz enrobées de mucus. Il est excrété inchangé dans les fèces.

Indications   Soulagement de la douleur causée par un excès de gaz dans le tube digestif. Adjuvant dans le traitement de la distension gazeuse après une intervention chirurgicale, de l'aérophagie, de la dyspepsie fonctionnelle, de l'ulcère gastro-duodénal, du côlon spastique irritable et de la diverticulite.

Posologie PO, *comprimés*: 40 à 80 mg q.i.d. après chaque repas et au coucher; *gouttes*: 40 mg q.i.d., après les repas et au coucher.

Administration

1. Mâcher les comprimés ou les laisser se dissoudre dans la bouche.

2. Employer le compte-gouttes calibré pour administrer le médicament.

SUCRALFATE   Sulcrate^{Pr}

Catégorie   Cytoprotecteur gastro-duodénal.

Mécanisme d'action/cinétique   Le sucralfate est un sel d'aluminium d'un disaccharide sulfuré. Il agit localement en formant des complexes protéiniques au siège de l'ulcère. Ceux-ci constituent une barrière contre l'acide gastrique, la pepsie et les sels biliaires qui peuvent aggraver l'ulcère. Le sucralfate peut être employé en association avec les antiacides.

Indications   Traitement à court terme (jusqu'à 8 semaines) de l'ulcère duodénal et de l'ulcère gastrique. *À l'étude*: Traitement chronique de l'ulcère gastrique ou de l'ulcère duodénal.

Contre-indications   L'innocuité chez les enfants et pendant la grossesse et la lactation n'a pas encore été établie.

Réactions indésirables   *GI*: Constipation (la plus commune); également, nausées, diarrhée, indigestion, xérostomie. *Autres*: Douleur au dos, étourdissements, somnolence, vertiges, éruption cutanée, prurit.

Interactions médicamenteuses   Le sucralfate peut empêcher l'absorption de la cimétidine, de la phénytoïne ou des tétracyclines dans le tractus GI.

Posologie   **Habituellement**: 1 g q.i.d., 1 h avant les repas et au coucher (ou 2 h après les repas). Prendre le médicament pendant 4 à 8 semaines, à moins que les radiographies ou l'endoscopie n'indiquent une cicatrisation importante.

Administration

1. Si les antiacides sont employés conjointement, les prendre 30 min avant ou après le sucralfate.

2. Même si la guérison des ulcères est obtenue, la fréquence ou la gravité des attaques subséquentes ne sont pas modifiées.

Soins infirmiers

1. Évaluer l'efficacité du sucralfate, selon la diminution des signes et des symptômes de l'ulcère.

2. *Expliquer au client et/ou à sa famille* l'importance de prendre le médicament exactement tel que prescrit.

Laxatifs et cathartiques

Généralités   La défécation difficile ou peu fréquente (constipation) est un symptôme de plusieurs états dus à des causes organiques (occlusion, mégacôlon) ou à une maladie fonctionnelle commune. Les clients alités peuvent souvent devenir constipés. La constipation peut également être d'origine psychologique. Le médecin devrait élucider la cause de la constipation, car une modification de la fréquence de la défécation peut être le symptôme d'un état pathologique.

Les cathartiques dont nous parlons ici sont efficaces parce qu'ils agissent localement en stimulant les muscles lisses de l'intestin ou en modifiant la masse ou la consistance des fèces. Il existe également de nombreuses associations de cathartiques. On peut classifier les cathartiques en quatre catégories:

1. *Cathartiques de contact*: Substances qui provoquent chimiquement l'augmentation des contractions des muscles lisses intestinaux.

2. *Cathartiques salins*: Substances augmentant la masse fécale en conservant l'eau dans les fèces.

3. *Laxatifs augmentant le volume des fèces*: Substances non digestibles qui augmentent le volume fécal.

4. *Laxatifs émollients*: Agents qui ramollissent les fèces et facilitent leur passage dans le côlon.

De nos jours, on prescrit moins fréquemment les cathartiques pour la constipation chronique qu'autrefois. En effet, l'usage continu de laxatifs cause parfois une constipation chronique et d'autres troubles intestinaux: les clients peuvent devenir dépendants de l'effet psychologique et du stimulus physiologique du médicament plutôt que des réflexes naturels du corps. Une hydratation et un régime alimentaire adéquats ainsi que l'exercice quotidien préviennent la constipation.

Indications   Les cathartiques sont indiqués dans les états suivants: lésions ano-rectales comme les hémorroïdes; épreuves diagnostiques et conjointement avec la chirurgie ou le traitement anthelminthique; intoxication chimique. Traitement à court terme de la constipation.

Contre-indications   Douleur abdominale grave qui *pourrait* être causée par l'appendicite, une entérite, la colite ulcéreuse, la diverticulite ou une occlusion intestinale. L'administration de cathartiques dans ces cas peut causer une perforation de l'intestin ou des hémorragies intestinales. Contre-indiqué chez les enfants de moins de 2 ans.

Réactions indésirables   Activité excessive du côlon pouvant produire des nausées, de la diarrhée ou des vomissements. Déshydratation, déséquilibre électrolytique. Dépendance si utilisé de façon chronique.

Laxatifs augmentant le volume des fèces: Obstruction de l'œsophage, de l'estomac, de l'intestin grêle ou du rectum. *Cathartiques de contact*: Un abus chronique peut produire un malfonctionnement du côlon.

Interactions médicamenteuses

Médicaments	Interaction
Anticoagulants oraux	La ↓ de l'absorption de la vitamine K dans le tractus GI induite par les cathartiques peut ↑ l'effet des anticoagulants et produire des saignements.
Digitale	Les cathartiques peuvent ↓ l'absorption de la digitale.
Tétracyclines	↓ de l'effet des tétracyclines par ↓ de l'absorption dans le tractus GI.

Administration/entreposage

1. Administrer le cathartique à une température et avec une substance qui en améliorent le goût.

2. Administrer le cathartique à un moment où il ne perturbera pas l'absorption et la digestion des nutriments.

3. Noter le temps que prend le cathartique pour agir et l'administrer de manière que son action ne se manifeste pas pendant les périodes de repos du client.

Soins infirmiers

1. Faciliter l'élimination fécale sans utilisation de cathartiques en respectant les habitudes de défécation du client et en l'aidant à se rendre aux toilettes ou en installant une chaise d'aisance près de son lit. Assurer l'intimité du client.

2. Noter au dossier les défécations du client et la réponse aux cathartiques afin de ne les administrer qu'au besoin.

3. Vérifier soigneusement les instructions avant d'administrer les cathartiques prescrits pour une épreuve diagnostique. Expliquer au client les effets du médicament et insister sur la nécessité de les administrer pour obtenir des résultats exacts à l'épreuve diagnostique.

4. *Expliquer au client et/ou à sa famille*:
   a) qu'une défécation quotidienne n'est pas essentielle et que la santé n'est pas affectée par une ou deux défécations manquantes.
   b) qu'au lieu de se fier aux cathartiques, il devrait inclure plus de liquides et de fibres dans son alimentation et faire plus d'exercice quotidiennement, si cela n'est pas contre-indiqué. Expliquer que l'utilisation régulière de cathartiques peut causer une constipation chronique.
   c) qu'il doit consulter le médecin plutôt que prendre des cathartiques si des douleurs abdominales ou des changements soudains des habitudes de défécation surviennent.

CATHARTIQUES DE CONTACT

BISACODYL   Apo-Bisacodyl, Bisacodyl, Bisacolax, Dulcolax, Laco

Catégorie   Cathartique de contact.

Mécanisme d'action/cinétique   Le bisacodyl est un stimulant chimique local qui agit en augmentant les contractions des muscles lisses du côlon. Le bisacodyl n'est pas absorbé de façon systémique. Il peut être administré PO ou en suppositoire rectal. Il produit une évacuation douce de selles moulées molles. Le bisacodyl agit de 6 à 8 h après son administration PO et de 15 à 60 min après son administration rectale.

Indications   Nettoyage du côlon avant ou après une intervention chirurgicale ou avant une épreuve diagnostique (radiologie, lavement baryté, proctoscopie), colostomie et constipation chronique.

Peut être administré pendant la grossesse ou en présence de maladie cardio-vasculaire, rénale ou hépatique.

Contre-indications Abdomen urgent ou douleur abdominale aiguë.

Réactions indésirables supplémentaires Les suppositoires peuvent causer une sensation de brûlure.

Interactions médicamenteuses L'administration de bisacodyl avec des antiacides, du lait ou de la cimétidine peut entraîner une dissolution prématurée de l'enrobage entérique, causant ainsi des crampes et des vomissements.

Posologie **PO. Adultes**: 10 à 15 mg au coucher ou avant le déjeuner; **pédiatrique, plus de 6 ans**: 5 à 10 mg au coucher ou avant le déjeuner. **Suppositoire rectal, adultes et enfants de plus de 2 ans**: 10 mg; **moins de 2 ans**: 5 mg. **Lavement. Adultes**: 37 mL.

Administration/entreposage

COMPRIMÉS DE BISACODYL

1. Administrer au coucher pour obtenir l'effet le lendemain matin.

2. On peut aussi administrer le médicament avant le déjeuner pour obtenir un effet en 6 h et non pendant le repos du client.

3. Recommander au client de ne pas consommer de lait ou prendre des antiacides de 1 h avant à 1 h après l'administration du médicament.

4. Recommander au client d'avaler les comprimés sans les mâcher ou les croquer. Les enfants qui ne peuvent pas avaler de comprimés ne pourront prendre la médication par voie orale.

5. Anticiper que le médicament sera administré PO le soir précédant une intervention chirurgicale, une radiographie ou la sigmoïdoscopie et par voie rectale le matin de l'intervention ou de l'épreuve.

SUPPOSITOIRES DE BISACODYL

1. Administrer le médicament à un moment où il n'interrompra pas le repos du client.

2. Le suppositoire agira de 15 min à 1 h après l'administration. Prévoir que le client aura besoin des toilettes ou de la chaise d'aisance.

CASCARA SAGRADA Biolax, Biolax SP, Bio-Tab, Cascara, Cascara Sagrada, Cas-Evac

Catégorie Cathartique de contact.

Mécanisme d'action/cinétique Le cascara sagrada stimule les contractions du côlon sans affecter l'intestin grêle. La défécation se produit après 6 à 8 h. Le médicament est disponible sous forme d'extrait liquide et d'extrait liquide aromatisé; ce dernier est moins efficace mais moins désagréable à prendre.

Contre-indications supplémentaires Le médicament est présent dans le lait maternel et peut causer des diarrhées chez le nourrisson.

Réactions indésirables supplémentaires Pigmentation foncée de la muqueuse du côlon (appelée mélanose du côlon) lentement réversible après l'arrêt de l'administration du médicament. Une urine acide peut être colorée en brun jaunâtre alors qu'une urine alcaline peut être colorée en rose, en rouge ou en violet.

Posologie PO. *Extrait liquide*: 1 mL; *extrait liquide aromatisé*: 5 mL; *comprimés*: 1 comprimé (325 mg) au coucher.

> **Soins infirmiers**
>
> Expliquer au client que le cascara peut colorer l'urine en brun jaunâtre ou en rouge.

DANTHRON Dorbane, Modane

Catégorie Cathartique de contact.

Mécanisme d'action/cinétique Le danthron stimule le péristaltisme du côlon. **Début d'action**: 6 à 8 h. Se présente aussi en association avec un cathartique amollissant, le docusate de sodium (Modane doux).

Contre-indications Grossesse, lactation, nausées, vomissements ou douleurs abdominales.

Réactions indésirables supplémentaires Diarrhée grave, hyperkaliémie et déshydratation. Pigmentation foncée de la muqueuse du côlon (mélanose du côlon), qui est lentement réversible après l'arrêt de l'administration du médicament. Une urine alcaline peut être colorée en rose, en rouge ou en violet.

Interaction médicamenteuse Les préparations de docusate peuvent ↑ la toxicité du danthron par ↑ de l'absorption.

Posologie PO: 37,5 à 150,0 mg avec ou 1 h après le souper; il faut quelquefois administrer des doses de 300 mg.

> **Soins infirmiers**
>
> Expliquer au client que le danthron peut colorer l'urine en rose ou en rouge.

HUILE DE RICIN Huile de ricin, Ricifruit, Unisoil

HUILE DE RICIN ÉMULSIFIÉE   Neoloid

Catégorie   Cathartique de contact.

Mécanisme d'action/cinétique   L'ingrédient actif, l'acide ricinoléique, est libéré dans l'intestin grêle. Cet agent inhibe l'absorption d'eau et d'électrolytes, ce qui cause une accumulation de liquide et une augmentation du péristaltisme. Une défécation complète survient en 2 à 6 h.

Indications   Évacuation rapide des fèces.

Contre-indications   Grossesse, menstruation, douleur abdominale, occlusion intestinale. Constipation commune. Administration simultanée d'anthelminthiques liposolubles.

Réactions indésirables   Diarrhée grave, douleur abdominale et coliques, altération de la perméabilité de la muqueuse de l'intestin grêle, déshydratation, déséquilibre électrolytique comme l'hyperkaliémie, l'acidose et l'alcalose.

Posologie   *Huile de ricin*: 15 à 60 mL avant l'épreuve diagnostique; **nourrissons**: 1 à 5 mL; **enfants de plus de 2 ans**: 5 à 15 mL. *Huile de ricin émulsifiée.* **PO**: 15 à 60 mL; **nourrissons de moins de 2 ans**: 1,25 à 7,5 mL; **enfants de plus de 2 ans**: 5 à 30 mL. La dose dépend de la concentration de la préparation.

Soins infirmiers

1. L'émulsion d'huile dans l'eau aromatisée est préférable.
2. On peut mélanger l'huile de ricin à un verre de jus d'orange pour en masquer le goût.

PHÉNOLPHTALÉINE   Ex-Lax, Feen-A-Lax, Feen-A-Mint

Catégorie   Cathartique de contact.

Mécanisme d'action/cinétique   Le médicament agit principalement dans le côlon. Il produit des fèces semi-solides sans causer de coliques, ou alors très peu. **Début d'action**: 4 à 8 h. **Durée d'action**: 3 à 4 jours par effet résiduel.

Indications   Constipation simple.

Réactions indésirables supplémentaires   *Hypersensibilité*: Dermatite, prurit; rarement, purpura non thrombopénique ou anaphylaxie. La phénolphtaléine peut colorer l'urine alcaline en rose rougeâtre ou elle peut colorer l'urine acide en brun jaunâtre.

Posologie **PO. Adultes**: 30 à 270 mg par jour; **pédiatrique, plus de 6 ans**: 30 à 60 mg par jour; **pédiatrique, de 2 à 5 ans**: 15 à 20 mg par jour. Habituellement administré au coucher.

Soins infirmiers

Expliquer au client et/ou à sa famille:

a) que la phénolphtaléine colore l'urine et les fèces alcalines en rouge.

b) qu'il doit conserver le médicament hors de la portée des enfants afin qu'ils ne le confondent pas avec des bonbons.

c) que les Ex-Lax ne sont pas des bonbons.

SÉNÉ   Thé herbal Békunis, Mucinum-F, Norsena, Senokot, X-Prep

SENNOSIDES A ET B   Castoria, Glysennid

Catégorie   Cathartique de contact.

Mécanisme d'action/cinétique   Le séné est extrait de la feuille séchée de *Cassia acutifolia* ou de *Cassia angustifolia*. Le séné ressemble au cascara, mais il est plus puissant. Il augmente le péristaltisme du côlon. Il modifie également la secrétion d'électrolytes. **Début d'action**: 6 à 12 h.

Indications   Constipation, avant une épreuve diagnostique ou une intervention chirurgicale touchant le tractus GI.

Contre-indications   Côlon irritable, nausées, vomissements, douleur abdominale, appendicite ou possibilité d'appendicite. Administrer avec prudence aux femmes qui allaitent.

Réactions indésirables   Douleur abdominale, coliques, diarrhée. Le séné colore l'urine alcaline en rose, en rouge ou en violet et l'urine acide en brun jaunâtre.

Posologie   *Séné*. **Comprimés: Adultes**, 2 comprimés au coucher; **pédiatrique, plus de 27 kg**: 1 comprimé au coucher. **Granules** (Senokot): **Adultes**, 1 cuillerée à thé (5 mL); **pédiatrique, plus de 27 kg**: ½ cuillerée à thé (2,5 mL). Administrer au coucher. *Sennosides A et B*. **Adultes**: 12 à 36 mg (1 à 3 comprimés) au coucher; **enfants de 6 à 10 ans**: 12 mg (1 comprimé) au coucher.

Soins infirmiers

Expliquer au client et/ou à sa famille:

a) que les crampes abdominales constituent un symptôme de surdosage. Le client doit cesser de prendre le médicament et consulter son médecin.

CATHARTIQUES SALINS

Mécanisme d'action/cinétique   Les laxatifs salins augmentent le volume du bol fécal en y attirant et en y retenant une grande quantité de liquides. Cette augmentation entraîne une stimulation mécanique du péristaltisme. Les cathartiques salins devraient être administrés avec une quantité suffisante d'eau, afin que le client ne souffre pas de déshydratation. **Début d'action**: 2 à 6 h.

Les cathartiques salins, comme le sulfate de magnésium, le lait de magnésie (voir les antiacides), le citrate de magnésium, le phosphate de sodium et le sulfate de sodium, ont tous une activité semblable et ne diffèrent que par leur coût, leur efficacité et leur goût.

Les cathartiques salins sont toujours quelque peu absorbés. Dans le cas des ions magnésium, cela comporte un risque car il peut se produire des intoxications au magnésium chez les clients dont la fonction rénale est altérée. Les vertiges, la somnolence et d'autres signes de dépression du SNC caractérisent l'intoxication par le magnésium. La soif peut être un prodrome d'une intoxication par le magnésium.

(Voir le tableau 27 pour chaque agent.)

Indications   Afin de vider l'intestin avant une épreuve diagnostique ou une intervention chirurgicale; afin d'éliminer un parasite après une thérapie anthelminthique; pour éliminer des matières toxiques après une intoxication; pour obtenir un échantillon de fèces afin de rechercher des parasites.

TABLEAU 27   CATHARTIQUES SALINS

Médicament	Posologie	Commentaires
Lavement Fleet	**Administration rectale seulement: Adultes**, 120 mL; **enfants**, 60 mL.	Contient 16 g de biphosphate de sodium et 6 g de phosphate de sodium par 100 mL.
Magnésium, citrate de Citro-Mag	**PO. Adultes**: 300 mL (100 mL contiennent 5 g de citrate de magnésium); **pédiatrique**: ½ de la dose pour adultes.	Surveiller l'intoxication par le magnésium. Ne pas administrer aux clients qui souffrent d'insuffisance rénale. *Administration* Conserver de préférence au réfrigérateur afin d'en améliorer le goût. *Soins infirmiers*

TABLEAU 27 (*suite*)

Médicament	Posologie	Commentaires
		1. Demeurer avec le client et l'encourager à boire toute la solution immédiatement.
		2. Administrer la solution froide car elle a ainsi meilleur goût.
		3. Évaluer les symptômes d'intoxication par le magnésium. (Voir le tableau 36, à la p. 1003 pour les caractéristiques.)
Magnésium, hydroxyde de Lait de magnésie, Hydroxyde de magnésium	**PO. Adultes et enfants de plus de 12 ans**: 15 à 60 mL; **pédiatrique, 6 à 12 ans**: 15 à 30 mL; **pédiatrique, 2 à 6 ans**: 5 à 15 mL.	Les suspensions devraient être mélangées à de l'eau.
Magnésium, sulfate de Sel d'Epsom, Sulfate de magnésium	**PO. Adultes**: 10 à 15 g; **pédiatrique**: 5 à 10 g.	Agit en 1 à 2 h. *Administration* Dissoudre dans un verre d'eau glacée ou dans un autre liquide afin de masquer le goût désagréable.
Sodium, phosphate de	**PO. Adultes**: 4 g.	Goût relativement agréable. Relativement moins efficace que le sulfate de magnésium ou le sulfate de sodium. *Administration* Dissoudre dans un verre d'eau chaude et administrer avant le déjeuner.
Sodium, sulfate de	**PO**: 15 g.	Goût très désagréable. Aussi efficace que le sulfate de magnésium.

LAXATIFS AUGMENTANT LE VOLUME DES FÈCES

Mécanisme d'action   Ces laxatifs augmentent le volume des fèces et stimulent le péristaltisme par des moyens mécaniques. Ce sont les laxatifs les moins dangereux.

Réactions indésirables   Obstruction de l'œsophage, de l'estomac, de l'intestin grêle et du rectum.

PSYLLIUM, MUCILOÏDE HYDROPHYLE DE
Hi-Fibran, Metamucil, Mucilose, Novo-Mucilax, Karacil, Neo-Mucil, Prodiem Simple

Catégorie   Laxatif augmentant le volume des fèces.

Mécanisme d'action/cinétique   On extrait ce médicament de différentes espèces de plantago. La poudre forme une masse gélatineuse au contact de l'eau, ce qui augmente le volume des fèces et stimule le péristaltisme. Il a également un effet émollient sur la muqueuse intestinale enflammée. Ces préparations contiennent également du dextrose, du bicarbonate de sodium, du phosphate monobasique de potassium, de l'acide citrique et du benzoate de benzyle. Une dépendance à ce médicament peut survenir.

Contre-indications   Douleur abdominale grave ou occlusion intestinale.

Interactions médicamenteuses   Le psyllium ne devrait pas être administré avec des salicylates, de la nitrofurantoïne ou des glucosides cardiotoniques (comme la digitale).

Posologie   La dose varie selon le produit. *Généralement, adultes.* **Granules/flocons**: 5 à 10 mL (1 ou 2 cuillerées à thé) 1 à 3 fois par jour mélangé à des aliments ou à un verre d'eau. **Poudre**: 5 mL (1 cuillerée à thé) dans 240 mL de liquide 1 à 3 fois par jour. **Poudre effervescente**: 1 sachet dans de l'eau 1 à 3 fois par jour.

CATHARTIQUES ÉMOLLIENTS

Mécanisme d'action/cinétique   Comme leur nom l'indique, ces laxatifs favorisent la défécation en amollissant les fèces. Ces agents sont utiles lorsqu'il est important de garder les fèces molles ou d'éviter les efforts pendant la défécation.

En plus de l'huile minérale, ce groupe de laxatifs comprend les agents tensio-actifs (qui diminuent la tension de surface des fèces et favorisent leur pénétration par l'eau et les graisses).

À l'exception de l'huile minérale, ces agents ne sont pas absorbés de façon systémique et ils ne semblent pas perturber l'absorption des nutriments.

Indications   Constipation associée à des fèces sèches et dures, mégacôlon, clients alités, maladie cardio-vasculaire ou autre maladie dans laquelle les efforts lors de la défécation sont contre-indiqués. Après une intervention chirurgicale au rectum, en particulier l'hémorroïdectomie.

DOCUSATE DE CALCIUM Surfak
DOCUSATE DE SODIUM Colace, Dioctyl, Regulex, Docusate de sodium

Catégorie Cathartique émollient.

Indications Diminution des efforts lors de la défécation chez les clients atteints d'une hernie ou d'une maladie cardio-vasculaire, mégacôlon, clients alités.

Contre-indications Nausées, vomissements, douleur abdominale, occlusion intestinale.

Interaction médicamenteuse Le docusate peut ↑ l'absorption de l'huile minérale dans le tractus GI.

Posologie *Docusate de calcium.* **PO, Adultes**: 240 mg par jour; **pédiatrique, plus de 6 ans**: 50 à 150 mg par jour. *Docusate de sodium.* **PO, Adultes et enfants de plus de 12 ans**: 50 à 240 mg; **pédiatrique, moins de 3 ans**: 10 à 40 mg; **3 à 6 ans**: 20 à 60 mg; **6 à 12 ans**: 40 à 120 mg. Peut être également administré sous forme de lavement évacuateur ou de lavement à garder: 50 à 100 mg.

Administration *Docusate de sodium.* Administrer les solutions orales avec du lait ou du jus de fruit afin de masquer le goût amer.

HUILE MINÉRALE Agarol simple, Lavement Fleet à l'huile minérale, Huile minérale, Kondremul simple, Lansoyl, Nujol

Catégorie Cathartique émollient.

Mécanisme d'action/cinétique Ce mélange d'hydrocarbures liquides provenant du pétrole amollit les selles et lubrifie le tractus GI. Il enveloppe les fèces d'une couche qui prévient leur déshydratation. **Début d'action**: 6 à 8 h. L'huile minérale est disponible sous forme de liquide, de gelée et de suspension pour l'administration orale et sous forme de lavement pour l'administration rectale.

Indications Constipation, pour éviter les efforts lors de la défécation après une intervention chirurgicale au rectum, l'hémorroïdectomie et dans certaines maladies cardio-vasculaires.

Contre-indications Nausées, vomissements, douleur abdominale, occlusion intestinale.

Réactions indésirables Pneumonie lipidique aiguë ou chronique due à l'aspiration de l'huile minérale; le risque est plus important chez les clients jeunes, âgés ou dysphagiques. Prurit anal qui peut retarder la cicatrisation après une intervention chirurgicale ano-rectale. L'administration durant la grossesse peut diminuer suffisamment l'absorption de la vitamine K pour produire de l'hypoprothrombinémie chez le nouveau-né.

Interactions médicamenteuses

Médicaments	Interaction
Anticoagulants oraux	↑ de l'hypoprothrombinémie par ↓ de l'absorption de la vitamine K dans le tractus GI; également, l'huile minérale peut ↓ l'absorption de l'anticoagulant dans le tractus GI.
Laxatifs tensio-actifs	↑ de l'absorption de l'huile minérale.
Sulfamides	↓ de l'effet des sulfamides non absorbés dans le tractus GI.
Vitamines A, D, E, K	↓ de l'absorption après une administration prolongée d'huile minérale.

Posologie PO. **Adultes**: 15 à 30 mL au coucher; **enfants**: 5 à 20 mL au coucher. **Rectal. Adultes**: 90 à 120 mL; **enfants de plus de 2 ans**: 30 à 60 mL.

Administration

1. Ne pas administrer avec des aliments, car l'huile minérale peut ralentir la digestion et réduire l'absorption des vitamines.

2. Ne pas administrer avec des préparations vitaminiques, parce que l'huile minérale diminuera l'absorption des vitamines A, D, E et K.

3. Administrer au coucher et, sauf si cela est contre-indiqué, donner ensuite au client un verre de jus d'orange ou un morceau d'orange. L'émulsion a un goût agréable et on n'a pas besoin d'orange pour lui en conférer. Cependant, lorsque l'huile minérale est administrée au coucher, les risques de pneumonie lipidiques sont plus grands.

4. Conserver au réfrigérateur afin que la préparation ait meilleur goût.

5. Administrer lentement et avec prudence aux clients âgés ou très faibles et aux enfants, afin de prévenir l'aspiration qui peut causer une pneumonie lipidique. Lorsqu'il semble y avoir un risque d'aspiration, demander au médecin s'il serait possible d'utiliser une autre méthode pour soulager le client.

6. Administrer lentement par cathéter le lavement à garder. Faire suivre d'un lavement évacuateur 20 min plus tard, tel que prescrit.

Soins infirmiers

1. Parce que l'huile minérale peut causer de l'hypoprothrombinémie chez le nouveau-né, avertir la femme enceinte de ne pas prendre ce médicament pour soulager la constipation. Elle devrait consulter le médecin pour obtenir un médicament plus approprié.

2. Surveiller la région périanale chez les clients qui reçoivent plus de 30 mL d'huile minérale, car des fèces peuvent s'écouler par le sphincter anal. Il faut laver ces clients plus souvent et leur mettre une serviette périanale afin d'éviter que les vêtements et les draps soient salis.

AUTRES CATHARTIQUES

LACTULOSE Chronulac

Voir *Médicament divers*, p. 1077.

SUPPOSITOIRES À LA GLYCÉRINE
Suppositoire à la glycérine

Catégorie Autres cathartiques.

Mécanisme d'action/cinétique Les suppositoires à la glycérine facilitent la défécation par irritation de la muqueuse rectale et par action hyperosmotique. La glycérine peut également amollir et lubrifier les fèces. Le suppositoire n'a pas besoin de fondre pour être efficace.

Indications Pour établir des habitudes de défécation normales chez les clients dépendants des laxatifs.

Contre-indications Ne devrait pas être administré en présence de fissures ou de fistules anales, d'hémorroïdes ou de proctite.

Réactions indésirables Irritation de la muqueuse.

Posologie *Suppositoire*: Insérer loin dans le rectum un suppositoire pour adultes ou pédiatrique et le faire garder pendant 15 min.

Administration/entreposage Conserver au réfrigérateur dans un contenant bien fermé à une température de moins de 25°C.

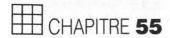 CHAPITRE **55**

Antidiarrhéiques

Généralités La diarrhée accompagne plusieurs maladies, et le médecin traitant devrait découvrir la cause de ses manifestations. Lorsque la diarrhée est causée par un agent infectieux, le médecin peut prescrire un antibiotique ou un agent chimiothérapeutique spécifiques afin d'éliminer l'agent causal.

La diarrhée est souvent une réaction de défense naturelle spontanément résolutive par laquelle le corps se débarrasse de substances toxiques ou irritantes. La déshydratation et le déséquilibre électrolytique sont des complications majeures de la diarrhée. Une thérapie antidiarrhéique symptomatique peut prévenir une déshydratation extrême.

La plupart des antidiarrhéiques sont utilisés pour un traitement symptomatique. Les anticholinergiques (p. 738), qui réduisent la motilité excessive de l'intestin, sont également des agents constipants efficaces.

On peut diviser les antidiarrhéiques en deux catégories: ceux qui agissent de façon locale sur l'intestin et ceux qui agissent de façon systémique.

AGENTS SYSTÉMIQUES

DIPHÉNOXYLATE, CHLORHYDRATE DE
Lomotil[N]

Catégorie Antidiarrhéique systémique.

Mécanisme d'action/cinétique Le diphénoxylate est un agent constipant qui, même s'il est apparenté chimiquement à la mépéridine, un analgésique narcotique, ne possède pas de propriétés analgésiques. Le diphénoxylate inhibe la motilité GI, et il a un effet constipant. Des doses élevées, administrées pendant de longues périodes, peuvent cependant causer de l'euphorie et une dépendance physique.

Indications   Traitement symptomatique de la diarrhée chronique et fonctionnelle. Également, diarrhée associée à une gastro-entérite, un côlon irritable, une entérite régionale, un syndrome de malabsorption, une colite ulcéreuse, une infection aiguë, une intoxication alimentaire, après une gastrectomie et pour la diarrhée causée par des médicaments. L'efficacité du médicament dans la maîtrise de la diarrhée aiguë est contestable. Également administré pour régulariser le temps de transit intestinal chez les clients ayant une iléostomie ou une colostomie.

Contre-indications   Ictère obstructif, maladie hépatique, diarrhée associée à une entérocolite pseudomembraneuse après une antibiothérapie, enfants de moins de 2 ans. Administrer avec prudence durant la grossesse et la lactation et chez les clients pour qui les anticholinergiques sont contre-indiqués.

Réactions indésirables   *GI*: Nausées, vomissements, anorexie, malaise abdominal, iléus paralytique, mégacôlon. *Allergiques*: Prurit, œdème angioneurotique, enflure des gencives. *SNC*: Vertiges, somnolence, malaise, agitation, céphalée, dépression, engourdissement des membres, dépression respiratoire, coma. *Topiques*: Peau et muqueuses sèches, rougeurs. *Autres*: Tachycardie, rétention urinaire, hyperthermie.

Interactions médicamenteuses

Médicaments	Interaction
Alcool éthylique	Dépression additive du SNC.
Barbituriques	Dépression additive du SNC.
Inhibiteurs de la MAO	↑ des risques de crise hypertensive.
Narcotiques	↑ de l'effet des narcotiques.

Surdosage   Les rougeurs, la léthargie, le coma, les réflexes hypotoniques, le nystagmus, le myosis, la tachycardie et la dépression respiratoire sont des symptômes de surdosage.

Traitement: Lavage gastrique et ventilation assistée.

Administration IV d'un antagoniste des narcotiques, voir p. 609. L'administration peut être répétée toutes les 10 à 15 min. Surveiller le client et administrer de nouveau l'antagoniste si la dépression respiratoire subsiste.

Posologie   **PO: Adultes, initialement**: 5 mg t.i.d. ou q.i.d.; **enfants**: 0,3 à 0,4 mg/kg par jour en doses fractionnées. Contre-indiqué chez les enfants de moins de 2 ans. De plus:

Pédiatrique	Dose quotidienne totale*
2 à 5 ans	6 mg
5 à 8 ans	8 mg
8 à 12 ans	10 mg

* Une cuillerée à thé équivaut ici à 4 mL ou à 2 mg de diphénoxylate.

Chaque comprimé ou 5 mL de préparation liquide contient 2,5 mg de chlorhydrate de diphénoxylate. La posologie devrait être maintenue aux doses initiales jusqu'à ce que les symptômes soient maîtrisés; réduire ensuite à des doses d'entretien.

Soins infirmiers

1. *Évaluer*:
   a) la potentialisation de la dépression du SNC chez les clients recevant du Lomotil et d'autres narcotiques.
   b) les prodromes d'un coma tels que les aberrations mentales et les problèmes moteurs, le désordre, la somnolence, l'errance nocturne, le regard lointain et un tremblement grossier des mains, chez les clients qui ont une maladie hépatique et qui reçoivent du Lomotil.
2. Avoir de la naloxone (Narcan) disponible pour les cas de surdosage.
3. *Expliquer au client et/ou à sa famille*:
   a) qu'il doit suivre exactement la posologie.
   b) qu'il doit conserver le médicament hors de la portée des enfants, car un surdosage accidentel peut être fatal.

LOPÉRAMIDE, CHLORHYDRATE DE
Imodium^Pr

Catégorie   Antidiarrhéique systémique.

Mécanisme d'action/cinétique   Le lopéramide est un dérivé de la pipéridine qui ralentit la motilité intestinale en agissant sur les nerfs et sur les récepteurs situés dans la muqueuse intestinale. La rétention prolongée des fèces dans l'intestin conduit à une réduction du volume des selles, à une augmentation de leur viscosité ainsi qu'à une diminution de la perte de liquides et d'électrolytes. Il a été dit que ce médicament est plus efficace que le diphénoxylate.

Indications   Soulagement symptomatique de la diarrhée aiguë non spécifique, de la diarrhée chronique associée à une maladie inflammatoire de l'intestin; diminution du volume éliminé par l'iléostomie.

Contre-indications   Cesser promptement l'administration du médicament si une distension abdominale survient chez les clients atteints de colite ulcéreuse. L'innocuité durant la grossesse et chez les enfants de moins de 12 ans n'a pas été établie. Les clients chez qui il faut éviter une constipation.

Réactions indésirables   *GI*: Douleur, distension ou malaise abdominal. Constipation, xérostomie, nausées, vomissements, malaise épigastrique. Mégacôlon toxique chez les clients atteints de colite ulcéreuse. *SNC*: Somnolence, vertiges, fatigue. *Autres*: Éruption cutanée.

TABLEAU 28 ANTIDIARRHÉIQUES AGISSANT DE FAÇON
LOCALE

Médicament	*Principales indications*
Bismuth, sous-salicylate de Pepto-Bismol	Antidiarrhéique, nausées, indigestion, soulagement de la flatulence et des crampes. Prophylaxie et traitement de la diarrhée des voyageurs.
Charbon activé Charbon activé, Charcodote	Traitement d'urgence des intoxications par les médicaments.
Cholestyramine Questran[Pr]	Voir *Hypocholestérolémiants*, p. 444.
Donnagel	Traitement symptomatique de la diarrhée.
Donnagel avec Néomycine[Pr]	Traitement symptomatique de la diarrhée et de la dysenterie bactérienne causées par des bactéries sensibles.
Donnagel-PG[N]	Comme le Donnagel.
Kaolin avec pectine Donnagel-MB, Kaocon, Kaopectate, Kaolin Pectine	Soulagement symptomatique de la diarrhée.

PO. Adultes: 2 comprimés ou 30 mL. **Pédiatrique, 3 à 6 ans**: ½ comprimé ou 5 mL; **6 à 12 ans**: 1 comprimé ou 10 mL.

Interactions médicamenteuses
1. Le salicylate peut ↑ l'effet des anticoagulants et des sulfonylurées.
2. Le salicylate peut perturber l'activité des médicaments utilisés pour traiter la goutte.
Administration
1. La dose peut être répétée q 30 à 60 min pour un total de 8 doses en 24 h.
2. La langue et les selles peuvent devenir plus foncées à court terme.

PO. Adultes: Initialement, 1 g/kg ou 30 à 100 g. Mélanger à 170 à 225 mL d'eau afin de former une pâte semi-solide.

Agent le plus valable pour traiter les cas d'intoxication par les médicaments. Fait partie de l'antidote universel.
Contre-indications
Intoxication par le cyanure, par des acides minéraux ou par des alcalis.
Interactions médicamenteuses
Le charbon adsorbe et inactive les laxatifs et le sirop d'ipéca.
Administration
1. Provoquer le vomissement, si indiqué, avant d'administrer le charbon.
2. Le charbon ne devrait être administré qu'aux clients conscients.

Initialement: 30 mL, **puis**, 15 à 30 mL q 3 h. **Nourrissons de plus de 4,5 kg**: 2,5 mL; **9,0 kg**: 5 mL; **13,5 kg et plus**: 5 à 10 mL q 3 h.

Association de kaolin, de pectine et de 3 anticholinergiques (atropine, scopolamine, hyoscyamine). Pour les contre-indications, etc., voir chaque agent.

Adultes: 15 à 30 mL q 4 h. **Enfants de plus de 1 an**: 5 à 10 mL q 4 h. **Enfants de moins de 1 an**: 2,5 à 5 mL q 4 h.

Contient, outre les composants du Donnagel, du sulfate de néomycine.

Comme le Donnagel.

Contient, outre les composants du Donnagel, 24 mg d'extrait de poudre d'opium par 30 mL.

PO. Adultes: 60 à 120 mL après chaque selle. **Pédiatrique, plus de 12 ans**: 60 mL; **6 à 12 ans**: 30 à 60 mL

Le kaolin est de l'argile contenant du silicate d'aluminium, efficace surtout dans l'intestin grêle. La préparation

Antidiarrhéiques

TABLEAU 28   *(suite)*

Médicament	Principales indications
Lactobacillus, cultures de Fermalac	Diarrhée mineure.

Posologie   **PO.** *Diarrhée aiguë:* **Initialement**, 4 mg puis 2 mg après chaque diarrhée jusqu'à un maximum de 16 mg par jour. *Diarrhée chronique*: 4 à 8 mg par jour en une ou plusieurs doses.

Cesser l'administration du médicament après 48 h s'il s'est révélé inefficace pour la diarrhée aiguë. Cesser l'administration du médicament si une dose de 16 mg par jour pendant 10 jours a été inefficace pour la diarrhée chronique.

TEINTURE D'OPIUM (LAUDANUM)   Teinture d'opium[N]

TEINTURE D'OPIUM CAMPHRÉE (ÉLIXIR PARÉGORIQUE)   Teinture d'opium camphrée[N]

Catégorie   Antidiarrhéique systémique.

Mécanisme d'action/cinétique   Le principe actif de ces mélanges est la morphine. La morphine augmente le tonus musculaire des intestins, diminue les sécrétions digestives et inhibe le péristaltisme normal. Le ralentissement du transit des fèces dans les intestins favorise leur assèchement, qui est fonction de la durée de leur séjour dans les intestins.

Indications   Diarrhée aiguë.

Contre-indications   Voir *Morphine*, p. 595. Lorsque la diarrhée est causée par une intoxication, ne pas administrer avant que la substance toxique n'ait été éliminée.

Réactions indésirables   Voir *Morphine*, p. 596.

Interactions médicamenteuses   Voir *Analgésiques narcotiques*, p. 596.

Posologie   *Teinture d'opium.* **Adultes**: 0,25 à 2,0 mL, 1 à 4 fois par jour. *Teinture d'opium camphrée.* **Adultes**: 5 à 10 mL (2 à 4 g de morphine), 1 à 4 fois par jour; **pédiatrique**: 0,25 à 0,5 mL/kg, 1 à 4 fois par jour.

par dose; **3 à 6 ans**: 15 à 30 mL par dose.	contient 5,85 g de kaolin et 130 mg de pectine par 30 mL de suspension.
Adultes: 1 ou 2 capsules 3 fois par jour.	Cette culture bactérienne aide à rétablir la flore intestinale normale après l'utilisation d'anti-infectieux. Supprime l'émergence de staphylocoques pathogènes et de *Candida*.

Administration/entreposage

1. Administrer avec de l'eau, afin de s'assurer que le médicament se rend bien dans l'estomac.
2. Le mélange de teinture d'opium camphrée et d'eau a un aspect laiteux.
3. Entreposer dans un contenant résistant à la lumière.

Soins infirmiers

1. Évaluer la dépendance physique chez le client qui prend ces médicaments pendant une période prolongée.
2. Lire l'ordonnance, la carte de médicament et l'étiquette du flacon attentivement afin de s'assurer qu'on donne le bon médicament car la teinture d'opium contient 20 fois plus de morphine que la teinture d'opium camphrée.
3. Garder de la naloxone (Narcan) à portée de la main afin d'être en mesure de l'administrer en cas de surdosage.
4. *Expliquer au client et/ou à sa famille*:
   a) qu'il faut être fidèle au régime thérapeutique prescrit par le médecin.
   b) qu'il faut consulter le médecin lorsque la diarrhée a diminué, car une utilisation prolongée de ces médicaments peut entraîner la constipation.

AGENTS LOCAUX

Généralités   Les agents locaux sont modérément efficaces dans le traitement de la diarrhée, et leur mécanisme d'action n'est pas complètement compris. Les agents locaux sont des substances inertes et non absorbées, comme le kaolin, le charbon ou le bismuth. La surface des particules de ces préparations est grande, et on croit qu'elles absorbent les liquides et les substances toxiques.

Quelques-uns de ces agents, comme le kaolin et la pectine, ont des propriétés émollientes qui peuvent protéger les muqueuses intestinales enflammées et irritées. De nombreuses préparations antidiarrhéiques que l'on peut obtenir sans ordonnance contiennent plusieurs de ces agents locaux. Voir le tableau 28, p. 818.

Contre-indications Entérocolite pseudomembraneuse, diarrhée induite par des toxines de bactéries, présence de fièvre élevée, enfants de moins de 3 ans, à moins d'avis contraire du médecin.

Réactions indésirables Une utilisation prolongée peut produire une constipation ou une malabsorption de certains aliments.

Administration Les agents locaux ne devraient pas être administrés pendant plus de 2 jours.

Soins infirmiers

1. Consigner quotidiennement dans le dossier la fréquence, le nombre et le genre de selles.

2. Analyser le dossier afin d'évaluer la réponse du client au médicament.

3. Surveiller l'augmentation de la diarrhée ou le développement de la constipation, car ces deux états requièrent une modification de la posologie.

4. *Expliquer au client et/ou à sa famille*:
   a) qu'il doit bien suivre la posologie prescrite par le médecin pour maîtriser la diarrhée. Les aliments fortement épicés et les aliments riches en graisses devraient être éliminés du régime du client qui souffre de diarrhée.
   b) (parents de nourrissons ou d'enfants de moins de 5 ans) qu'ils doivent consulter un médecin au lieu d'administrer d'eux-mêmes un antidiarrhéique au nourrisson, car les enfants sont plus sensibles aux conséquences d'une perte grave de liquides et d'électrolytes.
   c) qu'il doit cesser de prendre la médication lorsque la diarrhée a cessé ou lorsque de la constipation survient.
   d) qu'il doit consulter un médecin si le médicament se révèle inefficace pour maîtriser la diarrhée après plusieurs doses.

CHAPITRE **56**

Émétiques et antiémétiques

ÉMÉTIQUES

Généralités   On utilise les émétiques dans les cas d'intoxications aiguës afin de provoquer le vomissement lorsqu'il est nécessaire de vider l'estomac promptement et complètement après l'ingestion de substances toxiques.

Les vomissements peuvent être provoqués par une action directe sur la zone chimioréceptrice de déclenchement située dans le bulbe rachidien ou par une stimulation indirecte du tractus GI. Certains agents agissent des deux façons.

Soins infirmiers

1. Ne pas administrer d'émétiques si le client est comateux ou à demi conscient, s'il a ingéré une substance toxique qui pourrait induire des convulsions, comme la strychnine, s'il a ingéré une substance corrosive, comme un acide ou une base forte, ou s'il a ingéré un distillat du pétrole, comme le kérosène.

2. L'équipement suivant peut être nécessaire au traitement d'une intoxication: nécessaire à lavage gastrique, oxygène, respirateur à pression positive, médicaments d'urgence, liquides et perfuseurs IV.

3. Placer le client sur le côté après l'administration de l'émétique afin de prévenir l'aspiration lors des vomissements.

4. Les émétiques sont habituellement administrés avec 200 à 300 mL d'eau.

SIROP D'IPÉCA   Sirop d'ipéca

Catégorie   Émétique.

Mécanisme d'action/cinétique   Le principe actif de l'ipéca, un alcaloïde extrait d'une racine du Brésil, agit localement sur la muqueuse gastrique et centralement sur la zone chimioréceptrice de déclenchement. Le vomissement survient habituellement en 15 à 60 min chez 90% des clients. Une deuxième dose peut être administrée au besoin. **Le sirop d'ipéca ne doit pas être confondu avec l'extrait liquide d'ipéca, qui est 14 fois plus puissant.**

Le sirop d'ipéca peut être acheté sans ordonnance. Certains clients souffrant de boulimie abusent de ce sirop.

Indications   Intoxication orale ou surdosage de médicaments. Expectorant.

Contre-indications   Substances corrosives; chez les clients inconscients, à demi conscients, ivres ou en état de choc. Nourrissons de moins de 6 mois.

Interaction médicamenteuse   Le charbon activé adsorbe le sirop d'ipéca, ce qui réduit son effet.

Posologie   PO. Sirop. **Adultes et enfants de plus de 5 ans**: 15 à 30 mL avec 360 mL d'eau. **Pédiatrique: 1 à 5 ans**: 15 mL avec 240 mL d'eau; **pédiatrique, 9 à 11 mois**: 10 mL avec 120 à 240 mL d'eau; **pédiatrique, 6 à 8 mois**: 5 mL.

Administration

1. Vérifier attentivement l'étiquette afin de s'assurer qu'il s'agit bien du sirop et non pas de l'extrait liquide d'ipéca.
2. La dose peut être répétée une fois si un vomissement n'est pas survenu en 30 min. On devrait penser à faire un lavage gastrique si aucun vomissement n'est survenu 15 min après la deuxième dose.

Soins infirmiers

Expliquer au client et/ou à sa famille:

a) qu'il devrait acheter du sirop d'ipéca et le conserver au cas où se produirait une intoxication accidentelle.

b) que la dose diffère grandement selon que le médicament est utilisé comme expectorant ou comme émétique. Enseigner la technique d'administration appropriée dans chaque cas.

ANTIÉMÉTIQUES

Généralités   Les nausées et les vomissements peuvent être causés par une grande variété d'états, comme les infections, les médicaments, les radiations, le mouvement, les maladies organiques ou des facteurs psychologiques. La cause des symptômes devrait être connue avant que l'émèse ne soit corrigée.

L'action de vomir est complexe. Le centre de vomissement du bulbe rachidien répond à la stimulation de plusieurs régions périphériques comme à la stimulation du SNC lui-même, de la zone chimioréceptrice de déclenchement, du vestibule de l'oreille et du cortex cérébral.

Le choix de l'antiémétique dépend de la cause des symptômes et de la façon dont les vomissements sont déclenchés.

Plusieurs médicaments utilisés dans d'autres états, comme les antihistaminiques, les phénothiazines, les barbituriques et la scopolamine, ont des propriétés antiémétiques (pour de plus amples détails, voir les sections respectives). Ces agents ont souvent des effets indésirables graves (le plus souvent, dépression du SNC) qui contre-indiquent leur utilisation fréquente. Plusieurs autres antiémétiques sont traités ici.

Interaction médicamenteuse   À cause de leurs propriétés antiémétiques et antinauséeuses, les antiémétiques peuvent masquer un surdosage d'autres médicaments.

Soins infirmiers

1. Évaluer les effets indésirables autres que les nausées, car les antiémétiques peuvent masquer un surdosage de certains médicaments ou un état pathologique, comme une augmentation de la pression intracrânienne ou une occlusion intestinale.

2. Avertir le client d'éviter de conduire ou d'effectuer des tâches dangereuses avant que l'effet du médicament n'ait été évalué. Les antiémétiques ont tendance à causer de la somnolence et des vertiges.

CYCLIZINE, LACTATE DE   Marzine[Pr]

Voir *Antihistaminiques*, p. 779.

Catégorie   Antiémétique, antihistaminique.

Mécanisme d'action/cinétique   L'effet antiémétique est dû à l'action du médicament sur la zone chimioréceptrice de déclenchement et à l'abaissement du seuil de la sensibilité du labyrinthe.

Posologie   *Antiémétique*. **IM. Adultes**: 50 mg q 4 à 6 h.

DIMENHYDRINATE   Apo-Dimenhydrinate,

Atinate, Dimenhydrinate, Gravol, Nauseatol, Novodimenate, PMS Dimenhydrinate, Travamine, Travel Eze

Remarque   Le dimenhydrinate consiste en diphénhydramine et en chlorothéophylline. Voir également *Antihistaminiques*, p. 780.

Posologie   **PO. Adultes**: 50 à 100 mg q 4 h, ne pas excéder 400 mg par jour. **Pédiatrique, 6 à 12 ans**: 25 à 50 mg q 6 à 8 h, ne pas excéder 150 mg par jour; **pédiatrique, 2 à 6 ans**: 25 mg q 6 à 8 h, ne pas excéder 75 mg par jour. **IM. Adultes**: 50 mg au besoin; **pédiatrique, 8 à 12 ans**: 1,25 mg/kg jusqu'à 300 mg par jour. **IV. Adultes**: 50 mg dans 10 mL de solution injectable de chlorure de sodium administrés en 2 min.

DIPHÉNHYDRAMINE, CHLORHYDRATE DE
Allerdryl, Benadryl, Chlorhydrate de diphénhydramine et autres

Voir *Antihistaminiques*, tableau 26, p. 781.

DIPHÉNIDOL, CHLORHYDRATE DE   Vontrol[Pr]

Catégorie   Antiémétique.

Mécanisme d'action/cinétique   Le diphénidol semble déprimer l'excitabilité du labyrinthe et pourrait également déprimer la zone chimioréceptrice de déclenchement. Le médicament est bien absorbé dans le tractus GI. **Concentration plasmatique maximale**: 1,5 à 3,0 h. **Début d'action**: 30 à 45 min. **Durée d'action**: 4 à 6 h. **Demi-vie**: 4 h. Métabolisé, excrété lentement dans l'urine.

Indications   Nausées, vomissements et vertiges associés à des maladies infectieuses, à des tumeurs, au mal des rayons, à une anesthésie générale, du mal des transports, à la labyrinthite et à la maladie de Ménière.

Contre-indications   Hypersensibilité au médicament, anurie, grossesse, enfants pesant moins de 23 kg. Administrer avec prudence aux clients atteints de glaucome, de sténose du pylore, de spasmes du pylore, de lésions obstructives des tractus GI et urinaire et de tachycardie sinusale.

Réactions indésirables   *SNC*: Confusion, désorientation, hallucinations; cesser immédiatement l'administration du médicament si ces symptômes surviennent. Également, somnolence, sensation de malaise, céphalée, nervosité, excitation, troubles du sommeil, faiblesse.

GI: Xérostomie, irritation GI, nausées, indigestion, brûlures d'estomac. *Autres*: Éruptions cutanées, urticaire, ictère léger, hypotension légère.

Les symptômes d'un surdosage devraient être traités symptomatiquement en s'assurant de maintenir la pression artérielle et la respiration. Un lavage gastrique peut être indiqué lors d'une dose excessive par voie orale.

Posologie **PO. Adultes**: 25 ou 50 mg q 4 h. **Pédiatrique.** *Nausées et vomissements seulement*: 0,88 mg/kg q 4 h; ne pas excéder 5,5 mg/kg par jour. Si les symptômes persistent après la première dose, on peut administrer une seconde dose après 1 h.

Soins infirmiers

1. *Évaluer*:
   a) les hallucinations, la désorientation et la confusion (en particulier durant les 3 premiers jours de la thérapie). Cesser l'administration du médicament et prévenir le médecin.
   b) les symptômes masqués d'états pathologiques non diagnostiqués ou d'une intoxication.
   c) les ingesta et les excreta. Signaler l'oligurie, qui gêne l'excrétion du médicament.
2. En cas de surdosage, aider à faire un lavage gastrique, à maintenir la pression artérielle et la respiration et procurer des mesures de soutien, comme l'administration d'oxygène et la ventilation assistée.
3. *Expliquer au client et/ou à sa famille*:
   a) la nécessité de l'hospitalisation ou de la supervision médicale lorsque ce médicament est administré.
   b) qu'il doit cesser de prendre le médicament et consulter le médecin si des symptômes indésirables du SNC surviennent.
   c) qu'il ne doit pas conduire une voiture ou effectuer des tâches dangereuses, car le médicament peut causer une vision trouble et/ou des vertiges.

HYDROXYZINE   Atarax^{Pr}, Multipax^{Pr}

Voir *Anxiolytiques*, chapitre 31.

MÉCLIZINE   Bonamine^{Pr}

Voir *Antihistaminiques*, p. 781.

Posologie **PO.** *Mal des transports*: 25 ou 50 mg 1 h avant le départ; répéter la dose quotidiennement si nécessaire. *Vertiges*: 25 à 100 mg par jour en doses fractionnées.

PROCHLORPÉRAZINE   Stémétil^{Pr}
(Suppositoires)
PROCHLORPÉRAZINE, MÉSYLATE DE
Stémétil^{Pr} (Ampoules, comprimés, liquide)

Voir *Phénothiazines*, p. 507.

Indications   Nausées et vomissements postopératoires, mal des rayons, vomissements causés par des toxines. N'est généralement pas administré à des clients ayant une masse de moins de 9 kg ou âgés de moins de 2 ans.

Posologie   *Nausées/vomissements graves chez les adultes.* **PO**: 5 ou 10 mg t.i.d. ou q.i.d. **IM**: 5 ou 10 mg q 3 à 4 h, ne pas excéder 40 mg par jour. **Rectal**: 25 mg b.i.d.

Nausées/vomissements graves chez les enfants. **PO, rectal: de 9 kg à 14 kg**: 2,5 mg 1 ou 2 fois par jour, ne pas excéder 7,5 mg par jour; **14 kg à 18 kg**: 2,5 mg b.i.d. ou t.i.d., ne pas excéder 10 mg par jour; **18 kg à 39 kg**: 2,5 mg t.i.d. ou 5 mg b.i.d., ne pas excéder 15 mg par jour. **IM**: 0,13 mg/kg (on n'administre habituellement qu'une dose).

Nausées/vomissements chez les adultes subissant une intervention chirurgicale. **IM**: 5 à 10 mg 1 à 2 h avant l'anesthésie ou après l'intervention chirurgicale (peut être répété une fois). **IV**: 5 à 10 mg 15 à 30 min avant l'anesthésie ou après l'intervention chirurgicale (peut être répété une fois). *Perfusion IV*: 20 mg/L de solution isotonique ajoutés 15 à 30 min avant l'anesthésie. La dose quotidienne totale ne devrait pas excéder 40 mg.

SCOPOLAMINE   Transderm-V

Voir *Anticholinergiques*, chapitre 47.

THIÉTHYLPÉRAZINE, MALÉATE DE
Torécan^{Pr}

Catégorie   Antiémétique.

Mécanisme d'action/cinétique   La thiéthylpérazine est une phénothiazine qui agit sur la zone chimioréceptrice de déclenchement et sur le centre du vomissement. **Début d'action, PO**: 30 min. **Durée d'action**: 4 h. Pour de plus amples détails, voir *Phénothiazines*, p. 495.

Indications   Maîtrise des nausées et des vomissements d'origines diverses. Probablement efficace dans le traitement des vertiges.

Contre-indications   Dépression grave du SNC, états comateux, grossesse, enfants de moins de 12 ans. Administrer avec prudence aux clients atteints de maladie hépatique ou rénale. Administration IV (cause de l'hypotension).

Réactions indésirables   Somnolence, sécheresse de la bouche et du nez, agitation, hypotension, symptômes extrapyramidaux.

Posologie   **PO, IM**: 10 à 30 mg 1 à 3 fois par jour. Ne pas utiliser la voie IV. La posologie pour les enfants n'est pas établie.

Administration   Administrer les injections IM profondément.

Soins infirmiers complémentaires

Voir *Soins infirmiers – Antiémétiques*, p. 825. Revoir *Généralités* et *Soins infirmiers – Phénothiazines*, p. 500.

1. Ne pas administrer à un client qui effectue des tâches dangereuses, ou à un client en dépression respiratoire ou comateux.

2. Évaluer l'hypotension orthostatique qui se manifeste par de la faiblesse, des vertiges et des évanouissements. Surveiller la pression artérielle.

3. Garder du lévartérénol et de la phényléphrine pour l'administration en cas d'hypotension, car l'épinéphrine est contre-indiquée.

4. Évaluer les symptômes extrapyramidaux comme le torticolis, la dysphagie, les mouvements irréguliers des yeux ou les convulsions.

5. Garder du benzoate de caféine sodique et du chlorhydrate de diphénhydramine (Benadryl) IV pour le soulagement des symptômes extrapyramidaux.

Digestifs

Généralités Les médicaments digestifs sont des agents qui remplacent ou suppléent un ou plusieurs enzymes ou autres substances chimiques participant à la digestion des aliments. Ils sont rarement indiqués pour des raisons thérapeutiques mais ils peuvent être administrés aux clients âgés ou aux clients souffrant de certaines maladies du tractus GI. Ils peuvent également être administrés après une intervention chirurgicale au tractus GI.

L'acide chlorhydrique les sels biliaires, et les enzymes produits par l'estomac et par les glandes associées à la digestion sont les médicaments digestifs les plus communément utilisés.

ACIDE CHLORHYDRIQUE DILUÉ

Catégorie Digestif.

Mécanisme d'action/cinétique Remplacement d'une substance naturelle par de l'acide chlorhydrique dilué (10% p/v).

Indications Hypochlorhydrie, déficience en acide chlorhydrique chez les personnes âgées (souvent associée à l'anémie pernicieuse ou à un cancer gastrique).

Contre-indications Hyperacidité et ulcère gastro-duodénal.

Réactions indésirables Une administration prolongée peut causer un déséquilibre électrolytique (perte de bicarbonate de sodium) et augmenter la concentration de chlorure de sodium.

Posologie **PO**: Administrer 2 à 8 mL de solution à 10% très diluée. Allonger chaque mL de solution avec au moins 25 mL d'eau.

> **Soins infirmiers**
>
> *Expliquer au client et/ou à sa famille*:
>
> **a)** qu'il doit boire la solution pendant le repas au moyen d'une paille, afin de protéger l'émail dentaire (ne pas utiliser de paille métallique).

> **b)** qu'il doit utiliser un rince-bouche alcalin si l'ingestion de la solution d'acide chlorhydrique n'est pas complétée avant la fin du repas.

ACIDE DÉHYDROCHOLIQUE   Acide déhydrocholique, Dycholium

Catégorie   Digestif, laxatif.

Mécanisme d'action/cinétique   L'acide déhydrocholique est un dérivé des acides biliaires. Le médicament a un certain effet laxatif, et il semble augmenter le débit biliaire et faciliter l'évacuation de la vésicule biliaire. De plus, il entraîne une augmentation de l'émulsification et de l'absorption des lipides.

Indications   Après une intervention chirurgicale récente ou des interventions répétées pour des calculs biliaires ou un rétrécissement des voies biliaires. Choléoystite, cholangite, dyskinésie biliaire, pour favoriser l'écoulement d'un canal biliaire infecté, pour une occlusion du canal biliaire. Laxatif.

Contre-indications   Obstruction complète des voies biliaires, GI ou génito-urinaires. Également, insuffisance hépatique, ictère, cholélithiase. En présence de douleur abdominale, nausées ou vomissements (symptômes d'appendicite). Administrer avec prudence aux clients ayant des antécédents d'asthme et d'allergie, aux enfants de moins de 6 ans, aux personnes âgées et aux clients atteints d'une hypertrophie de la prostate.

Posologie   **PO**: 250 à 500 mg b.i.d. ou t.i.d. après les repas pendant 4 à 6 semaines. Des sels biliaires peuvent être administrés conjointement. Cesser l'administration du médicament s'il se révèle inefficace après 4 à 6 semaines.

Soins infirmiers

Avertir le client qui prend le médicament à la maison de consulter le médecin si la douleur persiste ou si des nausées graves et de la douleur surviennent.

ACIDE GLUTAMIQUE, CHLORHYDRATE D'
Acidulin

Catégorie   Digestif.

Mécanisme d'action/cinétique   Au contact de l'eau, le composé libère de l'acide chlorhydrique qui acidifie l'estomac. Ainsi, le médicament a le même effet que l'acide chlorhydrique mais il est plus facile à administrer parce qu'il est sous forme de capsule. Disponible également en association avec de la pepsine.

Indications   Hypochlorhydrie, achlorhydrie, adjuvant dans le traitement de l'anémie pernicieuse ou d'un cancer gastrique, pour certaines allergies, gastrite chronique.

Contre-indications   Hyperacidité et ulcère gastro-duodénal.

Réactions indésirables   Un surdosage peut causer une acidose systémique.

Posologie   PO: 1 à 3 capsules (340 mg) t.i.d. avant les repas. *Note*: 340 mg contiennent environ 1,8 mmol d'acide chlorhydrique.

Soins infirmiers

Expliquer au client et/ou à sa famille:

a) qu'il doit conserver les capsules au sec.

b) les symptômes de l'acidose systémique, comme la stupeur, la faiblesse et la respiration profonde et rapide.

c) qu'il doit garder du bicarbonate de sodium, du lactate de sodium ou toute autre solution alcaline pour traiter un surdosage.

PANCRÉLIPASE   Cotazym, Viokase

Catégorie   Digestif.

Mécanisme d'action/cinétique   Concentré d'enzymes du pancréas de porc, contenant de la lipase (principalement), de l'amylase et de la protéase, qui remplace ou supplée les enzymes naturels.

Indications   Thérapie de remplacement dans le soulagement symptomatique des syndromes de malabsorption causés par une déficience pancréatique d'origine organique comme la mucoviscidose (fibrose kystique du pancréas), le cancer du pancréas et la pancréatite chronique.

Contre-indications   Administrer avec prudence aux clients hypersensibles aux protéines porcines. Administrer avec prudence durant la grossesse.

Réactions indésirables   GI: Nausées, diarrhée, crampes. L'inhalation de la poudre est irritante pour la peau et les muqueuses. Des doses élevées peuvent causer l'hyperuricémie et l'hyperuricosurie.

Posologie **PO**: La dose doit être calculée en fonction de la quantité de lipides contenus dans le régime alimentaire; environ 300 mg par 17 g de lipides. On administre habituellement 1 à 3 comprimés ou capsules durant chaque repas et 1 avec chaque collation (peut être augmenté à 8 si aucune réaction indésirable GI ne survient). Pour la poudre, la dose est de 1 à 2 sachets avant les repas et les collations.

Administration

1. Pédiatrique: Pour les jeunes enfants, le contenu de la capsule peut être ajouté aux aliments. Après plusieurs semaines d'administration, la dose devrait être ajustée selon la réponse thérapeutique.

2. On devrait conserver les préparations non ouvertes dans des contenants bien fermés à une température n'excédant pas 25°C.

> **Soins infirmiers**
>
> S'assurer que le client suit le régime alimentaire prescrit.

DIXIÈME PARTIE

Hormones et antagonistes des hormones

CHAPITRE 58

Insuline, hypoglycémiants oraux et antagonistes de l'insuline

INSULINES

Généralités En 1922, des chercheurs ont isolé l'insuline, une hormone produite naturellement par les îlots de Langerhans du pancréas. Cela a marqué le début de l'hormonothérapie chez les personnes présentant une déficience de la sécrétion d'insuline. Ainsi, on a pu diagnostiquer chez ces personnes le diabète sucré. On divise le diabète sucré en diabète insulinodépendant (type I; anciennement appelé diabète juvénile) et en diabète non insulinodépendant (type II; anciennement appelé diabète de l'adulte).

L'insuline commerciale utilisée pour traiter le diabète de type I provient de trois sources: l'insuline isolée du pancréas de bœuf ou de porc, et l'insuline humaine fabriquée semi-synthétiquement ou dérivée d'ADN de recombinaison. La structure de l'insuline qu'on tire du pancréas de porc ressemble plus à l'insuline humaine que celle qu'on tire du pancréas de bœuf.

La proinsuline demeure l'impureté majeure dans les préparations d'insuline. Ces impuretés peuvent causer des réactions allergiques locales ou systémiques et de la résistance à l'insuline reliée au développement d'anticorps. Toutefois, la technologie s'est à ce point améliorée depuis quelques années que les préparations d'insuline commercialisées au Canada ne contiennent désormais pas plus de 25 ppm de proinsuline. Les préparations d'insuline ne contenant pas plus de 20 à 25 ppm de proinsuline sont appelées « insulines à pic unique » alors que celles qui ne contiennent que 10 ppm ou moins de proinsuline sont appelées « insulines purifiées ».

Des préparations d'insuline différant par leur début d'action, leur maximum d'activité et leur durée d'action ont été développées. On fabrique de tels produits en précipitant l'insuline en présence de chlorure de zinc pour former des cristaux d'insuline-zinc et/ou en combinant l'insuline avec une protéine comme la protamine. Selon ces modifications, on peut classer les préparations en insuline à action rapide, en insuline à action intermédiaire et en insuline à action prolongée. La variété de préparations permet au médecin de choisir la préparation la plus appropriée au mode de vie du client.

INSULINE À ACTION RAPIDE

1. Insuline injectable (insuline régulière, aussi appelée insuline Toronto, insuline-zinc cristalline).

2. Insuline-zinc à action rapide en suspension (semilente).

INSULINE À ACTION INTERMÉDIAIRE

1. Insuline isophane en suspension (NPH).

2. Insuline-zinc en suspension (lente).

INSULINE À ACTION PROLONGÉE

1. Insuline-protamine-zinc en suspension.

2. Insuline-zinc à action prolongée en suspension (ultralente).
Note: On mélange fréquemment les préparations d'insuline possédant un début et une durée d'action différentes, pour équilibrer le diabète de façon optimale.

Mécanisme d'action/cinétique L'insuline facilite le transport du glucose dans les muscles cardiaque et squelettiques ainsi que dans le tissu adipeux. Elle augmente également la synthèse du glycogène dans le foie. L'insuline stimule la synthèse des protéines et la lipogenèse, et elle inhibe la lipolyse et la libération d'acides gras libres des cellules adipeuses. Ce dernier effet prévient ou fait rétrocéder l'acidocétose quelquefois observée chez les diabétiques. L'insuline cause également le transfert intracellulaire de magnésium et de potassium.

L'insuline étant une protéine, elle est détruite dans le tractus GI. Elle doit par conséquent être administrée par voie SC, ce qui lui permet d'être rapidement absorbée dans la circulation sanguine et distribuée dans le liquide extracellulaire. L'insuline est principalement métabolisée par le foie.

Indications Thérapie de remplacement dans le diabète de type I; acidocétose diabétique. L'insuline est également indiquée dans le diabète de type II lorsque les autres thérapies ont échoué ou lors d'une intervention chirurgicale, d'un traumatisme, d'une infection, de fièvre, d'un dysfonctionnement endocrinien, d'une grossesse, de gangrène, de la maladie de Raynaud ou d'une insuffisance hépatique ou rénale.

L'insuline régulière est ajoutée aux solutions de suralimentation IV, aux solutions de dextrose administrées aux clients atteints d'hyperkaliémie grave et aux solutions IV utilisées comme épreuve de provocation pour la sécrétion d'hormone de croissance.

Diète La diète est aussi importante que le traitement médicamenteux pour équilibrer le diabète. On ne doit pas sous-estimer le rôle de l'infirmière dans l'enseignement de la diète au client.

Dans un premier temps, le médecin doit déterminer les besoins alimentaires du client. Étant donné l'étroite relation entre les glucides (G), les lipides (L) et les protéines (P), on doit déterminer l'apport requis pour chacun de ces éléments. La quantité prescrite de G, L et P doit être ingérée à chaque repas et elle doit demeurer constante.

L'infirmière doit expliquer au client comment calculer la valeur d'échange d'aliments divers.

Le client diabétique devrait adopter un horaire de repas régulier. Chez les clients qui reçoivent de grandes quantités d'insuline, le diabète est souvent mieux équilibré avec 4 à 6 petits repas par jour qu'avec 3 repas importants. La fréquence des repas et le nombre de kilojoules à consommer varient selon le médicament administré. Les enfants diabétiques peuvent avoir une diète moins stricte si on ajuste la dose d'insuline selon la valeur de la glycémie et de la glycosurie. Les enfants ayant une glycosurie négative ont tendance à développer rapidement un état d'hypoglycémie lors d'un exercice ou d'une diminution de l'appétit. Par conséquent, de nombreux médecins tolèrent une certaine glycosurie.

Contre-indications Hypersensibilité à l'insuline.

Réactions indésirables *Hypoglycémie*: Causée par un surdosage d'insuline, par un retard ou une diminution de l'apport alimentaire, par un excès d'exercice physique par rapport à la dose d'insuline, ou par le passage d'une préparation d'insuline à une autre. Même les clients chez lesquels le diabète est bien équilibré peuvent occasionnellement développer des signes de surdosage d'insuline comme la faim, la faiblesse, la fatigue, la nervosité, la pâleur ou les rougeurs, la transpiration abondante, la céphalée, les palpitations, l'engourdissement de la bouche, le fourmillement des doigts, les tremblements, la vision trouble ou la diplopie, l'hypothermie, les bâillements excessifs, la confusion mentale, l'incoordination, la tachycardie et la perte de conscience.

Les symptômes d'hypoglycémie peuvent ressembler à des troubles psychiques. Une hypoglycémie grave prolongée peut causer des lésions cérébrales et, chez la personne âgée, entraîner des symptômes ressemblant à ceux de l'accident vasculaire cérébral.

Allergiques: Urticaire, angio-œdème, lymphadénopathie, vésicules, anaphylaxie. Ces manifestations s'observent principalement après une thérapie intermittente à l'insuline ou après une administration IV de doses importantes chez des clients résistants à l'insuline. Les antihistaminiques ou les corticostéroïdes peuvent être administrés pour traiter ces symptômes. Les clients très allergiques à l'insuline et qui ne peuvent être traités par des hypoglycémiants oraux peuvent répondre aux préparations d'insuline humaine.

Au point d'injection: Enflure, sensation de piqûre, rougeurs, démangeaisons, sensation de chaleur. Ces symptômes disparaissent avec l'administration continue du médicament. Atrophie ou hypertrophie des tissus sous-cutanés (réduire en faisant une rotation des points d'injection).

Résistance à l'insuline: La cause habituelle est l'obésité. Une résistance aiguë peut survenir après une infection, un traumatisme, une intervention chirurgicale, des problèmes émotionnels ou d'autres troubles endocriniens.

Ophtalmologiques: Vision trouble, presbytie temporaire. Survient principalement au début de la thérapie ou chez les clients dont le diabète n'a pas été équilibré depuis longtemps.

Effet Somogyi: Hyperglycémie qui survient habituellement chez les clients qui reçoivent des doses excessives de façon chronique.

DIFFÉRENCES ENTRE LE COMA DIABÉTIQUE ET LA RÉACTION HYPOGLYCÉMIQUE (CHOC INSULINIQUE)   Chez les diabétiques, le coma peut être causé par un diabète non équilibré (hyperglycémie ou glycosurie, acidocétose) ou par une dose excessive d'insuline (choc insulinique, hypoglycémie).

Le coma diabétique et le choc insulinique se distinguent selon les caractéristiques suivantes:

Caractéristique	Hyperglycémie (coma diabétique)	Hypoglycémie (choc insulinique)
Début	Graduel (jours)	Soudain (24-48 h)
Médication	Dose insuffisante d'insuline	Dose excessive d'insuline
Apport alimentaire	Normal ou excessif	Probablement insuffisant
État général	Extrêmement malade	Très faible
Peau	Sèche et rouge	Humide et pâle
Infection	Fréquente	Absente
Fièvre	Fréquente	Absente
Bouche	Sèche	Écoulement de salive
Soif	Intense	Absente
Faim	Absente	Occasionnelle

Caractéristique	Hyperglycémie (coma diabétique)	Hypoglycémie (choc insulinique)
Vomissements	Communs	Absents
Douleur abdominale	Fréquente	Rare
Respiration	Rapide, respiration de Kussmaul	Normale
Haleine	Odeur d'acétone	Normale
Pression artérielle	Basse	Normale
Pouls	Faible et rapide	Plein et bondissant
Vision	Affaiblie	Diplopie
Tremblements	Absents	Fréquents
Convulsions	Aucune	Dans les états avancés
Glycosurie	Élevée	Absente dans le deuxième échantillon
Corps cétoniques	Élevés	Absents dans le deuxième échantillon
Glycémie	Élevée	Moins de 3,3 mmol/L

Source: Adapté avec la permission de *The Merck Manual*, Onzième édition.

Le coma diabétique est habituellement précipité par le fait que le client ne prend pas son insuline. L'hypoglycémie est souvent précipitée par une réponse imprévisible, par un effort excessif, par de l'anxiété reliée à la maladie ou à une intervention chirurgicale, par une erreur dans le calcul de la dose ou par une alimentation insuffisante.

TRAITEMENT DU COMA DIABÉTIQUE OU D'UNE ACIDOSE GRAVE   Administrer 30 à 60 unités d'insuline, puis 30 unités toutes les 30 min. Pour éviter l'hypoglycémie, administrer 1 g de dextrose pour chaque unité d'insuline injectée. On ajoute souvent à ce traitement des électrolytes et des liquides. Des échantillons d'urine sont prélevés pour être analysés et les signes vitaux sont évalués tel que prescrit.

TRAITEMENT DE L'HYPOGLYCÉMIE (CHOC INSULINIQUE)   L'hypoglycémie légère peut être traitée par l'administration de glucides comme du jus d'orange, un bonbon ou un morceau de sucre. Les adultes comateux peuvent recevoir 10 à 30 mL de solution IV de dextrose à 50% alors que les enfants devraient recevoir 0,5 à 1,0 mL/kg de la même solution. On peut administrer de l'épinéphrine, de l'hydrocortisone ou du glucagon afin de produire une augmentation de la glycémie.

Interactions médicamenteuses

Médicaments	Interaction
Acide éthacrynique	↓ de l'effet des hypoglycémiants.
Adrénolytiques bêta	↑ de l'effet hypoglycémiant de l'insuline.
Alcool éthylique	↑ de l'hypoglycémie et choc.
Chlorthalidone	↓ de l'effet des hypoglycémiants.

Médicaments	Interaction
Contraceptifs oraux	↑ de la dose d'hypoglycémiant due à la modification de la tolérance au glucose.
Corticostéroïdes	↓ de l'effet de l'insuline due à l'hyperglycémie induite par les corticostéroïdes.
Dextrothyroxine	↓ de l'effet de l'insuline due à l'hyperglycémie induite par la dextrothyroxine.
Diazoxide	L'hyperglycémie induite par le diazoxide ↓ l'équilibre du diabète.
Diurétiques thiazidiques	↓ de l'effet des hypoglycémiants.
Épinéphrine	↓ de l'effet de l'insuline due à l'hyperglycémie induite par l'épinéphrine.
Fenfluramine	Hypoglycémie accrue.
Furosémide	↓ de l'effet des hypoglycémiants.
Glucagon	L'hyperglycémie induite par le glucagon ↓ l'effet des hypoglycémiants.
Glucosides cardiotoniques	Administrer avec prudence parce que l'insuline affecte la kaliémie.
Guanéthidine	↑ de l'effet hypoglycémiant de l'insuline.
Inhibiteurs de la monoamine-oxydase	Les inhibiteurs de la MAO ↑ et prolongent les effets des hypoglycémiants.
Œstrogènes	↓ de l'effet de l'insuline par modification de la tolérance au glucose.
Oxytétracycline	↑ de l'effet de l'insuline.
Phénothiazines	↑ de la dose d'hypoglycémiant due à l'hyperglycémie induite par les phénothiazines.
Phénytoïne	L'hyperglycémie induite par la phénytoïne ↓ l'équilibre du diabète.
Propranolol	Le propranolol inhibe l'hyperglycémie de rebond après une hypoglycémie induite par l'insuline
Salicylates	↑ de l'effet hypoglycémiant de l'insuline.
Stéroïdes anabolisants	↑ de l'effet hypoglycémiant de l'insuline.
Tétracyclines	Peuvent ↑ l'effet hypoglycémiant de l'insuline.
Thyroïde, préparations de	↑ de la dose d'hypoglycémiant due à l'hyperglycémie induite par les préparations de thyroïde.
Triamtérène	↓ de l'effet des hypoglycémiants.

Interactions avec les épreuves de laboratoire   Modifie les épreuves des fonctions hépatique et thyroïdienne. Test de Coombs faussement +, ↑ des protéines sériques, ↓ des acides aminés sériques, du calcium, du cholestérol, du potassium et des acides aminés urinaires.

Posologie L'insuline est habituellement administrée par voie SC. L'insuline injectable (insuline régulière) est la seule préparation pouvant être injectée par voie IV. On ne devrait utiliser cette voie d'administration que chez les clients atteints d'une acidocétose grave ou d'un coma diabétique.

La dose d'insuline est toujours établie en unités USP.

La posologie est établie et surveillée en fonction des valeurs de la glycémie, de la glycosurie et de la cétonurie. La posologie est hautement individualisée. De plus, étant donné que les besoins en insuline du client peuvent changer avec le temps, la dose devrait être vérifiée à intervalles réguliers. Il est habituellement recommandé d'hospitaliser les clients lorsqu'on établit leurs besoins quotidiens en insuline et en kilojoules.

Durant la grossesse, les besoins en insuline peuvent augmenter soudainement pendant le dernier trimestre. Après l'accouchement, ces besoins peuvent chuter jusqu'au niveau d'avant la grossesse. Afin de prévenir le développement de l'hypoglycémie, on cesse souvent l'administration de l'insuline le jour de l'accouchement et on administre du glucose par voie IV.

Les préparations d'insuline peuvent être mélangées afin d'obtenir la meilleure combinaison pour chaque client. Cependant, le mélange doit être fait selon les instructions du médecin et/ou du pharmacien.

Administration/entreposage

1. Lire le livret d'information du produit et toutes les notes insérées dans l'emballage de la préparation d'insuline.

2. Jeter les fioles ouvertes et inutilisées depuis plusieurs semaines et celles dont la date d'expiration est passée.

3. Réfrigérer les provisions de préparations d'insuline, mais éviter de les congeler. La congélation détruit la suspension de la formulation.

4. Conserver les fioles d'insuline dans un endroit frais en évitant de les exposer à des températures extrêmes ou à la lumière solaire.

5. Les instructions ci-dessous devraient être suivies pour le mélange des diverses insulines:
   a) L'insuline régulière peut être mélangée à de l'insuline NPH, lente ou protamine-zinc. Cependant, éviter le transfert de l'insuline à action prolongée dans la fiole d'insuline régulière; l'insuline régulière devrait toujours être aspirée dans la seringue la première.
   b) Un mélange d'insuline régulière et d'insuline NPH, lente ou protamine-zinc devrait être administré dans les 15 min suivant sa préparation, étant donné la liaison de l'insuline régulière à l'excès de protamine et/ou de zinc des préparations à action plus prolongée.
   c) Les insulines lentes, semilentes ou ultralentes peuvent être mélangées entre elles dans n'importe quelle proportion; toutefois, ces insulines ne devraient pas être mélangées à des insulines NPH ou protamine-zinc.

d) Lorsque l'insuline est administrée à l'aide d'une pompe à insuline, elle peut être mélangée en toutes proportions avec du chlorure de sodium à 0,9% pour injection ou avec de l'eau pour injection. Étant donné les modifications de stabilité, de tels mélanges devraient être administrés en dedans de 24 h après leur préparation.

6. Conserver les mélanges d'insuline compatibles pendant moins d'un mois à la température ambiante ou pendant moins de 3 mois entre 2 et 8°C. Toutefois, une contamination bactérienne peut survenir.

7. Afin de s'assurer qu'une même quantité de précipité sera administrée dans chaque dose, retourner la fiole plusieurs fois avant de retirer la suspension. Éviter d'agiter fortement ou de former de la mousse. (L'insuline régulière est la seule insuline qui n'a pas de précipité.)

8. Jeter toutes les fioles dont le précipité s'est aggluté, est granuleux ou a formé un dépôt solide sur les parois de la fiole.

9. Afin de prévenir une erreur de dose, ne pas modifier l'ordre dans lequel les insulines sont mélangées ni changer de modèle ou de marque de seringue ou d'aiguille.

10. Administrer à un angle de 90° lorsqu'on utilise une aiguille de ½ po et à un angle de 45° lorsqu'on utilise une aiguille de ⅝ po.

11. Fournir un injecteur automatique aux clients qui ont peur de s'injecter l'insuline eux-mêmes.

12. Aider le diabétique qui a des troubles de la vision à obtenir de l'information et des dispositifs facilitant l'auto-administration de l'insuline.

13. Faire la rotation des points d'injection SC de l'insuline afin de prévenir l'atrophie locale (qui forme des petites fossettes dans la peau et même parfois des creux profonds, surtout chez les filles et chez les jeunes femmes) et l'hypertrophie (qui apparaît comme des muscles bien développés sur l'avant et sur le côté des cuisses surtout chez les garçons et chez les jeunes hommes).
   a) Si elle a été réfrigérée, laisser réchauffer l'insuline à la température ambiante pendant au moins une heure avant l'injection.
   b) Encourager le client à suivre un graphique des points d'injection (voir la figure 6).
   c) Espacer les points d'injection de 3 à 4 cm.
   d) Ne pas injecter au même point avant au moins 1 mois.
   e) Éviter d'injecter à moins de 1 cm du nombril parce que cet endroit est fortement vascularisé.
   f) Éviter d'injecter au niveau de la taille parce que cet endroit est fortement innervé.
   g) Conseiller au client d'appuyer contre une surface dure, comme un mur ou une chaise, le bras dans lequel il s'injectera l'insuline.
   h) Voir à la figure 6 les points d'injection recommandés pour l'insuline.
   i) Prévenir l'aggravation de la lipodystrophie en injectant l'insuline à la température ambiante.

Programme de rotation des points d'injection

VUE POSTÉRIEURE

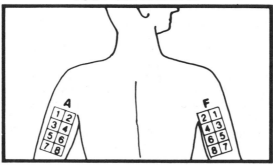

VUE ANTÉRIEURE

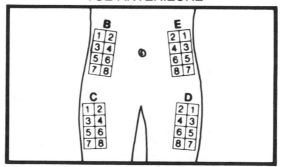

Relevé des injections

POINT		1	2	3	4	5	6	7	8
Bras droit	**A**								
Côté droit de l'abdomen	**B**								
Cuisse droite	**C**								
Cuisse gauche	**D**								
Côté gauche de l'abdomen	**E**								
Bras gauche	**F**								

14. Conserver toujours une fiole d'insuline supplémentaire et de l'équipement pour l'administration lorsque le client est au centre hospitalier, à la maison ou en voyage.

15. Conserver toujours de l'insuline régulière pour utilisation en cas d'urgence.

16. Appliquer une pression pendant une minute après l'injection, mais ne pas masser car cela peut modifier la vitesse d'absorption.

17. Retarder l'administration de l'insuline si le déjeuner est retardé à cause d'épreuves diagnostiques.

18. Entretien des seringues et des aiguilles réutilisables:
    a) Ne pas utiliser d'eau fortement chlorée ou d'eau contenant une forte concentration de produits chimiques pour stériliser les seringues. Déposer les seringues et les aiguilles dans de l'eau bouillante pendant 5 min pour les stériliser.
    b) Les seringues et les aiguilles peuvent être stérilisées en les trempant dans l'alcool isopropylique pendant au moins 5 min. L'alcool doit être évaporé de l'équipement avant l'utilisation, afin de prévenir une diminution de la force de l'insuline.
    c) Nettoyer les seringues recouvertes d'un précipité avec un coton-tige trempé dans du vinaigre; bien rincer par la suite la seringue dans l'eau et la stériliser. Nettoyer les aiguilles avec un fil métallique et les aiguiser avec une pierre ponce.

Soins infirmiers

Pour tous les clients diabétiques qui reçoivent de l'insuline ou des hypoglycémiants oraux.

1. Évaluer les symptômes d'hyperglycémie: soif, polyurie, somnolence, rougeur de la peau, haleine à l'odeur fruitée et inconscience.

2. Obtenir le plus rapidement possible une supervision médicale pour les clients démontrant des signes de réaction

---

FIGURE 6 Diagramme des points d'injection de l'insuline. On peut voir que le bras droit est marqué d'un « A », que le côté droit de l'abdomen est marqué d'un « B » et que la cuisse droite est marquée d'un « C ». Du côté gauche, le bras est marqué d'un « D », l'abdomen d'un « E » et la cuisse d'un « F ». Chacune de ces régions rectangulaires peut être divisée en 8 carrés de plus de 2,5 cm de côté. On a numéroté chacun de ces carrés en commençant par le carré situé dans le coin supérieur externe (numéro 1) et en finissant par le carré situé dans le coin inférieur interne (numéro 8). Si on choisit le carré 1 et qu'on injecte de l'insuline dans le carré 1 de chaque région (A à F), il faudra 6 jours avant de revenir à la région « A ». On choisit alors le carré 2 et, en faisant la même rotation, il faudra encore 6 jours avant de revenir à la région « A ». Par la suite, on injecte dans les carrés 3, puis 4, etc. On dispose donc de 48 carrés différents pour faire les injections d'insuline. Ainsi, il faut près de 7 semaines avant de retourner au carré A-1. (Reproduit avec la permission de Becton Dickinson and Company.)

hyperglycémique. Avoir de l'insuline injectable. Après l'administration de l'insuline, surveiller étroitement le client. Les observations cliniques et les résultats des épreuves de laboratoire serviront de guide pour la suite de la thérapie.

3. Évaluer les prodromes d'hypoglycémie comme la fatigue, la céphalée, la somnolence, la lassitude, la trémulation ou les nausées. Les symptômes tardifs sont plus marqués et comprennent la faiblesse, la transpiration, les tremblements ou la nervosité. Surveiller l'agitation excessive et la transpiration abondante durant la nuit.

4. Administrer des glucides promptement au client hypoglycémique et avertir le médecin. Lorsque le client est conscient, du jus d'orange, un bonbon ou un morceau de sucre peuvent être utiles. Lorsque le client est inconscient, on peut appliquer du miel ou du sirop de Karo sur la muqueuse buccale ou administrer du glucagon si on en a à sa disposition. Si le client reçoit une insuline à action prolongée, administrer un glucide à digestion lente tel que du pain avec du miel ou du sirop de maïs. Fournir des glucides supplémentaires pendant les 2 h suivantes. Du lait et des craquelins sont convenables. En centre hospitalier, garder une fiole de 10 à 20 g de dextrose pour administration IV.

5. Prévoir la réduction de la dose d'insuline si l'effet Somogyi survient chez le client traité en premier lieu pour une hypoglycémie. L'effet Somogyi survient lorsque l'hypoglycémie stimule la libération d'épinéphrine, de glucocorticostéroïdes et d'hormone de croissance, qui stimulent à leur tour la glycogenèse et la hausse de la glycémie. La réduction de la dose d'insuline est nécessaire pour stabiliser l'état du client.

6. Surveiller étroitement l'apparition d'hypoglycémie chez les jeunes diabétiques. Ces clients sont plus sensibles au choc insulinique et ils répondent moins bien au glucagon.

7. Évaluer l'apparition d'une infection ou de problèmes émotionnels, qui peuvent requérir une augmentation de la dose d'insuline chez les jeunes diabétiques. Ces clients présentent un risque plus élevé de coma diabétique si leurs besoins en insuline ne sont pas rencontrés.

8. Faire la révision de tous les médicaments que le client reçoit afin d'identifier ceux qui peuvent augmenter ou diminuer l'effet des hypoglycémiants et qui, de ce fait, peuvent nécessiter le rajustement de la dose d'hypoglycémiants.

9. Adresser le client et sa famille à un organisme de santé communautaire (C.L.S.C. ou D.S.C.) afin de s'assurer qu'il bénéficie d'un suivi à la maison.

10. *Expliquer au client et/ou à sa famille*:
(Applicable pour tous les clients diabétiques qui reçoivent de l'insuline ou des hypoglycémiants oraux.)
a) les signes, les symptômes et la nature du diabète sucré.
b) la nécessité d'une supervision médicale continue.

c) comment faire les épreuves de détermination de l'acétone et du glucose urinaires.

d) comment administrer l'insuline. Expliquer l'utilisation et l'entretien de l'équipement, l'entreposage de la médication, la technique et l'heure d'administration.

e) l'importance de suivre la diète prescrite, du maintien de la masse, de l'ingestion d'aliments pendant la période de l'effet maximum de la médication et l'utilisation de la liste d'échange alimentaire.

f) comment utiliser le glucomètre, s'il est prescrit.

g) l'augmentation des besoins en glucides entraînée par l'exercice.

h) la nécessité d'une bonne hygiène pour la prévention des infections.

i) qu'il doit surveiller les symptômes d'hypoglycémie comme la fatigue, la céphalée, la somnolence, la trémulation et les nausées.

j) qu'il doit surveiller les symptômes d'hyperglycémie (pouvant causer une acidocétose) comme la soif, la polyurie, la somnolence, la peau sèche et rouge, l'haleine à odeur fruitée et l'inconscience.

k) comment traiter l'hypoglycémie et l'hyperglycémie et toute autre situation d'urgence (de la manière expliquée précédemment).

l) la nécessité pour le client de garder un bonbon ou un morceau de sucre sur lui pour contrecarrer l'hypoglycémie.

m) l'importance d'aviser le médecin lorsqu'une hypoglycémie ou une hyperglycémie survient, car un ajustement de la dose du médicament est nécessaire.

n) l'importance pour le client de porter une carte ou un bracelet Medic-Alert qui indique qu'il est diabétique.

o) que les réactions allergiques, telles que les démangeaisons, les rougeurs, l'enflure, la sensation de piqûre ou de chaleur au point d'injection, disparaissent habituellement après quelques semaines de traitement. Avertir le médecin, car il faut peut-être changer le type d'insuline.

p) que la vision trouble, dont il peut se plaindre au début du traitement, disparaîtra après 6 à 8 semaines et qu'il devrait atteindre la fin de cette période avant de subir un examen de la vue. Cet état est causé par les fluctuations de la glycémie, qui produisent des changements osmotiques dans le cristallin et les liquides oculaires.

q) que si un repas est omis à cause d'une maladie (fièvre, nausées et vomissements), le client devra omettre la dose suivante d'insuline à moins que les épreuves urinaires n'indiquent une glycosurie. Analyser l'urine toutes les 4 h et aviser le médecin afin qu'il régularise l'administration d'insuline.

r) qu'il doit remplacer les aliments omis par une quantité équivalente de glucides sous forme de jus d'orange ou sous une autre forme facilement absorbable.

s) qu'il doit diminuer sa consommation d'aliments du tiers et qu'il doit boire beaucoup de liquides s'il omet une dose d'insuline (manque d'insuline ou équipement non disponible). Il est très important d'obtenir l'insuline ou l'équipement manquant immédiatement, afin que le client puisse continuer sa diète et son traitement à l'insuline.

t) qu'il doit aviser le médecin s'il est malade. Afin de prévenir le coma, maintenir une hydratation adéquate en prenant 240 mL ou plus de liquide non énergétique (café, thé, eau ou bouillon) par heure. Analyser l'urine plus fréquemment.

u) qu'il doit déterminer la glycosurie avec des comprimés Clinitest, du ruban Tes-Tape ou des bâtonnets Diastix ou Clinistix, tel que recommandé par le médecin. Analyser un échantillon frais de la deuxième miction. Demander au client d'uriner 1 h avant l'heure du repas. Aussitôt que le client pourra uriner, obtenir un échantillon d'urine et analyser. Si le client prend d'autres médicaments, vérifier les interactions possibles avec les épreuves urinaires. Le cas échéant, utiliser l'épreuve appropriée.

v) qu'il doit surveiller les interactions médicamenteuses possibles.

w) qu'il ne doit pas boire d'alcool parce qu'une hypoglycémie peut en résulter. Une ingestion excessive d'alcool peut nécessiter une réduction de la dose d'insuline parce que l'alcool en potentialise l'effet hypoglycémiant.

INSULINE HUMAINE Humulin-L, Humulin-N, Humulin-R, Insuline humaine Initard, Insuline humaine Insulatard, Insuline humaine Mixtard, Insuline humaine Velosulin, Novolin-Lente, Novolin NPH, Novolin-Toronto, Novolin-30/70, Novolin Ultralente

Catégorie Insuline humaine provenant de source semi-synthétique ou d'ADN de recombinaison.

Mécanisme d'action/cinétique Dans la fabrication d'insuline humaine à partir d'ADN de recombinaison, on utilise des *E. coli* modifiés génétiquement. Ces organismes synthétisent chaque chaîne d'insuline humaine (même séquence d'acides aminés). Les chaînes sont par la suite assemblées et purifiées afin de produire l'insuline humaine. L'insuline humaine de source semi-synthétique est produite en substituant l'acide aminé terminal de l'insuline de porc. On obtient ainsi un produit identique à l'insuline humaine. Le produit est finalement purifié.

Note: Les insulines humaines peuvent être des insulines régulières, des insulines-zinc ou des insulines isophanes; pour la cinétique de ces différentes insulines, voir la monographie appropriée dans ce chapitre.

On pense que les insulines humaines causent moins de réactions allergiques et de production d'anticorps que les insulines de source animale.

Indications Traitement du diabète sucré de type I. Aussi longtemps que l'insuline de source animale permet de bien équilibrer le diabète, le transfert à l'insuline humaine n'est pas recommandé. On préfère l'insuline humaine dans les situations suivantes: réactions allergiques locales ou systémiques produites par de l'insuline d'origine animale, lipo-atrophie au point d'injection, traitement de courte durée du diabète de type II, clients résistants à l'insuline d'origine animale et grossesse.

Posologie La posologie et la voie d'administration sont semblables à celles des insulines d'origine animale.

Soins infirmiers complémentaires

Expliquer au client et/ou à sa famille qu'il se peut qu'on doive réduire la dose. Il est donc important de surveiller les signes et symptômes d'hypoglycémie.

INSULINE INJECTABLE (INSULINE-ZINC CRISTALLINE, INSULINE NON MODIFIÉE, INSULINE RÉGULIÈRE) Actrapid MC, Iletin régulière, Iletin-II Porc, Insuline-Toronto, Velosulin

Catégorie Insuline à action rapide.

Mécanisme d'action/cinétique Cette préparation est rarement utilisée seule, étant donné sa courte durée d'action. Les solutions injectables de 100 unités/mL ou moins sont claires; les solutions troubles ou colorées ne devraient pas être administrées. L'insuline régulière est la seule préparation d'insuline pouvant s'administrer par voie IV. **Début d'action**: ½ à 1 h. **Action maximale**: 2 à 3 h. **Durée d'action**: 5 à 7 h.

Indications Traitement du coma diabétique, de l'acidose ou d'autres situations d'urgence. Particulièrement utile au client souffrant de diabète labile.

Pendant la phase aiguë de l'acidose diabétique ou la crise diabétique, on évalue l'état du client en fonction des valeurs de la glycémie et de la cétonurie.

Posologie Individualisée. **SC. Adultes, initialement**: 5 à 10 unités; **pédiatrique**: 2 à 4 unités. On administre l'injection 15 à 30 min avant les repas et au coucher.

INSULINE ISOPHANE EN SUSPENSION
(NPH)   Iletin NPH, Iletin-II Porc NPH, Insulatard NPH, Insuline NPH, Protophane MC Porc

Catégorie   Insuline à action intermédiaire.

Mécanisme d'action/cinétique   Cette préparation d'insuline contient des cristaux d'insuline-zinc modifiés par de la protamine. Elle a une apparence laiteuse et trouble. Il n'est pas recommandé d'administrer cette préparation dans les situations d'urgence. Elle ne doit pas être administrée par voie IV. Elle n'est pas efficace en présence de cétose. **Début d'action**: 1 à 2 h. **Action maximale**: 8 à 12 h. **Durée d'action**: 18 à 24 h.

Posologie   SC. Individualisée. Adultes, habituellement, initialement: 7 à 26 unités en dose unique, 30 à 60 min avant le déjeuner. Au besoin, une deuxième dose plus petite peut être administrée avant le souper ou au coucher. La dose peut être augmentée quotidiennement ou hebdomadairement de 2 à 10 unités si nécessaire.

INSULINE ISOPHANE EN SUSPENSION AVEC INSULINE INJECTABLE   Mixtard

Catégorie   Mélange d'insulines destiné à obtenir une durée d'action variable.

Mécanisme d'action/cinétique   Contient 30% d'insuline injectable et 70% d'insuline isophane. Cette combinaison permet un début d'action rapide (30 à 60 min) grâce à son contenu en insuline injectable et une longue durée d'action (24 h) grâce à son contenu en insuline isophane.

INSULINE-PROTAMINE-ZINC EN SUSPENSION   Iletin Zinc Protamine, Insuline Protamine Zinc

Catégorie   Insuline à action prolongée.

Mécanisme d'action/cinétique   Contient de la protamine, du zinc et de l'insuline dans une suspension laiteuse et trouble. Ne doit pas être administré dans les situations d'urgence. Ne doit pas être administré par voie IV. On ne peut adapter la dose de cette préparation aussi bien que celle des autres préparations à cause de son début d'action plus lent et de sa durée d'action plus longue. **Début d'action**: 4 à 8 h. **Action maximale**: 14 à 20 h. **Durée d'action**: 36 h.

Indications   Diabète léger à modéré.

Posologie   SC. **Individualisée. Adultes, initialement**: 7 à 26 unités en dose unique, 30 à 60 min avant le déjeuner. Lorsqu'on passe de l'insuline régulière à cette préparation, la dose initiale devrait être ⅔ de la dose d'insuline régulière.

INSULINE-ZINC À ACTION INTERMÉDIAIRE EN SUSPENSION   Iletin Lente, Iletin II Porc Lente, Insuline Lente, Monotard MC Porc

Catégorie   Insuline à action intermédiaire.

Mécanisme d'action/cinétique   Contient environ 30% d'insuline-zinc à action rapide et 70% d'insuline-zinc à action prolongée en suspension. Cette préparation a une apparence laiteuse et trouble. L'avantage de cette préparation réside dans le fait qu'elle ne contient pas d'agents de sensibilisation comme la protamine. **Début d'action**: 1 à 2 h. **Action maximale**: 8 à 12 h. **Durée d'action**: 18 à 24 h.

Indications   Utile chez les clients allergiques à d'autres types d'insuline et chez les clients pour lesquels un phénomène thrombotique (dont la protamine pourrait être un facteur) est à redouter. L'insuline-zinc ne remplace pas l'insuline régulière dans les situations d'urgence.

Posologie   SC. **Adultes, initialement**: 7 à 26 unités 30 à 60 min avant le déjeuner. Par la suite, on augmente la dose quotidiennement ou hebdomadairement de 2 à 10 unités jusqu'à un rajustement adéquat. Une deuxième dose, plus petite, peut être administrée avant le souper ou au coucher.

Les clients recevant de l'insuline NPH peuvent passer à l'insuline-zinc en suspension sans qu'on modifie la dose. Ceux qui reçoivent de l'insuline régulière devraient commencer l'insuline-zinc en suspension aux ⅔ à ¾ de la dose d'insuline régulière. Lorsqu'on passe de l'insuline-protamine-zinc à l'insuline-zinc en suspension, la dose devrait être 50% de la dose d'insuline-protamine-zinc.

INSULINE-ZINC À ACTION PROLONGÉE EN SUSPENSION   Iletin Ultralente, Insuline Ultralente

Catégorie   Insuline à action prolongée.

Mécanisme d'action/cinétique   Cette préparation contient des cristaux d'insuline de grande dimension et une quantité importante de zinc, qui en font une préparation à action prolongée. **Début d'action**: 4 à 8 h. **Action maximale**: 16 à 18 h. **Durée d'action**: 36 h.

Indications   Hyperglycémie légère à modérée chez les diabétiques dont l'état est équilibré. N'est pas indiqué dans le traitement du coma diabétique ou dans les situations d'urgence.

Posologie SC. *Individualisée*. **Habituellement, initialement**: 7 à 26 unités en une seule dose 30 à 60 min avant le déjeuner. **Ne pas administrer par voie IV.**

INSULINE-ZINC À ACTION RAPIDE EN SUSPENSION Iletin Semilente, Insuline Semilente

Catégorie Insuline à action rapide.

Mécanisme d'action/cinétique Contient de petites particules d'insuline-zinc dans une suspension quasi incolore. On ne doit pas administrer cette préparation dans les situations d'urgence. Ne peut être administré par voie IV. **Début d'action**: 30 min à 1 h. **Action maximale**: 4 à 7 h. **Durée d'action**: 12 à 16 h.

Indications En association avec de l'insuline-zinc à action intermédiaire en suspension ou avec de l'insuline-zinc à action prolongée en suspension pour équilibrer le diabète. Peut être administrée seule au début du traitement afin d'équilibrer rapidement le diabète.

Posologie SC. Individualisée. **Adultes, initialement**: 10 à 20 unités 30 min avant le déjeuner. Une deuxième dose est habituellement nécessaire.

HYPOGLYCÉMIANTS ORAUX

Généralités Plusieurs hypoglycémiants oraux sont disponibles pour les clients atteints de diabète léger. Ces agents sont les sulfonylurées, apparentées chimiquement aux sulfamides (mais qui n'ont pas d'activité antibactérienne), et les biguanides. Les sulfonylurées sont dites de la première ou de la deuxième génération. La génération réfère aux modifications structurales de la molécule de base. Les sulfonylurées de la deuxième génération sont plus lipophiles, ce qui leur donne un effet hypoglycémiant plus grand. De plus, les sulfonylurées de la deuxième génération se lient aux protéines plasmatiques par des liens covalents alors que celles de la première génération forment des liens ioniques: elles risquent donc moins d'être déplacées des protéines plasmatiques par les salicylates, les anticoagulants oraux ou d'autres médicaments.

Les hypoglycémiants oraux sont principalement indiqués chez les clients atteints de diabète léger non cétosique de type II, habituellement associé à l'obésité, lorsque le diabète n'est pas équilibré par la diète seule, mais que le client n'a pas besoin d'injection d'insuline. Les hypoglycémiants oraux ne devraient pas être administrés dans les cas de diabète instable ou labile, quel que soit l'âge du client.

Mécanisme d'action/cinétique On pense que ces médicaments agissent par l'un des mécanismes suivants: (1) augmentation de la sensibilité des cellules des îlots de Langerhans, (2) dépolarisation directe de la membrane des cellules bêta des îlots de Langerhans, entraînant la sécrétion d'insuline ou (3) augmentation de la sensibilité des tissus périphériques à l'insuline par l'augmentation du nombre des récepteurs de l'insuline ou par augmentation de la capacité de se lier avec les récepteurs de l'insuline circulante. Ces médicaments ne sont pas efficaces en l'absence de cellules bêta fonctionnelles dans les îlots de Langerhans.

On devrait soumettre à une épreuve d'essai de 7 jours les clients auxquels on voudrait donner des hypoglycémiants oraux. Une diminution de la glycémie, une baisse de la glycosurie, une disparition du prurit, de la polyurie, de la polydipsie et de la polyphagie indique que le client peut être traité à l'aide des hypoglycémiants oraux. Ces médicaments ne devraient pas être administrés aux clients qui souffrent de cétose.

Si le client passe de l'insuline à un hypoglycémiant oral, on devrait diminuer graduellement l'hormone sur une période de plusieurs jours.

Les sulfonylurées ont des propriétés pharmacologiques semblables, mais elles diffèrent dans leurs propriétés pharmacocinétiques (voir chaque agent). Un seul représentant de la classe des biguanides est commercialisé au Canada, le chlorhydrate de metformine.

Indications   Diabète de type II ne répondant pas à la diète seule. Traitement adjuvant pour équilibrer le diabète de type II insulinodépendant.

Contre-indications   Anxiété avant ou pendant une intervention chirurgicale, traumatisme grave, fièvre, infections, grossesse, diabète compliqué par des épisodes récurrents d'acidocétose ou de coma, diabète chez les jeunes, diabète insulinodépendant ou diabète labile; fonctions rénales, endocriniennes ou hépatiques altérées. Administrer avec prudence aux clients très faibles et souffrant de malnutrition. Non indiqués chez les clients dont le diabète est équilibré par la diète seule. Des rechutes peuvent survenir avec les sulfonylurées chez les clients qui ne se nourrissent pas suffisamment.

Réactions indésirables   L'hypoglycémie est l'effet indésirable le plus fréquent. *CV*: L'administration chronique d'hypoglycémiants oraux a été associée à un plus grand risque de mortalité cardiovasculaire. *GI*: Nausées, brûlures d'estomac, diarrhée, sensation de plénitude gastrique. *SNC*: Fatigue, vertiges, fièvre, céphalée, faiblesse, malaise. *Hépatiques*: Ictère cholostatique, aggravation de la porphyrie hépatique. *Dermatologiques*: Éruption cutanée, urticaire, érythème, prurit, eczéma, photophobie. *Hématologiques*: Thrombopénie, leucopénie, éosinophilie et anémie sont les plus communes. Également, agranulocytose, anémie hémolytique, pancytopénie, anémie aplastique.

La résistance au médicament se développe chez un faible pourcentage des clients.

Interactions médicamenteuses

Médicaments	Interaction
Acétazolamide	↑ de la glycémie chez les prédiabétiques et les diabétiques recevant des hypoglycémiants oraux.
Adrénolytiques bêta	↓ de l'effet hypoglycémiant des hypoglycémiants oraux.
Alcool éthylique	Réaction de type disulfirame; ↑ de l'hypoglycémie.
Anticoagulants oraux	↑ de l'effet des hypoglycémiants oraux par ↓ du catabolisme hépatique et par ↓ du taux de liaison aux protéines plasmatiques.
Barbituriques	Les hypoglycémiants oraux ↑ l'effet des barbituriques.
Bloqueurs des canaux calciques	↑ des doses requises de sulfonylurées.
Chloramphénicol	↑ de l'effet des hypoglycémiants oraux par ↓ du catabolisme hépatique.
Clofibrate	↑ de l'effet des hypoglycémiants oraux.
Contraceptifs oraux	↓ de l'effet des hypoglycémiants oraux.
Corticostéroïdes	↑ des doses requises de sulfonylurées.
Diazoxide	Diminution de l'effet des 2 médicaments.
Digitoxine	↓ de l'effet de la digitoxine par ↑ du catabolisme hépatique.
Diurétiques thiazidiques	↑ des doses requises de sulfonylurées.
Fenfluramine	Hypoglycémie accrue.
Hormones thyroïdiennes	↑ des doses requises de sulfonylurées.
Isoniazide	↑ des doses requises de sulfonylurées.
Inhibiteurs de la monoamine-oxydase	↑ de l'effet des hypoglycémiants oraux.
Méthyldopa	↑ de l'effet des sulfonylurées par ↓ du catabolisme hépatique.
Phénothiazines	↑ des doses requises de sulfonylurées.
Phénylbutazone	↑ de l'effet des hypoglycémiants oraux par ↓ du catabolisme hépatique et par ↓ du taux de liaison aux protéines plasmatiques.
Phénytoïne	↓ de l'effet des sulfonylurées.
Rifampine	↓ de l'effet des hypoglycémiants oraux par ↑ du catabolisme hépatique.
Salicylates	↑ de l'effet des hypoglycémiants oraux par ↓ du taux de liaison aux protéines plasmatiques.

Médicaments	Interaction
Stéroïdes anabolisants	↑ de l'effet des hypoglycémiants oraux.
Sulfamides	↑ de l'effet des hypoglycémiants oraux par ↓ du taux de liaison aux protéines plasmatiques et par ↓ du catabolisme hépatique.
Sympathomimétiques	↑ des doses requises de sulfonylurées.

Interactions avec les épreuves de laboratoire ↑ de
l'urée sanguine et de la créatinine sérique.

Posologie PO: Voir chaque médicament. Ajuster la dose selon les besoins du client. L'exercice et la diète sont de première importance dans l'équilibre du diabète.

Administration

1. Ces médicaments peuvent être pris avec des aliments pour réduire l'irritation GI.
2. Cesser l'administration du médicament si des effets indésirables graves, une cétonurie, une acidose ou une augmentation de la glycosurie surviennent.

PASSAGE DE L'INSULINE AUX HYPOGLYCÉMIANTS ORAUX

1. Clients recevant 20 unités ou moins d'insuline par jour: Administrer la dose d'entretien d'hypoglycémiant oral. L'insuline peut être cessée brusquement.
2. Clients recevant de 20 à 40 unités d'insuline par jour: Administrer la dose d'entretien d'hypoglycémiant oral et réduire la dose d'insuline de 35% à 50%. Cesser l'administration d'insuline graduellement en utilisant la disparition du glucose urinaire comme guide.
3. Clients recevant plus de 40 unités d'insuline par jour: Administrer la dose d'entretien et réduire la dose d'insuline de 20%. Cesser l'administration d'insuline graduellement en utilisant l'absence de glucose dans l'urine comme guide. Dans ce cas, il est préférable que le passage de l'insuline aux hypoglycémiants oraux se fasse en milieu hospitalier.

Les clients devraient analyser régulièrement leur urine pour découvrir la présence de glucose ou de corps cétoniques (1 à 3 fois par jour) pendant la période où on fait le changement. Les résultats positifs doivent être communiqués au médecin.

Des symptômes légers d'hyperglycémie peuvent survenir durant la période où on fait le changement. Aucune période de transition n'est nécessaire lorsqu'un client passe d'une sulfonylurée à une autre. Toutefois, si le client passe du chlorpropamide à un autre médicament, on doit être prudent étant donné l'effet prolongé de cet hypoglycémiant.

ÉCHEC THÉRAPEUTIQUE AVEC LES HYPOGLYCÉMIANTS ORAUX
Lorsque le client diabétique ne répond pas aux sulfonylurées, on parle d'échec primaire du traitement. Le client peut aussi répondre aux sulfonylurées pendant les premiers mois de thérapie puis ne plus répondre par la suite. Il s'agit alors d'un échec secondaire du traitement.

Soins infirmiers

Voir *Soins infirmiers pour tous les clients diabétiques qui reçoivent de l'insuline ou des hypoglycémiants oraux*, p. 845.

1. Évaluer attentivement l'état du client durant les 7 premiers jours de traitement aux sulfonylurées car cela constitue une période d'essai qui permet d'évaluer la réponse thérapeutique.

2. Se préparer à administrer une solution IV de dextrose si une hypoglycémie grave se développe. Une surveillance médicale étroite sera nécessaire durant les 3 à 5 jours suivants.

3. *Expliquer au client et/ou à sa famille*:
   a) qu'il doit analyser son urine afin de déterminer la présence de sucre ou de corps cétoniques au moins 3 fois par jour pendant la période de transition.
   b) la nécessité de suivre la diète prescrite pour que la sulfonylurée soit efficace. La plupart des échecs secondaires sont dus à une mauvaise alimentation.
   c) comment s'administrer de l'insuline parce que cela peut être important si des complications survenaient.
   d) qu'il doit consulter le médecin s'il ne se sent pas aussi bien que d'habitude ou si un prurit, une éruption cutanée, un ictère, une urine foncée, de la fièvre, un mal de gorge ou une diarrhée se manifestent.
   e) qu'il doit signaler qu'il reçoit une sulfonylurée lorsqu'il subit une épreuve de la fonction thyroïdienne, parce que le médicament perturbe le taux de fixation de l'iode radioactif.
   f) la nécessité de la surveillance médicale durant les 6 premières semaines de traitement.
   g) qu'il doit subir périodiquement des épreuves de laboratoire tel que prescrit par le médecin, parce que ces médicaments peuvent causer des dyscrasies sanguines.

ACÉTOHEXAMIDE   Dimelor^Pr

Catégorie   Sulfonylurée de première génération.

Mécanisme d'action/cinétique   **Début d'action**: 1 h. **Demi-vie**: 6 à 8 h. **Durée d'action**: 12 à 24 h. Métabolisé dans le foie en métabolite actif.

Réactions indésirables supplémentaires   Perte des cheveux.

Posologie   **PO**: 0,25 à 1,5 g par jour. *Diagnostic récent ou personne âgée*: 250 mg par jour avant le déjeuner, puis ajuster par des augmentations de 250 à 500 mg tous les 5 à 7 jours. *Diabète modérément grave*: 1,5 g par jour le premier jour; 1,0 g le deuxième jour, **puis** 0,5 g par jour en ajustant la dose par la suite jusqu'à un équilibre optimal. Des doses de plus de 1,5 g par jour ne sont pas recommandées.

Administration   Les doses de 1,0 g et moins peuvent être administrées une seule fois par jour.

CHLORPROPAMIDE   Apo-Chlorpropamide[Pr], Chloronase[Pr], Chlorpropamide[Pr], Diabinèse[Pr], Novopropamide[Pr]

Catégorie   Sulfonylurée de première génération.

Généralités   Le chlorpropamide peut être efficace chez des clients qui répondent mal aux autres hypoglycémiants.

Mécanisme d'action/cinétique   **Début d'action**: 1 h. **Demi-vie**: 35 h. **Durée d'action**: 60 h. Métabolisé à 80% dans le foie. Durée d'action prolongée due à l'excrétion lente.

Réactions indésirables supplémentaires   Des réactions indésirables surviennent fréquemment avec le chlorpropamide. Des saignements du côlon accompagnent occasionnellement une diarrhée grave. Troubles GI graves qu'on peut soulager en diminuant la dose quotidienne de moitié. Chez les personnes âgées, l'hypoglycémie peut être grave. Peut causer une sécrétion inadéquate d'hormone antidiurétique causant une hyponatrémie, une rétention aqueuse, une diminution de l'osmolalité sérique et une augmentation de l'osmolalité urinaire.

Interactions médicamenteuses supplémentaires

Médicaments	Interaction
Ammonium, chlorure d'	↑ de l'effet du chlorpropamide par ↓ de l'excrétion rénale.
Probénécide	↑ de l'effet du chlorpropamide.
Sodium, bicarbonate de	↓ de l'effet du chlorpropamide par ↑ de l'excrétion urinaire.

Posologie   **PO: Initialement, clients d'âge moyen**, 250 mg par jour en dose unique ou fractionnée; **personnes âgées: initialement**, 100 à 125 mg par jour. **Entretien, tous les clients**: 100 à 250 mg par jour en dose unique ou fractionnée. Les clients souffrant de diabète grave peuvent nécessiter 500 mg par jour; les doses quotidiennes de plus de 750 mg ne sont pas recommandées. *Diabète insipide neurogène*: 125 à 250 mg par jour.

GLYBURIDE   Diabeta[Pr], Euglucon[Pr]

Catégorie   Sulfonylurée de deuxième génération.

Mécanisme d'action/cinétique   Le glyburide a un effet diurétique léger. **Début d'action**: 2 à 4 h. **Demi-vie**: 10 h. **Durée d'action**: 24 h. Métabolisé dans le foie en métabolites inactifs. Excrété dans la bile et par les reins.

Posologie   PO: **Initialement**, 2,5 à 5 mg par jour; **puis,** augmenter de 2,5 mg à intervalles d'une semaine jusqu'à obtention de la réponse désirée. **Entretien**: 1,25 mg à 20 mg par jour. Les clients sensibles aux sulfonylurées devraient commencer avec 1,25 mg par jour.

Administration

1. Pour de meilleurs résultats, administrer avant les repas.
2. Peut être administré en dose unique ou en doses fractionnées.

METFORMINE, CHLORHYDRATE DE
Glucophage^{Pr}

Catégorie   Biguanide.

Mécanisme d'action/cinétique   La metformine n'est pas métabolisée. **Demi-vie**: 9 à 17 h.

Posologie   PO. Individualisée. La dose d'attaque est habituellement de 500 mg t.i.d. La dose quotidienne ne devrait pas dépasser 2,5 g.

Administration
Afin de diminuer l'intolérance gastrique, la metformine devrait être prise avec de la nourriture.

TOLBUTAMIDE   Apo-Tolbutamide^{Pr}, Mobenol^{Pr}, Novobutamide^{Pr}, Orinase^{Pr}, Tolbutamide^{Pr}

Catégorie   Sulfonylurée de première génération.

Mécanisme d'action/cinétique   **Début d'action**: 1 h. **Demi-vie**: 4 à 5 h. **Durée d'action**: 6 à 12 h. Métabolisé dans le foie en métabolites inactifs. Peut être utilisé comme traitement adjuvant de l'insulinothérapie dans le diabète labile. Très utile chez les clients qui doivent recevoir des médicaments à courte durée d'action à cause de leur état physique précaire.

Réactions indésirables supplémentaires   Méléna (selles ensanglantées, foncées) chez certains clients ayant des antécédents d'ulcère gastro-duodénal. Une rechute ou un échec secondaire peut survenir quelques mois après le début du traitement. Peut causer de l'hyponatrémie et un goitre léger.

Interactions médicamenteuses supplémentaires

Médicaments	Interaction
Alcool éthylique	Réactions de photosensibilité.
Sulfinpyrazone	↑ de l'effet du tolbutamide par ↓ du catabolisme hépatique.

Posologie **PO**, administré en une seule dose avant le déjeuner ou en doses fractionnées avec les repas. **Initialement**: 1 à 2 g par jour; ajuster la dose selon la réponse (0,25 à 3 g par jour).

ANTAGONISTES DE L'INSULINE

DIAZOXIDE Proglycem[Pr]

Catégorie Antagoniste de l'insuline, agent hypotenseur.

Mécanisme d'action/cinétique Le diazoxide inhibe la libération de l'insuline par les cellules bêta du pancréas, ce qui entraîne une augmentation de la glycémie. L'effet est relié à la dose. Le diazoxide cause une rétention de sodium, de potassium, d'acide urique et d'eau. **Début d'action**: 1 h. **Durée d'action**: 8 h. La dose optimale est habituellement établie en 2 à 3 jours. Excrété par les reins.

Indications Hypoglycémie causée par un surdosage d'insuline ou surproduction d'insuline par des cellules bêta malignes. Le médicament est administré par voie parentérale comme agent antihypertenseur (voir p. 423).

Contre-indications Hypoglycémie fonctionnelle, hypersensibilité au médicament ou aux diurétiques thiazidiques. Administrer avec extrême prudence aux clients ayant des antécédents de goutte et aux clients pour lesquels l'œdème comporte un risque (maladie cardiaque). L'innocuité durant la grossesse n'est pas établie.

Réactions indésirables *CV*: Rétention de sodium et de liquide (fréquent), palpitations, tachycardie, hypotension, hypertension passagère. *Métaboliques*: Hyperglycémie, glycosurie, acidocétose diabétique, coma hyperosmolaire non cétosique. *GI*: Nausées, vomissements, diarrhée, perte de goût temporaire, anorexie, iléus, douleur abdominale. *SNC*: Faiblesse, céphalée, insomnie, symptômes extrapyramidaux, vertiges, paresthésie, fièvre. *Hématologiques*: Thrombopénie, purpura, éosinophilie, neutropénie, baisse de l'hémoglobine. *Dermatologiques*: Éruption cutanée, hirsutisme, herpès, perte de cheveux, dermatite moniliale. *GU*: Hématurie, protéinurie, baisse de la production d'urine, syndrome néphrotique (réversible). *Ophtalmologiques*: Vision trouble ou diplopie, larmes, cataractes transitoires, scotome annulaire, hémorragie sous-conjonctivale. *Autres*: Pancréatite, nécrose pancréatique, galactorrhée, goutte, vieillissement prématuré des os, polynévrite, grossissement des tumeurs aux seins.

Interactions médicamenteuses

Médicaments	Interaction
Adrénolytiques alpha	↓ de l'effet du diazoxide.
Anticoagulants oraux	↑ de l'effet des anticoagulants due à la ↓ du taux de liaison aux protéines plasmatiques.

Médicaments	Interaction
Antihypertenseurs	↓ excessive de la pression artérielle par effet additif.
Diurétiques thiazidiques	↑ de l'effet hypoglycémiant et de l'effet hyper-uricémique.
Phénytoïne	↓ de l'effet de la phénytoïne par ↑ du catabolisme hépatique.
Sulfonylurées	↓ de l'effet des deux médicaments.

Interactions avec les épreuves de laboratoire ↑ de l'acide urique, de la SGOT, de la phosphatase alcaline; ↓ de la clearance de la créatinine.

Posologie *Individualisée*, selon la glycémie et la réponse du client. **PO. Adultes et enfants: Initialement**, 3 mg/kg par jour en 3 doses égales q 8 h; **entretien**: 3 à 8 mg/kg par jour en 2 ou 3 doses égales q 8 ou 12 h. **Nourrissons et nouveau-nés: Initialement**, 10 mg/kg par jour en 3 doses égales q 8 h; **entretien**: 15 mg/kg par jour en 2 ou 3 doses égales q 8 ou 12 h.

Administration La glycémie, la glycosurie et la cétonurie doivent être surveillées étroitement jusqu'à ce que le client soit stabilisé, ce qui prend habituellement 1 semaine. On cesse l'administration du médicament si aucun effet satisfaisant n'est survenu en 2 à 3 semaines.

Soins infirmiers

1. *Évaluer*:
   a) la réponse clinique et les résultats des épreuves de laboratoire qui servent de guide dans l'ajustement de la dose par le médecin.
   b) la rétention de liquide, qui peut précipiter l'insuffisance cardiaque chez les clients qui en ont déjà souffert.
   c) la pression artérielle, parce qu'une potentialisation de l'effet antihypertenseur peut survenir chez les clients recevant déjà un agent antihypertenseur.
   d) les ecchymoses, les pétéchies ou les saignements, symptômes qui nécessitent l'arrêt de l'administration du médicament.
   e) attentivement l'état du client pendant 7 jours après un surdosage jusqu'à ce que la glycémie se situe dans les limites normales (4,4 à 6,7 mmol/L).
2. Assurer le client atteint d'hirsutisme que ce problème disparaîtra avec l'arrêt de l'administration du médicament.
3. Garder de l'insuline et des liquides IV afin de pouvoir intervenir en cas d'acidocétose.

GLUCAGON Glucagon injectable

Catégorie Antagoniste de l'insuline.

Mécanisme d'action/cinétique Le glucagon est une hormone produite par les cellules alpha des îlots de Langerhans. Cette hormone augmente la glycémie en augmentant le catabolisme du glycogène en glucose, en stimulant la glyconéogenèse des acides aminés et des acides gras et en inhibant la conversion du glucose en glycogène. Ce médicament est efficace pour contrecarrer l'hypoglycémie seulement si le foie a une réserve en glycogène. **Début d'action**: 5 à 20 min. **Effet maximal**: 30 min. **Durée d'action**: 1 à 2 h. **Demi-vie**: 3 à 6 min. Métabolisé par le foie.

Indications Administré pour traiter un choc insulinique chez le diabétique et le client en psychiatrie. Les clients reprennent habituellement conscience 5 à 20 min après l'administration parentérale de glucagon. Ce médicament devrait toujours être administré sous surveillance médicale. L'échec de ce traitement peut être une indication pour l'administration IV de glucose – particulièrement chez les clients atteints de diabète juvénile. Comme aide diagnostique dans l'examen radiologique du tractus GI quand un état hypotonique est désiré.

Contre-indications Administrer avec prudence chez les clients atteints de maladie rénale ou hépatique, chez ceux qui sont mal nourris et émaciés et chez ceux qui ont des antécédents de phéochromocytome ou d'insulinome.

Réactions indésirables Nausées, vomissements, collapsus circulatoire et hypersensibilité. Syndrome de Stevens-Johnson lorsque utilisé comme aide diagnostique.

Interactions médicamenteuses

Médicaments	Interaction
Anticoagulants oraux	↑ de l'effet des anticoagulants par ↑ de l'hypoprothrombinémie.
Hypoglycémiants oraux	L'effet hyperglycémiant du glucagon est un antagoniste de l'effet des hypoglycémiants.
Corticostéroïdes Épinéphrine Œstrogènes Phénytoïne	Effet hyperglycémiant accru.

Posologie *Hypoglycémie:* **IM, IV, SC**, 0,5 à 1,0 mg; 1 ou 2 doses supplémentaires peuvent être administrées si nécessaire. *Choc insulinique:* **IM, IV, SC**, 0,5 à 1,0 mg après une heure de coma; s'il n'y a pas de réponse, on peut répéter la dose. *Aide diagnostique pour le tractus GI:* la dose est établie selon le début d'action et la durée de l'effet nécessaires pour l'examen: **IV**: 0,25 à 0,5 mg (Début: 1 min; durée: 9 à 17 min); 2 mg (début: 1 min; durée: 22 à 25 min). **IM**: 1 mg (début 8 à 10 min; durée: 12 à 27 min); 2 mg (début: 4 à 7 min; durée: 21 à 32 min).

Administration Après que le client hypoglycémique a répondu, des suppléments de glucides devraient être administrés pour prévenir l'hypoglycémie secondaire.

Soins infirmiers

1. Voir le tableau de la page 839 pour distinguer le coma diabétique du choc insulinique.

2. Administrer des glucides après que le client se soit réveillé après l'administration de glucagon. On devrait administrer des sucres facilement utilisables tels que le jus d'orange et le sirop de Karo dans l'eau. Si le choc a été causé par une médication à longue durée d'action, administrer des glucides qui sont digérés plus lentement tels que du pain avec du miel.

3. *Expliquer au client et/ou à sa famille*:
   a) comment administrer le glucagon par voie SC ou IM au cas où une réaction hypoglycémique surviendrait et que le client soit inconscient.
   b) qu'il faut signaler au médecin les réactions hypoglycémiques pour que celui-ci ajuste la dose d'insuline.

CHAPITRE 59

Médicaments thyroïdiens et antithyroïdiens

Généralités   La glande thyroïde sécrète deux hormones actives, la thyroxine et la triiodothyronine, contenant toutes deux de l'iode. Ces hormones thyroïdiennes sont libérées dans la circulation sanguine où elles se lient aux protéines.

On peut regrouper les maladies touchant la glande thyroïde dans deux catégories.

1. L'hypothyroïdie, c'est-à-dire l'insuffisance ou l'absence de la production d'hormones par la glande thyroïde. Elle comprend le crétinisme, causé par une déficience en hormones thyroïdiennes durant la période fœtale et les premières années, et le myxœdème, une déficience en hormones thyroïdiennes chez l'adulte. Le crétinisme se caractérise par un arrêt du développement mental et physique, une dystrophie des os et des tissus mous et une diminution du métabolisme basal. Le myxœdème se caractérise par un gonflement d'aspect cireux et par des dépôts de mucine dans la peau. L'œdème ne prend pas le godet, et les modifications distinctives du faciès sont l'enflure des lèvres et l'élargissement du nez. Le myxœdème primaire est causé par une atrophie de la glande thyroïde. Le myxœdème secondaire peut être causé par un hypofonctionnement de l'hypophyse ou par l'administration prolongée d'agents antithyroïdiens.

2. L'hyperthyroïdie, c'est-à-dire la surproduction d'hormones thyroïdiennes. Elle comprend la maladie de Basedow (aussi appelée maladie de Graves), une hypertrophie diffuse de la glande thyroïde caractérisée fréquemment par l'exophtalmie, et la maladie de Plummer, dans laquelle un nodule thyroïdien « chaud » cause l'aug-

mentation d'hormones thyroïdiennes. Ces états se caractérisent généralement par une hypertrophie et une hyperplasie de la glande thyroïde et par une nervosité excessive.

GOITRE EUTHYROÏDIEN OU SIMPLE (GOITRE ENDÉMIQUE) Dans ces états, une quantité normale ou près de la normale d'hormones est produite par la glande thyroïde hypertrophiée. Ils peuvent survenir lorsque l'apport alimentaire d'iode est sous la normale. De nos jours, cette maladie est rare parce que l'iode est ajouté de façon systématique au sel de table. Chez ces clients, la glande thyroïde tend à devenir plus volumineuse, surtout durant la période de croissance de l'adolescence et durant la grossesse. Une intervention chirurgicale peut être nécessaire afin de diminuer la pression exercée sur la trachée par la glande thyroïde hypertrophiée et de prévenir une réduction de l'apport en oxygène.

Il existe deux catégories de médicaments pour traiter les maladies de la glande thyroïde: (1) les médicaments thyroïdiens qui corrigent les déficiences en hormones thyroïdiennes et (2) les antithyroïdiens qui réduisent la production d'hormones par une glande trop active.

L'apport d'un supplément d'hormones thyroïdiennes cause habituellement une réduction de la production d'hormones naturelles par la glande thyroïde.

Une détermination exacte de la fonction thyroïdienne est essentielle au traitement des maladies de la glande thyroïde. On peut évaluer la fonction thyroïdienne par: (1) le dosage de la lévothyroxine totale (T_4), (2) le dosage de la lévothyroxine libre, (3) le dosage de la liothyronine sérique (T_3), (4) la fixation de la T_3 sur une résine échangeuse d'ions (RT3U), (5) l'index de thyroxine libre et (6) le dosage de la thyrotrophine. Les résultats de certaines épreuves peuvent être modifiés par les médicaments que le client reçoit. Il faut donc évaluer l'effet de ces médicaments sur les résultats des épreuves.

Les maladies de la glande thyroïde sont fréquemment traitées par des associations de lévothyroxine sodique et de liothyronine sodique dans un rapport de 4:1. Le liotrix contient ces médicaments dans cette proportion. Pour de plus amples informations, consulter les monographies présentées plus loin.

Mécanisme d'action/cinétique Les hormones thyroïdiennes régularisent la croissance en contrôlant la synthèse des protéines et régularisent le métabolisme de l'énergie en augmentant le métabolisme basal. Les autres effets métaboliques des hormones thyroïdiennes comprennent l'augmentation de la transformation du cholestérol en bile, l'augmentation de l'iode lié aux protéines, l'augmentation de l'utilisation des glucides et la participation dans la calcification des os longs.

Les hormones thyroïdiennes ont également un effet stimulant sur le cœur, et elles peuvent augmenter le débit sanguin rénal et la filtration glomérulaire (diurèse). L'action de la glande thyroïde est déterminée par l'hypothalamus et l'hypophyse, qui produisent respectivement le facteur de libération de la thyrotrophine et la thyrotrophine (TSH).

Comme tous les autres systèmes hormonaux, la thyroïde, l'hypophyse et l'hypothalamus agissent par un mécanisme de rétroaction. Un excès d'hormones thyroïdiennes cause une diminution de la TSH et un manque d'hormones thyroïdiennes entraîne une augmentation de la production et de la sécrétion de TSH.

MÉDICAMENTS THYROÏDIENS

Indications Thérapie de remplacement dans le myxœdème primaire et secondaire, coma myxœdémateux, goitre non toxique, hypothyroïdie, certaines tumeurs thyroïdiennes, thyroïdite chronique, crétinisme sporadique et tumeurs thyrotrophino-dépendantes. Avec des antithyroïdiens dans la thyrotoxicose (afin de prévenir le goitre ou l'hypothyroïdie).

Contre-indications Insuffisance surrénalienne non corrigée, infarctus du myocarde, hyperthyroïdie et thyrotoxicose. Administrer avec une extrême prudence aux clients atteints d'angine de poitrine, d'hypertension, d'autres maladies cardio-vasculaires, d'insuffisance rénale et d'ischémie. Insuffisance surrénalienne à moins que le traitement aux corticostéroïdes ne soit commencé en premier. Ne doivent pas être administrés pour traiter l'obésité ou l'infertilité chez l'homme comme chez la femme.

Réactions indésirables Les médicaments thyroïdiens ont des effets cumulatifs et un surdosage (symptômes d'hyperthyroïdie) peut survenir. *CV*: Arythmie, palpitations, angine, augmentation de la fréquence cardiaque et de la pression différentielle, arrêt cardiaque, aggravation de l'insuffisance cardiaque. *GI*: Crampes, diarrhée, nausées, modification de l'appétit. *SNC*: Céphalée, nervosité, agitation mentale, irritabilité, insomnie, tremblements. *Autres*: Perte de masse, hyperhidrose, sensation de chaleur excessive, dysménorrhée, intolérance à la chaleur, fièvre, dyspnée.

Interactions médicamenteuses

Médicaments	Interaction
Anticoagulants	↑ de l'effet des anticoagulants due à une ↑ de l'hypoprothrombinémie.
Antidépresseurs tricycliques	↑ de l'effet des antidépresseurs et ↑ de l'effet des médicaments thyroïdiens.
Cholestyramine	↓ de l'effet des hormones thyroïdiennes causée par une ↓ de l'absorption dans le tractus GI.
Corticostéroïdes	Les médicaments thyroïdiens augmentent les besoins des tissus en corticostéroïdes. Une insuffisance surrénalienne doit être corrigée par l'administration de corticostéroïdes d'abord, puis par l'administration de médi-

Médicaments	Interaction
	caments thyroïdiens. Chez les clients déjà traités pour une insuffisance surrénalienne, la dose de corticostéroïdes doit être augmentée avant de commencer l'administration du médicament thyroïdien.
Épinéphrine	↑ des effets cardio-vasculaires par les médicaments thyroïdiens.
Glucosides cardiotoniques	↓ de l'effet des glucosides cardiotoniques avec aggravation de l'arythmie et de l'insuffisance cardiaque.
Kétamine	Une hypertension grave et une tachycardie peuvent résulter de l'administration simultanée.
Lévartérénol	↑ des effets cardio-vasculaires par les médicaments thyroïdiens.
Œstrogènes	↑ des besoins en hormones thyroïdiennes.
Phénytoïne	↑ de l'effet des hormones thyroïdiennes par ↓ du taux de liaison aux protéines plasmatiques.
Salicylates	Les salicylates entrent en compétition avec les hormones thyroïdiennes pour les sites de liaisons sur les protéines.

Interactions avec les épreuves de laboratoire Modification des épreuves de la fonction thyroïdienne. ↑ du temps de prothrombine. ↓ du cholestérol sérique.

Posologie On commence le traitement avec de faibles doses, qu'on augmente progressivement jusqu'à obtention d'une réponse satisfaisante dans les limites posologiques. Diminuer la dose et l'ajuster plus graduellement en cas d'effets indésirables graves.

Soins infirmiers

1. Prévoir que l'on commencera le traitement avec de petites doses qui seront augmentées graduellement.

2. Savoir que la dose pour un enfant peut être la même que la dose pour adultes.

3. Suivre les instructions spécifiques afin de prévenir un surdosage ou une rechute lors du passage d'un médicament thyroïdien à un autre.

4. *Évaluer*:
   a) les interactions médicamenteuses lorsque le client reçoit d'autres médicaments qui affectent le système cardio-vasculaire.
   b) les saignements de tout orifice ou le purpura chez les

CHAPITRE 59

clients qui reçoivent des anticoagulants, car l'effet de ces médicaments est potentialisé par les médicaments thyroïdiens.

c) la perte de masse, l'amélioration de l'apparence de la peau et des cheveux et l'augmentation de la vigilance, car ce sont des signes de l'effet positif du médicament.

5. *Expliquer au client et/ou à sa famille*:
   a) que le médicament ne doit être pris que sous supervision médicale, et qu'il doit être pris régulièrement, souvent pendant toute la vie.
   b) qu'il doit signaler rapidement au médecin une perte de masse excessive, des palpitations, des crampes dans les jambes, la nervosité, la diarrhée ou les crampes abdominales, la céphalée, l'insomnie, l'intolérance à la chaleur et la fièvre. Ces symptômes peuvent survenir 1 à 3 semaines après le début du traitement de l'hypothyroïdie.
   c) lorsque le client est diabétique, qu'il doit analyser son urine au moins 3 fois par jour pour déceler la présence de sucre et d'acétone, car l'administration de médicaments thyroïdiens peut nécessiter un ajustement de la dose d'insuline.
   d) qu'il doit signaler le purpura ou les saignements de tout orifice s'il reçoit des anticoagulants, car l'effet de ces médicaments est potentialisé par les médicaments thyroïdiens.
   e) qu'il doit conserver la plupart des médicaments thyroïdiens dans un endroit frais à l'abri de la chaleur, de l'humidité et de la lumière (par conséquent, pas dans la cuisine ou la salle de bains).
   f) qu'il doit prendre le médicament thyroïdien le matin en une seule dose afin de réduire les risques d'insomnie.

GLANDE THYROÏDE DESSÉCHÉE   Thyroïde^Pr

Catégorie   Médicament thyroïdien.

Mécanisme d'action/cinétique   Cette préparation contient des glandes thyroïdes animales (habituellement de porc) en poudre, lavées et séchées. Les ingrédients actifs sont principalement la lévothyroxine et la liothyronine. Ce médicament a un long début d'action, ce qui le rend inadéquat pour traiter le coma myxœdémateux.

Posologie   *Myxœdème.* **PO: Initialement**, 16 mg par jour pendant 14 jours; **puis**, 32 mg par jour pendant 14 autres jours; **puis**, 65 mg par jour et réévaluation de l'état du client; augmenter la dose si nécessaire. **Entretien**: 65 à 195 mg par jour. *Hypothyroïdie chez l'adulte.* **PO: Initialement**, 65 mg par jour, augmenter de 65 mg q 30 jours jusqu'à ce que la réponse clinique soit obtenue. *Crétinisme*: La posologie est la même que pour le myxœdème chez l'adulte; la dose d'entretien finale peut être plus élevée chez les enfants en période de croissance que chez les adultes.

Passage de la liothyronine à la glande thyroïde desséchée: commencer l'administration de la glande thyroïde plusieurs jours avant l'arrêt de l'administration de la liothyronine. Lors du passage de la glande thyroïde à une autre préparation, cesser l'administration de la glande thyroïde avant de commencer l'administration de faibles doses du médicament de remplacement.

Administration/entreposage   Conserver à l'abri de l'humidité et de la lumière.

LÉVOTHYROXINE SODIQUE   Eltroxin^Pr, Synthroid^Pr

Catégorie   Médicament thyroïdien.

Mécanisme d'action/cinétique   La lévothyroxine est le sel sodique synthétique de l'isomère lévogyre de la thyroxine (tétraiodothyronine). La lévothyroxine est bien absorbée dans le tractus GI et elle a un début d'action plus lent, mais une plus longue durée d'action, que la liothyronine sodique. Elle est plus active sur une base pondérale que la thyroïde desséchée. **Demi-vie**: 6 à 7 jours. Lié à 99% aux protéines plasmatiques.
Note: Toutes les préparations de lévothyroxine ne sont pas bioéquivalentes; il n'est donc pas recommandé de changer de préparation.

Posologie   *Individualisée.* **PO: Initialement**, 25 à 100 μg par jour que l'on augmente de 50 à 100 μg q 1 à 4 semaines, jusqu'à ce que la réponse clinique désirée soit obtenue; entretien 100 à 400 μg par jour.

Coma myxœdémateux sans maladie cardiaque. **IV: Initialement**, 200 à 500 μg. S'il n'y a pas de réponse en 24 h, 100 à 300 μg peuvent être administrés le deuxième jour.

Pédiatrique. *Hypothyroïdie congénitale.* **Plus de 12 ans**: 150 μg ou plus par jour; **6 à 12 ans**: 100 à 150 μg par jour; **1 à 5 ans**: 75 à 100 μg par jour; **6 à 12 mois**: 50 à 75 μg par jour; **jusqu'à 6 mois**: 25 à 50 μg par jour. *Crétinisme:* **Initialement**, 25 à 50 μg par jour; **puis**, augmenter de 50 à 100 μg q 2 semaines jusqu'à ce que le client soit euthyroïdien (la dose d'entretien habituelle est de 300 à 400 μg par jour).

Le passage de la liothyronine à la lévothyroxine peut se faire en administrant le médicament de remplacement plusieurs jours avant l'arrêt de l'administration de la liothyronine. Le passage de la lévothyroxine à la liothyronine peut se faire en arrêtant l'administration de la lévothyroxine avant d'administrer une faible dose quotidienne de liothyronine.

Administration   Préparer la solution pour injection immédiatement avant l'administration. On prépare la solution en ajoutant la quantité recommandée de solution saline au contenu de la fiole et en agitant jusqu'à ce que la solution soit claire. Jeter toute solution IV non utilisée.

LIOTHYRONINE SODIQUE Cytomel^{Pr}

Catégorie Médicament thyroïdien.

Mécanisme d'action/cinétique La liothyronine est le sel sodique synthétique de l'isomère lévogyre de la triiodothyronine. Elle a un début d'action rapide et une courte durée d'action. **Demi-vie**: 12 h. Lié à 99% aux protéines plasmatiques.

Posologie *Hypothyroïdie légère. Individualisée.* **PO**: 25 μg par jour. Augmenter de 12,5 à 25,0 μg q 1 à 2 semaines jusqu'à ce qu'une réponse satisfaisante soit obtenue. **Entretien: Habituellement**, 25 à 75 μg par jour. Administrer des doses plus faibles (5 μg par jour) aux personnes âgées, aux enfants et aux clients atteints d'une maladie cardio-vasculaire.

Myxœdème. **PO: Initialement**, 5 μg par jour, augmenté de 5 à 10 μg par jour q 1 à 2 semaines, jusqu'à 25 μg par jour; **puis**, augmenter de 12,5 à 50 μg q 1 à 2 semaines. **Entretien: Habituellement**, 50 à 100 μg par jour.

Goitre simple: **Initialement**, 5 μg par jour; **puis**, augmenter de 12,5 ou 25,0 μg q 1 à 2 semaines. **Entretien: Habituellement**, 75 μg par jour.

Crétinisme: **Initialement**, 5 μg par jour; augmenter de 5 μg q 3 à 4 jours jusqu'à une dose totale de 20 μg; 50 μg par jour peuvent être nécessaires chez un enfant de un an; la dose pour adultes peut être nécessaire chez les enfants de 3 ans ou plus.

Le passage de tout autre médicament thyroïdien à la liothyronine se fait en cessant l'administration de l'ancien médicament avant de commencer l'administration de faibles doses de liothyronine. Le passage de la liothyronine à tout autre médicament thyroïdien se fait en commençant l'administration du médicament de remplacement plusieurs jours avant l'arrêt de l'administration de la liothyronine sodique.

LIOTRIX Thyrolar^{Pr}

Catégorie Médicament thyroïdien.

Généralités Cette préparation contient un mélange de lévothyroxine sodique (T_4) et de liothyronine sodique (T_3) synthétiques. Le produit contient un mélange des produits dans un rapport de masse de 4:1 et un rapport d'activité biologique de 1:1. Le contenu des comprimés est le suivant:

Comprimé	T_4	T_3
Thyrolar ½	25 μg	6,25 μg
Thyrolar 1	50 μg	12,5 μg
Thyrolar 2	100 μg	25 μg
Thyrolar 3	150 μg	37,5 μg

L'équivalence avec les autres médicaments thyroïdiens est la suivante:

Comprimé	Thyroïde desséchée	T_4	T_3
Thyrolar ½	32 mg	50 µg	12,5 µg
Thyrolar 1	65 mg	100 µg	25 µg
Thyrolar 2	130 mg	200 µg	50 µg
Thyrolar 3	200 mg	300 µg	75 µg

Posologie   PO. **Adultes et enfants: Initialement**, un comprimé Thyrolar ½ (50 µg de lévothyroxine et 12,5 µg de liothyronine). Chez les adultes, la dose peut être augmentée d'un comprimé Thyrolar ½ q 1 à 2 semaines; chez les enfants, la dose peut être augmentée d'un comprimé numéro ½ q 2 semaines. La dose est augmentée jusqu'à ce qu'une réponse satisfaisante soit obtenue.

Administration/entreposage

1. Administrer en une seule dose avant le déjeuner.
2. Conserver les comprimés à l'abri de la lumière, de la chaleur et de l'humidité.

THYROGLOBULINE   Proloid^{Pr}

Catégorie   Médicament thyroïdien.

Généralités   La thyroglobuline est une préparation contenant de la lévothyroxine (T_4) et de la liothyronine (T_3) dans un rapport de 2,5 pour 1. Le médicament est un produit naturel extrait de la glande thyroïde du porc. Cette préparation n'a aucun avantage clinique sur la glande thyroïde desséchée et elle a un début d'action lent, ce qui la rend inadéquate pour traiter le coma myxœdémateux.

Posologie   PO: **Initialement**, 32 mg, augmenté graduellement q 1 à 2 semaines jusqu'à ce qu'une réponse soit obtenue. **Entretien: Habituellement**, 32 à 200 mg par jour.

Le traitement vise à maintenir une concentration d'iode lié aux protéines de 0,39 à 0,71 µmol/L.

Le passage de la thyroglobuline à la liothyronine sodique doit se faire graduellement.

THYROTROPHINE   Thytropar

Catégorie   Médicament thyroïdien.

Mécanisme d'action/cinétique   Cette préparation hautement purifiée de thyrotrophine est extraite de l'hypophyse du bœuf. **Effet maximal**: 1 à 2 jours.

Indications   Agent de diagnostic pour évaluer la fonction thyroïdienne.

Contre-indications   Maladie d'Addison non traitée, thrombose coronaire. L'innocuité durant la grossesse ou la lactation et chez les enfants n'est pas établie.

Réactions indésirables   Tachycardie, nausées, vomissements, tuméfaction de la glande thyroïde, urticaire, céphalée, anaphylaxie.

Posologie   **IM, SC**: Administrer 10 UI par jour pendant 1 à 3 jours, puis faire une épreuve de la fixation de l'iode radioactif moins de 24 h après.

Administration   Conserver les solutions reconstituées au réfrigérateur pendant 2 semaines ou moins.

SOURCES D'IODE

IODURE DE POTASSIUM   KI, Thyro-Block
SOLUTION CONCENTRÉE D'IODE   Solution de Lugol

Catégorie   Source d'iode.

Mécanisme d'action/cinétique   De petites doses d'iode sont concentrées dans la glande thyroïde, ce qui cause une augmentation de la synthèse d'hormones thyroïdiennes. Toutefois, des doses importantes d'iode peuvent inhiber la synthèse et la sécrétion d'hormones thyroïdiennes. C'est la raison pour laquelle on utilise ces médicaments dans le traitement de l'hyperthyroïdie. L'iode cause une involution spécifique de la glande thyroïde hyperplasique, ce qui en diminue la vascularisation et la friabilité avant une intervention chirurgicale. L'iode réduit le temps nécessaire aux autres antithyroïdiens pour diminuer la sécrétion d'hormones naturelles.

Début d'action: 1 à 2 jours. **Effet maximal**: 10 à 15 jours. **Durée d'action**: Jusqu'à 6 semaines.

La solution concentrée d'iode contient 5% d'iode et 10% d'iodure de sodium.

Indications   Prophylaxie du goitre simple ou colloïde, goitre exophtalmique. Adjuvant avec les antithyroïdiens pour préparer les clients thyrotoxiques à la thyroïdectomie et pour traiter la crise thyrotoxique ou la thyrotoxicose néonatale. Également, pour le blocage de la thyroïde dans les irradiations d'urgence.

Contre-indications   L'iode est contre-indiqué dans la tuberculose parce qu'il peut perturber le processus de cicatrisation des lésions. Également contre-indiqué chez les clients hypersensibles à l'iode.

Réactions indésirables *Intoxication aiguë*: Vomissements, douleur abdominale, diarrhée, gastrite, enflure de la glotte ou du larynx, syndrome de choc. Peut être traité par un lavage gastrique à l'aide d'amidon soluble suivi de lait pour réduire l'irritation. *Intoxication chronique (iodisme)*: Réactions cutanées y compris les éruptions acnéiformes, vésiculaires, bulleuses et maculopapuleuses; enflure ou inflammation des muqueuses. Également, conjonctivite, œdème, érythème, fièvre, irritabilité.

Posologie *Iodure de potassium:* **Adultes et enfants de plus de 1 an**, 130 mg (un comprimé) par jour; **nourrissons de moins de 1 an**: ½ comprimé par jour. *Solution concentrée d'iode*: 2 à 6 gouttes t.i.d. pendant 10 jours avant l'intervention chirurgicale.

Administration

1. Mesurer la solution d'iode avec beaucoup de précision (au compte-gouttes) parce que le médicament est très puissant et que le volume à administrer est généralement petit.

2. Diluer le médicament, de préférence dans 60 mL de lait ou de jus d'orange, parce qu'il a un goût très amer.

3. Ne conserver dans aucun autre récipient que le contenant ambré original.

Soins infirmiers complémentaires

Voir *Soins infirmiers – Antithyroïdiens*, p. 873.

Expliquer au client et/ou à sa famille:

a) les symptômes d'une intoxication aiguë par l'iode.

b) qu'il doit cesser de prendre le médicament et consulter le médecin si une intoxication survient.

c) qu'il doit vérifier auprès du médecin s'il peut utiliser ou non du sel iodé.

ANTITHYROÏDIENS

Mécanisme d'action/cinétique Les antithyroïdiens comprennent des dérivés du thiouracile et des doses importantes d'iode. Ces médicaments suppriment (partiellement ou complètement) la production d'hormones thyroïdiennes par la glande thyroïde. Comme ces agents n'affectent pas la sécrétion des hormones déjà synthétisées, l'effet thérapeutique peut n'apparaître qu'après plusieurs semaines de traitement.

Indications Hyperthyroïdie et préparation à une intervention chirurgicale à la thyroïde.

Contre-indications Lactation. Administrer avec prudence durant la grossesse et en présence de maladie cardio-vasculaire.

Réactions indésirables *Hématologiques*: Agranulocytose, thrombopénie, granulopénie, hypoprothrombinémie. *GI*: Nausées, vomissements, perte du goût, douleur épigastrique. *SNC*: Céphalée, paresthésie, somnolence, vertiges. *Dermatologiques*: Éruption cutanée, urticaire, alopécie, pigmentation cutanée, prurit, dermatite exfoliative. *Autres*: Ictère, arthralgie, myalgie, névrite, œdème, sialadénopathie, lymphadénopathie, vasculite, syndrome lupique, fièvre d'origine thérapeutique, périartérite, hépatite, syndrome néphrotique.

Soins infirmiers

Expliquer au client et/ou à sa famille:

a) que parfois l'effet de ces médicaments ne peut apparaître que 12 semaines après le début du traitement. Il faut prendre le médicament de façon régulière et exactement tel que prescrit. Dans le cas contraire, l'hyperthyroïdie peut réapparaître. Lorsque le médicament est pris correctement pendant une ou plusieurs années, plus de la moitié des clients ont une rémission permanente.

c) qu'il doit signaler rapidement les symptômes de maladie au médecin: mal de gorge, tuméfaction des ganglions lymphatiques cervicaux, troubles GI, fièvre, éruptions, ictère. Ces symptômes peuvent nécessiter une réduction de la dose ou un arrêt de la médication.

c) qu'il peut augmenter l'utilisation d'herbes et d'épices ne contenant pas de sodium si une perte gustative survient.

MÉTHIMAZOLE   Tapazole^Pr

Catégorie   Antithyroïdien.

Mécanisme d'action/cinétique   Le début d'action est rapide mais les effets sont moins constants que ceux du propylthiouracile. **Durée d'action**: 2 à 3 h. **Demi-vie**: 1 à 2 h.

Posologie   *Hyperthyroïdie légère:* **Initialement**, 15 mg par jour; *hyperthyroïdie moyennement grave*: 30 à 40 mg par jour; *hyperthyroïdie grave*: 60 mg par jour. **Entretien**: 5 à 15 mg par jour. **Pédiatrique: Initialement**, 0,4 mg/kg; **entretien**: environ ½ de la dose initiale.

Administration/entreposage

1. Conserver dans des contenants antiactiniques.
2. On devrait administrer le médicament en 3 doses fractionnées à 8 h d'intervalle.

PROPYLTHIOURACILE   Propyl-Thyracil^Pr

Catégorie   Antithyroïdien.

Mécanisme d'action/cinétique   Rapidement absorbé dans le tractus GI. **Durée d'action**: 2 à 3 h. **Demi-vie**: 3 à 5 h. Lié à 80% aux protéines plasmatiques.

Interactions médicamenteuses   Le propylthiouracile peut produire une hypoprothrombinémie augmentant l'effet des anticoagulants.

Posologie   PO. **Initialement**, 300 mg par jour (jusqu'à 900 mg par jour peut être nécessaire chez les clients atteints d'une hyperthyroïdie grave); **entretien**: 100 à 150 mg par jour. **Pédiatrique, 6 à 10 ans: Initialement**, 50 à 150 mg par jour; **plus de 10 ans: initialement**, 150 à 300 mg par jour. La posologie d'entretien chez les enfants dépend de la réponse au médicament.

Administration   On devrait administrer le médicament en 3 doses fractionnées à 8 h d'intervalle.

AGENT RADIOACTIF

IODURE DE SODIUM (I^{131})   Iodure de sodium I$^{131\,Pr}$

Catégorie   Agent radioactif.

Mécanisme d'action/cinétique   Ce composé est un sel d'iode radioactif qui se concentre dans la glande thyroïde où il est incorporé aux hormones thyroïdiennes. **Début d'action**: Détection de la radioactivité dans la glande thyroïde: quelques minutes. **Durée d'action**: 8 à 10 semaines avant le retour à une fonction thyroïdienne normale.

Indications   *Diagnostic*: Évaluation de la fonction thyroïdienne et détection des tumeurs thyroïdiennes. *Traitement*: Hyperthyroïdie, certains cas de cancer de la glande thyroïde.

Contre-indications   *Traitement*: Tachycardie extrême. Épisodes de thrombose coronaire récents, infarctus du myocarde ou goitre nodulaire important. Grossesse, lactation, personnes de moins de 18 ans.

Réactions indésirables   Les réactions les plus graves sont rencontrées lors du traitement d'un carcinome avec ce médicament. *Hématologiques*: Anémie, leucémie, dépression de la moelle osseuse, leucopénie, thrombopénie. *Mal des rayons*: Nausées, vomissements. *Autres*: Crise thyroïdienne aiguë, anomalies chromosomiques, toux, enflure ou sensibilité du cou, douleur pendant la déglutition, mal de gorge, alopécie (temporaire).

Posologie *Diagnostic.* **PO, IV**: 1 à 25 microcuries. *Traitement.* **PO, IV**, *hyperthyroïdie*: 4 à 10 millicuries. *Cancer de la glande thyroïde ou métastases thyroïdiennes*: 50 à 150 millicuries.

Administration/entreposage

1. La dose thérapeutique ne devrait être administrée qu'en milieu hospitalier.

2. La solution et le verre du contenant peuvent s'obscurcir à cause des radiations. Cela n'affecte pas l'efficacité du produit.

Soins infirmiers
Suivre les règlements du centre hospitalier pour la protection contre les radiations.

CHAPITRE 60

Calcitonine, sels de calcium et régulateurs du calcium

Calcitonine saumon *876*

Sels de calcium
Calcium, carbonate de *880*
Calcium, chlorure de *880*
Calcium, glucoheptonate de *880*
Calcium, gluconate de *880*

Calcium, gluconogalactogluconate de *880*
Calcium, gluconolactate de *880*
Calcium, lactate de *882*

Autre agent
Étidronate disodique *883*

Généralités Une concentration adéquate de calcium dans l'organisme est nécessaire à plusieurs fonctions y compris la coagulation sanguine, la régulation du rythme cardiaque et la contraction des muscles squelettiques. L'hormone parathyroïdienne maintient la concentration extracellulaire de calcium à un niveau normal par un mécanisme de rétroaction.

Une dysfonction des glandes parathyroïdes peut causer une tétanie hypocalcémique, des convulsions et la mort. L'administration d'hormones parathyroïdiennes d'origine animale ou synthétique peut ramener la concentration de calcium à la normale. On administre habituellement des sels de calcium simultanément parce que la réaction est lente.

CALCITONINE SAUMON Calcimar[Pr]

Catégorie Régulateur du calcium.

Généralités La calcitonine est une hormone polypeptidique produite par les cellules parafolliculaires de la glande thyroïde des mammifères. Toutefois, la calcitonine thérapeutique est extraite du saumon. La forme saumon a le même effet thérapeutique que l'hormone humaine, mais elle est plus puissante par mg et a une durée d'action un peu plus longue. Ce médicament n'est pas efficace en administration PO.

Mécanisme d'action/cinétique La calcitonine diminue le calcium sérique (c'est-à-dire qu'elle s'oppose aux effets de l'hormone parathyroïdienne) en inhibant la réabsorption du calcium et du phosphate par les tubules rénaux. Elle inhibe également la résorption osseuse. **Début d'action**: 2 h. **Effet maximal**: 6 h. **Durée d'action**: 12 h. Efficacité clinique: après 1 mois. Excrétée inchangée dans l'urine.

Indications   Maladie osseuse de Paget modérée ou grave, caractérisée par des déformations osseuses multiples s'accompagnant d'une élévation de la concentration sérique de phosphatase alcaline et de l'hydroxyprolinurie. Traitement précoce de l'hypercalcémie. Traitement de l'ostéoporose post-ménopausique conjointement avec du calcium et de la vitamine D.

Contre-indications   Allergie à la calcitonine saumon ou à son solvant de gélatine. Grossesse, lactation. L'innocuité chez les enfants n'est pas établie.

Réactions indésirables   *Allergiques*: Causées par une réaction aux protéines étrangères, à la calcitonine saumon ou au solvant de gélatine. Éruption cutanée, symptômes allergiques généralisés. *GI*: Nausées, vomissements. *Autres*: Rougeurs du visage et des mains, inflammation locale au point d'injection, formation d'anticorps rendant le médicament inerte.

Modification des épreuves de laboratoire   La diminution de la phosphatase alcaline et de l'hydroxyprolinurie (urines de 24 h) sont des indications d'un traitement efficace. Vérifier la présence de cylindres urinaires (indication d'altération rénale).

Posologie   *Maladie osseuse de Paget:* **SC, IM, initialement**, 100 UI par jour (0,5 mL). Chez certains clients, on peut maintenir l'amélioration avec une dose de 50 UI par jour ou aux deux jours; toutefois, l'efficacité d'un tel traitement n'a pas été déterminée.

Hypercalcémie: **SC, IM, initialement**, 4 UI/kg par 12 h; en l'absence de réaction après 1 à 2 jours, augmenter la dose à 8 UI/kg par 12 h. Si la réaction n'est toujours pas satisfaisante après 2 autres jours, on peut augmenter la dose jusqu'à 8 UI/kg par 6 h au maximum. Administrer par voie IM ou à de multiples points d'injection si le volume à injecter excède 2 mL.

Ostéoporose post-ménopausique: **SC, IM**, 100 UI par jour avec du calcium et de la vitamine D.

Soins infirmiers

1. S'assurer que les épreuves de sensibilité sont négatives avant d'administrer le médicament.
2. *Évaluer*:
   a) les réactions allergiques généralisées et, le cas échéant, fournir immédiatement des soins d'urgence en administrant de l'oxygène, de l'épinéphrine et des stéroïdes.
   b) les réactions inflammatoires locales au point d'injection et les signaler.

---

c) les rougeurs du visage pouvant survenir durant le traitement.

d) les tétanies hypocalcémiques pendant l'administration; conserver du calcium pour les cas urgents. (Les signes progressifs de tétanie hypocalcémique sont la fibrillation musculaire, les tics, les spasmes tétaniques et, finalement, les convulsions.)

e) la fidélité au traitement médicamenteux en cas de rechute.

3. S'assurer qu'on évalue l'apparition d'anticorps qui réagissent à la calcitonine sérique chez les clients ayant manifesté une bonne réaction clinique initiale mais qui ont connu une rechute par la suite.

4. *Expliquer au client et/ou à sa famille*:
   a) les évaluations appropriées décrites précédemment.
   b) la méthode aseptique pour reconstituer la solution, la technique d'injection et l'importance de varier les points d'injection.
   c) le fait que les nausées et les vomissements qui peuvent survenir au début du traitement ont tendance à disparaître lorsqu'on continue le traitement.
   d) l'importance des épreuves de sédiments urinaires à intervalles réguliers pour déceler d'éventuels troubles rénaux.

SELS DE CALCIUM

Catégorie   Électrolytes, minéraux.

Généralités   Le calcium est essentiel au maintien des fonctions normales des nerfs, des muscles, du système squelettique, des membranes cellulaires et de la perméabilité des capillaires. Par exemple, le calcium est nécessaire à l'activation de plusieurs réactions enzymatiques ainsi qu'à l'influx nerveux, à la contraction du myocarde et des muscles lisses et squelettiques, à la fonction rénale, à la respiration et à la coagulation sanguine. Le calcium joue un rôle dans la libération des neurotransmetteurs et des hormones; dans la fixation et la liaison des acides aminés, dans l'absorption de la vitamine B_{12} et dans la sécrétion de la gastrine.

La concentration sérique normale de calcium est de 2,25 à 2,60 mmol/L. Lorsque la concentration de calcium dans les liquides extracellulaires tombe sous la normale, on assiste tout d'abord à une mobilisation du calcium osseux. Toutefois, la déplétion du calcium sanguin peut devenir par la suite suffisamment importante pour être manifeste.

L'hypocalcémie est caractérisée par les fibrillations musculaires, les tics, les spasmes musculaires, les crampes dans les jambes, les spasmes tétaniques, les arythmies cardiaques, l'hyperexcitabilité des muscles lisses, la dépression mentale et l'anxiété. L'hypocalcémie chronique excessive est caractérisée par une dystrophie ou des fissures unguéales, une mauvaise dentition et des cheveux cassants.

L'apport quotidien recommandé de calcium élémentaire est de 0,8 g par jour chez les adultes et chez les enfants de 1 à 10 ans, de 1,2 g chez les femmes enceintes ou qui allaitent et les enfants de 10 à 18 ans, de 0,54 g chez les enfants de 6 à 12 mois et de 0,36 g chez les nourrissons de moins de 6 mois. On peut corriger une carence en calcium par l'administration de divers sels de calcium.

Le calcium est bien absorbé dans la partie supérieure du tube digestif. Toutefois, on traite avantageusement une tétanie grave par l'administration de gluconate de calcium par voie IV.

La présence de la vitamine D est nécessaire pour une utilisation maximale du calcium. L'hormone parathyroïdienne est essentielle à la régulation de la concentration de calcium.

Indications   IV: Tétanie hypocalcémique aiguë secondaire à une insuffisance rénale, hypoparathyroïdie, accouchement prématuré, diabète sucré maternel chez les nourrissons, intoxication par le magnésium, l'acide oxalique, le phosphore radioactif, le tétrachlorure de carbone, le fluorure, le phosphate, le strontium et le radium. Également durant la réanimation cardiaque lorsque l'épinéphrine ou l'isoprotérénol n'ont pas amélioré les contractions du myocarde (dans ce cas, on peut également administrer le produit dans le ventricule). Traitement de la cardiotoxicité due à l'hyperkaliémie.

IM ou IV: Réduction des spasmes dans les coliques rénales, biliaires, intestinales ou saturnines (causées par le plomb). Soulagement des crampes musculaires causées par des piqûres d'insectes et diminution de la perméabilité des capillaires durant diverses réactions allergiques.

PO: Ostéoporose, ostéomalacie, hypoparathyroïdie chronique, rachitisme, tétanie latente, hypocalcémie provoquée par l'administration d'anticonvulsivants. Myasthénie grave, syndrome d'Eaton-Lambert, supplément chez les femmes enceintes, post-ménopausées ou qui allaitent. Également, traitement prophylactique de l'ostéoporose primaire.

À l'étude: En perfusion pour le diagnostic du syndrome de Zollinger-Ellison et des carcinomes de la thyroïde médullaire. Pour la production d'effets antagonistes au blocage neuromusculaire causé par les aminosides.

Contre-indications   Administration de digitale, sarcoïdose, maladie rénale ou cardiaque. Administrer avec prudence en cas de cœur pulmonaire, d'acidose respiratoire, de maladie rénale ou d'insuffisance rénale, de fibrillation ventriculaire, d'hypercalcémie. Contre-indiqué chez les cancéreux ayant des métastases osseuses.

Réactions indésirables   Un excès de calcium peut causer une hypercalcémie, caractérisée par de la lassitude, de la fatigue, une dépression des fonctions nerveuses et neuromusculaires (troubles émotifs, confusion, faiblesse des muscles squelettiques et constipation), une détérioration de la fonction rénale (polyurie, polydipsie et azotémie), des calculs rénaux, des arythmies et de la bradycardie.

Après l'administration PO: Irritation GI, constipation.

TABLEAU 29 SELS DE CALCIUM

Médicament	Indications
Calcium, carbonate de Biocal, Calcite, Calsan, Caltrate, Mega Cal, Nu-Cal, Os-Cal	Hypocalcémie légère, tétanie hypocalcémique latente.
Calcium, chlorure de Chlorure de calcium	Hypocalcémie légère, tétanie latente, tétanie hypocalcémique grave, intoxication par le magnésium, réanimation cardiaque pour contrecarrer les effets nuisibles d'une hyperkaliémie.
Calcium, glucoheptonate de En association: Calcium-Rougier, Calcium Zurich	Hypocalcémie légère, crampes dans les jambes, décalcification.
Calcium, gluconate de Guconate de calcium	Hypocalcémie. Pour augmenter rapidement la concentration plasmatique de calcium dans la tétanie néonatale et la tétanie provoquée par une insuffisance parathyroïdienne, une carence en vitamine D ou une alcalose.
Calcium, gluconogalactogluconate de (glubionate de) Calcium-Sandoz	Hypocalcémie légère, tétanie hypocalcémique, arrêt cardiaque.
Calcium, gluconolactate de En association: Calcium-Sandoz Forte, Calcium-Sandoz Gramcal	Hypocalcémie légère, tétanie hypocalcémique latente, ostéoporose.

Posologie	Quantité de sel de calcium équivalant à 1 g de calcium élémentaire
PO: 1,0 à 1,5 g t.i.d. avec les repas.	2,5 g
IV seulement. *Hypocalcémie*: 0,5 à 1,0 g q 1 à 3 jours. *Intoxication par le magnésium*: 0,5 g; surveiller le rétablissement avant l'administration d'une nouvelle dose. *Réanimation cardiaque*: 0,5 à 1,0 g. *Hyperkaliémie*: Dose suffisante pour un retour de l'EEG à la normale. **Ne jamais administrer par voie IM.**	3,7 g
Nourrissons: 2,5 mL, 2 ou 3 fois par jour dans le lait; **6 mois à 2 ans**: 5 mL, 2 ou 3 fois par jour. **Enfants de plus de 2 ans**: 5 mL, 3 ou 4 fois par jour. **Adultes**: 10 mL, 3 fois par jour ou plus, selon le cas. *Décalcification*: 30 mL, 2 ou 3 fois par jour. *Crampes dans les jambes*: 10 mL, au coucher.	12,2 g
PO. Adultes: 0,12 à 0,60 g/kg par jour, en doses fractionnées; **pédiatrique**: 6,66 g/kg par jour, en doses fractionnées.	11,1 g
IV. Adultes: Initialement, 10 à 20 mL de solution à 10% en injection lente; répéter jusqu'à ce que la tétanie soit maîtrisée; **puis**, perfusion IV de solution à 0,03%. Dose quotidienne maximale: 15 g. **Pédiatrique**: 500 mg/kg par jour en doses fractionnées.	11,1 g
Adultes: 10 mL par injection IV lente (10 mL en 3 min) ou 10 mL par injection IM profonde, 1 à 3 fois par jour. *Urgence:* **Adultes**: jusqu'à 20 mL, par voie IV. **Enfants**: 5 à 10 mL, par injection IV lente, 1 fois par jour. *Arrêt cardiaque*: injection intracardiaque de 3 à 5 mL; répéter la posologie à courts intervalles, au besoin.	15,6 g
Adultes: 1 à 4 comprimés effervescents dans 230 mL d'eau, par jour en doses fractionnées. **Enfants**: ½ à 2 comprimés effervescents par jour, dissous dans de l'eau ou suivre les recommandations du médecin.	

TABLEAU 29 (*suite*)

Médicament	Indications
Calcium, lactate de Lactate de calcium	Tétanie néonatale, hypoparathyroïdie aiguë ou chronique, pseudohypoparathyroïdie, ostéoporose post-ménopausique, rachitisme, ostéomalacie

Après l'administration IV: Irritation veineuse, sensation de picotement, sensation d'oppression ou de chaleur, goût de craie. Une administration IV rapide peut causer une vasodilatation, de l'hypotension, de la bradycardie, une arythmie cardiaque, une syncope ou un arrêt cardiaque.

Après l'administration IM: Sensation de brûlure, nécrose, formation d'escarres tissulaires, cellulite, calcification des tissus mous.
Note: L'injection du calcium dans le myocarde plutôt que dans le ventricule peut causer une lacération des coronaires, une tamponade cardiaque, un pneumothorax et une fibrillation ventriculaire.

Interactions médicamenteuses

Médicaments	Interaction
Corticostéroïdes	Modification de l'absorption du calcium dans l'appareil GI.
Glucosides cardiotoniques	Augmentation de la toxicité et des arythmies causées par les glucosides cardiotoniques. On a signalé des cas de mort causée par l'association de glucosides cardiotoniques et de sels de calcium IV.
Lait	Une quantité excessive de l'un des deux agents peut causer une hypercalcémie, une insuffisance rénale avec azotémie, une alcalose et des lésions oculaires.
Tétracyclines	↓ de l'effet des tétracyclines par ↓ de l'absorption dans l'appareil GI.
Vitamine D	Augmentation de l'absorption intestinale du calcium alimentaire.

Posologie   Voir le tableau 29, p. 880.
Note: Une millimole de calcium élémentaire équivaut à 40 mg (1 mEq équivaut à 20 mg).

Administration

ORALE

1. Administrer 60 à 90 min pc étant donné que les substances alcalines et de grandes quantités de lipides diminuent l'absorption du calcium.

Posologie	Quantité de sel de calcium équivalant à 1 g de calcium élémentaire
PO. Adultes: 0,08 à 0,41 g/kg par jour, en doses fractionnées; **pédiatrique**: 4,56 g/kg par jour, en doses fractionnées.	7,6 g

2. Avertir les clients qui sont incapables d'avaler de gros comprimés qu'ils peuvent se procurer en pharmacie une suspension de calcium dans de l'eau ou qu'ils peuvent se préparer une suspension en mélangeant le médicament dans de l'eau *chaude*, car le calcium forme une suspension 6 fois plus rapidement dans de l'eau chaude que dans de l'eau froide. On peut refroidir la solution avant de la boire.

IV

1. Administrer très lentement, surveiller de près les signes vitaux, principalement la bradycardie et l'hypotension.

2. Comme ces sels sont très irritants, éviter l'infiltration de la solution dans les tissus.

IM

1. Faire la rotation des points d'injection, car le médicament peut causer des escarres.

2. Ne pas administrer de gluconate de calcium IM aux enfants.

Soins infirmiers

1. Protéger les clients en tétanie hypocalcémique contre les blessures.

2. *Expliquer au client et/ou à sa famille*:
   a) qu'une consommation adéquate de lait satisfait de la façon la plus appropriée les besoins en calcium de l'organisme.
   b) que les préparations contenant plusieurs vitamines et minéraux ne contiennent pas suffisamment de calcium pour les besoins quotidiens.

AUTRE AGENT

ÉTIDRONATE DISODIQUE   Didronel^{Pr}

Catégorie   Agent régulateur de la croissance des os.

Mécanisme d'action/cinétique   La maladie osseuse de Paget est caractérisée par une résorption osseuse, une formation osseuse compensatoire et une augmentation de la vascularisation des os. L'étidronate disodique ralentit le métabolisme osseux, ce qui diminue la résorption osseuse, le cycle de reconstitution osseuse et la formation de nouveaux os; il réduit également la vascularisation osseuse. **Absorption**: selon la dose administrée; après 24 h, la moitié de la dose de médicament absorbé est excrétée. Le médicament qui demeure dans l'organisme est absorbé dans les os, où les effets thérapeutiques persistent pendant 3 à 12 mois après l'interruption du traitement.

Indications   Maladie osseuse de Paget (ostéite déformante hypertrophique), en particulier du type comportant de multiples déformations osseuses, accompagnée de douleur et d'une élévation de l'hydroxyprolinurie et de la concentration sérique de phosphatase alcaline. Ossification hétérotopique causée par une lésion de la moelle épinière ou par un remplacement complet de la hanche.

Contre-indications   Administrer avec prudence aux clients atteints d'insuffisance rénale, aux femmes enceintes ou à celles qui allaitent. L'innocuité chez les enfants n'est pas établie.

Réactions indésirables   *GI*: Nausées, diarrhée, selles diarrhéiques. *Osseuses*: Augmentation des risques de fractures osseuses, et augmentation ou récurrence des douleurs osseuses. Interrompre l'administration du médicament en cas de fracture. Ne pas recommencer le traitement avant la guérison complète.

Posologie   **PO.** *Maladie osseuse de Paget:* **Initialement**, 5 mg/kg par jour, pendant 6 mois ou moins; 10 mg/kg jusqu'à un maximum de 20 mg/kg par jour lorsque l'on souhaite obtenir un arrêt du métabolisme osseux; un traitement à ces doses ne devrait pas durer plus de 3 mois. On peut commencer un autre traitement après une période de repos de 3 mois.

Ossification hétérotopique après une lésion de la moelle épinière: 20 mg/kg par jour pendant 2 semaines; **puis**, 10 mg/kg par jour pendant 10 semaines.

Ossification hétérotopique après un remplacement complet de la hanche: 20 mg/kg par jour, pendant 30 jours avant l'intervention chirurgicale; **puis**, 20 mg/kg par jour pendant 90 jours après l'intervention chirurgicale.

Administration

1. Administrer en dose unique, 2 h avant le repas avec du jus ou de l'eau.

2. Recommander au client de ne rien manger pendant les 2 h qui suivent l'administration de ce médicament, car les aliments contenant beaucoup de calcium peuvent en réduire l'absorption.

3. Recommander un apport suffisant de calcium et de vitamine D.

4. Lorsque le médicament est administré pour la maladie osseuse de Paget, déterminer périodiquement l'hydroxyprolinurie et la concentration de phosphatase alcaline sérique.

5. L'étidronate ne semble pas affecter les os hétérotopiques arrivés à maturité.

Soins infirmiers

1. Surveiller les taux d'hydroxyprolinurie et de phosphatase alcaline sérique car leur diminution est la première indication d'une bonne réaction thérapeutique. Une réduction de ces taux survient habituellement 1 à 3 mois après le début du traitement.

2. *Expliquer au client et/ou à sa famille* qu'il faut suivre un régime équilibré avec un apport suffisant de calcium et de vitamine D.

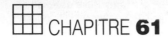

CHAPITRE **61**

Corticostéroïdes et analogues

* Agent topique, voir le tableau 30, p. 888.

CORTICOSTÉROÏDES

Généralités Les corticostéroïdes sont un groupe d'hormones naturelles produites par le cortex surrénalien (partie externe des glandes surrénales). Ils ont de nombreuses indications thérapeutiques.

Plusieurs composés synthétiques légèrement modifiés sont disponibles aujourd'hui, et certains clients répondent mieux à une substance qu'à une autre.

Les hormones des glandes surrénales agissent sur plusieurs voies métaboliques et sur plusieurs systèmes organiques. Elles sont essentielles à la vie.

La sécrétion des corticostéroïdes est contrôlée par le facteur de libération de la corticotrophine produit par l'hypothalamus et par l'ACTH (corticotrophine) produite par l'hypophyse antérieure.

Les corticostéroïdes jouent un rôle important dans la plupart des transformations métaboliques. Ils produisent les effets suivants:

1. **Métabolisme des glucides**. Entreposage du glucose sous forme de glycogène dans le foie et transformation du glycogène en glucose lorsque nécessaire. Glyconéogenèse (transformation des protéines en glucose).

2. **Métabolisme des protéines**. Stimulation du catabolisme des protéines dans plusieurs organes, qui se caractérise par un bilan azoté négatif.

3. **Métabolisme des lipides**. Dépôt de lipocytes dans les régions faciale, abdominale et scapulaire.

4. **Équilibre hydro-électrolytique**. Modification de la filtration glomérulaire; augmentation du sodium et, par conséquent, rétention liquidienne. Modification de l'excrétion du potassium, du calcium et du phosphore. Augmentation de l'excrétion urinaire de la créatine et de l'acide urique.

Ces hormones ont également un effet anti-inflammatoire important, et elles aident l'organisme à surmonter les situations stressantes (traumatisme, maladie grave). Les corticostéroïdes inhibent également le système lymphatique, diminuent le nombre de lymphocytes et d'éosinophiles circulants, réduisent le volume des ganglions lymphatiques et causent l'atrophie du thymus. La production d'immunoglobulines (anticorps) est réduite.

On classe les corticostéroïdes en deux catégories, selon leur structure chimique et leur effet physiologique principal. Toutefois, ces deux groupes se chevauchent beaucoup au point de vue fonctionnel.

1. Ceux qui, comme la cortisone et l'hydrocortisone, agissent sur les voies métaboliques des protéines, des glucides et des lipides. Ils sont souvent appelés *glucocorticoïdes*.

2. Ceux qui, comme l'aldostérone et la désoxycorticostérone, agissent plus spécifiquement sur l'équilibre hydrique et électrolytique. Ils sont souvent appelés *minéralocorticoïdes.*

Mécanisme d'action/cinétique Les glucocorticoïdes sont semblables. Ils ne diffèrent que par leur durée d'action et leur demi-vie.

Indications Les corticostéroïdes utilisés pour leurs propriétés anti-inflammatoires et immunosuppressives ne devraient posséder

TABLEAU 30 CORTICOSTÉROÏDES TOPIQUES

Médicament	Posologie/administration
Amcinonide Cyclocort[Pr]	Appliquer une mince couche de crème (0,1%), de pommade (0,1%) ou de lotion (0,1%) 2 ou 3 fois par jour et faire pénétrer en massant doucement.
Béclométhasone, dipropionate de Propaderm[Pr]	Appliquer une petite quantité de crème (0,025%) ou de lotion (0,025%) 1 ou 2 fois par jour.
Bétaméthasone, benzoate de Beben[Pr]	Appliquer le gel (0,025%) 2 à 4 fois par jour au besoin.
Bétaméthasone, dipropionate de Diprosone[Pr]	Appliquer la crème (0,05%), la pommade (0,05%) ou la lotion (0,05%) 1 ou 2 fois par jour.
Bétaméthasone, valérate de Betacort[Pr], Betaderm[Pr], Betnovate[Pr], Celestoderm[Pr], Ectosone[Pr], Metaderm[Pr], Novobetamet[Pr], Valisone[Pr]	Appliquer une mince couche de crème (0,1%, 0,05%),de pommade (0,1%, 0,05%) ou de lotion (0,1%) 2 ou 3 fois par jour et faire pénétrer en massant doucement.
Clobétasol, 17-propionate de Dermovate[Pr]	Appliquer une mince couche de crème (0,5%), de pommade (0,05%) ou de lotion (0,05%) 2 ou 3 fois par jour.
Clobétasone, 17-butyrate de Eumovate[Pr]	Appliquer une mince couche de crème (0,05%) ou de pommade (0,05%) 2 ou 3 fois par jour.
Désonide Tridesilon[Pr]	Appliquer une minche couche de crème (0,05%) ou de pommade (0,05) 2 ou 3 fois par jour.
Désoximéthasone Topicort[Pr], Topicort Doux[Pr]	Appliquer la crème (0,25% ou 0,05%) 2 fois par jour.
Dexaméthasone Maxidex[Pr]	**Suspension ophtalmique** (0,1%): **Initialement**, 1 ou 2 gouttes dans le sac conjonctival q 1 h durant la journée et q 2 h pendant la nuit; **puis**, diminuer à 1 goutte q 4 h à 1 goutte t.i.d. ou q.i.d. **Onguent ophtalmique** (0,1%): **Initialement**, appliquer une petite quantité d'onguent dans le sac conjonctival t.i.d. ou q.i.d.; **puis**, diminuer à b.i.d. puis die.
Dexaméthasone, phosphate sodique de Decadron[Pr]	**Solution ophtalmo-auriculaire. Œil: Initialement**, 1 ou 2 gouttes dans le sac conjonctival q 1 h durant la journée et q 2 h durant la nuit; **puis**, réduire à 1 goutte q 6 ou 8 h. **Oreille: Initialement**, 3 ou 4 gouttes dans le conduit auditif 2 ou 3 fois par jour; **puis**, diminuer graduellement la dose et cesser le traitement.

TABLEAU 30 *(suite)*

Médicament	*Posologie/administration*
Diflorasone, diacétate de Florone^Pr, Flutone^Pr	Appliquer une mince couche de crème (0,05%) ou de pommade (0,05%) 1 à 3 fois par jour.
Diflucortolone, valérate de Nerisone^Pr	Appliquer une mince couche de crème (0,1%), de pommade (0,1%) ou de crème huileuse (0,1%) 1 à 3 fois par jour.
Fluméthasone, pivalate de Locacorten^Pr	Appliquer une mince couche de crème (0,03%) ou de pommade (0,03%) 1 à 3 fois par jour.
Fluocinolone, acétonide de Dermalar^Pr, Fluoderm^Pr, Fluolar^Pr, Fluonide^Pr, Synalar^Pr, Synamol^Pr	Appliquer la crème (0,025%, 0,01%), la pommade (0,025%, 0,01%) ou la lotion (0,01%) 2 ou 3 fois par jour.
Fluocinonide Lidemol^Pr, Lidex^Pr, Lyderm^Pr, Topsyn gel^Pr	Appliquer une mince couche de crème (0,05%), de pommade (0,05%, 0,01%) ou de gel (0,05%) 2 ou 4 fois par jour.
Fluorométholone FML Liquifilm^Pr	**Suspension ophtalmique** (0,1%): 1 ou 2 gouttes dans le sac conjonctival q 1 h durant la journée et q 2 h pendant la nuit; **puis**, réduire à 1 goutte q 4 h.
Flurandrénolide Drenison^Pr, Ruban Drenison^Pr	Appliquer une mince couche de crème (0,05% ou 0,0125%) ou de pommade (0,05% ou 0,0125%) 2 ou 3 fois par jour. Appliquer le ruban (4 μg/cm²) q 12 h. Protéger de la lumière, de la chaleur et du froid.
Halcinonide Halog^Pr	Appliquer la crème (0,1% ou 0,025%), la pommade (0,1%) ou la solution (0,1%) 2 ou 3 fois par jour. Peut être appliqué avec un pansement occlusif pendant la nuit (12 h); ne pas mettre de pansement occlusif pendant la journée.
Hydrocortisone **Crèmes**: Cortate^Pr, Emo-Cort^Pr, Hydrocortisone^Pr, Unicort^Pr **Pommades**: Cortate^Pr, Cortef^Pr, Hydrocortisone^Pr, Unicort^Pr **Lotions**: Cortate^Pr, Emo-Cort^Pr	Appliquer la crème (0,1%, 0,5% ou 1%), la pommade (0,5% ou 1%) ou la lotion (0,5%, 1% ou 2,5%). On devrait appliquer peu de médicament et bien le faire pénétrer.
Hydrocortisone, acétate d' Cortamed^Pr, Corticrème^Pr, Cortoderm^Pr, Hyderm^Pr, Novohydrocort^Pr	Appliquer une mince couche de pommade (0,5% ou 1%) ou de crème (0,5% ou 1%) 2 ou 3 fois par jour. **Onguent oto-ophtalmique: Œil**: Appliquer une mince couche 3 ou 4 fois par jour; **puis**, réduire à 2 fois par jour et à 1 fois par jour. **Oreille**: Appliquer 2 ou 3 fois par jour; **puis**, réduire à 1 ou 2 fois par jour.

TABLEAU 30 (*suite*)

Médicament	Posologie/administration
Hydrocortisone, 17-valérate d' Westcort^Pr	Appliquer une mince couche de crème (0,2%) ou de pommade (0,2%) 2 ou 3 fois par jour.
Méthylprednisolone Medrol Onguent ophtalmique^Pr	Appliquer une petite quantité d'onguent (0,1%) dans le sac conjonctival q 1 h durant la journée et q 2 h pendant la nuit; **puis**, réduire à 3 ou 4 fois par jour.
Méthylprednisolone, acétate de Medrol Topique^Pr	Appliquer une mince couche de pommade (0,25%) 1 à 3 fois par jour.
Méthylprednisolone, phosphate sodique de Medrol Gouttes oto-ophtalmiques^Pr	**Gouttes oto-ophtalmiques** (1%). **Œil**: 1 ou 2 gouttes dans le cul-de-sac conjonctival q 1 h durant la journée et q 2 h pendant la nuit; **puis**, réduire à une goutte 3 ou 4 fois par jour. **Oreille**: Instiller 2 ou 3 gouttes, 3 ou 4 fois par jour.
Prednisolone, acétate de Pred Forte^Pr, Pred Mild^Pr	**Suspension ophtalmique** (1% ou 0,12%): Instiller 1 ou 2 gouttes dans le cul-de-sac conjonctival q 1 h durant la journée et q 2 h pendant la nuit; **puis**, diminuer à 1 goutte q 6 à 8 h.
Prednisolone, phosphate sodique de Inflamase^Pr, Inflamase Forte^Pr	**Suspension opthalmique** (1% ou 8%): Instiller la suspension ophtalmique de la même façon que l'acétate de prednisolone.
Triamcinolone, acétonide de Aristocort C^Pr, Aristocort D^Pr, Aristocort R^Pr, Kenalog^Pr, Kenalog-E^Pr, Triaderm^Pr, Triamacort^Pr, Triamalone^Pr, Trianide^Pr	Appliquer une mince couche de crème (0,5%, 0,1% ou 0,025%) ou de pommade (0,1% ou 0,025%) 3 ou 4 fois par jour.

qu'une activité minéralocorticoïde minimale. Le traitement avec les glucocorticoïdes n'est pas curatif et, dans bien des cas, il devrait être considéré comme une thérapie adjuvante plutôt que comme une thérapie primaire.

1. **Thérapie de remplacement**. Insuffisance surrénale aiguë et chronique y compris la maladie d'Addison, hyperplasie surrénale congénitale, insuffisance surrénale secondaire à une insuffisance de l'hypophyse antérieure. Tous les médicaments ne peuvent pas être utilisés dans la thérapie de remplacement; certains n'ont pas assez d'effets glucocorticoïdes et d'autres n'ont pas assez d'effets minéralocorticoïdes. L'agent de choix pour une thérapie de remplacement doit posséder les deux effets.

2. **Maladies rhumatismales**. Polyarthrite rhumatoïde, bursite, spondylarthrite ankylosante, arthrose, ténosynovite.

3. **Maladies du collagène**. Lupus érythémateux systémique, rhumatisme cardiaque, polymyosite, polyartérite noueuse, dermatomyosite, polychondrite, artérite.

4. **Maladies cutanées**: Urticaire, pemphigus, dermatite herpétiforme, dermatite exfoliative, psoriasis, dermatite séborrhéique, mycosis fongoïde, dermatite de contact, eczéma, sarcoïdose cutanée, lichen plan, érythème polymorphe.

5. **Réactions allergiques**. Maladie du sérum, rhinite allergique aiguë, œdème angioneurotique, fièvre des foins réfractaire, réactions allergiques à un médicament, anaphylaxie, asthme bronchique (comprenant l'état de mal asthmatique).

6. **Maladies rénales**. Glomérulonéphrite aiguë ou chronique, syndrome néphrotique causé par un lupus érythémateux systémique, maladie rénale primaire.

7. **Maladies oculaires**. Blépharite allergique, conjonctivite purulente, inflammation de la cornée, uvéite, ophtalmie sympathique, fibroplasie rétrolentale, iritis, uvéite postérieure aiguë ou diffuse, névrite optique.

8. **Maladies respiratoires**. Sarcoïdose symptomatique, bérylliose, tuberculose (traitement adjuvant seulement), pneumonie lipoïdique. *À l'étude*: La bétaméthasone et la dexaméthasone ont été utilisées lors d'accouchements prématurés dangereux, afin de prévenir la maladie des membranes hyalines.

9. **Troubles hématologiques**: Thrombopénie, anémie hémolytique acquise, érythroblastopénie, anémie hypoplasique congénitale.

10. **Maladies gastro-intestinales**: Colite ulcéreuse, entérite régionale, maladie cœliaque.

11. **Néoplasmes**. Lymphomes et leucémie lymphoblastique aiguë, leucémie lymphoïde chronique, maladie de Hodgkin, lymphosarcome, carcinome mammaire.

12. **Autres indications**. Œdème cérébral, myasthénie grave, traitement adjuvant dans la prévention du rejet de greffons, inflammation à la suite d'une intervention dentaire, et exacerbation de la sclérose en plaques.

Note: Les glucocorticoïdes ont été également utilisés dans les cas d'hépatites active et alcoolique, dans certains cas de cirrhose et pour traiter le choc. Toutefois, l'efficacité de ces médicaments dans ces états n'est pas établie.

Contre-indications   Les corticostéroïdes sont contre-indiqués dans tous les états où l'on soupçonne une infection. Ils sont également contre-indiqués dans les cas d'ulcère gastro-duodénal, de psychose, de glomérulonéphrite aiguë, d'infection oculaire causée par le virus de l'herpès, de vaccine ou de varicelle, de maladies exanthémateuses, de syndrome de Cushing, de tuberculose active et de myasthénie grave.

Les corticostéroïdes devraient être administrés avec prudence aux clients atteints de diabète sucré, d'hypertension, d'insuffisance cardiaque, de néphrite chronique, de thrombophlébite, d'ostéoporose, de troubles convulsifs, de maladies infectieuses, de diverticulite, d'insuffisance rénale et durant la grossesse.

L'application topique dans le traitement de maladies oculaires est contre-indiquée dans les cas de kératite dendritique, de vaccine, de varicelle ou d'autre maladie virale pouvant toucher la conjonctive ou la cornée. L'application topique dans l'oreille est contre-indiquée dans les cas d'infections fongiques des oreilles et chez les clients ayant les tympans perforés. L'application topique sur la peau est contre-indiquée dans les cas de tuberculose cutanée, d'herpès, de vaccine, de varicelle et d'autres états infectieux en l'absence d'agent anti-infectieux.

Réactions indésirables Les petites doses physiologiques administrées en thérapie de remplacement ou les doses importantes administrées pendant une courte période dans une situation d'urgence causent rarement des effets indésirables. Les thérapies prolongées peuvent causer un état ressemblant au syndrome de Cushing, avec une atrophie du cortex surrénalien et une insuffisance surrénale subséquente. Un syndrome de sevrage des stéroïdes peut survenir à la suite d'une thérapie prolongée. Il se caractérise par les symptômes suivants: anorexie, nausées, vomissements, léthargie, céphalée, fièvre, douleur articulaire, desquamation, myalgie, perte de masse, hypotension.

Liquides et électrolytes: Œdème, alcalose hypokaliémique, hypertension, insuffisance cardiaque. *Musculosquelettiques*: Atrophie musculaire, douleur ou faiblesse musculaire, ostéoporose, fractures vertébrales par tassement, retard de la cicatrisation des plaies. *GI*: Nausées, vomissements, anorexie ou augmentation de l'appétit, diarrhée ou constipation, distension abdominale, pancréatite, irritation gastrique, œsophagite ulcéreuse. Développement ou exacerbation d'ulcères gastro-intestinaux. *Endocriniennes*: Syndrome de Cushing, aménorrhée, diminution de la tolérance au glucose, hyperglycémie, diabète sucré. *SNC*: Céphalée, vertige, insomnie, agitation, augmentation de l'activité motrice, neuropathie ischémique, anomalies de l'EEG, convulsions. Également, euphorie, modifications de l'humeur, dépression, anxiété, changement de personnalité, psychose. *Dermatologiques*: Atrophie cutanée, amincissement de la peau, augmentation de la transpiration, hirsutisme, érythème facial, vergetures, pétéchies, ecchymoses, contusions faciles. *Allergiques*: Dermatite allergique, urticaire, angio-œdème, sensation de brûlure ou de picotement dans la région périnéale après l'administration IV. *Autres*: Hypercholestérolémie, athérosclérose, thrombose, thromboembolie, embolie graisseuse, thrombophlébite. **Chez les enfants**: Arrêt de la croissance linéaire; syndrome réversible de pseudotumeur cérébrale caractérisé par l'œdème papillaire, la paralysie du nerf moteur oculaire commun ou du nerf moteur oculaire externe, une perte visuelle ou la céphalée.

ADMINISTRATION INTRA-ARTICULAIRE Douleur après l'injection, syndrome ressemblant à l'arthropathie nerveuse. Étant donné la réduction de l'inflammation et de la douleur, il se peut que les clients utilisent trop leur articulation.

THÉRAPIE OCULAIRE   L'application de préparations de corticostéroïdes dans l'œil peut réduire la sécrétion d'humeur aqueuse et augmenter la pression oculaire, ce qui peut causer ou aggraver un glaucome simple. On devrait par conséquent vérifier fréquemment la pression oculaire chez les clients âgés et chez ceux qui sont atteints de glaucome. Sensation de picotement, sensation de brûlure, kératite dendritique (herpès), perforation de la cornée (particulièrement lorsque ces médicaments sont utilisés dans les maladies où un amincissement de la cornée peut survenir). Cataractes postérieures sous-capsulaires, paticulièrement chez les enfants. Exophtalmie, infections oculaires virales ou fongiques secondaires.

ADMINISTRATION TOPIQUE   Les corticostéroïdes topiques ne sont pas absorbés en quantité assez importante pour causer les réactions indésirables notées dans les paragraphes précédents, à moins qu'ils ne soient appliqués sur de grandes surfaces, sur une peau fissurée ou avec un pansement occlusif. Les corticostéroïdes appliqués sur la peau peuvent toutefois causer l'atrophie de l'épiderme, l'assèchement de la peau ou l'atrophie du collagène du derme. Lorsqu'on les applique sur le visage, ces agents peuvent causer un amincissement diffus et une homogénéisation du collagène, un amincissement de l'épiderme et la formation de vergetures. L'emploi topique des corticostéroïdes devrait se faire avec prudence, ou pas du tout, si les lésions sont infectées, et l'utilisation de pansements occlusifs est alors contre-indiquée. Les corticostéroïdes topiques peuvent causer occasionnellement des réactions de sensibilisation qui nécessitent l'arrêt de l'administration du médicament.

Médicaments	Interaction
Acide éthacrynique	↑ des pertes potassiques due aux propriétés de déplétion potassique des deux médicaments.
Amphotéricine B	Les corticostéroïdes ↑ la déplétion potassique causée par l'amphotéricine B.
Antiacides	↓ de l'effet des corticostéroïdes due à la ↓ de l'absorption dans le tractus GI.
Antibiotiques à large spectre d'activité	L'administration simultanée peut causer l'émergence de souches résistantes pouvant occasionner des infections graves.
Anticholinergiques	L'administration simultanée peut causer une ↑ de la pression intra-oculaire; aggravation du glaucome.
Anticoagulants oraux	↓ de l'effet des anticoagulants oraux par ↓ de l'hypoprothrombinémie; également, ↑ des risques d'hémorragies due aux effets vasculaires des corticostéroïdes.
Barbituriques	↓ de l'effet des corticostéroïdes par ↑ du catabolisme hépatique.
Cholestyramine	↓ de l'effet des corticostéroïdes due à la ↓ de l'absorption GI.

Médicaments	Interaction
Colestipol	↓ de l'effet des corticostéroïdes due à la ↓ de l'absorption GI.
Contraceptifs oraux	Les œstrogènes ↑ l'effet anti-inflammatoire de l'hydrocortisone par ↓ du catabolisme hépatique.
Cyclosporine	↑ de l'effet des deux médicaments par ↓ du catabolisme hépatique.
Diurétiques thiazidiques	↑ des pertes potassiques due aux propriétés de déplétion potassique des deux médicaments.
Furosémide	↑ des pertes potassiques due aux propriétés de déplétion potassique des deux médicaments.
Glucosides cardiotoniques	↑ des risques de toxicité digitalique due à l'hypokaliémie.
Héparine	Les effets ulcérigènes des corticostéroïdes peuvent ↑ les risques d'hémorragies.
Hypoglycémiants	L'effet hyperglycémiant des corticostéroïdes peut nécessiter une ↑ de la dose d'hypoglycémiant.
Indométhacine	↑ des risques d'ulcères GI.
Isoniazide	↓ de l'effet de l'isoniazide par ↑ du catabolisme hépatique et par ↑ de l'excrétion.
Myorésolutifs non dépolarisants	↓ de l'effet des myorésolutifs.
Œstrogènes	Les œstrogènes ↑ l'effet anti-inflammatoire de l'hydrocortisone par ↓ du catabolisme hépatique.
Phénobarbital	↓ de l'effet des corticostéroïdes par ↑ du catabolisme hépatique.
Phénytoïne	↓ de l'effet des corticostéroïdes par ↑ du catabolisme hépatique.
Rifampine	↓ de l'effet des corticostéroïdes par ↑ du catabolisme hépatique.
Salicylates	Les deux médicaments sont ulcérigènes; de plus, les corticostéroïdes peuvent ↓ la concentration sanguine du salicylate.
Théophyllines	Les corticostéroïdes ↑ l'effet des théophyllines.
Vitamine A	L'application topique de vitamine A peut renverser le retard de la cicatrisation des plaies chez les clients recevant des corticostéroïdes.

Interactions avec les épreuves de laboratoire ↑ de la glycosurie, du cholestérol sérique, de l'amylase sérique. ↓ de la kaliémie, de la triiodothyronine sérique, de l'acide urique sérique. Modifications du bilan électrolytique.

Posologie La posologie est hautement individualisée selon la maladie traitée et la réponse du client. Même si les corticostéroïdes ont une action semblable, les clients peuvent mieux répondre à un type de médicament qu'à un autre. Il est très important de ne pas arrêter brusquement le traitement. On devrait toujours administrer la dose minimale efficace pendant la plus courte période de temps possible, sauf s'il s'agit d'une thérapie de remplacement. L'administration prolongée cause souvent des effets indésirables graves. Si les corticostéroïdes sont utilisés pour une thérapie de remplacement ou s'ils sont employés à des doses élevées pendant une longue période, la dose doit être *augmentée* si une intervention chirurgicale est nécessaire.

Pour l'administration topique, on peut choisir une pommade, une crème, une lotion, une solution, un ruban de plastique, une suspension en aérosol ou une crème en aérosol, selon la maladie cutanée que l'on doit traiter.

On considère que les lotions sont le premier choix dans les cas de lésions humides, particulièrement dans les régions exposées à une irritation (aisselles, pieds et aines). Les crèmes peuvent être utilisées dans la plupart des inflammations; on préfère les pommades dans les cas de lésions sèches et squameuses.

Administration

1. Administrer les formes orales avec de la nourriture afin de réduire les effets ulcérigènes.

2. Lorsqu'on administre les corticostéroïdes de façon chronique, il faut utiliser la dose minimale qui produira l'effet désiré. La dose devrait être graduellement diminuée à des intervalles fréquents afin de déterminer si les symptômes de la maladie peuvent être maîtrisés efficacement.

3. Dans certaines maladies (comme l'asthme, la colite ulcéreuse et la polyarthrite rhumatoïde) on administre les corticostéroïdes aux deux jours, ce qui peut maintenir l'effet thérapeutique tout en réduisant ou en éliminant les réactions indésirables.

4. Lorsque cela est possible, on préfère la voie topique à la voie systémique afin de réduire les réactions indésirables.

5. On devrait cesser graduellement l'administration des corticostéroïdes lorsqu'ils sont administrés de façon chronique.

Administration de corticostéroïdes topiques

1. Nettoyer la région avant d'appliquer le médicament.

2. Appliquer une mince couche et faire pénétrer doucement dans la région.

3. Appliquer un pansement occlusif tel que prescrit, afin de promouvoir l'hydratation de la couche cornée et d'augmenter l'absorption du médicament. Deux méthodes sont utilisées pour appliquer un pansement occlusif:

a) Appliquer une grande quantité de médicament sur la région nettoyée. Couvrir d'une pellicule de plastique mince, souple et ininflammable. Sceller la pellicule autour de la lésion à l'aide d'un ruban adhésif dermatologique ou la maintenir en place à l'aide d'un pansement de gaze. Changer le pansement occlusif tous les 3 ou 4 jours.

b) Appliquer une petite quantité de médicament et couvrir d'un pansement humide, puis couvrir celui-ci d'une pellicule de plastique mince, souple et ininflammable. Sceller autour de la lésion avec un ruban adhésif ou un pansement. Changer ce pansement occlusif b.i.d.

Soins infirmiers

1. *Évaluer*:

    a) l'urine des clients ayant des antécédents de diabète avant chaque repas et au coucher, parce que le médicament peut causer une hyperglycémie et, par conséquent, une glycosurie.

    b) périodiquement le sang des clients recevant le médicament pendant une période prolongée, afin de déterminer la glycémie.

    c) la faiblesse et la fonte musculaire (signes de bilan azoté négatif).

    d) les manifestations cushingoïdes, comme la face lunaire, l'hirsutisme, l'acné, la faiblesse musculaire, le cou de bison, l'hypertension, l'ostéoporose, l'œdème, l'aménorrhée, les vergetures, l'amincissement de la peau et des ongles, les ecchymoses, une modification de la tolérance au glucose, un bilan azoté négatif, l'alcalose et les troubles mentaux. Signaler ces manifestations au médecin.

    e) les signes et les symptômes d'autres maladies car les corticostéroïdes masquent la gravité de la plupart des maladies.

    f) la masse avant le début du traitement et quotidiennement par la suite. Anticiper que le client aura un léger gain pondéral dû à une augmentation de l'appétit. Cependant, une augmentation de masse soudaine est probablement due à l'œdème et devrait être signalée au médecin. L'œdème survient fréquemment lors de l'administration de cortisone, mais moins fréquemment avec les nouveaux agents synthétiques.

    g) la pression artérielle au moins 2 fois par jour jusqu'à ce que le client reçoive une posologie d'entretien. Signaler au médecin l'augmentation de la pression artérielle.

    h) la taille et la masse des enfants régulièrement parce que l'arrêt de la croissance est une réaction indésirable de l'administration des corticostéroïdes.

    i) les saignements GI périodiquement chez le client qui reçoit une thérapie prolongée. Utiliser la méthode au gaïac pour la recherche de sang occulte dans les selles.

2. *Expliquer au client et/ou à sa famille*:

  a) qu'il doit signaler au médecin tout symptôme de troubles gastriques, car des antiacides, une diète spéciale et des radiographies peuvent être nécessaires.

  b) qu'il doit être prudent afin d'éviter les chutes et autres accidents, car les stéroïdes peuvent causer de l'ostéoporose, ce qui augmente les risques de fractures.

  c) qu'il faut soutenir et rassurer le client qui a une rechute en lui expliquant que les symptômes sont produits par la réduction nécessaire de la posologie.

  d) *que les clients qui souffrent d'arthrite ne doivent pas utiliser de façon abusive leur articulation à présent indolore.* Des lésions permanentes de l'articulation peuvent survenir à cause d'une utilisation excessive, parce que la maladie sous-jacente subsiste même si les symptômes sont cachés.

  e) qu'il doit porter une carte identifiant le médicament et la posologie qu'il prend.

  f) la nécessité de cesser progressivement l'administration du médicament lorsque le traitement est terminé, afin que le cortex surrénalien se réactive graduellement et produise lui-même les hormones.

  g) comment compléter son régime alimentaire avec des aliments riches en potassium (par exemple, jus d'agrumes et bananes), si cela est indiqué.

  h) comment suivre un régime hyposodé, si cela est prescrit.

  i) que les plaies peuvent guérir lentement parce que les stéroïdes entraînent un délai dans la formation du tissu de granulation.

  j) que les clients qui reçoivent des corticostéroïdes ophtalmiques pendant une longue période devraient subir des examens des yeux fréquemment, car ces médicaments peuvent causer des cataractes.

  k) la nécessité de la surveillance médicale parce que la posologie doit être ajustée fréquemment.

  l) la nécessité de maintenir une bonne hygiène afin d'éviter les infections, car les corticostéroïdes diminuent la production d'anticorps.

  m) qu'il doit retarder l'administration de vaccins pendant la thérapie aux corticostéroïdes car la réponse immunitaire est diminuée pendant le traitement avec ces médicaments.

  n) que des symptômes tels que les vertiges, la céphalée et les convulsions causés par une pseudotumeur cérébrale chez les enfants disparaîtront lorsque le traitement sera terminé.

CORTICOSTÉROÏDES TOPIQUES

1. *Évaluer*:

  a) les réactions de sensibilisation locale au siège de l'application. Si ces réactions surviennent, cesser d'administrer le médicament et signaler au médecin.

b) de près les signes d'infection car les corticostéroïdes peuvent masquer une infection. Ne pas appliquer de pansement occlusif s'il y a une infection.

c) la température du client qui a des pansements occlusifs étendus q 4 h et enlever le pansement si la température s'élève.

d) les signes d'absorption systémique du médicament comme l'œdème et l'inhibition temporaire de l'axe hypophyse-surrénales, qui se manifeste par de la douleur musculaire, de la lassitude, de la dépression, de l'hypotension et une perte de masse.

BÉCLOMÉTHASONE, DIPROPIONATE DE

Inhalateur: Beclovent Inhalateur^{Pr}, Vancéril^{Pr}
Intranasal: Beconase^{Pr}, Vancénase^{Pr}
Poudre à inhaler: Beclovent Rotacaps^{Pr}
Topique: Propaderm^{Pr}

Catégorie   Corticostéroïde synthétique de type glucocorticoïde.

Mécanisme d'action/cinétique   Cause peu d'effets systémiques puisque inactivé rapidement.
Note: Si le client reçoit des stéroïdes systémiques, le passage à la béclométhasone peut être difficile parce que le retour à une fonction rénale normale peut être lent.

Indications   Thérapie par inhalation pour utilisation chronique dans les cas d'asthme bronchique. Chez les clients dépendants des glucocorticoïdes, la béclométhasone a permis de réduire la dose de l'agent systémique. L'arrêt de l'administration systémique doit se faire très graduellement.

Contre-indications   État de mal asthmatique, épisodes aigus d'asthme, hypersensibilité au médicament ou à un ingrédient de la préparation en aérosol. L'innocuité durant la grossesse, la lactation et chez les enfants de moins de 6 ans n'est pas établie.

Posologie   **Inhalateur.** *Asthme.* **Adultes**: 2 inhalations (un total de 100 μg de béclométhasone) t.i.d. ou q.i.d. *Asthme grave*: Initialement, 12 à 16 inhalations (600 à 800 μg de béclométhasone) par jour; **puis**, diminuer la dose selon la réponse du client. **Dose quotidienne maximale**: 20 inhalations (1 g de béclométhasone). **Pédiatrique, 6 à 12 ans**: 1 ou 2 inhalations (50 ou 100 μg) t.i.d. ou q.i.d.; ne pas excéder 10 inhalations (500 μg) par jour.

Intranasal. *Rhinite.* **Adultes et enfants de plus de 12 ans**: 1 inhalation (50 μg) dans chaque narine b.i.d. à q.i.d. (c'est-à-dire une dose quotidienne maximale de 200 à 400 μg). S'il n'y a aucune réponse après 3 semaines, cesser l'administration du médicament.

Poudre à inhaler. *Asthme.* **Adultes**: 1 capsule de 200 μg de béclométhasone t.i.d. ou q.i.d. **Pédiatrique, 6 à 14 ans**: 1 capsule de 100 μg de béclométhasone b.i.d. ou t.i.d.; ne pas excéder 500 μg par jour.

Topique: Appliquer une petite quantité de crème (0,025%) ou de lotion (0,025%) sur la région atteinte 1 ou 2 fois par jour.

Si le client reçoit des glucocorticoïdes par voie systémique, on devrait débuter l'administration de la béclométhasone lorsque son état est relativement stable.

Administration

POUDRE À INHALER

1. Se rincer la bouche et se gargariser après chaque inhalation afin de prévenir l'apparition de candidose. Nettoyer également les prothèses dentaires, s'il y a lieu.
2. Suivre les instructions contenues à l'intérieur du conditionnement du produit.

INHALATEUR

1. Suivre ces étapes:
   a) Agiter le contenant de métal immédiatement avant de l'utiliser.
   b) Expliquer au client qu'il doit expirer le plus complètement possible.
   c) Placer l'embout de l'inhalateur dans la bouche et demander au client de serrer les lèvres autour de celui-ci.
   d) Demander au client d'inspirer profondément par la bouche tout en pressant le contenant de métal avec l'index.
   e) Demander au client de retenir sa respiration aussi longtemps que possible.
   f) Enlever l'embout.
   g) Demander au client d'expirer lentement.
2. On doit attendre un minimum de 60 s avant de faire une autre inhalation du médicament.

Entreposage Ne pas conserver près d'une source de chaleur ou d'une flamme et ne pas jeter dans un incinérateur afin de prévenir une explosion du contenant sous pression.

Soins infirmiers

1. Au début d'un traitement à la béclométhasone chez des clients recevant des stéroïdes systémiques, l'arrêt de l'administration des stéroïdes systémiques doit se faire très graduellement, tel que prescrit par le médecin.
2. *Évaluer*:
   a) les signes subjectifs d'insuffisance surrénale comme la douleur musculaire, la lassitude et la dépression. Il faut les signaler au médecin, même si les fonctions respiratoires se sont améliorées.

b) les signes subjectifs d'insuffisance surrénale, comme l'hypotension et la perte de masse. Ces signes d'insuffisance surrénale nécessitent une augmentation temporaire de la dose de stéroïdes systémiques, puis une diminution plus graduelle de la dose.

3. Après l'arrêt de l'administration des stéroïdes systémiques, prévoir que le client recevra une quantité de glucocorticoïdes oraux qu'il devra prendre s'il est soumis à une situation stressante ou s'il fait une crise d'asthme. Il doit appeler le médecin après avoir utilisé ces stéroïdes.

4. *Expliquer au client et/ou à sa famille*:
   a) comment utiliser correctement l'inhalateur ou l'appareil à utiliser avec la poudre à inhaler. Revoir avec le client les instructions écrites du fabricant.
   b) que la fidélité au traitement est importante chez les clients qui ne reçoivent pas de stéroïdes systémiques, car l'amélioration de la fonction respiratoire ne survient qu'après 1 à 4 semaines de traitement.
   c) qu'on ne devrait pas utiliser l'inhalateur lors des crises d'asthme.
   d) qu'il ne doit pas utiliser de façon abusive l'inhalateur, car une dose totale de plus de 1 mg chez l'adulte ou de plus de 500 μg chez l'enfant peut causer une dépression de l'axe hypothalamus-hypophyse, ce qui entraîne une insuffisance surrénalienne.
   e) qu'il doit surveiller l'apparition d'infections fongiques de la bouche pouvant nécessiter l'administration d'un antifongique ou l'arrêt de l'administration du médicament.
   f) que les clients qui reçoivent des bonchodilatateurs par inhalation devraient utiliser le bronchodilatateur au moins plusieurs minutes avant d'utiliser la béclométhasone afin d'augmenter la pénétration du stéroïde et de réduire la toxicité potentielle résultant de l'inhalation des fluorocarbones contenus dans les deux inhalateurs.
   g) de porter une carte décrivant son état, le diagnostic, son traitement et le besoin de glucocorticoïdes dans les situations stressantes.

BÉTAMÉTHASONE   Betnelan[Pr], Celestone[Pr]

BÉTAMÉTHASONE, ACÉTATE DE, ET BÉTAMÉTHASONE, PHOSPHATE SODIQUE DE   Celestone Soluspan[Pr]

BÉTAMÉTHASONE, BENZOATE DE
TOPIQUE: Beben[Pr]

BÉTAMÉTHASONE, DIPROPIONATE DE
TOPIQUE: Diprosone[Pr]

BÉTAMÉTHASONE, PHOSPHATE DISODIQUE DE   Betnesol^{Pr}, Celestone^{Pr}

BÉTAMÉTHASONE, VALÉRATE DE

TOPIQUE: Betacort^{Pr}, Betaderm^{Pr}, Betnovate^{Pr}, Celestoderm^{Pr}, Ectosone^{Pr}, Metaderm^{Pr}, Novobetamet^{Pr}, Valisone^{Pr}

Catégorie   Corticostéroïde synthétique de type glucocorticoïde.

Généralités   La bétaméthasone cause une légère rétention de sodium et d'eau et une déplétion potassique. La forme injectable du médicament contient un sel de bétaméthasone à action rapide et un autre à action plus lente (mélange de phosphate sodique de bétaméthasone et d'acétate de bétaméthasone). Ce médicament n'est pas recommandé pour une thérapie de remplacement dans une insuffisance surrénalienne aiguë ou chronique, parce qu'il a des effets de rétention sodique puissants.

Mécanisme d'action/cinétique   Action prolongée. **Demi-vie**: Plus de 300 min.

Indication supplémentaire   Prévention de la maladie des membranes hyalines chez les nourrissons prématurés.

Posologie   *Bétaméthasone.* **PO**: 0,6 à 7,2 mg par jour. *Phosphate disodique de bétaméthasone.* **Parentérale (IV, locale): Initialement**, jusqu'à 9 mg par jour; **puis**, ajuster la posologie à la dose minimale pouvant réduire les symptômes. *Phosphate sodique de bétaméthasone et acétate de bétaméthasone.* **IM: Initialement**, 0,5 à 9,0 mg par jour. **Administration intrabursique, intra-articulaire, périarticulaire, intradermique, intralésionelle**: 0,75 à 6,0 mg, selon la grosseur de l'articulation ou de la région. Pour les problèmes des pieds (bursite, ténosynovite, arthrite goutteuse aiguë), on administre les doses à des intervalles de 3 à 7 jours. *Benzoate de bétaméthasone, dipropionate de bétaméthasone, valérate de bétaméthasone.* **Topique**: Appliquer une mince couche sur les régions atteintes et faire pénétrer doucement.

Administration   Éviter d'injecter le médicament dans le muscle deltoïde parce qu'une atrophie des tissus SC peut survenir.

CORTICOTROPHINE   Acthar, Corticotrophine, Duracton

CORTICOTROPHINE À ACTION RETARD
Acthar Gel

Catégorie   Hormone de l'hypophyse antérieure.

Généralités   Les effets physiologiques de la corticotrophine sont semblables à ceux de la cortisone. Comme cette dernière est plus facilement disponible, qu'elle a des effets plus prévisibles et qu'elle a une activité prolongée, elle est habituellement utilisée pour des fins thérapeutiques. L'ACTH est toutefois très utile au diagnostic de la maladie d'Addison et pour d'autres états où la fonction surrénalienne doit être évaluée.

La corticotrophine ne peut produire de réponse hormonale lorsque les glandes surrénales ne fonctionnent pas.

Mécanisme d'action/cinétique   La corticotrophine, ou ACTH, est extraite de l'hypophyse antérieure. L'hormone stimule la sécrétion de toutes les hormones produites par le cortex surrénalien, y compris les corticostéroïdes.

Indications   Diagnostic des syndromes d'insuffisance surrénale, de la myasthénie grave sérieuse, de la sclérose en plaques. Pour les mêmes maladies que les glucocorticoïdes (voir p. 887).

Contre-indications supplémentaires   Syndrome de Cushing, clients psychotiques ou psychopathiques, tuberculose active, ulcère gastro-duodénal actif. Administrer avec prudence aux clients atteints de diabète ou d'hypotension.

Réactions indésirables supplémentaires   La corticotrophine peut causer une faiblesse musculaire grave 2 à 3 jours après le début du traitement de la myasthénie grave. On devrait avoir l'équipement nécessaire pour soutenir la respiration si cela se produisait. La force musculaire revient et s'améliore 2 à 7 jours après l'arrêt de l'administration du médicament et cette amélioration dure environ 3 mois.

Posologie   *Hautement individualisée.* **SC, IM, ou goutte à goutte IV lent. Habituellement** *(solution aqueuse)* **IM ou SC**: 20 unités q.i.d. **IV**: Perfusion de 10 à 25 unités de solution aqueuse dans 500 mL de dextrose à 5% en 8 h. Les nourrissons et les jeunes enfants nécessitent une plus grande dose en fonction de la masse corporelle que les enfants plus vieux ou les adultes.

Gel (IM, SC): 40 à 80 unités q 24 à 72 h. 12,5 unités q.i.d. causent peu de problèmes métaboliques. 25 unités q.i.d. causent des problèmes métaboliques.

En règle générale, on administre 10,0 à 12,5 unités q.i.d. au début. Si aucun effet clinique n'est survenu en 72 à 96 h on augmente la dose de 5 unités q quelques jours, jusqu'à un maximum de 25 unités q.i.d.

Sclérose en plaques, poussée aiguë: **IM**, 80 à 120 unités par jour pendant 2 à 3 semaines.

Administration   Vérifier l'étiquette avec précaution avant l'administration IV. **L'étiquette doit mentionner que la solution peut être utilisée pour l'administration intraveineuse**. L'administration IV devrait être lente, et se faire en 8 h.

Soins infirmiers complémentaires

Voir *Soins infirmiers – Corticostéroïdes*, p. 896.

1. Avant de commencer l'administration IV d'ACTH, s'assurer que les clients qui ont une sensibilité connue à des extraits animaux subissent des épreuves de sensibilité avec la préparation de corticotrophine devant être administrée.

2. Lors de l'administration IV d'ACTH, s'assurer que le client reçoit du potassium sous forme alimentaire, s'il le tolère, ou par voie IV, tel que prescrit par le médecin.

3. Évaluer et signaler l'euphorie ou la nervosité excessives, l'insomnie prononcée et la dépression, qui indiquent la nécessité de réduire ou de cesser l'administration du médicament. Des sédatifs peuvent être prescrits au besoin.

CORTISONE, ACÉTATE DE Acétate de cortisone[Pr], Cortone[Pr]

Catégorie Corticostéroïde naturel de type glucocorticoïde.

Mécanisme d'action/cinétique Absorption: Lentement absorbé au point d'injection IM (24 à 48 h). Courte action. **Début d'action**: Plus rapide après l'administration orale. **Durée d'action**: Plus courte PO que IM (efficace de 24 à 48 h). **Demi-vie**: 90 min.

Indications Principalement utilisé comme thérapie de remplacement dans l'insuffisance corticale chronique. Également indiqué dans les troubles inflammatoires et allergiques, mais pour un traitement de courte durée, car la cortisone a un effet minéralocorticoïde puissant.

Posologie **PO ou IM. Initialement** *ou pendant une crise*: 20 à 300 mg par jour. Diminuer graduellement la posologie jusqu'à la dose minimale efficace. *Anti-inflammatoire*: 25 à 150 mg par jour selon la gravité de la maladie. *Rhumatisme articulaire aigu*: 200 mg b.i.d. le premier jour, puis 200 mg par jour. *Maladie d'Addison:* **Entretien, IM**: 0,25 à 0,35 mg/kg par jour; **entretien, PO**. 0,5 à 0,75 mg/kg par jour.

Administration Le traitement ne devrait pas durer plus de 6 semaines. Des périodes de repos de 2 à 3 semaines sont indiquées entre les traitements.

COSYNTROPHINE Cortrosyn, Synacthen Dépôt

Catégorie Dérivé synthétique de l'ACTH.

Mécanisme d'action/cinétique La cosyntrophine est un dérivé synthétique de l'ACTH qui a des effets semblables à ceux de l'ACTH. Toutefois, on a relevé moins de réactions d'hypersensibilité avec la cosyntrophine.

L'activité de 0,25 mg de cosyntrophine est équivalente à l'activité de 25 unités d'ACTH.

Indications Épreuve de la fonction surrénale. Rhumatisme articulaire aigu; polyarthrite rhumatoïde, lupus érythémateux, périartérite noueuse, arthrite psoriasique, sclérodermie, spondylarthrite rhumatoïde, maladie de Still. Dermatite exfoliative, dermatomyosite, pemphigus. Panhypopituitarisme. Choroïdite, conjonctivite, iritis, kératite, névrite optique, ophtalmie sympathique, uvéite. Ictère hémolytique acquis. Syndrome néphrotique, colite ulcéreuse, paralysie de Bell, exacerbation aiguë de la sclérose en plaques, dans le traitement d'appoint de la goutte aiguë.

Posologie *Cortrosyn. Épreuve d'évaluation de la fonction surrénale.* **IM, administration IV rapide, perfusion IV. Adultes, habituellement, IM**: 0,25 mg dissous dans une solution saline stérile. Éventail: 0,25 à 0,75 mg. **Pédiatrique, moins de 2 ans**: 0,125 mg.

Synacthen Dépôt. *Épreuve d'évaluation de la fonction surrénale*: Injecter par voie IM 1 mg vers 10:00. Faire le dosage des hydroxy-11 corticostéroïdes plasmatiques avant l'injection et 4 à 6 h après. *Posologie dans les affections cliniques*: Le médicament s'administre de préférence par voie IM en injection lente et profonde dans la région fessière. **Adultes**: 0,5 à 1,0 mg, 2 fois par semaine. **Pédiatrique. Nourrissons de moins de 1 an**: 0,25 mg tous les 2 jours; **enfants de 1 à 6 ans**: 0,25 à 0,5 mg tous les 2 à 8 jours; **enfants de 6 à 15 ans**: 0,25 à 1,0 mg tous les 2 à 8 jours.

Administration Pour la perfusion IV, on ajoute 0,25 mg de cosyntrophine à une solution de dextrose ou à une solution saline. Le débit de la perfusion est de 40 µg/h; la perfusion dure 6 h.

DEXAMÉTHASONE

ORALE: Decadron^Pr, Déronil^Pr, Dexaméthasone^Pr, Dexasone^Pr, Hexadrol^Pr

OPHTALMIQUE: Maxidex^Pr

Catégorie Corticostéroïde synthétique de type glucocorticoïde.

Mécanisme d'action/cinétique Action prolongée. Peu d'effet de rétention de sodium et d'eau. Une diurèse peut survenir à la suite du passage d'autres corticostéroïdes à la dexaméthasone. La dexaméthasone n'est pas recommandée pour la thérapie de remplacement dans l'insuffisance surrénale. **Demi-vie**: Plus de 300 min.

Indications supplémentaires La dexaméthasone orale peut être administrée simultanément avec des injections de phosphate sodique de dexaméthasone dans les états allergiques aigus. On peut administrer cette combinaison de médicament pendant 6 jours. Diagnostic de l'hypercorticisme. Œdème cérébral dû à une tumeur cérébrale, à une craniotomie ou à un traumatisme crânien. Diagnostic de la dépression. Antiémétique contre les vomissements induits par le cisplatine.

Interaction médicamenteuse supplémentaire L'éphédrine ↓ l'effet de la dexaméthasone par ↑ du catabolisme hépatique.

Posologie PO: **Initialement**, 0,75 à 9,0 mg par jour; **entretien**: réduire graduellement à la dose minimale efficace (0,5 à 3,0 mg par jour). *Épreuve de freinage pour le diagnostic du syndrome de Cushing*: 0,5 mg q 6 h pendant 2 jours et prélèvement des urines de 24 h (ou 1 mg à 23:00 et prélèvement de sang à 8:00 pour déterminer la concentration sanguine de cortisol). *Épreuve de freinage pour déterminer la cause de l'excès d'ACTH*: 2 mg q 6 h pendant 2 jours (prélèvement des urines de 24 h).

DEXAMÉTHASONE, BUTYLACÉTATE TERTIAIRE DE   Décadron-T.B.A.^{Pr}

Catégorie Corticostéroïde synthétique de type glucocorticoïde.

Indications Traitement intrasynovial de la polyarthrite rhumatoïde, de l'arthrite d'origine traumatique, de l'arthrite goutteuse aiguë et de l'ostéochondrite.

Contre-indications Mycose généralisée, hypersensibilité à l'un des composants du médicament. Tuberculose évolutive ou guérie, herpès oculaire, psychose aiguë. Grossesse.

Posologie Établie selon la grosseur de l'articulation.

Administration

1. **Cette préparation est réservée exclusivement à l'injection intra-synoviale.** Elle ne doit être administrée par aucune autre voie.
2. On peut mélanger cette suspension avec de la procaïne. On doit administrer le mélange immédiatement et jeter toute portion inutilisée.

DEXAMÉTHASONE, PHOSPHATE SODIQUE DE
SYSTÉMIQUE: Phosphate de Decadron^{Pr}, Phosphate d'Hexadrol^{Pr}
OPHTALMIQUE, OTIQUE: Solution ophtalmo-auriculaire Decadron^{Pr}

Catégorie Corticostéroïde synthétique de type glucocorticoïde.

Indications supplémentaires Administration par voie IV ou IM dans les situations d'urgence où la dexaméthasone ne peut être administrée par voie PO. Les voies d'administration sont les voies ophtalmique, otique, IV, IM, intrasynoviale.

Contre-indications Infections aiguës, plusieurs cultures des expectorations révélant la présence de *Candida albicans.*

Posologie *Systémique:* **Initialement**, 0,5 à 9,0 mg par jour (habituellement 33% à 50% de la dose orale); **puis,** ajuster la dose si nécessaire (certains clients ont besoin de doses plus fortes dans les situations où la survie est menacée). *Œdème cérébral.* **Initialement, IV**: 10 mg; **puis, IM,** 4 mg q 6 h jusqu'à ce que l'effet maximal soit obtenu. Dès que possible, passer à la voie orale (1 à 3 mg t.i.d.) et arrêter l'administration du médicament graduellement en 5 à 7 jours. **Pédiatrique: PO,** 0,2 mg/kg par jour en doses fractionnées. *Choc, sans réponse.* **IV**: 40 mg q 2 à 6 h aussi longtemps que nécessaire ou 1 à 6 mg/kg en une seule dose. *Intralésionnelle, intra-articulaire, injection dans les tissus mous*: 0,4 à 6,0 mg selon le point d'injection.

Solution ophtalmo-auriculaire. **Œil**: Instiller 1 ou 2 gouttes dans le cul-de-sac conjonctival q 1 h durant la journée et q 2 h pendant la nuit, jusqu'à ce qu'on obtienne une réaction satisfaisante; **puis,** réduire à 1 goutte q 6 à 8 h. **Oreille**: Instiller 3 ou 4 gouttes dans le conduit auditif 2 ou 3 fois par jour; **puis,** lorsqu'on a obtenu une réaction satisfaisante, diminuer graduellement la dose et cesser le traitement.

Administration Ne pas utiliser de préparations contenant de la lidocaïne IV.

FLUDROCORTISONE, ACÉTATE DE Acétate de Florinef[Pr]

Catégorie Corticostéroïde synthétique de type minéralocorticoïde.

Mécanisme d'action/cinétique Produit une rétention importante de sodium et inhibe la sécrétion excessive par les surrénales. Ne devrait pas être administré par voie systémique pour ses effets anti-inflammatoires. Des suppléments potassiques peuvent être indiqués.

Indications principales Maladie d'Addison et hyperplasie surrénale.

Posologie *Maladie d'Addison.* **PO**: 0,1 à 0,2 mg par jour jusqu'à 0,1 mg 3 fois par semaine en association avec de l'hydrocortisone ou de la cortisone. *Syndrome génito-surrénal avec perte de sel*: 0,1 à 0,2 mg par jour.

FLUNISOLIDE Rhinalar[Pr]

Catégorie Corticostéroïde intranasal.

Mécanisme d'action/cinétique Produit des effets anti-inflammatoires intranasaux avec peu d'effets systémiques. Il peut s'écouler plusieurs jours avant qu'on obtienne les effets bénéfiques du médicament.

Indications Rhinite saisonnière ou perpétuelle, particulièrement lorsque d'autres traitements ont été inefficaces.

Contre-indications Tuberculose active ou latente, particulièrement la tuberculose respiratoire. Infections fongique, bactérienne et virale systémiques non traitées. Herpès oculaire. Ne pas utiliser avant la cicatrisation d'une ulcération de la cloison nasale, de la plaie d'une intervention chirurgicale au nez ou d'un traumatisme nasal.

Réactions indésirables supplémentaires Irritation nasale et sécheresse du nez. Rarement, infection à *Candida* du nez et du pharynx. Effets systémiques des corticostéroïdes, particulièrement si la dose recommandée est dépassée.

Posologie **Adultes : Initialement**, 50 μg (2 vaporisations) dans chaque narine b.i.d.; peut être augmenté à 2 vaporisations t.i.d., jusqu'à un maximum de 400 μg (8 vaporisations dans chaque narine). **Enfants, 6 à 14 ans: Initialement**, 25 μg (1 vaporisation) dans chaque narine t.i.d. ou 50 μg (2 vaporisations) dans chaque narine b.i.d., jusqu'à un maximum de 200 μg (4 vaporisations dans chaque narine). **Entretien, adultes, enfants**: La plus petite dose nécessaire pour maîtriser les symptômes. N'est pas recommandé pour les enfants de moins de 6 ans.

Administration

1. S'il y a congestion nasale, utiliser un décongestif avant l'administration du médicament, afin qu'il atteigne son lieu d'action.

2. Si aucun effet bénéfique n'est survenu après 3 semaines, cesser l'administration du médicament.

Soins infirmiers complémentaires

Expliquer au client et/ou à sa famille comment administrer une vaporisation nasale. Voir *Administration de vaporisations nasales*, p. 39.

HYDROCORTISONE
SYSTÉMIQUE:Cortef[Pr]

TOPIQUE: Aeroseb-HC[Pr], Cortate[Pr], Cortef[Pr], Emo-Cort[Pr], Hydrocortisone[Pr], Unicort[Pr]

ANO-RECTAL: Rectocort[Pr]

HYDROCORTISONE, ACÉTATE D'
TOPIQUE: Cortamed[Pr], Corticrème[Pr], Cortoderm[Pr], Hyderm[Pr], Novohydrocort[Pr]

ANO-RECTAL: Cortifoam[Pr], Cortiment[Pr]

HYDROCORTISONE, LAVEMENT À GARDER
D' Cortenema^{Pr}

HYDROCORTISONE, SUCCINATE SODIQUE
D' Solu-Cortef^{Pr}

HYDROCORTISONE, 17-VALÉRATE D'
Westcort^{Pr}

Catégorie   Corticostéroïde naturel de type glucocorticoïde.

Mécanisme d'action/cinétique   Courte action. **Demi-vie**: 90 min.

Posologie   *Hydrocortisone.* **PO**: 20 à 240 mg par jour selon la maladie. **IM seulement**: ⅓ à ½ de la dose orale q 12 h. **Lavement à garder**: 100 mg tous les soirs pendant 21 jours. **Ano-rectale. Onguent**: Appliquer généreusement le matin, le soir et après chaque défécation. **Suppositoires**: Insérer 1 suppositoire matin et soir et après chaque défécation. Après le soulagement initial, diminuer à 1 suppositoire par jour. La durée recommandée du traitement est de 3 à 6 jours. On ne doit pas administrer plus de 12 suppositoires au cours d'un même traitement. **Topique (pommade, crème, gel, lotion, solution)**: Appliquer une mince couche sur la région atteinte et faire pénétrer, t.i.d. ou q.i.d.

Acétate d'hydrocortisone. **Topique**: Voir *Hydrocortisone.* **Onguent oto-ophtalmique. Œil**: Appliquer une mince couche 3 ou 4 fois par jour; **puis**, réduire à 2 fois par jour et à 1 fois par jour. **Oreille**: Appliquer 2 ou 3 fois par jour; **puis,** réduire à 1 ou 2 fois par jour. **Ano-rectale. Mousse**: Le contenu d'un applicateur 1 ou 2 fois par jour pendant 2 ou 3 semaines; **puis**, le contenu d'un applicateur tous les 2 jours. **Suppositoires**: 20 à 30 mg par jour pendant 3 jours ou 40 à 80 mg par jour, selon les besoins.

Succinate sodique d'hydrocortisone. **IM, IV, Initialement**: 100 à 500 mg; puis, ajuster la posologie selon la réponse et la gravité de l'état.

17-valérate d'hydrocortisone. **Topique**: Voir *Hydrocortisone.*

Administration   Vérifier les étiquettes des préparations d'hydrocortisone parentérale afin de connaître sa voie d'administration parce que les préparations IM et IV ne sont pas toujours interchangeables.

MÉTHYLPREDNISOLONE   Medrol^{Pr}, Medrol
Onguent ophtalmique^{Pr}

MÉTHYLPREDNISOLONE, ACÉTATE DE
Depo-Medrol^{Pr}, Medrol Topique^{Pr}

MÉTHYLPREDNISOLONE, PHOSPHATE SODIQUE DE   Medrol Gouttes oto-ophtalmiques[Pr]

MÉTHYLPREDNISOLONE, SUCCINATE SODIQUE DE   Solu-Medrol[Pr]

Catégorie   Corticostéroïde synthétique de type glucocorticoïde.

Mécanisme d'action/cinétique   Faible incidence d'augmentation de l'appétit, d'ulcère gastro-duodénal et de stimulation psychique. Légère rétention de sodium et d'eau. Peut masquer un bilan azoté négatif. **Début d'action**: Lent, 12 à 24 h. **Durée**: Longue, jusqu'à une semaine.

Interaction médicamenteuse supplémentaire   L'érythromycine augmente l'effet de la méthylprednisolone en diminuant le catabolisme hépatique.

Interactions avec les épreuves de laboratoire   ↓ des IgA, des IgG et des IgM.

Posologie   *Hautement individualisée. Méthylprednisolone.* **PO**: *Polyarthrite rhumatoïde*, 6 à 16 mg par jour. Diminuer progressivement la dose lorsque l'état est maîtrisé. **Pédiatrique**: 6 à 10 mg par jour. *Lupus érythémateux systémique.* **Aigu**: 20 à 96 mg par jour; **entretien**: 8 à 20 mg par jour. *Rhumatisme articulaire aigu*: 1 mg/kg de masse corporelle par jour. Le médicament est toujours administré en 4 doses fractionnées après les repas et au coucher. **Ophtalmique**: Appliquer une petite quantité d'onguent dans le sac conjonctival q 1 h durant la journée et q 2 h durant la nuit; **puis**, réduire à 3 ou 4 fois par jour..

Acétate de méthylprednisolone. **Pas pour l'administration IV. IM**: *Syndrome génito-surrénal*: 40 mg q 2 semaines. *Polyarthrite rhumatoïde*: 40 à 120 mg par semaine. *Lésions cutanées, dermatite*: 40 à 120 mg par semaine pendant 1 à 2 semaines; dans les cas graves, une dose unique de 80 à 120 mg devrait apporter un soulagement. *Dermatite séborrhéique*: 80 mg par semaine. *Asthme, rhinite*: 80 à 120 mg. **Injection intra-articulaire, intralésionnelle ou dans les tissus mous**: 4 à 80 mg selon le point d'injection. **Topique, pommade** (0,25 % à 1 %): Appliquer une mince couche b.i.d. à q.i.d.

Phosphate sodique de méthylprednisolone. **Gouttes oto-ophtalmiques. Œil**: Instiller 1 ou 2 gouttes dans le cul-de-sac conjonctival q 1 h durant la journée et q 2 h durant la nuit; **puis**, lorsqu'on a obtenu une amélioration, diminuer à 1 goutte 3 ou 4 fois par jour. **Oreille**: Instiller 3 ou 4 gouttes dans le conduit auditif externe 3 ou 4 fois par jour.

Succinate sodique de méthylprednisolone. **IV: Initialement**, 10 à 40 mg selon la maladie; **puis**, ajuster la posologie selon la réponse, les doses subséquentes étant administrées par voie IM ou IV. *États* *graves*: 30 mg/kg par voie IV, perfusés en 10 à 20 min; peut être répété q 4 à 6 h pendant 2 à 3 jours seulement. **Pédiatrique**: Pas moins de 0,5 mg/kg par jour.

Administration   On devrait utiliser les solutions de succinate sodique de méthylprednisolone dans les 48 h suivant leur préparation.

PREDNISOLONE   Prednisolone^{Pr}

PREDNISOLONE, ACÉTATE DE   Pred Forte^{Pr}, Pred Mild^{Pr}

PREDNISOLONE, PHOSPHATE SODIQUE DE
Inflamase^{Pr}, Inflamase Forte^{Pr}

Catégorie   Corticostéroïde synthétique.

Mécanisme d'action/cinétique   Action intermédiaire. La prednisolone est cinq fois plus puissante que l'hydrocortisone et la cortisone. Les réactions indésirables sont minimales sauf pour les troubles GI. **Demi-vie**: Plus de 200 min.

Contre-indications   Administrer avec prudence chez les clients diabétiques.

Posologie   *Prednisolone.* **PO**: 5 à 60 mg par jour selon la maladie traitée. *Sclérose en plaques (poussée)*: 200 mg par jour pendant une semaine; **puis**, 80 mg aux 2 jours pendant 1 mois.

Acétate de prednisolone. **IM**: 4 à 60 mg. **Ne pas utiliser par voie IV. Injection intralésionnelle, intra-articulaire ou dans les tissus mous**: 5 à 100 mg (doses plus importantes pour les grosses articulations). *Sclérose en plaques (poussée)*: Voir *Prednisolone.* **Ophtalmique** (0,12% ou 1%): 1 ou 2 gouttes dans le cul-de-sac conjonctival q 1 h durant la journée et q 2 h pendant la nuit; **puis**, lorsque la réponse est obtenue, diminuer la posologie à 1 goutte q 6 à 8 h.

Phosphate sodique de prednisolone. **Ophtalmique** (1% ou 8%): Voir *Acétate de prednisolone.*

Soins infirmiers complémentaires

Voir *Soins infirmiers – Corticostéroïdes*, p. 896.

Demander au médecin si le médicament doit être administré avec un antiacide.

PREDNISONE   Apo-Prednisone^{Pr}, Deltasone^{Pr}, Novoprednisone^{Pr}, Prednisone^{Pr}, Winpred^{Pr}

Catégorie   Corticostéroïde synthétique.

Mécanisme d'action/cinétique   La prednisone est de 3 à 5 fois plus puissante que la cortisone ou l'hydrocortisone. Elle peut causer une certaine rétention liquidienne. La prednisone est métabolisée dans le foie en prednisolone, la forme active.

Posologie   *Hautement individualisée.* **PO (états graves, aigus): Initialement,** 5 à 60 mg par jour en 4 doses fractionnées après les repas et au coucher. Diminuer graduellement de 5 à 10 mg q 4 à 5 jours afin de déterminer la dose d'entretien minimale (5 à 10 mg) ou cesser l'administration du médicament complètement jusqu'à ce que les symptômes réapparaissent. **Pédiatrique**: *Thérapie de remplacement,* 0,1 à 0,15 mg/kg par jour.

TRIAMCINOLONE   Aristocort^{Pr}, Kenacort^{Pr}

TRIAMCINOLONE, ACÉTONIDE DE
Aristocort C^{Pr}, Aristocort D^{Pr}, Aristocort R^{Pr}, Kenalog^{Pr}, Kenalog-E^{Pr}, Triaderm^{Pr}, Triamacort^{Pr}, Triamalone^{Pr}, Trianide^{Pr}

TRIAMCINOLONE, DIACÉTATE DE
Aristocort^{Pr}, Diacétate de triamcinolone^{Pr}

TRIAMCINOLONE, HEXACÉTONIDE DE
Aristospan^{Pr}

Catégorie   Corticostéroïde synthétique.

Mécanisme d'action/cinétique   Plus puissant que la prednisone. Action intermédiaire. **Début d'action**: Plusieurs heures. **Durée d'action**: 1 ou plusieurs semaines. **Demi-vie**: Plus de 200 min.

Indications supplémentaires   Emphysème pulmonaire accompagné de bronchospasme ou d'œdème bronchique. Fibrose pulmonaire interstitielle diffuse. Avec les diurétiques pour traiter l'insuffisance cardiaque ou la cirrhose avec ascite. Sclérose en plaques. Inflammation après une intervention dentaire. On réserve l'utilisation de l'hexacétonide de triamcinolone pour l'injection dans les articulations ou les lésions dans le traitement de la polyarthrite rhumatoïde et de l'arthrose.

Contre-indications supplémentaires   Administrer avec prudence chez les clients atteints d'une affection rénale ou d'une diminution de la fonction rénale.

Réactions indésirables supplémentaires   L'administration intrasynoviale ou intrabursique peut causer des rougeurs temporaires, des vertiges, de la dépigmentation locale et, rarement, une irritation locale. Une exacerbation des symptômes a été rapportée. Une augmentation marquée de l'enflure et de la douleur accompagnée d'une diminution de l'amplitude des mouvements de l'articulation peut indiquer la présence d'une arthrite aiguë suppurée. L'injection intradermique peut causer une ulcération vésiculaire locale et des cicatrices persistantes.

Des syncopes et des réactions anaphylactoïdes ont été rapportées avec la triamcinolone, quelle que soit la voie d'administration.

Posologie   *Hautement individualisée. Triamcinolone.* **PO.** *Insuffisance surrénale (avec des minéralocorticoïdes):* 4 à 12 mg par jour. *Pour traiter d'autres maladies:* 8 à 60 mg par jour. *Leucémies aiguës chez les enfants:* 1 à 2 mg/kg. *Leucémies aiguës ou lymphomes chez l'adulte:* 16 à 40 mg par jour (jusqu'à 100 mg par jour peuvent être nécessaires). *Œdème:* 16 à 20 mg (jusqu'à 48 mg peuvent être nécessaires). *Tuberculose méningée:* 32 à 48 mg.

Acétonide de triamcinolone. **Topique** (crème à 0,025%, 0,5% ou 0,1% ou pommade à 0,025% ou 0,1%): Appliquer une mince couche sur la région atteinte b.i.d. à q.i.d. et faire pénétrer.

Diacétate de triamcinolone. Systémique: **IM,** 40 mg par semaine. **Intra-articulaire/intrasynoviale:** 5 à 40 mg. **Intralésionnelle/sous-lésionnelle:** 5 à 48 mg (pas plus de 12,5 mg par point d'injection et 25 mg par lésion).

Hexacétonide de triamcinolone. **Intra-articulaire:** 2 à 6 mg pour une petite articulation et 10 à 20 mg pour une grosse articulation. **Intralésionnelle/sous-lésionnelle:** Jusqu'à 0,5 mg par 2,5 cm² de surface. **Ne pas utiliser par voie IV.**

Soins infirmiers complémentaires

Voir *Soins infirmiers – Corticostéroïdes*, p. 896.

Expliquer au client et/ou à sa famille:

a) qu'il doit ingérer beaucoup de protéines, car ce médicament a tendance à entraîner une perte de masse progressive associée à l'anorexie, la faiblesse et la fonte musculaire.

b) qu'il doit se coucher s'il se sent faible.

c) que le médicament peut induire un état dépressif. Encourager et rassurer le client.

AUTRES AGENTS

AMINOGLUTÉTHIMIDE   Cytadren^Pr

Mécanisme d'action/cinétique   Ce médicament diminue la synthèse des glucocorticoïdes et des minéralocorticoïdes par le cortex surrénalien en inhibant la conversion enzymatique du cholestérol en delta-5 pregnénolone (un précurseur des stéroïdes). **Demi-vie:** 5 à 9 h (après 2 semaines d'administration).

Indications   Syndrome de Cushing. Pour diminuer la concentration des stéroïdes dans un carcinome surrénalien ou une tumeur ectopique produisant de l'ACTH. Carcinome mammaire avancé chez les clientes ménopausées; carcinome prostatique métastatique.

Contre-indications   Hypersensibilité à l'aminoglutéthimide ou au glutéthimide (Doriden). Peut causer des anomalies fœtales s'il est administré à une femme enceinte. L'innocuité chez l'enfant n'est pas établie.

Réactions indésirables   *Les plus fréquentes*: Somnolence, éruption cutanée morbilliforme, nausées, anorexie. *GI*: Vomissements. *SNC*: Céphalée, vertiges. *Hématologiques*: Rarement, anémie, pancytopénie, thrombopénie. *Endocriniennes*: Insuffisance surrénale, hypothyroïdie, masculinisation et hirsutisme chez la femme, développement sexuel précoce chez le garçon. *CV*: Hypotension y compris l'hypotension orthostatique, tachycardie. *Dermatologiques*: Éruption cutanée, prurit, urticaire. *Autres*: Fièvre, myalgie, ictère cholostatique (causé par l'hypersensibilité).

Interaction médicamenteuse   L'aminoglutéthimide ↑ la biotransformation de la dexaméthasone.

Interactions avec les épreuves de laboratoire
Épreuves de la fonction hépatique anormales. ↑ de la SGOT et de la phosphatase alcaline.

Posologie   **PO. Initialement**: 250 mg q 6 h; si la réponse n'est pas adéquate (évaluée par le dosage des stéroïdes plasmatiques), augmenter de 250 mg par jour à des intervalles de 1 à 2 semaines, jusqu'à un maximum de 2 g par jour.

Administration

1. On devrait toujours commencer l'administration en milieu hospitalier, jusqu'à ce que soit atteinte la posologie optimale.
2. Si des réactions indésirables surviennent, le traitement peut être interrompu ou modifié. Par exemple, on doit cesser l'administration du médicament si l'éruption cutanée persiste plus de 5 à 8 jours.
3. Il peut être nécessaire de commencer un traitement de remplacement des minéralocorticoïdes ou des glucocorticoïdes (20 à 30 mg d'hydrocortisone PO le matin).

Soins infirmiers

1. *Évaluer*:
   a) la suppression de la fonction du cortex surrénalien, particulièrement en cas d'intervention chirurgicale, de traumatisme ou de maladie aiguë.
   b) l'hypotension qui résulte de l'arrêt de la production d'aldostérone.

---

c) l'hypothyroïdie qui se manifeste par une hypertrophie de la glande thyroïde et par une diminution de la concentration plasmatique des hormones.

2. Si une thérapie aux glucocorticoïdes est nécessaire, se préparer à administrer de l'hydrocortisone plutôt que de la dexaméthasone.

3. *Expliquer au client et/ou à sa famille:*
   a) qu'il faut surveiller l'apparition d'hypotension, qui se manifeste par de la faiblesse, des vertiges et des céphalées. S'asseoir ou se coucher si ces symptômes surviennent.
   b) qu'il doit signaler au médecin la somnolence, les nausées, l'anorexie, la céphalée, les vertiges, la faiblesse et les éruptions cutanées.
   c) qu'il doit conduire ou opérer des machines avec prudence, parce que de la somnolence et des vertiges peuvent survenir.

MÉTYRAPONE Métopirone^Pr

Catégorie   Inhibiteur synthétique des corticostéroïdes.

Mécanisme d'action   Le métyrapone inhibe la synthèse du cortisol par le cortex surrénalien à l'étape de la bêta-11 hydroxylation. Cela entraîne une augmentation compensatoire de la sécrétion d'ACTH chez les personnes qui ont un axe hypothalamus-hypophyse normal, suivie d'une augmentation de l'élimination urinaire des hydroxy-17 corticostéroïdes (qui double ou quadruple) et des céto-17 stéroïdes (qui double). Les clients dont la fonction hypophysaire est réduite ont une réponse sous la normale au métyrapone.

Indication   Épreuve de la fonction hypothalamo-hypophysaire.

Contre-indications   Insuffisance surrénale; hypersensibilité au médicament. L'innocuité pendant la grossesse n'est pas établie.

Réactions indésirables   *GI*: Nausées, malaise abdominal. *SNC*: Sédation, céphalée, vertiges. *Dermatologiques*: Éruption cutanée.

Interactions médicamenteuses

Médicaments	Interaction
Cyproheptadine	Résultats erronés des épreuves de la fonction hypophysaire jusqu'à 2 semaines après l'arrêt de l'administration de la cyproheptadine.
Œstrogènes	↓ de la réponse au métyrapone.
Phénytoïne	Résultats erronés des épreuves de la fonction hypophysaire jusqu'à 2 semaines après l'arrêt de l'administration de la phénytoïne.

Posologie PO. **Adultes**: 6 doses de 750 mg q 4 h. **Pédiatrique**: 6 doses de 15 mg/kg q 4 h (dose minimale: 250 mg). On détermine les céto-17 stéroïdes et les hydroxy-17 corticostéroïdes 24 h après l'administration du médicament (jour 1), puis on administre de l'ACTH pour déterminer la fonction du cortex surrénalien (jour 2), enfin on administre le métyrapone le jour 5. On détermine à nouveau les stéroïdes le jour 6.

Administration

1. On doit cesser l'administration de corticostéroïdes avant et pendant l'épreuve.

2. Administrer avec du lait ou avec des aliments afin de réduire l'irritation gastrique.

CHAPITRE 62

Œstrogènes, progestatifs et contraceptifs oraux

Contraceptifs oraux (voir le tableau 31, p. 926.)

ŒSTROGÈNES

Généralités Les œstrogènes forment un groupe d'hormones femelles qui commencent à être produites en grande quantité durant la puberté et qui déterminent le développement des caractères sexuels primaires et secondaires de la femme. À partir de la puberté, les œstrogènes sont secrétés en grande partie par les follicules ovariens pendant la première phase du cycle menstruel. Leur production diminue beaucoup à la ménopause, mais de petites quantités continuent toutefois à être produites. On trouve une certaine quantité d'œstrogènes chez les hommes également.

Durant chaque cycle, les œstrogènes déclenchent la phase de prolifération de l'endomètre, modifient les muqueuses vaginale et mammaire et augmentent le tonus utérin. Pendant l'adolescence, les œstrogènes provoquent la soudure des cartilages épiphysaires. L'administration de doses importantes d'œstrogènes entraîne l'inhibition du développement des os longs en provoquant une soudure prématurée des cartilages et en inhibant la formation d'os cartilagineux. Chez la femme adulte, les œstrogènes jouent un rôle dans le maintien des os, en favorisant le dépôt du calcium dans la trame osseuse. Ils augmentent le nombre d'éléments élastiques de la peau, tendent à provoquer une rétention sodique et liquidienne et possèdent des effets anaboliques de par leurs propriétés d'augmenter la vitesse de transformation de l'azote alimentaire et d'autres éléments en protéines. De plus, ils permettent de maintenir la concentration plasmatique de cholestérol à un niveau relativement bas.

Tous les œstrogènes naturels, y compris l'œstradiol, l'œstrone et l'œstriol, sont des stéroïdes. Ces composés sont soit extraits de l'urine de juments gravides soit préparés synthétiquement. Les œstrogènes non stéroïdiens, y compris le diéthylstilbœstrol et le chlorotrianisène, sont préparés synthétiquement.

Mécanisme d'action/cinétique
Les œstrogènes se combinent à un récepteur situé dans le cytoplasme des cellules, ce qui entraîne une augmentation de la synthèse des protéines. Par exemple, les œstrogènes sont nécessaires au développement des caractères sexuels secondaires ainsi qu'au développement et au maintien de l'appareil génital et des seins de la femme. Ils sont également des effets sur l'hypophyse et l'hypothalamus. On administre généralement les œstrogènes naturels par voie parentérale étant donné qu'ils sont détruits dans le tractus GI ou qu'ils subissent un effet de premier passage important d'où l'impossibilité d'atteindre des concentrations plasmatiques appropriées. On peut administrer les dérivés synthétiques par voie orale. Ils sont rapidement absorbés, distribués et excrétés. Les œstrogènes sont métabolisés dans le foie et ils sont excrétés (en grande partie) dans l'urine et dans les fèces.

Indications
Insuffisance ovarienne primaire, hypogonadisme ou castration chez la femme, symptômes de la ménopause (particulièrement les bouffées de chaleur, la transpiration et les frissons), vaginite atrophique, kraurosis vulvaire, hémorragie utérine anormale (on préfère dans ce cas les progestatifs), engorgement mammaire du post-partum. Adjuvant diététique ou calcique dans la prophylaxie de l'ostéoporose. Traitement palliatif du cancer du sein métastatique inopérable et avancé chez la femme post-ménopausée et chez l'homme. Cancer de la prostate inopérable et avancé. On utilise certains œstrogènes comme contraceptifs post-coïtaux. On trouve le mestranol et l'éthinylœstradiol en association avec des progestatifs dans les contraceptifs oraux.

Contre-indications
Lésions cancéreuses et précancéreuses du sein (jusqu'à 5 ans après la ménopause) et des voies génitales. Administrer avec prudence chez les clients ayant des antécédents de thrombophlébite, de thromboembolie, d'asthme, d'épilepsie, de migraine, d'insuffisance cardiaque ou rénale ou de maladies affectant le métabolisme du calcium et du phosphore et chez les clients ayant des antécédents familiaux de cancer du sein ou de cancer des voies génitales. Il peut être contre-indiqué d'administrer des œstrogènes aux clients souffrant de dyscrasies sanguines, de maladie hépatique ou de dysfonction thyroïdienne. Le traitement prolongé est déconseillé chez les femmes qui prévoient une grossesse. Hémorragies génitales anormales non diagnostiquées.

Les œstrogènes sont également contre-indiqués chez les clients dont la croissance n'est pas terminée.

On devrait administrer les œstrogènes avec prudence pendant la grossesse à cause des risques de masculinisation du fœtus de sexe féminin.

Réactions indésirables Les réactions indésirables causées par les œstrogènes dépendent de la dose. *CV*: Les réactions indésirables les plus graves causées par les œstrogènes touchent l'appareil cardio-vasculaire. Thromboembolie, thrombophlébite, infarctus du myocarde, embolie pulmonaire, thrombose rétinienne, thrombose mésentérique, hémorragie sous-arachnoïdienne, thromboembolie postopératoire. Hypertension, œdème, accident vasculaire cérébral. *GI*: Nausées, vomissements, crampes abdominales, ballonnement, diarrhée, modification de l'appétit. *Dermatologiques*: Les réactions les plus communes sont le chloasma ou les mélasmes. Également, érythème polymorphe, érythème noueux, hirsutisme, alopécie, éruptions hémorragiques. *Hépatiques*: Ictère cholostatique, aggravation de la porphyrie, tumeurs bénignes (pour la plupart) ou malignes du foie. *Génito-urinaires*: Hémorragies utérines de l'œstrogénothérapie, microrragies, modification de la quantité et/ou de la durée de l'écoulement menstruel, aménorrhée (après l'administration), dysménorrhée, syndrome prémenstruel. Fréquence accrue des vaginites à *Candida*. *SNC*: Dépression mentale, vertiges, modification de la libido, chorée, céphalée, aggravation des migraines, fatigue, nervosité. *Oculaires*: Modification de la courbure de la cornée entraînant une intolérance au port de verres de contact. Névrite optique ou thrombose rétinienne entraînant soudainement ou graduellement une perte partielle ou complète de la vue, diplopie, œdème papillaire. *Hématologiques*: Augmentation de la quantité de prothrombine et des facteurs VII, VIII, IX et X. Diminution de l'antithrombine III. *Autres*: Sensibilité, hypertrophie ou sécrétions mammaires. Augmentation des risques de maladies de la vésicule biliaire. Soudure prématurée des cartilages épiphysaires chez les enfants. Augmentation de la fréquence de tumeurs bénignes ou malignes du col utérin, de l'utérus, du vagin et d'autres organes. Gain pondéral. Augmentation des risques d'anomalies congénitales. Hypercalcémie chez les clients atteints de cancer du sein métastatique.

Chez l'homme, les œstrogènes peuvent causer de la gynécomastie, une diminution de la libido, une diminution de la spermatogenèse, une atrophie testiculaire et une féminisation. Une administration prolongée de doses importantes peut causer une inhibition du fonctionnement de l'hypophyse antérieure. La thérapie aux œstrogènes peut modifier plusieurs épreuves de laboratoire.

Interactions médicamenteuses

Médicaments	Interaction
Anticoagulants oraux	↓ de l'effet anticoagulant par une ↑ de l'activité de certains facteurs de la coagulation.
Anticonvulsivants	La rétention liquidienne causée par les œstrogènes peut provoquer des convulsions.

Médicaments	Interaction
	Également, les contraceptifs stéroïdiens ↑ l'effet des anticonvulsivants en ↓ le catabolisme hépatique et en ↓ la liaison aux protéines plasmatiques.
Antidépresseurs tricycliques	Augmentation possibles des effets des antidépresseurs tricycliques.
Barbituriques	↓ de l'effet des œstrogènes par une ↑ du catabolisme hépatique.
Hypoglycémiants	Les œstrogènes peuvent modifier la tolérance au glucose et modifier ainsi les besoins en hypoglycémiants.
Phénytoïne	Voir *Anticonvulsivants*.
Rifampine	↓ de l'effet des œstrogènes par une ↑ du catabolisme hépatique.
Succinylcholine	Les œstrogènes peuvent ↑ les effets de la succinylcholine.

Interactions avec les épreuves de laboratoire   Modification des résultats des épreuves de la fonction hépatique et de la fonction thyroïdienne. Épreuve de glycosurie, de rétention de la BSP et glycémie faux +. ↓ des concentrations sériques de cholestérol et des lipides totaux. ↑ des concentrations sériques de triglycérides et de la globuline liant la thyroxine.

Posologie   **PO, IM, SC, intravaginale, topique ou implantation**.

La plupart des œstrogènes administrés par voie orale sont métabolisés rapidement et, à l'exception du chlorotrianisène, doivent être administrés une fois par jour.

Les œstrogènes administrés par voie parentérale sont libérés plus lentement à partir de leur suspension aqueuse ou de leur solution huileuse. Les deux types de préparations conviennent au traitement des carences œstrogéniques, qui dicte une approche cyclique.

La posologie varie d'un individu à l'autre et elle vise l'administration de la plus petite dose efficace.

On recommande habituellement chez les femmes un traitement cyclique (3 semaines de traitement, 1 semaine de repos) afin d'éviter la stimulation continue du tissu reproducteur.

Pour réduire l'engorgement mammaire du post-partum, on administre les doses pendant les premiers jours après l'accouchement.

Soins infirmiers

Expliquer au client et/ou à sa famille:

a) que la surveillance médicale est nécessaire lors d'une œstrogénothérapie prolongée.

---

b) qu'il faut prendre le médicament pendant 3 semaines et interrompre son administration pendant une semaine lors de traitements cycliques. La menstruation peut survenir mais il n'y a pas de risques de grossesse étant donné que l'ovulation est supprimée.

c) qu'il faut signaler tout saignement vaginal inhabituel, qui peut être causé par des quantités excessives d'œstrogènes.

d) que les nausées, le cas échéant, disparaissent habituellement si on poursuit le traitement. On peut prévenir les nausées en prenant le médicament avec de la nourriture, ou, dans le cas d'une administration quotidienne unique, au coucher.

e) comment évaluer la présence d'œdème et en signaler les observations au médecin.

f) qu'il faut se peser au moins 2 fois par semaine et signaler tout gain pondéral soudain au médecin.

g) comment évaluer les phlébites et en signaler les observations au médecin.

h) que les œstrogènes peuvent modifier la tolérance au glucose chez les diabétiques. On devrait signaler promptement les symptômes de l'hyperglycémie et de la glycosurie car la dose de l'hypoglycémiant devrait éventuellement être modifiée.

i) que les hommes qui reçoivent des œstrogènes peuvent développer des caractéristiques féminines ou souffrir d'impuissance. Ces symptômes disparaîtront après l'arrêt du traitement aux œstrogènes.

j) comment appliquer localement les onguents d'œstrogènes. Expliquer les symptômes qui peuvent survenir lors d'une réaction généralisée aux onguents d'œstrogènes.

k) comment insérer le suppositoire vaginal. Conseiller aux clientes l'emploi de serviettes hygiéniques si des pertes vaginales survenaient pendant le traitement. Conserver les suppositoires au réfrigérateur.

l) qu'il ne faut pas prendre d'œstrogènes si l'allaitement est prévu. La cliente devrait consulter son médecin pour obtenir, si elle le désire, un autre moyen de contraception.

CHLOROTRIANISÈNE   Tace^Pr

Catégorie   Œstrogène synthétique non stéroïdien.

Mécanisme d'action/cinétique   On pense que l'effet prolongé de cet œstrogène synthétique est dû à son entreposage dans les tissus adipeux qui agissent comme réservoir.

Posologie   *PO. Cancer de la prostate*: 12 à 25 mg par jour. *Engorgement mammaire*: 72 mg b.i.d., pendant 2 jours, avec une première dose moins de 8 h après l'accouchement. *Vaginite atrophique, kraurosis vulvaire*: 12 à 25 mg par jour, administrés cycliquement pendant 30 à 60 jours. *Hypogonadisme chez la femme*: 12 à 25 mg par jour, administrés cycliquement pendant 21 jours; administrer un progestatif par voie orale pendant les 5 derniers jours de traitement ou administrer 100 mg de progestérone par voie IM. Commencer le traitement suivant le cinquième jour de la menstruation.

DIÉNŒSTROL DV[Pr], Ortho Dienestrol[Pr]

Catégorie   Œstrogène synthétique.

Indications   Le diénœstrol est commercialisé sous forme de crème vaginale et il est indiqué dans les cas de vaginite atrophique et de kraurosis vulvaire.

Posologie   *Initialement*: Appliquer le contenu de 1 ou 2 applicateurs une fois par jour; **entretien**: appliquer le contenu d'un applicateur 3 fois par semaine, dès que la muqueuse vaginale est rétablie.

DIÉTHYLSTILBŒSTROL Stilbœstrol[Pr]
DIÉTHYLSTILBŒSTROL, DIPHOSPHATE SODIQUE DE Honvol[Pr]

Catégorie   Œstrogène synthétique non stéroïdien.
Remarque: Œstrogène non stéroïdien puissant. **L'administration durant la grossesse est déconseillée à cause des risques de cancer vaginal dans la lignée féminine.**

Indication supplémentaire   Contraceptif post-coïtal (urgences seulement).

Contre-indication   Grossesse.

Posologie   *Diéthylstilbœstrol.* **PO.** *Symptômes de la ménopause, vaginite atrophique, kraurosis vulvaire*: 0,2 à 0,5 mg, jusqu'à 2 mg, par jour, administrés cycliquement. *États de déficience en œstrogènes*: 0,2 à 0,5 mg par jour, administrés cycliquement. *Traitement palliatif du cancer de la prostate,* **PO**: 1 à 3 mg par jour, ou plus dans les cas avancés. *Cancer du sein chez l'homme et chez la femme*: 15 mg par jour. *Contraceptif post-coïtal (urgences seulement)*: 25 mg b.i.d. pendant 5 jours consécutifs, en commençant dans les 24 h (au plus dans les 72 h) suivant l'exposition. *Diphosphate sodique de diéthylstilbœstrol. Traitement palliatif du cancer de la prostate*, **PO**: 50 mg t.i.d. et jusqu'à 200 mg t.i.d.; **IV**: 500 mg le jour 1, suivi de 1 g par jour pendant 5 jours. **Entretien, IV**: 200 à 500 mg 1 ou 2 fois par semaine.

ÉTHINYLŒSTRADIOL Estinyl[Pr]

Catégorie   Œstrogène stéroïdien synthétique.

Mécanisme d'action/cinétique   Ce stéroïde synthétique est un dérivé de l'œstradiol. Il est efficace par voie orale et il entre dans la composition de plusieurs contraceptifs oraux.

Posologie   PO. *Symptômes de la ménopause*: 0,02 ou 0,05 mg par jour. Administration cyclique (3 semaines, suivies d'une période de repos de 7 jours); on peut administrer un progestatif pendant les 5 derniers jours du cycle. *Traitement substitutif*: 0,05 mg, 1 à 3 fois par jour, pendant les 2 premières semaines du cycle menstruel théorique; puis, administrer de la progestérone durant la deuxième partie du cycle. Continuer pendant 3 à 6 mois. *Cancer du sein (inopérable) chez la femme*: 1 mg t.i.d. en traitement prolongé. *Cancer de la prostate*: 0,15 à 2 mg par jour, en administration chronique.

ŒSTRADIOL   Estrace[Pr]

Catégorie   Œstrogène stéroïdien naturel.

Posologie   *Symptômes vasomoteurs, kraurosis vulvaire, vaginite atrophique, hypogonadisme, insuffisance ovarienne primaire*: **Initialement**, 1 à 2 g par jour; puis, ajuster la posologie pour maîtriser les symptômes. Administration cyclique.

ŒSTRADIOL, VALÉRATE D'   Delestrogen[Pr], Femogex[Pr], Néo-Diol[Pr], Valérate d'œstradiol[Pr]

Posologie   IM. *Ménopause, vaginite atrophique, kraurosis vulvaire, hypogonadisme, insuffisance ovarienne primaire*: 10 à 20 mg q 4 semaines. *Engorgement mammaire du post-partum*: 10 à 25 mg à la fin de la première phase du travail. *Cancer de la prostate*: 30 mg (ou plus) q 1 à 2 semaines. La préparation contient de l'huile de sésame.

ŒSTROGÈNES CONJUGUÉS   C.E.S.[Pr], Œstrogènes conjugués[Pr], Prémarine[Pr]

ŒSTROGÈNES ESTÉRIFIÉS   Climestrone[Pr], Estromed[Pr], Néo-Estrone[Pr]

Catégorie   Œstrogène naturel.
Remarque: Mélange de sels sodiques d'esters de sulfate d'œstrogènes naturels: 50% à 60% de sulfate sodique d'œstrone et 20% à 35% de sulfate sodique d'équiline. Produit extrait de l'urine de jument gravide. Médicament moins puissant que l'œstrone.

Indications   **Préparation parentérale**: Saignements utérins anormaux. **Préparations orales**: Traitement substitutif, insuffisance ovarienne primaire, hypogonadisme, cancer de la prostate ou du sein, symptômes de la ménopause. *Crème vaginale*: Vaginite atrophique, kraurosis vulvaire.

Posologie **PO.** *Symptômes de la ménopause*: 0,3 à 1,25 mg par jour, jusqu'à 3,75 mg, au besoin. Administration cyclique. *Vaginite atrophique, kraurosis vulvaire*: 0,3 à 1,25 mg par jour; administration cyclique pendant une courte période. *Hypogonadisme*: 2,5 à 7,5 mg par jour, en doses fractionnées, pendant 20 ou 21 jours; par la suite, période de repos de 7 à 10 jours. *Insuffisance ovarienne primaire, castration*: 2,5 à 7,5 mg par jour, en doses fractionnées, pendant 20 jours avec administration conjointe d'un progestatif les 5 derniers jours. *Cancer de la prostate*: 1,25 à 2,5 mg t.i.d., pendant plusieurs semaines. *Cancer du sein chez l'homme et chez la femme post-ménopausée*: 10 mg t.i.d., pendant 3 mois. *Ostéoporose*: 1,25 mg par jour; administration cyclique. *Engorgement mammaire du post-partum*: 5 doses de 3,75 mg q 4 h ou 1,25 mg q 4 h, pendant 5 jours.

IM, IV: 25 mg; répéter toutes les 6 à 12 h au besoin. **Crème vaginale**: Appliquer le contenu de 1 ou 2 applicateurs une fois par jour, puis réduire la dose graduellement.

Administration

1. La solution parentérale est compatible avec du soluté physiologique, des solutions de sucre inverti et de dextrose. Elle n'est cependant pas compatible avec des solutions acides ou des hydrolysats de protéines.

2. Utiliser les solutions parentérales reconstituées dans les quelques heures qui suivent la reconstitution même si la solution est stable pendant 60 jours au réfrigérateur.

ŒSTRONE   Femogen Forte[Pr], Œstrilin Préparations vaginales[Pr]
ŒSTROPIPATE   Ogen[Pr]

Catégorie   Œstrogène stéroïdien naturel ou synthétique.

Posologie   *Œstrone* **IM.** *Symptômes de la ménopause, vaginite atrophique, kraurosis vulvaire*: 0,1 à 0,5 mg, 2 à 3 fois par semaine. *Hypogonadisme, insuffisance ovarienne primaire, castration*: 0,1 à 1,0 mg par semaine en une seule dose ou en doses fractionnées (jusqu'à 2 mg par semaine peuvent se révéler nécessaires). *Cancer de la prostate (inopérable)*: 2 à 4 mg, 2 à 3 fois par semaine; on devrait obtenir une réaction dans les 3 mois qui suivent le début de l'administration du médicament. **Crème vaginale**: 2 à 4 g par jour; puis, réduire la posologie graduellement. **Cônes vaginaux**: 1 ou 2 cônes aux coucher; puis, réduire la posologie graduellement.

Œstropipate. **PO.** *Ménopause, vaginite atrophique, kraurosis vulvaire*: 0,625 à 5,0 mg par jour, pour un traitement de courte durée (administration cyclique). *Hypogonadisme, insuffisance ovarienne primaire, castration*: 1,25 à 7,5 mg par jour, pendant les 3 premières semaines; **puis**, une période de repos de 8 à 10 jours. La durée du traitement dépend de la réaction du client.

PROGESTÉRONE ET PROGESTATIFS

Généralités   La progestérone est une hormone stéroïdienne femelle, naturelle, produite en abondance par l'ovaire pendant la grossesse. Elle est sécrétée principalement par le corps jaune durant la seconde phase du cycle menstruel. Pendant la grossesse, elle est également produite par le placenta.

Cette hormone agit sur les muscles épais de l'utérus (myomètre) et sur sa paroi (endomètre). Elle prépare ce dernier à l'implantation de l'ovule fécondé. Sous l'influence de la progestérone, l'endomètre, sensibilisé par les œstrogènes, entre dans sa phase « sécrétoire », durant laquelle il épaissit et sécrète de grandes quantités de mucus et de glycogène. Le myomètre se décontracte sous l'influence de la progestérone. Au cours de la puberté, la progestérone joue un rôle dans la maturation du corps de la femme grâce à son effet sur les seins et sur la muqueuse vaginale.

La progestérone interagit, par un mécanisme de rétroaction, avec la FSH et la LH, qui sont produites par l'hypophyse antérieure. Lorsque les concentrations de progestérone et d'œstrogènes sont élevées, il y a une diminution de la production de la FSH et de la LH, d'où inhibition de l'ovulation. C'est la raison pour laquelle la progestérone est un contraceptif efficace. La progestérone naturelle doit être injectée mais plusieurs composés ayant une activité de type progestérone (qu'on englobe dans les progestatifs) peuvent être administrés par voie orale. Actuellement, on substitue couramment ces substances à la progestérone. La progestérone est essentielle à l'évolution de la grossesse.

La progestérone stimule également le développement du tissu alvéolaire du sein pendant la grossesse mais elle ne déclenche pas la lactation. Au contraire, la progestérone inhibe l'action de l'hormone lutéotrope; la lactation ne commence qu'au post-partum lorsque les concentrations de progestérone et d'œstrogènes ont diminué.

La progestérone, comme les œstrogènes, peut être utilisée pour soulager l'engorgement mammaire du post-partum.

Mécanisme d'action/cinétique   Les doses physiologiques sont utilisées en tant que traitement substitutif et pour interrompre la production de gonadotrophines, ce qui inhibe l'ovulation. Les doses pharmacologiques ont plusieurs usages (voir plus loin). La progestérone doit être administrée par voie parentérale, car elle est inactivée dans le foie (effet de premier passage). Les hormones sont métabolisées dans le foie et sont excrétées en grande partie dans l'urine (les épreuves urinaires servent à déterminer la concentration de progestérone).

Indications   Saignements utérins de nature non organique, aménorrhée primaire ou secondaire (conjointement avec un œstrogène), endométriose, syndrome prémenstruel. Comme contraceptif, on administre le produit seul ou en association avec un œstrogène. On peut également l'administrer en association avec un œstrogène dans les cas d'endométriose ou d'hyperménorrhée.

Remarque: Ne pas utiliser pour prévenir l'avortement habituel ou pour traiter l'avortement imminent.

Contre-indications Tumeurs génitales, maladie thromboembolique, saignements vaginaux d'origine inconnue, fonction hépatique altérée. Administrer avec prudence dans les cas d'asthme, d'épilepsie, de dépression et de migraine.

Réactions indésirables Occasionnellement lors des traitements avec de faibles doses, fréquemment lors des traitements prolongés avec des doses importantes. *Génito-urinaires*: Microrragies, cycles menstruels irréguliers, aménorrhée, modification de la quantité et/ou de la durée de l'écoulement menstruel, modification des sécrétions cervicales et de l'érosion cervicale, sensibilité ou sécrétions mammaires. *Dermatologiques*: Éruption allergique, prurit, acné, mélasmes, choasma, alopécie, hirsutisme. *SNC*: Dépression, pyrexie, insomnie. *Autres*: Gain ou perte de masse, ictère cholostatique, masculinisation des fœtus de sexe féminin, nausées, œdème, précipitation d'une porphyrie intermittente aiguë, photosensibilité.

Interactions médicamenteuses La rifampine et, probablement, le phénobarbital ↓ l'effet de la progestérone en ↑ le catabolisme hépatique.

Posologie La progestérone doit être administrée par voie parentérale alors que les autres progestatifs peuvent être administrés par voie PO et par voie parentérale.

On administre habituellement les progestatifs du jour 5 au jour 25 du cycle menstruel (le jour 1 étant le premier jour de la menstruation) pour *les saignements utérins non organiques, l'aménorrhée, la stérilité, la dysménorrhée, le syndrome prémenstruel et la contraception.*

Soins infirmiers

1. *Évaluer*:
   a) les troubles thromboemboliques comme la thrombophlé bite, l'embolie pulmonaire et les modifications vasculaires cérébrales.
   b) l'œdème.
   c) le jaunissement de la sclérotique.
2. *Expliquer à la cliente et/ou à sa famille*:
   a) qu'elle doit surveiller l'apparition de troubles thromboemboliques et les signaler, le cas échéant.
   b) qu'elle doit se peser au moins 2 fois par semaine et signaler tout gain pondéral. soudain qui pourrait être indice d'œdème. Elle doit surveiller également la tuméfaction des membres et la signaler, le cas échéant.
   c) qu'elle doit signaler tout jaunissement de la sclérotique.
   d) que les troubles GI peuvent se résorber lors de l'utilisation prolongée (après les premiers cycles).
   e) qu'elle doit signaler tout épisode de saignement.

---

f) que les progestatifs peuvent réactiver ou aggraver une dépression psychique.

g) que les règles apparaîtront 3 à 7 jours après l'arrêt de l'administration du médicament si la cliente n'est pas enceinte, dans le cas où le médicament est administré pour diagnostiquer une grossesse.

h) que la progestérone peut modifier la tolérance au glucose chez les diabétiques. Signaler promptement tout résultat d'épreuve urinaire positif qui pourrait dicter le réajustement de la posologie de l'hypoglycémiant.

i) qu'elle doit reconnaître et signaler les symptômes précoces de troubles oculaires comme les céphalées, les vertiges, la vision brouillée ou une perte partielle de la vue.

TABLEAU 31 PRÉPARATIONS DE CONTRACEPTIFS ORAUX (PROGESTATIFS ET ŒSTROGÈNES EN ASSOCIATION) SUR LE MARCHÉ CANADIEN

Nom commercial	Œstrogène	Progestatif
MONOPHASIQUES		
Brevicon 0,5/35 21 jours	Éthinylœstradiol (35 µg)	Noréthindrone (0,5 mg)
Brevicon 0,5/35 28 jours	Éthinylœstradiol (35 µg)	Noréthindrone (0,5 mg)
Brevicon 1/35 21 jours	Éthinylœstradiol (35 µg)	Noréthindrone (1 mg)
Brevicon 1/35 28 jours	Éthinylœstradiol (35 µg)	Noréthindrone (1 mg)
Demulen 30 21 jours	Éthinylœstradiol (30 µg)	Diacétate d'éthynodiol (2 mg)
Demulen 30 28 jours	Éthinylœstradiol (30 µg)	Diacétate d'éthynodiol (2 mg)
Demulen 50 21 jours	Éthinylœstradiol (50 µg)	Diacétate d'éthynodiol (1 mg)
Demulen 50 28 jours	Éthinylœstradiol (50 µg)	Diacétate d'éthynodiol (1 mg)
Enovid-E 21 jours	Mestranol (100 µg)	Noréthynodrel (2,5 mg)
Loestrin 1,5/30 21 jours	Éthinylœstradiol (30 µg)	Acétate de noréthindrone (1,5 mg)
Loestrin 1,5/30 28 jours	Éthinylœstradiol (30 µg)	Acétate de noréthindrone (1,5 mg)
Minestrin 1/20 21 jours	Éthinylœstradiol (20 µg)	Acétate de noréthindrone (1 mg)
Minestrin 1/20 28 jours	Éthinylœstradiol (20 µg)	Acétate de noréthindrone (1 mg)
Min-Ovral 21 jours	Éthinylœstradiol (30 µg)	Norgestrel (300 µg)
Min-Ovral 28 jours	Éthinylœstradiol (30 µg)	Norgestrel (300 µg)
Norinyl 1/50 21 jours	Mestranol (50 µg)	Noréthindrone (1 mg)

TABLEAU 31(*suite*)

Nom commercial	Œstrogène	Progestatif
Norinyl 1/50 28 jours	Mestranol (50 μg)	Noréthindrone (1 mg)
Norinyl 1/80 21 jours	Mestranol (80 μg)	Noréthindrone (1 mg)
Norinyl 1/80 28 jours	Mestranol (80 μg)	Noréthindrone (1 mg)
Norinyl 2 21 jours	Mestranol (0,1 mg)	Noréthindrone (2 mg)
Norinyl 2 28 jours	Mestranol (0,1 mg)	Noréthindrone (2 mg)
Norlestrin 1/50 21 jours	Éthinylœstradiol (50 μg)	Acétate de noréthindrone (1 mg)
Norlestrin 1/50 28 jours	Éthinylœstradiol (50 μg)	Acétate de noréthindrone (1 mg)
Norlestrin 2,5/50 21 jours	Éthinylœstradiol (50 μg)	Acétate de noréthindrone (2,5 mg)
Norlestrin 2,5/50 28 jours	Éthinylœstradiol (50 μg)	Acétate de noréthindrone (2,5 mg)
Ortho 0,5/35 21 jours	Éthinylœstradiol (35 μg)	Noréthindrone (0,5 mg)
Ortho 0,5/35 28 jours	Éthinylœstradiol (35 μg)	Noréthindrone (0,5 mg)
Ortho 1/35 21 jours	Éthinylœstradiol (35 μg)	Noréthindrone (1 mg)
Ortho 1/35 28 jours	Éthinylœstradiol (35 μg)	Noréthindrone (1 mg)
Ortho-Novum 1/50 21 jours	Mestranol (50 μg)	Noréthindrone (1 mg)
Ortho-Novum 1/50 28 jours	Mestranol (50 μg)	Noréthindrone (1 mg)
Ortho-Novum 1/80 21 jours	Mestranol (80 μg)	Noréthindrone (1 mg)
Ortho-Novum 0,5 mg 21 jours	Mestranol (100 μg)	Noréthindrone (0,5 mg)
Ortho-Novum 2 mg 21 jours	Mestranol (100 μg)	Noréthindrone (2 mg)
Ovral 21 jours	Éthinylœstradiol (50 μg)	Norgestrel (500 μg)
Ovral 28 jours	Éthinylœstradiol (50 μg)	Norgestrel (500 μg)
Ovulen 1 mg 21 jours	Mestranol (100 μg)	Diacétate d'éthynodiol (1 mg)
Ovulen 1 mg 28 jours	Mestranol (100 μg)	Diacétate d'éthynodiol (1 mg)
Ovulen 0,5 mg 21 jours	Mestranol (100 μg)	Diacétate d'éthynodiol (500 μg)
Ovulen 0,5 mg 28 jours	Mestranol (100 μg)	Diacétate d'éthynodiol (500 μg)
BIPHASIQUES		
Ortho 10/11 21 jours	Éthinylœstradiol (35 μg dans chaque comprimé)	Noréthindrone (10 comprimés de 0,5 mg suivis de 11 comprimés de 1 mg)

Œstrogènes, progestatifs et contraceptifs oraux

TABLEAU 31(*suite*)

Nom commercial	Œstrogène	Progestatif
Ortho 10/11 28 jours	Éthinylœstradiol (35 μg dans chaque comprimé)	Noréthindrone (100 comprimés de 0,5 mg suivis de 11 comprimés de 1 mg)
	TRIPHASIQUES	
Ortho 7/7/7 21 jours	Éthinylœstradiol (35 μg dans chaque comprimé)	Noréthindrone (0,5 mg pendant les 7 premiers jours, 0,75 mg les 7 jours suivants, puis 1 mg les 7 derniers jours)
Ortho 7/7/7 28 jours	Éthinylœstradiol (35 μg dans chaque comprimé)	Noréthindrone (0,5 mg pendant les 7 premiers jours, 0,75 mg les 7 jours suivants puis 1 mg les 7 derniers jours)
Triphasil 21 jours	Éthinylœstradiol (Jours 1 à 6: 30 μg; jours 7 à 11: 40 μg; jours 12 à 21: 30 μg)	Norgestrel (Jours 1 à 6: 100 μg; jours 7 à 11: 150 μg; jours 12 à 21: 250 μg)
Triphasil 28 jours	Éthinylœstradiol (Jours 1 à 6: 30 μg; jours 7 à 11: 40 μg; jours 12 à 21: 30 μg)	Norgestrel (Jours 1 à 6: 100 μg; jours 7 à 11: 150 μg; jours 12 à 21: 250 μg)

ÉTHYNODIOL, DIACÉTATE D'

Catégorie   Progestatif synthétique.

Indications   Seulement pour la contraception par voie orale (voir le tableau 31).

HYDROXYPROGESTÉRONE, CAPROATE D'
Delalutin[Pr]

Catégorie   Progestatif synthétique.

Mécanisme d'action/cinétique   L'hydroxyprogestérone est un progestatif synthétique qui n'a aucun effet androgène. On peut l'administrer sur de longues périodes; pour obtenir la réaction désirée, un amorçage avec des œstrogènes peut s'avérer nécessaire. **Durée d'action**: 9 à 17 jours.

Réactions indésirables supplémentaires   Rarement, dyspnée, constriction thoracique, toux, réactions allergiques.

Posologie   **IM.** *Aménorrhée et autres troubles du cycle menstruel*: 375 mg sans égard au moment du cycle. Si les règles ne surviennent pas après 21 jours, instituer un traitement cyclique toutes les 4 semaines et cesser l'administration après 4 cycles. Attendre 2 ou 3 cycles après l'interruption du traitement afin de savoir si la fonction normale est rétablie. *Adénocarcinome du corps de l'utérus (avancé)*: 1 à 7 g par semaine. En l'absence d'une réaction après 12 semaines, cesser l'administration du médicament. *Épreuve de la production endogène d'œstrogènes*: 250 mg, administrés sans égard au moment du cycle; répéter après 4 semaines.

Entreposage

1. Conserver à la température ambiante.
2. Des seringues et des aiguilles mouillées peuvent rendre la solution trouble, ce qui n'affecte en rien l'efficacité de la préparation.

MÉDROXYPROGESTÉRONE, ACÉTATE DE
Depo-Provera[Pr], Provera[Pr]

Catégorie   Progestatif synthétique.

Mécanisme d'action/cinétique   L'acétate de médroxyprogestérone, progestatif synthétique, n'a aucun effet œstrogène ni androgène. Formule retard également. Afin d'obtenir la réaction désirée, prévoir un amorçage avec des œstrogènes.

Indications supplémentaires   Cancer du rein ou de l'endomètre. *À l'étude*: Symptômes ménopausiques et périménopausiques (injection). Pour stimuler la respiration dans le syndrome de Pickwick (voie orale).

Posologie   **PO**. *Aménorrhée secondaire*: 5 à 10 mg par jour, pendant 5 à 10 jours. Le traitement peut commencer sans égard au moment du cycle. En cas d'amorçage endométrique par les œstrogènes: 10 mg de médroxyprogestérone par jour pendant 10 jours. *Saignements utérins anormaux en l'absence de tout état pathologique*: 5 à 10 mg par jour, le traitement devant commencer le 16e ou le 21e jour du cycle menstruel. En cas d'amorçage endométrique par les œstrogènes: 10 mg par jour pendant 10 jours à partir du 16e jour du cycle menstruel. Des saignements surviennent habituellement 3 à 7 jours après le début du traitement médicamenteux. **IM**. *Cancer du rein ou cancer de l'endomètre*: **Initialement**, 400 à 1 000 mg par semaine; **puis, en cas d'amélioration**, 400 mg par mois.

MÉGESTROL, ACÉTATE DE   Megace[Pr]

Catégorie   Progestatif synthétique.

Généralités   Le mécanisme exact par lequel ce progestatif synthétique exerce son effet antinéoplasique reste inconnu.

Indication   Traitement palliatif du cancer de l'endomètre ou du sein.

Posologie **PO.** *Cancer du sein*: 40 mg q.i.d. *Cancer de l'endomètre*: 40 à 320 mg par jour, en doses fractionnées. Administrer pendant au moins deux mois avant d'évaluer les effets bénéfiques.

NORÉTHINDRONE   Micronor[Pr]
NORÉTHINDRONE, ACÉTATE DE   Norlutate[Pr]

Catégorie   Progestatif synthétique.

Mécanisme d'action/cinétique   La noréthindrone est 2 fois plus puissante et l'acétate de noréthindrone 4 fois plus puissant que la progestérone administrée par voie parentérale. Ces deux progestatifs synthétiques ont des effets œstrogènes et androgènes et ne devraient pas être administrés pendant la grossesse (masculinisation du fœtus de sexe féminin).

La noréthindrone et l'acétate de noréthindrone en association avec le mestranol ou l'éthinylœstradiol sont fréquemment utilisés pour la contraception par voie orale.

Posologie   **PO.** *Noréthindrone: Troubles du cycle menstruel*: 5 à 20 mg par jour, à partir du jour 5 et jusqu'au jour 25 du cycle menstruel. *Endométriose*: 10 mg par jour pendant 2 semaines; **puis**, augmenter de 5 mg toutes les 2 semaines, jusqu'à une dose de 30 mg par jour (traitement à poursuivre pendant 6 à 9 mois).

Acétate de noréthindrone: Troubles du cycle menstruel: 2,5 à 10,0 mg par jour, à partir du jour 5 et jusqu'au jour 25 du cycle menstruel. *Endométriose*: 5 mg par jour pendant 2 semaines; **puis**, augmenter de 2,5 mg toutes les 2 semaines jusqu'à une dose de 15 mg par jour (traitement à poursuivre pendant 6 à 9 mois).

NORÉTHYNODREL

Catégorie   Progestatif synthétique.

Indications   Progestatif synthétique utilisé seulement pour la contraception orale et dans les cas d'anomalie du cycle menstruel (voir le tableau 31).

NORGESTREL

Catégorie   Progestatif synthétique.

Indications   Seulement pour la contraception orale (voir le tableau 31).

PROGESTÉRONE DANS L'HUILE   Gesterol[Pr], Progestérone dans l'huile[Pr]

Catégorie   Progestatif naturel.

Généralités   Cette hormone naturelle a un effet androgène minimal. L'injection IM de progestérone dans l'huile agit plus rapidement que l'injection SC de suspension aqueuse de progestérone. Des douleurs et une tuméfaction se produisent souvent au point d'injection.

Posologie   **IM.** *Aménorrhée*, 5 à 10 mg pendant 6 à 8 jours consécutifs. *Saignements utérins de nature non organique*: 5 à 10 mg par jour pendant 6 jours. Après 6 jours, les saignements devraient cesser.

Administration

1. Si on administre un œstrogène avec la progestérone, commencer l'administration de la progestérone après 2 semaines.

2. On devrait cesser l'administration du médicament lorsque le cycle menstruel est rétabli.

SYSTÈME CONTRACEPTIF INTRA-UTÉRIN PAR PROGESTÉRONE   Progestasert^{Pr}

Catégorie   Système contraceptif (dispositif intra-utérin).

Généralités   Le Progestasert est un dispositif contraceptif intrautérin (DCI) contenant 38 mg de progestérone. Son efficacité contraceptive dure 12 mois. Il est considéré comme supérieur aux DCI classiques étant donné sa plus petite dimension. Il peut toutefois être expulsé de la cavité utérine par inadvertance.

Mécanisme d'action/cinétique   Peu connu. Le dispositif semble modifier le milieu utérin en prévenant la nidation et/ou en modifiant la capacitation (capacité du spermatozoïde de fertiliser l'ovule). Le dispositif libère 65 μg de progestérone par jour dans la cavité utérine.

Indications   Contraception chez la femme multipare ou nullipare.

Contre-indications   Grossesse réelle ou apparente, antécédents de grossesse ectopique, présence ou antécédents de maladie inflammatoire pelvienne, maladies transmissibles sexuellement, endométriose du post-partum, chirurgie pelvienne ancienne, maladie utérine maligne, saignements génitaux d'origine inconnue, cervicite aiguë. Administrer avec prudence dans les cas de coagulopathie.

Réactions indésirables   Augmentation de la fréquence d'avortements septiques; augmentation des risques de grossesse ectopique lorsque le dispositif est en place. Saignements transitoires et crampes pendant les premières semaines de l'insertion. Également, endométriose, avortement spontané, septicémie, perforation de l'utérus et du col utérin, infection pelvienne, érosion cervicale, vaginite, leucorrhée, inclusion utérine, retrait difficile, microrragies intermenstruelles, augmentation de la durée de la menstruation, anémie, aménorrhée, retard de la menstruation, dysménorrhée, douleurs lombaires, dyspareunie (coït douloureux), épisodes neurovasculaires y compris la bradycardie et la syncope faisant suite à l'insertion, perforation de l'abdomen entraînant des adhérences abdominales, pénétration intestinale, occlusion intestinale, masse kystique dans le bassin.

Interaction médicamenteuse Insérer avec prudence chez les clientes qui reçoivent des anticoagulants.

Posologie Insérer un dispositif Progestasert dans la cavité utérine; remplacer 1 an après l'insertion.

Administration Insérer ce dispositif pendant la menstruation ou immédiatement après la fin de celle-ci étant donné que le système peut provoquer un avortement en cas de grossesse.

Soins infirmiers

1. Être préparée à traiter la femme ayant des antécédents de syncope, de bradycardie ou d'autres épisodes neurovasculaires, car de tels épisodes peuvent survenir lors de l'insertion ou du retrait du DCI.

2. S'assurer que le test de Papanicolaou, la culture de gonocoques et les autres épreuves pour les maladies transmissibles sexuellement ont été effectués avant l'insertion du DCI.

3. *Expliquer à la cliente*:
   a) qu'il faut revoir les instructions et le prospectus de conditionnement.
   b) qu'il faut prévoir l'insertion pendant les règles ou juste à la fin de celles-ci, afin de réduire les risques d'insertion du dispositif pendant une grossesse.
   c) que des saignements et des crampes peuvent survenir pendant quelques semaines après l'insertion.
   d) qu'il faut prévoir les examens suivants:
      (1) un examen, de préférence, après les premières règles qui suivent l'insertion, mais de toute façon après le troisième mois qui suit l'insertion.
      (2) un examen annuel.
      (3) un remplacement annuel si la cliente désire conserver la même forme de contraception (le dispositif de progestérone sera alors épuisé).
   e) qu'il faut signaler et identifier les grossesses ectopiques et/ou la septicémie:
      (1) les grossesses ectopiques sont caractérisées par un regard des règles, des hémorragies menstruelles excessives, des douleurs pelviennes, de la faiblesse et de la fatigue.

> **(2)** la septicémie est caractérisée par des symptômes qui ressemblent à la grippe, de la fièvre, des crampes abdominales, des saignements ou des pertes vaginales anormales.
>
> **f)** qu'il faut revoir le médecin pour enlever ou remplacer le DCI si l'on soupçonne une expulsion partielle (comme lorsque les fils du DCI ne sortent plus du col utérin après la menstruation).

CONTRACEPTIFS ORAUX: ASSOCIATIONS D'ŒSTROGÈNES ET DE PROGESTATIFS

Généralités La majorité des contraceptifs oraux contient un œstrogène et un progestatif dans chaque comprimé; on appelle ces préparations des contraceptifs oraux en association. Il y a trois types d'associations: (a) monophasiques – qui contiennent la même quantité d'œstrogène et de progestatif dans chaque comprimé; (b) biphasiques – qui contiennent la même quantité d'œstrogène dans chaque comprimé mais dont le progestatif se retrouve à une concentration plus faible pendant les 10 premiers jours du cycle et à une concentration plus élevée pendant les 11 derniers jours; (c) triphasiques – qui contiennent des quantités d'œstrogène qui peuvent être constantes ou variables; les quantités de progestatif varient (voir le tableau 31). Le but des préparations biphasiques et triphasiques est de fournir des hormones de manière quasi physiologique. Ce phénomène semble réduire les hémorragies utérines secondaires à l'œstrogénothérapie durant le cycle menstruel.

Un autre type de contraceptif oral, la « minipilule », ne contient que de faibles quantités de progestatif dans chaque comprimé. Le seul contraceptif de ce genre sur le marché canadien est Micronor[Pr], qui contient 35 µg de noréthindrone par comprimé. (Posologie: 1 comprimé par jour, tous les jours de l'année.)

Mécanisme d'action/cinétique On pense que les contraceptifs oraux en association agissent en inhibant l'ovulation par une inhibition (mécanisme de rétroaction négative) de la LH et de la FSH nécessaires au développement de l'ovule. Ces médicaments agissent également en modifiant le mucus cervical de façon à empêcher la pénétration du sperme et ils rendent l'implantation du blastocyste sur l'endomètre plus difficile en cas de fécondation.

Les préparations qui ne contiennent qu'un progestatif n'inhibent pas constamment l'ovulation. Toutefois, ces préparations modifient également le mucus cervical, rendant l'implantation sur l'endomètre difficile. Elles peuvent également modifier le transport de l'ovule dans les trompes de Fallope. Ce moyen de contraception est moins sûr que la thérapie avec des associations.

Indications Contraception, irrégularités du cycle menstruel, symptômes de la ménopause. À doses élevées, endométriose et hyperménorrhée (voir le tableau 32).

TABLEAU 32 CONTRACEPTIFS ORAUX ADMINISTRÉS POUR TRAITER L'HYPERMÉNORRHÉE OU L'ENDOMÉTRIOSE

Nom commercial	Principe actif	Posologie
Enovid[Pr]	Noréthynodrel (5 mg) Mestranol (75 μg)	*Endométriose*: **Initialement**, 5 à 10 mg de noréthynodrel par jour pendant 2 semaines; **puis**, augmenter de 5 à 10 mg de noréthynodrel q 2 semaines jusqu'à 20 mg par jour. Continuer sans interruption pendant 6 à 9 mois. Dans les cas graves, on peut administrer 40 mg par jour. *Hyperménorrhée*: **Initialement**, commencer le jour 5 du cycle menstruel avec 20 à 30 mg d'éthynodrel jusqu'à la maîtrise complète de l'hémorragie; **puis**, diminuer de 10 mg par jour jusqu'au jour 24 du cycle menstruel et cesser l'administration du médicament.
Norinyl 2 mg[Pr]	Mestranol (100 μg) Noréthindrone (2 mg)	*Hyperménorrhée*: 1 comprimé, 1 fois par jour du jour 5 au jour 24 du cycle menstruel pendant 3 cycles. Cesser l'administration du médicament afin d'évaluer la nécessité d'autres traitements.
Ortho-Novum 2 mg[Pr]	Mestranol (100 μg) Noréthindrone (2 mg)	Même posologie que Norinyl 2 mg.

Contre-indications Antécédents de maladie vasculaire cérébrale, thrombophlébite et/ou embolie pulmonaire, hypertension, exophtalmie, perte complète ou partielle de la vision, anomalies du champ visuel, diplopie, état carcinomateux du sein ou des voies génitales, insuffisance hépatique, saignements génitaux non diagnostiqués. Le produit est également contre-indiqué chez les adolescentes dont la soudure des cartilages épiphysaires n'est pas terminée. Administrer avec prudence chez les clientes souffrant d'asthme, d'épilepsie, de migraine, de diabète, de maladie osseuse métabolique, de maladie rénale ou cardiaque et d'antécédents de dépression. Tabagisme. Administrer avec prudence chez les clientes recevant de l'ampicilline, des anticonvulsivants, de la phénylbutazone et de la rifampine, car des microrragies et des grossesses non désirées peuvent survenir.

Réactions indésirables Les contraceptifs oraux ont un large éventail d'effets. Ces effets sont particulièrement importants, car les médicaments sont administrés pendant des périodes prolongées à des femmes en bonne santé. Plusieurs experts ont fait état de leur préoccupation quant à l'innocuité lors de l'emploi prolongé de ces agents. Quelques-uns conseillent l'arrêt du traitement après 18 à 24 mois d'administration continue. La majorité des réactions indésirables sont causées par les œstrogènes contenus dans ces préparations. Voir à ce propos le paragraphe *Réactions indésirables*, p. 918.

Les autres réactions indésirables sont: troubles auditifs, syndrome de Raynaud, pancréatite, rhinite, syndrome urémique hémolytique, association possible avec le lupus érythémateux systémique. Également, augmentation des risques d'anomalies congénitales si les contraceptifs sont administrés lors d'une grossesse. Les contraceptifs oraux diminuent la quantité et la qualité du lait maternel.

Interactions médicamenteuses

Médicaments	Interaction
Acétaminophène	↓ de l'effet de l'acétaminophène par une ↑ du catabolisme hépatique.
Acide ascorbique	↑ de l'effet des contraceptifs oraux par la ↓ du catabolisme hépatique.
Anticoagulants oraux	↓ de l'effet des anticoagulants par une ↑ de la concentration de certains facteurs de la coagulation.
Antidépresseurs tricycliques	Les contraceptifs oraux ↓ l'effet des antidépresseurs.
Barbituriques	↓ de l'effet des contraceptifs oraux par une ↑ du catabolisme hépatique.
Benzodiazépines	↑ ou ↓ de l'effet des benzodiazépines à cause d'une modification du catabolisme hépatique.
Caféine	↑ de l'effet de la caféine par une ↓ du catabolisme hépatique.
Carbamazépine	↓ de l'effet des contraceptifs oraux par une ↑ du catabolisme hépatique.
Corticostéroïdes	↑ de l'effet des corticostéroïdes par une ↓ du catabolisme hépatique.
Griséofulvine	La griséofulvine peut ↓ l'effet des contraceptifs oraux.
Guanéthidine	↓ de l'effet de la guanéthidine.

Médicaments	Interaction
Hypoglycémiants	Les contraceptifs oraux ↓ l'effet des hypogly-cémiants.
Insuline	Les contraceptifs oraux peuvent ↑ les besoins en insuline.
Isoniazide	↓ de l'effet des contraceptifs oraux par une ↑ du catabolisme hépatique.
Métoprolol	↑ de l'effet du métoprolol par une ↓ du cata-bolisme hépatique.
Néomycine	↓ de l'effet des contraceptifs oraux par une ↑ du catabolisme hépatique.
Pénicillines	Les pénicillines peuvent ↓ l'effet des contra-ceptifs oraux.
Phénylbutazone	↓ de l'effet des contraceptifs oraux par une ↑ du catabolisme hépatique.
Phénytoïne	↓ de l'effet des contraceptifs oraux par une ↑ du catabolisme hépatique.
Rifampine	↓ de l'effet des contraceptifs oraux par une ↑ du catabolisme hépatique.
Tétracyclines	↓ de l'effet des contraceptifs oraux par une inhibition des bactéries intestinales qui hydro-lysent les stéroïdes conjugués.

Interactions avec les épreuves de laboratoire Modi-fication des résultats des épreuves des fonctions hépatique et thyroï-dienne. ↓ du temps de prothrombine, des hydroxy-17 corticostéroïdes, des céto-17 stéroïdes et des stéroïdes 17-cétogènes. (On devrait ces-ser l'administration des hormones ovariennes 60 jours avant ces épreu-ves.) ↑ des gamma-globulines.

Posologie Voir les tableaux 31 (p. 926) et 32 (p. 934).

Administration

1. Dans la mesure du possible, prendre les comprimés toujours à la même heure de la journée (à savoir, avec un repas ou au coucher).

2. Des microrragies ou des hémorragies utérines secondaires de l'œs-trogénothérapie peuvent survenir pendant les deux premiers cycles; s'ils se poursuivent au-delà de cette période, consulter le médecin.

3. Durant le premier cycle utiliser un moyen **supplémentaire** de contraception, pendant la première semaine.

4. Le type de préparation orale de contraceptif déterminera le mode d'administration exact:
   a) Un comprimé par jour en commençant le jour 5 de la menstrua-tion (le jour 1 est le premier jour de la menstruation) pour les préparations de 21 comprimés. Aucun comprimé à prendre pen-dant 7 jours.

b) Un comprimé à base d'hormones par jour pendant les 21 premiers jours, puis un comprimé inerte ou un comprimé à base de fer par jour, pour les préparations de 28 comprimés.

c) Commencer l'administration des comprimés biphasiques ou de certaines préparations triphasiques le dimanche. Prendre le premier comprimé le dimanche qui suit le début de la menstruation (si la menstruation commence un dimanche, le premier comprimé doit être pris ce même dimanche).

Remarque: Les préparations biphasiques et triphasiques ont des quantité d'œstrogènes et/ou de progestatif qui varient selon le moment du cycle; il faut bien expliquer à la cliente le mode d'administration de ces préparations.

d) On doit prendre le premier comprimé des préparations qui ne contiennent que des progestatifs le premier jour de la menstruation; par la suite, on prend un comprimé chaque jour de l'année.

5. Il est généralement recommandé que les femmes qui prennent pour la première fois un contraceptif oral, commencent avec une préparation qui contient au maximum 50 μg d'œstrogène.

6. Si une femme oublie de prendre un ou plusieurs comprimés, elle doit prendre les mesures suivantes:

a) si elle a oublié un seul comprimé, elle devrait le prendre aussitôt que possible. Elle peut aussi prendre 2 comprimés le lendemain.

b) si elle a oublié deux comprimés, elle peut prendre deux comprimés pendant les deux prochains jours ou 2 comprimés le jour où elle se rend compte de son oubli; elle jettera le deuxième comprimé oublié.

c) si elle a oublié trois comprimés, elle devrait commencer un nouveau cycle 7 jours après la prise du dernier comprimé. Elle devrait par ailleurs employer un moyen contraceptif supplémentaire jusqu'à la menstruation suivante.

Remarque: Les risques d'ovulation augmentent avec le nombre de comprimés oubliés.

Soins infirmiers

1. Les clientes recevant des contraceptifs oraux en association courent le risque de développer les réactions indésirables des œstrogènes et des progestatifs mentionnées à la rubrique des *Généralités*. Voir les *Soins infirmiers* pour les œstrogènes et les progestatifs, p. 919 et p. 925, respectivement.

2. *Expliquer à la cliente*:

a) que pour prévenir la grossesse, il faut prendre les comprimés selon les recommandations du médecin.

b) qu'il faut prendre tout comprimé oublié aussitôt que possible. Si elle a oublié deux comprimés consécutifs, elle doit doubler la dose pendant les deux jours suivants. Elle peut reprendre par la suite le régime normal mais il est recommandé d'utiliser une méthode contraceptive supplémentaire pendant le reste du cycle menstruel. Si elle a oublié trois comprimés, elle devrait interrompre la prise du médicament et commencer un nouveau cycle selon les indications de son contraceptif oral. La cliente devrait utiliser des moyens contraceptifs supplémentaires dans le cas où les comprimés n'ont pas été pris et pendant les 7 jours qui suivent le début d'un nouveau cycle.

c) qu'elle doit interrompre la prise du médicament et consulter son médecin si elle ressent les symptômes de troubles thromboemboliques comme une douleur dans les jambes ou dans la poitrine, une détresse respiratoire, une toux inexplicable, des céphalées graves, des vertiges ou une vision trouble.

d) que les contraceptifs oraux diminuent la viscosité du mucus cervical et augmentent la sensibilité aux infections vaginales, qui sont plus difficiles à traiter. Une bonne hygiène est essentielle.

e) qu'elle doit consulter son médecin pour rajuster la posologie ou pour changer de préparation si des réactions indésirables mineures comme des nausées, de l'œdème et des éruptions cutanées surviennent et durent pendant plus de 4 cycles.

f) qu'elle doit signaler les troubles oculaires comme les céphalées, les vertiges, la vision trouble ou la perte de la vue.

g) qu'elle doit signaler l'absence de menstruation. En cas de deux périodes consécutives d'aménorrhée, on devrait cesser l'administration du médicament jusqu'à ce qu'on puisse prouver l'absence d'une grossesse.

h) qu'elle doit passer un examen médical et se soumettre à un test de Papanicolaou chaque année.

i) qu'elle ne doit pas prendre les comprimés pendant plus de 18 mois sauf avis contraire de son médecin.

j) qu'elle doit demander à son médecin une autre forme de contraception si elle reçoit de l'ampicilline, des anticonvulsivants, de la phénylbutazone, de la rifampine ou des tétracyclines, car des saignements intermittents et une grossesse peuvent survenir à cause des interactions médicamenteuses.

k) qu'elle doit réduire la consommation de caféine. Des insomnies, de l'irritabilité, des tremblements et des anomalies cardiaques peuvent survenir étant donné que les contraceptifs oraux modifient l'élimination de la caféine.

l) que dans le cas où elle veut allaiter, elle doit utiliser une autre forme de contraception jusqu'à ce que la lactation soit bien établie.

 CHAPITRE **63**

Stimulants ovariens

Généralités   Les stimulants ovariens sont des médicaments puissants qui ne doivent être utilisés qu'avec prudence chez des clientes choisies. On doit établir la fertilité du mari avant de procéder au traitement chez la femme. Un examen clinique complet doit être fait avant chaque nouveau traitement.

CLOMIPHÈNE, CITRATE DE   Clomid^Pr, Serophène^Pr

Catégorie   Stimulant ovarien.

Mécanisme d'action/cinétique   Le médicament agit en se combinant aux récepteurs œstrogéniques, diminuant ainsi le nombre de sites récepteurs disponibles. L'hypothalamus et l'hypophyse sont ainsi stimulés par un mécanisme de rétroaction négative et ils augmentent la secrétion d'hormone lutéinisante (LH) et d'hormone folliculo-stimulante. Le développement des follicules ovariens ainsi que l'ovulation et le développement du corps jaune surviennent sous l'influence de concentrations plus élevées de ces hormones. La plupart des clientes ont une ovulation après une première thérapie. On ne recommande pas de continuer le traitement si une grossesse ne survient pas après une ovulation. Le clomiphène est facilement absorbé dans le tractus GI et excrété dans les fèces.

Indications   Cas choisis d'infertilité chez des femmes qui présentent une concentration normale d'œstrogènes endogènes. *À l'étude*: Oligospermie.

Contre-indications   Grossesse, maladie ou antécédents de maladie hépatique, saignements anormaux d'origine inconnue. Kystes ovariens. On devrait établir l'absence de cancer avant de commencer le traitement. Le traitement est inefficace chez les clientes atteintes d'une insuffisance ovarienne ou hypophysaire.

Réactions indésirables   *Ovariennes*: Surstimulation ovarienne et/ou hypertrophie ovarienne accompagnées de symptômes ressemblant à ceux du syndrome prémenstruel. *Ophtalmologiques*: Vision trouble, taches ou éclairs probablement causés par une intensification de l'image consécutive. *GI*: Distension, sensibilité ou douleur abdominales; nausées, vomissements. *GU*: Saignements utérins anormaux, sensibilité des seins. *SNC*: Insomnie, nervosité, céphalée, dépression, fatigue, étourdissements, vertiges. *Autres*: Bouffées de chaleur, polyurie, symptômes d'allergie, gain pondéral, alopécie (réversible).

Interactions avec les épreuves de laboratoire ↑ de la concentration sérique de thyroxine et de globuline liant la thyroxine.

Posologie **PO.** *Premier traitement*: 50 mg par jour pendant 5 jours. *Deuxième traitement*: Même posologie. On peut augmenter la posologie à 100 mg par jour pendant 5 jours si l'ovulation ne survient pas.

On peut commencer le traitement n'importe quand chez les clientes qui n'ont pas eu de saignement utérin récemment. Dans les autres cas, on commence le traitement le cinquième jour du cycle menstruel; on recommence le traitement 30 jours après le premier traitement chez les clientes qui n'ont pas répondu.

Remarque: La plupart des clientes répondent après le premier traitement. On déconseille la poursuite du traitement si la grossesse ne survient pas après 3 ovulations.

Soins infirmiers

Expliquer à la cliente:

a) qu'elle doit mesurer sa température basale et la porter sur un graphique.

b) qu'elle doit continuer à mesurer sa température basale le matin et à la porter sur un graphique afin de s'assurer que l'ovulation est survenue.

c) qu'elle doit cesser de prendre le médicament et consulter son médecin si des symptômes abdominaux ou de la douleur pelvienne surviennent car cela indique une hypertrophie ovarienne et/ou un kyste ovarien.

d) qu'elle doit cesser de prendre le médicament et consulter son médecin si des problèmes visuels survenaient car la rétine peut être touchée et un examen ophtalmologique peut être nécessaire.

e) qu'elle doit éviter les tâches dangereuses qui demandent de la coordination et de la vigilance car le médicament cause des étourdissements, des vertiges et des problèmes visuels.

f) qu'elle doit cesser de prendre le médicament et consulter son médecin si elle pense être enceinte, parce que le médicament pourrait avoir des effets tératogènes.

GONADOTROPHINE CHORIONIQUE (HCG)
Antuitrin^Pr, A.P.L.^Pr, HCG^Pr, Profasi HP^Pr

Catégorie Gonadotrophine.

Mécanisme d'action/cinétique   La gonadotrophine chorionique humaine (HCG), produite par les trophoblastes d'un ovule fécondé puis par le placenta, a une action semblable à celle de l'hormone lutéinisante (LH).

Chez l'homme, l'HCG stimule la production d'androgènes par les testicules, le développement des caractères sexuels secondaires et la descente des testicules lorsque aucune entrave anatomique ne s'y oppose. Chez la femme, l'HCG stimule la production de progestérone par le corps jaune et l'expulsion complète de l'ovule du follicule mature.

Indications   *Chez l'homme*: Cryptorchidie prépubertaire, hypogonadisme dû à une insuffisance hypophysaire. *Chez la femme*: Insuffisance du corps jaune, infertilité (avec les gonadotrophines humaines de femmes ménopausées).

Contre-indications   Puberté précoce, cancer de la prostate et autres cancers qui dépendent des androgènes, hypersensibilité au médicament. Le développement de la puberté précoce dicte l'arrêt de l'administration du médicament. Étant donné que l'HCG augmente la production d'androgènes, administrer avec prudence dans les cas où un œdème causé par les androgènes pourrait être dangereux (épilepsie, migraines, asthme, maladie cardiaque ou rénale).

Réactions indésirables   *SNC*: Céphalée, irritabilité, agitation, dépression, fatigue. *Autres*: Œdème, puberté précoce, gynécomastie, douleur au point d'injection.

Posologie   **IM seulement**. *Cryptorchidie prépubertaire*: Plusieurs régimes posologiques: (1) 4 000 unités 3 fois par semaine pendant 3 semaines; (2) 5 000 unités tous les deux jours pour 4 injections au total; (3) 15 injections de 500 à 1 000 unités par injection sur une période de 6 semaines; (4) 500 unités 3 fois par semaine pendant 4 à 6 semaines. *Hypogonadisme chez l'homme*: 500 à 1 000 unités 3 fois par semaine pendant 3 semaines; puis, 500 à 1 000 unités 2 fois par semaine pendant 3 semaines. Ou, 4 000 unités 3 fois par semaine pendant 6 à 9 mois; puis, 2 000 unités 3 fois par semaine pendant 3 autres mois. *Induction de l'ovulation (administrer avec des gonadotrophines humaines de femmes ménopausées)*: 5 000 à 10 000 unités un jour après l'administration de la dernière dose de gonadotrophines humaines de femmes ménopausées.

Administration/entreposage   Les solutions reconstituées sont stables pendant 1 à 3 mois, selon le fabricant, lorsqu'elles sont conservées entre 2 et 8°C.

Soins infirmiers

1. Évaluer le développement de caractères sexuels secondaires chez les garçons prépubères car cela indique un développement sexuel précoce qui dicte l'arrêt de l'administration du médicament.

2. S'assurer que le client qui reçoit le médicament pour le traitement de la cryptorchidie est examiné une fois par semaine afin de vérifier la réaction au traitement.

3. Lorsque le médicament est administré dans le traitement de l'insuffisance du corps jaune, cesser l'administration de la gonadotrophine et prévenir le médecin si des saignements surviennent chez les clientes après le quinzième jour suivant l'administration.

4. *Expliquer au client et/ou à sa famille* comment évaluer l'œdème et la nécessité de le signaler s'il survient.

GONADOTROPHINES HUMAINES DE FEMMES MÉNOPAUSÉES   Pergonal[Pr]

Catégorie   Stimulant ovarien.

Mécanisme d'action/cinétique   Les gonadotrophines humaines de femmes ménopausées sont un mélange d'hormone folliculo-stimulante (FSH) et d'hormone lutéinisante (LH), qui entraînent la croissance et la maturation des follicules ovariens. Pour obtenir l'ovulation, on administre l'HCG le jour suivant la fin de l'administration des gonadotrophines humaines de femmes ménopausées. Chez l'homme, les gonadotrophines humaines de femmes ménopausées sont administrées pendant un minimum de 3 mois pour provoquer la spermatogenèse.

Indications   En association avec l'HCG pour l'infertilité causée par une aménorrhée primaire ou secondaire (y compris la galactorrhée), la polykystose ovarienne et les cycles anovulatoires. En association avec l'HCG pour induire la spermatogenèse chez les hommes atteints d'hypogonadisme hypogonadotrophique secondaire.

Contre-indications   *Chez la femme*: Grossesse. Insuffisance ovarienne primaire indiquée par une concentration urinaire élevée de gonadotrophines, kystes ovariens, lésions intracrâniennes, y compris une tumeur de l'hypophyse. *Chez l'homme*: Concentration normale de gonadotrophines, insuffisance testiculaire primaire, atteinte de la fertilité ayant une autre cause que l'hypogonadisme hypogonadotrophique. On devrait établir l'absence de cancer avant de commencer le traitement.

Réactions indésirables   *Chez la femme*: Surstimulation ovarienne, syndrome d'hyperstimulation (maximal 7 à 10 jours après l'arrêt de l'administration du médicament), hypertrophie ovarienne (20% des clientes), rupture de kystes ovariens, hémopéritoine, thromboembolie, naissance multiple (20%). Fièvre. *Chez l'homme*: polyglobulie réactionnelle, gynécomastie.

Posologie   **Chez la femme. IM,** *individualisée*: **Initialement,** 75 UI de FSH et 75 UI de LH pendant 9 à 12 jours, suivies de 10 000 unités d'HCG le jour suivant l'administration de la dernière dose de gonadotrophines humaines de femmes ménopausées. *Traitements subséquents*: Même posologie. En l'absence d'ovulation, on peut augmenter la dose à 150 UI de FSH et 150 UI de LH pendant 9 à 12 jours, suivies d'HCG comme ci-dessus pour 2 traitements ou plus.

Chez l'homme. IM: Pour augmenter la concentration sérique de testostérone, il peut être nécessaire d'administrer l'HCG seule, à une posologie de 5 000 unités 3 fois par semaine, pendant 4 à 6 mois avant d'administrer les gonadotrophines humaines de femmes ménopausées; **puis**, on administre 75 UI de FSH et 75 UI de LH 3 fois par semaine et 2 000 unités de HCG 2 fois par semaine pendant au moins 2 mois. Si aucune réaction n'est obtenue après 4 mois, doubler la dose de gonadotrophines humaines de femmes ménopausées sans augmenter la dose d'HCG.

Administration   Utiliser les solutions reconstituées immédiatement. Jeter toute portion non utilisée.

Soins infirmiers

1. *Cesser l'administration d'HCG* et prévenir le médecin si la concentration d'œstrogènes urinaires est supérieure à 347 nmol par jour ou si l'excrétion d'œstriol est supérieure à 173 nmol par jour. Ces signes indiquent un syndrome d'hyperstimulation imminent.

2. *Expliquer à la cliente*:
   a) qu'elle doit subir un examen au moins tous les 2 jours pour vérifier les signes de stimulation ovarienne excessive, pendant le traitement et 2 semaines après la cessation de celui-ci.
   b) qu'elle doit conserver ses urines de 24 h pour la détermination de la concentration d'œstrogènes. Fournir un contenant adéquat.
   c) qu'elle doit apporter l'échantillon au laboratoire approprié.
   d) comment mesurer sa température basale et la porter sur un graphique.
   e) les signes et les épreuves qui indiquent le moment de l'ovulation, comme l'augmentation de la température basale et l'augmentation du volume et de l'élasticité de la glaire cervicale, qui se cristallise en feuille de fougère. Expliquer également la signification de l'excrétion urinaire d'œstriol.
   f) que des relations sexuelles quotidiennes sont recommandées à partir du jour précédant l'administration d'HCG jusqu'au jour de l'ovulation.
   g) qu'elle doit s'abstenir de relations sexuelles dans le cas d'hypertrophie ovarienne importante car cela augmente les risques de rupture des kystes ovariens.

Stimulants ovariens

3. Si le syndrome d'hyperstimulation survient,
   a) expliquer la nécessité de l'hospitalisation pour une sur-
      veillance adéquate.
   b) maintenir les ingesta et les excreta et peser quotidien-
      nement afin d'aider à la surveillance de l'hémoconcentra-
      tion. Évaluer la densité relative de l'urine, l'hématocrite et
      les électrolytes urinaires et sériques.
   c) prévoir que de l'héparine sodique sera prescrite si l'hé-
      matocrite augmente à des niveaux graves.
   d) expliquer à la cliente la nécessité du repos au lit, l'impor-
      tance des liquides et des électrolytes ainsi que la possi-
      bilité d'obtenir des analgésiques si elle en a besoin.

CHAPITRE **64**

Abortifs et prostaglandines

Prostaglandines
Dinoprostone *948*

Autres agents
Solution de chlorure de sodium
à 20% *949*

Solution d'urée à 40% ou
50% *950*

Généralités   Plusieurs agents sont employés pour provoquer un avortement thérapeutique pendant le deuxième trimestre de la grossesse. La prostaglandine E_2 et les solutions très concentrées de chlorure de sodium (20%) et d'urée (40% ou 50%) font partie de ce groupe d'agents. La prostaglandine E_2 est également utilisée pour déclencher le travail lors des accouchements à terme.

Après leur administration, la plupart de ces médicaments provoquent l'évacuation de l'utérus en un nombre prévisible d'heures. Si les contractions utérines ne débutent pas ou ne sont pas assez puissantes pour expulser le fœtus, on administre de nouveau l'abortif. Si cela se révèle inefficace, il faut mettre fin à la grossesse par un autre moyen, tel que l'administration d'un autre abortif, l'administration d'ocytocine ou une intervention chirurgicale.

Les avortements pendant le deuxième trimestre sont habituellement effectués par un médecin spécialisé dans la pratique de l'amniocentèse, dans un centre hospitalier doté d'une unité de soins intensifs.

On administre le chlorure de sodium ainsi que l'urée par voie amniotique et le dinoprostone par voie orale. On administre quelquefois simultanément de l'ocytocine avec la prostaglandine et les abortifs hypertoniques.

Voir également *Ocytociques*, à la p. 961.

Administration (intra-amniotique)

1. La cliente doit uriner avant l'intervention afin d'éviter l'injection de l'abortif dans la vessie.
2. Nettoyer l'abdomen avec une solution antiseptique.
3. Être prête à aider le médecin lors de l'administration d'anesthésiques locaux et de l'insertion d'une aiguille à amniocentèse (aiguille pour injection spinale de calibre 14 munie d'un stylet) par la paroi abdominale. On retire 1 mL de liquide amniotique afin de vérifier la position de l'aiguille.

4. Si le liquide aspiré contient du sang, on doit replacer l'aiguille. Sinon, on enfile un cathéter de téflon au-delà de la tête de l'aiguille; on retire l'aiguille et on commence l'administration de l'abortif.

5. Un volume de liquide amniotique approximativement équivalent au volume de la solution d'abortif injectée est retiré par le cathéter.

6. On injecte l'abortif lentement, particulièrement au début, afin de déterminer la sensibilité de la cliente.

7. On peut laisser le cathéter en place pendant 24 à 48 h pour faciliter une administration supplémentaire d'abortif.

8. Être prête à l'administration prophylactique d'antibiotiques par le cathéter.

9. On applique un pansement chirurgical sur l'abdomen après le retrait du cathéter.

Soins infirmiers

1. La cliente qui reçoit un abortif a besoin d'être rassurée et réconfortée, surtout lorsqu'elle n'a pas de système de soutien adéquat.

2. Expliquer le déroulement de l'avortement, y compris l'administration du médicament, le travail et l'expulsion. Permettre à la cliente de poser des questions et y répondre adéquatement.

3. Disposer d'antiémétiques pour administration avant l'avortement afin d'éviter les vomissements.

4. Demeurer près de la cliente et la rassurer pendant l'administration de l'abortif.

5. Surveiller le déclenchement du travail.

6. Évaluer le déroulement du travail: fréquence, durée et force des contractions.

7. Évaluer l'apparition d'hypertension, d'hémorragie, de dyspnée, de bradycardie et de modifications de la fonction du SNC en surveillant la pression artérielle, la température, le pouls et le nombre de respirations par minute.

8. Évaluer les nausées, les vomissements et la diarrhée afin de réduire le malaise et afin de prévenir un déséquilibre électrolytique.

9. S'assurer que les contractions ont cessé avant de commencer l'administration d'ocytocine. Utiliser un montage en Y où un flacon contient une solution IV et de l'ocytocine et l'autre de la solution IV seulement. De cette façon, on peut cesser l'administration du médicament tout en gardant la veine ouverte grâce à l'administration de la solution IV ne contenant pas de médicament. Cesser l'administration du médicament et prévenir le médecin si la force des contractions (mesurée par un moniteur) excède 50 mm Hg ou si elles durent plus de 70 s sans période de relaxation complète de l'utérus entre

les contractions, afin d'éviter la rupture de l'utérus et les lacérations cervicales. Demeurer près de la cliente recevant de l'ocytocine pour l'induction du travail.

10. Surveiller la cliente durant la quatrième phase du travail.

11. Évaluer l'hémorragie, la fièvre et les signes d'une infection qui peuvent indiquer que le placenta a été retenu après l'expulsion du fœtus.

12. Surveiller les saignements du vagin qui peuvent indiquer une lacération cervicale non diagnostiquée.

13. Disposer de WinRho pour administrer après l'expulsion aux femmes Rh-négatif non sensibilisées.

14. *Expliquer à la cliente*:
    a) qu'il faut observer les signes et symptômes d'infection et d'hémorragie.
    b) qu'il faut éviter les rapports sexuels, les tampons et les douches vaginales pendant 2 semaines après l'avortement.
    c) qu'elle doit se faire réexaminer après 2 ou 4 semaines.
    d) comment reconnaître les symptômes de dépression, fréquents après un avortement.
    e) qu'il faut porter un bon soutien-gorge si la lactation survient après l'avortement.
    f) les méthodes de contraception suggérées après l'examen du post-partum si une planification familiale est désirée ou indiquée.

PROSTAGLANDINES

Mécanisme d'action/cinétique   On utilise les prostaglandines pour déclencher le travail lors d'accouchements à terme ou proches du terme ainsi que pour provoquer l'avortement durant le deuxième trimestre. Ces substances semblables aux hormones provoquent des contractions utérines qui ressemblent au travail spontané normal. Dans le cas d'un avortement, l'expulsion du fœtus survient habituellement en 12 à 48 h. Le médicament facilite également la dilatation et l'effacement du col de l'utérus. À cause de cet effet stimulant sur les muscles lisses, les prostaglandines peuvent peut aussi augmenter la motilité du tractus GI et causer des bronchospasmes, de la vasoconstriction et des modifications de la pression artérielle.

Indications   Voir le médicament.

Contre-indications   Hypersensibilité au médicament. Pelvipéritonite. Employer avec prudence chez les clientes ayant des antécédents d'asthme, d'épilepsie, d'hypotension ou d'hypertension, de maladie cardio-vasculaire, rénale ou hépatique, d'anémie, d'ictère, de diabète, de cervicite, de lésions endocervicales infectées ou de vaginite aiguë. Ne pas employer chez les clientes ayant des antécédents de chirurgie utérine (par exemple, accouchement par césarienne) et dans les cas de disproportion céphalo-pelvienne, de présentation anormale, de risques ou de signes de souffrance fœtale, d'antécédents de travail difficile ou d'accouchement traumatique, de distension de l'utérus ou d'hypertonie utérine.

Réactions indésirables   *GI*: Nausées, vomissements, diarrhée, hoquet, fièvre, frissons. *SNC*: Céphalée, faiblesse, somnolence, anxiété, vertiges, léthargie. *GU*: Lacération ou perforation de l'utérus ou du col de l'utérus, rupture de l'utérus, endométrite, infections urinaires, saignements abondants, douleur. *CV*: Oppression ou douleur thoracique, hypotension ou hypertension, arythmie cardiaque. *Respiratoires*: Respiration sifflante, dyspnée, toux, hyperventilation, épistaxis. *Autres*: Transpiration, douleur au dos, éruption cutanée, sensibilité des seins, douleur oculaire.
Remarque: Étant donné que les prostaglandines n'affectent pas directement le placenta et le fœtus, il est possible que le fœtus naisse vivant lors d'un avortement.

Posologie   Voir le médicament.

Soins infirmiers complémentaires

Voir *Soins infirmiers – Abortifs*, p. 946, et *Ocytocine*, p. 966.

1. Surveiller la température de la cliente pendant au moins 3 jours après l'accouchement.

2. Évaluer la pyrexie après l'accouchement, afin de déterminer si celle-ci résulte d'une endométrite ou a été induite par la prostaglandine. Lors d'une endométrite, la pyrexie survient habituellement le troisième jour après l'accouchement et se développe en infection à moins qu'elle ne soit traitée.

3. Maintenir une hydratation adéquate et éponger avec de l'eau ou de l'alcool si la cliente présente une pyrexie induite par les médicaments.

DINOPROSTONE   Prostin E₂^{Pr}

Mécanisme d'action/cinétique   Le dinoprostone est un dérivé de prostaglandine naturel. L'avortement se produit après 17 h en moyenne.

Indications   Déclenchement du travail à terme ou proche du terme dans des cas électifs et déclenchement du travail en cas de postmaturité, d'hypertension, de toxémie gravidique, de diabète sucré maternel, de rupture prématurée des membranes, d'incompatibilité Rh, de mort fœtale, de retard du développement fœtal, de môle hydatiforme, de fœtus anencéphalique, de rétention fœtale et de perforation utérine avant la fin d'un curetage par succion.

Interaction médicamenteuse   La prostaglandine peut potentialiser l'effet de l'ocytocine; administrer l'ocytocine au moins 1 h après la dernière dose de dinoprostone.

Posologie   PO. Administrer une dose d'attaque de 0,5 mg et la faire suivre, 1 h plus tard, d'une autre dose de 0,5 mg. Administrer les doses subséquentes à intervalles de 1 h. Utiliser la dose la plus faible produisant des contractions efficaces. Interrompre le traitement après 8 h si le médicament n'a pas déclenché des contractions régulières. **Ne jamais prolonger le traitement au-delà de 18 h**.

Administration

1. Prendre les comprimés avec un peu d'eau.
2. L'administration IV d'éthanol à 10% peut annuler l'effet du dinoprostone.

AUTRES AGENTS

SOLUTION DE CHLORURE DE SODIUM À 20%

Catégorie   Abortif.

Mécanisme d'action/cinétique   Le chlorure de sodium hypertonique peut provoquer la sécrétion de prostaglandines, ce qui entraîne des contractions de l'utérus. L'avortement n'est pas complet dans 25% à 40% des cas et doit être complété par d'autres moyens. L'avortement survient généralement en 48 h (97% en 72 h). On peut administrer simultanément de l'ocytocine par voie IV afin de réduire le temps nécessaire pour obtenir l'avortement.

Indications   Interruption de la grossesse pendant le deuxième trimestre (de la seizième semaine à la vingt-quatrième semaine).

Contre-indications   Pression intra-amniotique augmentée, tel que dans les cas d'utérus hypertonique ou en contraction. Adhérences pelviennes soupçonnées. Clientes sensibles à une surcharge de chlorure de sodium (maladies cardio-vasculaires et rénales, hypertension et épilepsie) ou clientes atteintes d'une dyscrasie sanguine. Clientes ayant subi une intervention chirurgicale à l'utérus.

Réactions indésirables   *CV*: Bouffées vasomotrices, collapsus circulatoire, hypervolémie, coagulation intravasculaire (diminution des plaquettes, baisse de l'hématocrite, du fibrinogène, des facteurs V et VIII; augmentation du volume plasmatique, de la fibrine, de la thrombine et de la prothrombine). *GU*: Lacérations et perforations cervicales, rupture de l'utérus, fistule cervico-vaginale. En cas de rétention du placenta, les effets indésirables suivants peuvent survenir: infection, endométrite, septicémie, hémorragie et fièvre. *Autres*: Embolie pulmonaire, pneumonie, nécrose du cortex rénal, ascite, déséquilibre électrolytique grave.

Si la solution hypertonique de chlorure de sodium est injectée par mégarde dans un vaisseau sanguin, des réactions graves menaçant la vie de la cliente peuvent survenir.

Interaction médicamenteuse   La terbutaline peut prolonger le délai précédant l'avortement lorsqu'elle est administrée simultanément à la solution hypertonique de chlorure de sodium.

Posologie   **Administration transabdominale et intra-amniotique**: 45 à 250 mL de solution de chlorure de sodium à 20%. Si le travail n'a pas commencé 48 h après l'instillation, le médecin devrait réévaluer l'état de la cliente.

Administration

1. Lors de l'instillation de la solution saline, tenir compte des plaintes de la cliente (sensation de chaleur, soif, céphalée grave, confusion mentale, détresse vague, douleur lombaire, abdominale ou pelvienne, sensation de picotement, engourdissement des doigts, sensation de chaleur sur les lèvres et la langue, nervosité extrême ou acouphène) car celles-ci peuvent indiquer que le médicament n'a pas été instillé dans le sac amniotique. Être prête à administrer une solution de dextrose à 5% et d'autres soins de soutien afin de prévenir un choc hypernatrémique.
2. Surveiller la cliente pendant 1 à 2 h après l'instillation de la solution saline hypertonique afin de reconnaître les réactions indésirables et le début du travail.

Soins infirmiers

Voir *Soins infirmiers – Abortifs*, p. 946.

1. Encourager la cliente à boire au moins 2 L d'eau le jour de l'avortement afin de faciliter l'excrétion du sel.
2. Évaluer et signaler les symptômes d'hypernatrémie, tels que la soif, la langue sèche, les rougeurs de la peau, une élévation de la température, l'excitation, l'hypotension ou l'hypertension, la tachycardie et l'engourdissement des doigts, après l'injection du médicament.
3. Disposer d'une solution de dextrose à 5% et d'un perfuseur, au cas où une hypernatrémie surviendrait.

SOLUTION D'URÉE À 40% OU 50%

Catégorie   Abortif.

Mécanisme d'action/cinétique   On croit que la solution hypertonique d'urée cause l'avortement en endommageant les cellules qui sécrètent les prostaglandines; par la suite, les prostaglandines entraînent les contractions des muscles lisses de l'utérus. La période moyenne d'induction de l'avortement dure de 18 à 30 h. L'avortement survient en 76 h chez 80% des clientes. Toutefois, chez 30 à 40% des clientes, l'avortement doit être complété par une intervention chirurgicale ou par d'autres moyens.

Indications Interruption de la grossesse pendant le deuxième trimestre (après la seizième semaine). Habituellement administré simultanément à de l'ocytocine.

Contre-indications Antécédents d'adhérences pelviennes ou d'intervention chirurgicale pelvienne. Fonction rénale gravement atteinte, insuffisance hépatique franche, saignements intracrâniens actifs, déshydratation grave et maladie systémique majeure.

Réactions indésirables *GI*: Nausées, vomissements, diarrhée. *GU*: Lacérations et perforations cervicales, nécrose du myomètre. En cas de rétention du placenta, les réactions suivantes peuvent survenir: infection, endométrite, fièvre ou hémorragie. *Électrolytiques*: Déshydratation, hyponatrémie, hypokaliémie. *Autres*: Coagulation intravasculaire, céphalée, diminution des plaquettes et du fibrinogène.

Les injections intravasculaire, intramyométrale ou intrapéritonéale peuvent entraîner une nécrose du myomètre, de la déshydratation, de l'hyponatrémie, de l'hypokaliémie ou de l'hyperkaliémie.

Posologie **Intra-amniotique**: 200 à 250 mL (on retire un volume équivalent de liquide amniotique) de solution d'urée à 40% ou 50% (environ 80 g d'urée) administrée en 20 à 30 min. On peut administrer 80 g supplémentaires d'urée si aucune réponse n'est obtenue après 48 h.

Administration/entreposage

1. On devrait d'abord retirer tout le liquide amniotique afin de prévenir l'augmentation soudaine de la pression amniotique.

2. Réchauffer le solvant dans un bain-marie à 60°C avant de mélanger avec l'urée. Administrer à la température corporelle.

3. La solution d'urée devrait être utilisée dans les quelques heures suivant la reconstitution si elle est conservée à la température ambiante ou dans les 48 h si elle est conservée entre 2 et 8°C.

Soins infirmiers complémentaires

Voir *Soins infirmiers – Abortifs*, p. 946.

1. Encourager la cliente à boire afin d'éviter la déshydratation et d'activer l'excrétion de l'urée.

2. Évaluer la faiblesse musculaire et la léthargie, qui indiquent un déséquilibre électrolytique.

3. S'assurer que les épreuves hématologiques sont faites et que les résultats sont évalués. Disposer de liquides IV afin de corriger les déséquilibres électrolytiques.

CHAPITRE 65

Androgènes et stéroïdes anabolisants

ANDROGÈNES ET STÉROÏDES ANABOLISANTS

Généralités   La testostérone est la principale hormone mâle produite par les cellules interstitielles des testicules. La testostérone, ses produits de dégradation et ses substituts synthétiques portent le nom d'androgènes (du grec *andros*, homme). La production de testostérone, comme celle des hormones femelles (œstrogènes et progestérone), est régie par les gonadotrophines, par l'hormone folliculostimulante (FSH) et par l'hormone lutéinisante(ICSH), ces deux dernières étant produites par l'hypophyse antérieure.

À la puberté, ces gonadotrophines stimulent le début de la production de testostérone qui, à son tour, stimule le développement des organes sexuels primaires et des caractères sexuels secondaires. La testostérone stimule également la croissance des os et des muscles squelettiques, augmente la rétention de l'azote protéique alimentaire (anabolisme) et ralentit le catabolisme tissulaire. Les androgènes favorisent la rétention de sodium, de potassium, d'azote et de phosphore ainsi que l'excrétion de calcium. Vers la fin de la puberté, la testostérone accélère la conversion du cartilage en os, mettant ainsi fin à la croissance linéaire.

Le traitement avec la testostérone et ses dérivés se complique par le fait que l'apport exogène d'hormone peut réduire la sécrétion hormonale naturelle par des effets inhibiteurs sur l'hypophyse. Des doses trop importantes peuvent causer une atteinte permanente. Une sensation de bien-être se développe habituellement pendant le traitement. En plus de la testostérone et de ses différents esters, on trouve dans le commerce plusieurs dérivés synthétiques.

Indications   Hormonothérapie chez les hommes en cas d'hypogonadisme primaire congénital ou acquis, d'hypogonadisme hypogonadotrophique congénital ou acquis, de retard de la puberté. Traitement du carcinome mammaire métastatique inopérable chez les femmes post-ménopausées ou chez les femmes préménopausées après l'ovariectomie. Engorgement mammaire du post-partum.

Les stéroïdes anabolisants sont indiqués pour le gain pondéral à la suite d'une maladie ou d'un état catabolique, comme adjuvants dans le traitement de l'ostéoporose sénile ou post-ménopausique, dans certains types d'anémie (anémie aplastique, aplasie des érythrocytes, anémie hémolytique) et pour favoriser un bilan azoté positif lors d'un traitement prolongé avec des corticostéroïdes.

Contre-indications   Carcinome prostatique et mammaire (chez l'homme). Grossesse (masculinisation du fœtus femelle). Administrer avec prudence chez les jeunes garçons qui n'ont pas terminé leur croissance (à cause d'une soudure précoce des cartilages épiphysaires) ou chez les clients atteints de maladie cardiaque, rénale ou hépatique (à cause d'œdème provoqué par l'administration des androgènes). Cesser l'administration du médicament si une hypercalcémie survient.

Réactions indésirables   *Hépatiques*: La toxicité hépatique est l'effet indésirable le plus redoutable. Ictère, cholestase, modification de la rétention de la BSP et des taux de SGOT et de SGPT. Rarement, nécrose hépatique, néoplasie hépatocellulaire, péliose hépatique. *GI*: Nausées, vomissements, diarrhée, anorexie, symptômes d'ulcère gastro-duodénal. *SNC*: Céphalée, anxiété, altération de la libido, insomnie, excitation, paresthésie, syndrome des apnées du sommeil, hémorragie cérébrale, frissons, mouvements choréiformes, accoutumance, confusion (doses toxiques). *GU*: Atrophie testiculaire avec inhibition de la fonction testiculaire, impuissance, priapisme chronique, épididymite, vessie irritable, oligospermie, développement prépubertaire du pénis, diminution du volume de l'éjaculat. *Électrolytiques*: Rétention de sodium, de chlorure, de calcium, de potassium et de phosphates. Œdème. *Autres*: Acné, rougeurs, suppression des facteurs de coagulation (II, V, VII, X), polycythémie, leucopénie, éruption cutanée, dermatite, anaphylaxie (rare), crampes musculaires. Hypercalcémie particulièrement chez les clients alités ou chez les clientes atteintes de carcinome mammaire métastatique.

Chez les femmes, perturbations du cycle menstruel, virilisation, développement du clitoris, hirsutisme, augmentation de la libido, calvitie (à évolution masculine), virilisation des organes génitaux externes du fœtus femelle. **Chez les enfants**, troubles de croissance, soudure prématurée des cartilages épiphysaires, développement sexuel précoce.

Les préparations pour administration buccale peuvent causer des stomatites. Inflammation et douleur au point d'injection IM ou SC.

Interactions médicamenteuses

Médicaments	Interaction
Anticoagulants oraux	Les stéroïdes anabolisants ↑ l'effet des anti-coagulants.
Antidiabétiques	Hypoglycémie additive.
Barbituriques	↓ de l'effet des androgènes par ↑ du catabolisme hépatique.
Corticostéroïdes	Risques d'œdème.
Phénylbutazone	Certains androgènes ↑ l'effet de la phénylbutazone.

Interactions avec les épreuves de laboratoire Modification des résultats des épreuves de la fonction thyroïdienne. Faux + ou ↑ de la BSP, de la phosphatase alcaline, de la bilirubine, du cholestérol et de la phosphatase acide chez la femme. Modification des résultats des épreuves de tolérance au glucose.

Posologie Les androgènes sont administrés **PO**, par voie **IM profonde** et par voie **buccale** et **sublinguale.** Voir au tableau 33, page 956, la posologie de chaque médicament. Pour maîtriser l'œdème, on peut administrer des diurétiques.

> **Soins infirmiers**
>
> 1. *Évaluer*:
>   a) les signes de puberté précoce et les retards de croissance chez les enfants.
>   b) l'œdème; peser le client au moins 2 fois par semaine. Vérifier les ingesta et les excreta.
>   c) l'état de la sclérotique, des muqueuses et de la peau pour déceler tout signe d'ictère.
>   d) le prurit qui peut survenir avant l'apparition de l'ictère.
> 2. Signaler si l'irritation GI est due au médicament. Signaler tout signe permanent de virilisation comme l'apparition de tonalités vocales graves et le développement du clitoris.
> 3. Signaler au médecin l'augmentation de la libido chez les femmes. Expliquer cette manifestation à la cliente et lui apporter le soutien affectif nécessaire. L'augmentation de la libido peut être un signe avant-coureur de toxicité grave.
> 4. Expliquer aux clientes que l'apparition de l'acné et de poils sur le visage est réversible après l'arrêt du traitement.
> 5. Expliquer aux clientes que le médicament peut causer une perturbation dans le cycle menstruel chez les femmes pré-ménopausées et une métrorragie de sevrage chez les femmes post-ménopausées.
> 6. Signaler le priapisme, car l'apparition de ce syndrome dicte l'arrêt du traitement tout au moins temporairement.

7. Fournir un régime riche en kilojoules, en protéines, en vitamines, en minéraux et autres nutriments à moins d'indications contraires.

8. Interrompre l'administration du médicament et administrer des liquides afin d'éviter la formation de calculs rénaux chez les clients qui présentent des concentrations élevées de calcium sérique (normales: 2,25 à 2,75 mmol/L). Si l'hypercalcémie est causée par des métastases, instaurer le traitement approprié. L'hypercalcémie est caractérisée par une relaxation des muscles squelettiques, par une douleur osseuse profonde causée par le criblage des os, par une douleur du flanc causée par des calculs rénaux qui résultent de l'hypercalcémie.

AUTRE AGENT

DANAZOL   Cyclomen[Pr]

Catégorie   Androgène synthétique.

Mécanisme d'action/cinétique   Cet androgène synthétique inhibe la libération des gonadotrophines (FSH et LH) par l'hypophyse antérieure. Chez les femmes, cette action provoque l'arrêt de la fonction ovarienne, induit l'aménorrhée et cause l'atrophie de l'endomètre normal et ectopique. **Début d'action** (aménorrhée et anovulation): 6 à 8 semaines. **Demi-vie**: 29 h. **Durée d'action**: L'ovulation et la menstruation réapparaissent habituellement 60 à 90 jours après l'arrêt du traitement.

Indications   Endométriose traitable par les hormones chez les clientes qui ne peuvent recevoir d'autres traitements ou qui n'ont pas réagi à d'autres médicaments. Mastose sclérokystique. Angio-œdème héréditaire chez l'homme et chez la femme. *À l'étude*: Gynécomastie, ménorragies, puberté précoce.

Contre-indications   Saignements génitaux non diagnostiqués, fonctions hépatique, rénale ou cardiaque grandement détériorées, grossesse et lactation.

Réactions indésirables   *Androgéniques*: Acné, diminution du volume mammaire, peau et cheveux gras, gain pondéral, apparition de tonalités vocales graves, hirsutisme, hypertrophie du clitoris, atrophie testiculaire. *Insuffisance œstrogénique*: Rougeurs, transpiration, vaginite, nervosité, troubles émotifs. *GI*: Nausées, vomissements, constipation, gastro-entérite. *Hépatiques*: Ictère, dysfonctionnement. *SNC*: Fatigue, tremblements, céphalée, vertiges, troubles du sommeil, paresthésie, anxiété, dépression, modifications de l'appétit. *Autres*: Réactions allergiques, crampes ou spasmes musculaires, tuméfaction ou blocage des articulations, hématurie, hypertension, frissons, douleur pelvienne, syndrome du canal carpien, alopécie, modification de la libido.

TABLEAU 33 ANDROGÈNES ET STÉROÏDES ANABOLISANTS

Médicament	Indications
Éthylestrénol Maxibolin[Pr]	Agent anabolique: pour contrebalancer les effets des corticostéroïdes, dans certaines formes de cancer, en cas d'immobilisation prolongée, de retard de croissance, d'ostéoporose ou d'anémies.
Fluoxymestérone Halotestin[Pr]	Insuffisance androgénique chez l'homme (lorsque l'hypogonadisme fait son apparition pendant la vie adulte); carcinome mammaire métastatique chez la femme; engorgement mammaire du post-partum.
Méthyltestostérone Métandrène[Pr]	Insuffisance androgénique, agent anabolique, cancer mammaire chez la femme, engorgement mammaire du post-partum, cryptorchidie.

Posologie	Commentaires

PO, initialement, adultes: 4 à 8 mg par jour; **dose habituelle**: 4 mg par jour. **Enfants de moins de 12 ans**: 1 à 3 mg par jour.

Synthétique. La durée du traitement ne doit pas excéder 6 semaines. Administrer de nouveau au besoin, si nécessaire après une période de repos de 4 semaines. Ce médicament a moins d'effets androgéniques que la méthyltestostérone. Toutefois, ces effets peuvent être très marqués chez les enfants. Le médicament peut affecter la fonction hépatique; par conséquent, il est souhaitable d'effectuer périodiquement des épreuves de la fonction hépatique. La croissance peut commencer à se manifester jusqu'à 6 mois après l'arrêt du traitement.

Retard de la puberté: **Initialement**, 2 mg par jour; **puis**, augmenter la dose graduellement selon la réaction. *Hypogonadisme, hypofonctionnement testiculaire.* **PO**: 2 à 10 mg par jour. *Cancer mammaire inopérable*: 15 à 30 mg par jour, en doses fractionnées. Continuer le traitement pendant 2 à 3 mois. *Engorgement mammaire du post-partum:* **Initialement**, 2,5 mg pendant le travail; **puis**, 5 à 10 mg par jour, pendant 4 ou 5 jours.

Synthétique. Ce médicament n'entraîne pas la maturation sexuelle complète chez les clients ayant une fonction testiculaire prépubertaire. Il est 5 fois plus puissant que les esters à action prolongée de la testostérone ou que les implants de testostérone s'il est utilisé en hormonothérapie substitutive chez l'homme et en cas d'insuffisance androgénique. Les troubles GI sont plus fréquents que dans le cas d'autres androgènes.

Insuffisance androgénique, eunuchoïdisme, eunuchisme. **PO**: 10 à 40 mg par jour, en doses fractionnées. **Voie buccale**: 5 à 20 mg par jour. *Cancer mammaire chez la femme.* **PO**: 200 mg par jour. **Voie buccale**: 100 mg par jour. *Engorgement mammaire du post-partum.* **PO**: 80 mg par jour. **Voie buccale**: 40 mg, pendant 3 ou 4 jours. *Cryptorchidie postpubertaire.* **PO**: 30 mg par jour. **Voie buccale**: 15 mg par jour.

Semi-synthétique. Inefficace pour produire une maturation sexuelle complète chez les clients ayant une insuffisance testiculaire prépubertaire. L'administration buccale assure deux fois l'effet androgénique des comprimés oraux.
Administration
1. Placer la linguette sous la langue ou sur le plancher buccal.
2. Éviter de manger, de boire, de mâcher ou de fumer tout au long de la dissolution, car l'absorption est grandement diminuée si la linguette est ingérée.
3. Assurer une bonne hygiène buccale après l'absorption de la linguette.

Androgènes et stéroïdes anabolisants

TABLEAU 33 *(suite)*

Médicament	Indications
Nandrolone, décanoate de Deca-Durabolin^{Pr}	Ostéoporose, anémies, états débilitants, cancer mammaire métastatique.
Nandrolone, phenpropionate de Durabolin^{Pr}	Agent anabolique: retard de croissance, ostéoporose, traitement aux corticostéroïdes, cancer mammaire inopérable chez la femme.
Oxymétholone Anapolon 50^{Pr}	Anémies.
Stanozolol Winstrol^{Pr}	Anémie aplastique, ostéoporose, perte musculaire lors de traitements avec les corticostéroïdes.
Testostérone Malogen^{Pr} **Testostérone, cypionate de** Depo-Testostérone^{Pr} **Testostérone, énanthate de** Delatestryl^{Pr}, Énanthate de testostérone^{Pr}, Malogex^{Pr} **Testostérone, propionate de** Malogen^{Pr}, Propionate de testostérone^{Pr}	Hypoandrogénie sexuelle, eunuchoïdisme, castration. Chez les femmes: certains troubles menstruels, suppression de la lactation, cancer mammaire avancé. Anémie aplastique, anémies hypoplastiques.

Interactions médicamenteuses

Médicaments	Interaction
Insuline	Le danazol ↑ les besoins en insuline.
Warfarine	Le danazol ↑ le temps de prothrombine chez les clients stabilisés avec de la warfarine.

Posologie	Commentaires

IM. Adultes: 50 à 100 mg q 3 ou 4 semaines pendant 4 mois. **Enfants de 2 à 13 ans**: 25 à 50 mg q 3 ou 4 semaines. *Cancer mammaire méta-statique*: 100 à 200 mg par semaine.

Synthétique. Un repos de 6 à 8 semaines après un traitement de 4 mois est souhaitable.

IM. Adultes: Initialement, 25 à 50 mg une fois par semaine. **Enfants de 2 à 13 ans**: 12,5 à 25 mg q 2 à 4 semaines. *Cancer mammaire méta-statique*: 50 à 100 mg par semaine, selon la réaction.

Synthétique. Les enfants de moins de 7 ans sont particulièrement sensibles au médicament. Il est souhaitable d'observer une période de repos de 3 mois après une période de 3 mois de traitement.

Anémies. **Adultes et enfants, dose individualisée**: 1 à 5 mg/kg par jour. Un traitement de 3 à 6 mois au minimum est habituellement indiqué.

Traitement prolongé habituellement indiqué en cas d'anémie aplastique congénitale.

PO. Adultes: 2 mg t.i.d., avant et pendant le repas ou 2 mg par jour chez les jeunes femmes; **enfants jusqu'à 6 ans**: 1 mg b.i.d.; **6 à 12 ans**: jusqu'à 2 mg t.i.d.

Synthétique. Le produit peut causer une soudure prématurée des cartilages épiphysaires chez les enfants. Les clients devraient suivre un régime riche en protéines et en kilojoules. Effectuer des épreuves périodiques de la fonction hépatique.

Testostérone et propionate de testostérone. **IM seulement.** *Hormonothérapie substitutive*: 10 à 25 mg, 2 ou 3 fois par semaine. *Engorgement mammaire du post-partum*: 25 à 50 mg par jour, pendant 3 ou 4 jours, à partir du jour de l'accouchement. *Cancer mammaire*: 100 mg, 3 fois par semaine. *Énanthate et cypionate de testostérone.* **IM seulement.** *Hypogonadisme*: 50 à 400 mg q 2 à 4 semaines. *Retard de la puberté*: 50 à 200 mg q 2 à 4 semaines. *Cancer mammaire chez la femme*: 200 à 400 mg q 2 à 4 semaines.

Hormone naturelle et sels de cette hormone. Administrer le médicament pendant au moins 2 mois pour obtenir une réaction satisfaisante et pendant 5 mois pour obtenir une réaction objective. Surveiller l'apparition du priapisme, de la virilisation, de l'hypercalcémie. Le propionate de testostérone est plus efficace que la testostérone pour l'injection parentérale parce que la libération est plus lente. Le priapisme (érection persistante) peut constituer un signe de surdosage.

Posologie **PO.** *Endométriose*: 400 mg b.i.d., pendant 3 à 6 mois (jusqu'à 9 mois chez certaines clientes). Commencer le traitement pendant la menstruation dans la mesure du possible, afin de s'assurer que la cliente n'est pas enceinte. *Mastose sclérokystique*: 100 à 400 mg par jour, en 2 doses fractionnées. *Angio-œdème héréditaire:* **Initialement**, 200 mg, b.i.d. ou t.i.d.; après avoir obtenu une réaction appropriée, diminuer la dose de 50% (ou moins), à des intervalles de 1 à 3 mois. On peut traiter les attaques subséquentes en administrant jusqu'à 200 mg par jour.

Soins infirmiers

1. *Évaluer*:
   a) les signes de virilisation tels que l'hirsutisme, la diminution du volume mammaire, l'apparition des tonalités vocales graves, l'acné, la peau qui devient de plus en plus grasse, le gain pondéral, l'œdème et le développement du clitoris parce que certains effets androgènes peuvent ne pas être réversibles et peuvent nécessiter une modification de la dose ou l'arrêt du traitement.
   b) les cas d'épilepsie, de migraine ou d'insuffisance cardiaque ou rénale parce que l'œdème causé par ce médicament peut entraîner une rétention liquidienne.

2. *Expliquer au client et/ou à sa famille*:
   a) qu'il faut signaler les signes de virilisation pour que le médecin puisse ajuster la posologie.
   b) que les effets indésirables hypo-œstrogéniques disparaissent habituellement après l'arrêt du traitement.
   c) que l'ovulation reprendra 60 à 90 jours après l'arrêt du traitement.

 CHAPITRE **66**

Hormones de l'hypophyse postérieure et dérivés/hormone de croissance

L'ocytocine et l'hormone antidiurétique (ADH, vasopressine) sont deux hormones importantes sécrétées par l'hypophyse postérieure. Elles comportent toutes deux 8 acides aminés. L'ocytocine est synthétisée par le noyau paraventriculaire de l'hypothalamus, tandis que l'hormone antidiurétique est fabriquée par le noyau supraoptique. Après leur synthèse, ces hormones sont transportées par une protéine appelée neurophysine vers les terminaisons nerveuses de l'hypophyse postérieure, où elles sont entreposées.

L'ocytocine agit sur les muscles lisses de l'utérus et sur les alvéoles des seins. L'hormone antidiurétique agit sur la réabsorption de l'eau du filtrat glomérulaire et elle augmente la pression artérielle en entraînant la contraction du lit vasculaire et en augmentant la résistance périphérique.

Les médicaments de cette catégorie sont utilisés en obstétrique et pour leurs effets antidiurétiques.

OCYTOCIQUES

Généralités   L'utérus est constitué de deux types de tissus: (1) l'*endomètre*, muqueuse qui recouvre la surface interne, dont la fonction est régie principalement par les hormones ovariennes et (2) le *myomètre*, constitué par une couche épaisse de cellules musculaires lisses entrelacées de vaisseaux sanguins. Ces derniers sont nécessaires pour fournir au fœtus et au placenta l'oxygène et les nutriments qui leur sont nécessaires.

Une compréhension des différentes phases du travail est essentielle au choix judicieux des médicaments en obstétrique. L'administration prématurée d'un médicament peut être nuisible à l'enfant et à la mère.

On peut diviser le travail en trois phases. La première phase se caractérise par des contractions régulières et fortes du myomètre et par la dilatation complète du col de l'utérus. La deuxième phase débute par la dilatation complète du col de l'utérus et se termine par l'expulsion du bébé. La troisième phase débute après l'accouchement par le décollement du placenta et se termine par la délivrance.

Immédiatement après l'accouchement, les muscles de l'utérus sont complètement relâchés (atonie utérine) et la cliente peut saigner abondamment. Cette période de relâchement des muscles lisses est suivie d'autres contractions qui causent la délivrance et oblitèrent les innombrables vaisseaux qui sont exposés lors du décollement du placenta. La quantité moyenne de sang perdu pendant cette phase est d'environ 200 à 300 mL.

Les médicaments présentés dans cette section aident l'utérus pendant les différentes phases du travail. Les ocytociques, comme l'ocytocine et l'ergotamine, facilitent les contractions.

Les ocytociques sont quelquefois administrés pour déclencher l'accouchement et pour compléter les avortements inachevés.

Les ocytociques ne devraient pas être utilisés pendant les deux premières phases du travail. L'administration prématurée d'ocytociques peut entraîner des lacérations et des traumatismes graves chez la mère (rupture de l'utérus) et des traumatismes – même la mort – chez l'enfant.

Mécanisme d'action/cinétique   Les ocytociques entraînent la contraction de la musculature utérine en se liant à des récepteurs spécifiques dans le myomètre. Le mécanisme d'action exact n'est pas connu, mais on croit qu'il met en jeu le calcium, les prostaglandines et l'AMP cyclique. La sensibilité de l'utérus aux ocytociques augmente graduellement pendant la grossesse et brusquement juste avant l'accouchement. Les ocytociques entraînent également la contraction du myoépithélium des alvéoles des seins, ce qui entraîne la lactation.

Interactions médicamenteuses

Médicaments	Interaction
Anesthésiques locaux	Voir *Vasoconstricteurs*.
Cyclophosphamides	↑ de l'effet des ocytociques.
Vasoconstricteurs (comme les anesthésiques)	Peuvent avoir des effets synergiques et additifs avec les ocytociques. L'administration simultanée peut entraîner une hypertension grave et persistante, ainsi qu'une rupture des vaisseaux sanguins cérébraux.

ERGOMÉTRINE, MALÉATE D' (MALÉATE D'ERGONOVINE) Ergométrine[Pr], Maléate d'ergonovine[Pr], Maléate d'ergotrate[Pr]

MÉTHYLERGOMÉTRINE, MALÉATE DE (MALÉATE DE MÉTHYLERGONOVINE) Méthylergobasine[Pr]

Catégorie   Ocytocique.

Mécanisme d'action/cinétique   L'ergométrine est un alcaloïde naturel extrait de l'ergot (un champignon qui se développe sur le seigle) alors que la méthylergométrine est un médicament synthétique. Ces médicaments augmentent la fréquence, le tonus et l'amplitude des contractions utérines. Le maléate d'ergométrine stimule également les muscles lisses entourant certains vaisseaux sanguins, en se liant aux récepteurs adrénergiques, dopaminergiques et tryptaminergiques. *Ergométrine*. **Début d'action** (contractions utérines): **PO**, 5 à 15 min; **IM**, 7 à 8 min; **IV**, immédiat. **Durée d'action: PO, IM**, 3 h ou plus; **IV**, 45 min. *Méthylergométrine*. **Début d'action** (contractions utérines): **IM**, 2 à 5 min; **IV**, immédiat.

Indications   Traitement et prévention des hémorragies du post-partum et du post-abortum par production de contractions utérines fermes et diminution des saignements utérins. *Migraine. À l'étude*: L'ergométrine a été utilisée pour diagnostiquer l'angine de Prinzmetal.

Contre-indications   Grossesse. Administrer avec prudence dans les cas de septicémie, de maladie vasculaire oblitérante, d'insuffisance rénale ou hépatique. Pour délencher le travail ou dans les cas de menace d'avortement spontané. Toxémie, hypertension. Hypersensibilité aux dérivés de l'ergot.

Réactions indésirables   *Ergométrine. GI*: Nausées, vomissements, diarrhée. *Autres*: Réactions allergiques, céphalée, augmentation de la pression artérielle. *Ergotisme*: Dans les cas de surdosage. Nausées, vomissements, diarrhée, modification de la pression artérielle, douleur thoracique, hypercoagulabilité, membres engourdis et froids, gangrène des doigts et des orteils, dyspnée, pouls faible, excitabilité aux convulsions, délire, hallucinations, mort. Le traitement est symptomatique et vise à diminuer l'absorption du médicament. *Méthylergométrine. GI*: Nausées, vomissements. *SNC*: Vertiges, céphalée, acouphène. *Autres*: Transpiration, douleur thoracique, dyspnée, palpitations.

Remarque: L'administration de ces médicaments pendant le travail peut entraîner une tétanie utérine, une rupture utérine, des lacérations cervicales et périnéales et une embolie amniotique chez la mère ainsi qu'une hypoxie ou une hémorragie intracrânienne chez l'enfant.

Posologie   *Ergométrine*. **IM, IV (urgences seulement)**: 0,2 mg q 2 à 4 h. **PO**: 0,2 à 0,4 mg q 6 à 12 h pendant 48 h ou jusqu'à ce que les risques d'une atonie utérine soient passés. *Remarque*: Des crampes importantes sont un signe d'efficacité du médicament. L'administration de sels de calcium par voie IV peut être nécessaire pour augmenter l'efficacité du médicament chez les clientes présentant une carence en calcium. *Méthylergométrine*: **IM, IV (urgences seulement)**: 0,2 mg q 2 à 4 h après la délivrance ou l'accouchement de l'épaule antérieure ou pendant le puerpérium.

Administration/entreposage

1. Les fioles d'ergométrine devraient être conservées dans un endroit frais. Si elles sont conservées dans la salle d'accouchement, les jeter après 60 jours étant donné leur perte d'efficacité.

2. Les fioles de méthylergométrine décolorée devraient être jetées. Le médicament devrait être conservé à l'abri de la chaleur et de la lumière.

3. La méthylergométrine devrait être administrée lentement en 1 min par voie IV.

Soins infirmiers

1. *Évaluer*:
   a) la hauteur, la consistance et la position du fond de l'utérus de la cliente en obstétrique.
   b) les lochies des clientes en post-partum.
   c) les crampes importantes, qui peuvent dicter une réduction de la dose.
   d) les signes précoces de l'ergotisme: nausées, vomissements, crampes, diarrhée, somnolence, céphalée et confusion, parce que le médicament est un dérivé du LSD (acide lysergique). Les effets GI et sur le SNC peuvent survenir avant les troubles de la circulation des mains et des pieds.

2. Surveiller les signes vitaux après l'administration pour détecter un choc ou une hypotension éventuels. Avoir les médicaments appropriées à portée de la main.

OCYTOCINE   Ocytocine, Syntocinon, Syntocinon Endonasal

Catégorie   Ocytocique.

Mécanisme d'action/cinétique   Ce médicament d'origine synthétique est identique à l'hormone naturelle extraite de l'hypophyse postérieure. L'ocytocine est un stimulant de l'utérus et un vasopresseur. Elle a également des propriétés antidiurétiques. Elle entraîne une augmentation du nombre de myofibrilles en contraction dans l'endomètre. **Début d'action: IM**, 3 à 7 min; **IV**, 1 min. **Demi-vie**: 1 à 6 min.

Indications   Déclenchement et stimulation du travail lors de l'accouchement à terme. Administrer pour enrayer une inertie utérine primaire vraie ou secondaire. L'induction du travail à l'aide d'ocytocine n'est indiquée que dans certains cas *spécifiques*. L'administration routinière n'est pas indiquée à cause des effets toxiques graves qui peuvent survenir.

L'ocytocine est indiquée:

1. pour traiter l'inertie utérine;

2. pour provoquer le travail dans les cas d'érythroblastose fœtale, de diabète sucré maternel, de prééclampsie et d'éclampsie;

3. pour provoquer le travail dans les cas de rupture des membranes durant le dernier mois de la grossesse lorsque le travail ne commence pas spontanément en moins de 12 h;

4. pour le traitement de routine de l'hémorragie et de l'atonie utérine du post-partum;

5. pour accélérer l'involution utérine;

6. pour compléter l'avortement après la vingtième semaine de la grossesse;

7. par voie endonasale, pour faciliter la montée de lait;

8. pour soulager l'engorgement mammaire.

À l'étude: Épreuve de tolérance à l'ocytocine pour déterminer l'état du cœur fœtal avant l'accouchement.

Contre-indications   Hypersensibilité au médicament, disproportion céphalo-pelvienne, présentation vicieuse du fœtus, col de l'utérus non dilaté, surdistension de l'utérus, contractions utérines hypotoniques, antécédents de césarienne ou d'intervention chirurgicale à l'utérus. Également, prédisposition aux embolies de thromboplastine et aux embolies amniotiques (fœtus mort, décollement placentaire), antécédents d'accouchements difficiles, clientes ayant accouché 4 fois ou plus. L'ocytocine ne devrait jamais être administrée non diluée ou à forte concentration par voie IV. Le citrate d'ocytocine est contre-indiqué dans les cas de toxémie grave et de maladie cardio-vasculaire ou rénale.

Réactions indésirables   *Mère*: Contractions tétaniques de l'utérus, rupture de l'utérus, hypertension, tachycardie et modifications de l'ECG après l'administration IV d'une solution concentrée. Également (rarement), anxiété, dyspnée, douleur précordiale, œdème, cyanose, rougeurs de la peau, spasme cardio-vasculaire. Intoxication par l'eau due à une perfusion IV prolongée, mort maternelle causée par des épisodes d'hypertension, une hémorragie sous-arachnoïdienne ou la rupture utérine.

Fœtus: Mort, extrasystoles ventriculaires, bradycardie, tachycardie, hypoxie, hémorragie intracrânienne causée par une surstimulation de l'utérus pendant le travail, ce qui entraîne une tétanie utérine et une altération du débit sanguin utéro-placentaire.

Remarques: Les réactions d'hypersensibilité surviennent rarement. Lorsqu'elles surviennent, elles se produisent plus fréquemment avec l'ocytocine naturelle administrée par voie IM ou en doses concentrées par voie IV, et moins fréquemment lors de la perfusion IV ou avec l'administration de doses diluées.

Citrate d'ocytocine (voir également *Ocytocine*): Nausées, vomissements, extrasystoles ventriculaires, arythmie cardiaque fœtale, contractions tétaniques de l'utérus pendant le déclenchement du travail et vasoconstriction locale de la muqueuse buccale.

Interactions médicamenteuses Une hypertension grave et un accident vasculaire cérébral peuvent se produire si on administre conjointement des amines sympathomimétiques.

Posologie *Déclenchement ou stimulation du travail*: **Perfusion IV**, diluer 10 unités (1 mL) dans 1 000 mL de solution saline isotonique ou de solution de dextrose à 5%. **Initialement**: 0,001 à 0,002 unité par min (0,1 à 0,2 mL/min); la dose peut être graduellement augmentée de 0,001 unité par min (0,1 mL/min) jusqu'à un maximum de 0,02 unité par min (2 mL/min). *Diminution des saignements du post-partum*: **Perfusion IV**, diluer 10 à 40 unités (1 à 4 mL) dans 1 000 mL de solution saline isotonique ou de solution de dextrose à 5%. Administrer à un débit suffisant pour maîtriser l'atonie utérine. **IM**: 10 unités après la délivrance. *Adjuvant des prostaglandines ou des abortifs hypertoniques*: **Perfusion IV**, diluer 10 unités (1 mL) dans 500 mL de solution saline isotonique ou de solution de dextrose à 5%. Perfuser à un débit de 20 à 40 gouttes par min. *Montée de lait*: **Voie endonasale**, 1 ou 2 pulvérisations dans chaque narine, 5 min avant la tétée ou l'aspiration du lait. *Engorgement des seins et involution utérine*: **Voie endonasale**, 1 pulvérisation dans chaque narine, 6 fois par jour.

Administration

1. **IV**: Utiliser un montage en Y, un flacon contenant la solution IV et l'ocytocine et l'autre flacon contenant la solution IV seule. De cette façon, on peut cesser l'administration du médicament tout en maintenant la veine ouverte à l'aide de la solution sans médicament. Si possible, utiliser une pompe à perfusion électrique afin de régler le débit de perfusion pour le déclenchement ou la stimulation du travail.

2. *Pulvérisations nasales*: Faire asseoir la cliente. Tenir le flacon verticalement et presser fortement pour pulvériser le médicament dans la narine.

3. Pour administrer en gouttes nasales, inverser le flacon et presser légèrement les parois.

Soins infirmiers – Déclenchement et stimulation du travail et/ou épreuve de tolérance à l'ocytocine

1. S'assurer qu'on peut facilement rejoindre le médecin pendant l'administration du médicament.

2. Rester avec la cliente. Lors du déclenchement ou de la sti-

---

mulation du travail la cliente doit être soignée par un personnel spécialisé.

3. *Évaluer*:
   a) le tonus utérin au repos ainsi que la fréquence, la longueur et la force des contractions utérines.
   b) le rythme et la fréquence cardiaques du fœtus.

4. Prévenir la rupture utérine et les lésions au fœtus en arrêtant l'administration IV d'ocytocine, en administrant une solution IV sans médicament, en assurant une oxygénation adéquate et en avertissant le médecin lorsque ces symptômes surviennent:
   a) des contractions se produisant plus fréquemment qu'aux 2 min et qui durent plus de 60 s sans période de relâchement entre les contractions.
   b) des contractions excessivement fortes et/ou excédant 50 mm Hg selon un moniteur externe ou un cathéter intra-utérin couplé à un moniteur.
   c) une bradycardie, une tachycardie ou des irrégularités du rythme cardiaque fœtal selon un fœtoscope, un Dopptone ou tout autre type de moniteur.

5. Évaluer l'intoxication par l'eau caractérisée par de la léthargie, de la confusion, de la stupeur et le coma lors d'une administration prolongée d'ocytocine. Une hyperexcitabilité neuromusculaire accompagnée d'une augmentation des réflexes, d'une fibrillation musculaire et de convulsions peut survenir si l'intoxication par l'eau est aiguë. Surveiller les ingesta et les excreta.

6. Évaluer les signes vitaux au moins une fois par heure.

Soins infirmiers – Pendant la quatrième phase du travail lorsque l'ocytocine est administrée pour prévenir ou pour maîtriser une hémorragie

1. *Évaluer*:
   a) la position, le volume et la fermeté de l'utérus. Signaler au médecin un utérus déplacé ou œdémateux et suivre les règlements du centre hospitalier.
   b) la quantité et la couleur des lochies. Signaler la présence de lochies rouge clair, les saignements excessifs et/ou le passage de caillots de sang.
   c) les signes vitaux jusqu'à ce que l'état de la cliente soit stabilisé.
   d) l'intoxication par l'eau, caractérisée par la léthargie, la stupeur et le coma. L'hyperexcitabilité neuromusculaire accompagnée d'une augmentation des réflexes, d'une fibrillation musculaire et de convulsions peut survenir à la suite d'une administration prolongée. Surveiller les ingesta et les excreta.

HORMONE ANTIDIURÉTIQUE ET ANALOGUES

L'hormone antidiurétique, ou vasopressine, régularise la réabsorption de l'eau du filtrat glomérulaire. Le déficit de cette hormone cause le diabète insipide ou la polyurie.

Les clients atteints d'une forme légère de la maladie peuvent être traités par l'application intranasale du médicament approprié (desmopressine) alors que les clients gravement atteints peuvent avoir besoin d'un traitement systémique par l'injection de vasopressine ou de tannate de vasopressine.

Le traitement requiert un ajustement individuel de la posologie. Un surdosage peut causer une rétention de liquides et une hypernatrémie. La contraction des muscles lisses de l'intestin, de l'utérus et des vaisseaux sanguins sont d'autres réactions indésirables fréquentes. Les protéines animales qui peuvent être présentes dans les extraits d'hypophyse peuvent causer des réactions allergiques. On préfère donc les préparations synthétiques.

DESMOPRESSINE, ACÉTATE DE   DDAVP[Pr]

Catégorie   Hormone antidiurétique synthétique.

Mécanisme d'action/cinétique   La desmopressine est une hormone antidiurétique synthétique qui ne possède pas d'effet vasopresseur ou ocytocique. **Début d'action**: 1 h. **Effet maximal**: 1 à 5 h. **Durée d'action**: 8 à 20 h. **Demi-vie**: Initiale, 8 min; finale, 75 min. L'effet se termine brusquement. La desmopressine augmente également la concentration du facteur VIII (**début d'action**: 30 min; **effet maximal**: 90 min à 2 h).

Indications   *Voie parentérale*: Diabète insipide, hémophilie A avec une concentration du facteur VIII supérieure à 5%, maladie de von Willebrand de type 1 avec une concentration du facteur VIII supérieure à 5%. *Voie intranasale*: Diabète insipide.

Contre-indications   Hypersensibilité au médicament. Enfants de moins de 3 mois pour l'hémophilie A ou la maladie de von Willebrand. L'administration parentérale de desmopressine aux enfants de moins de 12 ans et l'administration intranasale aux enfants de moins de 3 mois sont contre-indiquées. L'innocuité durant la grossesse et la lactation n'a pas été établie.

Réactions indésirables   Rares. Des doses importantes peuvent causer, selon la dose, des céphalées transitoires, des nausées, une congestion nasale, une rhinite, des rougeurs, des crampes abdominales légères et des douleurs vulvaires. On peut réduire les effets indésirables en diminuant la posologie.

Interactions médicamenteuses   Le chlorpropamide, le clofibrate et la carbamazépine peuvent potentialiser les effets de la desmopressine.

Posologie   *Diabète insipide.* **SC, injection IV directe: Adultes, habituellement**, 0,5 à 1,0 mL par jour en 2 doses fractionnées. Puis, ajuster la dose selon la réaction. **Intranasale: Adultes**, 0,1 à 0,4 mL par jour en une ou plusieurs doses; ajuster la posologie pour obtenir un rythme d'élimination hydrique adéquat. **Pédiatrique, 3 mois à 12 ans**: 0,05 à 0,3 mL par jour en une ou en plusieurs doses. *Hémophilie A, maladie de von Willebrand.* **IV, Adultes et enfants de plus de 10 kg**: 0,3 µg/kg dilués dans 50 mL de solution saline physiologique; **enfants de moins de 10 kg**: 0,3 µg/kg dilués dans 10 mL de solution saline. Administrer lentement en 15 à 30 min.

Administration/entreposage

1. Réfrigérer la solution et injecter à une température de 4°C.

2. Noter attentivement les 3 marques graduées sur le tube pour administration nasale en plastique mou et flexible: 0,2, 0,1 et 0,05 mL. Le chiffre 0,05 mL n'est pas indiqué.

3. Nettoyer et sécher le tube adéquatement.

4. Mesure la dose exactement parce que le médicament est très puissant.

5. La tachyphylaxie peut survenir si le médicament est administré plus fréquemment qu'aux deux jours dans le traitement de l'hémophilie A et de la maladie de von Willebrand.

Soins infirmiers

1. Évaluer les signes avant-coureurs d'intoxication par l'eau, comme la somnolence, les céphalées et les vomissements.

2. Prévoir l'ajustement des ingesta de liquides afin d'éviter une intoxication par l'eau et une hyponatrémie, particulièrement chez les clients très jeunes ou très âgés.

3. Prévoir qu'une rétention excessive de liquides pourra être traitée avec des salidiurétiques comme le furosémide, pour provoquer la diurèse.

4. Surveiller la durée du sommeil ainsi que les ingesta et les excreta quotidiens parce que ces paramètres sont utilisés pour évaluer la réaction au médicament.

5. *Expliquer au client et/ou à sa famille*:
   a) la technique d'administration.
   b) qu'il faut signaler au médecin la somnolence, l'apragmatisme, les céphalées, l'essoufflement, les brûlures d'estomac, les nausées, les crampes abdominales, les douleurs vulvaires, la congestion nasale grave et/ou l'irritation nasale.
   c) les recommandations sur l'apport liquidien.
   d) comment surveiller les ingesta et les excreta.

VASOPRESSINE Pitressin

VASOPRESSINE, TANNATE DE Pitressin Tannate

Catégorie Hormone (antidiurétique) hypophysaire.

Mécanisme d'action/cinétique L'hormone antidiurétique, ADH, que l'on appelle souvent vasopressine, est sécrétée par l'hypophyse postérieure. Cette hormone conserve l'eau en facilitant la réabsorption de l'eau par les tubules rénaux distaux.

Une sécrétion insuffisante d'ADH entraîne le diabète insipide neurohypophysaire, caractérisé par l'excrétion de grandes quantités d'urine normale mais très diluée et par une soif excessive. Ces symptômes sont causés par un malfonctionnement primaire (sans lésions organiques) ou secondaire (à la suite d'un accident) de l'hypophyse postérieure. La vasopressine peut traiter efficacement cet état. Elle est toutefois inefficace lorsque le diabète insipide est d'origine rénale (diabète insipide néphrogénique).

En plus de ses propriétés antidiurétiques, la vasopressine cause également la vasoconstriction (effet qui augmente la pression artérielle) et elle augmente l'activité des muscles lisses de la vessie, du tractus GI et de l'utérus. *Vasopressine*. **IM, SC: Début d'action**, variable; **durée d'action**, 2 à 8 h. **Demi-vie**: 10 à 20 min. **Concentration plasmatique efficace**: 4,5 à 6 micro-unités. *Tannate de vasopressine*. **Durée d'action**: 24 à 96 h. Cette hormone est métabolisée par le foie et les reins.

Indications **Vasopressine**: Diabète insipide, soulagement de la distension intestinale postopératoire, pour chasser les ombres dues aux gaz lors d'une radiographie abdominale. *À l'étude*: Varices œsophagiennes qui saignent. **Tannate de vasopressine**: Diabète insipide.

Contre-indications Maladie vasculaire, particulièrement lorsque les artères coronaires sont atteintes; angine de poitrine. Néphrite chronique, jusqu'à ce que la concentration sanguine d'azote soit raisonnablement normale. Administrer avec prudence aux clients atteints d'asthme, d'épilepsie, de migraine et d'insuffisance cardiaque. Ne jamais administrer le tannate de vasopressine par voie IV.

Réactions indésirables *GI*: Nausées, vomissements, augmentation de l'activité intestinale (éructation, crampes, envie de déféquer), flatuosités. *Autres*: Pâleur du visage, tremblements, transpiration, réactions allergiques, vertiges, bronchoconstriction, anaphylaxie, céphalée de tension, intoxication par l'eau (somnolence, céphalée, coma, convulsions).

L'administration IV de vasopressine peut entraîner une vasoconstriction grave; nécrose tissulaire locale en cas d'extravasation. L'administration IM de tannate de vasopressine peut causer de la douleur et un abcès stérile au point d'injection.

Interactions médicamenteuses La carbamazépine, le chlorpropamide et le clofibrate peuvent ↑ l'effet antidiurétique de la vasopressine.

Posologie **Vasopressine.** *Diabète insipide.* **IM, SC**: 5 à 10 unités b.i.d. ou t.i.d. **Intranasale**: Individualisée. *Distension abdominale.* **IM: Adultes, initialement**, 5 unités; **puis**, 10 unités q 3 ou 4 h; **pédiatrique**: 2,5 à 5,0 unités. *Radiographie abdominale.* **IM, SC**: 2 injections de 10 unités chacunes 2 h et 30 min avant l'exposition des films.

Administration

1. Administrer par voie intranasale à l'aide de tampons d'ouate, d'un vaporisateur ou d'un compte-gouttes.

2. L'administration de 1 ou de 2 verres d'eau avant l'administration du médicament pour le diabète insipide réduira les réactions indésirables comme les nausées, les crampes et le blêmissement de la peau.

3. Agiter la fiole de tannate de vasopressine dans l'huile avant d'en retirer la dose.

Soins infirmiers

1. *Évaluer*:
   a) les ingesta et les excreta afin d'aider à l'évaluation de la réaction.
   b) la turgor de la peau, l'état des muqueuses et la soif afin de détecter la déshydratation.
   c) l'augmentation de la continence et la diminution de la fréquence des mictions lorsque le médicament a été administré pour améliorer l'activité de la vessie.
   d) les bruits intestinaux, le passage de flatuosités et le retour de la défécation lorsque le médicament a été administré pour améliorer le péristaltisme du tractus GI.
   e) la pression artérielle au moins 2 fois par jour et signaler les réactions indésirables, comme une élévation excessive de la pression artérielle, ou une absence de réaction à la vasopressine, caractérisée par une diminution de la pression artérielle.

HORMONE DE CROISSANCE

SOMATOTROPHINE Crescormon^{Pr}

Catégorie Hormone de croissance.

Mécanisme d'action/cinétique La somatotrophine est extraite d'hypophyses humaines. C'est un agent anabolique qui stimule le transport intracellulaire des acides aminés et la rétention de l'azote, du phosphore et du potassium. Elle stimule également la croissance staturale. Cette hormone stimule l'absorption intestinale et l'excrétion urinaire du calcium. De plus, elle inhibe le métabolisme intracellulaire du glucose et diminue la réaction à l'insuline. Les autres effets de cette hormone comprennent une augmentation de la concentration sérique de phosphore et de phosphatase alcaline, une augmentation de la synthèse du chondroïtine sulfate et du collagène, la stimulation de la lipolyse intracellulaire et de l'oxydation des acides gras ainsi que la stimulation de l'excrétion urinaire d'hydroxyproline.

On devrait rechercher des anticorps de la somatotrophine chez les clients qui ne réagissent pas à la somatotrophine. Pendant le traitement, on devrait déterminer l'âge osseux annuellement, en particulier durant la puberté et chez les clients qui reçoivent également des hormones thyroïdiennes ou des androgènes.

Indications   Insuffisance de la croissance staturale causée par un déficit en hormone de croissance prouvé lorsque son niveau n'atteint pas environ 0,23 à 0,33 nmol/L après l'administration de deux des stimuli suivants: hypoglycémie, arginine (IV), lévodopa (PO), glucagon (IM).

Contre-indications   Épiphyses soudées. Administrer avec prudence chez les diabétiques et chez les clients qui ont des antécédents familiaux de diabète ou chez ceux qui sont atteints de lésions intracrâniennes.

Réactions indésirables   Elles sont peu fréquentes. Anticorps de la somatotrophine modifiant le traitement dans 5% des cas, douleur au point d'injection.

Interactions médicamenteuses   Les glucocorticoïdes inhibent l'effet de la somatotrophine.

Posologie   IM: Un minimum de 2 à 5 UI 3 fois par semaine à intervalles d'au moins 48 h. Si le taux de croissance est inférieur à 2,5 cm en 6 mois, la dose peut être doublée pendant les 6 mois suivants. S'il n'y a toujours pas de réaction, on devrait cesser l'administration du médicament et réévaluer le traitement.

Administration/entreposage

1. Administrer par voie IM et faire une rotation des points d'injection.
2. Les fioles non reconstituées peuvent être entreposées à la température ambiante. Conserver les fioles reconstituées au réfrigérateur et les utiliser en moins d'un mois.
3. Reconstituer avec de l'eau bactériostatique pour injection.
4. On devrait cesser l'administration du médicament lorsqu'une taille satisfaisante a été atteinte, lorsque le client ne réagit pas au traitement ou lorsque la soudure des épiphyses est survenue.

Soins infirmiers

1. Mesurer la taille une fois par mois.

2. Cesser l'administration du médicament et consulter le médecin si le client reçoit des glucocorticoïdes simultanément parce que les stéroïdes ont tendance à inhiber la réaction à la somatotrophine.

3. Se renseigner auprès du médecin en ce qui concerne la fréquence des déterminations de la glycosurie.

4. Évaluer les symptômes d'hyperglycémie et l'acidose chez les diabétiques et chez les clients ayant des antécédents familiaux de diabète.

ONZIÈME PARTIE

Médicaments agissant sur l'eau et les électrolytes

CHAPITRE **67**

Diurétiques

Diurétiques thiazidiques et diurétiques apparentés

Bendrofluméthiazide *982*
Chlorothiazide *982*
Chlorthalidone *982*
Hydrochlorothiazide *983*

Indapamide *983*
Méthyclothiazide *983*
Métolazone *983*
Quinéthazone *983*

Diurétiques inhibiteurs de l'anhydrase carbonique

Acétazolamide *986*

Méthazolamide *986*

Diurétiques agissant au niveau de la branche ascendante de l'anse de Henle

Acide éthacrynique *987*
Éthacrynate sodique *987*

Furosémide *990*

Diurétiques osmotiques

Mannitol *994*

Diurétiques d'épargne potassique

Amiloride, chlorhydrate d' *995*
Spironolactone *997*

Triamtérène *999*

Généralités Le rein est un organe complexe qui remplit trois fonctions importantes:

1. Élimination des déchets et réabsorption des métabolites utiles, qui retournent ainsi dans la circulation sanguine.

2. Maintien de l'équilibre acido-basique.

3. Maintien de l'équilibre électrolytique, qui régularise la quantité de liquide présent dans l'organisme.

Un mauvais fonctionnement de ces processus de régulation peut entraîner une rétention excessive de liquide dans divers tissus (œdème). L'œdème peut constituer une manifestation importante de plusieurs états, comme l'insuffisance cardiaque, la grossesse et la tension prémenstruelle.

Mécanisme d'action Les diurétiques augmentent l'excrétion d'eau et de sodium dans l'urine (prévention ou correction de l'œdème) surtout par un des mécanismes suivants:

1. Augmentation de la filtration glomérulaire.

2. Diminution de la réabsorption du sodium du filtrat glomérulaire par les tubules rénaux.

3. Facilitation de l'excrétion de sodium par les reins.

Quelques-uns des diurétiques couramment utilisés, particulièrement les diurétiques thiazidiques, ont aussi un effet antihypertenseur. Les diurétiques peuvent stimuler l'activité normale du rein, mais ils n'ont pas d'effet sur le rein défaillant. Selon leur mode d'action et leur structure chimique, on range les diurétiques dans les classes suivantes: les diurétiques thiazidiques (benzothiadiazides); les inhibiteurs de l'anhydrase carbonique (employés principalement pour le traitement du glaucome); les diurétiques osmotiques; les diurétiques agissant au niveau de la branche ascendante de l'anse de Henle; les diurétiques d'épargne potassique.

Indications Œdème, insuffisance cardiaque, hypertension, grossesse et tension prémenstruelle.

> **Soins infirmiers**
>
> 1. Si le médicament doit être administré quotidiennement, le donner le matin de sorte que l'effet maximal se manifeste avant le coucher.
>
> 2. Parce qu'elles sont amères, diluer les préparations potassiques liquides dans du jus de fruit ou dans du lait de manière à les rendre plus agréables au goût.
>
> 3. Mettre à la disposition du client un bassin hygiénique ou une chaise d'aisance. Les clients qui se levaient peuvent se sentir faibles à cause de la diurèse et avoir besoin du bassin hygiénique. Utiliser des mesures de protection pour les clients atteints d'ataxie, de confusion ou de désorientation. Soutenir les clients ataxiques lorsqu'ils se lèvent.

4. *Évaluer*:

a) la masse du client chaque matin dans des conditions standard, c'est-à-dire après qu'il ait uriné et avant qu'il ait pris de la nourriture ou des liquides.

b) les ingesta et les excreta liquidiens. Signaler une absence ou une diminution de la diurèse.

c) l'œdème: les clients qui se lèvent peuvent souffrir d'œdème des membres inférieurs, tandis que les clients alités souffrent plus souvent d'œdème dans la région sacrée. Évaluer l'œdème des membres inférieurs en mesurant ceux-ci à 5 cm au-dessus de la malléole interne et évaluer l'ascite en mesurant l'abdomen au niveau de l'ombilic.

d) les signes de déséquilibre électrolytique:

(1) *Hyponatrémie* (déficit en sodium) – caractérisée par de la faiblesse musculaire, des crampes aux jambes, de la xérostomie, des étourdissements et des troubles GI.

(2) *Hypernatrémie* (rétention excessive de sodium par rapport à la quantité d'eau du corps) – caractérisée par des troubles du SNC tels que la confusion, les troubles de la conscience, la stupeur et le coma. L'hypotension orthostatique et la faible turgor de la peau ne sont pas aussi évidentes que dans le cas d'un déficit en sodium et en eau combiné.

(3) *Intoxication par l'eau* (causée par un trouble de la diurèse de l'eau) – caractérisée par la léthargie, la confusion, la stupeur et le coma. Si l'intoxication par l'eau est aiguë, une hyperexcitabilité neuromusculaire avec augmentation des réflexes, secousses musculaires et convulsions peut survenir.

(4) *Acidose métabolique* – caractérisée par la faiblesse, la céphalée, la sensation de malaise, la douleur abdominale, les nausées et les vomissements. En présence d'acidose métabolique grave, l'hyperpnée survient également. Des signes de déplétion volumique tels qu'une faible turgor de la peau, des globes oculaires mous et une sécheresse de la langue peuvent survenir.

(5) *Alcalose métabolique* – caractérisée par l'irritabilité, l'hyperexcitabilité neuromusculaire et, dans les cas graves, la tétanie.

(6) *Hypokaliémie* (déficit en potassium dans le sang) – caractérisée par la faiblesse musculaire, l'absence de péristaltisme, l'hypotension orthostatique, la gêne respiratoire et l'arythmie cardiaque.

(7) *Hyperkaliémie* (excès de potassium dans le sang) caractérisée au début par l'irritabilité, les nausées, les coliques intestinales et la diarrhée, puis par la faiblesse, la paralysie flaccide, la dyspnée, les troubles d'élocution et l'arythmie. Les signes de déséquilibre électrolytique devraient être signalés au médecin et on devrait appliquer des mesures de protection du client.

e) la douleur abdominale, la distension ou les saignements GI chez les clients qui prennent des comprimés de potassium à délitage entérique, parce que ces comprimés peuvent causer une petite ulcération intestinale. Si de tels symptômes se présentent, cesser l'administration des comprimés.

f) la pression artérielle anormalement basse chez les clients qui reçoivent également des antihypertenseurs, étant donné que les diurétiques potentialisent les effets des antihypertenseurs. Conseiller aux clients de se lever lentement du lit et de s'asseoir ou de s'étendre s'ils se sentent étourdis ou faibles.

g) l'urine des clients diabétiques. Évaluer les signes d'hyperglycémie chez tous les clients, puisque les diurétiques peuvent précipiter les symptômes dans les cas de diabète léger ou latent.

h) le pouls apical chez les clients qui reçoivent également de la digitale, puisque l'hyperkaliémie ou l'hypokaliémie associées à la thérapie aux diurétiques peuvent potentialiser les effets toxiques de la digitale et précipiter l'arythmie cardiaque.

i) le mal de gorge, l'éruption cutanée ou l'ictère, qui sont des signes de dyscrasie sanguine due à une hypersensibilité au médicament.

j) les signes de déséquilibre électrolytique chez les clients ayant des antécédents de maladie hépatique.

k) une augmentation de la fréquence des attaques aiguës de goutte (douleur à une seule articulation), précipitée par les diurétiques chez les clients ayant des antécédents de la maladie.

5. *Expliquer au client et/ou à sa famille*:

a) que le médicament peut causer des mictions fréquentes et abondantes. Le client peut donc planifier ses activités et ne pas s'inquiéter de la diurèse.

b) que les clients pour lesquels un supplément de potassium est souhaitable devraient manger des aliments riches en potassium car cela est préférable aux comprimés de chlorure de potassium. Les aliments riches en potassium sont: les agrumes, les raisins, les canneberges, les pommes, les poires, le jus d'abricot, les bananes, la viande, le poisson, la volaille, les céréales, le thé et les boissons gazeuses (cola). Les clients qui reçoivent des diurétiques et qui ont besoin d'un supplément potassique devraient prendre un grand verre de jus d'orange une fois par jour, à moins que ce ne soit contre-indiqué à cause d'une maladie préexistante comme le diabète ou un ulcère gastrique.

c) qu'il doit conduire ou opérer des machines dangereuses avec prudence parce que les diurétiques peuvent entraîner de la faiblesse et/ou des étourdissements.

DIURÉTIQUES THIAZIDIQUES ET DIURÉTIQUES APPARENTÉS

Généralités   Les diurétiques thiazidiques sont apparentés chimiquement aux sulfamides. Ils n'ont pas de propriétés anti-infectieuses mais ils peuvent causer les mêmes réactions d'hypersensibilité que les sulfamides. En plus de leur action diurétique, ils ont une certaine activité antihypertensive. Ces médicaments peuvent être employés chez les clients dont la fonction rénale est légèrement altérée. Ils doivent cependant être employés avec prudence car ils peuvent aggraver l'insuffisance rénale. Les diurétiques thiazidiques potentialisent plusieurs agents antihypertenseurs, en particulier les alcaloïdes de la rauwolfia (voir le chapitre 26).

Les diurétiques thiazidiques peuvent induire un déséquilibre électrolytique, en particulier l'hypokaliémie, ce qui peut entraîner une arythmie cardiaque et rendre le cœur plus sensible aux effets toxiques de la digitale. On n'applique généralement aucune restriction quant à la consommation de sel, et des suppléments de potassium (alimentaire ou autre) peuvent être indiqués. Les clients résistants à un type de diurétiques thiazidiques peuvent répondre à un autre type.

Mécanisme d'action/cinétique   Les diurétiques thiazidiques et les diurétiques apparentés augmentent la diurèse en diminuant la réabsorption du sodium et du chlorure par les tubules rénaux distaux. En augmentant l'excrétion de sodium et de chlorure, ils forcent l'excrétion d'eau additionnelle. Ils augmentent également l'excrétion de potassium et, à un degré moindre, l'excrétion de bicarbonate. Le sodium et le chlorure sont excrétés en quantités à peu près égales. Les diurétiques thiazidiques n'affectent pas la filtration glomérulaire.

Le mécanisme de l'action antihypertensive des diurétiques thiazidiques est attribué à une dilatation directe des artérioles, de même qu'à une réduction du volume liquidien corporel total. *Effet diurétique.* Habituellement: **Début d'action**: 1 à 2 h. **Effet maximal**: 4 à 6 h. **Durée**: 6 à 24 h. *Effet antihypertenseur.* **Début d'action**: Plusieurs jours. *Effet thérapeutique optimal*: 3 à 4 semaines.

La plupart des diurétiques thiazidiques sont absorbés dans le tractus GI. Ils sont excrétés en grande partie inchangés dans l'urine.

Indications supplémentaires   Œdème causé par l'insuffisance cardiaque, la néphrose, la néphrite, l'insuffisance rénale, le syndrome prémenstruel, la cirrhose et la corticothérapie. Hypertension. *À l'étude*: Seul ou en association avec l'allopurinol (ou l'amiloride) pour la prophylaxie de la néphrolithiase calcique. Diabète insipide néphrogénique.

Contre-indications   Hypersensibilité au médicament. Altération de la fonction rénale et cirrhose avancée. Administrer avec prudence aux personnes âgées, aux clients très affaiblis, aux clients ayant des antécédents de coma ou de précoma hépatique, de goutte, de diabète sucré ainsi que durant la grossesse et la lactation.

Les diurétiques thiazidiques ne devraient pas être employés sans discernement chez les clientes atteintes d'œdème ou de toxémie gravidiques. Bien qu'ils puissent être utiles du point de vue thérapeutique, ils peuvent entraîner des effets indésirables chez le nouveau-né (thrombopénie et ictère).

Les diurétiques thiazidiques et les diurétiques apparentés peuvent précipiter l'infarctus du myocarde chez les personnes âgées atteintes d'artériosclérose avancée, particulièrement si le client reçoit d'autres antihypertenseurs.

Les clients atteints d'insuffisance cardiaque, de maladie rénale ou de cirrhose risquent de développer de l'hypokaliémie.

Une attention particulière doit être apportée lorsqu'on administre les diurétiques thiazidiques avec d'autres médicaments qui causent une déplétion de potassium tels que la digitale, les corticostéroïdes et certains œstrogènes.

Les diurétiques thiazidiques peuvent activer ou aggraver le lupus érythémateux systémique.

Réactions indésirables   *Déséquilibre électrolytique*: Hypokaliémie (cas le plus fréquent) caractérisée par l'arythmie cardiaque. Hyponatrémie caractérisée par de la faiblesse, de la léthargie, de la détresse épigastrique, des nausées et des vomissements. Alcalose hypokaliémique. *GI*: Xérostomie, soif, douleur ou troubles gastriques, mal de gorge, diarrhée, anorexie. *SNC*: Changements d'humeur, sensation de fatigue, fièvre, étourdissements. *Endocriniennes*: Hyperglycémie, aggravation du diabète sucré préexistant, hyperuricémie. *GU*: Coliques néphrétiques, hématurie, cristallurie. *Autres*: Crampes musculaires, altération de la fonction rénale, vasculite nécrosante de la peau et des reins, pancréatite, ictère, coma hépatique.

Interactions médicamenteuses

Médicaments	Interaction
Alcool éthylique	Hypotension orthostatique accrue.
Anticholinergiques	↑ de l'effet des diurétiques thiazidiques due à une ↑ de la quantité absorbée dans le tractus GI.
Anticoagulants oraux	↓ de l'effet des anticoagulants par concentration des facteurs de la coagulation circulant dans le sang et ↑ de la synthèse des facteurs de la coagulation dans le foie.
Antihypertenseurs	Les diurétiques thiazidiques potentialisent l'effet des antihypertenseurs.
Cholestyramine	↓ de l'effet des diurétiques thiazidiques due à la ↓ de l'absorption dans le tractus GI.
Colestipol	↓ de l'effet des diurétiques thiazidiques due à la ↓ de l'absorption dans le tractus GI.
Corticostéroïdes	Déplétion potassique accrue due à la perte de potassium causée par les deux médicaments.

Médicaments	Interaction
Diazoxide	Effet hypotenseur accru. Aussi, ↑ de la réponse hyperglycémique.
Glucosides cardiotoniques	Les diurétiques thiazidiques produisent une ↑ des pertes de K et de Mg et ↑ les risques de toxicité digitalique.
Fenfluramine	↑ de l'effet antihypertenseur des diurétiques thiazidiques.
Guanéthidine	Effet hypotenseur accru.
Hypoglycémiants	Les diurétiques thiazidiques sont des antagonistes des hypoglycémiants.
Indométhacine	↓ de l'effet des diurétiques thiazidiques, probablement par inhibition des prostaglandines.
Lithium	↑ des risques de toxicité du lithium due à la ↓ de l'excrétion rénale.
Norépinéphrine	Les diurétiques thiazidiques ↓ la réponse artérielle à la norépinéphrine.
Quinidine	↑ de l'effet de la quinidine due à la ↑ du taux de liaison aux protéines plasmatiques.
Réserpine	Effet hypotenseur accru.
Sulfamides	↑ de l'effet des diurétiques thiazidiques due à la ↓ du taux de liaison aux protéines plasmatiques.
Tétracyclines	↑ du risque d'azotémie.
Tubocurarine	↑ de la relaxation musculaire et ↑ de l'hypokaliémie.
Vasopresseurs (sympathomimétiques)	Les diurétiques thiazidiques ↓ la sensibilité des artérioles aux vasopresseurs.

Interactions avec les épreuves de laboratoire   Altération du potassium, des autres électrolytes, de l'urée sanguine, de l'acide urique. Faux + ou ↑ du glucose sérique (joûnc) et de l'amylase sérique. ↑ de la concentration sérique de l'iode lié aux protéines (absence de signes de troubles thyroïdiens).

Posologie   Voir le tableau 34, p. 982. On préfère administrer les médicaments **PO** mais quelques préparations peuvent être administrées par voie parentérale. On les donne généralement le matin de sorte que l'effet maximal survienne durant la journée.

Soins infirmiers complémentaires

Voir *Soins infirmiers – Diurétiques*, p. 976.

1. Prévoir l'arrêt de l'administration des diurétiques thiazidiques au moins 48 h avant une intervention chirurgicale puisque ces médicaments inhibent l'action de l'épinéphrine sur la pression artérielle.

TABLEAU 34 DIURÉTIQUES THIAZIDIQUES ET DIURÉTIQUES APPARENTÉS

Médicament	Posologie	Commentaires		
		Début	Maximum	Durée
Bendrofluméthiazide Naturetin^Pr	*Œdème, hypertension*. **PO: Initialement,** 5 mg par jour le matin, peut être augmenté jusqu'à 20 mg par jour; **entretien:** 2,5 à 15,0 mg par jour. **Pédiatrique: Initialement,** 0,1 mg/kg par jour en 1 ou 2 doses; **entretien:** 0,05 à 0,3 mg/kg par jour en 1 ou 2 doses.	1 à 2 h **Demi-vie:** Approx. 3,5 h. Le risque de déséquilibre électrolytique est réduit si la dose est administrée aux deux jours ou 3 à 5 jours par semaine. Diviser les doses quotidiennes excédant 20 mg.	4 à 6 h	6 à 12 h
Chlorothiazide Diuril^Pr	*Œdème*. **PO:** 0,5 à 1,0 g 1 ou 2 fois par jour. **IV:** injection directe, dissoudre 500 mg dans 18 mL de solution isotonique b.i.d. Éviter l'extravasation du liquide dans le tissus **SC.** Peut être administré **IV** dans une solution de dextrose ou de NaCl. *Hypertension*. **PO seulement:** 250 mg b.i.d. à 500 mg q.i.d. **Pédiatrique:** 22 mg/kg par jour en doses fractionnées; les nourrissons de moins de 6 mois peuvent nécessiter 33 mg/kg en 2 doses.	1 à 2 h **Demi-vie:** 1 à 2 h. Incomplètement absorbé dans le tractus GI. Produit un effet diurétique plus grand s'il est administré en doses fractionnées.	4 h	6 à 12 h
Chlorthalidone Apo-Chlorthalidone^Pr, Chlorthalidone^Pr, Hygroton^Pr, Novothalidone^Pr, Uridon^Pr	*Œdème*. **PO: Initialement,** 50 à 100 mg par jour ou 100 mg 3 fois par semaine. **Dose quotidienne maximale:** 200 mg. **Pédiatrique:** Tous les cas, 2 mg/kg 3 fois par semaine. *Hypertension:* Initialement, 25 à 50 mg une fois par jour jusqu'à 100 mg par jour (des doses supérieures à 25 mg par jour n'augmentent pas l'efficacité mais augmentent l'excrétion de potassium); **entretien:** habituellement, la dose est inférieure à la dose initiale mais elle est déterminée par la réponse du client.	2 h **Demi-vie:** 46 h. Donner le matin avec de la nourriture. Particulièrement approprié pour la potentialisation et la réduction de la posologie d'autres antihypertenseurs.	En 2 à 6 h	24 à 72 h

Médicament	Posologie	Début	Pic	Durée
Hydrochlorothiazide Apo-Hydro[Pr], Diuchlor H[Pr], Esidrix[Pr], Hydrochlorothiazide[Pr], Hydro-Diuril[Pr], Natrimax[Pr], Néo-Codema[Pr], Novohydrazide[Pr], Urozide[Pr]	**PO. Adultes,** *Œdème*: 25 à 100 mg par jour (ou au besoin); certains clients peuvent nécessiter jusqu'à 200 mg par jour. *Hypertension.* **Adultes: Initialement,** 50 à 100 mg par jour; **entretien**: 25 à 100 mg, jusqu'à 200 mg par jour. **Pédiatrique, 2 à 12 ans**: 18,75 à 50,0 mg b.i.d. **6 mois à 2 ans**: 6,25 à 18,75 mg b.i.d.; **moins de 6 mois**: 3,3 mg/kg par jour en 2 doses.	2 h	4 à 6 h	6 à 12 h **Demi-vie**: Approx. 10 h. Diviser les doses quotidiennes excédant 100 mg. Donner b.i.d. à 6 à 12 h d'intervalle. Se trouve également dans Aldactazide[Pr], Aldoril[Pr], Dyazide[Pr], Hydropres[Pr] et Ser-Ap-Es[Pr] (voir l'appendice 3).
Indapamide Lozide[Pr]	**PO.** *Œdème, hypertension.* **Adultes**: 2,5 mg le matin. Si nécessaire, la dose peut être augmentée jusqu'à 5 mg par jour.	1 à 2 h	2 h	Jusqu'à 36 h **Demi-vie**: 14 h.
Méthyclothiazide Duretic[Pr]	*Œdème, hypertension.* **PO**: 2,5 à 10,0 mg par jour au début; **entretien**: 2,5 à 5,0 mg une fois par jour. **Pédiatrique, tous les cas**: 0,05 à 0,2 mg/kg par jour.	2 h	6 h	24 h
Métolazone Zaroxalyn[Pr]	*Œdème.* **PO**: 5 à 20 mg une fois par jour. *Hypertension*: 2,5 à 5,0 mg une fois par jour. Réduire toutes les posologies si possible lorsque l'état du client est stabilisé.	1 h	2 h	12 à 24 h **Demi-vie**: 8 h. *Contre-indications supplémentaires* Coma pré-hépatique et coma hépatique. Emploi chez les enfants. *Réactions indésirables supplémentaires* Ballonnement, palpitations, douleur abdominale, frissons.
Quinéthazone Aquamox[Pr]	**PO**: 50 à 100 mg par jour (certains clients peuvent nécessiter 150 à 200 mg par jour); **entretien**: ajuster en fonction de la réponse du client.	2 h	6 h	18 à 24 h *Indications supplémentaires* Œdème associé à la tension prémenstruelle et syndrome de la ménopause.

Diurétiques

2. Évaluer l'apport alimentaire de potassium étant donné qu'un supplément de chlorure de potassium ne devrait être administré que si celui-ci est inadéquat. On devrait employer des préparations liquides de potassium car, contrairement aux comprimés, elles ne causent pas d'ulcération.

3. *Expliquer au client et/ou à sa famille*:
   a) qu'il ne doit pas prendre d'alcool puisque cela entraîne une hypotension grave avec les diurétiques thiazidiques.
   b) que le client ne devrait pas manger de réglisse durant la thérapie aux diurétiques thiazidiques parce que cela peut précipiter une hypokaliémie et une paralysie graves.
   c) qu'il doit consommer des aliments riches en potassium tels que du jus d'orange et des bananes.

DIURÉTIQUES INHIBITEURS DE L'ANHYDRASE CARBONIQUE

Généralités   Les inhibiteurs de l'anhydrase carbonique sont apparentés chimiquement aux sulfamides, mais ils ne possèdent pas d'activité anti-infectieuse. Ils peuvent cependant mener aux mêmes réactions d'hypersensibilité que les autres sulfamides. Les inhibiteurs de l'anhydrase carbonique facilitent l'excrétion du sodium et du bicarbonate, ce qui entraîne une excrétion accrue de liquide. Ces médicaments augmentent également l'excrétion du potassium.

L'utilité de ces médicaments est limitée par le fait qu'ils causent une acidose métabolique qui inhibe leur action diurétique. On contourne partiellement cette difficulté en administrant ces médicaments aux deux jours ou en alternant leur administration avec l'administration d'autres diurétiques.

Les inhibiteurs de l'anhydrase carbonique sont des diurétiques doux et sûrs. Ils sont particulièrement utiles dans le traitement du glaucome, étant donné qu'ils réduisent la pression intra-oculaire, et en thérapie d'entretien pour l'œdème léger causé par un médicament (corticostéroïdes) ou pour la rétention d'eau associée à la menstruation, à la grossesse et à certaines conditions chroniques.

Les clients peuvent répondre à un inhibiteur de l'anhydrase carbonique et ne pas répondre à un autre. Un surdosage ou une utilisation trop fréquente de ces médicaments peut causer l'échec de la thérapie.

Mécanisme d'action/cinétique   Inhibition de l'enzyme anhydrase carbonique. Dans l'œil, cela diminue la sécrétion de l'humeur aqueuse par le corps ciliaire. Dans le rein, cette inhibition de l'enzyme augmente l'excrétion d'électrolytes et, par conséquent, induit la diurèse. Ces agents ont aussi une légère activité antiépileptique.

Indications   Glaucome (à angle ouvert, secondaire). L'acétazolamide est employée pour l'œdème relié à l'insuffisance cardiaque, pour l'œdème causé par un médicament et pour les absences épileptiques. À l'étude: L'acétazolamide est employée comme prophylactique pour la maladie des Andes.

Contre-indications   Acidose hyperchlorémique rénale idiopathique, insuffisance rénale, insuffisance hépatique et autres troubles associés à une diminution des concentrations de sodium et de potassium, tels que la maladie d'Addison et tout autre type d'insuffisance surrénalienne. Employer avec prudence en présence d'acidose légère, de cirrhose, de maladie pulmonaire avancée et durant la grossesse.

Réactions indésirables   *Déséquilibre électrolytique*: Acidose métabolique caractérisée par des nausées, l'engourdissement des doigts, des orteils et des lèvres, la fatigue, la somnolence, la céphalée, la xérostomie, l'irritabilité, la diarrhée, le tinnitus, la désorientation, la dysurie, l'ataxie et la perte de masse. *Hypersensibilité*: À l'instar d'autres sulfamides, le médicament peut causer une dyscrasie sanguine, une éruption cutanée et de la fièvre. Il peut également causer de la cristallurie et des calculs rénaux.

Les réactions indésirables peuvent dépendre de la dose. On peut souvent les éliminer en réduisant la posologie. Une administration aux deux jours ou des périodes de repos permettent le rétablissement de la fonction rénale.

Interactions médicamenteuses

Médicaments	Interaction
Éphédrine	↑ de l'activité de l'éphédrine par ↑ de la réabsorption tubulaire rénale.
Lithium, carbonate de	↓ de l'effet du lithium par ↑ de l'excrétion rénale.
Méthotrexate	↓ de l'activité du méthotrexate due à la ↑ de l'excrétion rénale.
Primidone	↓ de l'activité de la primidone due à la ↓ de l'absorption GI.
Pseudoéphédrine	↑ de l'activité de la pseudoéphédrine par ↑ de la réabsorption tubulaire rénale.
Quinidine	↑ de l'activité de la quinidine par ↑ de la réabsorption tubulaire rénale.
Salicylates	↓ de l'activité des salicylates par ↑ de l'excrétion rénale.

Posologie   Voir le tableau 35.

Administration

1. Parce que les inhibiteurs de l'anhydrase carbonique produisent une acidose métabolique se terminant d'elle-même, on les administre généralement pendant trois jours consécutifs chaque semaine ou

TABLEAU 35 DIURÉTIQUES INHIBITEURS DE L'ANHYDRASE CARBONIQUE

Médicament	Indications
Acétazolamide Acétazolam[Pr], Apo-Acétazolamide[Pr], Diamox[Pr]	Œdème, épilepsie, glaucome, insuffisance cardiaque.
Méthazolamide Neptazane[Pr]	Glaucome

aux deux jours. Puisque le rétablissement du rein ne joue aucun rôle, il n'est pas nécessaire d'administrer le médicament par intermittence lorsqu'on l'emploie pour traiter le glaucome ou l'épilepsie.

2. À cause de la possibilité de différence dans la biodisponibilité des différentes marques de commerce du médicament, on ne devrait pas les utiliser indifféremment.

3. Si des troubles GI se produisent, prendre le médicament avec de la nourriture.

Soins infirmiers complémentaires

Voir *Soins infirmiers – Diurétiques*, p. 976.

Avertir le client qu'il faut respecter la posologie et l'horaire d'administration prescrits par le médecin pour garder constante l'efficacité du médicament et prévenir l'acidose métabolique.

Soins infirmiers – Traitement du glaucome

1. Consulter le médecin si le client se plaint de douleur à l'œil, car le médicament peut ne pas être efficace. La pression intra-oculaire peut augmenter ou ne pas être diminuée.

PO, IV, IM. Œdème: 250 à 375 mg par jour pendant 1 ou 2 jours suivis d'un jour de repos.
Épilepsie: **Habituellement**, 0,372 à 1,0 g par jour (si on emploie le médicament avec d'autres anticonvulsivants, la posologie initiale est de 0,25 g une fois par jour). *Glaucome à angle ouvert*: 0,25 à 1,0 g par jour en doses fractionnées. *Glaucome à angle fermé avant l'intervention chirurgicale ou glaucome secondaire*: 0,25 g q 4 h, 0,25 g b.i.d. ou 0,5 g suivi de 0,125 à 0,25 g q 4 h. Peut être administré IV pour un soulagement rapide.

Comprimés
60 à 90 min   2 à 4 h   8 à 12 h
Capsules à libération prolongée
2 h   8 à 12 h   18 à 24 h
Injection (IV)
2 min   15 min   4 à 5 h
1. La tolérance peut se développer après un emploi prolongé. La posologie peut devoir être augmentée.
2. Les solutions diluées pour emploi IV devraient être utilisées en dedans de 24 h.
3. On préfère l'administration **IV** à la voie **IM** à cause de l'alcalinité de la solution.
4. Les capsules à libération prolongée ne devraient pas être utilisées pour le traitement de l'épilepsie.

PO: 50 à 100 mg b.i.d. ou t.i.d. Employer avec des agents miotiques ou osmotiques.

2 à 4 h   6 à 8 h   10 à 18 h

2. Anticiper que l'inhibiteur de l'anhydrase carbonique devrait être administré au moins une fois par jour pour le traitement du glaucome ou de l'épilepsie alors qu'il devrait être administré par intervalles pour le traitement de l'œdème.

DIURÉTIQUES AGISSANT AU NIVEAU DE LA BRANCHE ASCENDANTE DE L'ANSE DE HENLE

ACIDE ÉTHACRYNIQUE   Edecrin^Pr
ÉTHACRYNATE SODIQUE   Edecrin sodique^Pr

Catégorie   Diurétique agissant au niveau de la branche ascendante de l'anse de Henle.

Mécanisme d'action/cinétique   L'acide éthacrynique inhibe la réabsorption des ions sodium et des ions chlorure dans les tubules rénaux (principalement dans la branche ascendante de l'anse de Henle). Des quantités importantes d'ions sodium et d'ions chlorure de même que de petites quantités d'ions potassium et d'ions bicarbonate sont excrétés pendant la diurèse. **Début d'action: PO**, 30 min; **IV**: 5 à 15 min. **Activité maximale: PO**, 2 h; **IV**: 30 min. **Durée d'action: PO**, 6 à 8 h; **IV**: 2 h.

L'acide éthacrynique cause une plus grande perte d'électrolytes et une diurèse plus importante que les diurétiques thiazidiques. L'acide éthacrynique est souvent efficace chez les clients qui ne répondent pas aux diurétiques thiazidiques. Une surveillance étroite de l'effet diurétique du médicament est nécessaire.

Indications   Indiqué chez les clients qui ne répondent pas à des diurétiques moins puissants. Insuffisance cardiaque, œdème pulmonaire, œdème associé au syndrome néphrotique, ascite causée par un œdème idiopatique, lymphœdème, tumeur. Administration à court terme chez les enfants atteints du syndrome néphrotique ou d'une cardiopathie congénitale. *À l'étude.* **Acide éthacrynique**: Diabète insipide néphrogénique ne répondant pas à la vasopressine; **éthacrynate sodique**: Hypercalcémie, intoxication par les bromures, en association avec le mannitol pour traiter l'intoxication par l'éthylèneglycol.

Contre-indications   Anurie et atteinte rénale grave. On devrait surveiller étroitement les clients ayant des antécédents de goutte. Administrer avec prudence chez les diabétiques et chez les clients atteints de cirrhose. Ces derniers sont particulièrement sensibles aux déséquilibres électrolytiques.

Réactions indésirables   Déséquilibre électrolytique (hypokaliémie). Ce médicament peut également causer de la déshydratation, une réduction du volume sanguin, des complications vasculaires, une tétanie et une alcalose métabolique. *GI (fréquentes)*: Anorexie, nausées, diarrhée, vomissements, pancréatite aiguë, ictère. Une diarrhée aqueuse grave est une indication pour l'arrêt définitif de l'administration du médicament. Saignements GI, particulièrement chez les clients qui reçoivent le médicament par voie IV ou qui reçoivent également de l'héparine. *SNC*: Tinnitus, perte auditive (permanente), vertiges, céphalée, vision trouble, appréhension, confusion, fatigue. *Hématologiques*: Agranulocytose, thrombopénie, neutropénie. *Autres*: Éruption cutanée, résultats anormaux des épreuves de la fonction hépatique chez les clients gravement malades, fièvre, frissons, hématurie. L'acide éthacrynique augmente la concentration d'acide urique et peut précipiter une attaque de goutte. Le médicament peut également modifier le métabolisme des glucides (hyperglycémie et glycosurie).

Interactions médicamenteuses

Médicaments	Interaction
Alcool éthylique	↑ de l'hypotension orthostatique.
Aminosides	Ototoxicité et néphrotoxicité additives.
Anticoagulants oraux	↑ de l'effet des anticoagulants par ↓ du taux de liaison aux protéines plasmatiques.

Médicaments	Interaction
Antihypertenseurs	↑ de l'effet antihypertenseur.
Barbituriques	↑ de l'hypotension orthostatique.
Céphaloridine	↑ des risques d'ototoxicité et de néphrotoxicité.
Cisplatine	↑ des risques d'ototoxicité.
Corticostéroïdes	↑ des pertes potassiques due aux propriétés de déplétion potassique des deux médicaments.
Furosémide	L'hypokaliémie, la tachycardie, la surdité et l'hypotension peuvent résulter de l'association des deux médicaments. **Ne pas utiliser ensemble.**
Glucosides cardiotoniques	L'acide éthacrynique cause une perte excessive de potassium et de magnésium augmentant ainsi les risques d'arythmies cardiaques.
Hypoglycémiants	L'acide éthacrynique est un antagoniste de l'effet des hypoglycémiants.
Lithium	↑ des risques de toxicité du lithium due à une ↓ de la clearance rénale.
Myorésolutifs	↑ de la relaxation musculaire.
Narcotiques	↑ de l'hypotension orthostatique.
Warfarine	↑ de l'effet de la warfarine par ↓ du taux de liaison aux protéines plasmatiques.

Posologie   *L'acide éthacrynique* est administré PO; *l'éthacrynate sodique* est administré par voie IV. **On ne devrait pas les administrer par voie SC ou IM** parce qu'ils causent de l'irritation et de la douleur au point d'injection. *Individualisée* selon la réponse du client. **Régime thérapeutique PO habituel:** *Jour 1*: 50 mg; *jour 2*: 50 mg b.i.d.; *jour 3*: 100 mg le matin et 50 ou 100 mg le soir. **Dose quotidienne maximale**: 400 mg. On administre toujours le médicament après les repas. Si d'autres diurétiques sont administrés conjointement, la dose initiale devrait être de 25 mg, suivis d'augmentations de 25 mg.

Pédiatrique: Initialement, 25 mg le matin. On peut augmenter la dose de 25 mg par jour. Après avoir obtenu la réponse désirée, on peut réduire la dose à la dose d'entretien minimale.

IV. Adultes: Initialement, 50 mg ou 0,5 à 1,0 mg/kg, en injection IV directe lente dans la tubulure d'une perfusion IV. Habituellement, une seule dose est suffisante pour que la diurèse commence. La dose peut être répétée, mais on doit utiliser un autre point d'injection.

Administration/entreposage   L'éthacrynate sodique doit être reconstitué selon les instructions du fabricant sur la fiole. Ne pas administrer une solution trouble ou opalescente. Ne pas administrer simultanément avec du sang ou des dérivés du sang. Utiliser les solutions diluées dans les 24 h.

FUROSÉMIDE   Apo-Furosemide^Pr, Furosémide^Pr, Furoside^Pr, Lasix^Pr, Néo-Rénal^Pr, Novosemide^Pr, Uritol^Pr

Catégorie   Diurétique agissant au niveau de la branche ascendante de l'anse de Henle.

Mécanisme d'action/cinétique   Le furosémide inhibe la réabsorption du sodium et du chlorure dans la branche ascendante de l'anse de Henle, ce qui entraîne une excrétion de sodium, de chlorure et, à un degré moindre, de potassium et d'ions bicarbonate. L'urine est alors plus acide. L'action diurétique du médicament est indépendante des changements de l'équilibre acido-basique du client. Le furosémide a un léger effet antihypertenseur. **Début d'action: PO, IM**, 1 h; **IV**, 5 min. **Effet maximal: PO, IM**, 1 à 2 h; **IV**, 30 min. **Durée d'action: PO, IM**, 4 à 8 h; **IV**, 2 h.

Le médicament peut être efficace chez les clients résistants aux diurétiques thiazidiques et chez ceux dont la filtration glomérulaire est réduite. Le furosémide peut être utilisé avec la spironolactone, le triamtérène et d'autres diurétiques, *à l'exception de* l'acide éthacrynique. **Ne jamais employer avec l'acide éthacrynique.**

Indications   Œdème associé à l'insuffisance cardiaque, syndrome néphrotique, cirrhose et ascite. Hypertension, seul ou comme adjuvant. Comme adjuvant dans le traitement de l'insuffisance rénale aiguë ou chronique. Par voie IV pour l'œdème pulmonaire aigu et l'hypercalcémie grave, et comme adjuvant pour les crises d'hypertension.

Contre-indications   Anurie, hypersensibilité au médicament, maladie rénale grave associée à l'azotémie et à l'oligurie, coma hépatique associé à une déplétion électrolytique, grossesse et chez les enfants. L'utilisation durant la grossesse ne doit se faire que si les avantages l'emportent nettement sur les risques encourus.

Réactions indésirables   *Effet sur les électrolytes et les liquides de l'organisme*: Déplétion des électrolytes et des liquides de l'organisme menant à la déshydratation, l'hypovolémie, la thrombo-embolie. L'hypokaliémie et l'hypochlorémie peuvent causer l'alcalose métabolique. *GI*: Nausées, irritation GI, vomissements, anorexie, diarrhée (particulièrement chez les enfants) ou constipation, crampes. *Otiques*: Tinnitus, altération de l'audition (réversible ou permanente), surdité réversible. Surviennent généralement après l'administration IV ou IM rapide de doses importantes. *SNC*: Vertige, céphalée, étourdissements, vision trouble, faiblesse, agitation, paresthésie. *Hématologiques*: Anémie, thrombopénie, neutropénie, leucopénie. Rarement, agranulocytose. *Allergiques*: Éruption cutanée, prurit, urticaire, photosensibilité, dermatite exfoliative, purpura, vasculite, érythème polymorphe. *Autres*: Hyperglycémie, glycosurie, exacerbation du lupus érythémateux systémique, transpiration accrue, spasmes musculaires, spasmes vésicaux, mictions fréquentes.

Après l'administration IV: Thrombophlébite, arrêt cardiaque. Après l'administration IM: Douleur au point d'injection, arrêt cardiaque.

Parce que ce médicament est résistant aux effets des amines pressives et qu'il potentialise l'effet des myorésolutifs, on conseille d'en cesser l'administration orale une semaine avant et l'administration IV deux jours avant une intervention chirurgicale.

Interactions médicamenteuses

Médicaments	Interaction
Acide éthacrynique	L'emploi conjoint d'acide éthacrynique peut causer de l'hypokaliémie, de la tachycardie, de la surdité, de l'hypotension – ne pas employer ces deux médicaments conjointement.
Adrénolytiques	Potentialisation des effets.
Alcool éthylique	↑ de l'hypotension orthostatique.
Aminosides	Ototoxicité et néphrotoxicité accrues.
Anticoagulants	↑ de l'effet des anticoagulants due à la ↓ du taux de liaison aux protéines plasmatiques.
Antihypertenseurs	Potentialisation de l'effet antihypertenseur.
Barbituriques	↑ de l'hypotension orthostatique.
Céphalosporines	↑ de la toxicité rénale des céphalosporines.
Corticostéroïdes	Déplétion potassique accrue due à la perte de potassium causée par les deux médicaments.

Médicaments	Interaction
Ganglioplégiques	Potentialisation des effets.
Glucosides cardiotoniques	Le furosémide produit une perte excessive de K et de Mg et une ↑ du risque d'arythmies cardiaques.
Hypoglycémiants	Le furosémide est un antagoniste des hypo-glycémiants.
Indométhacine	L'indométhacine ↓ l'effet diurétique et anti-hypertenseur du furosémide.
Lithium	↓ de la clearance rénale du lithium menant à une ↑ du risque de toxicité.
Narcotiques	↑ de l'hypotension orthostatique.
Phénytoïne	↓ de l'effet diurétique du furosémide due à la ↓ de l'absorption.
Salicylates	↑ du risque de toxicité des salicylates due à la ↓ de l'excrétion rénale.
Succinylcholine	Le furosémide potentialise l'action de la suc-cinylcholine.
Théophylline	Le furosémide peut ↑ ou ↓ l'effet des théo-phyllines.
d-Tubocurarine	Le furosémide est un antagoniste de l'action de la tubocurarine.

Posologie   PO. *Œdème:* **Initialement**, 20 à 80 mg par jour en dose unique. Pour le cas résistants, la dose peut être augmentée de 20 à 40 mg q 6 ou 8 h jusqu'à ce que la réponse désirée soit obtenue. *Hypertension*: 40 mg b.i.d. Ajuster la posologie en fonction de la réponse. **Pédiatrique: Initialement**, 2 mg/kg; si la réponse est insa-tisfaisante, augmenter la posologie de 1 à 2 mg/kg après 6 ou 8 h, mais pas avant. La dose ne devrait pas excéder 6 mg/kg. **IV, IM.** *Œdème:* **Initialement**, 20 à 40 mg; si la réponse est inadéquate après 2 h, augmenter la posologie par doses de 20 mg. **Pédiatrique: Ini-tialement**, 1 mg/kg; si la réponse est inadéquate après 2 h, augmenter la posologie par doses de 1 mg/kg. On ne devrait pas administrer de doses supérieures à 6 mg/kg. **IV.** *Œdème pulmonaire aigu*: 40 mg lentement sur une période de 1 à 2 min; si la réponse est inadéquate après 1 h, administrer 80 mg lentement en 1 à 2 min. L'oxygène et la digitale peuvent être utilisés en même temps que le furosémide.

Administration/entreposage

1. La décoloration par la lumière n'affecte pas l'efficacité du médi-cament.

2. Entreposer dans un contenant résistant à la lumière.

3. Le médicament devrait être administré 2 à 4 fois par semaine.

4. Si on l'emploie par voie IV, le médicament ne devrait pas être mélangé à des solutions de *p*H inférieur à 5,5.

Soins infirmiers complémentaires

Voir *Soins infirmiers – Diurétiques*, p. 976.

1. *Évaluer*:
   a) de près la pression artérielle lorsqu'on administre le médicament pour traiter l'hypertension, particulièrement au début.
   b) une déshydratation et un collapsus respiratoire chez les clients ayant une diurèse rapide. Mesurer la pression artérielle et le pouls.
   c) l'ototoxicité si le client est atteint d'insuffisance rénale ou s'il reçoit d'autres médicaments ototoxiques.
   d) les signes de thrombose et d'embolie, en particulier chez les personnes âgées.

2. Pour rassurer le client, lui signaler que la douleur après l'injection IM est passagère et qu'elle s'apaisera.

3. Recommander au client de consulter le médecin avant de prendre de l'aspirine, car la compétition pour les sites d'excrétion rénale peut entraîner une intoxication par les salicylates à de plus basses concentrations.

DIURÉTIQUES OSMOTIQUES

Généralités   Contrairement aux autres diurétiques, les diurétiques osmotiques conservent leur efficacité lorsque la circulation rénale est sérieusement compromise comme dans le cas d'un choc hypovolémique, d'un traumatisme et de déshydratation.

Mécanisme d'action/cinétique   Les diurétiques osmotiques (mannitol) augmentent la pression osmotique du filtrat glomérulaire dans les tubules rénaux. Cela diminue la quantité de liquide et d'électrolytes réabsorbés par les tubules et augmente par conséquent la perte de liquide, de chlorure, de sodium et, à un moindre degré, de potassium.

Soins infirmiers complémentaires

Voir *Soins infirmiers – Diurétiques*, p. 976.

1. Mesurer soigneusement les ingesta et les excreta. Mesurer les excreta aux heures et noter les résultats.

2. Prévoir l'insertion d'une sonde de Foley si le client est comateux, incontinent ou s'il est incapable d'uriner dans un récipient, parce que la thérapie est basée sur la mesure exacte des ingesta et des excreta.

3. *Évaluer*:
   a) en particulier, les symptômes d'intoxication par l'eau et les autres signes de déséquilibre électrolytique. Voir p. 1003.

b) l'œdème dû à l'extravasation dans les tissus SC et la thrombophlébite due à l'irritation locale par le médicament au point d'injection IV.

c) les signes vitaux au moins une fois l'heure pendant un épisode aigu.

d) l'œdème pulmonaire caractérisé par de la toux, une respiration sifflante, la dyspnée, la cyanose et des expectorations écumeuses.

MANNITOL   Mannitol, Osmitrol

Catégorie   Diurétique osmotique.

Mécanisme d'action/cinétique   IV. *Diurèse,* **début d'action**: 1 à 3 h; *pression intra-oculaire,* **début d'action**: 30 à 60 min, **durée d'action**: 4 à 6 h; *liquide céphalo-rachidien,* **début d'action**: 15 min, **durée d'action**: 3 à 8 h. Excrété principalement inchangé dans l'urine. On recommande généralement d'administrer une dose d'épreuve.

Indications   Insuffisance rénale aiguë, œdème cérébral, réduction de la pression intracrânienne, glaucome lorsque d'autres mesures se sont révélées vaines. Détermination de la vitesse de filtration glomérulaire. On cesse l'administration du médicament lorsque le débit urinaire est supérieur à 100 mL/h. *Le mannitol n'est pas employé pour traiter l'œdème chronique.*

Contre-indications   Anurie, œdème pulmonaire, déshydratation, hémorragie intracrânienne (sauf durant une craniotomie). Grossesse et enfants de moins de 12 ans. Retirer le médicament si on observe des lésions rénales, une dysfonction rénale, une insuffisance cardiaque ou une congestion pulmonaire.

Réactions indésirables   *Électrolytes*: Hypernatrémie, acidose, perte d'électrolytes, déshydratation. *GI*: Nausées, vomissements, soif, xérostomie. *CV*: Œdème, hypotension ou hypertension, augmentation de la fréquence cardiaque, douleur pseudo-angineuse à la poitrine, thrombophlébite. *Autres*: Rétention urinaire, congestion pulmonaire, rhinite, frissons, fièvre, urticaire, douleur au bras.

Interaction médicamenteuse   Peut entraîner la surdité lorsque employé en association avec la kanamycine.

Interactions avec les épreuves de laboratoire   ↑ ou ↓ du phosphore inorganique. ↑ des valeurs d'éthylèneglycol parce que le mannitol est aussi oxydé en aldéhyde durant l'épreuve.

Posologie   **Toujours par perfusion IV.** *Dose d'épreuve (oligurie ou réduction possible de la fonction rénale)*: 50 mL d'une solution à 25%, 75 mL d'une solution à 20% ou 100 mL d'une solution à 15%, en 3 à 5 min. Si le débit urinaire est de 30 à 50 mL/h, une dose thérapeutique peut être administrée. Si on n'obtient pas de réponse, administrer une seconde dose d'épreuve; si aucune réponse ne survient, le client doit être réévalué. *Prévention de l'oligurie*: 50 à 100 g (solution à 5% ou 25%). *Traitement de l'oligurie*: Jusqu'à 100 g d'une solution à 15% ou 20%. *Réduction de la pression intracrânienne et du volume cérébral*: 1,5 à 2,0 g/kg (employer une solution à 15% ou 25%) perfusés sur une période de 30 min. *Réduction de la pression intraoculaire*: 1,5 à 2,0 g/kg (solution à 15% ou 25%) perfusés sur une période de 30 min (administrer 1 ou 1,5 h avant l'intervention s'il s'agit d'un usage préopératoire). *Diurèse lors d'une intoxication*: Au maximum, 200 g par perfusion d'une solution à 5% ou 10%. *Détermination de la vitesse de filtration glomérulaire*: 100 mL d'une solution à 20% diluée avec 180 mL d'une solution de chlorure de sodium pour injection, perfusés à un débit de 20 mL/min.

Soins infirmiers complémentaires

Voir *Soins infirmiers – Diurétiques*, p. 976.

1. Administrer des soins buccaux pour réduire la soif et procurer des liquides si cela est permis.

2. Signaler la douleur thoracique et l'œdème pulmonaire qui se manifeste par la dyspnée, la cyanose et des expectorations écumeuses.

DIURÉTIQUES D'ÉPARGNE POTASSIQUE

AMILORIDE, CHLORHYDRATE D' Midamor^{Pr}

Catégorie   Diurétique d'épargne potassique.

Mécanisme d'action/cinétique   Agit dans les tubules proximaux et distaux en inhibant l'ATPase sodium-potassium. L'amiloride est un médicament d'épargne potassique possédant une faible activité diurétique et antihypertensive. **Début d'action**: 2 h. **Effet maximal**: 6 à 10 h. **Durée d'action**: 24 h. **Demi-vie**: 6 à 9 h. Approximativement 50% du médicament est excrété inchangé par les reins et dans les fèces.

Indications   Comme adjuvant des diurétiques thiazidiques ou d'autres diurétiques kaliurétiques pour le traitement de l'hypertension ou de l'insuffisance cardiaque, afin d'aider à rétablir la concentration sérique de potassium normale ou de prévenir l'hypokaliémie. Rarement employé seul.

Contre-indications Hyperkaliémie (supérieure à 5,5 mmol/L de potassium). Chez les clients recevant d'autres diurétiques d'épargne potassique ou des suppléments de potassium. Altération de la fonction rénale. Diabète sucré. Employer avec prudence en présence d'acidose métabolique et durant la grossesse.

Réactions indésirables *Électrolytes*: Hyperkaliémie, hyponatrémie et hypochlorémie si employé avec d'autres diurétiques. *SNC*: Céphalée, étourdissements, encéphalopathie. *GI*: Nausées, anorexie, vomissements, diarrhée, modifications de l'appétit, flatulence, douleur abdominale, hémorragie, soif, dyspepsie, brûlures d'estomac, activation d'un ulcère gastro-duodénal préexistant. *Respiratoires*: Dyspnée, toux. *Musculosquelettiques*: Faiblesse, crampes musculaires, fatigue. *GU*: Impuissance, polyurie, dysurie, spasmes vésicaux, mictions fréquentes. *CV*: Angine, palpitations, arythmie, hypotension orthostatique. *Autres*: Anémie aplastique, neutropénie, troubles visuels, congestion nasale, tinnitus, augmentation de la pression intra-oculaire.

Interactions médicamenteuses

Médicaments	Interaction
Captopril	↑ du risque d'hyperkaliémie significative.
Lithium	↓ de l'excrétion rénale du lithium → ↑ du risque de toxicité.
Spironolactone ⎱ Triamtérène ⎰	Hyperkaliémie, hyponatrémie, hypochlorémie.

Posologie *Comme agent unique ou avec d'autres diurétiques:* **PO, initialement**, 5 mg par jour; chez certains clients, 10 mg par jour peuvent être nécessaires. Lorsqu'on surveille de près les électrolytes, des doses aussi élevées que 20 mg par jour peuvent être employées si elles se révèlent nécessaires.

Administration Prendre avec de la nourriture pour réduire les risques de troubles GI.

Soins infirmiers complémentaires

Voir *Soins infirmiers – Diurétiques*, p. 976.

1. Évaluer l'hyperkaliémie (voir à la p. 1003) et les signes indiquant la nécessité de cesser la médication, car elle peut précipiter des irrégularités cardiaques.

2. Les suppléments de potassium, de même que les aliments riches en potassium sont à éviter parce que le médicament ne facilite aucunement l'excrétion de potassium.

3. Ne pas administrer ce médicament avec d'autres diurétiques d'épargne potassique.

SPIRONOLACTONE   Aldactone^{Pr}, Novospiroton^{Pr}

Catégorie   Diurétique d'épargne potassique.

Mécanisme d'action/cinétique   La spironolactone est un diurétique léger qui bloque l'effet de rétention du sodium de l'aldostérone. Elle entraîne une augmentation de l'élimination de sodium et de liquides, mais pas de celle du potassium. Elle possède également une légère activité antihypertensive. **Début d'action**: Le débit urinaire augmente sur une période de trois jours. **Effet maximal**: Le troisième jour. **Durée d'action**: 2 à 3 jours; l'effet diminue ensuite.

On trouve la spironolactone dans Aldactazide^{Pr} (voir l'appendice 3).

Indications   Œdème dû à l'insuffisance cardiaque, cirrhose, syndrome néphrotique, œdème idiopathique, hyperaldostéronisme primaire et hypertension artérielle essentielle. Employé fréquemment comme adjuvant des diurétiques de perte potassique lorsqu'il est important d'éviter l'hypokaliémie. *À l'étude*: Hirsutisme.

Contre-indications   Insuffisance rénale aiguë, insuffisance rénale progressive, hyperkaliémie et anurie. Clients recevant des suppléments de potassium.

Réactions indésirables   *Électrolytes*: Hyperkaliémie, hyponatrémie (caractérisée par la léthargie, la xérostomie, la soif, la fatigue). *GI*: Diarrhée, crampes. *SNC*: Somnolence, ataxie, léthargie, confusion, céphalée. *Endocriniennes*: Gynécomastie, dysménorrhée, impuissance, hémorragie chez la femme ménopausée, voix plus grave. *Autres*: Éruption cutanée, fièvre d'origine thérapeutique, urticaire, carcinome du sein, acidose métabolique hyperchlorémique en présence de cirrhose (décompensée).
Note: Des études chroniques chez les rongeurs ont démontré que la spironolactone est tumorigène.

Interactions médicamenteuses

Médicaments	Interaction
Anesthésiques généraux	Hypotension accrue.
Anticoagulants oraux	Effet inhibé par la spironolactone.
Antihypertenseurs	Potentialisation de l'effet hypotenseur des deux médicaments. Réduire la posologie de moitié, particulièrement celle des ganglioplégiques.
Captopril	↑ du risque d'hyperkaliémie significative.
Digitale	L'effet d'épargne potassique de la spironolactone peut réduire l'efficacité de la digitale.

Médicaments	Interaction
	Bien que des conséquences graves se soient produites chez des clients atteints d'une altération de la fonction rénale, ces médicaments sont souvent donnés conjointement. Surveiller de près.
Diurétiques (autres)	Souvent administrés conjointement à cause de l'effet d'épargne potassique de la spironolactone. Une hyponatrémie grave peut en résulter. Surveiller de près.
Lithium	↑ du risque de toxicité du lithium à cause de la ↓ de la clearance rénale.
Norépinéphrine	↓ de la sensibilité à la norépinéphrine.
Potassium, sels de	Puisque la spironolactone conserve excessivement le potassium, l'hyperkaliémie peut survenir. Rarement employés conjointement.
Salicylates	Des doses importantes peuvent ↓ les effets de la spironolactone.
Triamtérène	Une hyperkaliémie dangereuse peut résulter de l'association de ces deux médicaments.

Posologie   **PO.** *Œdème:* **Adultes, initialement**, 100 mg par jour (en moyenne 25 à 200 mg par jour); **entretien**: selon la réponse du client. **Pédiatrique**: 3,3 mg/kg par jour. *Hypertension:* **Adultes, initialement**, 50 à 100 mg par jour; la dose d'entretien dépend de la réponse du client. *Hypokaliémie*: 25 à 100 mg par jour. *Diagnostic de l'hyperaldostéronisme primaire*: 400 mg par jour pendant 4 jours ou pendant 3 ou 4 semaines (selon l'épreuve). *Hyperaldostéronisme, avant une intervention chirurgicale*: 100 à 400 mg par jour.

Administration   Protéger le médicament de la lumière.

Soins infirmiers complémentaires

Voir *Soins infirmiers – Diurétiques*, p. 976.

1. Ne pas encourager le client à ingérer plus de potassium, puisque ce médicament est un diurétique d'épargne potassique.

2. Recommander au client recevant de fortes doses du médicament de ne pas conduire une automobile ou opérer des machines dangereuses, puisque la somnolence ou l'ataxie peuvent survenir.

3. Évaluer la tolérance du client au médicament, qui se caractérise par de l'œdème et une réduction du débit urinaire.

4. Évaluer la stupeur chez le client ayant des antécédents de maladie hépatique.

TRIAMTÉRÈNE Dyrenium^{Pr}

Catégorie Diurétique d'épargne potassique.

Généralités Le triamtérène est plus efficace lorsqu'on l'emploie en association avec d'autres diurétiques. À cause de son début d'action lent, il ne convient pas pour commencer le traitement des clients atteints d'insuffisance cardiaque grave.

Cesser progressivement l'administration du médicament, car une excrétion excessive de potassium peut survenir après un retrait soudain. Le risque d'hypokaliémie est plus important chez les clients atteints de cirrhose et d'ascite.

Une vérification en laboratoire de l'urée sanguine, de la créatinine et des électrolytes sériques devrait être faite périodiquement.

On trouve le triamtérène dans Apo-Triazide, Dyazide et Novotriamzide (voir l'appendice 3).

Mécanisme d'action/cinétique Le triamtérène est un diurétique léger qui agit directement sur le tubule rénal. Il facilite l'excrétion de sodium – qui est échangé contre du potassium ou des ions hydrogène – de bicarbonate, de chlorure et de liquide. Le médicament augmente le *p*H urinaire. Il est aussi un antagoniste faible de l'acide folique. **Début d'action**: 2 h. **Effet maximal**: 6 à 8 h. **Durée d'action**: 12 à 16 h.

Indications Insuffisance cardiaque, œdème idiopathique, œdème associé à une cirrhose, syndrome néphrotique, thérapie aux stéroïdes, fin de la grossesse et hyperaldostéronisme secondaire. Hypertension (en association avec un diurétique thiazidique).

Contre-indications Hypersensibilité au médicament, insuffisance rénale grave, maladie hépatique grave, anurie, hyperkaliémie. Grossesse.

Réactions Indésirables *Électrolytes*: Hyperkaliémie, déséquilibre électrolytique. *GI*: Nausées, vomissements (peut également indiquer un déséquilibre électrolytique), diarrhée, xérostomie. *SNC*: Étourdissements, somnolence, faiblesse, céphalée. *Autres*: Anaphylaxie, photosensibilité, dyscrasie sanguine, hypotension, crampes musculaires, éruption.

Interactions médicamenteuses

Médicaments	Interaction
Antihypertenseurs	Activité potentialisée par le triamtérène.
Captopril	↑ du risque d'hyperkaliémie significative.
Digitale	Inhibée par le triamtérène.
Lithium	↑ du risque de toxicité du lithium due à la ↓ de la clearance rénale.

Médicaments	Interaction
Potassium, sels de	Hyperkaliémie accrue.
Spironolactone	Hyperkaliémie accrue.

Interactions avec les épreuves de laboratoire Le triamtérène peut conférer une fluorescence bleue à l'urine et induire ainsi une erreur dans les dosages fluorimétriques (déshydrogénase lactique, quinidine, etc.).

Posologie *Œdème:* **Initialement**, 100 mg 1 ou 2 fois par jour après les repas; **dose quotidienne maximale**: 300 mg. **Entretien**: 100 mg q deux jours.

Hypertension (administré généralement en association avec un diurétique thiazidique): 100 mg b.i.d. après les repas.

La posologie du triamtérène est généralement réduite de moitié lorsqu'un autre diurétique fait partie du régime thérapeutique.

Administration Réduire les nausées en donnant le médicament après les repas.

Soins infirmiers complémentaires

Voir *Soins infirmiers – Diurétiques*, p. 976.

1. *Évaluer*:
   a) l'hyperkaliémie (voir à la p. 1003), indiquant qu'il faut retirer le médicament car des irrégularités peuvent survenir.
   b) les signes de dyscrasie sanguine comme la fièvre, le mal de gorge et une éruption cutanée.
   c) les signes d'urémie, caractérisée par la léthargie, la céphalée, la somnolence, les vomissements, l'agitation, les divagations et l'haleine fétide.

2. Ne pas encourager le client à ingérer plus de potassium, puisque ce médicament est un diurétique d'épargne potassique.

Électrolytes et agents calorifiques

Généralités   De l'eau, des électrolytes et des nutriments sont employés comme adjuvants dans le traitement d'une grande variété d'états pathologiques. Puisqu'il existe une relation étroite entre le volume liquidien et l'équilibre électrolytique, nous les étudions ensemble.

La concentration d'électrolytes dans l'organisme varie très peu (voir l'appendice 1). Toute déviation par rapport à la normale entraîne rapidement des changements physiologiques se manifestant par de la déshydratation, de la rétention liquidienne et des perturbations de l'équilibre acido-basique. Les maladies graves (chroniques ou aiguës), un choc, un trauma, une intoxication, les brûlures, de même que certains médicaments, affectent souvent l'équilibre électrolytique et liquidien. L'administration de substituts adéquats pour éviter et corriger le déséquilibre hydro-électrolytique constitue un aspect important des soins au client.

Les liquides et les électrolytes peuvent être administrés par voie orale, par voie sous-cutanée (rarement) ou par voie intraveineuse. Lorsque cela est possible, la voie orale devrait être utilisée. L'administration parentérale devrait être discontinuée aussitôt que possible.

Il existe sur le marché de nombreuses solutions de remplacement contenant un ou plusieurs électrolytes, avec ou sans glucides.

Les médicaments sont souvent ajoutés aux solutions administrées par voie parentérale. L'infirmière doit donc connaître les interactions et les incompatibilités possibles. À moins d'indications contraires, on recommande de n'ajouter qu'un médicament à la fois au montage de la perfusion intraveineuse.

On peut aussi modifier l'équilibre liquidien par l'administration de diurétiques. Les diurétiques sont présentés au chapitre 67. Le calcium, un électrolyte, est présenté au chapitre 60. Les substituts du sang sont présentés au chapitre 21.

Les signes cliniques caractéristiques des déséquilibres électrolytiques sont résumés au tableau 36.

Remarquez que la posologie pour les solutions IV est très individualisée, particulièrement pour les nourrissons, les enfants et les personnes âgées et pour les clients affaiblis et ceux qui souffrent de maladies cardio-vasculaires.

Mécanisme d'action/cinétique   Les électrolytes et les nutriments supplémentaires et ceux qui proviennent de l'alimentation sont métabolisés de la même manière, car l'organisme ne les distingue pas.

ÉLECTROLYTES

MAGNÉSIUM, SULFATE DE   Sulfate de magnésium

Catégorie   Électrolyte.

Généralités   Le magnésium est un cation important, présent dans le liquide extracellulaire à une concentration allant de 0,75 à 1,25 mmol/L. Le magnésium est un élément essentiel à la contraction musculaire, à certains systèmes enzymatiques et à la transmission nerveuse. Voir les symptômes de l'hypomagnésémie et de l'hypermagnésémie au tableau 36, p. 1003. De fortes doses de magnésium produisent des effets pharmacologiques tels que la dépression du SNC et l'hypotension. Le magnésium est excrété par les reins.

Indications   Traitement substitutif dans les cas de carence en magnésium. Adjuvant dans la nutrition parentérale totale (NPT). Anticonvulsivant dans la toxémie gravidique (voir p. 588). Cathartique (voir p. 810).

Contre-indications   Employer avec prudence chez les clients atteints d'une maladie rénale parce que le magnésium est excrété exclusivement par les reins; contre-indiqué en présence de bloc cardiaque ou de lésion myocardique.

Réactions indésirables   Intoxication par le magnésium. *SNC*: Dépression. *CV*: Rougeurs, hypotension, collapsus circulatoire, dépression du myocarde. *Autres*: Transpiration, hypothermie, paralysie musculaire, paralysie respiratoire.

Traitement de l'intoxication par le magnésium

1. Commencer la ventilation assistée immédiatement.

TABLEAU 36 SIGNES CLINIQUES DE DÉSÉQUILIBRE ÉLECTROLYTIQUE

Calcium

Hypocalcémie
SNC: Dépression mentale, états d'anxiété.
CV: Arythmies.
GI: Crampes abdominales.
Neuromusculaires: Engourdissement périphérique, fourmillements dans les doigts, fibrillations musculaires, crampes des muscles faciaux et squelettiques, crampes dans les jambes, tétanie, irritabilité des muscles lisses.
Autres: Coagulation sanguine anormale, fractures.

Hypercalcémie (crise)
SNC: Stupeur, coma.
CV: Arrêt cardiaque.
GI: Nausées, vomissements, déshydratation.
Neuromusculaires: Faiblesse (à long terme).
GU: Douleur lombaire (calculs rénaux).
Autres: Douleur profonde dans les régions osseuses.

Magnésium

Hypomagnésémie
CV: Arythmies, vasodilatation, ↓ de la PA.
Neuromusculaires: Hyperirritabilité, crampes aux jambes et crampes abdominales, ↑ des réflexes tendineux profonds, contractions et mouvements musculaires involontaires, faiblesse, spasticité, tétanie, tremblements, convulsions.

Hypermagnésémie
SNC: Dépression, léthargie, respiration lente et superficielle.
CV: ↓ de la PA, pouls faible et lent.
Neuromusculaires: ↓ des réflexes tendineux profonds.
Autres: Rougeurs du visage.

Potassium

Hypokaliémie
SNC: Étourdissements, confusion mentale.
CV: Arythmies; pouls faible et irrégulier, hypotension, arrêt cardiaque.
GI: Distension abdominale, anorexie.
Neuromusculaires: Faiblesse, paresthésie.
Autres: Malaise.

Hyperkaliémie
CV: Bradycardie, puis tachycardie, arrêt cardiaque.
GI, GU: Crampes abdominales, oligurie ou anurie, nausées, diarrhée.
Neuromusculaires: Faiblesse, picotements, paralysie.

Sodium

Hyponatrémie
SNC: Anxiété, lassitude.
GI, GU: Langue rugueuse et sèche; crampes abdominales, ↓ de la densité relative de l'urine.
Neuromusculaires: Tremblements se transformant peu à peu en convulsions.

Hypernatrémie
SNC: Céphalée, convulsions, ↑ de la température corporelle.
GI, GU: Nausées, vomissements, ↓ de la densité relative de l'urine.
Neuromusculaires: ↓ des réflexes, faiblesse.
Autres: Soif, agitation, sécheresse des muqueuses.

Chlorures

Hypochlorémie
SNC: ↓ de la respiration.
Neuromusculaires: Hypertonicité, tétanie.

Hyperchlorémie
SNC: Stupeur; respiration rapide et profonde; faiblesse menant au coma.

2. Conserver 2,5 à 5,0 mmol (5 à 10 mEq) de calcium pour injection IV à portée de la main (par exemple, 10 à 20 mL d'une solution à 10% de gluconate de calcium).

Interactions médicamenteuses

Médicaments	Interaction
Curarisants	Blocage neuromusculaire additif.
Dépresseurs du SNC (anesthésiques, hypnotiques, narcotiques)	Dépression additive du SNC.
Digitaliques, préparations	Altérations de la conduction cardiaque et bloc cardiaque si l'intoxication par le magnésium est traitée avec du calcium.

Posologie *Hypomagnésémie légère.* **IM**: 1 g q 6 h pour un total de 4 fois (ou un total de 16,25 mmol/24 h [32,5 mEq/24 h]). *Hypomagnésémie grave.* **IM**: Jusqu'à 1 mmol/kg (2 mEq/kg) en 4 h ou, **IV**: 5 g (20 mmol ou 40 mEq) dans 1 000 mL de dextrose à 5% ou dans une solution de chlorure de sodium, perfusé **lentement** en 3 h. *Suralimentation.* **Adultes**: 4 à 12 mmol (8 à 24 mEq) par jour; **nourrissons**: 1 à 5 mmol (2 à 10 mEq) par jour. *Anticonvulsivant.* **Adultes, IV**: 1 à 4 g d'une solution à 10% ou 20%; **IM**: 1 à 5 g d'une solution à 25% ou 50% six fois par jour, tel que prescrit; **perfusion IV**: 4 g dans 250 mL de dextrose à 5%, administré à un débit ne dépassant pas 3 mL/min.

Administration

1. IM: pour les adultes, une injection profonde d'une solution à 50% est appropriée. Pour les enfants, on devrait employer une solution à 20%. IV: diluer selon les recommandations du fabricant.

2. Administrer lentement et prudemment à un débit n'excédant pas 1,5 mL/min d'une solution à 10%.

Soins infirmiers

1. Cesser l'administration du médicament ou consulter le médecin avant l'administration:
   a) si les réflexes rotuliens sont absents.
   b) si la fréquence respiratoire est inférieure à 16 respirations par minute.
   c) si le débit urinaire était inférieur à 100 mL durant les 4 dernières heures.
   d) s'il se manifeste des rougeurs, de la transpiration, de l'hypotension ou de l'hypothermie, premiers signes d'hypermagnésémie.
   e) si le client a des antécédents de bloc cardiaque ou de lésion myocardique.

2. Ne pas administrer de sulfate de magnésium pendant les 2 h précédant l'accouchement.

3. Évaluer la dépression respiratoire et la dépression du SNC chez le nouveau-né si la mère a reçu du sulfate de magnésium par voie IV pendant les 24 h précédant l'accouchement.

4. Être prête à participer au traitement d'urgence de l'intoxication par le magnésium. Disposer du matériel nécessaire à la ventilation assistée et de gluconate de calcium pour administration IV.

POTASSIUM, SELS DE

CAPSULES, COMPRIMÉS: Apo-K, Bicarbonate de potassium, Chlorure de potassium, Gluconate de potassium, Kali-Mur, Kali-Phos, Kalium Durules, Kaochlor, Kaon, K-10, K-8, K-Long, K-Med, Mega-Potassium, Micro-K Extencaps, Novolente-K, Nutraide, Phosphate de potassium, Potassium, Pro-600 K, Slo-Pot, Slow-K, Wel-K. **COMPRIMÉS EFFERVESCENTS**: K-Lyte, K-Lyte/Cl. **ÉLIXIRS**: Élixir Kaon, Royonate. **LIQUIDES**: Chlorure de potassium, Kaochlor-20 Concentré, Kay-Ciel, KCl-Rougier, KCl Solution à 20%, K-10 Liquide, Potassium-Rougier, Roychlor. **POUDRES**: Bicarbonate de potassium, Chlorure de potassium, Kato, K-Lor. **SOLUTIONS PARENTÉRALES**: Acétate de potassium, Chlorure de potassium

Catégorie Électrolyte.

Généralités Le potassium est le principal cation du liquide intracellulaire. C'est un élément essentiel au maintien de fonctions physiologiques importantes, comme les fonctions du myocarde et des muscles lisses et squelettiques, l'équilibre acido-basique, la sécrétion gastrique, la fonction rénale et le métabolisme des protéines et des glucides. Les symptômes d'hypokaliémie comprennent la faiblesse, les arythmies cardiaques, la fatigue et, dans les cas graves, la paralysie flaccide et l'incapacité de concentrer l'urine.

Les besoins quotidiens habituels de l'adulte sont de 40 à 80 mg. Chez l'adulte, la concentration plasmatique normale de potassium se situe entre 3,5 et 5,0 mmol/L. Des concentrations allant jusqu'à 5,6 mmol/L sont normales chez l'enfant.

Si elles ne sont pas corrigées, l'hypokaliémie et l'hyperkaliémie peuvent être fatales. Il faut dont toujours administrer le potassium avec prudence.

Le potassium est facilement et rapidement absorbé dans le tractus GI. Bien que plusieurs sels puissent être employés comme suppléments de potassium, le chlorure est l'agent de choix puisque l'hypochlorémie accompagne fréquemment la carence en potassium. Un régime alimentaire adéquat (bananes, jus d'orange) peut souvent prévenir et même corriger les carences en potassium.

Le potassium est excrété par les reins, et une partie est réabsorbée du filtrat glomérulaire.

Indications   Pour corriger la carence en potassium causée par les vomissements, la diarrhée, la perte excessive des liquides gastrointestinaux, l'hyperadrénalisme, la malnutrition, la faiblesse, un bilan azoté négatif prolongé, la dialyse, l'alcalose métabolique, l'acidose diabétique, certaines maladies rénales, les arythmies cardiaques, la toxicité des glucosides cardiotoniques et la myasthénie grave (expérimentalement).

Remplacement prolongé des électrolytes ou nutrition parentérale totale à l'aide de solutions ne contenant pas de potassium. Pour corriger la carence en potassium pouvant être causée par certains médicaments, y compris plusieurs diurétiques, des corticostéroïdes, la testostérone et la corticotrophine.

Prophylaxie après une intervention chirurgicale importante, une fois le débit urinaire rétabli.

Contre-indications   Altération grave de la fonction rénale et en période postopératoire avant que le débit urinaire ne soit rétabli. Syndrome d'écrasement, maladie d'Addison, hyperkaliémie, crampes de chaleur, déshydratation aiguë. Administrer avec prudence chez les clients atteints de maladie cardiaque ou rénale et chez ceux qui reçoivent des médicaments d'épargne potassique. L'innocuité durant la grossesse, la lactation et chez les enfants n'a pas été établie.

Réactions indésirables   Voir les symptômes d'hypokaliémie et d'hyperkaliémie au tableau 36, p. 1003.

GI: Nausées, vomissements, diarrhée, malaise abdominal, saignement ou occlusion GI. Ulcération ou perforation de l'intestin grêle par des comprimés de chlorure de potassium à délitage entérique. *Autres*: Éruption cutanée, hyperkaliémie.

Traitement du surdosage   (Concentration plasmatique de potassium supérieure à 6,5 mmol/L.) Toutes les mesures entreprises doivent être suivies à l'électrocardiographe. Le traitement vise à faire passer le potassium du plasma aux cellules grâce à l'administration de:

1. **Bicarbonate de sodium**: Perfusion IV de 40 à 160 mmol (40 à 160 mEq) en 5 min. On peut répéter la perfusion après 10 à 15 min si les anomalies de l'ECG persistent.

2. **Dextrose**: Perfusion IV de 300 à 500 mL d'une solution pour injection à 10% ou 25% en 1 h. Quelquefois, on ajoute de l'insuline au dextrose (5 à 10 unités par 20 g de dextrose) ou on administre de l'insuline séparément.

3. **Gluconate de calcium – ou autre sel de calcium** (uniquement pour les clients qui ne reçoivent pas de digitale ou d'autres glucosides cardiotoniques): Perfusion IV de 0,5 à 1,0 g (5 à 10 mL d'une solution à 10%) en 2 min. La perfusion peut être répétée après 1 à 2 min si l'ECG demeure anormal. Lorsque l'ECG est près de la normale, l'excédent de potassium devrait être retiré par l'administration de sulfonate de polystyrène, par hémodialyse ou dialyse péritonéale (clients atteints d'insuffisance rénale) ou par d'autres moyens.

Interactions médicamenteuses

Médicaments	Interaction
Glucosides cardiotoniques	Arythmies cardiaques.
Diurétiques d'épargne potassique	Hyperkaliémie grave.

Posologie   Hautement individualisée. On préfère l'administration orale parce que l'absorption lente dans le tractus GI permet d'éviter une augmentation soudaine et importante de la concentration plasmatique de potassium. La posologie est habituellement exprimée en mmol/L de potassium. Le bicarbonate, le chlorure, le citrate et le gluconate de potassium sont généralement administrés par voie orale. Le chlorure, l'acétate et le phosphate de potassium peuvent être administrés par perfusion **IV lente**.

Perfusion IV. *Potassium sérique inférieur à 2,0 mmol/L*: 400 mmol (400 mEq) par jour à un débit ne dépassant pas 40 mmol/h (40 mEq/h). *Potassium sérique supérieur à 2,5 mmol/L*: 200 mmol (200 mEq) par jour à un débit ne dépassant pas 20 mmol/h (20 mEq/h).

PO. *Prophylaxie de l'hypokaliémie*: 16 à 24 mmol (16 à 24 mEq) par jour. *Déplétion potassique*: 40 à 100 mmol (40 à 100 mEq) par jour. *Remarque*: L'apport alimentaire habituel de potassium se situe entre 40 et 250 mmol (40 et 250 mEq) par jour.

Chez les clients souffrant également d'acidose métabolique, on devrait administrer un sel de potassium d'un acide faible (bicarbonate, citrate ou acétate de potassium).

Administration

PO

1. Dissoudre ou diluer la préparation de potassium dans du jus de fruit ou de légume si elle n'est pas déjà aromatisée.

2. Refroidir pour améliorer le goût.

3. Dire au client qu'il faut avaler les comprimés à délitage entérique plutôt que de les laisser se dissoudre dans sa bouche.

4. Administrer les doses orales 2 à 4 fois par jour. L'hypokaliémie devrait être corrigée en 3 à 7 jours pour réduire au minimum l'hyperkaliémie.

5. Les substituts du sel ne devraient pas être employés en même temps que les préparations de potassium.

6. Chez les clients souffrant de compression œsophagienne, administrer des solutions de potassium plutôt que des comprimés.

PARENTÉRALE

1. Administrer très lentement, au débit prescrit par le médecin.

2. Ne pas administrer les préparations de potassium par voie IV sans les avoir diluées au préalable. D'habitude, on les administre par perfusion IV lente dans une solution de dextrose à une concentration de 40 à 80 mmol/L (40 à 80 mEq/L).

3. S'assurer de préparer une solution uniforme en renversant le contenant pendant l'addition de potassium, puis en agitant ce dernier par après. Il ne suffit pas de comprimer le contenant de plastique pour empêcher le potassium de se déposer au fond.

4. Examiner le point d'administration fréquemment au cas où de la douleur ou des rougeurs surviendraient, parce que le médicament est extrêmement irritant.

Soins infirmiers

1. Cesser de donner des aliments riches en potassium et interrompre la prise orale de potassium aussitôt que commence l'administration parentérale de potassium.

2. Interrompre l'administration orale de potassium si une douleur ou de la distension abdominale ou des saignements GI surviennent.

3. Surveiller les symptômes d'hypokaliémie tels que la faiblesse, les arythmies cardiaques et la fatigue; ils indiquent un faible niveau de potassium intracellulaire, bien que le niveau de potassium sérique se situe dans les limites de la normale.

4. S'assurer que le débit urinaire est adéquat avant de commencer l'administration de potassium, car elle peut conduire à l'hyperkaliémie en cas d'altération de la fonction rénale.

5. Interrompre l'administration de potassium chez les clients atteints d'oligurie, d'anurie, d'azoturie, d'insuffisance surrénalienne chronique ou de dégradation tissulaire étendue (comme dans les brûlures).

6. Ne pas administrer de potassium aux clients recevant des diurétiques d'épargne potassique tels que la spironolactone ou le triamtérène.

7. Surveiller l'ECG pour déceler les signes d'hyperkaliémie –

mentionnés dans les *Réactions indésirables* – lorsque le client reçoit du potassium par voie parentérale.

8. Vérifier la concentration sérique de potassium du client recevant du potassium par voie parentérale. La normale est de 3,6 à 5,5 mmol/L (3,6 à 5,5 mEq/L).

9. Évaluer les signes d'hyperkaliémie, tels que l'apragmatisme, la confusion mentale, la faiblesse ou la lourdeur des jambes, la paralysie flaccide, la peau froide, le teint grisâtre, l'hypotension, les arythmies cardiaques et le bloc cardiaque.

10. Se préparer à participer au traitement d'urgence de l'hyperkaliémie. Garder à portée de la main du bicarbonate de sodium, du gluconate de calcium et de l'insuline régulière pour usage parentéral.

11. *Expliquer au client et/ou à sa famille*:
    a) l'importance des interactions du potassium avec les autres médicaments de son régime thérapeutique, afin de favoriser la fidélité au traitement.
    b) les signes d'hypokaliémie et d'hyperkaliémie et la nécessité de les signaler.
    c) qu'il faut consommer des aliments riches en potassium tels que des jus d'agrumes, des bananes, des abricots, des raisins et des noix, après la fin de l'administration parentérale de potassium.

SODIUM, CHLORURE DE Chlorure de sodium

Catégorie Électrolyte.

Généralités Le sodium est le cation que l'on trouve en plus grande quantité dans le liquide extracellulaire. Il joue un rôle crucial dans le maintien de l'équilibre électrolytique et liquidien. Une rétention excessive de sodium entraîne une surhydratation (œdème, hypervolémie) que l'on traite souvent à l'aide de diurétiques. Une concentration de sodium anormalement basse mène à une déshydratation. Normalement, le plasma contient 136 à 145 mmol/L (136 à 145 mEq/L) de sodium et 98 à 106 mmol/L (98 à 106 mEq/L) de chlorure. Les besoins quotidiens moyens de sel sont d'environ 5 g.

Voir les symptômes d'hyponatrémie et d'hypernatrémie au tableau 36.

Indications PO: Prophylaxie du coup de chaleur et des crampes de chaleur, carence en chlorure due à la diurèse ou à une privation de sel. **Voie parentérale**: Rééquilibration hydro-électrolytique.

Contre-indications Insuffisance cardiaque, altération grave de la fonction rénale. Administrer avec prudence aux clients atteints de maladie cardio-vasculaire, cirrhotique ou rénale, en présence d'hyperprotéinémie et aux clients qui reçoivent des corticostéroïdes ou de la corticotrophine.

Réactions indésirables   Hypernatrémie, intolérance post-opératoire au chlorure de sodium caractérisée par une déshydratation cellulaire, asthénie, désorientation, anorexie, nausées, oligurie et concentration accrue d'azote uréique sanguin.

Posologie   **PO**: *Crampes de chaleur/déshydration*: 0,5 à 1,0 g avec 240 mL d'eau jusqu'à 10 fois par jour; la dose quotidienne totale ne devrait pas excéder 4,8 g. **IV**: *Individualisée* selon les besoins. On emploie une solution *hypotonique* (0,11% à 0,45% de NaCl) lorsque les pertes liquidiennes excèdent la déplétion électrolytique. Une solution *isotonique* (0,9% de NaCl) fournit approximativement la concentration physiologique de sodium et de chlorure. On emploie une solution *hypertonique* (3% ou 5%) lorsque les pertes de sodium excèdent la perte liquidienne.

Administration   Les solutions hypertoniques de NaCl doivent être administrées lentement et prudemment à un débit ne dépassant pas 100 mL/h. On devrait déterminer les concentrations plasmatiques d'électrolytes avant d'administrer de nouveau du chlorure de sodium.

Soins infirmiers

1. Évaluer les signes d'hypernatrémie, tels que les rougeurs de la peau, l'élévation de la température, la langue sèche et rugueuse, l'œdème, l'hypertension ou l'hypotension, la tachycardie, une urine de densité relative supérieure à 1,02 et une concentration sérique de sodium supérieure à 146 mmol/L.
2. Si ces signes se manifestaient, interrompre l'administration IV et signaler l'état du client au médecin.

AGENTS CALORIFIQUES

Glucides

Catégorie   Agents calorifiques.

Généralités   Les agents calorifiques les plus simples et les plus facilement absorbés sont le dextrose (D-glucose) et un mélange équimolaire de dextrose et de fructose, le sucre inverti. Le fructose et le dextrose sont des monosaccharides. Ils peuvent remplacer les aliments et l'eau consommés par voie orale ou y suppléer. Ils réduisent la formation de corps cétoniques et épargnent les protéines et les électrolytes.

Un litre de solution à 10% d'un de ces glucides fournit 1 420 à 1 590 kJ. Les solutions à 5% sont à peu près isotoniques. Pour corriger la déshydratation et fournir un apport énergétique supplémentaire, on utilise les solutions à 5% et les solutions à 10%. Les solutions plus concentrées possèdent en plus un effet diurétique.
Remarque: Les solutions qui ne contiennent pas de NaCl ne devraient pas être employées comme diluants du sang.

Contre-indications   Chez les clients déshydratés, ne pas employer de solutions concentrées (hypertoniques) en présence d'hémorragie intracrânienne ou intrarachidienne et dans les cas de delirium tremens.

Administration

1. La quantité de solution à administrer ainsi que le débit sont déterminés par le médecin. La posologie est très individualisée, particulièrement chez les enfants.

2. Pour prévenir l'irritation, administrer les solutions concentrées dans une grosse veine centrale.

Soins infirmiers

1. Thérapie parentérale iso-osmolaire (isotonique): Évaluer les signes d'œdème cérébral, qui se manifeste par de la bradycardie, de l'hypertension et des céphalées. Si ces symptômes survenaient, *réduire* de beaucoup le débit et signaler au médecin.

2. Thérapie parentérale hyperosmolaire (hypertonique):
   a) Évaluer les signes de déshydratation, qui se manifeste par un pouls rapide, de l'hypotension et de l'agitation. Si ces symptômes survenaient, *réduire* de beaucoup le débit et signaler au médecin.
   b) S'assurer que le débit de la solution hyperosmolaire n'excède pas 3 à 4 mL/min afin d'éviter une aggravation du déséquilibre électrolytique et une irritation locale.
   c) Surveiller les rougeurs et la douleur au point de perfusion car les solutions hyperosmolaires peuvent causer de la sclérose et une thrombophlébite.
   d) Prévoir l'administration d'une solution de dextrose à 5% après le retrait brusque de la solution hypertonique de dextrose afin de prévenir l'hypoglycémie.

DEXTROSE (D-GLUCOSE)   Dextol, Dextroject, Dextrose, Glucotol, Glutose, Shurgain

Catégorie   Agent calorifique, glucide.

Mécanisme d'action/cinétique   L'administration de dextrose peut entraîner une diminution de la perte d'azote et de protéines ainsi qu'une augmentation de l'entreposage du glycogène et elle peut prévenir ou réduire la cétose. Le dextrose peut aussi augmenter la diurèse. Une solution de dextrose à 5% est isotonique.

Indications   Pour fournir de l'énergie et de l'eau quand un remplacement des liquides non électrolytiques et de l'énergie s'avère nécessaire. Également utilisé pour diminuer l'utilisation des protéines et réduire la perte d'électrolytes. Toxémie gravidique, insuffisance rénale (employer une solution à 20%), acidose diabétique (employer une solution à 2,5% de dextrose et à 0,45% de NaCl), réduction de la pression du liquide céphalo-rachidien et maintien du volume sanguin (employer une solution à 50%). Employer une solution à 50% pour corriger les réactions à l'insuline (hypoglycémie).

Contre-indications supplémentaires Hyperglycémie.

Réactions indésirables Hyperglycémie et glycosurie (observées particulièrement pendant une perfusion rapide de solutions hypertoniques). *SNC*: Fièvre, confusion mentale, inconscience. *CV*: Thrombose ou phlébite au point d'injection, extravasation, hypovolémie ou hypervolémie.

Posologie *Individualisée*, selon l'âge, la masse et l'état du client. *Hypoglycémie*: **Adultes et enfants, IV, habituellement**, 20 à 50 mL de dextrose à 50% à un débit de 3 mL/min; **nouveau-nés/ nourrissons, IV, habituellement**, 2 mL/kg de dextrose à 10% à 25%. *Hypoglycémie chez les diabétiques conscients*: **PO**, 10 à 20 g; on peut répéter la dose après 10 à 20 min au besoin. *Remplacement liquidien*: 1 à 3 L d'une solution à 5% par jour.

Administration

1. Débit d'administration maximal pour éviter l'hyperglycémie: 0,5 g/kg par h.

2. Les solutions concentrées ne devraient pas être administrées IM ou SC.

3. La concentration des solutions de dextrose varie entre 2,5% et 70%. Ces solutions ne devraient être employées que si elles sont limpides; ne pas les congeler ou les exposer à une chaleur extrême.

4. Les solutions de glucose dont la concentration dépasse 20% ne devraient être administrées que dans une veine centrale, après une dilution appropriée.

SUCRE INVERTI Travert

Catégorie Agent calorifique, glucide.

Remarques Mélange équimolaire de dextrose et de fructose: association utilisée plus rapidement par l'organisme que le dextrose seul. On administre parfois la solution à 5% avec des acides aminés.

Posologie *Individualisée*. **IV: Habituellement**, 1 à 3 L d'une solution à 10% par jour.

Administration Le débit d'administration est déterminé en fonction de la réaction du client.

THÉRAPIE NUTRITIONNELLE INTRAVEINEUSE

Généralités   La nutrition par voie intraveineuse est un élément important du traitement lorsque l'alimentation par voie orale est impossible ou inadéquate. Il existe un grand nombre de produits fournissant un ou plusieurs des nutriments suivants: dextrose, électrolytes, acides aminés, émulsion de lipides, vitamines, minéraux et liquides. Ces préparations sont administrées par voie intraveineuse dans une veine périphérique ou à l'aide d'un cathéter veineux central. On appelle généralement nutrition parentérale totale (NPT) ce régime thérapeutique. Le succès de la NPT est jugé selon le gain pondéral et d'après un bilan azoté positif.

L'administration adéquate de la NPT demande qu'on connaisse à fond les besoins nutritionnels du client, de même que ses bilans électrolytique et liquidien. On doit évaluer fréquemment l'état des clients nourris par la NPT au moyen d'épreuves de laboratoire complètes.

Indications   Dans les situations où l'absorption gastro-intestinale des nutriments est altérée à cause d'une maladie, d'une occlusion ou d'une thérapie médicamenteuse (comme la chimiothérapie anticancéreuse). À la suite d'une intervention chirurgicale au tube digestif ou dans les situations où les besoins en nutriments sont accrus, comme dans le cas de traumas, de brûlures ou d'infections graves.

Des préparations spéciales sont disponibles pour l'emploi en présence d'insuffisance rénale ou hépatique, d'encéphalopathie ou de stress métabolique aigu.

On recommande l'administration périphérique pour un usage à court terme (jusqu'à 12 jours), lorsqu'il s'agit de suppléer à l'alimentation par voie orale et lorsque les besoins énergétiques ne sont pas trop grands. On administre alors des solutions isotoniques. On recommande une administration parentérale centrale chez les clients ayant besoin de dextrose hypertonique.

Contre-indications   Hypersensibilité à des protéines spécifiques ou erreurs innées du métabolisme des acides aminés. Les produits destinés à l'emploi général ne devraient pas être employés en présence de maladie rénale ou hépatique grave, d'hyperammoniémie ou d'encéphalopathie. Également contre-indiquée dans les cas de déséquilibre acido-basique non corrigé. Employer avec prudence pendant la grossesse.

Les produits contenant du sodium devraient être employés avec prudence chez les clients atteints d'insuffisance cardiaque, d'insuffisance rénale ou d'œdème. Les produits contenant du potassium devraient être utilisés avec prudence chez les clients atteints d'insuffisance rénale grave ou d'hyperkaliémie. Les produits renfermant l'ion acétate devraient être employés avec prudence en présence d'alcalose et d'insuffisance hépatique.

Réactions indésirables *Métaboliques*: Acidose métabolique hyperchlorémique, hyperammoniémie, cétose, intolérance au glucose, déséquilibre acido-basique, déshydratation, hypovitaminose ou hypervitaminose, augmentation des enzymes hépatiques, hypophosphatémie, hypocalcémie, ostéoporose. Un retrait rapide de solutions concentrées de dextrose peut entraîner une hypoglycémie. Carence en acides gras essentiels à la suite d'une utilisation prolongée de produits ne contenant pas de lipides (les symptômes comprennent la peau sèche et squameuse, une éruption ressemblant à l'eczéma, l'alopécie, une cicatrisation lente et la stéatose du foie). *Dermatologiques*: Éruption cutanée, rougeurs, transpiration. *Autres*: Nausées, vertige, fièvre, céphalées, étourdissements. *Au point d'insertion du cathéter*: Thrombose veineuse, phlébite.

Interactions médicamenteuses

Médicaments	Interaction
Acide folique	Précipitation du calcium sous forme de folate.
Sodium, bicarbonate de	Précipitation de carbonate de calcium et de magnésium; ↓ de l'effet de l'insuline et du complexe de vitamines B avec vitamine C.
Tétracyclines	↓ de l'effet des acides aminés dans l'épargne des protéines.

Posologie On détermine la posologie, la voie d'administration et la préparation pour chacun des clients, selon les besoins nutritionnels, l'état physique et la durée prévue du traitement.

Administration

1. Une évaluation continue à l'aide d'épreuves de laboratoire, dont les résultats sont comparés aux valeurs de base, est requise avant et pendant l'administration.

2. Les solutions de dextrose à 12,5% ou plus ne devraient pas être employées pour les perfusions veineuses périphériques.

3. On ne devrait pas administrer de sang par le même point de perfusion.

4. Les solutions doivent être préparées dans des conditions aseptiques sous une hotte à courant gazeux laminaire.

5. Les solutions devraient être utilisées le plus tôt possible après leur préparation. L'administration de chaque flacon ne doit pas prendre plus de 24 h.

6. Le perfuseur pour l'administration IV devrait être remplacé chaque jour.

7. On doit suivre le protocole approprié pour les clients qui auront un cathéter à demeure pendant une longue période.

Soins infirmiers

Voir *Administration parentérale centrale* au chapitre 6, p. 48.

1. Évaluer les réactions allergiques aux hydrolysats de protéines, caractérisées par du prurit, de l'urticaire et la formation de boules d'œdème. Signaler les observations positives au médecin.

2. Signaler une glycémie supérieure à 11,1 mmol/L, indiquant la nécessité d'ajouter de l'insuline à la NPT.

3. Signaler les résultats de 3+ ou de 4+ aux épreuves de glycosurie, qui indiquent la nécessité d'ajouter de l'insuline à la NPT.

4. Interrompre l'administration de la NPT si la glycémie excède 55,5 mmol/L et remplacer la solution par une solution hypoosmolaire afin d'éviter la dysfonction neurologique et le coma.

ACIDES AMINÉS, SOLUTIONS D' Aminosyn à 5%, 7%, 8,5% et 10%, Aminosyn à 8,5% avec électrolytes, Aminosyn et dextrose dans le Nutrimix, FreAmine III à 3% et 8,5%, Nutrimix à 3,5% avec dextrose à 5%, Nutrimix à 3,5% ou à 4,25% avec dextrose à 25%, Travasol à 5,5%, 8,5% et 10% avec électrolytes, Travasol à 5,5%, 8,5% et 10% sans électrolytes, Vamin avec Fructose, Vamin N

Catégorie   Agent nutritionnel.

Généralités   Ces préparations contiennent des acides aminés essentiels et non essentiels de même que des électrolytes. On peut y ajouter du dextrose, une émulsion de lipides IV, des vitamines et des minéraux au besoin. Le pourcentage de ces préparations réfère à leur contenu en acides aminés. Les acides aminés contenus dans ces préparations réduisent l'utilisation des protéines ou induisent leur synthèse.

Administration   Le débit initial de la perfusion ne devrait pas dépasser 2 mL/min. Le débit peut être augmenté lentement par la suite, en fonction des valeurs de la glycosurie et de la glycémie.

ACIDES AMINÉS POUR LE STRESS MÉTABOLIQUE ÉLEVÉ, SOLUTION D'
FreAmine HBC

Catégorie   Agent nutritionnel.

Généralités   Cette préparation renferme à peu près les mêmes ingrédients que celle qui est destinée à l'insuffisance hépatique.

Indications   Stress métabolique aigu caractérisé par une augmentation de l'excrétion d'azote urinaire, de l'hyperglycémie et une diminution de la concentration plasmatique d'acides aminés ramifiés.

Contre-indications supplémentaires   Anurie, déséquilibre électrolytique, déséquilibre acido-basique, coma hépatique.

Administration   On peut administrer cette préparation dans une veine périphérique ou au moyen d'un cathéter veineux central à demeure.

ACIDES AMINÉS POUR L'INSUFFISANCE HÉPATIQUE ET L'ENCÉPHALOPATHIE HÉPATIQUE, SOLUTION D' Hepatamine

Catégorie   Agent nutritionnel.

Généralités   Cette préparation contient des acides aminés essentiels et non essentiels. Elle renferme une grande quantité d'acides aminés ramifiés tels que la leucine, l'isoleucine et la valine. On peut y ajouter une émulsion de lipides, du dextrose, des électrolytes et des vitamines au besoin.

Indications   Pour ramener à des valeurs normales les concentrations d'acides aminés et améliorer le bilan azoté chez les clients atteints de cirrhose et d'hépatite qui souffrent d'une encéphalopathie hépatique.

Contre-indication supplémentaire   Anurie.

Administration
1. L'apport quotidien total de liquide est habituellement de 2 à 3 L, perfusés en 8 à 12 h.
2. Le débit de perfusion devrait être lent au début, et on devrait l'augmenter graduellement à 60 à 125 mL/h.
3. On peut administrer cette préparation dans une veine périphérique ou au moyen d'un cathéter veineux central à demeure.

ACIDES AMINÉS POUR L'INSUFFISANCE RÉNALE, SOLUTION D' Nephramine

Catégorie   Agent nutritionnel.

Généralités   Les besoins nutritionnels des clients atteints d'insuffisance rénale sont différents de ceux des clients dont la fonction rénale est normale. L'administration de quantités minimales d'acides aminés essentiels augmente l'utilisation de l'urée. On devrait restreindre l'administration d'acides aminés non essentiels.

Indications   Pour les clients atteints d'urémie qui ont besoin d'une alimentation parentérale.

Contre-indications supplémentaires   Déséquilibre acidobasique, déséquilibre électrolytique, hyperammoniémie. Employer avec prudence chez les enfants atteints d'insuffisance rénale aiguë et chez les nourrissons de faible masse de naissance.

Administration   Ces préparations devraient être administrées au moyen d'un cathéter veineux central à un débit initial ne dépassant pas 20 à 30 mL/h pendant les 6 à 8 premières heures. Ensuite, le débit d'administration peut être augmenté de 10 mL/h toutes les 24 h, jusqu'à un maximum de 60 à 100 mL/h.

LIPIDES POUR L'ADMINISTRATION INTRAVEINEUSE, ÉMULSIONS DE   Intralipid 10% et 20%, Liposyn 10% et 20%, Nutralipid 10% et 20%, Soyacal 10% et 20%

Catégorie   Agent nutritionnel.

Généralités   Ces préparations contiennent de l'huile de soja ou de carthame à 10% ou à 20%, des phospholipides extraits de jaune d'œuf (1,2%), de la glycérine (2,21% à 2,5%) et de l'eau pour injection. Les acides gras présents dans ces préparations (linoléique, linolénique, oléique, palmitique et stéarique) procurent les acides gras essentiels au maintien du fonctionnement normal de la membrane cellulaire. Ces préparations fournissent 4,6 kJ/mL (10% d'huile) à 8,3 kJ/mL (20% d'huile). Étant donné qu'elles sont isotoniques, on peut les administrer dans une veine périphérique. Cette préparation augmente la production de chaleur et la consommation d'oxygène et diminue le quotient respiratoire (rapport CO_2/O_2; la normale est de 0,77 à 0,90).

Indications   Source d'énergie et d'acides aminés essentiels pour une alimentation parentérale prolongée (de plus de 5 jours). Carence en acides gras.

Contre-indications   Troubles du métabolisme des lipides (comme la néphrose lipoïde, l'hyperlipidémie pathologique, la pancréatite aiguë accompagnée d'hyperlipidémie). Sensibilité au jaune d'œuf. Employer avec prudence chez les clients atteints de lésions hépatiques, d'anémie, d'une maladie respiratoire, de troubles de la coagulation ou qui présentent des risques d'embolie graisseuse. Être prudent lorsqu'on administre cette préparation aux prématurés et aux prématurés atteints d'ictère. L'innocuité durant la grossesse n'est pas établie.

Réactions indésirables   *Prématurés*: Mort résultant de l'accumulation intravasculaire de lipides dans les poumons. **Réactions indésirables aiguës**. *GI*: Nausées, vomissements. *SNC*: Céphalée, fièvre, somnolence, étourdissements. *Autres*: Hyperlipidémie, dyspnée, augmentation de la coagulation, rougeurs, transpiration, cyanose, douleurs au dos et à la poitrine, pression sur les yeux, réactions d'hypersensibilité avec urticaire, augmentation des enzymes hépatiques (transitoire). Possibilité de thrombopénie chez les nouveau-nés. **Réactions indésirables à long terme.** *Hépatiques*: Ictère, hépatomégalie, altérations des épreuves de la fonction hépatique. *Syndrome de surcharge*: Splénomégalie, convulsions, fièvre, leucocytose, choc. *Autres*: Dépôt de pigment (brun) dans le système réticulo-endothélial. **Septicémie ou thrombophlébite dues à la contamination ou à l'intervention.**

Posologie   **IV**, élément de la nutrition parentérale totale. **Maximum**: 3 g/kg par jour. **Pédiatrique, maximum**: 4 g/kg par jour. Le produit ne devrait pas fournir plus de 60% de l'apport énergétique quotidien. *Carence en acides gras*: Approximativement 8% à 10% de l'apport énergétique.

Administration/entreposage

1. Jeter la préparation si elle n'est pas homogène.

2. Peut être administrée par voie parentérale ou centrale en utilisant un perfuseur indépendant. On peut aussi l'administrer dans la même veine périphérique que les solutions d'acides aminés et de glucides en employant un Y de dérivation placé près du point de perfusion. Le débit de chaque solution devrait être maintenu séparément en employant une pompe à perfusion. Ne pas employer de filtres.

3. Peut être mélangée à certaines solutions de nutriments (voir les indications à l'intérieur de l'emballage).

4. Le débit de perfusion devrait être: **Adultes: Émulsions à 10%, initialement**, 1 mL/min pendant les 15 à 30 premières min; **puis**, si aucune réaction indésirable ne survient, augmenter à 83 à 125 mL/h jusqu'à un total de 500 mL le premier jour. La quantité peut être encore augmentée le deuxième jour. **Adultes: Émulsions à 20%, initialement**, 0,5 mL/min pendant les 15 à 30 premières min; **puis**, si aucune réaction indésirable ne survient, augmenter à 62 mL/h jusqu'à un total de 250 à 500 mL (selon la préparation) le premier jour. La quantité peut encore être augmentée le deuxième jour. La dose totale quotidienne ne devrait pas excéder 3 g/kg. **Pédiatrique: Émulsions à 10%, initialement**, 0,1 mL/min pendant les 10 à 15 premières min; **puis**, si aucune réaction indésirable ne survient, augmenter jusqu'à un maximum de 100 mL/h. **Pédiatrique: Émulsions à 20%, initialement**, 0,05 mL/min; **puis**, si aucune réaction indésirable ne survient, augmenter jusqu'à un maximum de 50 mL/h. La dose totale quotidienne ne devrait pas excéder 4 g/kg.

5. Garder au réfrigérateur entre 4°C et 8°C.

Soins infirmiers

Pendant les 10 à 15 premières min de l'administration, évaluer de près les réactions allergiques au médicament.

CHAPITRE 69

Acidifiants et alcalinisants

Acidifiants
Ammonium, chlorure d' *1019*

Alcalinisants
Sodium, bicarbonate de *1021*   Sodium, lactate de *1023*

Résine échangeuse d'ions
Polystyrène sodique, sulfonate de *1024*

Généralités   On utilise les acidifiants et les alcalinisants afin de modifier le *p*H sytémique, gastrique ou urinaire pour corriger un déséquilibre acido-basique, pour augmenter ou diminuer l'absorption ou l'excrétion de certains médicaments ou comme traitement adjuvant. Il faut toutefois éviter des modifications trop importantes du *p*H.

ACIDIFIANTS

AMMONIUM, CHLORURE D'   Chlorure d'ammonium

Catégorie   Acidifiant urinaire, diurétique.

Mécanisme d'action/cinétique   La libération d'ions hydrogène produite par le métabolisme de l'ion ammonium en urée rend l'urine plus acide. Le chlorure d'ammonium cause également la diurèse. Le chlorure d'ammonium est rapidement absorbé dans le tractus GI, mais ses effets ne se manifestent qu'après plusieurs jours.

Indications   Les acidifiants systémiques sont utiles dans la prévention et la correction de l'alcalose métabolique par perte d'ions chlorure causée par des vomissements (particulièrement chez les enfants atteints d'une obstruction pylorique), par l'écoulement d'une fistule gastrique ou par la succion gastrique; pour acidifier l'urine afin d'augmenter ou de diminuer l'excrétion de certains médicaments. Pour augmenter la solubilité du calcium et des phosphates dans les cas de lithiase rénale. Diurétique dans l'œdème prémenstruel ou dans la maladie de Ménière. Expectorant.

Contre-indications   Insuffisance rénale et insuffisance hépatique graves. Acidose respiratoire. Administration par voie SC, rectale et intrapéritonéale.

Réactions indésirables Les symptômes se manifestent lors d'un surdosage. Acidose métabolique grave, particulièrement chez les clients atteints d'insuffisance rénale. *Électrolytes*: Hypokaliémie, acidose hyperchlorémique. *CV*: Arythmie, bradycardie. *GI*: Nausées, vomissements, soif. *SNC*: Céphalée, étourdissement, confusion, convulsions toniques, coma. *Autres*: Sudation, pâleur.

Injection IV rapide: Douleur, irritation au point d'injection et le long de la veine.

Traitement du surdosage On utilise le bicarbonate de sodium ou le lactate de sodium par voie IV pour corriger l'acidose ou la perte d'électrolytes. Des suppléments de potassium administrés PO corrigeront l'hypokaliémie.

Interactions médicamenteuses

Médicaments	Interaction
Acide aminosalicylique	↑ des risques de cristallurie de l'acide aminosalicylique.
Antidépresseurs tricycliques	↓ de l'effet des antidépresseurs tricycliques par ↓ de la réabsorption tubulaire.
Salicylates	↑ de l'effet des salicylates par ↑ de la réabsorption tubulaire.

Posologie PO: 4 à 12 g par jour en doses fractionnées q 4 ou 6 h; **pédiatrique**: 75 mg/kg par jour en 4 doses fractionnées. L'effet diurétique du médicament est meilleur si on alterne les périodes d'administration du médicament avec des périodes de repos (c'est-à-dire 3 jours avec médicament et 2 jours sans médicament). *Œdème prémenstruel*: 1,5 g b.i.d. pendant 4 à 5 jours avant la menstruation.

IV *(alcalose métabolique)*: Très individualisée, selon les épreuves sanguines (puissance de combinaison du CO_2 ou déficit en ions chlorure). On commence toujours le traitement avec la dose minimale. **Habituellement, adultes et enfants**: 10 mL/kg de solution à 2,14% administrés à un débit de 0,9 à 1,3 mL/min jusqu'à 2 mL/min.

Administration

1. PO: administrer après les repas afin d'éviter des effets GI.

2. Administrer la solution avec des jus acides ou avec du sirop de framboise ou de cerise, afin de masquer le goût salé du médicament.

3. Ne pas administrer avec du lait ou avec d'autres solutions alcalines, parce que ces liquides sont incompatibles avec le chlorure d'ammonium.

4. Parentérale: On devrait déterminer la puissance de combinaison du CO_2 et les concentrations sanguines d'électrolytes avant la perfusion IV et périodiquement pendant celle-ci afin d'éviter une acidose grave.

ALCALINISANTS

SODIUM, BICARBONATE DE Bicarbonate de sodium et autres

Catégorie Alcalinisant, antiacide, électrolyte.

Mécanisme d'action/cinétique Le bicarbonate de sodium neutralise l'acide chlorhydrique et produit du chlorure de sodium et du dioxyde de carbone (1 g de bicarbonate de sodium fournit 11,9 mmol de sodium et 11,9 mmol de bicarbonate). Voir également le chapitre 52.

Indications Comme adjuvant dans la thérapie aux sulfamides, traitement de l'acidose métabolique, comme antiacide, pour augmenter l'excrétion de médicaments par alcalinisation de l'urine, diarrhée grave. Alcalinisant gastrique et systémique.

Contre-indications Insuffisance rénale, insuffisance cardiaque, chez les clients suivant une diète hyposodée, œdème, cirrhose, alcalose métabolique ou respiratoire, toxémie gravidique. Employer avec prudence chez les clients qui perdent des ions chlorure par vomissements ou par succion gastrique continue et chez ceux qui reçoivent des diurétiques causant une alcalose hypochlorémique.

Réactions indésirables Alcalose systémique caractérisée par des étourdissements, des crampes abdominales, de la soif, de l'anorexie, des vomissements, de l'hyperirritabilité, de la tétanie, une réduction de la respiration, des convulsions. L'extravasation à la suite de l'administration IV du médicament peut se manifester par une ulcération, une escarre, de la cellulite, ou la nécrose des tissus au point d'injection.

Interactions médicamenteuses

Médicaments	Interaction
Antidépresseurs tricycliques	↑ de l'effet des antidépresseurs tricycliques par ↑ de la réabsorption tubulaire.
Éphédrine	↑ de l'effet de l'éphédrine par ↑ de la réabsorption tubulaire.
Érythromycine	↑ de l'activité de l'érythromycine par ↑ du pH urinaire.
Lithium, carbonate de	L'excrétion de lithium est proportionnelle à la quantité de sodium ingérée. Si le client suit une diète hyposodée, une intoxication par le lithium peut survenir parce que moins de lithium est excrété.
Méthénamine et dérivés	↓ de l'activité de la méthénamine par ↑ du pH urinaire.
Nitrofurantoïne	↓ de l'activité de la nitrofurantoïne par ↑ du pH urinaire.
Procaïnamide	↑ de l'effet de la procaïnamide par ↓ de l'excrétion rénale.
Pseudoéphédrine	↑ de l'effet de la pseudoéphédrine par ↑ de la réabsorption tubulaire.
Quinidine	↑ de l'effet de la quinidine par ↑ de la réabsorption tubulaire.
Tétracyclines	↓ de l'activité des tétracyclines par ↑ de l'excrétion rénale.

Posologie   *Acidose métabolique.* **Perfusion IV: Adultes et enfants plus âgés**, 2 à 5 mmol/kg administrés en 4 à 8 h; **puis**, évaluer la réponse clinique avant d'administrer du bicarbonate de sodium supplémentaire. *Arrêt cardiaque.* **Administration IV rapide: Adultes**, 200 à 300 mmol (employer la solution à 7,5% ou à 8,4%); **nourrissons, jusqu'à 2 ans**: jusqu'à 8 mmol/kg par jour (solution à 4,2%). *Alcalinisant systémique ou urinaire, antiacide.* **PO**: 0,325 à 2,0 g jusqu'à q.i.d. (ne pas administrer plus de 16 g par jour chez les clients de moins de 60 ans et plus de 8 g par jour chez les clients de plus de 60 ans).

Administration

1. Les solutions hypertoniques devraient être administrées par un médecin.

2. On devrait ajuster la posologie IV selon le pH sanguin, la P_{CO_2} et le déficit en électrolytes.

3. Les solutions isotoniques devraient être administrées lentement, parce qu'une administration trop rapide pourrait causer la mort par acidité cellulaire.

4. Vérifier fréquemment le débit de la perfusion.

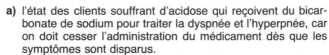

Soins infirmiers

Évaluer:

a) l'état des clients souffrant d'acidose qui reçoivent du bicarbonate de sodium pour traiter la dyspnée et l'hyperpnée, car on doit cesser l'administration du médicament dès que les symptômes sont disparus.

b) l'état des clients souffrant d'acidose qui reçoivent du bicarbonate de sodium pour traiter l'œdème, car il se peut qu'on doive remplacer le bicarbonate de sodium par du bicarbonate de potassium.

SODIUM, LACTATE DE

Catégorie   Alcalinisant systémique.

Mécanisme d'action/cinétique   Le foie métabolise le lactate de sodium en bicarbonate, en produisant du lactate et un ion hydrogène. L'ion lactate est ensuite métabolisé en dioxyde de carbone et en eau. On préfère habituellement utiliser le bicarbonate de sodium comme alcalinisant.

Indications   Acidose métabolique.

Contre-indications   Insuffisance cardiaque, œdème, oligurie, anurie, clients qui reçoivent des corticostéroïdes, œdème pulmonaire, alcalose métabolique ou respiratoire, insuffisance hépatique grave, choc, hypoxie, hypernatrémie. Acidose lactique.

Réactions indésirables   Acidose métabolique (surdosage). Infection, thrombose, phlébite, extravasation au point d'injection.

Posologie   IV. *Individualisée*, selon la concentration sanguine de sodium. On peut utiliser la formule suivante pour évaluer la dose adéquate:

Dose en mL de solution à 1,87% (⅙ M) de lactate de sodium (167 mmol/L d'ions sodium et d'ions lactate) $= \frac{(60 - CO_2 \text{ plasmatique}) \times}{(1,76 \times \text{ masse corporelle en kg})}$

Alcalinisation de l'urine. **PO**: 30 mL/kg par jour en doses fractionnées.

Administration   La vitesse d'administration ne devrait pas dépasser 300 mL/h (solution à 1,87%).

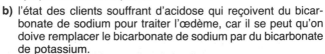

Soins infirmiers

   Évaluer l'équilibre électrolytique à l'aide des signes cliniques et des résultats des épreuves de laboratoire.

RÉSINE ÉCHANGEUSE D'IONS

POLYSTYRÈNE SODIQUE, SULFONATE DE
Kayexalate

Catégorie   Résine échangeuse d'ions (potassium).

Mécanisme d'action/cinétique   Le sulfonate de polysty-rène sodique est une résine qui échange ses ions sodium contre des ions potassium. Cet échange se fait en grande partie dans le côlon. Le traitement avec cette résine n'est pas quantitatif: des quantités excessives de potassium, de calcium et de magnésium peuvent être éliminées. La posologie est ajustée selon la concentration sérique de potassium déterminée quotidiennement. On arrête la thérapie lorsque la kaliémie atteint 4 à 5 mmol/L. Il est souhaitable de déterminer la concentration sérique de calcium si le traitement dure plus de trois jours. On administre fréquemment du sorbitol simultanément, afin de prévenir la constipation. **Début d'action, PO**: 2 à 12 h.

Indications   Hyperkaliémie.

Contre-indications   Administrer avec prudence aux clients sensibles à une surcharge de sodium (maladies cardio-vasculaires) et à ceux qui reçoivent des préparations digitaliques car leur action est potentialisée par l'hypokaliémie.

Réactions indésirables   *GI*: Nausées, vomissements, cons-tipation, anorexie, diarrhée. Fécalome chez les personnes âgées. *Électrolytes*: Rétention de sodium, hypokaliémie, hypocalcémie, hypomagnésémie. *Autres*: Surhydratation, œdème pulmonaire.

Interactions médicamenteuses

Médicaments	Interaction
Aluminium, hydroxyde d'	↑ des risques d'occlusion intestinale.
Laxatifs ou antiacides contenant de l'aluminium ou du magnésium	Alcalose systémique et ↓ de l'effet de la résine.

Posologie   **PO (voie préférée). Adultes**: 15 g en suspension dans 150 à 200 mL d'eau 1 à 4 fois par jour (1 g de résine contient 4,1 mmol de sodium). Sorbitol: 10 à 20 mL de solution à 70% q 2 h au début; puis, ajuster la dose pour que le client produise 2 selles diar-rhéiques par jour. **Enfants**: Administrer 1 g de résine par mmol de kaliémie. *Lavement à garder*: 30 à 50 g q 6 h en suspension dans 100 mL d'une solution contenant 1% de méthylcellulose, 20% de dextrose et 25% de sorbitol.

Administration/entreposage

1. Administrer la résine en suspension dans de l'eau ou dans du sirop (3 à 4 mL/g de résine). Si nécessaire, on peut administrer par une sonde nasogastrique la résine en suspension aqueuse, mélangée avec du dextrose ou en émulsion dans de l'huile d'arachide ou d'olive.

2. Administration rectale:
   a) Administrer d'abord un lavement évacuateur.
   b) Administrer le médicament à l'aide d'une sonde de caoutchouc souple de gros calibre (Fr n° 28). Insérer la sonde dans le rectum et la pousser jusqu'à ce qu'elle pénètre dans le côlon sigmoïde. Fixer la sonde avec du ruban adhésif.
   c) Mettre la résine en suspension dans 100 mL de véhicule (voir *Posologie*) à la température du corps. Administrer par gravité tout en mélangeant la suspension.
   d) Nettoyer la suspension qui reste dans le contenant avec 50 à 100 mL de liquide, pincer la sonde et la laisser en place.
   e) Si la solution remonte dans la sonde, élever les hanches du client ou lui faire prendre la position genu-pectorale pendant une courte période de temps.
   f) Le lavement devrait être retenu dans le côlon le plus longtemps possible (3 à 4 h).
   g) On enlève la résine par irrigation du côlon avec 2 L de solution sans sodium à la température du corps. On draine la solution par une sonde en Y.

3. Administrer les solutions fraîchement préparées en dedans de 24 h. Ne pas chauffer la résine.

Soins infirmiers

1. Évaluer les signes cliniques de déséquilibre électrolytique reliés au magnésium, au calcium, au sodium et au potassium et surveiller les résultats des épreuves sanguines.

2. Mesurer les ingesta et les excreta.

3. Signaler l'augmentation du débit urinaire, parce que cela peut indiquer une augmentation de l'excrétion de potassium. L'administration du sulfonate de polystyrène sodique pourrait alors être contre-indiquée.

4. Encourager le client à retenir la médication rectale pendant plusieurs heures.

Agents divers

CHAPITRE **70**

Vitamines

*Vitamine **A*** *1029*

*Complexe de vitamines **B*** *1036*
Acide folique *1036*
Acide nicotinique *1038*
Calcium, pantothénate de *1039*
Cyanocobalamine *1040*
Hydroxycobalamine *1041*

Leucovorin calcique *1036*
Niacinamide *1038*
Pyridoxine, chlorhydrate
de *1042*
Riboflavine *1043*
Thiamine, chlorhydrate de *1043*

*Vitamine **C*** *1044*
Acide ascorbique *1044*
Ascorbate de calcium *1044*

Ascorbate de sodium *1044*

*Vitamine **D*** *1046*
Calcitriol *1048*
Cholécalciférol *1048*

Dihydrotachystérol *1049*
Ergocalciférol *1049*

*Vitamine **E*** *1050*

*Vitamine **K*** *1051*
Ménadiol, diphosphate
sodique de *1052*

Phytoménadione *1052*

Généralités   Les vitamines sont divisées en deux groupes selon qu'elles sont liposolubles (A, E, D, K) ou hydrosolubles (complexe B, C). Les vitamines sont nécessaires au fonctionnement normal du corps. Bien qu'une alimentation normale procure généralement assez de vitamines, un supplément peut être souhaitable dans certains états pathologiques (comme un syndrome de malabsorption ou une dyscrasie sanguine), durant la grossesse et pour les enfants durant les périodes de croissance rapide. Il n'y a cependant aucun avantage à administrer un excès de vitamines. Au contraire, cela peut même être dangereux si les vitamines excédentaires sont liposolubles.

L'apport quotidien recommandé (AQR) a été établi pour la plupart des vitamines, et on utilise généralement ces valeurs comme standards.

Le corps a besoin de petites quantités de minéraux tels que l'iode, le magnésium, le fer, le calcium, le phosphore, le cuivre, le zinc et le manganèse.

Soins infirmiers

1. Évaluer les symptômes de carence en vitamines, tels que l'inflammation de la langue et les fendillements des commissures des lèvres, chez les enfants et chez les personnes âgées en particulier. Obtenir une consultation médicale pour ces clients. (Voir les symptômes de carence au tableau 37.)

2. *Expliquer au client et/ou à sa famille*:
   a) la nécessité d'avoir une alimentation saine.
   b) les éléments d'un régime alimentaire nutritif et les aliments pouvant être substitués dans un régime économique, de même que le moyen d'adapter l'alimentation aux besoins physiologiques ou culturels particuliers du client. (Voir au tableau 37 les sources alimentaires de chaque vitamine et minéral.)
   c) comment lire l'étiquette sur les bouteilles de préparations vitaminiques pour s'assurer d'obtenir l'apport quotidien recommandé. Expliquer aussi que ces préparations satisfont généralement le besoin de supplément, à moins que le médecin ne prescrive de plus grandes doses d'une vitamine.
   d) qu'il faut éviter un surdosage de vitamines.
   e) qu'il faut ranger les vitamines dans un endroit frais et dans un contenant résistant à la lumière pour réduire la perte d'efficacité.
   f) qu'il ne doit pas prendre d'huile minérale en même temps que des vitamines liposolubles telles que les vitamines A, D, E et K, parce qu'elles se dissoudront dans l'huile et ne seront pas absorbées.

VITAMINE A Aquasol A^Pr, Vitamine A (10 000 UI et plus nécessitent une ordonnance)

Catégorie Vitamine liposoluble.

Généralités Le principe actif de la vitamine A est le rétinol. Une unité internationale de vitamine A équivaut à 0,3 µg de rétinol ou à 0,6 µg de bêta-carotène; les équivalents de rétinol (ER) sont à présent souvent utilisés comme standards. Le bêta-carotène, aussi appelé provitamine A, est converti en rétinol après son absorption dans le tractus GI. La vitamine A joue un rôle important dans la vision nocturne, dans la physiologie du tissu épithélial (prévention de la kératose folliculaire) et dans la croissance et la régénération des os. Une carence en vitamine A peut entraîner la cécité nocturne (xérophtalmie), la cécité, un retard de croissance, l'épaississement des os, une diminution de la résistance à l'infection, l'hyperkératinisation et la malformation des dents. Un excès de vitamine A peut conduire à l'hypervitaminose A, qui peut être renversée par l'arrêt de l'apport vitaminique. Un apport régulier de doses normales de vitamine A ou de ses précurseurs semble accroître la protection contre le cancer.

Mécanisme d'action/cinétique Le rétinol se combine à l'opsine (une protéine rouge faisant partie du pigment de la vision) pour former la rhodopsine nécessaire pour l'adaptation à l'obscurité. L'absorption de la vitamine A requiert la présence d'acides biliaires, de lipase pancréatique et de lipides provenant de l'alimentation. La vitamine A est entreposée dans le foie (cellules de Kupffer).

Indications Carence en vitamine A et comme prophylactique lorsque les besoins sont très élevés, comme chez le nourrisson et pendant la grossesse et la lactation. Des suppléments peuvent aussi être nécessaires chez les clients atteints de stéatorrhée, d'obstruction biliaire grave, de cirrhose, de xérophtalmie totale, d'héméralopie ou de certaines hyperkératoses de la peau ainsi que chez les clients qui présentent une faiblesse de la résistance à l'infection ou qui ont subi une gastrectomie totale.

Réactions indésirables Hypervitaminose A caractérisée par les symptômes suivants: *SNC*: Augmentation de la pression intracrânienne/syndrome d'hypertension intracrânienne bénigne, qui se manifeste par le bombement des fontanelles, l'exophtalmie, l'œdème papillaire, la céphalée, le vertige, l'irritabilité, la fatigue, le malaise et la léthargie. *GI*: Anorexie, vomissements, malaise abdominal. *Dermatologiques*: Inflammation de la langue, des lèvres et des gencives; prurit, érythème, alopécie, dessèchement et fendillement de la peau, fissures des lèvres, desquamation, augmentation de la pigmentation. *Squelettiques*: Croissance lente, douleur osseuse, soudure prématurée des cartilages épiphysaires, arthralgie. *Autres*: Sueurs nocturnes, hypoménorrhée, ictère, hépatosplénomégalie, œdème des membres inférieurs. Une concentration plasmatique élevée entraîne également de l'hypercalcémie, de la polydipsie et de la polyurie.

TABLEAU 37 VITAMINES ET SUBSTANCES APPARENTÉES: FONCTION, AQR POUR ADULTES ET SOURCE ALIMENTAIRE

Substance*	Indications
Vitamine A 4 000 à 5 000 UI Équivalent en rétinol (ER) 800 à 1 000 μg	Aide à la formation et au fonctionnement des yeux, de la peau, des cheveux, des dents, des gencives, de diverses glandes et des muqueuses. *Symptômes de carence*: Cécité nocturne, hyperkératose de la peau, xérophtalmie.
Vitamine B₁ (thiamine) 1,0 à 1,6 mg	Aide à tirer de l'énergie des aliments en favorisant le métabolisme des sucres. *Symptômes de carence*: Béribéri, névrite périphérique, maladie cardiaque.
Vitamine B₂ (riboflavine) 1,2 à 2,0 mg	Aide à l'utilisation des glucides, des protéines et des lipides par le corps, en particulier pour pourvoir aux besoins énergétiques des cellules. *Symptômes de carence*: Chéilite, perlèche, dermatite, photophobie.
Vitamine B₆ (pyridoxine) 1,4 à 2,0 mg	Joue plusieurs rôles imortants dans le métabolisme des protéines. Aide aussi à la formation des érythrocytes et au bon fonctionnement du système nerveux central y compris des cellules cérébrales. *Symptômes de carence*: Lésions cutanées séborrhéiques; inflammation des nerfs, anémie, convulsions épileptiformes chez les nourrissons.
Vitamine B₁₂ (cyanocobalamine) 3,0 μg	Aide à la formation du matériel génétique vital (acides nucléiques) pour les noyaux cellulaires et à la formation des érythrocytes. Essentielle au fonctionnement normal de toutes les cellules du corps, y compris les cellules de l'encéphale et les autres cellules nerveuses, de même qu'aux tissus fabriquant les érythrocytes. *Symptômes de carence*: Anémie pernicieuse.
Folate 100 à 200 μg	Participe à la formation de certaines protéines du corps et du matériel génétique du noyau cellulaire et à la

* L'apport quotidien recommandé est donné pour les personnes de plus de 10 ans. *Sources: Standards de nutrition au Canada*, Santé et Bien-être social Canada, 1975; *Recommended Daily Allowances*, National Academy of Sciences, 1979.

Source alimentaire de choix	Dose thérapeutique habituelle
Lait entier, œufs, légumes verts feuillus (épinards, chou, brocoli, artichaut, choux de Bruxelles, etc.)	Jusqu'à 100 000 unités par jour.
Lait, poulet, poisson, viande rouge, foie, pain de blé entier, légumes verts feuillus.	5 à 30 mg par jour.
Lait, œufs, viande rouge, céréales entières, pain enrichi, légumes verts feuillus.	10 à 30 mg par jour.
Légumes verts feuillus, viande rouge, céréales entières, haricots verts.	25 à 100 mg par jour.
Lait, poisson de mer, viande rouge, foie, huîtres, rognons.	1 à 2 μg par jour.
Légumes verts feuillus, foie.	1 à 15 mg par jour.

TABLEAU 37 *(suite)*

Substance*	Indication
	formation des érythrocytes. *Symptômes de carence*: Anémie macrocytaire (nutritionnelle).
Acide pantothénique 10,0 mg	Substance clef dans la transformation des glucides, des lipides et des protéines en molécules requises par le corps. Également nécessaire à la formation de certaines hormones et de certains neuromédiateurs. *Symptômes de carence* (rare); Fatigue, malaise, céphalée, troubles du sommeil, crampes.
Niacine (niacinamide B_3) 13 à 21 mg	Présente dans tous les tissus. Participe aux réactions cellulaires produisant de l'énergie. *Symptômes de carence*: Pellagre.
Biotine 0,30 mg	Participe à la formation de certains acides gras et à la production d'énergie par le métabolisme du glucose. Essentielle au déroulement de plusieurs systèmes chimiques dans le corps.
Vitamine C 30 mg	Aide à la formation et à la santé des os, des dents et des vaisseaux sanguins. Également importante pour la formation du collagène, une protéine aidant au soutien des structures du corps telles que la peau, les os et les tendons. *Symptômes de carence*: Scorbut (hémorragie, perte des dents, gingivite).
Vitamine D (comprenant D_2 et D_3) 200 à 400 UI 2,5 μg de cholécalciférol	Nécessaire à la santé des os et des dents. Aide l'organisme à utiliser le calcium et le phosphore. *Symptômes de carence*: Rachitisme et tétanie chez l'enfant, ostéomalacie.
Vitamine E (tocophérol) 6 à 10 mg	Aide les érythrocytes normaux, les muscles et les autres tissus. Protège les graisses tissulaires contre un catabolisme anormal. *Symptômes de carence*: Dépôts de graisse anormaux, créatinurie, anémie macrocytaire (lorsque associée à une déficience en protéines).
Vitamine K (La nécessité de cette vitamine a été prouvée, mais l'apport n'a pas été déterminé)	Pour la coagulation normale du sang. *Symptômes de carence*: Hémorragie, temps de coagulation prolongé.

Source alimentaire de choix	Dose thérapeutique habituelle
Œufs, légumes verts feuillus, noix, foie, rognons.	Inconnue.
Œufs, viande rouge, foie, pain de blé entier, pain de blé entier enrichi.	100 à 1 000 unités par jour.
Œufs, légumes verts feuillus, haricots verts, rognons, foie.	
Pommes de terre, légumes verts feuillus, citrons, tomates, oranges, poivron vert, cantaloup.	100 à 1 000 mg par jour.
Lait, jaunes d'œufs, thon, saumon, huile de foie de morue.	400 à 1 600 unités par jour.
Huile végétale, céréales entières.	Pas établie.
Légumes verts feuillus.	Voir les monographies.

TABLEAU 37 (*suite*)

Substance*	Indication
Fer 9 à 14 mg	Partie essentielle de l'hémoglobine, la protéine par laquelle les érythrocytes transportent l'oxygène dans le corps. Fait aussi partie de certains enzymes importants.
Calcium 700 à 1 200 mg	Aide à la formation d'os et de dents forts. Requis pour l'activité des cellules nerveuses et musculaires, y compris du cœur, et pour une coagulation sanguine normale.
Phosphore 700 à 1 200 mg	Essentiel à la formation et à la santé des os et des dents, à la libération rapide d'énergie, à la contraction musculaire et à la fonction nerveuse.
Iode 100 à 160 μg	Partie intégrante des hormones produites par la glande thyroïde qui participe à la régulation du métabolisme cellulaire.
Cuivre, 2,0 mg	Présent dans plusieurs organes, y compris l'encéphale, le foie, le cœur et les reins. Se retrouve dans d'importantes protéines, y compris certains enzymes nécessaires au fonctionnement de l'encéphale et des érythrocytes. Requis également pour la formation des érythrocytes.
Magnésium 150 à 300 mg	Constituant important de tous les tissus mous et des os. Aide au déclenchement de plusieurs réactions enzymatiques vitales chez l'humain.
Zinc 7 à 12 μg; Fluor, Cobalt, Chrome, Sélénium, Manganèse, Molybdène	On considère qu'un apport de zinc quotidien est essentiel pour la croissance squelettique normale et la réparation des tissus. Le fluor rend les dents plus dures. Le cobalt fait partie de la vitamine B_{12}. Les autres éléments sont nécessaires à une grande variété de fonctions organiques.

Interactions médicamenteuses

Médicaments	Interaction
Contraceptifs oraux	Les contraceptifs oraux ↑ la concentration plasmatique de vitamine A.
Corticostéroïdes	Altération de la cicatrisation des plaies chez les clients recevant de la vitamine A par voie

Source alimentaire de choix	Dose thérapeutique habituelle
Viande rouge, jaunes d'œufs, foie, légumes verts (épinards, chou, brocoli, bette à carde, choux de Bruxelles).	
Lait, jaunes d'œufs, thon, saumon, fromage.	
Lait, poisson, viande, céréales entières.	
Fruits de mer (crevettes, huîtres, poisson) et sel iodé.	
Rognons, noix, raisins secs, chocolat, champignons.	
Brocoli, pain de blé entier enrichi, viande.	
Céréales entières, brocoli, foie, viande, fraises, oranges.	

Médicaments	Interaction
	topique – la vitamine A par voie systémique inhibe l'activité anti-inflammatoire des corticostéroïdes systémiques.
Huile minérale	↓ de l'absorption de la vitamine A dans l'intestin.

Vitamines

Posologie PO. **Adultes et enfants de plus de 8 ans.** *Carence grave et xérophtalmie*: 500 000 UI par jour pendant 3 jours; **puis** 50 000 UI par jour pendant 2 semaines; *carence grave*: 100 000 UI par jour pendant 3 jours; **puis**, 50 000 UI par jour pendant 2 semaines. *Traitement en post-cure*: 10 000 à 20 000 UI par jour pendant 2 mois. **IM. Adultes**: 100 000 UI par jour pendant 3 jours; **puis**, 50 000 UI par jour pendant 2 semaines. **Pédiatrique, 1 à 8 ans**: 7 500 à 35 000 UI par jour pendant 10 jours; **nourrissons**, 7 500 à 15 000 UI par jour pendant 10 jours.

COMPLEXE DE VITAMINES B

Généralités Les vitamines faisant partie de ce groupe sont généralement étudiées ensemble parce qu'elles sont toutes hydrosolubles et qu'on les trouve dans les mêmes sources, comme la levure et le foie. Parce qu'elles ont des fonctions différentes, nous les présentons ici séparément.

Mécanisme d'action/cinétique Les vitamines B sont des *coenzymes*; elles jouent un rôle crucial dans le cycle tricarboxylique (cycle de Krebs ou cycle citrique), la principale voie métabolique effectuant la conversion de la « nourriture » (glucose) en énergie (liaisons phosphates riches en énergie).

Interactions médicamenteuses Les anticoagulants (oraux) peuvent interagir avec les vitamines du complexe B et provoquer une hémorragie.

ACIDE FOLIQUE Apo-Folic, Folvite, Novofolacid, Acide folique
(nécessite une ordonnance pour les doses, uniques ou quotidiennes, de plus de 1 mg, quelle que soit la forme)

LEUCOVORIN CALCIQUE (FOLINATE DE CALCIUM) Leucovorin Calcique

Catégorie Vitamine du complexe B.

Généralités L'acide folique est nécessaire à la synthèse des nucléoprotéines (ADN) et au maintien de la concentration normale d'érythrocytes mûrs (érythropoïèse). Cette vitamine est présente dans une grande variété d'aliments comme le foie, les rognons et les légumes verts feuillus.

Indications Anémie mégaloblastique et mégalocytaire résultant d'une carence en acide folique; anémie macrocytaire nutritionnelle, anémie mégaloblastique pendant la grossesse, chez le nourrisson et chez l'enfant et anémie mégaloblastique associée à une maladie hépatique primaire, à une occlusion ou une anastomose intestinale ou à la sprue. Un supplément d'acide folique peut être indiqué pour les clients en dialyse rénale ou qui reçoivent des médicaments intervenant dans le métabolisme de l'acide folique, tels que le méthotrexate, la phénytoïne et les barbituriques.

L'acide folique est parfois administré avec la vitamine B_{12} pour le traitement de l'anémie réfractaire ou aplastique.

Contre-indications   Anémies résultant d'une carence en vitamine B_{12} (anémies pernicieuse, aplastique et normocytaire).

Réactions indésirables   *Allergiques*: Érythème, éruption cutanée, sensation de piqûre, malaise, respiration difficile, bronchospasmes. De fortes doses peuvent causer: *GI*: Anorexie, nausées, distension, flatulence, mauvais goût dans la bouche. *SNC*: Excitation, altération des tracés du sommeil, difficulté à se concentrer, irritabilité, suractivité, dépression mentale, confusion et altération du jugement. *Note*: L'anémie pernicieuse peut être masquée par des doses d'acide folique de 1 mg ou plus par jour.

Interactions médicamenteuses

Médicaments	Interaction
Acide aminosalicylique	↓ de l'activité de l'acide folique due à la ↓ de l'absorption dans le tractus GI.
Phénytoïne	↓ de l'activité de la phénytoïne due à la ↑ du métabolisme hépatique; également, la phénytoïne peut ↓ la concentration plasmatique de folate.
Sulfasalazine	↓ de l'activité de l'acide folique due à la ↓ de l'absorption dans le tractus GI.

Posologie   *Acide folique.* **PO, habituellement**: 0,25 à 1 mg par jour. **Dose d'entretien (par jour), nourrissons**: 0,1 mg, **enfants de moins de 4 ans**: 0,3 mg; **adultes et enfants de plus de 4 ans**: 0,4 mg; **grossesse et lactation**: 0,8 mg. Il se peut qu'on doive augmenter la posologie chez les alcooliques et chez les clients atteints d'anémie hémolytique, d'infections chroniques ou qui suivent une thérapie aux anticonvulsivants. En présence de malabsorption grave, l'acide folique devrait être administré **par voie IM profonde, SC ou IV.**

Leucovorin calcique. **IM**: *Anémie mégaloblastique*: 1 mg par jour. *Surdosage d'antagonistes de l'acide folique:* **Habituellement, pour les effets du méthotrexate, IM ou PO**, 10 mg/m²; **puis, PO**, 10 mg/m² q 6 h pendant 3 jours. **Pour les effets du triméthoprime ou de la pyriméthamine: PO**, 5 à 15 mg par jour.

Administration/entreposage

1. Ranger les solutions d'acide folique dans un endroit frais.

2. Le leucovorin calcique injectable dilué avec de l'eau bactériostatique pour injection devrait être utilisé en moins d'une semaine. Si on emploie de l'eau pour injection, il faut utiliser la solution diluée immédiatement.

ACIDE NICOTINIQUE (NIACINE)
Novoniacine, Niacine

NIACINAMIDE   Niacinamide

Catégorie   Vitamine du complexe B.

Mécanisme d'action/cinétique   L'acide nicotinique et le nicotinamide sont des vitamines hydrosolubles résistant à la chaleur, préparées synthétiquement. La niacine est un composant des co-enzymes NAD et NADP, essentiels aux réactions d'oxydoréduction associées au métabolisme des lipides, à la glycogénolyse et à la respiration tissulaire. Une carence en niacine cause la pellagre, dont les symptômes les plus communs sont la dermatite, la diarrhée et la démence. À fortes doses, la niacine produit également une vasodilatation et une réduction des lipides sériques. **Concentration sérique maximale**: 45 min; **Demi-vie**: 45 min.

Indications   *Acide nicotinique*: Pellagre ou comme prophylactique de cette maladie. Hyperlipidémie. A été employé comme vasodilatateur, mais cette utilisation n'est pas bien documentée. Des mégadoses ont été employées pour traiter la schizophrénie, mais rien n'indique que cela est efficace.

Niacinamide: Pellagre et comme prophylactique de cette maladie.

Contre-indications   Hypotension, hémorragie, dysfonction hépatique, ulcère gastro-duodénal. Employer avec prudence chez les clients atteints de diabète, de maladie de la vésicule biliaire ou de goutte.

Réactions indésirables   *GI*: Nausées, vomissements, diarrhée, activation d'un ulcère gastro-duodénal, douleur abdominale. *Dermatologiques*: Rougeur, sensation de chaleur, éruption cutanée, prurit, peau sèche, démangeaisons et picotements, acanthosis nigricans. *Autres*: Hypotension, céphalée, cystoïdœdème maculaire, amblyopie. *Note*: Une toxicité sérieuse comprenant les symptômes précédents de même que des lésions hépatiques, de l'hyperglycémie, de l'hyperuricémie, des arythmies, de la tachycardie et des dermatoses accompagne les mégadoses.

Interaction médicamenteuse

Médicaments	Interaction
Adrénolytiques	↑ de l'effet vasodilatateur → hypotension orthostatique.

Posologie   *Acide nicotinique.* **PO.** *Carence en niacine*: 10 à 20 mg par jour. *Pellagre*: jusqu'à 500 mg par jour. *Hyperlipidémie*: 1,0 à 2,0 g t.i.d. jusqu'à un maximum de 6 g par jour. **IV (voie préférée), IM, SC.** *Carence vitaminique seulement*: 0,1 à 3,0 g par jour selon la gravité de la carence. La durée de la thérapie par voie parentérale dépend de la réaction du client et varie selon le temps qui s'écoule avant que l'on puisse entreprendre une thérapie orale et procurer une diète équilibrée.

Niacinamide. **PO, IM**: 50 mg 3 à 10 fois par jour.

Administration

1. L'acide nicotinique ne devrait être pris oralement qu'avec de l'eau froide (aucune boisson chaude).
2. Peut être pris avec les repas si des troubles GI surviennent.

Soins infirmiers

1. Expliquer au client que la rougeur est un effet secondaire fréquent.
2. Avertir le client qui se sent faible et étourdi après avoir pris la niacine de se coucher jusqu'à ce qu'il se sente mieux, puis d'en informer le médecin.

CALCIUM, PANTOTHÉNATE DE (VITAMINE B₅)   Pantothénate de calcium

Catégorie   Vitamine du complexe B.

Mécanisme d'action/cinétique   L'acide pantothénique fait partie du coenzyme A, un cofacteur requis dans le métabolisme oxydatif des glucides, la synthèse et le catabolisme des acides gras, la synthèse du stérol, la glyconéogenèse et la synthèse des stéroïdes. On le trouve dans de nombreux aliments, c'est pourquoi aucune carence chez l'être humain n'a été observée.

Indications   Bien qu'il n'y ait aucune indication spécifique pour ce produit, il a été employé pour traiter la névrite périphérique, les crampes musculaires, le lupus érythémateux systémique et les cataractes aiguës. Il a été employé également durant la grossesse et pour le delirium tremens.

Contre-indications   Hémophilie.

Réactions indésirables   Des symptômes d'allergie surviennent quelquefois.

Posologie   **PO.** Apport quotidien: Approximativement 10 mg par jour; pour expérimentation: 20 à 100 mg par jour.

CYANOCOBALAMINE (VITAMINE B$_{12}$)

Anacobin, Bédoz, Cyanabin, Rubion, Rubramin, Vitamine B$_{12}$

Catégorie   Vitamine B$_{12}$.

Mécanisme d'action/cinétique   La cyanocobalamine (vitamine B$_{12}$) est une substance contenant du cobalt produite par certains micro-organismes tels que *Streptomyces griseus*. La vitamine peut être isolée aussi à partir du foie et le produit ainsi obtenu est identique au facteur antianémique du foie. Cette vitamine est essentielle à l'hématopoïèse, à la reproduction cellulaire, aux nucléoprotéines et à la synthèse de la myéline.

Le facteur intrinsèque est nécessaire à l'absorption de la vitamine B$_{12}$ orale. En présence d'anémie pernicieuse ou de syndrome de malabsorption, ce facteur est administré conjointement avec la vitamine B$_{12}$. La vitamine est absorbée rapidement après l'injection IM ou SC. Après son absorption, la vitamine B$_{12}$ est acheminée au foie par les protéines plasmatiques et elle est accumulée jusqu'à son utilisation pour diverses fonctions métaboliques.

Les produits contenant moins de 500 µg de vitamine B$_{12}$ sont des suppléments nutritionnels et ne sont pas destinés au traitement de l'anémie pernicieuse.

Indications   Anémie pernicieuse, sprue tropicale et non tropicale, anémie macrocytaire nutritionnelle due à une carence en vitamine B$_{12}$, certains types d'anémies mégaloblastiques chez le nourrisson. Également dans des conditions où le besoin de vitamine B$_{12}$ est accru telles que: thyréotoxicose, hémorragie, affections malignes, grossesse et maladies rénale et hépatique. La vitamine B$_{12}$ est particulièrement indiquée pour traiter les clients allergiques aux extraits de foie.
Note: L'acide folique n'est pas un substitut de la vitamine B$_{12}$, bien qu'un traitement conjoint à l'acide folique puisse être nécessaire.

Contre-indications   Hypersensibilité au cobalt. L'innocuité et l'efficacité durant la grossesse, la lactation et chez les enfants n'ont pas été établies.

Réactions indésirables   Les réactions indésirables se manifestent après l'usage parentéral. *Allergiques*: Urticaire, démangeaisons, exanthème, anaphylaxie, choc, mort. *Autres*: Polycythémie vraie, atrophie du nerf optique chez les clients atteints d'atrophie héréditaire du nerf optique, diarrhée, thrombose vasculaire périphérique, insuffisance cardiaque, œdème pulmonaire.
Note: L'alcool benzylique présent dans certains produits peut causer une détresse respiratoire fatale chez les nourrissons prématurés.

Interactions médicamenteuses

Médicaments	Interaction
Acide aminosalicylique	↓ de l'absorption de la vitamine B$_{12}$.

Médicaments	Interaction
Alcool éthylique	↓ de l'absorption de la vitamine B_{12}.
Chloramphénicol	Le chloramphénicol ↓ la réponse à la thérapie à la vitamine B_{12}.
Colchicine	↓ de l'absorption de la vitamine B_{12}.
Néomycine	↓ de l'absorption de la vitamine B_{12}.

Posologie   PO. *Adultes, carence nutritionnelle en vitamine B_{12}*: 25 à 250 μg par jour. *Clients dont l'absorption intestinale est normale*: 15 μg par jour. **IM**: 30 μg par jour pendant 5 à 10 jours; **puis**, 100 à 200 μg par mois **IM** ou **SC** jusqu'à rémission complète. Des doses plus élevées peuvent être requises en présence de maladie neurologique ou infectieuse. *Épreuve de Schilling*: 1 000 μg **IM** (dose entraînant la rougeur).

Soins infirmiers complémentaires

Voir *Soins infirmiers – Vitamines*, p. 1028.

Expliquer au client et/ou à sa famille:

a) que la vitamine B_{12} à action retard dure au moins 4 semaines et que des injections supplémentaires ne sont pas nécessaires pendant ce temps.

b) que la sensation de piqûre et de brûlure qu'il peut ressentir après l'injection n'est que transitoire.

HYDROXYCOBALAMINE   Acti-B_{12},
Hydroxycobalamine

Catégorie   Vitamine du complexe B.

Généralités   Ce composé synthétique converti en cyanocobalamine par l'organisme possède la même fonction thérapeutique que celle-ci. L'hydroxycobalamine est absorbée plus lentement au point d'injection que la cyanocobalamine, et on croit que son action est plus longue.

Indications   Mêmes que pour la cyanocobalamine. *À l'étude*: Comme prophylactique et pour le traitement de l'intoxication par le cyanure due au nitroprussiate de sodium.

Réactions indésirables   Douleur au point d'injection, diarrhée transitoire; rarement, réactions allergiques.

Posologie   *Hydroxycobalamine cristalline*. **IM seulement.** *Adultes*: 30 μg par jour pendant 5 à 10 jours; **puis**, 100 à 200 μg par mois. *Pédiatrique*: Doses de 100 μg jusqu'à un total de 1 à 5 mg sur une période de deux semaines ou plus; **puis**, 30 à 50 μg q 4 semaines. Une thérapie conjointe à l'acide folique peut être nécessaire.

PYRIDOXINE, CHLORHYDRATE DE (VITAMINE B₆) Hexa-Betalin, Pyridoxine

Catégorie   Vitamine du complexe B.

Mécanisme d'action/cinétique   Le chlorhydrate de pyridoxine est une vitamine hydrosoluble, résistant à la chaleur. Elle est détruite par la lumière. On la prépare par synthèse. Elle agit comme coenzyme dans le métabolisme des protéines, des glucides et des lipides. Plus le régime contient de protéines, plus le besoin de pyridoxine est grand. **Demi-vie**: 2 à 3 semaines.

Indications   Mal des rayons. Comme prophylactique pour la névrite périphérique induite par l'isoniazide. Chez les nourrissons présentant des convulsions épileptiformes. Anémie hypochrome reliée à une déficience héréditaire en pyridoxine et pour quelques cas d'anémie hypochrome ou mégaloblastique.

Interactions médicamenteuses

Médicaments	Interaction
Contraceptifs oraux	↑ des besoins en pyridoxine.
Cyclosérine	↑ des besoins en pyridoxine.
Hydralazine	↑ des besoins en pyridoxine.
Isoniazide (INH)	↑ des besoins en pyridoxine.
Lévodopa	Des doses quotidiennes de pyridoxine excédant 5 mg contrecarrent l'activité thérapeutique de la lévodopa.
Pénicillamine	↑ des besoins en pyridoxine.

Posologie   *Carence nutritionnelle.* **PO, IM, IV**: 10 à 20 mg par jour pendant 3 semaines; **puis**, 2 à 5 mg par jour pendant plusieurs semaines. *Comme adjuvant à l'administration d'isoniazide pour prévenir la neuropathie*: 6 à 25 mg par jour (on peut employer jusqu'à 50 mg par jour); *neuropathie*: 50 à 200 mg par jour. *Syndrome de dépendance à la vitamine B₆*: **Initialement**, jusqu'à 600 mg par jour; **puis**, 30 mg par jour, la vie durant.

Soins infirmiers complémentaires

Voir *Soins infirmiers – Vitamines*, p. 1028.

1. Demander au médecin une ordonnance de suppléments de pyridoxine pour les clients qui reçoivent de la cyclosérine, de l'isoniazide ou des contraceptifs oraux.

2. *Expliquer au client et/ou à sa famille*:
   a) quels sont les aliments riches en vitamine B₆. Voir le tableau 37, p. 1030.

> **b)** qu'un client qui ne suit qu'une thérapie à la lévodopa ne devrait pas prendre de suppléments contenant de la vitamine B₆, car plus de 5 mg de vitamine B₆ constituent un antagoniste de l'effet de la lévodopa.
>
> **c)** que la pyridoxine peut inhiber la lactation.

RIBOFLAVINE (VITAMINE B₂) Riboflavine

Catégorie Vitamine du complexe B.

Généralités La riboflavine est une substance hydrosoluble résistant à la chaleur. Elle est sensible à la lumière. La riboflavine agit comme coenzyme dans plusieurs réactions reliées à la respiration tissulaire. La carence en riboflavine entraîne des lésions caractéristiques de la langue, des lèvres et du visage, de la photophobie, des démangeaisons ainsi qu'une sensation de brûlure aux yeux et de la kératose oculaire. La carence en riboflavine accompagne souvent la pellagre.

Indications Carence en riboflavine. Comme adjuvant de la niacine dans le traitement de la pellagre.

Interactions médicamenteuses

Médicaments	Interaction
Chloramphénicol	La riboflavine peut contrer la dépression médullaire et la névrite optique dues au chloramphénicol.
Tétracyclines	La riboflavine diminue l'activité antibiotique des tétracyclines.

Posologie **PO.** *Supplément alimentaire:* **Adultes et enfants de plus de 12 ans**: 5 à 10 mg par jour. **IM.** *Carence:* **Habituellement**, 50 mg.
Note: L'urine peut perdre un peu de sa couleur jaune.

THIAMINE, CHLORHYDRATE DE (VITAMINE B₁) Betaxin, Bewon, Thiamine

Mécanisme d'action/cinétique Vitamine hydrosoluble, stable en milieu acide. Elle est rapidement décomposée en milieu neutre ou alcalin. La thiamine est nécessaire à la synthèse du pyrophosphate de thiamine, un coenzyme essentiel pour le métabolisme des glucides.

Indications États de carence en thiamine et symptômes neurologiques et cardio-vasculaires qui y sont associés. Prophylaxie et traitement du béribéri. Névrite dans les cas d'alcoolisme, de pellagre et de grossesse. Pour corriger l'anorexie due à une insuffisance en thiamine.

Réactions indésirables De graves réactions d'hypersensibilité peuvent se produire: une épreuve intradermique est recommandée lorsqu'on soupçonne une sensibilité. *Dermatologiques*: Prurit, urticaire, transpiration, sensation de chaleur. *SNC*: Faiblesse, agitation. *Autres*: Nausées, sensation de constriction du pharynx, œdème angioneurotique, cyanose, hémorragie GI, œdème pulmonaire, collapsus cardio-vasculaire et mort.

Interaction médicamenteuse Puisque la vitamine B$_1$ est instable en solution neutre ou alcaline, elle ne devrait pas être employée avec des substances telles que les citrates, les barbituriques ou les carbonates car ces dernières rendent les solutions alcalines.

Posologie **PO.** *Supplément à l'alimentation*: 5 à 30 mg par jour. **IM.** *Béribéri*: 10 à 20 mg t.i.d. pendant 2 semaines; **puis, PO:** 5 à 10 mg par jour pendant 1 mois. **IV.** *Béribéri humide avec insuffisance myocardique*: 30 mg t.i.d.

Soins infirmiers complémentaires

Voir *Soins infirmiers – Vitamines*, p. 1028.

Se préparer à traiter à l'aide d'épinéphrine un choc anaphylactique pouvant survenir par suite de l'administration parentérale d'une grande dose de thiamine.

VITAMINE C

ACIDE ASCORBIQUE Acide ascorbique, Apo-C, Ce-Vi-Sol, Effer-C, Redoxon, Vitamine C

ASCORBATE DE CALCIUM Ascorbate de calcium

ASCORBATE DE SODIUM Ascorbate de sodium, Mega Sodium

Généralités La vitamine C (acide ascorbique) est une substance antiscorbutique spécifique. Elle est instable et facilement détruite par l'air, la lumière et la chaleur. La vitamine C est essentielle au maintien du tissu conjonctif et des tissus de soutien du corps.

Une carence en vitamine C mène au scorbut, qui est caractérisé par des modifications des tissus fibreux, de la matrice dentinaire, des cartilages et de l'endothélium vasculaire.

Les réserves de vitamine C sont rapidement épuisées, et les clients qui reçoivent une alimentation par voie IV peuvent développer une carence en acide ascorbique. Cela peut retarder la cicatrisation chez les clients ayant subi une intervention chirurgicale. L'augmentation de la vitesse d'oxydation qui survient lors d'une maladie infectieuse augmente les besoins quotidiens en vitamine C.

On a suggéré l'utilisation de grandes doses de vitamine C pour le traitement du cancer et pour la prévention du rhume, mais aucune donnée n'appuie cet usage.

Réactions indésirables *Grandes doses ou mégadoses*: Diarrhée, calculs rénaux (oxalate, urate). Une administration IV rapide peut causer une sensation lipothymique transitoire et des étourdissements.

Interactions médicamenteuses

Médicaments	Interaction
Antidépresseurs tricycliques	↓ de l'effet des antidépresseurs tricycliques par ↓ de la réabsorption tubulaire rénale.
Dicoumarol	L'acide ascorbique peut influer sur l'intensité et la durée d'action.
Digitale	L'ascorbate de calcium peut entraîner une arythmie cardiaque chez les clients recevant de la digitale.
Disulfirame	L'acide ascorbique peut perturber l'action du disulfirame.
Éthinylœstradiol	↑ de l'activité de l'éthinylœstradiol.
Médicaments acides	De grandes doses d'acide ascorbique ↑ la réabsorption des médicaments acides dans le rein →↑ de leur activité.
Médicaments alcalins	De grandes doses d'acide ascorbique ↓ la réabsorption des médicaments alcalins dans le rein →↓ de leur activité.
Salicylates	↑ de l'activité des salicylates par ↑ de la réabsorption tubulaire rénale.
Sulfamides	↑ du risque de cristallisation des sulfamides dans l'urine.
Tabac	↑ du besoin en vitamine C.
Warfarine	L'acide ascorbique ↓ l'activité de la warfarine.

Interactions avec les épreuves de laboratoire Des mégadoses peuvent entraîner de fausses déterminations du glucose urinaire: faux − (glucose-oxydase) ou faux + (réduction du cuivre ou solution de Benedict).

Posologie PO, IM, IV. *Prophylaxie:* **Adultes**, 70 à 150 mg par jour; **nourrissons**, 30 mg. *Scorbut:* **Adultes**, 0,3 à 1 g par jour; **nourrissons**, 0,1 à 0,3 g par jour. *Pour favoriser la cicatrisation:* **Adultes**, 0,3 à 0,5 g par jour pendant 7 à 10 jours avant et après l'intervention chirurgicale. *Brûlures:* **Adultes**, individualisée; *brûlures graves*: 1 à 2 g par jour.

Administration

1. L'ascorbate de sodium peut être administré IM ou IV.
2. L'ascorbate de calcium ne devrait jamais être injecté SC. Les injections IM peuvent causer la nécrose des tissus chez les nourrissons.

> **Soins infirmiers complémentaires**
>
> Voir *Soins infirmiers – Vitamines*, p. 1028.
>
> Tenir compte des nombreuses interactions médicamenteuses avec la vitamine C.

VITAMINE D

Catégorie   Vitamine liposoluble.

Généralités   La vitamine D, le facteur antirachitique, joue un rôle clef dans le métabolisme du calcium et du phosphore. Son effet régulateur (homéostatique) sur la concentration sérique de calcium est tel qu'on considère à présent qu'elle possède une activité hormonale.

En présence de la lumière solaire (irradiation UV), les humains peuvent synthétiser dans leur peau la vitamine D à partir de divers stérols provenant de plantes ou d'animaux. Si les conditions sont idéales, l'apport de vitamine D exogène n'est pas nécessaire. Toutefois, le lait soumis à l'irradiation et l'huile de foie de poisson constituent une excellente source de vitamine D.

La carence en vitamine D est caractérisée par une absorption inadéquate du calcium et du phosphate. Durant les périodes de croissance rapide, une carence en vitamine D peut conduire au rachitisme. Chez l'adulte, une carence en vitamine D peut conduire à l'ostéomalacie (rachitisme de l'adulte).

Plusieurs composés possèdent l'activité de la vitamine D. Parmi ceux-là, les plus importants sont: le calcitriol, le cholécalciférol (D_3), le dihydrotachystérol et l'ergocalciférol (D_2).

Mécanisme d'action/cinétique   Les analogues de la vitamine D, de concert avec l'hormone parathyroïdienne et la calcitonine, régularisent la concentration sérique de calcium en accroissant l'absorption du calcium (et du phosphore), la résorption osseuse du calcium et la réabsorption rénale du calcium et des phosphates. De plus, le dihydrotachystérol augmente l'absorption du calcium dans l'intestin et mobilise le calcium en l'absence de l'hormone parathyroïdienne.

Indications   Voir chaque agent.

Contre-indications   Altération de la fonction rénale ou cardiaque, artériosclérose, hypercalcémie, utilisation conjointe avec des glucosides cardiotoniques. Toxicité due à la vitamine D.

Réactions indésirables À des doses physiologiques, il n'y a virtuellement aucun effet secondaire. Toutefois, des doses excessives produisent une grave toxicité due à l'hypercalcémie. *GI*: Anorexie, xérostomie, nausées, vomissements, crampes, diarrhée ou constipation, goût métallique, perte de masse. *SNC*: Fatigue, faiblesse, somnolence, céphalée, vertige, ataxie, irritabilité, diminution de la libido, convulsions. *CV*: Arythmies, hypertension. *Autres*: Tinnitus, exanthème, douleurs osseuses et musculaires, rhinorrhée, prurit, néphrocalcinose, altération de la fonction rénale, ostéoporose (adultes), anémie, photophobie, diminution de la croissance chez les enfants, pancréatite, calcification des vaisseaux sanguins.

Traitement du surdosage Interruption immédiate de la thérapie, institution d'un régime pauvre en calcium et retrait de tout supplément de calcium. Pour augmenter l'excrétion du calcium, administrer des liquides IV, acidifier l'urine ou administrer un diurétique agissant au niveau de la branche ascendante de l'anse de Henle (acide éthacrynique, furosémide, etc.).

Dans les cas où l'on se rend compte rapidement d'un surdosage accidentel aigu, le vomissement provoqué ou le lavage gastrique est bénéfique. De plus, l'administration d'huile minérale peut augmenter l'excrétion du médicament dans les fèces.

Interactions médicamenteuses

Médicaments	Interaction
Antiacides (contenant du magnésium)	↑ du risque d'hypermagnésémie.
Cholestyramine	↓ de l'effet de la vitamine D due à la ↓ de l'absorption dans le tractus GI.
Corticostéroïdes	↓ des effets de la vitamine D.
Digitale	L'hypercalcémie peut ↑ le risque d'arythmie.
Diurétiques thiazidiques	↑ du risque d'hypercalcémie.
Phénobarbital	↓ de l'effet de la vitamine D due à une ↑ du métabolisme hépatique.
Phénytoïne	↓ de l'effet de la vitamine D due à une ↑ du métabolisme hépatique.
Vérapamil	L'hypercalcémie peut ↑ le risque de fibrillation auriculaire.

Interactions avec les épreuves de laboratoire Des doses toxiques d'analogues de la vitamine D peuvent ↑ le calcium, le phosphate et l'albumine urinaires; de plus, ↑ de l'urée sanguine, du cholestérol sérique, de la SGOT et de la SGPT. ↓ de la phosphatase alcaline sérique.

Posologie Voir chaque agent. (Il faut une ordonnance pour les doses de 1 000 UI et plus.)

Soins infirmiers

Voir *Soins infirmiers – Vitamines*, p. 1028.

Expliquer au client et/ou à sa famille:

a) qu'on doit faire périodiquement des épreuves sanguines et urinaires tel que prescrit pour évaluer les concentrations de calcium, de magnésium, de phosphore et de phosphatase alcaline.

b) qu'il doit éviter d'employer des antiacides contenant du magnésium.

c) qu'il doit cesser de prendre le médicament et consulter le médecin en cas d'apparition de faiblesse, de nausées, de vomissements, de xérostomie, de constipation, de douleurs musculaires et osseuses, ou de goût métallique (symptômes précoces d'intoxication par la vitamine D).

d) qu'il doit prendre la dose de médicament qui lui a été prescrite puisque la posologie est hautement individualisée.

e) qu'il doit suivre le régime recommandé et prendre le supplément de calcium prescrit.

f) qu'il ne doit prendre aucun médicament en vente libre, à moins que cela ne lui soit recommandé par le médecin.

g) que son régime doit être léger et qu'il doit prendre beaucoup de liquides ainsi que des laxatifs pour faciliter l'élimination du calcium excédentaire.

CALCITRIOL   Rocaltrol^{Pr}

Mécanisme d'action/cinétique   **Début d'action**: 2 h. **Effet maximal**: 10 h. **Durée**: 3 à 5 jours. **Demi-vie**: 7 à 12 h.

Indications   Hypocalcémie chez les clients dialysés chroniquement. Hypoparathyroïdie ou pseudohypoparathyroïdie. Rachitisme vitaminodépendant (particulièrement chez les enfants), rachitisme vitaminorésistant, hypocalcémie chez les nourrissons prématurés.

Posologie   **PO.** *Hypocalcémie lors de la dialyse rénale:* **Adultes, initialement**, 0,25 μg par jour; **puis**, si nécessaire, augmenter de 0,25 μg par jour à 4 à 8 semaines d'intervalle. Certains clients peuvent répondre à 0,25 μg aux deux jours. *Hypoparathyroïdie/pseudohypoparathyroïdie*: **Adultes et enfants de plus de un an, initialement**, 0,25 μg par jour; **dose d'entretien, adultes et enfants de plus de 6 ans**: 0,5 à 2,0 μg par jour; **enfants, 1 à 5 ans**: 0,25 à 0,75 μg par jour.

CHOLÉCALCIFÉROL (VITAMINE D$_3$)
Radiostol^{Pr}, Radiostol Forte^{Pr}

Mécanisme d'action/cinétique   La bile est nécessaire à une absorption maximale. Excrété principalement dans la bile.

Indications   Prophylaxie ou traitement de la carence en vitamine D (ostéomalacie, rachitisme), supplément à l'alimentation.

Posologie   Apport quotidien recommandé: **Adultes**, 5 à 10 μg; **grossesse/lactation**: 10 à 15 μg; **pédiatrique**: 10 μg.

DIHYDROTACHYSTÉROL   DHT, Hytakerol

Mécanisme d'action/cinétique   **Début d'action**: Lent, 7 à 10 jours. L'effet maximal survient deux semaines après l'administration quotidienne. **Durée**: 2 semaines. Approximativement, 1 mg de dihydrotachystérol équivaut à 3 mg d'ergocalciférol.

Indications   Hypophosphatémie, hypocalcémie due à une maladie rénale chronique, hypoparathyroïdie, pseudohypoparathyroïdie, ostéoporose (avec fluorure de sodium).

Posologie   **PO.** *Hypophosphatémie:* **Adultes et enfants, initialement**: 0,5 à 2 mg par jour jusqu'à ce que les os guérissent; **puis**, 0,2 à 1,5 mg par jour. Des phosphates peuvent aussi être administrés. *Hypoparathyroïdie ou pseudohypoparathyroïdie*: **Adultes, initialement**: 0,75 à 2,5 mg pendant plusieurs jours; **dose d'entretien**: 0,2 à 1,0 mg par jour. Certains clients peuvent avoir besoin de 1,5 mg par jour. **Pédiatrique: Initialement**, 1 à 5 mg par jour pendant 4 jours; **dose d'entretien**: 0,5 à 1,5 mg par jour. *Insuffisance rénale chronique*: 0,1 à 0,6 mg par jour. *Ostéoporose*: 0,6 mg par jour avec du calcium et du fluorure.

ERGOCALCIFÉROL (VITAMINE D₂)   D-Vi-Sol, Drisdol, Ostoforte[Pr]

Mécanisme d'action/cinétique   La concentration sérique de calcium devrait être maintenue entre 2,25 et 2,50 mmol/L. **Début d'action (PO, IM)**: 10 à 24 h. **Effet maximal**: 4 semaines après la posologie quotidienne. **Durée**: 2 mois ou plus. **Demi-vie**: 24 h. La bile est nécessaire à l'absorption. Excrété principalement par la bile. Un milligramme d'ergocalciférol équivaut à 40 000 unités.

Indications   Rachitisme, ostéomalacie, hypophosphatémie due à la dialyse rénale chronique, hypoparathyroïdie, pseudohypoparathyroïdie, ostéoporose, supplément à l'alimentation.

Posologie   *Rachitisme/ostéomalacie.* **PO**: 25 μg par jour, quoiqu'on ait déjà administré jusqu'à 125 μg par jour. *Malabsorption ou carence grave.* **PO**: 0,25 à 7,5 mg par jour ou **IM**, 0,25 mg par jour. **Pédiatrique: PO**, 0,25 à 0,625 mg par jour. *Hypophosphatémie.* **PO, initialement**: 1 à 2 mg par jour avec des phosphates; **puis**, augmenter la dose quotidienne de 0,25 à 0,5 mg à intervalles de 3 ou 4 mois. **Dose d'entretien, adultes**: 0,25 à 1,5 mg par jour. *Ostéoporose.* **PO**: 0,025 à 0,25 mg par jour ou 1,25 mg deux fois par semaine; employer avec des suppléments de calcium et de fluorure. *Hypoparathyroïdie ou pseudohypoparathyroïdie.* **PO: Adultes**, 0,625 à 5,0 mg par jour avec des suppléments de calcium et/ou d'hormone parathyroïdienne; **pédiatrique**: 1,25 à 5,0 mg avec du calcium. Pour prévenir la toxicité, réduire la posologie aussitôt que la concentration sérique de calcium approche de la normale. *Insuffisance rénale.* **PO, initialement**: 0,5 mg; **puis**, ajuster la posologie en fonction de la concentration sérique de calcium (en moyenne: 0,25 à 7,5 mg par jour). **Pédiatrique: Dose d'entretien**, 0,1 à 1,0 mg par jour. *Supplément à l'alimentation.* **PO: Adultes, enfants sains, nourrissons**, 10 μg par jour. **Nourrissons prématurés**: Pour un développement normal des os, 12 à 20 μg par jour, bien que des doses allant jusqu'à 750 μg par jour puissent être nécessaires.

VITAMINE E

VITAMINE E (TOCOFERSOLAN, α-TOCOPHÉROL) Aquasol E, Vitamine E

Généralités La vitamine E est un groupe de substances liposolubles comprenant des anti-oxydants puissants; l'alpha-tocophérol, le bêta-tocophérol, le gamma-tocophérol et le delta-tocophérol. Il est difficile de déterminer la fonction physiologique exacte de la vitamine E. Les symptômes de carence ont été étudiés principalement chez les animaux.

L'utilité de la vitamine E pour des fins thérapeutiques est discutable. Les partisans de certains régimes alimentaires en consomment cependant de grandes quantités.

Indications Prophylaxie et traitement de la carence en vitamine E. *Administration topique*: Troubles mineurs de la peau tels que brûlures, érythème fessier du nourrisson, coup de soleil, écorchures, démangeaisons; désodorisant. *À l'étude*: Pour réduire la toxicité de l'oxygénothérapie sur le parenchyme pulmonaire et la rétine chez les nourrissons prématurés.

Contre-indications Aucune contre-indication n'est connue.

Réactions indésirables Des doses importantes administrées pendant une période prolongée peuvent causer de la faiblesse des muscles squelettiques, des troubles des fonctions de la reproduction et des troubles GI.

Interactions médicamenteuses

Médicaments	Interaction
Anticoagulants oraux	La vitamine E ↑ l'effet des anticoagulants.
Fer, thérapie au	La vitamine E ↓ la réponse à la thérapie martiale.

Posologie PO. **Parentéral: Habituellement,** AQR, **enfants de 4 à 6 ans**: 9 UI; **hommes**: 15 UI, **femmes**: 12 UI; **grossesse ou lactation**: 15 UI.

Note: La puissance des préparations diffère grandement. Il faut donc établir la posologie en fonction de l'équivalence en unités internationales. **Administration topique**: Appliquer la quantité nécessaire et faire pénétrer doucement.

Administration Les produits pour administration topique sont offerts en crèmes, en liquides, sous forme d'huile et en onguents.

VITAMINE K

Catégorie Vitamine liposoluble, facteur de coagulation du sang.

Mécanisme d'action/cinétique La vitamine K est essentielle à la synthèse hépatique de la prothrombine et des facteurs VII, IX et X, qui sont tous essentiels à la coagulation sanguine. La principale manifestation d'une carence en vitamine K est l'augmentation de la tendance aux saignements. Cela se manifeste par des ecchymoses, de l'épistaxis, de l'hématurie, des saignements GI, des hémorragies postopératoires et des hémorragies intracrâniennes.

La vitamine K se présente sous forme de phytoménadione (vitamine K$_1$), un analogue synthétique liposoluble, et sous forme de diphosphate sodique de ménadiol (vitamine K$_4$), un analogue synthétique hydrosoluble.

Indications Hypoprothrombinémie primaire et hypoprothrombinémie causée par des médicaments, particulièrement par les anticoagulants coumariniques ou du type de la phénindione. La vitamine K ne peut pas contrecarrer l'effet anticoagulant de l'héparine.

Pour usage parentéral dans les cas de syndromes de malabsorption de la vitamine K. Comme adjuvant lors de transfusions de sang entier. Avant une intervention chirurgicale pour prévenir le risque d'hémorragie chez les clients pouvant nécessiter une thérapie aux anticoagulants.

Indiquée pour certaines formes de maladie hépatique. États hémorragiques associés à un ictère obstructif, à la maladie cœliaque, à la colite ulcéreuse, à la sprue et à des fistules GI.

Contre-indications Maladie hépatique grave. Employer avec prudence chez les nouveau-nés.

Réactions indésirables *Allergiques*: Éruption cutanée, urticaire, anaphylaxie. *Après l'administration PO*: Nausées, vomissements, malaise gastrique, céphalée. *Après l'administration parentérale*: Rougeurs, altération du goût, transpiration, hypotension, étourdissements, pouls faible, dyspnée, cyanose, réactions cutanées tardives. L'hyperbilirubinémie et un ictère nucléaire fatal peuvent survenir chez le nouveau-né.

Interactions médicamenteuses

Médicaments	Interaction
Antibiotiques	Les antibiotiques peuvent inhiber la production de vitamine K par l'organisme et conduire à des saignements. Des suppléments de vitamine K devraient être administrés.
Anticoagulants oraux	La vitamine K est un antagoniste de l'effet des anticoagulants.
Cholestyramine	↓ de l'effet de la phytonadione et de la ménadione due à la ↓ de l'absorption dans le tractus GI.
Huile minérale	↓ de l'effet de la phytonadione et de la ménadione due à la ↓ de l'absorption dans le tractus GI.

MÉNADIOL, DISPHOSPHATE SODIQUE DE (VITAMINE K₄)   Synkavite^Pr

Catégorie   Vitamine K.

Mécanisme d'action/cinétique   Précurseurs des facteurs de la coagulation du sang. Le diphosphate sodique de ménadiol est hydrosoluble et il est converti en ménadione (vitamine K₃) dans l'organisme. Il peut être absorbé directement dans la circulation sanguine même en l'absence de bile. **Début d'action, IM, SC**: 1 à 2 h. **Durée**: (temps de prothrombine normal): 8 à 24 h. **IV**, début d'action plus rapide que IM ou SC, **durée**: plus courte.

Contre-indications   Contre-indiqué durant les dernières semaines de la grossesse ou durant le travail comme prophylactique de l'hypoprothrombinémie ou du syndrome hémorragique du nouveau-né. Contre-indiqué chez les nourrissons.

Réactions indésirables supplémentaires   Hémolyse des érythrocytes chez les clients atteints de déficience en glucose-6-phosphate déshydrogénase.

Interactions avec les épreuves de laboratoire   Fausse élévation des hydroxy-17 corticostéroïdes urinaires (procédé de Reddy, de Thorn et de Jenkins).

Posologie   **PO.** *Hypoprothrombinémie due à un ictère obstructif ou à des fistules biliaires*: 5 mg par jour; *hypoprothrombinémie due à l'emploi d'antibactériens ou de salicylates*: 5 à 10 mg par jour. **IM, IV, SC.** *Hypoprothrombinémie*, **adultes**: 5 à 15 mg, 1 ou 2 fois par jour; **enfants**: 5 à 10 mg, 1 ou 2 fois par jour.

PHYTOMÉNADIONE (PHYTONADIONE, VITAMINE K₁)   AquaMEPHYTON, Konakion^Pr

Catégorie   Vitamine liposoluble.

Mécanisme d'action/cinétique   La phytonadione est similaire à la vitamine K naturelle. Son effet est plus rapide et plus prolongé que celui du diphosphate sodique de ménadiol et elle est généralement plus efficace. L'absorption GI nécessite la présence de sels biliaires. L'héparine peut être employée pour contrecarrer le surdosage de phytonadione. On recommande des déterminations fréquentes du temps de prothrombine durant la thérapie à la phytonadione. **Début d'action: PO**, 6 à 12 h; **IM, IV**: 1 à 2 h. *Pour réprimer une hémorragie*: Usage parentéral, 3 à 8 h. Le temps normal de prothrombine est de 12 à 14 h.

Indications supplémentaires   Déficience en prothrombine due aux anticoagulants oraux, syndrome hémorragique du nouveau-né.

Réactions indésirables supplémentaires   L'administration IV peut entraîner de graves réactions menant à la mort. Peut causer des rougeurs transitoires au visage, de la transpiration, une sensation de constriction du thorax et de la faiblesse. On a aussi signalé une douleur à type de crampe, un pouls faible et rapide, des mouvements convulsifs, des frissons et de la fièvre, de l'hypotension, de la cyanose et de l'hémoglobinurie. On peut observer également un état de choc ou une insuffisance cardiaque ou respiratoire.

Posologie   **PO, IM, IV, SC.** L'administration **IV** est réservée aux situations d'urgence; le débit de l'administration **IV** ne devrait pas dépasser 1 mg par min. Les administrations **IM** et **SC** sont indiquées pour les clients chez lesquels on ne peut employer la voie **PO**.

Hypoprothrombinémie induite par les anticoagulants: (1) En l'absence de saignements, **PO, IM ou SC**: 2,5 à 10,0 mg ou plus (jusqu'à 25 mg). Répéter après 12 à 48 h si le temps de prothrombine n'est pas revenu à la normale. (2) Lorsqu'il y a hémorragie ou risque d'hémorragie, **IV**: 10 à 50 mg; **enfants**: 5 à 10 mg. *Avant une intervention chirurgicale pour neutraliser les effets des anticoagulants*, **PO, IM, SC** (administré 24 h avant l'intervention): 5 à 25 mg; **IV** (12 h avant l'intervention): 10 à 25 mg ou plus.

Comme prophylactique pour le syndrome hémorragique du nouveau-né, **IM à la mère**: 1 à 5 mg, 12 à 24 h avant l'accouchement; ou, **IM au nouveau-né**: 0,5 à 2,0 mg. *Traitement du syndrome hémorragique aigu du nouveau-né:* **SC, IM**, 1 à 2 mg pendant plusieurs jours. *Hypoprothrombinémie due à d'autres causes*: 2 à 25 mg (chez certains clients il peut être nécessaire d'administrer jusqu'à 50 mg); la voie d'administration et la durée du traitement dépendent de la gravité de l'état du client.

Administration/entreposage

1. Entreposer les émulsions ou les solutions colloïdales à une température de 5 à 15°C, dans l'obscurité.

2. Ne pas congeler.

3. Protéger la vitamine K de la lumière. L'administration IV devrait se faire en 2 à 3 h.

4. Ne pas administrer par voie IV à un débit de plus de 1 mg par minute.

5. Ne mélanger les émulsions qu'à de l'eau ou à du dextrose à 5% dans l'eau.

6. Mélanger les solutions colloïdales à du dextrose à 5% dans l'eau, à du chlorure de sodium isotonique pour injection ou à du dextrose et du chlorure de sodium pour injection.

Soins infirmiers complémentaires

Voir *Soins infirmiers – Vitamines*, p. 1028.

1. S'assurer qu'on effectue le temps de prothrombine pendant la thérapie et que les résultats de celle-ci sont évalués.

2. Durant l'administration parentérale, évaluer la transpiration, les rougeurs transitoires au visage, la sensation de constriction du thorax, la faiblesse, la tachycardie, l'hypotension (qui peut mener à un choc), l'arrêt cardiaque et l'insuffisance respiratoire.

Chélateurs des métaux lourds

Généralités Les métaux lourds sont toxiques parce qu'ils se lient aux sites réactifs, inactivant ainsi d'importantes substances telles que les enzymes. Les chélateurs des métaux lourds ont la possibilité de se lier aux ions métalliques; ils forment ainsi des complexes non toxiques qui sont éliminés par les reins.

L'intoxication par les métaux lourds est une conséquence de l'administration de doses excessives de médicaments comme les sels d'or (traitement de la polyarthrite rhumatoïde) et le fer (traitement des anémies) ou de l'ingestion accidentelle de substances comme de la peinture contenant des sels de plomb et des insecticides ou des herbicides contenant des sels d'arsenic.

DÉFÉROXAMINE, MÉSYLATE DE Desferal^{Pr}

Catégorie Chélateur des métaux lourds (chélateur du fer).

Mécanisme d'action/cinétique La déféroxamine, une molécule organique complexe, se lie au fer et l'empêche ainsi de prendre part à d'autres réactions chimiques. Le complexe qui en résulte est soluble dans l'eau et est excrété par les reins et dans les fèces par la bile. Une fonction rénale adéquate est nécessaire à l'efficacité du médicament.

Indications Thérapie adjuvante de l'intoxication aiguë par le fer. Surcharge chronique de fer y compris la thalassémie. *À l'étude*: Accumulation d'aluminium dans l'insuffisance rénale et dans l'encéphalopathie due à l'aluminium.

Contre-indications Maladie rénale grave, anurie. Administrer avec prudence chez les clients atteints d'une pyélonéphrite. Ne devrait pas être administré aux enfants de moins de 3 ans à moins que la mobilisation de 1 mg ou plus par jour de fer puisse être démontrée. Ne devrait pas être administré pour traiter l'hémochromatose primitive.

Réactions indésirables *Allergiques*: Éruption cutanée, démangeaisons, formation de papules ortiées, anaphylaxie. *GI*: Malaise abdominal, diarrhée. *Autres*: Dysurie, vision trouble, crampes dans les jambes, fièvre, tachycardie.

Après l'administration IV rapide: Hypotension, urticaire, érythème.
Après l'administration SC: Douleur locale, érythème, enflure, prurit, irritation de la peau.

Posologie   *Intoxication martiale aiguë.* **IM (voie préférée):**
Initialement, 1 g; **puis**, 0,5 g q 4 h pour 2 doses; si nécessaire, administrer 0,5 g q 4 à 12 h par la suite, ne pas excéder 6 g par jour.
Perfusion IV *(seulement dans les cas d'urgence comme le collapsus cardio-vasculaire)*: Comme l'administration IM à un débit n'excédant pas 15 mg/kg par h. Commencer la thérapie par voie IM le plus tôt possible. *Surcharge martiale chronique.* **IM**: 0,5 à 1,0 g par jour; **SC**: 1 à 2 g (20 à 40 mg/kg par jour) administrés par perfusion en 8 à 24 h; **IV**: 2 g (administrés en même temps, mais pas dans le même perfuseur, que chaque unité de sang); le débit de la perfusion IV ne doit pas dépasser 15 mg/kg par h. **Pédiatrique: IM, IV**, 50 mg/kg q 6 h ou **IV continue**, 15 mg/kg par h jusqu'à un maximum de 6 g par jour ou 2 g par dose.

Administration

1. Dissoudre le mésylate de déféroxamine en ajoutant 2 mL d'eau stérile dans chaque fiole.

2. Utiliser une solution saline ou une solution de Ringer avec lactate pour l'administration IV. Administrer lentement à un débit n'excédant pas 15 mg/kg par h.

3. Jeter toute solution de médicament non utilisée après une semaine.

4. De la douleur et de l'induration peuvent survenir au point d'injection.

Soins infirmiers

1. *Évaluer*:
   a) le débit urinaire avant de commencer la thérapie.
   b) la douleur et l'hématurie causées par la déféroxamine chez les clients ayant des antécédents de pyélonéphrite, car le médicament peut induire une exacerbation de la maladie.
   c) l'état de choc et prévenir le médecin. Celui-ci peut décider d'utiliser la voie IM après la fin de l'état de choc.

2. Avoir de l'épinéphrine à portée de la main pour les cas de réactions allergiques.

3. Lors d'une intoxication martiale et/ou d'une acidose, se préparer au vomissement provoqué, au lavage gastrique, à la succion, à maintenir le fonctionnement des voies respiratoires et à administrer des liquides ou du sang par voie IV.

4. Expliquer au client et/ou à sa famille que le médicament peut colorer l'urine en rouge.

5. Anticiper la possibilité de douleur et d'induration au point d'injection.

DIMERCAPROL   Bal in Oil

Catégorie   Chélateur des métaux lourds.

Mécanisme d'action/cinétique   Le dimercaprol forme un chélate avec l'arsenic, le mercure et l'or. Le dimercaprol prévient la toxicité parce qu'il a une plus grande affinité pour l'arsenic que les enzymes contenant des groupements sulfhydryles. Le médicament doit être administré le plus tôt possible après l'intoxication. **Concentration plasmatique maximale: IM**, 30 à 60 min. Distribué surtout dans le liquide extracellulaire. Métabolisé rapidement en produits inactifs et excrété complètement dans l'urine et dans les fèces en 4 h.

Indications   Intoxication aiguë par des sels d'arsenic, de mercure ou d'or, résultant d'un surdosage de sels d'or ou d'une ingestion accidentelle de sels de mercure, d'arsenic ou d'or. Maladie de Wilson. Avec l'EDTA dans les intoxications par le plomb.

Contre-indications   Intoxication par des sels de fer, de cadmium ou de sélénium. Insuffisance hépatique. Administrer avec prudence en présence d'insuffisance rénale et chez les clients atteints d'une déficience en glucose-6-phosphate déshydrogénase.

Réactions indésirables   *CV*: Les plus fréquentes, y compris hypotension et tachycardie. *GI*: Nausées, vomissements, salivation accrue, douleur abdominale, sensation de brûlure des lèvres, de la bouche et de la gorge. *SNC*: Anxiété, faiblesse, agitation. *Autres*: Douleur et sensation de constriction de la gorge, du thorax ou des mains; transpiration, conjonctivite, blépharospasme, larmes, rhinorrhée, picotement des mains, sensation de brûlure au pénis, abcès stérile.

Les enfants peuvent également développer de la fièvre. Le dimercaprol peut causer un coma ou des convulsions ainsi qu'une acidose métabolique à fortes doses.

Interactions médicamenteuses

Médicaments	Interaction
Sels de cadmium Sels de fer Sels de sélénium Sels d'uranium	Le dimercaprol peut augmenter la toxicité de ces sels de métaux lourds.

Interaction avec les épreuves de laboratoire   ↓ de la fixation de l'iode 131 pendant et immédiatement après la thérapie au dimercaprol.

Posologie   **Administration IM profonde seulement.** *Intoxication légère par l'arsenic ou l'or*: 2,5 mg/kg q.i.d. les 2 premiers jours; b.i.d. le troisième jour; une fois par jour pendant 10 jours par la suite, ou jusqu'à ce que la guérison soit complète. *Intoxication grave par* *l'arsenic ou l'or*: 3 mg/kg q 4 h les 2 premiers jours; q.i.d. le troisième jour; puis b.i.d. pendant 10 jours. *Intoxication par le mercure.* **Initialement**: 5 mg/kg; **puis**, 2,5 mg/kg 1 ou 2 fois par jour pendant 10 jours. *Encéphalopathie saturnine aiguë*: 4 mg/kg seul au début; **puis**, q 4 h en association avec l'EDTA administré à un autre point d'injection.

Administration

1. Demander au médecin si un anesthésique local peut être administré avec l'injection IM, afin de réduire la douleur au point d'injection.
2. Injecter profondément dans le muscle et bien masser après l'injection IM.
3. Prévoir que la médication a une mauvaise odeur d'ail.
4. Éviter que le liquide entre en contact avec la peau parce que cela peut produire une réaction cutanée.
5. L'urine devrait être alcaline afin de réduire les risques de lésions rénales.

Soins infirmiers

1. *Évaluer*:
   a) le débit urinaire avant de commencer la thérapie.
   b) la pression artérielle, le pouls et la température pour déterminer la réponse au médicament.
2. Assurer le client qui souffre de réactions GI ou du SNC que ces symptômes disparaîtront après 30 à 90 min. Administrer des soins de soutien.
3. Conserver de l'épinéphrine et/ou un antihistaminique pour les administrer avant le médicament ou pour les utiliser si le client développe des réactions indésirables.

ÉDÉTATE DE CALCIUM DISODIQUE
Versenate de calcium disodique

Catégorie   Chélateur des métaux lourds.

Mécanisme d'action/cinétique   L'édétate de calcium disodique déplace le plomb et le calcium des molécules biologiques et des tissus. On l'utilise principalement pour traiter l'intoxication par le plomb (saturnisme), mais on l'emploie aussi dans les cas d'intoxication par le zinc, le cuivre, le chrome, le manganèse et le nickel. Il n'est pas efficace pour traiter l'intoxication par le mercure ou l'arsenic. Il forme également un complexe avec les ions libres des métaux lourds dans le liquide extracellulaire. Excrétion du plomb. **Début**: 1 h après l'administration IV. **Excrétion de plomb maximale**: 24 à 48 h. L'EDTA est surtout distribué dans le liquide extracellulaire. Il est excrété inchangé ou sous forme de complexe dans l'urine. **Demi-vie: IV**, 20 à 60 min; **IM**, 1,5 h.

Indications Intoxication aiguë par le plomb et encéphalopathie saturnine; diagnostic de l'intoxication par le plomb. Réduit l'incidence de lésions neurologiques résiduelles. Intoxication chronique par le plomb.

Contre-indications Anurie, femmes en âge de procréer, grossesse.

Réactions indésirables On note peu de réactions indésirables lorsque le médicament est administré selon les posologies recommandées. Les principaux risques sont la nécrose tubulaire rénale causée par des doses excessives et l'hypertension intracrânienne résultant de l'administration IV rapide chez les clients atteints d'œdème cérébral.

Les réactions indésirables comprennent également: malaise, fatigue, soif excessive, engourdissement et picotements, suivis de fièvre et de frissons, de myalgie, d'arthralgie, de céphalée, de troubles GI et de manifestations allergiques transitoires. Thrombophlébite.

L'administration prolongée peut causer des lésions rénales, une dépression transitoire de la moelle osseuse, des troubles GI et des lésions cutanéo-muqueuses.

Posologie **IV Adultes**: En cas de symptômes légers ou en l'absence de symptômes, donner 1 000 mg (1 ampoule de 5 mL), dilués dans 250 à 500 mL de solution saline normale ou de dextrose à 5%, en 1 h. Peut être administré 2 fois par jour pendant 5 jours; **puis**, après 2 jours de repos, reprendre le traitement pendant 5 jours. **IM (voie préférée pour les enfants)**: 0,5 g/13,5 kg b.i.d. (équivalant à 75 mg/kg par jour); dans les cas d'intoxication moins grave, ne pas donner plus de 50 mg/kg par jour; la posologie pédiatrique devrait s'administrer en doses fractionnées q 8 à 12 h pendant 3 à 5 jours; on peut reprendre le traitement après une période de repos de 4 jours ou plus.

Administration

1. **IV.** Administrer en 1 h deux fois par jour aux adultes qui ne présentent pas de symptômes et en 2 h deux fois par jour aux adultes qui présentent des symptômes. On doit éviter un excès de liquides chez les adultes qui présentent des symptômes.

2. **IM.** On peut ajouter de la procaïne (en une quantité permettant d'atteindre une concentration de 0,5%) aux injections IM pour réduire la douleur au point d'injection.

3. Si le client est déshydraté à cause de vomissements, on devrait donner des liquides IV pour obtenir un débit urinaire avant de commencer la thérapie. Après l'administration de l'EDTA, l'apport liquidien devrait être limité aux besoins de base.

4. Lorsqu'on administre conjointement de l'EDTA et du dimercaprol pour traiter l'encéphalopathie saturnine, il faut les administrer à des points d'injection IM profonde différents.

1. On ne doit jamais dépasser la dose quotidienne recommandée, car l'édétate de calcium disodique peut entraîner des réactions toxiques potentiellement mortelles.

2. *Évaluer*:
   a) le débit urinaire avant de commencer la thérapie.
   b) les ingesta et les excreta. Ne pas administrer le médicament et avertir le médecin en cas d'anurie.
   c) les résultats de l'analyse d'urine quotidienne: hématurie, protéinurie et cylindres urinaires. Dans de tels cas, ne pas administrer le médicament et avertir le médecin.
   d) le pouls régulièrement pour détecter les arythmies cardiaques causées par le médicament.

3. Donner de grandes quantités de lait pour faciliter l'élimination des sels de plomb dans les intestins, si le plomb a été ingéré. Des lavements sont aussi administrés pour accélérer l'élimination du plomb.

4. S'assurer qu'une radiographie est effectuée avant le début de la thérapie à l'EDTA pour vérifier que le plomb a été éliminé des intestins.

5. Sauf en cas de contre-indication, encourager le client à prendre des liquides pour faciliter l'excrétion du plomb.

6. Éviter que l'EDTA entre en contact avec la peau contaminée du client, car cela augmente l'absorption systémique.

7. S'assurer que l'urée sanguine est déterminée régulièrement pour détecter les lésions rénales.

8. S'assurer que la concentration sérique de plomb est déterminée régulièrement pour évaluer la réaction au médicament. Il faut traiter les enfants lorsque la concentration de plomb dépasse 1,93 μmol/L de sang.

PÉNICILLAMINE   Cuprimine[Pr], Depen[Pr]

Catégorie   Chélateur des métaux lourds, antiarthritique, pour le traitement de la cystinurie. Voir le chapitre 39, p. 639.

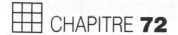

Médicaments divers

ALPROSTADIL   Prostin VR^{Pr}

Catégorie   Prostaglandine.

Mécanisme d'action/cinétique   L'alprostadil est une pros-taglandine naturelle. L'alprostadil relaxe les muscles lisses de la paroi du canal artériel, ce qui augmente le débit de la circulation pulmonaire, l'oxygénation du sang et la circulation dans la partie inférieure du corps. Les clients qui présentent des valeurs réduites de P_{O_2} sont ceux qui répondent le mieux à la thérapie. Le médicament peut également causer de la vasodilatation, inhiber l'agrégation plaquettaire et stimuler les muscles lisses de l'intestin et de l'utérus. L'alprostadil est rapide-ment métabolisé par oxydation dans les poumons et les métabolites sont excrétés par les reins.

Indications   Pour maintenir temporairement l'ouverture du canal artériel (jusqu'à ce qu'une intervention chirurgicale puisse être effectuée) chez les nouveau-nés atteints d'une malformation cardiaque.

Contre-indications   Syndrome de détresse respiratoire (maladie des membranes hyalines). Administrer avec prudence aux nouveau-nés qui ont une tendance aux saignements.

Réactions indésirables   *SNC*: Apnée, particulièrement chez les nouveau-nés pesant moins de 2 kg à la naissance, fièvre, convul-sions, hypothermie, énervement, léthargie, hémorragie cérébrale, rigidité, hyperextension du cou. *CV*: Rougeurs, particulièrement après l'administration intra-artérielle, bradycardie, hypotension, tachycardie, arrêt cardiaque et œdème, insuffisance cardiaque, choc, arythmie. *Respiratoires*: Dépression ou détresse respiratoire, respiration sifflante, hypercapnie, bradypnée. *GI*: Diarrhée, hyperbilirubinémie, régurgita-tion. *Rénales*: Hématurie, anurie. *Squelettiques*: Prolifération corticale des os longs. *Hématologiques*: Coagulation intravasculaire disséminée, thrombopénie, anémie, saignement. *Autres*: Sepsie, péritonite, hypoglycémie, hypokaliémie ou hyperkaliémie.

Posologie **Perfusion continue IV ou dans l'artère ombilicale: Initialement**, 0,1 μg/kg par min; **puis**, après obtention de la réponse, réduire le débit de la perfusion jusqu'à la plus petite dose maintenant l'effet (par exemple, passer de 0,1 à 0,05 à 0,025 à 0,01 μg/kg par min).
Note: Si 0,1 μg/kg par min est insuffisant, le débit peut être augmenté jusqu'à 0,4 μg/kg par min.

Administration/entreposage

1. Administrer seulement dans une unité pédiatrique de soins intensifs.

2. Diluer dans un volume de chlorure de sodium pour injection ou de dextrose pour injection déterminé selon les ingesta du nourrisson et selon le type de pompe à perfusion utilisé. Employer un montage en Y.

3. Jeter la solution non utilisée et préparer une solution fraîche toutes les 24 h.

4. Conserver les ampoules entre 2 et 8°C.

Soins infirmiers

1. Évaluer la fonction cardiaque, la pression artérielle et la fonction respiratoire au moyen d'un moniteur.

2. Rester auprès du nouveau-né pendant la première heure de la perfusion, moment où l'apnée risque le plus de survenir.

3. Avoir un respirateur près du lit.

4. Mesurer la pression artérielle de façon intermittente par un cathéter dans l'artère ombilicale, par auscultation ou par un transducteur Doppler. Diminuer le débit de la perfusion immédiatement si la pression artérielle chute de manière appréciable. Demander au médecin les valeurs acceptables de la pression artérielle.

5. Évaluer le surdosage qui se manifeste par de l'apnée, de la bradycardie, de la fièvre, de l'hypotension et des rougeurs.
   a) Arrêter l'administration du médicament et perfuser une solution ne contenant pas de médicament si de l'apnée ou de la bradycardie surviennent. Entreprendre la réanimation si nécessaire et prévenir le médecin.
   b) Réduire le débit de la perfusion et prévenir le médecin si de la fièvre ou de l'hypotension surviennent. Prévoir que le débit de la perfusion sera réduit jusqu'à ce que la température et la pression artérielle soient au moins retournées aux valeurs initiales.
   c) Signaler au médecin les rougeurs, car elles indiquent que le cathéter est mal placé dans l'artère. On devra peut-être le replacer.

6. Évaluer la réponse du nourrisson ayant une circulation pulmonaire réduite d'après les résultats de l'analyse des gaz artériels. Une réponse positive à l'alprostadil devrait être indiquée par une augmentation d'au moins 10 mm Hg de la P_{O_2} sanguine.

7. Évaluer la réponse du nourrisson ayant une circulation systémique réduite en mesurant la pression artérielle et le pH sanguin. Une réponse positive à l'alprostadil devrait être indiquée par une augmentation du pH chez les nourrissons en acidose, une augmentation de la pression artérielle et une diminution du rapport de la pression artérielle pulmonaire sur la pression aortique.

AZATHIOPRINE   Imuran[Pr]

Catégorie   Immunosuppresseur.

Mécanisme d'action/cinétique   L'azathioprine est un antimétabolite rapidement métabolisé en mercaptopurine. Pour être efficace, le médicament doit être administré pendant la période d'induction de la réponse immunitaire. Le mécanisme exact d'immunosuppression est inconnu, mais on sait que le médicament supprime les hypersensibilités à médiation cellulaire, ce qui produit des changements dans la production d'anticorps. L'azathioprine est rapidement absorbée dans le tractus GI. L'efficacité et la toxicité sont augmentées (jusqu'au double) chez les clients anuriques.

Indications   Prévention du rejet dans les greffes de rein. Polyarthrite rhumatoïde (chez les adultes seulement). À l'étude: Colite ulcéreuse chronique.

Contre-indications   Traitement de la polyarthrite rhumatoïde durant la grossesse ou chez les clients qui ont déjà reçu des agents alcoylants. Grossesse.

Réactions indésirables   Hématologiques: Leucopénie, thrombopénie. GI: Nausées, vomissements, diarrhée, stéatorrhée. Autres: L'augmentation du risque de carcinome, les infections graves et l'hépatotoxicité sont les effets indésirables les plus importants. Moins fréquentes: Éruption cutanée, fièvre, alopécie, arthralgie, bilan azoté négatif.

Interactions médicamenteuses

Médicaments	Interaction
Allopurinol	L'allopurinol ↑ l'effet pharmacologique de l'azathioprine par ↓ du métabolisme hépatique.
Corticostéroïdes	Ils peuvent causer une fonte musculaire lors d'une thérapie prolongée avec l'azathioprine.
Tubocurarine	L'azathioprine ↓ l'effet de la tubocurarine.

Posologie *Greffe rénale.* **PO, IV**: *Individualisée,* **initialement** (habituellement): 3 à 5 mg/kg par jour: **entretien**: 1 à 3 mg/kg par jour. *Polyarthrite rhumatoïde.* **PO: Initialement**, 50 à 100 mg (environ 1 mg/kg) 1 ou 2 fois par jour. Après 6 à 8 semaines et par la suite toutes les 4 semaines, augmenter de 0,5 mg/kg par jour, jusqu'à un maximum de 2,5 mg/kg par jour; thérapie d'entretien: la plus faible dose efficace. La dose doit être réduite chez les clients ayant une dysfonction rénale.

Administration

1. On doit considérer le client qui reçoit le médicament pour la polyarthrite rhumatoïde comme réfractaire au traitement si aucun effet bénéfique n'est apparu après 12 semaines de traitement.
2. La forme injectable du médicament ne s'administre que par voie IV. Le médicament devrait être dilué avec de l'eau stérile pour injection et utilisé dans les 24 h suivant sa préparation.

Soins infirmiers

1. *Évaluer*:
   a) le dysfonctionnement hépatique. On peut être obligé d'arrêter l'administration du médicament si un ictère apparaît.
   b) les ingesta et les excreta.
   c) la masse quotidiennement.
   d) les signes de rejet du rein greffé, qui se manifeste par une diminution du volume urinaire et une diminution de la clearance de la créatinine.
2. Signaler l'oligurie.
3. Encourager le client à augmenter son ingestion de liquides.

BÊTA-CAROTÈNE   Solatene

Catégorie   Précurseur de la vitamine A.

Mécanisme d'action/cinétique   Le bêta-carotène élimine les réactions de photosensibilité (sensation de brûlure, œdème, érythème, prurit et/ou lésions cutanées) chez les clients souffrant de protoporphyrie érythropoïétique (œdème produit par une exposition à la lumière solaire). La peau des clients recevant du bêta-carotène devient jaune, mais la sclérotique ne prend pas cette coloration. L'effet protecteur du médicament devient apparent 2 à 6 semaines après le début de l'administration et persiste 1 à 2 semaines après son interruption.

Indications   Protoporphyrie érythropoïétique.

Contre-indications   Hypersensibilité au médicament, grossesse. Administrer avec prudence chez les clients atteints d'insuffisance rénale ou hépatique et pendant la grossesse.

Réactions indésirables Jaunissement de la peau commençant par la paume des mains, la plante des pieds et le visage. Fèces molles.

Posologie **PO:** *Individualisée,* **adultes**, 30 à 300 mg par jour en une ou plusieurs doses; **enfants de moins de 14 ans**: 30 à 150 mg par jour.

Administration

1. Administrer pendant le repas.
2. Pour les clients incapables d'avaler les capsules, mélanger le contenu de celles-ci à du jus d'orange ou de tomate.

Soins infirmiers

1. *Expliquer au client et/ou à sa famille*:
   a) qu'il ne doit pas ingérer de préparations vitaminiques contenant de la vitamine A, car l'administration de bêta-carotène fournit un apport suffisant.
   b) qu'il ne doit pas augmenter la fréquence de ses expositions à la lumière solaire pendant 2 à 6 semaines après le début de l'administration du médicament (jusqu'à ce que la paume des mains et la plante des pieds soient devenues jaunes car il devient carotémique) et qu'il doit s'exposer au soleil graduellement parce que l'effet protecteur n'est pas complet. Le client doit donc établir ses propres limites d'exposition.

BROMOCRIPTINE, MÉSYLATE DE   Parlodel[Pr]

Catégorie Inhibiteur de la sécrétion de prolactine; agoniste des récepteurs dopaminergiques.

Mécanisme d'action/cinétique La bromocriptine est un agent non hormonal qui inhibe la sécrétion de prolactine par l'hypophyse. Le médicament ne devrait être utilisé que lorsque la possibilité de tumeur hypophysaire sécrétant de la prolactine a été écartée. On associe son activité dans le parkinsonisme à son effet de stimulation directe sur les récepteurs dopaminergiques dans le corps strié.

Moins de 30% du médicament est absorbé dans le tractus GI. **Concentration plasmatique maximale**: 1,0 à 1,5 h. **Demi-vie (biphasique)**: la première, 4,0 à 4,5 h; la seconde, 45 à 50 h. Métabolisé dans le foie, excrété principalement dans la bile et, par conséquent, dans les fèces.

Indications Traitement à court terme de l'aménorrhée/galactorrhée associée à l'hyperprolactinémie. Prévention de la lactation physiologique. Maladie de Parkinson. Infertilité chez la femme. Acromégalie.

Contre-indications   Sensibilité aux alcaloïdes de l'ergot. Grossesse, lactation, enfants de moins de 15 ans. Maladie vasculaire périphérique, cardiopathie ischémique. Administrer avec prudence chez les clients atteints de maladie hépatique.

Réactions indésirables   *GI*: Nausées, vomissements, crampes abdominales, diarrhée, constipation. *SNC*: Céphalée, étourdissements, fatigue, syncope, sensation de tête légère. Administration pour la maladie de Parkinson: Mouvements volontaires anormaux, hallucinations, confusion, asthénie, ataxie, insomnie, dépression, vertige, cauchemars, convulsions. *CV*: Hypotension. *Autres*: Congestion nasale, essoufflement.

Interactions médicamenteuses

Médicaments	Interaction
Alcool éthylique	↑ des risques de toxicité GI; intolérance à l'alcool.
Antihypertenseurs	↓ de la pression artérielle (effet additif).
Diurétiques	On ne devrait pas les administrer durant une thérapie à la bromocriptine.
Phénothiazines	On ne devrait pas les administrer durant une thérapie à la bromocriptine.

Interactions avec les épreuves de laboratoire   ↑ de l'urée sanguine, de la SGOT, de la SGPT, de la GGT, de la CPK, de la phosphatase alcaline et de l'acide urique.

Posologie   *PO. Aménorrhée/galactorrhée/infertilité chez la femme*: 2,5 mg b.i.d. ou t.i.d. avec les repas. Ne pas administrer pendant plus de 6 mois pour l'aménorrhée/galactorrhée. Afin de réduire les effets indésirables, administrer 2,5 mg par jour au début et augmenter progressivement jusqu'à la dose complète en une semaine. *Prévention de la lactation* (ne pas administrer moins de 4 h après l'accouchement): 2,5 mg b.i.d. avec les repas; la thérapie devrait durer 14 à 21 jours. *Maladie de Parkinson:* **Initialement**, 1,25 mg (½ comprimé de 2,5 mg) b.i.d. pendant les repas, tout en maintenant la dose de lévodopa si possible. La dose peut être augmentée de 2,5 mg par jour q 14 à 28 jours. La dose ne devrait pas excéder 100 mg par jour.

Administration

1. L'utilisation d'une méthode de contraception (autre que les contraceptifs oraux) est recommandée durant le traitement.

2. Le client devrait être couché lors de la première dose, étant donné le risque d'étourdissement et d'évanouissement.

Soins infirmiers

1. Conseiller l'utilisation d'un autre moyen de contraception que les contraceptifs oraux pendant la thérapie à la bromocriptine.

---

2. Faire une épreuve diagnostique de la grossesse toutes les 4 semaines lors de la période d'aménorrhée et après le rétablissement du cycle menstruel lorsque la menstruation ne survient pas.

3. Expliquer à la cliente les signes et symptômes de la grossesse et lui conseiller d'arrêter de prendre le médicament si ceux-ci surviennent, parce que le médicament peut exposer le fœtus à certains risques.

CHYMOPAPAÏNE   Chymodiactine, Discase

Catégorie   Enzyme protéolytique.

Généralités   La chymopapaïne est un enzyme protéolytique que l'on extrait du latex brut de *Carica papaya*. L'unité de mesure de l'activité de la chymopapaïne est le nanoKatal (nKat); 1 mg de chymopapaïne équivaut à au moins 0,52 nKat. La préparation contient également du chlorhydrate de L-cystéinate sodique, un agent réducteur qui conserve le soufre dans sa forme sulfhydryle.

La chymopapaïne ne devrait être utilisée qu'en milieu hospitalier, par des médecins et du personnel connaissant le diagnostic et le traitement des discopathies lombaires ainsi que le traitement des effets indésirables de la chymopapaïne.

Mécanisme d'action/cinétique   La chymopapaïne est injectée sous le disque intervertébral lombaire hernié (nucleus pulposus) où elle hydrolyse les protéines non collagéniques qui maintiennent la structure de la chondromucoprotéine du nucleus pulposus. L'hydrolyse entraîne une diminution de l'activité osmotique, ce qui réduit la pression à l'intérieur du disque et diminue l'absorption de liquide.

Même si la chymopapaïne agit localement sur le disque, elle apparaît dans le plasma, où elle est inactivée. Une petite quantité est excrétée par les reins.

Indications   Traitement des hernies des disques intervertébraux lombaires qui ne répondent pas à un traitement plus conservateur.

Contre-indications   Sensibilité à la chymopapaïne, à la papaye ou à l'un de ses dérivés. Spondylolisthésis grave, tumeur de la moelle épinière ou lésion de la queue de cheval, paralysie progressive se manifestant par une progression rapide des dysfonctions neurologiques. Clients déjà traités par de la chymopapaïne. Injection dans tout autre endroit que la région lombaire.

Réactions indésirables   *Neuromusculaires*: Douleur au dos, raideur, endolorissement, spasmes au dos, paraplégie, myélite ou myélopathie transverses aiguës caractérisées par l'apparition de paraplégie ou de paraparésie (sans symptôme préalable) après 2 à 3 semaines. Aussi, sensation de brûlure au sacrum, douleur aux jambes, hyperalgésie, faiblesse des jambes, fourmillement/engourdissement des jambes/orteils, crampes dans les deux mollets, paresthésie, douleur dans la jambe opposée. *Allergiques*: Anaphylaxie (plus fréquente chez les femmes). Complications secondaires de l'anaphylaxie y compris la méningite staphylococcique avec abcès discal. Éruption cutanée, démangeaisons, urticaire. *Autres*: Hémorragie cérébrale, nausées, iléus paralytique, rétention urinaire, céphalée, étourdissements.

Interaction médicamenteuse   Arythmie possible lors de l'administration conjointe d'halothane ou d'épinéphrine.

Posologie   Une seule injection de 2 à 5 nKat par disque (dose maximale pour les hernies discales multiples: 10 nKat).

Administration

1. On doit toujours installer une perfusion IV, au cas où il se produirait une réaction anaphylactique. L'épinéphrine est le médicament de choix pour traiter les réactions anaphylactiques.

2. On devrait utiliser de l'eau stérile pour injection pour diluer le médicament car l'eau bactériostatique pour injection inactive l'enzyme.

3. On ne devrait pas employer de seringues à remplissage automatique parce qu'un vide résiduel est présent dans le flacon.

4. On devrait utiliser de l'alcool pour désinfecter la capsule du flacon avant d'y insérer une aiguille; comme l'alcool inactive l'enzyme, attendre que la capsule soit sèche avant d'y insérer l'aiguille.

5. On devrait consulter les indications pour l'administration à l'intérieur de l'emballage.

Soins infirmiers

1. Évaluer la pression artérielle et l'état de la respiration, parce que le médicament peut causer de l'hypotension et des bronchospasmes.

2. *Expliquer au client et/ou à sa famille*:
   a) que des douleurs au dos et des spasmes musculaires peuvent survenir plusieurs jours et même plusieurs semaines après le traitement.
   b) qu'une paraplégie ou une parésie peut survenir soudainement plusieurs semaines après le traitement. Prévenir le médecin immédiatement.

CYCLOSPORINE   Sandimmune^Pr

Catégorie   Immunosuppresseur.

Mécanisme d'action/cinétique   La cyclosporine est un immunosuppresseur qui agirait en inhibant les lymphocytes immunocompétents en phase G_0 ou G_1 du cycle cellulaire. Les lymphocytes T sont inhibés spécifiquement. La cyclosporine inhibe également la production et la sécrétion d'interleukine-2 ou facteur de croissance des cellules T. **Concentration plasmatique maximale**: 3,5 h. **Demi-vie**: Environ 19 h. Métabolisé dans le foie.

Indications
Utilisé conjointement avec les corticostéroïdes pour la prophylaxie du rejet dans les transplantations rénales, hépatiques ou cardiaques.

Contre-indications
Hypersensibilité à la cyclosporine ou à l'huile de ricin polyoxyéthylée. Lactation. Administrer avec prudence durant la grossesse.

Réactions indésirables
GI: Nausées, vomissement, diarrhée, hyperplasie gingivale, anorexie, gastrite, hoquet, ulcère gastro-duodénal, malaise abdominal. *Hématologiques*: Leucopénie, lymphome, thrombopénie. *Allergiques*: Anaphylaxie (rare). *CV*: Hypertension, œdème. *SNC*: Céphalée, tremblements, confusion, fièvre, convulsions. *Autres*: Néphrotoxicité, hépatotoxicité, acné, hirsutisme, rougeurs, paresthésie, sinusite, gynécomastie, conjonctivite, ongles cassants, perte auditive, tinnitus, hyperglycémie, douleur musculaire, infections.

Interactions médicamenteuses

Médicaments	Interaction
Amphotéricine B	↑ de la concentration plasmatique de cyclosporine par ↓ du métabolisme hépatique.
Cimétidine	↑ de la concentration plasmatique de cyclosporine par ↓ du métabolisme hépatique.
Kétoconazole	↑ de la concentration plasmatique de cyclosporine par ↓ du métabolisme hépatique.
Médicaments néphrotoxiques	Néphrotoxicité accrue.
Phénobarbital	↓ de la concentration plasmatique de cyclosporine par ↑ du métabolisme hépatique.
Phénytoïne	↓ de la concentration plasmatique de cyclosporine par ↑ du métabolisme hépatique.
Rifampine	↓ de la concentration plasmatique de cyclosporine par ↑ du métabolisme hépatique.
Sulfaméthoxazole/ triméthoprime	↓ de la concentration plasmatique de cyclosporine par ↑ du métabolisme hépatique.

Interactions avec les épreuves de laboratoire
↑ de la créatinine sérique, de l'urée sanguine, de la bilirubine totale, de la phosphatase alcaline, de la kaliémie.

Posologie
PO. Adultes et enfants, initialement: 15 mg/kg par jour, administrés 4 à 12 h avant la transplantation; **puis**, 15 mg/kg par

jour après l'intervention chirurgicale pendant 1 à 2 semaines et diminution de 5% de la dose par semaine, jusqu'à une dose d'entretien de 5 à 10 mg/kg par jour. **IV (seulement chez les clients incapables de prendre le médicament PO)**: 5 à 6 mg/kg par jour administrés 4 à 12 h avant la transplantation et en période postopératoire jusqu'à ce que le client soit capable de prendre le médicament PO.

Note: Une thérapie aux stéroïdes doit être entreprise conjointement.

Administration

1. La solution orale peut être diluée avec du lait, du lait au chocolat ou du jus immédiatement avant l'administration.

2. On devrait diluer 1 mL de concentré pour perfusion IV dans 20 à 100 mL de chlorure de sodium à 0,9% pour injection ou de dextrose à 5% pour injection. La solution IV est perfusée lentement en 2 à 6 h.

3. Étant donné que l'absorption de la solution orale est variable, la concentration sanguine de cyclosporine devrait être déterminée.

4. Étant donné le risque d'anaphylaxie, les clients recevant de la cyclosporine par voie IV devraient être surveillés pendant 30 min après le début de la perfusion. On devrait garder de l'épinéphrine (1:1 000) au chevet du client pour traiter l'anaphylaxie.

5. Les clients qui souffrent de malabsorption GI peuvent ne pas atteindre une concentration sanguine suffisante.

Soins infirmiers

1. Puisque le médicament est très important pour le client, lui et sa famille devraient avoir une liste écrite de tous les effets indésirables possibles du médicament et ils devraient savoir quels sont ceux qui doivent être signalés au médecin.

2. La solution orale doit être mélangée à du lait ou à du jus pour améliorer son goût et elle doit être bue immédiatement après sa préparation.

DIMÉTHYLSULFOXYDE (DMSO)   Kemsol^Pr, Rimso-50^Pr

Catégorie   Solvant organique.

Mécanisme d'action/cinétique   Le DMSO est un liquide clair miscible à l'eau et à la plupart des solvants organiques. Il est très utilisé comme solvant industriel et il possède plusieurs effets pharmacologiques y compris le blocage nerveux, la bactériostase, la diurèse, l'inhibition de la cholinestérase, la relaxation musculaire et la vasodilatation. Il pénètre également bien les membranes. Au Canada, ce médicament n'est indiqué que pour le traitement de la sclérodermie.

Distribué largement après l'application topique. **Début d'action**: Rapide. Le DMSO et ses métabolites sont excrétés dans l'urine et dans les fèces; il est également excrété par la peau et les poumons et il confère à l'haleine une odeur alliacée.

Indications   Traitement de la sclérodermie.

Contre-indications   Grossesse, lactation. L'innocuité chez les enfants n'a pas été établie.

Réactions indésirables   Nausées, vomissements, sédation, céphalée, éruption cutanée, sensation de brûlure et douleur aux yeux. Goût et haleine alliacés. Protéinurie.

Interaction médicamenteuse   ↓ de l'effet du sulindac par ↓ de la vitesse de conversion en métabolite actif.

Posologie   **Adultes**: 2 mL (suffisent généralement pour traiter 20 cm² d'épiderme), 3 fois par jour.

Soins infirmiers

1. S'assurer qu'un examen ophtalmologique est fait avant le traitement et périodiquement pendant celui-ci.
2. S'assurer que des épreuves de la fonction hépatique et de la fonction rénale sont faites tous les 6 mois.

DISULFIRAME   Antabuse^Pr

Catégorie   Traitement de l'alcoolisme.

Mécanisme d'action/cinétique   Le disulfirame produit une hypersensibilité grave à l'alcool. Il est utilisé comme adjuvant dans le traitement de l'alcoolisme. La réaction toxique au disulfirame semble être due à l'inhibition des enzymes hépatiques qui participent au métabolisme normal de l'alcool. Lorsque l'alcool et le disulfirame sont tous deux présents, l'acétaldéhyde s'accumule dans le sang. Des concentrations élevées d'acétaldéhyde produisent des symptômes que l'on appelle réaction ou syndrome disulfirame-alcool. Ces symptômes spécifiques sont énumérés dans le paragraphe *Réactions indésirables*. Ces symptômes varient selon l'individu et sont fonction de la dose d'alcool et de disulfirame et persistent pendant 30 min à plusieurs heures. Une seule dose de disulfirame peut être efficace pendant 1 à 2 semaines.

Indications   Afin de prévenir l'ingestion d'alcool chez les alcooliques chroniques. Le disulfirame ne devrait être administré que chez les clients coopératifs qui ont pleinement connaissance des conséquences de l'ingestion d'alcool.

Contre-indications   Intoxication alcoolique; maladie myocardique grave ou occlusion coronarienne. Administrer avec prudence chez les narcomanes et chez les clients atteints de diabète, de goitre, d'épilepsie, de psychose, d'hypothyroïdie, de cirrhose ou de néphrite. Utilisation de la paraldéhyde ou de préparations contenant de l'alcool, comme certains sirops contre la toux.

Réactions indésirables **En l'absence d'alcool**, les symptômes suivants ont été rapportés: Somnolence (le plus commun), céphalée, agitation, fatigue, psychose, neuropathie périphérique, dermatose, hépatotoxicité, goût métallique ou alliacé, arthropathie, impuissance.

En présence d'alcool, les symptômes suivants ont été rapportés: *CV*: Rougeurs, douleur thoracique, palpitations, tachycardie, hypotension, syncope, arythmie, collapsus cardio-vasculaire, infarctus du myocarde, insuffisance cardiaque aiguë. *SNC*: Céphalée pulsatile, vertiges, faiblesse, malaise, confusion, perte de connaissance, convulsions, mort. *GI*: Nausées, vomissements graves, soif. *Respiratoires*: Difficultés respiratoires, dyspnée, hyperventilation, dépression respiratoire. *Autres*: Pulsations dans la tête et dans le cou, transpiration.

Dans les cas de réactions disulfirame-alcool, on devrait maintenir la pression artérielle et traiter le choc. De l'oxygène, des antihistaminiques, de l'éphédrine et/ou de la vitamine C peuvent être utilisés.

Interactions médicamenteuses

Médicaments	Interaction
Anticoagulants oraux	↑ de l'effet des anticoagulants par ↑ de l'hypoprothrombinémie.
Barbituriques	↑ de l'effet des barbituriques par ↓ du métabolisme hépatique.
Chlordiazépoxide, Diazépam	↑ de l'effet de la benzodiazépine par ↓ de la clearance plasmatique.
Isoniazide	↑ des effets indésirables de l'isoniazide (particulièrement sur le SNC).
Métronidazole	Psychose toxique aiguë.
Paraldéhyde	L'administration conjointe produit un effet semblable à celui du disulfirame.
Phénytoïne	↑ de l'effet de la phénytoïne par ↓ du métabolisme hépatique.

Posologie **Initialement** (après une période de 12 à 48 h sans ingestion d'alcool): 500 mg par jour pendant 1 à 2 semaines; **entretien**: *habituellement*, 250 mg par jour (120 à 500 mg par jour). La dose ne devrait pas excéder 500 mg par jour.

Soins infirmiers

1. Prévoir un traitement symptomatique de la réaction disulfirame-alcool avec de l'oxygène, des vasopresseurs et des antihistaminiques.

2. Souligner à la famille qu'on ne doit jamais donner de disul-firame au client à son insu.

3. *Expliquer au client et/ou à sa famille*:
   a) les effets du disulfirame et insister sur la nécessité d'un suivi médical et psychiatrique pendant le traitement au disulfirame.
   b) que l'ingestion d'aussi peu que 30 mL d'alcool à 50% v/v peut causer des symptômes graves voire même la mort.
   c) qu'il ne doit pas prendre l'alcool « caché » dans certains aliments et sauces, dans le vinaigre et dans certains médi-caments (élixir parégorique, sirops contre la toux, toni-ques, liniments, ou lotions).
   d) que les effets indésirables comme la somnolence, la fati-gue, l'impuissance, la céphalée, la névrite périphérique et le goût métallique ou alliacé s'apaisent après environ 2 semaines de traitement.
   e) qu'il doit signaler les éruptions, auquel cas le médecin pourrait lui prescrire des antihistaminiques.
   f) qu'il doit porter une carte indiquant qu'il reçoit du disul-firame et décrivant les symptômes et le traitement d'une réaction disulfirame-alcool.

HYALURONIDASE   Hyalase, Wydase

Catégorie   Enzyme.

Mécanisme d'action/cinétique   L'hyaluronidase, un enzyme qui hydrolyse l'acide hyaluronique (un constituant du tissu conjonctif), facilite la diffusion de liquides injectés. L'enzyme purifié n'a aucun effet sur la pression artérielle, sur la respiration, sur la tempé-rature corporelle et sur la fonction rénale. Cet enzyme ne cause pas la dissémination des infections localisées, en autant qu'il n'est pas injecté dans la région infectée.

Indications   Facilite l'absorption et la dispersion des liquides et des médicaments, pour l'hypodermoclyse, adjuvant dans l'urographie afin d'augmenter la résorption des agents de contraste, administration d'anesthésiques locaux. (L'hyaluronidase peut être ajoutée à la solution primaire de médicament ou elle peut être injectée avant l'administration de la solution primaire de médicament.) Hémorroïdes, cellulite, épisio-tomie.

Contre-indications   Ne pas injecter dans les régions infectées ou cancéreuses.

Réaction indésirables   Rarement, réactions de sensibilité. Hypovolémie.

Posologie   *Diffusion de liquides ou de médicaments* **(habi-tuellement) adultes et enfants plus âgés**: 150 unités (peut faciliter l'absorption de 1 000 mL de liquide). *Urographie par voie sous-cutanée* (lorsqu'une injection IV ne peut être administrée), *client en décubitus ventral*: 75 unités **SC** au-dessus de chaque omoplate, suivi de l'injection de l'agent de contraste au même point d'injection. *Hémorroïdes/cellulite/épisiotomie*. **Suppositoires**: 1 ou 2 suppositoires par jour.

Administration

1. Faire une épreuve préliminaire pour déterminer la sensibilité du client. Injecter 0,02 mL de solution dans le derme. Une réaction positive survient en moins de 5 min: apparition d'une papule avec des pseudopodes qui persiste pendant 20 à 30 min, accompagnée de démangeaisons locales. L'apparition d'érythème seul ne constitue pas une réaction positive.

2. Protocole d'administration de l'hyaluronidase:
   a) injecter l'hyaluronidase sous la peau avant le début de la clyse;
   b) après que la clyse est commencée, injecter la solution d'hyaluronidase dans la tubulure de caoutchouc près de l'aiguille.

3. La clyse devrait être limitée à 200 mL chez les enfants de moins de 3 ans; chez les nouveau-nés et les prématurés, le volume ne devrait pas excéder 25 mL/kg par jour. Débit de la perfusion chez les enfants: pas plus de 2 mL/min.

4. Surveiller et régler le débit et le volume de liquide chez les personnes âgées afin qu'ils ne dépassent pas ceux de l'administration IV.

Soins infirmiers

1. Ne pas injecter l'hyaluronidase dans une région infectée ou cancéreuse.

2. Vérifier la posologie, le type et la quantité de solution parentérale, le débit et le point d'injection indiqués sur l'ordonnance du médecin.

3. Surveiller la pâleur, la froideur, la dureté et la douleur dans la région de la clyse. Lorsque ces signes surviennent, réduire le débit de la perfusion et consulter le médecin.

HYDROXYPROPYLCELLULOSE   Lacrisert

Catégorie   Produit mouillant hydrophile.

Mécanisme d'action/cinétique   Le Lacrisert contient 5 mg d'hydroxypropylcellulose dans une préparation hydrosoluble en forme de bâtonnet (diamètre: 1,27 mm; longueur: 3,5 mm). Il ne contient aucun agent de conservation ni d'autres ingrédients. Cette préparation épaissit et stabilise les larmes précornéennes et prolonge la durée du film des larmes. Il lubrifie et protège également l'œil.

Indications   Syndrome des yeux secs modéré à grave y compris la kératoconjonctivite sèche. Également pour la kératite d'exposition, la diminution de la sensibilité cornéenne et les lésions cornéennes récurrentes.

Contre-indications   Hypersensibilité à l'hydroxypropylcellulose.

Réactions indésirables   Vision trouble temporaire, malaise ou irritation oculaire, photophobie, œdème des paupières, cils collés ou agglutinés, hyperémie.

Posologie   Introduire un pellet oculaire de 5 mg une fois par jour dans le cul-de-sac conjonctival. Certains clients auront peut-être besoin d'insérer 2 pellets oculaires par jour.

Soins infirmiers

1. Relire les indications à l'intérieur de l'emballage sur l'introduction et l'enlèvement du Lacrisert; suivre ces indications attentivement.

2. Évaluer si les signes et les symptômes du syndrome des yeux secs tels l'hyperémie conjonctivale, l'exsudation, les démangeaisons, la sensation de brûlure et la sensation d'avoir un corps étranger dans l'œil sont soulagés par le médicament.

3. *Expliquer au client et/ou à sa famille*:
   a) comment insérer et enlever le Lacrisert. Revoir les indications à l'intérieur de l'emballage. Observer l'introduction et l'enlèvement du pellet par le client.
   b) qu'il doit éviter de se frotter les yeux afin de prévenir le déplacement du Lacrisert.
   c) que si le Lacrisert est accidentellement expulsé, un autre pellet peut être introduit si nécessaire.
   d) qu'il est nécessaire de subir des examens ophtalmologiques réguliers.
   e) que les effets secondaires doivent être signalés à l'ophtalmologiste.
   f) qu'il doit être prudent lors de la conduite d'une automobile ou de l'opération de machines dangereuses, car le médicament peut causer une vision temporairement trouble.
   g) que le médicament peut retarder, arrêter ou renverser une détérioration progressive de la vue.

ISOTRÉTINOÏNE   Accutane[Pr]

Catégorie   Métabolite de la vitamine A.

Mécanisme d'action/cinétique   L'isotrétinoïne réduit la grosseur de la glande sébacée, diminue la sécrétion de sébum et inhibe la kératinisation. **Concentration plasmatique maximale**: 3 h. **Concentration plasmatique efficace**: 0,53 μmol/L. **Demi-vie**: 10 h.

Indications Acné kystique grave rebelle aux autres thérapies. *À l'étude*: Maladies cutanées de la kératinisation.

Contre-indications Les femmes enceintes ou qui veulent le devenir ne devraient pas prendre ce médicament à cause des risques d'anomalies fœtales et d'avortement spontané. Lactation.

Réactions indésirables *Dermatologiques*: Peau sèche, desquamation de la peau du visage, fragilité cutanée, prurit, éruption cutanée, ongles cassants, infections cutanées, desquamation de la paume des mains et de la plante des pieds, photosensibilité. *Oculaires*: Chéilite, conjonctivite, irritation oculaire, opacification cornéenne. *GI*: Nausées, vomissements, douleur abdominale, anorexie, saignements GI légers, maladie inflammatoire des intestins. SNC: Léthargie, insomnie, fatigue, céphalée. *GU*: Leucocytes dans l'urine, protéinurie, hématurie, dysménorrhée. *Neuromusculaires*: Arthralgie, douleur et raideur musculaire, articulaire et osseuse. *Autres*: Épistaxis, sécheresse du nez et de la bouche, sécheresse des muqueuses, cheveux clairsemés (temporaire), hypertension intracrânienne bénigne, infections respiratoires.

Interactions médicamenteuses

Médicaments	Interaction
Alcool éthylique	Potentialisation de la ↑ des triglycérides sériques.
Tétracycline	↑ des risques d'hypertension intracrânienne bénigne.
Vitamine A, suppléments de	Toxicité accrue.

Interactions avec les épreuves de laboratoire ↑ des triglycérides plasmatiques et du cholestérol. ↓ des lipoprotéines à haute densité.

Posologie PO. Individualisée. Habituellement: 1 à 2 mg/kg par jour en 2 doses pendant 15 à 20 semaines. La posologie devrait être ajustée selon la toxicité et la réponse clinique; si la numération des kystes diminue de 70% ou plus, on peut cesser l'administration du médicament. Si nécessaire, un deuxième traitement peut être entrepris après une période de repos de 2 mois. Des doses de 0,05 à 0,5 mg/kg par jour sont efficaces, mais entraînent une augmentation de la fréquence des rechutes.

Administration On devrait prendre le médicament durant les repas.

Soins infirmiers

Expliquer au client et/ou à sa famille:

1. qu'il ne doit pas prendre de comprimés de vitamine A ou de multivitamine contenant de la vitamine A.

---

2. qu'il doit arrêter de prendre le médicament si des troubles de la vision surviennent. Il devrait consulter un ophtalmologiste immédiatement.

3. qu'une grossesse doit être évitée et qu'un moyen de contraception devrait être employé d'au moins 1 mois avant jusqu'à 1 mois après la thérapie.

4. qu'il doit cesser de prendre le médicament et consulter le médecin si des douleurs abdominales, de la diarrhée ou des saignements rectaux surviennent.

5. qu'il doit respecter ses rendez-vous avez le médecin afin que celui-ci puisse évaluer son état et peut-être réduire la dose.

6. qu'il doit éviter toute exposition prolongée au soleil.

7. que l'acné peut empirer au début du traitement.

LACTULOSE   Cephulac, Chronulac

Catégorie   Laxatif, détoxifiant de l'ammoniaque.

Mécanisme d'action/cinétique   Le lactulose est un disaccharide qui contient du lactose et du galactose. Il cause une diminution de la concentration sanguine d'ammoniaque chez les clients atteints d'encéphalopathie porto-cave. On pense que le mécanisme d'action du lactulose résulte de sa dégradation par les bactéries dans le côlon, ce qui entraîne une acidification du contenu de celui-ci. L'ammoniaque passe ensuite du sang vers le côlon et forme l'ion ammonium qui est piégé et qui ne peut être réabsorbé. Une action laxative causée par une augmentation de la pression osmotique due aux acides lactique, formique et acétique expulse ensuite l'ion ammonium piégé. La diminution de la concentration sanguine d'ammoniaque améliore l'état mental, le tracé électroencéphalographique et la tolérance aux protéines alimentaires. L'augmentation de la pression osmotique entraîne également un effet laxatif, qui peut survenir dans les 24 h. Le médicament est partiellement absorbé dans le tractus GI.

Indications   Prévention et traitement de l'encéphalopathie porto-cave, y compris les comas hépatique et préhépatique. Constipation chronique.

Contre-indications   Contre-indiqué chez les clients suivant un régime pauvre en galactose. Administrer avec prudence en présence de diabète sucré. L'innocuité durant la grossesse, la lactation et chez les enfants n'est pas établie.

Réactions indésirables   *GI*: Nausées, vomissements, diarrhée, crampes, flatulence, distension gazeuse, éructations.

Interaction médicamenteuse   La néomycine peut causer une ↓ de la dégradation du lactulose par ↑ de l'élimination de certaines bactéries du côlon.

Posologie **PO.** *Encéphalopathie:* **Adultes, initialement**, 30 à 45 mL (20 à 30 g) t.i.d. ou q.i.d.; ajuster la dose q 2 à 3 jours afin d'obtenir 2 ou 3 selles molles par jour. Une thérapie à long terme peut être nécessaire pour le traitement de l'encéphalopathie porto-cave; **pédiatrique, nourrissons**: 2,5 à 10,0 mL par jour (1,6 à 6,6 g par jour) en doses fractionnées; **enfants plus âgés et adolescents**: 40 à 90 mL par jour (26,6 à 60,0 g par jour) en doses fractionnées. *Lors d'épisodes aigus*: 30 à 45 mL (20 à 30 g) q 1 à 2 h afin d'induire une défécation initiale rapide. *Lavement à garder*: 300 mL (200 g) dilués avec de l'eau ou de la solution saline à un volume de 1 000 mL; retenir pendant 30 à 60 min. Peut être répété q 4 ou 6 h. *Constipation chronique:* **Adultes et enfants**, 15 à 30 mL par jour (10 à 20 g par jour) en une seule dose après le déjeuner (peut nécessiter jusqu'à 60 mL par jour).

Administration/entreposage

1. Diluer avec de l'eau ou du jus, ou mélanger au dessert afin de réduire le goût sucré du médicament.

2. Lorsque administré par sonde gastrique, bien diluer le médicament afin de prévenir les vomissements et la possibilité de pneumonie par aspiration.

3. Conserver à moins de 30°C. Ne pas congeler.

Soins infirmiers

1. Signaler le malaise GI qui peut s'apaiser pendant le traitement, mais qui peut également nécessiter une diminution de la dose.

2. *Évaluer*:
   a) la kaliémie des clients souffrant d'encéphalopathie porto-cave afin de savoir si le médicament cause une perte potassique accrue, ce qui pourrait augmenter les symptômes de la maladie.
   b) la peau sèche et rouge, la bouche sèche, la soif intense, la douleur abdominale, l'haleine fruitée et l'hypotension artérielle, qui sont des symptômes d'hyperglycémie pouvant affecter plus vraisemblablement les clients diabétiques (parce que le médicament contient des glucides).

NICOTINE, RÉSINE DE   Nicorette^Pr

Catégorie   Auxiliaire antitabagique.

Mécanisme d'action/cinétique   Après mastication de la gomme, la nicotine est libérée d'une résine échangeuse d'ions, ce qui produit des concentrations sanguines de nicotine voisines de celles produites par la cigarette. La quantité de nicotine libérée dépend de la vitesse et de la durée de la mastication. Après une administration répétée toutes les 30 min, les concentrations sanguines de nicotine atteignent 154 à 308 mmol/L. Une faible quantité de nicotine est libérée si la gomme est avalée. La nicotine est métabolisée principalement par le foie. De 10% à 20% est excrété inchangé dans l'urine.

Indications Adjuvant de la modification du comportement des fumeurs qui veulent cesser de fumer. Considéré comme un auxiliaire au cours de la première étape de l'abandon de la cigarette, le but étant l'abstinence totale de toute forme de nicotine.

Contre-indications Grossesse, lactation, non fumeurs, arythmie grave, angine, vasospasmes, maladie active de l'articulation temporomandibulaire. Administrer avec prudence chez les hypertendus, les clients atteints d'un ulcère gastro-duodénal, de gastrite, de stomatite, d'hyperthyroïdie, de diabète insulinodépendent et de phéochromocytome.

Réactions indésirables *SNC*: Étourdissements, irritabilité, céphalée. *GI*: Nausées, vomissements, indigestion, malaise GI, salivation, éructation. *Autres*: Bouche et gorge douloureuses, hoquet, douleur aux muscles de la mastication.

Le surdosage peut causer les symptômes d'intoxication par la nicotine. *GI*: Nausées, vomissements, diarrhée, salivation, douleur abdominale. *SNC*: Céphalée, étourdissements, confusion, faiblesse, perte de connaissance, convulsions. *Respiratoires*: Respiration difficile, paralysie de la respiration (cause de la mort). *Autres*: Sueurs froides, vision et ouïe perturbées, hypotension, pouls rapide et faible.

On traite le surdosage par l'administration de sirop d'ipéca (s'il n'y a pas eu de vomissement) et de cathartiques salins, par un lavage gastrique suivi de l'administration de charbon activé (si le client est inconscient), par le maintien de la respiration ainsi que par le maintien de la fonction cardio-vasculaire.

Interactions médicamenteuses La nicotine peut augmenter les concentrations de catécholamines et de cortisol.

Posologie **PO.** Initialement: Mastiquer un morceau de gomme toutes les fois qu'une envie de fumer survient; **entretien**: mastiquer environ 10 morceaux de gomme par jour pendant le premier mois, ne pas excéder 30 morceaux par jour.

Administration

1. Le client doit vouloir cesser de fumer et devrait le faire immédiatement.
2. Mastiquer lentement chaque morceau de gomme pendant 30 min.
3. Les clients devraient être évalués chaque mois et la gomme devrait être retirée peu à peu s'ils n'ont pas fumé pendant 3 mois. La nicotine ne devrait pas être administrée pendant plus de 6 mois.

PENTOXIFYLLINE   Trental^Pr

Catégorie   Agent vasoactif.

Mécanisme d'action/cinétique   La pentoxifylline et ses métabolites actifs diminuent la viscosité du sang par un mécanisme inconnu. Cela entraîne une augmentation du débit sanguin dans la microcirculation et améliore l'oxygénation des tissus. **Concentration plasmatique maximale**: 1 h. **Demi-vie**: Pentoxifylline, 0,4 à 0,8 h; métabolites, 1,0 à 1,6 h.

Indications   Maladie vasculaire périphérique y compris la claudication intermittente. Ce médicament ne remplace pas l'intervention chirurgicale.

Contre-indications   Intolérance à la caféine, à la théophylline ou à la théobromine. Grossesse. Administrer avec prudence durant la lactation. L'innocuité et l'efficacité chez les enfants de moins de 18 ans ne sont pas établies.

Réactions indésirables   *CV*: Angine, douleur thoracique, arythmie, palpitations, rougeurs. *GI*: Douleur abdominale, flatulence, diarrhée, dyspepsie, nausées/vomissements. *SNC*: Étourdissements, somnolence, céphalée, insomnie, nervosité, tremblement, vision trouble.

Posologie   **PO**: 400 mg t.i.d. administrés pendant les repas. Le traitement devrait se poursuivre pendant au moins 8 semaines. Si des effets indésirables se présentent, la dose peut être réduite à 200 mg b.i.d.

Soins infirmiers

Expliquer au client et/ou à sa famille:

a) qu'il devrait s'entendre avec le médecin sur les effets indésirables à signaler, comme l'angine et les palpitations.

b) qu'il doit poursuivre le traitement pendant au moins 8 semaines, même si l'efficacité du médicament n'est pas évidente.

PIMOZIDE   Orap^Pr

Catégorie   Neuroleptique.

Mécanisme d'action/cinétique   Le pimozide bloque les récepteurs dopaminergiques dans le SNC, diminuant ainsi les tics moteurs et phoniques dans le syndrome de Gilles de la Tourette. **Concentration sérique maximale**: 6 à 8 h. **Demi-vie**: 55 h. Effet de premier passage appréciable; excrété par les reins.

Indications Dans la maladie de Gilles de la Tourette pour éliminer les tics moteurs et phoniques. Schizophrénie chronique.

Contre-indications Tics autres que ceux de la maladie de Gilles de la Tourette. Arythmie cardiaque, administration concomitante de médicaments prolongeant l'intervalle QT, dépression grave du SNC. L'innocuité durant la grossesse, la lactation et chez les enfants de moins de 12 ans n'est pas établie. Administrer avec prudence chez les clients atteints d'une maladie rénale ou hépatique.

Réactions indésirables *SNC*: Céphalée, somnolence, convulsions, étourdissements, insomnie, sédation, akinésie, acathisie, tremblements, perte de connaissance, parkinsonisme, symptômes extrapyramidaux, dyskinésie tardive persistante, symptômes temporaires de dyskinésie après le retrait brusque du médicament, troubles de l'élocution, modification de l'écriture, dépression, excitation, nervosité. *GI*: Nausées, vomissements, diarrhée, constipation, soif, anorexie, augmentation de l'appétit, salivation accrue, xérostomie. *CV*: Hypotension, hypertension, tachycardie, palpitations. Prolongation de l'intervalle QT et possibilité d'arythmie ventriculaire. *Autres*: Hyperthermie, troubles de la vision, modification du goût, rigidité musculaire, impuissance, nycturie, mictions fréquentes, perte de la libido, gain ou perte de masse, éruption ou irritation cutanée, transpiration, douleur thoracique, asthénie, œdème périorbitaire.
Note: La mort subite est survenue chez certains clients, en particulier chez ceux qui ont reçu des doses de plus de 20 mg par jour.

Interactions médicamenteuses

Médicaments	Interaction
Alcool éthylique	↑ de l'effet dépresseur sur le SNC.
Antiarythmiques	Effet additif sur l'intervalle QT.
Anticonvulsivants	↑ des risques de convulsions.
Antidépresseurs tricycliques	Effet additif sur l'intervalle QT.
Anxiolytiques	↑ de l'effet dépresseur sur le SNC.
Narcotiques	↑ de l'effet dépresseur sur le SNC.
Phénothiazines	Effet additif sur l'intervalle QT.
Sédatifs hypnotiques	↑ de l'effet dépresseur sur le SNC.

Posologie **PO. Initialement**: 1 à 2 mg par jour en doses fractionnées; **puis**, augmenter la dose tous les deux jours, jusqu'à la dose d'entretien la plus petite: 10 mg par jour ou 0,2 mg/kg par jour. Les doses ne devraient pas excéder 20 mg par jour ou 0,3 mg/kg par jour.

Administration

1. L'administration du médicament devrait être commencée graduellement et lentement.

2. Retirer graduellement le médicament de façon périodique afin d'évaluer le besoin de continuer la thérapie.

Soins infirmiers

1. S'assurer que les valeurs de base de l'ECG ont été déterminées et que les résultats ont été examinés avant de commencer la thérapie.

2. L'infirmière devrait évaluer tous les systèmes organiques régulièrement, parce que les effets indésirables sont nombreux et paradoxaux.

3. *Expliquer au client et/ou à sa famille* qu'il faut examiner la bouche au moins une fois par semaine, afin d'y vérifier la présence de fins mouvements vermiformes de la langue, un signe précoce de dyskinésie tardive. Le cas échéant, on devrait cesser l'administration du médicament et consulter le médecin.

PRALIDOXIME, CHLORURE DE   Protopam^{Pr}

Catégorie   Réactivateur de la cholinestérase.

Généralités   L'enzyme cholinestérase est inhibé par les esters de l'acide phosphorique comme les insecticides (par exemple, le sarin et le parathion). Le pralidoxime, un antidote contre les inhibiteurs de la cholinestérase, est quelquefois administré comme prophylactique aux personnes exposées aux insecticides ou pour corriger un surdosage de cholinergiques. Le pralidoxime est moins efficace comme antagoniste des inhibiteurs de la cholinestérase du type carbamate (comme la néostigmine); il peut même aggraver les symptômes de l'intoxication par les insecticides du type carbamate.

Le médicament doit être administré immédiatement après l'intoxication. Il n'est pas efficace s'il est administré plus de 36 h après l'intoxication. L'administration de l'antidote devrait s'accompagner d'un lavage gastrique (en cas d'ingestion PO) et d'un lavage complet de la peau avec de l'alcool ou du bicarbonate de sodium (en cas de contamination de la peau).

On devrait surveiller l'état du client pendant 48 à 72 h après l'intoxication, parce que l'absorption GI du poison est lente et que des rechutes fatales sont possibles.

Les déterminations en laboratoire de la numération érythrocytaire (diminution à 50% de la normale), de la cholinestérase plasmatique et du para-nitrophénol urinaire (dans les intoxications par le parathion seulement) devraient être faites afin de confirmer le diagnostic et de surveiller l'état du client.

Mécanisme d'action/cinétique   Le pralidoxime entre en compétition avec la cholinestérase pour le groupement carbamate ou phosphore de l'inhibiteur. Lorsque déplacé, l'enzyme reprend son rôle physiologique. L'absorption est variable dans le tractus GI. **Concentration plasmatique maximale: PO**, 2 à 3 h; **IM**, 10 à 20 min; **IV**, 5 à 15 min. **Demi-vie**: 0,8 à 2,7 h. Métabolisé partiellement dans le foie, excrété dans l'urine.

Indications   Intoxication par le parathion ou d'autres organophosphates, prophylaxie chez les ouvriers agricoles. Soulagement de la paralysie respiratoire. Surdosage dans le traitement de la myasthénie grave.

Réactions indésirables   *SNC*: Étourdissements, céphalée, somnolence. *Ophtalmologiques*: Diplopie, troubles de l'accommodation. *CV*: Tachycardie, augmentation de la pression artérielle. *Autres*: Nausées, hyperventilation, faiblesse musculaire. Réduire les doses chez les clients atteints d'insuffisance rénale.

Interactions médicamenteuses

Médicaments	Interaction
Barbituriques	↑ de l'effet des barbituriques.
Aminophylline Morphine Phénothiazines Réserpine Succinylcholine Théophylline	**Ces médicaments ne devraient pas être administrés aux clients atteints d'une intoxication par un organophosphate.**

Posologie   *Intoxication par un organophosphate.* **Adultes, perfusion IV**: 1 à 2 g dans 100 mL de solution saline, administrés en 15 à 30 min, ou injection IV lente d'une solution à 5% dans l'eau, administrée en 5 min; si la réponse est faible, répéter le traitement après 1 h. **Pédiatrique**: 20 à 40 mg/kg par dose, administrés comme pour les adultes. *Surdosage d'un anticholinergique* (comme les médicaments utilisés dans le traitement de la myasthénie grave): **IV**, 1 à 2 g, suivis d'augmentations de 250 mg q 5 min. *Intoxication par un organophosphate sans symptomes GI graves:* **PO**, 1 à 3 g q 5 h.

Administration

1. Dans les cas d'intoxication grave, s'assurer de la perméabilité des voies respiratoires avant de commencer le traitement.

2. Administrer du sulfate d'atropine avant le traitement (adultes, **IV**, 2 à 4 mg de sulfate d'atropine; pédiatrique, **IV** ou **IM**: 0,5 à 1,0 mg de sulfate d'atropine; ces doses sont répétées toutes les 10 à 15 min, jusqu'à ce que les signes de toxicité de l'atropine apparaissent.

3. On perfuse le pralidoxime chez les adultes dans 100 mL de solution saline en 30 min ou on l'injecte à un débit de 200 mL/min. Pédiatrique: administrer une solution à 5%.

4. Lorsque l'atropine et le pralidoxime sont administrés conjointement, les symptômes causés par l'atropine apparaissent plus rapidement que si elle était utilisée seule.

1. Évaluer les réponses désirables et indésirables au traitement. Les effets désirables sont la réduction de la faiblesse musculaire, des crampes et de la paralysie. Les effets indésirables sont les étourdissements, la céphalée, l'hypertension et la somnolence. Évaluer pendant 48 à 72 h après l'intoxication.

2. Il est important de savoir à quel insecticide le client a été exposé, parce que le pralidoxime n'est pas efficace ou est contre-indiqué dans le traitement des intoxications par les insecticides du type carbamate.

3. Signaler au médecin des antécédents d'asthme ou d'ulcère gastro-duodénal, parce que les médicaments cholinergiques sont alors contre-indiqués.

4. Conserver de l'atropine pour l'administration conjointe avec le pralidoxime.

5. Surveiller les signes d'intoxication par l'atropine comme les rougeurs, la tachycardie, la xérostomie, la vision trouble ou le syndrome d'intoxication par l'atropine, que l'on reconnaît par l'excitation, le délire et les hallucinations.

6. S'assurer qu'un respirateur, un nécessaire à trachéotomie et les autres dispositifs de soutien sont disponibles lorsqu'on traite un client pour une intoxication par un insecticide.

7. Après l'administration de pralidoxime, se préparer à un lavage gastrique (intoxication PO) ou au lavage complet de la peau à l'aide d'alcool ou de bicarbonate de sodium (contamination de la peau).

8. Informer le public des risques reliés à l'utilisation des insecticides et conseiller la fidélité aux instructions écrites sur le contenant.

9. Avertir le client qu'il doit éviter d'entrer en contact avec des insecticides pendant plusieurs semaines après l'intoxication.

10. Évaluer l'état des clients atteints de myasthénie grave traités pour un surdosage de cholinergiques, car ils peuvent s'affaiblir rapidement et passer d'une crise cholinergique à une crise de myasthénie (parce qu'ils auront besoin d'agents cholinergiques pour traiter la myasthénie). Appeler le médecin immédiatement si le client s'affaiblit rapidement. Conserver du chlorure d'édrophonium (Tensilon) pour établir un diagnostic dans de telles situations.

Psoralènes – Agents de repigmentation

Mécanisme d'action/cinétique   L'apparition de plaques cutanées décolorées, caractéristiques du vitiligo, est associée à une anomalie dans la formation de la mélanine (un pigment foncé) à partir de ses précurseurs. Des médicaments spéciaux (agents de repigmentation) peuvent favoriser la formation de la mélanine. La transformation est intensifiée par les radiations ultraviolettes de sources naturelles ou artificielles.

Deux composés, le méthoxsalène et le trioxsalène, que l'on appelle psoralènes, sont utilisés pour promouvoir le développement de la couleur et la protection solaire dans les régions atteintes. Le méthoxsalène est administré par voie topique et par voie systémique; le trioxsalène n'est utilisé que par voie systémique. Les psoralènes sont actuellement à l'étude pour le traitement du psoriasis et du mycosis fongoïde.

Ces composés sont plus actifs sur les régions plus charnues comme le visage, l'abdomen et les fesses, que sur les régions plus osseuses comme les dos des mains et des pieds. Les médicaments ne sont pas efficaces si les cellules qui synthétisent les pigments (mélanocytes) ne fonctionnent pas. L'utilisation des agents de repigmentation est délicate. Une exposition excessive aux rayons ultraviolets peut causer de l'érythème et des brûlures graves; un surdosage peut causer des ampoules et des brûlures graves. **Concentration plasmatique maximale**: 2 à 3 h. L'administration du médicament avec de la nourriture augmente sa concentration plasmatique.

Indications

Vitiligo. Voir également chaque médicament.

Contre-indications

Insuffisance hépatique, sensibilité héréditaire au soleil, mélanome, aphakie, carcinome invasif des cellules de l'épithélium malpighien, maladies associées à de la photosensibilité (porphyrie, lupus érythémateux systémique, hydroa – une éruption saisonnière récurrente déclenchée par l'exposition au soleil –, éruption polymorphe due à la lumière), leucodermie d'origine infectieuse, albinisme, enfants de moins de 12 ans. L'innocuité pendant la grossesse et la lactation n'a pas été établie. Administrer avec prudence chez les clients allergiques à la tartrazine.

Réactions indésirables

Dermatologiques: Sensation de brûlure, ampoules, érythème. *GI*: Malaise gastrique, nausées. *Autres*: Cataractes, vieillissement prématuré de la peau, épithélioma basocellulaire.

Traitement du surdosage

Lors d'un surdosage oral aigu, interrompre l'administration du médicament et vider l'estomac en provoquant le vomissement. Placer le client dans une chambre sombre pendant 8 h, ou jusqu'à ce que la réaction s'apaise. Un traitement de soutien pour les brûlures devrait être administré.

Interactions médicamenteuses

Administrer avec prudence chez les clients qui reçoivent des médicaments pouvant causer de la photosensibilité (phénothiazines, griséofulvine, diurétiques thiazidiques, sulfamides, tétracyclines, etc.).

Posologie

Voir chaque agent.

Soins infirmiers

1. Lire les instructions fournies par le manufacturier à l'intérieur de l'emballage avant d'aider le médecin ou d'expliquer le traitement au client.

2. L'administration des psoralènes devrait être faite au cabinet du médecin.

3. S'assurer que les épreuves de la fonction hépatique sont faites avant le début et pendant les premiers mois de la thérapie.

4. Se préparer à administrer des soins pour les brûlures aux clients qui ont reçu un surdosage ou qui ont été surexposés au soleil.

5. *Expliquer au client et/ou à sa famille*:
   a) qu'il doit suivre le régime posologique.
   b) le procédé de mesure d'exposition au soleil après le traitement, afin de prévenir les brûlures graves.
      (1) Après l'administration orale, protéger la peau du soleil pendant au moins 8 h, excepté pour la période d'exposition prévue 2 h après l'ingestion du médicament.
      (2) Après l'administration topique, protéger la peau du soleil pendant 12 à 48 h, excepté pour la période d'exposition prévue 2 h après l'application de l'onguent. Utiliser le guide du manufacturier pour déterminer le temps d'exposition au soleil.
   c) qu'il doit porter des lunettes de soleil durant l'exposition au soleil.
   d) qu'il doit se protéger les lèvres avec une pommade contenant un écran solaire durant l'exposition au soleil.
   e) que l'exposition à la lampe solaire devrait être faite sous la supervision d'un médecin. Le client devrait informer le médecin du type de lampe solaire qu'il possède à la maison pour que ce dernier puisse lui faire les recommandations appropriées.
   f) que les résultats peuvent être retardés; ils peuvent apparaître après quelques semaines ou après 6 à 9 mois.
   g) que des traitements périodiques seront nécessaires pour maintenir la pigmentation.
   h) qu'il doit vérifier auprès du médecin si les autres médicaments qu'il prend peuvent augmenter la sensibilité aux brûlures. Si le médicament cause aussi de la photosensibilité, la sensibilité aux brûlures sera peut-être augmentée.
   i) qu'il ne doit pas manger certains aliments comme les limettes, les figues, le persil, le panais, la moutarde, les carottes ou le céleri, qui contiennent de la furocoumarine, parce que des réactions plus graves au soleil peuvent survenir.

MÉTHOXSALÈNE (ORAL) Oxsoralen^{Pr}

Catégorie   Agent de repigmentation.

Indication supplémentaire   Psoriasis rebelle grave.

Réactions indésirables supplémentaires   *SNC*: Céphalée, étourdissements, malaise, dépression, nervosité, insomnie. *Dermatologiques*: Hypopigmentation, éruption, formation de vésicules, herpès, urticaire, folliculite. *Autres*: Œdème, crampes dans les jambes, hypotension.

Lorsque utilisé avec des rayons ultraviolets: Prurit, érythème.

Posologie   *Vitiligo*. **Adultes et enfants de plus de 12 ans**: 20 mg en une dose tous les 2 jours (période minimale entre les doses) 2 à 4 h avant l'exposition aux rayons ultraviolets. L'exposition à la lumière solaire devrait être limitée à la durée indiquée dans le dépliant du fabricant. La dose de méthoxsalène ne devrait pas excéder 0,6 mg/kg. *Psoriasis*: 20 mg en une dose tous les deux jours, 2 h avant l'exposition aux rayons ultraviolets. La dose peut être augmentée de 10 mg après le quinzième traitement.

Administration

1. Administrer la préparation orale avec un verre de lait ou avec un repas afin de prévenir les troubles gastriques.

2. Suivre la durée d'exposition aux rayons ultraviolets recommandée dans le guide du fabricant.

3. Le client ne devrait pas prendre de bain de soleil de 24 h avant à 48 h après l'ingestion du méthoxsalène et l'exposition aux rayons ultraviolets.

4. Le client devrait porter des lunettes de soleil qui lui enveloppent le visage pendant 24 h après l'ingestion du méthoxsalène.

MÉTHOXSALÈNE (TOPIQUE) Oxsoralen^{Pr}

Catégorie   Agent de repigmentation.

Généralités   L'administration topique du médicament produit des réactions de photosensibilité plus intenses que l'administration systémique. L'application topique n'est indiquée que pour les petites lésions bien définies (moins de 10 cm²).

Posologie   Appliquer la suspension à 1% 1 fois par semaine.

Administration

1. Le médecin applique la lotion sur une lésion de vitiligo bien définie. Le client ne devrait jamais appliquer la lotion lui-même à la maison.

2. Après l'application, exposer la lésion à la lumière solaire naturelle de la manière suivante: 1 min au début, puis augmenter la durée d'exposition avec prudence. Diminuer de moitié si la source de lumière est artificielle.

3. Diminuer la fréquence du traitement si un érythème marqué se produit.

4. Garder les régions traitées à l'abri de la lumière à l'aide d'un pansement ou d'un écran solaire. Le client devrait attendre 48 h avant de prendre un bain de soleil.

TRIOXSALÈNE   Trisoralen^Pr

Catégorie   Agent de repigmentation.

Mécanisme d'action/cinétique   Le trioxsalène est plus puissant et cause moins d'effets indésirables que le méthoxsalène. La posologie du trioxsalène et le temps d'exposition ne devraient pas être augmentés.

Indications supplémentaires   Tolérance accrue au soleil, pigmentation cutanée accrue.

Posologie   *Systémique.* **PO.** *Vitiligo:* **Adultes et enfants de plus de 12 ans**: 10 mg par jour, 2 à 4 h avant l'exposition au soleil. *Pour augmenter la tolérance au soleil et/ou augmenter la pigmentation*: Comme pour le vitiligo, mais pas plus de 14 jours.

Administration   Voir *Méthoxsalène (oral).*

RITODRINE, CHLORHYDRATE DE   Yutopar^Pr

Catégorie   Relaxant utérin.

Mécanisme d'action/cinétique   Stimule les récepteurs bêta$_2$ du muscle lisse de l'utérus, ce qui résulte en une inhibition de la contractilité utérine. La ritodrine peut également inhiber l'interaction actine-myosine. **Concentration plasmatique maximale**: 17 à 52 nmol/L 30 à 60 min après l'administration PO de 10 mg q.i.d. Excrété à 90% en 24 h.

Lorsque indiquée, la thérapie à la ritodrine devrait être entreprise aussitôt que possible après le diagnostic. Cependant, il faut d'abord déterminer la maturité du fœtus.

Indications   Travail prématuré chez certaines clientes.

Contre-indications   Avant la vingtième semaine de la grossesse et lorsque la continuation de la grossesse est dangereuse pour la mère. Aussi, hémorragie avant l'accouchement, éclampsie, et prééclampsie grave, mort fœtale intra-utérine, chorioamniotite, cardiopathie maternelle, hypertension pulmonaire, hyperthyroïdie maternelle, diabète non équilibré, hypertension non maîtrisée et maladies traitées par des agents qui interagissent avec la ritodrine (voir *Interactions médicamenteuses*).

Réactions indésirables Tous ces effets sont reliés à la stimulation des récepteurs bêta par le médicament. **Après l'administration IV**, *CV*: Tachycardie maternelle et fœtale, augmentation de la pression systolique et diminution marquée de la pression diastolique (élargissement de la pression différentielle), palpitations, arythmie, angine, souffle cardiaque, ischémie myocardique. Bradycardie sinusale après le retrait du médicament. *GI*: Nausées, vomissements, ballonnement, iléus, malaise GI, diarrhée ou constipation. *SNC*: Céphalée, tremblements, malaise, nervosité, agitation, anxiété, changements émotionnels, faiblesse, somnolence. *Métaboliques*: Augmentation temporaire de l'insuline et de la glycémie, augmentation de l'AMPc et des acides gras libres, diminution du potassium, glycosurie, acidose lactique. *Autres*: Érythème, anaphylaxie, éruption cutanée, dyspnée, ictère hémolytique, transpiration, frissons, hyperventilation.

Après l'administration PO. *CV*: Tachycardie maternelle, palpitations, arythmie. *Autres*: Tremblements, nausées, éruption cutanée, agitation.

Chez le nouveau-né: L'hypoglycémie et de l'iléus ne sont observés que très rarement; également, hypocalcémie et hypotension chez les nouveau-nés dont la mère a reçu d'autres agonistes des récepteurs bêta.

Interactions médicamenteuses

Médicaments	Interaction
Adrénolytiques bêta	↓ de l'effet de la ritodrine.
Anesthésiques généraux	Hypotension accrue.
Corticostéroïdes	↑ des risques d'œdème pulmonaire.
Sympathomimétiques	Effets des sympathomimétiques accrus.

Interactions avec les épreuves de laboratoire ↑ de la concentration plasmatique du glucose et de l'insuline; ↓ de la kaliémie.

Posologie **IV**: **Initialement**, 0,1 mg/min (20 microgouttes/min si on utilise une chambre à microgouttes); **puis**, selon la réponse, augmenter de 0,05 mg/min (10 microgouttes/min) q 10 min jusqu'à ce que la réponse désirée se manifeste. **Fenêtre thérapeutique efficace**: 0,15 à 0,35 mg/min (30 à 70 microgouttes/min). Continuer la perfusion avant l'accouchement pendant un minimum de 12 h après que les contractions aient cessé. **Administration PO après le traitement IV initial**: 10 mg 30 min avant l'arrêt de l'administration IV; **puis**, 10 mg q 2 h pendant les premières 24 h; **entretien**: 10 à 20 mg q 4 à 6 h, ne pas excéder 120 mg par jour. On détermine la dose selon l'activité utérine et l'incidence des effets indésirables.

Administration/entreposage

1. Diluer en suivant les instructions du manufacturier. La solution finale contient 0,3 mg/mL de ritodrine.

2. Administrer la dose IV lorsque la cliente est en décubitus latéral gauche, afin de réduire l'hypotension.

3. Utiliser un montage en Y, une pompe à perfusion et une chambre à microgouttes (60 microgouttes/mL).

4. Ne pas utiliser les solutions décolorées ou qui contiennent un précipité. Utiliser la solution dans les 48 h après sa préparation.

5. Le traitement d'entretien PO est habituellement commencé 30 min avant l'arrêt de l'administration IV.

Soins infirmiers

1. Évaluer l'état de la cliente avant de commencer la thérapie afin d'écarter la possibilité de prééclampsie, d'hypertension ou de diabète.

2. Participer à l'échographie et à l'amniocentèse effectuées pour évaluer la maturité fœtale.

3. Ne pas administrer avant la vingtième semaine de gestation.

4. Éviter d'administrer conjointement avec des adrénolytiques bêta comme le propranolol, parce qu'ils inhibent l'activité de la ritodrine.

5. Évaluer la réponse à la thérapie IV en déterminant la force et la fréquence des contractions et la fréquence cardiaque du fœtus. Surveiller l'augmentation de la fréquence cardiaque du fœtus.

6. Maintenir la pression artérielle en installant la cliente en décubitus latéral gauche et en veillant à ce que l'hydratation IV soit adéquate. Surveiller l'augmentation de la pression systolique et la diminution de la pression diastolique ainsi que la tachycardie.

7. Prévenir une surcharge circulatoire en surveillant le débit et le volume de la perfusion IV durant l'administration. Surveiller l'infiltration.

8. Évaluer les dysfonctions respiratoires qui peuvent précéder l'œdème pulmonaire, particulièrement chez la cliente qui reçoit des corticostéroïdes.

9. Évaluer les signes et les symptômes de déséquilibre électrolytique. Porter une attention particulière à l'hypokaliémie, à l'hyperglycémie et à l'acidose chez les diabétiques.

10. Au cours du post-partum, évaluer la potentialisation des effets hypotenseurs de la ritodrine et de l'anesthésique général chez la cliente qui a reçu ces deux agents.

11. Évaluer l'hyperglycémie ou l'hypoglycémie, l'hypocalcémie, l'hypotension et l'iléus chez les nouveau-nés de mères ayant reçu de la ritodrine. Avoir ces médicaments d'urgence pour le nouveau-né.

TÉTRADÉCYLE SODIQUE, SULFATE DE
Trombovar

Catégorie   Agent sclérosant.

Mécanisme d'action/cinétique   Lors de l'injection, cet agent tensio-actif (détergent) cause à l'endothélium de la veine une irritation suffisante pour former un thrombus puis un tissu fibreux qui oblitère la veine.

Indications   Oblitération des veines variqueuses primaires des jambes. *À l'étude*: Varices œsophagiennes.

Contre-indications   Hypersensibilité au médicament. Oblitération de veines variqueuses superficielles chez les clients souffrant de varices profondes. Thrombophlébite aiguë superficielle, maladie artérielle sous-jacente, varices résultant de tumeurs, diabète non équilibré, asthme, clients alités, hyperthyroïdie, tuberculose, maladie respiratoire, maladie cutanée, sepsie, dyscrasie sanguine, dysfonctionnement des valvules ou des veines profondes. L'innocuité durant la grossesse n'a pas été établie.

Réactions indésirables   *GI*: Nausées, vomissements. *SNC*: Faiblesse, étourdissements. *Allergiques*: Anaphylaxie, urticaire. *Autres*: Asthme, dépression respiratoire, escarre postopératoire, collapsus cardio-vasculaire; sensation de brûlure ou décoloration légère et permanente au point d'injection.

Posologie   **IV**. *Petites veines*: 5 à 20 mg (0,5 à 2,0 mL de solution à 1%). *Moyennes ou grandes veines*: 15 à 60 mg (0,5 à 2,0 mL de solution à 3%). Le traitement peut être répété après 5 à 7 jours.

Administration

1. Afin de déterminer la sensibilité du client, le médecin peut prescrire l'injection d'une dose d'épreuve (0,2 à 0,5 mL de solution à 1%) plusieurs heures avant le traitement.

2. Le sulfate de tétradécyle sodique est habituellement administré par un médecin qui effectue souvent cette intervention.

3. N'injecter que de petites quantités (2 mL au maximum dans une veine variqueuse), soit pas plus de 10 mL de solution à 3% durant un traitement.

4. Injecter très lentement.

5. Éviter l'extravasation.

6 Ne pas administrer si le produit a précipité.

Soins infirmiers

1. Évaluer les réactions allergiques au point d'injection pendant plusieurs heures après l'administration de la dose d'épreuve.

2. Conserver de l'épinéphrine à 1:1 000 pour le traitement des réactions allergiques.

Appendices

APPENDICE **1**

Constantes biologiques

Hématologie

Globules rouges (érythrocytes)	4,5 à 5,0 $\times$ 10^{12}/L
Globules blancs (leucocytes)	5,0 à 10,0 $\times$ 10^9/L
Neutrophiles	0,60 à 0,70
Lymphocytes	0,25 à 0,30
Monocytes	0,02 à 0,06
Éosinophiles	0,01 à 0,03

Basophiles	0,0025 à 0,005
Plaquettes (thrombocytes)	200 à 300 × 10⁹/L
Hémoglobine	140 à 160 g/L
(hommes et femmes)	
Hématocrite	
Hommes	0,40 à 0,54
Femmes	0,37 à 0,47
Temps de saignement	1 à 3 min (Duke);
	1 à 5 min (Ivy)
Temps de coagulation	6 à 12 min
Temps de prothrombine	10 à 15 s
(Temps de Quick)	
Vitesse de sédimentation	
(Wintrobe)	
Hommes	0 à 9 mm/h
Femmes	0 à 20 mm/h
Temps de thrombine	Temps du témoin ± 5 s au
	maximum

Chimie du sang

Électrolytes (sérum)	
Bicarbonate	24 à 31 mmol/L
Calcium	2,25 à 2,75 mmol/L
Chlorure	95 à 106 mmol/L
Magnésium	0,75 à 1,5 mmol/L
Phosphore	0,2 à 0,3 mmol/L
Potassium	3,6 à 5,5 mmol/L
Sodium	136 à 145 mmol/L
Enzymes (sérum)	
Amylase	148 à 333 U/L
Lipase	Moins de 417 U/L
Phosphatase acide	2,7 à 10,7 U/L
Phosphatase alcaline	10,7 à 24,2 U/L
SGOT	2 à 19 U/L
(Aspartate aminotransférase)	
SGPT	2 à 17 U/L
(Alanine aminotransférase)	
Protéines (sérum)	
Total	62 à 85 g/L
Albumine	35 à 55 g/L
Fibrinogène (plasma)	2,0 à 4,0 g/L
Globuline	15 à 30 g/L
Substances azotées non protéiques	
(sérum, sauf indication contraire)	
Acide urique	
Hommes	125 à 464 μmol/L
Femmes	119 à 381 μmol/L
Azote non protéique	10,7 à 25,0 mmol/L
Bilirubine	5 à 18 μmol/L
Créatinine	53 à 114 μmol/L
Urée sanguine	3,6 à 7,1 mmol/L
(azote uréique sanguin)	

Autres substances
(sérum, sauf indication contraire)

Cholestérol total	4,09 à 5,95 mmol/L
Cholestérol estérifié	2,59 à 4,65 mmol/L
	(0,7 du total)
Index ictérique (ictère)	3 à 8 unités
Fer	13 à 31 μmol/L
Glucose (sang, plasma)	4,4 à 6,7 μmol/L
Lipides totaux (sérum, plasma)	4,5 à 10,0 g/L
Iode lié aux protéines	0,27 à 0,63 μmol/L
pH artériel (plasma)	7,35 à 7,45

Gaz sanguins

Pouvoir oxyphorique du sang entier	0,17 à 0,21 du volume
Artériel	
P_{CO_2}	35 à 45 mmHg
P_{O_2}	75 à 100 mmHg
pH	7,38 à 7,44
Veineux	
P_{CO_2}	40 à 54 mmHg
P_{O_2}	20 à 50 mmHg
pH	7,36 à 7,41
HCO_3, valeur normale	22 à 28 mmol/L

Analyse d'urine

Densité relative	1,005 à 1,025
pH	6,0 (4,7 à 8,0 en moyenne)
Volume	0,6 à 2,5 L/d
Solides totaux	55 à 70 g/d
	(personnes âgées: 30 g/d)
Électrolytes (par jour)	
Calcium	3,7 mmol
Chlorure	70 à 250 mmol
Magnésium	6,2 à 123 mmol
Phosphore inorganique	29 à 42 mmol
Potassium	25 à 100 mmol
Sodium	130 à 260 mmol
Composants azotés (par jour)	
Acide urique	1,5 à 4,5 mmol
Ammoniac	30 à 50 μmol
Créatinine	
Hommes	7,6 à 14,5 mmol
Femmes	6,1 à 12,9 mmol
Protéines	0,01 à 0,05 g
Urée	214 à 607 mmol
Stéroïdes (par jour)	
Hydroxy-17 costicostéroïdes	
Hommes	22 à 58 μmol
Femmes	11 à 39 μmol
17-cétostéroïdes	
Hommes	28 à 73 μmol
Femmes	14 à 49 μmol

Agents toxiques et antidotes

Mesures d'ordre général

1. Retirer le plus de poison possible, en recourant aux techniques appropriées, telles que le lavage d'estomac, le vomissement provoqué, le nettoyage des yeux ou de la peau.

   Ne jamais provoquer le vomissement si le client est inconscient ou comateux, ou si le poison est un corrosif, un distillat du pétrole (kérosène) ou un convulsivant.

   Le vomissement peut, la plupart du temps, être provoqué en faisant boire un verre de lait au client et en plaçant un abaisse-langue dans le fond de sa gorge. On peut également donner du sirop d'ipéca.

   Lorsque le vomissement se produit, placer le client en position latérale, la tête plus basse que le bassin, afin que les matières vomies ne soient pas aspirées.

2. Si le poison a été injecté (insecte, serpent), en retarder l'assimilation par l'organisme en prenant les mesures suivantes:

   a) appliquer un garrot entre le point de piqûre et le cœur; le garrot ne doit pas comprimer jusqu'à supprimer toute pulsation dans la région touchée; desserrer le garrot pendant 1 min toutes les 15 min.

   b) appliquer un sac de glace sur la région touchée.

   c) aspirer le poison à l'aide d'une ventouse.

3. Administrer l'antidote spécifique, si cela est possible.

4. Administrer un antidote non spécifique mais approprié (voir la liste qui suit).

5. Prendre les mesures nécessaires pour maintenir les fonctions vitales du client.

Intoxication   Pour connaître immédiatement les ingrédients toxiques entrant dans les préparations commerciales et leurs antidotes, communiquez avec le Centre antipoisons du Québec (1-800-463-5060).

AGENTS TOXIQUES ET ANTIDOTES

Agent ou réaction toxique	Symptômes	Antidote ou traitement
Acétaminophène	Nausées, vomissements, transpiration, anorexie, hépatotoxicité.	Lavage d'estomac puis administration de charbon activé; pour prévenir l'hépatotoxicité: *N*-acétylcystéine, **PO, initialement,**

Agent ou réaction toxique	Symptômes	Antidote ou traitement
		140 mg/kg; **puis**, 70 mg/kg q 4 h, 17 doses.
Acide acétylsalicylique (aspirine)	Hyperthermie, perte liquidienne, déséquilibre acido-basique, excitation.	Lavage d'estomac et vomissement puis administration de charbon activé; administration de bicarbonate de sodium pour traiter l'acidose et augmenter la vitesse d'excrétion de l'AAS; diazépam ou barbiturique à action brève pour traiter l'excitation excessive; traitement de soutien pour réduire l'hyperthermie.
Acides	Symptômes GI: Vomissements, diarrhée.	Lait de magnésie ou eau de chaux, puis lait et émollients divers; ne pas provoquer le vomissement.
Alcali (lessive)	Symptômes GI: Nausées, vomissements, diarrhée.	Acide acétique, vinaigre dilué, acide tartrique **PO**; ne pas provoquer le vomissement.
Alcool méthylique (méthanol)	Vision trouble.	Lavage d'estomac dans les 3 h; alcool éthylique (éthanol), **IV**: 0,75 à 1,0 mL/kg, puis 0,5 mL/kg q 4 h; bicarbonate de sodium **PO**.
Amphétamines	Tachycardie, délire, convulsions.	Lavage d'estomac et vomissement puis administration de charbon activé et d'un purgatif salin (l'acidification de l'urine devrait augmenter la vitesse d'excrétion); diazépam pour traiter la stimulation excessive.
Anaphylaxie	Collapsus cardiovasculaire, asphyxie.	Épinéphrine **SC**: Solution aqueuse à 1:1 000 (0,01 mL/kg), 3 doses.
Anesthésiques	Dépression respiratoire, coma.	Voir *Dépresseurs du SNC*.
Anticholinergiques apparentés à l'atropine	Hyperthermie, pupilles dilatées, vision trouble, délire.	Lavage d'estomac et vomissement puis administration de charbon activé; physostigmine, 1 à 3 mg **IV**, ou néostigmine, 0,5 à 2,0 mg **IV**; diazépam ou barbiturique à action brève pour traiter l'excitation excessive.
Anticoagulants coumariniques	Hémorragie.	Vitamine K, **IM**: 5 à 10 mg/kg.
Antidépresseurs tricycliques	Arythmie, convulsions, coma.	Pour traiter les troubles cardiovasculaires, y compris l'arythmie:

Agent ou réaction toxique	Symptômes	Antidote ou traitement
		bicarbonate de sodium, 0,5 à 2,0 mmol/kg (0,5 à 2,0 mEq/kg) par bolus **IV**; plus perfusion **IV** pour atteindre un *p*H sanguin de 7,5; vasopresseur, phénytoïne (100 mg, **IV**, en 3 min) ou physostigmine, 1 à 3 mg **IV**, si les autres moyens sont inefficaces.
Arsenic	Voir *Métaux lourds*.	Dimercaprol (BAL in Oil), **IM**, 12,5 à 3,0 mg/kg q.i.d. pendant 2 jours; **puis**, diminuer la dose selon la gravité de l'intoxication.
Barbituriques	Dépression respiratoire, coma.	Voir *Dépresseurs du SNC*.
Carbone, oxyde de	Dépression respiratoire, coma.	Oxygène (100% O_2 pendant 30 min), ventilation assistée, repos.
Carbone, tétrachlorure de	Coma, oligurie, ictère, douleurs abdominales, baisse de la pression artérielle.	Lavage d'estomac ou vomissement; ventilation assistée; maintenir la pression artérielle. **Ne pas administrer de stimulants**.
Cocaïne	Pupilles dilatées, vision trouble, délire, hallucinations.	Anxiolytique.
Codéine	Dépression respiratoire, coma.	Voir *Narcotiques*.
Cyanure	Dépression respiratoire, cyanose.	Nitrite de sodium, **IV**: solution à 3%, 2,5 à 5,0 mL/min; **puis**, thiosulfate de sodium, **IV**: 50 mL de solution à 25%, 2,5 à 5,0 mL/min.
Dépresseurs du SNC	Dépression respiratoire et coma.	Traitement de soutien: ventilation assistée et oxygène. Maintenir la pression artérielle et la fonction rénale. L'utilisation de stimulants du SNC est déconseillée.
Distillats du pétrole	Voir *Kérosène*.	Voir *Kérosène*.
Fer	Gastrite (peut être grave), cyanose, pâleur, diarrhée, somnolence, état de choc, acidose.	Déféroxamine, **IM**: 1 g; **puis**, 0,5 g q 4 h pour 2 doses et 0,5 g q 4 à 12 h pour un maximum de 6 g par jour.
Héroïne	Voir *Narcotiques*.	Voir *Narcotiques*.

Agent ou réaction toxique	Symptômes	Antidote ou traitement
Insecticides (du type ester organo-phosphate)	Convulsions. Symptômes GI: Nausées, vomissements et diarrhée.	Atropine: **IV**, jusqu'à 1,2 mg; répéter q 20 min jusqu'à ce que les sécrétions soient maîtrisées; jusqu'à 10 mg peuvent être nécessaires. Chlorure de pralidoxime (Protopam): **IV**, 1 à 2 g en 15 à 30 min; **puis**, si aucune amélioration sensible n'a été notée au bout de 1 h, administrer une seconde dose de 1 à 2 g. **Enfants**: 30 à 40 mg/kg par dose.
Kérosène	Irritation de la bouche, de la gorge et de l'estomac; vomissements, irritation pulmonaire; dépression du SNC.	Traitement de soutien avec ventilation assistée.
LSD (diéthylamide de l'acide lysergique)	Pupilles dilatées, hallucinations.	Sédatifs ou anxiolytiques. Ne pas administrer de chlorpromazine.
Métaux lourds (plomb, mercure)	Symptômes GI: Nausées, vomissements et diarrhée; dyschromie des gencives; augmentation de la salivation.	Dimercaprol, **IM, initialement**, 4 mg/kg; **puis**, dimercaprol, 4 mg/kg q 4 h, avec de l'édétate de calcium disodique, **IM ou IV**, 50 à 75 mg/kg par jour en doses fractionnées.
Morsures de *Lactrodectus mactans* (veuve noire)	Tétanie hypocalcémique.	Gluconate de calcium **IV**: 10 à 20 mL de solution à 10%.
Narcotiques	Dépression respiratoire, pupilles contractées.	Naloxone: **Adultes, initialement**, 2 mg, **IV**, puis doses complémentaires q 2 à 3 min; **enfants, initialement**, 0,01 mg/kg, **IV**, puis 0,1 mg/kg au besoin.
Nicotine	Stimulation respiratoire, hyperactivité GI, convulsions; hypertension.	Lavage d'estomac ou vomissement puis administration de charbon activé; atropine, **IM**: 2 mg toutes les 3 à 8 min jusqu'à l'atropinisation; ou phentolamine **IM** ou **IV**: 1 à 5 mg.
Phénothiazines	Arythmie, stimulation du SNC, hypotension, symptômes	Ventilation assistée; lavage d'estomac ou vomissement (peut être inefficace en raison des

Agent ou réaction toxique	Symptômes	Antidote ou traitement
	extrapyramidaux, dépression respiratoire.	effets antiémétiques de certaines phénothiazines); maintenir la pression artérielle avec de la norépinéphrine ou de la phényléphrine; phénytoïne, 1 mg/kg, **IV**, pour traiter l'arythmie; pentobarbital ou diazépam pour maîtriser les convulsions ou la stimulation excessive.
Plomb	Convulsions, voir aussi *Métaux lourds*.	Voir *Métaux lourds*.
Somnifères	Dépression respiratoire, coma.	Voir *Dépresseurs du SNC*.
Strychnine	Convulsions.	Barbituriques à action brève ou diazépam, myorésolutifs; veiller à ce que le client reste parfaitement calme.

Associations médicamenteuses courantes

Nom commercial	Noms génériques	Quantité (mg)	Catégorie	Pages Monographie	SI
Actifed	Chlorhydrate de triprolidine	2,5 mg par comprimé 2,5 mg/10 mL de sirop	Antihistaminique	783	785
	Chlorhydrate de pseudoéphédrine	60 mg par comprimé 60 mg/10 mL de sirop	Décongestionnant	709	710
Actifed-A	Chlorhydrate de triprolidine	2,5 mg par comprimé	Antihistaminique	783	785
	Chlorhydrate de pseudoéphédrine	60 mg par comprimé	Décongestionnant	709	710
	Acétaminophène	325 mg par comprimé	Analgésique antipyrétique	618	620
Actifed DM	Chlorhydrate de triprolidine	1,25 mg/5 mL de sirop	Antihistaminique	783	785
	Chlorhydrate de pseudoéphédrine	30 mg/5 mL de sirop	Décongestionnant	709	710
	Dextrométhorphane	15 mg/5 mL de sirop	Antitussif non narcotique	769	768

Nom commercial	Noms génériques	Quantité (mg)	Catégorie	Mono-graphie	SI
Actifed-Plus	Noscapine	30 mg par comprimé 30 mg/10 mL de sirop	Antitussif	b	
	Chlorhydrate de pseudoéphédrine	2,5 mg par comprimé 4 mg/10 mL de sirop	Décongestionnant	709	710
	Chlorhydrate de triprolidine	60 mg par comprimé 60 mg/10 mL de sirop	Antihistaminique	783	785
Agarol	Huile minérale	1,6 mL/5 mL d'émulsion	Laxatif	812	813
	Glycérine	200 mg/5 mL d'émulsion	Laxatif	b	
	Phénolphtaléine	65 mg/5 mL d'émulsion	Laxatif	807	808
Albamycin T^{Pr}	Novobiocine	125 mg (sous forme de novobiocine sodique) par capsule	Antibiotique	b	
	Chlorhydrate de tétracycline	125 mg par capsule	Antibiotique	109	106
Aldactazide 25^{Pr}	Spironolactone	25 mg par comprimé	Diurétique Antihypertenseur	997	998
	Hydrochlorothiazide	25 mg par comprimé	Diurétique	983	981
Aldactazide 50^{Pr}	Spironolactone	50 mg par comprimé	Diurétique Antihypertenseur	997	998
	Hydrochlorothiazide	50 mg par comprimé	Diurétique	983	981
Aldoril-15^{Pr}	Méthyldopa	250 mg par comprimé	Antihypertenseur	401	403
	Hydrochlorothiazide	15 mg par comprimé	Diurétique	983	981
Aldoril-25^{Pr}	Méthyldopa	250 mg par comprimé	Antihypertenseur	401	403

	Composant	Dosage	Catégorie		
Alophen	Hydrochlorothiazide	25 mg par comprimé	Diurétique	983	981
	Aloïne	15 mg par comprimé	Laxatif	a	
	Phénolphtaléine	30 mg par comprimé	Laxatif	807	808
Anacin	Acide acétylsalicylique	485 mg par comprimé	Analgésique antipyrétique	618	616
	Caféine	22,7 mg par comprimé	Stimulant du SNC	664	665
Anacin avec Codéine[N]	Acide acétylsalicylique	340,2 mg par comprimé	Analgésique antipyrétique	618	616
	Acétaminophène	48,6 mg par comprimé	Analgésique antipyrétique	618	620
	Caféine	15,2 mg par comprimé	Stimulant du SNC	664	665
	Phosphate de codéine	8,1 mg par comprimé	Analgésique narcotique	601	597
Antivert[Pr]	Chlorhydrate de méclizine	12,5 mg par comprimé	Antivertigineux	781	785
	Niacine	50 mg par comprimé	Vasodilatateur	452	453
Anugesic-HC[Pr]	Chlorhydrate de pramoxine	1 g/100 g d'onguent 20 mg par suppositoire	Anesthésique local	675	677
	Acétate d'hydrocortisone	500 mg/100 g d'onguent 10 mg par suppositoire	Corticostéroïde	907	896
	Sulfate de zinc monohydraté	500 mg/100 g d'onguent 10 mg par suppositoire		b	
Anusol-HC[Pr]	Acétate d'hydrocortisone	500 mg/100 g d'onguent 10 mg par suppositoire	Corticostéroïde	907	896
	Sulfate de zinc monohydraté	500 mg/100 g d'onguent 10 mg par suppositoire		b	
Apo-Chlorax[Pr]	Chlorhydrate de chlordiazépoxide	5 mg par capsule	Benzodiazépine (anxiolytique)	486	483

Nom commercial	Noms génériques	Quantité (mg)	Catégorie	Monographie	SI
	Bromure de clinidium	2,5 mg par capsule	Anticholinergique	a	
Apo-Methazide 15[Pr]	Méthyldopa	250 mg par comprimé	Antihypertenseur	401	403
	Hydrochloro-thiazide	15 mg par comprimé	Diurétique	983	981
Apo-Methazide 25[Pr]	Méthyldopa	250 mg par comprimé	Antihypertenseur	401	403
	Hydrochloro-thiazide	25 mg par comprimé	Diurétique	983	981
Apo-Sulfatrim[Pr]	Sulfaméthoxazole	400 mg par comprimé adulte	Sulfamide	176	178
		800 mg par comprimé « DS »			
		100 mg par comprimé pédiatrique			
	Triméthoprime	80 mg par comprimé adulte	Anti-infectieux	b	
		160 mg par comprimé « DS »			
		20 mg par comprimé pédiatrique			
Apo-Triazide[Pr]	Hydrochlorothiazide	25 mg par comprimé	Diurétique	983	981
	Triamtérène	50 mg par comprimé	Diurétique	999	1000
Atasol-8[N]	Acétaminophène	325 mg par comprimé	Analgésique antipyrétique	618	620
	Citrate de caféine	30 mg par comprimé	Stimulant du SNC	a	
	Phosphate de codéine	8 mg par comprimé	Analgésique narcotique	601	507

Produit	Ingrédient	Teneur	Catégorie		
Atasol-15[N]	Acétaminophène	325 mg par comprimé	Analgésique antipyrétique	618	620
	Citrate de caféine	30 mg par comprimé	Stimulant du SNC	a	597
	Phosphate de codéine	15 mg par comprimé	Analgésique narcotique	601	
Atasol-30[N]	Acétaminophène	325 mg par comprimé	Analgésique antipyrétique	618	620
	Citrate de caféine	30 mg par comprimé	Stimulant du SNC	a	597
	Phosphate de codéine	30 mg par comprimé	Analgésique narcotique		230
Azo-Gantrisin[Pr]	Chlorhydrate de phénazopyridine	50 mg par comprimé	Analgésique urinaire	229	
	Sulfisoxazole	500 mg par comprimé	Sulfamide	178	178
Bactrim[Pr]	Sulfaméthoxazole	400 mg par comprimé adulte 800 mg par comprimé «DS» 100 mg par comprimé pédiatrique 80 mg/mL de solution pour perfusion 200 mg/5 mL de suspension orale	Sulfamide	176	178
	Triméthoprime	80 mg par comprimé adulte 160 mg par comprimé «DS» 20 mg par comprimé pédiatrique 16 mg/mL de solution pour perfusion	Anti-infectieux	b	

Nom commercial	Noms génériques	Quantité (mg)	Catégorie	Pages Mono-graphie	SI
Belladenal^c Belladenal Spacetabs^c	Alcaloïdes lévogyres de la belladone	40 mg/5 mL de suspension orale 0,25 mg par comprimé	Anticholinergique (antispasmodique)	b	
	Phénobarbital	50 mg par comprimé	Barbituriques	460	466
Bellergal^c	Alcaloïdes lévogyres de la belladone	0,1 mg par comprimé	Anticholinergique (antispasmodique)	b	
	Tartrate d'ergotamine	0,3 mg par comprimé	Adrénolytique alpha	716	717
	Phénobarbital	20 mg par comprimé	Barbiturique	460	466
Bellergal Spacetabs^c	Alcaloïdes lévogyres de la belladone	0,2 mg par comprimé	Anticholinergique (antispasmodique)	b	
	Tartrate d'ergotamine	0,6 mg par comprimé	Adrénolytique alpha	716	717
	Phénobarbital	40 mg par comprimé	Barbiturique	460	466
Benylin	Chlorure d'ammonium	125 mg/5 mL de sirop	Expectorant	1019	1021
	Chlorhydrate de diphénhydramine	12,5 mg/5 mL de sirop	Antihistaminique Antitussif	781	785
Benylin DM	Chlorure d'ammonium	125 mg/5 mL de sirop	Expectorant	1019	1021
	Chlorhydrate de diphénhydramine	12,5 mg/5 mL de sirop	Antihistaminique Antitussif	781	785
	Bromhydrate de dextrométhorphane	15 mg/5 mL de sirop	Antitussif	769	768
Benylin Décongestionnant	Chlorhydrate de diphénhydramine	12,5 mg/5 mL de sirop	Antihistaminique Antitussif	781	785

Produit	Ingrédient	Posologie	Catégorie		
	Chlorhydrate de pseudoéphédrine	30 mg/5 mL de sirop	Décongestionnant	709	710
Bénylin Décongestionnant pour enfants	Chlorhydrate de diphénhydramine	6,25 mg/5 mL de sirop	Antihistaminique Antitussif	781	785
	Chlorhydrate de pseudoéphédrine	15 mg/5 mL de sirop	Décongestionnant	709	710
Benylin avec Codéine[N]	Chlorhydrate de diphénhydramine	12,5 mg/5 mL de sirop	Antihistaminique Antitussif	781	785
	Chlorure d'ammonium	125 mg/5 mL de sirop	Expectorant	1019	1021
	Phosphate de codéine	3,3 mg/5 mL de sirop	Antitussif narcotique	601	597
Cafergot[Pr]	Caféine	100 mg par comprimé	Stimulant du SNC	664	665
	Tartrate d'ergotamine	1 mg par comprimé	Adrénolytique alpha	716	717
Cafergot-PB[c]	Caféine	100 mg par comprimé / 100 mg par suppositoire	Stimulant du SNC	664	665
	Tartrate d'ergotamine	1 mg par comprimé / 2 mg par suppositoire	Adrénolytique alpha	716	717
	Alcaloïdes lévogyres de la belladone	0,125 mg par comprimé / 0,25 mg par suppositoire	Anticholinergique (antispasmodique)	b	
	Pentobarbital	30 mg par comprimé / 60 mg par suppositoire	Barbiturique	458	466
Chlor-Tripolon Décongestionnant (comprimés)	Maléate de chlorphéniramine	4 mg par comprimé / 8 mg par comprimé Repetabs / 12 mg par comprimé Concentration forte	Antihistaminique	779	785
	Sulfate de pseudoéphédrine	60 mg par comprimé / 120 mg par comprimé	Décongestionnant	a	

Nom commercial	Noms génériques	Quantité (mg)	Catégorie	Pages Monographie	SI
Chlor-Tripolon Décongestionnant (sirop)	Chlorhydrate de phénylpropanolamine	Repetabs 120 mg par comprimé Concentration forte	Décongestionnant	b	
	Maléate de chlorphéniramine	12,5 mg/5 mL de sirop	Antihistaminique	779	785
Coly-Mycin otique[Pr]	Colistine	3 mg/mL de suspension	Antibiotique	a	
	Néomycine	3,3 mg/mL de suspension	Antibiotique	144	145
	Acétate d'hydrocortisone	10 mg/mL de suspension	Corticostéroïde	907	896
Combid[Pr]	Iodure d'isopropamide	5 mg par capsule	Anticholinergique	774	741
	Maléate de prochlorpérazine	10 mg par capsule	Neuroleptique	b	
Corium[Pr]	Bromure de clinidium	2,5 mg par capsule	Anticholinergique (antispasmodique)	a	
	Chlorhydrate de chlordiazépoxide	5 mg par capsule	Anxiolytique	486	483
Correctol	Docusate de sodium	100 mg par comprimé	Laxatif	812	804
	Phénolphtaléine	65 mg par comprimé	Laxatif	807	808
Darvon-N avec AAS[N]	Acide acétylsalicylique	325 mg par capsule	Analgésique antipyrétique	618	616

Produit	Ingrédient	Dose	Catégorie		
Darvon-N composé[N]	Napsylate de propoxyphène	100 mg par capsule	Analgésique	623	624
	Acide acétylsalicylique	325 mg par capsule	Analgésique antipyrétique	618	616
	Caféine	30 mg par capsule	Stimulant du SNC	664	665
	Napsylate de propoxyphène	100 mg par capsule	Analgésique	623	624
Comprimés 217	Acide acétylsalicylique	375 mg par comprimé	Analgésique antipyrétique	618	616
	Citrate de caféine	30 mg par comprimé	Stimulant du SNC	a	
Comprimés 217 Fort	Acide acétylsalicylique	500 mg par comprimé	Analgésique antipyrétique	618	616
	Citrate de caféine	30 mg par comprimé	Stimulant du SNC	a	
Comprimés 222[N]	Acide acétylsalicylique	375 mg par comprimé	Analgésique antipyrétique	618	616
	Citrate de caféine	30 mg par comprimé	Stimulant du SNC	a	
	Phosphate de codéine	8 mg par comprimé	Analgésique narcotique	601	597
Comprimés 282[N]	Acide acétylsalicylique	375 mg par comprimé	Analgésique antipyrétique	618	616
	Citrate de caféine	30 mg par comprimé	Stimulant du SNC	a	
	Phosphate de codéine	15 mg par comprimé	Analgésique narcotique	601	597
Comprimés 292[N]	Acide acétylsalicylique	375 mg par comprimé	Analgésique antipyrétique	618	616
	Citrate de caféine	30 mg par comprimé	Stimulant du SNC	a	
	Phosphate de codéine	30 mg par comprimé	Analgésique narcotique	601	597
Comprimés 293[N]	Acide acétylsalicylique	375 mg par comprimé	Analgésique antipyrétique	618	616

Nom commercial	Noms génériques	Quantité (mg)	Catégorie	Pages Monographie	Pages SI
Comprimés 692[N]	Citrate de caféine	30 mg par comprimé	Stimulant du SNC	a	
	Phosphate de codéine	60 mg par comprimé	Analgésique narcotique	601	597
	Acide acétylsalicylique	375 mg par comprimé	Analgésique antipyrétique	618	616
	Caféine	30 mg par comprimé	Stimulant du SNC	664	665
	Chlorhydrate de propoxyphène	65 mg par comprimé	Analgésique	623	624
Dilantin avec Phénobarbital[C]	Phénytoïne sodique	100 mg par capsule	Anticonvulsivant	576	577
	Phénobarbital	15 mg par capsule	Barbiturique (anticonvulsivant)	460	466
Dimetane Expectorant	Chlorhydrate de phényléphrine	5 mg/5 mL de sirop	Décongestionnant	707	709
	Chlorhydrate de phénylpropanolamine	5 mg/5 mL de sirop	Décongestionnant	b	
	Guaïfénésine	100 mg/5 mL de sirop	Expectorant	771	
	Maléate de bromphéniramine	2 mg/5 mL de sirop	Antihistaminique	778	785
Dimetane Expectorant-DC[N]	Chlorhydrate de phényléphrine	5 mg/5 mL de sirop	Décongestionnant	707	709
	Chlorhydrate de phénylpropanolamine	5 mg/5 mL de sirop	Décongestionnant	b	
	Guaïfénésine	100 mg/5 mL de sirop	Expectorant	771	

Produit	Composant	Posologie	Catégorie		
	Maléate de bromphéniramine	2 mg/5 mL de sirop	Antihistaminique	778	785
Dimetane Expectorant-C[N]	Bitartrate d'hydrocodone	1,8 mg/5 mL de sirop	Antitussif narcotique	768	768
	Chlorhydrate de phényléphrine	5 mg/5 mL de sirop	Décongestionnant	707	709
	Chlorhydrate de phénylpropanolamine	5 mg/5 mL de sirop	Décongestionnant	b	
	Guaïfénésine	100 mg/5 mL de sirop	Expectorant	771	
	Maléate de bromphéniramine	2 mg/5 mL de sirop	Antihistaminique	778	785
Dimetapp	Phosphate de codéine	10 mg/5 mL de sirop	Antitussif narcotique	601	597
	Chlorhydrate de phényléphrine	5 mg/5 mL d'élixir 5 mg par comprimé 15 mg par comprimé à action prolongée	Décongestionnant	707	709
	Chlorhydrate de phénylpropanolamine	5 mg/5 mL d'élixir 5 mg par comprimé 15 mg par comprimé à action prolongée	Décongestionnant	b	
	Maléate de bromphéniramine	4 mg/5 mL d'élixir 4 mg par comprimé 12 mg par comprimé à action prolongée	Antihistaminique	778	785
Dimetapp-A	Acétaminophène	300 mg par comprimé 80 mg/5 mL de sirop pédiatrique	Analgésique antipyrétique	618	620
	Chlorhydrate de phényléphrine	5 mg par comprimé 2,5 mg/5 mL de sirop pédiatrique	Décongestionnant	707	709

Nom commercial	Noms génériques	Quantité (mg)	Catégorie	Pages Mono-graphie	Pages SI
	Chlorhydrate de phénylpropanolamine	5 mg par comprimé 2,5 mg/5 mL de sirop pédiatrique	Décongestionnant	b	
	Maléate de bromphéniramine	4 mg par comprimé 2 mg/5 mL de sirop pédiatrique	Antihistaminique	778	785
Dimetapp-DM	Chlorhydrate de phényléphrine	5 mg par comprimé 5 mg/5 mL d'élixir	Décongestionnant	707	709
	Chlorhydrate de phénylpropanolamine	5 mg par comprimé 5 mg/5 mL d'élixir	Décongestionnant	b	
	Bromhydrate de dextrométhorphane	15 mg par comprimé 15 mg/5 mL d'élixir	Antitussif	769	768
	Maléate de bromphéniramine	4 mg par comprimé 4 mg/5 mL d'élixir	Antihistaminique	778	785
Dimetapp avec Codéine[N]	Chlorhydrate de phényléphrine	5 mg par comprimé	Décongestionnant	707	709
	Chlorhydrate de phénylpropanolamine	5 mg par comprimé	Décongestionnant	b	
	Maléate de bromphéniramine	4 mg par comprimé	Antihistaminique	778	785
	Phosphate de codéine	8 mg par comprimé	Antitussif narcotique	601	597
Donnatal[C]	Bromhydrate de scopolamine	7 μg par comprimé 7 μg/5 mL d'élixir	Anticholinergique (antispasmodique)	744	741

Doss	Phénobarbital	19,5 µg par comprimé à action prolongée 16,2 mg par comprimé 16,2 mg/5 mL d'élixir 48,6 mg par comprimé à action prolongée	Barbiturique	460	466
	Sulfate d'atropine	19 µg par comprimé 19 µg/5 mL d'élixir 58 µg par comprimé à action prolongée	Anticholinergique (antispasmodique)	742	741
	Sulfate d'hyoscyamine	104 µg par comprimé 104 µg/5 mL d'élixir 311 µg par comprimé à action prolongée	Anticholinergique (antispasmodique)	742	741
Doss	Danthron Docusate de sodium	50 mg par comprimé 60 mg par comprimé	Laxatif Laxatif	806 812	806 804
Doxidan	Danthron Docusate de calcium	50 mg par capsule 60 mg par capsule	Laxatif Laxatif	806 812	806 804
Dulcodos	Bisacodyl Docusate de sodium	5 mg par comprimé 100 mg par comprimé	Laxatif Laxatif	804 812	804 804
Dyazide[Pr]	Hydrochlorothiazice Triamtérène	25 mg par comprimé 50 mg par comprimé	Diurétique Diurétique	983 999	981 1000
Elavil Plus[Pr]	Chlorhydrate d'amitriptyline Perphénazine	25 mg par comprimé 2 mg par comprimé	Antidépresseur Neuroleptique	527 505	536 500
Emtec-30[N]	Acétaminophène	300 mg par comprimé	Analgésique antipyrétique	618	620

Nom commercial	Noms génériques	Quantité (mg)	Catégorie	Pages Monographie	Pages SI
Empracet-30[N]	Phosphate de codéine	30 mg par comprimé	Analgésique narcotique	601	597
	Acétaminophène	300 mg par comprimé	Analgésique antipyrétique	618	620
Empracet-60[N]	Phosphate de codéine	30 mg par comprimé	Analgésique narcotique	601	597
	Acétaminophène	300 mg par comprimé	Analgésique antipyrétique	618	620
	Phosphate de codéine	60 mg par comprimé	Analgésique narcotique	601	597
Equagesic[Pr]	Acide acétylsalicylique	250 mg par comprimé	Analgésique antipyrétique	618	616
	Citrate d'éthoheptazine	75 mg par comprimé	Myorésolutif	a	
	Méprobamate	200 mg par comprimé	Anxiolytique (myorésolutif)	492	494
Ergodryl[Pr]	Chlorhydrate de diphénhydramine	25 mg par capsule	Antihistaminique	781	785
	Citrate de caféine	100 mg par capsule	Stimulant du SNC	a	
	Tartrate d'ergotamine	1 mg par capsule	Adrénolytique alpha	716	717
Etrafon 2-10[Pr]	Chlorhydrate d'amitriptyline	10 mg par comprimé	Antidépresseur	527	536
	Perphénazine	2 mg par comprimé	Neuroleptique	505	500
Etrafon-A[Pr]	Chlorhydrate d'amitriptyline	10 mg par comprimé	Antidépresseur	527	536
	Perphénazine	4 mg par comprimé	Neuroleptique	505	500

Produit	Composant	Classe	Posologie		
Etrafon-D[Pr]	Chlorhydrate d'amitriptyline	Antidépresseur	25 mg par comprimé	527	536
	Perphénazine	Neuroleptique	2 mg par comprimé	505	500
Etrafon-F[Pr]	Chlorhydrate d'amitriptyline	Antidépresseur	25 mg par comprimé	527	536
	Perphénazine	Neuroleptique	4 mg par comprimé	505	500
Exdol-8[N]	Acétaminophène	Analgésique antipyrétique	300 mg par comprimé	618	620
	Citrate de caféine	Stimulant du SNC	30 mg par comprimé	a	
	Phosphate de codéine	Analgésique narcotique	8 mg par comprimé	601	597
Exdol-15[N]	Acétaminophène	Analgésique antipyrétique	300 mg par comprimé	618	620
	Citrate de caféine	Stimulant du SNC	30 mg par comprimé	a	
	Phosphate de codéine	Analgésique narcotique	15 mg par comprimé	601	597
Exdol-30[N]	Acétaminophène	Analgésique antipyrétique	300 mg par comprimé	618	620
	Citrate de caféine	Stimulant du SNC	30 mg par comprimé	a	
	Phosphate de codéine	Analgésique narcotique	30 mg par comprimé	601	597
Fiorinal[C]	Acide acétylsalicylique	Analgésique	330 mg par comprimé / 330 mg par capsule	618	616
	Butalbital	Barbiturique	50 mg par comprimé / 50 mg par capsule	a	
Fiorinal-C1/4[N]	Acide acétylsalicylique	Analgésique	330 mg par capsule	618	616
	Butalbital	Barbiturique	50 mg par capsule	a	
	Caféine	Stimulant du SNC	40 mg par capsule	664	665
	Phosphate de codéine	Analgésique narcotique	15 mg par capsule	601	597

Nom commercial	Noms génériques	Quantité (mg)	Catégorie	Pages Mono-graphie	SI
Fiorinal-C1/2[N]	Acide acétylsalicylique	330 mg par capsule	Analgésique	618	616
	Butalbital	50 mg par capsule	Barbiturique	a	
	Caféine	40 mg par capsule	Stimulant du SNC	664	665
	Phosphate de codéine	30 mg par capsule	Analgésique narcotique	601	597
Flagystatin[Pr]	Métronidazole	500 mg par comprimé vaginal	Trichomonacide	219	221
		500 mg par ovule vaginal			
		500 mg par applicateur rempli de crème vaginale			
	Nystatine	100 000 unités par comprimé vaginal	Antifongique	170	171
		100 000 unités par ovule vaginal			
		100 000 unités par applicateur rempli de crème vaginale			
Gaviscon (suspension)	Alginate de sodium	250 mg/5 mL de suspension		a	
	Hydroxyde d'aluminium	100 mg/5 mL de suspension	Antiacide	789	790
Gaviscon (comprimés)	Acide alginique	200 mg par comprimé		a	
	Hydroxyde d'aluminium	80 mg par comprimé	Antiacide	789	790

Gelusil	Trisilicate de magnésium	20 mg par comprimé	Antiacide	a	
	Hydroxyde d'aluminium	200 mg/5 mL de suspension 200 mg par comprimé	Antiacide	789	790
	Hydroxyde de magnésium	200 mg/5 mL de suspension 200 mg par comprimé	Antiacide	792	789
Gelusil-400	Hydroxyde d'aluminium	400 mg par comprimé	Antiacide	789	790
	Hydroxyde de magnésium	400 mg par comprimé	Antiacide	792	789
Gelusil Extra puissant	Hydroxyde d'aluminium	650 mg/5 mL de suspension	Antiacide	789	790
	Hydroxyde de magnésium	350 mg/5 mL de suspension	Antiacide	792	789
Gravergol[Pr]	Caféine	100 mg par capsule	Stimulant du SNC	664	665
	Dimenhydrinate	50 mg par capsule	Antiémétique	825	825
	Tartrate d'ergotamine	1 mg par capsule	Adrénolytique alpha	716	717
Hycomine[N]	Bitartrate d'hydrocodone	2,5 mg/5 mL de sirop	Antitussif narcotique	768	768
	Chlorhydrate de phényléphrine	10 mg/5 mL de sirop	Décongestionnant	707	709
	Maléate de pyrilamine	12,5 mg/5 mL de sirop	Antihistaminique	a	
Hycomine-S[N]	Bitartrate d'hydrocodone	2,5 mg/5 mL de sirop	Antitussif narcotique	768	768
	Chlorhydrate de phényléphrine	5 mg/5 mL de sirop	Décongestionnant	707	709
	Chlorure d'ammonium	30 mg/5 mL de sirop	Expectorant	1019	1021
	Maléate de pyrilamine	6,25 mg/5 mL de sirop	Antihistaminique	a	

Nom commercial	Noms génériques	Quantité (mg)	Catégorie	Pages Mono-graphie	Pages SI
Indéride 40 mg[Pr]	Chlorhydrate de propranolol	40 mg par comprimé	Adrénolytique bêta	414	416
	Hydrochlorothiazide	25 mg par comprimé	Diurétique	983	981
Indéride 80 mg[Pr]	Chlorhydrate de propranolol	80 mg par comprimé	Adrénolytique bêta	414	416
	Hydrochlorothiazide	25 mg par comprimé	Diurétique	983	981
Innovar[N]	Dropéridol	2,5 mg/mL de solution	Neuroleptique	514	514
	Citrate de fentanyl	0,0785 mg/mL de solution	Analgésique narcotique	601	597
Instantine	Acide acétylsalicylique	453,6 mg par comprimé	Analgésique antipyrétique	618	616
	Caféine	64,8 mg par comprimé	Stimulant du SNC	664	665
Instantine-Plus[N]	Acide acétylsalicylique	453,6 mg par comprimé	Analgésique antipyrétique	618	616
	Caféine	16,2 mg par comprimé	Stimulant du SNC	664	665
	Phosphate de codéine	8,1 mg par comprimé	Analgésique narcotique	601	597
Ismelin-Esidrix[Pr]	Hydrochlorothiazide	25 mg par comprimé	Diurétique	983	981
	Sulfate de guanéthidine	10 mg par comprimé	Antihypertenseur	404	407
Lenoltec avec codéine N° 1[N]	Acétaminophène	300 mg par comprimé	Analgésique antipyrétique	618	620
	Caféine	15 mg par comprimé	Stimulant du SNC	664	665
	Phosphate de codéine	8 mg par comprimé	Analgésique narcotique	601	597

Produit	Ingrédient	Teneur	Classification		
Lenoltec avec codéine N° 2[N]	Acétaminophène	300 mg par comprimé	Analgésique antipyrétique	618	620
	Caféine	15 mg par comprimé	Stimulant du SNC	664	665
	Phosphate de codéine	15 mg par comprimé	Analgésique narcotique	601	597
Lenoltec avec codéine N° 3[N]	Acétaminophène	300 mg par comprimé	Analgésique antipyrétique	618	620
	Caféine	15 mg par comprimé	Stimulant du SNC	664	665
	Phosphate de codéine	30 mg par comprimé	Analgésique narcotique	601	597
Lenoltec avec codéine N° 4[N]	Acétaminophène	300 mg par comprimé	Analgésique antipyrétique	618	620
	Phosphate de codéine	60 mg par comprimé	Analgésique narcotique	601	597
Librax[Pr]	Bromure de clinidium	2,5 mg par capsule	Anticholinergique (antispasmodique)	a	
	Chlorhydrate de chlordiazépoxide	5 mg par capsule	Anxiolytique	486	483
Lidosporin (crème topique)	Gramicidine	0,25 mg/g de crème	Antibiotique	a	
	Chlorhydrate de lidocaïne	50 mg/g de crème	Anesthésique local	674	677
	Sulfate de polymyxine B	10 000 unités/g de crème	Antibiotique	135	137
Lidosporin (gouttes otiques)	Chlorhydrate de lidocaïne	50 mg/mL de solution	Anesthésique local	674	677
	Sulfate de polymyxine B	10 000 unités/mL de solution	Antibiotique	135	137
Locacorten Vioform[Pr] (gouttes otiques)	Iodochlorhydroxy-quinoléine	0,1g/10 mL de solution	Antifongique Antibactérien	167	

Nom commercial	Noms génériques	Quantité (mg)	Catégorie	Pages Monographie	SI
	Pivalate de fluméthasone	0,002 mg/10 mL de solution	Corticostéroïde	889	896
Locacorten Vioform^Pr (préparations topiques)	Iodochlorhydroxy-quinoléine	0,3 g/10 g de crème 0,3 g/10 g de pommade	Antifongique Antibactérien	167	896
	Pivalate de fluméthasone	0,002 g/10 g de crème 0,002 g/10 de pommade	Corticostéroïde	889	896
Locasalen^Pr	Acide salicylique	0,3 g/10 g de pommade	Kératolytique	b	
	Pivalate de fluméthasone	0,002 g/10 g de pommade	Corticostéroïde	889	896
Maalox	Hydroxyde d'aluminium	200 mg/5 mL de suspension 400 mg par comprimé	Antiacide	789	790
	Hydroxyde de magnésium	200 mg/5 mL de suspension 400 mg par comprimé	Antiacide	792	789
Maalox Plus	Diméthylpolysiloxane	25 mg/5 mL de suspension 25 mg par comprimé	Antiflatulent	b	
	Hydroxyde d'aluminium	200 mg/5 mL de suspension 200 mg par comprimé	Antiacide	789	790
	Hydroxyde de magnésium	200 mg/5 mL de suspension 200 mg par comprimé	Antiacide	792	789

Produit	Ingrédient	Dosage	Catégorie		
Maalox TC	Hydroxyde d'aluminium	600 mg/5 mL de suspension 600 mg par comprimé	Antiacide	789	790
	Hydroxyde de magnésium	300 mg/5 mL de suspension 300 mg par comprimé	Antiacide	792	789
Mercodol avec Decapryn[N]	Bitartrate d'hydrocodone	0,33 mg/mL de sirop	Antitussif narcotique	768	768
	Chlorhydrate d'étafédrine	3,33 mg/mL de sirop	Décongestionnant	a	
	Succinate de doxylamine	1,2 mg/mL de sirop	Antihistaminique	a	
Mersyndol avec codéine[N]	Acétaminophène	325 mg par comprimé	Analgésique antipyrétique	618	620
	Phosphate de codéine	8 mg par comprimé	Analgésique narcotique	601	597
	Succinate de doxylamine	5 mg par comprimé	Antihistaminique	a	
Moduret[Pr]	Chlorhydrate d'amiloride	5 mg par comprimé	Diurétique	995	996
	Hydrochlorothiazide	50 mg par comprimé	Diurétique	983	981
Mylanta	Hydroxyde d'aluminium	200 mg/5 mL de suspension 200 mg par comprimé	Antiacide	789	790
	Hydroxyde de magnésium	200 mg/5 mL de suspension 200 mg par comprimé	Antiacide	792	789
	Siméthicone	20 mg/5 mL de suspension 20 mg par comprimé	Antiflatulent	800	
Mylanta-2	Hydroxyde d'aluminium	400 mg/5 mL de suspension 400 mg par comprimé	Antiacide	789	790

Nom commercial	Noms génériques	Quantité (mg)	Catégorie	Monographie	SI
				Pages	
	Hydroxyde de magnésium	400 mg/5 mL de suspension 400 mg par comprimé	Antiacide	792	789
	Siméthicone	30 mg/5 mL de suspension 30 mg par comprimé	Antiflatulent	800	
Mylanta-2 simple	Hydroxyde d'aluminium	400 mg/5 mL de suspension 400 mg par comprimé	Antiacide	789	790
	Hydroxyde de magnésium	400 mg/5 mL de suspension 400 mg par comprimé	Antiacide	792	789
Norgesic	Acide acétylsalicylique	300 mg par comprimé	Analgésique antipyrétique	618	616
	Citrate d'orphénadrine	25 mg par comprimé	Myorésolutif	566	567
	Caféine	30 mg par comprimé	Stimulant du SNC	664	665
Norgesic Forte	Acide acétylsalicylique	600 mg par comprimé	Analgésique antipyrétique	618	616
	Citrate d'orphénadrine	50 mg par comprimé	Myorésolutif	566	567
	Caféine	60 mg par comprimé	Stimulant du SNC	618	616
Novahistex (capsules)	Chlorhydrate de pseudoéphédrine	120 mg par capsule	Décongestionnant	709	710
	Maléate de chlorphéniramine	8 mg par capsule	Antihistaminique	779	785

Novahistex (sirop)	Chlorhydrate de phényléphrine	10 mg/5 mL de sirop	Décongestionnant	707	709
	Chlorhydrate de diphénylpyraline	1 mg/5 mL de sirop	Antihistaminique	a	
Novahistex C[N]	Chlorhydrate de phényléphrine	20 mg/5 mL de sirop	Décongestionnant	707	709
	Chlorhydrate de diphénylpyraline	2 mg/5 mL de sirop	Antihistaminique	a	
	Phosphate de codéine	15 mg/5 mL de sirop	Antitussif narcotique	601	597
Novahistex DH[N]	Bitartrate d'hydrocodone	5 mg/5 mL de sirop	Antitussif narcotique	768	768
	Chlorhydrate de phényléphrine	20 mg/5 mL de sirop	Décongestionnant	707	709
	Chlorhydrate de diphénylpyraline	2 mg/5 mL de sirop	Antihistaminique	a	
Novahistex DH Expectorant[N]	Bitartrate d'hydrocodone	5 mg/5 mL de sirop	Antitussif narcotique	768	768
	Chlorhydrate de phényléphrine	20 mg/5 mL de sirop	Décongestionnant	707	709
	Chlorhydrate de diphénylpyraline	2 mg/5 mL de sirop	Antihistaminique	a	
	Guaïfénésine	200 mg/5 mL de sirop	Expectorant	771	
Novahistex DM	Bromhydrate de dextrométhorphane	10 mg/5 mL de sirop	Antitussif	769	768
	Chlorhydrate de phényléphrine	10 mg/5 mL de sirop	Décongestionnant	707	709
	Chlorhydrate de diphénylpyraline	1 mg/5 mL de sirop	Antihistaminique	a	

Nom commercial	Noms génériques	Quantité (mg)	Catégorie	Pages Monographie	SI
Novahistex DM Expectorant	Bromhydrate de dextrométhorphane	15 mg/5 mL de sirop	Antitussif	769	768
	Chlorhydrate de phényléphrine	10 mg/5 mL de sirop	Décongestionnant	707	709
	Chlorhydrate de diphénylpyraline	1 mg/5 mL de sirop	Antihistaminique	a	
	Guaïfénésine	100 mg/5 mL de sirop	Expectorant	771	
Novahistine	Chlorhydrate de phényléphrine	5 mg/5 mL de sirop	Décongestionnant	707	709
	Chlorhydrate de diphénylpyraline	0,5 mg/5 mL de sirop	Antihistaminique	a	
Novahistine DH[N]	Bitartrate d'hydrocodone	1,7 mg/5 mL de sirop	Antitussif narcotique	768	768
	Chlorhydrate de phényléphrine	10 mg/5 mL de sirop	Décongestionnant	707	709
	Chlorhydrate de diphénylpyraline	1 mg/5 mL de sirop	Antihistaminique	a	
Novahistine DH Expectorant[N]	Bitartrate d'hydrocodone	1,7 mg/5 mL de sirop	Antitussif narcotique	768	768
	Chlorhydrate de phényléphrine	10 mg/5 mL de sirop	Décongestionnant	707	709
	Chlorhydrate de diphénylpyraline	1 mg/5 mL de sirop	Antihistaminique	a	
	Guaïfénésine	100 mg/5 mL de sirop	Expectorant	771	

Novahistine DM	Bromhydrate de dextrométhorphane	7,5 mg/5 mL de sirop	Antitussif	769	768
	Chlorhydrate de phényléphrine	5 mg/5 mL de sirop	Décongestionnant	707	709
	Chlorhydrate de diphénylpyraline	0,5 mg/5 mL de sirop	Antihistaminique	a	
Novodoparil-15[Pr]	Hydrochlorothiazide	15 mg par comprimé	Diurétique	983	981
	Méthyldopa	250 mg par comprimé	Antihypertenseur	401	403
Novodoparil-25[Pr]	Hydrochlorothiazide	25 mg par comprimé	Diurétique	983	981
	Méthyldopa	250 mg par comprimé	Antihypertenseur	401	403
Novopropoxyn Composé[N]	Chlorhydrate de propoxyphène	65 mg par capsule	Analgésique	623	624
	Acide acétylsalicylique	375 mg par capsule	Analgésique antipyrétique	618	616
	Caféine	30 mg par capsule	Stimulant du SNC	664	665
Novospirozine[Pr]	Hydrochlorothiazice	25 mg par comprimé	Diurétique	983	981
	Spironolactone	25 mg par comprimé	Diurétique	997	998
Novotriamzide[Pr]	Hydrochlorothiazide	25 mg par comprimé	Diurétique	983	981
	Triamtérène	50 mg par comprimé	Diurétique	999	1000
Novotrimel[Pr]	Sulfaméthoxazole	400 mg par comprimé 800 mg par comprimé DS	Sulfamide	176	178
	Triméthoprime	80 mg par comprimé 160 mg par comprimé DS	Anti-infectieux	b	
Ornade	Maléate de chlorphéniramine	8 mg par capsule 1,5 mg/5 mL de sirop	Antihistaminique	779	785

Nom commercial	Noms génériques	Quantité (mg)	Catégorie	Pages Mono-graphie	Pages SI
	Chlorhydrate de phénylpropanolamine	75 mg par capsule 15 mg/5 mL de sirop	Décongestionnant	b	
Ornade-A.F.	Chlorhydrate de phénylpropanolamine	75 mg par capsule 15 mg/5 mL de sirop	Décongestionnant	b	
	Maléate de chlorphéniramine	12 mg par capsule 2,5 mg/5 mL de sirop	Antihistaminique	779	785
Ornade-DM	Bromhydrate de dextrométhorphane	15 mg/5 mL de sirop	Antitussif	769	768
	Chlorhydrate de phénylpropanolamine	15 mg/5 mL de sirop	Décongestionnant	b	
	Maléate de chlorphéniramine	2 mg/5 mL de sirop	Antihistaminique	779	785
Ornade expectorant	Chlorhydrate de phénylpropanolamine	15 mg/5 mL de sirop	Décongestionnant	b	
	Guaïfénésine	100 mg/5 mL de sirop	Expectorant	771	
	Maléate de chlorphéniramine	2 mg/5 mL de sirop	Antihistaminique	779	785
Parafon Forte	Acétaminophène	300 mg par comprimé	Analgésique antipyrétique	618	620
	Chlorzoxazone	250 mg par comprimé	Myorésolutif	a	
Parafon Forte C8[n]	Acétaminophène	300 mg par comprimé	Analgésique antipyrétique	618	620
	Chlorzoxazone	250 mg par comprimé	Myorésolutif	a	
	Phosphate de codéine	8 mg par comprimé	Analgésique narcotique	601	597

Nom	Composant	Dosage	Classification		
Percocet[N]	Acétaminophène	325 mg par comprimé	Analgésique antipyrétique	618	620
	Chlorhydrate d'oxycodone	5 mg par comprimé	Analgésique narcotique	607	597
Percocet-Demi[N]	Acétaminophène	325 mg par comprimé	Analgésique antipyrétique	618	620
	Chlorhydrate d'oxycodone	2,5 mg par comprimé	Analgésique narcotique	607	597
Percodan[N]	Acide acétylsalicylique	325 mg par comprimé	Analgésique antipyrétique	618	616
	Chlorhydrate d'oxycodone	5 mg par comprimé	Analgésique narcotique	607	597
Percodan-Demi[N]	Acide acétylsalicylique	325 mg par comprimé	Analgésique antipyrétique	618	616
	Chlorhydrate d'oxycodone	2,5 mg par comprimé	Analgésique narcotique	607	597
Peri-Colace	Casanthranol	30 mg par capsule	Laxatif	a	
	Docusate de sodium	100 mg par capsule	Laxatif	812	804
Phelantin 100[C]	Phénytoïne	100 mg par capsule	Anticonvulsivant	576	577
	Phénobarbital	30 mg par capsule	Barbiturique	460	466
	Chlorhydrate de méthamphétamine	2,5 mg par capsule	Amphétamine	a	
Phenaphen[C]	Acide acétylsalicylique	325 mg par capsule	Analgésique antipyrétique	618	616
Phenaphen N° 2[N]	Phénobarbital	16,2 mg par capsule	Barbiturique	460	466
	Acide acétylsalicylique	325 mg par capsule	Analgésique antipyrétique	618	616

Nom commercial	Noms génériques	Quantité (mg)	Catégorie	Mono-graphie	SI
	Phénobarbital	16,2 mg par capsule	Barbiturique	460	466
	Phosphate de codéine	16,2 mg par capsule	Analgésique narcotique	601	597
Phenaphen N° 3[N]	Acide acétylsalicylique	325 mg par capsule	Analgésique antipyrétique	618	616
	Phénobarbital	16,2 mg par capsule	Barbiturique	460	466
	Phosphate de codéine	32,4 mg par capsule	Analgésique narcotique	601	597
Phenaphen N° 4[N]	Acide acétylsalicylique	325 mg par capsule	Analgésique antipyrétique	618	616
	Phénobarbital	16,2 mg par capsule	Barbiturique	460	466
	Phosphate de codéine	64,8 mg par capsule	Analgésique narcotique	601	597
Phénergan Expectorant	Chlorhydrate de prométhazine	5 mg/5 mL de sirop	Antihistaminique	782	785
	Gaïacolsulfonate de potassium	40 mg/5 mL de sirop	Expectorant	b	
Phénergan Expectorant avec Codéine[N]	Chlorhydrate de prométhazine	5 mg/5 mL de sirop	Antihistaminique	782	785
	Gaïacolsulfonate de potassium	40 mg/5 mL de sirop	Expectorant	b	
	Phosphate de codéine	10 mg/5 mL de sirop	Antitussif narcotique	601	597
Phénergan Expectorant VC	Chlorhydrate de prométhazine	5 mg/5 mL de sirop	Antihistaminique	782	785
	Chlorhydrate de phényléphrine	5 mg/5 mL de sirop	Décongestionnant	707	709

Produit	Ingrédient	Dosage	Catégorie		
Phénergan Expectorant VC avec Codéine[N]	Gaïacolsulfonate de potassium	44 mg/5 mL de sirop	Expectorant	b	b
	Chlorhydrate de prométhazine	5 mg/5 mL de sirop	Antihistaminique	782	785
	Chlorhydrate de phényléphrine	5 mg/5 mL de sirop	Décongestionnant	707	709
	Gaïacolsulfonate de potassium	44 mg/5 mL de sirop	Expectorant	b	b
	Phosphate de codéine	10 mg/5 mL de sirop	Antitussif narcotique	601	597
PMS Levazine 2/25	Perphénazine	2 mg par dragée	Neuroleptique	505	500
	Chlorhydrate d'amitriptyline	25 mg par dragée	Antidépresseur	527	536
PMS Levazine 4/25	Perphénazine	4 mg par dragée	Neuroleptique	505	500
	Chlorhydrate d'amitriptyline	25 mg par dragée	Antidépresseur	527	536
PMS Levazine 3/15	Perphénazine	3 mg par comprimé	Neuroleptique	505	500
	Chlorhydrate d'amitriptyline	15 mg par comprimé	Antidépresseur	527	536
Polysporin (crème topique)	Gramicidine	0,25 mg/g de crème	Antibiotique	a	a
	Sulfate de polymyxine B	10 000 unités/g de crème	Antibiotique	135	137
Polysporin (gouttes oto-ophtalmiques)	Gramicidine	0,025 mg/5 mL de solution	Antibiotique	a	a
	Sulfate de polymyxine B	10 000 unités/mL de solution	Antibiotique	135	137

Nom commercial	Noms génériques	Quantité (mg)	Catégorie	Pages Mono-graphie	Pages SI
Polysporin (onguent ophtalmique)	Bacitracine	500 unités/g d'onguent	Antibiotique	150	151
	Sulfate de polymyxine B	10 000 unités/g d'onguent	Antibiotique	135	137
Proctosedyl[Pr]	Chlorhydrate de dibucaïne	5 mg/g de pommade 5 mg par suppositoire	Anesthésique local	674	677
	Hydrocortisone	5 mg/g de pommade 5 mg par suppositoire	Corticostéroïde	907	896
	Sulfate de framycétine	10 mg/g de pommade 10 mg par suppositoire	Antibiotique	b	
Proctosone[Pr]	Chlorhydrate de dibucaïne	5 mg/g de pommade 5 mg par suppositoire	Anesthésique local	674	677
	Esculine	10 mg/g de pommade 10 mg par suppositoire		a	
	Hydrocortisone	5 mg/g de pommade 5 mg par suppositoire	Corticostéroïde	907	896
	Sulfate de néomycine	10 mg/g de pommade 10 mg par suppositoire	Antibiotique	144	145
Promatussin DM	Bromhydrate de dextrométhorphane	15 mg/5 mL de sirop pour adultes 7,5 mg/5 mL de sirop pour enfants	Antitussif	769	768
	Chlorhydrate de prométhazine	6,25 mg/5 mL de sirop pour adultes	Antihistaminiques	782	785

Produit	Ingrédient	Posologie	Catégorie		
Protrin[Pr]	Pseudoéphédrine	3,125 mg/5 mL de sirop pour enfants 60 mg/5 mL de sirop pour adultes 30 mg/5 mL de sirop pour enfants	Décongestionnant	709	710
	Sulfaméthoxazole	400 mg par comprimé 800 mg par comprimé DS	Sulfamide	176	178
	Triméthoprime	80 mg par comprimé 160 mg par comprimé DS	Anti-infectieux	b	
Robaxacet	Acétaminophène	325 mg par comprimé	Analgésique antipyrétique	618	620
	Méthocarbamol	400 mg par comprimé	Myorésolutif	565	566
Robaxisal	Acide acétylsalicylique	325 mg par comprimé	Analgésique antipyrétique	618	616
	Méthocarbamol	400 mg par comprimé	Myorésolutif	565	566
Robaxisal-C1/8[N]	Acide acétylsalicylique	325 mg par comprimé	Analgésique antipyrétique	618	616
	Méthocarbamol	400 mg par comprimé	Myorésolutif	565	566
	Phosphate de codéine	8 mg par comprimé	Analgésique narcotique	601	597
Robaxisal-C1/4[N]	Acide acétylsalicylique	325 mg par comprimé	Analgésique antipyrétique	618	616
	Méthocarbamol	400 mg par comprimé	Myorésolutif	565	566
	Phosphate de codeine	16,2 mg par comprimé	Analgésique narcotique	601	597
Robaxisal-C1/2[N]	Acide acétylsalicylique	325 mg par comprimé	Analgésique antipyrétique	618	616

Nom commercial	Noms génériques	Quantité (mg)	Catégorie	Pages Mono-graphie	Pages SI
	Méthocarbamol	400 mg par comprimé	Myorésolutif	565	566
	Phosphate de codéine	32,4 mg par comprimé	Analgésique narcotique	601	597
Robitussin-DM	Bromhydrate de dextrométhorphane	15 mg/5 mL de sirop	Antitussif	769	768
	Guaïfénésine	100 mg/5 mL de sirop	Expectorant	771	
Robitussin-AC[N]	Guaïfénésine	100 mg/5 mL de sirop	Expectorant	771	
	Maléate de phéniramine	7,5 mg/5 mL de sirop	Antihistaminique	a	
	Phosphate de codéine	10 mg/5 mL de sirop	Antitussif narcotique	601	597
Robitussin avec Codéine[N]	Guaïfénésine	100 mg/5 mL de sirop	Expectorant	771	
	Maléate de phéniramine	7,5 mg/5 mL de sirop	Antihistaminique	a	
	Phosphate de codéine	3,3 mg/5 mL de sirop	Antitussif narcotique	601	597
Robitussin-CF	Bromhydrate de dextrométhorphane	10 mg/5 mL de sirop	Antitussif	769	768
	Chlorhydrate de phénylpropanolamine	12,5 mg/5 mL de sirop	Décongestionnant	b	
	Guaïfénésine	100 mg/5 mL de sirop	Expectorant	771	
Robitussin-PE	Chlorhydrate de pseudoéphédrine	30 mg/5 mL de sirop	Décongestionnant	709	710
	Guaïfénésine	100 mg/5 mL de sirop	Expectorant	771	
Roubac[Pr]	Sulfaméthoxazole	400 mg par comprimé 800 mg par comprimé DS	Sulfamide	176	178

	Composition	Quantité	Catégorie		
	Triméthoprime	80 mg par comprimé 160 mg par comprimé DS	Anti-infectieux	b	
Rounox + Codéine 15[N]	Acétaminophène	325 mg par comprimé	Analgésique antipyrétique	618	620
	Phosphate de cocéine	15 mg par comprimé	Analgésique narcotique	601	597
Rounox + Codéine 30[N]	Acétaminophène	325 mg par comprimé	Analgésique antipyrétique	618	620
	Phosphate de codéine	30 mg par comprimé	Analgésique narcotique	601	597
Rounox + Codéine 60[N]	Acétaminophène	325 mg par comprimé	Analgésique antipyrétique	618	620
	Phosphate de codéine	60 mg par comprimé	Analgésique narcotique	601	597
Septra[Pr]	Sulfaméthoxazole	400 mg par comprimé 800 mg par comprimé DS 100 mg par comprimé pédiatrique 200 mg/5 mL de suspension pédiatrique 400 mg/5 mL de solution pour perfusion	Sulfamide	176	178
	Triméthoprime	80 mg par comprimé 160 mg par comprimé DS 20 mg par comprimé pédiatrique 40 mg/5 mL de suspension pédiatrique	Anti-infectieux	b	

Nom commercial	Noms génériques	Quantité (mg)	Catégorie	Pages Mono-graphie	SI
Ser-Ap-Es[Pr]	Chlorhydrate d'hydralazine	80 mg/5 mL de solution pour perfusion			
		25 mg par comprimé	Antihypertenseur	424	426
Serpasil-Esidrix 25[Pr]	Hydrochlorothiazide	15 mg par comprimé	Diurétique	983	981
	Réserpine	0,1 mg par comprimé	Antihypertenseur	394	393
Serpasil-Esidrix 50[Pr]	Hydrochlorothiazide	25 mg par comprimé	Diurétique	983	981
	Réserpine	0,1 mg par comprimé	Antihypertenseur	394	393
	Hydrochlorothiazide	50 mg par comprimé	Diurétique	983	981
	Réserpine	0,1 mg par comprimé	Antihypertenseur	394	393
Stelabid no 1[Pr]	Isopropamide	5 mg par comprimé	Anticholinergique	744	741
	Trifluopérazine	1 mg par comprimé	Neuroleptique	510	500
Stelabid no 2[Pr]	Isopropamide	5 mg par comprimé	Anticholinergique	744	741
	Trifluopérazine	2 mg par comprimé	Neuroleptique	510	500
Stelabid Forte[Pr]	Isopropamide	7,5 mg par comprimé	Anticholinergique	744	741
	Trifluopérazine	2 mg par comprimé	Neuroleptique	510	500
Stelabid Ultra[Pr]	Isopropamide	10 mg par comprimé	Anticholinergique	744	741
	Trifluopérazine	2 mg par comprimé	Neuroleptique	510	500
Stelabid Elixir[Pr]	Isopropamide	5 mg/5 mL d'élixir	Anticholinergique	744	741
	Trifluopérazine	1 mg/5 mL d'élixir	Neuroleptique	510	500

Produit	Composant	Dose	Classe		
Talwin Composé-50[N]	Acide acétylsalicylique	390 mg par comprimé	Analgésique antipyrétique	618	616
	Caféine	32 mg par comprimé	Stimulant du SNC	664	665
	Chlorhydrate de pentazocine	50 mg par comprimé	Analgésique narcotique	608	597
Tecnal[c]	Acide acétylsalicylique	330 mg par comprimé / 330 mg par capsule	Analgésique antipyrétique	618	616
	Butalbital	50 mg par comprimé / 50 mg par capsule	Barbiturique	a	
	Caféine	40 mg par comprimé / 40 mg par capsule	Stimulant du SNC	664	665
Tecnal C1/4[N]	Acide acétylsalicylique	330 mg par capsule	Analgésique antipyrétique	618	616
	Butalbital	50 mg par capsule	Barbiturique	a	
	Caféine	40 mg par capsule	Stimulant du SNC	664	665
	Phosphate de codéine	15 mg par capsule	Analgésique narcotique	601	597
Tecnal C1/2[N]	Acide acétylsalicylique	330 mg par capsule	Analgésique antipyrétique	618	616
	Butalbital	50 mg par capsule	Barbiturique	a	
	Caféine	40 mg par capsule	Stimulant du SNC	664	665
	Phosphate de codéine	30 mg par capsule	Analgésique narcotique	601	597
Tedral[c]	Chlorhydrate d'éphédrine	24 mg par comprimé / 48 mg par comprimé SA / 18 mg/5 mL d'élixir	Sympathomimétique	698	699
	Phénobarbital	6 mg par comprimé / 25 mg par comprimé SA / 6 mg/15 mL d'élixir	Barbiturique	460	466

Nom commercial	Noms génériques	Quantité (mg)	Catégorie	Mono-graphie	SI
	Théophylline	118 mg par comprimé 180 mg par comprimé SA 88,65 mg/5 mL d'élixir	Bronchodilatateur	764	762
Triaminic	Chlorhydrate de phénylpropanolamine	20 mg/mL de gouttes orales pour nourrissons (juvelet) 25 mg par comprimé 12,5 mg/5 mL de sirop 50 mg par comprimé	Décongestionnant	b	
	Maléate de phéniramine	10 mg/mL de gouttes orales pour nourrissons (juvelet) 12,5 mg par comprimé 6,25 mg/5 mL de sirop 25 mg par comprimé	Antihistaminique	a	
	Maléate de pyrilamine	10 mg/mL de gouttes orales pour nourrissons (juvelet) 12,5 mg par comprimé 6,25 mg/5 mL de sirop 25 mg par comprimé	Antihistaminique	a	
Triaminic AC[N]	Chlorhydrate de phénylpropanolamine	25 mg par comprimé	Décongestionnant	b	
	Maléate de phéniramine	12,5 mg par comprimé	Antihistaminique	a	

Produit	Ingrédient	Dosage	Classe		
	Maléate de pyrilamine	12,5 mg par comprimé	Antihistaminique	a	665
	Caféine	30 mg par comprimé	Stimulant du SNC	664	616
	Acide acétylsalicylique	325 mg par comprimé	Analgésique antipyrétique	618	
	Phosphate de cocéine	16 mg par comprimé	Analgésique et antitussif narcotique	601	597
Triaminic-DM Expectorant	Bromhydrate de dextrométhorphane	15 mg/5 mL de sirop	Antitussif	769	768
	Chlorhydrate de phénylpropanolamine	12,5 mg/5 mL de sirop	Décongestionnant	b	
Triaminic Expectorant	Guaifénésine	100 mg/5 mL de sirop	Expectorant	771	
	Maléate de phéniramine	6,25 mg/5 mL de sirop	Antihistaminique	a	
	Maléate de pyrilamine	6,25 mg/5 mL de sirop	Antihistaminique	a	
	Chlorhydrate de phénylpropanolamine	12,5 mg/5 mL de sirop	Décongestionnant	b	
	Guaifénésine	100 mg/5 mL de sirop	Expectorant	771	
	Maléate de phéniramine	6,25 mg/5 mL de sirop	Antihistaminique	a	
	Maléate de pyrilamine	6,25 mg/5 mL de sirop	Antihistaminique	a	
Triaminic Expectorant DH[N]	Bitartrate d'hydrocodone	1,67 mg/5 mL de sirop	Antitussif narcotique	768	768
	Chlorhydrate de phénylpropanolamine	12,5 mg/5 mL de sirop	Décongestionnant	b	
	Maléate de phéniramine	6,25 mg/5 mL de sirop	Antihistaminique	a	
	Maléate de pyrilamine	6,25 mg/5 mL de sirop	Antihistaminique	a	
Triaminicin	Chlorhydrate de phénylpropanolamine	25 mg par comprimé	Décongestionnant	b	
	Acétaminophène	325 mg par comprimé	Analgésique antipyrétique	618	620

Nom commercial	Noms génériques	Quantité (mg)	Catégorie	Mono-graphie	SI
				Pages	
	Caféine	30 mg par comprimé	Stimulant du SNC	664	665
	Maléate de phéniramine	12,5 mg par comprimé	Antihistaminique	a	
	Maléate de pyrilamine	12,5 mg par comprimé	Antihistaminique	a	
Triaminicin avec Codéine[N]	Acétaminophène	325 mg par comprimé	Analgésique antipyrétique	618	620
	Caféine	30 mg par comprimé	Stimulant du SNC	664	665
	Chlorhydrate de phénylpropanolamine	25 mg par comprimé	Décongestionnant	b	
	Maléate de phéniramine	12,5 mg par comprimé	Antihistaminique	a	
	Maléate de pyrilamine	12,5 mg par comprimé	Antihistaminique	a	
	Phosphate de codéine	8 mg par comprimé	Analgésique et antitussif narcotique	601	597
Triaminicol DM	Bromhydrate de dextrométhorphane	15 mg/5 mL de sirop	Antitussif	769	768
	Chlorhydrate de phénylpropanolamine	12,5 mg/5 mL de sirop	Décongestionnant	b	
	Maléate de phéniramine	6,25 mg/5 mL de sirop	Antihistaminique	a	
	Maléate de pyrilamine	6,25 mg/5 mL de sirop	Antihistaminique	a	
Triavil[Pr]	Chlorhydrate d'amitriptyline	15 mg par comprimé	Antidépresseur	527	536
	Perphénazine	3 mg par comprimé	Neuroleptique	505	500
Trinalin[Pr]	Maléate d'azatadine	1 mg par comprimé	Antihistaminique	778	785
	Sulfate de pseudoéphédrine	60 mg par comprimé	Décongestionnant	709	710

Produit	Ingrédient	Dose	Catégorie		
Tussaminic C Forte[N]	Chlorhydrate de phénylpropanolam ne	25 mg/5 mL de sirop	Décongestionnant	b	
	Maléate de pyrilamine	12,5 mg/5 mL de sirop	Antihistaminique	a	
	Maléate de phéniramine	12,5 mg/5 mL de sirop	Antihistaminique	a	
	Phosphate de codéine	15 mg/5 mL de sirop	Antitussif narcotique	601	597
Tussaminic C Ped[N]	Chlorhydrate de phénylpropanolamine	12,5 mg/5 mL de sirop	Décongestionnant	b	
	Maléate de phéniramine	6,25 mg/5 mL de sirop	Antihistaminique	a	
	Maléate de pyrilamine	6,25 mg/5 mL de sirop	Antihistaminique	a	
	Phosphate de codéine	5 mg/5 mL de sirop	Antitussif narcotique	601	597
Tussaminic DH Forte[N]	Bitartrate d'hydrocodone	5 mg/5 mL de sirop	Antitussif narcotique	768	768
	Chlorhydrate de phénylpropanolamine	25 mg/5 mL de sirop	Décongestionnant	b	
	Maléate de phéniramine	12,5 mg/5 mL de sirop	Antihistaminique	a	
	Maléate de pyrilarnine	12,5 mg/5 mL de sirop	Antihistaminique	a	
Tussaminic DH Ped[N]	Bitartrate d'hydrocodone	1,667 mg/5 mL de sirop	Antitussif narcotique	768	768
	Chlorhydrate de phénylpropanolamine	12,5 mg/5 mL de sirop	Décongestionnant	b	
	Maléate de phéniramine	6,25 mg/5 mL de sirop	Antihistaminique	a	
	Maléate de pyrilamine	6,25 mg/5 mL de sirop	Antihistaminique	a	
Tuss-Ornade	Chlorhydrate de phénylpropanolamine	50 mg par capsule	Décongestionnant	b	
	Édisylate de caramiphène	20 mg par capsule	Antitussif	a	
	Maléate de chlorphéniramine	8 mg par capsule	Antihistaminique	779	785

Nom commercial	Noms génériques	Quantité (mg)	Catégorie	Pages Mono-graphie	Pages SI
Tylenol N° 1[N]	Acétaminophène	300 mg par capsule	Analgésique antipyrétique	618	620
	Caféine	15 mg par capsule	Stimulant du SNC	664	665
	Phosphate de codéine	8 mg par capsule	Analgésique narcotique	601	597
Tylenol N° 1 Forte[N]	Acétaminophène	500 mg par capsule	Analgésique antipyrétique	618	620
	Caféine	15 mg par capsule	Stimulant du SNC	664	665
	Phosphate de codéine	8 mg par capsule	Analgésique narcotique	601	597
Tylenol avec Codéine N° 2[N]	Acétaminophène	300 mg par comprimé	Analgésique antipyrétique	618	620
	Caféine	15 mg par comprimé	Stimulant du SNC	664	665
	Phosphate de codéine	15 mg par comprimé	Analgésique narcotique	601	597
Tylenol avec Codéine N° 3[N]	Acétaminophène	300 mg par comprimé	Analgésique antipyrétique	618	620
	Caféine	15 mg par comprimé	Stimulant du SNC	664	665
	Phosphate de codéine	30 mg par comprimé	Analgésique narcotique	601	597
Tylenol avec Codéine N° 4[N]	Acétaminophène	300 mg par comprimé	Analgésique antipyrétique	618	620
	Phosphate de codéine	60 mg par comprimé	Analgésique narcotique	601	597
Uro Gantanol[Pr]	Chlorhydrate de phénazopyridine	100 mg par comprimé	Analgésique urinaire	229	230
	Sulfaméthoxazole	500 mg par comprimé	Sulfamide	176	178

Veganin[N]	Acétaminophène	162,5 mg par comprimé	Analgésique antipyrétique	618	620
	Acide acétylsalicylique	325 mg par comprimé	Analgésique antipyrétique	618	616
	Phosphate de codéine	8 mg par comprimé	Analgésique narcotique	601	597
Vioform Hydrocortisone[Pr]	Hydrocortisone	0,1 g/10 g de crème 0,1 g/10 g de pommade 0,05 g/10 g de crème douce	Corticostéroïde	907	896
	Iodochlorhydroxy-quinoléine	0,3 g/10 g de crème 0,3 g/10 g de pommade 0,3 g/10 g de crème douce	Antibactérien Antifongique	167	
Viskazide 10/25[Pr]	Hydrochlorothiazide	25 mg par comprimé	Diurétique	983	981
	Pindolol	10 mg par comprimé	Antihypertenseur	414	412
Viskazide 10/50[Pr]	Hydrochlorothiazide	50 mg par comprimé	Diurétique	983	981
	Pindolol	10 mg par comprimé	Antihypertenseur	414	412
Wigraine[Pr]	Alcaloïdes de la belladone	0,1 mg par comprimé	Anticholinergique	b	
	Caféine	100 mg par comprimé	Stimulant du SNC	664	665
	Tartrate d'ergotamine	1 mg par comprimé	Adrénolytique alpha	716	717

a) Produit offert uniquement en association avec d'autres médicaments.

b) Produit dont la monographie n'apparaît pas dans ce manuel.

Interactions aliments-médicaments et soins infirmiers

I Médicament	II Aliment	III Interaction (Effet et mécanisme)	IV Soins infirmiers (Explication au client et/ou à sa famille)
Acétaminophène	Aliments riches en glucides	↓ de la vitesse d'absorption de l'acétaminophène. ↑ du début de l'effet thérapeutique due à la modification de la motilité et de la vitesse de vidange GI.	1. Limiter l'apport des aliments riches en glucides. 2. Prendre le médicament à jeun avec un grand verre d'eau.
Acide acétylsalicylique	Aliments acides, par exemple le café, les boissons au cola, les agrumes, les marinades Aliments	↑ de l'acidité gastrique qui corrode la muqueuse stomacale et peut causer des ulcères. ↓ de la vitesse d'absorption.	1. Éviter les aliments acides (voir la colonne II). 2. Prendre le médicament à jeun avec un grand verre d'eau afin d'accélérer le début de l'action thérapeutique.
Alcool éthylique	Aliments	↓ de l'absorption due à une vidange gastrique retardée.	Prendre avec de la nourriture, pour réduire le degré d'intoxication; le lait est particulièrement efficace.

Aminosides	Alcalinisants urinaires (voir l'appendice 6)	↓ de l'effet antibactérien des aminosides.
		1. Limiter l'apport des aliments qui alcalinisent l'urine (voir l'appendice 6).
	Acidifiants urinaires	↑ de l'effet antibactérien des aminosides.
		2. Maintenir l'apport de quantités adéquates d'aliments qui acidifient l'urine (voir l'appendice 6).
Barbituriques	Alcool	↑ de l'absorption.	1. Ne pas boire d'alcool pendant un traitement par les barbituriques.
	Régime pauvre en protéines	↑ de la durée de l'action thérapeutique due à l'inhibition de l'enzyme cytochrome P-450, qui détruit les barbituriques.	2. Adopter un régime alimentaire équilibré pour éviter toute carence en protéines.
			3. Surveiller les manifestations éventuelles de toxicité, particulièrement à craindre chez les clients présentant une carence en protéines.
Bisacodyl	Produits laitiers et antiacides	Ronge trop tôt l'enrobage entérique du médicament, causant ainsi des crampes abdominales.	1. Éviter les produits laitiers et les antiacides au moment de la prise du médicament.
			2. Ne pas mâcher les comprimés ou prendre des comprimés brisés.
Carbamazépine	Aliments	↑ de l'absorption de la carbamazépine due à une ↑ de la dissolution.	Prendre le médicament avec de la nourriture.
Céphalosporines (orales)	Aliments	↓ de la vitesse d'absorption due à la modification de la motilité et de la vitesse de vidange GI.	Prendre le médicament à jeun de préférence.
Chlorpropamide	Boissons alcoolisées, préparations et toniques vendus sans ordonnance, etc.	↑ de l'hypoglycémie due à la ↓ de l'action de la chlorpropamide et à l'effet hypoglycémiant additionnel de l'alcool; risque de réaction de type disulfirame (crampes abdominales, vomissement, rougeur de la peau).	Limiter l'absorption d'alcool.

I Médicament	II Aliment	III Interaction (Effet et mécanisme)	IV Soins infirmiers (Explication au client et/ou à sa famille)
Cimétidine	Aliments	Le retard de l'absorption favorise le maintien d'une concentration efficace du médicament dans le sang entre les doses.	Prendre le médicament avec de la nourriture.
Clindamycine	Pectine (présente dans la peau des agrumes et la chair de la pomme)	↓ de l'absorption due à la formation de composés insolubles.	Éviter la peau des agrumes, la chair de pomme et tous les autres aliments contenant de la pectine.
Digoxine	Jus de pruneau, céréales de son et autres aliments riches en fibres	↓ de l'activité cardio-vasculaire de la digoxine due au ralentissement de la vitesse d'absorption.	Éviter le jus de pruneau, les céréales de son et tous les autres aliments riches en fibres.
Diurétiques	Glutamate monosodique (présent dans les assaisonnements, la viande attendrie, les légumes congelés et la cuisine orientale)	↑ de la perte de l'excédent d'eau dans les tissus; associée à un diurétique, peut épuiser les réserves de vitamines C et B, et de minéraux (sodium, calcium et potassium); risque de réactions indésirables (oppression thoracique, rougeur du visage).	Ne pas consommer d'aliments contenant du glutamate monosodique pendant un traitement diurétique.
	Réglisse (naturel)	↑ de la rétention de sel et d'eau.	Ne pas manger de réglisse naturel pendant un traitement diurétique.
Érythromycines	Aliments acides, par exemple le café, les boissons au cola, les agrumes, les marinades et les tomates	↓ de l'effet antibactérien.	Éviter les aliments acides.
	Aliments	↓ de la vitesse d'absorption due à la	Prendre le médicament à jeun avec

Médicament	Aliment	Effet	Soins infirmiers
Ferreux, sulfate ou chlorure	Produits laitiers, œufs, céréales, fécules et argiles	modification de la motilité et de la vitesse de vidange GI. ↓ de l'absorption due à la formation de sels insolubles.	un grand verre d'eau. 1. Ne pas prendre le médicament, ni le donner aux enfants, avec les aliments ou les substances énumérées dans la colonne II. 2. Prendre le médicament avec des jus d'agrumes.
	Jus d'agrumes	↑ de l'absorption.	
Furazolidone	Aliments riches en tyramine	Risque d'hypertension dû à l'inhibition du métabolisme de la tyramine (6 mg de tyramine peuvent causer une crise hypertensive).	Ne pas absorber d'aliments riches en tyramine (voir *Inhibiteurs de la monoamine-oxydase*).
	Alcool	Risque de réaction de type disulfirame (crampes abdominales, vomissement, rougeur de la peau).	Limiter la consommation d'alcool.
Griséofulvine	Aliments riches en lipides	↑ de l'absorption due à une plus grande solubilisation résultant d'une ↑ de la sécrétion biliaire.	Adopter un régime alimentaire riche en lipides.
Hydralazine	Aliments	↑ de l'absorption reliée à la biodisponibilité.	Prendre le médicament avec de la nourriture; maintenir un rythme régulier de prise du médicament, de préférence aux repas.
Indométhacine	Aliments	↓ de l'absorption et ↑ du temps nécessaire pour atteindre la concentration sérique maximale.	Prendre néanmoins le médicament avec de la nourriture pour éviter toute irritation GI.
Inhibiteurs de la monoamine-oxydase	Aliments riches en tyramine	Hypertension due à l'inhibition du métabolisme de la tyramine (6 mg de tyramine peuvent causer une crise hypertensive).	Ne pas absorber d'aliments riches en tyramine, tels que la bière, les fèves, le fromage (brie, cheddar, camembert, stilton), le chianti, le foie de poulet, le

I Médicament	II Aliment	III Interaction (Effet et mécanisme)	IV Soins infirmiers (Explication au client et/ou à sa famille)
			café, les boissons au cola, les figues, le réglisse, le foie, le hareng fumé ou mariné, le thé, la crème, le yogourt, l'extrait de levure et le chocolat.
Isoniazide	Aliments	↓ de l'absorption.	Prendre le médicament à jeun avec un grand verre d'eau.
Lévodopa	Aliments riches en protéines	↓ de la vitesse d'absorption due à la ↓ de l'absorption intestinale et à la modification du pH et de la vidange gastriques; il en résulte une ↓ de la concentration plasmatique maximale et de l'effet thérapeutique.	1. Éviter les régimes alimentaires riches en protéines ou qui se caractérisent par des fluctuations dans l'apport de protéines.
	Aliments riches en pyridoxine (B₆)	↓ de l'effet thérapeutique due à l'accélération de la conversion de la lévodopa en dopamine.	2. Éviter les aliments riches en pyridoxine, par exemple la levure, les grains entiers (particulièrement le maïs), le riz brun, la viande (particulièrement les abats), le saumon, le thon, les lentilles, les haricots, les arachides, les tomates, les patates douces et les noix; la vitamine B_6 est présente en petite quantité dans le lait, les œufs et les légumes.
Lincomycine	Aliments	↓ de l'absorption et de l'effet thérapeutique due à la modification de la motilité et de la vitesse de vidange GI.	1. Prendre le médicament à jeun avec un grand verre d'eau.

Médicament	Aliment	Effet	Soins infirmiers
	Pectine (présente dans la peau des agrumes et la chair de la pomme)	↓ de l'absorption due à la formation de composés insolubles.	2. Éviter la peau des agrumes, la chair de la pomme et tous les autres aliments contenant de la pectine.
Lithium	Aliments	↑ de la vitesse d'absorption due à une transition gastriques retardées.	1. Prendre le médicament avec de la nourriture.
	Régime pauvre en sel	↓ de la clearance rénale.	2. Surveiller les manifestations éventuelles de toxicité; dans les cas de diarrhée, de vomissement, de somnolence, de faiblesse musculaire et de perte de coordination, interrompre le traitement et avertir le médecin.
Méthénamine, mandélate de	Alcalinisants urinaires (voir l'appendice 6)	↓ de l'effet antibactérien.	1. Limiter l'apport des aliments qui alcalinisent l'urine (voir l'appendice 6).
	Acidifiants urinaires (voir l'appendice 6)	↑ de l'effet antibactérien.	2. Inclure dans le régime des aliments qui acidifient l'urine (voir l'appendice 6). 3. Encourager l'absorption de vitamine C afin de favoriser l'acidification de l'urine.
Métronidazole	Boissons alcoolisées, vin, bière, toniques antitussifs	Risque de réaction de type disulfirame (crampes abdominales, vomissement, rougeur de la peau).	Ne pas boire de boissons alcoolisées pendant un traitement par le métronidazole.
Nitrofurantoïne	Aliments	↑ de la biodisponibilité due à une plus grande dissolution dans les sucs gastriques et à la ↓ de la vitesse de vidange.	1. Prendre le médicament avec de la nourriture pour limiter l'irritation gastrique.

I Médicament	II Aliment	III Interaction (Effet et mécanisme)	IV Soins infirmiers (Explication au client et/ou à sa famille)
	Régime faible en protéines, produits laitiers et alcalinisants urinaires (voir l'appendice 6)	↑ de l'excrétion du médicament due à l'alcalinisation de l'urine.	**2.** Limiter l'apport des aliments qui alcalinisent l'urine (voir l'appendice 6). Veiller à absorber des protéines en quantités adéquates.
Pénicillines (l'amoxicilline et les préparations Pen Vee sont moins sensibles aux aliments)	Aliments	↓ de l'effet thérapeutique, retardé ou limité par l'absorption ou par la modification de la motilité et de la vitesse de vidange gastriques.	Prendre le médicament à jeun avec un grand verre d'eau.
Phénacétine	Bœuf grillé sur charbon de bois	↓ de l'effet thérapeutique due à une ↑ du métabolisme du médicament.	Éviter le bœuf grillé sur charbon de bois, le choux et les choux de Bruxelles.
	Choux, choux de Bruxelles	↓ de l'effet thérapeutique due à **une** ↑ de l'effet de premier passage et à une ↑ de la biotransformation GI.	
Phénytoïne	Glutamate monosodique	↑ de la vitesse d'absorption du glutamate monosodique causant une faiblesse généralisée, un engourdissement de la nuque et des palpitations.	Ne pas absorber d'aliments cuisinés avec du glutamate monosodique.
Propanthéline	Aliments	↓ de l'effet thérapeutique due à la ↓ de la vitesse d'absorption.	Prendre le médicament à jeun avec un grand verre d'eau.
Propranolol	Aliments	↑ de l'absorption due à la ↓ de l'effet de premier passage hépatique.	Prendre le médicament avec de la nourriture.

Médicament	Aliment	Effet	Recommandations
Quinidine	Alcalinisants urinaires (voir l'appendice 6)	↓ de l'excrétion du médicament et risque d'intoxication par la quinidine se manifestant par une dysfonction cardiaque, respiratoire et du SNC.	1. Limiter l'apport d'aliments qui alcalinisent l'urine (voir l'appendice 6). 2. Prendre le médicament de préférence à jeun avec un grand verre d'eau. 3. Prendre le médicament avec de la nourriture ou du lait, si cela est nécessaire, afin de réduire l'irritation gastrique.
Riboflavine	Aliments	↑ de l'absorption par les aliments qui retarde la vidange gastrique ou le transit intestinal.	Prendre le médicament avec de la nourriture.
Rifampine	Aliments	↓ de la concentration sérique et de la concentration maximale due à la ↓ de la vitesse d'absorption.	Prendre le médicament à jeun avec un grand verre d'eau.
Spironolactone	Aliments	↑ de la biodisponibilité due à une ↑ de l'absorption.	Prendre le médicament avec de la nourriture.
Sulfadiazine, sulfisoxazole	Aliments	↓ de la vitesse d'absorption due à la modification de la motilité et de la vitesse de vidange GI.	Prendre le médicament à jeun avec un grand verre d'eau.
Tétracyclines	Laits, produits laitiers, aliments riches en fer	↓ de l'absorption due à la formation de sels insolubles avec les nutriments.	1. Ne pas consommer de produits laitiers ni d'aliments riches en fer. 2. Ne pas prendre de suppléments de fer ni d'antiacides pendant un traitement par les tétracyclines.
Théophylline	Régime riche en protéines et pauvre en glucides	↓ de la demi-vie plasmatique due à une ↑ de la concentration de l'enzyme cytochrome P-450, qui accélère l'oxydation.	1. Adopter un régime équilibré et éviter les modifications importantes dans l'apport en glucides et en protéines.

I Médicament	II Aliment	III Interaction (Effet et mécanisme)	IV Soins infirmiers (Explication au client et/ou à sa famille)
			2. Prendre le médicament à jeun pour accélérer son absorption.
			3. Prendre une préparation liquide si l'absorption doit être rapide.
			4. Prendre le médicament avec de la nourriture seulement dans le cas d'irritation gastrique.
Thiamine	Aliments	↓ de la vitesse d'absorption due à la modification de la motilité GI et du transit intestinal; toutefois, le degré d'absorption demeure inchangé.	Prendre le médicament avec de la nourriture.
Thyroïdiens, médicaments	Chou frisé, chou, carottes, chou-fleur, épinards, pêches, choux de Bruxelles, navets	↓ de l'activité des hormones thyroïdiennes et perturbation de l'effet du médicament.	Éviter de consommer en trop grande quantité les aliments énumérés dans la colonne II.
Tolbutamide	Alcool (consommation invétérée ou intoxication aiguë)	↑ de l'hypoglycémie due à une ↓ du métabolisme du médicament et à l'effet additif de l'alcool.	Limiter la consommation d'alcool.
Warfarine	Légumes verts feuillus, pommes de terre, agrumes, huile végétale, jaune d'œuf, thé vert	↓ de l'effet du médicament due à la présence de vitamine K, qui est un antagoniste de la warfarine.	1. Consulter le médecin au sujet du régime alimentaire à suivre pendant une anticoagulothérapie. 2. Éviter de consommer en trop grande quantité les aliments énumérés dans la colonne II.
	Huile de cuisine contenant des silicones	↓ de l'effet du médicament due à la formation de sels insolubles, qui ne sont pas absorbés.	3. Ne pas utiliser d'huile de cuisine contenant des silicones.

Médicaments qui entravent l'assimilation des nutriments

Médicament	Effets
Acide acétylsalicylique	Carence en folate.
Acide éthacrynique	Altération de la fonction pancréatique ou intestinale.
Alcool	Malabsorption de l'acide folique et de la vitamine B_{12}.
Aminoptérine	Antagoniste de l'acide folique; perturbation de l'absorption de la vitamine B_{12}.
Antiacides	Déplétion phosphatique, faiblesse musculaire et carence en vitamine D.
Anticonvulsivants	Carence en vitamine D, en acide folique et en vitamine B_{12} due à l'augmentation de la vitesse de renouvellement des vitamines dans l'organisme.
Antidépresseurs tricycliques	Stimulation de l'appétit provoquant une augmentation de l'apport en aliments puis un gain de masse.
Anti-infectieux	Diminution de l'utilisation de l'acide folique et malabsorption de la vitamine B_{12}, du calcium et du magnésium; diminution de la synthèse bactérienne de la vitamine K; inactivation de la pyridoxine; altération du transfert des acides aminés.
Atropine	Altération de la fonction pancréatique ou intestinale.
Cathartiques	Diminution de l'absorption des nutriments.
Chlorpromazine	Hypercholestérolémie.
Clofibrate	Altération du goût; éventuellement, perte de l'appétit et réduction de l'apport en nutriments; malabsorption de l'acide folique, de la vitamine B_{12}, des électrolytes et du sucre.
Colchicine	Altération de l'absorption de la vitamine B_{12}, des graisses, du lactose et des électrolytes.
Contraceptifs oraux	Perte d'acide folique et de vitamine B_6.
Cortisone	Altération de la fonction pancréatique ou intestinale.

Médicament	Effets
Cyclosérine	Carence en folate.
Digitoxine	Altération de la fonction pancréatique ou de la digestion.
Diurétiques	Déplétion potassique.
Épinéphrine	Altération de la fonction pancréatique ou de la digestion.
Ganglioplégiques	Déplétion potassique.
Griséofulvine	Voir *Clofibrate*.
Huile minérale	Diminution de l'absorption des vitamines D, E et K et de la carotène.
Hydralazine	Perte de vitamine B_6 due à l'inhibition de la production des enzymes nécessaires à la conversion de la vitamine en une forme assimilable par l'organisme ou à la formation d'un composé qui est excrété.
Hypoglycémiants oraux	Altération de l'absorption de la vitamine B_{12}.
Isoniazide (INH)	Voir *Hydralazine*.
Lincomycine	Voir *Clofibrate*.
Méthotrexate	Antagoniste de l'acide folique.
Néomycine	Altération de l'absorption de la vitamine B_{12} ainsi que de la fonction pancréatique ou digestive; antagoniste de l'activité biliaire.
Phénobarbital	Carence en folate.
Phénothiazines	Stimulation de l'appétit provoquant une augmentation de l'apport en aliments puis un gain de masse.
Surfactants	Altération de l'absorption des nutriments due à une modification dans le processus de dispersion des graisses.

Aliments acides, alcalins et neutres

Acidifiants: Aliments produisant des cendres acides*	Alcalinisants: Aliments produisant des cendres alcalines	Aliments neutres

Produits laitiers
  Fromage (toutes les
  sortes)
	Produits laitiers
	  Lait, crème,
	  babeurre
		Beurre ou margarine
		Boissons
		  Café et thé

Œufs	Fruits, excepté
	  Canneberges, pru-
	  nes, pruneaux
		Huiles et graisses de
		cuisine

Poissons (y compris les crustacés)	Confitures, gelées, miel	Fécule Maïs et arrow-root

Fruits
  Canneberges,
  prunes et pruneaux
	Mélasse	Sucres

Céréales
  Pains, gâteaux, cra-
  quelins, céréales,
  biscuits
	Noix
	  Amandes, châtai-
	  gnes, noix de coco
		Sirop
		Tapioca

Pâtes alimentaires (macaroni, spaghetti)	Olives	
Mayonnaise	Légumes, excepté Maïs et lentilles	
Viandes		

Noix
  Noix du Brésil, ara-
  chides, noix de Gre-
  noble, avelines		

Volaille		
Légumes Maïs et lentilles		

* Les aliments qui produisent des cendres acides sont des acidifiants urinaires; les aliments qui produisent des cendres alcalines sont des alcalinisants urinaires.

Interactions avec les épreuves de laboratoire

GÉNÉRALITÉS

Les épreuves de laboratoire jouent un rôle capital dans l'établissement des diagnostics et des soins médicaux. Au cours d'une thérapie médicamenteuse, elles sont utilisées pour contrôler l'efficacité du traitement et les effets indésirables d'un médicament. Ces épreuves sont – ou ne sont pas – reliées à l'état pathologique qui a nécessité la prescription du médicament. Ainsi, les pénicillines prescrites pour soigner une infection peuvent modifier le dosage du glucose urinaire déterminé pour d'autres raisons.

Les médicaments, cependant, peuvent aussi interférer avec la méthode d'analyse sur laquelle l'épreuve diagnostique est fondée (interaction méthodologique). Ces interactions peuvent amener des valeurs faussement positives (faux +) ou des valeurs anormalement élevées (↑) de même que des valeurs faussement négatives (faux −) ou des valeurs anormalement basses (↓). Il est souvent difficile de savoir s'il s'agit de modifications attribuables à l'agent thérapeutique ou d'interactions méthodologiques. En outre, étant donné qu'un médicament peut fausser les résultats d'une méthode d'analyse et pas ceux d'une autre, il est important de prendre en considération la méthode employée pour chaque épreuve.

Les interactions avec les épreuves de laboratoire peuvent être classées de la façon suivante:

INTERACTION PHYSIQUE   Par exemple, lorsque la coloration de l'urine est modifiée par l'excrétion du médicament ou de son métabolite, cela peut dissimuler des couleurs anormales causées par la bile, le sang ou les porphyrines, et s'opposer à leurs déterminations par les épreuves fluorométriques, colorimétriques et photométriques. Par exemple, les tétracyclines faussent les résultats du dosage fluorométrique des porphyrines.

INTERACTION BIOLOGIQUE   Par exemple, le médicament ou ses métabolites peuvent stimuler ou supprimer le système enzymatique sur lequel l'épreuve est fondée.

INTERACTION CHIMIQUE   Par exemple, il peut y avoir interférence avec les réactions d'oxydoréduction, qui constituent la base pour la recherche des sucres urinaires selon la réaction de Benedict.

La plupart des interactions engendrent des résultats faux positifs. Les épreuves de la fonction hépatique modifiées sont souvent regroupées; elles peuvent comprendre une ou plusieurs des valeurs suivantes: *Faux + ou ↑* – phosphatases alcalines sériques, bilirubine sérique (index ictérique), BSP sérique, test de Hanger, transaminase glutamique oxalo-acétique sérique, transaminase glutamique pyruvique sérique, turbidité du thymol, bilirubine urinaire; *faux – ou ↓* – glucose sanguin et cholestérol sérique. Les erreurs méthodologiques peuvent généralement être évitées lorsque les épreuves sont effectuées sur un échantillon prélevé 12 à 24 h après l'administration de tous les médicaments ou l'absorption de toute nourriture, ou en passant à une autre méthode. Toutefois, ces précautions ne peuvent pas toujours être prises. Par ailleurs, on relève toujours des contradictions dans les rapports rédigés par les spécialistes quant aux effets des divers médicaments sur les épreuves de laboratoire. Par conséquent, les *Interactions avec les épreuves de laboratoire* ne doivent être utilisées qu'à titre de guide général.

Comme les interactions médicamenteuses, les épreuves de laboratoire peuvent être modifiées par tous les médicaments – y compris ceux qui sont vendus sans ordonnance – qu'un client absorbe.

Les médicaments qui modifient le plus souvent les résultats des épreuves de laboratoire sont les *anticoagulants*, les *anticonvulsivants*, les *antihypertenseurs*, les *anti-infectieux*, les *hormones*, les *hypoglycémiants oraux* et les *médicaments agissant sur le SNC*.

Les interactions avec les épreuves de laboratoire constituent un nouveau domaine d'étude qui permet constamment de mettre à jour de nouvelles « erreurs ». Quelques-unes des principales interactions sont énumérées dans le tableau qui suit. Certaines interactions bien connues sont énumérées dans la monographie des médicaments, soit dans le paragraphe *Soins infirmiers* soit dans un paragraphe distinct.

EFFETS DES MÉDICAMENTS SUR LES RÉSULTATS DES ÉPREUVES DE LABORATOIRE[a,b]

	Hépato-toxicité	Néphro-toxicité	Malab-sorption intesti-nale	Créati-nine	Urée	Acide urique	Biliru-bine	SGOT/SGPT	Glu-cose sérique	Choles-térol	Temps de pro-throm-bine	Colora-tion de l'urine	Glu-cose urinaire	Commentaires
Acétazolamide						A								
Acétohexamide (sulfonylurée)	X			A										
Acide ascorbique				A		A	A	A	A				+	
Acide éthacrynique (Edecrin)	X					A			A		A		+	
Acide nalidixique (NegGRAM)	X	*							A†				+	*Rétention azotée. †Méthode de réduction du cuivre.
Acide nicotinique (Fortes doses)	X						A						+	
Acide para-amino-salicylique	X												+	
Allopurinol	X					D								
Amphotéricine B	X	X												
Ampicilline		X												
Analogues de la guanéthidine					A			A	D		A			
Antihistaminiques											D			
Antimoine, composés d'	X	X												

Médicament											Remarques
Arsenics	X	X									
Caféine		X							+		
Céphaloridine	X	X							+		
Céphalotine									+		
Chloral, hydrate de			A					D	+		
Chloramphénicol (Chloromycetin)	X		X						+		
Chlordiazépoxide (Librium)	X										
Chlorpromazine	X				D	A					Peut rendre positives les épreuves diagnostiques de la grossesse.
Chlorpropamide (Diabinese)	X										
Chlorprothixène (Tarasan)	X				D						
Chlorthalidone (Hygroton)		X				A	A				
Clofibrate (Atromide-S)	X				D	A	D	A			D—triglycérides, lipides totaux, lacticodéshydrogénase.
Codéine				A	A						
Colchicine	X	X			D						Voir Coumariniques.
Contraceptifs oraux	X				D						
Corticostéroïdes					D	A	A			+	

	Hépato-toxicité	Né-phro-toxicité	Malab-sorption intesti-nale	Créati-nine	Urée	Acide urique	Biliru-bine	SGOT/ SGPT	Glu-cose sérique	Choles-térol	Temps de pro-throm-bine	Colora-tion de l'urine	Glu-cose urinaire	Commentaires
Corticotrophine						D			A					
Coumariniques	X					D					A			
Cyclophos-phamide	X													
Dextran					A	A	A		A					
Diurétiques thiazidiques	X					A			A				+	D–PSP et tolérance à la créatinine.
D-Thyroxine									A	D	A			
Érythromycine	X							A					*	*Méthode colori-métrique.
Furosémide (Lasix)					A	A			A					
Gentamicine	X	X												
Griséofulvine	X	X												
Héparine											A			Modifie les épreuves de turbidité (par exemple, le thymol) et le lipopro-tidogramme électro-phorétique. Peut agir sur la BSP et le calcium.

Médicament	1	2	3	4	5	6	7	8	9	10	11	12	+	Notes
Hydralazine							A	A	A					
Imipramine (Tofranil)	X												+	
Indométhacine (Indocid)	X										A	X		
Inhibiteurs de la MAO	X		X											
Isoniazide	X	X				A							+	
Kanamycine	X	X	X									X		
Lévodopa	X				A							X	+	
Lincomycine	X													
Mépacrine	X											X		
Mépéridine (Demerol)						A	A							
Méthicilline	X	X												
Méthotrexate	X				A*									*Dans les cas de goutte.
Méthyldopa (Aldomet)	X			A	A						A	X	+	
Néomycine		X	X											
Nitrofurantoïne (Furadantin)	X	X										X		
Œstrogènes	X								A	D			+	
Opacifiant radiologique		X			D							X	+	A–BSP et protéines. Le protidogramme électrophorétique du sérum ne peut être interprété.

EFFETS DES MÉDICAMENTS SUR LES RÉSULTATS DES ÉPREUVES DE LABORATOIRE[a,b] (suite)

	Hépatotoxicité	Néphrotoxicité	Malabsorption intestinale	Créatinine	Urée	Acide urique	Bilirubine	SGOT/SGPT	Glucose sérique	Cholestérol	Temps de prothrombine	Coloration de l'urine	Glucose urinaire	Commentaires
Or	X	X												
Oxacilline	X	X												
Parasympathomimétiques							A	A						A–BSP. Modifications dues aux spasmes du sphincter d'Oddi.
Pénicilline													+ *	*Fortes doses, PSP–D avec des doses massives.
Phénobarbital	X										D			
Phénylbutazone (Butazolidin)	X										A			
Phénytoïne sodique (Dilantin)	X		X						A			X		
Polymyxine B		X												
Probénécide (Benemid)	X	X				D							+	
Procaïnamide	X													
Propylthiouracile	X					A					A			
Quinine, quinidine											A	X		
Réserpine									A					

													Notes
Rifampine	X	X										X		*De fortes doses diminuent l'acide urique.
Salicylates	X	X		A*									+	*De fortes doses diminuent l'acide urique.
Stéroïdes anabolisants et androgènes		X												
Streptomycine		X	D										+	
Sulfamides	X	X	A							X			+	
Tétracyclines	X	X											+	
Théophylline				A	A									A–Vitesse de sédimentation globulaire.
Thiothixène	X													
Tolbutamide (Orinase)	X					A								
Vitamine A					A		A	A						
Vitamine D		*					A	A						*Dans les cas d'hypervitaminose D.
Vitamine K									D					

Source: Adapté avec la permission de J. Wallach: *Interpretation of Diagnostic Tests*, Little Brown, 1974.

a) Indique à la fois les réactions toxiques et les interférences méthodologiques. Les épreuves citées sont incomplètes. L'hépatotoxicité est reliée à des lésions hépatiques qui peuvent se refléter dans la modification d'une ou de plusieurs épreuves, y compris le dosage de la phosphatase alcaline, de la bilirubine et des transaminases, le test de Hanger, la turbidité du thymol, la rétention de la BSP. La néphrotoxicité est reliée à des lésions rénales qu modifient le dosage de l'urée et de la créatinine et qui causent la présence de cellules ou de cylindres protéiques dans l'urine.

b) X = modifications des épreuves de laboratoire; + = valeurs positives (y compris les faux positifs); A = augmentation; D = diminution.

Médicaments ou catégories de médicaments qui dictent une surveillance particulière chez le client en gériatrie

Médicament	Changements dus à l'âge	Symptômes
Analgésiques narcotiques	Confusion mentale et augmentation des troubles mentaux coexistants.	Morphine: dépression respiratoire. Codéine: constipation, rétention urinaire. Mépéridine: nausées, hypotension, dépression respiratoire.
Antiacides	Augmentation du risque de diminution de l'absorption GI de divers médicaments. Les antiacides à forte teneur en sodium peuvent aggraver une insuffisance cardiaque ou rénale.	Efficacité nulle ou réduite du médicament. Œdème; augmentation de l'insuffisance cardiaque.
Antidépresseurs tricycliques	Augmentation de la fréquence des effets anticholinergiques indésirables. Augmentation de la fréquence de la confusion.	Aggravation du glaucome, de la rétention urinaire, de la xérostomie. Agitation, perturbations du sommeil, désorientation, délire, perte de mémoire.
Barbituriques	Augmentation de l'effet du médicament. Effets paradoxaux de stimulation.	Augmentation de la dépression du SNC, désorientation, délire, perte de mémoire. Excitation, inquiétude, stimulation du SNC.

Médicament	Changements dus à l'âge	Symptômes
Digitale, préparations de	Augmentation de la toxicité du médicament due à des changements de la masse, à l'obésité, etc. Prolongation de la demi-vie sérique.	Signes précoces de toxicité digitalique: changement dans l'état de conscience, anorexie, vision trouble, halo (blanc ou jaune) autour des objets brillants, palpitations, nausées, vomissements.
Diurétiques thiazidiques	Augmentation du risque de réaction hypoglycémique, particulièrement si des hypoglycémiants oraux sont administrés conjointement.	Symptômes d'hypoglycémie: faim, fatigue, transpiration, tremblements.
	Modification de l'élimination urinaire de l'acide urique. Aggravation de l'hypotension orthostatique.	Symptômes semblables à ceux des accès de goutte. Sensation de tête légère, étourdissements, évanouissement en passant de la position assise ou allongée sur le ventre à la position debout.
	Augmentation de la fréquence des arythmies cardiaques, particulièrement chez le client digitalisé; hypokaliémie plus fréquente.	Symptômes de déplétion potassique: fatigue, crampes dans les jambes, faiblesse musculaire, déshydratation, constipation.
Méthylphénidate	Diminution du métabolisme hépatique de la phénytoïne, des phénothiazines, des antidépresseurs tricycliques, des anticoagulants coumariniques causée par le méthylphénidate.	Intensification de l'effet des médicaments.
Pénicillines	Augmentation de la toxicité pour le SNC due à une diminution de l'élimination rénale.	Stimulation du SNC; risques de convulsions, coma.
Phénothiazines	Augmentation de la fréquence de l'hypotension orthostatique.	Étourdissements, sensation de tête légère en passant de la position assise ou allongée à la position debout; évanouissement.
	Augmentation des risques de symptômes parkinsoniens et d'effets extrapyramidaux.	Fasciculation, claquement des lèvres, mouvement d'émiettement, agitation, mouvements saccadés ou soudains des mains et des jambes.

Médicament	Changements dus à l'âge	Symptômes
	Augmentation des effets anticholinergiques indésirables.	Aggravation du glaucome, rétention urinaire.
	Ictère cholostatique.	Douleurs abdominales, hyperpigmentation, prurit, fièvre persistante.
	Aggravation de l'épilepsie ou de la dépression mentale.	
Phénylbutazone	Augmentation de la fréquence de l'agranulocytose, de l'anémie aplastique et de la rétention sodique.	Fatigue inhabituelle, palpitations cardiaques, dyspnée d'effort, fièvre élevée récurrente, éruption cutanée, aphtes buccaux, mal de gorge persistant, œdème.
Phénytoïne	Augmentation de la fréquence de la toxicité neurologique et hématologique chez les clients souffrant d'hypoalbuminémie ou d'une affection rénale.	Intensification des effets de la phénytoïne.
	Augmentation des risques de carence en folate.	Pâleur, fatigue, glossite, nausées et anorexie — symptômes d'anémie mégaloblastique.
Propranolol	Augmentation de la fréquence des réactions indésirables.	Bradycardie, étourdissements, céphalée, somnolence, bloc cardiaque, hypotension.
Réserpine	Augmentation de la fréquence des réactions indésirables.	Ulcère gastro-duodénal, bradycardie, augmentation de l'activité parasympathomimétique, dépression mentale (irritabilité anormale, fréquents réveils à l'aube et/ou cauchemars).
Sulfamides	Augmentation du risque de réaction hypoglycémique, particulièrement si des hypoglycémiants oraux sont administrés conjointement.	Symptômes d'hypoglycémie: faim, fatigue, transpiration, tremblements.
Warfarine sodique	Augmentation de l'effet anticoagulant due à une diminution de la liaison aux protéines plasmatiques.	Saignement, hémorragie.

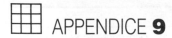

Effets signalés des médicaments pris par la mère sur l'embryon, le fœtus et le nouveau-né[a]

Médicament	Effets possibles
Acétaminophène	Insuffisance rénale.
Acétazolamide	Malformations des membres.
Acide acétylsalicylique	Saignement fœtal, fermeture prématurée du canal artériel, hémorragie, gestation prolongée; risque d'interférence avec la fonction plaquettaire du nouveau-né.
Acide éthacrynique	Ictère, thrombopénie.
Acide nalidixique	Hémolyse.
Agents immunitaires (vaccins contre les virus hépatiques)	Infection virale chez le fœtus.
Alcool éthylique	Tératogenèse; mutation somatique, faible masse de naissance, hypoglycémie, hémorragie, anémie, arriération mentale, syndrome d'alcoolisme fœtal.
Aminophylline	Anomalies de l'adaptation à la vie extra-utérine.
Amitriptyline	Symptômes de sevrage[b].
Amphétamines	Thrombopénie fœtale, transposition des gros vaisseaux, fente palatine.
Ampicilline	↓ des concentrations urinaire et plasmatique d'œstriol chez la mère; risque de candidose et de diarrhée chez le nouveau-né.
Androgènes	Fusion labio-scrotale avant la 12e semaine; après la 12e semaine, hypertrophie phallique; anomalies; ↑ de la bilirubine.
Anesthésiques de conduction	Convulsions, acidose, bradycardie, dépression myocardique, hypotension fœtale, mort.
généraux	Méthémoglobinémie, ↑ des anomalies, anomalies chromosomiques, apnée, dépression respiratoire.

Médicament	Effets possibles
locaux paracervicaux	Méthémoglobinémie, acidose fœtale, bradycardie, dépression myocardique et neurologique, convulsions, ↓ de la pression artérielle (fortes doses).
Antiacides	Déséquilibre électrolytique, ↑ des anomalies légères ou graves.
Anticonvulsivants (La cyclizine, le diphénidol et la thiéthylpérazine sont déconseillés pendant la grossesse.)	Tératogenèse, mutation somatique, hémorragie, symptômes de sevrage, arriération mentale.
Antidépresseurs	Faible réflexe de succion, hypotonie.
Antidépresseurs tricycliques	Anomalies des membres et du SNC.
Antihistaminiques	Hallucinations, convulsions, excitation, sédation, mort.
Antinéoplasiques	Cytotoxicité, tératogenèse, troubles de la reproduction, augmentation de la sensibilité aux infections, hypoplasie, retard de la croissance.
Atropine	Tachycardie fœtale, pupilles fixes et dilatées, inhibition de la lactation.
Barbituriques	↑ des anomalies, saignement du nouveau-né, symptômes de sevrage[b].
Benzodiazépines	Malformations cardiaques, syndrome de sevrage chez le nouveau-né[b].
Bromures	Arrêt de la croissance, léthargie, pupilles dilatées, dermatite, hypotonie, arriération mentale.
Cannabis	↑ des anomalies.
Céphaloridine	Test de Coombs faussement positif.
Chloral, hydrate de (fortes doses)	Mort fœtale.
Chloramphénicol	Pancytopénie chez le nouveau-né associée au collapsus et à la mort.
Chlordiazépoxide	Symptômes de sevrage[b].
Chloroquine	Lésions de la rétine, lésion du nerf crânien VIII.
Chlorpromazine	Hypoglycémie.
Chlorpropamide	Hypoglycémie, mort fœtale.
Cigarette	Voir *Nicotine*.
Clomiphène	Anomalies, malformation du tube neural, syndrome de Down.
Colorants radioactifs	Fonction thyroïdienne anormale.
Corticostéroïdes	Insuffisance placentaire, tératogenèse, anomalie de la masse de naissance, déséquilibre électrolytique.
Curare	Curarisation fœtale.
Diazépam	Tératogenèse, anomalies de l'adaptation à la vie extra-utérine, symptômes de sevrage[b].

Médicament	Effets possibles
Diazoxide	Tératogenèse, hyperglycémie, alopécie, mortalité périnatale, blocage persistant des récepteurs β-adrénergiques.
Diéthylstilbœstrol (DES)	Adénocarcinome du vagin et du col utérin chez les filles, anomalies des voies génitales, malformations cardiaques, atrésie et fistule trachéo-œsophagiennes, carcinome; réduction de la lactation.
Diphénhydramine	Symptômes de sevrage[b].
Diphénylhydantoïne	Voir *Phénytoïne*.
Diurétiques	Déséquilibre électrolytique, inertie utérine, teinte méconiale du liquide amniotique, mort fœtale.
Diurétiques thiazidiques	Thrombopénie, ictère, hyponatrémie, effet diabétogène, hyperuricémie, ↓ de la masse de naissance.
Édétate de calcium disodique (EDTA)	↑ des anomalies.
Ergot	Mort fœtale.
Ergotamine	Vomissement et diarrhée, ↓ de la concentration de prolactine, des doses multiples peuvent inhiber la lactation.
Érythromycines	Risques de lésions hépatiques; ↑ de la bilirubinémie néonatale.
Éthanol	Voir *Alcool éthylique*.
Ethchlorvynol	Dépression du SNC, symptômes de sevrage[b].
Éther	Apnée, dépression respiratoire.
Fluorure (excès)	Dents tachetées, troubles de l'ossification.
Ganglioplégiques	Iléus paralytique.
Gentamicine	Lésions du nerf crânien VIII.
Glucocorticoïdes	Fente palatine, malformations cardiaques.
Glutéthimide	Symptômes de sevrage[b]
Hallucinogènes	Tératogenèse.
Halopéridol	↑ des anomalies des membres.
Halothane	Apnée, dépression respiratoire.
Héroïne	Voir *Narcotiques*.
Hexaméthonium	Hypotension, iléus paralytique, anomalies de l'adaptation à la vie extra-utérine.
Huile minérale	↓ de l'absorption des vitamines liposolubles (A, D, E, K), hypoprothrombinémie.
Hydralazine	↑ des anomalies (les données statistiques ne sont pas concluantes).
Hydroxyzine, chlorhydrate d'	Symptômes de sevrage[b].
Hypoglycémiants oraux	Hypoglycémie, thrombopénie.
Idoxuridine	↑ des anomalies.

Médicament	Effets possibles
Imipramine	SNC, ↑ des anomalies des membres.
Indométhacine	↑ des anomalies, fermeture prématurée du canal artériel.
Inhibiteurs de la cholinestérase	Anomalies de l'adaptation à la vie extra-utérine.
Insecticides	Modifications de l'induction enzymatique.
Insuline	Hypoglycémie, malformations du squelette.
Iode	Fonction thyroïdienne anormale, malformations fœtales (données encore insuffisantes).
Iodures	Hyperthyroïdie ou hypothyroïdie, arriération mentale, thrombopénie, détresse respiratoire due à une compression trachéale.
Isotopes radioactifs	Fonction thyroïdienne anormale.
Kanamycine	Lésions du nerf crânien VIII.
Lévallorphane	Aucun effet sauf si de fortes doses de narcotiques sont administrées à la mère – agit comme un dépresseur respiratoire, si la dépression n'est pas causée par un narcotique; peut précipiter une réaction de sevrage chez le fœtus ou le nouveau-né.
Lithium	Tératogenèse, ↓ de l'adaptation immédiate à la vie extra-utérine, fonction thyroïdienne, anomalies des yeux, fente palatine, déséquilibre électrolytique.
LSD	Dommages chromosomiques, ↑ des anomalies.
Magnésium, sulfate de	↓ de l'adaptation immédiate à la vie extra-utérine, convulsions.
Méclizine	↑ des anomalies.
Méprobamate	Symptômes de sevrage[b].
Mercure	Tératogenèse, arriération mentale.
Méthadone	Symptômes de sevrage.
Méthotrexate (MTX)	Anomalies multiples, mort fœtale.
Méthyldopa	Iléus méconial néonatal.
Narcotiques	↓ de l'adaptation immédiate à la vie extra-utérine, ↑ de la détresse respiratoire, apnée, symptômes de sevrage[b], hypothermie.
Nicotine	↓ de la croissance fœtale, placenta prævia, décollement placentaire.
Nitrofurantoïne	Hyperbilirubinémie, anémie hémolytique.
Ocytocine	↓ de l'adaptation immédiate à la vie extra-utérine, ictère, déséquilibre électrolytique.
Œstrogènes	Voir *Diéthylstilbœstrol*.
Oxyde de carbone	Arriération mentale.

Médicament	Effets possibles
Paraldéhyde	↓ de l'adaptation immédiate à la vie extra-utérine.
Pénicillamine	Anomalies du tissu conjonctif.
Pentazocine	Symptômes de sevrage[b].
Phénothiazines	↓ de l'adaptation immédiate à la vie extra-utérine.
Phénytoïne	Tératogenèse, syndrome de la phénytoïne (hydantoïne fœtale) comprenant la fissure labiale, la fente palatine ou des gencives, la syndactylie, la polydactylie, la microcéphalie, l'anencéphalie (les données sont remises en question car la phénytoïne est souvent prescrite aux épileptiques qui prennent plusieurs médicaments); hémorragie, anémie.
Pilocarpine	Convulsions.
Plomb	Tératogenèse, mort fœtale, arriération mentale.
Podophylline	↑ des anomalies multiples.
Primidone	Hémorragie.
Progestines	Masculinisation du fœtus de sexe féminin.
Prométhazine	Hémorragie, anémie.
Propranolol	Bradycardie, ↓ du débit cardiaque, hypoglycémie, ↑ de l'embryotoxicité.
Propylthiouracile	Goitre, arriération mentale.
Psychotropes	↑ des anomalies, léthargie, cyanose.
Pyridoxine	↓ de l'adaptation immédiate à la vie extra-utérine, convulsions.
Pyriméthamine	↑ des anomalies.
Quinine	Tératogenèse, surdité, hémorragie.
Radiations	Tératogenèse, carcinogenèse, arriération mentale.
Radio-Isotopes	Voir *Radiations*.
Réserpine	Tératogenèse, ↓ de l'adaptation immédiate à la vie extra-utérine, ↑ des sécrétions respiratoires, congestion nasale, léthargie, cyanose, anorexie.
Rifampine	Spina bifida, fente palatine.
Salicylates	↓ de l'adaptation immédiate à la vie extra-utérine; intoxication par les salicylates; mort fœtale (doses excessives); malformations du SNC, de l'appareil GI et du squelette; saignement.
Scopolamine	Hyperpyrexie (due à de nombreuses doses élevées), tachycardie fœtale.
Sérotonine	↑ des anomalies.
Sodium, bisulfate de	Hémorragie, anémie, ictère.
Solutions intraveineuses	Excès de liquides, hyponatrémie, convulsions.
Solutions IV hypotoniques	Déséquilibre électrolytique.

Médicament	Effets possibles
Stilbœstrol	Voir *Diéthylstilbœstrol.*
Stimulants ovariens	Tératogenèse, ↓ de la masse de naissance.
Streptomycine	Lésions du nerf crânien VIII, micromélie, multiples anomalies du squelette.
Stupéfiants	Mutation somatique, ↓ du taux de natalité, symptômes de sevrage[b].
Sulfamides	Hémorragie, anémie, malformations du squelette et du visage, hyperbilirubinémie, ictère et ictère nucléaire (une association médicamenteuse, Bactrim [sulfaméthoxazole et triméthoprime], a été associée à une augmentation de la fréquence de la fente palatine).
Testostérone	Masculinisation du fœtus de sexe féminin; voir *Androgènes.*
Tétracyclines	Dépression de la croissance osseuse, coloration des dents de lait, micromélie, multiples anomalies du squelette.
Thalidomide	Tératogenèse, malformations des membres, des yeux et de l'appareil GI.
Thiouracile	Goitre, hypothyroïdie, arriération mentale.
Thiourée	Fonction thyroïdienne, hémorragie, anémie, ↓ des facultés mentales.
Tolbutamide	↑ des anomalies et du métabolisme.
Trifluopérazine	Symptômes de sevrage[b].
Vitamine A (excès)	Anomalies congénitales, anomalies rénales et du SNC.
Vitamine B_6	Convulsions de sevrage.
Vitamine C (excès)	Scorbut de rebond (nouveau-né).
Vitamine D (excès)	Anomalies congénitales; excès: prédisposition à l'hypercalcémie.
Vitamine K	Ictère, ictère nucléaire, anémie.
Warfarine	Hémorragie fœtale, enfant mort-né.

a) Les médicaments énumérés dans cet appendice comprennent les stupéfiants (drogues « de la rue »), les drogues sociales (alcool, cigarettes), les polluants de l'environnement (insecticides, plomb, etc.).

b) Les symptômes de sevrage manifestés par les nouveau-nés de mères toxicomanes comprennent l'hyperactivité, les tremblements, les éternuements fréquents, les cris perçants, le réflexe de Moro hyperactif, l'hypertonie, les convulsions, les vomissements, la diarrhée et la succion frénétique du poing. Bien que ces symptômes apparaissent généralement dans les 24 premières heures de vie, ils peuvent également se manifester au bout de 7 jours dans le cas d'intoxication par l'héroïne; de 2 semaines, dans le cas d'intoxication par la méthadone; de 2 mois, dans le cas d'intoxication par le phénobarbital.

Formules de calcul de la posologie des médicaments et du débit de la perfusion IV

1. Formule de calcul de la posologie des médicaments.

$$\frac{\text{D (dose nécessaire)}}{\text{x (unités à administrer)}} = \frac{\text{H (dose disponible)}}{\text{(nombre d'unités contenant la dose disponible)}}$$

Exemple: Le médecin prescrit 20 mg d'élixir de phénobarbital. La dose disponible est de 5 mg/5 mL. Combien de millilitres devra-t-on administrer?

$$\frac{20 \text{ mg}}{\text{x mL}} = \frac{5 \text{ mg}}{5 \text{ mL}}$$
$$5x = 100$$
$$x = 20 \text{ mL}$$

Réponse: 20 mL

Exemple: Le médecin prescrit 20 mg de prednisone. Les comprimés disponibles sont de 5 mg chacun. Combien de comprimés devra-t-on administrer?

$$\frac{20 \text{ mg}}{\text{x comprimés}} = \frac{5 \text{ mg}}{1 \text{ comprimé}}$$
$$5x = 20$$
$$x = 4 \text{ comprimés}$$

Réponse: 4 comprimés

2. *Règle de Clark*, utilisée pour calculer la posologie en pédiatrie:

$$\frac{\text{Masse en kilogrammes} \times \text{dose adulte}}{68^*} = \text{Posologie pour l'enfant}$$

3. *Règle de Fried*, utilisée pour calculer la posologie en pédiatrie, pour le nourrisson ou l'enfant de moins de 2 ans:

$$\frac{\text{Âge de l'enfant (mois)} \times \text{dose adulte}}{150} = \text{Posologie pour l'enfant ou le nourrisson}$$

---

* Masse moyenne de l'adulte, en kilogrammes.

SURFACE CORPORELLE DES ENFANTS – NOMOGRAMME POUR DÉTERMINER LA SURFACE CORPORELLE EN SE BASANT SUR LA TAILLE ET LA MASSE[a]

Taille	Surface corporelle	Masse

Source: Formule de DuBois et DuBois: *Arch Intern Med* 17:863, 1916: $S = M^{0,425} \times T^{0,725} \times 71,84$ ou $\log S = \log M \times 0,425 + \log T \times 0,725 + 1,8564$ (S = surface corporelle en cm², M = masse en kg, T = taille en cm).
Tiré de Documenta Geigy Scientific Tables, 8e édition.
Avec l'autorisation de CIGA-GEIGY Ltée, Bâle, Suisse.

a) La surface corporelle correspond au point où une ligne droite joignant la taille (colonne de gauche) à la masse (colonne de droite) traverse l'échelle de la surface corporelle (colonne centrale).

SURFACE CORPORELLE DES ADULTES – NOMOGRAMME POUR DÉTERMINER LA SURFACE CORPORELLE EN SE BASANT SUR LA TAILLE ET LA MASSE[a]

Taille	Surface corporelle	Masse

Source: Formule de DuBois et DuBois: *Arch Intern Med* 17:863, 1916: $S = M^{0,425} \times T^{0,725} \times 71,84$ ou $\log S = \log M \times 0,425 + \log T \times 0,725 + 1,8564$ (S = surface corporelle en cm², M = masse en kg, T = taille en cm).

Tiré de Documenta Geigy Scientific Tables, 8ᵉ édition.

Avec l'autorisation de CIGA-GEIGY Ltée, Bâle, Suisse.

a) La surface corporelle correspond au point où une ligne droite joignant la taille (colonne de gauche) à la masse (colonne de droite) traverse l'échelle de la surface corporelle (colonne centrale).

4. *Règle de Young*, utilisée pour calculer la posologie en pédiatrie pour l'enfant de plus de 2 ans:

$$\frac{\text{Âge de l'enfant (années)} \times \text{dose adulte}}{\text{Âge (années)} + 12} = \text{Posologie pour l'enfant}$$

5. Formule utilisant la *surface corporelle de l'enfant* comme base du calcul de la posologie en pédiatrie:

$$\frac{\text{Surface corporelle de l'enfant (m}^2) \times \text{dose adulte}}{1,7 \text{ m}^{2*}} = \text{Posologie pour l'enfant}$$

Voir le nomogramme de la p. 1172 pour déterminer la surface corporelle de l'enfant.

6. Formule utilisant la *posologie recommandée par kilogramme de masse corporelle en pédiatrie*:

$$\text{Milligrammes} \times \frac{\text{masse en kilogrammes}}{\text{de l'enfant}} = \text{Posologie pour l'enfant}$$

Exemple: Jean pèse 40 kg. La posologie recommandée en pédiatrie pour le maléate de chlorphéniramine est de 2 mg/kg par 24 h. Combien de médicament devra-t-on administrer à Jean par 24 h?

$$40 \text{ kg} \times 2 \text{ mg/kg} = 80 \text{ mg} = \text{Posologie pour Jean par 24 h}$$

La dose totale déterminée pour 24 h doit être fractionnée et administrée à intervalles donnés, selon l'ordonnance du médecin.

7. Formule pour calculer le débit de la perfusion IV:

$$\frac{\text{Volume perfusé} \times \text{gouttes/mL}}{\text{Temps de perfusion en minutes}} = \text{gouttes/min}$$

Vérifier sur l'emballage du perfuseur le nombre de gouttes par millilitre, car il varie selon les marques et les modèles.
Exemple: L'ordonnance indique: « 240 mL de dextrose à 5% dans l'eau en 4 h. » Quel sera le débit de la perfusion?

L'emballage du perfuseur indique que le nombre de gouttes par millilitre est de 15.

$$x = \frac{240 \text{ mL} \times 15 \text{ gouttes/mL}}{4 \text{ h} \times 60 \text{ min/h}}$$

$$x = \frac{60 \times 1}{x \times 4}$$

$$x = 14$$

Réponse: Débit de perfusion = 15 gouttes/min

Exemple: L'ordonnance indique: « Ampicilline, 0,5 g IV. » Après que l'on a ajouté l'ampicilline reconstituée, le Volutrol contient 30 mL de solution. Le conditionnement de la fiole d'ampicilline indique que le

---

* Surface corporelle moyenne de l'adulte.

médicament doit être administré en 1 h. Sachant que le Volutrol perfuse 60 microgouttes/mL, quel devra être le débit de la perfusion?

$$x = \frac{30 \text{ mL} \times 60 \text{ microgouttes}}{1 \text{ h} \times 60 \text{ min/h}}$$

Réponse: Débit de perfusion = 30 microgouttes/min

APPENDICE **11**

Aspect légal de l'administration des médicaments

La participation de l'infirmière à la thérapie médicamenteuse s'inscrit dans le cadre d'une fonction de collaboration au sein de l'équipe de soins de santé. La décision d'administrer des médicaments relève de la compétence médicale, alors que les responsabilités de l'infirmière sont associées aux diverses étapes de la démarche de soins infirmiers.

Ainsi, l'infirmière doit évaluer les besoins du client et sa réaction à la thérapie médicamenteuse, poser les diagnostics infirmiers reliés à la thérapie, planifier les objectifs et les interventions, mettre en œuvre les interventions thérapeutiques et, enfin, évaluer les réactions du client.

De plus, l'infirmière assumant les responsabilités légales qui découlent des diverses étapes de l'administration des soins infirmiers, elle doit bien connaître les techniques relatives à l'administration des médicaments. Dans le doute, il est extrêmement important qu'elle consulte ses manuels de référence.

Il importe également que l'infirmière connaisse, avant d'administrer un médicament, les règlements relatifs aux ordonnances écrites ou verbales ainsi qu'aux périodes de validité prévues pour les ordonnances des médicaments de certaines catégories. Elle doit à cet effet consulter les règlements et les consignes de l'établissement de santé qui ont trait à l'administration des médicaments.

Ordonnances médicales Les ordonnances médicales peuvent être verbales ou écrites.

Un règlement de la Corporation professionnelle des médecins précise les normes relatives à la forme et au contenu des ordonnances faites par un médecin[a]. En outre, la Loi sur les services de santé et les services sociaux précise qu'une ordonnance prescrite à une personne admise ou inscrite dans un établissement de santé doit être faite par écrit, datée et signée par un médecin ou un chirurgien dentiste sur une feuille d'ordonnance et doit être versée au dossier du client[b]. De plus, la période de validité des ordonnances est soumise à certaines limites qui peuvent varier d'un établissement de santé à un autre.

Dans le cas des ordonnances verbales, il est de règle, lorsqu'une ordonnance téléphonique est dictée à l'infirmière, que celle-ci consigne l'ordonnance sur la feuille d'ordonnance versée au dossier du client et y inscrive également le nom du médecin qui l'a prescrite ainsi que la date et l'heure de l'appel téléphonique. L'infirmière signe ensuite l'ordonnance. Le médecin doit contresigner cette ordonnance dans les 72 h qui suivent. En plus du respect de ces règles fondamentales, on recommande à l'infirmière qui reçoit une telle ordonnance de transmettre au médecin toutes les informations pertinentes sur l'état du client, de répéter l'ordonnance afin de s'assurer qu'elle l'écrit correctement, de poser les questions appropriées lorsqu'elle ne comprend pas ou qu'elle met en doute certains éléments de l'ordonnance et de consigner au dossier du client la discussion avec le médecin s'il y a lieu.

L'autre type d'ordonnance verbale est effectuée uniquement dans les situations d'urgence, puisqu'elle se fait au cours d'une intervention médicale. Le médecin doit toutefois la confirmer par écrit dans le plus bref délai. L'infirmière inscrit l'ordonnance sur la feuille d'ordonnance en précisant qu'il s'agit d'une ordonnance verbale, le nom du médecin qui fait l'ordonnance, la date et l'heure, et elle signe l'ordonnance. Afin d'éviter une erreur d'interprétation, il est recommandé à l'infirmière de répéter au médecin le contenu de l'ordonnance avant de l'exécuter.

Stupéfiants et drogues contrôlées L'infirmière est appelée à utiliser les moyens de contrôle relatifs à l'administration des médicaments contrôlés et des narcotiques mis en place dans les établissements de santé. De façon générale, un registre de la quantité de chacun de ces médicaments (conservés dans un endroit fermé à clé) est vérifié à chaque quart de travail, et l'enregistrement de l'administration de ces médicaments est fait dans un cahier spécialement prévu à cet effet. Il est à noter que l'accès à ces médicaments est habituellement réservé à l'infirmière responsable de l'unité de soins, qui assume la vérification et l'enregistrement en présence d'une autre infirmière.

---

a) Ordre des médecins et dentistes. *Règlement concernant les normes relatives à la forme et au contenu des ordonnances verbales ou écrites faites par un médecin.* Gazette officielle du Québec, 15 février 1978.

b) Gouvernement du Québec. *Loi sur les services de santé et les services sociaux et règlements.* Ch. 41. Éditeur officiel du Québec.

Médicaments contrôlés et narcotiques

Au Canada, les médicaments qui peuvent faire l'objet d'abus mais qui, sans être des narcotiques, sont utilisés légalement à des fins thérapeutiques sont assujettis à l'Annexe G de la Loi sur les aliments et drogues. Parmi ces médicaments, citons les suivants :

Acide barbiturique, ses sels et dérivés (amobarbital, pentobarbital, secobarbital)

Acide thiobarbiturique, ses sels et dérivés (thiopental sodique, méthohexital, thiamylal sodique)

Amphétamine et ses sels (sulfate de dextroamphétamine)

Benzphétamine et ses sels

Butorphanol et ses sels

Chlorphentermine et ses sels

Diéthylpropion et ses sels (Nobesine, Propion, Regibon, Tenuate)

Méthamphétamine et ses sels

Méthaqualone et ses sels (Tualone-300)

Méthylphénidate et ses sels (Ritalin)

Pentazocine et ses sels (Talwin)

Phendimétrazine et ses sels

Phenmétrazine et ses sels

Phentermine et ses sels (Ionamin, Fastin)

Les narcotiques (par exemple, la morphine, la codéine, la mépéridine) sont assujettis aux Règlements sur les stupéfiants.

Les médicaments dont l'utilisation à des fins thérapeutiques n'est pas reconnue sont assujettis à l'Annexe H de la Loi sur les aliments et drogues, et comprennent des substances comme le LSD, le DET, le DMT, la DOM, le PCP, la psilocine, la psilocybine et de nombreux autres hallucinogènes.

⊞ Glossaire

Acathisie   Agitation extrême, augmentation de l'activité motrice.

Achlorhydrie   Absence d'acide chlorhydrique dans l'estomac.

Acidose   Augmentation de l'acidité des liquides organiques.

Acouphène (tinnitus)   Bourdonnement d'oreille.

Acrocyanose   Cyanose (coloration bleutée) des extrémités.

Acromégalie   Croissance exagérée des os des extrémités et de la tête chez l'adulte, due à une hypersécrétion de somatotrophine (hormone de croissance).

Acroparesthésie   Picotement, fourmillement ou engourdissement des extrémités.

Adrénergique   Qui se rapporte à la partie sympathique du système nerveux autonome.

Agranulocytose   Baisse de la numération leucocytaire – en particulier neutropénie – qui se caractérise par la fièvre, une ulcération des muqueuses et de la prostration.

Akinésie   Absence ou diminution des mouvements.

Alopécie   Absence ou perte de poils (particulièrement des cheveux).

Amblyopie   Perte partielle ou affaiblissement de la vision.

Aménorrhée   Absence de menstruation.

Anabolisme, anabolisant   Développement des tissus corporels.

Anaphylaxie   Réaction allergique grave à un médicament ou à une protéine étrangère.

Androgène   Qui provoque l'apparition des caractères sexuels masculins.

Anémie aplastique   Anémie résultant de lésions de la moelle osseuse.

Angine, angineux   Se rapporte généralement à l'angine de poitrine – douleur intense dans la région du cœur provoquée par une oxygénation insuffisante.

Angio-œdème   Voir *Œdème de Quincke.*

Anorexie   Perte de l'appétit.

Anurie   Absence de sécrétion d'urine.

Aphakie   Absence de cristallin.

Aphasie   Perte ou altération du langage.

Apnée   Interruption temporaire de la respiration.

Arthralgie   Douleur articulaire.

Ascite   Accumulation de liquide dans la cavité péritonéale.

Asthénie   Faiblesse musculaire; diminution ou perte de la force musculaire.

Atopique   Déplacé.

Azotémie (urémie)   Concentration accrue d'urée ou d'azote dans le sang.

Bactéricide   Qui tue les bactéries.

Bactériostatique   Qui ralentit ou inhibe la croissance des bactéries.

Blépharospasme   Mouvements brefs et saccadés de la paupière.

Bradycardie   Ralentissement de la fréquence cardiaque.

Bruxisme   Grincement des dents, généralement pendant le sommeil.

Catabolisme   Dégradation des substances complexes de l'organisme produisant habituellement de l'énergie.

Cellulite   Inflammation des tissus conjonctifs.

Cétose   Accumulation de corps cétoniques.

Chéilite   Inflammation des lèvres.

Chéilite due à l'ariboflavinose   Variété de chéilite se caractérisant par des fissures aux commissures – généralement occasionnée par une carence en riboflavine.

Chloasma   Pigmentation de la peau, généralement de couleur brun-jaune.

Cholangite   Inflammation des voies biliaires.

Cholécystite   Inflammation de la vésicule biliaire.

Cholélithiase   Présence de pierres ou de calculs dans la vésicule biliaire ou dans les voies biliaires.

Cholinergique   Qui se rapporte à la partie parasympathique du système nerveux autonome.

Cholostase   Diminution ou arrêt de la sécrétion biliaire.

Chorée   Soubresauts involontaires des muscles du visage et des membres.

Cirrhose   Affection chronique du foie.

Claudication   Boiterie.

Colite   Inflammation du côlon.

Conjonctivite   Inflammation de la conjonctive.

Crétinisme   Déficience congénitale en hormones thyroïdiennes causant un arrêt du développement physique et mental.

Cristallurie   Apparition de cristaux dans l'urine.

Cyanose   Quantité anormale d'hémoglobine réduite dans le sang se manifestant par une coloration bleutée de la peau.

Cycloplégie   Paralysie des muscles ciliaires.

Dermatite exfoliative   Inflammation chronique de la peau qui se caractérise par du prurit et de la desquamation.

Diaphorèse   Transpiration profuse.

Diathèse   Prédisposition à un état pathologique ou à une maladie donnée.

Diplopie   Vision trouble.

Dysarthrie   Troubles de l'élocution.

Dyscrasie   Synonyme de maladie – exprime généralement un trouble des globules sanguins.

Dyskinésie   Altération des mouvements musculaires volontaires.

Dysménorrhée   Menstruation douloureuse.

Dyspareunie   Relations sexuelles douloureuses.

Dyspepsie   Digestion difficile.

Dysphagie   Déglutition difficile ou impossible.

Dysphonie   Enrouement. Difficulté d'élocution.

Dyspnée   Respiration difficile ou pénible.

Dystonie   Altération du tonus musculaire.

Dysurie   Miction difficile ou douloureuse.

Ecchymose   Zones hémorragiques de la peau produisant une coloration allant du bleu-noir ou vert-brun ou au jaune.

Ectopique   Qui ne se trouve pas à son siège normal. Se rapporte souvent à la grossesse ou aux battements cardiaques.

Encéphalopathie   Dysfonctionnement cérébral.

Endartérite   Inflammation de l'intima d'une artère.

Entérite   Inflammation des intestins.

Énurésie   Incontinence urinaire.

Éosinophilie   Augmentation du nombre des éosinophiles circulants.

Épistaxis   Saignement de nez.

Érythème   Rougeur de la peau.

Érythème noueux   Nodosités rouges et douloureuses apparaissant sur les jambes et généralement causées par l'arthrite.

Érythème polymorphe   Éruption qui se caractérise par des papules, des vésicules ou des bulles rouge foncé siégeant généralement sur les membres.

Exanthème   Toute éruption cutanée accompagnée d'inflammation.

Exophtalmie   Protrusion du globe oculaire.

Flatulence   Gaz dans les voies gastro-intestinales. Expulsion des gaz hors de l'organisme.

Galactorrhée   Sécrétion excessive de lait.

Gastrite   Inflammation de l'estomac.

Gingivite   Inflammation des gencives.

Glaucome   Maladie de l'œil caractérisée par une augmentation de la pression intra-oculaire.

Glossite   Inflammation de la langue.

Glycosurie Présence de glucose dans l'urine.

Gynécomastie Hypertrophie des glandes mammaires chez l'homme.

Hématémèse Vomissements sanglants.

Hématurie Présence de sang dans l'urine.

Hémoglobinémie Présence d'hémoglobine dans le plasma.

Hémoglobinurie Présence d'hémoglobine dans l'urine.

Hémolytique Qui se rapporte à la destruction des globules rouges.

Hémoptysie Toux ramenant une expectoration de sang provoquée par un saignement dans les voies respiratoires.

Hépatotoxicité Lésion hépatique.

Hirsutisme Hyperpilosité.

Horripilation Érection des poils.

Hypercalcémie Présence excessive de calcium dans le sang.

Hypercapnie Concentration accrue de gaz carbonique dans le sang.

Hyperglycémie Concentration accrue de glucose dans le sang.

Hyperhidrose Transpiration excessive.

Hyperkaliémie Concentration accrue de potassium dans le sang.

Hypernatrémie Concentration accrue de sodium dans le sang.

Hyperplasie Développement excessif des cellules normales d'un organe.

Hypersensibilité Réaction accrue à un médicament ou à une autre substance.

Hyperthermie Augmentation de la température du corps.

Hypertrichose Développement excessif du système pileux.

Hyperuricémie Concentration accrue d'acide urique dans le sang.

Hypocapnie Concentration réduite de gaz carbonique dans le sang.

Hypochlorhydrie Sécrétion réduite d'acide chlorhydrique.

Hypoglycémie Concentration réduite de glucose dans le sang.

Hypokaliémie Concentration réduite de potassium dans le sang.

Hyperthermie Augmentation de la température du corps.

Hypoprothrombinémie Concentration réduite de prothrombine dans le sang.

Hypotension orthostatique Chute de la pression artérielle lors du passage rapide de la position assise ou couchée à la position debout.

Ictère Coloration jaune de la peau, des muqueuses, du blanc des yeux (sclérotique) et des liquides organiques due à un excès de bilirubine.

Ictère obstructif Ictère dû à une diminution de l'écoulement biliaire entre le foie et le duodénum (généralement causé par une obstruction).

Idiopathique Désigne un état pathologique d'origine inconnue.

Iléus Occlusion intestinale.

Ischémie Diminution de la circulation sanguine dans un organe ou un tissu.

Kraurosis Dessèchement et atrophie d'une muqueuse (et plus généralement des organes génitaux externes).

Léthargie, léthargique Somnolence, lenteur, stupeur.

Leucopénie Diminution anormale du nombre de globules blancs.

Leucorrhée Écoulement vaginal de sérosités.

Libido Pulsion sexuelle.

Lipodystrophie Atrophie des tissus adipeux sous-cutanés, généralement à la suite d'injections d'insuline.

Lithiase Formation de calculs dans l'organisme.

Lochies Écoulement de sang, de mucosités et de tissus pendant la période puerpérale.

Lupus érythémateux Inflammation chronique des tissus conjonctifs; affecte le système nerveux, les muqueuses, la peau, les reins et les articulations; se caractérise par des éruptions, de la fièvre, des douleurs articulaires et des malaises; atteint surtout les jeunes femmes.

Lymphadénopathie Affection des ganglions lymphatiques.

Maladie d'Addison Trouble dû à une déficience du cortex surrénal.

Maladie de Buerger Appelée aussi thromboangéite oblitérante. Affection inflammatoire chronique, particulièrement des veines et des artères périphériques des extrémités – peut entraîner la paresthésie ou la gangrène.

Maladie de La Peyronie Durcissement du tissu érectile du pénis causant une déformation.

Mélasmes Décoloration ou pigmentation de la peau.

Méléna Selles noires dues à la présence de sang.

Ménorragie Écoulement excessif de sang pendant la menstruation.

Méthémoglobinémie État au cours duquel une quantité excessive d'hémoglobine est convertie en méthémoglobine, causant une cyanose.

Myalgie Douleur musculaire.

Mycose Toute affection causée par un champignon.

Mydriase Dilatation de la pupille.

Myopathie Maladie ou état pathologique des muscles squelettiques.

Myosis Diminution du diamètre de la pupille.

Myxœdème Hypofonctionnement de la glande thyroïde chez les adultes.

Narcolepsie Envie irrésistible de dormir.

Nécrose Destruction des tissus.

Néphrotoxicité Lésion rénale.

Neuropathie Toute maladie liée aux nerfs ou au système nerveux.

Neutropénie Réduction anormale du nombre des polynucléaires neutrophiles dans le sang.

Névrite Inflammation d'un ou de plusieurs nerfs.

Nycturie Miction excessive au cours de la nuit.

Nystagmus Mouvement oscillatoire involontaire des globes oculaires.

Œdème de Quincke (angio-œdème) Réaction allergique qui se caractérise par des régions œdémateuses sur la peau, les muqueuses ou dans les viscères.

Œdème papillaire Inflammation et œdème du nerf optique à l'entrée du globe oculaire.

Oligospermie Concentration insuffisante de spermatozoïdes dans le sperme.

Oligurie Diminution de la quantité d'urine sécrétée.

Onycholyse Décollement, partiel ou total, de l'ongle.

Ophtalmique Qui se rapporte à l'œil.

Opisthotonos En décubitus dorsal, le corps prend une position arquée, seule la tête et les pieds reposant sur la surface.

Orchite Inflammation des testicules.

Ostéite Inflammation de l'os.

Ostéomalacie Ramollissement des os.

Ostéoporose Dégradation des os, qui deviennent poreux et fragiles.

Otique Qui se rapporte à l'oreille.

Otite Inflammation de l'oreille.

Palpitations Pulsations rapides (le plus souvent cardiaques).

Pancréatite Inflammation du pancréas.

Pancytopénie Réduction anormale du nombre de tous les éléments cellulaires du sang.

Paraparésie Paralysie partielle des jambes.

Parésie Paralysie partielle.

Paresthésie Sensation d'engourdissement ou de picotement.

Pharyngite Inflammation du pharynx.

Phénomène de Raynaud Maladie vasculaire périphérique qui se caractérise par une sensation de froid, de la cyanose et de la douleur aux doigts et aux mains et qui est due à une vasoconstriction.

Phlébite Inflammation d'une veine.

Photophobie Intolérance à la lumière.

Polydipsie Soif excessive.

Polyphagie   Appétit excessif.

Polyurie   Sécrétion d'urine excessive.

Porphyrie   Affection au cours de laquelle des quantités accrues de porphyrines sont synthétisées; se caractérise par des douleurs abdominales et par des troubles psychologiques, digestifs et neurologiques.

Presbytie   Perte d'accommodation de l'œil liée à l'âge.

Priapisme   Érection permanente et douloureuse du pénis associée à un état pathologique.

Protéinurie   Présence de protéines (généralement d'albumine) dans l'urine.

Prurit   Démangeaisons intenses.

Psoriasis   Dermatose d'origine génétique qui se caractérise par des lésions roses ou rouge clair et de la desquamation.

Ptyalisme   Voir *Sialorrhée*.

Purpura   Hémorragie se produisant dans la peau et les muqueuses.

Râles   Bruits anormaux dans la poitrine, perçus au passage de l'air dans des bronches encombrées de sécrétions ou resserrées.

Rhinite   Inflammation de la muqueuse nasale.

Sclérodermie   Affection qui se caractérise par le durcissement localisé ou généralisé de la peau.

Sclérose   Durcissement d'un tissu ou d'un organe.

Séborrhéique   Qui se rapporte aux glandes sébacées.

Septicémie   Réaction fébrile due à des micro-organismes ou à leurs toxines.

Sialorrhée (ptyalisme)   Salivation excessive.

Sidérose   Inflammation chronique des poumons due à l'inhalation prolongée de poussières chargées de particules de fer.

Splénomégalie   Dilatation de la rate.

Stéatorrhée   Selles grasses.

Sténose   Rétrécissement d'un canal ou d'un orifice.

Stomatite   Inflammation de la bouche.

Surinfection   Prolifération de bactéries différentes de celles qui ont causé l'infection initiale.

Syncope   Évanouissement.

Syndrome de Stevens-Johnson   Éruption inflammatoire grave de la peau, des muqueuses buccale, pharyngée et ano-génitales et de la conjonctive, accompagnée de fièvre élevée; peut être mortelle.

Tachycardie   Augmentation anormale de la fréquence cardiaque.

Tamponade   Compression cardiaque due à l'accumulation de liquide dans la région du cœur.

Tétanie   Spasmes toniques, intermittents et soudains, affectant le plus souvent les membres.

Thalassémie   Anémie héréditaire fréquente chez les personnes originaires du bassin méditerranéen et du Sud-Est asiatique.

Thrombopénie (thrombocytopénie)   Réduction anormale du nombre des plaquettes sanguines circulantes.

Thrombophlébite   Inflammation d'une veine avec formation d'un thrombus.

Thrombose   Présence ou formation d'un caillot dans le système vasculaire.

Tinnitus   Voir *Acouphène.*

Torticolis   Spasmes des muscles cervicaux causant une raideur du cou et bloquant la tête d'un côté, avec le menton dirigé vers l'autre coté.

Urticaire   Éruption très prurigineuse.

Uvéite   Inflammation de l'iris, de la choroïde ou du corps ciliaire de l'œil.

Vasculite   Inflammation d'un vaisseau sanguin ou lymphatique.

Vertige   Terme utilisé généralement pour décrire l'étourdissement, la sensation de tête légère ou la sensation ébrieuse.

Xérophtalmie   Sécheresse de la conjonctive accompagnée de kératinisation épithéliale; due généralement à une carence en vitamine A.

Xérostomie   Sécheresse de la bouche due à une salivation insuffisante.

⊞ Index

Les noms génériques des médicaments ainsi que les sujets généraux sont en
caractères **gras**.

Les numéros des pages où apparaissent les soins infirmiers sont en caractères
italiques.

C

E

U

V

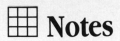 **Notes**

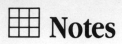

Notes

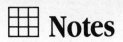 **Notes**

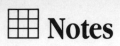 **Notes**

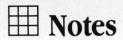

Notes

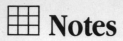 **Notes**